国家 "十二五"规划重点图书
国家出版基金资助项目

国家自然科学基金项目　国家社会科学基金项目
上海市社会科学重大项目

周振鹤 ◎ 主编

中國行政區劃通史

五代十国卷（上）

李晓杰　著

复旦大学出版社

中国行政区划通史

周振鹤　主编

总论 先秦卷　　　　　周振鹤　李晓杰　著
秦汉卷　　　　　　　周振鹤　李晓杰　张　莉　著
三国两晋南朝卷　　　胡阿祥　孔祥军　徐　成　著
十六国北朝卷　　　　牟发松　毋有江　魏俊杰　著
隋代卷　　　　　　　施和金　著
唐代卷　　　　　　　郭声波　著
五代十国卷　　　　　李晓杰　著
宋西夏卷　　　　　　李昌宪　著
辽金卷　　　　　　　余　蔚　著
元代卷　　　　　　　李治安　薛　磊　著
明代卷　　　　　　　郭　红　靳润成　著
清代卷　　　　　　　傅林祥　林　涓　任玉雪　王卫东　著
中华民国卷　　　　　傅林祥　郑宝恒　著

全书简介

　　本书研究自先秦至民国时期的中国行政区划变迁史。这一研究不仅是传统的关于历时政区沿革的考证（纵向），而且对同一年代各政区并存的面貌作出复原（横向），在条件许可的情况下相关的复原以详细至逐年为尺度。全书在总论外，分为十三卷，依次是先秦卷、秦汉卷、三国两晋南朝卷、十六国北朝卷、隋代卷、唐代卷、五代十国卷、宋西夏卷、辽金卷、元代卷、明代卷、清代卷及中华民国卷。

　　在掌握传世与出土历史文献的基础上，本书充分吸收前人的研究成果，力求最大可能地反映历史真实。全书以重建政区变迁序列、复原政区变迁面貌为主要内容，而由于历史时期中国行政区划的变化很大，在正式政区以外又有准政区的形式存在，加之政区层级、幅员及边界在不同时期的变迁程度不一，因此各卷又独立成书，其考证过程和编写结构有各自的侧重点。

　　本书是中华人民共和国成立以来第一部学术意义上的行政区划变迁通史。各卷作者在相关领域有长期的学术积累，全书的写作也倾注了十余年之功，希望能成为中国行政区划变迁史研究的重要参考著作。

作者简介

李晓杰，1965年生，河北唐山人。1988年毕业于复旦大学历史系，获历史学学士学位。1988年至1991年在北京故宫博物院保管部工作，任助理馆员。1996年毕业于复旦大学中国历史地理研究所，获历史学博士学位。2001年至2002年度为哈佛燕京学社访问学者。2003年至2004年度任大阪大学文学部COE研究员。现为复旦大学中国历史地理研究所教授、博士生导师。主要从事历史政治地理、《水经注》、中国古代史及近代中外文化交流等方面的研究。

著有《东汉政区地理》、《体国经野——历代行政区划》、《中国行政区划通史·先秦卷》、《疆域与政区》、《中国行政区划通史·秦汉卷》（合撰）、《水经注校笺图释·渭水流域诸篇》（主编）等，发表学术论文数十篇。

五代十国卷 提要

本卷依据相关传世与金石考古资料，全面而系统地逐年复原了五代十国时期（907—959）中原地区先后更替的后梁、后唐（晋王）、后晋、后汉、后周等五个王朝政权与在此期间南北方所出现过的前蜀、后蜀、南平（荆南）、楚（楚王）、吴（吴王）、南唐、吴越、闽（威武、闽王）、南汉（大彭王、南平王、南海王、大越）、北汉等十个地域政权的行政区划的演变过程。同时，兼论其时曾存在过的岐王、卢龙（燕王、燕）、赵王、北平王、定难、归义（西汉金山国）、武贞、宁远、邕管（岭南西道）、江西、百胜、高州、新州、静海、殷、湖南及清源等或大或小的各割据政权（势力）的辖区范围的变迁。其中对存在于这一时期诸多纷繁复杂、悬而未决的政区地理相关问题，作了迄今为止最为详尽、完整的揭示与廓清。

全卷除绪言与附录外，分为概述编与考证编两大部分。

概述编系综合考证编的所有结论撰写而成。此编又分为上、下篇，以政权为视角，划分章节进行叙述。上篇析为五章，简述后梁、后唐（晋王）、后晋、后汉及后周等五代所设置的行政区划的沿革；下篇分为十章，略叙前蜀、后蜀、南平（荆南）、楚（楚王）、吴（吴王）、南唐、吴越、闽（威武、闽王）、南汉（大彭王、南平王、南海王、大越）及北汉等十国政权所设置的行政区划的沿革。其中主要涉及这些政权所置节度使（留守）及其属州、直属京（直隶）州（军）的各自辖区的逐年变化。另外，曾与五代十国在不同时期并存过的岐王、卢龙（燕王、燕）、赵王、北平王、定难、归义（西汉金山国）、武贞、宁远、邕管（岭南西道）、江西、百胜、高州、新州、静海、殷、湖南及清源等或大或小的各割据政权（势力）的辖区演变，亦按地域与出现时间附入此编相应各章节之中加以概述。

考证编系对五代十国时期的政区地理所作的逐年详尽考述，为全卷的重心所在。此编参照唐开元十五道的分野，按地域划分考证区域，以后梁贞明六年（920）为断，将其时所存在的各割据政权（北方：后梁、晋王、岐王、定难及归义；南方：前蜀、荆南、楚王、吴、吴越、闽王及南汉）所辖的高层政区与统县政区的置废分合及其各自辖境的盈缩作了系统而详赡的考订，共计十章，分置于上、下篇之中。此年之前或之后在南北方区域内出现的各割据政权（势力）〔北方：卢龙（燕王、燕）、赵王、北平王、西汉金山国及后唐、后晋、后汉、后周、北汉；南方：吴王、威武、大彭王（南平王、南海王、大越）、武贞、宁远、邕管（岭南西道）、江西、百胜、高州、新州、静海及后蜀、南平、楚、南唐、闽、殷、湖南、清源〕所辖的政区建置与领域的变动，则纳入上述相应考证区域的章节之中进行论述。

此外，为了便于读者的阅读与理解，本卷还编绘了大量的图表（其中图53幅、表45项），力图从时间与地域上直观而形象地展现论述的结论。

目　　录

五代十国时期南北各政权与割据势力兴衰示意图表 …………………… 1

绪　言 …………………………………………………………………… 1

　　一、本卷研究的学术基础 ………………………………………… 1
　　二、五代十国时期行政区划单位与层级概说 …………………… 6
　　三、本卷研究的基本框架 ………………………………………… 8
　　四、本卷的撰写凡例 ……………………………………………… 9
　　五、本卷所附政区图组编绘体例 ………………………………… 12

第一编　五代十国时期政区沿革概述

上篇　五代辖境政区沿革概述

第一章　后梁[附：岐王、燕王（燕国；含卢龙）、赵王、北平王、定难、归义
　　　　（含西汉金山国）] …………………………………………… 17

　　第一节　东都留守（附：崇德军）、宋州宣武军、滑州宣义军、郓州
　　　　　　天平军、兖州泰宁军、青州平卢军、徐州武宁军、许州忠
　　　　　　武军（匡国军）诸节度使 …………………………………… 22

　　第二节　西都留守、陕州镇国军（保义军）节度使、孟州河阳节
　　　　　　度使 ……………………………………………………… 28

　　第三节　大安府永平军（佑国军）、同州忠武军（匡国军）、华州感化
　　　　　　军、鄜州保大军、延州保塞军（忠义军）、灵州朔方诸节度
　　　　　　使[附：耀州义胜军（崇州静胜军）节度使、邠州静难军节

		度使〕 …………………………………………………………… 30
	第四节	河中府护国军节度使〔附：晋州定昌军（建宁军）节度使、潞州匡义军节度使〕 ……………………………………………………… 34
	第五节	荆南、山南东道（襄州）、邓州宣化军、安州宣威军诸节度使 ……………………………………………………………………………… 36
	第六节	魏州天雄军（附：相州昭德军）、邢州保义军、镇州武顺军、定州义武军、沧州义昌军诸节度使 ……………………………… 39
附：	岐王 …………………………………………………………………… 43	
	燕王（燕国；含卢龙） …………………………………………………… 49
	赵王 …………………………………………………………………… 52
	北平王 ………………………………………………………………… 53
	定难 …………………………………………………………………… 54
	归义（含西汉金山国） ………………………………………………… 55

第二章　后唐（晋王） ……………………………………………… 57

	第一节	汴州宣武军（东都留守）、宋州归德军（宣武军）、滑州义成军（宣义军）（附：郑州）、郓州天平军、兖州泰宁军、青州平卢军、徐州武宁军、许州忠武军（匡国军）诸节度使 ……… 61
	第二节	东都（洛京）留守、陕州保义军（镇国军）节度使、孟州河阳节度使 ……………………………………………………………………… 69
	第三节	西京留守（大安府永平军）、耀州顺义军（崇州静胜军）（附：耀州）、同州匡国军（忠武军）、华州镇国军（感化军）、邠州静难军、鄜州保大军、延州彰武军（忠义军）、灵州朔方诸节度使 ……………………………………………………………… 71
	第四节	山南东道（襄州）、邓州威胜军（宣化军）、安州安远军（宣威军）诸节度使 ………………………………………………………… 76
	第五节	北京（西京、北都）留守（太原府河东）、潞州安义军（昭义军）、河中府护国军、晋州建雄军、云州大同军、应州彰国军、朔州振武军诸节度使〔附：丰州天德军都团练防御使（节度使）〕 ……………………………………………………………………… 78
	第六节	兴唐府（魏州）天雄军〔东京（邺都）留守〕、邢州安国军、镇州成德军（北都留守）、定州义武军、沧州横海军、幽州卢

　　　　　龙、新州威塞军诸节度使 85

　　第七节　凤翔节度使、泾州彰义军节度使 94

　　第八节　剑南西川、剑南东川、遂州武信军、夔州宁江军（附：夔州、忠州、万州、云安监）、山南西道（附：凤州）、利州昭武军、阆州保宁军、洋州武定军、凤州武兴军、秦州雄武军、黔州武泰军诸节度使 96

　　附：潭州武安军、朗州武贞军（武平军）、桂州静江军诸节度使 107

第三章　后晋 112

　　第一节　汴州宣武军（东京留守）（附：郑州）、宋州归德军、滑州义成军、郓州天平军（附：曹州威信军）、兖州泰宁军、青州平卢军（附：青州、登州、莱州、淄州）、徐州武宁军、许州忠武军（附：陈州镇安军）诸节度使 116

　　第二节　东都（西京）留守、陕州保义军节度使、孟州河阳军节度使 122

　　第三节　西京留守（京兆府晋昌军）（附：金州怀德军、耀州）、同州匡国军、华州镇国军、邠州静难军、鄜州保大军、延州彰武军、灵州朔方诸节度使 124

　　第四节　山南东道（襄州）（附：复州、襄州）、邓州威胜军、安州安远军（附：安州）诸节度使 128

　　第五节　北京留守、潞州昭义军、河中府护国军、晋州建雄军、云州大同军、应州彰国军、朔州振武军诸节度使 131

　　第六节　兴唐府（广晋府）天雄军（邺都留守）（附：贝州永清军、相州彰德军、澶州镇宁军）、邢州安国军、镇州成德军（恒州顺国军）、定州义武军、沧州横海军、幽州卢龙、新州威塞军诸节度使 136

　　第七节　凤翔、泾州彰义军、秦州雄武军诸节度使（附：凤州） 143

第四章　后汉 146

　　第一节　东京留守（附：郑州）、宋州归德军、滑州义成军、郓州天平军、兖州泰宁军、青州平卢军、徐州武宁军、许州忠武军诸节度使 147

第二节　西京留守、陕州保义军节度使、孟州河阳节度使…………154

第三节　京兆府永兴军（晋昌军）（附：耀州）、同州匡国军、华州镇国军、邠州静难军、鄜州保大军、延州彰武军、灵州朔方诸节度使……………………………………………………………………156

第四节　山南东道（襄州）、邓州威胜军、安州安远军诸节度使……159

第五节　北京留守、府州永安军（附：府州、胜州）、潞州昭义军、河中府护国军、晋州建雄军诸节度使………………………………161

第六节　大名府（广晋府）天雄军、贝州永清军、相州彰德军、澶州镇宁军、邢州安国军、镇州成德军、定州义武军、沧州横海军诸节度使………………………………………………………………165

第七节　凤翔节度使、泾州彰义军节度使……………………………170

第五章　后周………………………………………………………………172

第一节　东京留守（附：郑州）、宋州归德军、滑州义成军、郓州天平军（附：滨州）、曹州彰信军、兖州泰宁军（附：兖州、沂州、密州）、青州平卢军、徐州武宁军、许州忠武军、陈州镇安军诸节度使……………………………………………………176

第二节　西京留守、陕州保义军节度使、孟州河阳节度使…………183

第三节　京兆府永兴军（附：耀州）、同州匡国军（附：同州）、华州镇国军（附：华州）、邠州静难军、鄜州保大军、延州彰武军、灵州朔方诸节度使………………………………………184

第四节　山南东道（襄州）节度使、邓州武胜军（威胜军）节度使（附：安州安远军节度使、安州、申州、蕲州、黄州、汉阳军）…………………………………………………………189

第五节　府州永安军（附：府州、胜州）、潞州昭义军、河中府护国军、晋州建雄军诸节度使（附：代州静塞军节度使、汾州宁化军节度使）…………………………………………………191

第六节　大名府天雄军（邺都留守）（附：贝州永清军）、相州彰德军、澶州镇宁军、邢州安国军、镇州成德军、定州义武军、沧州横海军诸节度使（附：莫州、瀛州、雄州、霸州）………195

第七节　凤翔、泾州彰义军、秦州雄武军诸节度使…………………200

第八节　扬州淮南、寿州忠正军、庐州保信军诸节度使……………203

下篇 十国辖境政区沿革概述

第六章 前蜀 ········ 207

第一节 直隶地区、梓州武德军(剑南东川、梓州天贞军)节度使、遂州武信军节度使、雅州永平军节度使 ········ 208

第二节 金州雄武军(附：巴渠开都团练观察使)、夔州(暨忠州)镇江军、黔州(暨涪州)武泰军诸节度使 ········ 214

第三节 山南(兴元府天义军)、利州昭武军(利阆、利州都团练观察使)、洋州武定军、秦州天雄军、凤州武兴军诸节度使 ········ 217

第七章 后蜀 ········ 222

第一节 直隶地区、梓州武德军(剑南东川)节度使、遂州武信军节度使、雅州永平军节度使 ········ 223

第二节 夔州宁江军节度使、黔州武泰军节度使 ········ 228

第三节 山南、利州昭武军、阆州保宁军、源州武定军、凤州(凤州威武军)、秦州雄武军诸节度使［附：凤翔(岐阳军)节度使、果州永宁军节度使］ ········ 230

第八章 南平(荆南) ········ 235

荆南节度使 ········ 236

第九章 楚国(楚王)(附：武贞、宁远、湖南) ········ 240

第一节 潭州(长沙府)武安军节度使、朗州永顺军(武贞军、武顺军、武平军)节度使［附：楚王(国)羁縻州］ ········ 243

第二节 桂州静江军节度使、容州宁远军节度使 ········ 248

附：武贞 ········ 253

宁远 ········ 253

湖南 ········ 255

第十章 吴国(吴王)(附：江西、百胜) ········ 259

第一节　直隶地区(扬州淮南节度使)(附：泗州静淮军节度使)、寿州(暨濠州)清淮军节度使、庐州德胜军节度使(庐州都团练观察使) ································· 260

第二节　金陵府(昇州、江宁府)(暨润州)镇海军节度使、宣州宁国军节度使(附：宣州都团练观察使) ····························· 265

第三节　鄂州武昌军节度使(鄂岳都团练观察使) ··············· 267

第四节　洪州镇南军、抚州昭武军、江州奉化军、虔州百胜军诸节度使 ··· 268

附：江西、百胜 ··· 270

第十一章　南唐(附：清源) ··· 273

第一节　直隶地区一、寿州清淮军节度使、濠州观察使(濠州定远军节度使)、庐州德胜军节度使、舒州永泰军节度使 ········ 276

第二节　直隶地区二、润州镇海军节度使、宣州宁国军节度使、池州康化军节度使 ··· 281

第三节　鄂州武昌军节度使 ··· 283

第四节　洪州镇南军(直隶地区三)、抚州昭武军、江州奉化军、饶州安化军(永平军)、虔州百胜军诸节度使 ················· 284

第五节　潭州武安军节度使、建州永安军(忠义军)节度使(附：福州威武军节度使、朗州武平军节度使) ························ 287

附：清源 ·· 291

第十二章　吴越 ·· 292

第一节　杭州镇海军、苏州中吴军、湖州宣德军诸节度使 ········· 294

第二节　越州镇东军、温州静海军、婺州武胜军、福州彰武军(威武军)诸节度使 ··· 297

第十三章　闽国(闽王)(含威武；附：殷国) ····························· 300

第一节　直隶地区(福州威武军节度使) ····························· 302

第二节　建州镇武军(镇安军)节度使 ································ 304

附：殷国 ·· 305

第十四章　南汉(大彭王、南平王、南海王、大越)(附：邕管、新州、高州、静海) ……………………………………………………………… 306

　　第一节　直隶地区(广州清海军节度使暨琼州管内招讨游奕使)、祯州节度使、韶州雄武军节度使(附：齐昌府兴宁军节度使) …………………………………………………………… 310

　　第二节　容州宁远军节度使、邕州建武军节度使(附：桂州静江军节度使) ………………………………………………………… 316

　　第三节　交州刺史 ………………………………………………… 321

附：邕管(岭南西道节度使) ………………………………………… 323

　　新州 ……………………………………………………………… 324

　　高州 ……………………………………………………………… 324

　　静海 ……………………………………………………………… 325

第十五章　北汉 ………………………………………………………… 327

　　第一节　直隶地区 ………………………………………………… 329

　　第二节　雁门节度使、汾州节度使 ……………………………… 330

第二编　五代十国辖境政区考证

上篇　北方政权辖境政区沿革

第一章　后梁(暨后唐、后晋、后汉、后周)辖境政区沿革(上) ………… 335

　　第一节　东都(东京)留守(汴州宣武军节度使)(附：崇德军) …… 335

　　第二节　宋州宣武军(归德军)节度使 …………………………… 341

　　第三节　滑州宣义军(义成军)节度使(含郑州) ………………… 346

　　第四节　郓州天平军节度使[附：曹州威信军(彰信军)节度使、滨州] ………………………………………………………………… 350

　　第五节　兖州泰宁军节度使(含兖州、沂州、密州) ……………… 357

　　第六节　青州平卢军节度使(含青州、登州、莱州、淄州) ……… 361

　　第七节　徐州武宁军节度使 ……………………………………… 364

第八节　许州匡国军(忠武军)节度使(附:陈州镇安军节度使) …… 366
第九节　西都(洛京、东都、西京)留守 …………………………… 371
第十节　陕州镇国军(保义军)节度使 ……………………………… 377
第十一节　孟州河阳节度使 ………………………………………… 380

第二章　后梁[承岐王(部分区域);暨晋王(部分区域)、后唐、后晋、后汉、后周]辖境政区沿革(下) ……………………………… 383

第一节　大安府(京兆府)永平军(佑国军、晋昌军、永兴军)节度使(西京留守) …………………………………………………… 383
第二节　崇州(耀州)静胜军(义胜军、顺义军)节度使(含耀州) …… 389
第三节　同州忠武军(匡国军)节度使(含同州) ………………… 392
第四节　华州感化军(镇国军)节度使(含华州) ………………… 396
第五节　邠州静难军节度使 ………………………………………… 399
第六节　鄜州保大军节度使 ………………………………………… 405
第七节　延州忠义军(保塞军、彰武军)节度使 ………………… 408
第八节　灵州朔方节度使 …………………………………………… 410
第九节　河中府护国军节度使 ……………………………………… 415
第十节　晋州建宁军(定昌军、建雄军)节度使 ………………… 418
第十一节　山南东道(襄州)节度使(含复州、襄州) …………… 420
第十二节　邓州宣化军(威胜军、武胜军)节度使 ……………… 425
第十三节　安州宣威军(安远军)节度使(含安州、申州;附:汉阳军) …………………………………………………………… 430

第三章　晋王[暨后梁(部分区域)、后唐、后晋、后汉、后周;附:北汉]辖境政区沿革(上) ……………………………………… 433

第一节　太原府河东节度使[西京(北都、北京)留守][附:代州静塞军节度使、汾州宁化军节度使、府州永安军节度使(含府州、胜州)] …………………………………………………… 433
附:北汉 ……………………………………………………………… 449
第二节　潞州昭义军(安义军、匡义军)节度使 ………………… 453
第三节　云州大同军节度使(附:应州彰国军节度使) ………… 458
第四节　朔州振武军节度使 ………………………………………… 463
第五节　丰州天德军节度使(都团练防御使) …………………… 468

第四章 晋王[承后梁(部分区域)、卢龙(暨燕王、燕国)、赵王、北平王;暨后唐、后晋、后汉、后周]辖境政区沿革(下) ………… 472

第一节 魏州[兴唐府(广晋府、大名府)]天雄军节度使[东京(邺都)留守][含贝州永清军节度使;附:相州昭德军(彰德军)节度使(含澶州镇宁军节度使)] ………… 472

第二节 邢州安国军(保义军)节度使 ………… 487

第三节 镇州(真定府、恒州)成德军(武顺军、顺国军)节度使[北都(中京)留守] ………… 489

第四节 定州义武军节度使 ………… 497

第五节 沧州横海军(义昌军、顺化军)节度使 ………… 503

第六节 幽州卢龙节度使(含新州威塞军节度使、莫州、瀛州;附:雄州、霸州) ………… 508

第五章 岐王[暨后唐、后晋、后汉(部分区域:暨后蜀)、后周]、定难、归义(承西汉金山国)辖境政区沿革 ………… 527

第一节 凤翔(岐阳军)节度使(附:陇州保胜军节度使) ………… 527

第二节 乾州威胜军节度使 ………… 533

第三节 泾州彰义军节度使 ………… 534

第四节 夏州定难军节度使 ………… 538

第五节 沙州归义军节度使(暨西汉金山国) ………… 543

下篇 南方政权辖境政区沿革

第六章 前蜀[承岐王(部分区域);暨后唐、后蜀(部分区域:暨后晋、后周)]辖境政区沿革 ………… 551

第一节 直隶地区(剑南西川节度使) ………… 551

第二节 梓州武德军(天贞军)节度使(剑南东川节度使) ………… 561

第三节 遂州武信军节度使 ………… 567

第四节 雅州永平军节度使 ………… 571

第五节 金州雄武军节度使(含巴渠开都团练观察使、金州怀德军节度使、金州) ………… 574

第六节 夔州(暨忠州)镇江军(含夔州宁江军)节度使(含夔州、忠

州、万州、云安监)……………………………………………… 579

　　第七节　山南(西道)(兴元府天义军)节度使………………………… 583

　　第八节　利州昭武军节度使(利阆节度使、利州都团练观察使)
　　　　　　(附：阆州保宁军节度使、果州永宁军节度使)………… 588

　　第九节　洋(源)州武定军节度使………………………………………… 595

　　第十节　凤州武兴军节度使[含凤州(威武军)节度使、凤州] ……… 597

　　第十一节　秦州天雄军(雄武军)节度使……………………………… 601

　　第十二节　黔州(暨涪州)武泰军节度使……………………………… 608

第七章　荆南(暨南平)、楚王(暨楚国、南唐、南汉、湖南)辖境政区
　　　　沿革…………………………………………………………………… 611

　　第一节　荆南节度使……………………………………………………… 611

　　第二节　潭州(长沙府)武安军节度使…………………………………… 619

　　第三节　朗州永顺军(武贞军、武顺军、武平军)节度使……………… 630

　　　　　附：楚王(国)羁縻州 ………………………………………… 634

　　第四节　桂州静江军节度使……………………………………………… 639

第八章　吴国[承吴王、江西、百胜；暨南唐(部分区域：暨后周)]辖境政区
　　　　沿革…………………………………………………………………… 648

　　第一节　直隶地区(扬州淮南节度使)[含泗州静淮军节度使、濠州定远军
　　　　　　节度使(濠州观察使)]……………………………………… 648

　　第二节　濠州(暨寿州)清淮军(忠正军)节度使……………………… 660

　　第三节　庐州德胜军(保信军)节度使(含庐州都团练观察使；附：
　　　　　　舒州永泰军节度使)………………………………………… 664

　　第四节　金陵府(昇州、江宁府)(暨润州)镇海军节度使(含直隶地
　　　　　　区)……………………………………………………………… 668

　　第五节　宣州宁国军节度使(含宣州都团练观察使、池州康化军节
　　　　　　度使)…………………………………………………………… 674

　　第六节　鄂州武昌军节度使(鄂岳都团练观察使)(含蕲州、黄州)
　　　　　　……………………………………………………………………… 677

　　第七节　洪州镇南军节度使(直隶地区)[含抚州昭武军节度使、江
　　　　　　州奉化军节度使、饶州永平军(安化军)节度使]………… 681

　　第八节　虔州百胜军节度使……………………………………………… 689

第九章　吴越、闽王(承威武;暨闽国、殷国、南唐、吴越、清源)辖境政区沿革 …… 692

　第一节　杭州镇海军节度使(含湖州宣德军节度使) …… 692
　第二节　苏州中吴军节度使 …… 700
　第三节　越州镇东军节度使(含温州静海军节度使、婺州武胜军节度使) …… 702
　第四节　福州威武军节度使(直隶地区)[含福州威武军(彰武军)节度使;附：建州镇安军(镇武军)节度使、建州永安军(忠义军)节度使、泉州清源军节度使] …… 709

第十章　南汉[承大彭王、南平王、南海王、大越;宁远、楚王(部分区域)]、静海[暨南汉(部分区域)]辖境政区沿革 …… 722

　第一节　直隶地区[广州清海军节度使暨琼州管内招讨游奕使(含齐昌府兴宁军节度使)]、祯州节度使、韶州雄武军节度使 …… 722
　第二节　容州宁远军节度使 …… 737
　第三节　邕州建武军节度使(岭南西道节度使) …… 744
　第四节　静海军节度使暨安南都护府 …… 748

附录 …… 757

　一、政区示意图 …… 758
　　Ⅰ.总图 …… 758
　　Ⅱ.区域图 …… 758
　二、政区沿革表 …… 777
　　Ⅰ.五代十国方镇建置沿革表 …… 777
　　Ⅱ.五代十国时期政区沿革表 …… 835
　　Ⅲ.五代十国时期"军"建置沿革表 …… 1110

主要参考文献 …… 1117

后记 …… 1131

图　目

图 1-1　909 年后梁辖境政区示意图 …………………… 20
图 1-2　929 年后唐辖境政区示意图 …………………… 62
图 1-3　936 年后晋辖境政区示意图 …………………… 114
图 1-4　949 年后汉辖境政区示意图 …………………… 148
图 1-5　958 年后周辖境政区示意图 …………………… 174
图 1-6　916 年前蜀辖境政区示意图 …………………… 209
图 1-7　954 年后蜀辖境政区示意图 …………………… 224
图 1-8　926 年南平辖境政区示意图 …………………… 237
图 1-9　910 年楚王辖境政区示意图 …………………… 242
图 1-10　936 年吴国辖境政区示意图 ………………… 261
图 1-11　951 年南唐辖境政区示意图 ………………… 275
图 1-12　959 年吴越辖境政区示意图 ………………… 293
图 1-13　941 年闽国辖境政区示意图 ………………… 301
图 1-14　930 年南汉辖境政区示意图 ………………… 308
图 1-15　953 年北汉辖境政区示意图 ………………… 328
图 2-1　920 年后梁东都留守、宋州宣武军、滑州宣义军、许州匡国军节度使辖区示意图 ……………………………… 336
图 2-2　920 年后梁郓州天平军、兖州泰宁军、青州平卢军、徐州武宁军节度使辖区示意图 ……………………………… 351
图 2-3　920 年后梁西都留守、陕州镇国军、孟州河阳、大安府永平军、崇州静胜军、华州感化军、晋州建宁军节度使辖区示意图 ……………………………… 372
图 2-4　920 年后梁邠州静难军、鄜州保大军、延州忠义军、灵州朔方节度使辖区示意图 ……………………………… 400
图 2-5　920 年后梁山南东道、邓州宣化军、安州宣威军节度使辖区示意图 ……………………………… 422

图 2-6　920 年晋王太原府河东、云州大同军、朔州振武军节度使辖区示意图 ·········· 434

图 2-7　920 年晋王同州忠武军、河中府护国军、潞州昭义军、魏州天雄军、邢州安国军节度使辖区示意图 ·········· 454

图 2-8　920 年晋王镇州成德军、定州义武军、沧州横海军、幽州卢龙节度使辖区示意图 ·········· 491

图 2-9　920 年岐王凤翔、乾州威胜军、泾州彰义军节度使辖区示意图 ·········· 528

图 2-10　920 年夏州定难军节度使辖区示意图 ·········· 539

图 2-11　920 年沙州归义军节度使辖区示意图 ·········· 544

图 2-12　920 年前蜀直隶地区、雅州永平军节度使辖区示意图 ·········· 552

图 2-13　920 年前蜀梓州武德军、金州雄武军、山南、利州昭武军、洋州武定军、凤州武兴军、秦州天雄军节度使辖区示意图 ·········· 562

图 2-14　920 年前蜀遂州武信军、夔州镇江军、黔州武泰军节度使辖区示意图 ·········· 568

图 2-15　920 年荆南节度使辖区示意图 ·········· 613

图 2-16　920 年楚王潭州武安军、朗州永顺军节度使辖区及羁縻地区示意图 ·········· 620

图 2-17　920 年楚王桂州静江军节度使辖区示意图 ·········· 640

图 2-18　920 年吴国直隶地区、金陵府镇海军节度使辖区示意图 ·········· 649

图 2-19　920 年吴国濠州清淮军、庐州德胜军、宣州宁国军、鄂州武昌军节度使辖区示意图 ·········· 661

图 2-20　920 年吴国洪州镇南军、虔州百胜军节度使辖区示意图 ·········· 682

图 2-21　920 年吴越杭州镇海军、苏州中吴军、越州镇东军节度使辖区示意图 ·········· 693

图 2-22　920 年福州威武军节度使辖区示意图 ·········· 710

图 2-23　920 年南汉直隶地区、韶州雄武军节度使、祯州节度使辖区示意图 ·········· 724

图 2-24　920 年南汉宁远军节度使、邕州建武军节度使辖区示

意图 …………………………………………………………… 738
图 2-25　920年静海军节度使辖区示意图 ………………………… 750

图Ⅰ-1　907年后梁等政权辖境政区示意图 ……………… 折页1
图Ⅰ-2　920年后梁等政权辖境政区示意图 ……………… 折页2
图Ⅰ-3　943年后晋等政权辖境政区示意图* ……………… 折页3
图Ⅰ-4　959年后周等政权辖境政区示意图* ……………… 折页4
图Ⅱ-1　934年后唐辖境政区示意图* …………………………… 758
图Ⅱ-2　943年后晋辖境政区示意图* …………………………… 760
图Ⅱ-3　948年后汉辖境政区示意图 ……………………………… 762
图Ⅱ-4　959年后周、北汉辖境政区示意图* …………………… 764
图Ⅱ-5　934年吴、吴越、闽辖境政区示意图* ………………… 766
图Ⅱ-6　943年楚、南平辖境政区示意图* ……………………… 768
图Ⅱ-7　924年前蜀辖境政区示意图* …………………………… 770
图Ⅱ-8　954年南唐、吴越辖境政区示意图* …………………… 772
图Ⅱ-9　954年南汉辖境政区示意图* …………………………… 774

（图目标*者与谭其骧主编《中国历史地图集》第五册"五代十国时期"所列图幅年代一致）

表　目

I. 五代十国方镇建置沿革表 ········· 777

- 表 I-1　后梁方镇建置沿革表 ········· 778
- 表 I-2　后唐(晋王)方镇建置沿革表 ········· 784
- 表 I-3　后晋方镇建置沿革表 ········· 808
- 表 I-4　后汉方镇建置沿革表 ········· 812
- 表 I-5　后周方镇建置沿革表 ········· 814
- 表 I-6　前蜀方镇建置沿革表 ········· 818
- 表 I-7　后蜀方镇建置沿革表 ········· 820
- 表 I-8　南平(荆南)方镇建置沿革表 ········· 822
- 表 I-9　楚国(楚王)方镇建置沿革表 ········· 822
- 表 I-10　吴国(吴王)方镇建置沿革表 ········· 823
- 表 I-11　南唐方镇建置沿革表 ········· 825
- 表 I-12　吴越方镇建置沿革表 ········· 831
- 表 I-13　闽国(闽王)方镇建置沿革表 ········· 832
- 表 I-14　南汉方镇建置沿革表 ········· 833
- 表 I-15　北汉方镇建置沿革表 ········· 834

II. 五代十国时期政区沿革表 ········· 835

- 表 II-1　东都(东京)留守(汴州宣武军节度使)[含宋州宣武军(归德军)节度使]、许州忠武军(匡国军)(含陈州镇安军)节度使、崇德军辖区沿革表 ········· 836
- 表 II-2　滑州宣义军(义成军)节度使(含郑州)、郓州天平军[含曹州威信军(彰信军)]节度使(含滨州)辖区沿革表 ········· 846
- 表 II-3　兖州泰宁军节度使(含兖、沂、密 3 州)、青州平卢军节度使(含青、登、莱、淄 4 州)、徐州武宁军节度使辖区沿

　　　　　革表 …………………………………………………………… 854

表Ⅱ-4　西都(洛京、东都、西京)留守、陕州镇国军(保义军)、孟
　　　　　州河阳、潞州昭义军(安义军、匡义军)节度使辖区沿
　　　　　革表 …………………………………………………………… 862

表Ⅱ-5　大安府(京兆府)永平军(佑国军、晋昌军、永兴军)节度
　　　　　使(西京留守)(含金州怀德军节度使)、同州忠武军(匡
　　　　　国军)[含华州感化军(镇国军)]节度使(含华州)、耀州
　　　　　(崇州)义胜军(静胜军、顺义军)节度使(含耀州)辖区沿
　　　　　革表 …………………………………………………………… 872

表Ⅱ-6　邠州静难军、鄜州保大军、延州保塞军(忠义军、彰武
　　　　　军)、灵州朔方节度使辖区沿革表 …………………………… 884

表Ⅱ-7　山南东道(襄州)节度使[含邓州宣化军(威胜军、武胜
　　　　　军)节度使、复州、襄州]、安州宣威军(安远军)节度使
　　　　　(含安州、申州、汉阳军)辖区沿革表 ………………………… 894

表Ⅱ-8　河中府护国军[含晋州定昌军(建宁军、建雄军)]节度使
　　　　　辖区沿革表 ……………………………………………………… 903

表Ⅱ-9　太原府河东节度使[西京(北都、北京)留守][含云州大
　　　　　同军、应州彰国军、府州永安军、雁门(代州静塞军)、汾
　　　　　州(汾州宁化军)节度使；府州、胜州]、朔州振武军节度
　　　　　使、丰州天德军都团练防御使(节度使)辖区沿革表 ……… 912

表Ⅱ-10　镇州(真定府、恒州)武顺军(成德军、顺国军)节度使
　　　　　[北都(中京)留守]、魏州[兴唐府(广晋府、大名府)]天
　　　　　雄军[含贝州永清军、相州昭德军(彰德军)、澶州镇宁
　　　　　军]节度使[东京(邺都)留守]辖区沿革表 ………………… 941

表Ⅱ-11　邢州保义军(安国军)、定州义武军、沧州义昌军(顺化
　　　　　军、横海军)节度使辖区沿革表 …………………………… 956

表Ⅱ-12　幽州卢龙节度使(含新州威塞军节度使、莫州、瀛州、雄
　　　　　州、霸州)辖区沿革表 ………………………………………… 968

表Ⅱ-13　凤翔(岐阳军)节度使(含乾州威胜军节度使)、陇州保
　　　　　胜军节度使、泾州彰义军节度使辖区沿革表 ……………… 976

表Ⅱ-14　夏州定难军节度使、西汉金山国(暨沙州归义军节度
　　　　　使)辖区沿革表 ………………………………………………… 983

表Ⅱ-15	剑南西川节度使(直隶地区)、雅州永平军节度使辖区沿革表		987
表Ⅱ-16	剑南东川[梓州天贞军(武德军)]节度使、遂州武信军节度使辖区沿革表		992
表Ⅱ-17	山南(西道)(兴元府天义军)节度使(含凤州武兴军节度使、凤州威武军节度使、凤州)、巴渠开都团练观察使(含金州雄武军节度使)辖区沿革表		998
表Ⅱ-18	利州都团练观察使(利州昭武军节度使)(含阆州保宁军节度使、果州永宁军节度使)、洋(源)州武定军节度使、秦州天雄军(雄武军)节度使辖区沿革表		1005
表Ⅱ-19	荆南节度使、忠州(暨夔州)镇江军节度使(含夔州宁江军节度使、忠州、夔州、万州、云安监)、涪州(暨黔州)武泰军节度使辖区沿革表		1014
表Ⅱ-20	潭州(长沙府)武安军节度使、朗州武贞军(永顺军、武顺军、武平军)节度使、楚王(国)(湖南)羁縻州辖区沿革表		1022
表Ⅱ-21	桂州静江军节度使辖区沿革表		1034
表Ⅱ-22	扬州淮南节度使(直隶地区){含濠州(暨寿州)清淮军(忠正军)节度使、庐州都团练观察使[庐州德胜军(保信军)节度使]、泗州静淮军节度使、濠州定远军节度使(濠州观察使)、舒州永泰军节度使}辖区沿革表		1041
表Ⅱ-23	润州[暨昇州(金陵府、江宁府)]镇海军(含直隶地区)、宣州都团练观察使(宣州宁国军节度使)(含池州康化军节度使)、鄂岳都团练观察使(鄂州武昌军节度使)辖区沿革表		1050
表Ⅱ-24	洪州镇南军节度使(直隶地区)[含江州奉化军节度使、抚州昭武军节度使、饶州永平军(安化军)节度使]、虔州百胜军节度使辖区沿革表		1059
表Ⅱ-25	杭州(西府)镇海军节度使(含苏州中吴军节度使、湖州宣德军节度使)、越州(东府)镇东军节度使(含婺州武胜军节度使、温州静海军节度使)辖区沿革表		1069
表Ⅱ-26	福州威武军节度使(直隶地区)[含福州威武军(彰武		

　　　　军)节度使、建州镇安军(镇武军)节度使、建州永安军
　　　　(忠义军)节度使、泉州清源军节度使]辖区沿革表 …… 1078
　表Ⅱ-27　广州清海军节度使暨琼州管内招讨游奕使(直隶地区)
　　　　(含韶州雄武军节度使、齐昌府兴宁军节度使)、祯州节
　　　　度使辖区沿革表 ………………………………………… 1090
　表Ⅱ-28　容州宁远军节度使、岭南西道(邕州建武军)节度使辖
　　　　区沿革表 ………………………………………………… 1105
　表Ⅱ-29　静海军节度使暨安南都护府辖区沿革表 ……………… 1108

Ⅲ. 五代十国时期"军"建置沿革表 ……………………………………… 1110

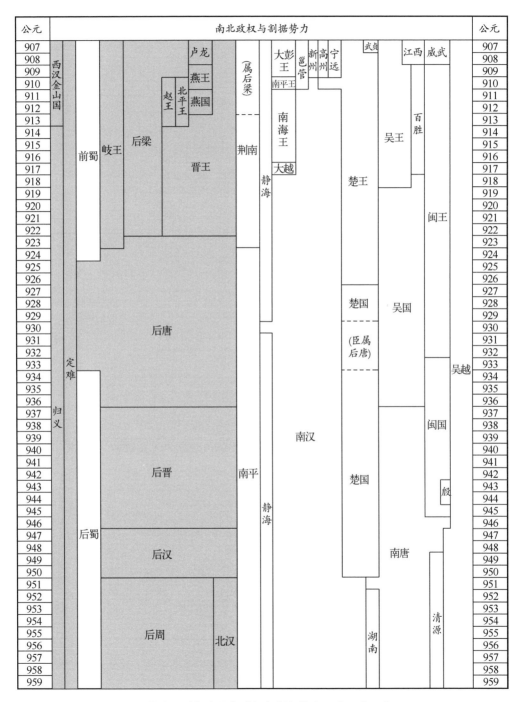

五代十国时期南北各政权与割据势力兴衰示意图表

绪　　言

本卷探究的主要内容是五代十国时期(907—959)中原地区先后更替的梁、唐(晋王)、晋、汉、周(下文按历史传统习惯依次称为后梁、后唐、后晋、后汉、后周)等五个王朝政权以及在此期间南北方所出现过的前蜀、后蜀、南平(荆南)、楚(楚王)、吴(吴王)、南唐、吴越、闽(威武、闽王)、南汉(大彭王、南平王、南海王、大越)、北汉等十个地域政权的行政区划的变迁①。同时,兼论其时曾存在过的岐王、卢龙(燕王、燕国)、赵王、北平王、定难、归义(西汉金山国)、武贞、宁远、邕管(岭南西道)、江西、百胜、高州、新州、静海、殷、湖南及清源等或大或小的各类割据政权的辖区范围的演变。至于边区各族政权的政区沿革,限于体例,则暂不予以涉及。

一、本卷研究的学术基础

1. 已有的相关研究成果

五代十国时期,上承唐代,下启北宋,由于时间的短暂及史料记载的相对缺乏,因此在早期的相关研究中,不是被看作唐史研究的附论,便是被视为宋史研究的序章。这一局面在20世纪80年代开始被打破,并呈方兴未艾之势。迄今为止,已出现了一批五代十国时期的研究著述,所论涉及政治、军事、典制、经济等诸多方面,其中在陶懋炳②、杨伟立③、任爽④、徐晓望⑤、邹劲风⑥、杜文玉⑦、何勇强⑧、

---

① 虽然十国政权中的后蜀、南唐、吴越、南汉、南平、北汉在959年之后尚存,但因本套通史的衔接体例,此年之后的上述政权政区变动情况已纳入《宋西夏卷》中,故本卷不再涉及。
② 陶懋炳:《五代史略》,人民出版社,1985年。后该书增订本又以《五代史》(署名陶懋炳、张其凡、曾育荣)为名被列入多卷本《中国历史》(人民出版社,2009年)之中。
③ 杨伟立:《前蜀后蜀史》,四川省社会科学院出版社,1986年。
④ 任爽:《南唐史》,东北师范大学出版社,1995年。
⑤ 徐晓望:《闽国史》,台湾五南图书出版有限公司,1997年。
⑥ 邹劲风:《南唐国史》,南京大学出版社,2000年。
⑦ 杜文玉:《南唐史略》,陕西人民教育出版社,2001年。
⑧ 何勇强:《钱氏吴越国史论稿》,浙江大学出版社,2002年。

罗庆康①、何剑明②、陈欣③、李裕民④等研究者的著述以及周义雄⑤、张金铣⑥、丁贞权⑦、孙先文⑧、彭文峰⑨、崔北京⑩、周加胜⑪、曾育荣⑫、张跃飞⑬、徐仕达⑭、张晓笛⑮等学人的学位论文中，或从整体（其时的主要政权）着眼，或从局部（某一割据政权）入手，对与疆域（辖区）地理相关的问题分别在相应的章节中作了较为具体的考述。另外，靳润成《五代十国国号与地域关系》⑯一文，要言不烦，以独特的视角对五代十国的疆域地理大势作了说明与分析。任爽主编《五代典制考》⑰、《十国典制考》⑱二书，对五代十国的地方行政制度亦有所论及。

然而，对于五代十国疆域政区的专题研究，则相对显得有些薄弱，且已有的一些研究又大多集中在沿革地理方面，在政区地理层面的探讨并不多见。不过，这一情况近年来已有所改观。下面即对与本卷有关的研究成果作一综述。

对五代十国沿革地理作出考订的著述可上溯至清代，如吴任臣《十国春秋·十国地理表》⑲、陈鳣《续唐书·地理志》⑳、吴兰修《南汉地理志》㉑、陈恕《五代地理考》㉒等。这些著述虽然没有脱离正史地理志的框架，但在史料的搜集与分类排比方面做了许多有益的工作，为后人研究相关问题提供了不少有价值的线索。

---

① 罗庆康：《马楚史研究》，湖南人民出版社，2004年。
② 何剑明：《沉浮：一江春水——李氏南唐国史论稿》，南京大学出版社，2007年。
③ 陈欣：《南汉国史》，广东人民出版社，2010年。
④ 李裕民：《北汉简史》，三晋出版社，2010年。
⑤ 周义雄：《五代时期的吴越》，台湾中国文化大学硕士论文，1994年。
⑥ 张金铣：《南汉史研究》，中山大学硕士学位论文，1991年。
⑦ 丁贞权：《五代时期的杨吴政权》，安徽大学硕士学位论文，2004年。
⑧ 孙先文：《吴越钱氏政权研究》，安徽大学硕士学位论文，2004年。
⑨ 彭文峰：《五代马楚政权研究》，北京师范大学博士学位论文，2006年。
⑩ 崔北京：《南汉史研究》，陕西师范大学硕士学位论文，2006年。
⑪ 周加胜：《南汉国研究》，陕西师范大学博士学位论文，2008年。
⑫ 曾育荣：《高氏荆南史稿》，暨南大学博士学位论文，2008年。
⑬ 张跃飞：《五代荆南政权研究》，北京师范大学博士学位论文，2010年。
⑭ 徐仕达：《马楚政权之研究》，台湾中国文化大学硕士论文，2011年。
⑮ 张晓笛：《高氏荆南军事地理研究》，华中师范大学硕士学位论文，2012年。
⑯ 载《历史教学》1990年第5期。
⑰ 中华书局，2007年。
⑱ 中华书局，2004年。
⑲ 中华书局，1983年。
⑳ 《丛书集成初编》据《史学丛书》排印本，商务印书馆，1936年。
㉑ 傅璇琮、徐海荣、徐吉军主编：《五代史书汇编》第十册，杭州出版社，2004年。
㉒ 《二十五史补编》第六册，中华书局，1956年。

刊发于20世纪30年代的刘石农《五代州县表》①,是迄今为止对五代十国时期的州县沿革作出最为系统全面考订的著述,虽然仍采用的是传统地理沿革表的形式,但在具体的表述方面已反映出作者试图用现代史学方法进行创新的意愿。当然,囿于时代,其研究中存在的问题仍是无法避免的。

近年来,国内外学术界对于五代政区的研究,主要围绕制度考述与政区地理两个视角展开。对于五代制度的探索,主要有林荣贵《五代十国的辖区设治与军事戍防》②、田雁《五代行政划单位"军"的形成》③、日野开三郎《五代镇将考》④、山崎觉士《五代の道制——後唐朝を中心に》⑤等。这些制度层面的研究,对于准确了解这一时期不同层级政区地理的变化提供了借鉴。

在五代政区地理研究方面出现了一系列的研究成果,其中主要有韩凤冉《五代时期河北道、河南道政区地理研究》⑥、孙钰红《五代政区地理研究——燕晋地区部分》⑦、陈昱明《五代关陇河洛地区政区地理》⑧、李晓杰《五代时期幽州卢龙节度使辖区沿革考述》⑨与《五代时期魏州天雄军节度使辖区沿革考述》⑩以及《五代政区地理考述——以凤翔、陇州、秦州、乾州、凤州诸节度使辖区演变为中心》⑪等。这些研究跳出了传统沿革地理的窠臼,试图从断代政区地理的视角对这一时期部分区域内的政区变化进行揭示⑫。

在十国政区沿革地理的相关研究成果中,周庆彰《五代时期南方诸政权政

---

① 载《师大月刊》第11期(1934年4月)与第15期(1934年11月)。
② 载《中国边疆史地研究》1999年第4期。
③ 载《江汉大学学报》(人文科学版)2004年第2期。另,田雁《五代时期县级军研究》(湖北省社会科学院硕士论文,2002年)一文亦可参看。
④ 载《东洋学报》第25卷第2号(1938年)。该文中译本收入《日本学者研究中国史论著选译》(第五卷·五代宋元),中华书局,1992年。
⑤ 载《东洋学报》第85卷第4号(2004年)。该文后又收入氏著《中国五代国家论》,思文阁出版,2010年。
⑥ 复旦大学硕士学位论文,2007年。
⑦ 复旦大学硕士学位论文,2007年。
⑧ 复旦大学硕士学位论文,2009年。
⑨ 载《历史地理》第二十五辑,上海人民出版社,2011年。
⑩ 载复旦大学历史地理研究中心主编:《谭其骧先生百年诞辰纪念文集》,上海人民出版社,2012年。
⑪ 载北京大学中国古代史研究中心编:《舆地、考古与史学新说:李孝聪教授荣休纪念论文集》,中华书局,2012年。
⑫ 上述这些研究已吸收至本卷五代政区考证的相应章节之中。具言之,在本卷此部分的表述中,如有与韩凤冉、孙钰红、陈昱明等三人各自撰写的硕士学位论文所述相近者,则该处参考或采用了上述论文的某一相关内容。限于本卷的撰述体例,后文对类似之处不再一一标注。在此特作申明,不敢掠美。

区地理》①一文显得尤为突出,该文对南方九国诸政权的州县政区沿革作了系统的逐年考述,为本卷十国政区地理的考证提供了资料基础②。至于其余的单篇论文则多集中于一些具体问题的论述或制度层面的解析,兹择取主要者,枚举如次。

对南汉沿革地理与政区的研究,有梁元《南汉地理志考异》③、曾昭璇《南汉后海南省行政区划史研究》④、梁允麟《南汉地理沿革》⑤、刘茂真《南汉时邕州未改诚州》⑥、赵建玲《南汉与中原及周边割据政权关系概述》⑦、陈鸿钧《南汉兴王府暨常康、咸宁二县设置考》⑧等专题研究;对前后蜀疆域政区的研究,有王伊同《前蜀疆域考》⑨、徐学书《前后蜀西部疆域初探》⑩、邹重华等《前蜀后蜀与中原政权的关系》⑪、杨光华《前蜀与荆南疆界辩误》⑫、曾育荣《五代十国时期归、峡二州归属考辨》⑬、蒲孝荣《四川政区沿革与治地今释》(其中的五代前后蜀部分)⑭等学术成果;对南唐地方行政制度的研究,有日本学者畑地正憲《吳‧南唐の制置使を論じて宋代の軍使兼、知県事に及ぶ》⑮、清木場東《吳‧南唐の地方行政の変遷と特徴》⑯的论著;对吴越地方行政制度有关的研究,有吕以春《论五代吴越的基本国策和县名更改》⑰、何灿浩《吴越国方镇体制的解体与集权政治》⑱等专题论文;对杨吴政区地理的相关研究,有丁贞权《杨吴与中原王朝及周边割据政权关系述略》⑲、张金铣《庐州与杨吴政

---

① 复旦大学博士学位论文,2010 年。
② 该文的研究亦吸收至本卷十国政区考证的相应章节之中。具言之,在本卷此部分的表述中,倘遇与周庆彰此篇博士学位论文所述相类者,则系该处参考或采用了周文的相关内容。囿于本卷的撰述体例,后文对类似之处不再逐一标示。在此特作申明,不敢掠美。
③ 载《岭南文史》1985 年第 1 期。
④ 载《中国边疆史地研究》1993 年第 4 期。
⑤ 载《广东史志》1995 年第 4 期。
⑥ 载《广西地方志》1997 年第 1 期。
⑦ 载《安徽大学学报》(哲学社会科学版)2002 年第 3 期。
⑧ 载《岭南文史》2008 年第 1 期。
⑨ 载《史学年报》1937 年第 4 期。该文系著者《前蜀考略》(收入《王伊同学术论文集》,中华书局,2006 年)一文节录。
⑩ 载《成都文物》1990 年第 3 期。
⑪ 载成都市王建墓博物馆编:《前后蜀的历史与文化——前后蜀历史与文化学术讨论会论文集》,巴蜀书社,1994 年。
⑫ 载《西南师范大学学报》(哲学社会科学版)1993 年第 4 期。
⑬ 载《湖北大学学报》(哲学社会科学版)2008 年第 3 期。
⑭ 四川人民出版社,1986 年。
⑮ 载《九州大学东洋史学论集》第 1 号,1973 年 7 月。
⑯ 载《东洋学报》第 56 卷第 2·3·4 号,1975 年 3 月。
⑰ 载《杭州大学学报》1985 年第 2 期。
⑱ 载《历史研究》2004 年第 3 期。
⑲ 载《合肥学院学报》(社会科学版)2009 年第 1 期。

权》①、周运中《杨吴、南唐政区地理考》②等成果;对荆南(南平)与吴越政区地理的研究,则有李晓杰《五代时期荆南(南平)政权辖境政区沿革考述》③与《吴越国政区地理考述》④等论文。

另外,对五代十国之外的其他各类割据政权的辖区与行政制度的研究,学者亦有论及,如张兴武《秦岐政权的兴衰与关陇诸州历史命运的变迁》⑤、王凤翔《晚唐五代秦岐割据政权研究》⑥,对五代十国初期存在的岐王政权及其政区变化等问题进行了研究。郑炳林《晚唐五代归义军疆域演变研究》⑦、《晚唐五代敦煌归义军行政区划制度研究(之一)》⑧及《晚唐五代敦煌归义军行政区划制度研究(之二)》⑨,以及冯培红《归义军镇制考》⑩,则在归义军政权的疆域与行政区划制度等方面做了深入的探讨。

在此还需要着重提及的是日本学者栗原益男《五代宋初藩镇年表》⑪与中国学者朱玉龙《五代十国方镇年表》⑫。这两部方镇年表,无论是在规模上,还是在考订的详尽方面均已远超清代万斯同《五代诸镇年表》⑬、缪荃孙《补五代史方镇表》⑭及吴廷燮《五季方镇年表》⑮,为本卷政区地理的研究提供了极为有用的资料线索。

2. 相关研究的史料

有关五代十国时期政区地理的史料,不仅数量有限,而且相当分散,使得探究这一时期政区地理的演变极为不便,因此,开掘与五代十国政区有关的史

---

① 载《合肥学院学报》(社会科学版)2007年第2期。
② 载杜文玉主编:《唐史论丛》(第十三辑),三秦出版社,2011年。
③ 载靳润成主编:《走向世界的中国历史地理学——2012年中国历史地理学术研讨会论文集》,中国社会科学出版社,2014年。
④ 载《历史地理》第二十九辑,上海人民出版社,2014年。
⑤ 载《西北民族学院学报》(哲学社会科学版)1998年第1期。
⑥ 陕西师范大学博士学位论文,2007年;后更名《晚唐五代秦岐政权研究》,2009年由三秦出版社出版。
⑦ 载《历史地理》第15辑,上海人民出版社,1999年。
⑧ 载《敦煌研究》2002年第2期。
⑨ 载《敦煌研究》2002年第3期。
⑩ 载《敦煌吐鲁番研究》第9卷,中华书局,2006年;后该文又收入郑炳林主编:《敦煌归义军史专题研究四编》,三秦出版社,2009年。
⑪ 日本东京堂,1988年。
⑫ 中华书局,1997年。另外,有关该书中存在的一些瑕误,可参看邢东升《〈五代十国方镇年表〉辨误——以唐、五代淮南节镇辖区伸缩为中心》(载《书品》2008年第6辑)与胡耀飞《读〈五代十国方镇年表〉札记:以吴・南唐政权相关内容为中心》(载《书品》2010年第6辑)二文。
⑬ 《二十五史补编》第六册,中华书局,1956年。
⑭ 《北京大学图书馆馆藏稿本丛书》第9册,天津古籍出版社,1996年。
⑮ 辽海书社,1936年。

料,便显得尤为重要。本卷在史料的运用上,除新、旧《唐书》与新、旧《五代史》等正史及后人的注疏补证和《资治通鉴》、《唐会要》、《五代会要》、别史、杂史、地理总志、方志、政书、类书及笔记、文集外,还尽可能利用传世与今人整理的已发掘出土的五代金石碑刻砖文资料,诸如王昶《金石萃编》①、阮元《两浙金石志》②与《广东通志·金石略》③、翁方纲《粤东金石略补注》④、陆增祥《八琼室金石补正》⑤、隋唐五代墓志汇编编辑委员会编《隋唐五代墓志汇编》⑥、周绍良主编《唐代墓志汇编》⑦与《唐代墓志汇编续集》⑧、洛阳市文物工作队《洛阳出土历代墓志辑绳》⑨、吴钢主编《全唐文补遗》(1—9辑)⑩与《全唐文补遗·千唐志斋新藏专辑》⑪、陈尚君《全唐文补编》⑫、胡海帆等《中国古代砖刻铭文集》⑬、陈鸿钧等《〈南汉金石志〉补征·〈南汉丛录〉补征》⑭、赵君平等《秦晋豫新出墓志蒐佚》⑮、周阿根《五代墓志汇考》⑯等。此外,陈尚君《旧五代史新辑会证》⑰从《册府元龟》中辑出大量邵晋涵清辑本《旧五代史》未收入的遗文,同时将《册府元龟》中保存的其他五代实录文献附注于相关文字之下,为本卷利用北宋时期记载的五代十国地理沿革资料提供了便利。

二、五代十国时期行政区划单位与层级概说

五代十国时期中原地区各主要政权在其辖境内推行的行政区划仍沿袭唐末之制,大体上实行节度使(方镇)—州—县三级制。除节度使、属州、县这三种最基本的行政区划单位之外,尚并行设置了其他的一些行政区划单位,现略加说明。

留守,本是各政权的都城长官名,一般称某都留守或某京留守,如后梁的

---

① 中国书店影印扫叶山房刻本,1985年。
② 浙江古籍出版社,2012年。
③ 广东人民出版社,2011年。
④ 广东人民出版社,2012年。
⑤ 文物出版社,1985年。
⑥ 天津古籍出版社,1991年。
⑦ 上海古籍出版社,1992年。
⑧ 上海古籍出版社,1992年。
⑨ 中国社会科学出版社,1991年。
⑩ 三秦出版社,1994—2007年。
⑪ 三秦出版社,2006年。
⑫ 中华书局,2005年。
⑬ 文物出版社,2008年。
⑭ 广东人民出版社,2010年。
⑮ 国家图书馆出版社,2011年。
⑯ 黄山书社,2012年。
⑰ 复旦大学出版社,2005年。

东都留守、后唐的西京留守等,但因统辖一定的区域或数目的属州(府),故又用于政区名称之中,其情形与节度使相类,其行政级别亦与节度使等同。

府,分为两种。其一是政权的都城所在的府,如吴的江都府、南汉的兴王府等,下领属州,其行政级别与节度使等同,可称为都府;其二是擢升一些要地之州而设置的府,如后梁的大安府,其下仍领县,其地位虽然高于一般属州,但在行政级别上仍当与属州相同。

直属京(直隶)州,不隶属于任何节度使,由各政权直接统辖,其下一般领县,如后周的滨州,其行政级别比节度使略低,但高于节度使属州。

军,分为三种。其一是由某县(或县级政区,如制置院)而升置,一般仍领原县①,并由某政权直接统辖,如后周汉阳军,即以汉阳县置,且领该县,直属京;南唐江阴军,即以江阴县置,并领江阴县,直隶南唐。其行政级别与直属京(直隶)州等同,可称为直属京(直隶)军;其二是由某县之部分地区而升置(其下不领县)或降某州而置(其下领县),由某节度使统领。前者如后汉的赡国军,即析棣州渤海县一部分地置,属郓州天平军节度使管辖;后者如后周的通远军,即降环州而置,下领通远县,属灵州朔方节度使统领。这一种军的行政级别比属州低而高于县,可称为准州级军;其三是升某县内之镇、监等军事、经济要地或降某州为军,其下皆不领县,由某州统领,前者如后周的保顺军,即升无棣县保顺镇而置,无领县,属沧州;后者如后晋威肃军,即降警州而置,无辖县,为灵州统领。此种军的行政级别与县略同。

监,分为两种。其一是由某县而置(或降州而置),下不领县,如楚桂阳监,由郴州平阳、临武2县置(平阳、临武2县地置为桂阳监后,该2县即废),其行政级别与属州等同(后唐降安州而置的云安监,因其时的特殊情形,又具直属京的性质);其二是由某县之部分地区而置,由某州统领,如后周的莱芜监,在兖州莱芜县境,其行政级别比县略低。

场,析某县地而置,如楚东安场,即析零陵县置东安场,其行政级别比县略低。

制置院,析某县而置,如吴静海制置院,即析江都府海陵县之东境地置,其行政级别应与县略同。

综上所述,可将五代十国时期的行政区划单位分层级归类如下。

高层政区:留守、节度使、都府;

准高层政区:直属京(直隶)州、直属京(直隶)军;

---

① 后梁崇德军(于辉州砀山县置)、吴越衣锦军(以杭州临安县衣锦城置)例外,其下并不领县。

统县政区：府、属州、监(州级)①；
准统县政区：军(准州级)；
县级政区：县、军(县级)、制置院。
准县级政区：监(准县级)、场。
兹图示如下：

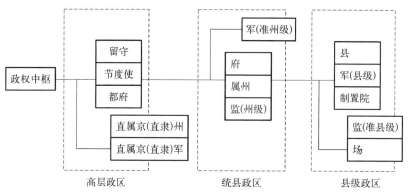

五代十国时期行政区划结构示意图

三、本卷研究的基本框架

如上所述，五代十国时期中原地区各主要政权在其辖境内推行的行政区划大致仍承继唐末的节度使(方镇)—州—县三级制。因此，本卷的论述即围绕着上述三级制展开。除绪言外，本卷分为两大编。

第一编是概述编，系综合本卷后面考证编的所有结论撰写而成。此编又分上下篇，以政权为视角，划分章节进行叙述。上篇细分为五章，分别简述后梁、后唐(晋王)、后晋、后汉及后周等五代所设置的行政区划的沿革；下篇细分为十章，分别略叙前蜀、后蜀、荆南(南平)、楚、吴(吴王)、南唐、吴越、闽(威武、闽王)、南汉(大彭王、南平王、南海王、大越)及北汉等十国政权所设置的行政区划的沿革。其中主要涉及这些政权所置节度使(留守)及其属州、直属京(直隶)州(军)的各自辖区的逐年变化。另外，曾与五代十国在不同时期并存过的岐王、卢龙(燕王、燕国)、赵王、北平王、定难、归义(西汉金山国)、武贞、宁远、邕管(岭南西道)、江西、百胜、高州、新州、静海、殷、湖南及清源等或大或小的各类割据政权的辖区演变，亦按地域与出现时间附入此编相应各章节之中加以概述。

---

① 监(州级)虽然不统县，但相当于统县政区这一层级。

第二编是考证编,依据现有史料对五代十国时期政区地理作了逐年的详尽考述。此编参照唐开元十五道的分野,按地域将后梁贞明六年(920)各政权(北方有后梁、晋王、岐王、定难及归义,南方有前蜀、荆南、楚王、吴、吴越、闽王及南汉)所辖的节度使(留守)与前蜀直隶地区、吴国的江都府和南汉兴王府、齐昌府作为列目的标准,共计十章,分置于上篇与下篇之中。上篇为第一章至第五章,涉及920年存在的后梁所置2留守与22节度使、晋王所控11节度使、岐王所控3节度使、定难1节度使及归义1节度使,共40个节度使(留守)及其属州[含直属京(直隶)州与军]的辖区变迁考证。此年之前或之后在北方区域内出现的各政权[卢龙(燕王、燕国)、赵王、北平王、西汉金山国及后唐、后晋、后汉、后周、北汉]所领的节度使(留守)及其属州(含直属京州与军)的辖区变动,则相应分置于上述40个节度使(留守)之下进行论述考订。下篇为第六章至第十章,考证920年南方前蜀所辖1直隶地区11节度使、荆南1节度使、楚王3节度使、吴江都府1府与8节度使、吴越2节度使、闽王1节度使及南汉兴王府、齐昌府2府和2节度使,共28个节度使与前蜀直隶地区、吴国的江都府和南汉兴王府、齐昌府及其属州[含直属京(直隶)州与军]的辖区变迁。此年之前或之后在南方区域内出现的各政权[武贞、宁远、邕管(岭南西道)、江西、百胜、高州、新州、静海及后蜀、南平、楚、南唐、闽、殷、湖南、清源]所领的节度使及其属州、直隶地区和直属京(直隶)州(军)的辖区变动,则相应纳入上述32个节度使级考证区域之中进行论证考述。

此外,为了便于读者的阅读与理解,本卷还运用了大量的图表,直观展现论述的结论。

四、本卷的撰写凡例

五代十国时期中原地区各政权的数目众多,性质不一,政治与军事实力相差悬殊。在所据有的区域上不仅有大有小,而且还时有承继与兼并,纷繁复杂,难理头绪,以至于治史者视为畏途。本卷为较清晰地呈现其时各政权政区变迁的复杂过程,不得不在撰写体例上作出一些特殊规定,以醒眉目。下面即将本卷的撰写体例条陈如下。

其一,在本卷概述编目录与正文的各章标题中,依据各类政权的不同情况,采用了不同的字体加以区分。兹具体说明如次:五代政权用笔画粗些的宋体,如"后梁"、"后唐"、"后晋"、"后汉"及"后周"等;晋、岐、燕等三王及十国政权用笔画细些的宋体,如"晋王"、"岐王"、"燕王(燕国)"、"前蜀"、"后蜀"、"荆南(南平)"、"楚(楚王)"、"吴(吴王)"、"南唐"、"吴越"、"闽"、"南汉(大彭王、南平王、南海王、大越)";其余或大或小的割据政权或政权势力则统用楷体,如"卢龙"、"赵王"、"北平王"、"定难"、"归义(西汉金山国)"、"威武"、"武贞"、"宁远"、"邕管(岭南西道)"、"江西"、"百胜"、"高州"、"新州"、"静海"、"殷"、"湖南"及"清源"等。

其二,本卷在叙述各政权政区沿革时,以各政权自己使用的年号纪年,另加括号注明公元纪年。另外,在考证编中,十国政权各自纪年之后,还加注五代的纪年,以达南北政权对应之效。

其三,本卷概述编中,以五代十国分章,每个政权的政区沿革,采用各自择取一个基准年[①],按地域以节度使(留守、直隶地区[②])分节列目的形式展开叙述,此年之前或之后所出现的各节度使(留守)名称,则均以括注形式列于相对应名称之后。直属京(直隶)州或军以及不存在该基准年的节度使,则以附见的形式置于相应节、目之后。另外,与五代十国并存的其他割据政权或政权势力的政区沿革,亦按地域附于相应章节之后加以简要说明。兹将概述编五代十国各政权所取基准年对照列表于下:

朝代	政权		基准年	
	序号	名称	公元纪年	政权纪年
五代	1	后梁	909	开平三年
	2	后唐	929	天成四年
	3	后晋	936	天福元年
	4	后汉	949	乾祐二年
	5	后周	958	显德五年
十国	6	前蜀	916	通正元年
	7	后蜀	954	广政十七年
	8	荆南(南平)	926	(天成)元年
	9	楚	910	(开平)四年
	10	吴	936	天祚二年
	11	南唐	951	保大九年
	12	吴越	959	(显德)六年
	13	闽	941	永隆三年
	14	南汉	930	大有三年
	15	北汉	953	(乾祐)六年

① 一般以该政权领域最大或所辖政区数目最多为基准年的选取标准。
② 出于叙述的需要,个别政权(如前蜀、后蜀、吴、南唐等)中亦以"直隶地区"为名划分节、目。

其四，本卷概述编中，各政权的节度使（留守、直隶地区）皆单独排序编号，如"1.26 安州宣威军节度使"（在基准年存在的留守或节度使名称，又会以较粗的宋体标示）；其属州则随其编号再编小号，如"1.26.2 申州"。其中的编号"1.26"表示后梁的第二十六个节度使，"1.26.2"则表示后梁的第二十六个节度使所领的第二个州，余者皆依此类推。直属京（直隶）州或军，则一般以"直"字加数字，另行排序编号，分别附于相应地域所在的节度使（留守、直隶地区）节、目之后。如在第二章第一节"2.3 滑州宣义军节度使"下即附有"直1 郑州"之目，其中的"直1"则表示后唐所辖的第一个直属京州，其余类此（在十国政权中，出于叙述的便利，直隶州、军被归入某政权之直隶地区中排序编号时，则不出现"直"字）。与五代十国并存的其他政权或政权势力的政区，则以名称加数字的形式编号。如"岐王1 凤翔节度使"及"岐王1.3 陇州"等，其中的"岐王1"表示岐王辖区内的第一个节度使，"岐王1.3"则表示岐王第一个节度使所辖的第三个州，余皆同此。

其五，本卷概述编中，对于各政权的节度使（留守、直隶地区）所辖诸州的沿革叙述，为避免重复，仅置于该政权政区沿革基准年所存的节度使（留守、直隶地区）之下，其余之处皆用圆括号以参见属州编号的形式加以注明。

其六，本卷考证编的章节目录所列的节度使（留守）名称，悉以920年（后梁贞明六年，唐天祐十七年）为断，在此年之前或之后所出现的节度使（留守）名称，则均以括注形式列于相对应名称之后。至于新析置的节度使或州，如果其沿革考证可以包括在已有的节度使（留守）或州目之内，则仅采用"**含**"的形式标出，不再单列名目；若其沿革考证需要单独叙述，则采用"**附**"的形式，独立列出附在相应的节度使（留守）或州目之下。

其七，在本卷考证编每章各节之下，又细分为节度使（留守）辖区或直隶地区沿革与节度使（留守、直隶地区）所辖各州（府）沿革这样两个部分（县级以下政区，囿于史料，暂付阙如）。为醒目起见，在第一部分细目下，又将该留守、节度使或直隶地区在五代时期名称的前后变化一一标明。其中在920年这一年的留守或节度使名称，则以较粗的字体标出，以示区别。如第一章第八节许州节度使辖区沿革下即列有如下标题："许州忠武军节度使（后梁907—908）—**许州匡国军节度使（后梁908—923）**—许州忠武军节度使（后唐923—936，后晋936—946，后汉947—950，后周951—959）"，其中字体较粗的"**许州匡国军节度使**"，即表明在920年后梁该节度使所使用的正式名称。在此部分之后，又将不同时期该节度使（留守、直隶地区）所辖的各州（府）名称及所统属时间一一列目，以示考证结果。在第二部分细目下，则列出各州（府）名称（如有易称，则会一一列出)、在五代时期存在的时段以及治所(如有迁徙,亦一一列出)等情况。其中互见于一些留守或节度使的州,则只在其中的一处(一般是在原领之州下)叙述沿革,另一处,则采用参见的形式加以说明。

其八,五代十国时期各政权政区时有省废,对这些省废政区的名称均加方框,以示区别。又,各政权所置留守、节度使、府、州、县名称后直接加标问号者,说明该政区单位置废年代不明;至于置废年代大体可知在某年者,则在该年后再加问号,以示此纪年的不精准性。

其九,后晋开运三年(辽会同九年,946),辽进占中原,后晋灭亡。辽大同元年(947年)正月,契丹主入汴,除少数节度使外,原后晋藩镇争奉表称臣,辽在名义上已据有中原。然同年二月,刘知远在太原称帝,六月至大梁,改国号为汉,史称后汉,后晋旧臣纷纷归附。契丹人在中原军民的抗击下,被迫北还,后汉很快收复了后晋故土。由于契丹据有中原的时间甚短,故本卷对此段时间的政区政权归属过程从略,不再单独列目标明。

其十,五代十国时期,在南方的前蜀、后蜀、楚(王)、南汉等政权的边地,均领有数量不等的羁縻州,因相应史料记载的缺乏,除对楚(王)西部的羁縻州沿革略加考证外,其余各羁縻州暂不予论及。

其十一,五代十国时期,各政权多设有为数不少的遥领政区,但因非为实土的正式行政区划,故除对北汉境内的遥领政区因叙述需要略作提及外,其余的遥领政区均不列入本卷的讨论范围。

其十二,在本卷中,对所涉及的五代十国时期县级(含准县级)政区之地望,一般直接采用已有的前人成果,不再另作考证,唯遇前人有误时,方在文内有关之处予以辨明订正。

五、本卷所附政区图组编绘体例

除正文文字之外,本卷所附五代十国时期政区图组在编排与绘制方面亦有颇多考虑,兹将具体的编绘体例说明于下:

其一,本图组包括插图与附图两大部分(共53幅)。工作底图重点参考了谭其骧主编《中国历史地图集》第五册"五代十国时期"图组中的有关图幅。

其二,插图含五代十国各政权极盛时期辖境示意图(15幅)和公元920年各政权辖区局部详图(25幅),随本卷正文分插于第一编概述之部与第二编考证之部的相应章节中。

其三,附图含总图(4幅)与区域图(9幅),其中与谭其骧主编《中国历史地图集》第五册"五代十国时期"图组年代一致者10幅,统置于本卷正文之后。

其四,附图中的总图(4幅),分别选取公元907年、920年、943年、959年为标准年。图中绘出相应年份五代十国诸政权的疆域政区及边区政权、民族的分布地。其中诸政权疆域政区绘出政权(暨割据势力)名称、界线、都城,高层政区名称、界线、治所,统县政区名称、界线、治所,以及较大的河流、湖泊、岛屿等自然地理实体。边区民族仅标其大致方位。插图中的920年各政权辖区局部详图(25幅),除了上述各要素,还增绘出县级政区名称,以及较小的河流、湖泊等。至于其余各图,则视图幅大小,决定是否绘出县级政区名称。

其五,后梁、后唐、后晋、后汉、后周等五代政权,在图中均不加"后"字;十国政权则沿用习称。其时出现的羁縻地区(如楚王羁縻下的叙州、辰州等),加绘斜线阴影以与正州辖境区分。

其六,在本图组中,为醒目起见,不同性质的政权(割据势力、部族)、不同层级的政区名称,采用不同的字体与大小表示。具体情况详见下表:

图示内容			字体	释例	说明
五代名			华文中宋	梁	字体大小相同,加边框
十国名				前 蜀	
边区政权名				吐 蕃	
割据势力名			方正姚体	清源	字体大小同政权名,无边框
部族名			幼圆	党项	
高层政区	方镇	留守名	隶书	东都留守	字体大小相同
		节度使名		宣义军节度使	
		都团练观察使名	华文新魏	巴开渠都团练观察使	
		观察使名		濠州观察使	
		都团练防御使名		天德军都团练防御使	
		招讨游奕使名	华文楷体	琼州管内招讨游奕使	
准高层政区	直属京(直隶)州	防御州名	黑体	郑州	字体大小同州名
		团练州名	楷体	府州	
		刺史州名	仿宋	耀州	
	直属京(直隶)军名		黑体	汉阳军	字体大小同州名

续表

图示内容		字体	释例	说明
(准)统县政区	府名	黑体	**开封府**	字体大小相同
	州名		**宋州**	
	监名(州级)		**桂阳监**	
	军名(准州级)		**赡国军**	字体略小于州名
(准)县级政区	县名	宋体	浚仪	字体大小相同
	军名(县级)		威肃军	
	制置院名		静海制置院	
	监名(准县级)		莱芜监	
	场名		东安场	
流求		华文黑体	**流求**	

其七,本图组图例如下所示:

图 例	
符号及注记	名 称
◉ **开封府**	都城(割据政权驻所)
⦿ **夏州**	割据势力驻所
⦿ **滑州**	(准)高层政区治所
◎ 管城	(准)统县政区治所
○ 陈留	(准)县级驻所
▬▬▬	政权界
▬ ▬ ▬	高层政区界
- - - -	统县政区界
▨▨▨	羁縻地区
〜〜	河流及湖泊

第一编　五代十国时期政区沿革概述

上篇　五代辖境政区沿革概述

第一章　后　　梁
[**附**：岐王、燕王（燕国；**含**卢龙）、赵王、北平王、定难、归义（**含**西汉金山国）]

唐天祐四年（907）三月，昭宣帝下诏"禅位"于梁王朱温（全忠）。四月，朱温称帝，更名晃，是为梁太祖。改元开平，国号大梁（史称后梁），以汴梁为开封府，称东都；以洛阳为西都，仍称河南府。废唐昭宣帝为济阴王，徙居曹州，唐朝正式灭亡。中国历史再一次进入了较长时段的分裂割据时期。龙德三年（923）十月，后梁为后唐所灭。

在后梁期间，与其并峙或一度并存的其他割据政权（势力）尚有不少。在北方有：晋王（907—923）①、岐王（907—923）、卢龙（907—909）[燕王（909—911）、燕国（911—913）]、赵王（910—914）、北平王（910—914）、定难（907—923）、西汉金山国（907—914）[归义（914—923）]。在南方有：前蜀（907—923）、吴王（907—919）[吴国（919—923）]、吴越（907—923）、威武（907—909）[闽王（909—923）]、荆南（913—923）、楚王（907—923）、大彭王（907—909）[南平王（909—910）、南海王（910—917）、大越（917）、南汉（918—

---

① 此处及此段下文所标注的各割据政权起讫年代，仅以其与后梁并峙的时间为断；若该割据政权的存在时间逾此范围，亦仅标至后梁灭亡之923年。本编其余各章相应之处所标的起讫年代处理方式，与此类同。

923)〕、武贞(907—908)、宁远(907—910)、邕管(岭南西道,907—910?)、江西(907—909)、百胜(909—918)、新州(907—910?)、高州(907—911)、静海(907—923)等。

开平元年(907),后梁领有①①东都留守(辖开封府及宋、亳、辉、颍等4州),②滑州宣义军节度使(辖滑、郑、濮等3州),③郓州天平军节度使(辖郓、齐、曹等3州),④兖州泰宁军节度使(辖兖、沂、密等3州),⑤青州平卢军节度使(辖青、登、莱、淄、棣等5州),⑥徐州武宁军节度使(辖徐、宿2州),⑦许州忠武军节度使(辖许、陈、蔡等3州),⑧西都留守(辖河南府、汝州),⑨陕州保义军节度使(辖陕、虢2州),⑩孟州河阳节度使(辖孟、怀、泽等3州),⑪大安府佑国军节度使(辖大安府、商州),⑫同州匡国军节度使(辖同、华2州),⑬灵州朔方节度使(辖灵、威、雄、警等4州),⑭河中府护国军节度使(辖河中府及晋、绛2州),⑮山南东道节度使(辖襄、泌、邓、复、郢、随、均、房等8州),⑯安州宣威军节度使(辖安、申2州),⑰魏州天雄军节度使(辖魏、博、澶、卫、相、贝等6州),⑱镇州武顺军节度使(辖镇、冀、赵、深等4州),⑲定州义武军节度使(辖定、易、祁等3州),⑳沧州义昌军节度使(辖沧、德、景等3州),㉑荆南节度使等21个节度使(留守)。

开平二年(908)五月,陕州保义军节度使改称镇国军节度使。同月,许州忠武军节度使改称匡国军节度使;同州匡国军节度使改称忠武军节度使。六月,以邢、洺、惠等3州置㉒邢州保义军节度使。

开平三年(909)四月,岐王㉓鄜州保大军节度使(辖鄜、坊、翟等3州)、延州保塞军节度使(辖延、丹2州)属后梁,后者改为㉔忠义军节度使。五月,后梁割东都留守所辖宋、亳、辉、颍等4州置㉕宋州宣武军节度使,东都留守仅辖开封府;割山南东道节度使所辖邓、泌、随、复、郢等5州为㉖邓州宣化军节度使。六月,㉕同州忠武军节度使附于岐王。旋,㉖同州节度使又为后梁收复。同月,后梁从岐王手中攻取盐州,隶属灵州朔方节度使。七月,大安府佑国军节度使改称永平军节度使。十一月(?)②,割同州忠武军节度使所辖华州置㉗华州感化军节度使,领华、商(自大安府永平军节度使来属)2州。

开平四年(910)正月,㉖沧州义昌军节度使为燕王刘守光所据。四月,割

---

① 节度使(留守)之前的带圈数字,仅表示其时已领有之节度使(留守)总数目,而非节度使(留守)之顺序号码。本编其余各章文字中所出现的带圈数字含义皆与此同。
② 年或月后加"(?)"者,表示至迟此年或此月所叙之事已发生。下同。

河中府护国军节度使所辖晋、绛2州置㉗晋州定昌军节度使。七月,盐州复为岐王所据。十一月,㉖镇州武顺军节度使和㉕定州义武军节度使叛梁,前者复称成德军节度使。

乾化元年(911)十一月,后梁复取盐州。灵州朔方节度使领灵、威、雄、警、盐等5州。

乾化二年(912)三月,燕王沧州义昌军节度使降于后梁,改称㉖顺化军节度使。八月,㉕河中节度使附于晋王。十月(?),后梁孟州河阳节度使所辖泽州为晋王所据,属潞州昭义军节度使。十月,割邓州宣化军节度使所领复州隶荆南节度使。

乾化三年(913)三月,㉖河中节度使由晋王复属后梁。九月,㉕荆南节度使高季昌与后梁断绝,成为割据政权。

贞明元年(915)三月,割魏州天雄军节度使所辖相州、澶州、卫州置㉖相州昭德军节度使。四月,㉗岐王邠州静难军节度使降于后梁。六月,魏州为晋王所控,晋王自兼魏州天雄军节度使;沧州顺化军节度使所辖德州为晋王所据。七月,魏州天雄军节度使所领博州又属晋王。十二月,岐王耀州义胜军节度使降于后梁,改称㉘静胜军节度使,所辖耀州改称崇州,鼎州改称裕州。

贞明二年(916)八月,㉗相州昭德军节度使废,相州、澶州、卫州皆属晋王;㉖邢州保义军节度使属晋王政权,更名为安国军,并更惠州为磁州。九月,贝州又属晋王,㉕魏州天雄军节度使辖区完全属晋王,㉔沧州顺化军节度使全境亦属晋王。

贞明三年(917)六月,晋州定昌军节度使改称建宁军节度使。

贞明四年(918)正月(?),青州平卢军节度使所辖棣州别属郓州天平军节度使。八月,㉓兖州泰宁军节度使归附晋王。

贞明五年(919)十一月,㉔兖州泰宁军节度使复为后梁所控。

贞明六年(920)四月,㉓河中府护国军节度使、㉒同州忠武军节度使降于晋王。

龙德二年(922)八月,晋王魏州天雄军节度使所辖卫州为后梁夺取。

龙德三年(923)三月,晋王㉓潞州安义军节度使属后梁,改安义军为匡义军节度使,领潞、泽2州。十月,后唐攻占大梁,后梁灭亡。至十二月,后梁原领地尽属后唐。

下面按地域进行划分,以开平三年(909)为基准年分节列目,将后梁所辖政区进行概述(参见图1-1)。

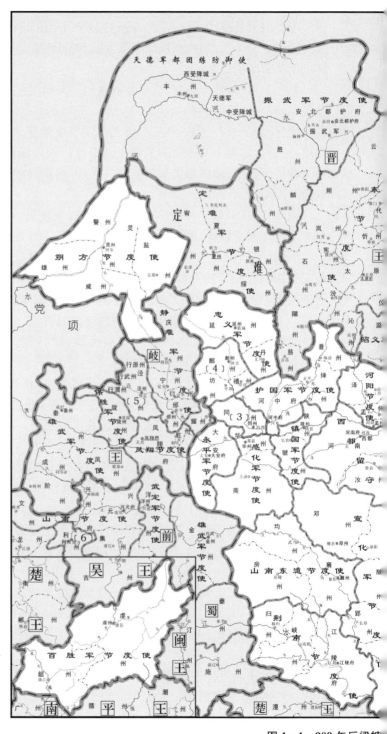

图1-1 909年后梁辖
（左下小图所示百胜军系后梁名义上新

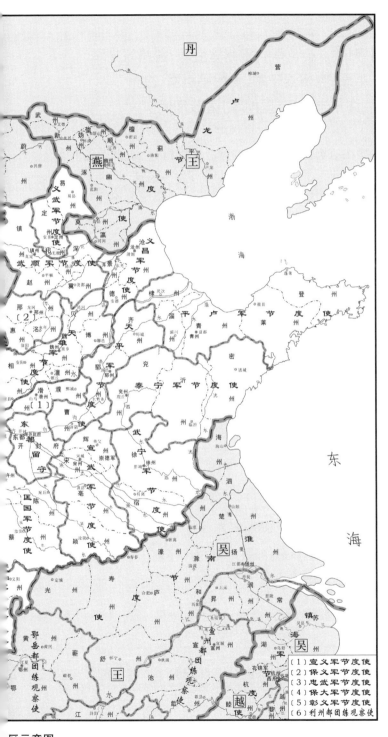

区示意图

时仍为卢光稠割据）

第一节 东都留守(附：*崇德军*)、宋州宣武军、滑州宣义军、郓州天平军、兖州泰宁军、青州平卢军、徐州武宁军、许州忠武军(匡国军)诸节度使

开平三年(909)，后梁在原唐河南道区域内置有东都留守、宋州宣武军节度使、滑州宣义军节度使、郓州天平军节度使、兖州泰宁军节度使、青州平卢军节度使、徐州武宁军节度使、许州匡国军节度使。本节即分别对上述各留守与节度使的辖区及所属各州(府)的沿革作一概述。

1.1 东都留守(907—923)，治开封府

唐汴州宣武军节度使辖区。

开平元年(907)四月，朱温即帝位，下诏升汴州为开封府，建为东都；废宣武军号，原唐汴州宣武军节度使所领汴(改称开封府)、宋、亳、辉、颍等5府州由东都留守管辖。十二月，于辉州砀山县置崇德军，直属京。

开平三年(909)，升宋州为宣武军节度使，割亳、辉、颍等3州隶之。东都留守仅辖开封一府。

此后至龙德三年(923)十月后梁被后唐所灭之前东都留守辖区未再变更。

1.1.1 汴州(907)—开封府(907—923)①，治开封县

唐旧州。

开平元年(907)四月，开封府领浚仪、开封、尉氏、陈留、封丘、雍丘等6县。

开平三年(909)二月，增领滑州之酸枣、长垣，郑州之中牟、阳武，宋州之襄邑，曹州之戴邑，许州之扶沟、鄢陵，陈州之太康等9县。

此后至龙德三年(923)十月，开封府领浚仪、开封、尉氏、陈留、封丘、雍丘、酸枣、长垣、中牟、阳武、襄邑、戴邑、扶沟、鄢陵、太康等15县。

1.1.2 宋州(907—909)，治宋城县(参见1.2.1)

1.1.3 亳州(907—909)，治谯县(参见1.2.2)

1.1.4 辉州(907—909)，治单父县(参见1.2.3)

---

① 本编与此相类之处括注的起讫年代仅为府、州等统县政区在所属留守、节度使等高层政区下的存在时间，而在其下所述沿革部分则兼及该统县政区在所属政权或割据势力下的演变情况，故二者在时间范围上或不尽一致。

1.1.5 颍州(907—909),治汝阴县(参见1.2.4)

附:

直1 崇德军(907—923),治砀山县境

直属京军。

开平元年(907)十二月,因"(梁)太祖榆社元在砀山",后梁于辉州砀山县置崇德军,以军使领之,直属京。

1.2 宋州宣武军节度使(909—923),治宋州

后梁新置。

开平三年(909)五月,以东都留守所辖宋州置宣武军节度使,割东都留守所辖亳、辉、颍等3州隶之。

此后至龙德三年(923)十月,宋州宣武军节度使辖区未更。

1.2.1 宋州(909—923),治宋城县

唐旧州。

开平元年(907),宋州领宋城、襄邑、宁陵、下邑、谷熟、柘城等6县。

开平三年(909)二月,襄邑县割隶开封府。

开平四年(910),辉州楚丘县来属。

此后至龙德三年(923)十月,宋州领宋城、宁陵、下邑、谷熟、柘城、楚丘等6县。

1.2.2 亳州(909—923),治谯县

唐旧州。

开平元年(907),亳州领谯、酂、鹿邑、真源、永城、蒙城、焦夷等7县。

龙德元年(921)三月,焦夷县改称夷父县。

此后至龙德三年(923)十月,亳州领谯、酂、鹿邑、真源、永城、蒙城、夷父等7县。

1.2.3 辉州(909—923),治单父县

唐旧州。

开平元年(907)十二月,于砀山县置崇德军;辉州领单父、砀山、虞城、成武、楚丘等5县。

开平四年(910)四月,楚丘县别属宋州。

此后至龙德三年(923)十月,辉州领单父、砀山、虞城、成武等4县。

1.2.4 颍州(909—923),治汝阴县

唐旧州。

开平元年(907),颍州领汝阴、颍上、下蔡、沈丘等 4 县。
此后至龙德三年(923)十月,颍州领县未更,一如开平元年。

1.3 滑州宣义军节度使(907—923),治滑州
唐旧镇。

开平元年(907)四月,滑州宣义军节度使领滑、郑、濮等 3 州。

此后至龙德三年(923)十月,滑州宣义军节度使辖区未更。

1.3.1 滑州(907—923),治白马县
唐旧州。

开平元年(907),滑州领白马、卫南、韦城、长垣、胙城、酸枣、灵昌等 7 县。

开平三年(909)二月,酸枣、长垣 2 县别属开封府。

此后至龙德三年(923)十月,滑州领白马、卫南、韦城、胙城、灵昌等 5 县。

1.3.2 郑州(907—923),治管城县
开平元年(907),郑州领管城、荥阳、荥泽、原武、阳武、新郑、中牟等 7 县。

开平三年(909)二月,阳武、中牟 2 县别属开封府。

此后至龙德三年(923)十月,郑州领管城、荥阳、荥泽、原武、新郑等 5 县。

1.3.3 濮州(907—923),治鄄城县
开平元年(907),濮州领鄄城、濮阳、范、雷泽、临濮等 5 县。

此后至龙德三年(923)十月,濮州领县未更,一如开平元年。

1.4 郓州天平军节度使(907—923),治郓州
唐旧镇。

开平元年(907),郓州天平军节度使领郓、曹、齐等 3 州。

贞明四年(918)正月(?),青州平卢军节度使所辖棣州来属。

此后至龙德三年(923)十月,郓州天平军节度使领郓、曹、齐、棣等 4 州。

1.4.1 郓州(907—923),治须昌县
唐旧州。

开平元年(907),郓州领须昌、寿张、万安、巨野、卢县、平阴、东阿、阳谷等 8 县。

此后至龙德三年(923)十月,郓州领县未更,一如开平元年。

1.4.2 曹州(907—923),治济阴县
唐旧州。

开平元年(907),曹州领济阴、考城、冤句、乘氏、南华等 5 县。

开平三年(909),考城更名戴邑并别属开封府。

此后至龙德三年(923)十月,曹州领济阴、冤句、乘氏、南华等4县。

1.4.3　齐州(907—923),治历城县

唐旧州。

开平元年(907),齐州领历城、章丘、临邑、临济、长清、禹城等6县。

此后至龙德三年(923)十月,齐州领县未更,一如开平元年。

1.4.4　棣州(918—923),治厌次县(参见1.6.5)

1.5　兖州泰宁军节度使(907—918,919—923),治兖州

唐旧镇。

开平元年(907),兖州泰宁军节度使领兖、沂、密等3州。

贞明四年(918)八月,兖州泰宁军节度使张万进归附晋王李氏政权。

贞明五年(919)十一月,后梁将刘鄩率军杀张万进,兖州泰宁军节度使复为后梁所控。

此后至龙德三年(923)十月,兖州泰宁军节度使一直领兖、沂、密等3州。

1.5.1　兖州(907—918,919—923),治瑕丘县

唐旧州。

开平元年(907),兖州领瑕丘、曲阜、乾封、泗水、邹、任城、龚丘、金乡、鱼台、莱芜、中都等11县。

贞明四年(918)八月,兖州归附晋王李氏政权。

贞明五年(919)十一月,兖州复为后梁所控。

此后至龙德三年(923)十月,兖州领县未更,一如开平元年。

1.5.2　沂州(907—918,919—923),治临沂县

唐旧州。

开平元年(907),沂州领临沂、承、费、新泰、沂水等5县。

贞明四年(918)八月,沂州归附晋王李氏政权。

贞明五年(919)十一月,沂州复为后梁所控。

此后至龙德三年(923)十月,沂州领县未更,一如开平元年。

1.5.3　密州(907—918,919—923),治诸城县(907—921)—胶源县(921—923)

唐旧州。

开平元年(907),密州领诸城、辅唐、高密、莒等4县。

后梁开平二年(908),辅唐县更名安丘县。

贞明四年(918)八月,密州归附晋王李氏政权。

贞明五年(919)十一月,密州复为后梁所控。

龙德元年(921),诸城县更名胶源县。

此后至龙德三年(923)十月,沂州领胶源城、安丘、高密、莒等4县。

1.6　青州平卢军节度使(907—923),治青州

唐旧镇。

开平元年(907),青州平卢军节度使领青、登、莱、淄、棣等5州。

贞明四年(918)正月(?),棣州别属郓州天平军节度使。

此后至龙德三年(923)十月,青州平卢军节度使一直领青、登、莱、淄等4州。

1.6.1　青州(907—923),治益都县

唐旧州。

开平元年(907),青州领益都、临淄、博昌、寿光、千乘、临朐、北海等7县。

此后至龙德三年(923)十月,青州领县未更,一如开平元年。

1.6.2　登州(907—923),治蓬莱县

唐旧州。

开平元年(907),登州领蓬莱、牟平、文登、黄等4县。

此后至龙德三年(923)十月,登州领县未更,一如开平元年。

1.6.3　莱州(907—923),治掖县

唐旧州。

开平元年(907),莱州领掖、昌阳、胶水、即墨等4县。

此后至龙德三年(923)十月,莱州领县未更,一如开平元年。

1.6.4　淄州(907—923),治淄川县

唐旧州。

开平元年(907),淄州领淄川、长山、高苑、邹平等4县。

此后至龙德三年(923)十月,淄州领县未更,一如开平元年。

1.6.5　棣州(907—918),治厌次县

唐旧州。

开平元年(907),棣州领厌次、滴河、阳信、蒲台、渤海等5县。

此后至龙德三年(923)十月,棣州领县未更,一如开平元年。

1.7　徐州武宁军节度使(907—923),治徐州

唐旧镇。

开平元年(907),徐州武宁军节度使领徐、宿 2 州。

此后至龙德三年(923)十月,徐州武宁军节度使辖区未更。

1.7.1　徐州(907—923),治彭城县

唐旧州。

开平元年(907),徐州领彭城、萧、丰、沛、滕、宿迁、下邳等 7 县。

此后至龙德三年(923)十月,徐州领县未更,一如开平元年。

1.7.2　宿州(907—923),治符离县

唐旧州。

开平元年(907),宿州领符离、虹、蕲、临涣等 4 县。

此后至龙德三年(923)十月,宿州领县未更,一如开平元年。

1.8　许州忠武军节度使(907—908)—许州匡国军节度使(908—923),治许州

唐旧镇。

开平元年(907)(?),许州忠武军节度使领许、陈、蔡等 3 州。

开平二年(908)五月,许州忠武军节度使改称匡国军节度使。

此后至龙德三年(923)十月,许州匡国军节度使一直领许、陈、蔡等 3 州。

1.8.1　许州(907—923),治长社县

唐旧州。

开平元年(907),许州领长社、长葛、阳翟、许昌、鄢陵、扶沟、临颍、舞阳、郾城等 9 县。

开平三年(909)二月,扶沟、鄢陵 2 县别属开封府,汝州所领襄城、叶 2 县来属。

此后至龙德三年(923)十月,许州领长社、长葛、阳翟、许昌、临颍、舞阳、郾城、襄城、叶等 9 县。

1.8.2　陈州(907—923),治宛丘县

唐旧州。

开平元年(907),陈州领宛丘、太康、项城、溵水、南顿、西华等 6 县。

开平三年(909)二月,太康县别属开封府。

此后至龙德三年(923)十月,陈州领宛丘、项城、溵水、南顿、西华等县。

1.8.3　蔡州(907—923),治汝阳县

唐旧州。

开平元年(907),蔡州领汝阳、上蔡、平舆、西平、遂平、朗山、真阳、新息、苞孚、新蔡等10县。

此后至龙德三年(923)十月,蔡州领县未更,一如开平元年。

第二节　西都留守、陕州镇国军(保义军)节度使、孟州河阳节度使

开平三年(909),后梁在与原唐都畿(东畿)大致相当的区域内置有西都留守、陕州镇国军节度使、孟州河阳节度使。本节即分别对上述各留守与节度使的辖区及所属各州(府)的沿革作一概述。

1.9　西都留守(907—923),治河南府

唐河南府佑国军节度使辖区。

开平元年(907)四月,后梁废唐河南府佑国军节度使,以所领河南府为西都,置西都留守,领河南府与汝州。

此后至龙德三年(923)十月,西都留守辖区未更。

1.9.1　河南府(907—923),治河南县

唐旧府。

开平元年(907),河南府领河南、洛阳、偃师、缑氏、阳邑、登封、陆浑、伊阙、新安、渑池、福昌、长水、永宁、寿安、密、颍阳、伊阳、王屋、河清、巩等20县。

此后至龙德三年(923)十月,河南府领县未更,一如开平元年。

1.9.2　汝州(907—923),治梁县

唐旧州。

开平元年(907),汝州领梁、郏城、鲁山、龙兴、临汝、叶、襄城等7县。

开平三年(909)二月,襄城、叶2县别属许州。

此后至龙德三年(923)十月,汝州领梁、郏城、鲁山、龙兴、临汝等5县。

1.10　陕州保义军节度使(907—908)—**陕州镇国军节度使(908—923)**,治陕州

唐旧镇。

开平元年(907),陕州保义军节度使领陕、虢2州。

开平二年(908),陕州保义军节度使改称镇国军节度使。

此后至龙德三年(923)十月,陕州镇国军节度使一直领陕、虢 2 州。

1.10.1　陕州(907—923),治陕县

唐旧州。

开平元年(907),陕州领陕、峡石、灵宝、夏、芮城、平陆等 6 县。

此后至龙德三年(923)十月,陕州领县未更,一如开平元年。

1.10.2　虢州(907—923),治弘农县

唐旧州。

开平元年(907),虢州领弘农、阌乡、湖城、朱阳、玉成、卢氏等 6 县。

此后至龙德三年(923)十月,虢州领县未更,一如开平元年。

1.11　孟州河阳节度使(907—923),治孟州

唐旧镇。

开平元年(907)四月,孟州河阳节度使领孟、怀 2 州。六月,增领泽州。

乾化二年(912)十月(?),泽州为晋王李存勖所夺,成为晋王潞州昭义军节度使属州。

此后至龙德三年(923)十月,孟州河阳节度使领孟、怀 2 州。

1.11.1　孟州(907—923),治河阳县

唐旧州。

开平元年(907),孟州领河阳、汜水、温、济源、河阴等 5 县。

此后至龙德三年(923)十月,孟州领县未更,一如开平元年。

1.11.2　怀州(907—923),治河内县

唐旧州。

开平元年(907),怀州领河内、武德、获嘉、武陟、修武等 5 县。

此后至龙德三年(923)十月,怀州领县未更,一如开平元年。

1.11.3　泽州(907—912?),治高都(或曰丹川)县

唐旧州。

开平元年(907),泽州领高都(或曰丹川)、高平、濩泽、端氏、陵川、沁水等 6 县。

乾化二年(912)十月(?),泽州为晋王所据,成为晋王所置潞州昭义军节度使属州。

第三节 大安府永平军(佑国军)、同州忠武军(匡国军)、华州感化军、鄜州保大军、延州保塞军(忠义军)、灵州朔方诸节度使[附：耀州义胜军(崇州静胜军)节度使、邠州静难军节度使]

开平三年(909)，后梁在原唐京畿、关内道区域内置有大安府永平军节度使、同州忠武军节度使、华州感化军节度使、鄜州保大军节度使、延州忠义军节度使、灵州朔方节度使。另外，在贞明元年(915)，岐王所领耀州义胜军节度使、邠州静难军节度使归属后梁，因此二节度使辖区亦在原唐关内道区域内，故一并附录于此。本节即分别对上述各节度使的辖区及所属各州(府)的沿革作一概述。

1.12 大安府佑国军节度使(907—909)—**大安府永平军节度使(909—923)**，治大安府

唐旧镇。

开平元年(907)四月，大安府佑国军节度使领大安府与商州。

开平三年(909)七月，大安府佑国军节度使改称永平军节度使。十一月(?)，商州别属华州感化军节度使。

此后至龙德三年(923)十月，大安府永平军节度使仅领大安府。

1.12.1 京兆府(907)—大安府(907—923)，治大安县

唐旧府。

开平元年(907)四月，京兆府改为大安府，长安县改称大安县，万年县改称大年县，大安府领大安、大年、昭应、渭南、蓝田、鄠、兴平、咸阳、泾阳、云阳、三原、高陵、富平、同官、栎阳、奉先等16县。

开平三年(909)二月，奉先县别属同州。三月，同官县别属同州。

此后至龙德三年(923)十月，大安府领大安、大年、昭应、渭南、蓝田、鄠、兴平、咸阳、泾阳、云阳、三原、高陵、富平、栎阳等14县。

1.12.2 商州(907—909)，治上洛县 (参见1.14.2)

1.13 同州匡国军节度使(907—908)—**同州忠武军节度使(908—909,909—920)**，治同州

唐旧镇。

开平元年(907)四月,同州匡国军节度使领同、华 2 州。

开平二年(908)五月,同州匡国军节度使改称忠武军节度使。

开平三年(909)六月,同州忠武军节度使刘知俊一度叛附岐王李茂贞,逐华州刺史蔡敬思。旋,忠武军节度使为后梁收复。十一月(?),析华州别置华州感化军节度使。同州忠武军节度使仅领同州。

贞明六年(920)四月,同州忠武军节度使归属晋王。

1.13.1　同州(907—909,909—920),治冯翊县

唐旧州。

开平元年(907),同州领冯翊、韩原、郃阳、夏阳、白水、澄城、朝邑等 7 县。

开平三年(909)二月,奉先县自大安府来属。三月,同官县自大安府来属。是年,韩原、郃阳、澄城等 3 县别属河中府。

此后至龙德三年(923)十月,同州领冯翊、夏阳、白水、朝邑、奉先、同官等 6 县。

1.13.2　华州(907—909),治郑县(参见 1.14.1)

1.14　华州感化军节度使(909—923),治华州

唐旧镇。

开平三年(909)十一月(?),析同州忠武军节度使所领之华州别置感化军节度使,同时割大安府永平军节度使所领商州来属。

此后至龙德三年(923)十月,华州感化军节度使一直领华、商 2 州。

1.14.1　华州(909—923),治郑县

唐旧州。

开平元年(907),华州领郑、华阴、下邽等 3 县。

此后至龙德三年(923)十月,华州领县未更,一如开平元年。

1.14.2　商州(909—923),治上洛县

唐旧州。

开平元年(907),商州领上洛、丰阳、洛南、商洛、上津、乾元等 6 县。

此后至龙德三年(923)十月,商州领县未更,一如开平元年。

1.15　鄜州保大军节度使(909—923),治鄜州

岐王属镇。

开平三年(909)四月,岐王所属鄜州保大军节度使为后梁所取,依旧领鄜、坊、翟等 3 州,并改翟州为禧州。

此后至龙德三年(923)十月,鄜州保大军节度使一直领鄜、坊、禧等3州。

1.15.1 鄜州(909—923),治洛交县

唐旧州。

开平元年(907),鄜州领洛交、洛川、三川、直罗、甘泉等5县。

此后至龙德三年(923)十月,鄜州领县未更,一如开平元年。

1.15.2 坊州(909—923),治中部县

唐旧州。

开平元年(907),坊州领中部、宜君、升平等3县。

此后至龙德三年(923)十月,坊州领县未更,一如开平元年。

1.15.3 翟州(909)—禧州(909—923),治昭化县

唐旧州。

开平元年(907),翟州领鄜城1县。

开平三年(909)四月,翟州改称禧州,鄜城县改称昭化县。

此后至龙德三年(923)十月,禧州领昭化1县。

1.16 延州保塞军节度使(909)—延州忠义军节度使(909—923),治延州

岐王属镇。

开平三年(909)四月,岐王所属延州保塞军节度使为后梁所取,且改称忠义军节度使,领延、丹2州。

此后至龙德三年(923)十月,延州忠义军节度使辖区未更。

1.16.1 延州(909—923),治肤施县

唐旧州。

开平元年(907),延州领肤施、延长、临真、金明、丰林、延川、敷政、延昌、延水、门山等10县。

此后至龙德三年(923)十月,延州领县未更,一如开平元年。

1.16.2 丹州(909—923),治义川县

唐旧州。

开平元年(907),丹州领义川、云岩、汾川、咸宁等4县。

此后至龙德三年(923)十月,丹州领县未更,一如开平元年。

1.17 灵州朔方节度使(907—923),治灵州

唐旧镇。

开平元年(907),灵州朔方节度使领灵、威、雄、警等4州。

开平三年(909)六月,后梁从岐王手中攻取盐州,隶属灵州朔方军节度使。

开平四年(910)七月,盐州复为岐王所据。

乾化元年(911)十一月,后梁复取盐州。

此后至龙德三年(923)十月,灵州朔方节度使领灵、威、雄、警、盐等5州。

1.17.1　灵州(907—923),治回乐县

唐旧州。

开平元年(907),灵州领回乐1县。

此后至龙德三年(923)十月,灵州领县未更,一如开平元年。

1.17.2　威州(907—923)

唐旧州。

开平元年(907),威州无领县。

此后至龙德三年(923)十月,威州一直不曾领县。

1.17.3　雄州(907—923),治承天堡

唐旧州。

开平元年(907),雄州无领县。

此后至龙德三年(923)十月,雄州一直不曾领县。

1.17.4　警州(907—923),治定远城

唐旧州。

开平元年(907),警州无领县。

此后至龙德三年(923)十月,警州一直不曾领县。

1.17.5　盐州(909—910,911—923),治五原县

唐旧州。

开平元年(907),盐州领五原、白池2县。

此后至龙德三年(923)十月,灵州领县未更,一如开平元年。

附:

1.18　耀州义胜军节度使(915)—崇州静胜军节度使(915—923),治崇州

岐王属镇。

贞明元年(915)十二月,岐王耀州义胜军节度使降梁。耀州改称崇州,鼎州改称裕州。耀州义胜军节度使改称崇州静胜军节度使,领崇、裕2州。

此后至龙德三年(923)十月,崇州静胜军节度使辖区未更。

1.18.1　耀州(915)—崇州(915—923),治华原县(参见岐王8.1)

1.18.2　鼎州(915)—裕州(915—923),治美原县(参见岐王 8.2)

1.19　邠州静难军节度使(915—923),治邠州

岐王属镇。

贞明元年(915),岐王所属邠州静难军节度使降后梁,依旧领邠、宁、庆、衍等 4 州。

贞明二年(916),庆、宁、衍等 3 州叛入岐王。旋,宁、衍 2 州复为后梁所得。邠州静难军节度使领邠、宁、衍 3 州。

贞明三年(917),庆州叛乱平定。

此后至龙德三年(923)十月,邠州静难军节度使领邠、宁、庆、衍等 4 州。

1.19.1　邠州(915—923),治新平县 (参见岐王 9.1)
1.19.2　宁州(915—916,916—923),治定安县 (参见岐王 9.2)
1.19.3　庆州(915—916,917—923),治顺化县 (参见岐王 9.3)
1.19.4　衍州(915—916,916—923),治安平县 (参见岐王 9.4)

第四节　河中府护国军节度使[附：晋州定昌军(建宁军)节度使、潞州匡义军节度使]

开平三年(909),后梁在原唐河东道区域内置有河中府护国军节度使。又,开平四年(910),析护国军节度使置晋州定昌军节度使。龙德三年(923)三月,晋王所领潞州匡义军节度使归属后梁。因后二节度使辖区皆在原唐河东道区域内,故一并附录于此。本节即分别对上述各节度使的辖区及所属各州(府)的沿革作一概述。

1.20　河中府护国军节度使(907—912,913—920),治河中府

唐旧镇。

开平元年(907)四月,河中府护国军节度使领河中府及晋、绛 2 州。

开平四年(910)四月,析晋、绛 2 州置晋州定昌军节度使。护国军节度使仅辖河中府。

乾化二年(912)八月,河中节度使附于晋王。

乾化三年(913)三月,河中节度使复属后梁。

贞明六年(920)四月,河中节度使复附于晋王。

1.20.1　河中府(907—912,913—920),治河东县

唐旧府。

开平元年(907),河中府当辖河东、河西、临晋、解、猗氏、虞乡、永乐、安邑、宝鼎、闻喜、稷山、万泉、龙门等13县。

开平三年(909),韩原、郃阳、澄城等3县自同州来属。

此后至龙德三年(923)十月,河中府领河东、河西、临晋、解、猗氏、虞乡、永乐、安邑、宝鼎、闻喜、稷山、万泉、龙门、韩原、郃阳、澄城等16县。

1.20.2　晋州(907—910),治临汾县

唐旧州。

开平元年(907),晋州领临汾、洪洞、神山、霍邑、赵城、岳阳、汾西、冀氏等8县。

此后至龙德三年(923)十月,晋州领县未更,一如开平元年。

1.20.3　绛州(907—910),治正平县

唐旧州。

开平元年(907),绛州领正平、太平、曲沃、浍川、绛、垣、襄陵等7县。

此后至龙德三年(923)十月,绛州领县未更,一如开平元年。

附:

1.21　晋州定昌军节度使(910—917)—晋州建宁军节度使(917—923),治晋州

后梁新置镇。

开平四年(910),后梁升河中节度使所领晋州为定昌军节度使,以绛州隶之。

贞明三年(917)六月,晋州定昌军节度使改称建宁军节度使。

此后至龙德三年(923)十月,晋州建宁军节度使领晋、绛2州。

1.21.1　晋州(910—923),治临汾县(参见1.20.2)

1.21.2　绛州(910—923),治正平县(参见1.20.3)

1.22　潞州匡义军节度使(923),治潞州

晋王属镇。

龙德三年(923)三月,晋王潞州安义军节度留后李继韬遣使以城归顺后梁,后梁改安义军节度使为匡义军节度使,领潞、泽2州。

1.22.1　潞州(923),治上党县(参见2.24.1)

1.22.2　泽州(923),治晋城县(参见2.24.2)

第五节　荆南、山南东道(襄州)、邓州宣化军、安州宣威军诸节度使

开平三年(909),后梁在原唐山南东道区域内置有荆南节度使、山南东道(襄州)节度使、邓州宣化军节度使,在原唐淮南道区域内置有安州宣威军节度使,因其地域相连,故并列于此。本节即分别对上述各节度使的辖区及所属各州的沿革作一概述。

1.23　荆南节度使(907—913),治江陵府

唐旧镇。

开平元年(907),荆南节度使领江陵府及归、峡 2 州。

乾化二年(912)十月,割邓州宣化节度使所领复州来属。荆南节度使领江陵府及归、峡、复等 3 州。

乾化三年(913)九月,荆南节度使高季昌荆南与后梁断绝关系而成为割据政权。

1.23.1　江陵府(907—913),治江陵县

唐旧府。

开平元年(907),江陵府领江陵、枝江、当阳、长林、石首、松滋、公安、荆门等 8 县。

开平三年(909),割复州监利县来属。

此后至乾化三年(913)九月,江陵府领江陵、枝江、当阳、长林、石首、松滋、公安、荆门、监利等 9 县。

1.23.2　归州(907—913),治秭归县

唐旧州。

开平元年(907),归州领秭归、巴东、兴山等 3 县。

此后至乾化三年(913)九月,归州领县未更,一如开平元年。

1.23.3　峡州(907—913),治夷陵县

唐旧州。

开平元年(907),峡州领夷陵、宜都、长阳、远安等 4 县。

此后至乾化三年(913)九月,峡州领县未更,一如开平元年。

1.23.4　复州(912—913),治沔阳县(参见 1.25.5)

1.24　山南东道(襄州)节度使(907—923),治襄州

唐旧镇。

开平元年(907),山南东道节度使(又称襄州节度使)领襄、泌、邓、复、郢、随、均、房等8州。

开平三年(909)五月,析邓州为宣化军节度使,泌、随、复、郢等4州别属之。

此后至龙德三年(923)十月,山南东道节度使一直领襄、均、房等3州。

1.24.1　襄州(907—923),治襄阳县

唐旧州。

开平元年(907),襄州领襄阳、邓城、谷城、义清、南漳、宜城、乐乡等7县。

此后至龙德三年(923)十月,襄州领县未更,一如开平元年。

1.24.2　均州(907—923),治武当县

唐旧州。

开平元年(907),均州领武当、郧乡、丰利等3县。

此后至龙德三年(923)十月,均州领县未更,一如开平元年。

1.24.3　房州(907—923),治房陵县

唐旧州。

开平元年(907),房州一直领房陵、永清、竹山、上庸等4县。

此后至龙德三年(923)十月,房州领县未更,一如开平元年。

1.24.4　邓州(907—909),治穰县(参见1.25.1)
1.24.5　泌州(907—909),治泌阳县(参见1.25.2)
1.24.6　随州(907—909),治随县(参见1.25.3)
1.24.7　郢州(907—909),治长寿县(参见1.25.4)
1.24.8　复州(907—909),治沔阳县(参见1.25.5)

1.25　邓州宣化军节度使(909—923),治邓州

后梁新置镇。

开平三年(909)五月,升山南东道节度使所领邓州为宣化军节度使,割山南东道节度使所领泌、随、复、郢4州隶之。

乾化二年(912)十月,复州别属荆南节度使。

此后至龙德三年(923)十月,邓州节度使一直领邓、泌、随、郢等4州。

1.25.1　邓州(909—923),治穰县

唐旧州。

开平元年(907),邓州领穰、南阳、向城、临湍、内乡、菊潭等6县。

此后至龙德三年(923)十月,邓州领县未更,一如开平元年。

1.25.2 泌州(909—923),治泌阳县

唐旧州。

开平元年(907),泌州领泌阳、慈丘、桐柏、平氏、湖阳、方城、比阳等7县。

此后至龙德三年(923)十月,泌州领县未更,一如开平元年。

1.25.3 随州(909—923),治随县

唐旧州。

开平元年(907),随州领随、光化、枣阳、唐城等4县。

乾化三年(911),唐城县改曰汉东县。

此后至龙德三年(923)十月,随州领随、光化、枣阳、汉东等4县。

1.25.4 郢州(909—923),治长寿县

唐旧州。

开平元年(907),郢州下领长寿、京山、富水等3县。

此后至龙德三年(923)十月,郢州领县未更,一如开平元年。

1.25.5 复州(909—912),治沔阳县

唐旧州。

开平元年(907),复州领沔阳、竟陵、监利等3县。

开平三年(909),监利县割隶江陵府。

此后至乾化三年(913)九月,复州领沔阳、竟陵2县。

1.26 安州宣威军节度使(907?—923),治安州

后梁新置镇。

开平元年(907)十二月(?),后梁以安州置宣威军节度使,领安、申2州。

此后至龙德三年(923)十月,安州宣威军节度使辖区未更,一如开平元年。

1.26.1 安州(907?—923),治安陆县

唐旧州。

开平元年(907),安州领安陆、云梦、孝昌、应阳、吉阳、应山等6县。

此后至龙德三年(923)十月,安州领县未更,一如开平元年。

1.26.2 申州(907?—923),治义阳县

唐旧州。

开平元年(907),申州领义阳、钟山、罗山等3县。

此后至龙德三年(923)十月,安州领县未更,一如开平元年。

第六节 魏州天雄军(附：相州昭德军)、邢州保义军、镇州武顺军、定州义武军、沧州义昌军诸节度使

开平三年(909),后梁在原唐河北道区域内据有魏州天雄军节度使、邢州保义军节度使、镇州武顺军节度使、定州义武军节度使、沧州义昌军节度使。又,在贞明元年(915),析魏州天雄军节度使置相州昭德军节度使,故附录于此。本节即分别对上述各节度使的辖区及所属各州的沿革作一概述。

1.27 魏州天雄军节度使(907—916),治魏州

唐旧镇。

开平元年(907),魏州天雄军节度使领魏、博、澶、卫、相、贝等6州。

贞明元年(915)三月,析魏州天雄军节度使所辖之相州置昭德军节度使,并以澶、卫2州属之。魏州天雄军节度使领魏、博、贝等3州。六月,魏州为晋王所控,晋王自兼魏州天雄军节度使。七月,博州又属晋王。

贞明二年(916)九月,贝州为晋王所取。至此后梁魏州天雄军节度使辖区完全为晋王所据。

1.27.1 魏州(907—915),治贵乡县

唐旧州。

开平元年(907),魏州领贵乡、元城、魏、馆陶、冠氏、莘、武阳、昌乐、临河、洹水、斥丘、内黄、广宗、永济等14县。

此后至贞明元年(915)六月,魏州领县未更,一如开平元年。

1.27.2 博州(907—915),治聊邑县

唐旧州。

开平元年(907),博州领聊邑、博平、武水、清平、堂邑、高唐等6县。

开平二年(908),高唐县更名为鱼丘县。

此后至贞明元年(915)七月,博州领聊邑、博平、武水、清平、堂邑、鱼丘等6县。

1.27.3 贝州(907—916),治清河县

唐旧州。

开平元年(907),贝州领清河、清阳、武城、漳南、历亭、经城、临清、夏津等8县。

此后至贞明二年(916)九月,贝州领县未更,一如开平元年。

1.27.4　相州(907—915),治安阳县

唐旧州。

开平元年(907),相州领安阳、邺、汤阴、林虑、永定、临漳等6县。

开平三年(909)正月(?),永定县更名为长平县。

此后至贞明二年(916)八月,相州领安阳、邺、汤阴、林虑、长平、临漳等6县。

1.27.5　澶州(907—915),治顿丘县

唐旧州。

开平元年(907),澶州领顿丘、清丰、观城、临黄等4县。

此后至贞明二年(916)八月,澶州领县未更,一如开平元年。

1.27.6　卫州(907—915,922—923),治汲县

唐旧州。

开平元年(907),卫州领汲、卫、共城,新乡,黎阳等5县。

此后至贞明二年(916)三月,卫州领县未更,一如开平元年。随后,为晋王所取。

龙德二年(922)八月,晋王所控制的卫州复为后梁夺取。

此后至龙德三年(923)十月,后唐灭后梁,卫州复属后唐,为后唐魏州天雄军节度使属州。

附:

1.28　相州昭德军节度使(915—916),治相州

后梁新置镇。

贞明元年(915),析魏州天雄军节度使置相州昭德军节度使,领相、澶、卫等3州。

贞明二年(916),相州昭德军节度使废,卫、相、澶等3州复入魏州天雄军节度使,并皆为晋王李氏政权所据。

1.28.1　相州(915—916),治安阳县(参见1.27.4)

1.28.2　澶州(915—916),治顿丘县(参见1.27.5)

1.28.3　卫州(915—916),治汲县(参见1.27.6)

1.29　邢州保义军节度使(908—916),治邢州

后梁新置镇。

开平元年(907)四月,后梁据有原唐末潞州昭义军节度使所属5州中之

泽、邢、洺、惠等4州(另外一州潞州则为晋王所据)。六月,泽州别属孟州河阳节度使。

开平二年(908)六月,升邢州为保义军节度使,并以洺、惠2州隶之。

贞明二年(916)八月,邢州节度使所辖邢、洺、惠等3州尽入于晋王。

1.29.1　邢州(908—916),治龙冈县

唐旧州。

开平元年(907),邢州领龙冈、沙河、南和、巨鹿、平乡、任、尧山、内丘等8县。

此后至贞明二年(916)八月,邢州领县未更,一如开平元年。

1.29.2　洺州(908—916),治永年县

唐旧州。

开平元年(907),洺州领永年、平恩、临洺、鸡泽、肥乡、曲周等6县。

此后至贞明二年(916)四月,洺州领县未更,一如开平元年。

1.29.3　惠州(908—916),治滏阳县

唐旧州。

开平元年(907),惠州领滏阳、邯郸、武安、昭义等4县。

此后至贞明二年(916)三月,惠州领县未更,一如开平元年。

1.30　镇州武顺军节度使(907—910),治镇州

唐旧镇。

开平元年(907),镇州武顺军节度使领镇、冀、深、赵等4州。

开平四年(910)十一月,镇州武顺军节度使赵王王镕与定州节度使北平王王处直联合叛梁,后梁遂失镇州武顺军节度使所领4州。

1.30.1　镇州(907—910),治真定县

唐旧州。

开平元年(907),镇州领真定、藁平、石邑、九门、灵寿、行唐、井陉、获鹿、平山、鼓城、栾氏等11县。

开平二年(908),行唐县更名彰武县。

此后至开平四年(910)十一月,镇州领真定、藁平、石邑、九门、灵寿、彰武、井陉、获鹿、平山、鼓城、栾氏等11县。

1.30.2　冀州(907—910),治尧都县

唐旧州。

开平元年(907),冀州领尧都、南宫、堂阳、枣强、武邑、衡水、汉阜、蓨、武强

等9县。

此后至开平四年(910)十一月,冀州领县未更,一如开平元年。

1.30.3　深州(907—910),治陆泽县

唐旧州。

开平元年(907),深州辖陆泽、饶阳、束鹿、安平、博野、乐寿、下博等7县。

此后至开平四年(910)十一月,深州领县未更,一如开平元年。

1.30.4　赵州(907—910),治平棘县

唐旧州。

开平元年(907),赵州领平棘、宁晋、昭庆、柏乡、高邑、房子、赞皇、元氏等8县。

此后至开平四年(910)十一月,赵州领县未更,一如开平元年。

1.31　定州义武军节度使(907—910),治定州

唐旧镇。

开平元年(907),定州义武军节度使领定、易、祁等3州。

开平四年(910)十一月,定州节度使北平王王处直与镇州武顺军节度使赵王王镕联合叛梁,后梁遂失定州义武军节度使所领3州。

1.31.1　定州(907—910),治安喜县

唐旧州。

开平元年(907),定州领安喜、义丰、北平、望都、曲阳、陉邑、唐、新乐等8县。

开平三年(909),唐县改称中山县。

此后至开平四年(910)十一月,定州领安喜、义丰、北平、望都、曲阳、陉邑、中山、新乐等8县。

1.31.2　易州(907—910),治易县

唐旧州。

开平元年(907),易州领易、容城、涞水、遂城、满城等5县。

此后至开平四年(910)十一月,易州领县未更,一如开平元年。

1.31.3　祁州(907—910),治无极县

唐旧州。

开平元年(907),祁州领无极、深泽2县。

此后至开平四年(910)十一月,祁州领县未更,一如开平元年。

1.32 沧州义昌军节度使(907—910),沧州顺化军节度使(912—916),治沧州

唐旧镇。

开平元年(907),沧州义昌军节度使领沧、景、德等 3 州。

开平四年(910)正月,义昌军节度使为燕王刘守光所据,后梁遂失沧、景、德等 3 州。

乾化二年(912)三月,燕王所领义昌军节度使刘继威淫虐,都指挥使张万进怒而杀之,自燕请降于后梁。后梁遂以张万进为义昌留后,又改义昌军为顺化军。

乾化三年(913)五月,顺化军节度使正式为后梁所据。

贞明元年(915)六月,德州为晋王所据。

贞明二年(916)九月,沧州顺化军节度使归属晋王,后梁失沧、景 2 州。

1.32.1 沧州(907—910,912—916),治清池县

唐旧州。

开平元年(907),沧州领清池、盐山、南皮、长芦、乐陵、饶安、无棣、临津、乾符等 9 县。

此后至贞明二年(916)九月,沧州领县未更,一如开平元年。

1.32.2 德州(907—910,912—915),治安德县

唐旧州。

开平元年(907),德州领安德、平原、长河、平昌、将陵等 5 县。

此后至贞明元年(915)六月,德州领县未更,一如开平元年。

1.32.3 景州(907—910,912—916),治东光县

唐旧州。

开平元年(907),景州领东光、弓高、安陵等 3 县。

天祐五年(908),州治由弓高县移至东光县。

此后至贞明二年(916)九月,景州领县未更,一如开平元年。

附:

岐 王

天祐四年(907),后梁建立。岐王李茂贞为表示与后梁对抗,仍用唐哀帝

天祐年号，开岐王府，设置百官，以其所居为宫殿，其妻称皇后，俨然以皇帝自居。是时，岐王领有凤翔（辖凤翔府 1 府及乾州 1 州）、陇州保胜军（辖陇州 1 州）、泾州彰义军（辖泾、行原、行渭、行武等 4 州）、鄜州保大军（辖鄜、坊、禧等 3 州）、延州保塞军（辖延、丹 2 州）、邠州静难军（辖邠、宁、庆、衍等 4 州）、秦州雄武军（辖辖秦、凤、阶、成等 4 州）诸节度使，另外，李茂贞还在唐末墨制置有耀州（907 年曾一度短时降梁，已而复归岐王）、鼎州。因此，其时岐王据有 7 节度使 22 州（府）之地。

天祐六年（后梁开平三年，909）四月，鄜州保大军、延州保塞军 2 节度使为后梁所据。同年，邠州静难军节度使所领之宁、庆、衍等 3 州为后梁所取，旋为岐王收复。又，同年，后梁同州忠武节度使刘知俊据本郡反，降岐王李茂贞，逐华州刺史蔡敬思。但很快同州之乱被后梁平定。

天祐八年（911），置耀州义胜军节度使。又大约在同年，析凤翔节度使所领乾州别置威胜军节度使。至此，岐王所领节度使的数目仍为 7 个。

天祐十二年（后梁贞明元年，前蜀永平五年，915）四月，邠州静难军节度使降后梁；十一月，秦州雄武军节度使为前蜀攻取；十二月，耀州义胜军节度使降后梁。

天祐十三年（后梁贞明二年，916），废陇州保胜军节度使，陇州属凤翔节度使。岐王所领节度使的数目减至 3 个。同年，后梁邠州静难军节度使所领之庆、宁、衍等 3 州叛梁入岐王。旋，宁、衍 2 州复为后梁所得。

天祐十四年（后梁贞明三年，917），庆州之叛为后梁平定，后梁邠州静难军节度使复领邠、宁、庆、衍等 4 州。

天祐二十年（923），析陇州之地新置义州，属凤翔节度使。

后唐同光二年（924）正月，李茂贞向后唐称臣，岐王辖境皆属后唐。

下面将岐王李茂贞的辖区沿革概述如下[①]。

岐王 1　凤翔节度使（907—924），治凤翔府

唐旧镇。

天祐四年（907），凤翔节度使领凤翔府与乾州。

天祐八年（911）（?），析乾州别置威胜军节度使。

天祐十三年（916），陇州保胜军节度使废，陇州来属。

[①] 因后梁同州忠武军节度使仅在天祐六年（后梁开平三年，909）内短时附于岐王，故不再单独列目概述其沿革，具体情况请参见后梁同州忠武节度使（1.13）沿革。

天祐二十年(923),析陇州汧源县之地别置义州。

此后至后唐同光二年(924)正月,凤翔节度使辖区一直领凤翔府与陇、义2州。

岐王1.1　凤翔府(907—924),治天兴县

唐旧府。

天祐四年(907),凤翔府领天兴、扶风、宝鸡、岐山、郿、麟游、普润、虢、盩厔、好畤、武功、醴泉等12县。

天祐八年(911)(?),析乾州置威胜军节度使,割盩厔、好畤、武功、醴泉等4县别属之。

此后至后唐同光二年(924)正月,凤翔府领天兴、扶风、宝鸡、岐山、郿、麟游、普润、虢等8县之地。

岐王1.2　乾州(907—911?),治奉天县

唐旧州。

天祐四年(907),乾州领奉天1县。

天祐八年(911)(?),乾州增领原属凤翔府之好畤、武功、盩厔、醴泉等4县,并奉天县,共计5县。

此后至后唐同光二年(924)正月,乾州仍领上述5县之地。

岐王1.3　陇州(916—924),治汧源县(参见岐王2.1)

岐王1.4　义州(923—924),治华亭乡

岐王新置。

天祐二十年(923),析陇州汧源县华亭乡之地别置义州,无领县。

此后至后唐同光二年(924)正月,义州一直无领县。

岐王2　陇州保胜军节度使(907—916),治陇州

唐旧镇。

天祐四年(907),陇州保胜军节度使领陇州1州。

天祐十三年(916),废保胜军节度使,陇州别属凤翔节度使。

岐王2.1　陇州(907—916),治汧源县

唐旧州。

天祐四年(907),陇州领汧源、汧阳、吴山等3县。

天祐二十年(923),析陇州汧源县华亭乡之地别置义州。

此后至后唐同光二年(924)正月,陇州仍领汧源、汧阳、吴山等3县之地。

岐王 3　泾州彰义军节度使(907—924)，治泾州

唐旧镇。

天祐四年(907)，泾州彰义军节度使领泾、行原、行渭、行武等 4 州。

此后至后唐同光二年(924)正月，泾州彰义军节度使辖区未更。

岐王 3.1　泾州(907—924)，治保定县

唐旧州。

天祐四年(907)，泾州领保定、灵台、临泾、良原、潘原等 5 县。

此后至后唐同光二年(924)正月，泾州领县未更，一如天祐四年。

岐王 3.2　行原州(907—924)，侨治泾州临泾县

唐旧州。

天祐四年(907)至后唐同光二年(924)正月，行原州一直侨治泾州临泾县，无属县。

岐王 3.3　行渭州(907—924)，侨治泾州原平凉县境

唐旧州。

天祐四年(907)至后唐同光二年(924)正月，行渭州侨治原州原平凉县境，无属县。

岐王 3.4　行武州(907—924)，侨治潘原县

唐旧州。

天祐四年(907)至后唐同光二年(924)正月，行武州侨治泾州潘原县，无属县。

岐王 4　鄜州保大军节度使(907—909)，治鄜州

唐旧镇。

天祐四年(907)，鄜州保大军节度使领鄜、坊、翟等 3 州。

此后至天祐六年(909)四月，鄜州保大军节度辖区未更。

岐王 4.1　鄜州(907—909)，治洛交县

唐旧州。

天祐四年(907)，鄜州领洛交、洛川、三川、直罗、甘泉等 5 县。

此后至天祐六年(909)四月，鄜州领县未更，一如天祐四年。

岐王 4.2　坊州(907—909)，治中部县

唐旧州。

天祐四年(907)，坊州领中部、宜君、升平等 3 县。

此后至天祐六年(909)四月，坊州领县未更，一如天祐四年。

岐王5　延州保塞军节度使(907—909),治延州

唐旧镇。

天祐四年(907),延州保塞军节度使领延、丹2州。

此后至天祐六年(909)四月,延州保塞军节度使辖区未更。

岐王5.1　延州(907—909),治肤施县

唐旧州。

天祐四年(907),延州领肤施、延长、临真、金明、丰林、延川、敷政、延昌、延水、门山等10县。

此后至天祐六年(909)四月,延州领县未更,一如天祐四年。

岐王5.2　丹州(907—909),治义川县

唐旧州。

天祐四年(907),丹州领义川、云岩、汾川、咸宁等4县。

此后至天祐六年(909)四月,丹州领县未更,一如天祐四年。

岐王6　邠州静难军节度使(907—915),治邠州

唐旧镇。

天祐四年(907),邠州静难军节度使领邠、宁、庆、衍等4州,治邠州。

天祐六年(后梁开平三年,909),宁、庆、衍3州为梁所取,旋为岐收复。

天祐十二年(后梁贞明元年,915)四月,邠州静难军节度使领邠、宁、庆、衍等4州之地降梁。

天祐十三年(后梁贞明二年,916),宁、庆、衍等3州由梁叛入岐。旋,宁、衍2州复为梁所得。

天祐十四年(后梁贞明三年,917),秋,庆州之乱为梁平定,后梁邠州静难军节度使仍领邠、宁、庆、衍等4州。

岐王6.1　邠州(907—915),治新平县

唐旧州。

天祐四年(907),邠州领新平、三水、永寿、宜禄等4县。

此后至天祐十二年(915)四月,邠州领县未更,一如天祐四年。

岐王6.2　宁州(907—909,909—915,916),治定安县

唐旧州。

天祐四年(907),宁州领定安、真宁、襄乐、彭原、丰义等5县。

此后至天祐十三年(916),宁州领县未更,一如天祐四年。

岐王6.3　庆州(907—909,909—915,916—917),治顺化县

唐旧州。

天祐四年(907),庆州领顺化、合水、乐蟠、华池、延庆等5县。

此后至天祐十四年(917),衍州领县未更,一如天祐四年。

岐王6.4　衍州(907—909,909—915,916),治安平县

唐旧州。

天祐四年(907),衍州领定平1县。

此后至天祐十三年(916),衍州领县未更,一如天祐四年。

岐王7　秦州雄武军节度使(907—915),治秦州

唐旧镇。

天祐四年(907),秦州雄武军节度使领秦、凤、阶、成等4州。

此后至天祐十二年(915)十一月,秦州雄武军节度使辖区未更。

岐王7.1　秦州(907—915),治成纪县

唐旧州。

天祐四年(907),秦州领成纪、清水、长道等3县。

此后至天祐十二年(915)十一月,秦州领县未更,一如天祐四年。

岐王7.2　凤州(907—915),治梁泉县

唐旧州。

天祐四年(907),凤州领梁泉、两当、河池等3县。

此后至天祐十二年(915)十一月,凤州领县未更,一如天祐四年。

岐王7.3　阶州(907—915),治将利县

唐旧州。

天祐四年(907),阶州领将利、福津2县。

此后至天祐十二年(915)十一月,阶州领县未更,一如天祐四年。

岐王7.4　成州(907—915),治同谷县

唐旧州。

天祐四年(907),成州领同谷1县。

此后至天祐十二年(915)十一月,成州领县未更,一如天祐四年。

岐王8　耀州义胜军节度使(911—915),治耀州

岐王新置镇。

天祐八年(911),岐王李茂贞置义胜军节度使,辖耀、鼎2州,治耀州。

后梁贞明元年(915)十二月,耀州义胜军节度使降梁。

岐王8.1　耀州(911—915),治华原县

岐王墨制所置。

天祐四年(907),耀州领华原1县。

此后至后梁贞明元年(915)十二月,耀州领县未更。

岐王8.2　鼎州(911—915),治美原县

岐王墨制所置。

天祐四年(907),鼎州领美原1县。

此后至后梁贞明元年(915)十二月,鼎州领县未更。

岐王9　乾州威胜军节度使(911?—924),治乾州

岐王新置镇。

天祐八年(911)(?),析凤翔节度使所领乾州别置威胜军节度使,治乾州。

此后至后唐同光二年(924)正月,乾州威胜军节度使辖区未更。

岐王9.1　乾州(907—924),治奉天县(参见岐王1.2)

燕王(燕国;含卢龙)

后梁开平元年(907),卢龙节度使刘仁恭之子刘守光据有幽州卢龙军节度使,在名义上隶属后梁。

后梁开平三年(909),擒沧州义昌军节度使刘守文。同年,后梁封刘守光为燕王。

后梁开平四年(910),沧州义昌军节度使辖区为燕王刘守光所据。此后,刘守光兼有卢龙、义昌两镇之地。

燕应天元年(后梁乾化元年,911),刘守光称帝,建立燕国,年号应天。

后梁乾化二年(912),因燕国沧州义昌军节度使刘继威为都指挥使张万进所杀,请降于后梁。朱温遂改义昌军节度使为顺化军节度使。

后梁乾化三年(913),沧州顺化军节度使辖地正式为后梁占据。

晋王天祐十年(913),燕国所领幽州卢龙军节度使为晋王李氏政权所据。

燕1　幽州卢龙节度使(907—913),治幽州

唐旧镇。

后梁开平元年(907),幽州卢龙节度使领幽、蓟、涿、檀、顺、平、营、瀛、莫、

新、妫、儒、武等 13 州。

燕应天元年(911)(?),升乾宁军为宁州,幽州并前领 14 州。

天祐九年(912),燕幽州节度使所领涿、莫、瀛等 3 州为晋王攻取。

天祐十年(913)十一月,晋王攻取燕国刘守光所据幽州,至此晋王已据有卢龙节度使的所有属州,即幽、蓟、涿、檀、顺、平、营、瀛、莫、新、妫、儒、武等 13 州之地(宁州此时废)。

燕 1.1　幽州(907—913),治蓟县

唐旧州。

后梁开平元年(907),幽州领蓟、幽都、潞、武清、永清、安次、良乡、昌平、玉河等 9 县及卢台、乾宁 2 军。

燕应天元年(911)(?),升乾宁军为宁州。

此后至天祐十年(913)十一月,幽州领蓟、幽都、潞、武清、永清、安次、良乡、昌平、玉河等 9 县及卢台军。

燕 1.2　蓟州(907—913),治渔阳县

唐旧州。

后梁开平元年(907)至天祐十年(913)十一月,蓟州一直领渔阳、三河、玉田等 3 县未更。

燕 1.3　涿州(907—912),治范阳县

唐旧州。

后梁开平元年(907)至天祐九年(912),涿州一直领范阳、归义、固安、新昌、新城等 5 县未更。

燕 1.4　檀州(907—913),治密云县

唐旧州。

后梁开平元年(907),檀州领密云、燕乐 2 县。

此后至天祐十年(913)十一月,檀州当仍领此 2 县,唯燕亡后,燕乐县废。檀州一直领密云 1 县未更。

燕 1.5　顺州(907—913),治辽西县

唐旧州。

后梁开平元年(907)至天祐十年(913)十一月,顺州一直领辽西、怀柔 2 县未更。

燕 1.6　平州(907—913),治卢龙县

唐旧州。

后梁开平元年(907)至天祐十年(913)十一月,平州一直领卢龙、石城、马

城等3县未更。

燕1.7　营州(907—913),治柳城县

唐旧州。

后梁开平元年(907)至天祐十年(913)十一月,营州一直领柳城1县未更。

燕1.8　瀛州(907—912),治河间县

唐旧州。

后梁开平元年(907)至天祐九年(912),瀛州一直领河间、高阳、平舒、束城、景城等5县未更。

燕1.9　莫州(907—912),治莫县

唐旧州。

后梁开平元年(907)至天祐九年(912),莫州一直领莫、文安、任丘、清苑、长丰、唐兴等6县未更。

燕1.10　新州(907—912),治永兴县

唐旧州。

后梁开平元年(907)至天祐九年(912),新州一直领永兴、矾山、龙门、怀安等4县未更。

燕1.11　妫州(907—912),治怀戎县

唐旧州。

后梁开平元年(907)至天祐九年(912),妫州一直领怀戎1县未更。

燕1.12　儒州(907—912),治缙山县

唐旧州。

后梁开平元年(907)至天祐九年(912),儒州一直领缙山1县未更。

燕1.13　武州(907—912),治文德县

唐旧州。

后梁开平元年(907)至天祐九年(912),武州一直领文德1县未更。

燕1.14　宁州(911?—913)

燕新置。

燕应天元年(911)(?),升乾宁军为宁州。

此后至天祐十年(913)十一月,宁州当一直无领县。

燕2　沧州义昌军节度使(910—912),治沧州

后梁开平四年(910),燕王刘守光所据义昌军节度使领沧、景、德等3州。

此后至乾化二年(912)三月,燕王义昌军节度使领州未更。

燕 2.1　沧州(910—912),治清池县(参见 1.32.1)

燕 2.2　德州(910—912),治安德县(参见 1.32.2)

燕 2.3　景州(910—912),治东光县(参见 1.32.3)

赵　王

　　后梁开平四年(910)十一月,镇州武顺军节度使赵王王镕与定州义武军节度使北平王王处直联合叛梁,复奉唐朝正朔,称天祐七年,王镕据有原后梁镇州武顺军节度使辖区。

　　天祐八年(后梁乾化元年,911),镇州武顺军节度使在地域上完全脱离后梁。

　　天祐十一年(后梁乾化四年,914)正月,赵王镇州成德军节度使归属晋王。

赵王 1　镇州武顺军节度使(910)—镇州成德军节度使(910—914),治镇州

　　后梁旧镇。

　　天祐七年(后梁开平四年,910)十一月,镇州武顺军节度使领镇、冀、深、赵等 4 州。赵王又将镇州武顺军节度使复称为成德军节度使。

　　此后至天祐十一年(后梁乾化四年,914)正月,赵王镇州成德军节度使辖区未更。

赵王 1.1　镇州(910—914),治真定县

　　后梁旧州。

　　开平四年(910)十一月,镇州领真定、藁平、石邑、九门、灵寿、彰武、井陉、获鹿、平山、鼓城、栾氏等 11 县。赵王复改藁平县为藁城县。

　　至天祐十一年(后梁乾化四年,914)正月,镇州领真定、藁城、石邑、九门、灵寿、彰武、井陉、获鹿、平山、鼓城、栾氏等 11 县。

赵王 1.2　冀州(910—914),治尧都县

　　后梁旧州。

　　开平四年(910)十一月,冀州领尧都、南宫、堂阳、枣强、武邑、衡水、汉阜、蓨、武强等 9 县。

　　至天祐十一年(后梁乾化四年,914)正月,冀州领县未更。

赵王 1.3　深州(910—914),治陆泽县

　　后梁旧州。

　　开平四年(910)十一月,深州领陆泽、饶阳、束鹿、安平、博野、乐寿、下博等

7县。

至天祐十一年(后梁乾化四年,914)正月,深州领县未更。

赵王1.4　赵州(910—914),治平棘县

后梁旧州。

开平四年(910)十一月,赵州领平棘、宁晋、昭庆、柏乡、高邑、房子、赞皇、元氏等8县。

至天祐十一年(后梁乾化四年,914)正月,赵州领县未更。

北　平　王

后梁开平四年(910)十一月,定州义武军节度使北平王王处直与镇州武顺军节度使赵王王镕联合叛梁,复奉唐朝正朔,称天祐七年,王处直据有原后梁定州义武军节度使辖区。

天祐八年(后梁乾化元年,911),定州义武军节度使在地域上完全脱离后梁。

天祐十一年(后梁乾化四年,914)正月,北平王定州义武军节度使归属晋王。

北平王1　定州义武军节度使(910—914),治定州

后梁旧镇。

天祐七年(后梁开平四年,910)十一月,定州义武军节度使领易、定、祁等3州,治定州。

此后至天祐十一年(后梁乾化四年,914)正月,北平王定州义武军节度使辖区未更。

北平王1.1　定州(910—914),治安喜县

后梁旧州。

开平四年(910)十一月,定州领安喜、义丰、北平、望都、曲阳、陉邑、中山、新乐等8县。

此后至天祐十一年(914)正月,定州领县未更。

北平王1.2　易州(910—914),治易县

后梁旧州。

开平四年(910)十一月,易州领易、容城、涞水、遂城、满城等5县。

此后至天祐十一年(914)正月,易州领县未更。

北平王1.3　祁州(910—914),治无极县

后梁旧州。

开平四年(910)十一月,祁州领无极、深泽2县。

此后至天祐十一年(914)正月,祁州领县未更。

定　　难

五代期间,夏州定难军节度使为拓跋氏(自称李氏)所掌控,虽自后梁开平元年(907)夏州定难军节度使李思谏臣服于梁起,历任定难军节度使均奉中原王朝为正朔,然实为世袭相传的割据政权。

定难1　夏州定难军节度使(907—959),治夏州

唐旧镇。

后梁开平元年(907),夏州定难军节度使李思谏臣服于梁,领夏、绥、银、宥等4州,治夏州。

后汉乾祐二年(949),夏州定难军节度使增领静州,并前共领夏、绥、银、宥、静等5州。

此后至后周显德六年(959),夏州定难军节度使辖区未更。

定难1.1　夏州(907—959),治朔方县

唐旧州。

五代时期,夏州一直领朔方、宁朔、德静等3县而未更。

定难1.2　绥州(907—959),治今陕西绥德县境

唐旧州。

五代时期,绥州一直未有领县。

定难1.3　银州(907—959),治儒林县

唐旧州。

五代时期,银州一直领儒林、真乡、开光、抚宁等4县而未更。

定难1.4　宥州(907—959),治长泽县

唐旧州。

五代期间,宥州一直领长泽1县而未更。

定难1.5　静州(949—959),治今陕西米脂县境

定难新置。

自后汉乾祐二年(949)始置至五代末,静州无有领县。

归义(含西汉金山国)

五代期间,沙州归义军节度使(西汉金山国)先后为张、曹二氏所掌控,虽奉中原王朝为正朔,然实为世袭相传的割据政权。

归义1　西汉金山国(907—914)—沙州归义军节度使(914—959),治沙州

唐天祐二年(905),归义军节度使张承奉建号西汉金山国,自立为白衣天子。

后梁开平元年(907),西汉金山国领沙、瓜、肃、甘、凉等州。

后梁乾化元年(911),西汉金山国派使臣与甘州回鹘约为父子之国,张承奉做了甘州回鹘可汗的儿皇帝,从此一蹶不振。西汉金山国的辖区进一步退缩,凉、甘、肃等州尽失,辖境仅有疏勒河流域的沙、瓜2州。

后梁乾化四年(914),归义军政权由张氏转入曹氏议金手中,自称节度兵马留后,西汉金山国亡。

至迟后梁龙德二年(922),归义军节度使曹议金称大王。

大约在后唐清泰二年(935)前,曹议金对回鹘第二次用兵时,先后收复了肃、甘2州。

后唐清泰二年(935),甘、肃2州复为回鹘先后夺取。

此后归义军节度使仅领瓜、沙2州之地,直至五代末年。

归义1.1　沙州(907—959),治燉煌县

后梁开平元年(907),沙州领燉煌、寿昌2县及寿昌、紫亭、石城3镇。

后梁乾化四年(914)后,石城镇为楼兰地区的仲云人所据。

此后至五代末,沙州领燉煌、寿昌2县及寿昌、紫亭2镇(在曹氏归义军的晚期,还另置有紫亭县)。

归义1.2　瓜州(907—959),治晋昌县

后梁开平元年(907),瓜州领晋昌、常乐2县及常乐、悬泉、雍归、新城等4镇。

后梁乾化元年(911),肃州失守后,以玉门镇来属。

后梁乾化四年(914)(?),玉门镇改为玉门军。

后周广顺三年(953),新置新乡镇。大约在同年,亦新置会稽镇。

此后至五代末,瓜州领晋昌、常乐2县,常乐、悬泉、雍归、新城、新乡、会稽等6镇及玉门军1军。

归义1.3　肃州(907—911,934?—935),治酒泉县

后梁开平元年(907),肃州领酒泉、福禄、振武3县与玉门镇1镇。

此后至后梁乾化元年(911),肃州辖区建置未更。

归义1.4　甘州(907—911,934?—935),治张掖县

后梁开平元年(907),甘州领张掖、删丹2县。

此后至后梁乾化元年(911),肃州辖区建置未更。

归义1.5　凉州(907—911),治姑臧县

后梁开平元年(907),凉州领姑臧、神鸟(乌)、嘉麟、番禾、昌松等5县。

此后至后梁乾化元年(911),凉州辖区建置未更。

第二章 后唐(晋王)

唐天祐四年(907)四月,朱温(全忠)称帝,更名晃,是为梁太祖。改元开平,国号大梁(史称后梁)。原唐河东节度使、晋王李克用仍用唐天祐年号,据河东与后梁对峙。其后,晋王逐渐攻取后梁河北之地。后梁龙德三年(923)四月,晋王李存勖(克用子)称帝于魏州,国号大唐,史称后唐,改元同光,以魏州为兴唐府,建东京,以太原府为西京、真定府为北都。十月,后唐大军攻入后梁东都开封府,后梁灭亡。十一月,后唐定都洛阳(洛京)。同光三年(925)三月,以洛阳河南府为东都。十一月,后唐灭前蜀,遂尽有前蜀之地。应顺元年(934)闰正月,后唐剑南东西两川节度使、蜀王孟知祥称帝,建都成都府,国号蜀,史称后蜀,后唐复失蜀地。清泰三年(936)十一月,河东节度使石敬瑭攻入东都河南府,后唐灭亡。

在后唐期间,与其并峙或一度并存的其他割据政权(势力)尚有不少。在北方有:定难(923—936)、归义(923—936)。在南方有:前蜀(923—925)、后蜀(934—936)、吴国(923—936)、吴越(923—936)、闽王(923—933)[闽国(933—936)]、荆南(923—924)[南平(924—936)]、楚王(923—927)[楚国(927—936)]、南汉(923—936)、静海(923—930,931—936)等。

天祐四年(907)四月,晋王据有①河东节度使(辖太原府及仪、石、岚、汾、朔、蔚、云、沁、宪、应、慈、隰、忻、代等14州),②潞州昭义军节度使(辖潞州1州),③振武军节度使(辖安北都护府、振武军及麟、胜2州),④天德军都团练防御使(辖丰州、天德军及西、中2受降城)。

天祐五年(908)正月,析河东节度使所领云、朔、应、蔚等4州置⑤云州大同军节度使。二月,罢④大同军节度使,云、朔、应、蔚4州复属河东节度使。

天祐八年(911),河东节度使增领以麟州府谷县所置之府州;又,至迟在同年,升天德军都团练防御使为天德军节度使,仍辖丰州、天德军及西、中2受降城。

天祐九年(912)八月,后梁⑤河中节度使来附。又,大约在同年,攻取后梁孟州河阳军节度使所辖泽州,以属潞州昭义军节度使。

天祐十年(913)三月,④河中节度使复称藩于后梁。至十一月,攻取燕王刘守光之⑤幽州卢龙节度使所领幽、蓟、瀛、莫、檀、顺、武、新、妫、儒、营、平、涿等全部 13 州之地。

天祐十一年(914)正月,⑥北平王定州义武军节度使(辖定、易、祁等 3 州)、⑦赵王镇州成德军节度使(辖镇、冀、赵、深等 4 州)来附。

天祐十二年(915)六月,后梁魏州来附,晋王自兼⑧魏州天雄军节度使;攻克后梁沧州顺化军节度使所领德州;同月(?),析河东节度使所领云州、朔州、蔚州置⑨云州大同军节度使。七月,攻取后梁魏州天雄军节度使所领博州、澶州。八月,澶州被后梁收复。

天祐十三年(916)三月,攻取后梁卫州及惠州,并改惠州为磁州。四月,攻取洺州。八月,攻取相州,废后梁昭德军节度使,相、澶、卫等 3 州别属魏州天雄军节度使;后梁⑩邢州保义军节度使来降,改称安国军节度使。九月,攻取贝州,至此晋王已据有后梁魏州天雄军节度使所领魏、博、澶、卫、相、贝等全部 6 州;攻克沧州,改沧州顺化军节度使称⑪横海军节度使(辖沧、德、景等 3 州)。至十一月,幽州节度使所领武、新、妫、儒等 4 州与大同军节度使所领蔚州陷于契丹,旋又收复。同年,振武军节度使徙治于朔州,安北都护府、振武军为契丹所据。

天祐十四年(917)三月,幽州节度使所领新州陷于契丹,旋又收复。

天祐十五年(918)八月,后梁⑫兖州泰宁军节度使来附。

天祐十六年(919)十一月,⑪兖州泰宁军节度使复为后梁所控。

天祐十七年(920)四月,后梁⑫河中府护国军节度使、⑬ 同州忠武军节度使来降。十月,⑫天德军节度使为契丹攻据。

天祐十八年(921)十月,新州叛入契丹。十二月,幽州节度使所领妫、儒、武、檀、顺、涿等州陷于契丹,旋又为晋王收复。

天祐十九年(922)四月,潞州昭义军节度使改称安义军节度使;同月(?),⑪云州大同军节度使废,云、应、蔚 3 州复属河东节度使。八月,魏州天雄军节度使所领卫州为后梁夺取。

同光元年(923)正月,平、营 2 州陷于契丹。三月,⑩潞州安义军节度使归顺后梁。四月,升魏州为东京兴唐府,天雄军节度使成为虚额;升太原府为西京,河东节度使此后为虚职;升镇州为北都真定府,镇州成德军节度使废。十月,灭后梁,承继后梁领有的节度使或留守辖区如下:⑪东都留守(辖开封府 1 府)、⑫宋州宣武军节度使(辖宋、亳、辉、颍等 4 州)、⑬滑州宣义军节度使(辖滑、郑、濮等 3 州)、⑭郓州天平军节度使(辖郓、齐、曹、棣等 4 州)、⑮兖州泰宁军节度使(辖兖、沂、密等 3 州)、⑯青州平卢军节度使(辖青、淄、登、莱等 4

州),⑰徐州武宁军节度使(辖徐、宿2州),⑱许州匡国军节度使(辖许、陈、蔡等3州),⑲西都留守(辖河南府、汝州),⑳陕州镇国军节度使(辖陕、虢2州),㉑孟州河阳节度使(辖孟、怀2州),㉒大安府永平军节度使(辖京兆府1府),㉓崇州静胜军节度使(辖崇、裕2州),㉔华州感化军节度使(辖华、商2州),㉕邠州静难军节度使(辖邠、宁、庆、衍等4州),㉖鄜州保大军节度使(辖鄜、坊、禧等3州),㉗延州忠义军节度使(辖延、丹2州),㉘灵州朔方节度使(辖灵、盐、威、雄、警等5州),㉙晋州建宁军节度使(辖晋、绛2州),㉚山南东道节度使(辖襄、均、房等3州),㉛邓州宣化军节度使(辖邓、泌、随、复、郢等5州),㉜安州宣威军节度使(辖安、申2州),㉝潞州匡义军节度使(辖潞、泽2州)。

十一月,后唐定都洛阳,改后梁西都留守为洛京留守;废大安府永平军节度使,改称西京留守;废北都留守为镇州成德军节度使,同时,以西京太原府为北都,河东节度使改称北都留守。十二月,东都留守降为汴州宣武军节度使;宋州宣武军节度使改称归德军节度使;滑州宣义军节度使改称义成军节度使,所辖郑州直属京;许州匡国军节度使改称忠武军节度使;陕州镇国军节度使复称保义军节度使;崇州静胜军节度使改称耀州顺义军节度使,并废所领裕州;同州忠武军节度使复称匡国军节度使;华州感化军节度使改称镇国军节度使;延州忠义军节度使改称彰武军节度使;晋州建宁军节度使改称建雄军节度使;邓州宣化军节度使改称威胜军节度使,所领泌州复称唐州;安州宣威军节度使改称安远军节度使;潞州匡义军节度使改称安义军节度使。同年,鄜州保大军节度使所领禧州废,仅领鄜、坊2州。又,大约在是年,邓州威胜军节度使增领复州。

同光二年(924)正月,新州曾短暂被契丹攻据,旋复属后唐;岐王李茂贞上表称臣,所领㉞凤翔节度使、㉟乾州威胜军节度使、㊱泾州彰义军节度使来属;又,废㉟乾州威胜军节度使,所领乾州别属凤翔节度使。五月,邓州威胜军节度使所领复州别属南平荆南节度使。六月,宋州归德军节度使所领辉州改称单州;晋州建雄军节度使所领绛州复属河中府护国军节度使;河中府护国军节度使所领慈、隰2州别属晋州建雄军节度使。七月,析北都留守所领云州、应州置㊱云州大同军节度使;析幽州节度使所领新、妫、儒、武等4州置㊲新州威塞军节度使。

同光三年(925)三月,洛京留守改称东都留守,东京留守改称邺都留守。四月,㊳耀州顺义军节度使废,耀州降为团练州,直属京。十一月,后唐灭前蜀,遂有前蜀之地:直隶地区(辖成都府、眉、嘉、戎、彭、维、茂、汉、简、资、陵、荣、蜀等1府12州),㊲梓州武德军节度使(辖梓、绵、普、剑、龙等5州),㊳遂州武信军节度使(辖遂、合、渝、泸、昌等5州),㊴雅州永平军节度使(辖雅、邛、黎等3州),㊵夔州镇江军节度使(辖夔、忠、万、安等4州),㊶山南西道节度使

(辖兴元府及集、巴、渠、开、潾、通等6州),㊷利州昭武军节度使(辖利、阆、果、徽、蓬等5州),㊸洋州武定军节度使(辖洋、壁、蓬等3州),㊹凤州武兴军节度使(辖凤、文、兴、扶等4州),㊺秦州天雄军节度使(辖秦、阶、成等3州),㊻黔州武泰军节度使(辖黔、涪、施等3州,溱、南2州失于蛮夷)。随后,即以直隶地区置㊼剑南西川节度使,治成都府。又,废原前蜀㊻雅州永平军节度,原领雅、黎、邛等3州属剑南西川节度使。梓州武德军节度使改称剑南东川节度使。利州昭武军节度所领果、徽2州别属遂州武信军节度使。废㊺夔州镇江军节度使,所领夔州、忠州、万州为直属京州,安州废为云安监,亦由后唐直属。废山南西道节度使所领潾州入渠州。改秦州天雄军节度使称雄武军节度使。又,大约在十一月,西京京兆府实领金州。同年,北都留守改称北京留守。

天成元年(926)六月,夔、忠、万等3州与云安监割予南平。七月,析云州大同军节度使所领应州置㊺彰国军节度使,另领寰州(兴唐军同时改置)。八月,郓州天平军节度使所领曹州别属汴州宣武军节度使。

天成二年(927)五月,山南东道节度使增领南平所领复州;遂州武信军节度使所领果、徽2州还属利州昭武军节度使。七月,复取南平夔、忠、万等3州与云安监,以夔、忠、万等3州(云安监其时降为云安县,隶属夔州)置㊼夔州宁江军节度使。十二月,黔州武泰军节度使所领施州别属夔州宁江军节度使。又,大约在同年,收复平州,属幽州卢龙节度使。

天成三年(928)正月,平州再陷于契丹。二月,攻取南平政权所据之归州,旋为南平夺回。三月,以莫州奉化军置泰州,属幽州卢龙节度使。十一月,复夺南平之归州,隶属夔州宁国军节度使。

天成四年(929)六月,降邺都为兴唐府,复称天雄军节度使。同年,析利州昭武军节度使所领阆、果2州置㊽阆州保宁军节度使;利州昭武军节度使所领徽州废;山南西道节度使所领巴、集、通3州别属利州昭武军节度使。

长兴元年(930)三月,潞州安义军节度使复称昭义军节度使。四月,新州威塞军节度使所领武州改称毅州。九月,废㊽阆州保宁军节度使,所领阆、果2州别属剑南东川节度使。又,至迟同年,归州复为南平高氏所据。

长兴三年(932)五月,析剑南东川节度使所领阆、果2州以及山南西道节度使所领渠、开2州,洋州武定军节度使所领蓬州置㊽阆州保宁军节度使。七月,废㊹凤州武兴军节度使,所领凤、兴、文等3州别属山南西道节度使。

应顺元年(934)闰正月,剑南东西两川节度使、蜀王孟知祥称帝,建都成都府,国号蜀,史称后蜀,后唐复失蜀地,即㊻剑南西川节度使、㊺剑南东川节度使、㊽遂州武信军节度使、㊸夔州宁江军节度使、㊷山南西道节度使、㊶利州昭武军节度使、㊵源州武定军节度使、㊴黔州武泰军节度使、㊳阆州保宁军节度使皆属后蜀。五月,秦州雄武军节度使所领阶、成 2 州被后蜀攻据,寻收复成州。又,大约在同年,新州威塞军节度使所领毅州复称武州,朔州振武节度使所领胜州废。

清泰三年(936)十月(?),幽州卢龙节度使所领泰州废。十一月,后晋灭后唐,后唐原属地尽属后晋。

下面按地域进行划分,以天成四年(929)为基准年分节列目,将后唐(晋王)所辖政区进行概述(参见图 1-2)。

第一节　汴州宣武军(东都留守)、宋州归德军(宣武军)、滑州义成军(宣义军)(附:郑州)、郓州天平军、兖州泰宁军、青州平卢军、徐州武宁军、许州忠武军(匡国军)诸节度使

天成四年(929),后唐在原唐河南道区域内置有汴州宣武军节度使、宋州归德军节度使、滑州义成军节度使、郓州天平军节度使、兖州泰宁军节度使、青州平卢军节度使、徐州武宁军节度使、许州忠武军节度使。本节即分别对上述各节度使的辖区及所属各州(府)的沿革作一概述。

2.1　东都留守(923)—汴州宣武军节度使(923—936),治开封府(923)—汴州(923—936)

后梁旧镇。

同光元年(923)十月,后唐攻入后梁东都开封府。十二月,东都开封府降为汴州宣武军节度使,领汴州 1 州。

后唐天成元年(926)八月,郓州天平军节度所领曹州来属。

此后至清泰三年(936)十一月,汴州宣武军节度使辖区未再变更。

2.1.1　开封府(923)—汴州(923—936),治浚仪县

后梁旧州。

同光元年(923)十月,开封府领浚仪、开封、尉氏、陈留、封丘、雍丘、酸枣、长垣、中牟、阳武、襄邑、戴邑、扶沟、鄢陵、太康等 15 县。十二月,开封府降为汴州。

同光二年(924)二月,酸枣还属滑州,中牟还属郑州,襄邑还属宋州,鄢陵还属许州,太康还属陈州。长垣县复称匡城县,戴邑县复称考城县。

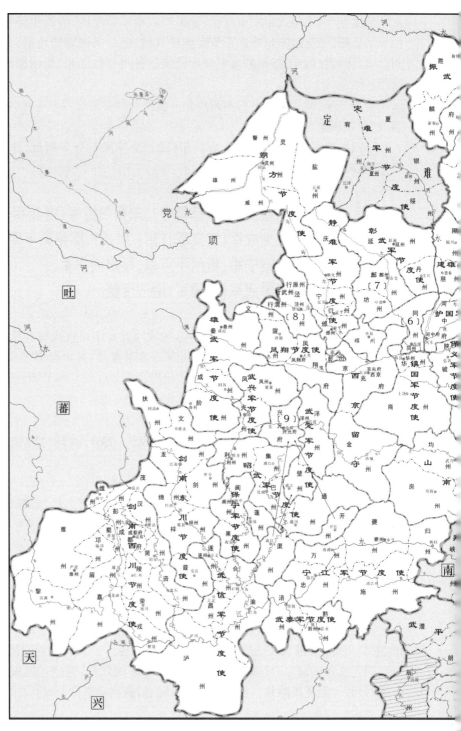

图1-2 929年后唐辖

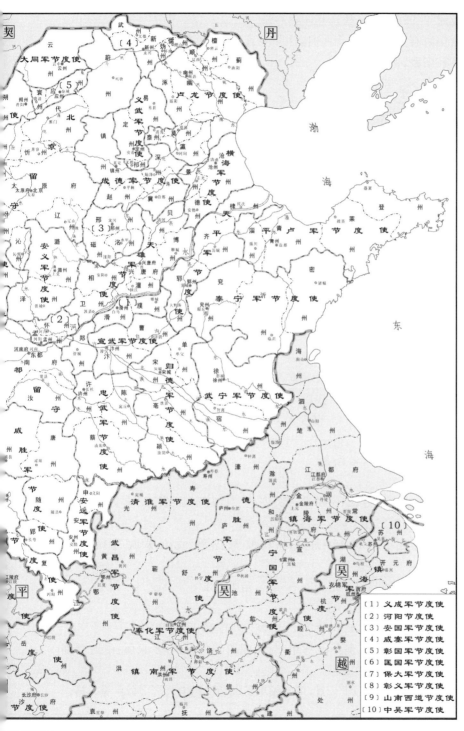

区示意图

天成元年(926)九月,扶沟县还属许州。

此后至清泰三年(936)十一月,汴州一直领浚仪、开封、尉氏、陈留、封丘、雍丘、匡城、阳武、考城等9县。

2.1.2 曹州(926—936),治济阴县

后梁旧州。

同光元年(923)十月,曹州领济阴、冤句、乘氏、南华等4县。

此后至清泰三年(936)十一月,曹州领县未更,一如同光元年。

2.2 宋州宣武军节度使(923)—**宋州归德军节度使(923—936),治宋州**

后梁旧镇。

同光元年(923)十月,宋州宣武军节度使领宋、亳、辉、颍等4州。十二月,宣武军节度使改称归德军节度使。

同光二年(924)六月,辉州改称单州。

此后至清泰三年(936)十一月,宋州归德军节度使一直领宋、亳、单、颍等4州。

2.2.1 宋州(923—936),治宋城县

后梁旧州。

同光元年(923)十月,宋州领宋城、宁陵、下邑、谷熟、柘城、楚丘等6县。

同光二年(924)二月,襄邑县自汴州还属。同年,单州所领虞城县来属。

此后至清泰三年(936)十一月,宋州一直领宋城、宁陵、下邑、谷熟、柘城、楚丘、襄邑、虞城等8县。

2.2.2 亳州(923—936),治谯县

后梁旧州。

同光元年(923)十月,亳州领谯、酂、鹿邑、真源、永城、蒙城、夷父等7县。同年,夷父县复称城父县。

此后至清泰三年(936)十一月,亳州领谯、酂、鹿邑、真源、永城、蒙城、城父等7县。

2.2.3 辉州(923—924)—单州(924—936),治单父县

后梁旧州。

同光元年(923)十月,辉州领单父、虞城、成武、砀山等4县。

同光二年(924)六月,辉州改称单州;兖州所领鱼台、金乡来属;虞城县别属宋州。

此后至清泰三年(936)十一月,单州领单父、成武、砀山、鱼台、金乡等5县。

2.2.4　颍州(923—936),治汝阴县

后梁旧州。

同光元年(923)十月,颍州领汝阴、颍上、下蔡、沈丘等4县。

此后至清泰三年(936)十一月,颍州领县未更,一如同光元年。

2.3　滑州宣义军节度使(923)—**滑州义成军节度使(923—936),治滑州**

后梁旧镇。

同光元年(923)十月,滑州宣义军节度使领滑、郑、濮等3州。十二月,宣义军节度使改称义成军节度使。大约在同年,郑州直属京。

此后至清泰三年(936)十一月,滑州宣义军节度使领滑、濮2州。

2.3.1　滑州(923—936),治白马县

后梁旧州。

同光元年(923)十月,滑州领白马、卫南、韦城、胙城、灵昌等5县。同年,灵昌县改称灵河县。

同光二年(924)二月,酸枣县自汴州还属。

此后至清泰三年(936)十一月,滑州领白马、卫南、韦城、胙城、灵河、酸枣等6县。

2.3.2　濮州(923—936),治鄄城县

同光元年(923)十月,濮州领鄄城、濮阳、范、雷泽、临濮等5县。

此后至清泰三年(936)十一月,濮州领县未更,一如同光元年。

附:

直1　郑州(923—936),治管城县

直属京州。

同光元年(923)十月,郑州领管城、荥阳、荥泽、原武、新郑等5县。

同光二年(924),中牟县自汴州还属。

此后至清泰三年(936)十一月,郑州领管城、荥阳、荥泽、原武、新郑、中牟等6县。

2.4　郓州天平军节度使(923—936),治郓州

后梁旧镇。

同光元年(923)十月,郓州天平军节度使领郓、曹、齐、棣等4州。

天成元年(926)八月,曹州别属汴州宣武军节度使。

此后至清泰三年(936)十一月,郓州天平军节度使领郓、齐、棣等3州。

2.4.1 郓州(923—936),治须城县

后梁旧州。

同光元年(923)十月,郓州领须昌、万安、巨野、寿张、卢县、平阴、东阿、阳谷等8县。又大约在同年,须昌县改称须城县,万安县改称郓城县。

此后至清泰三年(936)十一月,郓州一直领寿张、郓城、巨野、须城、卢县、平阴、东阿、阳谷等8县。

2.4.2 齐州(923—936),治历城县

后梁旧州。

同光元年(923)十月,齐州领历城、章丘、临邑、临济、长清、禹城等6县。

此后至清泰三年(936)十一月,齐州领县未更,一如同光元年。

2.4.3 棣州(923—936),治厌次县

后梁旧州。

同光元年(923)十月,棣州领厌次、滴河、阳信、蒲台、渤海等5县。

此后至清泰三年(936)十一月,棣州领县未更,一如同光元年。

2.4.4 曹州(923—926),治济阴县(参见2.1.2)

2.5 兖州泰宁军节度使(918—919,923—936),治兖州

后梁旧镇。

天祐十五年(918)八月,后梁兖州泰宁军节度使来附,领兖、沂、密等3州。

天祐十六年(919)十一月,兖州泰宁军节度使复为后梁控制。

同光元年(923)十月,兖州泰宁军节度使仍领兖、沂、密等3州。

此后至清泰三年(936)十一月,兖州泰宁军节度使辖区未更,一如同光元年。

2.5.1 兖州(918—919,923—936),治瑕丘县

后梁旧州。

天祐十五年(918)八月,兖州来附,领瑕丘、曲阜、乾封、泗水、邹、任城、龚丘、金乡、鱼台、莱芜、中都等11县。

天祐十六年(919)十一月,兖州复为后梁控制。

同光元年(923)十月,兖州领瑕丘、曲阜、乾封、泗水、邹、任城、龚丘、金乡、鱼台、莱芜、中都等11县。又大约在次年,金乡、鱼台2县别属单州。

此后至清泰三年(936)十一月,兖州领瑕丘、曲阜、乾封、泗水、邹、任城、龚丘、莱芜、中都等9县。

2.5.2　沂州(918—919,923—936),治临沂县

后梁旧州。

天祐十五年(918)八月,沂州来附,领临沂、承、费、新泰、沂水等5县。

天祐十六年(919)十一月,沂州复为后梁控制。

同光元年(923)十月,沂州领临沂、承、费、新泰、沂水等5县。

此后至清泰三年(936)十一月,沂州领县未更,一如同光元年。

2.5.3　密州(918—919,923—936),治诸城县

后梁旧州。

天祐十五年(918)八月,密州来附,领胶源、安丘、高密、莒等4县。

天祐十六年(919)十一月,密州复为后梁控制。

同光元年(923)十月,密州领胶源、安丘、高密、莒等4县,同时安丘县复称辅唐县,胶源县复称诸城县。

此后至清泰三年(936)十一月,密州领诸城、辅唐、高密、莒等4县。

2.6　青州平卢军节度使(923—936),治青州

后梁旧镇。

同光元年(923)十月,青州平卢军节度使领青、登、莱、淄等4州。

此后至清泰三年(936)十一月,青州平卢军节度使辖区未更,一如同光元年。

2.6.1　青州(923—936),治益都县

后梁旧州。

同光元年(923)十月,青州领益都、临淄、博昌、寿光、千乘、临朐、北海等7县,同时博昌县改称博兴县。

此后至清泰三年(936)十一月,青州一直领益都、临淄、博兴、寿光、千乘、临朐、北海等7县。

2.6.2　登州(923—936),治蓬莱县

后梁旧州。

同光元年(923)十月,登州领蓬莱、牟平、文登、黄等4县。

此后至清泰三年(936)十一月,登州领县未更,一如同光元年。

2.6.3　莱州(923—936),治掖县

后梁旧州。

同光元年(923)十月,莱州领掖、昌阳、胶水、即墨等4县,同时昌阳改称莱阳。

此后至清泰三年(936)十一月,莱州领掖、莱阳、胶水、即墨等 4 县。

2.6.4　淄州(923—936),治淄川县

后梁旧州。

同光元年(923)十月,淄州领淄川、长山、高苑、邹平等 4 县。

此后至清泰三年(936)十一月,淄州领县未更,一如同光元年。

2.7　徐州武宁军节度使(923—936),治徐州

后梁旧镇。

同光元年(923)十月,徐州武宁军节度使领徐、宿 2 州。

此后至清泰三年(936)十一月,徐州武宁军节度使辖区未更。

2.7.1　徐州(923—936),治彭城县

后梁旧州。

同光元年(923)十月,徐州领彭城、萧、丰、沛、滕、宿迁、下邳等 7 县。

此后至清泰三年(936)十一月,徐州领县未更,一如同光元年。

2.7.2　宿州(923—936),治符离县

后梁旧州。

同光元年(923)十月,宿州领符离、虹、蕲、临涣等 4 县。

此后至清泰三年(936)十一月,宿州领县未更,一如同光元年。

2.8　许州匡国军节度使(923)—许州忠武军节度使(923—936),治许州

后梁旧镇。

同光元年(923)十月,许州忠武军节度使领许、陈、蔡等 3 州。十二月,匡国军节度使改称忠武军节度使。

此后至清泰三年(936)十一月,许州匡国军节度使辖区未更。

2.8.1　许州(923—936),治长社县

后梁旧州。

同光元年(923)十月,许州领长社、长葛、阳翟、许昌、临颍、舞阳、郾城、襄城、叶等 9 县,同时,许昌县改称许田县。

同光二年(924)二月,鄢陵县自汴州还属。十二月,襄城、叶 2 县还属汝州。

天成元年(926)九月,扶沟县自汴州还属。

此后至清泰三年(936)十一月,许州领长社、长葛、阳翟、许田、临颍、舞阳、郾城、鄢陵、扶沟等 9 县。

2.8.2 陈州(923—936),治宛丘县

后梁旧州。

同光元年(923)十月,陈州领宛丘、项城、溵水、南顿、西华等5县。

同光二年(924)二月,太康县自汴州还属。

此后至清泰三年(936)十一月,陈州领宛丘、项城、溵水、南顿、西华、太康等6县。

2.8.3 蔡州(923—936),治汝阳县

后梁旧州。

同光元年(923)十月,蔡州领汝阳、上蔡、平舆、西平、遂平、朗山、真阳、新息、苞孚、新蔡等10县,同时,苞孚改称褒信。

此后至清泰三年(936)十一月,蔡州一直领汝阳、上蔡、平舆、西平、遂平、朗山、真阳、新息、褒信、新蔡等10县。

第二节 东都(洛京)留守、陕州保义军(镇国军)节度使、孟州河阳节度使

天成四年(929),后唐在与原唐都畿(东畿)大致相当的区域内置有东都留守、陕州保义军节度使、孟州河阳节度使。本节即分别对上述各留守与节度使的辖区及所属各州(府)的沿革作一概述。

2.9 洛京留守(923—925)—**东都留守(925—936),治河南府**

同光元年(923)十一月,后唐定都洛阳,改后梁西都留守为洛京留守,领河南府与汝州。

同光三年(925)三月,洛京改称东都。

此后至清泰三年(936)十一月,东都留守辖区未更,一如同光元年。

2.9.1 河南府(923—936),治河南县

后梁旧府。

同光元年(923)十月,河南府领河南、洛阳、偃师、缑氏、阳邑、登封、陆浑、伊阙、新安、渑池、福昌、长水、永宁、寿安、密、颍阳、伊阳、王屋、河清、巩等20县。同年,福昌改称福庆,阳邑改称告成。

此后至清泰三年(936)十一月,河南府领县未更,领河南、洛阳、偃师、缑氏、告成、登封、陆浑、伊阙、新安、渑池、福庆、长水、永宁、寿安、密、颍阳、伊阳、王屋、河清、巩等20县。

2.9.2 汝州(923—936),治梁县

后梁旧州。

同光元年(923)十月,汝州领梁、郏城、鲁山、龙兴、临汝等5县。

同光二年(924)十二月,襄城、叶2县自许州还属。

此后至清泰三年(936)十一月,汝州领梁、郏城、鲁山、龙兴、临汝、襄城、叶等7县。

2.10 陕州镇国军节度使(923)—**陕州保义军节度使(923—936),治陕州**

后梁旧镇。

同光元年(923)十月,陕州镇国军节度使领陕、虢2州。十二月,镇国军节度使改称保义军节度使。

此后至清泰三年(936)十一月,陕州镇国军节度使辖区未更。

2.10.1 陕州(923—936),治陕县

后梁旧州。

同光元年(923)十月,陕州领陕、峡石、灵宝、夏、芮城、平陆等6县。

此后至清泰三年(936)十一月,陕州领县未更,一如同光元年。

2.10.2 虢州(923—936),治弘农县

后梁旧州。

同光元年(923)十月,虢州领弘农、阌乡、湖城、朱阳、玉成、卢氏等6县。

此后至清泰三年(936)十一月,虢州领县未更,一如同光元年。

2.11 **孟州河阳节度使(923—936),治孟州**

后梁旧镇。

同光元年(923)十月,孟州河阳节度使领孟、怀2州。

此后至清泰三年(936)十一月,孟州河阳节度使辖区未更。

2.11.1 孟州(923—936),治河阳县

后梁旧州。

同光元年(923)十月,孟州领河阳、汜水、温、济源、河阴等5县。

此后至清泰三年(936)十一月,孟州领县未更,一如同光元年。

2.11.2 怀州(923—936),治河内县

后梁旧州。

同光元年(923)十月,怀州领河内、武德、获嘉、武陟、修武等5县。

此后至清泰三年(936)十一月,怀州领县未更,一如同光元年。

第三节 西京留守(大安府永平军)、耀州顺义军 (崇州静胜军)(附：耀州)、同州匡国军 (忠武军)、华州镇国军(感化军)、邠州 静难军、鄜州保大军、延州彰武军 (忠义军)、灵州朔方诸节度使

天成四年(929)，后唐在原唐京畿、关内道区域内置有西京留守、耀州顺义军节度使、同州匡国军节度使、华州镇国军节度使、邠州静胜军节度使、鄜州保大军节度使、延州彰武军节度使、灵州朔方节度使。本节即分别对上述各留守和节度使的辖区及所属各州(府)的沿革作一概述。

2.12 大安府永平军节度使(923)—**西京留守(923—936)，治大安府**

后梁旧镇。

同光元年(923)十月，大安府永平军节度使领大安府1府。十一月，永平军节度使废，改称西京留守。

同光三年(925)，后唐灭前蜀，西京留守增领金州。

此后至清泰三年(936)十一月，西京留守领京兆府、金州。

2.12.1 大安府(923)—京兆府(923—936)，治大安县(923)—长安县(923—936)

后梁旧府。

同光元年(923)十月，大安府领大安、大年、昭应、渭南、蓝田、鄠、兴平、咸阳、泾阳、云阳、三原、高陵、富平、栎阳等14县。十一月，大安府改称京兆府。十二月，大安县复称长安，大年县复称万年，美原县来属，富平、三原、云阳等3县别属耀州。

同光二年(924)，乾州所领武功、醴泉2县来属。

同光三年(925)二月，奉先自同州来属。又同年，美原别属耀州。

天成三年(928)，乾州所领好畤县来属。

此后至清泰三年(936)十一月，京兆府领长安、万年、昭应、渭南、蓝田、鄠、兴平、咸阳、泾阳、高陵、栎阳、武功、醴泉、好畤、奉先等15县。

2.12.2 金州(925—936)，治西城县

前蜀旧州。

同光元年(923)十月,金州领西城、洵阳、淯阳、石泉、汉阴、平利等6县。
此后至清泰三年(936)十一月,金州领县未更,一如同光元年。

2.13 崇州静胜军节度使(923)—**耀州顺义军节度使(923—925)**,治崇州(923)—**耀州(923—925)**

后梁旧镇。

同光元年(923)十月,崇州静胜军节度使领崇、裕2州。十二月,改称耀州顺义军节度使,废裕州。

同光三年(925)四月,顺义军节度使废,耀州降为团练州,直属京。

2.13.1 崇州(923)—耀州(923—936),治华原县

后梁旧州。

同光元年(923)十月,崇州领华原1县。十二月,改称耀州,京兆府所领富平、三原、云阳等3县来属。

同光三年(925)七月,京兆府所领美原、同州所领同官来属。

此后至清泰三年(936)十一月,耀州领华原、富平、三原、云阳、美原、同官等6县

2.13.2 裕州(923),治美原县

后梁旧州。

同光元年(923)十月,裕州领美原1县。十二月,裕州废,所领美原县别属京兆府。

附:

直2 耀州(925—936),治华原县(参见2.13.1)

直属京州。

2.14 同州忠武军节度使(920—923)—**同州匡国军节度使(923—936)**,治同州

后梁旧镇。

天祐十七年(920)四月,后梁同州忠武军节度使来附,领同州1州。

同光元年(923)十二月,同州忠武军节度使改称匡国军节度使。

此后至清泰三年(936)十一月,同州匡国军节度使辖区未更。

2.14.1 同州(920—936),治冯翊县

后梁旧州。

天祐十七年(920)四月,同州领冯翊、夏阳、白水、朝邑、奉先、同官等6县。

同光三年(925)二月,奉先县还属京兆府。六月,澄城县自河中府还属。七月,同官县别属耀州。

天成元年(926)七月,韩城、郃阳2县自河中府还属。

此后至清泰三年(936)十一月,同州领冯翊、韩城、郃阳、夏阳、白水、澄城、朝邑等7县。

2.15　华州感化军节度使(923)—**华州镇国军节度使(923—936)**,治华州

后梁旧镇。

同光元年(923)十月,华州感化军节度使领华、商2州。十二月,感化军节度使改称镇国军节度使。

此后至清泰三年(936)十一月,华州镇国军节度使辖区未更。

2.15.1　华州(923—936),治郑县

后梁旧州。

同光元年(923)十月,华州领郑、华阴、下邽等3县。

此后至清泰三年(936)十一月,华州领县未更,一如同光元年。

2.15.2　商州(923—936),治上洛县

后梁旧州。

同光元年(923)十月,商州领上洛、丰阳、洛南、商洛、上津、乾元等6县。

此后至清泰三年(936)十一月,商州领县未更,一如同光元年。

2.16　**邠州静难军节度使(923—936)**,治邠州

后梁旧镇。

同光元年(923)十月,邠州静难军节度使领邠、宁、庆、衍等4州。

此后至清泰三年(936)十一月,邠州静难军节度使辖区未更。

2.16.1　邠州(923—936),治新平县

后梁旧州。

同光元年(923)十月,邠州领新平、三水、永寿、宜禄等4县。

此后至清泰三年(936)十一月,邠州领县未更,一如同光元年。

2.16.2　宁州(923—936),治定安县

后梁旧州。

同光元年(923)十月,宁州领定安、真宁、襄乐、彭原、丰义等5县。

此后至清泰三年(936)十一月,宁州领县未更,一如同光元年。

2.16.3　庆州(923—936),治顺化县

后梁旧州。

同光元年(923)十月,庆州领顺化、合水、乐蟠、华池、延庆等5县。

清泰三年(936),复置同川县。

此后至清泰三年(936)十一月,庆州领顺化、合水、乐蟠、华池、延庆、同川等6县。

2.16.4　衍州　(923—936),治定平县

后梁旧州。

同光元年(923)十月,衍州领定平1县。

此后至清泰三年(936)十一月,衍州领县未更,一如同光元年。

2.17　鄜州保大军节度使(923—936),治鄜州

后梁旧镇。

同光元年(923)十月,鄜州保大军节度使领鄜、坊、禧等3州。同年,废禧州。

此后至清泰三年(936)十一月,鄜州保大军节度领鄜、坊2州。

2.17.1　鄜州(923—936),治洛交县

后梁旧州。

同光元年(923)十月,鄜州领洛交、洛川、三川、直罗、甘泉等5县。同年,禧州废为鄜城县,来属。

此后至清泰三年(936)十一月,鄜州领洛交、洛川、三川、直罗、甘泉、鄜城等6县。

2.17.2　坊州(923—936),治中部县

后梁旧州。

同光元年(923)十月,坊州领中部、宜君、升平等3县。

此后至清泰三年(936)十一月,坊州领县未更,一如同光元年。

2.18　延州忠义军节度使(923)—**延州彰武军节度使(923—936),治延州**

后梁旧镇。

同光元年(923)十月,延州忠义军节度使领延、丹2州。十二月,忠义军节度使改称彰武军节度使。

此后至清泰三年(936)十一月,延州彰武军节度使辖区未更。

2.18.1　延州(923—936),治肤施县

后梁旧州。

同光元年(923)十月,延州领肤施、延长、临真、金明、丰林、延川、敷政、延昌、延水、门山等10县。

此后至清泰三年(936)十一月,延州领县未更,一如同光元年。

2.18.2 丹州(923—936),治义川县

后梁旧州。

同光元年(923)十月,丹州领义川、云岩、汾川、咸宁等4县。

此后至清泰三年(936)十一月,丹州领县未更,一如同光元年。

2.19 灵州朔方节度使(923—936),治灵州

后梁旧镇。

同光元年(923)十月,灵州朔方节度使领灵、威、雄、警、盐等5州。

此后至清泰三年(936)十一月,灵州朔方节度使辖区未更。

2.19.1 灵州(923—936),治回乐县

后梁旧州。

同光元年(923)十月,灵州领回乐1县。

此后至清泰三年(936)十一月,灵州领县未更,一如同光元年。

2.19.2 威州(923—936)

后梁旧州。

同光元年(923)十月,威州无领县。

此后至清泰三年(936)十一月,威州一直不曾领县。

2.19.3 雄州(923—936),治承天堡

后梁旧州。

同光元年(923)十月,雄州无领县。

此后至清泰三年(936)十一月,雄州一直不曾领县。

2.19.4 警州(923—936),治定远城

后梁旧州。

同光元年(923)十月,警州无领县。

此后至清泰三年(936)十一月,警州一直不曾领县。

2.19.5 盐州(923—936),治五原县

后梁旧州。

同光元年(923)十月,盐州领五原、白池2县。

此后至清泰三年(936)十一月,灵州领县未更,一如同光元年。

第四节　山南东道(襄州)、邓州威胜军(宣化军)、安州安远军(宣威军)诸节度使

天成四年(929),后唐在原唐山南东道区域内置有山南东道(襄州)节度使、邓州威胜军节度使,在原唐淮南道区域内置有安州安远军节度使,因其地域相连,故并列于此。本节即分别对上述各节度使的辖区及所属各州的沿革作一概述。

2.20　山南东道(襄州)节度使(923—936),治襄州

后梁旧镇。

同光元年(923)十月,山南东道节度使(又称襄州节度使)领襄、均、房等3州。

天成二年(927)五月,以南平王高季兴所领复州来属,山南东道节度使领襄、均、房、复等4州。

此后至清泰三年(936)十一月,山南东道节度使一直领襄、均、房、复等4州。

2.20.1　襄州(923—936),治襄阳县

后梁旧州。

同光元年(923)十月,襄州领襄阳、邓城、谷城、义清、南漳、宜城、乐乡等7县。

此后至清泰三年(936)十一月,襄州领县未更,一如同光元年。

2.20.2　均州(923—936),治武当县

后梁旧州。

同光元年(923)十月,均州领武当、郧乡、丰利等3县。

此后至清泰三年(936)十一月,均州领县未更,一如同光元年。

2.20.3　房州(923—936),治房陵县

后梁旧州。

同光元年(923)十月,房州一直领房陵、永清、竹山、上庸等4县。

此后至清泰三年(936)十一月,房州领县未更,一如同光元年。

2.20.4　复州(927—936),治沔阳县

南平旧州。

天成二年(927)五月,复州领沔阳、竟陵2县。

此后至清泰三年(936)十一月,复州领县未更。

2.21 邓州宣化军节度使(923)—**邓州威胜军节度使(923—936),治邓州**
后梁旧镇。

同光元年(923)十月,邓州宣化军领邓、唐、随、郢、复等 5 州。十二月,改称威胜军节度使。

同光二年(924)五月,割复州隶属荆南节度使。

此后至清泰三年(936)十一月,邓州威胜军节度使辖区未更。

2.21.1 邓州(923—936),治穰县
后梁旧州。

同光元年(923)十月,邓州领穰、南阳、向城、临湍、内乡、菊潭等 6 县。

此后至清泰三年(936)十一月,邓州领县未更,一如同光元年。

2.21.2 泌州(923)—唐州(923—936),治泌阳县
后梁旧州。

同光元年(923)十月,泌州复称唐州,领泌阳、慈丘、桐柏、平氏、湖阳、方城、比阳等 7 县。

此后至清泰三年(936)十一月,唐州领县未更,一如同光元年。

2.21.3 随州(923—936),治随县
后梁旧州。

同光元年(923)十月,随州领随、光化、枣阳、汉东等 4 县,同时汉东复称唐城。

此后至清泰三年(936)十一月,随州领随、光化、枣阳、唐城等 4 县。

2.21.4 郢州(923—936),治长寿县
后梁旧州。

同光元年(923)十月,郢州下领长寿、京山、富水等 3 县。

此后至清泰三年(936)十一月,郢州领县未更,一如同光元年。

2.22 安州宣威军节度使(923)—**安州安远军节度使(923—936),治安州**
后梁旧镇。

同光元年(923)十月,安州宣威军节度使领安、申 2 州。十二月,改称安远军节度使。

此后至清泰三年(936)十一月,安州安远军节度使辖区未更。

2.22.1 安州(923—936),治安陆县
后梁旧州。

同光元年(923)十月,安州领安陆、云梦、孝昌、应阳、吉阳、应山等6县。同时,应阳县复称应城县,孝昌县改称孝感县。

此后至清泰三年(936)十一月,安州领安陆、云梦、孝感、应城、吉阳、应山等6县。

2.22.2　申州(923—936),治义阳县

后梁旧州。

同光元年(923)十月,申州领义阳、钟山、罗山等3县。

此后至清泰三年(936)十一月,申州领县未更,一如同光元年。

第五节　北京(西京、北都)留守(太原府河东)、潞州安义军(昭义军)、河中府护国军、晋州建雄军、云州大同军、应州彰国军、朔州振武军诸节度使[附:丰州天德军都团练防御使(节度使)]

天成四年(929),后唐在原唐河东道区域内置有北京留守、潞州安义军节度使、河中府护国军节度使、晋州建雄军节度使、云州大同军节度使、应州彰国军节度使和朔州振武军节度使。又,晋王时曾置有丰州天德军都团练防御使(节度使),从地域上考虑,附录于此。本节即分别对上述各留守和节度使的辖区及所属各州(府)的沿革作一概述。

2.23　河东节度使(907—923)—西京留守(923)—北都留守(923—925)—北京留守(925—936),治太原府

唐旧镇。

天祐四年(907)四月,朱温称帝,建国后梁,改年号为开平,然河东仍为李氏所据,依然沿用唐天祐年号。河东节度使领太原府及仪、石、岚、汾、朔、蔚、云、沁、宪、应、慈、隰、忻、代等14州。

天祐五年(908)正月,升云州为大同军节度使,朔、应、蔚等3州别属之。二月,罢大同军节度使,云、朔、应、蔚4州复属河东节度使。

天祐六年(909)(?),仪州改称辽州。

天祐八年(911),河东节度使增领府州。

天祐十二年(915),云州升为大同军节度使,应、蔚2州别属之。

天祐十三年(916),振武军节度徙治朔州,朔州别属之。

天祐十九年(922),罢大同军节度使,云、应、蔚3州复属河东节度使。

同光元年(923)四月,升太原府为西京,河东节度使改称西京留守。十一月,又改西京为北都。北都留守领太原府及辽、石、岚、汾、府、蔚、云、沁、宪、应、慈、隰、忻、代等14州。

同光二年(924)六月,慈、隰2州别属晋州建雄军节度使。七月,云州复为大同军节度,应州别属之。

同光三年(925),又改北都为北京。

此后至清泰三年(936)十一月,北京留守领太原府及辽、石、岚、汾、府、蔚、沁、宪、忻、代等10州。

2.23.1　太原府(907—936),治太原县

唐旧府。

天祐四年(907)四月,太原府领太原、晋阳、榆次、太谷、祁、阳曲、寿阳、孟、清源、乐平、广阳、交城、文水等13县。

此后至清泰三年(936)十一月,太原府领县未更,一如天祐四年。

2.23.2　忻州(907—936),治秀容县

唐旧州。

天祐四年(907)四月,忻州领秀容、定襄2县。

此后至清泰三年(936)十一月,忻州领县未更,一如天祐四年。

2.23.3　岚州(907—936),治宜芳县

唐旧州。

天祐四年(907)四月,岚州领宜芳、静乐、合河、岚谷等4县。

同光元年(923)(?),岚谷县升为岢岚军。

此后至清泰三年(936)十一月,岚州领宜芳、静乐、合河等3县及岢岚军。

2.23.4　宪州(907—936),治楼烦县

唐旧州。

天祐四年(907)四月,宪州领楼烦、玄池、天池等3县。

此后至清泰三年(936)十一月,宪州领县未更,一如天祐四年。

2.23.5　石州(907—936),治离石县

唐旧州。

天祐四年(907)四月,石州领离石、平夷、定胡、临泉、方山等5县。

此后至清泰三年(936)十一月,石州领县未更,一如天祐四年。

2.23.6　汾州(907—936),治西河县

唐旧州。

天祐四年(907)四月,汾州领西河、介休、孝义、平遥、灵石等5县。

此后至清泰三年(936)十一月,汾州领县未更,一如天祐四年。

2.23.7 仪州(907—909?)—辽州(909?—936),治辽山县

唐旧州。

天祐四年(907)四月,仪州领辽山、榆社、和顺、平城等4县。

天祐六年(909)(?),改称辽州。

此后至清泰三年(936)十一月,辽州领辽山、榆社、和顺、平城等4县。

2.23.8 沁州(907—936),治沁源县

唐旧州。

天祐四年(907)四月,沁州领沁源、和川、绵上等3县。

此后至清泰三年(936)十一月,沁州领县未更,一如天祐四年。

2.23.9 代州(907—936),治雁门县

唐旧州。

天祐四年(907)四月,代州领雁门、五台、繁畤、崞、唐林等5县。

天祐五年(908),唐林县改称白鹿县。

同光元年(923)(?),白鹿县复称唐林县。

此后至清泰三年(936)十一月,代州领雁门、五台、繁畤、崞、唐林等5县。

2.23.10 蔚州(907—908,908—915,922—936),治兴唐县(907—936)

唐旧州。

天祐四年(907)四月,蔚州领兴唐、飞狐和灵丘等3县。

同光二年(924),析兴唐县置广陵县。

此后至清泰三年(936)十一月,蔚州辖兴唐、灵丘、飞狐、广陵等4县。

2.23.11 府州(911—936),治府谷县

晋王新置。

天祐八年(911),析麟州府谷县置府州,领府谷1县。

此后至清泰三年(936)十一月,府州领县未更。

2.23.12 慈州(907—924),治吉昌县(907—923)—吉乡县(923—924)(参见2.26.2)

2.23.13 隰州(907—924),治隰川县(参见2.26.3)

2.23.14 云州(907—908,908—915,922—924),治云中县(参见2.27.1)

2.23.15 应州(907—908,908—915,922—924),治金城县(参见2.28.1)

2.23.16 朔州(907—908,908—916),治善阳县(参见2.29.1)

2.24 潞州昭义军节度使(907—922)—**潞州安义军节度使**(922—923,923—930)—潞州昭义军节度使(930—936),治潞州

唐旧镇。

天祐四年(907)四月,潞州昭义节度使仅领潞州1州。

天祐七年(910)十月至九年(912)十月间,潞州昭义军节度使增领泽州。

天祐十九年(922)四月,潞州昭义军节度使改称安义军节度使。

同光元年(923)三月,安义军节度使归顺后梁,后梁改安义军节度使为匡义军节度使。十月,后唐代后梁,十二月,潞州匡义军节度使复称安义军节度使。

长兴元年(930)三月,潞州安义军节度使复称昭义军节度使。

此后至清泰三年(936)十一月,潞州昭义军节度使领潞、泽2州。

2.24.1 潞州(907—923,923—936),治上党县

唐旧州。

天祐四年(907)四月,潞州领上党、长子、屯留、潞子、壶关、襄垣、黎亭、涉、铜鞮、武乡等10县。

同光元年(923)三月,潞州归顺后梁。十月,后唐代后梁,潞子复称潞城,黎亭复称黎城。

此后至清泰三年(936)十一月,潞州领上党、长子、屯留、潞城、壶关、襄垣、黎城、涉、铜鞮、武乡等10县。

2.24.2 泽州(912?—923,923—936),治高都县(912—923)—晋城县(923—936)

后梁旧州。

天祐九年(912)(?),泽州领高都(或曰丹川)、高平、濩泽、端氏、陵川、沁水等6县。

同光元年(923)三月,泽州归顺后梁。十月,后唐代后梁,高都(或曰丹川)复称晋城,濩泽复称阳城。

此后至清泰三年(936)十一月,泽州领晋城、高平、阳城、端氏、陵川、沁水等6县。

2.25 河中府护国军节度使(912—913,920—936),治河中府

后梁旧镇。

天祐九年(912)八月,后梁河中府护国军节度使来附,领河中府1府。

天祐十年(913)三月,河中节度使复属后梁。

天祐十七年(920)四月,河中节度使复来附。

后唐同光二年(924)六月,晋州建雄军节度使所领绛州来属。

此后至清泰三年(936)十一月,护国军节度使领河中府和绛州。

2.25.1　河中府(912—913,920—936),治河东县

后梁旧府。

天祐九年(912)八月,河中府当辖河东、河西、临晋、解、猗氏、虞乡、永乐、安邑、宝鼎、闻喜、稷山、万泉、龙门、韩原、郃阳、澄城等 16 县。

同光元年(923),韩原县改名韩城县。

同光二年(924)正月,稷山县别属绛州。

同光三年(925)六月,澄城县还属同州。

天成元年(926)七月,韩城、郃阳 2 县还属同州。

此后至清泰三年(936)十一月,河中府领河东、河西、临晋、解、猗氏、虞乡、永乐、安邑、宝鼎、闻喜、万泉、龙门等 12 县。

2.25.2　绛州(924—936),治正平县

后梁旧州。

同光元年(923)十月,绛州领正平、太平、曲沃、浍川、绛、垣、襄陵等 7 县。

同光二年(924)正月,河中府所领稷山县来属。

此后至清泰三年(936)十一月,绛州领正平、太平、曲沃、浍川、绛、垣、襄陵、稷山等 8 县。

2.26　晋州建宁军节度使(923)—**晋州建雄军节度使(923—936),治晋州**

后梁旧镇。

同光元年(923)十月,晋州建宁军节度使领晋、绛 2 州。十二月,改称建雄军节度使。

同光二年(924)六月,绛州别属河中府,河东节度使所领慈、隰 2 州来属。

此后至清泰三年(936)十一月,晋州建雄军节度使领晋、慈、隰等 3 州。

2.26.1　晋州(923—936),治临汾县

后梁旧州。

同光元年(923)十月,晋州领临汾、洪洞、神山、霍邑、赵城、岳阳、汾西、冀氏等 8 县。

此后至清泰三年(936)十一月,晋州领县未更,一如同光元年。

2.26.2　慈州(924—936),治吉乡县

唐旧州。

天祐四年(907)四月,慈州领吉昌、屈邑、昌宁、吕香、仵城等 5 县。

同光元年(923)十月,吉昌县改称吉乡县,昌宁县改称乡宁县,屈邑县复称

文城县。

此后至清泰三年(936)十一月,慈州领吉乡、文城、乡宁、吕香、仵城等5县。

2.26.3 隰州(924—936),治隰川县

唐旧州。

天祐四年(907)四月,隰州领隰川、蒲、温泉、大宁、石楼、永和等6县。

此后至清泰三年(936)十一月,隰州领县未更,一如天祐四年。

2.26.4 绛州(923—924),治正平县(参见2.25.2)

2.27 云州大同军节度使(908,915—922,924—936),治云州

晋王新置。

天祐五年(908)正月,析河东节度使所领云、朔、应、蔚等4州为云州大同军节度使。二月,大同军节度使废,云、朔、应、蔚等4州复属河东节度使。

天祐十二年(915),复析河东节度使所领云、应、蔚置云州大同军节度使。

天祐十九年(922),大同军节度使废,云、应、蔚等3州复属河东节度使。

同光二年(924)七月,析北都留守所领云、应2州复置云州大同军节度使。

天成元年(926)七月,析应州置彰国军节度,大同军节度使仅领云州1州。

此后至清泰三年(936)十一月,大同军节度使仅领云州1州。

2.27.1 云州(908,915—922,924—936),治云中县

唐旧州。

天祐四年(907)四月,云州领云中1县。

此后至清泰三年(936)十一月,云州领县未更,一如天祐四年。

2.27.2 蔚州(908,915—922),治兴唐县(参见2.23.10)

2.27.3 应州(908,915—922,924—926),治金城县(参见2.28.1)

2.27.4 朔州(908),治善阳县(参见2.29.1)

2.28 应州彰国军节度使(926—936),治应州

后唐新置。

天成元年(926)七月,析云州大同军节度使所领应州置彰国军节度使,以兴唐军为寰州,别属之。

此后至清泰三年(936)十一月,应州彰国军节度使一直领应、寰2州。

2.28.1 应州(926—936),治金城县

唐旧州。

天祐四年(907)四月,应州领金城、浑源2县。

此后至清泰三年(936)十一月,应州领县未更,一如天祐四年。

2.28.2 寰州(926—936),治寰清县

后唐新置。

天成元年(926)七月,改朔州兴唐军为寰州,领寰清1县。

此后至清泰三年(936)十一月,寰州一直领寰清1县。

2.29 振武军节度使(907—916)—朔州振武军节度使(916—936),治金河县(907—916)—朔州(916—936)

唐旧镇。

天祐四年(907)四月,振武军节度使领安北都护府、振武军(东受降城)及麟、胜2州。

天祐十三年(916),安北都护府城、振武军所在地为契丹所据,河东节度使所领朔州来属,并徙治于此。

此后至清泰三年(936)十一月,朔州振武军节度使领朔、麟、胜等3州。

2.29.1 朔州(916—936),治善阳县

唐旧州。

天祐四年(907)四月,朔州辖善阳、马邑2县。

天祐七年(910),析马邑县置兴唐军。

天成元年(926)七月,兴唐军升为寰州,别属应州彰国军节度使。

此后至清泰三年(936)十一月,朔州领善阳1县。

2.29.2 麟州(907—936),治新秦县

唐旧州。

天祐四年(907)四月,麟州领新秦、连谷、银城等3县。

天祐七年(910),以境内府谷镇置府谷县。

天祐八年(911),又析府谷县置府州,别属河东节度使。

此后至清泰三年(936)十一月,麟州领新秦、连谷、银城等3县。

2.29.3 胜州(907—936),治榆林县

唐旧州。

天祐四年(907)四月,胜州领榆林、河滨2县。

此后至清泰三年(936)十一月,胜州领县未更,一如天祐四年。

2.29.4 安北都护府(907—916),治金河县

2.29.5 振武军(907—916),治金河县

安北都护府为唐旧都护府;振武军为唐旧军。

天祐四年(907)四月,安北都护府、振武军同治于东受降城所在的金河县。天祐十三年(916),安北都护府、振武军废。

附:

2.30 天德军都团练防御使(907—911?)—丰州天德军节度使(911?—920),治天德旧城(907—911?)—丰州(911?—920)

唐旧镇。

天祐四年(907)四月,天德军都团练防御使领丰州、天德军及西、中2受降城。

天祐八年(911)(?),升天德军都团练防御使为天德军节度使,仍领丰州、天德军及西、中2受降城。

天祐十七年(920)十月,天德军节度使为契丹攻据。

2.30.1 丰州(907—920),治九原县

唐旧州。

天祐四年(907)四月,丰州领九原、永丰2县。

此后至天祐十七年(920)十月,丰州领县未更,一如天祐四年。

2.30.2 天德军(907—920),治天德军城

唐旧军。

晋王期间,天德军一直无领县。

2.30.3 中受降城(907—920)

唐旧城。

晋王期间,中受降城一直无领县。

2.30.4 西受降城(907—920)

唐旧城。

晋王期间,西受降城一直无领县。

第六节　兴唐府(魏州)天雄军[东京(邺都)留守]、邢州安国军、镇州成德军(北都留守)、定州义武军、沧州横海军、幽州卢龙、新州威塞军诸节度使

天成四年(929),后唐在原唐河北道区域内据有兴唐府天雄军节度使、邢州安国军节度使、镇州成德军节度使、定州义武军节度使、沧州横海军节度使、

幽州卢龙节度使、新州威塞军节度使。本节即分别对上述各节度使的辖区及所属各州(府)的沿革作一概述。

2.31 魏州天雄军节度使(915—923)—东京留守(923—925)—邺都留守(925—929)—**兴唐府天雄军节度使(929—936)**,治魏州(915—923)—**兴唐府**(923—936)

后梁旧镇。

天祐十二年(915)六月,后梁魏州来附。晋王李存勖入魏州,并亲自兼领魏州节度使。七月,后梁博州来属;并攻据后梁澶州。八月,澶州被后梁收复。

天祐十三年(916)三月,攻据后梁卫州。八月,取后梁相州。九月,后梁贝州来降,澶州亦应于同时来属。至此,魏州天雄军节度使领魏、博、澶、卫、相、贝等6州。

天祐十九年(922),卫州复为后梁夺取。

同光元年(923)四月,晋王李存勖于魏州即帝位,升魏州为东京兴唐府。此时东京留守辖兴唐府及博、澶、卫、相、贝等1府5州之地。

同光三年(925)三月,东京改称邺都。

天成四年(929)六月,降邺都为兴唐府,复天雄军号。

此后至清泰三年(936)十一月,兴唐府天雄军节度使领兴唐府1府及博、澶、卫、相、贝等5州。

2.31.1 魏州(915—923)—兴唐府(923—936),治贵乡县(915—923)—广晋县(923—936)

后梁旧州。

天祐十二年(915)六月,魏州领贵乡、元城、魏、馆陶、冠氏、莘、武阳、昌乐、临河、洹水、斥丘、内黄、广宗、永济等14县。

后唐同光元年(923)四月,升魏州为东京兴唐府,并改贵乡县为广晋县,改元城县为兴唐县。又,同年,斥丘复名成安,武阳复名朝城,广宗复名宗城,昌乐更名南乐。

同光三年(925)三月,东京改称邺都。

天成四年(929)六月,降邺都为兴唐府。

此后至清泰三年(936)十一月,兴唐府领广晋、兴唐、魏、馆陶、冠氏、莘、朝城、南乐、临河、洹水、成安、内黄、宗城、永济等14县。

2.31.2 博州(915—936),治聊城县

后梁旧州。

天祐十二年(915)七月,博州领聊邑、博平、武水、清平、堂邑、鱼丘等 6 县。

同光元年(923)十月,聊邑复称聊城,鱼丘复曰高唐。

此后至清泰三年(936)十一月,博州领聊城、博平、武水、清平、堂邑、高唐等 6 县。

2.31.3　**贝州(916—936),治清河县**

后梁旧州。

天祐十三年(916)九月,贝州领清河、清阳、武城、漳南、历亭、经城、临清、夏津等 8 县。

此后至后唐清泰三年(936)十一月,贝州领县未更,一如同光元年。

2.31.4　**相州(916—936),治安阳县**

后梁旧州。

天祐十三年(916)八月,相州领安阳、邺、汤阴、林虑、长平、临漳等 6 县。

同光元年(923)十月,长平复称永定。

此后至清泰三年(936)十一月,相州领安阳、邺、汤阴、林虑、永定、临漳等 6 县。

2.31.5　**澶州(915,916—936),治顿丘县**

后梁旧州。

天祐十三年(916)九月,澶州领顿丘、清丰、观城、临黄等 4 县。

此后至后唐清泰三年(936)十一月,澶州领县未更,一如天祐十三年。

2.31.6　**卫州(916—922,923—936),治汲县**

后梁旧州。

天祐十三年(916)三月,卫州领汲、卫、共城、新乡、黎阳等 5 县。

此后至后唐清泰三年(936)十一月,卫州领县未更,一如天祐十三年。

2.32　**邢州安国军节度使(916—936),治邢州**

后梁旧镇。

天祐十三年(916)八月,攻据后梁邢州保义军节度使,改保义军为安国军,并复惠州旧称名磁州。邢州安国军节度使领邢、洺、磁等 3 州。

此后至后唐清泰三年(936)十一月,邢州安国军节度使辖区未更。

2.32.1　**邢州(916—936),治龙冈县**

后梁旧州。

天祐十三年(916)八月,邢州领龙冈、沙河、南和、巨鹿、平乡、任、尧山、内丘等 8 县。

此后至后唐清泰三年(936)十一月,邢州领县未更,一如天祐十三年。

2.32.2 洺州(916—936),治永年县

后梁旧州。

天祐十三年(916)八月,洺州领永年、平恩、临洺、鸡泽、肥乡、曲周等6县。

此后至后唐清泰三年(936)十一月,洺州领县未更,一如天祐十三年。

2.32.3 磁州(916—936),治滏阳县

后梁旧州。

晋王天祐十三年(916)八月,磁州领滏阳、邯郸、武安、昭义等4县。

此后至后唐清泰三年(936)十一月,磁州领县未更,一如天祐十三年。

2.33 镇州成德军节度使(914—923)—北都留守(923)—**镇州成德军节度使(923—936),治镇州**

赵王旧镇。

天祐十一年(914)正月,镇州成德军节度使、赵王王镕来附。镇州成德军节度使领镇、冀、赵、深等4州。

天祐十八年(921)二月,镇州发生军变,亲军杀节度使王镕,推张文礼为留后。

天祐十九年(922)九月,镇州乱平。

后唐同光元年(923)四月,升镇州为北都真定府。十一月,废北都,复置镇州成德军节度使。

此后至清泰三年(936)十一月,镇州成德军节度使一直领镇、冀、赵、深等4州。

2.33.1 镇州(914—933)—真定府(923)—镇州(923—936),治真定县

赵王旧州。

天祐十一年(914)正月,镇州领真定、藁城、石邑、九门、灵寿、彰武、井陉、获鹿、平山、鼓城、栾氏等11县。

同光元年(923)四月,升镇州为真定府;十一月,复称镇州。同年,彰武县复称行唐县,栾氏县复称栾城县。又,大约在同年,赵州所领元氏县、深州所领束鹿县来属。

此后至清泰三年(936)十一月,镇州领真定、藁城、石邑、九门、灵寿、行唐、井陉、获鹿、平山、鼓城、栾城、元氏、束鹿等13县。

2.33.2 冀州(914—936),治尧都县(914—923)—信都县(923—936)

赵王旧州。

天祐十一年(914)正月,冀州领尧都、南宫、堂阳、枣强、武邑、衡水、汉阜、蓨、武强等9县。

同光元年(923)十月,尧都复称信都、汉阜复称阜城。

此后至清泰三年(936)十一月,冀州领信都、南宫、堂阳、枣强、武邑、衡水、阜城、蓨、武强等9县。

2.33.3 深州(914—936),治陆泽县

赵王旧州。

天祐十一年(914)正月,深州领陆泽、饶阳、束鹿、安平、博野、乐寿、下博等7县。

同光元年(923)(?),束鹿县别属镇州。

此后至清泰三年(936)十一月,深州领陆泽、饶阳、安平、博野、乐寿、下博等6县。

2.33.4 赵州(914—936),治平棘县

赵王旧州。

天祐十一年(914)正月,赵州领平棘、宁晋、昭庆、柏乡、高邑、房子、赞皇、元氏等8县。

同光元年(923)(?),房子复称临城,元氏别属镇州。

此后至清泰三年(936)十一月,赵州领平棘、宁晋、昭庆、柏乡、高邑、临城、赞皇等7县。

2.34 定州义武军节度使(914—936),治定州

北平王旧镇。

天祐十一年(914)正月,定州义武军节度使、北平王王处直来附。定州义武军节度使领定、易、祁等3州。

此后至清泰三年(936)十一月,定州义武军节度使辖区未更。

2.34.1 定州(914—936),治安喜县

北平王旧州。

天祐十一年(914)正月,定州领安喜、义丰、北平、望都、曲阳、陉邑、中山、新乐等8县。

同光元年(923),中山县复称唐县。

长兴三年(932),北平县改名燕平县。

此后至清泰三年(936)十一月,定州领安喜、义丰、燕平、望都、曲阳、陉邑、唐、新乐等8县。

2.34.2　易州(914—936),治易县

北平王旧州。

天祐十一年(914)正月,易州领易、容城、涞水、遂城、满城等 5 县。

此后至后唐清泰三年(936)十一月,易州领县未更,一如天祐十一年。

2.34.3　祁州(914—936),治无极县

北平王旧州。

天祐十一年(914)正月,祁州领无极、深泽 2 县。

此后至后唐清泰三年(936)十一月,祁州领县未更,一如天祐十一年。

2.35　沧州横海军节度使(916—936),治沧州

后梁旧镇。

天祐十二年(915)六月,攻取后梁德州。

天祐十三年(916)九月,攻取后梁沧州,改顺化军节度使为横海军节度使,领沧、德、景等 3 州。

此后至后唐清泰三年(936)十一月,沧州横海军节度使辖区未更。

2.35.1　沧州(916—936),治清池县

后梁旧州。

天祐十三年(916)九月,沧州领清池、盐山、南皮、长芦、乐陵、饶安、无棣、临津、乾符等 9 县。

此后至后唐清泰三年(936)十一月,沧州领县未更,一如天祐十三年。

2.35.2　德州(915—936),治安德县

后梁旧州。

天祐十二年(915)六月,德州由后梁属晋王,领安德、平原、长河、平昌、将陵等 5 县。

此后至后唐清泰三年(936)十一月,德州领县未更,一如天祐十二年。

2.35.3　景州(916—936),治东光县

后梁旧州。

天祐十三年(916)九月,景州领东光、弓高、安陵等 3 县。

此后至后唐清泰三年(936)十一月,景州领县未更,一如天祐十三年。

2.36　幽州卢龙节度使(913—936),治幽州

燕旧镇。

天祐九年(912),攻取燕幽州节度使所领涿、莫、瀛等州。

天祐十年(913)十一月,攻据燕国刘守光所据幽州,至此已据有卢龙节度使的所有属州,即幽、蓟、瀛、莫、檀、顺、武、新、妫、儒、营、平、涿等13州。

天祐十三年(916),武、新、妫、儒4州陷于契丹,旋又收复。

天祐十四年(917)三月,新州陷于契丹,旋又收复。

天祐十八年(921),新、妫、儒、武、檀、顺、涿等州陷于契丹,旋又收复。

同光元年(923)二月,平、营2州陷于契丹。

同光二年(924)正月,新州陷于契丹,旋收复。七月,析新、妫、儒、武4州置威塞军节度使。

天成二年(927)(?),收复平州。

天成三年(928)正月,平州再陷于契丹。三月,以莫州奉化军置泰州。

清泰三年(936)(?),废泰州。幽州卢龙节度使领幽、蓟、瀛、莫、檀、顺、涿等7州。

2.36.1　幽州(913—936),治蓟县

燕旧州。

天祐十年(913)十一月,幽州领蓟、幽都、潞、武清、永清、安次、良乡、昌平、玉河等9县及芦台1军。

长兴三年(932)八月,昌平县改称燕平县。

此后至后唐清泰三年(936)十一月,幽州领蓟、幽都、潞、武清、永清、安次、良乡、燕平、玉河等9县及芦台1军。

2.36.2　蓟州(913—936),治渔阳县

燕旧州。

天祐十年(913)十一月,蓟州领渔阳、三河、玉田等3县。

此后至后唐清泰三年(936)十一月,蓟州领县未更,一如天祐十年。

2.36.3　涿州(913—921,921?—936),治范阳县

燕旧州。

天祐九年(912),燕幽州节度使所辖涿州属晋王,领范阳、归义、固安、新昌、新城等5县。

天祐十八年(921),涿州陷于契丹,旋收复。

天成四年(929),新昌县省入新城县。

此后至后唐清泰三年(936)十一月,涿州领范阳、归义、固安、新城等4县。

2.36.4　檀州(913—921,921?—936),治密云县

燕旧州。

天祐十年(913)十一月,檀州领密云1县。

天祐十八年(921),檀州陷于契丹,旋收复。

此后至后唐清泰三年(936)十一月,檀州领县未更,一如天祐十年。

2.36.5　顺州(913—921,921?—936),治辽西县

燕旧州。

天祐十年(913)十一月,顺州领辽西、怀柔 2 县。

天祐十八年(921),顺州陷于契丹,旋收复。

此后至后唐清泰三年(936)十一月,顺州领县未更,一如天祐十年。

2.36.6　平州(913—923,927?—928),治卢龙县

燕旧州。

天祐十年(913)十一月,平州领卢龙、石城、马城等 3 县。

同光元年(923),平州陷于契丹。

天成二年(927)(?),收复平州。

天成三年(928),平州再陷于契丹。

晋王至后唐期间,平州领县未更,一如天祐十年。

2.36.7　营州(913—923),治柳城县

燕旧州。

天祐十年(913)十一月,营州领柳城 1 县。

同光元年(923),营州陷于契丹。

晋王至后唐期间,营州领县未更,一如天祐十年。

2.36.8　瀛州(913—936),治河间县

燕旧州。

天祐九年(912),燕幽州节度使所辖瀛州属晋王,领河间、高阳、大城、束城、景城等 5 县。

此后至后唐清泰三年(936)十一月,瀛州领县未更,一如天祐九年。

2.36.9　莫州(913—936),治莫县

燕旧州。

天祐九年(912),燕幽州节度使所辖莫州属晋王,领莫、文安、任丘、清苑、长丰、唐兴等 6 县。

天成三年(928)三月,清苑县别属泰州。

清泰元年(936)(?),泰州废,清苑县还属。莫州仍领莫、文安、任丘、清苑、长丰、唐兴等 6 县。

2.36.10　泰州(928—936?),治清苑县

后唐新置。

天成三年(928)三月,升奉化军为泰州,以莫州清苑县来属。

清泰元年(936)(?),泰州废,清苑县还属莫州。

2.36.11　新州(913—916,916—917,917?—921,921?—924),治永兴县(参见2.37.1)

2.36.12　妫州(913—916,916?—921,921?—924),治怀戎县(参见2.37.2)

2.36.13　儒州(913—916,916?—921,921?—924),治缙山县(参见2.37.3)

2.36.14　武州(913—916,916?—921,921?—924),治文德县(参见2.37.4)

2.37　新州威塞军节度使(924—936),治新州

后唐新置。

同光二年(924)七月,升幽州卢龙节度使所领新州为威塞军节度使,以妫、儒、武等3州别属之。

此后至后唐清泰三年(936)十一月,新州威塞军节度使辖区未更。

2.37.1　新州(924—936),治永兴县

燕旧州。

天祐十年(913)十一月,新州领永兴、矾山、龙门、怀安等4县。

天祐十三年(916),新州陷于契丹,旋收复。

天祐十四年(917),新州再次陷于契丹,旋收复。

天祐十八年(921),新州又一次陷于契丹,旋收复。

同光二年(924)七月,升新州为威塞军节度使,领新、妫、儒、武等4州。

此后至清泰三年(936)十一月,新州领县未更,一如天祐十年。

2.37.2　妫州(924—936),治怀戎县

燕旧州。

天祐十年(913)十一月,妫州领怀戎1县。

天祐十三年(916),妫州陷于契丹,旋收复。

天祐十八年(921),妫州再次陷于契丹,旋收复。

同光二年(924)七月,妫州别属新州威塞军节度使。

此后至后唐清泰三年(936)十一月,妫州领县未更,一如天祐十年。

2.37.3　儒州(924—936),治缙山县

燕旧州。

天祐十年(913)十一月,儒州领缙山1县。

天祐十三年(916),儒州陷于契丹,旋收复。

天祐十八年(921),儒州再次陷于契丹,旋收复。

同光二年(924)七月,儒州别属新州威塞军节度使。

此后至清泰三年(936)十一月,儒州领县未更,一如天祐十年。

2.37.4　武州(924—930)—毅州(930—934)—武州(934—936),治文德县

燕旧州。

天祐十年(913)十一月,武州领文德1县。

天祐十三年(916),武州陷于契丹,旋收复。

天祐十八年(921),武州再次陷于契丹,旋收复。

同光二年(924)七月,武州别属新州威塞军节度使。

长兴元年(930)四月,改称毅州。

清泰元年(934),复称武州。

此后至清泰三年(936)十一月,武州领县未更,一如天祐十年。

第七节　凤翔节度使、泾州彰义军节度使

天成四年(929),后唐在原岐王来附的区域内据有凤翔节度使、泾州彰义军节度使。本节即分别对上述各节度使的辖区及所属各州(府)的沿革作一概述。

2.38　凤翔节度使(924—936),治凤翔府

岐王旧镇。

后唐同光二年(924)正月,岐王李茂贞派子从曮入觐听命,凤翔节度使归附后唐。同年,威胜军废为乾州,别属凤翔节度使。凤翔节度使领凤翔府、陇州、义州、乾州。

此后至清泰三年(936)十一月,凤翔节度使辖区未更。

2.38.1　凤翔府(924—936),治天兴县

岐王旧府。

同光二年(924)正月,凤翔府领天兴、扶风、宝鸡、岐山、郿、麟游、普润、虢、盩厔(自乾州来属)等9县。

此后至清泰三年(936)十一月,凤翔府领县未更,一如同光二年。

2.38.2　陇州(924—936),治汧源县

岐王旧州。

同光二年(924)正月,陇州领汧源、汧阳、吴山等3县。

此后至清泰三年(936)十一月,陇州领县未更,一如同光二年。

2.38.3　义州(924—936),治华亭乡

岐王旧州。

同光二年(924)正月,义州无领县。

此后至清泰三年(936)十一月,义州一直无领县。

2.38.4　乾州(924—936),治奉天县

岐王旧州。

同光二年(924)正月,乾州领奉天、好畤 2 县。

天成三年(928),好畤县还属京兆府,乾州仅领奉天县。

此后至清泰三年(936)十一月,乾州仅领奉天 1 县。

2.39　泾州彰义军节度使(924—936),治泾州

岐王旧镇。

同光二年(924)正月,岐王李茂贞派子从曮入觐听命,所据泾州彰义军节度使亦归附后唐,领泾、行原、行渭、行武等 4 州。

清泰三年(936)二月,行原州改为正州,泾州彰义军节度使领泾、原、行渭、行武等 4 州。

2.39.1　泾州(924—936),治保定县

岐王旧州。

同光二年(924)正月,泾州领保定、灵台、临泾、良原、潘原等 5 县。

清泰三年(936)二月,临泾县别属原州。泾州领保定、灵台、良原、潘原等 4 县。

2.39.2　行原州(924—936),侨治泾州临泾县—原州(936—959),治临泾县

岐王旧州。

同光二年(924)正月,行原州侨治泾州临泾县,无属县。

清泰三年(936)二月,泾州临泾县来属,原州领临泾 1 县。

2.39.3　行渭州(924—936),侨治泾州原平凉县境

岐王旧州。

同光二年(924)正月,行渭州侨治原州原平凉县境,无属县。

此后至清泰三年(936)十一月,行渭州一直无属县。

2.39.4　行武州(924—936),侨治泾州潘原县

岐王旧州。

同光二年(924)正月,行武州侨治泾州潘原县,无属县。

此后至清泰三年(936)十一月,行武州一直无属县。

第八节 剑南西川、剑南东川、遂州武信军、夔州宁江军（附：夔州、忠州、万州、云安监）、山南西道（附：凤州）、利州昭武军、阆州保宁军、洋州武定军、凤州武兴军、秦州雄武军、黔州武泰军诸节度使

天成四年（929），后唐在原前蜀境内据有剑南西川节度使、剑南东川节度使、遂州武信军节度使、夔州宁江军节度使、山南西道节度使、利州昭武军节度使、阆州保宁军节度使、洋州武定军节度使、凤州武兴军节度使、秦州雄武军节度使、黔州武泰军节度使。本节即分别对上述各节度使的辖区及所属各州（府）的沿革作一概述。

2.40 剑南西川节度使（925—934），治成都府

前蜀旧镇。

后唐同光三年（925）十一月，后唐灭前蜀，以成都府及眉、嘉、戎、彭、维、茂、汉、简、资、蜀、陵、荣等1府12州置剑南西川节度使，治成都府；同时，废雅州永平军节度使，以所领雅、黎、邛等3州来属。

此后至应顺元年（934）闰正月后蜀建立，剑南西川节度使辖区未更。

2.40.1 成都府（925—934），治成都县

前蜀旧府。

同光三年（925）十一月，成都府领成都、华阳、新都、新繁、犀浦、双流、广都、郫、温江、灵池等10县。

此后至应顺元年（934）闰正月，成都府领县未更，一如天复七年。

2.40.2 汉州（925—934），治雒县

前蜀旧州。

同光三年（925）十一月，汉州领雒、德阳、通记、绵竹、金堂等5县。同时，通记县复称什邡县。

此后至应顺元年（934）闰正月，汉州领雒、德阳、什邡、绵竹、金堂等5县。

2.40.3 彭州（925—934），治九陇县

前蜀旧州。

同光三年（925）十一月，彭州领九陇、濛阳、导江、唐昌等4县。

此后至应顺元年(934)闰正月,彭州领县未更,一如同光三年。

2.40.4 蜀州(925—934),治晋原县

前蜀旧州。

同光三年(925)十一月,蜀州领晋原、青城、唐兴、新津等4县。

此后至应顺元年(934)闰正月,蜀州领县未更,一如同光三年。

2.40.5 眉州(925—934),治通义县

前蜀旧州。

同光三年(925)十一月,眉州领通义、彭山、丹棱(稜)、洪雅、青神等5县。

此后至应顺元年(934)闰正月,眉州领县未更,一如同光三年。

2.40.6 嘉州(925—934),治龙游县

前蜀旧州。

同光三年(925)十一月,嘉州领龙游、平羌、峨眉、夹江、玉津、绥山、罗目、犍为等8县。

此后至应顺元年(934)闰正月,嘉州领县未更,一如同光三年。

2.40.7 陵州(925—934),治仁寿县

前蜀旧州。

同光三年(925)十一月,陵州领仁寿、贵平、井研、始建、籍等5县。

此后至应顺元年(934)闰正月,陵州领县未更,一如同光三年。

2.40.8 荣州(925—934),治旭川县

前蜀旧州。

同光三年(925)十一月,荣州领旭川、应灵、公井、资官、威远、和义等6县。

此后至应顺元年(934)闰正月,荣州领县未更,一如同光三年。

2.40.9 资州(925—934),治盘石县

前蜀旧州。

同光三年(925)十一月,资州领盘石、资阳、清溪、内江、月山、龙水、银山、丹山等8县。

此后至应顺元年(934)闰正月,资州领县未更,一如同光三年。

2.40.10 戎州(925—934),治僰道县

前蜀旧州。

同光三年(925)十一月,戎州领僰道、南溪、义宾、开边、归顺等5县。

此后至应顺元年(934)闰正月,戎州领县未更,一如同光三年。

2.40.11 简州(925—934),治阳安县

前蜀旧州。

同光三年(925)十一月,简州领阳安、金水、平泉等 3 县。

此后至应顺元年(934)闰正月,简州领县未更,一如同光三年。

2.40.12 维州(925—934),治保宁县

前蜀旧州。

同光三年(925)十一月,维州领保宁、通化等 2 县。

此后至应顺元年(934)闰正月,维州领县未更,一如同光三年。

2.40.13 茂州(925—934),治汶山县

前蜀旧州。

同光三年(925)十一月,茂州领汶山、石泉、汶川等 3 县。

此后至应顺元年(934)闰正月,茂州领县未更,一如同光三年。

2.40.14 雅州(925—934),治严道县

前蜀旧州。

同光三年(925)十一月,雅州领严道、卢山、名山、百丈、荣经等 5 县。

此后至应顺元年(934)闰正月,雅州领县未更,一如同光三年。

2.40.15 邛州(925—934),治临邛县

前蜀旧州。

同光三年(925)十一月,邛州领临邛、依政、安仁、大邑、蒲江、临溪、火井等 7 县。

此后至应顺元年(934)闰正月,邛州领县未更,一如同光三年。

2.40.16 黎州(925—934),治汉源县

前蜀旧州。

同光三年(925)十一月,黎州领汉源、通望 2 县。

此后至应顺元年(934)闰正月,黎州领县未更,一如同光三年。

2.41 剑南东川节度使(925—934),治梓州

前蜀旧镇。

同光三年(925)十一月,改原前蜀梓州武德军节度使为剑南东川节度使,领梓、绵、剑、龙、普等 5 州。

长兴元年(930),废保宁军节度使,阆、果 2 州来属。

长兴三年(932),复析阆、果 2 州置阆州保宁军节度使。

此后至应顺元年(934)闰正月,剑南东川节度使领梓、绵、剑、龙、普等 5 州。

2.41.1 梓州(925—934),治郪县

前蜀旧州。

同光三年(925)十一月,梓州领郪、射洪、通泉、玄武、盐亭、飞乌、永泰、铜山、涪城等9县。

此后至应顺元年(934)闰正月,梓州领县未更,一如同光三年。

2.41.2　绵州(925—934),治巴西县

前蜀旧州。

同光三年(925)十一月,绵州领巴西、昌明、魏城、罗江、神泉、盐泉、龙安、西昌等8县。同时改昌明县为彰明县。

此后至应顺元年(934)闰正月,绵州一直领巴西、彰明、魏城、罗江、神泉、盐泉、龙安、西昌等8县。

2.41.3　普州(925—934),治安岳县

前蜀旧州。

同光三年(925)十一月,普州领安岳、安居、普慈、乐至、普康、崇龛等6县。

此后至应顺元年(934)闰正月,普州领县未更,一如同光三年。

2.41.4　剑州(925—934),治普安县

前蜀旧州。

同光三年(925)十一月,剑州领普安、普成、永归、梓潼、阴平、临津、武连、剑门等8县。

此后至应顺元年(934)闰正月,剑州领县未更,一如同光三年。

2.41.5　龙州(925—934),治江油县

前蜀旧州。

同光三年(925)十一月,龙州领江油、清川等2县

此后至应顺元年(934)闰正月,龙州领县未更,一如同光三年。

2.41.6　阆州(930—932),治阆中县(参见2.46.1)

2.41.7　果州(930—932),治南充县(参见2.46.2)

2.42　遂州武信军节度使(925—934),治遂州

前蜀旧镇。

同光三年(925)十一月,遂州武信军节度使领遂、合、渝、泸、昌等5州。大约在同年,利州昭武军节度使所领果、黔2州来属。

天成二年(927),果、黔2州还属利州昭武军节度使。

此后至应顺元年(934)闰正月,遂州武信军节度使辖区领遂、合、渝、泸、昌等5州。

2.42.1　遂州(925—934),治方义县

前蜀旧州。

同光三年(925)十一月,遂州领方义、长江、蓬溪、青石、遂宁等5县。

此后至应顺元年(934)闰正月,遂州领县未更,一如同光三年。

2.42.2　合州(925—934),治石镜县

前蜀旧州。

同光三年(925)十一月,合州领石镜、新明、汉初、赤水、巴川、铜梁等6县。

此后至应顺元年(934)闰正月,合州领县未更,一如同光三年。

2.42.3　渝州(925—934),治巴县

前蜀旧州。

同光三年(925)十一月,渝州领巴、南平、江津、万寿、壁山等5县。

此后至应顺元年(934)闰正月,渝州领县未更,一如同光三年。

2.42.4　泸州(925—934),治泸川县

前蜀旧州。

同光三年(925)十一月,泸州领泸川、富义、江安、合江、绵水等5县。

此后至应顺元年(934)闰正月,泸州领县未更,一如同光三年。

2.42.5　昌州(925—934),治大足县

前蜀旧州。

同光三年(925)十一月,昌州领大足、静南、昌元、永川等4县。

此后至应顺元年(934)闰正月,昌州领县未更,一如同光三年。

2.42.6　果州(925?—927),治南充县(参见2.46.2)

2.42.7　徽州(925?—927),治流溪县(参见2.45.7)

2.43　夔州宁江军节度使(927—934),治夔州

后唐新置。

天成二年(927)七月,攻取南平夔、忠、万等3州与云安监,随后降云安监为云安县,隶属夔州,又以夔、忠、万等3州置宁江军节度使,治夔州。十二月,黔州武泰军节度所领施州来属。

天成三年(928)二月,南平荆南节度使所属归州为后唐夺取,旋失。十一月,再夺归州,隶属宁江军节度使。

至迟后唐长兴元年(930),归州又为南平高氏所据。

此后至应顺元年(934)闰正月,夔州宁江军节度使领夔、忠、万、施等

4 州。

2.43.1　夔州(927—934),治奉节县

南平旧州。

天成二年(927)七月,夔州领奉节、云安、巫山、大昌等4县。

此后至应顺元年(934)闰正月,夔州领县未更,一如天成二年。

2.43.2　忠州(927—934),治临江县

南平旧州。

天成二年(927)七月,忠州领临江、丰都、南宾、垫江、桂溪等5县。

此后至应顺元年(934)闰正月,忠州领县未更,一如天成二年。

2.43.3　万州(927—934),治南浦县

南平旧州。

天成二年(927)七月,万州领南浦、武宁、梁山等3县。

此后至应顺元年(934)闰正月,万州领县未更,一如天成二年。

2.43.4　施州(927—934),治清江县

南平旧州。

天成二年(927)七月,施州领清江、建始2县。

此后至应顺元年(934)闰正月,施州领县未更,一如天成二年。

2.43.5　归州(928—930?),治秭归县(参见8.1.2)

附：

以下所附为直属京州(监)。

直3　夔州(925—926),治奉节县

前蜀旧州。

同光三年(925)四月,夔州领奉节、巫山、大昌等3县。

此后至天成元年(926)六月,夔州领县未更。

直4　忠州(925—926),治临江县

前蜀旧州。

同光三年(925)四月,忠州领临江、丰都、南宾、垫江、桂溪等5县。

此后至天成元年(926)六月,忠州领县未更。

直5　万州(925—926),治南浦县

前蜀旧州。

同光三年(925)四月,万州领南浦、武宁、梁山等3县。

此后至天成元年(926)六月,万州领县未更。

直6 云安监(925—926)

前蜀安州。

同光三年(925)四月,降安州为云安监(原云安县地),无领县。

此后至天成元年(926)六月,云安监辖境未更。

2.44 山南西道节度使(925—934),治兴元府

前蜀旧镇。

同光三年(925)十一月,山南西道节度使领兴元府及集、巴、开、通、渠等5州。

天成四年(929),集、巴、通等3州别属利州昭武军节度使。

长兴三年(932)五月,渠、开2州别属保宁军节度使。七月,武兴军节度使废,所领凤、兴、文等3州来属。

此后至应顺元年(934)闰正月,山南西道节度使领兴元府及凤、兴、文等3州。

2.44.1 兴元府(925—934),治南郑县

前蜀旧州。

同光三年(925)十一月,兴元府领南郑、褒城、城固、西、三泉等5县。同时,三泉、西2县别属兴州。

此后至应顺元年(934)闰正月,兴元府领南郑、褒城、城固等3县。

2.44.2 渠州(925—932),治流江县

前蜀旧州。

同光三年(925)十一月,渠州领流江、渠江、潾山、大竹、潾水等5县。

此后至应顺元年(934)闰正月,渠州领县未更,一如同光三年。

2.44.3 开州(925—932),治开江县

前蜀旧州。

后唐同光三年(925)十一月,开州领开江、新浦、万岁等3县。

此后至应顺元年(934)闰正月,开州领县未更,一如同光三年。

2.44.4 巴州(925—929),治化城县(参见2.45.2)

2.44.5 集州(925—929),治难江县(参见2.45.3)

2.44.6 通州(925—929),治通川县(参见2.45.4)

2.44.7 凤州(932—934),治梁泉县(参见2.48.1)

2.44.8 兴州(932—934),治顺政县(参见2.48.3)

2.44.9 文州(932—934),治曲水县(参见2.48.2)

附：

直7　凤州(934—936),治梁泉县

直属京州。

应顺元年(934)闰正月,凤州为直属京州,领梁泉、两当、河池等3县。

此后至清泰三年(936)十一月,凤州领县未更。

2.45　利州昭武军节度使(925—934),治利州

前蜀旧镇。

同光三年(925)十一月,利州昭武军节度使领利、阆、果、徼等4州。之后,果州、徼州别属遂州武信军节度使。

天成二年(927)五月,果、徼2州自遂州武信军节度使还属。

天成四年(929),析阆、果2州别置阆州保宁军节度使。同年,山南西道节度使所领巴、集、通等3州来属。又,大约在同年,徼州废。

长兴元年(930),董璋陷阆州,保宁军节度使废,阆、果2州还属剑南东川节度使。

长兴三年(932),孟知祥灭董璋,复置阆州保宁军节度使,阆、果2州复别属之。

此后至应顺元年(934)闰正月,利州昭武军节度使领利、巴、集、通等4州。

2.45.1　利州(925—934),治绵谷县

前蜀旧州。

同光三年(925)十一月,利州领绵谷、胤山、葭萌、益昌等4县,并改益昌县为益光县。

此后至应顺元年(934)闰正月,利州一直领绵谷、胤山、葭萌、益光等4县。

2.45.2　巴州(929—934),治化城县

前蜀旧州。

同光三年(925)十一月,巴州领化城、盘道、清化、曾口、归仁、始宁、其章、恩阳、七盘等9县。

此后至应顺元年(934)闰正月,巴州领县未更,一如同光三年。

2.45.3　集州(929—934),治难江县

前蜀旧州。

后唐同光三年(925)十一月,集州领难江、大牟、嘉川、通平等4县。

此后至应顺元年(934)闰正月,集州领县未更,一如同光三年。

2.45.4　通州(929—934),治通川县

前蜀旧州。

后唐同光三年(925)十一月,通州领通川、永穆、三冈、石鼓、东乡、宣汉、新宁、巴渠、阆英等9县。

此后至应顺元年(934)闰正月,通州领县未更,一如同光三年。

2.45.5　阆州(925—929),治阆中县(参见2.46.1)

2.45.6　果州(925,927—929),治南充县(参见2.46.2)

2.45.7　徽州(925,927—929?),治流溪县

前蜀旧州。

后唐同光三年(925)十一月,徽州领流溪1县。

天成四年(929)(?),徽州废,流溪县还属果州。

2.46　阆州保宁军节度使(929—930,932—934),治阆州

后唐新置。

天成四年(929),析利州节度使所领阆、果2州置阆州保宁军节度使。

长兴元年(930),剑南东川节度使董璋反,陷阆州,阆州保宁军节度使废。

长兴三年(932),孟知祥灭董璋,复以阆州为保宁军节度使,领阆、果、蓬、渠、开等5州。

此后至应顺元年(934)闰正月,阆州保宁军节度使辖区未更。

2.46.1　阆州(929—930,932—934),治阆中县

前蜀旧州。

同光三年(925)十一月,阆州领阆中、晋安、南部、苍溪、西水、奉国、新井、新政、岐坪等9县。

此后至应顺元年(934)闰正月,阆州领县未更,一如同光三年。

2.46.2　果州(929—930,932—934),治南充县

前蜀旧州。

同光三年(925)十一月,果州领南充、相如、西充、岳池等4县。

天成四年(929)(?),徽州废,所领流溪县来属。

此后至应顺元年(934)闰正月,果州领南充、相如、西充、岳池、流溪等5县。

2.46.3　渠州(932—934),治流江县(参见2.44.2)

2.46.4　开州(932—934),治开江县(参见2.44.3)

2.46.5　蓬州(932—934),治蓬池县(参见2.47.3)

2.47 洋州武定军节度使(925—934),治洋州

前蜀旧镇。

同光三年(925)十一月,洋州武定军节度使领洋、壁、蓬等3州。

长兴三年(932),蓬州别属阆州保宁军节度使。

此后至应顺元年(934)闰正月,洋州武定军节度使领洋、壁2州。

2.47.1 洋州(925—934),治兴道县

前蜀旧州。

同光三年(925)十一月,洋州领兴道、西乡、黄金、真符等4县。

此后至应顺元年(934)闰正月,洋州领县未更,一如同光三年。

2.47.2 壁州(925—934),治通江县

前蜀旧州。

后唐同光三年(925)十一月,壁州领通江、广纳、符阳、白石、东巴等5县。

此后至应顺元年(934)闰正月,壁州领县未更,一如同光三年。

2.47.3 蓬州(925—932),治蓬池县

前蜀旧州。

同光三年(925)十一月,蓬州领蓬池、良山、仪陇、伏虞、宕渠、蓬山、朗池等7县。

此后至应顺元年(934)闰正月,蓬州领县未更,一如同光三年。

2.48 凤州武兴军节度使(925—932),治凤州

前蜀旧镇。

同光三年(925)十一月,凤州武兴军节度使领凤、兴、文、扶等4州。

长兴三年(932),凤州武兴军节度使废,所领凤、兴、文等3州别属山南西道节度使,扶州则在此前并入文州曲水县。

2.48.1 凤州(925—932),治梁泉县

前蜀旧州。

同光三年(925)十一月,凤州领梁泉、两当、河池等3县。

此后至应顺元年(934)闰正月,凤州领县未更,一如同光三年。

2.48.2 文州(925—932),治曲水县

前蜀旧州。

同光三年(925)十一月,文州仅领曲水1县。

此后至应顺元年(934)闰正月,文州领县未更,一如同光三年。

2.48.3　兴州(925—932),治顺政县

前蜀旧州。

同光三年(925)十一月,兴州领顺政、长举 2 县。又,大约在同时,兴元府三泉、西 2 县来属。

此后至应顺元年(934)闰正月,兴州领顺改、长举、三泉、西等 4 县,一如同光三年。

2.48.4　扶州(925—932?),治同昌县

前蜀旧州。

同光三年(925)十一月,扶州领同昌、帖夷、万全、钳川等 4 县。

长兴三年(932)(?),扶州废,领地并入文州曲水县。

2.49　秦州雄武军节度使(925—936),治秦州

前蜀旧镇。

同光三年(925)十一月,改前蜀秦州天雄军节度使为雄武军节度使,领秦、成、阶等 3 州。

清泰元年(934)五月,阶、成 2 州为后蜀所夺。旋,成州又为后唐收复。

此后至清泰三年(936)十一月,秦州雄武军节度使领秦、成 2 州。

2.49.1　秦州(925—936),治成纪县

前蜀旧州。

同光三年(925)十一月,秦州领成纪、清水、长道等 3 县。

长兴三年(932)二月,复置天水、陇城 2 县。

此后至清泰三年(936)十一月,秦州领成纪、天水、陇城、清水、长道等 5 县。

2.49.2　阶州(925—934),治将利县(925—932)—福津县(932—934)

前蜀旧州。

同光三年(925)十一月,阶州领将利、福津 2 县。

长兴三年(932),阶州治所从将利移治福津。

此后至清泰元年(934)五月,阶州仍领福津、将利 2 县。

2.49.3　成州(925—934,934—936),治同谷县

前蜀旧州。

同光三年(925)十一月,成州仅领同谷 1 县。

清泰三年(936)六月,增置栗亭县。成州领同谷、栗亭 2 县。

2.50 黔州武泰军节度使(925—934),治黔州

前蜀旧镇。

同光三年(925)十一月,黔州武泰军节度使领涪、黔、施等3州。

天成二年(927)十二月,施州别属夔州宁江军节度使。

此后至应顺元年(934)闰正月,黔州武泰军节度使当一直领黔、涪2州。

2.50.1 黔州(925—934),治彭水县

前蜀旧州。

同光三年(925)十一月,黔州领彭水、黔江、洪杜、洋水、信宁、都濡等6县。

此后至应顺元年(934)闰正月,黔州领县未更,一如同光三年。

2.50.2 涪州(925—934),治涪陵县

前蜀旧州。

同光三年(925)十一月,涪州领涪陵、宾化、武龙、乐温、温山等5县。

此后至应顺元年(934)闰正月,涪州领县未更,一如同光三年。

2.50.3 施州(925—927),治清江县

前蜀旧州。

同光三年(925)十一月,施州领清江、建始2县。

此后至应顺元年(934)闰正月,施州领县未更,一如同光三年。

附:

潭州武安军、朗州武贞军(武平军)、桂州静江军诸节度使

后唐长兴元年(930)十一月,楚国王马殷病亡,子希声嗣位,去建国之制,复藩镇之旧,所领潭州武安军节度使、朗州武贞军节度使和桂州静江军节度使在名义上成为后唐的藩镇。长兴三年(932)七月,希声卒,弟希范立。应顺元年(934)正月,后唐封武安、武平军节度使马希范为楚王,以上三镇不复为后唐藩镇。

下文即分别对上述各节度使的辖区及所属各州的沿革作一概述。

附1 潭州武安军节度使(930—934),治潭州

楚旧镇。

后唐长兴元年(930)十一月,原楚长沙府武安军节度使改称潭州武安军节度使,领潭、衡、郴、连、道、永、邵等7州。

此后至应顺元年(934)正月,潭州武安军节度使辖区未更。

附1.1　潭州(930—934),治长沙县

楚旧州。

后唐长兴元年(930)十一月,潭州领长沙、湘潭、湘乡、益阳、醴陵、浏阳、攸等7县。

此后至应顺元年(934)正月,潭州领县未更。

附1.2　衡州(930—934),治衡阳县

楚旧州。

后唐长兴元年(930)十一月,衡州领衡阳、常宁、茶陵、耒阳、衡山等5县。

此后至应顺元年(934)正月,衡州领县未更。

附1.3　郴州(930—934),治郴县

楚旧州。

后唐长兴元年(930)十一月,郴州领郴、义章、郴义、平阳、资兴、高亭、临武、蓝山等8县。

此后至应顺元年(934)正月,郴州领县未更。

附1.4　连州(930—934),治桂阳县

楚旧州。

后唐长兴元年(930)十一月,连州领桂阳、阳山、连山等3县。

此后至应顺元年(934)正月,连州领县未更。

附1.5　道州(930—934),治弘道县

楚旧州。

后唐长兴元年(930)十一月,道州领弘道、延唐、江华、永明、大历等5县。

此后至应顺元年(934)正月,道州领县未更。

附1.6　永州(930—934),治零陵县

楚旧州。

后唐长兴元年(930)十一月,永州领零陵、祁阳、湘川、灌阳等4县。

此后至应顺元年(934)正月,永州领县未更。

附1.7　邵州(930—934),治邵阳县

楚旧州。

后唐长兴元年(930)十一月,邵州领邵阳、武冈2县。

此后至应顺元年(934)正月,邵州领县未更。

附2 朗州武贞军节度使(930—931?)—朗州武平军节度使(931?—934),治朗州

楚旧镇。

后唐长兴元年(930)十一月,朗州武贞军节度使领朗、澧、岳等3州。

长兴元年(931)(?),武贞军节度使改称武平军节度使。

此后至应顺元年(934)正月,朗州武平军节度使辖区未更。

附2.1 朗州(930—934),治武陵县

楚旧州。

后唐长兴元年(930)十一月,朗州领武陵、龙阳2县。

此后至应顺元年(934)正月,朗州领县未更。

附2.2 澧州(930—934),治澧阳县

楚旧州。

后唐长兴元年(930)十一月,澧州领澧阳、安乡、石门、慈利等4县。

此后至应顺元年(934)正月,澧州领县未更。

附2.3 岳州(930—934),治巴陵县

楚旧州。

后唐长兴元年(930)十一月,岳州领巴陵、华容、桥江、湘阴、平江等5县。

此后至应顺元年(934)正月,岳州领县未更。

附3 桂州静江军节度使(930—934),治桂州

楚旧镇。

后唐长兴元年(930)十一月,桂州静江军节度使领桂、宜、严、柳、象、融、昭、贺、梧、蒙、龚、富、思唐等13州。

此后至应顺元年(934)正月,桂州静江军节度使辖区未更。

附3.1 桂州(930—934),治临桂县

楚旧州。

后唐长兴元年(930)十一月,桂州领临桂、理定、灵川、阳朔、荔浦、永宁、修仁、慕化、永福、全义、古、广明等12县。

此后至应顺元年(934)正月,桂州领县未更。

附3.2 宜州(930—934),治龙水县

楚旧州。

后唐长兴元年(930)十一月,宜州领龙水、崖山、东玺、天河等4县。

此后至应顺元年(934)正月,宜州领县未更。

附3.3 严州(930—934),治来宾县

楚旧州。

后唐长兴元年(930)十一月,严州领来宾、修德、归化等3县。

此后至应顺元年(934)正月,严州领县未更。

附3.4 柳州(930—934),治马平县

楚旧州。

后唐长兴元年(930)十一月,柳州领马平、龙城、象、洛曹、洛容等5县。

此后至应顺元年(934)正月,柳州领县未更。

附3.5 象州(930—934),治阳寿县

楚旧州。

后唐长兴元年(930)十一月,象州领阳寿、武仙、武化等3县。

此后至应顺元年(934)正月,象州领县未更。

附3.6 融州(930—934),治融水县

楚旧州。

后唐长兴元年(930)十一月,融州领融水、武阳2县。

此后至应顺元年(934)正月,融州领县未更。

附3.7 昭州(930—934),治平乐县

楚旧州。

后唐长兴元年(930)十一月,昭州领平乐、恭城、永平等3县。

此后至应顺元年(934)正月,昭州领县未更。

附3.8 贺州(930—934),治临贺县

楚旧州。

后唐长兴元年(930)十一月,贺州领临贺、桂岭、冯乘、封阳、富川、荡山等6县。

此后至应顺元年(934)正月,贺州领县未更。

附3.9 梧州(930—934),治苍梧县

楚旧州。

后唐长兴元年(930)十一月,梧州领苍梧、戎城、孟陵等3县。

此后至应顺元年(934)正月,梧州领县未更。

附3.10 蒙州(930—934),治立山县

楚旧州。

后唐长兴元年(930)十一月,蒙州领立山、东区、正义等3县。

此后至应顺元年(934)正月,蒙州领县未更。

附3.11 龚州(930—934),治平南县

楚旧州。

后唐长兴元年(930)十一月,龚州领平南、武林、隋建、大同、阳川等5县。

此后至应顺元年(934)正月,龚州领县未更。

附3.12 富州(930—934),治龙平县

楚旧州。

后唐长兴元年(930)十一月,富州领龙平、思勤、马江等3县。

此后至应顺元年(934)正月,富州领县未更。

附3.13 思唐州(930—934),治武郎县

楚旧州。

后唐长兴元年(930)十一月,思唐州领武郎、思和2县。

此后至应顺元年(934)正月,思唐州领县未更。

第三章 后　　晋

后唐清泰三年(936)十一月,石敬瑭在契丹的扶植下即皇帝位,国号晋,改年号为天福,史称后晋。石敬瑭许诺将幽、蓟、瀛、莫、涿、檀、顺、新、妫、儒、武、云、应、寰、朔、蔚等16州割与契丹。此月,石敬瑭在契丹的帮助下一路攻入洛阳,后唐灭亡。天福三年(938)十一月,后晋正式将前述16州割与契丹。后晋开运三年(946)十二月,后晋被契丹灭亡。

在后晋期间,与其并峙或一度并存的其他割据政权(势力)尚有不少。在北方有定难(936—946)、归义(936—946),在南方有后蜀(936—946)、吴国(936—937)、南唐(937—946)、吴越(936—946)、闽国(936—945)、南平(936—946)、楚国(936—946)、南汉(936—946)、静海(936—946)等。

后晋天福元年(936)十一月,后晋领有①汴州宣武军节度使(辖汴、曹2州),②宋州归德节度使(辖宋、亳、单、颍等4州),③滑州义成军节度使(辖滑、濮2州),④郓州天平军节度使(辖郓、齐、棣等3州),⑤兖州泰宁军节度使(辖兖、沂、密等3州),⑥青州平卢军节度使(辖淄、青、登、莱等4州),⑦徐州武宁军节度使(辖徐、宿2州),⑧许州忠武军节度使(辖许、陈、蔡等3州),⑨东都留守(辖河南府、汝州),⑩陕州保义军节度使(辖陕、虢2州),⑪孟州河阳节度使(辖孟、怀2州),⑫西京留守(辖京兆府、金州),⑬同州匡国军节度使(辖同州1州),⑭华州镇国军节度使(辖华、商2州),⑮邠州静难军节度使(辖邠、宁、庆、衍等4州),⑯鄜州保大军节度使(辖鄜、坊2州),⑰延州彰武军节度使(辖延、丹2州),⑱灵州朔方节度使(辖灵、威、雄、警、盐等5州),⑲山南东道节度使(辖襄、均、房、复等4州),⑳邓州威胜军节度使(辖邓、唐、随、郢等4州),㉑安州安远军节度使(辖安、申2州),㉒北京留守(辖太原府及辽、石、岚、汾、沁、宪、忻、代、府、蔚等10州),㉓潞州昭义军节度使(辖潞、泽2州),㉔河中府护国军节度使(辖河中府、绛州),㉕晋州建雄军节度使(辖晋、慈、隰等3州),㉖云州大同军节度使(辖云州一州),㉗应州彰国军节度使(辖应、寰2州),㉘朔州振武军节度使(辖朔、麟2州),㉙兴唐府天雄军节度使(辖兴唐府及博、卫、相、贝、澶等5州),㉚邢州安国军节度使(辖邢、洺、磁等3州),

㉛镇州成德军节度使(辖镇、冀、赵、深等4州),㉜定州义武军节度使(辖定、易、祁等3州),㉝沧州横海军节度使(辖沧、德、景等3州),㉞幽州卢龙节度使(辖幽、蓟、瀛、莫、檀、顺、涿等7州),㉟新州威塞军节度使(辖新、妫、儒、武等4州),㊱凤翔节度使(辖凤翔府和陇、义、乾等3州),㊲泾州彰义军节度使(辖泾、原、行渭、行武等4州),㊳秦州雄武军节度使(辖秦、成、阶等3州)。另外,还有领有3直属京州:郑州、耀州、凤州。

天福二年(937)九月,兴唐府改称广晋府。

天福三年(938)十月,以汴州宣武军节度使为东京,置开封府,所领曹州还属郓州天平军节度使;改西京留守为晋昌军节度使。十一月,广晋府天雄军节度使升为邺都留守,析所领相、澶、卫等3州置㊴相州彰德军节度使,所领贝、博2州及镇州成德军节度使所领冀州置㊵贝州永清军节度使。同月,㉞幽州卢龙节度使所领幽、蓟、瀛、莫、涿、檀、顺等7州,㉟新州威塞军节度使所领新、妫、儒、武等4州,㊲云州大同军节度使所领云州,㊶应州彰国军节度使所领应、寰2州,振武军节度使所领朔州,北京留守所领蔚州,共16州正式割与契丹,前四节度使的所有领土遂失于契丹。另外,北京留守所领府州亦北属契丹;㉟振武军节度使废,所领麟州别属北京留守。

天福四年(939)五月,析京兆府晋昌军节度使所领金州置㊱怀德军节度使,领金州1州;升灵州朔方节度使所辖灵州方渠镇为威州,改旧威州为清边军。

天福五年(940)三月,北京留守所领辽州、沁州别属潞州昭义军节度使。七月,㉟安州安远军节度使废,所领安州为防御州,直属京,申州别属许州忠武军节度使;山南东道所领复州升为防御州,直属京。同年,泾州彰义军节度使所领行渭州改为正州。

天福六年(941)七月,潞州昭义军节度使所领辽州、沁州还属北京留守。

天福七年(942)正月,镇州成德军节度使改称恒州顺国军节度使。四月,灵州朔方节度使所领雄州降为昌化军,警州降为威肃军。九月,废㉞山南东道节度使,襄州降为防御州,直属京,均、房2州别属邓州威胜军节度使。同年,邓州威胜军节度使所领唐州复称泌州。

开运元年(944)六月,契丹府州来附,属北京留守。七月,㊳金州怀德军节度使废,所领金州还属京兆府晋昌军节度使。八月,析相州彰德军节度使所领澶州置㊴镇宁军节度使,以滑州义成军节度使所领濮州别属之。十二月,㉝青州平卢军节度使废,所领青、登、莱、淄等4州直属京。又,大约在同年,相州彰德军节度使所领卫州别属滑州义成军节度使。

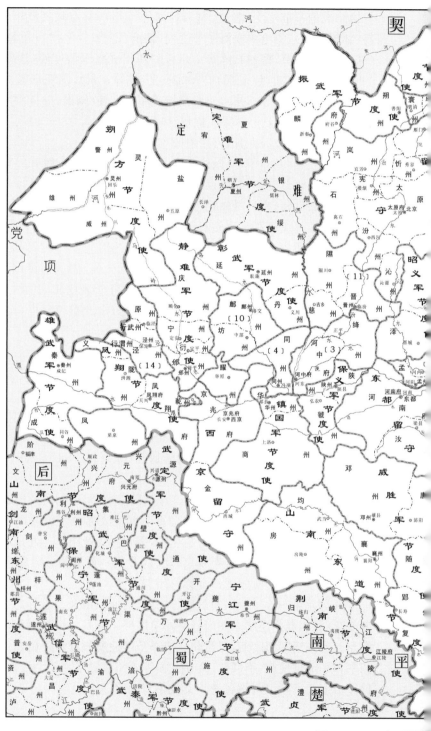

图1-3 936年后晋

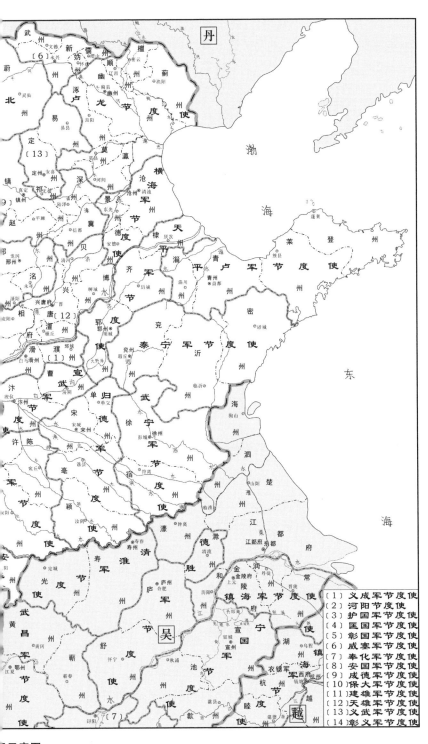

开运二年(945)三月,攻取契丹泰州,以属定州义武军节度使。四月,邺都留守依旧为天雄军节度使。九月,郓州天平军节度使所领曹州升为㉞威信军节度使。十月,析许州忠武军节度使所领陈州置㉟镇安军节度使,领陈州1州。

天福十二年(947),凤州降于后蜀。

下面按地域进行划分,以天福元年(936)为基准年分节列目,将后晋所辖政区进行概述(参见图1-3)。

第一节 汴州宣武军(东京留守)(附:郑州)、宋州归德军、滑州义成军、郓州天平军(附:曹州威信军)、兖州泰宁军、青州平卢军(附:青州、登州、莱州、淄州)、徐州武宁军、许州忠武军(附:陈州镇安军)诸节度使

天福元年(936),后晋在原唐河南道区域内置有汴州宣武军节度使、宋州归德军节度使、滑州义成军节度使、郓州天平军节度使、兖州泰宁军节度使、青州平卢军节度使、徐州武宁军节度使、许州忠武军节度使。本节即分别对上述各节度使的辖区及所属各州(府)的沿革作一概述。

3.1 汴州宣武军节度使(936—938)—东京留守(938—946),治汴州(936—938)—开封府(938—946)

后唐旧镇。

天福元年(936)十一月,汴州宣武军节度使领汴、曹2州。

天福三年(938)十月,以汴州宣武军节度使为东京,置开封府,所领曹州还属郓州天平军节度使。

此后至开运三年(946)十二月,汴州宣武军节度使领汴州1州。

3.1.1 汴州(936—938)—开封府(938—946),治浚仪县

后唐旧州。

天福元年(936)十一月,汴州领浚仪、开封、尉氏、陈留、封丘、雍丘、匡城、阳武、考城等9县。

天福二年(937)正月,雍丘县改称杞县。

天福三年(938)十月,汴州升东京,置开封府,滑州酸枣县、郑州中牟县、宋

州襄邑县、许州扶沟县并鄢陵县、陈州太康县来属。

此后至开运三年(946)十二月,开封府领浚仪、开封、尉氏、封丘、杞、陈留、酸枣、匡城、中牟、阳武、襄邑、考城、扶沟、鄢陵、太康等 15 县。

3.1.2 曹州(936—938),治济阴县

后唐旧州。

天福元年(936)十一月,曹州领济阴、冤句、乘氏、南华等 4 县。

此后至开运三年(946)十二月,曹州领县未更,一如天福元年。

附:

直 1　郑州(936—946),治管城县

后唐旧直属京州。后晋直属京州。

天福元年(936)十一月,郑州领管城、荥阳、荥泽、原武、新郑、中牟等 6 县。

天福三年(938)十月,中牟县别属开封府。

此后至开运三年(946)十二月,郑州领管城、荥阳、荥泽、原武、新郑等 5 县。

3.2　宋州归德军节度使(936—946),治宋州

后唐旧镇。

天福元年(936)十一月,宋州归德军节度使领宋、亳、单、颍等 4 州。

此后至开运三年(946)十二月,宋州归德军节度使一直领宋、亳、单、颍等 4 州。

3.2.1　宋州(936—946),治宋城县

后唐旧州。

天福元年(936)十一月,宋州领宋城、宁陵、下邑、谷熟、柘城、楚丘、襄邑、虞城等 8 县。

天福三年(938)十月,襄邑县别属开封府。

此后至开运三年(946)十二月,宋州领宋城、宁陵、下邑、谷熟、柘城、楚丘、虞城等 7 县。

3.2.2　亳州(936—946),治谯县

后唐旧州。

天福元年(936)十一月,亳州领谯、酂、鹿邑、真源、永城、蒙城、城父等 7 县。

此后至开运三年(946)十二月,亳州领县未更,一如天福元年。

3.2.3　单州(936—946),治单父县

后唐旧州。

天福元年(936)十一月,单州领单父、成武、砀山、鱼台、金乡等5县。

此后至开运三年(946)十二月,单州领县未更,一如天福元年。

3.2.4　颍州(936—946),治汝阴县

后唐旧州。

天福元年(936)十一月,颍州领汝阴、颍上、下蔡、沈丘等4县。

此后至开运三年(946)十二月,颍州领县未更,一如天福元年。

3.3　滑州义成军节度使(936—946),治滑州

后唐旧镇。

天福元年(936)十一月,滑州宣义军节度使领滑、濮2州。

开运元年(944)八月,濮州别属澶州镇宁军节度使。又,大约在同年,相州彰德军所领卫州来属。

此后至开运三年(946)十二月,滑州宣义军节度使领滑、卫2州。

3.3.1　滑州(936—946),治白马县

后唐旧州。

天福元年(936)十一月,滑州领白马、卫南、韦城、胙城、灵河等5县。

天福三年(938)十月,酸枣县别属开封府。

天福五年(940)十一月,卫州黎阳县来属。

天福九年(944)(?),卫南县别属澶州。

此后至开运三年(946)十二月,滑州领白马、韦城、胙城、灵河、黎阳等5县。

3.3.2　濮州(936—944),治鄄城县

天福元年(936)十一月,濮州领鄄城、濮阳、范、雷泽、临濮等5县。

天福三年(938)十月,濮阳县别属澶州。

此后至开运三年(946)十二月,濮州领鄄城、范、雷泽、临濮等4县。

3.3.3　卫州(944?—946),治汲县(参见3.32.6)

3.4　郓州天平军节度使(936—946),治郓州

后唐旧镇。

天福元年(936)十一月,郓州天平军节度使领郓、齐、棣等3州。

天福三年(938)十月,汴州节度使所领曹州还属。

开运二年(945)九月,升曹州为威信军节度使。

此后至开运三年(946)十二月,郓州天平军节度使领郓、齐、棣等3州。

3.4.1 郓州(936—946),治须城县

后唐旧州。

天福元年(936)十一月,郓州领须城、郓城、巨野、寿张、卢县、平阴、东阿、阳谷等8县。

此后至开运三年(946)十二月,郓州领县未更,一如天福元年。

3.4.2 齐州(936—946),治历城县

后唐旧州。

天福元年(936)十一月,齐州领历城、章丘、临邑、临济、长清、禹城等6县。

此后至开运三年(946)十二月,齐州领县未更,一如天福元年。

3.4.3 棣州(936—946),治厌次县

后唐旧州。

天福元年(936)十一月,棣州领厌次、滴河、阳信、蒲台、渤海等5县。

此后至开运三年(946)十二月,棣州领县未更,一如天福元年。

3.4.4 曹州(938—945),治济阴县(参见3.1.2)

附:

3.5 曹州威信军节度使(945—946),治曹州

后晋新置。

开运二年(945)九月,升郓州天平军所领曹州为威信军节度使,领曹州1州。

此后至开运三年(946)十二月,曹州威信军节度使辖区未更。

3.5.1 曹州(945—946),治济阴县(参见3.1.2)

3.6 兖州泰宁军节度使(936—946),治兖州

后唐旧镇。

天福元年(936)十一月,兖州泰宁军节度使领兖、沂、密等3州。

此后至开运三年(946)十二月,兖州泰宁军节度使辖区未更,一如天福元年。

3.6.1 兖州(936—946),治瑕丘县

后唐旧州。

天福元年(936)十一月,兖州领瑕丘、曲阜、乾封、泗水、邹、任城、龚丘、莱

芜、中都等9县。

此后至开运三年(946)十二月,兖州领县未更,一如天福元年。

3.6.2 沂州(936—946),治临沂县

后唐旧州。

天福元年(936)十一月,沂州领临沂、承、费、新泰、沂水等5县。

此后至开运三年(946)十二月,沂州领县未更,一如天福元年。

3.6.3 密州(936—946),治诸城县

后唐旧州。

天福元年(936)十一月,密州领诸城、辅唐、高密、莒等4县。

天福七年(942)七月,辅唐县改称胶西县。

此后至开运三年(946)十二月,沂州领诸城、胶西、高密、莒等4县。

3.7 青州平卢军节度使(936—944),治青州

后唐旧镇。

天福元年(936)十一月,青州平卢军节度使领青、登、莱、淄等4州。

开运元年(944)十二月,平卢军节度使废,青、登、莱、淄等4州直属京。

3.7.1 青州(936—944),治益都县

后唐旧州。

天福元年(936)十一月,青州领益都、临淄、博兴、寿光、千乘、临朐、北海等7县。

此后至开运三年(946)十二月,青州领县未更,一如天福元年。

3.7.2 登州(936—944),治蓬莱县

后唐旧州。

天福元年(936)十一月,登州领蓬莱、牟平、文登、黄等4县。

此后至开运三年(946)十二月,登州领县未更,一如天福元年。

3.7.3 莱州(936—944),治掖县

后唐旧州。

天福元年(936)十一月,莱州领掖、莱阳、胶水、即墨等4县。

此后至开运三年(946)十二月,莱州领县未更,一如天福元年。

3.7.4 淄州(936—944),治淄川县

后唐旧州。

天福元年(936)十一月,淄州领淄川、长山、高苑、邹平等4县。

此后至开运三年(946)十二月,淄州领县未更,一如天福元年。

附:
以下所附均为直属京州。

直2　青州(944—946),治益都县(参见3.7.1)
直3　登州(944—946),治蓬莱县(参见3.7.2)
直4　莱州(944—946),治掖县(参见3.7.3)
直5　淄州(944—946),治淄川县(参见3.7.4)

3.8　徐州武宁军节度使(936—946),治徐州

后唐旧镇。

天福元年(936)十一月,徐州武宁军节度使领徐、宿2州。

此后至开运三年(946)十二月,徐州武宁军节度使辖区未更。

3.8.1　徐州(936—946),治彭城县

后唐旧州。

天福元年(936)十一月,徐州领彭城、萧、丰、沛、滕、宿迁、下邳等7县。

此后至开运三年(946)十二月,徐州领县未更,一如天福元年。

3.8.2　宿州(936—946),治符离县

后唐旧州。

天福元年(936)十一月,宿州领符离、虹、蕲、临涣等4县。

此后至开运三年(946)十二月,宿州领县未更,一如天福元年。

3.9　许州忠武军节度使(936—946),治许州

后唐旧镇。

天福元年(936)十一月,许州忠武军节度使领许、陈、蔡等3州。

天福五年(940)七月,安州安远军节度使废,所领申州来属。

开运二年(945)十月,陈州升为镇安军节度使。

此后至开运三年(946)十二月,许州忠武军节度使领许、蔡、申等3州。

3.9.1　许州(936—946),治长社县

后唐旧州。

天福元年(936)十一月,许州领长社、长葛、阳翟、许田、临颍、舞阳、郾城、鄢陵、扶沟等9县。同年,许田县复称许昌县。

天福三年(938)十月,扶沟、鄢陵2县别属开封府。

此后至开运三年(946)十二月,许州领长社、长葛、临颍、许昌、阳翟、郾城、舞阳等7县。

3.9.2　陈州(936—945),治宛丘县

后唐旧州。

天福元年(936)十一月,陈州领宛丘、项城、溵水、南顿、西华、太康等6县。

天福三年(938)十月,太康县还属开封府。

此后至开运三年(946)十二月,陈州领宛丘、项城、溵水、南顿、西华等5县。

3.9.3　蔡州(936—946),治汝阳县

后唐旧州。

天福元年(936)十一月,蔡州领汝阳、上蔡、平舆、西平、遂平、朗山、真阳、新息、褒信、新蔡等10县。

此后至开运三年(946)十二月,蔡州领县未更,一如天福元年。

3.9.4　申州(940—946),治义阳县(参见3.24.2)

附：

3.10　陈州镇安军节度使(945—946),治陈州

后晋新置。

开运二年(945)十月,析许州忠武军节度使所领陈州置镇安军节度使,领陈州1州。

此后至开运三年(946)十二月,陈州镇安军节度使辖区未更。

3.10.1　陈州(945—946),治宛丘县(参见3.9.2)

第二节　东都(西京)留守、陕州保义军节度使、孟州河阳军节度使

天福元年(936),后晋在与原唐都畿(东畿)大致相当的区域内置有东都留守、陕州保义军节度使、孟州河阳军节度使。本节即分别对上述各留守与节度使的辖区及所属各州(府)的沿革作一概述。

3.11　**东都留守**(936—938)—**西京留守**(938—946),治河南府

后唐西京留守。

天福元年(936)十一月,东都留守领河南府与汝州。

天福三年(938)十月,东都河南府改称西京。

此后至开运三年(946)十二月,西京留守仍领河南府、汝州。

3.11.1　河南府(936—946),治河南县

后唐旧府。

天福元年(936)十一月,河南府领河南、洛阳、偃师、缑氏、告成、登封、陆浑、伊阙、新安、渑池、福庆、长水、永宁、寿安、密、颍阳、伊阳、王屋、河清、巩等20县。

此后至开运三年(946)十二月,河南府领县未更,一如天福元年。

3.11.2　汝州(936—946),治梁县

后唐旧州。

天福元年(936)十一月,汝州领梁、郏城、鲁山、龙兴、临汝、襄城、叶等7县。

此后至开运三年(946)十二月,汝州领县未更,一如天福元年。

3.12　陕州保义军节度使(936—946),治陕州

后唐旧镇。

天福元年(936)十一月,陕州保义军节度使领陕、虢2州。

此后至开运三年(946)十二月,陕州保义军节度使辖区未更。

3.12.1　陕州(936—946),治陕县

后唐旧州。

天福元年(936)十一月,陕州领陕、峡石、灵宝、夏、芮城、平陆等6县。

此后至开运三年(946)十二月,陕州领县未更,一如天福元年。

3.12.2　虢州(936—946),治弘农县

后唐旧州。

天福元年(936)十一月,虢州领弘农、阌乡、湖城、朱阳、玉成、卢氏等6县。

此后至开运三年(946)十二月,虢州领县未更,一如天福元年。

3.13　孟州河阳节度使(936—946),治孟州

后唐旧镇。

天福元年(936)十一月,孟州河阳节度使领孟、怀2州。

此后至开运三年(946)十二月,孟州河阳节度使辖区未更。

3.13.1　孟州(936—946),治河阳县

后唐旧州。

天福元年(936)十一月,孟州领河阳、汜水、温、济源、河阴等5县。

此后至开运三年(946)十二月,孟州领县未更,一如天福元年。

3.13.2 怀州(936—946),治河内县

后唐旧州。

天福元年(936)十一月,怀州领河内、武德、获嘉、武陟、修武等5县。

此后至开运三年(946)十二月,怀州领县未更,一如天福元年。

第三节　西京留守(京兆府晋昌军)(附:金州怀德军、耀州)、同州匡国军、华州镇国军、邠州静难军、鄜州保大军、延州彰武军、灵州朔方诸节度使

天福元年(936),后晋在原唐京畿、关内道区域内置有西京留守、同州匡国军节度使、华州镇国军节度使、邠州静胜军节度使、鄜州保大军节度使、延州彰武军节度使、灵州朔方节度使。本节即分别对上述各留守和节度使的辖区及所属各州(府)的沿革作一概述。

3.14　西京留守(936—938)—京兆府晋昌军节度使(938—946),治京兆府

后唐旧镇。

天福元年(936)十一月,西京留守领京兆府、金州。

天福三年(938)十月,改西京留守为晋昌军节度使,京兆府仍旧。

天福四年(939),析金州别置怀德军节度使。

天运元年(944),金州降为防御州,来属。

此后至开运三年(946)十二月,晋昌军节度使领京兆府、金州。

3.14.1　京兆府(936—946),治长安县

后唐旧府。

天福元年(936)十一月,京兆府领长安、万年、昭应、渭南、蓝田、鄠、兴平、咸阳、泾阳、高陵、栎阳、武功、醴泉、好畤等14县。

此后至开运三年(946)十二月,京兆府领县未更,一如天福元年。

3.14.2　金州(936—939,944—946),治西城县

后唐旧州。

天福元年(936)十一月,金州领西城、洵阳、淯阳、石泉、汉阴、平利等6县。

此后至开运三年(946)十二月,金州领县未更,一如天福元年。

附：

3.15 金州怀德军节度使(939—944),治金州

后晋新置。

天福四年(939)五月,析京兆府晋昌军节度使所领金州置怀德军节度使,领金州1州。

天运元年(944)七月,金州怀德军节度使废,金州降为防御州,还属京兆府晋昌军节度使。

3.15.1 金州(939—944),治西城县(参见3.14.2)

附：

直6 耀州(936—946),治华原县

后唐旧直属京州。后晋直属京州。

天福元年(936)十一月,耀州领华原、富平、三原、云阳、美原、同官等6县。

此后至开运三年(946)十二月,耀州领县未更,一如天福元年。

3.16 同州匡国军节度使(936—946),治同州

后唐旧镇。

天福元年(936)十一月,领同州1州。

此后至开运三年(946)十二月,同州匡国军节度使辖区未更。

3.16.1 同州(936—946),治冯翊县

后唐旧州。

天福元年(936)十一月,同州领冯翊、韩城、郃阳、夏阳、白水、澄城、朝邑等7县。

此后至开运三年(946)十二月,同州领县未更,一如天福元年。

3.17 华州镇国军节度使(936—946),治华州

后唐旧镇。

天福元年(936)十一月,华州镇国军节度使领华、商2州。

此后至开运三年(946)十二月,华州镇国军度使辖区未更。

3.17.1 华州(936—946),治郑县

后唐旧州。

天福元年(936)十一月,华州领郑、华阴、下邽等3县。

此后至开运三年(946)十二月,华州领县未更,一如天福元年。

3.17.2　商州(936—946),治上洛县

后唐旧州。

天福元年(936)十一月,商州领上洛、丰阳、洛南、商洛、上津、乾元等 6 县。

此后至开运三年(946)十二月,商州领县未更,一如天福元年。

3.18　邠州静难军节度使(936—946),治邠州

后唐旧镇。

天福元年(936)十一月,邠州静难军节度使领邠、宁、庆、衍等 4 州。

此后至开运三年(946)十二月,邠州静难军节度使辖区未更。

3.18.1　邠州(936—946),治新平县

后唐旧州。

天福元年(936)十一月,邠州领新平、三水、永寿、宜禄等 4 县。

此后至开运三年(946)十二月,邠州领县未更,一如天福元年。

3.18.2　宁州(936—946),治定安县

后唐旧州。

天福元年(936)十一月,宁州领定安、真宁、襄乐、彭原、丰义等 5 县。

此后至开运三年(946)十二月,宁州领县未更,一如天福元年。

3.18.3　庆州(936—946),治顺化县

后唐旧州。

天福元年(936)十一月,庆州领顺化、合水、乐蟠、华池、延庆、同川等 6 县。

此后至开运三年(946)十二月,庆州领县未更,一如天福元年。

3.18.4　衍州(936—946),治定平县

后唐旧州。

天福元年(936)十一月,衍州领定平 1 县。

此后至开运三年(946)十二月,衍州领县未更,一如天福元年。

3.19　鄜州保大军节度使(936—946),治鄜州

后唐旧镇。

天福元年(936)十一月,鄜州保大军节度使领鄜、坊 2 州。

此后至开运三年(946)十二月,鄜州保大军节度使辖区未更。

3.19.1　鄜州(936—946),治洛交县

后唐旧州。

天福元年(936)十一月,鄜州领洛交、洛川、三川、直罗、甘泉、鄜城等 6 县。

此后至开运三年(946)十二月,鄜州领县未更,一如天福元年。

3.19.2　坊州(936—946),治中部县

后唐旧州。

天福元年(936)十一月,坊州领中部、宜君、升平等3县

此后至开运三年(946)十二月,坊州领县未更,一如天福元年。

3.20　延州彰武军节度使(936—946),治延州

后唐旧镇。

天福元年(936)十一月,延州彰武军节度使领延、丹2州。

此后至开运三年(946)十二月,延州彰武军节度使辖区未更。

3.20.1　延州(936—946),治肤施县

后唐旧州。

天福元年(936)十一月,延州领肤施、延长、临真、金明、丰林、延川、敷政、延昌、延水、门山等10县。

此后至开运三年(946)十二月,延州领县未更,一如天福元年。

3.20.2　丹州(936—946),治义川县

后唐旧州。

天福元年(936)十一月,丹州领义川、云岩、汾川、咸宁等4县。

此后至开运三年(946)十二月,丹州领县未更,一如天福元年。

3.21　灵州朔方节度使(936—946),治灵州

后唐旧镇。

天福元年(936)十一月,灵州朔方节度使领灵、威、雄、警、盐等5州。

天福四年(939)五月,升灵州方渠镇为威州,改旧威州为清边军。

天福七年(942)四月,降雄州为昌化军、警州为威肃军。

此后至开运三年(946)十二月,灵州朔方节度使领灵、盐、威等3州。

3.21.1　灵州(936—946),治回乐县

后唐旧州。

天福元年(936)十一月,灵州领回乐1县。

天福四年(939)五月,改旧威州为清边军,来属。

天福七年(942)四月,降雄州为昌化军、警州为威肃军,皆来属。

此后至开运三年(946)十二月,灵州领回乐县、清边军、昌化军及威肃军。

3.21.2　威州(936—939)、威州(939—946)

后唐旧州。

天福元年(936)十一月,威州无领县。

天福四年(939),以灵州方渠镇新置威州,割宁州木波、马岭二镇隶之,仍不领县;原威州改置为清边军,别属灵州。

此后至开运三年(946)十二月,威州一直不曾领县。

3.21.3　盐州(936—946),治五原县

后唐旧州。

天福元年(936)十一月,盐州领五原、白池2县。

此后至开运三年(946)十二月,盐州领县未更,一如天福元年。

3.21.4　雄州(936—942),治承天堡

后唐旧州。

天福元年(936)十一月,雄州无领县。

天福七年(942)四月,雄州降为昌化军,别属灵州。

3.21.5　警州(936—942),治定远城

后唐旧州。

天福元年(936)十一月,警州无领县。

天福七年(942)四月,警州降为威肃军,别属灵州。

第四节　山南东道(襄州)(附:复州、襄州)、邓州威胜军、安州安远军(附:安州)诸节度使

天福元年(936),后晋在原唐山南东道区域内置有山南东道(襄州)节度使、邓州威胜军节度使,在原唐淮南道区域内置有安州安远军节度使,因其地域相连,故并列于此。本节即分别对上述各节度使的辖区及所属各州的沿革作一概述。

3.22　山南东道(襄州)节度使(936—942),治襄州

后唐旧镇。

天福元年(936)十一月,山南东道节度使(又称襄州节度使)领襄、均、房、复等4州。

天福五年(940)七月,升复州为防御州,直属京。

天福七年(942)九月,山南东道节度使废,襄州降为防御州,直属京,均、房2州别属邓州威胜军节度使。

3.22.1　襄州(936—942),治襄阳县

后唐旧州。

天福元年(936)十一月,襄州领襄阳、邓城、谷城、义清、南漳、宜城、乐乡等7县。

此后至开运三年(946)十二月,襄州领县未更,一如天福元年。

3.22.2　均州(936—942),治武当县

后唐旧州。

天福元年(936)十一月,均州领武当、郧乡、丰利等3县。

此后至开运三年(946)十二月,均州领县未更,一如天福元年。

3.22.3　房州(936—942),治房陵县

后唐旧州。

天福元年(936)十一月,房州领房陵、永清、竹山、上庸等4县。

此后至开运三年(946)十二月,房州领县未更,一如天福元年。

3.22.4　复州(936—940),治景陵县

后唐旧州。

天福元年(936)十一月,复州领沔阳、竟陵2县。同年,竟陵改称景陵,并徙治于此。

此后至开运三年(946)十二月,复州领景陵、沔阳2县。

附:

以下所附均为直属京州。

直7　复州(940—946),治景陵县(参见3.22.4)

直8　襄州(942—946),治襄阳县(参见3.22.1)

3.23　邓州威胜军节度使(936—946),治邓州

后唐旧镇。

天福元年(936)十一月,邓州威胜军节度使领邓、唐、随、郢等4州。

天福七年(942)九月,山南东道节度使废,均、房2州来属;唐州改称泌州。

此后至开运三年(946)十二月,邓州节度使领邓、泌、随、郢、均、房等6州。

3.23.1　邓州(936—946),治穰县

后唐旧州。

天福元年(936)十一月,邓州领穰、南阳、向城、临湍、内乡、菊潭等6县。

此后至开运三年(946)十二月,邓州领县未更,一如天福元年。

3.23.2 唐州(936—942)—泌州(942—946),治泌阳县

后唐旧州。

天福元年(936)十一月,唐州领泌阳、慈丘、桐柏、平氏、湖阳、方城、比阳等7县。

天福七年(942)九月,唐州改称泌州。

此后至开运三年(946)十二月,泌州领泌阳、慈丘、桐柏、平氏、湖阳、方城、比阳等7县。

3.23.3 随州(936—946),治随县

后唐旧州。

天福元年(936)十一月,随州领随、光化、枣阳、唐城等4县。同年,唐城县改称汉东县。

此后至开运三年(946)十二月,随州领随、光化、枣阳、汉东等4县。

3.23.4 郢州(936—946),治长寿县

后唐旧州。

天福元年(936)十一月,郢州下领长寿、京山、富水等3县。

此后至开运三年(946)十二月,郢州领县未更,一如天福元年。

3.23.5 均州(942—946),治武当县(参见3.22.2)

3.23.6 房州(942—946),治房陵县(参见3.22.3)

3.24 安州安远军节度使(936—940),治安州

后唐旧镇。

天福元年(936)十一月,安州安远军节度使领安、申2州。

天福五年(940),安州安远军节度使废,申州别属许州忠武军节度使,安州降为防御州,直属京。

3.24.1 安州(936—940),治安陆县

后唐旧州。

天福元年(936)十一月,安州领安陆、云梦、孝感、应城、吉阳、应山等6县。

此后至开运三年(946)十二月,安州领县未更,一如天福元年。

3.24.2 申州(936—940),治义阳县

后唐旧州。

天福元年(936)十一月,申州领义阳、钟山、罗山等3县。

此后至开运三年(946)十二月,申州领县未更,一如天福元年。

附：
直9　安州(940—946),治安陆县(参见 3.24.1)
　　直属京州。

第五节　北京留守、潞州昭义军、河中府护国军、晋州建雄军、云州大同军、应州彰国军、朔州振武军诸节度使

天福元年(936),后晋在原唐河东道区域内置有北京留守、潞州昭义军节度使、河中府护国军节度使、晋州建雄军节度使、云州大同军节度使、应州彰国军节度使和朔州振武军节度使。本节即分别对上述各留守和节度使的辖区及所属各州(府)的沿革作一概述。

3.25　北京留守(936—946),治太原府

后唐旧镇。

天福元年(936)十一月,北京留守领太原府及辽、石、岚、汾、府、蔚、沁、宪、忻、代等 10 州。

天福三年(938 年)十一月,蔚州、府州北属契丹。振武军节度使废,所领麟州来属。

天福五年(940)三月,辽州、沁州别属潞州昭义军节度使。

天福六年(941)七月,辽州、沁州还属。

开运元年(944),契丹府州来属。

此后至开运三年(946)十二月,北京留守领太原府及辽、石、岚、汾、府、沁、宪、忻、代、麟等 10 州。

3.25.1　太原府(936—946),治太原县

后唐旧府。

天福元年(936)十一月,太原府领太原、晋阳、榆次、太谷、祁、阳曲、寿阳、盂、清源、乐平、广阳、交城、文水等 13 县。

此后至开运三年(946)十二月,太原府领县未更,一如天福元年。

3.25.2　忻州(936—946),治秀容县

后唐旧州。

天福元年(936)十一月,忻州领秀容、定襄 2 县。

此后至开运三年(946)十二月,忻州领县未更,一如天福元年。

3.25.3 岚州(936—946),治宜芳县

后唐旧州。

天福元年(936)十一月,岚州领宜芳、静乐、合河等3县和岢岚军。

此后至开运三年(946)十二月,岚州领县未更,一如天福元年。

3.25.4 宪州(936—946),治楼烦县

后唐旧州。

天福元年(936)十一月,宪州领楼烦、玄池、天池等3县。

此后至开运三年(946)十二月,宪州领县未更,一如天福元年。

3.25.5 石州(936—946),治离石县

后唐旧州。

天福元年(936)十一月,石州领离石、平夷、定胡、临泉、方山等5县。

此后至开运三年(946)十二月,石州领县未更,一如天福元年。

3.25.6 汾州(936—946),治西河县

后唐旧州。

天福元年(936)十一月,汾州领西河、介休、孝义、平遥、灵石等5县。

此后至开运三年(946)十二月,汾州领县未更,一如天福元年。

3.25.7 辽州(936—940,941—946),治辽山县

后唐旧州。

天福元年(936)十一月,辽州领辽山、榆社、和顺、平城等4县。

天福五年(940)三月,辽州别属潞州昭义军节度使。

天福六年(941)七月,辽州还属北京留守。

此后至开运三年(946)十二月,辽州领县未更,一如天福元年。

3.25.8 沁州(936—940,941—946),治沁源县

后唐旧州。

天福元年(936)十一月,沁州领沁源、和川、绵上等3县。

天福五年(940)三月,沁州别属潞州昭义军节度使。

天福六年(941)七月,沁州还属北京留守。

此后至开运三年(946)十二月,沁州领县未更,一如天福元年。

3.25.9 代州(936—946),治雁门县

后唐旧州。

天福元年(936)十一月,代州领雁门、五台、繁畤、崞、唐林等5县。又,大约在同年,唐林县改称广武县。

此后至开运三年(946)十二月,代州领雁门、五台、繁畤、崞、广武等 5 县。

3.25.10　府州(936—938,944—946),治府谷县

后唐旧州。

天福元年(936)十一月,府州领府谷 1 县。

天福三年(938)十一月,府州北属契丹。

开运元年(944)六月,契丹府州复来属。

此后至开运三年(946)十二月,府州领府谷 1 县。

3.25.11　蔚州(936—938),治灵仙县

后唐旧州。

天福元年(936),兴唐县改名灵仙县。十一月,蔚州领灵仙、灵丘、飞狐、广陵等 4 县。

天福三年(938)十一月,蔚州北属契丹。

3.26　潞州昭义军节度使(936—946),治潞州

后唐旧镇。

天福元年(936)十一月,潞州昭义节度使领潞、泽 2 州。

天福五年(940)三月,北京留守所领辽、沁 2 州来属。

天福六年(941)七月,辽、沁 2 州还属北京留守。

此后至开运三年(946)十二月,潞州昭义军节度使领潞、泽 2 州。

3.26.1　潞州(936—946),治上党县

后唐旧州。

天福元年(936)十一月,潞州领上党、长子、屯留、潞城、壶关、襄垣、黎城、涉、铜鞮、武乡等 10 县。

此后至开运三年(946)十二月,潞州领县未更,一如天福元年。

3.26.2　泽州(936—946),治晋城县

后唐旧州。

天福元年(936)十一月,泽州领晋城、高平、阳城、端氏、陵川、沁水等 6 县。

此后至开运三年(946)十二月,泽州领县未更,一如天福元年。

3.26.3　辽州(940—941),治辽山县(参见 3.25.7)

3.26.4　沁州(940—941),治沁源县(参见 3.25.8)

3.27　河中府护国军节度使(936—946),治河中府

后唐旧镇。

天福元年(936)十一月,河中府护国军节度使领河中府和绛州。

此后至开运三年(946)十二月,河中府护国军节度使辖区未更。

3.27.1 河中府(936—946),治河东县

后唐旧府。

天福元年(936)十一月,河中府领河东、河西、临晋、解、猗氏、虞乡、永乐、安邑、宝鼎、闻喜、万泉、龙门等12县。

此后至开运三年(946)十二月,河中府领县未更,一如天福元年。

3.27.2 绛州(936—946),治正平县

后唐旧州。

天福元年(936)十一月,绛州领正平、太平、曲沃、浍川、绛、垣、襄陵、稷山等8县。

此后至开运三年(946)十二月,绛州领县未更,一如天福元年。

3.28 晋州建雄军节度使(936—946),治晋州

后唐旧镇。

天福元年(936)十一月,晋州建雄军节度使领晋、慈、隰等3州。

此后至开运三年(946)十二月,晋州建雄军节度使辖区未更。

3.28.1 晋州(936—946),治临汾县

后唐旧州。

后唐天福元年(936)十一月,晋州领临汾、洪洞、神山、霍邑、赵城、岳阳、汾西、冀氏等8县。

此后至开运三年(946)十二月,晋州领县未更,一如天福元年。

3.28.2 慈州(936—946),治吉乡县

后唐旧州。

天福元年(936)十一月,慈州领吉乡、文城、乡宁、吕香、仵城等5县。

此后至开运三年(946)十二月,慈州领县未更,一如天福元年。

3.28.3 隰州(936—946),治隰川县

后唐旧州。

天福元年(936)十一月,隰州领隰川、蒲、温泉、大宁、石楼、永和等6县。

此后至开运三年(946)十二月,隰州领县未更,一如天福元年。

3.29 云州大同军节度使(936—938),治云州

后唐旧镇。

天福元年(936)十一月,云州大同军节度使仅领云州1州。

天福三年(938)十一月,云州北属契丹。

3.29.1　云州(936—938),治云中县

后唐旧州。

天福元年(936)十一月,云州领云中1县。

此后至天福三年(938)十一月,云州领县未更。

3.30　应州彰国军节度使(936—938),治应州

后唐旧镇。

天福元年(936)十一月,应州彰国军节度使领应、寰2州。

天福三年(938)十一月,应、寰2州北属契丹。

3.30.1　应州(936—938),治金城县

后唐旧州。

天福元年(936)十一月,应州领金城、浑源2县。

此后至天福三年(938)十一月,应州领县未更。

3.30.2　寰州(936—938),治寰清县

后唐旧州。

天福元年(936)十一月,寰州领寰清1县。

此后至天福三年(938)十一月,寰州领县未更。

3.31　朔州振武军节度使(936—938),治朔州;振武军节度使(945—946),治胜州

后唐旧镇。

天福元年(936)十一月,朔州振武军节度使领朔、麟2州。

天福三年(938)十一月,朔州北属契丹,麟州别属北京留守。振武军节度使成为虚衔。

天福六年(941),朔州一度归附后晋。旋又为契丹所控制。

开运二年(945)二月,夺回契丹胜州,属振武军节度使。

3.31.1　朔州(936—938),治善阳县

后唐旧州。

天福元年(936)十一月,朔州领善阳1县。

此后至天福三年(938)十一月,朔州领县未更。

3.31.2　麟州(936—938),治新秦县

后唐旧州。

天福元年(936)十一月,麟州领新秦、连谷、银城等3县。

此后至开运三年(946)十二月,麟州领县未更,一如天福元年。

3.31.3　胜州(945—946),治榆林县

契丹旧州。

开运二年(945)二月,胜州领榆林、河滨2县。

此后至开运三年(946)十二月,胜州领县未更。

第六节　兴唐府(广晋府)天雄军(邺都留守)(附:贝州永清军、相州彰德军、澶州镇宁军)、邢州安国军、镇州成德军(恒州顺国军)、定州义武军、沧州横海军、幽州卢龙、新州威塞军诸节度使

天福元年(936),后晋在原唐河北道区域内据有兴唐府天雄军节度使、邢州安国军节度使、镇州成德军节度使、定州义武军节度使、沧州横海军节度使、幽州卢龙节度使、新州威塞军节度使。本节即分别对上述各节度使的辖区及所属各州(府)的沿革作一概述。

3.32　兴唐府天雄军节度使(936—937)—广晋府天雄军节度使(937—938)—邺都留守(938—945)—广晋府天雄军节度使(945—946),治兴唐府(936—937)—广晋府(937—946)

后唐旧镇。

天福元年(936)十一月,兴唐府天雄军节度使领兴唐府和博、澶、卫、相、贝等5州。

天福二年(937)九月,兴唐府改称广晋府。

天福三年(938)十一月,广晋府天雄军节度使升为邺都留守,析所领相、澶、卫等3州置相州彰德军节度使,所领贝、博2州及镇州成德军节度使所领冀州置贝州永清军节度使,天雄军节度使仅领广晋府1府。

开运二年(945),复以邺都留守为天雄军节度使。

此后至开运三年(946)十二月,广晋府天雄军节度使领广晋府1府。

3.32.1　兴唐府(936—937)—广晋府(937—946),治广晋县

后唐旧州。

天福元年(936)十一月,兴唐府领广晋、兴唐、魏、馆陶、冠氏、莘、朝城、南

乐、临河、洹水、成安、内黄、宗城、永济等14县。

天福二年(937)九月,改兴唐府为广晋府,并改兴唐县为元城县。

天福三年(938)十一月,复升广晋府为邺都。

大约在天福四年(939),贝州经城县来属。

天福九年(944),临河县别属澶州。

开运三年(946),贝州夏津、临清2县来属,邺都广晋府领广晋、元城、魏、馆陶、冠氏、莘、朝城、南乐、洹水、成安、内黄、宗城、永济、经城、夏津、临清等16县。

3.32.2　博　州(936—938),治聊城县

后唐旧州。

天福元年(936)十一月,博州领聊城、博平、武水、清平、堂邑、高唐等6县。同年(?),堂邑改称河清,高唐改称齐城。

此后至开运三年(946)十二月,博州领聊城、博平、武水、清平、河清、齐城等6县。

3.32.3　贝　州(936—938),治清河县

后唐旧州。

天福元年(936)十一月,贝州领清河、清阳、武城、漳南、历亭、经城、临清、夏津等8县。

大约在天福四年(939),经城县别属广晋府。

开运三年(946),夏津、临清2县别属广晋府。贝州领清河、清阳、武城、漳南、历亭等5县。

3.32.4　相　州(936—938),治安阳县

后唐旧州。

天福元年(936)十一月,相州领安阳、邺、汤阴、林虑、永定、临漳等6县。

此后至开运三年(946)十二月,相州领县未更,一如天福元年。

3.32.5　澶　州(936—938),治顿丘县

后唐旧州。

天福元年(936)十一月,澶州领顿丘、清丰、观城、临黄等4县。

天福三年(938)十一月,澶州升为防御州,治所及顿丘县并由顿丘县原址移至德胜,而于原顿丘县地置顿丘镇;濮州濮阳县来属。

天福六年(941)八月,改顿丘镇为德清军,于胡梁渡置大通军。

天福九年(944),广晋府临河县、滑州卫南县来属。

此后至开运三年(946)十二月,澶州领顿丘、清丰、观城、临黄、濮阳、临河、卫南等7县与德清、大通2军。

3.32.6　卫州(936—938),治汲县

后唐旧州。

天福元年(936)十一月,卫州领汲、卫、共城、新乡、黎阳等5县。

天福五年(940)十一月,黎阳县别属滑州。

此后至开运三年(946)十二月,卫州领汲、卫、共城、新乡等4县。

附:

3.33　贝州永清军节度使(938—946),治贝州

后晋新置。

天福三年(938)十一月,析邺都留守所领贝、博2州及镇州成德军节度使所领冀州置贝州永清军节度使。

此后至开运三年(946)十二月,贝州永清军节度使辖区未更。

3.33.1　贝州(938—946),治清河县(参见3.32.3)

3.33.2　博州(938—946),治聊城县(参见3.32.2)

3.33.3　冀州(938—946),治信都县(参见3.37.2)

3.34　相州彰德军节度使(938—946),治相州

后晋新置。

天福三年(938)十一月,析邺都留守所领相、澶、卫等3州置相州彰德军节度使。

开运元年(944)八月,析相州彰德军节度使所领澶州置镇宁军节度使,所领卫州别属滑州义成军节度使。

此后至开运三年(946)十二月,相州彰德军节度使领相州1州。

3.34.1　相州(938—946),治安阳县(参见3.32.4)

3.34.2　澶州(938—944),治顿丘县(参见3.32.5)

3.34.3　卫州(938—944),治汲县(参见3.32.6)

3.35　澶州镇宁军节度使(944—946),治澶州

后晋新置。

开运元年(944)八月,析相州彰德军节度使所领澶州置镇宁军节度使,并以滑州义成军所领濮州来属。

此后至开运三年(946)十二月,澶州镇宁军节度使领澶、濮2州。

3.35.1　澶州(944—946),治顿丘县(参见3.29.5)

3.35.2　濮州(944—946),治鄄城县(参见3.3.2)

3.36 邢州安国军节度使(936—946),治邢州

后唐旧镇。

天福元年(936)十一月,邢州安国军节度使领邢、洺、磁等3州。

此后至开运三年(946)十二月,邢州安国军节度使辖区未更。

3.36.1 邢州(936—946),治龙冈县

后唐旧州。

天福元年(936)十一月,邢州领龙冈、沙河、南和、巨鹿、平乡、任、尧山、内丘等8县。

此后至开运三年(946)十二月,邢州领县未更,一如天福元年。

3.36.2 洺州(936—946),治永年县

后唐旧州。

天福元年(936)十一月,洺州领永年、平恩、临洺、鸡泽、肥乡、曲周等6县。

此后至开运三年(946)十二月,洺州领县未更,一如天福元年。

3.36.3 磁州(936—946),治滏阳县

后唐旧州。

天福元年(936)十一月,磁州领滏阳、邯郸、武安、昭义等4县。

此后至开运三年(946)十二月,磁州领县未更,一如天福元年。

3.37 镇州成德军节度使(936—942)—恒州顺国军节度使(942—946),治镇州(936—942)—恒州(942—946)

后唐旧镇。

天福元年(936)十一月,镇州成德军节度使领镇、冀、赵、深等4州。

天福三年(938)十一月,冀州别属贝州永清军节度使。

天福七年(942)正月,镇州改称恒州,成德军改称顺国军。

此后至开运三年(946)十二月,恒州顺国军节度使领恒、赵、深等3州。

3.37.1 镇州(936—942)—恒州(942—946),治真定县

后唐旧州。

天福元年(936)十一月,镇州领真定、藁城、石邑、九门、灵寿、行唐、井陉、获鹿、平山、鼓城、栾城、元氏、束鹿等13县。又,大约在同年,冀州堂阳县来属,行唐县改称永昌县。

天福七年(942)正月,镇州改称恒州。

此后至开运三年(946)十二月,恒州领真定、藁城、石邑、九门、灵寿、永昌、井陉、获鹿、平山、鼓城、栾城、元氏、束鹿、堂阳等14县。

3.37.2 冀州(936—938),治信都县

后唐旧州。

天福元年(936)十一月,冀州领信都、南宫、堂阳、枣强、武邑、衡水、阜城、蓚、武强等9县。又,大约在同年,堂阳别属镇州。

此后至开运三年(946)十二月,冀州领信都、南宫、枣强、武邑、衡水、阜城、蓚、武强等8县。

3.37.3 深州(936—946),治陆泽县

后唐旧州。

天福元年(936)十一月,深州领陆泽、饶阳、安平、博野、乐寿、下博等6县。

此后至开运三年(946)十二月,深州领县未更,一如天福元年。

3.37.4 赵州(936—946),治平棘县

后唐旧州。

天福元年(936)十一月,赵州领平棘、宁晋、昭庆、柏乡、高邑、临城、赞皇等7县。

此后至开运三年(946)十二月,赵州领县未更,一如天福元年。

3.38 定州义武军节度使(936—946),治定州

后唐旧镇。

天福元年(936)十一月,定州义武军节度使领定、易、祁等3州。

开运二年(945)三月,攻取契丹泰州,以属定州义武军节度使。

此后至开运三年(946)十二月,定州义武军节度使领定、易、祁、泰等4州。

3.38.1 定州(936—946),治安喜县

后唐旧州。

天福元年(936)十一月,定州领安喜、义丰、燕平、望都、曲阳、陉邑、唐、新乐等8县。大约在同年,唐县改称博陵县。

此后至开运三年(946)十二月,定州领安喜、义丰、燕平、望都、曲阳、陉邑、博陵、新乐等8县。

3.38.2 易州(936—946),治易县

后唐旧州。

天福元年(936)十一月,易州领易、容城、涞水、遂城、满城等5县。

开运元年(944),遂城、满城为契丹所据。

开运二年(945)三月,收复满城、遂城2县。九月,满城别属泰州。

开运三年(946)十二月,易州领易、容城、涞水、遂城等4县。

3.38.3　祁州(936—946),治无极县

后唐旧州。

天福元年(936)十一月,祁州领无极、深泽2县。

此后至开运三年(946)十二月,祁州领县未更,一如天福元年。

3.38.4　泰州(945—946),治清苑县(945)—满城县(945—946)

契丹旧州。

开运二年(945)三月,攻取契丹泰州,以属定州义武军节度使。泰州领清苑1县。九月,移治满城县。

此后至开运三年(946)十二月,泰州领清苑、满城2县。

3.39　沧州横海军节度使(936—946),治沧州

后唐旧镇。

天福元年(936)十一月,沧州横海军节度使领沧、德、景等3州。

此后至开运三年(946)十二月,沧州横海军节度使辖区未更。

3.39.1　沧州(936—946),治清池县

后唐旧州。

天福元年(936)十一月,沧州领清池、盐山、南皮、长芦、乐陵、饶安、无棣、临津、乾符等9县。

此后至开运三年(946)十二月,沧州领县未更,一如天福元年。

3.39.2　德州(936—946),治安德县(936—940)—长河县(940—946)

后唐旧州。

天福元年(936)十一月,德州领安德、平原、长河、平昌、将陵等5县。

天福五年(940)十一月,移治于长河县。

此后至开运三年(946)十二月,德州领长河、安德、平原、平昌、将陵等5县。

3.39.3　景州(936—946),治东光县

后唐旧州。

天福元年(936)十一月,景州领东光、弓高、安陵等3县。

此后至开运三年(946)十二月,景州领县未更,一如天福元年。

3.40　幽州卢龙节度使(936—938),治幽州

后唐旧镇。

天福元年(936)十一月,幽州卢龙节度使领幽、蓟、瀛、莫、檀、顺、涿等7州。

天福三年(938)十一月,幽州卢龙节度使所领7州全部北属契丹。

3.40.1 幽州(936—938),治蓟县

后唐旧州。

天福元年(936)十一月,幽州领蓟、幽都、潞、武清、永清、安次、良乡、燕平、玉河等9县及芦台1军。同时,燕平县复称昌平县。

此后至天福三年(938)十一月,幽州领蓟、幽都、潞、武清、永清、安次、良乡、昌平、玉河等9县及芦台1军。

3.40.2 蓟州(936—938),治渔阳县

后唐旧州。

天福元年(936)十一月,蓟州领渔阳、三河、玉田等3县。

此后至天福三年(938)十一月,蓟州领县未更。

3.40.3 涿州(936—938),治范阳县

后唐旧州。

天福元年(936)十一月,涿州领范阳、归义、固安、新城等4县。

此后至天福三年(938)十一月,涿州领县未更。

3.40.4 檀州(936—938),治密云县

后唐旧州。

天福元年(936)十一月,檀州领密云1县。

此后至天福三年(938)十一月,檀州领县未更。

3.40.5 顺州(936—938),治辽西县

后唐旧州。

天福元年(936)十一月,顺州领怀柔、辽西2县。

此后至天福三年(938)十一月,顺州领县未更。

3.40.6 瀛州(936—938),治河间县

后唐旧州。

天福元年(936)十一月,瀛州领河间、高阳、大城、束城、景城等5县。

此后至天福三年(938)十一月,瀛州领县未更。

3.40.7 莫州(936—938),治莫县

后唐旧州。

天福元年(936)十一月,莫州领莫、文安、任丘、清苑、长丰、唐兴等6县。后唐兴县一度改为宜川县,旋复旧名。

天福三年(938)十一月,莫州领县一如天福元年。

3.41 新州威塞军节度使(936—938),治新州

后唐旧镇。

天福元年(936)十一月,新州威塞军节度使领新、妫、儒、武等 4 州。

天福三年(938)十一月,新州威塞军节度使所领 4 州全部北属契丹。

3.41.1　新州(936—938),治永兴县

后唐旧州。

天福元年(936)十一月,新州领永兴、矾山、龙门、怀安等 4 县。

此后至天福三年(938)十一月,新州领县未更。

3.41.2　妫州(936—938),治怀戎县

后唐旧州。

天福元年(936)十一月,妫州领怀戎 1 县。

此后至天福三年(938)十一月,妫州领县未更。

3.41.3　儒州(936—938),治缙山县

后唐旧州。

天福元年(936)十一月,儒州领缙山 1 县。

此后至天福三年(938)十一月,儒州领县未更。

3.41.4　武州(936—938),治文德县

后唐旧州。

天福元年(936)十一月,武州领文德 1 县。

此后至天福三年(938)十一月,武州领县未更。

第七节　凤翔、泾州彰义军、秦州雄武军诸节度使(附:凤州)

天福元年(936),后晋在原唐关内道西部置有凤翔节度使、泾州彰义军节度使,在原唐陇右道东部置有秦州雄武军节度使。本节即分别对上述各节度使的辖区及所属各州(府)的沿革作一概述。

3.42　凤翔节度使(936—946),治凤翔府

后唐旧镇。

天福元年(936)十一月,凤翔节度使领凤翔府、陇州、义州、乾州。

此后至开运三年(946)十二月,凤翔节度使辖区未更。

3.42.1　凤翔府(936—946),治天兴县

后唐旧府。

天福元年(936)十一月,凤翔府领天兴、扶风、宝鸡、岐山、郿、麟游、普润、

虢、鳌厔等9县。

此后至开运三年(946)十二月,凤翔府领县未更,一如天福元年。

3.42.2 陇州(936—946),治汧源县

后唐旧州。

天福元年(936)十一月,陇州领汧源、汧阳、吴山等3县。

此后至开运三年(946)十二月,陇州领县未更,一如天福元年。

3.42.3 义州(936—946),治华亭乡

后唐旧州。

天福元年(936)十一月,义州无领县。

此后至开运三年(946)十二月,义州一直无领县。

3.42.4 乾州(936—946),治奉天县

后唐旧州。

天福元年(936)十一月,乾州仅领奉天县。

此后至开运三年(946)十二月,乾州仅领奉天1县。

3.43 泾州彰义军节度使(936—946),治泾州

后唐旧镇。

天福元年(936)十一月,泾州彰义军节度使领泾、原、行渭、行武等4州。

天福五年(940),行渭州改为正州。

此后至开运三年(946)十二月,泾州彰义军节度使领泾、原、渭、行武等4州。

3.43.1 泾州(936—946),治保定县

后唐旧州。

天福元年(936)十一月,泾州领保定、灵台、良原、潘原、平凉等5县。

天福五年(940),平凉县别属渭州。

此后至开运三年(946)十二月,泾州领保定、灵台、良原、潘原等4县。

3.43.2 原州(936—946),治临泾县

后唐旧州。

天福元年(936)十一月,原州领临泾1县。

此后至开运三年(946)十二月,原州领县未更,一如天福元年。

3.43.3 行渭州(936—940,侨治泾州原平凉县境)—渭州(940—946),治平凉县

后唐旧州。

天福元年(936)十一月,行渭州侨治原州原平凉县境,无属县。

天福五年(940),泾州平凉县来属。行渭州成为正州。

此后至开运三年(946)十二月,渭州领平凉1县。

3.43.4　行武州(936—946),侨治潘原县

后唐旧州。

天福元年(936)十一月,行武州侨治泾州潘原县,无属县。

此后至开运三年(946)十二月,行武州一直无属县。

3.44　秦州雄武军节度使(936—946),治秦州

后唐旧镇。

天福元年(936)十一月,秦州雄武军节度使领秦、成2州。

天福二年(937)(?),夺回后蜀阶州,属雄武军节度使。

此后至开运三年(946)十二月,秦州雄武军节度使领秦、成、阶等3州。

3.44.1　秦州(936—946),治成纪县

后唐旧州。

天福元年(936)十一月,秦州领成纪、天水、陇城、清水、长道等5县。

此后至开运三年(946)十二月,秦州领县未更,一如天福元年。

3.44.2　阶州(937?—946),治福津县

后蜀旧州。

天福二年(937)(?),夺回后蜀阶州,属雄武军节度使。阶州领福津、将利2县。

此后至开运三年(946)十二月,阶州领县未更。

3.44.3　成州(936—946),治同谷县

后唐旧州。

天福元年(936)十一月,成州领同谷、栗亭2县。

此后至开运三年(946)十二月,成州领县未更,一如天福元年。

附:

直10　凤州(936—947),治梁泉县

后唐旧直属京州。后晋直属京州。

天福元年(936)十一月,凤州领梁泉、两当、河池等3县。

此后至天福十二年(947)三月,凤州一直领县未更。四月,后晋凤州防御使石奉頵举州降于后蜀。

第四章 后 汉

后晋开运三年(946)十二月,后晋亡于契丹。次年二月,河东节度使、北平王刘知远即皇帝位于太原,称天福十二年。三月,契丹主北归。五月,刘知远发兵攻打契丹所据中原领土。六月,刘知远入汴州,改国号为汉,史称后汉;以汴州为东京。该年底,后汉据有了契丹所占的全部中原领土。乾祐三年(950)十一月,枢密使、邺都留守郭威借清君侧之名,领兵一路攻入开封府,汉隐帝为乱兵所杀,后汉灭亡。

在后汉期间,与其并峙或一度并存的其他割据政权(势力)尚有不少。在北方有定难(947—950)、归义(947—950),在南方有后蜀(947—950)、南唐(947—950)、吴越(947—950)、南平(947—950)、楚国(947—950)、南汉(947—950)、静海(947—950)、清源(949—950)等。

后汉天福十二年(947)底,后汉领有①东京留守①(辖开封府1府),②宋州归德军节度使(辖宋、亳、单、颍等4州),③滑州义成军节度使(辖滑、卫2州),④郓州天平军节度使(辖郓、齐、棣、曹等4州),⑤兖州泰宁军节度使(辖兖、沂、密等3州),⑥青州平卢军节度使(辖青、登、莱、淄等4州),⑦徐州武宁军节度使(辖徐、宿2州),⑧许州忠武军节度使(辖许、陈、蔡等3州),⑨西京留守(辖河南府、汝州),⑩陕州保义军节度使(辖陕、虢2州),⑪孟州河阳节度使(辖孟、怀2州),⑫京兆府晋昌军节度使(辖京兆府、金州),⑬同州匡国军节度使(辖同州1州),⑭华州镇国军节度使(辖华、商2州),⑮邠州静难军节度使(辖邠、宁、庆、衍等4州),⑯鄜州保大军节度使(辖鄜、坊2州),⑰延州彰武军节度使(辖延、丹2州),⑱灵州朔方节度使(辖灵、威、盐等3州),⑲山南东道节度使(辖襄、均、房、复等4州),⑳邓州威胜军节度使(辖邓、唐、随、郢等4州),㉑安州安远军节度使(辖安、申2州),㉒北京留守(辖太原府及辽、石、岚、汾、沁、宪、忻、代、麟等9州),㉓府州永安军节度使(辖府、胜2州),㉔潞州昭义军节度使(辖

---

① 由于契丹占领中原的时间非常短暂,故本章以后汉承接后晋的政区为准,不叙述契丹占据时间的政区变更。

潞、泽 2 州),㉕河中府护国军节度使(辖河中府、绛州),㉖晋州建雄军节度使(辖晋、慈、隰等 3 州),㉗广晋府天雄军节度使(辖广晋府 1 府),㉘贝州永清军节度使(辖贝、博、冀等 3 州),㉙相州彰德军节度使(辖相州 1 州),㉚澶州镇宁军节度使(辖澶、濮 2 州),㉛邢州安国军节度使(辖邢、洺、磁等 3 州),㉜镇州成德军节度使(辖镇、赵、深等 3 州),㉝沧州横海军节度使(辖沧、德、景等 3 州),㉞凤翔节度使(辖凤翔府及陇、义、乾等 3 州),㉟泾州彰义军节度使(辖泾、原、渭、行武等 4 州)。另外,还领有 2 直属京州:郑州、耀州。又,大约在天福十二年(947),析郓州天平军节度使所领棣州之地置赡国军,仍隶天平军节度使之下。

乾祐元年(948)三月,京兆府晋昌军节度使改称永兴军节度使,华州镇国军节度使所领商州来属;广晋府改称大名府;辽弃定州而去,复有㊱定州义武军节度使(辖定、易、祁、泰等 4 州)。六月,㉞凤翔节度使归降后蜀,随后被改称为岐阳军节度使。九月,析河中府置解州,属护国军节度使。

乾祐二年(949)十二月,攻取后蜀岐阳军节度使,复称㉞凤翔节度使。

乾祐三年(950)四月,㉟府州永安军节度使废,所领府州、胜州直属京。

下面按地域进行划分,以乾祐二年(949)为基准年分节列目,将后汉所辖政区进行概述(参见图 1-4)。

第一节 东京留守(附:郑州)、宋州归德军、滑州义成军、郓州天平军、兖州泰宁军、青州平卢军、徐州武宁军、许州忠武军诸节度使

乾祐二年(949),后汉在原唐河南道区域内置有东京留守、宋州归德军节度使、滑州义成军节度使、郓州天平军节度使、兖州泰宁军节度使、青州平卢军节度使、徐州武宁军节度使、许州忠武军节度使。本节即分别对上述各留守与节度使的辖区及所属各州(府)的沿革作一概述。

4.1 东京留守(947—950),治开封府

后晋旧镇。

天福十二年(947)底,东京留守辖开封府 1 府。

此后至乾祐三年(950)十一月,东京留守辖区未更。

4.1.1 开封府(947—950),治浚仪县

后晋旧州。

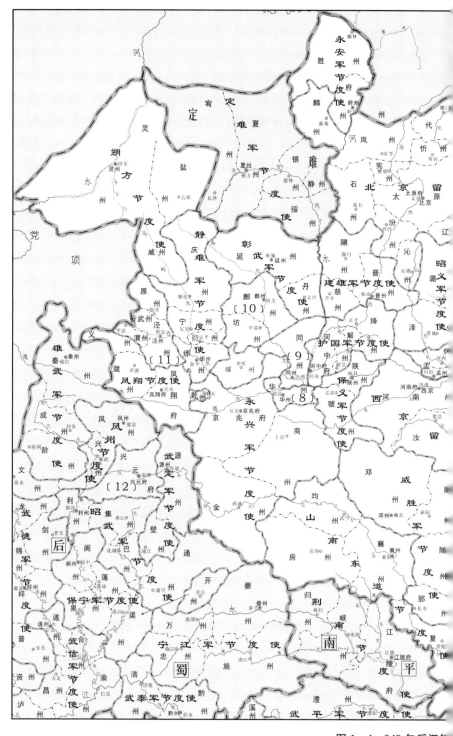

图 1-4 949 年后汉

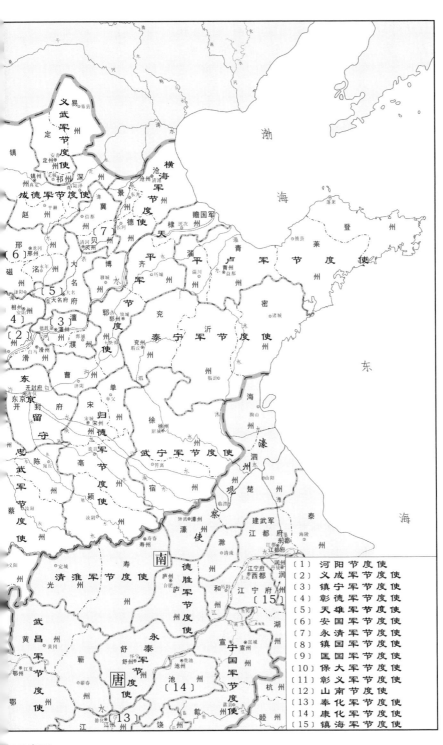

天福十二年(947)底,开封府领浚仪、开封、尉氏、封丘、雍丘、陈留、酸枣、匡城、中牟、阳武、襄邑、考城、扶沟、鄢陵、太康等 15 县。

此后至乾祐三年(950)十一月,开封府领县未更。

附:

直 1　郑州(937—950),治管城县

后晋旧直属京州。后汉直属京州。

天福十二年(947)底,郑州领管城、荥阳、荥泽、原武、新郑等 5 县。

此后至乾祐三年(950)十一月,郑州领县未更。

4.2　宋州归德军节度使(947—950),治宋州

后晋旧镇。

天福十二年(947)底,宋州归德军节度使领宋、亳、单、颍等 4 州。

此后至乾祐三年(950)十一月,宋州归德军节度使辖区未更。

4.2.1　宋州(947—950),治宋城县

后晋旧州。

天福十二年(947)底,宋州领宋城、宁陵、下邑、谷熟、柘城、楚丘、虞城等 7 县。

此后至乾祐三年(950)十一月,宋州领县未更。

4.2.2　亳州(947—950),治谯县

后晋旧州。

天福十二年(947)底,亳州领谯、酇、鹿邑、真源、永城、蒙城、城父等 7 县。

此后至乾祐三年(950)十一月,亳州领县未更。

4.2.3　单州(947—950),治单父县

后晋旧州。

天福十二年(947)底,单州领单父、成武、砀山、鱼台、金乡等 5 县。

此后至乾祐三年(950)十一月,单州领县未更。

4.2.4　颍州(947—950),治汝阴县

后晋旧州。

天福十二年(947)底,颍州领汝阴、颍上、下蔡、沈丘等 4 县。

此后至乾祐三年(950)十一月,颍州领县未更。

4.3　滑州义成军节度使(947—950),治滑州

后晋旧镇。

天福十二年(947)底,滑州宣义军节度使领滑、卫 2 州。

此后至乾祐三年(950)十一月,滑州宣义军节度使辖区未更。

4.3.1　滑州(947—950),治白马县

后晋旧州。

天福十二年(947)底,滑州领白马、韦城、胙城、灵河、黎阳等 5 县。

此后至乾祐三年(950)十一月,滑州领县未更。

4.3.2　卫州(947—950),治汲县

后晋旧州。

天福十二年(947)底,卫州领汲、卫、共城、新乡等 4 县。

此后至乾祐三年(950)十一月,卫州领县未更。

4.4　郓州天平军节度使(947—950),治郓州

后晋旧镇。

天福十二年(947)六月,曹州威信军节度使废,所领曹州还属郓州天平军节度使。天平军节度使领郓、齐、棣、曹等 4 州。又,大约在此年,析棣州渤海县部分地置赡国军,仍隶属郓州节度使。

此后至乾祐三年(950)十一月,郓州天平军节度使辖区未更。

4.4.1　郓州(947—950),治须城县

后晋旧州。

天福十二年(947)底,郓州领须城、寿张、郓城、巨野、卢县、平阴、东阿、阳谷等 8 县。

此后至乾祐三年(950)十一月,郓州领县未更。

4.4.2　齐州(947—950),治历城县

后晋旧州。

天福十二年(947)底,齐州领历城、章丘、临邑、临济、长清、禹城等 6 县。

此后至乾祐三年(950)十一月,齐州领县未更。

4.4.3　棣州(947—950),治厌次县

后晋旧州。

天福十二年(947)(?),析棣州所领渤海县部分地置为赡国军,棣州领厌次、滴河、阳信、蒲台、渤海等 5 县。

此后至乾祐三年(950)十一月,棣州领县未更。

4.4.4　曹州(947—950),治济阴县

后晋旧州。

天福十二年(947)底,曹州领济阴、宛句、乘氏、南华等 4 县。

此后至乾祐三年(950)十一月,曹州领县未更。

4.4.5 赡国军(947?—950),治渤海县境

后汉新置军。

天福十二年(947)(?),析棣州郓州天平军节度使所领渤海县部分地置赡国军,无领县。

此后至乾祐三年(950)十一月,赡国军辖境未更。

4.5 兖州泰宁军节度使(947—950),治兖州

后晋旧镇。

天福十二年(947)底,兖州泰宁军节度使领兖、沂、密等 3 州。

此后至乾祐三年(950)十一月,兖州泰宁军节度使辖区未更。

4.5.1 兖州(947—950),治瑕丘县

后晋旧州。

天福十二年(947)底,兖州领瑕丘、曲阜、乾封、泗水、邹、任城、龚丘、莱芜、中都等 9 县。

此后至乾祐三年(950)十一月,兖州领县未更。

4.5.2 沂州(947—950),治临沂县

后晋旧州。

天福十二年(947)底,沂州领临沂、承、费、新泰、沂水等 5 县。

此后至乾祐三年(950)十一月,沂州领县未更。

4.5.3 密州(947—950),治诸城县

后晋旧州。

天福十二年(947)底,密州领诸城、胶西、高密、莒等 4 县。

此后至乾祐三年(950)十一月,密州领县未更。

4.6 青州平卢军节度使(947—950),治青州

后汉复置。

天福十二年(947)六月,复置青州平卢军节度使,领青、登、莱、淄等 4 州。

此后至乾祐三年(950)十一月,青州平卢军节度使辖区未更。

4.6.1 青州(947—950),治益都县

后晋旧州。

天福十二年(947)底,青州领益都、临淄、博兴、寿光、千乘、临朐、北海等

7县。

此后至乾祐三年(950)十一月,青州领县未更。

4.6.2　登州(947—950),治蓬莱县

后晋旧州。

天福十二年(947)底,登州领蓬莱、牟平、文登、黄等4县。

此后至乾祐三年(950)十一月,登州领县未更。

4.6.3　莱州(947—950),治掖县

后晋旧州。

天福十二年(947)底,莱州领掖、莱阳、胶水、即墨等4县。

此后至乾祐三年(950)十一月,莱州领县未更。

4.6.4　淄州(947—950),治淄川县

后晋旧州。

天福十二年(947)底,淄州领淄川、长山、高苑、邹平等4县。

此后至乾祐三年(950)十一月,淄州领县未更。

4.7　徐州武宁军节度使(947—950),治徐州

后晋旧镇。

天福十二年(947)底,徐州武宁军节度使领徐、宿2州。

此后至乾祐三年(950)十一月,徐州武宁军节度使辖区未更。

4.7.1　徐州(947—950),治彭城县

后晋旧州。

天福十二年(947)底,徐州领彭城、萧、丰、沛、滕、宿迁、下邳等7县。

此后至乾祐三年(950)十一月,徐州领县未更。

4.7.2　宿州(947—950),治符离县

后晋旧州。

天福十二年(947)底,宿州领符离、虹、蕲、临涣等4县。

此后至乾祐三年(950)十一月,宿州领县未更。

4.8　许州忠武军节度使(947—950),治许州

后晋旧镇。

天福十二年(947)六月,许州忠武军节度使所领申州别属安州安远军节度使,陈州镇安军节度使废,所领陈州来属。忠武军节度使领许、蔡、陈等3州。

此后至乾祐三年(950)十一月,许州忠武军节度使辖区未更。

4.8.1 许州(947—950),治长社县

后晋旧州。

天福十二年(947)底,许州领长社、长葛、临颍、许昌、阳翟、郾城、舞阳等7县。

此后至乾祐三年(950)十一月,许州领县未更。

4.8.2 陈州(947—950),治宛丘县

后晋旧州。

天福十二年(947)底,陈州领宛丘、项城、溵水、南顿、西华等5县。

此后至乾祐三年(950)十一月,陈州领县未更。

4.8.3 蔡州(947—950),治汝阳县

后晋旧州。

天福十二年(947)底,蔡州领汝阳、上蔡、平舆、西平、遂平、朗山、真阳、新息、褒信、新蔡等10县。

此后至乾祐三年(950)十一月,蔡州领县未更。

第二节 西京留守、陕州保义军节度使、孟州河阳节度使

乾祐二年(949),后汉在与原唐都畿(东畿)大致相当的区域内置有西京留守、陕州保义军节度使、孟州河阳节度使。本节即分别对上述各留守与节度使的辖区及所属各州(府)的沿革作一概述。

4.9 西京留守(947—950),治河南府

后晋旧镇。

天福十二年(947)底,西京留守领河南府与汝州。

此后至乾祐三年(950)十一月,西京留守辖区未更。

4.9.1 河南府(947—950),治河南县

后晋旧府。

天福十二年(947)底,河南府领河南、洛阳、偃师、缑氏、告成、登封、陆浑、伊阙、新安、渑池、福庆、长水、永宁、寿安、密、颍阳、伊阳、王屋、河清、巩等20县。

后汉乾祐二年(949),新置望陵县。

此后至乾祐三年(950)十一月,河南府领河南、洛阳、偃师、缑氏、告成、登

封、陆浑、伊阙、新安、渑池、福庆、长水、永宁、寿安、密、颍阳、伊阳、王屋、河清、巩、望陵等21县。

4.9.2 汝州(947—950),治梁县

后晋旧州。

天福十二年(947)底,汝州领梁、郏城、鲁山、龙兴、临汝、襄城、叶等7县。

此后至乾祐三年(950)十一月,汝州领县未更。

4.10 陕州保义军节度使(947—950),治陕州

后晋旧镇。

天福十二年(947)底,陕州保义军节度使领陕、虢2州。

此后至乾祐三年(950)十一月,陕州保义军节度使辖区未更。

4.10.1 陕州(947—950),治陕县

后晋旧州。

天福十二年(947)底,陕州领陕、硖石、灵宝、夏、芮城、平陆等6县。

此后至乾祐三年(950)十一月,陕州领县未更。

4.10.2 虢州(947—950),治弘农县

后晋旧州。

天福十二年(947)底,虢州领弘农、阌乡、湖城、朱阳、玉成、卢氏等6县。

此后至乾祐三年(950)十一月,虢州领县未更。

4.11 孟州河阳节度使(947—950),治孟州

后晋旧镇。

天福十二年(947)底,孟州河阳节度使领孟、怀2州。

此后至乾祐三年(950)十一月,孟州河阳节度使辖区未更。

4.11.1 孟州(947—950),治河阳县

后晋旧州。

天福十二年(947)底,孟州领河阳、汜水、温、济源、河阴等5县。

此后至乾祐三年(950)十一月,孟州领县未更。

4.11.2 怀州(947—950),治河内县

后晋旧州。

天福十二年(947)底,怀州领河内、武德、获嘉、武陟、修武等5县。

此后至乾祐三年(950)十一月,怀州领县未更。

第三节 京兆府永兴军(晋昌军)(附：耀州)、同州匡国军、华州镇国军、邠州静难军、鄜州保大军、延州彰武军、灵州朔方诸节度使

乾祐二年(949)，后汉在原唐京畿、关内道区域内置有京兆府永兴军节度使、同州匡国军节度使、华州镇国军节度使、邠州静胜军节度使、鄜州保大军节度使、延州彰武军节度使、灵州朔方节度使。本节即分别对上述各节度使的辖区及所属各州(府)的沿革作一概述。

4.12 京兆府晋昌军节度使(947—948)—**京兆府永兴军节度使(948—950)**，治京兆府

后晋旧镇。

天福十二年(947)底，京兆府晋昌军节度使领京兆府、金州。

乾祐元年(948)三月，晋昌军节度使改称永兴军节度使；商州还属。

此后至乾祐三年(950)十一月，永兴军节度使领京兆府与金、商2州。

4.12.1 京兆府(947—950)，治长安县

后晋旧府。

天福十二年(947)底，京兆府领长安、万年、昭应、渭南、蓝田、鄠、兴平、咸阳、泾阳、高陵、栎阳、奉先、武功、醴泉、好畤等15县。

乾祐二年(949)六月，改商州乾元县为乾祐县，来属。

此后至乾祐三年(950)十一月，京兆府领长安、万年、昭应、渭南、蓝田、鄠、兴平、咸阳、泾阳、高陵、栎阳、奉先、武功、醴泉、好畤、乾祐等16县。

4.12.2 金州(947—950)，治西城县

后晋旧州。

天福十二年(947)底，金州领西城、洵阳、淯阳、石泉、汉阴、平利等6县。

此后至乾祐三年(950)十一月，金州领县未更。

4.12.3 商州(948—950)，治上洛县

后晋旧州。

天福十二年(947)底，商州领上洛、丰阳、洛南、商洛、上津、乾元等6县。

乾祐二年(949)六月，乾元县改称乾祐县，别属京兆府。

此后至乾祐三年(950)十一月，商州领上洛、丰阳、洛南、商洛、上津等

5县。

附：

直2　耀州(947—950)，治华原县

后晋旧直属京州。后汉直属京州。

天福十二年(947)底，耀州领华原、富平、三原、云阳、美原、同官等6县。

此后至乾祐三年(950)十一月，耀州领县未更，一如天福元年。

4.13　同州匡国军节度使(947—950)，治同州

后晋旧镇。

天福十二年(947)底，领同州1州。

此后至乾祐三年(950)十一月，同州匡国军节度使辖区未更。

4.13.1　同州(947—950)，治冯翊县

后晋旧州。

天福十二年(947)底，同州领冯翊、韩城、郃阳、夏阳、白水、澄城、朝邑等7县。

此后至乾祐三年(950)十一月，同州领县未更。

4.14　华州镇国军节度使(947—950)，治华州

后晋旧镇。

天福十二年(947)底，华州镇国军节度使领华、商2州。

乾祐元年(948)三月，商州还属京兆府永兴军节度使。

此后至乾祐三年(950)十一月，华州镇国军度使领华州1州。

4.14.1　华州(947—950)，治郑县

后晋旧州。

天福十二年(947)底，华州领郑、华阴、下邽等3县。

此后至乾祐三年(950)十一月，华州领县未更。

4.14.2　商州(947—948)，治上洛县(参见4.12.3)

4.15　邠州静难军节度使(947—950)，治邠州

后晋旧镇。

天福十二年(947)底，邠州静难军节度使领邠、宁、庆、衍等4州。

此后至乾祐三年(950)十一月，邠州静难军节度使辖区未更。

4.15.1 邠州(947—950),治新平县

后晋旧州。

天福十二年(947)底,邠州领新平、三水、永寿、宜禄等4县。

此后至乾祐三年(950)十一月,邠州领县未更。

4.15.2 宁州(947—950),治定安县

后晋旧州。

天福十二年(947)底,宁州领定安、真宁、襄乐、彭原、丰义等5县。

此后至乾祐三年(950)十一月,宁州领县未更。

4.15.3 庆州(947—950),治顺化县

后晋旧州。

天福十二年(947)底,庆州领顺化、合水、乐蟠、华池、延庆、同川等6县。

此后至乾祐三年(950)十一月,庆州领县未更。

4.15.4 衍州(947—950),治定平县

后晋旧州。

天福十二年(947)底,衍州领定平1县。

此后至乾祐三年(950)十一月,衍州领县未更。

4.16 鄜州保大军节度使(947—950),治鄜州

后晋旧镇。

天福十二年(947)底,鄜州保大军节度使领鄜、坊2州。

此后至乾祐三年(950)十一月,鄜州保大军节度使辖区未更。

4.16.1 鄜州(947—950),治洛交县

后晋旧州。

天福十二年(947)底,鄜州领洛交、洛川、三川、直罗、甘泉、鄜城等6县。

此后至乾祐三年(950)十一月,鄜州领县未更。

4.16.2 坊州(947—950),治中部县

后晋旧州。

天福十二年(947)底,坊州领中部、宜君、升平等3县。

此后至乾祐三年(950)十一月,坊州领县未更。

4.17 延州彰武军节度使(947—950),治延州

后晋旧镇。

天福十二年(947)底,延州彰武军节度使领延、丹2州。

此后至乾祐三年(950)十一月,延州彰武军节度使辖区未更。

4.17.1　延州(947—950),治肤施县

后晋旧州。

天福十二年(947)底,延州领肤施、延长、临真、金明、丰林、延川、敷政、延昌、延水、门山等 10 县。

此后至乾祐三年(950)十一月,延州领县未更。

4.17.2　丹州(947—950),治义川县

后晋旧州。

天福十二年(947)底,丹州领义川、云岩、汾川、咸宁等 4 县。

此后至乾祐三年(950)十一月,丹州领县未更。

4.18　灵州朔方节度使(947—950),治灵州

后晋旧镇。

天福十二年(947)底,灵州朔方节度使领灵、盐、威等 3 州。

此后至乾祐三年(950)十一月,灵州朔方节度使辖区未更。

4.18.1　灵州(947—950),治回乐县

后晋旧州。

天福十二年(947)底,灵州领回乐县、清边军、昌化军及威肃军。

此后至乾祐三年(950)十一月,灵州领县未更。

4.18.2　威州(947—950)

后晋旧州。

天福十二年(947)底,威州无领县。

此后至乾祐三年(950)十一月,威州一直不曾领县。

4.18.3　盐州(947—950),治五原县

后晋旧州。

天福十二年(947)底,盐州领五原、白池 2 县。

此后至乾祐三年(950)十一月,盐州领县未更。

第四节　山南东道(襄州)、邓州威胜军、安州安远军诸节度使

乾祐二年(949),后汉在原唐山南东道区域内置有山南东道(襄州)节度使、邓州威胜军节度使,在原唐淮南道区域内置有安州安远军节度使,因其地

域相连,故并列于此。本节即分别对上述各节度使的辖区及所属各州的沿革作一概述。

4.19 山南东道(襄州)节度使(947—950),治襄州

后汉复置。

天福十二年(947)六月,复置山南东道节度使,领襄、均、房、复等4州。

此后至乾祐三年(950)十一月,山南东道节度使辖区未更。

4.19.1 襄州(947—950),治襄阳县

后晋旧州。

天福十二年(947)底,襄州领襄阳、邓城、谷城、义清、南漳、宜城、乐乡等7县。

此后至乾祐三年(950)十一月,襄州领县未更。

4.19.2 均州(947—950),治武当县

后晋旧州。

天福十二年(947)底,均州领武当、郧乡、丰利等3县。

此后至乾祐三年(950)十一月,均州领县未更。

4.19.3 房州(947—950),治房陵县

后晋旧州。

天福十二年(947)底,房州领房陵、永清、竹山、上庸等4县。

此后至乾祐三年(950)十一月,房州领县未更。

4.19.4 复州(947—950),治景陵县

后晋旧州。

天福十二年(947)底,复州领景陵、沔阳2县。

此后至乾祐三年(950)十一月,复州领县未更。

4.20 邓州威胜军节度使(947—950),治邓州

后晋旧镇。

天福十二年(947)底,邓州威胜军节度使领邓、唐、随、郢等4州。

此后至乾祐三年(950)十一月,邓州节度使辖区未更。

4.20.1 邓州(947—950),治穰县

后晋旧州。

天福十二年(947)底,邓州领穰、南阳、向城、临湍、内乡、菊潭等6县。

乾祐元年(948)正月,临湍县改称临濑县。

此后至乾祐三年(950)十一月,邓州领县未更。

4.20.2　唐州(947?—950),治泌阳县

后晋旧州。

天福十二年(947)底,唐州领泌阳、慈丘、桐柏、平氏、湖阳、方城、比阳等7县。

此后至乾祐三年(950)十一月,唐州领县未更。

4.20.3　随州(947—950),治随县

后晋旧州。

天福十二年(947)底,随州领随、光化、枣阳、汉东等4县。

乾祐元年(948),汉东县复称唐城县。

此后至乾祐三年(950)十一月,随州领随、光化、枣阳、唐城等4县。

4.20.4　郢州(947—950),治长寿县

后晋旧州。

天福十二年(947)底,郢州下领长寿、京山、富水等3县。

此后至乾祐三年(950)十一月,郢州领县未更。

4.21　安州安远军节度使(947—950),治安州

后汉复置。

天福十二年(947)六月,复置安州安远军节度使,领安、申2州。

此后至乾祐三年(950)十一月,安州安远军节度使辖区未更。

4.21.1　安州(947—950),治安陆县

后晋旧州。

天福十二年(947)底,安州领安陆、云梦、孝感、应城、吉阳、应山等6县。

此后至乾祐三年(950)十一月,安州领县未更。

4.21.2　申州(947—950),治义阳县

后晋旧州。

天福十二年(947)底,申州领义阳、钟山、罗山等3县。

此后至乾祐三年(950)十一月,申州领县未更。

第五节　北京留守、府州永安军(附:府州、胜州)、潞州昭义军、河中府护国军、晋州建雄军诸节度使

乾祐二年(949),后汉在原唐河东道区域内置有北京留守、府州永安军节度使、潞州昭义军节度使、河中府护国军节度使、晋州建雄军节度使。本节即

分别对上述各留守和节度使的辖区及所属各州(府)的沿革作一概述。

4.22 北京留守(947—950),治太原府

后晋旧镇。

天福十二年(947)底,北京留守领太原府及辽、石、岚、汾、沁、宪、忻、代、麟等9州。

此后至乾祐三年(950)十一月,北京留守领太原府及辽、石、岚、汾、府、沁、宪、忻、代、麟等9州。

4.22.1 太原府(947—950),治太原县

后晋旧府。

天福十二年(947)底,太原府领太原、晋阳、榆次、太谷、祁、阳曲、寿阳、盂、清源、乐平、广阳、交城、文水等13县。

此后至乾祐三年(950)十一月,太原府领县未更。

4.22.2 忻州(947—950),治秀容县

后晋旧州。

天福十二年(947)底,忻州领秀容、定襄2县。

此后至乾祐三年(950)十一月,忻州领县未更。

4.22.3 岚州(947—950),治宜芳县

后晋旧州。

天福十二年(947)底,岚州领宜芳、静乐、合河等3县和岢岚军。

此后至乾祐三年(950)十一月,岚州领县未更。

4.22.4 宪州(947—950),治楼烦县

后晋旧州。

天福十二年(947)底,宪州领楼烦、玄池、天池等3县。

此后至乾祐三年(950)十一月,宪州领县未更。

4.22.5 石州(947—950),治离石县

后晋旧州。

天福十二年(947)底,石州领离石、平夷、定胡、临泉、方山等5县。

此后至乾祐三年(950)十一月,石州领县未更。

4.22.6 汾州(947—950),治西河县

后晋旧州。

天福十二年(947)底,汾州领西河、介休、孝义、平遥、灵石等5县。

此后至乾祐三年(950)十一月,汾州领县未更。

4.22.7　辽州(947—950),治辽山县

后晋旧州。

天福十二年(947)底,辽州领辽山、榆社、和顺、平城等 4 县。

此后至乾祐三年(950)十一月,辽州领县未更。

4.22.8　沁州(947—950),治沁源县

后晋旧州。

天福十二年(947)底,沁州领沁源、和川、绵上等 3 县。

此后至乾祐三年(950)十一月,沁州领县未更。

4.22.9　代州(947—950),治雁门县

后晋旧州。

天福十二年(947)底,代州领雁门、五台、繁畤、崞、唐林等 5 县。

此后至乾祐三年(950)十一月,代州领县未更。

4.23　府州永安军节度使(947—950),治府州

后汉新置。

天福十二年(947)四月,析北京留守所领府州置永安军节度使,领府、胜 2 州。

乾祐三年(950)四月,府州永安军节度使废,府州降为团练州,与胜州一起成为直属京州。

4.23.1　府州(947—950),治府谷县

后晋旧州。

天福十二年(947)底,府州领府谷 1 县。

此后至乾祐三年(950)十一月,府州领县未更。

4.23.2　胜州(947—950),治榆林县

后晋旧州。

天福十二年(947)底,胜州领榆林、河滨 2 县。

此后至乾祐三年(950)十一月,胜州领县未更。

附:

以下所附均为直属京州。

直 3　府州(950),治府谷县(参见 4.23.1)

直 4　胜州(950),治榆林县(参见 4.23.2)

4.24 潞州昭义军节度使(947—950),治潞州

后晋旧镇。

天福十二年(947)底,潞州昭义军节度使领潞、泽 2 州。

此后至乾祐三年(950)十一月,潞州昭义军节度使领潞、泽 2 州。

4.24.1 潞州(947—950),治上党县

后晋旧州。

天福十二年(947)底,潞州领上党、长子、屯留、潞城、壶关、襄垣、黎城、涉、铜鞮、武乡等 10 县。

此后至乾祐三年(950)十一月,潞州领县未更。

4.24.2 泽州(947—950),治晋城县

后晋旧州。

天福十二年(947)底,泽州领晋城、高平、阳城、端氏、陵川、沁水等 6 县。

此后至乾祐三年(950)十一月,泽州领县未更。

4.25 河中府护国军节度使(947—950)

后晋旧镇。

天福十二年(947)底,河中府护国军节度使领河中府和绛州。

乾祐元年(948)九月,析河中府置解州。

此后至乾祐三年(950)十一月,河中府护国军节度使领河中府和绛、解 2 州。

4.25.1 河中府(947—950),治河东县

后晋旧府。

天福十二年(947)底,河中府领河东、河西、临晋、解、猗氏、虞乡、永乐、安邑、宝鼎、闻喜、万泉、龙门等 12 县。

乾祐元年(948)九月,析解、闻喜、安邑等 3 县置解州。

此后至乾祐三年(950)十一月,河中府领河东、河西、临晋、猗氏、虞乡、永乐、宝鼎、万泉、龙门等 9 县。

4.25.2 绛州(947—950),治正平县

后晋旧州。

天福十二年(947)底,绛州领正平、太平、曲沃、浍川、绛、垣、襄陵、稷山等 8 县。

此后至乾祐三年(950)十一月,绛州领县未更。

4.25.3 解州(948—950),治解县

后汉新置。

乾祐元年(948)九月,析河中府所领解、闻喜、安邑等3县置解州。
此后至乾祐三年(950)十一月,解州领县未更。

4.26 晋州建雄军节度使(947—950),治晋州

后晋旧镇。

天福十二年(947)底,晋州建雄军节度使领晋、慈、隰等3州。

此后至乾祐三年(950)十一月,晋州建雄军节度使辖区未更。

4.26.1 晋州(947—950),治临汾县

后晋旧州。

后唐天福十二年(947)底,晋州领临汾、洪洞、神山、霍邑、赵城、岳阳、汾西、冀氏等8县。

此后至乾祐三年(950)十一月,晋州领县未更。

4.26.2 慈州(947—950),治吉乡县

后晋旧州。

天福十二年(947)底,慈州领吉乡、文城、乡宁、吕香、仵城等5县。

此后至乾祐三年(950)十一月,慈州领县未更。

4.26.3 隰州(947—950),治隰川县

后晋旧州。

天福十二年(947)底,隰州领隰川、蒲、温泉、大宁、石楼、永和等6县。

此后至乾祐三年(950)十一月,隰州领县未更。

第六节 大名府(广晋府)天雄军、贝州永清军、相州彰德军、澶州镇宁军、邢州安国军、镇州成德军、定州义武军、沧州横海军诸节度使

乾祐二年(949),后汉在原唐河北道区域内据有大名府天雄军节度使、贝州永清军节度使、相州彰德军节度使、澶州镇宁军节度使、邢州安国军节度使、镇州成德军节度使、定州义武军节度使、沧州横海军节度使。本节即分别对上述各节度使的辖区及所属各州(府)的沿革作一概述。

4.27 广晋府天雄军节度使(947—948)—**大名府天雄军节度使(948—950),治广晋府(947—948)—大名府(948—950)**

后晋旧镇。

天福十二年(947)底,广晋府天雄军节度使领广晋府1府。

乾祐元年(948)三月,广晋府改称大名府。

此后至乾祐三年(950)十一月,大名府天雄军节度使领大名府1府。

4.27.1　广晋府(947—948)—大名府(948—950),治广晋县(947—948)—大名县(948—950)

后晋旧州。

天福十二年(947)底,广晋府领广晋、元城、魏、馆陶、冠氏、莘、朝城、南乐、洹水、成安、内黄、宗城、永济、经城、夏津、临清等16县。

乾祐元年(948)三月,广晋府改称大名府,广晋县改称大名县。

此后至乾祐三年(950)十一月,大名府领大名、元城、魏、馆陶、冠氏、莘、朝城、南乐、洹水、成安、内黄、宗城、永济、经城、夏津、临清等16县。

4.28　贝州永清军节度使(947—950),治贝州

后晋旧镇。

天福十二年(947)底,贝州永清军节度使领贝、博、冀等3州。

此后至乾祐三年(950)十一月,贝州永清军节度使辖区未更。

4.28.1　贝州(947—950),治清河县

后晋旧州。

天福十二年(947)底,贝州领清河、清阳、武城、漳南、历亭等5县。

此后至乾祐三年(950)十一月,贝州领县未更。

4.28.2　博州(947—950),治聊城县

后晋旧州。

天福十二年(947)底,博州领聊城、博平、武水、清平、堂邑、高唐等6县。

此后至乾祐三年(950)十一月,博州领县未更。

4.28.3　冀州(947—950),治信都县

后晋旧州。

天福十二年(947)底,冀州领信都、南宫、枣强、武邑、衡水、阜城、蓨、武强等8县。

此后至乾祐三年(950)十一月,冀州领县未更。

4.29　相州彰德军节度使(947—950),治相州

后晋旧镇。

天福十二年(947)底,相州彰德军节度使领相州 1 州。

此后至乾祐三年(950)十一月,相州彰德军节度使辖区未更。

4.29.1　相州(936—938),治安阳县

后晋旧州。

天福十二年(947)底,相州领安阳、邺、汤阴、林虑、永定、临漳等 6 县。

此后至乾祐三年(950)十一月,相州领县未更。

4.30　澶州镇宁军节度使(947—950),治澶州

后晋旧镇。

天福十二年(947)底,澶州镇宁军节度使领澶、濮 2 州。

此后至乾祐三年(950)十一月,澶州镇宁军节度使辖区未更。

4.30.1　澶州(947—950),治顿丘县(947—948)—德胜(948—950)

后晋旧州。

天福十二年(947)底,澶州领顿丘、清丰、观城、临黄、濮阳、临河、卫南等 7 县与德清、大通 2 军。

乾祐元年(948),移治德胜寨故基。

此后至乾祐三年(950)十一月,澶州领县未更。

4.30.2　濮州(947—950),治鄄城县

后晋旧州。

天福十二年(947)底,濮州领鄄城、范、雷泽、临濮等 4 县。

此后至乾祐三年(950)十一月,濮州领县未更。

4.31　邢州安国军节度使(947—950),治邢州

后晋旧镇。

天福十二年(947)底,邢州安国军节度使领邢、洺、磁等 3 州。

此后至乾祐三年(950)十一月,邢州安国军节度使辖区未更。

4.31.1　邢州(947—950),治龙冈县

后晋旧州。

天福十二年(947)底,邢州领龙冈、沙河、南和、巨鹿、平乡、任、尧山、内丘等 8 县。

此后至乾祐三年(950)十一月,邢州领县未更。

4.31.2　洺州(947—950),治永年县

后晋旧州。

天福十二年(947)底,洺州领永年、平恩、临洺、鸡泽、肥乡、曲周等6县。

此后至乾祐三年(950)十一月,洺州领县未更。

4.31.3 磁州(947—950),治滏阳县

后晋旧州。

天福十二年(947)底,磁州领滏阳、邯郸、武安、昭义等4县。

此后至乾祐三年(950)十一月,磁州领县未更。

4.32 镇州成德军节度使(947—950),治镇州

后晋旧镇。

天福十二年(947)底,镇州成德军节度使领镇、赵、深等3州。

此后至乾祐三年(950)十一月,镇州成德军节度使辖区未更。

4.32.1 镇州(947—950),治真定县

后晋旧州。

天福十二年(947)底,镇州领真定、藁城、石邑、九门、灵寿、行唐、井陉、获鹿、平山、鼓城、栾城、元氏、束鹿、堂阳等14县。

此后至乾祐三年(950)十一月,镇州领县未更。

4.32.2 深州(947—950),治陆泽县

后晋旧州。

天福十二年(947)底,深州领陆泽、饶阳、安平、博野、乐寿、下博等6县。

此后至乾祐三年(950)十一月,深州领县未更。

4.32.3 赵州(947—950),治平棘县

后晋旧州。

天福十二年(947)底,赵州领平棘、宁晋、昭庆、柏乡、高邑、临城、赞皇等7县。

此后至乾祐三年(950)十一月,赵州领县未更。

4.33 定州义武军节度使(948—950),治定州

后晋旧镇。

乾祐元年(948)三月,契丹弃定州北还,义武军节度使归附后汉,领定、易、祁、泰等4州。

此后至乾祐三年(950)十一月,定州义武军节度使辖区未更。

4.33.1 定州(948—950),治安喜县

后晋旧州。

乾祐元年(948)三月,定州领安喜、义丰、燕平、望都、曲阳、陉邑、唐、新乐等 8 县。

此后至乾祐三年(950)十一月,定州领县未更。

4.33.2　易州(948—950),治易县

后晋旧州。

乾祐元年(948)三月,易州领易、容城、涞水、遂城等 4 县。

后至乾祐三年(950)十一月,易州领县未更。

4.33.3　祁州(948—950),治无极县

后晋旧州。

乾祐元年(948)三月,祁州领无极、深泽 2 县。

此后至乾祐三年(950)十一月,祁州领县未更。

4.33.4　泰州(948—950),治满城县

后晋旧州。

乾祐元年(948)三月,泰州领满城 1 县。

此后至乾祐三年(950)十一月,泰州领县未更。

4.34　沧州横海军节度使(947—950),治沧州

后晋旧镇。

天福十二年(947)底,沧州横海军节度使领沧、德、景等 3 州。

此后至乾祐三年(950)十一月,沧州横海军节度使辖区未更。

4.34.1　沧州(947—950),治清池县

后晋旧州。

天福十二年(947)底,沧州领清池、盐山、南皮、长芦、乐陵、饶安、无棣、临津、乾符等 9 县。

此后至乾祐三年(950)十一月,沧州领县未更。

4.34.2　德州(947—950),治长河县

后晋旧州。

天福十二年(947)底,德州领长河、安德、平原、平昌、将陵等 5 县。

此后至乾祐三年(950)十一月,德州领县未更。

4.34.3　景州(947—950),治东光县

后晋旧州。

天福十二年(947)底,景州领东光、弓高、安陵等 3 县。

此后至乾祐三年(950)十一月,景州领县未更。

第七节　凤翔节度使、泾州彰义军节度使

乾祐二年(949)底,后汉在原唐关内道西部置有凤翔节度使、泾州彰义军节度使。本节即分别对上述各节度使的辖区及所属各州(府)的沿革作一概述。

4.35　凤翔节度使(947—948,949—950),治凤翔府

后晋旧镇。

天福十二年(947)底,凤翔节度使领凤翔府及陇、义、乾3州。

后蜀广政十一年(948)六月,凤翔节度使归降后蜀。八月,后蜀改称岐阳军节度使。

乾祐二年(949)十二月,后汉攻取后蜀岐阳军节度使,复称凤翔节度使,领凤翔府、陇州、义州、乾州。

此后至乾祐三年(950)十一月,凤翔节度使辖区未更。

4.35.1　凤翔府(947—948,949—950),治天兴县

后晋旧府。

天福十二年底,凤翔府领天兴、扶风、宝鸡、岐山、郿、麟游、普润、虢、盩厔等9县。

此后至乾祐三年(950)十一月,凤翔府领县未更。

4.35.2　陇州(947—948,949—950),治汧源县

后晋旧州。

天福十二年底,陇州领汧源、汧阳、吴山等3县。

此后至乾祐三年(950)十一月,陇州领县未更。

4.35.3　义州(947—948,949—950),治华亭乡

后晋旧州。

天福十二年底,义州无领县。

此后至乾祐三年(950)十一月,义州一直无领县。

4.35.4　乾州(947—948,949—950),治奉天县

后晋旧州。

天福十二年底,乾州仅领奉天1县。

此后至乾祐三年(950)十一月,乾州领县未更。

4.36 泾州彰义军节度使(947—950),治泾州

后晋旧镇。

天福十二年(947)底,泾州彰义军节度使领泾、原、渭、行武等 4 州。

此后至乾祐三年(950)十一月,泾州彰义军节度使辖区未更。

4.36.1 泾州(947—950),治保定县

后晋旧州。

天福十二年(947)底,泾州领保定、灵台、良原、潘原等 4 县。

此后至乾祐三年(950)十一月,泾州领县未更。

4.36.2 原州(947—950),治临泾县

后晋旧州。

天福十二年(947)底,原州领临泾 1 县。

此后至乾祐三年(950)十一月,原州领县未更。

4.36.3 渭州(947—950),治平凉县

后晋旧州。

天福十二年(947)底,渭州领平凉 1 县。

此后至乾祐三年(950)十一月,渭州领县未更。

4.36.4 行武州(947—950),侨治潘原县

后晋旧州。

天福十二年(947)底,行武州侨治泾州潘原县,无属县。

此后至乾祐三年(950)十一月,行武州一直无属县。

第五章 后　　周

后汉乾祐三年(950)十一月,枢密使、邺都留守郭威借"清君侧"之名,领兵一路攻入开封府,汉隐帝为乱兵所杀,后汉灭亡。后周广顺元年(951)正月,郭威即位,改国号为周,史称后周,并改元广顺。与此同时,后汉北京留守刘崇称帝于太原府,是为北汉,与后周对峙。后周显德七年(960)正月,赵匡胤起兵于陈桥驿,代后周称帝,是为北宋,后周灭亡。

在后周期间,与其并峙或一度并存的其他割据政权(势力)尚有不少。在北方有定难(951—959)、归义(951—959)、北汉(951—959),在南方有后蜀(951—959)、南唐(951—959)、吴越(951—959)、南平(951—959)、南汉(951—959)、清源(949—959)、湖南(952—959)等。

后周广顺元年(951)正月,后周领有①东京留守(辖开封府1府),②宋州归德军节度使(辖宋、亳、单、颍等4州),③滑州义成军节度使(辖滑、卫2州),④郓州天平军节度使(辖郓、齐、棣、曹等4州及赡国军1军),⑤兖州泰宁军节度使(辖兖、沂、密等3州),⑥青州平卢军节度使(辖淄、青、登、莱等4州),⑦徐州武宁军节度使(辖徐、宿2州),⑧许州忠武军节度使(辖许、陈、蔡等3州),⑨西京留守(辖河南府、汝州),⑩陕州保义军节度使(辖陕、虢2州),⑪孟州河阳节度使(辖孟、怀2州),⑫京兆府永兴军节度使(辖京兆府和金、商2州),⑬同州匡国军节度使(辖同州1州),⑭华州镇国军节度使(辖华、商2州),⑮邠州静难军节度使(辖邠、宁、庆、衍等4州),⑯鄜州保大军节度使(辖鄜、坊2州),⑰延州彰武军节度使(辖延、丹2州),⑱灵州朔方节度使(辖灵、威、盐等3州),⑲山南东道节度使(辖襄、均、房、复等4州),⑳邓州威胜军节度使(辖邓、唐、随、郢等4州),㉑安州安远军节度使(辖安、申2州),㉒潞州昭义军节度使(辖潞、泽2州),㉓河中府护国军节度使(辖河中府和绛、解2州),㉔晋州建雄军节度使(辖晋、慈、隰等3州),㉕邺都留守(辖大名府1府),㉖贝州永清军节度使(辖贝、博、冀等3州),㉗相州彰德军节度使(辖相州1州),㉘澶州镇宁军节度使(辖澶、濮2州),㉙邢州安国军节度使(辖邢、洺、磁等3州),㉚镇州成德军节度使(辖镇、赵、深等3州),㉛定州义武军节度使(辖定、易、祁、泰等 4 州），㉜沧州横海军节度使（辖沧、德、景等 3 州），㉝凤翔节度使（辖凤翔府和陇、义、乾等 3 州），㉞泾州彰义军节度使（辖泾、原、渭、行武等 4 州）。另外，还领有直属京的郑、耀、府、胜 4 州。

广顺二年（952）二月，定州义武军节度使所领泰州废。三月，邓州威胜军节度使改称武胜军节度使。五月，㉝兖州泰宁军节度使废，所领兖、沂、密等 3 州直属京。七月，析郓州天平军节度使所领曹州置㉞彰信军节度使，以宋州归德军节度使所领单州别属之；析许州忠武军节度使所领陈州置㉟镇安军节度使，以宋州归德军节度使所领颍州别属之。九月，析郓州、兖州、单州之地置济州，属郓州天平军节度使。同年三月，灵州朔方节度使所领威州改称环州。

广顺三年（953）正月，北汉麟州来降。二月之前，定州义武军节度使所领易州被辽攻取。

显德元年（954）正月，废邺都留守，复称大名府天雄军节度使。四月至五月间，攻取北汉太原府孟县及汾、辽、宪、岚、石、沁、忻、代等 8 州，升代州为静塞军节度使、汾州为宁化军节度使，旋班师撤退，以上领土及麟州复为北汉所有。五月，复置㊱府州永安军节度使，领府、胜 2 州。八月，㉟华州镇国军节度使废，所领华州直属京。十月，㉞安州安远军节度使废，所领安、申 2 州直属京；㉝贝州永清军节度使废，所领贝、博 2 州还属大名府天雄军节度使，冀州还属镇州成德军节度使。

显德二年（955）六月，沧州横海军节度使所领景州废。九月，攻取后蜀秦、阶、成等 3 州，仍置㉞秦州雄武节度使。十二月，攻取后蜀凤州威武军节度使，废威武军号，凤州别属秦州雄武军节度使。同年，耀州由团练州降为刺史州。

显德三年（956）二月，攻取南唐直隶江都府、建武军、泰州以及庐州德胜军节度使之滁州。三月，攻取南唐寿州清淮军节度使之光州、鄂州武昌军节度使之蕲州、直隶之和州、舒州永泰军节度使之舒州，并废永泰军节度使。四月，泰州被南唐收复；后周改江都府为扬州，置淮南节度使（后随扬州复属南唐即废）。六月，升郓州天平军节度使所领赡国军为滨州，直属京。七月，扬州与舒、蕲、光、和、滁等州及建武军被南唐收复。

显德四年（957）三月，攻取南唐寿州清淮军节度使所领寿、光 2 州，随后废南唐清淮军号，改称㉟寿州忠正军节度使，仍以寿、光 2 州为属州。九月，灵州朔方节度使所领环州降为通远军。十月，北汉麟州来降，归属府州永安军节度使。十二月，先后攻取南唐泗、濠、泰等 3 州及雄武军、江都府，并改江都府为扬州。

显德五年（958）正月，㉞同州匡国军节度使废，所领同州直属京；攻取南唐

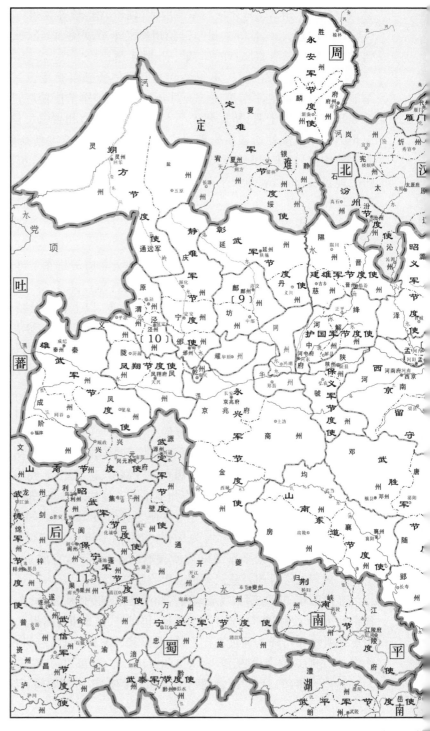

图 1-5 958年后周轄

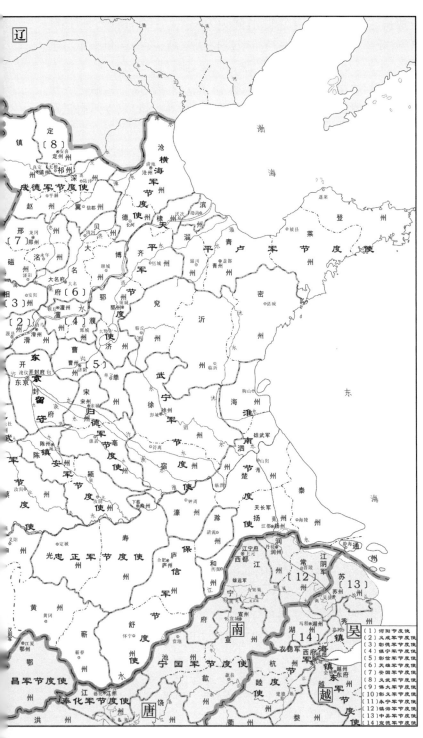

海州、静海军、楚州。二月,攻取南唐雄州,降为天长军。三月,南唐庐州德胜军节度使所领庐、舒2州以及鄂州武昌军节度使所领蕲、黄等4州来献。至此,已攻取南唐江北光、寿、庐、舒、蕲、黄、滁、和、濠、泗、楚、扬、泰、通(静海军更名)等14州,置为㉟扬州淮南节度使(辖扬、和、楚、泗、海、濠、泰、通等8州及雄武军、天长军)、㊱庐州保信军节度使(辖庐、滁、舒等3州)及寿州忠正军节度使(上年已置)。同时,以蕲、黄2州为直属京州。又以南唐所献江北鄂州汉阳县地置汉阳军,直属京。又,大约在同年,泾州彰义军节度使所领行武州升为正州;邠州静难军节度使所领衍州废。

显德六年(959)四月,收复辽所据易州,仍属定州义武军节度使;辽莫州降于后周,直属京。五月,辽瀛州降于后周,直属京。又以瓦关桥置雄州、以益津关置霸州,直属京。六月,北汉辽州为后周攻取,为潞州昭义军节度使统辖。

下面按地域进行划分,以显德五年(958)为基准年分节列目,将后周所辖政区进行概述(见图1-5)①。

第一节 东京留守(附:郑州)、宋州归德军、滑州义成军、郓州天平军(附:滨州)、曹州彰信军、兖州泰宁军(附:兖州、沂州、密州)、青州平卢军、徐州武宁军、许州忠武军、陈州镇安军诸节度使

显德五年(958),后周在原唐河南道区域内置有东京留守、宋州归德军节度使、滑州义成军节度使、郓州天平军节度使、曹州彰信军节度使、兖州泰宁军节度使、青州平卢军节度使、徐州武宁军节度使、许州忠武军节度使、陈州镇安军节度使。本节即分别对上述各留守与节度使的辖区及所属各州(府)的沿革作一概述。

5.1 东京留守(951—959),治开封府(951—959)

后汉旧镇。

广顺元年(951)正月,东京留守辖开封府1府。

此后至显德六年(959)十二月,东京留守辖区未更。

---

① 后周显德元年(954)四月至五月间,被后周短暂攻取的北汉汾、宪、岚、忻等4州,不再单独列目叙述。有关上述4州在其时的领县情况,请参见本编第十五章第一节北汉直隶地区沿革。

5.1.1 开封府(951—959),治浚仪县

后汉旧州。

广顺元年(951)正月,开封府领浚仪、开封、尉氏、封丘、雍丘、陈留、酸枣、匡城、中牟、阳武、襄邑、考城、扶沟、鄢陵、太康等15县。

此后至显德六年(959)十二月,开封府领县未更。

附:

直1　郑州(951—959),治管城县

后汉旧直属京州。后周直属京州。

广顺元年(951)正月,郑州领管城、荥阳、荥泽、原武、新郑等5县。

此后至显德六年(959)十二月,郑州领县未更。

5.2　宋州归德军节度使(951—959),治宋州

后汉旧镇。

广顺元年(951)正月,宋州归德军节度使领宋、亳、单、颍等4州。

广顺二年(952)七月,单州别属曹州威信军节使,颍州别属陈州镇安军节度使。

此后至显德六年(959)十二月,宋州归德军节度使领宋、亳2州。

5.2.1　宋州(951—959),治宋城县

后汉旧州。

广顺元年(951)正月,宋州领宋城、宁陵、下邑、谷熟、柘城、楚丘、虞城等7县。

此后至显德六年(959)十二月,宋州领县未更。

5.2.2　亳州(951—959),治谯县

后汉旧州。

广顺元年(951)正月,亳州领谯、酂、鹿邑、真源、永城、蒙城、城父等7县。

此后至显德六年(959)十二月,亳州领县未更。

5.2.3　单州(951—952),治单父县(参见5.5.2)

5.2.4　颍州(951—952),治汝阴县(参见5.10.2)

5.3　滑州义成军节度使(951—959),治滑州

后汉旧镇。

广顺元年(951)正月,滑州义成军节度使领滑、卫2州。

此后至显德六年(959)十二月,滑州义成军节度使辖区未更。

5.3.1　滑州(951—959),治白马县

后汉旧州。

广顺元年(951)正月,滑州领白马、韦城、胙城、灵河、黎阳等5县。

此后至显德六年(959)十二月,滑州领县未更。

5.3.2　卫州(951—959),治汲县

后汉旧州。

广顺元年(951)正月,卫州领汲、卫、共城、新乡等4县。

此后至显德六年(959)十二月,卫州领县未更。

5.4　郓州天平军节度使(951—959),治郓州

后汉旧镇。

广顺元年(951)正月,郓州天平军节度使领郓、齐、棣、曹等4州及赡国军。

广顺二年(952)七月,析曹州置彰信军节度使。九月,析郓州、兖州、单州之地置济州,来属。

显德三年(956),升赡国军置滨州,直属京。

此后至显德六年(959)十二月,郓州天平军节度使领郓、齐、棣、济等4州。

5.4.1　郓州(951—959),治须城县

后汉旧州。

广顺元年(951)正月,郓州领须城、寿张、郓城、巨野、卢县、平阴、东阿、阳谷等8县。

广顺二年(952)九月,郓城、巨野2县别属济州。十二月,中都由济州来属。

此后至显德六年(959)十二月,郓州领须城、寿张、卢县、平阴、东阿、阳谷、中都等7县。

5.4.2　齐州(951—959),治历城县

后汉旧州。

广顺元年(951)正月,齐州领历城、章丘、临邑、临济、长清、禹城等6县。

此后至显德六年(959)十二月,齐州领县未更。

5.4.3　棣州(951—959),治厌次县

后汉旧州。

广顺元年(951)正月,棣州领厌次、滴河、阳信、渤海、蒲台等5县。

显德三年(956),渤海、蒲台 2 县别属滨州。

此后至显德六年(959)十二月,棣州领厌次、滴河、阳信等 3 县。

5.4.4 赡国军(951—956),治渤海县境

后汉旧军。

广顺元年(951)正月,赡国军无领县。

此后至显德三年(956)六月,赡国军辖境未更。

5.4.5 济州(952—959),治巨野县

后周新置。

广顺二年(952)九月,析郓州巨野县置济州,以兖州任城县及中都县、单州金乡县别属之。十二月,郓州郓城县来属,中都县别属郓州。

此后至显德六年(959)十二月,济州领巨野、任城、金乡、郓城等 4 县。

5.4.6 曹州(951—952),治济阴县(参见 5.5.1)

附:

直 2 滨州(956—959),治渤海县

本后周赡国军。后周直属京州。

显德三年(956)六月,升赡国军置滨州,直属京。同时,以郓州天平军节度使所属棣州之渤海、蒲台 2 县来属。滨州由是领渤海、蒲台 2 县。

此后至显德六年(959)十二月,滨州领县未更。

5.5 曹州彰信军节度使(952—959),治曹州

后周复置。

广顺二年(952)七月,析郓州天平军所领曹州置彰信军节度使,宋州归德军节度使所领单州来属。

此后至显德六年(959)十二月,曹州彰信军节度使领曹、单 2 州。

5.5.1 曹州(952—959),治济阴县

后汉旧州。

广顺元年(951)正月,曹州领济阴、冤句、乘氏、南华等 4 县。

此后至显德六年(959)十二月,曹州领县未更。

5.5.2 单州(952—959),治单父县

后汉旧州。

广顺元年(951)正月,单州领单父、成武、砀山、鱼台、金乡等 5 县。

广顺二年(952)九月,金乡县别属济州。

此后至显德六年(959)十二月,单州领单父、成武、砀山、鱼台等4县。

5.6 兖州泰宁军节度使(951—952),治兖州

后汉旧镇。

广顺元年(951)正月,兖州泰宁军节度使领兖、沂、密等3州。

广顺二年(952)五月,兖州泰宁军节度使废,所领兖、沂、密等3州直属京。

5.6.1 兖州(951—952),治瑕丘县

后汉旧州。

广顺元年(951)正月,兖州领瑕丘、曲阜、乾封、泗水、邹、任城、龚丘、莱芜、中都等9县。

广顺二年(952)九月,任城,中都2县别属济州。

显德元年(954),以莱芜县境之莱芜监置广利军。

显德六年(959),广利军废。

此后至显德六年(959)十二月,兖州领瑕丘、曲阜、乾封、泗水、邹、龚丘、莱芜等7县。

5.6.2 沂州(951—952),治临沂县

后汉旧州。

广顺元年(951)正月,沂州领临沂、承、费、新泰、沂水等5县。

此后至显德六年(959)十二月,沂州领县未更。

5.6.3 密州(951—952),治诸城县

后汉旧州。

广顺元年(951)正月,密州领诸城、胶西、高密、莒等4县。

此后至显德六年(959)十二月,密州领县未更。

附:

以下所附均为直属京州。

直3 兖州(952—959),治瑕丘县(参见5.6.1)

直4 沂州(952—959),治临沂县(参见5.6.2)

直5 密州(952—959),治诸城县(参见5.6.3)

5.7 青州平卢军节度使(951—959),治青州

后汉旧镇。

广顺元年(951)正月,青州平卢军节度使领青、登、莱、淄等4州。

此后至显德六年(959)十二月,青州平卢军节度使辖区未更。

5.7.1 青州(951—959),治益都县

后汉旧州。

广顺元年(951)正月,青州领益都、临淄、博兴、寿光、千乘、临朐、北海等7县。此后至显德六年(959)十二月,青州领县未更。

5.7.2 登州(951—959),治蓬莱县

后汉旧州。

广顺元年(951)正月,登州领蓬莱、牟平、文登、黄等4县。

此后至显德六年(959)十二月,登州领县未更。

5.7.3 莱州(951—959),治掖县

后汉旧州。

广顺元年(951)正月,莱州领掖、莱阳、胶水、即墨等4县。

此后至显德六年(959)十二月,莱州领县未更。

5.7.4 淄州(951—959),治淄川县

后汉旧州。

广顺元年(951)正月,淄州领淄川、长山、高苑、邹平等4县。

此后至显德六年(959)十二月,淄州领县未更。

5.8 徐州武宁军节度使(951—959),治徐州

后汉旧镇。

广顺元年(951)正月,徐州武宁军节度使领徐、宿2州。

此后至显德六年(959)十二月,徐州武宁军节度使辖区未更。

5.8.1 徐州(951—959),治彭城县

后汉旧州。

广顺元年(951)正月,徐州领彭城、萧、丰、沛、滕、宿迁、下邳等7县。

此后至显德六年(959)十二月,徐州领县未更。

5.8.2 宿州(951—959),治符离县

后汉旧州。

广顺元年(951)正月,宿州领符离、虹、蕲、临涣等4县。

此后至显德六年(959)十二月,宿州领县未更。

5.9 许州忠武军节度使(951—959),治许州

后汉旧镇。

广顺元年(951)正月,许州忠武军节度使领许、蔡、陈等 3 州。

广顺二年(952)七月,析陈州置镇安军节度使。

此后至显德六年(959)十二月,许州忠武军节度使领许、蔡 2 州。

5.9.1　许州(951—959),治长社县

后汉旧州。

广顺元年(951)正月,许州领长社、长葛、临颍、许昌、阳翟、郾城、舞阳等 7 县。

此后至显德六年(959)十二月,许州领县未更。

5.9.2　陈州(951—952),治宛丘县(参见 5.10.1)

5.9.3　蔡州(951—959),治汝阳县

后汉旧州。

广顺元年(951)正月,蔡州领汝阳、上蔡、平舆、西平、遂平、朗山、真阳、新息、褒信、新蔡等 10 县。

此后至显德六年(959)十二月,蔡州领县未更。

5.10　陈州镇安军节度使(952—959),治陈州

后周复置。

广顺二年(952)七月,析许州忠武军节度使所领陈州置镇安军节度使,以宋州归德军节度使所领颍州别属之。

此后至显德六年(959)十二月,陈州镇安军节度使领陈、颍 2 州。

5.10.1　陈州(952—959),治宛丘县

后汉旧州。

广顺元年(951)正月,陈州领宛丘、项城、溵水、南顿、西华等 5 县。

此后至显德六年(959)十二月,陈州领县未更。

5.10.2　颍州(952—959),治汝阴县

后汉旧州。

广顺元年(951)正月,颍州领汝阴、颍上、下蔡、沈丘等 4 县。

显德四年(957)三月,下蔡县别属寿州。

此后至显德六年(959)十二月,颍州领汝阴、颍上、沈丘等 3 县。

第二节 西京留守、陕州保义军节度使、孟州河阳节度使

显德五年(958),后周在与原唐都畿(东畿)大致相当的区域内置有西京留守、陕州保义军节度使、孟州河阳节度使。本节即分别对上述各留守与节度使的辖区及所属各州(府)的沿革作一概述。

5.11 西京留守(951—959),治河南府

后汉旧镇。

广顺元年(951)正月,西京留守领河南府与汝州。

此后至显德六年(959)十二月,西京留守辖区未更。

5.11.1 河南府(951—959),治河南县

后汉旧府。

广顺元年(951)正月,河南府领河南、洛阳、偃师、缑氏、告成、登封、陆浑、伊阙、新安、渑池、福庆、长水、永宁、寿安、密、颍阳、伊阳、王屋、河清、巩、望陵等21县。

显德五年(958),陆浑、告成2县并废。

此后至显德六年(959)十二月,河南府领河南、洛阳、偃师、缑氏、登封、伊阙、新安、渑池、福庆、长水、永宁、寿安、密、颍阳、伊阳、王屋、河清、巩、望陵等19县。

5.11.2 汝州(951—959),治梁县

后汉旧州。

广顺元年(951)正月,汝州领梁、郏城、鲁山、龙兴、临汝、襄城、叶等7县。

显德三年(956)三月,临汝县废。

此后至显德六年(959)十二月,汝州领梁、郏城、鲁山、龙兴、襄城、叶等6县。

5.12 陕州保义军节度使(951—959),治陕州

后汉旧镇。

广顺元年(951)正月,陕州保义军节度使领陕、虢2州。

此后至显德六年(959)十二月,陕州保义军节度使辖区未更。

5.12.1 陕州(951—959),治陕县

后汉旧州。

广顺元年(951)正月,陕州领陕、峡石、灵宝、夏、芮城、平陆等6县。

此后至显德六年(959)十二月,陕州领县未更。

5.12.2 虢州(951—959),治弘农县

后汉旧州。

广顺元年(951)正月,虢州领弘农、阌乡、湖城、朱阳、玉成、卢氏等6县。

此后至显德六年(959)十二月,虢州领县未更。

5.13 孟州河阳节度使(951—959),治孟州

后汉旧镇。

广顺元年(951)正月,孟州河阳节度使领孟、怀2州。

此后至显德六年(959)十二月,孟州河阳节度使辖区未更。

5.13.1 孟州(951—959),治河阳县

后汉旧州。

广顺元年(951)正月,孟州领河阳、汜水、温、济源、河阴等5县。

此后至显德六年(959)十二月,孟州领县未更。

5.13.2 怀州(951—959),治河内县

后汉旧州。

广顺元年(951)正月,怀州领河内、武德、获嘉、武陟、修武等5县。

此后至显德六年(959)十二月,怀州领县未更。

第三节 京兆府永兴军(附:耀州)、同州匡国军(附:同州)、华州镇国军(附:华州)、邠州静难军、鄜州保大军、延州彰武军、灵州朔方诸节度使

显德五年(958),后周在原唐京畿、关内道区域内置有京兆府永兴军节度使、同州匡国军节度使、华州镇国军节度使、邠州静难军节度使、鄜州保大军节度使、延州彰武军节度使、灵州朔方军节度使。本节即分别对上述各节度使的辖区及所属各州(府)的沿革作一概述。

5.14 京兆府永兴军节度使(951—959),治京兆府

后汉旧镇。

广顺元年(951)正月,京兆府永兴军节度使领京兆府与金、商2州。

此后至显德六年(959)十二月,永兴军节度使辖区未更。

5.14.1 京兆府(951—959),治长安县

后汉旧府。

广顺元年(951)正月,京兆府领长安、万年、昭应、渭南、蓝田、鄠、兴平、咸阳、泾阳、高陵、栎阳、奉先、武功、醴泉、好畤、乾祐等16县。

显德三年(956),渭南别属华州。

此后至显德六年(959)十二月,京兆府领长安、万年、昭应、蓝田、鄠、兴平、咸阳、泾阳、高陵、栎阳、奉先、武功、醴泉、好畤、乾祐等15县。

5.14.2 金州(951—959),治西城县

后汉旧州。

广顺元年(951)正月,金州领西城、洵阳、淯阳、石泉、汉阴、平利等6县。

此后至显德六年(959)十二月,金州领县未更。

5.14.3 商州(951—959),治上洛县

后汉旧州。

广顺元年(951)正月,商州领上洛、丰阳、洛南、商洛、上津等5县。

此后至显德六年(959)十二月,商州领县未更。

附:

直6 耀州(951—959),治华原县

后汉旧直属京州。后周直属京州。

广顺元年(951)正月,耀州领华原、富平、三原、云阳、美原、同官等6县。

显德二年(955),耀州由团练州降为刺史州。

此后至显德六年(959)十二月,耀州领县未更。

5.15 同州匡国军节度使(951—958),治同州

后汉旧镇。

广顺元年(951)正月,同州匡国军节度使领同州1州。

显德五年(958)正月,同州匡国军节度使废,所领同州降为刺史州,直属京。

5.15.1 同州(951—958),治冯翊县

后汉旧州。

广顺元年(951)正月,同州领冯翊、韩城、郃阳、夏阳、白水、澄城、朝邑等7县。

此后至显德六年(959)十二月,同州领县未更。

附:
直7　同州(958—959),治冯翊县(参见5.15.1)
　　直属京州。

5.16　华州镇国军节度使(951—954),治华州
后汉旧镇。
广顺元年(951)正月,华州镇国军节度使领华州1州。
显德元年(954),华州镇国军节度使废,华州降为刺史州,直属京。

5.16.1　华州(951—954),治郑县
后汉旧州。
广顺元年(951)正月,华州领郑、华阴、下邽等3县。
显德三年(956),京兆府所领渭南来属。
此后至显德六年(959)十二月,华州领郑、华阴、下邽、渭南等4县。

附:
直8　华州(954—959),治郑县(参见5.16.1)
　　直属京州。

5.17　邠州静难军节度使(951—959),治邠州
后汉旧镇。
广顺元年(951)正月,邠州静难军节度使领邠、宁、庆、衍等4州。
显德五年(958),衍州废。
此后至显德六年(959)十二月,邠州静难军节度使领邠、宁、庆等3州。

5.17.1　邠州(951—959),治新平县
后汉旧州。
广顺元年(951)正月,邠州领新平、三水、永寿、宜禄等4县。
显德五年(958),衍州废为定平县,来属。
显德六年(959)(?),定平县别属宁州,邠州领新平、三水、永寿、宜禄等4县。

5.17.2　宁州(951—959),治定安县
后汉旧州。

广顺元年(951)正月,宁州领定安、真宁、襄乐、彭原、丰义等 5 县。

显德六年(959)(?),邠州所领定平县来属。宁州领定安、真宁、襄乐、彭原、丰义、定平等 6 县。

5.17.3　庆州(951—959),治顺化县

后汉旧州。

广顺元年(951)正月,庆州领顺化、合水、乐蟠、华池、延庆、同川等 6 县。

显德三年(956),延庆、合水 2 县废。

此后至显德六年(959)十二月,庆州领顺化、乐蟠、华池、同川等 4 县。

5.17.4　衍州(951—958),治安平县

后汉旧州。

广顺元年(951)正月,衍州领定平 1 县。

显德五年(958),废为定平县,别属邠州。

5.18　鄜州保大军节度使(951—959),治鄜州

后汉旧镇。

广顺元年(951)正月,鄜州保大军节度使领鄜、坊 2 州。

此后至显德六年(959)十二月,鄜州保大军节度使辖区未更。

5.18.1　鄜州(951—959),治洛交县

后汉旧州。

广顺元年(951)正月,鄜州领洛交、洛川、三川、直罗、甘泉、鄜城等 6 县。

显德二年(955)(?),丹州所领咸宁县来属。

显德三年(956)三月,咸宁县废。

此后至显德六年(959)十二月,鄜州领洛交、洛川、三川、直罗、甘泉、鄜城等 6 县。

5.18.2　坊州(951—959),治中部县

后汉旧州。

广顺元年(951)正月,坊州领中部、宜君、升平等 3 县。

此后至显德六年(959)十二月,坊州领县未更。

5.19　延州彰武军节度使(951—959),治延州

后汉旧镇。

广顺元年(951)正月,延州彰武军节度使领延、丹 2 州。

此后至显德六年(959)十二月,延州彰武军节度使辖州未更,但辖区有所

缩小。

5.19.1　延州(951—959),治肤施县

后汉旧州。

广顺元年(951)正月,延州领肤施、延长、临真、金明、丰林、延川、敷政、延昌、延水、门山等 10 县。

此后至显德六年(959)十二月,延州领县未更。

5.19.2　丹州(951—959),治义川县

后汉旧州。

广顺元年(951)正月,丹州领义川、云岩、汾川、咸宁等 4 县。

显德二年(955)(?),咸宁县别属鄜州。

此后至显德六年(959)十二月,丹州领义川、云岩、汾川等 3 县。

5.20　灵州朔方节度使(951—959),治灵州

后汉旧镇。

广顺元年(951)正月,灵州朔方节度使领灵、盐、威等 3 州。

广顺二年(952)二月,威州改称环州。

显德四年(957)九月,环州降为通远军。

此后至显德六年(959)十二月,灵州朔方节度使领灵、盐 2 州及通远军。

5.20.1　灵州(951—959),治回乐县

后汉旧州。

广顺元年(951)正月,灵州领回乐县、清边军、昌化军及威肃军。

此后至显德六年(959)十二月,灵州领县未更。

5.20.2　威州(951—952)—环州(952—957)—通远军(957—959),治通远县

后汉旧州。

广顺元年(951)正月,威州无领县。

广顺二年(952)三月,改称环州。

显德四年(957)九月,降为通远军,以方渠镇为通远县,属之。

此后至显德六年(959)十二月,通远军领通远 1 县。

5.20.3　盐州(951—959),治五原县

后汉旧州。

广顺元年(951)正月,盐州领五原、白池 2 县。

此后至显德六年(959)十二月,盐州领县未更。

第四节 山南东道(襄州)节度使、邓州武胜军(威胜军)节度使(附:安州安远军节度使、安州、申州、蕲州、黄州、汉阳军)

显德五年(958),后周在原唐山南东道区域内置有山南东道(襄州)节度使、邓州武胜军节度使。另,在原唐淮南道区域内后周曾置有安州安远军节度使,因其在地域上相邻,故附录于此。本节即分别对上述各节度使的辖区及所属各州的沿革作一概述。

5.21 山南东道(襄州)节度使(951—959),治襄州

后汉旧镇。

广顺元年(951)正月,山南东道节度使领襄、均、房、复等4州。

此后至显德六年(959)十二月,山南东道节度使辖区未更。

5.21.1 襄州(951—959),治襄阳县

后汉旧州。

广顺元年(951)正月,襄州领襄阳、邓城、谷城、义清、南漳、宜城、乐乡等7县。

显德六年(959)二月,乐乡县并入宜城县,襄州领襄阳、邓城、谷城、义清、南漳、宜城等6县。

5.21.2 均州(951—959),治武当县

后汉旧州。

广顺元年(951)正月,均州领武当、郧乡、丰利等3县。

此后至显德六年(959)十二月,均州领县未更。

5.21.3 房州(951—959),治房陵县

后汉旧州。

广顺元年(951)正月,房州领房陵、永清、竹山、上庸等4县。

此后至显德六年(959)十二月,房州领县未更。

5.21.4 复州(951—959),治景陵县

后汉旧州。

广顺元年(951)正月,复州领景陵、沔阳2县。

此后至显德六年(959)十二月,复州领县未更。

5.22 邓州威胜军节度使(951—952)—**邓州武胜军节度使**(952—959),治邓州

后汉旧镇。

广顺元年(951)正月,邓州威胜军节度使领邓、唐、随、郢等4州。

广顺二年(952)三月,改称武胜军节度使。

此后至显德六年(959)十二月,邓州武胜军节度使辖区未更。

5.22.1　邓州(951—959),治穰县

后汉旧州。

广顺元年(951)正月,邓州领穰、南阳、向城、临濑、内乡、菊潭等6县。

显德三年(956)三月,废菊潭、向城2县入临濑。又,大约在同年,复置淅川县。

此后至显德六年(959)十二月,邓州领穰、南阳、临濑、内乡、淅川等5县。

5.22.2　唐州(951—959),治泌阳县

后汉旧州。

广顺元年(951)正月,唐州领泌阳、比阳、慈丘、桐柏、平氏、湖阳、方城等7县。

显德三年(956),废慈丘县入比阳县。

此后至显德六年(959)十二月,唐州领泌阳、比阳、平氏、桐柏、湖阳、方城等6县。

5.22.3　随州(951—959),治随县

后汉旧州。

广顺元年(951)正月,随州领随、光化、枣阳、唐城等4县。

此后至显德六年(959)十二月,随州领县未更。

5.22.4　郢州(951—959),治长寿县

后汉旧州。

广顺元年(951)正月,郢州下领长寿、京山、富水等3县。

此后至显德六年(959)十二月,郢州领县未更。

附:

5.23　安州安远军节度使(951—954),治安州

后汉旧镇。

广顺元年(951)正月,安州安远军节度使领安、申2州。

显德元年(954)十月,安州安远军节度使复废,安、申2州直属京。

5.23.1　安州(951—954)，治安陆县

后汉旧州。

广顺元年(951)正月，安州领安陆、云梦、孝感、应城、吉阳、应山等6县。

显德五年(958)，南唐鄂州所领汉川县来属。

此后至显德六年(959)十二月，安州领安陆、云梦、孝感、应城、吉阳、应山、汉川等7县。

5.23.2　申州(951—954)，治义阳县

后汉旧州。

广顺元年(951)正月，申州领义阳、钟山、罗山等3县。

此后至显德六年(959)十二月，申州领县未更。

附：

以下所附均为直属京州(军)。

直9　安州(954—959)，治安陆县(参见5.23.1)

直10　申州(954—959)，治义阳县(参见5.23.2)

直11　蕲州(958—959)，治蕲春县

显德五年(958)三月，南唐将蕲州献于后周。蕲州领蕲春、黄梅、广济、蕲水等4县，直属京。

直12　黄州(958—959)，治黄冈县

显德五年(958)三月，南唐将黄州献于后周。黄州领黄冈、黄陂、麻城等3县，直属京。

直13　汉阳军(958—959)，治汉阳县

显德五年(958)三月，后周以南唐所献江北鄂州汉阳县地置汉阳军，领汉阳县，直属京。

第五节　府州永安军(附：府州、胜州)、潞州昭义军、河中府护国军、晋州建雄军诸节度使(附：代州静塞军节度使、汾州宁化军节度使)

显德五年(958)，后周在原唐河东道区域内置有府州永安军节度使、潞州昭义军节度使、河中府护国军节度使、晋州建雄军节度使。本节即分别对上述各节度使的辖区及所属各州(府)的沿革作一概述。

5.24 府州永安军节度使(954—959),治府州

后周复置。

显德元年(954)五月,升府州为永安军节度使,领府、胜 2 州。

显德四年(957)十月,北汉麟州来降,府州永安军节度使领府、胜、麟等 3 州。

此后至显德六年(959)十二月,府州永安军节度使辖区未再变更。

5.24.1 府州(954—959),治府谷县

后汉旧州。

广顺元年(951)正月,府州领府谷 1 县。

此后至显德六年(959)十二月,府州领县未更。

5.24.2 胜州(954—959),治榆林县

后汉旧州。

广顺元年(951)正月,胜州领榆林、河滨 2 县。

此后至显德六年(959)十二月,胜州领县未更。

5.24.3 麟州(957—959),治新秦县

北汉旧州。

广顺三年(953)正月,北汉麟州来降。

显德元年(954)六月(?),麟州复属北汉。

显德四年(957)十月,麟州再次属后周。从地域上看,应为府州永安军节度使属州,领新秦、连谷、银城等 3 县。

此后至显德六年(959)十二月,麟州领县未更。

附:

以下所附均为直属京州。

直 14　府州(951—954),治府谷县(参见 5.24.1)

直 15　胜州(951—954),治榆林县(参见 5.24.2)

5.25 潞州昭义军节度使(951—959),治潞州

后汉旧镇。

广顺元年(951)正月,潞州昭义军节度使领潞、泽 2 州。

显德六年(959)六月,北汉辽州为后周攻取,来属。此后至十二月,潞州昭义军节度使领潞、泽、辽等 3 州。

5.25.1 潞州(951—959),治上党县

后汉旧州。

广顺元年(951)正月,潞州领上党、长子、屯留、潞城、壶关、襄垣、黎城、涉、铜鞮、武乡等10县。

此后至显德六年(959)十二月,潞州领县未更。

5.25.2 泽州(951—959),治晋城县

后汉旧州。

广顺元年(951)正月,泽州领晋城、高平、阳城、端氏、陵川、沁水等6县。

此后至显德六年(959)十二月,泽州领县未更。

5.25.3 辽州(959),治辽山县

北汉旧州

显德元年(954)五月(?),北汉辽州为后周攻取。旋,辽州复属北汉。

显德六年(959)六月,北汉辽州复为后周攻取,从地望上看,辽州应为潞州昭义军节度使属州,领辽山、榆社、和顺、平城等4县。

5.26 河中府护国军节度使(951—959),治河中府

后汉旧镇。

广顺元年(951)正月,河中府护国军节度使领河中府和绛、解2州。

此后至显德六年(959)十二月,河中府护国军节度使辖区未更。

5.26.1 河中府(951—959),治河东县

后汉旧府。

广顺元年(951)正月,河中府领河东、河西、临晋、猗氏、虞乡、永乐、宝鼎、万泉、龙门等9县。

此后至显德六年(959)十二月,河中府领县未更。

5.26.2 绛州(951—959),治正平县

后汉旧州。

广顺元年(951)正月,绛州领正平、太平、曲沃、浍川、绛、垣、襄陵、稷山等8县。

此后至显德六年(959)十二月,绛州领县未更。

5.26.3 解州(951—959),治解县

后汉旧州。

广顺元年(951)正月,解州领解、闻喜、安邑等3县。

此后至显德六年(959)十二月,解州领县未更。

5.27 晋州建雄军节度使(951—959),治晋州

后汉旧镇。

广顺元年(951)正月,晋州建雄军节度使领晋、慈、隰等3州。

此后至显德六年(959)十二月,晋州建雄军节度使辖区未更。

5.27.1 晋州(951—959),治临汾县

后汉旧州。

后唐广顺元年(951)正月,晋州领临汾、洪洞、神山、霍邑、赵城、岳阳、汾西、冀氏等8县。

此后至显德六年(959)十二月,晋州领县未更。

5.27.2 慈州(951—959),治吉乡县

后汉旧州。

广顺元年(951)正月,慈州领吉乡、文城、乡宁、吕香、仵城等5县。

显德三年(956)三月,仵城并入吉乡,吕香并入乡宁。

此后至显德六年(959)十二月,慈州领吉乡、文城、乡宁等3县。

5.27.3 隰州(951—959),治隰川县

后汉旧州。

广顺元年(951)正月,隰州领隰川、蒲、温泉、大宁、石楼、永和等6县。

此后至显德六年(959)十二月,隰州领县未更。

附:

5.28 代州静塞军节度使(954),治代州

后周新置。

显德元年(954)五月,以新取之北汉代州为静塞军节度使,领代州1州。旋为北汉收复。

5.28.1 代州(954),治雁门县(参见15.2.1)

5.29 汾州宁化军节度使(954),治汾州

后周新置。

显德元年(954)五月,以新取之北汉汾州为宁化军节度使,领汾、石、沁等3州。旋为北汉收复。

5.29.1 汾州(954),治西河县(参见15.3.1)

5.29.2 石州(954),治离石县(参见15.3.2)

5.29.3 沁州(954),治沁源县(参见15.3.3)

第六节 大名府天雄军(邺都留守)(附：贝州永清军)、相州彰德军、澶州镇宁军、邢州安国军、镇州成德军、定州义武军、沧州横海军诸节度使(附：莫州、瀛州、雄州、霸州)

显德五年(958)，后周在原唐河北道区域内据有大名府天雄军节度使、相州彰德军节度使、澶州镇宁军节度使、邢州安国军节度使、镇州成德军节度使、定州义武军节度使、沧州横海军节度使。另外，亦将后周显德六年(959)所置的莫、瀛、雄、霸等4直属京州附置于此。本节即分别对上述各节度使的辖区及所属各州(府)的沿革作一概述。

5.30 邺都留守(951—954)—**大名府天雄军节度使(954—959)，治大名府**

后汉旧镇。

广顺元年(951)正月(?)，邺都留守领大名府1府。

显德元年(954)正月，废邺都留守，复称天雄军节度使。十月，贝州永清军节度使废，所领贝、博2州来属。

此后至显德六年(959)十二月，大名府天雄军节度使领大名府及博、贝2州。

5.30.1 大名府(951—959)，治大名县

后汉旧州。

广顺元年(951)正月，大名府领大名、元城、魏、馆陶、冠氏、莘、朝城、南乐、洹水、成安、内黄、宗城、永济、经城、夏津、临清等16县。

此后至显德六年(959)十二月，大名府领县未更。

5.30.2 贝州(954—959)，治清河县

后汉旧州。

广顺元年(951)正月，贝州领清河、清阳、武城、漳南、历亭等5县。

此后至显德六年(959)十二月，贝州领县未更。

5.30.3 博州(954—959)，治聊城县

后汉旧州。

广顺元年(951)正月，博州领聊城、博平、武水、清平、堂邑、高唐等6县。

显德三年(956)十月，武水废，其地并入聊城。

此后至显德六年(959)十二月，博州领县未更。

附：

5.31 贝州永清军节度使(951—954),治贝州

后汉旧镇。

广顺元年(951)正月,贝州永清军节度使领贝、博、冀等 3 州。

此后至显德元年(954)九月,贝州永清军节度使辖区未更。十月,永清军节度使废,贝、博 2 州别属大名府天雄军节度使;冀州别属镇州成德军节度使。

5.31.1 贝州(951—954),治清河县(参见 5.30.2)

5.31.2 博州(951—954),治聊城县(参见 5.30.3)

5.31.3 冀州(951—954),治信都县(参见 5.35.4)

5.32 相州彰德军节度使(951—959),治相州

后汉旧镇。

广顺元年(951)正月,相州彰德军节度使领相州 1 州。

此后至显德六年(959)十二月,相州彰德军节度使辖区未更。

5.32.1 相州(936—938),治安阳县

后汉旧州。

广顺元年(951)正月,相州领安阳、邺、汤阴、林虑、永定、临漳等 6 县。

此后至显德六年(959)十二月,相州领县未更。

5.33 澶州镇宁军节度使(951—959),治澶州

后汉旧镇。

广顺元年(951)正月,澶州镇宁军节度使领澶、濮 2 州。

此后至显德六年(959)十二月,澶州镇宁军节度使辖区未更。

5.33.1 澶州(951—959),治德胜(951—955?)—顿丘县(955?—959)

后汉旧州。

广顺元年(951)正月,澶州领顿丘、清丰、观城、临黄、濮阳、临河、卫南等 7 县与德清、大通 2 军。

显德二年(955)(?),移理顿丘县。

此后至显德六年(959)十二月,澶州领县未更。

5.33.2 濮州(951—959),治鄄城县

后汉旧州。

广顺元年(951)正月,濮州领鄄城、范、雷泽、临濮等 4 县。

此后至显德六年(959)十二月,濮州领县未更。

5.34 邢州安国军节度使(951—959),治邢州

后汉旧镇。

广顺元年(951)正月,邢州安国军节度使领邢、洺、磁等3州。

此后至显德六年(959)十二月,邢州安国军节度使辖区未更。

5.34.1 邢州(951—959),治龙冈县

后汉旧州。

广顺元年(951)正月,邢州领龙冈、沙河、南和、巨鹿、平乡、任、尧山、内丘等8县。

此后至显德六年(959)十二月,邢州领县未更。

5.34.2 洺州(951—959),治永年县

后汉旧州。

广顺元年(951)正月,洺州领永年、平恩、临洺、鸡泽、肥乡、曲周等6县。

此后至显德六年(959)十二月,洺州领县未更。

5.34.3 磁州(951—959),治滏阳县

后汉旧州。

广顺元年(951)正月,磁州领滏阳、邯郸、武安、昭义等4县。

此后至显德六年(959)十二月,磁州领县未更。

5.35 镇州成德军节度使(951—959),治镇州

后汉旧镇。

广顺元年(951)正月,镇州成德军节度使领镇、赵、深等3州。

显德元年(954)十月,贝州永清军节度使废,原辖冀州来属。

此后至显德六年(959)十二月,镇州成德军节度使领镇、赵、深、冀等4州。

5.35.1 镇州(951—959),治真定县

后汉旧州。

广顺元年(951)正月,镇州领真定、藁城、石邑、九门、灵寿、行唐、井陉、获鹿、平山、鼓城、栾城、元氏、束鹿、堂阳等14县。又,大约在同年,堂阳还属冀州。

此后至显德六年(959)十二月,镇州领真定、藁城、石邑、九门、灵寿、行唐、井陉、获鹿、平山、鼓城、栾城、元氏、束鹿等13县。

5.35.2 深州(951—959),治陆泽县

后汉旧州。

广顺元年(951)正月,深州领陆泽、饶阳、安平、博野、乐寿、下博等6县。

又,大约在同年,武强县来属。

显德二年(955),一度置静安军,后废。

显德四年(957)五月,博野县割隶定州。

此后至显德六年(959)十二月,深州领县未更。

5.35.3 赵州(951—959),治平棘县

后汉旧州。

广顺元年(951)正月,赵州领平棘、宁晋、昭庆、柏乡、高邑、临城、赞皇等7县。

此后至显德六年(959)十二月,赵州领县未更。

5.35.4 冀州(954—959),治信都县

后汉旧州。

广顺元年(951)正月,冀州领信都、南宫、枣强、武邑、衡水、阜城、蓨、武强等8县。又,大约在同年,武强县别属深州,堂阳县由镇州还属。

此后至显德六年(959)十二月,冀州领县未更。

5.36 定州义武军节度使(951—959),治定州

后汉旧镇。

广顺元年(951)正月,定州义武军节度使领定、易、祁、泰等4州。

广顺二年(952)二月,泰州废。

广顺三年(953),易州为契丹占据。

显德六年(959)四月,收复易州。定州义武军节度使领定、易、祁等3州。

5.36.1 定州(951—959),治安喜县

后汉旧州。

广顺元年(951)正月,定州领安喜、义丰、燕平、望都、曲阳、陉邑、唐、新乐等8县。

显德四年(957)五月,深州所领博野县来属。

此后至显德六年(959)十二月,定州领安喜、义丰、燕平、望都、曲阳、陉邑、唐、新乐、博野等9县。

5.36.2 易州(951—953,959),治易县

后汉旧州。

广顺元年(951)正月,易州领易、容城、涞水、遂城等4县。

广顺二年(952)二月,泰州废,所领满城县来属。

广顺三年(953),易州为契丹占据。

显德六年(959)四月,收复易州。五月,容城县别属雄州。易州领易、涞水、遂城、满城等4县。

5.36.3 祁州(951—959),治无极县

后汉旧州。

广顺元年(951)正月,祁州领无极、深泽2县。

此后至显德六年(959)十二月,祁州领县未更。

5.36.4 泰州(951—952),治满城县

后汉旧州。

广顺元年(951)正月,泰州领满城1县。

广顺二年(952)二月,泰州废,所领满城县别属易州。

5.37 沧州横海军节度使(951—959),治沧州

后汉旧镇。

广顺元年(951)正月,沧州横海军节度使领沧、德、景等3州。

显德二年(955)六月,景州废为定远军,别属沧州。

此后至显德六年(959)十二月,沧州横海军节度使领沧、德2州。

5.37.1 沧州(951—959),治清池县

后汉旧州。

广顺元年(951)正月,沧州领清池、盐山、南皮、长芦、乐陵、饶安、无棣、临津、乾符等9县。

显德二年(955),景州废为定远军,与原领东光、弓高2县一并来属。

显德三年(956)十月,长芦、乾符2县废入清池县。

显德五年(958),以无棣县之保顺镇为保顺军。

显德六年(959)二月,弓高县废入东光县。四月,收复辽据乾宁军,并置永安县,皆来属。

此后至显德六年(959)十二月,沧州领清池、盐山、南皮、乐陵、饶安、无棣、临津、东光、永安等9县及定远、保顺、乾宁等3军。

5.37.2 德州(951—959),治长河县

后汉旧州。

广顺元年(951)正月,德州领长河、安德、平原、平昌、将陵等5县。

显德二年(955)六月,景州废,所领安陵县来属。

此后至显德六年(959)十二月,德州领长河、安德、平原、平昌、将陵、安陵

等6县。

5.37.3 景州(951—955),治东光县

后汉旧州。

广顺元年(951)正月,景州领东光、弓高、安陵等3县。

显德二年(955)六月,景州废为定远军,连同所领东光、弓高2县别属沧州,安陵县别属德州。

附:

以下所附均为直属京州。

直16 莫州(959),治莫县

辽旧州。

显德六年(959)四月,契丹莫州刺史刘楚信举城降于后周,领莫、文安、任丘等3县,直属京。五月,文安县别属霸州,莫州领莫、任丘、长丰、清苑等4县。

直17 瀛州(959),治河间县

辽旧州。

显德六年(959)五月,契丹瀛州刺史高彦晖举城降于后周,领河间、高阳、大城、束城、景城等5县,直属京。同月,大城县别属霸州,瀛州领河间、高阳、束城、景城等4县。

直18 雄州(959),治归义县

后周新置。

显德六年(959)五月,在原涿州境内的瓦桥关置雄州,领容城(本属易州)与归义(以从辽所夺回的原涿州归义县地置)2县,直属京。

直19 霸州(959),治永清县

后周新置。

显德六年(959)五月,以益津关置霸州,领永清(以从辽所夺回的原幽州永清县地置)、文安(本属莫州)、大城(本属瀛州)等3县,直属京。

第七节 凤翔、泾州彰义军、秦州雄武军诸节度使

显德五年(958),后周在原唐关内道西部置有凤翔节度使、泾州彰义军节度使和秦州雄武军节度使。本节即分别对上述各节度使的辖区及所属各州(府)的沿革作一概述。

5.38 凤翔节度使(951—959),治凤翔府

后汉旧镇。

广顺元年(951)正月,凤翔节度使领凤翔府和陇、义、乾等3州。

此后至显德六年(959)十二月,凤翔节度使辖区未更。

5.38.1 凤翔府(951—959),治天兴县

后汉旧府。

广顺元年(951)正月,凤翔府领天兴、扶风、宝鸡、岐山、郿、麟游、普润、虢、鳌屋等9县。

此后至显德六年(959)十二月,凤翔府领县未更。

5.38.2 陇州(951—959),治汧源县

后汉旧州。

广顺元年(951)正月,陇州领汧源、汧阳、吴山等3县。

此后至显德六年(959)十二月,陇州领县未更。

5.38.3 义州(951—959),治华亭乡

后汉旧州。

广顺元年(951)正月,义州无领县。

显德六年(959),复置华亭县,义州领华亭1县。

5.38.4 乾州(951—959),治奉天县

后汉旧州。

广顺元年(951)正月,乾州仅领奉天1县。

此后至显德六年(959)十二月,乾州领县未更。

5.39 泾州彰义军节度使(951—959),治泾州

后汉旧镇。

广顺元年(951)正月,泾州彰义军节度使领泾、原、渭、行武(侨置泾州潘原县)等4州。

至迟显德五年(958),行武州改为正州,割泾州潘原县属之。六月,武州废为潘原县,别属渭州,泾州彰义军节度使领泾、原、渭等3州。

此后至显德六年(959)十二月,泾州彰义军节度使一直领泾、原、渭等3州而未更。

5.39.1 泾州(951—959),治保定县

后汉旧州。

广顺元年(951)正月,泾州领保定、灵台、良原、潘原等4县。

至迟显德五年(958),潘原县别属武州。

此后至显德六年(959)十二月,泾州领保定、灵台、良原等3县。

5.39.2　原州(951—959),治临泾县

后汉旧州。

广顺元年(951)正月,原州领临泾1县。

此后至显德六年(959)十二月,原州领县未更。

5.39.3　渭州(951—959),治平凉县

后汉旧州。

广顺元年(951)正月,渭州领平凉1县。

显德五年六月,武州废,所领潘原县来属。

此后至显德六年(959)十二月,渭州领平凉、潘原2县。

5.39.4　行武州(951—958?),侨治潘原县—武州(958),治潘原县

后汉旧州。

广顺元年(951)正月,行武州侨治泾州潘原,无属县。

至迟显德五年(958),行武州改为正州,领潘原县。

显德五年六月,武州废,所领潘原县别属渭州。

5.40　秦州雄武军节度使(955—959),治秦州

后蜀旧镇。

显德二年(955)九月,攻取后蜀秦、阶、成等3州,仍置秦州雄武军节度使。十二月,攻取后蜀凤州威武军节度使,并废威武军,凤州别属秦州雄武军节度使。

此后至显德六年(959)十二月,秦州雄武节度使领秦、阶、成、凤等4州。

5.40.1　秦州(955—959),治成纪县

后蜀旧州。

显德二年(955)九月,秦州领成纪、天水、陇城、清水、长道等5县。

此后至显德六年(959)十二月,秦州领县未更。

5.40.2　阶州(955—959),治福津县

后蜀旧州。

显德二年(955)九月,阶州领福津、将利2县。

此后至显德六年(959)十二月,阶州领县未更。

5.40.3　成州(955—959),治同谷县

后蜀旧州。

显德二年(955)九月,成州领同谷、栗亭2县。

此后至显德六年(959)十二月,成州领县未更。

5.40.4 凤州(955—959),治梁泉县

后蜀旧州。

显德二年(955)十一月,凤州领梁泉、两当、河池等3县。

显德六年(959)十一月,升凤州固镇为雄胜军,属凤州。凤州领梁泉、两当、河池等3县和雄胜军。

第八节 扬州淮南、寿州忠正军、庐州保信军诸节度使

显德五年(958),后周在原唐淮南道置有扬州淮南节度使、寿州忠正军节度使和庐州保信军节度使。本节即分别对上述各节度使的辖区及所属各州的沿革作一概述。

5.41 扬州淮南节度使(956,958—959),治扬州

后周复置。

显德三年(956)二月,攻取南唐直隶江都府、建武军、泰州。三月,攻取南唐直隶之和州。四月,泰州被南唐收复;江都府改称扬州,置淮南节度使。七月,扬州、和州、建武军被南唐收复。

显德四年(957)十二月,先后攻取南唐泗、濠、泰等3州及雄武军、江都府。

显德五年(958)正月,攻取南唐海州、静海军、楚州,以静海军升为通州。二月,攻取南唐雄州,降为天长军。三月,攻取南唐和州。至此,已攻取南唐直隶地区所领各府州,置扬州淮南节度使,领扬、和、楚、泗、海、濠、泰、通等8州和天长军。

此后至显德六年(959)十二月,扬州淮南节度使辖区未更。

5.41.1 扬州(956,958—959),治江都县

南唐江都府(东都)。

显德三年(956)二月,攻取南唐东都江都府,改称扬州。七月,扬州被南唐收复。

显德四年(957)十二月,再次攻取南唐东都,又改称扬州。扬州领江都、广陵、六合、高邮、永贞等5县。

此后至显德六年(959)十二月,扬州领县未更。

5.41.2 和州(956,958—959),治历阳县

南唐旧州。

显德三年(956)三月,攻取南唐和州。七月,和州被南唐收复。

显德五年(958)三月,再次攻取南唐和州。和州领历阳、乌江、含山等3县。

此后至显德六年(959)十二月,和州领县未更。

5.41.3 楚州(958—959),治山阳县

南唐旧州。

显德五年(958)正月,攻取南唐楚州。楚州领山阳、宝应、淮阴、盱眙等4县。

此后至显德六年(959)十二月,楚州领县未更。

5.41.4 泗州(957—959),治临淮县

南唐旧州。

显德四年(957)十二月,攻取南唐泗州。泗州领临淮、徐城2县。

此后至显德六年(959)十二月,泗州领县未更。

5.41.5 濠州(957—959),治钟离县

南唐旧州。

显德四年(957)十二月,攻取南唐濠州。濠州领钟离、定远、招义等3县。

此后至显德六年(959)十二月,濠州领县未更。

5.41.6 海州(958—959),治朐山县

南唐旧州。

显德五年(958)正月,攻取南唐海州。海州领朐山、东海、沭阳、怀仁等4县。

此后至显德六年(959)十二月,海州领县未更。

5.41.7 泰州(956,957—959),治海陵县

南唐旧州。

显德三年(956)二月,攻取南唐泰州。四月,泰州被南唐收复。

显德四年(957)十二月,再次攻取南唐泰州。泰州领海陵、泰兴、盐城、兴化、如皋等5县。

此后至显德六年(959)十二月,泰州领县未更。

5.41.8 通州(958?—959),治静海县

后周新置。

显德五年(958)正月,攻取南唐静海军,升为通州。通州领静海、海门

2 县。

此后至显德六年(959)十二月,通州领县未更。

5.41.9　建武军(956)—天长军(958—959),治天长县

后周复置。

显德三年(956)二月,南唐建武军为后周所据。七月,复为南唐收复。

显德五年(958)二月,攻取南唐雄州(建武军改置),降雄州为天长军,领天长 1 县。

此后至显德六年(959)十二月,天长军领县未更。

5.42　寿州忠正军节度使(957—959),治寿州

南唐旧镇。

显德四年(957)三月,攻取南唐寿州清淮军节度使所领寿州、光州。废南唐清淮军号,改称忠正军节度使。

此后至显德六年(959)十二月,寿州忠正军节度使辖区未更。

5.42.1　寿州(957—959),治下蔡县

南唐旧州。

显德四年(957)三月,攻取南唐寿州。颍州下蔡县来属,州治移于下蔡县。寿州领下蔡、寿春、安丰、霍山、盛唐、霍丘等 6 县。

此后至显德六年(959)十二月,寿州领县未更。

5.42.2　光州(956,957—959),治定城县

南唐旧州。

显德三年(956)三月,南唐光州为后周攻陷。七月,复为南唐收复。

显德四年(957)三月,攻取南唐光州。光州领定城、光山、殷城、固始、仙居等 5 县。

此后至显德六年(959)十二月,光州领县未更。

5.43　庐州保信军节度使(958—959),治庐州

南唐旧镇。

显德五年(958)三月,南唐庐州德胜军节度使所领庐、舒 2 州来献。改称保信军节度使,领庐、舒、滁等 3 州。

此后至显德六年(959)十二月,庐州保信军节度使辖区未更。

5.43.1　庐州(958—959),治合肥县

南唐旧州。

显德五年(958)三月,南唐庐州来献。庐州领合肥、慎、巢、庐江、舒城等5县。

此后至显德六年(959)十二月,庐州领县未更。

5.43.2 滁州(958—959),治清流县

南唐旧州。

显德三年(956)二月,南唐滁州为后周攻取。七月,复为南唐收复。

显德五年(958)三月,南唐滁州属后周,领清流、全椒、永阳等3县。

此后至显德六年(959)十二月,滁州领县未更。

5.43.3 舒州(958—959),治怀宁县

南唐旧州。

显德三年(956)三月,南唐舒州为后周攻取。七月,复为南唐收复。

显德五年(958)三月,南唐舒州来献。舒州领怀宁、宿松、望江、太湖、桐城等5县。

此后至显德六年(959)十二月,舒州领县未更。

下篇 十国辖境政区沿革概述

第六章 前 蜀

唐天复七年①(907)九月,剑南西川节度使、蜀王王建称帝,是为高祖。仍用唐天复年号,建都成都府,国号蜀,史称前蜀。前蜀咸康元年(925)十一月,前蜀为后唐所灭。

前蜀期间,与其并峙或一度并存的其他割据政权(势力)尚有不少。在北方有后梁(907—923)、晋王(907—923)[后唐(923—925)]、岐王(907—923)、卢龙(907—909)[燕王(909—911);燕国(911—913)]、赵王(910—914)、北平王(910—914)、定难(907—925)、西汉金山国(907—914)[归义(914—925)],在南方有吴王(907—919)[吴国(919—925)]、吴越(907—925)、威武(907—909)[闽王(909—925)]、荆南(913—924)[南平(924—925)]、楚王(907—925)、大彭王(907—909)[南平王(909—910)、南海王(910—917)、大越(917)、南汉(918—925)]、武贞(907—908)、宁远(907—910)、邕管(岭南西道,907—910?)、江西(907—909)、百胜(909—918)、新州(907—910?)、高州(907—911)、静海(907—925)等。

天复七年(907)九月,前蜀领有直隶地区(包括成都府及眉、嘉、戎、彭、维、茂、汉、简、资、蜀、陵、荣等12州),①剑南东川节度使(辖梓、绵、普、剑、龙等5州),②遂州武信军节度使(辖遂、合、渝、泸、昌等5州),③雅州永平军节度使(辖雅、邛、黎等3州),④忠州镇江军节度使(辖夔、忠、万等3州),⑤山南节度使(辖兴元府及兴、文、集、通、扶等5州),⑥洋州武定军节度使(辖洋、壁2州),⑦涪州武泰军节度使(辖涪、黔、施、溱、南等5州),⑧巴渠开都团练观察使(辖

---

① 唐天复四年(904)闰四月,唐昭宗改元天祐,西川仍称天复年号。

巴、渠、开等3州),⑨利州都团练观察使(辖利、阆、果、蓬等4州)。

武成元年(908),析直隶地区之彭州置灌州,仍属直隶地区;废⑧巴渠开都团练观察使,以其原领之巴、渠、开等3州以及溇州(于同时析自渠州)、金州与山南节度使之通州等6州置⑨雄武军节度使,治金州;析利州团练使所领果州置徽州。又,大约在同年,改剑南东川节度使为梓州天贞军节度使。

武成三年(910)(?),复改梓州天贞军节度使为剑南东川节度使。

永平二年(912)九月,又改剑南东川节度使为梓州武德军节度使。是年,忠州镇江军节度使增领安州。

永平四年(914)四月,镇江军节度使由忠州徙治夔州。八月(?),武泰军节度使由涪州徙治黔州。

永平五年(915)十一月,攻得岐王之⑩秦州雄武军节度使,改曰天雄军。十二月,以秦州天雄军节度使所领凤州置⑪武兴军节度使,割山南节度使之兴、文2州隶之。不久,扶州亦自山南节度使别属凤州武兴军节度使。

通正元年(916),利州都团练观察使升为昭武军节度使,领利、阆、果、徽、蓬等5州,治利州。

乾德二年(920)后,废⑩金州雄武军节度使,原领之金州成为直隶州,巴、渠、开、通、溇等5州别属山南节度使。

乾德三年(921),废直隶地区之灌州入彭州。

乾德四年(924),割利州昭武军节度使所领蓬州别属洋州武定军节度使。

咸康元年(925)十一月,后唐攻入成都,前蜀灭亡,领地尽归后唐。

下面按地域进行划分,以通正元年(916)为基准年分节列目,将前蜀所辖政区进行概述(参见图1-6)。

第一节　直隶地区、梓州武德军(剑南东川、梓州天贞军)节度使、遂州武信军节度使、雅州永平军节度使

通正元年(916),前蜀在原唐剑南道区域内领有直隶地区(即原唐剑南西川节度使辖区)、梓州武德军节度使、遂州武信军节度使、雅州永平军节度使。本节即分别对上述直隶地区与各节度使的辖区及所属各州(府)的沿革作一概述。

6.1　直隶地区(907—925)

唐剑南西川节度使辖区。

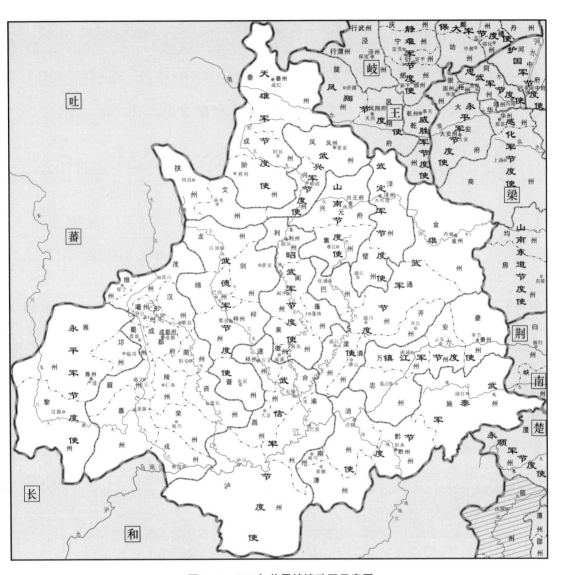

图 1-6 916 年前蜀辖境政区示意图

天复七年(907)九月,王建称帝,国号蜀,史称前蜀,定都成都府。废剑南西川节度使军号,以所辖成都府及眉、嘉、戎、彭、维、茂、汉、简、资、蜀等 10 州之地为前蜀直隶地区,并以利阆节度使所领陵、荣 2 州来属。

武成元年(908)(?),割彭州导江县置灌州,仍属直隶。

乾德二年(920)后,金州雄武军节度使废,金州为前蜀直隶。

乾德三年(921)(?),废灌州,导江县复属彭州。

此后至咸康元年(925)十一月,直隶地区辖区未再变更。

6.1.1 成都府(907—925),治成都县

唐旧府。

天复七年(907)九月,成都府领成都、华阳、新都、新繁、犀浦、双流、广都、郫、温江、灵池等10县。

此后至咸康元年(925)十一月,成都府领县未更,一如天复七年。

6.1.2 汉州(907—925),治雒县

唐旧州。

天复七年(907)九月,汉州领雒、德阳、什邡、绵竹、金堂等5县。

永平二年(912),改什邡县为通记县。

此后至咸康元年(925)十一月,汉州领雒、德阳、通记、绵竹、金堂等5县。

6.1.3 彭州(907—925),治九陇县

唐旧州。

天复七年(907)九月,彭州领九陇、濛阳、导江、唐昌等4县。

武成元年(908)(?),割彭州导江县置灌州。

乾德三年(921)(?),废灌州,原辖导江县来属。

此后至咸康元年(925)十一月,彭州领九陇、濛阳、导江、唐昌等4县。

6.1.4 灌州(908?—921?),治导江县

前蜀新置。

武成元年(908)(?),割彭州导江县置灌州,仅领导江1县。

乾德三年(921)(?),废灌州,导江县还属彭州。

6.1.5 蜀州(907—925),治晋原县

唐旧州。

天复七年(907)九月,蜀州领晋原、青城、唐兴、新津等4县。

此后至咸康元年(925)十一月,蜀州领县未更,一如天复七年。

6.1.6 眉州(907—925),治通义县

唐旧州。

天复七年(907)九月,眉州领通义、彭山、丹棱(稜)、洪雅、青神等5县。

此后至咸康元年(925)十一月,眉州领县未更,一如天复七年。

6.1.7 嘉州(907—925),治龙游县

唐旧州。

天复七年(907)九月,嘉州领龙游、平羌、峨眉、夹江、玉津、绥山、罗目、犍

为等 8 县。

此后至咸康元年(925)十一月,嘉州领县未更,一如天复七年。

6.1.8　陵州(907—925),治仁寿县

唐旧州。

天复七年(907)九月,陵州领仁寿、贵平、井研、始建、籍等 5 县。

此后至咸康元年(925)十一月,陵州领县未更,一如天复七年。

6.1.9　荣州(907—925),治旭川县

唐旧州。

天复七年(907)九月,荣州领旭川、应灵、公井、资官、威远、和义等 6 县。

此后至咸康元年(925)十一月,荣州领县未更,一如天复七年。

6.1.10　资州(907—925),治盘石县

唐旧州。

天复七年(907)九月,资州领盘石、资阳、清溪、内江、月山、龙水、银山、丹山等 8 县。

此后至咸康元年(925)十一月,资州领县未更,一如天复七年。

6.1.11　戎州(907—925),治僰道县

唐旧州。

天复七年(907)九月,戎州领僰道、南溪、义宾、开边、归顺等 5 县。

此后至咸康元年(925)十一月,戎州领县未更,一如天复七年。

6.1.12　简州(907—925),治阳安县

唐旧州。

天复七年(907)九月,简州领阳安、金水、平泉等 3 县。

此后至咸康元年(925)十一月,简州领县未更,一如天复七年。

6.1.13　维州(907—925),治薛城县(907—912)—保宁县(912—925)

唐旧州。

天复七年(907)九月,维州领薛城、通化等 2 县。

永平二年(912),薛城县改称保宁县。

此后至咸康元年(925)十一月,维州领保宁、通化等 2 县。

6.1.14　茂州(907—925),治汶山县

唐旧州。

天复七年(907)九月,茂州领汶山、石泉、汶川等 3 县。

此后至咸康元年(925)十一月,茂州领县未更,一如天复七年。

6.1.15　金州(921?—925),治西城县(参见 6.5.1)

6.2 剑南东川节度使(907—908?)—梓州天贞军节度使(908?—910?)—剑南东川节度使(910?—912)—**梓州武德军节度使(912—925)**,治梓州

唐旧镇。

天复七年(907),剑南东川节度使领梓、绵、普、龙、剑等5州,治梓州。

武成元年(908)(?),剑南东川节度使改称天贞军节度使。

武成三年(910)(?),天贞军节度使复称剑南东川节度使。

永平二年(912),剑南东川节度使改称武德军节度使。

此后至咸康元年(925)十一月,梓州武德军节度使一直领梓、绵、普、龙、剑等5州。

6.2.1 梓州(907—925),治郪县

唐旧州。

天复七年(907),梓州辖郪、射洪、通泉、玄武、盐亭、飞乌、永泰、铜山、涪城等9县。

此后至咸康元年(925)十一月,梓州领县未更,一如天复七年。

6.2.2 绵州(907—925),治巴西县

唐旧州。

天复七年(907),绵州领巴西、昌明、魏城、罗江、神泉、盐泉、龙安、西昌等8县。

此后至咸康元年(925)十一月,绵州领县未更,一如天复七年。

6.2.3 普州(907—925),治安岳县

唐旧州。

天复七年(907),普州领安岳、安居、普慈、乐至、普康、崇龛等6县。

此后至咸康元年(925)十一月,普州领县未更,一如天复七年。

6.2.4 剑州(907—925),治普安县

唐旧州。

天复七年(907),剑州领普安、普成、永归、梓潼、阴平、临津、武连、剑门等8县。

此后至咸康元年(925)十一月,剑州领县未更,一如天复七年。

6.2.5 龙州(907—925),治江油县

唐旧州。

天复七年(907),龙州领江油、清川等2县。

此后至咸康元年(925)十一月,龙州领县未更,一如天复七年。

6.3 遂州武信军节度使(907—925),治遂州

唐旧镇。

天复七年(907),遂州武信军节度使领遂、合、渝、泸、昌等5州。

此后至咸康元年(925)十一月,遂州武信军节度使辖区未更。

6.3.1 遂州(907—925),治方义县

唐旧州。

天复七年(907),遂州领方义、长江、蓬溪、青石、遂宁等5县。

此后至咸康元年(925)十一月,遂州领县未更,一如天复七年。

6.3.2 合州(907—925),治石镜县

唐旧州。

天复七年(907),合州领石镜、新明、汉初、赤水、巴川、铜梁等6县。

此后至咸康元年(925)十一月,合州领县未更,一如天复七年。

6.3.3 渝州(907—925),治巴县

唐旧州。

天复七年(907),渝州领巴、南平、江津、万寿、壁山等5县。

此后至咸康元年(925)十一月,渝州领县未更,一如天复七年。

6.3.4 泸州(907—925),治泸川县

唐旧州。

天复七年(907),泸州领泸川、富义、江安、合江、绵水等5县。

此后至咸康元年(925)十一月,泸州领县未更,一如天复七年。

6.3.5 昌州(907—925),治大足县

唐旧州。

天复七年(907),昌州领大足、静南、昌元、永川等4县。

此后至咸康元年(925)十一月,昌州领县未更,一如天复七年。

6.4 雅州永平军节度使(907?—925),治雅州

前蜀新置。

天复七年(907)(?),以唐末剑南西川节度使所领雅、邛、黎等3州置雅州永平军节度使。

此后至咸康元年(925)十一月,雅州永平军节度使辖区未更。

6.4.1 雅州(907—925),治严道县

唐旧州。

天复七年(907),雅州领严道、卢山、名山、百丈、荣经等5县。

此后至咸康元年(925)十一月,雅州领县未更,一如天复七年。

6.4.2 邛州(907—925),治临邛县

唐旧州。

天复七年(907),邛州领临邛、依政、安仁、大邑、蒲江、临溪、火井等7县。

此后至咸康元年(925)十一月,邛州领县未更,一如天复七年。

6.4.3 黎州(907—925),治汉源县

唐旧州。

天复七年(907),黎州领汉源、通望、飞越等3县。

永平四年(914)(?),省飞越县入汉源县。

此后至咸康元年(925)十一月,黎州领汉源、通望2县。

第二节 金州雄武军(附:巴渠开都团练观察使)、夔州(暨忠州)镇江军、黔州(暨涪州)武泰军诸节度使

通正元年(916),前蜀在原唐山南东道和黔中道区域内置有金州雄武军节度使、夔州镇江军节度使和黔州武泰军节度使。本节即分别对上述各节度使的辖区及所属各州的沿革作一概述。

6.5 金州雄武军节度使(908—920),治金州

前蜀新置。

武成元年(908),巴渠开都团练观察使废。又以金州为雄武军节度使,领金、巴、渠、开、通(山南节度使来属)、溹(渠州析置)等6州。

乾德二年(920)后,雄武军节度使废,所领巴、渠、开、通、溹等5州属山南节度使,金州为前蜀直隶。

6.5.1 金州(908—920),治西城县

唐旧州。

天复七年(907),金州领西城、洵阳、淯阳、石泉、汉阴、平利等6县。

此后至咸康元年(925)十一月,金州领县未更,一如天复七年。

6.5.2 巴州(908—920),治化城县

唐旧州。

天复七年(907),巴州领化城、盘道、清化、曾口、归仁、始宁、其章、恩阳、七盘等9县。

此后至咸康元年(925)十一月,巴州领县未更,一如天复七年。

6.5.3　渠州(908—920),治流江县

唐旧州。

天复七年(907),渠州领流江、渠江、潾山、大竹、潾水等5县。

武成元年(908),割潾山县置潾州。

此后至咸康元年(925)十一月,渠州一直领流江、渠江、大竹、潾水等4县。

6.5.4　开州(908—920),治开江县

唐旧州。

天复七年(907),开州领开江、新浦、万岁等3县。

此后至咸康元年(925)十一月,开州领县未更,一如天复七年。

6.5.5　通州(908—920),治通川县

唐旧州。

天复七年(907),通州领通川、永穆、三冈、石鼓、东乡、宣汉、新宁、巴渠、阆英等9县。

此后至咸康元年(925)十一月,通州领县未更,一如天复七年。

6.5.6　潾州(908—920),治潾山县

前蜀新置。

武成元年(908),割渠州潾山县置潾州,领潾山1县。

此后至咸康元年(925)十一月,潾州一直领潾山1县。

附:

6.6　巴渠开都团练观察使(907—908),治巴州

唐旧都团练观察使。

天复七年(907),巴渠开都团练观察使,领巴、渠、开等3州。

武成元年(908),巴渠开都团练观察使废,巴、渠、开等3州别属金州雄武军节度使。

6.6.1　巴州(907—908),治化城县(参见6.5.2)

6.6.2　渠州(907—908),治流江县(参见6.5.3)

6.6.3　开州(907—908),治开江县(参见6.5.4)

6.7　忠州镇江军节度使(907—914,治忠州)—夔州镇江军节度使(914—925,治夔州)

唐旧镇。

天复七年(907),忠州镇江军节度使领忠、夔、万等3州。

永平二年(912),析夔州云安县置安州,隶镇江军节度使。镇江军节度使领忠、夔、万、安等4州。

永平四年(914),镇江军节度使徙治夔州。

此后至咸康元年(925)十一月,夔州镇江军节度领夔、忠、万、安等4州。

6.7.1 夔州(907—925),治奉节县

唐旧州。

天复七年(907),夔州领奉节、云安、巫山、大昌等4县。

永平二年(912),割云安县置安州。

此后至咸康元年(925)十一月,夔州领奉节、巫山、大昌等3县。

6.7.2 忠州(907—925),治临江县

唐旧州。

天复七年(907),忠州领临江、丰都、南宾、垫江、桂溪等5县。

此后至咸康元年(925)十一月,忠州领县未更,一如天复七年。

6.7.3 万州(907—925),治南浦县

唐旧州。

天复七年(907),万州领南浦、武宁、梁山等3县。

此后至咸康元年(925)十一月,万州领县未更,一如天复七年。

6.7.4 安州(912—925),治云安县

前蜀新置。

永平二年(912),割夔州云安县置安州,治云安县。

此后至咸康元年(925)十一月,安州领云安1县。

6.8 涪州武泰军节度使(907—914?,治涪州)—**黔州武泰军节度使(914?—925,治黔州)**

唐旧镇。

天复七年(907),涪州武泰军节度使领涪、黔、施、溱、南等5州。

永平四年(914)八月(?),武泰军节度使由涪州复回迁至黔州。

此后至咸康元年(925)十一月,黔州武泰军节度使仍领黔、涪、施、溱、南等5州。

6.8.1 涪州(907—925),治涪陵县

唐旧州。

天复七年(907),涪州领涪陵、宾化、武龙、乐温、温山等5县。
此后至咸康元年(925)十一月,涪州领县未更,一如天复七年。

6.8.2　黔州(907—925),治彭水县

唐旧州。

天复七年(907),黔州领彭水、黔江、洪杜、洋水、信宁、都濡等6县。

此后至咸康元年(925)十一月,黔州领县未更,一如天复七年。

6.8.3　施州(907—925),治清江县

唐旧州。

天复七年(907),施州领清江、建始等2县。

此后至咸康元年(925)十一月,施州领县未更,一如天复七年。

6.8.4　溱州(907—925),治荣懿县

唐旧州。

天复七年(907),溱州领荣懿、扶欢、夜郎、丽皋、乐源等5县。

此后至咸康元年(925)十一月,溱州领县未更,一如天复七年。

6.8.5　南州(907—925),治南川县

唐旧州。

天复七年(907),南州领南川、三溪2县。

此后至咸康元年(925)十一月,南州领县未更,一如天复七年。

第三节　山南(兴元府天义军)、利州昭武军(利阆、利州都团练观察使)、洋州武定军、秦州天雄军、凤州武兴军诸节度使

通正元年(916),前蜀在原唐山南西道和陇右道区域内置有山南节度使、利州昭武军节度使、洋州武定军节度使、秦州天雄军节度使、凤州武兴军节度使。本节即分别对上述各节度使的辖区及所属各州(府)的沿革作一概述。

6.9　山南(兴元府天义军)节度使(907—925),治兴元府

唐山南西道节度使辖区。

天复七年(907),前蜀称原唐山南西道节度使为山南节度使,领兴元府及兴、文、集、通、扶等5州,治兴元府。

武成元年(908),通州别属金州雄武军节度使。

永平五年(915)十二月,兴、文2州别属凤州武兴军节度使。不久,扶州又别属凤州武兴军节度使。

乾德三年(921)(?),原金州雄武军节度使所领巴、开、通、渠、潾等5州来属。

此后至咸康元年(925)十一月,山南节度使领兴元府及集、巴、开、通、渠、潾等6州。

又,前蜀期间,山南节度使一度又称天义军节度使。

6.9.1 兴元府(907—925),治南郑县

唐旧府。

天复七年(907),兴元府领南郑、褒城、城固、西、三泉等5县。

此后至咸康元年(925)十一月,兴元府领县未更,一如天复七年。

6.9.2 集州(907—925),治难江县

唐旧州。

天复七年(907),集州领难江、大牟、嘉川、通平等4县。

此后至咸康元年(925)十一月,集州领县未更,一如天复七年。

6.9.3 巴州(921?—925),治化城县(参见6.5.2)

6.9.4 渠州(921?—925),治流江县(参见6.5.3)

6.9.5 通州(907—908,921?—925),治通川县(参见6.5.5)

6.9.6 开州(921?—925),治开江县(参见6.5.4)

6.9.7 潾州(921?—925),治潾山县(参见6.5.6)

6.9.8 兴州(907—915),治顺政县(参见6.13.3)

6.9.9 文州(907—915),治曲水县(参见6.13.2)

6.9.10 扶州(907—915?),治同昌县(参见6.13.4)

6.10 利阆节度使(907?)—利州都团练观察使(907?—916?)—**利州昭武军节度使(916?—925),治利州**

唐旧镇。

天复七年(907),利阆节度使领利、通、蓬、果、阆、陵、荣等7州之地,治利州。又,大约在同年,降为利州都团练观察使,所属陵、荣2州划归直隶地区,通州别属山南西道节度使。利州都团练观察使领利、蓬、果、阆等4州。

武成元年(908)(?),析果州置徵州。

通正元年(916)(?),复置利州昭武军节度使,领利、阆、果、徵、蓬等5州。

乾德六年(924)(?),蓬州别属洋州武定军节度。

此后至咸康元年(925)十一月,利州昭武军节度使领利、阆、果、徽等4州。

6.10.1　利州(907—925),治绵谷县

唐旧州。

天复七年(907),利州领绵谷、胤山、葭萌、益昌、景谷等5县。

永平四年(914),景谷县改称金仙县。

此后至咸康元年(925)十一月,利州领绵谷、胤山、葭萌、益昌、金仙等5县。

6.10.2　蓬州(907—924?),治蓬池县

唐旧州。

天复七年(907),蓬州领蓬池、良山、仪陇、伏虞、宕渠、蓬山、朗池等7县。

此后至咸康元年(925)十一月,蓬州领县未更,一如天复七年。

6.10.3　果州(907—925),治南充县

唐旧州。

天复七年(907),果州领南充、相如、流溪、西充、岳池等5县。

武成元年(908)(?),析流溪县置徽州。

此后至咸康元年(925)十一月,果州领南充、相如、西充、岳池等4县。

6.10.4　阆州(907—925),治阆中县

唐旧州。

天复七年(907),阆州领阆中、晋安、南部、苍溪、西水、奉国、新井、新政、岐坪等9县。

此后至咸康元年(925)十一月,阆州领县未更,一如天复七年。

6.10.5　徽州(908?—925),治流溪县

前蜀新置。

武成元年(908)(?),析果州流溪县置徽州,领流溪1县。

此后至咸康元年(925)十一月,徽州领县未更,一如武成元年。

6.10.6　陵州(907),治仁寿县(参见6.1.8)

6.10.7　荣州(907),治旭川县(参见6.1.9)

6.11　洋州武定军节度使(907—925),治洋州

唐旧镇。

天复七年(907),洋州武定军节度使领洋、壁2州。

乾德六年(924)(?),利州昭武军节度使所领蓬州来属。

此后至咸康元年(925)十一月,洋州武定军节度使领洋、壁、蓬等3州。

6.11.1 洋州(907—925),治兴道县

唐旧州。

天复七年(907),洋州领兴道、西乡、黄金、真符等4县。

此后至咸康元年(925)十一月,洋州领县未更,一如天复七年。

6.11.2 壁州(907—925),治通江县

唐旧州。

天复七年(907),壁州领通江、广纳、符阳、白石、东巴等5县。

此后至咸康元年(925)十一月,壁州领县未更,一如天复七年。

6.11.3 蓬州(924?—925),治蓬池县(参见6.10.2)

6.12 秦州天雄军节度使(915—925),治秦州

原岐王雄武军节度使。

永平五年(915)十一月,岐王秦州雄武军节度使来属,改称天雄军节度使,领秦、凤、阶、成等4州。十二月,析凤州置武兴军节度使。

此后至咸康元年(925)十一月,秦州天雄军节度使一直领秦、阶、成等3州未更。

6.12.1 秦州(915—925),治成纪县

岐王旧州。

永平五年(915),秦州领成纪、清水、长道等3县。

此后至咸康元年(925)十一月,秦州领县未更,一如永平五年。

6.12.2 阶州(915—925),治将利县

岐王旧州。

永平五年(915),阶州领将利、福津2县。

此后至咸康元年(925)十一月,阶州领县未更,一如永平五年。

6.12.3 成州(915—925),治同谷县

岐王旧州。

永平五年(915),成州领同谷1县。

此后至咸康元年(925)十一月,成州领县未更,一如永平五年。

6.12.4 凤州(915),治梁泉县(参见6.13.1)

6.13 凤州武兴军节度使(915—925),治凤州

前蜀新置。

永平五年(915)十二月,析秦州天雄军节度使所领凤州置武兴军节度使,以山南节度使所领文、兴2州隶属之。不久,扶州又自山南节度使来属。

此后至咸康元年(925)十一月,凤州武兴军节度使辖区未更。

6.13.1　凤州(915—925),治梁泉县

岐王旧州。

永平五年(915),凤州领梁泉、两当、河池等3县。

此后至咸康元年(925)十一月,凤州领县未更,一如天复七年。

6.13.2　文州(915—925),治曲水县

前蜀旧州。

天复七年(907),文州领曲水1县。

此后至咸康元年(925)十一月,文州领县未更,一如天复七年。

6.13.3　兴州(915—925),治顺政县

前蜀旧州。

天复七年(907),兴州领顺政、长举2县。

此后至咸康元年(925)十一月,兴州领县未更,一如天复七年。

6.13.4　扶州(915？—925),治同昌县

前蜀旧州。

天复七年(907),扶州领同昌、帖夷、万全、钳川等4县。

此后至咸康元年(925)十一月,扶州领县未更,一如天复七年。

第七章 后　　蜀

后唐应顺元年(934)闰正月,剑南东西两川节度使、蜀王孟知祥称帝,是为高祖。建都成都府,国号蜀,史称后蜀。同年四月,改元明德。后蜀广政二十二年(965)二月,后蜀为北宋所灭。

自后蜀明德元年(934)至广政二十二年(959)①,与后蜀并峙或一度并存的其他割据政权(势力)尚有不少。在北方有后唐(934—936)、定难(934—959)、归义(934—959)、后晋(936—946)、后汉(947—950)、后周(951—959)、北汉(951—959),在南方有南唐(937—959)、吴越(934—959)、闽(934—945)、南平(934—959)、楚(934—951)、南汉(934—959)、静海(934—959)、殷(943—944)、清源(949—959)及湖南(952—959)等。

明德元年(934)闰正月,后蜀领有直隶地区(包括成都府及眉、嘉、戎、彭、维、茂、汉、简、资、蜀、陵、荣、雅、黎、邛等 15 州)、①剑南东川节度使(辖梓、绵、普、剑、龙等 5 州)、②遂州武信军节度使(辖遂、合、渝、泸、昌等 5 州)、③夔州宁江军节度使(辖夔、忠、万、施等 4 州)、④山南节度使(辖兴元府 1 府及兴、文 2 州)、⑤利州昭武军节度使(辖利、通、巴、集等 4 州)、⑥源州武定军节度使(辖源、壁 2 州)、⑦黔州武泰军节度使(辖黔、涪 2 州)、⑧阆州保宁军节度使(辖阆、果、蓬、渠、开等 5 州)。五月,后蜀夺得后唐秦州雄武军节度使之阶、成 2 州,成州旋为后唐收复。从地望上看,阶州当属山南节度使。七月,以直隶之雅、邛、黎等 3 州置⑨雅州永平军节度使。

明德四年(937)(?),阶州为后晋夺取,山南节度使复领兴元府及兴、文 2 州。

广政四年(941)(?),剑南东川节度使改称梓州武德军节度使。

广政五年(942)(?),析直隶之彭州复置灌州,为直隶州。

广政十年(947)正月,后晋⑩秦州雄武军节度使来降,领秦、阶、成等 3 州。四月,后晋凤州防御使来降,随后置为⑪凤州节度使,领凤、文、兴等 3 州(其中

---

① 在此需要说明的是,虽然后蜀直至广政二十八年(965)才亡于北宋,但本章的政区沿革叙述下限仍止于 959 年,以与本卷所界定的论述时段一致。

文、兴 2 州自山南节度使来属)。

广政十一年(948)六月,后汉⑫凤翔节度使降于后蜀,领凤翔府及陇、义、乾等 3 州。八月,凤翔节度使改称岐阳军节度使。

广政十二年(949)十二月,后汉攻取⑪岐阳军节度使,复称凤翔节度使。

广政十八年(955)正月,凤州节度使易为威武军节度使。九月,⑩秦州雄武军节度使为后周夺取。十一月,凤州为后周夺取,属秦州雄武军节度使,⑨凤州节度使废,仍为后蜀控制之文、兴 2 州还属山南节度使。

广政二十一年(958)正月,析阆州保宁军节度所领果州、利州昭武军节度所领通州置⑩永宁军节度使,治果州。

下面按地域进行划分,以广政十七年(954)为基准年分节列目,将后蜀所辖政区进行概述(参见图 1-7)。

第一节　直隶地区、梓州武德军(剑南东川)节度使、遂州武信军节度使、雅州永平军节度使

广政十七年(954),后蜀在原唐剑南道区域内领有直隶地区、梓州武德军节度使、遂州武信军节度使、雅州永平军节度使。本节即分别对上述直隶地区与各节度使的辖区及所属各州(府)的沿革作一概述。

7.1　直隶地区(934—959)

后唐剑南西川节度使辖区。

明德元年(934)闰正月,孟知祥称帝,以成都府为国都,废剑南西川节度使,成都府及眉、嘉、戎、彭、维、茂、汉、简、资、蜀、陵、荣、雅、黎、邛等 15 州直隶后蜀。七月,析雅、黎、邛等 3 州置雅州永平军节度使。

广政五年(942)(?),复析彭州导江县置灌州,仍属直隶。

此后至广政二十二年(959)底,直隶地区辖区未再变更。

7.1.1　成都府(934—959),治成都县

后唐旧府。

明德元年(934)闰正月,成都府领成都、华阳、新都、新繁、犀浦、双流、广都、郫、温江、灵池等 10 县。

此后至广政二十二年(959)底,成都府领县未更,一如明德元年。

7.1.2　汉州(934—959),治雒县

后唐旧州。

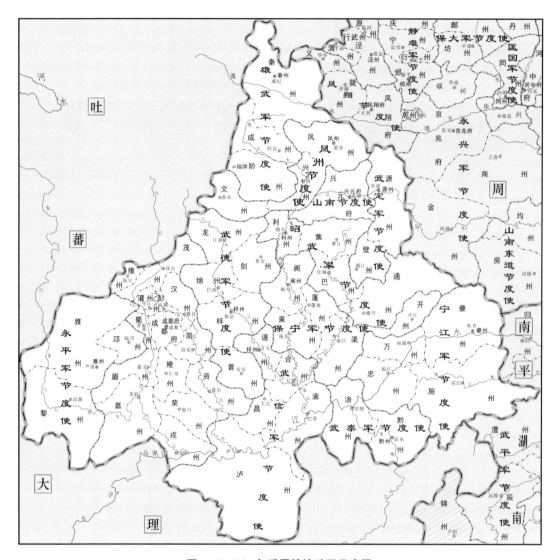

图 1-7　954 年后蜀辖境政区示意图

明德元年(934)闰正月,汉州领雒、德阳、什邡、绵竹、金堂等 5 县。

此后至广政二十二年(959)底,汉州领县未更,一如明德元年。

7.1.3　彭州(934—959),治九陇县

后唐旧州。

明德元年(934)闰正月,彭州领九陇、濛阳、导江、唐昌等 4 县。

广政五年(942)(?),割导江县置灌州。

此后至广政二十二年(959)底,彭州领九陇、濛阳、唐昌等3县。

7.1.4 灌州(942?—959),治导江县

后蜀新置。

广政五年(942)(?),割彭州导江县置灌州,仅领导江1县。

此后至广政二十二年(959)底,灌州领导江1县。

7.1.5 蜀州(934—959),治晋原县

后唐旧州。

明德元年(934)闰正月,蜀州领晋原、青城、唐兴、新津等4县。

广政十六年(953),析青城县置永康县。

此后至广政二十二年(959)底,蜀州晋原、青城、唐兴、新津、永康等5县。

7.1.6 眉州(934—959),治通义县

后唐旧州。

明德元年(934)闰正月,眉州领通义、彭山、丹棱(稜)、洪雅、青神等5县。

此后至广政二十二年(959)底,眉州领县未更,一如明德元年。

7.1.7 嘉州(934—959),治龙游县

后唐旧州。

明德元年(934)闰正月,嘉州领龙游、平羌、峨眉、夹江、玉津、绥山、罗目、犍为等8县。

此后至广政二十二年(959)底,嘉州领县未更,一如明德元年。

7.1.8 陵州(934—959),治仁寿县

后唐旧州。

明德元年(934)闰正月,陵州领仁寿、贵平、井研、始建、籍等5县。

此后至广政二十二年(959)底,陵州领县未更,一如明德元年。

7.1.9 荣州(934—959),治旭川县

后唐旧州。

明德元年(934)闰正月,荣州领旭川、应灵、公井、资官、威远、和义等6县。

此后至广政二十二年(959)底,荣州领县未更,一如明德元年。

7.1.10 资州(934—959),治盘石县

后唐旧州。

明德元年(934)闰正月,资州领盘石、资阳、清溪、内江、月山、龙水、银山、丹山等8县。

此后至广政二十二年(959)底,资州领县未更,一如明德元年。

7.1.11 戎州(934—959),治僰道县

后唐旧州。

明德元年(934)闰正月,戎州领僰道、南溪、义宾、开边、归顺等5县。

此后至广政二十二年(959)底,戎州领县未更,一如明德元年。

7.1.12 简州(934—959),治阳安县

后唐旧州。

明德元年(934)闰正月,简州领阳安、金水、平泉等3县。

此后至广政二十二年(959)底,简州领县未更,一如明德元年。

7.1.13 维州(934—959),治保宁县

后唐旧州。

明德元年(934)闰正月,维州领保宁、通化等2县。

此后至广政二十二年(959)底,维州领县未更,一如明德元年。

7.1.14 茂州(934—959),治汶山县

后唐旧州。

明德元年(934)闰正月,茂州领汶山、石泉、汶川等3县。

此后至广政二十二年(959)底,茂州领县未更,一如明德元年。

7.1.15 雅州(934),治严道县(参见7.4.1)

7.1.16 黎州(934),治汉源县(参见7.4.3)

7.1.17 邛州(934),治临邛县(参见7.4.2)

7.2 剑南东川节度使(934—941)—**梓州武德军节度使(941—959),治梓州**

后唐旧镇。

明德元年(934)闰正月,剑南东川节度使领梓、绵、普、龙、剑等5州,治梓州。

广政四年(941),剑南东川节度使改称梓州武德军节度使。

此后至广政二十二年(959)底,梓州武德军节度使一直领梓、绵、普、龙、剑等5州。

7.2.1 梓州(934—959),治郪县

后唐旧州。

明德元年(934)闰正月,梓州辖郪、射洪、通泉、玄武、盐亭、飞乌、永泰、铜山、涪城等9县。

此后至广政二十二年(959)底,梓州领县未更,一如明德元年。

7.2.2 绵州(934—959),治巴西县

后唐旧州。

明德元年(934)闰正月,绵州领巴西、彰明、魏城、罗江、神泉、盐泉、龙安、西昌等8县。

此后至广政二十二年(959)底,绵州领县未更,一如明德元年。

7.2.3 普州(934—959),治安岳县

后唐旧州。

明德元年(934)闰正月,普州领安岳、安居、普慈、乐至、普康、崇龛等6县。

此后至广政二十二年(959)底,普州领县未更,一如明德元年。

7.2.4 剑州(934—959),治普安县

后唐旧州。

明德元年(934)闰正月,剑州领普安、普成、永归、梓潼、阴平、临津、武连、剑门等8县。

此后至广政二十二年(959)底,剑州领县未更,一如明德元年。

7.2.5 龙州(934—959),治江油县

后唐旧州。

明德元年(934)闰正月,龙州领江油、清川等2县。

此后至广政二十二年(959)底,龙州领县未更,一如明德元年。

7.3 遂州武信军节度使(934—959),治遂州

后唐旧镇。

明德元年(934)闰正月,遂州武信军节度使领遂、合、渝、泸、昌等5州。

此后至广政二十二年(959)底,遂州武信军节度使辖区未更。

7.3.1 遂州(934—959),治方义县

后唐旧州。

明德元年(934)闰正月,遂州领方义、长江、蓬溪、青石、遂宁等5县。

此后至广政二十二年(959)底,遂州领县未更,一如明德元年。

7.3.2 合州(934—959),治石镜县

后唐旧州。

明德元年(934)闰正月,合州领石镜、新明、汉初、赤水、巴川、铜梁等6县。

此后至广政二十二年(959)底,合州领县未更,一如明德元年。

7.3.3 渝州(934—959),治巴县

后唐旧州。

明德元年(934)闰正月,渝州领巴、南平、江津、万寿、壁山等5县。

此后至广政二十二年(959)底,渝州领县未更,一如明德元年。

7.3.4　泸州(934—959),治泸川县

后唐旧州。

明德元年(934)闰正月,泸州领泸川、富义、江安、合江、绵水等5县。

此后至广政二十二年(959)底,泸州领县未更,一如明德元年。

7.3.5　昌州(934—959),治大足县

后唐旧州。

明德元年(934)闰正月,昌州领大足、静南、昌元、永川等4县。

此后至广政二十二年(959)底,昌州领县未更,一如明德元年。

7.4　雅州永平军节度使(934—959),治雅州

后蜀新置。

明德元年(934)七月,以后蜀直隶地区之雅、邛、黎等3州置雅州永平军节度使。

此后至广政二十二年(959)底,雅州永平军节度使辖区未更。

7.4.1　雅州(934—959),治严道县

后唐旧州。

明德元年(934)闰正月,雅州领严道、卢山、名山、百丈、荣经等5县。

此后至广政二十二年(959)底,雅州领县未更,一如明德元年。

7.4.2　邛州(934—959),治临邛县

后唐旧州。

明德元年(934)闰正月,邛州领临邛、依政、安仁、大邑、蒲江、临溪、火井等7县。

此后至广政二十二年(959)底,邛州领县未更,一如明德元年。

7.4.3　黎州(934—959),治汉源县

后唐旧州。

明德元年(934)闰正月,黎州领汉源、通望2县。

此后至广政二十二年(959)底,黎州领县未更,一如明德元年。

第二节　夔州宁江军节度使、黔州武泰军节度使

广政十七年(954),后蜀在原唐山南东道和黔中道区域内置有夔州宁江军节度使和黔州武泰军节度使。本节即分别对上述各节度使的辖区及所属各州

的沿革作一概述。

7.5 夔州宁江军节度使(934—959),治夔州

后唐旧镇。

明德元年(934)闰正月,夔州宁江军节度使领夔、忠、万、施等4州。

此后至广政二十二年(959)底,夔州宁江军节度辖区未更。

7.5.1 夔州(934—959),治奉节县

后唐旧州。

明德元年(934)闰正月,夔州领奉节、云安、巫山、大昌等4县。

此后至广政二十二年(959)底,夔州领县未更,一如明德元年。

7.5.2 忠州(934—959),治临江县

后唐旧州。

明德元年(934)闰正月,忠州领临江、丰都、南宾、垫江、桂溪等5县。

此后至广政二十二年(959)底,忠州领县未更,一如明德元年。

7.5.3 万州(934—959),治南浦县

后唐旧州。

明德元年(934)闰正月,万州领南浦、武宁、梁山等3县。

此后至广政二十二年(959)底,万州领县未更,一如明德元年。

7.5.4 施州(934—959),治清江县

后唐旧州。

明德元年(934)闰正月,施州领清江、建始2县。

此后至广政二十二年(959)底,施州领县未更,一如明德元年。

7.6 黔州武泰军节度使(934—959),治黔州

后唐旧镇。

明德元年(934)闰正月,黔州武泰军节度使领黔、涪2州。

此后至广政二十二年(959)底,黔州武泰军节度使辖区未更。

7.6.1 黔州(934—959),治彭水县

后唐旧州。

明德元年(934)闰正月,黔州领彭水、黔江、洪杜、洋水、信宁、都濡等6县。

此后至广政二十二年(959)底,黔州领县未更,一如明德元年。

7.6.2 涪州(934—959),治涪陵县

后唐旧州。

明德元年(934)闰正月,涪州领涪陵、宾化、武龙、乐温、温山等 5 县。
此后至广政二十二年(959)底,涪州领县未更,一如明德元年。

第三节　山南、利州昭武军、阆州保宁军、源州武定军、凤州(凤州威武军)、秦州雄武军诸节度使
[附:凤翔(岐阳军)节度使、果州永宁军节度使]

广政十七年(954),后蜀在原唐山南西道和陇右道区域内置有山南节度使、利州昭武军节度使、阆州保宁军节度使、源州武定军节度使、凤州节度使、秦州雄武军节度使。另,在原唐关内道西部后蜀曾一度置有凤翔(岐阳军)节度使,因地域相近,附录于此。本节即分别对上述各节度使的辖区及所属各州(府)的沿革作一概述。

7.7　山南节度使(934—959),治兴元府
后唐山南西道节度使辖区。

明德元年(934)闰正月,后蜀称原后唐山南西道节度使为山南节度使,领兴元府及兴、文 2 州,治兴元府。

广政十年(947)四月(?),兴、文 2 州别属凤州节度使。

广政十八年(955)十一月,凤州为后周攻取,凤州威武军节度使废,所辖兴、文 2 州来属。

此后至广政二十二年(959)底,山南节度使领兴元府及兴、文 2 州。

7.7.1　兴元府(934—959),治南郑县
后唐旧府。

明德元年(934)闰正月,兴元府领南郑、褒城、城固、西、三泉等 5 县。
此后至广政二十二年(959)底,兴元府领县未更,一如明德元年。

7.7.2　兴州(934—947、955—959),治顺政县(参见 7.11.3)

7.7.3　文州(934—947、955—959),治曲水县(参见 7.11.2)

7.8　利州昭武军节度使(934—959),治利州
后唐旧镇。

明德元年(934)闰正月,利州昭武军节度使领利、巴、集、通等 4 州。

广政二十一年(958)正月,割通州隶果州永宁军节度。

此后至广政二十二年(959)底,利州昭武军节度使领利、巴、集等 3 州。

7.8.1 利州(934—959),治绵谷县

后唐旧州。

明德元年(934)闰正月,利州领绵谷、胤山、葭萌、益光等 4 县。

此后至广政二十二年(959)底,利州领县未更,一如明德元年。

7.8.2 巴州(934—959),治化城县

后唐旧州。

明德元年(934)闰正月,巴州领化城、盘道、清化、曾口、归仁、始宁、其章、恩阳、七盘等 9 县。

此后至广政二十二年(959)底,巴州领县未更,一如明德元年。

7.8.3 集州(934—959),治难江县

后唐旧州。

明德元年(934)闰正月,集州领难江、大牟、嘉川、通平等 4 县。

此后至广政二十二年(959)底,集州领县未更,一如明德元年。

7.8.4 通州(934—958),治通川县

后唐旧州。

明德元年(934)闰正月,通州领通川、永穆、三冈、石鼓、东乡、宣汉、新宁、巴渠、阆英等 9 县。

此后至广政二十二年(959)底,通州领县未更,一如明德元年。

7.9 阆州保宁军节度使(934—959),治阆州

后唐旧镇。

明德元年(934)闰正月,阆州保宁军节度使领阆、果、蓬、渠、开等 5 州。

广政二十一年(958)正月,析果州别置永宁军节度使。

此后至广政二十二年(959)底,阆州保宁军节度使领阆、蓬、渠、开等 4 州。

7.9.1 阆州(934—959),治阆中县

后唐旧州。

明德元年(934)闰正月,阆州领阆中、晋安、南部、苍溪、西水、奉国、新井、新政、岐坪等 9 县。

此后至广政二十二年(959)底,阆州领县未更,一如明德元年。

7.9.2 果州(934—958),治南充县

后唐旧州。

明德元年(934)闰正月,果州领南充、相如、流溪、西充、岳池等 5 县。

此后至广政二十二年(959)底,果州领县未更,一如明德元年。

7.9.3　蓬州(934—959),治蓬池县

后唐旧州。

明德元年(934)闰正月,蓬州领蓬池、良山、仪陇、伏虞、宕渠、蓬山、朗池等7县。

此后至广政二十二年(959)底,蓬州领县未更,一如明德元年。

7.9.4　渠州(934—959),治流江县

后唐旧州。

明德元年(934)闰正月,渠州领流江、渠江、潾山、大竹、潾水等5县。

此后至广政二十二年(959)底,渠州领县未更,一如明德元年。

7.9.5　开州(934—959),治开江县

后唐旧州。

明德元年(934)闰正月,开州领开江、新浦、万岁等3县。

此后至广政二十二年(959)底,开州领县未更,一如明德元年。

7.10　源州武定军节度使(934—959),治源州

后唐旧镇。

明德元年(934)闰正月,源州武定军节度使领源、壁2州。

此后至广政二十二年(959)底,源州武定军节度使辖区未更。

7.10.1　源州(934—959),治兴道县

后唐旧州。

明德元年(934)闰正月,源州领兴道、西乡、黄金、真符等4县。

此后至广政二十二年(959)底,源州领县未更,一如明德元年。

7.10.2　壁州(934—959),治通江县

后唐旧州。

明德元年(934)闰正月,壁州领通江、广纳、符阳、白石、东巴等5县。

此后至广政二十二年(959)底,壁州领县未更,一如明德元年。

7.11　凤州节度使(947—955)—凤州威武军节度使(955),治凤州

后蜀新置。

广政十年(947)四月,后晋凤州来降,随后置为凤州节度使,除凤州外,尚领原属山南节度使之文、兴2州。

广政十八年(955)正月,凤州节度使改称威武军节度使。十一月,凤州威

武军节度使被后周攻取,文、兴二州复属后蜀山南节度使。

7.11.1 凤州(947—955),治梁泉县

后晋旧州。

广政十年(947)四月,凤州领梁泉、两当、河池等3县。

此后至广政二十二年(959)底,凤州领县未更,一如明德元年。

7.11.2 文州(947—955),治曲水县

后蜀旧州。

广政十年(947)四月(?),文州领曲水1县。

此后至广政二十二年(959)底,文州领县未更,一如明德元年。

7.11.3 兴州(947—955),治顺政县

后蜀旧州。

广政十年(947)四月(?),兴州领顺政、长举2县。

此后至广政二十二年(959)底,兴州领县未更,一如明德元年。

7.12 秦州雄武军节度使(947—955),治秦州

后晋旧镇。

广政十年(947)正月,后晋秦州雄武军节度使来降,领秦、阶、成等3州。

广政十八年(955)九月,秦州雄武军节度使为后周攻取。

7.12.1 秦州(947—955),治成纪县

后晋旧州。

广政十年(947),秦州领成纪、清水、长道、天水、陇城等5县。

此后至广政十八年(955)九月,秦州领县未更,一如明德元年。

7.12.2 阶州(947—955),治福津县

后晋旧州。

广政十年(947),阶州领福津、将利2县。

此后至广政十八年(955)九月,阶州领县未更,一如明德元年。

7.12.3 成州(947—955),治同谷县

后晋旧州。

广政十年(947),成州领同谷、栗亭2县。

此后至广政十八年(955)九月,成州领县未更,一如明德元年。

附:

7.13 凤翔节度使(948)—岐阳军节度使(948—949),治凤翔府

后汉旧镇。

广政十一年(948)六月,后汉凤翔节度使归降后蜀。八月,后蜀改称岐阳军节度使,领凤翔府及陇、义、乾等3州。

此后至广政十二年(949)十一月,岐阳军节度使辖区未更。十二月后汉攻取岐阳军节度使,复称凤翔节度使。

7.13.1　凤翔府(947—950),治天兴县(参见 4.35.1)

7.13.2　陇州(947—950),治汧源县(参见 4.35.2)

7.13.3　义州(947—950),治华亭乡(参见 4.35.3)

7.13.4　乾州(947—950),治奉天县(参见 4.35.4)

7.14　果州永宁军节度使(958—959),治果州

后蜀新置。

广政二十一年(958)正月,以阆州保宁军节度使之果州与利州昭武军节度使之通州置永宁军节度使,治果州。

此后至广政二十二年(959)底,果州永宁军节度使领果、通 2 州未更。

7.14.1　果州(958—959),治南充县(参见 7.9.2)

7.14.2　通州(958—959),治通川县(参见 7.8.4)

第八章　南平(荆南)

后梁开平元年(907)五月,以高季昌为荆南节度使。乾化三年(913)八月,封高季昌为渤海王。九月,荆南高氏与后梁断绝关系而成为割据政权。贞明三年(917)五月,荆南在名义上修复了与后梁间的臣属关系,但割据一方的事实并未发生改变。

后唐同光元年(924)三月,封高季兴为南平王,史称此后的高氏政权为南平。天成三年(吴乾贞二年,928)六月,后唐出师讨南平,高季兴以荆、归、峡3州臣于吴,以吴乾贞为年号,吴册季兴秦王。是年冬,高季兴卒,长子从诲立。天成四年(929)六月,高从诲自称前荆南行军司马、归州刺史,上表后唐请求内附。七月,后唐以从诲为荆南节度使兼侍中。应顺元年(934)正月,后唐"制以荆南节度使、检校太尉、兼中书令、江陵尹、渤海郡侯高从诲可封南平王"。

后晋天福二年(937)正月,后晋给高从诲加食邑实封,改功臣名号。

后汉天福十二年(947)八月,高从诲附于南唐、后蜀,与后汉断绝关系。乾祐元年(948)六月,高从诲遣使上表,向后汉谢罪,恢复了与后汉的关系。十月,高从诲卒,其子保融立。

后周广顺元年(951)正月,晋封高保融为渤海郡王。显德元年(954)正月,封荆南节度、荆归峡观察等使、检校太师、兼中书令、江陵尹、渤海郡王高保融为南平王。

北宋建隆元年(960),加封高保融守太傅。八月,保融卒,北宋以其弟保勖为荆南节度使。建隆三年(962)十一月,保勖卒,以保融子继冲为检校太保、江陵尹、荆南节度使。建隆四年(963)二月,北宋军入江陵,荆南节度使辖区成为北宋领土①。

在913—959年期间,与荆南(南平)政权并峙或一度并存的其他割据政权(势力)尚有不少。在北方有后梁(913—923)、晋王(913—923)[后唐(923—

---

① 在此需说明的是,虽然荆南直至公元963年才亡于北宋,但本章的政区沿革叙述下限仍止于959年,以与本卷所界定的论述时段一致。

936)]、岐王(913—923)、燕国(913)、赵王(913—914)、北平王(913—914)、定难(913—959)、西汉金山国(913—914)[归义(914—959)]、后晋(936—946)、后汉(947—950)、后周(951—959)、北汉(951—959),在南方有:前蜀(913—923)、后蜀(934—959)、吴王(913—919)[吴国(919—937)]、南唐(937—959)、吴越(913—959)、闽王(913—933)[闽国(933—945)]、楚王(913—927)[楚国(927—951)]、南海王(913—917)[大越(917)、南汉(918—959)]、静海(913—930,931—959)、清源(949—959)及湖南(952—959)等。

下文以后唐天成元年(926)为基准年,将南平(荆南)政权所辖政区作一概述(参见图1-8)。

荆南节度使

后唐天成元年(926),南平政权在原唐山南东道区域内据有荆南节度使,本节即对该节度使的辖区及所属各州(府)的沿革作一概述。

8.1 荆南节度使(荆南913—924,南平924—959),治江陵府

后梁旧镇。

后梁乾化三年(913)九月,荆南节度使领江陵府及归、峡、复等3州,治江陵府。

后梁贞明五年(919)?,以江陵府荆门县地置荆门军,寻废。

后唐同光元年(923)(?),复州又为后唐所据。

后唐同光二年(924)五月,后唐邓州威胜军节度使所领复州复来属。

后唐天成元年(926)六月,后唐夔、忠、万等3州与云安监来属。

后唐天成二年(927)五月,复州为后唐复取。七月,夔、忠、万等3州与云安监为后唐复取。

后唐天成三年(928)十一月,归州为后唐攻取。

后唐长兴元年(930)(?),归州复自后唐还属。

此后至后周显德六年(959),荆南节度使一直领江陵府及归、峡2州。

8.1.1 江陵府(913—959),治江陵县

后梁旧府。

后梁乾化三年(913)九月,江陵府领江陵、枝江、当阳、长林、石首、松滋、公安、荆门、监利等9县。

后梁贞明五年(919)(?),废荆门县,以其地置荆门军,并以当阳县别属之。

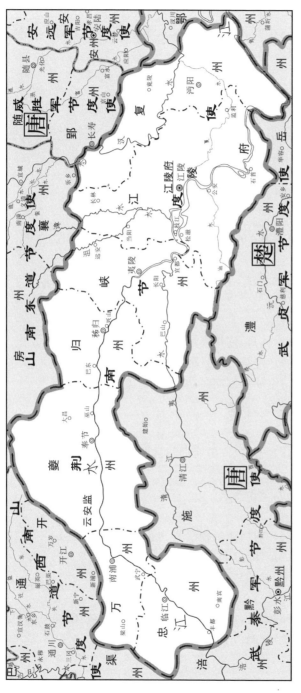

图 1-8 926年南平辖境政区示意图

年,荆门军废,当阳县还属。

此后至后周显德六年(959),江陵府一直领江陵、枝江、当阳、长林、石首、松滋、公安、监利等8县。

8.1.2 归州(913—928,930?—959),治秭归县

后梁旧州。

后梁乾化三年(913)九月,归州领秭归、巴东、兴山等3县。

此后至后周显德六年(959),归州领县未更,一如后梁乾化三年。

8.1.3 峡州(913—959),治夷陵县

后梁旧州。

后梁乾化三年(913)九月,峡州领夷陵、宜都、长阳、远安等4县。旋,析长阳县置巴山县。

此后至后周显德六年(959),峡州领夷陵、宜都、长阳、远安、巴山等5县。

8.1.4 复州(913—923?,924—927),治沔阳县(913—923?,924—936?)—景陵县(936?—959)

后梁旧州。

后梁乾化三年(913)九月,复州领沔阳、竟陵2县。

后晋天福(936)初,竟陵县改曰景陵县,并徙州治于景陵县。

此后复州为荆南节度使所领期间,皆领景陵、沔阳2县。

8.1.5 荆门军(919?),治当阳县

荆南新置。

后梁贞明五年(919)(?),以江陵府荆门县地置荆门军,寻废。荆门军存续期间,领当阳1县。

8.1.6 夔州(926—927),治奉节县

后唐旧州。

后唐天成元年(926)六月,夔州领奉节、巫山、大昌等3县。

此后至后唐天成二年(927)七月,夔州领县未更。

8.1.7 忠州(926—927),治临江县

后唐旧州。

后唐天成元年(926)六月,忠州领临江、丰都、南宾、垫江、桂溪等5县。

此后至后唐天成二年(927)七月,忠州领县未更。

8.1.8 万州(926—927),治南浦县

后唐旧州。

后唐天成元年(926)六月,万州领南浦、武宁、梁山等3县。
此后至后唐天成二年(927)七月,万州领县未更。

8.1.9 云安监(926—927)

后唐旧监。

后唐天成元年(926)六月至天成二年(927)七月,云安监无领县。

第九章　楚国(楚王)
(附：武贞、宁远、湖南)

后梁开平元年(907)四月,封潭州武安军节度使马殷为楚王。后唐天成二年(927)八月,封马殷为楚国王。楚国改潭州为长沙府,以此为都。长兴元年(930)十一月,马殷病亡,子希声嗣位,去建国之制,复藩镇之旧。长兴三年(932)七月,希声卒,弟希范立。应顺元年(934)正月,后唐封武安、武平节度使马希范为楚王。南唐保大九年(951)十月,南唐兵入楚都潭州,楚国灭亡。

自后梁开平元年至南唐保大九年(951),与楚王(国)并峙或一度并存的其他割据政权(势力)尚有不少。在北方有后梁(907—923)、晋王(907—923)[后唐(923—936)]、岐王(907—923)、卢龙(907—909)[燕王(909—911)、燕国(911—913)]、赵王(910—914)、北平王(910—914)、定难(907—951)、西汉金山国(907—914)[归义(914—951)]、后晋(936—946)、后汉(947—950)、后周(951),在南方有前蜀(907—925)、后蜀(934—951)、吴王(907—919)[吴国(919—937)]、南唐(937—951)、吴越(907—951)、威武(907—909)[闽王(909—945)、闽国(933—945)]、荆南(913—951)、大彭王(907—909)[南平王(909—910)、南海王(910—917)、大越(917)、南汉(918—951)]、武贞(907—908)、宁远(907—910)、邕管(岭南西道,907—910?)、江西(907—909)、百胜(909—918)、新州(907—910?)、高州(907—911)、静海(907—930,931—959)、殷(943—944)、清源(949—959)及湖南(952—959)等。

后梁开平元年(907)四月,楚王马殷领有①潭州武安军节度使(辖潭、衡、郴、连、道、永、邵等7州),②桂州静江军节度使(辖桂、宜、严、柳、象、融等6州)。六月,潭州武安军节度使增领从杨吴手中夺取的岳州。

开平二年(908)五月,马殷击败雷彦恭,夺取了其所据之③朗州武贞军节度使,改称永顺军节度使,领朗、澧、岳(由潭州武安军节度使来属)等3州。九月,取岭南清海军节度使刘隐所据昭、贺、梧、蒙、龚、富、思唐等7州,仍属桂州静江军节度使。

开平四年(910)十二月,④宁远军节度使庞巨昭以容管之地、高州防御使刘昌鲁以高州来降。

后梁乾化元年(911)十二月,③容州宁远军节度使以及高州为南汉攻取。

后梁龙德二年(922)(?),朗州永顺军节度使改称武顺军节度使。

后唐同光元年(923)十二月,朗州武顺军节度使又改称武贞军节度使。

后唐天成二年(927)八月,潭州武安军节度使所领潭州改称长沙府。

后唐长兴元年(930)十一月,长沙府武安军节度使所领长沙府改称潭州。

长兴二年(931)(?),朗州武贞军节度使又改称武平军节度使。

后晋天福三年(938)五月,潭州武安军节度使所领邵州改称敏州、郴州改称敦州。

天福四年(939)四月,析潭州武安军节度使所领永州置全州,升桂阳监为州级政区,皆属武安军节度使。又,大约在同年,朗州武平军节度使增领辰州。

天福七年(942),桂州静江军节度使所领思唐州改称思化州。

后晋开运三年(946)三月,析静江军节度使所领桂州置溥州,属静江军节度使。

后汉天福十二年(947),潭州武安军节度使所领敏州复称邵州、敦州复称郴州。桂州静江军节度使所领思化州复称思唐州。

后汉乾祐元年(948)十二月,桂州静江军节度使所领贺、昭2州为南汉所取。

南唐保大八年(950)九月,②朗州武平军节度使马希萼臣属南唐。

保大九年(951)六月,朗州武平军节度使又为马楚旧将刘言所据。十月,南唐兵入潭州,楚国灭亡,武安军节度使所领潭、衡、道、永、邵、全等6州为南唐所据。十一月,桂州静江军节度使所领桂、溥、宜、严、柳、象、融、梧、蒙、龚、富、思唐等12州被南汉攻取,静江军节度使全境为南汉所据。同月,南汉攻取连州、桂阳监。十二月,南汉又取郴州。

后周广顺二年(952)十月,马楚旧将(湖南)王逵任武安军节度使,据有潭、衡、道、永、邵、全等6州。

广顺三年(953)八月,朗州武平军节度使又为王逵所据,迁治潭州。

后周显德元年(954)五月,武平军节度使复徙治朗州。

显德三年(956)二月,潭州武安军节度使、朗州武平军节度使又为周行逢所据。

下面以后梁开平四年(910)为基准年分节列目,将楚王(国)所辖政区作一概述(参见图1-9)。

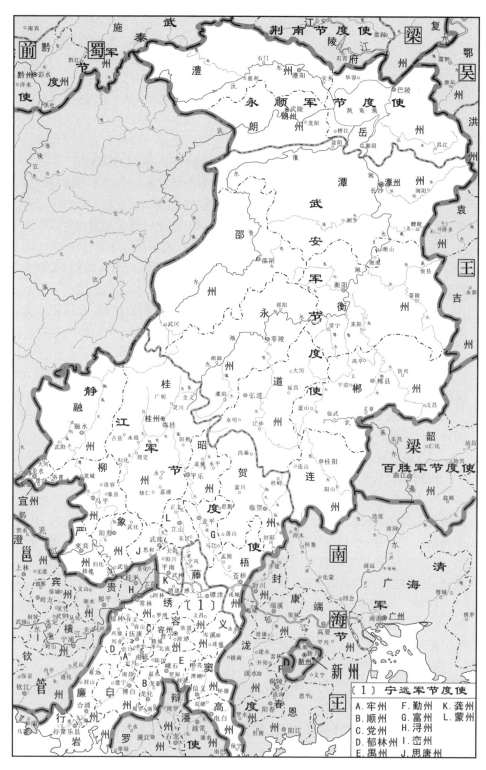

图 1-9　910 年楚王辖境政区示意图

第一节　潭州(长沙府)武安军节度使、朗州永顺军(武贞军、武顺军、武平军)节度使[附：楚王(国)羁縻州]

后梁开平四年(910),楚王在原唐江南西道区域内置有潭州武安军节度使和朗州永顺军节度使。本节即分别对上述二节度使的辖区及所属各州(府)的沿革作一概述。

9.1 潭州武安军节度使(楚王 907—927)—长沙府武安军节度使(楚 927—930)—潭州武安军节度使(后唐 930—934,楚 934—951), 治潭州(907—927)—长沙府(927—930)—潭州(930—951)

唐旧镇。

后梁开平元年(907)四月,潭州武安军节度使领潭、衡、郴、连、道、永、邵等7州。六月,增领从杨吴手中夺取的岳州。

开平二年(908)五月,岳州别属朗州永顺军节度使。

后唐天成二年(927)八月,潭州改称长沙府。

长兴元年(930)十一月,长沙府复称潭州。

后晋天福三年(938)五月,邵州改称敏州,郴州改称敦州。

天福四年(939)四月,析永州清湘、灌阳2县置全州。同年,以郴州平阳、临武2县之地属桂阳监。武安军节度使领潭、衡、敦、连、道、永、敏、全等8州及桂阳监。

后汉天福十二年(947),敏州复称邵州,敦州复称郴州。

南唐保大九年(951)十月,南唐兵入潭州,楚国灭亡,武安军节度使所领潭、衡、道、永、邵、全等6州为南唐所据。

9.1.1 潭州(907—927)—长沙府(927—930)—潭州(930—951),治长沙县

唐旧州。

后梁开平元年(907)四月,潭州领长沙、湘潭、湘乡、益阳、醴陵、浏阳等6县。

龙德二年(922)(?),衡州所领攸县来属。

后唐天成二年(927),潭州改称长沙府。

长兴元年(930),长沙府复称潭州。

清泰二年(935)(?),衡州所领衡山县来属,寻又还属衡州。

后晋天福四年(939),衡州所领茶陵县来属。

后汉乾祐二年(949),析长沙县置龙喜县,隶潭州。

此后至南唐保大九年(951)十月,潭州一直领长沙、湘潭、湘乡、益阳、醴陵、浏阳、攸、茶陵、龙喜等9县。

9.1.2 衡州(907—951),治衡阳县

唐旧州。

后梁开平元年(907)四月,衡州领衡阳、常宁、攸、茶陵、耒阳、衡山等6县。

龙德二年(922)(?),攸县别属潭州。

后唐清泰二年(935)(?),衡山县别属潭州,寻复还属。同年,析衡山县宜阳、熊耳两乡置安仁场,治熊耳乡。

后晋天福四年(939),茶陵县别属潭州。

此后至南唐保大九年(951)十月,衡州一直领衡阳、常宁、衡山、耒阳等4县及安仁场。

9.1.3 郴州(907—938)—敦州(938—947)—郴州(947—951),治郴县(907—938)—敦化县(938—947)—郴县(947—951)

唐旧州。

后梁开平元年(907)四月,郴州领郴、义章、义昌、平阳、资兴、高亭、临武、蓝山等8县。

后唐同光二年(924)八月,义昌县改称郴义县。

后晋天福三年(938)五月,郴州改称敦州,郴县改称敦化县,郴义县改称敦和县。

天福四年(939),平阳、临武2县别属桂阳监。

后汉天福十二年(947),敦州复称郴州,敦化县复称郴县,敦和县复称义昌县。

此后至南唐保大九年(951)十月,郴州一直领郴、义章、义昌、资兴、高亭、蓝山等6县。

9.1.4 连州(907—951),治桂阳县

唐旧州。

后梁开平元年(907)四月,连州领桂阳、阳山、连山等3县。

此后至南唐保大九年(951)十月,连州领县未更,一如开平元年。

9.1.5 道州(907—951),治弘道县

唐旧州。

后梁开平元年(907)四月,道州领弘道、延唐、江华、永明、大历等5县。同年,延唐县改称延昌县。

后唐同光二年(924)八月,延昌县复称延唐县。

后晋天福七年(942),延唐县又改称延喜县。

后汉天福十二年(947),延喜县又复称延唐县。

此后至南唐保大九年(951)十月,道州领弘道、延唐、江华、永明、大历等5县。

9.1.6 永州(907—951),治零陵县

唐旧州。

后梁开平元年(907)四月,永州领零陵、祁阳、湘源、灌阳等4县。

后唐天成元年(926),湘源县改称湘川县。

后晋天福元年(936),析零陵县地置东安场。

天福四年(939),析湘川、灌阳2县置全州。

此后至南唐保大九年(951)十月,永州领零陵、祁阳2县及东安场。

9.1.7 邵州(907—938)—敏州(938—947)—邵州(947—951),治邵阳县(907—938)—敏政县(938—947)—邵阳县(947—951)

唐旧州。

后梁开平元年(907)四月,邵州领邵阳、武冈2县。

后晋天福三年(938)五月,邵州改称敏州,邵阳县改称敏政县。

后汉天福十二年(947),敏州复称邵州,敏政县复称邵阳县。

此后至南唐保大九年(951)十月,邵州领邵阳、武冈2县。

9.1.8 全州(939—951),治清湘县

楚新置。

后晋天福四年(939)四月,以永州所领湘川置全州,改称清湘县,并割永州所领灌阳县来属。

此后至南唐保大九年(951)十月,全州领清湘、灌阳2县。

9.1.9 桂阳监(939—951)

唐旧监。

后晋天福四年(939),以郴州所领平阳、临武2县地来属,二县并废。升为州级政区。

五代十国期间,桂阳监一直无领县。

9.1.10 岳州(907—908),治巴陵县(参见9.2.3)

9.2 朗州永顺军节度使(楚王908—922?)—朗州武顺军节度使(楚王922?—923)—朗州武贞军节度使(楚王923—927,楚927—930,后唐930—931?)—朗州武平军节度使(后唐931?—934,楚934—950),**治朗州**

武贞旧镇。

后梁开平二年(908)五月,马殷攻取雷彦恭所据朗州武贞军节度使,改武贞军节度使为永顺军节度使,同时又以潭州武安军节度所领岳州来属,永顺军节度使共领朗、澧、岳等3州。

龙德二年(922)(?),永顺军节度使改称武顺军节度使。

后唐同光元年(923)十二月,武顺军节度使复称武贞军节度使。

长兴二年(931)(?),武贞军节度使又改称武平军节度使。

后晋天福四年(939)(?),原羁縻州辰州来属,升为正州。朗州武平军节度使领朗、澧、岳、辰等4州。

南唐保大八年(950)九月,朗州武平军节度使改属南唐。

9.2.1　朗州(908—950),治武陵县

武贞旧州。

后梁开平二年(908)五月,朗州领武陵、龙阳2县。

此后至南唐保大八年(950)九月,朗州领县未更,一如开平元年。

9.2.2　澧州(908—950),治澧阳县

武贞旧州。

后梁开平二年(908)五月,澧州领澧阳、安乡、石门、慈利等4县。

此后至南唐保大八年(950)九月,澧州领县未更,一如开平元年。

9.2.3　岳州(908—950),治巴陵县

吴王旧州。

后梁开平元年(907)六月,杨吴岳州为马楚所取,领巴陵、华容、桥江、湘阴、昌江等5县。

后唐同光二年(924)八月,昌江县改称平江县。

后唐清泰三年(936),析巴陵县地置王朝场。

此后至南唐保大八年(950)九月,岳州领巴陵、华容、桥江、湘阴、平江等5县及王朝场。

9.2.4　辰州(939?—950),治沅陵县(参见羁縻1)

附:

楚王(国)羁縻州

五代十国时期,马楚先后在原唐黔中道区域内设置了辰、叙、溪、锦、奖、懿(沿)等羁縻州。

羁縻1　辰州(912—939?),治沅陵县

唐旧州。

后梁开平元年(907)四月,辰州为"蛮夷"所据。

乾化二年(912)二月,辰州为马楚控制,领沅陵、卢溪、溆浦、麻阳、辰溪等5县。

龙德元年(921),辰州诸蛮复反,旋为马楚所平定。

后晋天福四年(939)(?),辰州由羁縻州升为正州,属朗州武平军节度使。

此后至南唐保大九年(951)十月,辰州一直领沅陵、卢溪、溆浦、麻阳、辰溪等5县。

羁縻2　叙州(912—951),治龙标县

唐旧州。

后梁开平元年(907)四月,叙州为"蛮夷"所据。

乾化二年(912)二月,叙州为马楚控制,领龙标、朗溪、潭阳等3县。

龙德元年(921),叙州诸蛮复反,旋为马楚所平定。

后晋天福七年(942)(?),析潭阳县置懿州。

此后至南唐保大九年(951)十月,叙州一直领龙标、朗溪2县。

羁縻3　溪州(940—951?),治大乡县

唐旧州。

后梁开平元年(907)四月,溪州为"蛮夷"所据。

后晋天福五年(940)二月,溪州刺史纳溪、锦、奖3州印,请降于楚。楚国以溪、锦、奖等3州为羁縻州。溪州领大乡、三亭2县。

南唐保大九年(951)十月,南唐兵入潭州,楚国灭亡,溪州复为溪洞诸蛮控制。

羁縻4　锦州(940—951),治卢阳县

唐旧州。

后梁开平元年(907)四月,溪州为"蛮夷"所据。

后晋天福五年(940)二月,溪州刺史纳溪、锦、奖3州印,请降于楚。楚国以溪、锦、奖等3州为羁縻州。锦州领卢阳、招谕、渭阳、常丰、洛浦等5县。

南唐保大九年(951)十月,南唐兵入潭州,楚国灭亡,锦州复为溪洞诸蛮控制。

羁縻5　奖州(940—951?),治峨山县

唐旧州。

后梁开平元年(907)四月,奖州为"蛮夷"所据。

后晋天福五年(940)二月,溪州刺史纳溪、锦、奖3州印,请降于楚。楚国以溪、锦、奖等3州为羁縻州。奖州领峨山、渭溪、梓姜等3县。

南唐保大九年(951)十月,南唐兵入潭州,楚国灭亡,奖州复为溪洞诸蛮

控制。

羁縻 6　懿州(942?—951?)—洽州(951?)

楚新置。

后晋天福七年(942)(?),析叙州所领潭阳县置懿州,领潭阳 1 县。

南唐保大九年(951)(?),懿州改称洽州。

南唐保大九年(951)十月,南唐兵入潭州,楚国灭亡,洽州复为溪洞诸蛮控制。

除以上各州外,在后晋天福八年(943),宁州酋长莫彦殊以所部温、那等 18 州,都云酋长尹怀昌率其昆明等十二部,牂柯张万浚率其夷、播等 7 州皆附于楚,均为楚国羁縻地区。

第二节　桂州静江军节度使、容州宁远军节度使

后梁开平四年(910),楚王在原唐岭南道区域内置有桂州静江军节度使、容州宁远军节度使。本节即分别对上述各节度使的辖区及所属各州的沿革作一概述。

9.3　桂州静江军节度使(楚王 907—927,楚 927—930,后唐 930—934,楚 934—951),治桂州

唐旧镇。

后梁开平元年(907)四月,桂州静江军节度使为马楚所据,领桂、宜、严、柳、象、融等 6 州。

开平二年(908)九月,马楚又取岭南清海军节度使刘隐所据昭、贺、梧、蒙、龚、富、思唐等 7 州,属桂州静江军节度使。

后晋天福七年(942),思唐州改称思化州。

开运三年(946),析桂州置溥州。

后汉天福十二年(947),思化州复称思唐州。

后汉乾祐元年(948)十二月,贺、昭 2 州为南汉攻取。

南唐保大九年(951)十月,南唐兵入潭州,楚国灭亡。十一月,桂州静江军节度使被南汉趁机攻取,所领桂、宜、严、柳、象、融、昭、贺、梧、蒙、龚、富、思唐、溥等 14 州尽入于南汉。

9.3.1　桂州(907—951),治临桂县

唐旧州。

后梁开平元年(907)四月,桂州领临桂、理定、灵川、阳朔、荔浦、丰水、修仁、慕化、永福、全义、古等11县。五月,慕化县改称归化县。同年,析灵川县置广明县。

开平四年(910),丰水县改称永宁县。

后唐同光元年(923),归化县复称慕化县。

后晋天福八年(943),析灵川县置义宁县。

开运三年(946),析全义县(并改称德昌)置溥州,以灵川、广明、义宁等3县别属之。

此后至南唐保大九年(951)十月,桂州领临桂、理定、阳朔、荔浦、永宁、修仁、慕化、永福、古等9县。

9.3.2 宜州(907—951),治龙水县

唐旧州。

后梁开平元年(907)四月,宜州领龙水、崖山、东玺、天河等4县。

此后至南唐保大九年(951)十月,宜州领县未更,一如开平元年。

9.3.3 严州(907—951),治来宾县

唐旧州。

后梁开平元年(907)四月,严州领来宾、修德、归化等3县。

此后至南唐保大九年(951)十月,严州领县未更,一如开平元年。

9.3.4 柳州(907—951),治马平县

唐旧州。

后梁开平元年(907)四月,柳州领马平、龙城、象、洛曹、洛容等5县。

此后至南唐保大九年(951)十月,柳州领县未更,一如开平元年。

9.3.5 象州(907—951),治阳寿县

唐旧州。

后梁开平元年(907)四月,象州领阳寿、武仙、武化等3县。

此后至南唐保大九年(951)十月,象州领县未更,一如开平元年。

9.3.6 融州(907—951),治融水县

唐旧州。

后梁开平元年(907)四月,融州领融水、武阳2县。

此后至南唐保大九年(951)十月,融州领县未更,一如开平元年。

9.3.7 昭州(908—948),治平乐县

大彭王旧州。

后梁开平二年(908)九月,昭州领平乐、恭城、永平等3县。

后汉乾祐元年(948)十二月,昭州为南汉攻取。

昭州为马楚所据期间,属县未更,一如开平二年。

9.3.8 贺州(908—948),治临贺县

大彭王旧州。

后梁开平二年(908)九月,贺州领临贺、桂岭、冯乘、封阳、富川、荡山等6县。

后汉乾祐元年(948)十二月,贺州为南汉攻取。

贺州为马楚所据期间,属县未更,一如开平二年。

9.3.9 梧州(908—951),治苍梧县

大彭王旧州。

后梁开平二年(908)九月,梧州领苍梧、戎城、孟陵等3县。

此后至南唐保大九年(951)十月,梧州领县未更,一如开平二年。

9.3.10 蒙州(908—951),治立山县

大彭王旧州。

后梁开平二年(908)九月,蒙州领立山、东区、正义等3县。

此后至南唐保大九年(951)十月,蒙州领县未更,一如开平二年。

9.3.11 龚州(908—951),治平南县

大彭王旧州。

后梁开平二年(908)九月,龚州领平南、武林、隋建、大同、阳川等5县。

此后至南唐保大九年(951)十月,龚州领县未更,一如开平二年。

9.3.12 富州(908—951),治龙平县

大彭王旧州。

后梁开平二年(908)九月,富州领龙平、思勤、马江等3县。

此后至南唐保大九年(951)十月,富州领县未更,一如开平二年。

9.3.13 思唐州(908—942)—思化州(942—947)—思唐州(947—951),治武郎县

大彭王旧州。

后梁开平二年(908)九月,思唐州领武郎、思和2县。

后晋天福七年(942),思唐州改称思化州。

后汉天福十二年(947),思化州复称思唐州。

此后至南唐保大九年(951)十月,思唐州领县未更,一如开平二年。

9.3.14 溥州(946—951),治德昌县

楚新置。

后晋开运三年(946)三月,以桂州全义县置,并改全义为德昌,另割桂州所领灵川、广明、义宁等3县来属。

此后至南唐保大九年(951)十月,溥州领德昌、灵川、广明、义宁等4县。

9.4 容州宁远军节度使(楚王910—911),治容州

宁远旧镇。

后梁开平四年(910)十二月,容州宁远军节度使庞巨昭来降,领容、藤、义、窦、禺、顺、白、廉、行岩、牢、党、郁林、绣等13州。

乾化元年(911)十二月,容州宁远军节度使又为广州清海军节度使刘隐之弟刘岩攻取。

容州宁远军节度使为马楚据有期间,辖区未更。

9.4.1 容州(910—911),治普宁县

宁远旧州。

后梁开平四年(910)十二月,容州领北流、普宁、陵城、渭龙、欣道、陆川等6县。

此后至乾化元年(911)十二月,容州领县未更,一如开平四年。

9.4.2 藤州(910—911),治镡津县

宁远旧州。

后梁开平四年(910)十二月,藤州领镡津、感义、义昌、宁风等4县。

此后至乾化元年(911)十二月,藤州领县未更,一如开平四年。

9.4.3 义州(910—911),治岑溪县

宁远旧州。

后梁开平四年(910)十二月,义州领岑溪、永业、连城等3县。

此后至乾化元年(911)十二月,义州领县未更,一如开平四年。

9.4.4 窦州(910—911),治信义县

宁远旧州。

后梁开平四年(910)十二月,窦州领信义、怀德、潭峨、特亮等4县。

此后至乾化元年(911)十二月,窦州领县未更,一如开平四年。

9.4.5 禺州(910—911),治峨石县

宁远旧州。

后梁开平四年(910)十二月,禺州领峨石、扶莱、罗辩等3县。

此后至乾化元年(911)十二月,禺州领县未更,一如开平四年。

9.4.6　顺州(910—911),治龙化县

宁远旧州。

后梁开平四年(910)十二月,顺州领龙化、温水、南河、龙豪等4县。

此后至乾化元年(911)十二月,顺州领县未更,一如开平四年。

9.4.7　白州(910—911),治博白县

宁远旧州。

后梁开平四年(910)十二月,白州领博白、建宁、周罗、南昌等4县。

此后至乾化元年(911)十二月,白州领县未更,一如开平四年。

9.4.8　廉州(910—911),治合浦县

宁远旧州。

后梁开平四年(910)十二月,廉州领合浦、封山、蔡龙、大廉等4县。

此后至乾化元年(911)十二月,廉州领县未更,一如开平四年。

9.4.9　行岩州(910—911),治行常乐县

宁远旧州。

后梁开平四年(910)十二月,行岩州领行常乐1县。

此后至乾化元年(911)十二月,行岩州领县未更,一如开平四年。

9.4.10　牢州(910—911),治南流县

宁远旧州。

后梁开平四年(910)十二月,牢州领南流、定川、宕川等3县。

此后至乾化元年(911)十二月,牢州领县未更,一如开平四年。

9.4.11　党州(910—911),治抚康县

宁远旧州。

后梁开平四年(910)十二月,党州领抚康、善劳、容山、怀义等4县。

此后至乾化元年(911)十二月,党州领县未更,一如开平四年。

9.4.12　郁林州(910—911),治郁林县

宁远旧州。

后梁开平四年(910)十二月,郁林州领郁林、兴德、兴业等3县。

此后至乾化元年(911)十二月,郁林州领县未更,一如开平四年。

9.4.13　绣州(910—911),治常林县

宁远旧州。

后梁开平四年(910)十二月,绣州领常林、阿林、罗绣等3县。

此后至乾化元年(911)十二月,绣州领县未更,一如开平四年。

附：

武　贞

朗州武贞军节度使为唐旧镇,五代初为武贞军节度使雷彦恭所据,领朗、澧2州,治朗州。

后梁开平二年(908)五月,马殷击败雷彦恭,夺取了朗州武贞军节度使。

武贞1　朗州武贞军节度使(907—908),治朗州

唐旧镇。

后梁开平元年(907),朗州武贞军节度使领朗、澧2州。

此后至开平二年(908)四月,朗州武贞军节度使辖区未更。

武贞1.1　朗州(907—908),治武陵县

唐旧州。

后梁开平元年(907)四月,朗州领武陵、龙阳2县。

此后至开平二年(908)五月,朗州领县未更,一如开平元年。

武贞1.2　澧州(908—908),治澧阳县

唐旧州。

后梁开平元年(907)四月,澧州领澧阳、安乡、石门、慈利等4县。

此后至开平二年(908)五月,澧州领县未更,一如开平元年。

宁　远

容州宁远军节度使为唐旧镇。五代初为宁远军节度使庞巨昭所据,领容、藤、义、窦、禺、顺、白、廉、行岩、牢、党、郁林、绣等13州,治容州。

后梁开平四年(910)十二月,庞巨昭降于楚将姚彦章,容管13州之地归于马楚。

宁远1　容州宁远军节度使(907—910),治容州

唐旧镇。

后梁开平元年(907),容州宁远军节度使领容、藤、义、窦、禺、顺、白、廉、行岩、牢、党、郁林、绣等13州。

此后至后梁开平四年(910)十二月,容州宁远军节度使辖区未更。

宁远1.1　容州(907—910),治普宁县

唐旧州。

后梁开平元年(907),容州领北流、普宁、陵城、渭龙、欣道、陆川等6县。

此后至开平四年(910)十二月,容州领县未更,一如开平元年。

宁远1.2　藤州(907—910),治镡津县

唐旧州。

后梁开平元年(907),藤州领镡津、感义、义昌、宁风等4县。

此后至开平四年(910)十二月,藤州领县未更,一如开平元年。

宁远1.3　义州(907—910),治岑溪县

唐旧州。

后梁开平元年(907),义州领岑溪、永业、连城等3县。

此后至开平四年(910)十二月,义州领县未更,一如开平元年。

宁远1.4　窦州(907—910),治信义县

唐旧州。

后梁开平元年(907),窦州领信义、怀德、潭峨、特亮等4县。

此后至开平四年(910)十二月,窦州领县未更,一如开平元年。

宁远1.5　禹州(907—910),治峨石县

唐旧州。

后梁开平元年(907),禹州领峨石、扶莱、罗辩等3县。

此后至开平四年(910)十二月,禹州领县未更,一如开平元年。

宁远1.6　顺州(907—910),治龙化县

唐旧州。

后梁开平元年(907),顺州领龙化、温水、南河、龙豪等4县。

此后至开平四年(910)十二月,顺州领县未更,一如开平元年。

宁远1.7　白州(907—910),治博白县

唐旧州。

后梁开平元年(907),白州领博白、建宁、周罗、南昌等4县。

此后至开平四年(910)十二月,白州领县未更,一如开平元年。

宁远1.8　廉州(907—910),治合浦县

唐旧州。

后梁开平元年(907),廉州领合浦、封山、蔡龙、大廉等4县。

此后至开平四年(910)十二月,廉州领县未更,一如开平元年。

宁远 1.9　行岩州(907—910),治行常乐县

唐旧州。

后梁开平元年(907),行岩州领行常乐 1 县。

此后至开平四年(910)十二月,行岩州领县未更,一如开平元年。

宁远 1.10　牢州(907—910),治南流县

唐旧州。

后梁开平元年(907),牢州领南流、定川、宕川等 3 县。

此后至开平四年(910)十二月,牢州领县未更,一如开平元年。

宁远 1.11　党州(907—910),治抚康县

唐旧州。

后梁开平元年(907),党州领抚康、善劳、容山、怀义等 4 县。

此后至开平四年(910)十二月,党州领县未更,一如开平元年。

宁远 1.12　郁林州(907—910),治郁林县

唐旧州。

后梁开平元年(907),郁林州领郁林、兴德、兴业等 3 县。

此后至开平四年(910)十二月,郁林州领县未更,一如开平元年。

宁远 1.13　绣州(907—910),治常林县

唐旧州。

后梁开平元年(907),绣州领常林、阿林、罗绣等 3 县。

此后至开平四年(910)十二月,绣州领县未更,一如开平元年。

湖　　南

南唐保大九年(951)六月,朗州武平军节度使为马楚旧将刘言所据。十月,南唐兵入潭州,楚国灭亡,武安军节度使所领潭、衡、道、永、邵、全等 6 州为南唐所据。后周广顺二年(952)十月,朗州武平军节度使刘言起兵反南唐,取潭州武安军节度使,并奉表称臣于后周,后周以刘言为朗州武平军节度使、王逵为潭州武安军节度使。广顺三年(953)八月,王逵杀刘言,另据朗州武平军节度使。显德元年(954)十一月,王逵复据有原楚国之羁縻州叙州和锦州。显德三年(956)二月,潭州武安军节度使、朗州武平军节度使又为周行逢所据。北宋建隆四年(963),潭、朗之地为北宋攻取。笔者将这一时期的潭州、朗州节度使辖区内出现的割据势力,权以"湖南"称之。

下文即分别对上述各节度使的辖区及所属各州的沿革作一概述。

湖南1　潭州武安军节度使(952—959),治潭州

南唐旧镇。

后周广顺二年(952)十月,马楚旧将王逵(王进逵)任武安军节度使,据有潭、衡、道、永、邵、全等6州。

显德三年(956)二月,潭州武安军节度使又为周行逢所据,而潭州武安军节度使辖区至五代末未更。

湖南1.1　潭州(952—959),治长沙县

南唐旧州。

后周广顺二年(952)十月,潭州领长沙、湘潭、湘乡、益阳、醴陵、浏阳、攸、茶陵、龙喜等9县。

此后至五代末,潭州领县未更,一如广顺二年。

湖南1.2　衡州(952—959),治衡阳县

南唐旧州。

后周广顺二年(952)十月,衡州领衡阳、常宁、衡山、耒阳等4县及安仁场。

此后至五代末,衡州领县未更,一如广顺二年。

湖南1.3　道州(952—959),治弘道县

南唐旧州。

后周广顺二年(952)十月,道州领弘道、延唐、江华、永明、大历等5县。

此后至五代末,道州领县未更,一如广顺二年。

湖南1.4　永州(952—959),治零陵县

南唐旧州。

后周广顺二年(952)十月,永州领零陵、祁阳2县及东安场。

此后至五代末,永州领县未更,一如广顺二年。

湖南1.5　邵州(952—959),治邵阳县

南唐旧州。

后周广顺二年(952)十月,邵州领邵阳、武冈2县。

此后至五代末,邵州领县未更,一如广顺二年。

湖南1.6　全州(952—959),治清湘县

南唐旧州。

后周广顺二年(952)十月,全州领清湘、灌阳2县。

此后至五代末,全州领县未更,一如广顺二年。

湖南2 朗州武平军节度使(951—953,治朗州)—潭州武平军节度使(953—954,治潭州)—朗州武平军节度使(954—959,治朗州)

楚旧镇。

南唐保大九年(951)六月,朗州武平军节度使为马楚旧将刘言所据,领朗、澧、岳、辰等4州。

后周广顺三年(953)八月,武平军节度使又为王逵所据,并迁治潭州。

显德元年(954)五月,武平军节度使复徙治朗州。

显德三年(956)二月,武平军节度使又为周行逢所据。此后至五代末,朗州武平军节度使未闻复有何变更。

湖南2.1 朗州(951—959),治武陵县

楚旧州。

南唐保大九年(951)六月,朗州领武陵、龙阳2县。

此后至五代末,朗州领县未更,一如保大九年。

湖南2.2 澧州(951—959),治澧阳县

楚旧州。

南唐保大九年(951)六月,澧州领澧阳、安乡、石门、慈利等4县。

此后至五代末,澧州领县未更,一如保大九年。

湖南2.3 岳州(951—959),治巴陵县

楚旧州。

南唐保大九年(951)六月,岳州领巴陵、华容、桥江、湘阴、昌江等5县及王朝场。

此后至五代末,岳州领县未更,一如保大九年。

湖南2.4 辰州(951—959),治沅陵县

楚旧州。

南唐保大九年(951)六月,辰州领沅陵、卢溪、溆浦、麻阳、辰溪等5县。

此后至五代末,辰州领县未更,一如保大九年。

另附湖南所控羁縻州如下:

湖南羁縻1 叙州(954—959),治龙标县

溪洞诸蛮旧州。

后周显德元年(954)十一月,叙州领龙标、朗溪2县。

此后至五代末,叙州领县未更,一如显德元年。

湖南羁縻 2 锦州(954—959),治卢阳县

溪洞诸蛮旧州。

后周显德元年(954)十一月,锦州领大乡、三亭 2 县。

此后至五代末,锦州领县未更,一如显德元年。

第十章 吴国(吴王)
(附:江西、百胜)

后梁开平元年(907)四月,朱温代唐,史称后梁。吴王杨行密仍沿用唐天祐年号。吴武义元年(919)四月,杨行密子隆演即吴王位,建宗庙、社稷,设百官如天子之制,改扬州为江都府,定都江都府。顺义七年(927)十一月,杨溥(行密子)称帝,改元乾贞。天祚三年(937)十月,徐知诰接受杨溥禅让,自称皇帝,改国号为唐,吴国灭亡。

自后梁开平元年至吴天祚三年九月,与吴王(国)并峙或一度并存的其他割据政权(势力)尚有不少。在北方有后梁(907—923)、岐王(907—923)、卢龙(907—909)[燕王(909—911)、燕国(911—913)]、赵王(910—914)、北平王(910—914)、定难(907—937)、西汉金山国(907—914)[归义(914—937)]、晋王(907—923)[后唐(923—936)]、后晋(936—937),在南方有前蜀(907—925)、后蜀(934—937)、吴越(907—937)、威武(907—909)[闽王(909—933);闽国(933—937)]、荆南(913—924)[南平(924—937)]、楚王(907—927)[楚国(927—937)]、江西(907—909)、百胜(909—918)、大彭王(907—909)[南平王(909—910)、南海王(910—917)、大越(917)、南汉(918—937)]、宁远(907—910)、邕管(岭南西道,907—910?)、新州(907—910?)、高州(907—910)、静海(907—930,931—937)等。

吴王天祐四年(907)四月,吴王领有①扬州淮南节度使(辖扬、和、滁、庐、舒、寿、楚、泗、濠、海、光等11州),②宣州都团练观察使(辖宣、歙、池等3州),③鄂岳都团练观察使(辖鄂、黄、蕲、岳等4州),④洪州镇南军节度使(辖洪、江、饶等3州)以及原唐润州镇海军节度使所领润、昇、常等3州。六月,鄂岳都团练观察使所辖之岳州为马殷夺取。

天祐六年(909)七月,吴王攻取江西抚、信、袁、吉等4州,以属洪州镇南军节度使。

天祐七年(910),置润州观察使。

天祐九年(912),以润州置⑤镇海军节度使,仍领润、昇、常等3州。升鄂岳都团练观察使为鄂州武昌军节度使,仍领鄂、黄、蕲等3州。

天祐十二年(915)八月,废④宣州都团练观察使,所领宣、池、歙等3州别属润州镇海军节度使。

天祐十四年(917)四月,析扬州淮南节度使所领庐、滁、舒等3州置⑤庐州都团练观察使。五月,镇海军节度使由润州徙治昇州。又,大约同年,析扬州淮南节度使所领濠、寿、光等3州置⑥濠州清淮军节度使。

天祐十五年(918)六月,析扬州淮南节度使所领泗州置⑦静淮军节度使,领泗州1州。十一月,攻取卢光稠所据虔州,置⑧百胜军节度使,领虔州1州。

吴武义元年(919)四月,杨行密子杨隆演即吴王位,改扬州为江都府,定都江都府,⑦淮南节度使遂废,所领各州成为直隶地区。⑥泗州静淮军节度使废,泗州亦成为直隶地区。升庐州观察使为德胜军节度使,辖区如故。析昇州镇海军节度使所领宣、池、歙等3州置⑦宣州宁国军节度使。

武义二年(920)七月,昇州改称金陵府。

顺义元年(921),析洪州镇南军节度使所领抚州置⑧昭武军节度使(辖抚州1州),所领江州置⑨奉化军节度使(辖江州1州)。

乾贞元年(927),清淮军节度使治所由濠州移至寿州,濠州成为直隶地区,寿州清淮军节度使领寿、光2州。

天祚二年(936)十一月,以金陵府为西都,以江都府为东都。

天祚三年(937)正月,金陵府改称江宁府。

下面按地域进行划分,以吴天祚二年(936)为基准年分节列目,将吴国所辖政区概述于次(参见图1-10)。

第一节　直隶地区(扬州淮南节度使)(附:泗州静淮军节度使)、寿州(暨濠州)清淮军节度使、庐州德胜军节度使(庐州都团练观察使)

吴天祚二年(936),吴国在原唐淮南道东部置有直隶地区、寿州清淮军节度使、庐州德胜军节度使。本节即分别对上述直隶地区与各节度使的辖区及所属各州(府)的沿革作一概述。

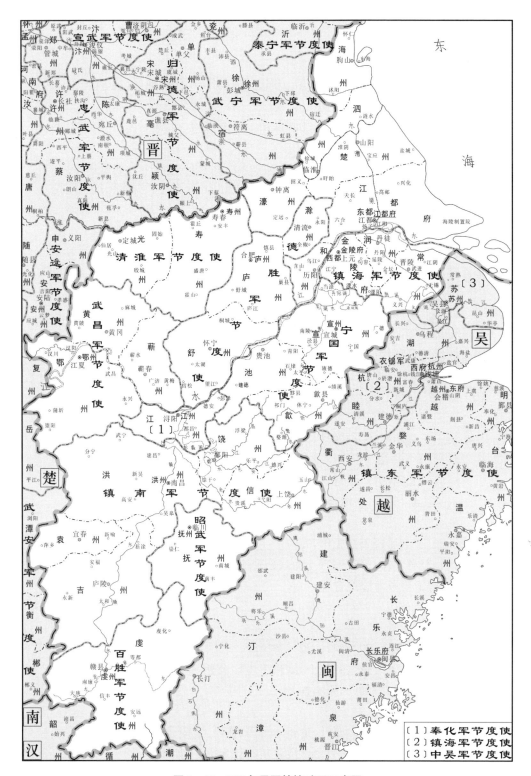

图 1-10　936 年吴国辖境政区示意图

10.1 扬州淮南节度使(吴王 907—919,治扬州)—**直隶地区(吴 919—937)**

唐旧镇。

吴王天祐四年(907)四月,扬州淮南节度使领扬、和、滁、庐、舒、寿、楚、泗、濠、海、光等 11 州。

天祐十四年(917)四月,析庐、滁、舒等 3 州置庐州都团练观察使。同年(?),析濠、寿、光等 3 州置濠州清淮军节度使。扬州淮南节度使领扬、和、楚、泗、海等 5 州。

天祐十五年(918)六月,析泗州置静淮军节度使。

吴武义元年(919)四月,杨行密子杨隆演即吴国王位,改扬州称江都府,定都江都府,淮南节度使遂废,原领扬、和、楚、海等 4 州成为直隶地区。同年(?),泗州静淮军节度使废,所领泗州亦成为直隶地区。

乾贞元年(927),清淮军节度使所领濠州成为直隶地区。

天祚二年(936)十一月,以江都府为东都。

此后至吴天祚三年(937)十月,直隶地区领东都江都府和濠、泗、和、楚、海等 5 州。

10.1.1 扬州(907—919)—江都府(919—937),治江都县

唐旧州。

吴王天祐四年(907)四月,扬州领江都、江阳、六合、海陵、高邮、扬子、天长等 7 县。

吴武义元年(919)四月,扬州改称江都府。

武义二年(920),析海陵县置兴化县,属江都府。

乾贞二年(928)(?),析海陵县置海陵制置院。

天祚二年(后晋天福元年,936)十一月,以江都府为东都。

此后至吴天祚三年(937)十月,江都府领江都、江阳、六合、高邮、扬子、天长、兴化等 7 县及海陵制置院。

10.1.2 和州(907—937),治历阳县

唐旧州。

吴王天祐四年(907)四月,和州领历阳、乌江、含山等 3 县。

此后至吴天祚三年(937)十月,和州领县未更,一如天祐四年。

10.1.3 楚州(907—937),治山阳县

唐旧州。

吴王天祐四年(907)四月,楚州领山阳、盐城、宝应、淮阴、盱眙等 5 县。

此后至吴天祚三年(937)十月,楚州领县未更,一如天祐四年。

10.1.4 泗州(907—918,919?—937),治临淮县

唐旧州。

吴王天祐四年(907)四月,泗州领临淮、涟水、徐城等3县。

此后至吴天祚三年(937)十月,泗州领县未更,一如天祐四年。

10.1.5 海州(907—937),治朐山县

唐旧州。

吴王天祐四年(907)四月,海州领朐山、东海、沭阳、怀仁等4县。

此后至吴天祚三年(937)十月,海州领县未更,一如天祐四年。

10.1.6 濠州(907—917?,927—937),治钟离县

唐旧州。

吴王天祐四年(907)四月,濠州领钟离、定远、招义等3县。

此后至吴天祚三年(937)十月,濠州领县未更,一如天祐四年。

10.1.7 寿州(907—917?),治寿春县(参见10.3.1)

10.1.8 光州(907—917?),治定城县(参见10.3.2)

10.1.9 庐州(907—917),治合肥县(参见10.4.1)

10.1.10 滁州(907—917),治清流县(参见10.4.2)

10.1.11 舒州(907—917),治怀宁县(参见10.4.3)

附:

10.2 泗州静淮军节度使(吴王918—919?),治泗州

吴王新置。

吴王天祐十五年(918),置泗州静淮军节度使,领泗州1州之地。旋废。

10.2.1 泗州(918—919?),治临淮县(参见10.1.4)

10.3 濠州清淮军节度使(吴王917?—919,吴919—927,治濠州)—**寿州清淮军节度使(吴927—937,治寿州)**

吴王新置。

吴王天祐十四年(917)(?),析扬州淮南节度使所领濠州清淮军节度使,领濠、寿、光等3州。

吴乾贞元年(927),清淮军节度使由濠州徙治寿州,领寿、光2州。濠州别属直隶地区。

此后至吴天祚三年(937)十月,寿州清淮军节度使一直领有寿、光2州。

10.3.1　寿州(917?—937),治寿春县

唐旧州。

吴王天祐四年(907)四月,寿州领寿春、安丰、霍山、盛唐、霍丘等5县。

此后至吴天祚三年(937)十月,寿州领县未更,一如天祐四年。

10.3.2　光州(917?—937),治定城县

唐旧州。

吴王天祐四年(907)四月,光州领定城、光山、殷城、固始、仙居等5县。

此后至吴天祚三年(937)十月,光州领县未更,一如天祐四年。

10.3.3　濠州(917?—927),治钟离县(参见10.1.6)

10.4　庐州都团练观察使(吴王 917—919)—**庐州德胜军节度使(吴 919—937)**,治庐州

吴王新置。

吴王天祐十四年(917)四月,析扬州淮南节度使所领庐州置庐州都团练观察使,领庐、滁、舒等3州。

吴武义元年(919),升庐州都团练观察使为德胜军节度使,仍领庐、滁、舒等3州。

此后至吴天祚三年(937)十月,庐州德胜军节度使辖区未更。

10.4.1　庐州(917—937),治合肥县

唐旧州。

吴王天祐四年(907)四月,庐州领合肥、慎、巢、庐江、舒城等5县。

此后至吴天祚三年(937)十月,庐州领县未更,一如天祐四年。

10.4.2　滁州(917—937),治清流县

唐旧州。

吴王天祐四年(907)四月,滁州领清流、全椒、永阳等3县。

此后至吴天祚三年(937)十月,滁州领县未更,一如天祐四年。

10.4.3　舒州(917—937),治怀宁县

唐旧州。

吴王天祐四年(907)四月,舒州领怀宁、宿松、望江、太湖、桐城等5县。

此后至吴天祚三年(937)十月,舒州领县未更,一如天祐四年。

第二节　金陵府(昇州、江宁府)(暨润州)镇海军节度使、宣州宁国军节度使(附:宣州都团练观察使)

吴天祚二年(936),吴国在原唐江南东道西北部和江南西道东北部置有金陵府镇海军节度使和宣州宁国军节度使。另,在吴王时期曾一度置宣州都团练观察使,亦附录于此。本节即分别对上述各节度使的辖区及所属各州(府)的沿革作一概述。

10.5　润州镇海军节度使(吴王 912—917)—昇州镇海军节度使(吴王 917—919,吴 919—920)—**金陵府镇海军节度使(吴 920—937)**—江宁府镇海军节度使(吴 937),治润州(912—917),昇州(917—920)—**金陵府**(920—937)—江宁府(937)

吴王新置。

吴王天祐九年(912),析直隶之润州置镇海军节度使,领润、昇、常等 3 州。

天祐十二年(915),宣州都团练观察使废,所领宣、池、歙等 3 州来属。润州镇海军节度使领 6 州之地。

天祐十四年(917)五月,镇海军节度使由润州徙治昇州。

吴武义元年(919),析宣、池、歙等 3 州置宣州宁国军节度使。润州镇海军节度使复领 3 州。

武义二年(920)七月,昇州改称金陵府。

天祚二年(936)十一月,以金陵府为西都。

天祚三年(937)正月,金陵府改称江宁府。江宁府镇海军节度使领江宁府和润、常 2 州。

10.5.1　昇州(912—920)—金陵府(920—937)—江宁府(937),治上元县

唐旧州。

吴王天祐四年(907)四月,昇州领上元、句容、溧水、溧阳等 4 县。

天祐十四年(917),析上元县置江宁县。

吴武义二年(920)七月,昇州改称金陵府。

天祚二年(936)十一月,以金陵府为西都。

天祚三年(937)正月,金陵府改称江宁府。江宁府领上元、句容、溧水、溧阳、江宁等 5 县。

10.5.2 润州(912—937),治丹徒县
唐旧州。

吴王天祐四年(907)四月,润州领丹徒、丹阳、金坛、延陵等4县。

此后至吴天祚三年(937)十月,润州领县未更,一如天祐四年。

10.5.3 常州(912—937),治晋陵县
唐旧州。

吴王天祐四年(907)四月,常州领晋陵、武进、江阴、义兴、无锡等5县。

此后至吴天祚三年(937)十月,常州领县未更,一如天祐四年。

10.5.4 宣州(915—919),治宣城县(参见10.6.1)

10.5.5 池州(915—919),治秋浦县(参见10.6.2)

10.5.6 歙州(915—919),治歙县(参见10.6.3)

10.6 宣州宁国军节度使(吴919—937),治宣州
吴新置。

吴武义元年(919),析昇州镇海军节度使所领宣、池、歙等3州置宣州宁国军节度使。

此后至吴天祚三年(937)十月,宣州宁国军节度使一直领宣、池、歙等3州之地而未更。

10.6.1 宣州(919—937),治宣城县
唐旧州。

吴王天祐四年(907)四月,宣州领宣城、当涂、泾、广德、南陵、太平、宁国、旌德等8县。

此后至吴天祚三年(937)十月,宣州领县未更,一如天祐四年。

10.6.2 池州(919—937),治秋浦县(919—926)—贵池县(926—937)
唐旧州。

吴王天祐四年(907)四月,池州领秋浦、青阳、至德、石埭等4县。

吴顺义二年(922)(?),至德县改称建德县。

顺义六年(926),秋浦县改称贵池县。

此后至吴天祚三年(937)十月,池州领贵池、青阳、建德、石埭等4县。

10.6.3 歙州(919—937),治歙县
唐旧州。

吴王天祐四年(907)四月,歙州领歙、休宁、黟、绩溪、婺源、祁门等6县。

此后至吴天祚三年(937)十月,歙州领县未更,一如天祐四年。

附：

10.7　宣州都团练观察使(吴王 907—915),治宣州

唐旧都团练观察使。

吴王天祐四年(907)四月,宣州都团练观察使领宣、池、歙等 3 州。

天祐十二年(915),宣州都团练观察使废,所领宣、池、歙等 3 州别属润州镇海军节度使。

10.7.1　宣州(907—915),治宣城县(参见 10.6.1)

10.7.2　池州(907—915),治秋浦县(参见 10.6.2)

10.7.3　歙州(907—915),治歙县(参见 10.6.3)

第三节　鄂州武昌军节度使(鄂岳都团练观察使)

吴天祚二年(936),吴国在原唐淮南道西南部和江南西道北部置有鄂州武昌军节度使。本节即分别对该节度使的辖区及所属各州的沿革作一概述。

10.8　**鄂岳都团练观察使**(吴王 907—912)—**鄂州武昌军节度使**(吴王 912—919,**吴 919—937**),**治鄂州**

唐旧镇。

吴王天祐四年(907)四月,鄂岳都团练观察使领鄂、黄、蕲、岳等 4 州。六月,岳州为马楚所攻取。

天祐九年(912),升鄂岳都团练观察使为武昌军节度使。

此后至吴天祚三年(937)十月,鄂州武昌军节度使一直领鄂、黄、蕲等 3 州。

10.8.1　鄂州(907—937),治江夏县

唐旧州。

吴王天祐四年(907)四月,鄂州领江夏、永兴、武昌、蒲圻、唐年、汉阳、汉川等 7 县。

吴顺义七年(927),唐年县改称崇阳县。

此后至吴天祚三年(937)十月,鄂州一直领江夏、永兴、武昌、蒲圻、崇阳、汉阳、汉川等 7 县。

10.8.2　黄州(907—937),治黄冈县

唐旧州。

吴王天祐四年(907)四月,黄州领黄冈、黄陂、麻城等3县。

此后至吴天祚三年(937)十月,黄州领县未更,一如天祐四年。

10.8.3　蕲州(907—937),治蕲春县

唐旧州。

吴王天祐四年(907)四月,蕲州领蕲春、黄梅、广济、蕲水等4县。

此后至吴天祚三年(937)十月,蕲州领县未更,一如天祐四年。

10.8.4　岳州(907),治巴陵县

唐旧州。

吴王天祐四年(907)四月,岳州领巴陵、华容、桥江、湘阴、昌江等5县。六月,岳州为马殷攻取,为马楚潭州武安军节度使属州。

第四节　洪州镇南军、抚州昭武军、江州奉化军、虔州百胜军诸节度使

吴天祚二年(936),吴国在原唐江南西道东部置有洪州镇南军节度使、抚州昭武军节度使、江州奉化军节度使及虔州百胜军节度使。本节即分别对上述各节度使的辖区及所属各州的沿革作一概述。

10.9　洪州镇南军节度使(吴王907—919,吴919—937),治洪州

唐旧镇。

吴王天祐四年(907)四月,洪州镇南军节度使领洪、江、饶等3州。

天祐六年(909)七月,攻取抚、袁、吉、信等4州。洪州镇南军节度使领洪、江、抚、饶、信、袁、吉等7州。

吴顺义元年(921),析抚州置昭武军节度使,又析江州置奉化军节度使。

此后至吴天祚三年(937)十月,洪州镇南军节度使领洪、饶、信、袁、吉等5州。

10.9.1　洪州(907—937),治南昌县

唐旧州。

吴王天祐四年(907)四月,洪州领南昌、吴皋、高安、建昌、新吴、武宁、分宁等7县。

此后至吴天祚三年(937)十月,洪州领县未更,一如天祐四年。

10.9.2　饶州(907—937),治鄱阳县

江西旧州。

吴王天祐六年(909)七月,饶州领鄱阳、馀干、乐平、浮梁等4县。

天祐七年(910)(?),析乐平县置德兴县。

此后至吴天祚三年(937)十月,饶州一直领鄱阳、馀干、乐平、浮梁、德兴等5县。

10.9.3 信州(909—937),治上饶县

江西旧州。

吴王天祐六年(909)七月,信州领上饶、弋阳、贵溪、玉山等4县。

此后至吴天祚三年(937)十月,信州领县未更,一如天祐六年。

10.9.4 袁州(909—937),治宜春县

江西旧州。

吴王天祐六年(909)七月,袁州领宜春、萍乡、新喻等3县。

此后至吴天祚三年(937)十月,袁州领县未更,一如天祐六年。

10.9.5 吉州(909—937),治庐陵县

江西旧州。

吴王天祐六年(909)七月,吉州领庐陵、太和、安福、新淦、永新等5县。

此后至吴天祚三年(937)十月,吉州领县未更,一如天祐六年。

10.9.6 抚州(909—921),治临川县(参见10.8.1)

10.9.7 江州(907—921),治浔阳县(参见10.9.1)

10.10 抚州昭武军节度使(吴921—937),治抚州

吴新置。

吴顺义元年(921),析洪州镇南军节度使所领抚州置昭武军节度使,领抚州1州。

此后至吴天祚三年(937)十月,抚州昭武军节度使辖区未更。

10.10.1 抚州(921—937),治临川县

江西旧州。

吴王天祐六年(909)七月,抚州领临川、南城、崇仁、南丰等4县。

此后至吴天祚三年(937)十月,抚州领县未更,一如天祐六年。

10.11 江州奉化军节度使(吴921—937),治江州

吴新置。

吴顺义元年(921),析洪州镇南军节度使所领江州置奉化军节度使,领江州1州。

此后至吴天祚三年(937)十月,江州奉化军节度使辖区未更。

10.11.1　江州(921—937),治浔阳县

唐旧州。

吴王天祐四年(907)四月,江州领浔阳、都昌、彭泽等3县。

吴顺义七年(927),析浔阳县置德安县。

此后至吴天祚三年(937)十月,江州领浔阳、都昌、彭泽、德安等4县。

10.12　虔州百胜军节度使(吴王 918—919,吴 919—937),治虔州

百胜旧镇。

吴天祐十五年(918)十一月,杨吴攻取卢光稠所据虔州,仍置百胜军节度使,领虔州1州。

此后至吴天祚三年(937)十月,虔州百胜军节度使辖区未更。

10.12.1　虔州(918—937),治赣县

百胜旧州。

吴天祐十五年(918)十一月,虔州领赣、虔化、南康、雩都、信丰、大庾、安远等7县。

此后至吴天祚三年(937)十月,虔州领县未更,一如天祐十五年。

附：

江西、百胜

后梁开平元年(907),抚州刺史危全讽、信州刺史危仔倡、袁州刺史彭彦章、吉州刺史彭玕、饶州刺史唐宝、虔州刺史卢光稠分别控制了原唐洪州镇南军节度使所领的抚、信、袁、吉、饶、虔等6州。吴王天祐六年(909)七月,杨吴攻取抚、信、袁、吉等4州。八月,卢光稠以虔、韶(唐天复二年,902,由广管处夺取)2州附杨吴,但仍实际控制此2州,同时遣使附后梁,后梁授之百胜军防御使。吴天祐十五年(918)十一月,杨吴攻取虔州,仍置百胜军节度使,领虔州1州。

由于抚、信、袁、吉、饶、虔诸州皆在原唐江南西道区域内,且宋人亦称此区域为"江西",故权以"江西"指称后梁开平元年(907)至吴王天祐六年(909)期间的此6州区域内出现的割据势力。又,自吴王天祐六年(909)至吴天祐十五年(918),虔州卢光稠虽在名义上附于杨吴和后梁,但实际上亦是一独立的割据势力,故权以"百胜"称之。

下文即对"江西"各州和"百胜"的辖区沿革作一概述。

江西(907—909)

江西 1. 抚州(907—909),治临川县

唐旧州。

后梁开平元年(907),抚州领临川、南城、崇仁、南丰等 4 县。

此后至吴王天祐六年(909)六月,抚州领县未更,一如开平元年。

江西 2. 信州(907—909),治上饶县

唐旧州。

后梁开平元年(907),信州领上饶、弋阳、贵溪、玉山等 4 县。

此后至吴王天祐六年(909)六月,信州领县未更,一如开平元年。

江西 3. 袁州(907—909),治宜春县

唐旧州。

后梁开平元年(907),袁州领宜春、萍乡、新喻等 3 县。

此后至吴王天祐六年(909)六月,袁州领县未更,一如开平元年。

江西 4. 吉州(907—909),治庐陵县

唐旧州。

后梁开平元年(907),吉州领庐陵、太和、安福、新淦、永新等 5 县。

此后至吴王天祐六年(909)六月,吉州领县未更,一如开平元年。

江西 5. 饶州(907),治鄱阳县

唐旧州。

后梁开平元年(907),饶州领鄱阳、馀干、乐平、浮梁等 4 县。

江西 6. 虔州(907—909),治赣县(参见百胜1)

虔州百胜军节度使(909—918),治虔州

后梁新置(名义上)。

后梁开平三年(909)八月,卢光稠遣使附于后梁,后梁置百胜军节度使,并以卢光稠为防御使,领虔、韶 2 州。

乾化元年(911)十二月,韶州被广州清海军节度使刘岩攻取。

此后至吴天祐十五年(918)十一月,虔州百胜军节度使领虔州 1 州。

百胜 1. 虔州(909—918),治赣县

　　唐旧州。

　　后梁开平元年(907),虔州领赣、虔化、南康、雩都、信丰、大庾、安远等7县。

　　此后至吴天祐十五年(918)十月,虔州领县未更,一如开平元年。

百胜 2. 韶州(909—911),治曲江县

　　唐旧州。

　　后梁开平元年(907),韶州领曲江、始兴、乐昌、翁源、仁化、浈昌等6县。

　　此后至乾化元年(911)十二月,韶州领县未更,一如开平元年。

第十一章 南唐(附:清源)

吴天祚三年(937)十月,吴国权臣徐知诰废吴帝杨溥,吴灭亡。徐知诰自称皇帝,定都江宁府,以江都府为东都,年号昇元,并改国号为唐,史称南唐①。南唐保大三年(945),乘闽国内乱,出兵灭闽国。保大七年(949),闽旧将留从效以南州、泉州割据,南唐遂授留从效为清源军节度使,承认其割据。保大九年(951),南唐乘楚国内乱,派兵灭楚国。保大十年(952),楚国故地悉为马氏旧将刘言等所据,南唐复退出楚地。保大十三年至交泰元年(955—958),后周进攻南唐,南唐兵败,被迫献长江以北之地。交泰元年(958),南唐向后周称臣,去国号,自称江南国主。北宋开宝八年(975),南唐为北宋所灭。

自南唐昇元元年(937)至后周显德六年(959)②,与南唐并峙或一度并存的其他割据政权(势力)尚有不少。在北方有定难(937—959)、归义(937—959)、后晋(937—946)、后汉(947—950)、后周(951—959)、北汉(951—959),在南方有后蜀(937—959)、吴越(937—959)、闽国(937—945)、南平(937—959)、楚国(937—951)、南汉(937—959)、静海(937—959)、殷(943—944)、清源(949—959)及湖南(952—959)等。

南唐昇元元年(937)十月,南唐以江都府为东都,除直隶地区(包括江都、江宁2府与和、楚、泗、濠、海等5州)之外,领有①寿州清淮军节度使(辖寿、光2州),②庐州德胜军节度使(辖庐、滁、舒等3州),③润州镇海军节度使(辖润、常2州),④宣州宁国军节度使(辖宣、池、歙等3州),⑤鄂州武昌军节度使(辖鄂、黄、蕲等3州),⑥洪州镇南军节度使(辖洪、饶、信、袁、吉等5州),⑦抚州昭武军节度使(辖抚州1州),⑧江州奉化军节度使(辖江州1州),⑨虔州百胜军节度使(辖虔州1州)。十二月,升江都府所领海陵制置院为泰州,归入直隶地区。

---

① 《资治通鉴》卷281记载徐知诰于天福二年(937)十月年称帝时即改国号为唐。然欧阳修《新五代史》、马令《南唐书》以为改国号为唐在昇元二年(938)四月,而路振《九国志》、吴任臣《十国春秋》又系此事于昇元三年(939)二月。且上述四种史籍皆以为吴天祚三年(937)十月徐知诰称帝时改国号为(大)齐,后世学者多从其说。不过,本卷为叙述之便,仍权采《资治通鉴》之载。
② 在此需要说明的是,虽然南唐于北宋开宝八年(975)才亡于北宋,但本章的政区沿革叙述下限仍止于959年,以与本卷所界定的论述时段一致。

昇元二年(938)六月,析宣州宁国军节度使所领池州置⑩康化军节度使,领池州 1 州。

昇元六年(942)闰正月,析江都府天长县置建武军,仍归入直隶地区。又,大约在同年,析润州镇海军节度使所领常州江阴县置江阴军,直隶南唐。

南唐保大元年(943)三月,析直隶地区之濠州置⑪定远军节度使,领濠、泗、楚、海等 4 州。又,大约在同年,析庐州德胜军节度使所领舒州置⑫永泰军节度使,领舒州 1 州;析洪州镇南军节度使所领饶州置⑬永平军节度使,领饶州 1 州。

保大二年(944)八月,降濠州定远军节度使为观察使,废定远军号。

保大三年(945)五月,闽福州威武军节度使李仁达奉表称藩,以之为⑭威武军节度使。七月,攻克闽国镡州。八月,又攻取建州。九月,汀、漳、泉等 3 州亦先后来降;置建州为⑮建安军节度使,另领汀、镡 2 州。旋,废镡州。十月,析建、汀 2 州置剑州,属建州建安军节度使。

保大四年(946)十月,漳州改称南州。

保大五年(947)三月①,⑭福州威武军节度使李仁达又转投于吴越。同年,饶州永平军节度使改称安化军节度使。

保大七年(949),以泉、南 2 州置清源军节度使②,治泉州。

保大八年(950)九月,楚⑮武平军节度使马希萼称藩于南唐③。

保大九年(951)三月,⑭武平军节度使又为马楚旧将刘言所据。十月,兵入潭州,灭楚,据有楚⑮武安军节度使所领潭、衡、道、永、邵、全等 6 州。

保大十年(952)十月,马楚旧将(湖南)王逵任⑭武安军节度使,所领 6 州遂不复为南唐所据。又,同年,析洪州镇南军节度使所领洪州置筠州,属镇南军节度使。

保大十二年(954)(?),⑬池州康化军节度使废,所领池州还属宣州宁国军节度使。

保大十四年(956)二月,庐州德胜军节度使之滁州、直隶之江都府、建武军、泰州先后为后周夺取。三月,寿州清淮军节度使之光州、舒州永泰军节度

---

① 李仁达于保大四年(946)八月称臣于吴越乞师,但本章所述仍以福州被吴越实际控制的时间确定归属。
② 其时南唐实迫不得已而置清源军节度使。节度使留从效虽称藩南唐,实割据一方,后世学者多视其为割据势力,故本章另附文单独讨论此节度使的沿革。
③ 此时马希萼仅是名义上称藩,该节度使仍由其实际控制,但南唐加授之同平章事且赐之鄂州租税,名义上已认可为南唐领土,故本章将这一节度使列入南唐政权中讨论。

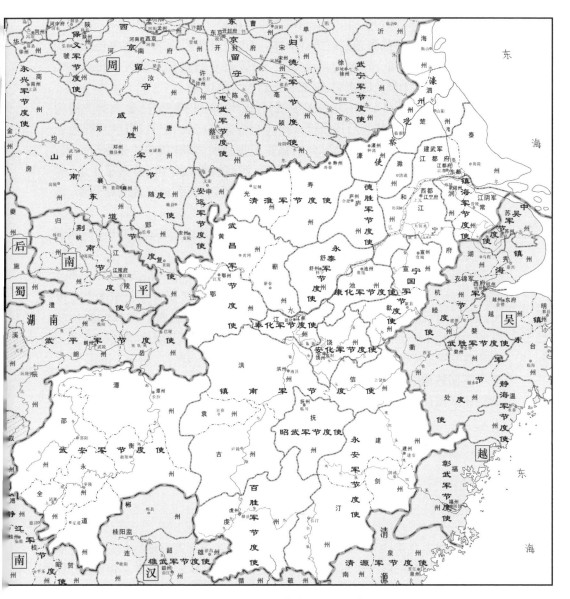

图 1-11　951 年南唐辖境政区示意图

使之舒州、鄂州武昌军节度使之蕲州、直隶之和州为后周依次攻陷,⑫永泰军节度使同时被废。四月,收复泰州。五月,建州永安军节度使改称忠义军节度使。七月,收复江都府与舒、蕲、光、和、滁等州及建武军,舒州别属庐州德胜军节度使。又,大约在同年,析泗州涟水县置涟州,属濠州观察使。

保大十五年（957）三月，⑪寿州清淮军节度使所领寿州、光州被后周所克。又，大约在同年，升静海置制院为静海军，归入直隶地区；⑩濠州观察使降为团练使，所领泗、楚、海、涟（同时降为雄武军）等州复归入直隶地区。同年十二月，泗、濠、泰等3州及雄武军、江都府先后为后周攻取。

南唐中兴元年（958）正月，升建武军为雄州；海州、静海军、楚州等先后为后周攻取。二月，雄州为后周所得。南唐交泰元年（958）三月，以⑨庐州德胜军节度使所辖庐、舒2州以及鄂州武昌军节度使所领蕲、黄等4州献于后周；至此，江北光、寿、庐、舒、蕲、黄、滁、和、濠、泗、楚、扬、泰、通（静海军更名）等14州①尽失于后周。同年，析江宁府当涂县侨置新和州，旋又改为雄远军，割当涂县别属之，归入直隶地区二。

后周显德六年（959）十一月，洪州改称南昌府，以为南都，⑧洪州镇南军节度使遂废，所领信、吉、袁、筠等州成为直隶地区。

至此，南唐辖境除直隶地区（包括江宁、南昌2府与信、吉、袁、筠等4州及江阴、雄远2军）外，领有润州镇海军节度使（辖润、常2州）、宣州宁国军节度使（辖宣、池、歙3州）、鄂州武昌军节度使（辖鄂州1州）、抚州昭武军节度使（辖抚州1州）、江州奉化军节度使（辖江州1州）、饶州安化军节度使（辖饶州1州）、虔州百胜军节度使（辖虔州1州）及建州忠义军节度使（建、汀、剑等3州）。

下面按地域进行划分，以南唐保大九年（951）为基准年分节列目，将南唐所辖政区概述于次（参见图1-11）。

第一节 直隶地区一、寿州清淮军节度使、濠州观察使（濠州定远军节度使）、庐州德胜军节度使、舒州永泰军节度使

南唐保大九年（951），南唐在原唐淮南道东部领有直隶地区一、寿州清淮军节度使、濠州观察使、庐州德胜军节度使和舒州永泰军节度使。本节即分别对上述直隶地区与各节度使的辖区及所属各州（府）的沿革作一概述。

11.1 直隶地区一（937—958）

原吴直隶地区。

---

① 其中和、滁2州上一年十二月至此年三月间失于后周，余12州已如前述。

南唐昇元元年(937)十月,直隶地区一领东都江都府和濠、泗、和、楚、海等5州。十二月,升江都府所领海陵制置院为泰州。

南唐昇元六年(942)闰正月,析东都江都府天长县置建武军。

南唐保大元年(943)三月,析濠州置定远军节度使,领濠、泗、楚、海等4州。

保大二年(944),濠州定远军节度使废,濠州复为观察使,辖境未更。

保大十四年(956)二月,东都江都府、建武军、泰州先后被后周攻陷。三月,和州又为后周占据。五月,收复泰州。七月,收复扬州(后周改江都府而名)、建武军。扬州复称江都府。

保大十五年(957)(?),升静海置制院为静海军;濠州观察使降为团练使,连同所领泗、楚、海3州及雄武军(降涟州置)复归入直隶地区一。同年十二月,泗、濠、泰等3州及雄武军、江都府先后为后周攻取。

南唐中兴元年(958)正月,海州、静海军、楚州等先后为后周攻取。同月,升建武军为雄州。二月,雄州为后周所得。南唐交泰元年(958)三月,和州为后周攻陷。自此,直隶地区一的府、州、军皆为后周夺取。

11.1.1 江都府(937—956,956—957,又称东都、扬州),治江都县

南唐昇元元年(937)十月,江都府领江都、江阳、六合、高邮、扬子、天长、兴化等7县及海陵制置院。十二月,升海陵制置院为泰州。又,同年,江阳县改称广陵县,扬子县改称永贞县;兴化县别属泰州。

南唐昇元六年(942)闰正月,析天长县置建武军。至此,江都府领江都、广陵、六合、高邮、永贞等5县。

南唐保大十四年(956)二月,江都府被后周攻陷,改称扬州。七月,收复扬州,复称江都府、东都。

南唐保大十五年(957)十二月,江都府被后周最终占据。

11.1.2 和州(937—956,956—958),治历阳县

吴旧州。

南唐昇元元年(937)十月,和州领历阳、乌江、含山等3县。

南唐保大十四年(956)三月,和州为后周攻陷。七月,收复和州。

南唐交泰元年(958)三月,和州为后周攻取。

11.1.3 泰州(937—956,956—957),治海陵县

南唐新置。

南唐昇元元年(937)十二月,升江都府所领海陵制置院为泰州,领海陵县,楚州盐城县、江都府兴化县来属,又析海陵县置泰兴县。

南唐保大十年(952),升如皋场为县,隶属泰州。又,大约在同年,析海陵县置静海制置院。至此,泰州领海陵、盐城、兴化、泰兴、如皋等 5 县及静海制置院。

南唐保大十四年(956)二月,泰州为后周攻陷。四月,收复泰州。

南唐保大十五年(957)(?),升静海制置院为静海军,归入直隶地区。十二月,泰州为后周攻取。

11.1.4　静海军(957?—958),治静海县

南唐新置。

南唐保大十五年(957)(?),升泰州所领静海制置院为静海军,领静海县。

南唐中兴元年(958)正月,静海军为后周攻取。

11.1.5　建武军(942—956,956—958)—雄州(958),治天长县

南唐新置。

南唐昇元六年(942)闰正月,析江都府天长县置建武军,领天长 1 县。

南唐保大十四年(956)二月,建武军为后周所据。七月,收复建武军。

南唐中兴元年(958)正月,升建武军为雄州。二月,雄州为后周攻取。

11.1.6　濠州(937—943,957?—957),治钟离县(参见 11.3.1)

11.1.7　楚州(937—943,957?—958),治山阳县(参见 11.3.2)

11.1.8　泗州(937—943,957?—957),治临淮县(参见 11.3.3)

11.1.9　海州(937—943,957?—958),治朐山县(参见 11.3.4)

11.1.10　雄武军(957?—957),治涟水县(参见 11.3.5)

11.2　寿州清淮军节度使(937—957),治寿州

吴旧镇。

南唐昇元元年(937)十月,寿州清淮军节度使领寿、光 2 州。

南唐保大十四年(956)三月,光州被后周攻陷。七月,收复光州。

南唐保大十五年(957)三月,寿州、光州复为后周攻取。

11.2.1　寿州(937—957),治寿春县

吴旧州。

南唐昇元元年(937)十月,寿州领寿春、安丰、霍山、盛唐、霍丘等 5 县。

此后至南唐保大十五年(957)二月,寿州领县未更,一如昇元元年。三月,寿州为后周攻取。

11.2.2　光州(937—956,956—957),治定城县

吴旧州。

南唐保大十四年(956)三月,后周攻陷兖州。七月,光州为南唐收复。

南唐昇元元年(937)十月,光州领定城、光山、殷城、固始、仙居等5县。

此后至南唐保大十五年(957)二月,光州领县未更,一如昇元元年。三月,光州为后周攻取。

11.3 濠州定远军节度使(943—944)—**濠州观察使(944—957?)**,治濠州

南唐新置。

南唐保大元年(943)三月,升直隶地区之濠州为定远军节度使,除濠州外,当领泗、楚、海等4州。

南唐保大二年(944)八月,定远军号废,濠州复为观察使。

南唐保大十四年(956)(?),析泗州涟水县置涟州,濠州观察使领州数目增至5个。

南唐保大十五年(957)(?),濠州观察使又降为团练使,所领泗、楚、海、涟(降为雄武军)等州复归入直隶地区一。

11.3.1 濠州(943—957?),治钟离县

吴旧州。

南唐昇元元年(937)十月,濠州领钟离、定远、招义等3县。

此后至南唐保大十五年(957)(?),濠州领县未更,一如昇元元年。十二月,濠州为后周攻取。

11.3.2 楚州(943?—957?),治山阳县

吴旧州。

南唐昇元元年(937)十月,楚州领山阳、盐城、宝应、淮阴、盱眙等5县。十二月,盐城县别属泰州。

此后至南唐保大十五年(957)(?),楚州领县未更,一如昇元元年。

南唐中兴元年(958)正月,楚州为后周攻取。

11.3.3 泗州(943?—957?),治临淮县

南唐旧州。

南唐昇元元年(937)十月,泗州领临淮、涟水、徐城等3县。

南唐保大十四年(956)(?),析涟水县置涟州。泗州领临淮、徐城2县。

南唐保大十五年(957)十二月,泗州为后周攻取。

11.3.4 海州(943?—957?),治朐山县

南唐旧州。

南唐昇元元年(937)十月,海州领朐山、东海、沭阳、怀仁等4县。

此后至南唐保大十五年(957),海州领县未更,一如昇元元年。

中元元年(958)正月,海州为后周攻取。

11.3.5 涟州(956?—957?)—雄武军(957?—957),治涟水县

南唐新置。

南唐保大十四年(956)(?),析泗州涟水县置涟州。

南唐保大十五年(957)(?),涟州降为雄武军。十二月,雄武军为后周攻取。

11.4 庐州德胜军节度使(937—958),治庐州

吴旧镇。

南唐昇元元年(937)十月,庐州德胜军节度使领庐、滁、舒等3州。

南唐保大元年(943)(?),析舒州置永泰军节度使。

南唐保大十四年(956)二月,滁州被后周攻取。三月,舒州永泰军节度使废,舒州来属。七月,收复滁州。

南唐中兴元年(958)二月,滁州被后周攻取。南唐交泰元年(958)三月,庐、舒2州献于后周。

11.4.1 庐州(937—958),治合肥县

吴旧州。

南唐昇元元年(937)十月,庐州领合肥、慎、巢、庐江、舒城等5县。

此后至南唐中兴元年(958)二月,庐州领县未更,一如昇元元年。

南唐交泰元年(958)三月,庐州献于后周。

11.4.2 滁州(937—956,956—958),治清流县

吴旧州。

南唐昇元元年(937)十月,滁州领清流、全椒、永阳等3县。

南唐保大十四年(956)二月,后周攻取滁州。七月,收复滁州。

此后至南唐中兴元年(958)正月,滁州领县未更,一如昇元元年。二月,滁州为后周攻取。

11.4.3 舒州(937—943?,956—958),治怀宁县(参见11.5.1)

11.5 舒州永泰军节度使(943?—956),治舒州

南唐新置。

南唐保大元年(943)(?),析庐州德胜军节度使所领舒州置永泰军节度使,领舒州1州。

南唐保大十四年(956)三月,舒州永泰军节度使废,舒州还属庐州德胜军节度使。

11.5.1　舒州(943?—956),治怀宁县

吴旧州。

南唐昇元元年(937)十月,舒州领怀宁、宿松、望江、太湖、桐城等5县。

此后至南唐交泰元年(958)三月,舒州献于后周,领县未更,一如昇元元年。

第二节　直隶地区二、润州镇海军节度使、宣州宁国军节度使、池州康化军节度使

保大九年(951),南唐在原唐江南东道西北部和江南西道东北部领有直隶地区二、润州镇海军节度使、宣州宁国军节度使和池州康化军节度使。本节即分别对上述直隶地区与各节度使的辖区及所属各州(府)的沿革作一概述。

11.6　直隶地区二(937—959)

原吴江宁府镇海军节度使部分辖区。

南唐昇元元年(937)十月,南唐代吴,定都江宁府,又称西都,江宁府成为直隶地区二。

南唐昇元六年(942)(?),析镇江军节度使所辖常州江阴县置江阴军,直隶南唐。

南唐交泰元年(958),在江宁府当涂县侨置新和州,旋又改新和州为雄远军,割当涂县为其属县。

此后至后周显德六年(959),南唐直隶地区二包括江宁府与江阴、雄远2军。

11.6.1　江宁府(937—959),治上元县

吴旧府。

南唐昇元元年(937),江宁府领上元、句容、溧水、溧阳、江宁等5县。同年,宣州广德、当涂2县来属。

南唐保大八年(950),析广德县置广德制置院。

南唐保大九年(951),析宣州南陵县地置铜陵、繁昌2县,析宣城、当涂2县地置芜湖县,铜陵、繁昌、芜湖来属。

南唐交泰元年(958)(?),割池州青阳县来属。又,大约在同年,割当涂县

别属雄远军。

此后至后周显德六年(959),江宁府领上元、句容、溧水、溧阳、江宁、铜陵、繁昌、芜湖、青阳等 9 县及广德制置院。

11.6.2 江阴军(942?—959),治江阴县

南唐新置。

南唐昇元六年(942)(?),析润州镇江军节度使所辖常州江阴县置江阴军,领江阴 1 县,直隶南唐。

此后至后周显德六年(959),江阴军一直领江阴 1 县。

11.6.3 侨和州(958)—雄远军(958?—959),治当涂县

南唐交泰元年(958),在江宁府当涂县侨置新和州,旋又改新和州为雄远军,割当涂县为其属县。

此后至后周显德六年(959),雄远军领县未更。

11.7 润州镇海军节度使(937—959),治润州

吴旧镇。

南唐昇元元年(937)十月,润州镇海军节度使领润、常 2 州。

昇元六年(942)(?),析常州江阴县置江阴军,直隶南唐。

此后至后周显德六年(959),润州镇海军节度使一直领润、常 2 州。

11.7.1 润州(937—959),治丹徒县

吴旧州。

南唐昇元元年(937)十月,润州领丹徒、丹阳、金坛、延陵等 4 县。

此后至后周显德六年(959),润州领县未更,一如昇元元年。

11.7.2 常州(937—959),治晋陵县

吴旧州。

南唐昇元元年(937)十月,常州领晋陵、武进、江阴、义兴、无锡等 5 县。

南唐昇元六年(942)(?),析常州江阴县置江阴军。

此后至后周显德六年(959),常州领县晋陵、武进、义兴、无锡等 4 县。

11.8 宣州宁国军节度使(937—959),治宣州

吴旧镇。

南唐昇元元年(937)十月,宣州宁国军节度使领宣、池、歙等 3 州。

南唐昇元二年(938)六月,析池州置康化军节度使。

南唐保大十二年(954)(?),康化军节度使废,池州复来属。

此后至后周显德六年(959)，宣州宁国军节度使一直领宣、池、歙等3州。

11.8.1 宣州(937—959)，治宣城县

吴旧州。

南唐昇元元年(937)十月，宣州领宣城、当涂、泾、广德、南陵、太平、宁国、旌德等8县。同年，广德、当涂2县别属江宁府。

南唐保大九年(951)，析南陵县地置繁昌、铜陵2县，别属江宁府。

此后至后周显德六年(959)，宣州一直领宣城、泾、南陵、太平、宁国、旌德等6县。

11.8.2 歙州(937—959)，治歙县

吴旧州。

南唐昇元元年(937)十月，歙州领歙、休宁、黟、绩溪、婺源、祁门等6县。

此后至后周显德六年(959)，歙州领县未更，一如昇元元年。

11.8.3 池州(937—938,954?—959)，治贵池县(参见11.9.1)

11.9 池州康化军节度使(938—954?)，治池州

南唐新置。

南唐昇元二年(938)六月，析宣州宁国军节度使所领池州置康化军节度使，领池州1州。

南唐保大十二年(954)(?)，康化军节度使废，池州别属宣州宁国军节度使。

11.9.1 池州(938—954?)，治贵池县

吴旧州。

南唐昇元元年(937)十月，池州领贵池、青阳、建德、石埭等4县。

南唐交泰元年(958)(?)，青阳县别属江宁府。

此后至后周显德六年(959)，池州领贵池、建德、石埭等3县。

第三节 鄂州武昌军节度使

南唐保大九年(951)，南唐在原唐淮南道西南部和江南西道北部置有鄂州武昌军节度使。本节即分别对该节度使的辖区及所属各州的沿革作一概述。

11.10 鄂州武昌军节度使(937—959)，治鄂州

吴旧镇。

南唐昇元元年(937)十月,鄂州武昌军节度使领鄂、黄、蕲等3州。

南唐交泰元年(958)三月,黄、蕲2州割属后周。

此后至后周显德六年(959),鄂州武昌军节度使仅领鄂州1州。

11.10.1　鄂州(937—959),治江夏县

吴旧州。

南唐昇元元年(937)十月,鄂州领江夏、永兴、武昌、蒲圻、崇阳、汉阳、汉川等7县。同年,崇阳县复称唐年县。

南唐保大十一年(953),析蒲圻县置嘉鱼县。

南唐保大十二年(954),析江夏县置永安县。

南唐交泰元年(958)三月,汉阳、汉川2县割属后周。

后周显德六年(959),析永兴县置通山县。鄂州领江夏、永兴、武昌、蒲圻、唐年、嘉鱼、永安、通山等8县。

11.10.2　黄州(937—958),治黄冈县

吴旧州。

南唐昇元元年(937)十月,黄州领黄冈、黄陂、麻城等3县。

此后至南唐交泰元年(958)三月,黄州领县未更,一如昇元元年。

11.10.3　蕲州(937—958),治蕲春县

吴旧州。

南唐昇元元年(937)十月,蕲州领蕲春、黄梅、广济、蕲水等4县。

此后至南唐交泰元年(958)三月,蕲州领县未更,一如昇元元年。

第四节　洪州镇南军(直隶地区三)、抚州昭武军、江州奉化军、饶州安化军(永平军)、虔州百胜军诸节度使

南唐保大九年(951),南唐在原唐江南西道东部置有洪州镇南军节度使、抚州昭武军节度使、江州奉化军节度使、饶州安化军节度使和虔州百胜军节度使。本节即分别对上述各节度使的辖区及所属各州(府)的沿革作一概述。

11.11　洪州镇南军节度使(937—959,治洪州)—直隶地区三(959)

吴旧镇。

南唐昇元元年(937)十月,洪州镇南军节度使领洪、饶、信、袁、吉等5州。

南唐保大元年(943)(?),析饶州置永平军节度使。

南唐保大十年(952),析洪州所领高安、清江2县置筠州,属洪州镇南军节度使。

后周显德六年(959)十一月,洪州改称南昌府,建南都。洪州镇南军节度使遂废,所领信、吉、袁、筠等州成为直隶地区三。

11.11.1　洪州(937—959)—南昌府(又称南都,959),治南昌县

吴旧州。

南唐昇元元年(937)十月,洪州领南昌、吴皋、高安、建昌、新吴、武宁、分宁等7县。同年,吴皋县改称丰城县,新吴县改称奉新县,又析建昌县置靖安县。

南唐昇元二年(938),析高安县与吉州新淦县置清江县,来属。

南唐保大十年(952),析高安、清江2县置筠州。

后周显德六年(959)十一月,洪州改称南昌府,为南都,领南昌、丰城、建昌、奉新、武宁、分宁、靖安等7县。

11.11.2　信州(937—959),治上饶县

吴旧州。

南唐昇元元年(937)十月,信州领上饶、弋阳、贵溪、玉山等4县。

南唐保大二年(944),析上饶、弋阳2县置铅山县。

此后至后周显德六年(959),信州一直领上饶、弋阳、贵溪、玉山、铅山等5县。

11.11.3　袁州(937—959),治宜春县

吴旧州。

南唐昇元元年(937)十月,袁州领宜春、萍乡、新喻等3县。

此后至后周显德六年(959),袁州领县未更,一如昇元元年。

11.11.4　吉州(937—959),治庐陵县

吴旧州。

南唐昇元元年(937)十月,吉州领庐陵、太和、安福、新淦、永新等5县。

南唐昇元二年(938),析新淦县与洪州高安县地另置清江县,隶洪州。

南唐保大八年(950),析庐陵县置吉水县。

此后至后周显德六年(959),吉州一直领庐陵、太和、安福、新淦、永新、吉水等6县。

11.11.5　筠州(952—959),治高安县

南唐新置。

南唐保大十年(952),析洪州高安县、清江县置筠州,治高安县;同时,又析高安县置上高、万载2县。

此后至后周显德六年(959),筠州一直领高安、清江、上高、万载等 4 县。

11.11.6　饶州(937—943?),治鄱阳县(参见 11.14.1)

11.12　抚州昭武军节度使(937—959),治抚州

吴旧镇。

南唐昇元元年(937)十月,抚州昭武军节度使领抚州 1 州。

此后至后周显德六年(959),抚州昭武军节度使辖区未更。

11.12.1　抚州(937—959),治临川县

吴旧州。

南唐昇元元年(937)十月,抚州领临川、南城、崇仁、南丰等 4 县。

后周显德五年(958),析临川县与饶州余干县地置金谿场。

此后至后周显德六年(959),抚州领临川、南城、崇仁、南丰等 4 县和金谿场。

11.13　江州奉化军节度使(937—959),治江州

吴旧镇。

南唐昇元元年(937)十月,江州奉化军节度使领江州 1 州。

此后至后周显德六年(959),江州奉化军节度使辖区未更。

11.13.1　江州(937—959),治浔阳县

吴旧州。

南唐昇元元年(937)十月,江州领浔阳、都昌、彭泽、德安等 4 县。同年,浔阳县改称德化县。

南唐昇元三年(939),析德化县置瑞昌县。

南唐保大七年(949)(?),析德化县置湖口县。

南唐保大十一年(953),析彭泽县置东流县。

此后至后周显德六年(959),江州领德化、都昌、彭泽、德安、瑞昌、湖口、东流等 7 县。

11.14　饶州永平军节度使(943?—947?)—**饶州安化军节度使**(947?—959),治饶州

南唐新置。

南唐保大元年(943)(?),析洪州镇南军节度使所领饶州置永平军节度使,领饶州 1 州。

南唐保大五年(947)(?),永平军节度使改称安化军节度使。

此后至后周显德六年(959),饶州永平军节度使辖区未更。

11.14.1 饶州(943?—959),治鄱阳县

吴旧州。

南唐昇元元年(937)十月,饶州领鄱阳、余干、乐平、浮梁、德兴等5县。

此后至后周显德六年(959),饶州领县未更,一如昇元元年。

11.15 虔州百胜军节度使(937—959),治虔州

吴旧镇。

南唐昇元元年(937)十月,虔州百胜军节度使领虔州1州。

此后至后周显德六年(959),虔州百胜军节度使辖区未更。

11.15.1 虔州(937—959),治赣县

吴旧州。

南唐昇元元年(937)十月,虔州领赣、虔化、南康、雩都、信丰、大庾、安远等7县。

南唐保大十年(952),析虔化县置石城县,析南康县置上犹县,析信丰县置龙南县。

南唐保大十一年(953),析雩都县置瑞金县。

此后至后周显德六年(959),虔州领赣、虔化、南康、雩都、信丰、大庾、安远、石城、上犹、龙南、瑞金等11县。

第五节 潭州武安军节度使、建州永安军(忠义军)节度使 (附:福州威武军节度使、朗州武平军节度使)

保大九年(951),南唐据有原楚潭州武安军节度使以及原闽建州镇武军节度使之地,其时置有潭州武安军节度使和建州永安军节度使。本节即分别对上述各节度使的辖区及所属各州的沿革作一概述。

11.16 潭州武安军节度使(951—952),治潭州

楚旧镇。

南唐保大九年(951)十月,南唐兵入潭州,灭楚国,据有潭州武安军节度使所领潭、衡、道、永、邵、全等6州。

南唐保大十年(952)十月,潭州武安军节度使又为马楚旧将王逵所据。南

唐复失湖南之地。

11.16.1　潭州(951—952)，治长沙县

楚旧州。

南唐保大九年(951)十月,潭州领长沙、湘潭、湘乡、益阳、醴陵、浏阳、攸、茶陵、龙喜等9县。

此后至南唐保大十年(952)十月,潭州领县未更。

11.16.2　衡州(951—952)，治衡阳县

楚旧州。

南唐保大九年(951)十月,衡州领衡阳、常宁、衡山、耒阳等4县及安仁场。

此后至南唐保大十年(952)十月,衡州领县未更。

11.16.3　道州(951—952)，治弘道县

楚旧州。

南唐保大九年(951)十月,道州领弘道、延唐、江华、永明、大历等5县。

此后至南唐保大十年(952)十月,道州领县未更。

11.16.4　永州(951—952)，治零陵县

楚旧州。

南唐保大九年(951)十月,永州领零陵、祁阳2县及东安场。

此后至南唐保大十年(952)十月,永州领县未更。

11.16.5　邵州(951—952)，治邵阳县

楚旧州。

南唐保大九年(951)十月,邵州领邵阳、武冈2县。

此后至保大十年(952)十月,邵州领县未更。

11.16.6　全州(951—952)，治清湘县

楚旧州。

南唐保大九年(951)十月,全州领清湘、灌阳2县。

此后至南唐保大十年(952)十月,全州领县未更。

11.17　建州永安军节度使(945—956)—建州忠义军节度使(956—959)，治建州

南唐新置。

南唐保大三年(945)八月,南唐攻取王闽建州。九月,置永安军节度使于建州,另领汀、镡2州。十月,析建、汀2州置剑州,仍属建州建安军节度使;同

时废镡州为延平镇,以其地属建州。

南唐保大十四年(956)五月,建州永安军节度使改称忠义军节度使。

此后至后周显德六年(959),建州忠义军节度使辖区未更。

11.17.1　建州(945—959),治建安县

闽旧州。

南唐保大三年(945)九月,建州领建安、邵武、浦城、建阳、将乐、顺昌等6县。十月,析建、汀2州地置剑州。同时,废镡州为延平镇,来属。

南唐保大六年(948),顺昌县别属剑州。

南唐保大九年(951),析建安县置松源县。

后周显德五年(958),析将乐县地置归化县。

此后至后周显德六年(959),建州领建安、邵武、浦城、建阳、将乐、松源、归化等7县。

11.17.2　汀州(945—959)治长汀县

闽旧州。

南唐保大三年(945)九月,汀州领长汀、宁化、沙等3县。十月,沙县别属剑州。

此后至后周显德六年(959),汀州领长汀、宁化2县。

11.17.3　剑州(945—959),治剑浦县

南唐新置。

南唐保大三年(945)十月,析建、汀2州之地置剑州,领剑浦、沙2县。

南唐保大六年(948),建州所领顺昌县、福州所领尤溪县来属。

此后至后周显德六年(959),剑州一直领剑浦、沙、顺昌、尤溪等4县。

11.17.4　镡州(945),治龙津县

闽旧州。

南唐保大三年(945)九月,镡州领龙津1县。十月,镡州废为延平镇,原领龙津县随之亦废,属地并入建州。

附:

11.18　福州威武军节度使(945—947),治福州

南唐新置。

南唐保大三年(945)五月,李仁达据有福州,自称威武留后,用保大年号,奉表称藩于南唐,南唐以仁达为威武军节度使,领福州1州。

南唐保大四年(946)九月,李弘达(即李仁达)遣使奉表称臣于吴越。

南唐保大五年(947)三月,福州最终被吴越控制。

11.18.1　福州(945—947),治闽县

南唐保大三年(945)五月,福州领闽、候官、长乐、福清、连江、长溪、古田、闽清、永泰、宁德、永贞、尤溪、德化等 13 县。

此后至南唐保大五年(947)三月,福州领县未更。

11.19　朗州武平军节度使(950—951),治朗州

楚旧镇。

南唐保大八年(950)九月,楚武平军节度使马希萼遣使称藩于南唐,南唐加希萼同平章事。此时南唐仅在名义上据有武平军节度使,领朗、澧、岳、辰等 4 州。

南唐保大九年(951)六月,武平军节度使为马楚旧将刘言所据,刘言称藩于后周。南唐对武平军节度使失去了名义上的控制。

11.19.1　朗州(950—951),治武陵县

楚旧州。

南唐保大八年(950)九月,朗州领武陵、龙阳 2 县。

此后至南唐保大九年(951)六月,朗州领县未更。

11.19.2　澧州(950—951),治澧阳县

楚旧州。

南唐保大八年(950)九月,澧州领澧阳、安乡、石门、慈利等 4 县。

此后至南唐保大九年(951)六月,澧州领县未更。

11.19.3　岳州(950—951),治巴陵县

楚旧州。

南唐保大八年(950)九月,岳州领巴陵、华容、桥江、湘阴、平江等 5 县及王朝场。

此后至南唐保大九年(951)六月,岳州领县未更。

11.19.4　辰州(950—951),治沅陵县

楚旧州。

南唐保大八年(950)九月,辰州领沅陵、卢溪、溆浦、麻阳、辰溪等 5 县。

此后至南唐保大九年(951)六月,辰州领县未更。

附：

清　源

南唐保大三年(945)八月，闽亡于南唐，泉、漳 2 州归附，直隶南唐。保大四年(946)十月，漳州更名南州。保大七年(949)十二月，泉州将留从效逐南唐戍兵，南唐被迫以泉州、南州为清源军，以留从效为节度使，治泉州。留从效虽为节度使，称藩南唐，然实际为一割据政权。下面即将该节度使的辖区及所领各州作一概述①。

清源 1　泉州清源军节度使(949—959)，治泉州

南唐新置(名义上)。

南唐保大七年(949)十二月，泉州清源军节度使领泉、南 2 州。

此后至后周显德六年(959)，泉州清源军节度使辖区未更。

清源 1.1　泉州(949—959)，治晋江县

南唐保大三年(945)九月，闽泉州降南唐。

南唐保大七年(949)十二月，泉州领晋江、南安、莆田、仙游、永春、同安等 6 县。

南唐保大八年(950)，福州德化县来属。

后周显德二年(955)，析南安县置清溪县，析同安县置长泰县。

此后至后周显德六年(959)，泉州领晋江、南安、莆田、仙游、永春、同安、德化、清溪、长泰等 9 县。

清源 1.2　南州(949—959)，治龙溪县

南唐保大三年(945)九月，闽漳州降南唐。

南唐保大四年(946)十月，南唐更漳州为南州。

南唐保大七年(949)十二月，南州领龙溪、龙岩、漳浦等 3 县。

此后至后周显德六年(959)，漳州领县未更。

---

① 虽然清源军节度使作为一割据势力，在宋初才为北宋真正控制，但本章此处的政区沿革叙述下限仍止于 959 年，以与本卷所界定的论述时段一致。

第十二章 吴 越

后梁开平元年(907)五月,封镇海、镇东军节度使吴王钱镠为吴越王。龙德三年(923),封钱镠为吴越国王。吴越以杭州为都,奉中原正朔,然亦尝于本国境内自置年号。北宋太平兴国三年(978)五月,吴越国王钱俶主动向北宋纳土。

自后梁开平元年至后周显德六年(959)①,与吴越并峙或一度并存的其他割据政权(势力)尚有不少。在北方有后梁(907—923)、岐王(907—923)、卢龙(907—909)[燕王(909—911)、燕国(911—913)]、赵王(910—914)、北平王(910—914)、晋王(907—923)[后唐(923—936)]、后晋(936—946)、后汉(947—950)、后周(951—959)、北汉(951—959)、定难(907—959)、西汉金山国(907—914)[归义(914—959)],在南方有前蜀(907—925)、后蜀(934—959)、吴王(907—919)[吴国(919—937)]、南唐(937—959)、威武(907—909)[闽王(909—933)、闽国(933—945)]、荆南(913—924)[南平(924—959)]、楚王(907—927)[楚国(927—951)]、湖南(952—959)、大彭王(907—909)[南平王(909—910)、南海王(910—917)、大越(917)、南汉(918—959)]、武贞(907—908)、宁远(907—910)、邕管(岭南西道,907—910?)、江西(907—909)、百胜(909—918)、新州(907—910?)、高州(907—911)、静海(907—930,931—959)、殷(943—944)、清源(949—959)及湖南(952—959)等。

后梁开平元年(907)五月,吴越领有①杭州镇海军节度使(辖杭、苏、湖、睦等4州和衣锦军)、②越州镇东军节度使(辖越、明、台、温、处、婺、衢等7州)。

吴越天宝元年(908)八月,杭、越等州升为大都督府。此后,杭州又称西府,越州又称东府。同年,析杭州镇海军节度使所领苏州嘉兴、华亭、海盐等3县置开元府,又以苏州置中吴府(或称苏州府),皆属杭州镇海军节度使。

---

① 在此需要说明的是,虽然吴越于北宋太平兴国三年(978)才亡于北宋,但本章的政区沿革叙述下限仍止于959年,以与本卷所界定的论述时段一致。

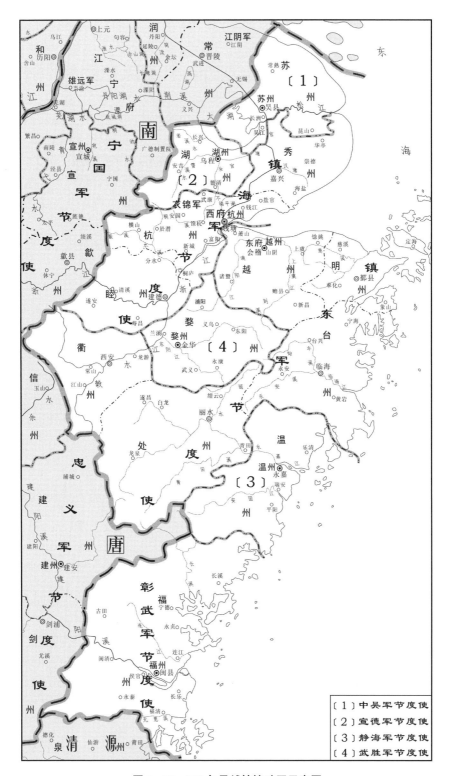

图 1-12　959 年吴越辖境政区示意图

后梁贞明元年(915)(?),中吴府(苏州府)复称苏州,置③中吴军节度使,领苏州 1 州。

后唐长兴三年(932)四月,废杭州镇海军节度使所领开元府,所属嘉兴、海盐 2 县别属杭州,华亭县还属苏州。

后晋天福三年(938)十月,析杭、苏 2 州地置秀州,属杭州镇海军节度使。

天福四年(939)五月,析越州镇东军节度使所领温州置④静海军节度使,领温州 1 州。九月,复析越州镇东军节度使所领婺州置⑤武胜军节度使,领婺州 1 州。

后汉天福十二年(947)三月,福州最终为吴越所控,仍置⑥威武军节度使,领福州 1 州。

后周广顺元年(951),福州威武军节度使改称彰武军节度使。

后周显德六年(959)二月,以杭州镇海军节度使所领湖州置⑦宣德军节度使,领湖州 1 州。

下面按地域进行划分,以后周显德六年(959)为基准年分节列目,将吴越所辖政区概述于次(参见图 1-12)。

第一节　杭州镇海军、苏州中吴军、湖州宣德军诸节度使

后周显德六年(959),吴越在原唐江南东道北部置有杭州镇海军节度使、苏州中吴军节度使、湖州宣德军节度使。本节即分别对上述各节度使的辖区及所属各州(府)的沿革作一概述。

12.1　杭州镇海军节度使(907—959),治杭州

唐旧镇。

后梁开平元年(907)五月,杭州镇海军节度使领杭、苏、湖、睦等 4 州和衣锦军。

吴越天宝元年(908)八月,杭州升为大都督府。此后,杭州又称西府。又,大约在同年,析苏州所领嘉兴、华亭、海盐等 3 县置开元府,又以苏州置中吴府(或称苏州府),皆属镇海军节度使。

后梁贞明元年(915)(?),中吴府(苏州府)复称苏州,置中吴军节度使,领苏州 1 州。

后唐长兴三年(932)四月,废杭州镇海军节度使所领开元府,其所领嘉兴、

海盐2县别属杭州,华亭县还属苏州。

后晋天福三年(938)十月,析杭、苏2州地置秀州,属杭州镇海军节度使。

后周显德六年(959)二月,以湖州置宣德军节度使。至是,杭州镇海军节度使领杭、睦、秀等3州及衣锦军。

12.1.1　杭州(907—959),治钱塘县

唐旧州。

后梁开平元年(907)五月,杭州领钱塘、盐官、馀杭、富阳、於潜、临安、新城、唐山、桐庐等9县。同年,析临安县衣锦城置衣锦军,新城县改称新登县,湖州所领武康县来属。

吴越天宝元年(908)正月,临安县改称安国县。八月,唐山县改称吴昌县。

吴越天宝三年(910)五月,富阳县改称富春县,吴昌县改称金昌县。

后梁龙德三年(923),析钱塘县、盐官县置钱江县。

吴越宝大元年(924),金昌县复称唐山县,新登县复称新城县。

后唐长兴三年(932),废开元府,嘉兴、海盐2县来属。

后晋天福二年(937),富春县复称富阳县。

后晋天福三年(938)十月,析嘉兴县置崇德县,并以嘉兴县置秀州,崇德县、海盐县别属之。

后晋天福七年(942),唐山县改称横山县。

此后至后周显德六年(959),杭州一直领钱塘、盐官、馀杭、富阳、於潜、安国、新城、横山、桐庐、武康、钱江等11县。

12.1.2　睦州(907—959),治建德县

唐旧州。

后梁开平元年(907)五月,睦州领建德、清溪、寿昌、分水、遂安等5县。

此后至后周显德六年(959),睦州领县未更,一如开平元年。

12.1.3　开元府(908—932),治嘉兴县

吴越新置。

吴越天宝元年(908),析苏州所领嘉兴、华亭、海盐等3县置开元府。

后唐长兴三年(932)开元府废,嘉兴、海盐2县别属杭州,华亭县还属苏州。

12.1.4　秀州(938—959),治嘉兴县

后晋天福三年(938),析杭州嘉兴县置崇德县,以杭州嘉兴、海盐、崇德与苏州华亭等4县置秀州。

此后至后周显德六年(959),秀州一直领嘉兴、海盐、华亭、崇德等4县。

12.1.5 衣锦军(907—959)

唐旧军。

后梁开平元年(907)五月至后周显德六年(959),衣锦军一直不领县,隶属杭州镇海军节度使。

12.1.6 苏州(907—908)—中吴府(苏州府)(908?—915?),治吴县(参见 12.2.1)

12.1.7 湖州(907—958),治乌程县(参见 12.3.1)

12.2 苏州中吴军节度使(915?—959),治苏州

吴越新置。

后梁贞明元年(915)(?),析杭州镇海军节度使所领苏州置中吴军节度使,领苏州 1 州。

此后至后周显德六年(959),苏州中吴军节度使辖区未更。

12.2.1 苏州(915?—959),治吴县

唐旧州。

后梁开平元年(907)五月,苏州领吴、长洲、嘉兴、昆山、常熟、海盐、华亭等 7 县。

吴越天宝元年(908),析嘉兴、海盐、华亭等 3 县置开元府。又,大约在同年,苏州改称中吴府(苏州府)。

天宝二年(909),析吴县置吴江县。

后梁贞明元年(915)(?),中吴府(苏州府)又复称苏州。

后唐长兴三年(932),华亭县复来属。

后晋天福三年(938),华亭县别属秀州。

此后至后周显德六年(959),苏州领县一直领吴、长洲、昆山、常熟、吴江等 5 县。

12.3 湖州宣德军节度使(959),治湖州

吴越新置。

后周显德六年(959)二月,析杭州镇海军节度使所领湖州置宣德军节度使,领湖州 1 州。

此后至显德六年末,湖州宣德军节度使辖区未更。

12.3.1 湖州(959),治乌程县

唐旧州。

后梁开平元年(907)五月,湖州领乌程、德清、安吉、武康、长兴等5县。同年,武康县别属杭州。

此后至后周显德六年(959),湖州一直领乌程、德清、安吉、长兴等4县。

第二节 越州镇东军、温州静海军、婺州武胜军、福州彰武军(威武军)诸节度使

后周显德六年(959),吴越在原唐江南东道东部和中南部置有越州镇东军节度使、温州静海军节度使、婺州武胜军节度使、福州彰武军节度使。本节即分别对上述各节度使的辖区及所属各州(府)的沿革作一概述。

12.4 越州镇东军节度使(907—959),治越州

唐旧镇。

后梁开平元年(907)五月,越州镇东军节度使领越、明、台、温、处、婺、衢等7州。

吴越天宝元年(908)八月,越州升为大都督府。此后越州又称东府。

后晋天福四年(939)五月,析温州置静海军节度使;九月,析婺州置武胜军节度使。

此后至后周显德六年(959),越州镇东军节度使一直领越、明、台、衢、处等5州。

12.4.1 越州(907—959),治会稽县

唐旧州。

后梁开平元年(907)五月,越州领会稽、山阴、暨阳、馀姚、剡、萧山、上虞等7县。

吴越天宝元年(908),析剡县置新昌县。

吴越天宝三年(910),暨阳县复称诸暨县。

后晋天福五年(940),剡县改称赡县。

此后至后周显德六年(959),越州一直领会稽、山阴、诸暨、馀姚、赡、萧山、上虞、新昌等8县。

12.4.2 明州(907—959),治鄞县

唐旧州。

后梁开平元年(907)五月,明州领鄞、奉化、慈溪、象山等4县。

吴越天宝二年(909),析鄞县置望海县,寻改望海县为定海县。

此后至后周显德六年(959),明州一直领鄞、奉化、慈溪、象山、定海等5县。

12.4.3 台州(907—959),治临海县

唐旧州。

后梁开平元年(907)五月,台州领临海、唐兴、黄岩、乐安、宁海等5县。

吴越天宝元年(908),唐兴县改称天台县。

宝大元年(924),天台县复称唐兴县。

宝正五年(930),乐安县改称永安县。

后晋天福二年(937)(?),唐兴县又改称台兴县。

此后至后周显德六年(959),台州一直领临海、黄岩、永安、台兴、宁海等5县。

12.4.4 处州(907—959),治丽水县

唐旧州。

后梁开平元年(907)五月,处州领丽水、松阳、缙云、青田、遂昌、龙泉等6县。

吴越天宝三年(910),松阳县改称长松县。

后晋天福四年(939),长松县又改称白龙县。

此后至后周显德六年(959),处州一直领丽水、白龙、缙云、青田、遂昌、龙泉等6县。

12.4.5 衢州(907—959),治西安县

唐旧州。

后梁开平元年(907)五月,衢州领西安、龙丘、须江、常山等4县。

吴越宝正六年(931),龙丘县改称龙游县,须江县改称江山县。

此后至后周显德六年(959),衢州一直领西安、龙游、江山、常山四县。

12.4.6 温州(907—939),治永嘉县(参见12.5.1)

12.4.7 婺州(907—939),治金华县(参见12.6.1)

12.5 温州静海军节度使(939—959),治温州

吴越新置。

后晋天福四年(939)五月,析越州镇东军节度使所领温州置静海军节度使,领温州1州。

此后至后周显德六年(959),温州静海军节度使辖区未更。

12.5.1 温州(939—959),治永嘉县

唐旧州。

后梁开平元年(907)五月,温州领永嘉、瑞安、横阳、乐清等4县。

乾化四年(914),横阳县改称平阳县。

此后至后周显德六年(959),温州一直领永嘉、瑞安、平阳、乐清等4县。

12.6 婺州武胜军节度使(939—959),治婺州

吴越新置。

后晋天福四年(939)九月,析越州镇东军节度使所领婺州置武胜军节度使,领婺州1州。

此后至后周显德六年(959),婺州武胜军节度使辖区未更。

12.6.1 婺州(939—959),治金华县

唐旧州。

后梁开平元年(907)五月,婺州领金华、义乌、永康、东阳、兰溪、武义、浦阳等7县。

吴越天宝三年(910),浦阳县改称浦江县,东阳县改称东场县。

后晋天福二年(937)(?),浦江县复称浦阳县、东场县复称东阳县。

此后至后周显德六年(959),婺州一直领金华、义乌、永康、东阳、兰溪、武义、浦阳等7县。

12.7 福州威武军节度使(947—951)—**福州彰武军节度使(951—959),治福州**

南唐旧镇。

后晋天福十二年(947)三月,南唐福州威武军节度使归投吴越,领福州1州。

后周广顺元年(951),福州威武军节度使改称彰武军节度使。

此后至后周显德六年(959),福州彰武军节度使辖区未更。

12.7.1 福州(947—959),治闽县

南唐旧州。

后晋天福十二年(947)三月,福州领闽、候官、长乐、福清、连江、长溪、古田、闽清、永泰、宁德、永贞、尤溪、德化等13县。

后汉乾祐元年(948),尤溪县别属南唐剑州。

乾祐三年(950),德化县别属留从效所控制的清源军节度使所领之泉州。

此后至后周显德六年(959),福州一直领闽、候官、长乐、福清、连江、长溪、古田、闽清、永泰、宁德、永贞等11县。

第十三章 闽国(闽王)（含威武；附：殷国）

后梁开平元年(907)四月,朱温代唐称帝,是为梁太祖。福州威武军节度使王审知称臣。开平三年(909),后梁封王审知为闽王。后唐天成元年(926),王审知子延翰自称大闽国王,都福州,仍称臣于后唐。长兴四年(933),王延翰弟延钧称帝,国号闽,建元龙启,改福州为长乐府,为国都。殷天德元年(闽永隆五年,943)二月,建州节度使王延政称帝于建州,国号殷,建元天德,形成闽国分裂局面。闽天德三年(945)正月,王延政又得福州,复国号闽,仍都建州。八月,南唐兵攻破建州,闽国灭亡。

自后梁开平三年(909)至闽天德三年(945),与闽王(闽国)并峙或一度并存的其他割据政权(势力)尚有不少。在北方有后梁(909—923)、晋王(909—923)[后唐(923—936)]、岐王(909—923)、燕王(909—911)[燕国(911—913)]、赵王(910—914)、北平王(910—914)、定难(909—945)、西汉金山国(907—914)[归义(914—945)]、后晋(936—945),在南方有前蜀(909—925)、后蜀(934—945)、吴王(909—919)[吴国(919—937)]、南唐(937—945)、荆南(913—924)[南平(924—945)]、楚王(909—927)[楚国(927—951)]、湖南(952—959)、南平王(909—910)[南海王(910—917)、大越(917)、南汉(918—945)]、武贞(907—908)、宁远(907—910)、邕管(岭南西道,907—910?)、江西(907—909)、百胜(909—918)、新州(907—910?)、高州(907—911)、静海(907—930,931—959)、殷(943—944)、清源(949—959)及湖南(952—959)等。

后梁开平元年(907)四月,王审知领有福州威武军节度使,领福、泉、漳、汀、建等5州。开平三年(909)四月,后梁封王审知为闽王,仍领福、泉、漳、汀、建等5州,治福州。

后唐长兴四年(933)正月,王延钧称帝,国号大闽。改福州为长乐府,并定都于此。闽国领长乐府、建州、泉州、汀州、漳州等1府4州。福州威武军节度使遂废。

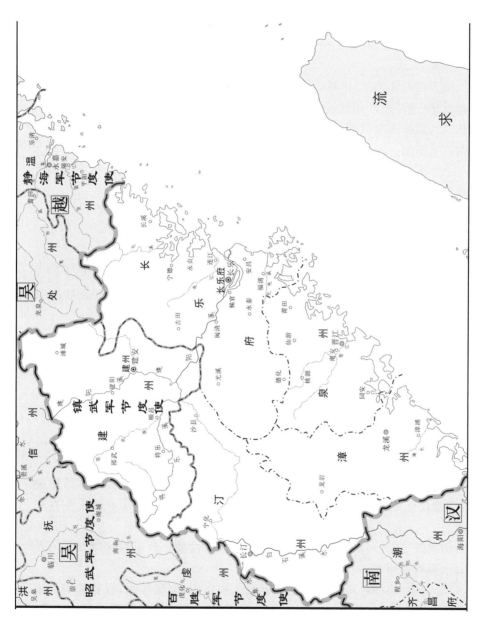

图1-13 941年闽国辖境政区示意图

闽永隆三年(941)正月,析建州置镇安军节度使,仅领建州,旋改称镇武军节度使。

殷天德元年(闽永隆五年,943)二月,建州镇武军节度使王延政称帝,国号大殷,又析建州置镛、镡2州,殷国领建、镛、镡等3州。闽镇武军节度使遂废。同年,镛州又废。

闽天德二年(944)正月,王延政又得福州,复国号为闽,以长乐府为南都。天德三年(945)三月,李仁达据福州自立,废南都长乐府为福州。五月,南唐以李仁达为威武军节度使。八月,闽亡于南唐,福、建、泉、汀、漳、镡等州随后相继为南唐所据。

下面按地域进行划分,以闽永隆三年(941)为基准年分节列目,将闽国所辖政区沿革作一概述(参见图1-13)。

第一节 直隶地区(福州威武军节度使)

闽永隆三年(941),闽国将原唐江南东道南部福州威武军节度使所辖大部区域设为直隶地区,本节即对此区域内所属各州(府)的沿革作一概述。

13.1 福州威武军节度使(威武907—909,闽王909—933,治福州)—直隶地区(闽933—945)

唐旧镇。

后梁开平元年(907)四月,福州威武军节度使领福、泉、漳、汀、建等5州。

开平三年(909)四月,后梁封福州威武军节度使王审知为闽王,仍领福、泉、漳、汀、建等5州。

后唐长兴四年(933)正月,王延钧称帝,国号大闽。福州威武军节度使废,所领长乐府(福州改名)、建州、泉州、汀州、漳州等1府4州成为直隶地区。

闽永隆三年(941)正月,析建州置镇安军节度使。直隶地区辖长乐府及泉、汀、漳等3州。

闽天德二年(944)正月,殷主王延政入长乐府,复国号闽,以长乐府为南都。十一月,泉、汀、漳等3州附于王延政。此时,闽国领长乐府及泉、汀、漳、建、镡等1府5州。

闽天德三年(945)三月,李仁达废南都长乐府为福州。

此后至闽天德三年(945)八月,直隶地区辖区未更。

13.1.1 福州(907—933)—长乐府(933—945)—福州(945),治闽县(907—933)—长乐县(933—935)—闽县(935—941)—长乐县(941—942)—闽县(942—945)

唐旧州。

后梁开平元年(907)四月,福州领闽、候官、长乐、福唐、连江、长溪、古田、梅溪、永泰、尤溪等10县。

后梁开平二年(908),福唐县改称永昌县。

乾化元年(911),梅溪县改称闽清县,长乐县改称安昌县。

后唐同光元年(923),永昌县复称福唐县,安昌县复称长乐县。

闽龙启元年(933),福州改称长乐府。闽县改称长乐县,候官县改称闽兴县,长乐县改称候官县,福唐县改称福清县。同年,析尤溪、永泰2县置德化县,析长溪、古田2县置宁德县,析连江县置永贞县。

龙启三年(935),长乐县复称闽县,闽兴县复称候官县,候官县复称长乐县。

永隆三年(941),又改闽县称长乐县、长乐县称安昌县。

永隆四年(942),复改长乐县为闽县、安昌县为长乐县。

天德二年(944)正月,以长乐府为南都。

天德三年(945)三月,李仁达废南都长乐府为福州。

此后至闽天德三年(945)八月,福州领闽、候官、长乐、福清、连江、长溪、古田、闽清、永泰、宁德、永贞、尤溪、德化等13县。

13.1.2 泉州(907—945),治晋江县

唐旧州。

后梁开平元年(907)四月,泉州领晋江、南安、莆田、仙游等4县。

闽龙启元年(933),析南安县置桃源县。

永隆元年(939),析南安县置同安县。

永隆四年(942),桃源县改称永春县。

此后至闽天德三年(945)八月,泉州领晋江、南安、莆田、仙游、永春、同安等6县。

13.1.3 漳州(907—945),治龙溪县

唐旧州。

后梁开平元年(907)四月,漳州领龙溪、龙岩、漳浦等3县。

此后至闽天德三年(945)八月,漳州领县未更,一如开平元年。

13.1.4 汀州(907—945),治长汀县

唐旧州。

后梁开平元年(907)四月,汀州领长汀、宁化、沙等3县。

此后至闽天德三年(945)八月,汀州领县未更,一如开平元年。

13.1.5　建州(907—941,944—945),治建安县

唐旧州。

后梁开平元年(907)四月,建州领建安、邵武、浦城、建阳、将乐等5县。

闽龙启元年(933),析将乐县置顺昌县。

永隆三年(941)正月,析建州置镇安军节度使。

天德二年(944)正月,建州复归入直隶地区。

此后至闽天德三年(945)八月,建州领建安、邵武、浦城、建阳、将乐、顺昌等6县。

13.1.6　镡州(944—945),治龙津县

殷旧州。

闽天德二年(944)正月,镡州领龙津1县。

此后至闽天德三年(945)八月,镡州领县未更。

第二节　建州镇武军(镇安军)节度使

闽永隆三年(941),闽国在原唐江南东道南部福州威武军节度使所辖之西北部地区置有建州镇武军(镇安军)节度使。本节即分别对该节度使的辖区及所属各州的沿革作一概述。

13.2　**建州镇安军节度使(941)—建州镇武军节度使(941—943),治建州**

闽新置。

闽永隆三年(941)正月,析建州置镇安军节度使,领建州1州。旋,改称镇武军节度使。

天德元年(943)二月,镇武军节度使王延政于建州称帝,国号大殷,建州镇武军节度使废。

自永隆三年正月至天德元年二月,建州镇安军(镇武军)节度使一直领建州1州。

13.2.1　建州(941—943),治建安县(参见13.1.5)

附：

殷 国

殷天德元年(闽永隆五年,943)二月,闽建州镇武军节度使王延政于建州称帝,国号大殷,又析建州置镛、镡2州,殷国领建、镛、镡等3州。镇武军节度使遂废。同年,镛州又废。闽天德二年(944)正月,王延政又得福州,复国号为闽,不再称殷。

殷1　建州(943—944),治建安县(参见13.1.5)

殷2　镛州(943)

殷新置。

殷天德元年(943)二月,王延政析建州将乐县置镛州,领将乐1县。寻复旧。

殷3　镡州(943—944),治龙津县

殷新置。

殷天德元年(943)二月,王延政改建州永平镇为龙津县,置镡州。

自殷天德元年二月至闽天德二年(944)正月,镡州领龙津1县。

第十四章 南　　汉
（大彭王、南平王、南海王、大越）
（附：邕管、新州、高州、静海）

后梁开平元年(907)五月,封刘隐为大彭郡王。开平二年(908)十月,任刘隐为清海军、静海军节度使。开平三年(909)四月,封刘隐为南平王。开平四年(910)四月,进封刘隐为南海王。贞明二年(917)八月,刘隐弟刘陟(岩)称帝,国号大越,改元乾亨,改广州为兴王府,定都兴王府。南汉乾亨二年(918)八月,改国号为汉,史称南汉。南汉大宝十四年(971)二月,北宋平南汉。

自后梁开平元年至南汉大宝二年(959)①,与大彭王(南平王、南海王、大越、南汉)并峙或一度并存的其他割据政权(势力)尚有不少。在北方有后梁(907—923)、晋王(907—923)[后唐(923—936)]、岐王(907—923)、卢龙(907—909)[燕王(909—911)、燕国(911—913)]、赵王(910—914)、北平王(910—914)、定难(907—959)、西汉金山国(907—914)[归义(914—959)]、后晋(936—946)、后汉(947—950)、后周(951—959)、北汉(951—959),在南方有前蜀(907—925)、后蜀(934—959)、吴王(907—919)[吴国(919—937)]、南唐(937—959)、吴越(907—959)、威武(907—909)[闽王(909—933)、闽国(933—945)]、荆南(913—924)[南平(924—959)]、楚王(907—927)[楚国(927—951)]、武贞(907—908)、宁远(907—910)、邕管(岭南西道,907—910?)、江西(907—909)、百胜(909—918)、新州(907—910?)、高州(907—911)、静海(907—930,931—959)、殷(943—944)、清源(949—959)及湖南(952—959)等。

后梁开平元年(907)五月,封刘隐为大彭郡王,领有①广州清海军节度使,

---

① 在此需要说明的是,虽然南汉于大宝十四年(971)才亡于北宋,但本章的政区沿革叙述下限仍止于959年,以与本卷所界定的论述时段一致。

领广、循、潮、端、春、勤、恩、潘、辩、罗、雷、泷、康、封等 14 州,治广州。另还领有原唐琼州管内招讨游奕使所领琼、崖、儋、万安、振等 5 州以及原唐静江军节度使辖区内的昭、贺、梧、蒙、龚、富、思唐等 7 州。

开平二年(908)九月,昭、贺、梧、蒙、龚、富、思唐等 7 州为马楚所攻取。

乾化元年(911)十二月,清海军节度使刘岩攻取吴王虔州节度使之韶州及刘昌鲁之高州,此前亦已攻取刘潜之新州,3 州并属广州清海军节度使。同月,攻取②容州宁远军节度使,领容、藤、义、窦、禺、顺、白、廉、行岩、牢、党、郁林、绣等 13 州。又,大约在同年,攻取叶广略所据之岭南西道,置③邕州建武军节度使,领邕、宾、澄、贵、浔、横、峦、钦等 8 州,治邕州。

贞明二年(917)八月,刘岩称帝,国号大越,改元乾亨,改广州为兴王府,定都兴王府。②清海军节度使废,所辖各州与原唐琼州管内招讨游奕使所领琼、崖、儋、万安、振等 5 州皆直属朝廷,成为直隶地区。又,大约在同年,析循州置齐昌府及祯州,齐昌府直属朝廷,以祯州置③祯州节度使(领祯州 1 州);并以韶州置④韶州雄武军节度使(领韶州 1 州)。

南汉乾亨二年(918),容州宁远军节度使所领行岩州改称常乐州。

乾亨四年(920),析兴王府置英州,直属朝廷。

大有三年(930),攻占安南之地,有交、峰、武定、谅、陆、苏茂、武安、郡、长、爱、演、骥、唐林等 13 州之地。不过,此时南汉对安南的控制仅属羁縻性质。

大有四年(931),复失安南地区。

乾和三年(945),析潮州置敬州,直属朝廷。

乾和四年(946),析韶州雄武军节度使所领韶州置雄州。

乾和六年(948)十二月,南汉夺取楚国桂州静江军节度使所领贺、昭 2 州。

乾和九年(951)十月,南唐兵入潭州,楚国灭亡。十一月,原楚国桂州静江军节度使所领桂、溥、宜、严、柳、象、融、梧、蒙、龚、富、思唐等 12 州被南汉攻取。至此⑤静江军节度使全境为南汉所据。十二月,南汉又取原楚国境内的郴、连 2 州及桂阳监。

乾和十二年(954),安南吴氏政权向南汉遣使称臣,南汉中宗刘晟册封吴昌文为静海军节度使兼安南都护。此时南汉亦非实际控制安南。

乾和十五年(957)(?),以齐昌府置⑥兴宁军节度使,领齐昌府 1 府。

下面按地域进行划分,以大有三年(930)为基准年分节列目,将南汉所辖政区进行概述(参见图 1-14)。

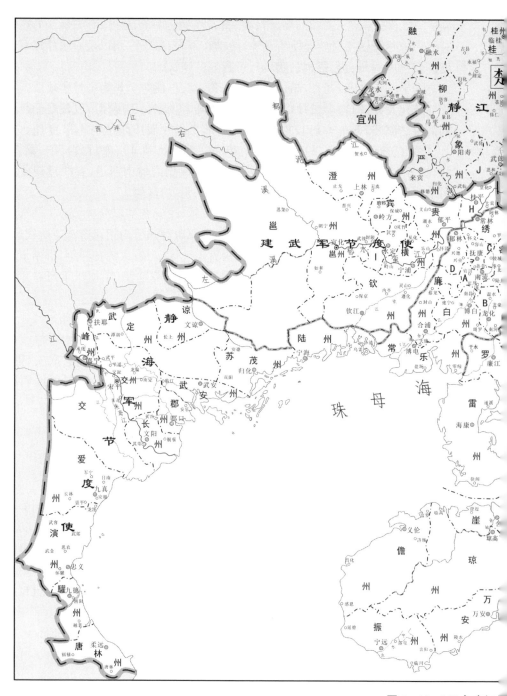

图 1-14 930 年南汉

第一编·第十四章 南汉

第一节 直隶地区(广州清海军节度使暨琼州管内招讨游奕使①)、祯州节度使、韶州雄武军节度使(附:齐昌府兴宁军节度使)

大有三年(930),南汉在原唐岭南道东部置有直隶地区(即原唐广州清海军节度使暨琼州管内招讨游奕使辖区)、祯州节度使和韶州雄武军节度使。本节即分别对上述直隶地区与各节度使的辖区及所属各州(府)的沿革作一概述。

14.1 广州清海军节度使暨琼州管内招讨游奕使(大彭907—909,南平909—910,南海910—917)——**直隶地区**(大越917,**南汉**918—959)

后梁开平元年(907)五月,广州清海军节度使领广、循、潮、端、春、勤、恩、潘、辩、罗、雷、泷、康、封等14州。原唐琼州管内招讨游奕使所领琼、崖、儋、万安、振等5州亦为清海军节度使刘隐控制。

后梁乾化元年(911)十二月,清海军节度使刘岩攻取吴王虔州节度使之韶州及刘昌鲁之高州,此前亦已攻取刘潜之新州,3州并属广州清海军节度使。广州清海军节度使领广、循、潮、端、春、勤、恩、潘、辩、罗、雷、泷、康、封、韶、高、新等17州。

后梁贞明三年(917)八月,广州改称兴王府,并定都于此,广州清海军节度使废,所辖各州与原唐琼州管内招讨游奕使所领各州皆直属朝廷。同年,析循州置齐昌府、祯州,以祯州置祯州节度使。并以韶州置雄武军节度使。此时,直隶地区包括兴王府、齐昌府与循、潮、端、春、勤、恩、潘、辩、罗、雷、泷、康、封、高、新等15州以及原唐琼州管内招讨游奕使所领5州。

南汉乾亨四年(920),析兴王府置英州,属直隶地区。

南汉乾和三年(945),析潮州置敬州,属直隶地区。

南汉乾和九年(951)十二月,南汉攻取原楚国境内的郴、连2州及桂阳监,属直隶地区。

南汉乾和十五年(957)(?),析齐昌府置兴宁军节度使。

---

① 琼州管内招讨游奕使始置于唐贞元五年(789),领琼、崖、儋、万安、振等5州。史籍未见此后有该招讨游奕使的记载,故颇疑此为唐军征讨琼州等5州"山洞草贼"的权宜之职。但为叙述之便,本卷籍以此名称指代上述5州之领域,并不表示五代初期一定存有此建置。

此后至南汉大宝二年(959),直隶地区包括兴王府与循、潮、端、春、勤、恩、潘、辩、罗、雷、泷、康、封、高、新、英、敬等 17 州和原唐琼州管内招讨游奕使所领 5 州以及原楚国境内的彬州、连州、桂阳监,共计 1 府 24 州 1 监之地。

14.1.1　广州(907—917)—兴王府(917—959),治南海县(907—917),番禺县(917—959)

唐旧州。

后梁开平元年(907)五月,广州领南海、番禺、增城、四会、化蒙、怀集、洊水、东莞、清远、浛洭、浈阳、新会、义宁等 13 县。

南汉乾亨元年(917),改广州为兴王府,析南海为常康、咸宁 2 县与永丰、重合 2 场。

乾亨四年(920),析浈阳县置英州。

此后至南汉大宝二年(959),广州一直领番禺、增城、四会、化蒙、怀集、洊水、东莞、清远、浛洭、新会、义宁、常康、咸宁等 13 县与永丰、重合 2 场。

14.1.2　循州(907—959),治归善县(907—917)—雷乡县(917—922)—龙川县(922—959)

唐旧州。

后梁开平元年(907)五月,循州领归善、博罗、河源、海丰、兴宁、雷乡等 6 县。

南汉乾亨元年(917),析归善、海丰、博罗、河源 4 县置祯州,析兴宁县置齐昌府,循州徙治雷乡县,仅领雷乡 1 县。

乾亨六年(922),雷乡县改称龙川县。

此后至南汉大宝二年(959),循州一直领龙川 1 县。

14.1.3　潮州(907—959),治海阳县

唐旧州。

后梁开平元年(907)五月,潮州领海阳、程乡、潮阳等 3 县。

南汉乾和三年(945),析程乡县置敬州。

此后至南汉大宝二年(959),潮州一直领海阳、潮阳 2 县。

14.1.4　端州(907—959),治高要县

唐旧州。

后梁开平元年(907)五月,端州领高要、平兴 2 县。

此后至南汉大宝二年(959),端州领县未更,一如开平元年。

14.1.5　春州(907—959),治阳春县

唐旧州。

后梁开平元年(907)五月,春州领阳春、罗水、流南等3县。

此后至南汉大宝二年(959),春州领县未更,一如开平元年。

14.1.6　勤州(907—959),治铜陵县

唐旧州。

后梁开平元年(907)五月,勤州领铜陵、富林2县。

此后至南汉大宝二年(959),勤州领县未更,一如开平元年。

14.1.7　恩州(907—959),治阳江县

唐旧州。

后梁开平元年(907)五月,恩州领阳江、恩平、杜陵等3县。

此后至南汉大宝二年(959),恩州领县未更,一如开平元年。

14.1.8　潘州(907—959),治茂名县(907)—越常县(907—923)—茂名县(923—959)

唐旧州。

后梁开平元年(907)五月,潘州领越常、南巴、潘水等3县。

南汉乾亨七年(923)十月,越常县复称茂名县。

此后至南汉大宝二年(959),潘州一直领茂名、南巴、潘水等3县。

14.1.9　辩州(907—959),治石龙县

唐末勋州。后梁开平元年复称辩州。

后梁开平元年(907)五月,辩州辖石龙、陵罗2县。

此后至南汉大宝二年(959),辩州领县未更,一如开平元年。

14.1.10　罗州(907—959),治廉江县

唐旧州。

后梁开平元年(907)五月,罗州领廉江、吴川、干水、零绿等4县。

南汉乾亨二年(918),零绿县别属常乐州。

此后至南汉大宝二年(959),罗州一直领廉江、吴川、干水等3县。

14.1.11　雷州(907—959),治海康县

唐旧州。

后梁开平元年(907)五月,雷州领海康、遂溪、徐闻等3县。

此后至南汉大宝二年(959),雷州领县未更,一如开平元年。

14.1.12　泷州(907—959),治泷水县

唐旧州。

后梁开平元年(907)五月,泷州领泷水、开阳、镇南、建水等4县。

此后至南汉大宝二年(959),泷州领县未更,一如开平元年。

14.1.13　康州(907—959),治端溪县

唐旧州。

后梁开平元年(907)五月,康州领端溪、晋康、悦城、都城等 4 县。

此后至南汉大宝二年(959),康州领县未更,一如开平元年。

14.1.14　封州(907—959),治封川县

唐旧州。

后梁开平元年(907)五月,封州领封川、开建 2 县。

此后至南汉大宝二年(959),封州领县未更,一如开平元年。

14.1.15　琼州(907—959),治琼高县

唐旧州。

后梁开平元年(907)五月,琼州领琼高、临高、乐会等 3 县。

此后至南汉大宝二年(959),琼州领县未更,一如开平元年。

14.1.16　崖州(907—959),治舍城县

唐旧州。

后梁开平元年(907)五月,崖州领舍城、澄迈、文昌等 3 县。

此后至南汉大宝二年(959),崖州领县未更,一如开平元年。

14.1.17　儋州(907—959),治义伦县

唐旧州。

后梁开平元年(907)五月,儋州领义伦、昌化、感恩、洛场、富罗等 5 县。

南汉乾和十五年(957),省富罗县。

此后至南汉大宝二年(959),儋州领义伦、昌化、感恩、洛场等 4 县。

14.1.18　万安州(907—959),治万安县

唐旧州。

后梁开平元年(907)五月,万安州领万安、陵水 2 县。

此后至南汉大宝二年(959),万安州领县未更,一如开平元年。

14.1.19　振州(907—959),治宁远县

唐旧州。

后梁开平元年(907)五月,振州领宁远、延德、吉阳、临川、落屯等 5 县。

南汉乾和十五年(957)(?),省延德、临川、落屯等 3 县。

此后至南汉大宝二年(959),振州领宁远、吉阳 2 县。

14.1.20　新州(910?—959),治新兴县

刘潜旧州。

后梁开平四年(910)(?),攻取刘潜所据新州,新州领新兴、永顺 2 县。

此后至南汉大宝二年(959),新州领县未更,一如乾化元年。

14.1.21　韶州(911—917?),治曲江县(参见14.3.1)

14.1.22　高州(911—959),治电白县

刘昌鲁旧州。

后梁乾化元年(911)十二月,刘岩攻取高州,高州领电白、良德、保宁等3县。

此后至南汉大宝二年(959),高州领县未更,一如乾化元年。

14.1.23　齐昌府(917—957?),治兴宁县

南汉新置。

南汉乾亨元年(917),析循州兴宁县置齐昌府,领兴宁1县。

此后至南汉大宝二年(959),齐昌府一直领兴宁1县。

14.1.24　祯州(917—917?),治归善县(参见14.2.1)

14.1.25　英州(920—959),治浈阳县

南汉新置。

南汉乾亨四年(920),析兴王府浈阳县置英州。

此后至南汉大宝二年(959),英州一直领浈阳1县。

14.1.26　敬州(945—959),治程乡县

南汉新置。

南汉乾和三年(945),析潮州程乡县置敬州。

此后至南汉大宝二年(959),敬州一直领程乡1县。

14.1.27　郴州(951—959),治郴县

楚旧州。

南汉乾和九年(951)十二月,南汉攻取原楚国境内的郴州,郴州领郴、义章、义昌、资兴、高亭、蓝山等6县。

此后至南汉大宝二年(959),郴州领县未更。

14.1.28　连州(951—959),治桂阳县

楚旧州。

南汉乾和九年(951)十二月,南汉攻取原楚国境内的连州,连州领桂阳、阳山、连山等3县。

此后至南汉大宝二年(959),连州领县未更。

14.1.29　桂阳监(951—959)

楚旧监。

南汉乾和九年(951)十二月,南汉攻取原楚国境内的桂阳监,桂阳监无领县。

此后至南汉大宝二年(959),桂阳监一直无领县。

14.2 祯州节度使(大越 917—918,南汉 918—959),治祯州
南汉新置。

南汉乾亨元年(917),析循州置祯州,并以祯州置祯州节度使,领祯州 1 州。

此后至南汉大宝二年(959),祯州节度使辖区未更。

14.2.1 祯州(917—959),治归善县
南汉新置。

南汉乾亨元年(917),析循州归善、海丰、博罗、河源等 4 县置祯州。

此后至南汉大宝二年(959),祯州领县未更,一如乾亨元年。

14.3 韶州雄武军节度使(大越 917?—918,南汉 918—959),治韶州
南汉新置。

南汉乾亨元年(917)(?),以韶州置雄武军节度使,领韶州 1 州。

乾和四年(946),析韶州置雄州,属雄武军节度使。

此后至南汉大宝二年(959),韶州雄武军节度使领韶、雄 2 州。

14.3.1 韶州(917?—959),治曲江县
吴王旧州。

后梁乾化元年(911)十二月,刘岩攻取吴王韶州,韶州领曲江、始兴、乐昌、翁源、仁化、浈昌等 6 县。

南汉乾和四年(946),析浈昌、始兴 2 县置雄州。

大宝元年(958)(?),始兴县还属。

此后至南汉大宝二年(959),韶州领曲江、始兴、乐昌、翁源、仁化等 5 县。

14.3.2 雄州(946—959),治浈昌县
南汉新置。

南汉乾和四年(946),析韶州浈昌、始兴 2 县置雄州。

大宝元年(958)(?),始兴县还属韶州。

此后至南汉大宝二年(959),雄州仅领浈昌 1 县。

附:

14.4 齐昌府兴宁军节度使(957?—959),治齐昌府
南汉乾和十五年(957)(?),以齐昌府置兴宁军节度使,领齐昌府 1 府。

此后至南汉大宝二年(959),齐昌府兴宁军节度使辖区未更。

14.4.1　齐昌府(957?—959),治兴宁县(参见 14.1.23)

第二节　容州宁远军节度使、邕州建武军节度使(附：桂州静江军节度使)

大有三年(930),南汉在原唐岭南道中部置有容州宁远军节度使和邕州建武军节度使。本节即分别对上述 2 节度使的辖区及所属各州的沿革做一概述。另外,乾和九年(951),南汉乘南唐灭楚之际,占据了原楚桂州静江军节度使辖区。因静江军节度使地邻宁远军与建武军 2 节度使,故将该节度使的辖区及属州的沿革亦附于此节之下。

14.5　容州宁远军节度使(南海 911—917,大越 917—918,南汉 918—959),治容州

楚旧镇。

后梁乾化元年(911)十二月,刘岩攻取楚容州宁远军节度使,宁远军节度使领容、藤、义、窦、禺、顺、白、廉、行岩、牢、党、郁林、绣等 13 州。

南汉乾亨二年(918),行岩州改称常乐州。

此后至南汉大宝二年(959),容州宁远军节度使辖区未更。

14.5.1　容州(911—959),治普宁县

楚旧州。

后梁乾化元年(911)十二月,容州领北流、普宁、陵城、渭龙、欣道、陆川等 6 县。

此后至南汉大宝二年(959),容州领县未更,一如乾化元年。

14.5.2　藤州(911—959),治镡津县

楚旧州。

后梁乾化元年(911)十二月,藤州领镡津、感义、义昌、宁风等 4 县。

此后至南汉大宝二年(959),藤州领县未更,一如乾化元年。

14.5.3　义州(911—959),治岑溪县

楚旧州。

后梁乾化元年(911)十二月,义州领岑溪、永业、连城等 3 县。

此后至南汉大宝二年(959),义州领县未更,一如乾化元年。

14.5.4　窦州(911—959),治信义县

楚旧州。

后梁乾化元年(911)十二月,窦州领信义、怀德、潭峨、特亮等4县。

此后至南汉大宝二年(959),窦州领县未更,一如乾化元年。

14.5.5 禺州(911—959),治峨石县

楚旧州。

后梁乾化元年(911)十二月,禺州领峨石、扶莱、罗辩等3县。

此后至南汉大宝二年(959),禺州领县未更,一如乾化元年。

14.5.6 顺州(911—959),治龙化县

楚旧州。

后梁乾化元年(911)十二月,顺州领龙化、温水、南河、龙豪等4县。

此后至南汉大宝二年(959),顺州领县未更,一如乾化元年。

14.5.7 白州(911—959),治博白县

楚旧州。

后梁乾化元年(911)十二月,白州领博白、建宁、周罗、南昌等4县。

此后至南汉大宝二年(959),白州领县未更,一如乾化元年。

14.5.8 廉州(911—959),治合浦县

楚旧州。

后梁乾化元年(911)十二月,廉州领合浦、封山、蔡龙、大廉等4县。

此后至南汉大宝二年(959),廉州领县未更,一如乾化元年。

14.5.9 行岩州(911—918),治行常乐县—常乐州(918—971),治博电县

楚旧州。

后梁乾化元年(911)十二月,行岩州领行常乐1县。

南汉乾亨二年(918),行岩州改称常乐州,行常乐县改称博电县。又析廉州大廉县置盐场县,并割罗州零绿县来属。

此后至南汉大宝二年(959),常乐州一直领博电、盐场、零绿等3县。

14.5.10 牢州(911—959),治南流县

楚旧州。

后梁乾化元年(911)十二月,牢州领南流、定川、宕川等3县。

此后至南汉大宝二年(959),牢州领县未更,一如乾化元年。

14.5.11 党州(911—959),治抚康县

楚旧州。

后梁乾化元年(911)十二月,党州领抚康、善劳、容山、怀义等4县。

此后至南汉大宝二年(959),党州领县未更,一如乾化元年。

14.5.12　郁林州(911—959),治郁林县

楚旧州。

后梁乾化元年(911)十二月,郁林州领郁林、兴德、兴业等3县。

此后至南汉大宝二年(959),郁林州领县未更,一如乾化元年。

14.5.13　绣州(911—959),治常林县

楚旧州。

后梁乾化元年(911)十二月,绣州领常林、阿林、罗绣等3县。

此后至南汉大宝二年(959),绣州领县未更,一如乾化元年。

14.6　邕州建武军节度使(南海911?—917,大越917—918,南汉918—959),治邕州

叶广略旧镇。

后梁乾化元年(911)(?),刘岩攻取叶广略所据岭南西道节度使,置为邕州建武军节度使,领邕、宾、澄、贵、浔、横、峦、钦等8州。

此后至南汉大宝二年(959),邕州建武军节度使辖区未更。

14.6.1　邕州(911?—959),治宣化县

叶广略旧州。

后梁乾化元年(911)(?),邕州领宣化、武缘、晋兴、朗宁、思笼、如和、封陵等7县。

此后至南汉大宝二年(959),邕州领县未更,一如乾化元年。

14.6.2　宾州(911?—959),治岭方县

叶广略旧州。

后梁乾化元年(911)(?),宾州领岭方、琅邪、保城等3县。

此后至南汉大宝二年(959),宾州领县未更,一如乾化元年。

14.6.3　澄州(911?—959),治上林县

叶广略旧州。

后梁乾化元年(911)(?),澄州领上林、无虞、止戈、贺水等4县。

此后至南汉大宝二年(959),澄州领县未更,一如乾化元年。

14.6.4　贵州(911?—959),治郁平县

叶广略旧州。

后梁乾化元年(911)(?),贵州领郁平、怀泽、潮水、义山等4县。

此后至南汉大宝二年(959),贵州领县未更,一如乾化元年。

14.6.5　浔州(911?—959),治桂平县

叶广略旧州。

后梁乾化元年(911)(?),浔州领桂平、皇化、大宾等3县。

此后至南汉大宝二年(959),浔州领县未更,一如乾化元年。

14.6.6　横州(911?—959),治宁浦县

叶广略旧州。

后梁乾化元年(911)(?),横州领宁浦、从化、乐山、岭山等4县。

此后至南汉大宝二年(959),横州领县未更,一如乾化元年。

14.6.7　峦州(911?—959),治永定县

叶广略旧州。

后梁乾化元年(911)(?),峦州领永定、武罗、灵竹等3县。

此后至南汉大宝二年(959),峦州领县未更,一如乾化元年。

14.6.8　钦州(911?—959),治钦江县

叶广略旧州。

后梁乾化元年(911)(?),钦州领钦江、保京、遵化、内亭、灵山等5县。

此后至南汉大宝二年(959),峦州领县未更,一如乾化元年。

附：

14.7　桂州静江军节度使(951—959),治桂州

楚旧镇①。

南汉乾和六年(948)十二月,南汉攻取楚国贺、昭二州。乾和九年(951)十一月,南汉攻取原楚国境内的桂州静江军节度使。静江军节度使领桂、宜、严、柳、象、融、昭、贺、梧、蒙、龚、富、思唐、溥等14州。

此后至南汉大宝二年(959),桂州静江军节度使辖区未更。

14.7.1　桂州(951—959),治临桂县

楚旧州。

南汉乾和九年(951)十一月,桂州领临桂、理定、阳朔、荔浦、永宁、修仁、慕化、永福、古等9县。

此后至南汉大宝二年(959),桂州领县未更。

---

① 后梁开平元年(907)至开平二年(908)九月,刘隐曾据有原唐桂州静江军节度使辖区的昭、贺、梧、蒙、龚、富、思唐等7州。此后上述7州之地为马楚所攻取。

14.7.2 宜州(951—959),治龙水县

楚旧州。

南汉乾和九年(951)十一月,宜州领龙水、崖山、东玺、天河等4县。

南汉乾和十年(952),省崖山、东玺2县。

此后至南汉大宝二年(959),宜州领龙水、天河2县未更。

14.7.3 严州(951—959),治来宾县

楚旧州。

南汉乾和九年(951)十一月,严州领来宾、修德、归化等3县。

此后至南汉大宝二年(959),严州领县未更。

14.7.4 柳州(951—959),治马平县

楚旧州。

南汉乾和九年(951)十一月,柳州领马平、龙城、象、洛曹、洛容等5县。

此后至南汉大宝二年(959),柳州领县未更。

14.7.5 象州(951—959),治阳寿县

楚旧州。

南汉乾和九年(951)十一月,象州领阳寿、武仙、武化等3县。

此后至南汉大宝二年(959),象州领县未更。

14.7.6 融州(951—959),治融水县

楚旧州。

南汉乾和九年(951)十一月,融州领融水、武阳2县。

此后至南汉大宝二年(959),融州领县未更。

14.7.7 昭州(951—959),治平乐县

楚旧州。

南汉乾和六年(948)十二月,昭州领平乐、恭城、永平等3县。

此后至南汉大宝二年(959),昭州领县未更。

14.7.8 贺州(951—959),治临贺县

楚旧州。

南汉乾和六年(948)十二月,贺州领临贺、桂岭、冯乘、封阳、富川、荡山等6县。

此后至南汉大宝二年(959),贺州领县未更。

14.7.9 梧州(951—959),治苍梧县

楚旧州。

南汉乾和九年(951)十一月,梧州领苍梧、戎城、孟陵等3县。

此后至南汉大宝二年(959),梧州领县未更。

14.7.10 蒙州(951—959),治立山县

楚旧州。

南汉乾和九年(951)十一月,蒙州领立山、东区、正义等3县。

此后至南汉大宝二年(959),蒙州领县未更。

14.7.11 龚州(951—959),治平南县

楚旧州。

南汉乾和九年(951)十一月,龚州领平南、武林、隋建、大同、阳川等5县。

此后至南汉大宝二年(959),龚州领县未更。

14.7.12 富州(951—959),治龙平县

楚旧州。

南汉乾和九年(951)十一月,富州领龙平、思勤、马江等3县。

此后至南汉大宝二年(959),富州领县未更。

14.7.13 思唐州(951—959),治武郎县

楚旧州。

南汉乾和九年(951)十一月,思唐州领武郎、思和2县。

此后至南汉大宝二年(959),思唐州领县未更。

14.7.14 溥州(951—959),治德昌县

楚旧州。

南汉乾和九年(951)十一月,溥州领德昌、灵川、广明、义宁等4县。

此后至南汉大宝二年(959),溥州领县未更。

第三节 交州刺史

大有三年(930),南汉攻取曲承美所据安南之地,有交、峰、武定、谅、陆、苏茂、武安、郡、长、爱、演、骥、唐林等13州之地,以李进为刺史,统管这一地区。不过,此时对安南的控制仅属羁縻性质。大有四年(931),复失安南地区。

本节即分别对上述各州的沿革作一概述。

14.8 交州刺史(930—931)

14.8.1 交州(930—931),治宋平县

唐旧州。

自后梁开平元年(907)至南汉大宝二年(959),交州一直领宋平、南定、太平、交趾、朱鸢、龙编、平道、武平等8县。

14.8.2 峰州(930—931),治嘉宁县

唐旧州。

自后梁开平元年(907)至南汉大宝二年(959),峰州一直领嘉宁、承化2县。

14.8.3 武定州(930—931),治扶耶县

唐旧州。

自后梁开平元年(907)至南汉大宝二年(959),武定州一直领扶耶、潭湍2县。

14.8.4 谅州(930—931),治文谅县

唐旧州。

自后梁开平元年(907)至南汉大宝二年(959),谅州一直领文谅、长上2县。

14.8.5 陆州(930—931),治宁海县

唐旧州。

自后梁开平元年(907)至南汉大宝二年(959),陆州一直领乌雷、华清、宁海等3县。

14.8.6 苏茂州(930—931),治归化县

唐旧州。

自后梁开平元年(907)至南汉大宝二年(959),苏茂州一直领归化、宾阳、安德等3县。

14.8.7 武安州(930—931),治武安县

唐旧州。

自后梁开平元年(907)至南汉大宝二年(959),武安州一直领武安、临江2县。

14.8.8 郡州(930—931),治郡口县

唐旧州。

自后梁开平元年(907)至南汉大宝二年(959),郡州一直领郡口、安乐2县。

14.8.9 长州(930—931),治文阳县

唐旧州。

自后梁开平元年(907)至南汉大宝二年(959),长州一直领文阳、铜蔡、长

山、其常等4县。

14.8.10 爱州(930—931),治九真县

唐旧州。

自后梁开平元年(907)至南汉大宝二年(959),爱州一直领九真、安顺、崇平、军宁、日南、长林等6县。

14.8.11 演州(930—931),治忠义县

唐旧州。

自后梁开平元年(907)至南汉大宝二年(959),演州一直领忠义、怀驩、龙池、思农、武郎、武容、武金等7县。

14.8.12 驩州(930—931),治九德县

唐旧州。

自后梁开平元年(907)至南汉大宝二年(959),驩州一直领九德、浦阳、越裳等3县。

14.8.13 唐林州(930—931),治柔远县

唐旧州。

自后梁开平元年(907)至南汉大宝二年(959),唐林州一直领柔远、福禄、唐林等3县。

附:

邕管(岭南西道节度使)

后梁开平元年(907),岭南西道节度使(邕管)为叶广略所据,领邕、宾、澄、贵、浔、横、峦、钦等8州,治邕州。

后梁乾化元年(911)(?),清海军节度使刘岩攻取叶广略所据岭南西道节度使,置为邕州建武军节度使,仍领邕、宾、澄、贵、浔、横、峦、钦等8州。

邕管1 邕州(907—911?),治宣化县

后梁开平元年(907),邕州领宣化、武缘、晋兴、朗宁、思笼、如和、封陵等7县。

此后至后梁乾化元年(911),邕州领县未更,一如开平元年。

邕管2 宾州(907—911?),治岭方县

后梁开平元年(907),宾州领岭方、琅邪、保城等3县。

此后至后梁乾化元年(911),宾州领县未更,一如开平元年。

邕管3　澄州(907—911?),治上林县

后梁开平元年(907),澄州领上林、无虞、止戈、贺水等4县。

此后至后梁乾化元年(911),澄州领县未更,一如开平元年。

邕管4　贵州(907—911?),治郁平县

后梁开平元年(907),贵州领郁平、怀泽、潮水、义山等4县。

此后至后梁乾化元年(911),贵州领县未更,一如开平元年。

邕管5　浔州(907—911?),治桂平县

后梁开平元年(907),浔州领桂平、皇化、大宾等3县。

此后至后梁乾化元年(911),浔州领县未更,一如开平元年。

邕管6　横州(907—911?),治宁浦县

后梁开平元年(907),横州领宁浦、从化、乐山、岭山等4县。

此后至后梁乾化元年(911),横州领县未更,一如开平元年。

邕管7　峦州(907—911?),治永定县

后梁开平元年(907),峦州领永定、武罗、灵竹等3县。

此后至后梁乾化元年(911),峦州领县未更,一如开平元年。

邕管8　钦州(907—911?),治钦江县

后梁开平元年(907),钦州领钦江、保京、遵化、内亭、灵山等5县。

此后至后梁乾化元年(911),钦州领县未更,一如开平元年。

新　　州

后梁开平元年(907),新州为刘潜所据。

后梁开平四年(910)(?),清海军节度使刘岩攻取刘潜所据新州。

新州(911?—959),治新兴县

后梁开平元年(907),新州领新兴、永顺2县。

此后至乾化元年(910),新州领县未更,一如开平元年。

高　　州

后梁开平元年(907),高州为刘昌鲁所据。

后梁开平四年(910),高州防御使刘昌鲁名义上以高州降楚王。

后梁乾化元年(911),清海军节度使刘岩攻取刘昌鲁所据高州。

高州(907—911),治电白县

后梁开平元年(907),高州领电白、良德、保宁等3县。

此后至乾化元年(911)十二月,高州领县未更,一如开平元年。

静　　海

后梁开平元年(907),静海军节度使曲承裕死,后梁加封曲承裕之子曲颢为安南都护,充节度使,在名义上仍属后梁。静海军节度使兼安南都护领安南府及峰、武定、谅、陆、苏茂、武安、郡、长、爱、演、驩、唐林等12州,治安南府。

开平二年(908),后梁又命清海军节度使刘隐兼静海军节度使、安南都护,但其时刘隐只能是遥领,安南的实际统治权仍在曲氏手中。

南汉大有三年(930),刘龑遣将攻占安南之地。以李进为交州刺史,统管安南地区(即交、峰、武定、谅、陆、苏茂、武安、郡、长、爱、演、驩、唐林等13州之地)。不过,此时南汉对安南的控制力度有限,仅属羁縻性质。

大有四年(931),安南爱州将杨廷艺举兵叛乱,刺史李进逃归,南汉复失安南地区。南汉拜杨廷艺为交州节度使。

大有十年(937),交州牙将皎公羡起兵杀杨廷艺,代为节度使。

大有十一年(938),杨廷艺旧部吴权起兵杀皎公羡。此后吴权成为安南地区最大的割据政权,并且称王。

乾和十二年(954),安南吴氏政权再次向南汉遣使称臣,南汉中宗刘晟册封吴昌文为静海军节度使兼安南都护。

此后至南汉大宝二年(959),安南地区一直在吴昌文的控制之下。

由上文可知,静海节度使暨安南都护府之地除了于930—931年被南汉羁縻控制之外,其余时间皆为割据政权所控。

静海1　安南府(907—930),交州(931—959),治宋平县(参见14.8.1)

静海2　峰州(907—930,931—959),治嘉宁县(参见14.8.2)

静海3　武定州(907—930,931—959),治扶耶县(参见14.8.3)

静海4　谅州(907—930,931—959),治文谅县(参见14.8.4)

静海5　陆州(907—930,931—959),治宁海县(参见14.8.5)

静海6　苏茂州(907—930,931—959),治归化县(参见14.8.6)

静海7　武安州(907—930,931—959),治武安县(参见14.8.7)

静海8　郡州(907—930,931—959),治郡口县(参见14.8.8)

静海 9　长州(907—930,931—959),治文阳县(参见 14.8.9)
静海 10　爱州(907—930,931—959),治九真县(参见 14.8.10)
静海 11　演州(907—930,931—959),治忠义县(参见 14.8.11)
静海 12　驩州(907—930,931—959),治九德县(参见 14.8.12)
静海 13　唐林州(907—930,931—959),治柔远县(参见 14.8.13)

第十五章 北　　汉

乾祐四年(951)正月,后汉北京留守刘崇称帝于太原府,国号汉,史称北汉,以乾祐为年号。北汉政权建立后,先后与后周、北宋对峙,战争不断,历刘崇(后改名旻)、刘承钧(后改名钧)、刘继恩和刘继元四主,共二十九年。至北宋太平兴国四年(979),宋太宗亲征北汉,刘继元出降,北汉政权灭亡。

自北汉乾祐四年(951)至天会三年(959)[①],尚有一些与北汉并峙或一度并存的其他割据政权(势力)。在北方有定难(951—959)、归义(951—959)、后周(951—959),在南方有后蜀(951—959)、南唐(951—959)、吴越(951—959)、南平(951—959)、楚国(951)、南汉(951—959)、静海(951—959)、清源(951—959)及湖南(952—959)等。

北汉乾祐四年(951)正月,领太原府1府及忻、岚、宪、辽、代、汾、沁、石、麟等9州,共计10府州之地。

至迟在乾祐六年(953),北汉以代州置雁门节度使(辖代州),汾州置汾州节度使(辖汾、石、沁等3州)。

乾祐六年(953)正月,麟州归降后周。

乾祐七年(954)四月至五月间,太原府盂县及忻、岚、宪、辽、代、汾、石、沁等8州被后周攻取。旋,后周班师,尽弃所得州县,上述各州县连同麟州为北汉收复。

天会元年(957)十月,麟州降于后周。

天会三年(959)六月,辽州被后周攻取。

从北汉政权建立及至北宋建立之前,除了麟、辽2州,尚存8州。北汉与后周战争频仍,州县多旋失旋得,归属不定,但是基本上保持了建国时的大体规模。

下面以北汉乾祐六年(953)为基准年分节列目,将北汉所辖政区概述于次(参见图1-15)。

[①] 在此需要说明的是,限于体例,本卷只探讨北汉政权至公元959年北宋建立前的政区情况。

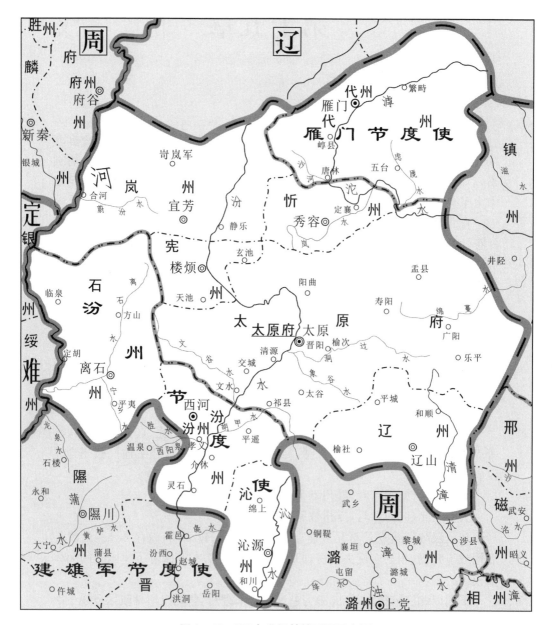

图 1-15　953 年北汉辖境政区示意图

第一节 直 隶 地 区

北汉乾祐六年(953),北汉将原后汉北京留守所在的大部分区域置为直隶地区。本节即将此区域内的州(府)的沿革作一概述。

15.1 直隶地区(951—959)

后汉北京留守辖区。

乾祐四年(951)正月,直隶地区领有太原府1府及忻、岚、宪、辽、代、汾、石、沁、麟9州。

乾祐六年(953)正月,麟州降于后周。又,至迟同年,析代州置雁门节度使,又割汾、石、沁3州置汾州节度使。直隶地区领有太原府1府及忻、岚、宪、辽4州。

乾祐七年(954)四月至五月间,除太原府(不含孟县)外,其余各州为后周攻取。旋,北汉收复失地。

天会元年(957)十月,麟州又属后周。

天会三年(959)六月,辽州归属后周。

15.1.1 太原府(951—959),治太原县

后汉旧府。

乾祐四年(951)正月,太原府领太原、晋阳、榆次、太谷、祁、阳曲、寿阳、孟、清源、乐平、广阳、交城、文水等13县。

此后至天会三年(959)底,太原府领县未更。

15.1.2 忻州(951—954,954—959),治秀容县

后汉旧州。

乾祐四年(951)正月,忻州领秀容、定襄2县。

此后至天会三年(959)底,忻州领县未更。

15.1.3 岚州(951—954,954—959),治宜芳县

后汉旧州。

乾祐四年(951)正月,岚州领宜芳、静乐、合河等3县和岢岚军。

此后至天会三年(959)底,岚州领县未更。

15.1.4 宪州(951—954,954—959),治楼烦县

后汉旧州。

乾祐四年(951)正月,宪州领楼烦、玄池、天池等3县。

此后至天会三年(959)底,宪州领县未更。

15.1.5　辽州(951—954,954—959),治辽山县

后汉旧州。

乾祐四年(951)正月,辽州领辽山、榆社、和顺、平城等4县。

此后至天会三年(959)六月,辽州领县未更。之后,辽州为后周攻取。

15.1.6　麟州(951—953,954—957),治新秦县

后汉旧州。

乾祐四年(951)正月,麟州领新秦、连谷、银城等3县。

乾祐六年(953)正月,麟州降于后周。

乾祐七年(954)六月(?),麟州复为北汉收复。

天会元年(957)十月,麟州又降于后周,领县未更。

15.1.7　代州(951—953?),治雁门县(参见15.2.1)
15.1.8　汾州(951—953?),治西河县(参见15.3.1)
15.1.9　石州(951—953?),治离石县(参见15.3.2)
15.1.10　沁州(951—953?),治沁原县(参见15.3.3)

另外,北汉还增置有卫、耀2州。但是,由于史料缺失,难得其详,有关此2州的具体论述请参见本卷第二编第三章第一节所附北汉部分。

第二节　雁门节度使、汾州节度使

至迟在乾祐六年(953),北汉在北境置有雁门节度使,在南境置有汾州节度使。下面即将此二节度使的沿革概述如下。

15.2　雁门节度使(953?—954,954—959),治代州

北汉新置。

至迟在乾祐六年(953),北汉以代州置雁门节度使,领代州1州。

乾祐七年(954),北汉代州防御使郑处谦以城降后周。旋,复为北汉收复。

此后至天会三年(959)底,雁门节度使领代州1州之地未更。

15.2.1　代州(953?—954,954—959),治雁门县

后汉旧州。

乾祐四年(951)正月,代州领雁门、五台、繁畤、崞、唐林等5县。

此后至天会三年(959)底,代州领县未更(唯增领析五台县地而置的宝

兴军)。

15.3 汾州节度使(953?—954,954—959),治汾州

北汉新置。

至迟在乾祐六年(953),北汉以汾州置汾州节度使,领汾、石、沁等3州。

乾祐七年(954),北汉汾州防御使董希颜、沁州刺史李廷诲归降后周。旋,复为北汉收复。

此后至天会三年(959)底,汾州节度使领汾州1州之地未更。

15.3.1 汾州(953?—954,954—959),治西河县

后汉旧州。

乾祐四年(951)正月,汾州领西河、介休、孝义、平遥、灵石等5县。

此后至天会三年(959)底,汾州领县未更。

15.3.2 石州(953?—954,954—959),治离石县

后汉旧州。

乾祐四年(951)正月,石州领离石、平夷、定胡、临泉、方山等5县。

此后至天会三年(959)底,石州领县未更。

15.3.3 沁州(953?—954,954—959),治沁源县

后汉旧州。

乾祐四年(951)正月,沁州领沁源、和川、绵上等3县。

此后至天会三年(959)底,沁州领县未更。

第二编　五代十国辖境政区考证

上篇　北方政权辖境政区沿革

第一章　后梁(暨后唐、后晋、后汉、后周)辖境政区沿革(上)

后梁贞明六年(920),后梁在原唐河南道、都畿(东畿)区域内置有东都留守、宋州宣武军节度使、滑州宣义军节度使、郓州天平军节度使、兖州泰宁军节度使、青州平卢军节度使、徐州武宁军节度使、许州匡国军节度使、西都留守、陕州镇国军节度使及孟州河阳军节度使。本章下文即分节讨论上述各留守与节度使的辖区及所属各州(府)的沿革。

第一节　东都(东京)留守(汴州宣武军节度使)
（附：崇德军）

后梁开平元年(907),朱温即帝位,以唐汴州宣武军节度使辖地置东都开封府,废宣武军号,辖开封府、宋州、亳州、辉州、颍州等5府州。同时,以辉州砀山县置崇德军,直属京。开平三年(909),升宋州为宣武军节度使,割亳、辉、颍等3州隶之。东都留守仅辖开封府[后梁贞明六年(920)之辖区参见图2-1]后唐同光元年(923),东都留守复降为汴州宣武军节度使,仅领开封府1府之地。同光二年(924),崇德军废。后唐天成元年(926),郓州天平军节度所辖曹州来属。后晋天福三年(938),以汴州宣武军为东京留守,曹州还属郓州天平军节度使。辽大同元年(947)三月,东京开封府一度为契丹所据,复称汴州宣武军节度使。后汉天福十二年(947)六月,汴州宣武军为后汉所据,又改称东京留守,领开封府,直至五代末年。

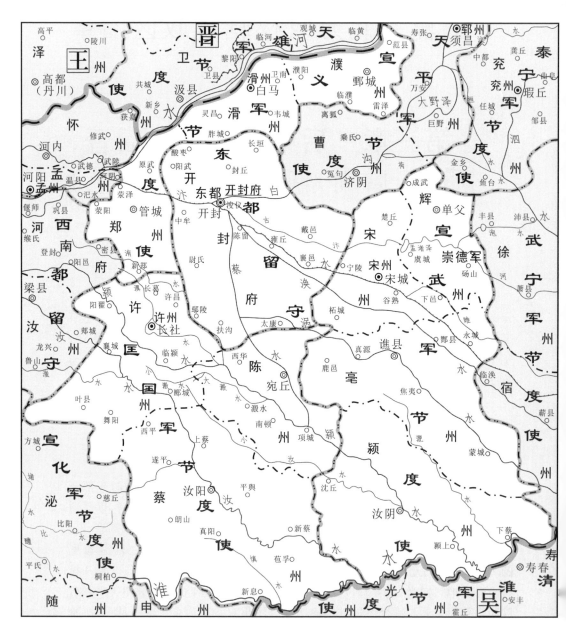

图 2-1 920年后梁东都留守、宋州宣武军、滑州宣义军、许州匡国军节度使辖区示意图

一、东都(东京)留守(汴州宣武军节度使)辖区沿革

东都留守（后梁 907—923）—汴州宣武军节度使（后唐 923—936，后晋 936—938）—东京留守（后晋 938—946，后汉 947—950，后周 951—959）

唐建中二年(781)，析永平军节度使所辖宋、亳、颍等 3 州置宋亳颍节度使，治宋州。同年，改称宣武军节度使。贞元元年(785)，割永平军节度使所辖汴州来属，宣武军节度使徙治汴州。长庆二年(822)，割颍州别属义成军节度使。光化二年(899)，增置辉州①。其后，颍州当复还属汴州宣武军节度使(参见本章第三节滑州节度使辖区沿革)。是唐末宣武军节度使领汴、宋、亳、辉、颍等 5 州。

后梁开平元年(907)，朱温即帝位，下诏升汴州为东都开封府，废宣武军号，原唐汴州宣武军节度使所领汴(改称开封府)、宋、亳、辉、颍等 5 府州由东都留守管辖。《旧五代史》卷 3《梁太祖纪三》载：开平元年四月戊辰，"宜升汴州为开封府，建名东都"。《新五代史》卷 2《梁太祖纪下》载：开平元年四月戊辰，"升汴州为开封府，建为东都"。《资治通鉴》卷 266 开平元年四月载：戊辰，"以汴州为开封府，命曰东都"②。同年十二月，后梁于辉州砀山县置崇德军，直属京(参见下文所附崇德军沿革)。

后梁开平三年(909)，升宋州为宣武军节度使，割亳、辉、颍等 3 州隶之(参见本章第二节宋州节度使辖区沿革)。东都留守至此仅辖开封 1 府。

后唐同光元年(923)，东都开封府复为汴州宣武军节度使。《五代会要》卷 19《开封府》载："后唐同光元年十二月，复降开封府为宣武军节度。"《旧五代史》卷 30《唐庄宗纪四》载：同光元年十二月戊寅，"(诏改)汴州开封府复为宣武军"。《太平寰宇记》卷 1 开封府下载："后唐同光元年复为汴州，以宣武军为额。"③

后唐同光二年(924)，原后梁所置崇德军废(参见下文所附崇德军沿革)。

后唐天成元年(926)，郓州天平军节度所辖曹州来属。《旧五代史》卷 32《唐

---

① 郭声波：《中国行政区划通史·唐代卷》(复旦大学出版社，2012 年)宣武军节度使沿革，第 333 页。
② 《五代会要》卷 19《开封府》载："梁开平元年四月二十三日敕：'升汴州为东京，置开封府。'"《太平寰宇记》卷 1 开封府下载："梁开平元年升为东京，置开封府。"其中均提及升汴州为"东京"，而非"东都"，与《旧五代史》、《资治通鉴》所载异，或是以宋代制度比附而称，亦未可知。故此处不取其说。
③ 东都开封府改名汴州宣武军节度使之事，《资治通鉴》卷 272 系于同光元年十一月丙辰。且《旧五代史》30《唐庄宗纪四》亦载：同光元年十一月，"乙卯，以特进、检校太傅、开封尹、判六军诸卫事、充功德使王瓒为宣武军节度副使，权知军州事"。其中已提及"王瓒为宣武军节度副使，权知军州事"，故汴州于同光元年十一月改名亦颇有可能。录此待考。

明宗纪二》载：天成元年八月"甲午，汴州奏，旧管曹州乞却归当道，从之"①。曹州在唐时曾一度隶属汴滑节度使管辖，此时当是复唐旧制，故称"旧管曹州"。

后晋天福三年(938)，以汴州宣武军为东京开封府。《五代会要》卷19《开封府》载："晋天福三年十月敕：'汴州宜升为东京，置开封府。'"《旧五代史》卷77《晋高祖纪三》、《新五代史》卷8《晋高祖纪》所载与此略同②。又，曹州当在此时还属郓州天平军节度使(参见本章第四节郓州节度使辖区沿革)，东京留守仅辖开封府。

辽大同元年(947)三月，东京开封府为契丹所据，又改为汴州宣武军节度使。《资治通鉴》卷286天福十二年(947)载：正月癸巳，"废东京，降开封府为汴州，尹为防御使"。三月，契丹主"复以汴州为宣武军，以萧翰为节度使"。胡三省注曰："契丹之入大梁也，降开封府为汴州防御使；今复盛唐之旧，以为节镇，欲兼华、夷而抚制之也。"《辽史》卷4《太祖纪下》载：大同元年"三月，丙戌朔，以萧翰为宣武军节度使"。

后汉天福十二年(947)六月，汴州宣武军节度使归于后汉，仍以汴州为东京开封府。《资治通鉴》卷287天福十二年六月载："戊辰，帝(笔者按，指刘知远)下诏大赦。凡契丹所除节度使，下至将吏，各安职任，不复变更。复以汴州为东京，改国号曰汉，仍称天福年，曰：'余未忍忘晋也。'"

此后至五代末，未闻东京留守复有何变更。

(1) 汴州(907)—开封府(907—923)—汴州(923—938)—开封府(938—947)—汴州(947)—开封府(947—959)

(2) 宋州(907—909)　　　　(3) 亳州(907—909)

(4) 辉州(907—909)　　　　(5) 颍州(907—909)

(6) 曹州(926—938?)

二、东都(东京)留守(汴州宣武军节度使)所辖各府州沿革

1. 汴州(907)—开封府(907—923)—汴州(923—938)—开封府(938—947)—汴州(947)—开封府(947—959)，治浚仪县(今河南开封市)

---

① 《册府元龟》卷804《总录部·义第四》载：后梁龙德二年(922)，魏州入晋，晋王欲割相、卫二州置义宁军授符习，"习奏曰：'魏博六州，霸王之府，不宜分割以示弱。但授臣河南一镇，得自攻取便也。'乃授天平军节度，郓、齐、棣观察、东南面招讨等使"。据此，似早在龙德二年时郓州天平军其时已不辖曹州。然其时天平节度使不在晋王管控之内，仍为后梁所有，符习所任之天平军节度使乃是遥领，故此则史料不可证明其时曹州已不在天平军节度使辖区之内。

② 《资治通鉴》卷281系此事于天福三年十月丙辰，《旧五代史》与《新五代史》则系于庚辰。以纪日计算，当以后者为是。

《旧唐书》卷38《地理志一》、《新唐书》卷38《地理志二》汴州下均领浚仪、开封、尉氏、陈留、封丘、雍丘等6县。唐末汴州领县亦复如是①。

后梁开平元年(907)四月,升汴州为开封府(参见上文东都留守辖区沿革)。又,《旧五代史》卷3《梁太祖纪三》载:开平元年四月,"升开封、浚仪为赤县,尉氏、封丘、雍丘、陈留为畿县"。

后梁开平三年(909),滑州之酸枣、长垣,郑州之中牟、阳武,宋州之襄邑,曹州之戴邑,许州之扶沟、鄢陵,陈州之太康等9县来属。《旧五代史》卷4《梁太祖纪四》载:开平三年二月,"敕东都曰:'……以滑州酸枣县、长垣县,郑州中牟县、阳武县,宋州襄邑县,曹州戴邑县,许州扶沟县、鄢陵县,陈州太康县等九县,宜并割属开封府,仍升为畿县。'"《五代会要》卷20《州县分道改置》亦载此事②。并前已辖6县,开封府此时领15县之谱。

后唐同光元年(923),开封府降为汴州(参见上文东都留守辖区沿革)。

后唐同光二年(924),酸枣、中牟、襄邑、鄢陵、太康等5县还属各自原属之州。《旧五代史》卷31《唐庄宗纪五》载:同光二年二月"甲戌,诏曰:'汴州元管开封、浚仪、封丘、雍丘、尉氏、陈留六县,伪庭割许州鄢陵、扶沟,陈州太康,郑州阳武、中牟,曹州考城等县属焉。其阳武、匡城、扶沟、考城四县,宜令且隶汴州,余还本部。'"(参见后文滑、郑、宋、许、陈等州沿革)。汴州领10县,且其中的2县更名:长垣县复称匡城县、戴邑县复称考城县。《五代会要》卷20《州县分道改置》滑州长垣县下载:"后唐同光二年二月……长垣县却改为匡城县。"曹州戴邑县下载:"梁开平三年二月,割隶汴州。后唐同光二年二月,复为考城县。"

后唐天成元年(926),扶沟县还属许州。《旧五代史》卷37《唐明宗纪三》载:天成元年"九月乙卯朔,诏汴州扶沟县复隶许州"。

后晋天福二年(937),雍丘县更名为杞县。《旧五代史》卷76《晋高祖纪二》载:天福二年正月丙子,"改汴州雍丘县为杞县,避庙讳也"。

后晋天福三年(938),汴州复升为东京,辖区恢复到后梁开封府时所领的15县规模。《旧五代史》卷77《晋高祖纪三》载:天福三年十月庚辰,"汴州宜升为东京,置开封府。仍升开封、浚仪两县为赤县,其余升为畿县。应旧置开封府时所管属县,并可仍旧割属收管,亦升为畿县"。《五代会要》卷20《州县分道改置》载:"晋天福三年十月,滑州酸枣县、郑州中牟县、宋州襄邑县、许州

---

① 参见郭声波:《中国行政区划通史·唐代卷》汴州沿革,第334页。
② 《新五代史》卷60《职方考》开封府、《舆地广记》卷5开封府与卷7拱州下记上述9县来属之时间为后梁开平元年,不确,盖"元年"为"三年"之讹。

扶沟县并鄢陵县、陈州太康县割隶开封府。"①

辽大同元年(947)三月,后晋开封府为契丹所据,改称汴州(参见本节前文)。

后汉天福十二年(947),汴州升为开封府(参见本节前文)。杞县复名雍丘县。《旧五代史》卷141《五行志》载:后汉乾祐元年(948)七月,"开封府奏,阳武、雍丘、襄邑等县蝗"。《太平寰宇记》卷1开封府雍丘县下载:"(石)晋避讳改为杞。汉初复故。"既然乾祐元年杞县已称雍丘县旧名,且又知更名时间在"汉初",故可断杞县当在天福十二年更名。

此后至后周,开封府一直辖有开封、浚仪、尉氏、封丘、雍丘、陈留、酸枣、匡城、中牟、阳武、襄邑、考城、扶沟、鄢陵、太康等15县而未更。

(1) 浚仪县(907—959)　　(2) 开封县(907—959)

(3) 尉氏县(907—959)　　(4) 陈留县(907—959)

(5) 封丘县(907—959)

(6) 雍丘县(907—937)—杞县(937—947)—雍丘县(947—959)

(7) 酸枣县(909—924,938—959)

(8) 长垣县(909—924)—匡城县(924—959)

(9) 中牟县(909—924,938—959)

(10) 阳武县(909—959)

(11) 襄邑(909—924,938—959)

(12) 戴邑县(909—924)—考城县(924—959)

(13) 扶沟县(909—926,938—959)

(14) 鄢陵县(909—924,938—959)

(15) 太康县(909—924,938—959)

2. 宋州

参见本章第二节宋州节度使所辖宋州沿革。

3. 亳州

参见本章第二节宋州节度使所辖亳州沿革。

4. 辉州

参见本章第二节宋州节度使所辖辉州沿革。

5. 颍州

参见本章第二节宋州节度使所辖颍州沿革。

---

① 《新五代史》卷60《职方考》开封府下载:"唐分酸枣、中牟、襄邑、鄢陵、太康五县还其故,晋升汴州为东京,复割五县隶焉。"其中漏载扶沟县,当补。

6. 曹州

参见本章第四节郓州节度使所辖曹州沿革。

附：

崇德军(907—924)，治砀山县境(今安徽砀山县境内)

后梁开平元年(907)十二月，后梁于辉州砀山县置崇德军，直属京。《五代会要》卷24《军》载："梁开平元年十二月，于辉州砀山县置崇德军。(太祖榆社元在砀山，置使以领之。始命朱彦让为军使。)"

后唐同光二年(924)，崇德军废。崇德军乃由后梁太祖榆社在砀山而置(参见上文)，此时后梁已亡，且后唐已将后梁所用州名改易，则崇德军已无由再存，当废。

第二节　宋州宣武军(归德军)节度使

后梁开平三年(909)，升东都留守所辖宋州为宣武军节度使，割亳、辉、颍等3州隶之[后梁贞明六年(920)之辖区参见前图2-1]。后唐同光元年(923)，又改宋州宣武军为归德军节度使。同光二年(924)，辉州改称单州。后周广顺二年(952)，割单州隶属曹州彰信军节度使；割颍州隶属陈州镇安军节度使。故五代末，宋州归德军节度使辖宋、亳2州。

一、宋州宣武军(归德军)节度使辖区沿革

宋州宣武军节度使（后梁 909—923）—宋州归德军节度使(后唐 923—936，后晋 936—946，后汉 947—950，后周 951—959)

后梁开平三年(909)，升宋州为宣武军节度使，割东都留守所辖亳、辉、颍等3州隶之。《五代会要》卷24《诸道节度使军额》宋州下载："梁开平三年五月，升为宣武军节度，割亳、辉、颍三州隶之。"《旧五代史》卷4《梁太祖纪四》载：开平三年"五月乙丑朔……升宋州为宣武军节镇，仍以亳、辉、颍为属郡"。其中的"仍"字使人怀疑宋州以前就是军镇，领亳、辉、颍等3州，然事实并非如此。这里"仍"字的用意是，唐时宣武军节度使以汴州为治，领宋、亳、颍、辉等州。至后梁建立，升汴州为东都，置开封府，便以宋州为宣武军节度使，仍以前宣武军的属州隶之。故《资治通鉴》卷272胡三省注曰："梁都汴，徙宣武军额于宋州。"

另，关于宋州宣武军节度使的始置年代，上引《五代会要》和《旧五代史》之文均载为后梁开平三年五月，而《新五代史》卷13《朱全昱传》附《朱友谅传》载："乾化元年(911)，升宋州为宣武军，以(朱)友谅为节度使。友谅进瑞麦一茎三穗，太祖怒曰：'今年宋州大水，何用此为。'乃罢友谅，居京师。"将宋州升为节度使之事系于乾化元年，并提及该年宋州大水。然《资治通鉴》卷267开平四年(910)四月载："丁卯，宋州节度使衡王友谅献瑞麦，一茎三穗……(梁太祖以今宋州大水，)遣使诘责友谅。"《旧五代史》卷5《梁太祖纪五》载：开平四年四月"丁卯，宋州节度使、衡王友谅进瑞麦，一茎三穗"。且《五代会要》卷11《水溢》、《旧五代史》卷141《五行志》均载开平四年宋、亳大水之事。可见《新五代史》所记后梁置宋州节度使之年误，当从《五代会要》、《旧五代史》、《资治通鉴》之说无疑。

后唐同光元年(923)，改宋州宣武军为归德军节度使。《五代会要》卷24《诸道节度使军额》宋州下载："至后唐同光元年，改为归德军。"《旧五代史》卷30《唐庄宗纪四》载：同光元年十二月戊寅，"(诏)改宋州宣武军为归德军"①。又，《新五代史》卷45《袁象先传》载："庄宗待之(笔者按，指袁象先)甚厚，赐姓名为李绍安，改宣武军为归德军，曰：'归德之名，为卿设也。'遣之还镇。"据此可知宣武军易名归德军之由。此时虽然后唐另置有汴州宣武军节度使，但并未复领唐末该镇之辖境，宋州归德军节度使领州当无变化②。

后唐同光二年(924)，辉州易名为单州。《旧五代史》卷32《唐庄宗纪六》载：同光二年六月己丑，"诏改辉州为单州"。《太平寰宇记》卷14单州下载："后唐同光二年改辉州为单州。"

后晋天福四年(939)，升亳州为防御使，依旧属宋州归德军节度使。《旧五代史》卷78《晋高祖纪四》载：天福四年八月"壬子，升亳州为防御使额，依旧隶宋州"。

后周广顺二年(952)，割单州隶属曹州彰信军节度使(参见本章第四节郓州节度使所附曹州节度使辖区沿革)，割颍州隶属陈州镇安军节度使(参见本

---

① 《资治通鉴》卷272将宋州节度使由宣武军易称归德军之事系于同光元年十一月，所记月份与《旧五代史》微异，未详何据，在此姑从《旧五代史》所载。
② 《册府元龟》卷128《帝王部·明赏二》载天成四年(929)二月辛亥下制内有"北面行营招讨归德军节度、宋亳单颍等州观察处置、亳州太清宫等使、权知定州军州事、特进检校太傅、同中书门下平章事、使持节宋州诸军事、宋州刺史、上柱国、琅琊郡开国侯、食邑一千户王晏球"之句，可证其时归德军节度使仍辖宋、亳、单、颍等4州。

章第八节许州节度使所附陈州节度使辖区沿革)。宋州节度使仅辖宋、亳2州。

(1) 宋州(909—959)　　　　　(2) 亳州(909—959)
(3) 辉州(909—924)—单州(924—952)　(4) 颍州(909—952)

二、宋州宣武军(归德军)节度使所辖各州沿革

1. 宋州(907—959),治宋城县(今河南商丘市)

《旧唐书》卷38《地理志一》、《新唐书》卷38《地理志二》皆载宋州下领宋城、襄邑、宁陵、虞城、砀山、下邑、谷熟、单父、楚丘、柘城等10县。其中《新唐书·地理志》宋州砀山下载:"光化二年(899),朱全忠以砀山、虞城、单父,曹州之成武,表置辉州。"单父下载:"光化三年徙辉州来治。"则唐末宋州当领宋城、襄邑、宁陵、下邑、谷熟、楚丘、柘城等7县[1]。

五代初,宋州升为防御使,当领宋城、襄邑、宁陵、下邑、谷熟、柘城等6县,楚丘别属辉州(参见下文辉州沿革)。《太平寰宇记》卷12宋州下载:"开平初升为防御州。"

后梁开平三年(909)二月,襄邑县别属开封府(参见本章第一节东都留守所辖开封府沿革)。

后梁开平四年(910),辉州楚丘县来属。《五代会要》卷20《州县分道改置》单州楚丘县下载:"梁开平四年四月,割隶宋州。"楚丘县在此虽然列在单州下,但后梁时单州尚称辉州(参见下文辉州沿革)。又,楚丘在唐末时本即为宋州属县,据此《五代会要》所载,可知楚丘在五代初已先由宋州别属辉州。

后唐同光二年(924),襄邑县由汴州还隶宋州。《五代会要》卷20《州县分道改置》宋州襄邑县下载:"梁开平三年二月,割隶汴州。后唐同光二年二月,却隶宋州。"又,同年,虞城县由辉州隶宋州。《太平寰宇记》卷12宋州虞城县下载:"辉州废,今隶宋州。"同书卷14单州下载:"后唐同光二年,改辉州为单州。"故可推知虞城县是年来属[2]。

后晋天福三年(938)十月,襄邑县复割隶开封府(参见本章第一节东都留守所辖开封府沿革)。

此后至五代末,宋州领宋城、宁陵、下邑、谷熟、柘城、楚丘、虞城等7县。

---

[1] 参见郭声波:《中国行政区划通史·唐代卷》宋州沿革,第377页。
[2] 参见李昌宪:《中国行政区划通史·宋西夏卷》(复旦大学出版社,2007年)宋州沿革,第299页。

(1) 宋城县(907—959)　　　　(2) 襄邑县(907—909,924—938)

(3) 宁陵县(907—959)　　　　(4) 下邑县(907—959)

(5) 谷熟县(907—959)　　　　(6) 柘城县(907—959)

(7) 楚丘县(910—959)　　　　(8) 虞城县(924—959)

2. 亳州(907—959),治谯县(今安徽亳州市)

《旧唐书》卷38《地理志一》亳州领谯、酂、城父、鹿邑、真源、临涣、永城、蒙城等8县。《新唐书》卷38《地理志二》亳州辖谯、酂、鹿邑、真源、永城、蒙城、城父等7县。二者相较,《旧唐书·地理志》亳州下多领一县：临涣。然在该县下又注曰:"元和九年(814),割属宿州。"唐末,亳州当领《新唐书·地理志》亳州下所领7县,唯其中的城父县更名焦夷。《新唐书》卷38《地理志二》亳州城父下载:"天祐二年(905)更名焦夷。"①

五代初,亳州仍领谯、酂、鹿邑、真源、永城、蒙城、焦夷等7县,治谯县。

后梁龙德元年(921),焦夷县复改称夷父县。《旧五代史》卷10《梁末帝纪下》载:龙德元年三月壬寅,"(改)亳州焦夷县为夷父县……从中书舍人马缟请也"。

后唐同光元年(923),夷父县复称城父县。《太平寰宇记》卷12亳州城父县下载:"唐末避梁王讳改为焦夷,后唐同光元年复旧名。"

后晋天福四年(939),亳州升为防御州(参见上文宋州节度使辖区沿革)。

此后至五代末,亳州未闻复有何变更。

(1) 谯县(907—959)　　　　(2) 酂县(907—959)

(3) 鹿邑县(907—959)　　　　(4) 真源县(907—959)

(5) 永城县(907—959)　　　　(6) 蒙城县(907—959)

(7) 焦夷县(907—921)—夷父县(921—923)—城父县(923—959)

3. 辉州(907—924)—单州(924—959),治单父县(今山东单县)

《新唐书》卷38《地理志二》宋州砀山下载:"光化二年(899),朱全忠以砀山、虞城、单父,曹州之成武,表置辉州。"光化三年,徙州治于单父县。《旧唐书》卷20上《昭宗纪》:光化三年正月"癸卯,朱全忠奏'本贯宋州砀山县蒙恩升为辉州,其地卑湿,难葺庐舍,请移辉州治所于单父县。'从之"。《新唐书》卷

---

① 《旧五代史》卷1《梁太祖纪一》:"光启元年(885)春,蔡贼掠亳、颍二郡。帝帅师以救之,遂东至于焦夷,败贼众数千。"其中已有"焦夷"之名。但由于该地出现在《梁太祖纪》中,而城父又是为避朱全忠父名讳而称焦夷的,故颇疑此处所载是以五代时的地名称唐代地名,并不能作为地名改易的时间依据。

38《地理志二》宋州单父下载:"光化三年徙辉州来治。"

五代初,辉州除领砀山、单父、虞城、成武等 4 县外,还应领楚丘县(参见上文宋州沿革),治单父县。

后梁开平元年(907),于砀山县置崇德军(参见本章第一节东都留守所附崇德军沿革)。

后梁开平四年(910),辉州楚丘县别属宋州(参见上文宋州沿革)。

后唐同光二年(924),辉州改称单州(参见上文宋州节度使辖区沿革)。又,《五代会要》卷 20《州县分道改置》单州砀山县下载:"后唐同光二年二月,敕:'砀山县,伪梁创为辉州,并单州(笔者按,当作单父)后,理所于辉州,今宜却属单州,其辉州依旧为砀山县。'"《太平寰宇记》卷 14 单州砀山县下载:"梁升为辉州,仍以为赤县,又并入单父,移理于此。后唐同光二年复旧。"据上述所载,辉州由砀山县徙治单父县的做法,并不是简单的易地徙治,而是将砀山县并入单父县,并以此为辉州治所。待后唐同光二年辉州易名单州后,仍治单父县,同时又将砀山县与单父县分开。又,虞城县在辉州改称单州后别属宋州(参见上文宋州沿革)。又,同年,崇德军废,属地仍归砀山县(参见本章第一节东都留守所附崇德军沿革)。

又,后唐时,兖州鱼台县来属。《新五代史》卷 60《职方考》单州下载:"唐末以宋州之砀山,梁太祖乡里也,为置辉州,已而徙治单父。后唐灭梁,改辉州为单州。其属县置徙,传记不同,今领单父、砀山、成武、鱼台四县。"《文献通考》卷 317《舆地考三》载:"后唐以鱼台属单州。"又因后唐同光二年辉州易名单州,故颇疑鱼台县于此时来属。

又,金乡亦可能在后唐时已由兖州属单州。《五代会要》卷 20《州县分道改置》济州下载:"周广顺二年(952)九月,以郓州巨野升为州,其地望为上,割兖州任城、中都,单州金乡等县隶之。"金乡县原属兖州,何时属单州,史无确载。因金乡地望与鱼台相近,且同属兖州,故颇疑金乡与鱼台同时来属。

后周广顺二年(952),金乡县别属济州(参见本章第四节郓州节度使所辖济州沿革)。

综上所述,至五代末,单州当辖单父、砀山、成武、鱼台等 4 县。

(1) 单父县(907—959)　　(2) 砀山县(907—959)

(3) 虞城县(907—924)　　(4) 成武县(907—959)

(5) 楚丘县(907?—910)　　(6) 鱼台县(924?—959)

(7) 金乡县(924?—952)

4. 颍州(907—959),治汝阴县(今安徽阜阳市)

《旧唐书》卷 38《地理志一》、《新唐书》卷 38《地理志二》皆载颍州领汝阴、颍上、下蔡、沈丘等 4 县。唐末,颍州仍领此 4 县①。五代初期,亦复如是。

后周显德四年(957),下蔡县别属寿州。《五代会要》卷 20《州县分道改置》寿州下载:"周显德四年,移于颍州下蔡县,仍以下蔡县为倚郭,以旧寿州为寿春县。"《旧五代史》卷 117《周世宗纪》载:显德四年三月"庚戌,诏移寿州于下蔡,以故寿州为寿春县。"《资治通鉴》卷 293 显德四年三月载:"庚戌,徙寿州治下蔡。"《太平寰宇记》卷 129 寿州下载:"周显德三年(笔者按,当作"四年")平淮南,降为防御州,旧理寿春县,仍移州于颍州之下蔡县为理所。"《舆地广记》卷 21 寿州下载:"周显德中,自寿春徙治颍州之下蔡。"故五代末颍州领汝阴、颍上、沈丘等 3 县。

(1) 汝阴县(907—959)　　(2) 颍上县(907—959)
(3) 下蔡县(907—957)　　(4) 沈丘县(907—959)

第三节　滑州宣义军(义成军)节度使(含郑州)

滑州节度使本唐旧镇,原为义成军节度使。唐光启二年(886),义成军改称宣义军节度使,辖滑、郑、濮、颍等 4 州。五代初期,宣义军节度使领滑、郑、濮等 3 州[后梁贞明六年(920)之辖区参见前图 2-1]。后唐同光元年(923),滑州宣义军复为义成军节度使,郑州直属京。后晋开运元年(944),濮州别属澶州镇宁军节度使,相州彰德军节度使之卫州来属。

一、滑州宣义军(义成军)节度使辖区沿革(含郑州)

滑州宣义军节度使(后梁 907—923)—滑州义成军节度使(后唐 923—936,后晋 936—946,后汉 947—950,后周 951—959)

滑州节度使本唐旧镇,原为义成军节度使,光启二年(886),朱温晋爵为王;同年,义成军节度使叛乱,朱温遂遣将据滑州,避其父诚名讳,改为宣义军节度使,领滑、郑、颍等 3 州,治滑州。后颍州还属汴州宣武军节度使,濮州由

---

① 参见郭声波:《中国行政区划通史·唐代卷》颍州沿革,第 384 页。

郓州天平军节度使来属①。

五代初，滑州宣义军节度使属后梁，仍辖唐末滑、郑、濮等3州，治滑州。

后唐同光元年(923)，滑州宣义军节度使复称义成军节度使。《五代会要》卷24《诸道节度使军额》滑州下载："唐光启二年四月，改为宣义军节度。至后唐同光元年十月，复为义成军。"《旧五代史》卷30《唐庄宗纪四》载：同光元年十二月戊寅，"滑州宣义军复为义成军"。《太平寰宇记》卷9滑州下载："本义成军节度，光启二年改为宣义军，避梁祖讳。后唐同光元年复为义成军。"

又，后唐初期，郑州已不再隶属滑州节度使。《册府元龟》卷166《帝王部·招怀四》载：天成元年(926)"十一月，镇州又奏，(卢)文进所率归业户口蠲免税租三年，仍每口给粮五斗。是月，文进及将吏四百人见赐鞍马、玉带、衣被、器玩、钱帛有差，仍下制：'契丹卢龙军节度使、检校太尉卢文进……可特进依前检校太尉、同中书门下平章事，使持节滑州诸军事、守滑州刺史、充义成军节度、滑濮管内观察处置等使，仍封范阳郡开国侯，食邑一千三百户，兼赐推忠翊圣保义功臣。'"此处所提及的滑州义成军领州中仅有"滑濮"二州，而无郑州。而最后一次出现滑州节度使领有郑州的记载是在后梁龙德元年(921)。《旧五代史》卷10《梁末帝纪下》载：龙德元年正月，"以北面行营副招讨使、匡国军节度、陈许蔡等州观察处置等使、光禄大夫、检校太傅王彦章为宣义军节度副大使，知节度事，郑、滑、濮等州观察处置等使，依前北面副招讨使"。栗原益男据上述所载以为后梁以后郑州便不再隶属滑州节度使②。当是。此后，郑州为直属京州③。

---

① 《资治通鉴》卷261乾宁四年(897)二月载："于是郓、齐、曹、棣、兖、沂、密、徐、宿、陈、许、郑、滑、濮皆入于全忠。"胡三省注曰："郓、齐、曹、棣，天平军；兖、沂、密，泰宁军；徐、宿，感化军；陈、许，忠武军；郑、滑、濮，宣义军。此五镇之地也。"《旧五代史》卷8《梁末帝纪上》亦载：乾化三年(913)四月"丁酉，宣义军节度副大使、知节度事、郑滑濮等州观察使、检校太傅、长沙郡开国公罗周翰加特进、驸马都尉。"可见五代初滑州节度使下辖郑、滑、濮等3州。另，唐末宣义军节度使尚领颍州(参见本章第一节东都留守辖区沿革)，据上述史籍所载，颍州当在唐末已还属汴州宣武军节度使。
② 栗原益男：《五代宋初藩镇年表》滑州藩镇注4，第198页。
③ 后唐天成元年(926)，有郑州刺史王思同（《资治通鉴》卷274）；三年四月，有郑州防御使张虔钊（《资治通鉴》卷276）；后晋天福元年(936)闰十一月，有郑州防御使李懿（《资治通鉴》卷280）；后汉天福十二年(947)正月，有郑州防御使杨承勋（《资治通鉴》卷286）；六月，有郑州防御使郭从义（《资治通鉴》卷287）；后汉乾祐三年(950)四月，有吴虔裕为郑州防御使（《资治通鉴》卷289）；后周显德元年(954)三月，有郑州防御使史彦超（《资治通鉴》卷291）。据上可知，郑州在直属京后，由刺史州升为防御州。又，《旧五代史》卷84《晋少帝纪四》载：开运二年(945)十月，"以前郑州节度使石赟为曹州节度使"。似郑州亦曾置为节度使。然其中的"郑州节度使"乃"邓州节度使"之讹。此点已为《旧五代史》同卷校勘记指出。又，陶岳《五代史补》卷4《李知损轻薄》条载："(后汉)乾祐中，(知损)奉使郑州，时宋彦筠为节度使。"或以此载径直认为时有"郑州节度使"，似失之轻率，故此处不取此论。

后晋开运元年(944),濮州别属澶州镇宁军节度使(参见第四章第一节魏州节度使所附相州节度使所含澶州节度使辖区沿革)。又,大约在同时,割相州彰德军节度使所领卫州来属。《册府元龟》卷128《帝王部·明赏二》载:显德元年(954)六月乙亥,"(制)以武信军节度使兼殿前都指挥使、检校太保、驸马都尉张永德为检校太傅、充义成军节度使、滑卫等州观察处置等使、兼殿前都指挥使。"其中提及义成军节度使领滑、卫等州。至于卫州来属之时间,史籍失载,栗原益男以为或在濮州别属澶州镇宁军节度使前后①。

综上所述,至五代末,滑州义成军节度使仅领滑、卫2州。

滑州宣义军(义成军)节度使

(1) 滑州(907—959)　　　　(2) 郑州(907—923?)
(3) 濮州(907—944)　　　　(4) 卫州(944?—959)

直属京州

郑州(923?—959)

二、滑州宣义军(义成军)节度使所辖各州沿革

1. 滑州(907—959),治白马县(今河南滑县东)

《旧唐书》卷38《地理志一》、《新唐书》卷38《地理志二》皆载滑州领白马、卫南、韦城、匡城、胙城、酸枣、灵昌等7县。唐末,滑州仍领此7县②。

五代后梁开平元年(907),滑州领县同唐末。唯匡城县已更名长垣县。《舆地广记》卷5开封府长垣县下载:"匡城……梁复曰长垣,来属。后唐又曰匡城。"据此可知匡城当于唐末或开平元年因避"城"字讳而改名。

后梁开平三年(909)二月,酸枣、长垣2县别属开封府(参见本章第一节东都留守所辖开封府沿革)。

后唐同光元年(923),灵昌县更名灵河县。《舆地广记》卷9滑州下载:"大历七年(772)升义成军节度。后避梁王父讳,改曰宣义军。后唐复故,而改灵昌曰灵河。"滑州白马县下又载:"灵河镇……隋开皇十六年置灵昌县……后唐改为灵河县。"灵昌县改称灵河,当因避后唐"昌"字讳,故可知更名时间当在后唐建立之同光元年。

后唐同光二年(924)二月,酸枣县还属滑州。《五代会要》卷20《州县分道

---

① 栗原益男:《五代宋初藩镇年表》滑州藩镇注7,第200页。朱玉龙亦持此说,参见氏著《五代十国方镇年表》滑州,第87页。
② 参见郭声波:《中国行政区划通史·唐代卷》滑州沿革,第338页。

改置》滑州酸枣县、长垣县下载:"梁开平三年二月,割隶汴州。后唐同光二年二月,酸枣县却隶滑州,长垣县却改为匡城县。"

后晋天福三年(938),酸枣县复别属开封府(参见本章第一节东都留守所辖开封府沿革)。

后晋天福五年(940)十一月,卫州黎阳县别属滑州。《旧五代史》卷79《晋高祖纪五》载:天福五年十一月"丁亥,割卫州黎阳县隶滑州"。《太平寰宇记》卷57通利军下载:"本黎阳县,唐属卫州。晋天福中割隶滑州。"

大约在后晋天福九年(944),卫南县别属澶州(参见第四章第一节魏州节度使所附相州节度使所辖澶州沿革)。

此后至五代末,滑州领白马、韦城、胙城、灵河、黎阳等5县。

(1) 白马县(907—959)　　(2) 卫南县(907—944?)
(3) 韦城县(907—959)　　(4) 长垣县(907—909)
(5) 胙城县(907—959)　　(6) 酸枣县(907—909,924—938)
(7) 灵昌县(907—923)—灵河县(923—959)
(8) 黎阳县(940—959)

2. 郑州(907—959),治管城县(今河南郑州市)

《旧唐书》卷38《地理志一》郑州领管城、荥阳、荥泽、新郑、中牟、原武6县。《新唐书》卷38《地理志二》郑州辖管城、荥阳、荥泽、原武、阳武、新郑、中牟等7县。二者相较,《旧唐书·地理志》少一阳武县,当是漏载①。唐末,郑州领《新唐书·地理志》所载7县②。五代初,亦复如是。

后梁开平三年(909),阳武、中牟2县别属开封府(参见本章第一节东都留守所辖开封府沿革)。

大约在后唐同光元年(923),郑州直属京。

后唐同光二年(924),中牟县还属郑州。《五代会要》卷20《州县分道改置》郑州中牟县下载:"梁开平三年二月,割隶汴州。后唐同光二年二月敕:'中牟县却隶郑州。'"

后晋天福三年(938),中牟县复别属开封府(参见本章第一节东都留守所辖开封府沿革)。

此后至五代末,郑州辖管城、荥泽、原武、新郑、荥阳等5县。《太平寰宇记》卷9郑州下载:"元领县七。今五:管城,荥泽,原武,新郑,荥阳。二县割

---

① 参见吴松弟:《两唐书地理志汇释》,安徽教育出版社,2002年,第60页。
② 参见郭声波:《中国行政区划通史·唐代卷》郑州沿革,第314页。

出：阳武(入开封府),中牟(入开封府)。"

(1) 管城县(907—959)　　　(2) 荥阳县(907—959)
(3) 荥泽县(907—959)　　　(4) 原武县(907—959)
(5) 阳武县(907—909)　　　(6) 新郑县(907—959)
(7) 中牟县(907—909,924—938)

3. 濮州(907—959),治鄄城县(今山东鄄城县北)

《旧唐书》卷38《地理志一》、《新唐书》卷38《地理志二》皆载濮州领鄄城、濮阳、范、雷泽、临濮等5县。唐末,濮州仍领此5县[1]。五代初,亦复如是。

后晋天福三年(938)十一月,濮阳县别属澶州(参见第四章第二节相州节度使所辖澶州沿革)。

五代末,濮州辖鄄城、范、雷泽、临濮等4县。《太平寰宇记》卷14濮州下亦领此4县,可为一旁证。

(1) 鄄城县(907—959)　　　(2) 濮阳县(907—938)
(3) 范县(907—959)　　　　(4) 雷泽县(907—959)
(5) 临濮县(907—959)

4. 卫州

参见第四章第一节魏州节度使所附相州节度使所辖卫州沿革。

第四节　郓州天平军节度使[附：曹州威信军(彰信军)节度使、滨州]

郓州天平军节度使,本唐旧镇,唐末领郓、曹、齐等3州,治郓州。五代初,郓州天平军节度使为后梁所据,初领唐末所辖3州,后增领棣州[后梁贞明六年(920)之辖区参见图2-2]。后唐天成元年(926),曹州别属汴州宣武军节度使。后晋天福三年(938),曹州还属。后晋开运二年(945),割曹州置威信军节度使。后汉天福十二年(947),威信军节度使废,曹州复还属。又,大约在同年,析棣州之地置赡国军。后周广顺二年(952),复析曹州为彰信军节度使,以宋州归德军节度使所领单州为属州。同年,郓州天平军节度使增领济州。后周显德三年(956),升赡国军置滨州,直属京。此后郓州节度使领郓、齐、棣、济等4州。

---

[1] 参见郭声波:《中国行政区划通史·唐代卷》濮州沿革,第344页。

图 2-2 920 年后梁郓州天平军、兖州泰宁军、青州平卢军、
徐州武宁军节度使辖区示意图

一、郓州天平军节度使辖区沿革[附：曹州威信军(彰信军)节度使]

郓州天平军节度使(后梁 907—923，后唐 923—936，后晋 936—946，后汉 947—950，后周 951—959)

郓州天平军节度使，本唐旧镇。元和十五年(820)，改郓曹濮节度使为天

平军节度使,领郓、曹、濮 3 州,治郓州。咸通五年(864),割义昌军节度使齐州、淄青平卢节度使棣州来属。咸通十三年,齐、棣 2 州别属淄青平卢节度使。天复元年(901),以废武肃军节度使之齐州来属。是其时天平军节度使辖郓、曹、濮、齐等 4 州①。后濮州别属滑州宣义军节度(参见本章第三节滑州节度使辖区沿革)。

五代初期,郓州天平军节度使为后梁所据,领郓、曹、齐等 3 州,治郓州。《旧五代史》卷 22《王檀传》载:贞明二年(916),"(檀)寻授天平军副大使、知节度使事、充郓齐曹等州观察等使"。可证其时天平军节度使领有郓、曹、齐等 3 州。

至迟后梁贞明四年(918),青州平卢军节度使所辖棣州来属。《册府元龟》卷 172《帝王部·求旧二》载:后唐清泰元年(934)六月,"以太子太傅致仕王建立兼侍中,充天平军节度、郓齐棣等州观察处置等使"。可知其时棣州已属天平军节度使。然棣州来属之确年,史未明载,在此略作推测。《旧五代史》卷 9《梁末帝纪中》载:贞明四年十二月,诏朱珪"可检校太傅,充平卢军节度、淄青登莱等州观察处置、押新罗渤海两番等使兼行营诸军马步军副都指挥使,仍进封沛国郡开国侯"。则可证平卢军节度使其时仅领淄、青、登、莱等 4 州,已不辖棣州,是可知至迟贞明四年棣州已别属天平军节度使。又,《册府元龟》卷 804《总录部·义第四》载:龙德二年(922),魏州入晋,晋王欲割相、卫二州置振宁军授符习。"习奏曰:魏博六州,霸王之府,不宜分割以示弱。但授臣河南一镇,得自攻取便也。乃授天平军节度,郓齐棣观察、东南面招讨等使。"符习其时所授晋王天平军节度使虽是遥领,但在一定程度上可反映其时后梁天平军节度使的辖区状况。因此,《册府元龟》这一记载亦可为棣州至迟在后梁贞明四年已隶属天平军节度使添一旁证②。

后唐天成元年(926),曹州别属汴州宣武军节度使(参见本章第一节东都留守辖区沿革)。

后晋天福三年(938),汴州宣武军节度使复升为东京开封府(参见本章第一节东都留守辖区沿革),原汴州节度使所领曹州当在此时还属。

后晋开运二年(945),升曹州为威信军节度使,曹州别属之(参见下文所附曹州节度使辖区沿革)。

---

① 参见郭声波:《中国行政区划通史·唐代卷》天平军节度使沿革,第 400 页。
② 朱玉龙以为自后唐天平军节度使始领棣州,似失之过晚。参见氏著《五代十国方镇年表》郓州,第 51 页。

后汉天福十二年(947),曹州威信军节度使废,曹州复还属。《旧五代史》卷100《汉高祖纪下》载:天福十二年六月"己巳,诏青州、襄州、安州复为节镇,曹、陈二州依旧为郡"。又,大约在此年,析棣州渤海县部分地置赡国军(参加下文赡国军沿革)。

后周广顺二年(952),复升曹州为彰信军节度使,曹州复别属之(参见下文所附曹州节度使辖区沿革)。同年,以郓州巨野县等地置济州,隶属郓州节度使(参见下文济州沿革)。

后周显德三年(956),升赡国军置滨州,直属京(参见下文赡国军沿革)。

综上所述,至五代末,郓州天平军节度使领郓、齐、棣、济等4州[1]。

(1) 郓州(907—959)　　(2) 曹州(907—926,938—945,947—952)
(3) 齐州(907—959)　　(4) 棣州(918?—959)
(5) 济州(952—959)　　(6) 赡国军(947?—956)

附:

曹州威信军(彰信军)节度使辖区沿革

曹州威信军节度使(后晋945—946,后汉947),曹州彰信军节度使(后周952—959)

后晋开运二年(945),升郓州天平军节度使所辖曹州为威信军节度使。《旧五代史》卷84《晋少帝纪四》载:开运二年九月"戊申,升曹州为节镇,以威信军为军额"。《资治通鉴》卷285开运二年九月载:"戊申,置威信军于曹州。"[2]此时威信军节度使当仅辖曹州。

后汉天福十二年(947),威信军节度使废为曹州。《五代会要》卷24《诸道节度使军额》曹州下载:"(威信军节度使)至汉天福十二年六月,降为刺史。"《旧五代史》卷100《汉高祖纪下》载:天福十二年六月"己巳,诏青州、襄州、安州复为节镇,曹、陈二州依旧为郡。"

后周广顺二年(952),复升曹州为彰信军节度使,割宋州归德军节度使所领单州为属州。《五代会要》卷24《诸道节度使军额》曹州下载:"至周广顺二年七月,复升为彰信军节度,以单州隶之。"《旧五代史》卷112《周太祖纪三》

---

[1] 朱玉龙以为天平军节度使"后周领郓、济等州",并未提及齐、棣2州,恐非。参见氏著《五代十国方镇年表》郓州,第51页。
[2] 《五代会要》卷24《诸道节度使军额》曹州下载:"晋开运二年十月,升为威信军节度。"所记曹州节度使的设置月份"十月"与《旧五代史》、《资治通鉴》所载"九月"微异。

载:广顺二年七月"丁卯,诏复升陈州、曹州为节镇。……以侍卫步军都指挥使曹英为曹州节度使,并典军如故"。《太平寰宇记》卷13曹州下载:"晋天福十二年,降为刺史州。周广顺二年,复升彰信军。至皇朝因之。"

此后至五代末,曹州节度使下辖曹、单2州之规模未再发生变更①。

(1) 曹州(945—947,952—959) (2) 单州(952—959)

二、郓州天平军节度使[含曹州威信军(彰信军)节度使]所辖各州沿革

1. 郓州(907—959),治须昌县(907—923)—须城县(923—959,今山东东平县西北)

《旧唐书》卷38《地理志一》、《新唐书》卷38《地理志二》皆载郓州领寿张、郓城、巨野、须昌、卢、平阴、东阿、阳谷、中都等9县。唐末,中都县别属兖州(参见本章第五节兖州节度使所辖兖州沿革),郓州领寿张、郓城、巨野、须昌、卢、平阴、东阿、阳谷等8县,唯郓城县于天祐二年(905)更名万安(《新唐书·地理志》)②。五代初,亦复如是。

后唐同光元年(923),须昌县改名须城县。《太平寰宇记》卷13郓州须城县下载:"唐改为须城县,避国讳也。"《舆地广记》卷7郓州所载与此略同。另,万安县当在此时复称郓城。《旧五代史》卷30《唐庄宗纪四》载:同光元年十月,"诏除毁朱氏宗庙神主,伪梁二主并降为庶人。天下官名府号及寺观门额,曾经改易者,并复旧名"。据此可知万安应复旧名。

后周广顺二年(952)九月,郓城、巨野2县别属济州。十二月,中都由济州来属(参见下文济州沿革)。

故五代末郓州辖须城、寿张、卢、平阴、东阿、阳谷、中都等7县。《太平寰宇记》卷13郓州下载:"元领县十。今七:须城,寿张,中都,平阴,东阿,卢县,阳谷。二县割出:巨野(入济州),郓城(入济州)。一县废:东平(并入须城)。"

(1) 须昌县(907—923)—须城县(923—959)

(2) 万安县(907—923)—郓城县(923—952)

(3) 巨野县(907—952)   (4) 寿张县(907—959)

(5) 卢县(907—959)   (6) 平阴县(907—959)

---

① 《册府元龟》卷128《帝王部·明赏二》载:显德元年(954)六月,制"以保义军节度使检校太保韩通为检校太傅、充彰信军节度、曹单等州观察处置等使"。《韩通墓志》载:"显德元年……仲秋,授(通)检校太傅,使持节曹州诸军事、曹州刺史、兼御史大夫、充彰信军节度使、曹单等州观察处置等使"(《北京图书馆藏中国历代石刻拓本汇编》第37册,中州古籍出版社,1989年,第1页)。

② 参见郭声波:《中国行政区划通史·唐代卷》郓州、兖州沿革,第346页、410页。

(7) 东阿县(907—959)　　(8) 阳谷县(907—959)

(9) 中都县(952—959)

2. 齐州(907—959),治历城县(今山东济南市)

《旧唐书》卷38《地理志一》齐州领历城、章丘、亭山、临邑、长清、禹城、临济等7县。《新唐书》卷38《地理志二》齐州辖历城、章丘、临邑、临济、长清、禹城等6县。二者相较,《旧唐书·地理志》多出亭山一县。然在亭山县下载:"元和十五年(820),以户口凋残,并入章丘县,因废亭山。"唐末,齐州领《新唐书·地理志》所载6县①。

五代时期,齐州一直领唐末历城、章丘、临邑、临济、长清、禹城等6县而未更。《太平寰宇记》卷19齐州下亦辖此6县,可为一旁证。

(1) 历城县(907—959)　　(2) 章丘县(907—959)

(3) 临邑县(907—959)　　(4) 临济县(907—959)

(5) 长清县(907—959)　　(6) 禹城县(907—959)

3. 棣州(907—959),治厌次县(今山东惠民县东南)

《旧唐书》卷38《地理志一》、《新唐书》卷38《地理志二》皆载棣州领厌次、滴河、阳信、蒲台、渤海等5县。唐末,棣州领上述5县②。五代初,亦复如是。

大约后汉天福十二年(947),以渤海县一部分地置赡国军(参见下文赡国军沿革)。

后周显德三年(956),升赡国军置滨州,又割渤海、蒲台2县隶之(参见下文所附滨州沿革)。

五代末,棣州领厌次、滴河、阳信等3县。《太平寰宇记》卷64棣州下载:"元领县五。今三:厌次,滴河,阳信。二县割出:蒲台,渤海(已上二县入滨州)。"

(1) 厌次县(907—959)　　(2) 滴河县(907—959)

(3) 阳信县(907—959)　　(4) 蒲台县(907—956)

(5) 渤海县(907—956)

4. 曹州(907—959),治济阴县(今山东曹县西北)

《旧唐书》卷38《地理志一》、《新唐书》卷38《地理志二》皆载曹州领济阴、

---

① 参见郭声波:《中国行政区划通史·唐代卷》齐州沿革,第351页。
② 《太平寰宇记》卷64棣州阳信县下载:"唐武德六年省州,以县属沧州,后唐同光三年割属棣州。"是乐史认为阳信县后唐时方属棣州,不确。参见郭声波:《中国行政区划通史·唐代卷》棣州沿革,第262页。

考城、宛句①、乘氏、南华、成武等6县。且《新唐书·地理志》曹州成武县下载:"光化二年(899),朱全忠表县隶辉州。"(参见本章第二节宋州节度使所辖辉州沿革)唐末,曹州领济阴、考城、宛句、乘氏、南华等5县。

后梁开平元年(907),曹州领济阴、考城、宛句、乘氏、南华等5县。

后梁开平三年(909),考城县更名戴邑县并别属东都开封府(参见本章第一节东都留守所辖开封府沿革)。

此后至五代末,曹州一直辖4县之地而未更。《太平寰宇记》卷13曹州下载:"元领县六。今四:济阴,宛句,乘氏,南华。二县割出:考城(入开封府),成武(入单州)"。

(1) 济阴县(907—959)　　　　(2) 宛句县(907—959)
(3) 乘氏县(907—959)　　　　(4) 南华县(907—959)
(5) 考城县(907—909)—戴邑县(909)

5. 济州(952—959),治巨野县(今山东巨野县南)

后周广顺二年(952),析郓州巨野县置济州,最终以兖州任城县、单州金乡县、郓州郓城县为属县,治巨野。《五代会要》卷20《州县分道改置》济州下载:"周广顺二年九月,以郓州巨野升为州,其地望为上,割兖州任城、中都,单州之金乡等县隶之。至其年十二月,又割郓州郓城县隶之。中都县却隶郓州。"《旧五代史》卷112《周太祖纪三》:广顺二年十月"己亥,升巨野县为济州"。《太平寰宇记》卷14济州下亦载:"周高祖广顺二年平兖州,回至巨野,因诏于此复置济州,仍割兖州之任城、中都,军(单)州之金乡等县隶之。其年十二月,又割郓州郓城县隶之,中都却入郓州。"②据上述所载可知,广顺二年九月,析郓州巨野县置济州时,先割兖州任城、中都,单州金乡等县隶之,合计领有4县。同年十二月,又对济州辖境做出调整,割郓州郓城县隶之,而将中都县隶属郓州,济州领县数目未更。故《新五代史》卷60《职方考》济州下载:"周广顺二年置,割郓州之巨野、郓城,兖州之任城,单州之金乡为属县而治巨野。"另,《太平寰宇记》卷14济州下辖仍领巨野、郓城、任城、金乡等4县,可见宋初仍承继了后周济州的领县规模。

(1) 巨野县(952—959)　　　　(2) 任城县(952—959)
(3) 中都县(952)　　　　　　(4) 金乡县(952—959)
(5) 郓城县(952—959)

---

① 宛句,《新唐书》卷38《地理志二》曹州下作"宛句"。
② 此处文字所据为《四库全书》本。

6. 赡国军(947？—956)，治渤海县境(今山东滨州市境内)

大约在后汉天福十二年(947)，割棣州渤海县一部分地置赡国军。赡国军始置之年，史无确载。《记纂渊海》卷20《郡县部》滨州下载："五代唐置榷盐务，汉改赡国军，周改滨州，治渤海县。"《文献通考》卷317《舆地考三》滨州下亦载："本棣州蒲台、渤海县。后唐以其地斥卤，置榷盐务。汉改赡国军。周建为州。宋因之。"据上所载，可知赡国军当置于后汉时期。又以该军在后周显德三年(956)年升置为滨州并设治所于渤海县(参见下文)可推知，赡国军当析渤海县地而置。

7. 单州

参见本章第二节宋州节度使所辖单州沿革。

附：

滨州(956—959)，治渤海县(今山东滨州市)

后周显德三年(956)，升赡国军置滨州，直属京，以郓州天平军节度使所属棣州之渤海、蒲台二县为属县，治渤海。《五代会要》卷20《州县分道改置》滨州下载："周显德三年六月，以赡国军升为州，其地望为上，直属京。割棣州勃海、蒲台两县隶之。"《旧五代史》卷116《周世宗纪三》载：显德三年六月戊子，"升赡国军为滨州"。《新五代史》卷60《职方考》滨州下载："周显德三年置，以其滨海为名。初，五代之际，置榷盐务于海傍，后为赡国军，周因置州，割棣州之渤海、蒲台为属县而治渤海。"《太平寰宇记》卷64滨州下载："本赡国军，周显德三年三月升为州，仍割棣州之渤海、蒲台两县属焉。领县二：渤海、蒲台。"《舆地广记》卷10滨州下载："初，五代之际，置榷盐务于海傍，后置赡国军。周世宗显德三年置，以其滨海为名。割棣州之渤海、蒲台为属县，而治渤海。"

(1) 渤海县(956—959)　　　(2) 蒲台县(956—959)

第五节　兖州泰宁军节度使(含兖州、沂州、密州)

兖州泰宁军节度使，本唐旧镇。唐末兖州节度使当领兖、沂、密等3州，治兖州。五代初，兖州泰宁军节度使为后梁所据。晋王天祐十五年(后梁贞明四年，918)，后梁兖州泰宁军节度使归附晋王李氏政权。后梁贞明五年(919)，兖州泰宁军节度使复为后梁所控[后梁贞明六年(920)之辖区参见前图2-2]。后周广顺二年(952)，废泰宁军号，降兖州节度使为防御州，原领兖、沂、密等3

州当直属京。

一、兖州泰宁军节度使辖区沿革(含兖州、沂州、密州)

兖州泰宁军节度使(后梁907—918,附于晋王918—919,**后梁919—923**,后唐923—936,后晋936—946,后汉947—950,后周951—952)

兖州泰宁军节度使本唐旧镇。唐乾符三年(876),兖海节度使改称泰宁军节度使,领兖、沂、密、海等4州,治兖州①。光化二年(899),海州叛附于淮南杨行密,故唐末兖州节度使当领兖、沂、密等3州②。

五代初,兖州泰宁军节度使为后梁所据,仍当领兖、沂、密等3州,治兖州③。

晋王天祐十五年(后梁贞明四年,918),后梁兖州泰宁军节度使张万进归附晋王。《旧五代史》卷28《唐庄宗纪二》载:天祐十五年八月"己酉,梁兖州节度使张万进遣使归款"。《资治通鉴》卷270贞明四年八月载:"泰宁节度使张万进……闻晋兵将出,己酉,遣使附于晋,且求援。"

后梁贞明五年(919),兖州泰宁军节度使复为后梁所控。《资治通鉴》卷271贞明五年载:十月,"刘鄩围张万进于兖州经年,城中危窘,晋王方与梁人战河上,力不能救。万进遣亲将刘处让乞师于晋,晋王未之许,处让于军门截耳曰:'苟不得请,生不如死!'晋王义之,将为出兵,会鄩已屠兖州,族万进,乃止"。十一月"丁丑,以刘鄩为泰宁节度使、同平章事"。

此后后唐、后晋、辽、后汉皆承袭而置有兖州泰宁军节度使。

后周广顺二年(952),兖州节度使慕容彦超据镇叛乱,后周太祖郭威先下令让沂、密2州不复隶泰宁军节度使。平叛后,又下诏废泰宁军号,降兖州节度使为防御州。《五代会要》卷24《诸道节度使军额》兖州下载:"周广顺二年五月,降为防御州,以慕容彦超叛命初平故也。"《旧五代史》卷112《周太祖纪三》载:广顺二年五月"癸未,诏兖州降为防御州,仍为望州"。《资治通鉴》卷290广顺二年载:正月"甲子,敕沂、密二州不复隶泰宁军"。五月"癸未,降泰宁军为防御州"。胡三省注曰:"以慕容彦超据兖州拒命,降节镇为防御州。"

---

① 参见郭声波:《中国行政区划通史·唐代卷》泰宁军节度使沿革,第408页。
② 新旧《唐书·昭宗纪》、《资治通鉴》、《旧五代史·梁太祖纪》及《十国春秋·吴世家》均载唐光化二年七月海州叛附于淮南杨行密。
③ 朱玉龙据《新五代史·职方考》所载认为:"五代时,海州先属吴,杨氏国亡,继归南唐。至后周世宗平淮右,海州始复归中朝所有,而是时泰宁军早已废之,因知终五代海州未曾隶泰宁军节度。"参见氏著《五代十国方镇年表》兖州注1,第31页。

此后,兖州节度使原领兖、沂、密等3州当直属京。

兖州泰宁军节度使

(1) 兖州(907—952)　　　　(2) 沂州(907—952)

(3) 密州(907—952)

直属京州

(1) 兖州(952—959)　　　　(2) 沂州(952—959)

(3) 密州(952—959)

二、兖州泰宁军节度使所辖各州沿革

1. 兖州(907—959),治瑕丘县(今山东济宁市兖州区东北)

《旧唐书》卷38《地理志一》、《新唐书》卷38《地理志二》皆载兖州领瑕丘、曲阜、乾封、泗水、邹、任城、龚丘、金乡、鱼台、莱芜等10县。唐末,兖州除领上述10县外,还应领中都县。中都县本属兖州。《太平寰宇记》卷13郓州中都县下载:"贞元十四年(798)割入郓州,后自郓复隶兖州,寻又复归郓焉。"似中都唐末当一直属郓州。然《唐会要》卷44《水灾下》载:开成"四年(839)十二月,郑滑两州蝗,兖海、中都等县并蝗"。可知此时中都县已复隶兖州。又,《旧五代史》卷21《王彦章传》载:"是岁(笔者按,指龙德三年,923)秋九月,朝廷闻晋人将自兖州路出师,末帝急遣彦章领保銮骑士数千于东路守捉。且以郓州为敌人所据,因图进取,令张汉杰为监军。一日,彦章渡汶以略郓境,至递坊镇为晋人所袭,彦章退保中都……(晋王)又问:'我素闻尔善将,何不保守兖州?此邑(笔者按,指中都县)素无城垒,何以自固?'彦章对曰:'大事已去,非臣智力所及。'"从其中所述及的"彦章渡汶以略郓境"一句可以看出其时郓州与兖州当以汶水为界,而中都县位于汶水兖州一侧,且从此事叙述来看,庄宗责问王彦章何以不守兖州而守中都,可知此时中都确属兖州。加之《新五代史》卷9《晋出帝纪》又载:天福八年(943)"五月,(兖州)泰宁军节度使安审信捕蝗于中都"。后周广顺二年(952)复有中都由兖州割隶济州的记载(参见下文)。故综合上述可知中都自唐末便一直隶属兖州,上引《太平寰宇记》之文恐误。

五代初,兖州领瑕丘、曲阜、乾封、泗水、邹、任城、龚丘、金乡、鱼台、莱芜、中都等11县之地。

大约在后唐同光二年(924),金乡、鱼台2县别属单州(详见本章第二节宋州节度使所辖单州沿革)。

后周广顺二年(952),任城、中都2县别属济州(参见本章第四节郓州节度使所辖济州沿革）。

后周显德元年（954），以莱芜县境之莱芜监置广利军。

后周显德六年（959），广利军废。《五代会要》卷 24《军》载："周显德元年十月，以莱芜监为广利军，从前监使张崇谦奏请也。（至六年十一月，复废为莱芜治）"《旧五代史》卷 120《周恭帝纪》载：显德六年十一月"戊午，废兖州广利军，依旧为莱芜监"。

故五代末兖州领瑕丘、曲阜、乾封、泗水、邹、龚丘、莱芜等 7 县。《太平寰宇记》卷 21 兖州下载："元领县十。今七：瑕丘，曲阜，邹县，莱芜，龚丘，乾封，泗水。三县割出：任城（入济州），金乡（入济州），鱼台（入单州）。"

(1) 瑕丘县（907—959） (2) 曲阜县（907—959）
(3) 乾封县（907—959） (4) 泗水县（907—959）
(5) 邹县（907—959） (6) 任城县（907—952）
(7) 龚丘县（907—959） (8) 金乡县（907—924？）
(9) 鱼台县（907—924？） (10) 莱芜县（907—959）
(11) 中都县（907—952） (12) 广利军（954—959）

2. 沂州（907—959），治临沂县（今山东临沂市）

《旧唐书》卷 38《地理志一》、《新唐书》卷 38《地理志二》皆载沂州领临沂、承、费、新泰、沂水等 5 县。唐末，沂州领此 5 县①。

五代时期，沂州一直领唐末 5 县而未更。《太平寰宇记》卷 23 沂州下亦辖此 5 县。

(1) 临沂县（907—959） (2) 承县（907—959）
(3) 费县（907—959） (4) 新泰县（907—959）
(5) 沂水县（907—959）

3. 密州（907—959），治诸城县（今山东诸城市）

《旧唐书》卷 38《地理志一》、《新唐书》卷 38《地理志二》皆载密州领诸城、辅唐、高密、莒等 4 县。唐末，密州领此 4 县②。五代初，亦复如是。

后梁开平二年（908），辅唐县更名为安丘县（参见下文所引《五代会要》）。

后梁龙德元年（921），诸城县更名胶源县。《旧五代史》卷 10《梁末帝纪下》载：龙德元年三月"壬寅，改……密州汉诸县为胶源县，从中书舍人马缟请

---

① 参见郭声波：《中国行政区划通史·唐代卷》沂州沿革，第 414 页。
② 参见郭声波：《中国行政区划通史·唐代卷》密州沿革，第 365 页。

也"。密州有诸城县而无汉诸县,故其中提及的"汉诸县"当为"诸城县",或由避讳而改。

后唐同光元年(923),安丘县复称辅唐县(参见下文所引《五代会要》)。胶源县亦当在此时复名诸城县。《旧五代史》卷30《唐庄宗纪四》载:同光元年十月,"诏除毁朱氏宗庙神主,伪梁二主并降为庶人。天下官名府号及寺观门额,曾经改易者,并复旧名"。据此可知胶源县当复旧名。

后晋天福七年(942),辅唐县改称胶西县。《五代会要》卷20《州县分道改置》密州辅唐县下载:"梁开平二年八月,改为安丘县。后唐同光元年十月,复改为辅唐县。晋天福七年七月,改为胶西县,避国讳也。"

至五代末,密州领诸城、胶西、高密、莒等4县。

(1) 诸城县(907—921)—胶源县(921—923)—诸城县(923—959)

(2) 辅唐县(907—908)—安丘县(908—923)—辅唐县(923—942)—胶西县(942—959)

(3) 高密县(907—959)　　　(4) 莒县(907—959)

第六节　青州平卢军节度使(含青州、登州、莱州、淄州)

青州平卢军节度使,本唐旧镇,唐末领淄、青、登、莱、棣等5州,治青州。至迟后梁贞明四年(918),棣州别属郓州天平军节度使[后梁贞明六年(920)之辖区参见前图2-2]。后晋开运元年(944),平卢军节度使废,青州降为防御州,与原辖登、莱、淄等3州一同直属京。辽大同元年(947)正月,复设平卢军节度使。旋,该节度使为后汉所据。后汉天福十二年(947)六月,复置青州平卢军节度使,仍辖青、登、莱、淄等4州,直至五代末期。

一、青州平卢军节度使辖区沿革(含青州、登州、莱州、淄州)

青州平卢军节度使(后梁 907—923,后唐 923—936,后晋 936—944,后汉 947—950,后周 951—959)

青州平卢军节度使,本唐旧镇,唐后期称淄青平卢节度使,元和十五年(820),领青、莱、登、齐、淄等5州,治青州。大和元年(827),割齐州隶横海军节度使。大和二年,割横海军节度使棣州来属。咸通五年(864),割棣州隶天平军节度使。咸通十三年,割天平军节度使齐、棣2州来属。乾宁二年(875),

割齐州隶武肃军防御使。唐末,淄青平卢节度使领青、莱、登、淄、棣等 5 州①。《旧五代史》卷 2《梁太祖纪二》载:天复三年(903)九月,梁师攻青州,"戊午,(王)师范(笔者按,时为青州节度使)举城请降。青州平。翼日,分命将校略地于登、莱、淄、棣等州,皆下之"。据此,亦可为唐末平卢节度使辖有上述 5 州添一佐证。

五代初,青州平卢军节度使为后梁所据,仍当辖青、登、莱、淄、棣等 5 州,治青州。

至迟后梁贞明四年(918),棣州别属郓州天平军节度使(参见本章第四节郓州节度使辖区沿革)。

后晋开运元年(944),平卢军节度使废,青州降为防御州。《五代会要》卷 24《诸道节度使军额》青州下载:"晋开运元年十二月,降为防御州,与登、莱、淄三州并属京,以杨光远叛命初平故也。至汉天福十二年(947)六月,复旧为平卢军节度。"《旧五代史》卷 83《晋少帝纪三》载:开运元年十二月"丁巳,青州杨光远降。光远子承勋等斩观察判官邱涛、牙将白延祚、杨赡、杜延寿等首级,送于招讨使李守贞,乃纵火大噪,劫其父处于私第,以城纳款……闰月……癸酉,李守贞奏,杨光远卒。……闰月丙戌,降青州为防御使额"。可知在开运元年节度使杨光远叛乱被平息之后,青州节度使降为防御州,与原辖登、莱、淄等 3 州一同直属京。

辽大同元年(947)正月,复设平卢军节度使。《资治通鉴》卷 286 天福十二年(947)正月载:"戊子,执郑州防御使杨承勋至大梁,责以杀父叛契丹,命左右脔食之。未几,以其弟右羽林将军承信为平卢节度使,悉以其父旧兵授之。"旋,该地为后汉所据。

后汉天福十二年(947)六月,后汉复置青州平卢军节度使。《旧五代史》卷 100《汉高祖纪下》载:天福十二年六月"己巳,诏青州、襄州、安州复为节镇,曹、陈二州依旧为郡"。《资治通鉴》卷 287 天福十二年六月载:戊辰"帝下诏大赦……复青、襄、汝(笔者按,"汝"当作"安")三节度"。青州节度使复置后,仍当辖青、登、莱、淄等 4 州。

此后,青州节度使辖区无复变化,直至五代末。

青州平卢军节度使

(1) 青州(907—944,947—959)   (2) 登州(907—944,947—959)

(3) 莱州(907—944,947—959)   (4) 淄州(907—944,947—959)

---

① 参见郭声波:《中国行政区划通史·唐代卷》淄青平卢节度使沿革,第 400 页。

使,治徐州。兴元元年(784),罢镇。贞元四年(788),置徐泗濠三州节度使,治徐州。永贞元年(805),改徐州节度使为武宁军节度。至元和十五年(820),武宁军节度使领徐、泗、濠、宿四州,治徐州。咸通三年(862),罢镇。咸通四年,置徐州观察使。咸通十年,降为徐州都团练防御使。咸通十一年,复为徐州观察使,旋升为感化军节度使。中和元年(881),复称武宁军节度使。景福二年(893),又改为感化军节度使。乾宁元年(894),复改为武宁军节度使。光化三年(900),再改为感化军节度使。天复二年(902),依旧称武宁军节度使,领徐、濠、宿、泗等4州,治徐州①。唐末,濠、泗2州入吴,武宁军节度使仅辖徐、宿2州。

五代初,徐州武宁军节度使为后梁所据,仍辖徐、宿2州,治徐州。此建置规模,历后唐、后晋、后汉及后周,未有改易。

(1) 徐州(907—959)　　　　(2) 宿州(907—959)

二、徐州武宁军节度使所辖各州沿革

1. 徐州(907—959),治彭城县(今江苏徐州市)

《旧唐书》卷38《地理志一》、《新唐书》卷38《地理志二》皆载徐州领彭城、萧、丰、沛、滕、宿迁、下邳等7县。唐末,徐州领此7县之谱②。

五代时期,徐州一直领唐末7县而未更。

(1) 彭城县(907—959)　　　(2) 萧县(907—959)
(3) 丰县(907—959)　　　　(4) 沛县(907—959)
(5) 滕县(907—959)　　　　(6) 宿迁县(907—959)
(7) 下邳县(907—959)

2. 宿州(907—959),治符离县(今安徽宿州市)

《旧唐书》卷38《地理志一》、《新唐书》卷38《地理志二》皆载宿州领符离、虹、蕲县、临涣等4县。唐末,宿州领此4县之谱③。

五代时期,宿州一直领唐末4县而未更。《太平寰宇记》卷17宿州下亦领此4县,可为一旁证。

(1) 符离县(907—959)　　　(2) 虹县(907—959)
(3) 蕲县(907—959)　　　　(4) 临涣县(907—959)

---

① 参见郭声波:《中国行政区划通史·唐代卷》武宁军节度使沿革,第404页。
② 参见郭声波:《中国行政区划通史·唐代卷》徐州沿革,第374页。
③ 参见郭声波:《中国行政区划通史·唐代卷》宿州沿革,第376页。

第八节　许州匡国军(忠武军)节度使
　　　　(附：陈州镇安军节度使)

许州忠武军节度使本唐旧镇,唐末辖许、陈 2 州,治许州。五代初为后梁所据。后梁开平二年(908),许州忠武军更名为匡国军节度使,领许、陈、蔡等 3 州[后梁贞明六年(920)之辖区参见前图 2-1]。后唐同光元年(923),许州匡国军复称忠武军节度使。后晋天福五年(940),安州安远军节度使废,所属申州来属。开运二年(945),割陈州置镇安军节度使。辽大同元年(947),许州忠武军节度使一度为契丹所据。后汉天福十二年(947),安州安远军节度使复置,申州还属之;陈州镇安军节度使废,陈州来属。后周广顺二年(952),复升陈州为镇安军节度使,许州忠武军节度使辖许、蔡 2 州。

一、许州匡国军(忠武军)节度使辖区沿革(附：陈州镇安军节度使)

许州忠武军节度使(后梁 907—908)—**许州匡国军节度使(后梁 908—923)**—许州忠武军节度使(后唐 923—936,后晋 936—946,后汉 947—950,后周 951—959)

许州忠武军节度使,本唐旧镇。贞元三年(787)置陈许节度使,治许州,十年(794),赐号忠武军①。唐末领有许、陈 2 州,治许州②。

大约在后梁开平元年(907),许州节度使在辖许、陈 2 州之外,增领蔡州,共计 3 州之谱。蔡州于唐末本属忠武军节度使。中和元年(882),割蔡州置奉国军防御使。中和二年(883),升为奉国军节度使。乾宁四年(897),割淮南节度使光州、江南西道武昌军节度使申州属奉国军节度使③。天祐四年(907),奉国军节度使废,所属蔡、申 2 州属后梁,而原领之光州此前已归属杨吴(参见第八章第一节淮南节度使辖区沿革)。又,《旧五代史》卷 15《韩建传》载:"(开平)四年(910)三月,除匡国军节度使、陈许蔡观察使,仍令中书不议除替。"其中已将陈、许、蔡 3 州并提。另外,申州大约在开平元年时已属安州宣威军节度使(参见第二章第十三节安州节度使辖区沿革)。故综上所述,将许州节度

---

① 《新唐书》卷 65《方镇表二》。
② 参见郭声波:《中国行政区划通史·唐代卷》忠武军节度使沿革,第 407 页。
③ 参见郭声波:《中国行政区划通史·唐代卷》奉国军节度使沿革,第 406 页。

使增领蔡州定在开平元年应无太大疑义①。

后梁开平二年(908),许州忠武军改称匡国军节度使。《五代会要》卷24《诸道节度使军额》许州下载:"梁开平二年,改为匡国军。"《资治通鉴》卷266开平二年五月载:"壬申,更以许州忠武军为匡国军。"

后唐同光元年(923),许州匡国军复称忠武军节度使。《旧五代史》卷30《唐庄宗纪四》载:同光元年十二月戊寅,"许州匡国军复为忠武军"②。《太平寰宇记》卷7许州下载:"梁开平二年改为匡国军。唐同光元年复旧。至皇朝因之。"

后晋天福五年(940),安州安远军节度使废,所属申州来属。《五代会要》卷24《诸道节度使军额》安州下载:"至晋天福五年七月,降为防御使,所管新(笔者按,"新"当作"申")州割隶许州,以李金全叛命故也。"《旧五代史》卷79《晋高祖纪五》载:天福五年,"秋七月甲子朔,降安州为防御使额,以申州隶许州"。

后晋天福六年(941),陈州升为防御州。《太平寰宇记》卷10陈州下载:"晋天福六年升为防御州。"

后晋开运二年(945),陈州升为镇安军节度使(参见下文所附陈州节度使辖区沿革)。许州节度使领许、蔡、申等3州。

辽大同元年(947),契丹据有许州忠武军节度使。《资治通鉴》卷286天福十二年(947)正月载:"(以)客省副使刘晏僧为忠武节度使。"

后汉天福十二年(947),复置安州安远军节度使,申州还属之(参见第二章第十三节安州节度使辖区沿革)。同年,陈州镇安军节度使废。《五代会要》卷24《诸道节度使军额》陈州下载:"晋开运二年十月,升为镇安军节度。至汉天福十二年六月,降为刺史。"《旧五代史》卷100《汉高祖纪下》载:天福十二年六月"己巳,诏青州、襄州、安州复为节镇,曹、陈二州依旧为郡"③。陈州降为刺史州后当复属许州忠武军节度使。

后周广顺元年(951),陈州升为防御州。《五代会要》卷24《诸道节度使军额》陈州下载:"广顺元年正月,升为防御州。"

后周广顺二年(952),陈州复升为镇安军节度使(参见本节所附陈州节度使辖区沿革)。许州忠武军下辖许、蔡2州。

---

① 朱玉龙将蔡州属许州节度使的时间定在开平三年,恐失之稍晚。参见氏著《五代十国方镇年表》许州,第76页。
② 《五代会要》卷24《诸道节度使军额》许州下载:"后唐同光元年十月,复为忠武军。"所记更名之月与《旧五代史》异,录此备考。
③ 《资治通鉴》卷287天福十二年六月载:"戊辰,帝下诏大赦……复青、襄、汝三节度。"其实汝州未曾置为节度使,故据《旧五代史·汉高祖纪》所载可知《资治通鉴》此处"汝"字当为"安"字之误。

(1) 许州(907—959)　　　　　(2) 陈州(907—945,947—952)
(3) 蔡州(907?—959)　　　　　(4) 申州(940—947)

附：

陈州镇安军节度使辖区沿革

陈州镇安军节度使(后晋 945—946,后汉 947,后周 952—959)

后晋开运二年(945),以许州忠武军节度使所属陈州置镇安军节度使,治陈州。《五代会要》卷 24《诸道节度使军额》陈州下载:"晋开运二年十月,升为镇安军节度。"《旧五代史》卷 84《晋少帝纪四》载:开运二年十月"癸巳,升陈州为节镇,以镇安军为军额。……(十一月,)甲申,以寿州节度使、侍卫马军都指挥使李彦韬为陈州节度使,典军如故。"《资治通鉴》卷 285 开运二年十月载:"癸巳,置镇安军于陈州。"

后汉天福十二年(947),陈州镇安军节度使废,陈州降为刺史州(参见上文许州节度使辖区沿革)。

后周广顺二年(952),复置陈州镇安军节度使,以宋州节度使所辖颍州属之。《五代会要》卷 24《诸道节度使军额》陈州下载:"(广顺)二年七月,复升为镇安军节度,以颍州隶之。"《旧五代史》卷 112《周太祖纪三》载:广顺二年七月"丁卯,诏复升陈州、曹州为节镇。以侍卫马军都指挥使、洋州节度使郭崇为陈州节度使"。《太平寰宇记》卷 10 陈州下载:"晋天福六年升为防御州,开运二年升为镇安军。汉天福十二年降为刺史州。周广顺元年又升为防御州,二年复为镇安军节度使。皇朝因之。"是至五代末,陈州镇安军节度使领陈、颍 2 州。

(1) 陈州(945—947,952—959)　　　(2) 颍州(952—959)

二、许州匡国军(忠武军)节度使(含陈州镇安军节度使)所辖各州沿革

1. 许州(907—959),治长社县(今河南许昌市)

《旧唐书》卷 38《地理志一》许州领长社、长葛、许昌、鄢陵、扶沟、临颍、舞阳、郾城等 8 县。《新唐书》卷 38《地理志二》许州辖长社、长葛、阳翟、许昌、鄢陵、扶沟、临颍、舞阳、郾城等 9 县。二者相较,《新唐书·地理志》多出阳翟县。然在阳翟县下载:"初隶嵩州,贞观元年(627)来属,龙朔二年(662)隶洛州,会昌三年(843)复来属。"唐末,许州领《新唐书·地理志》所载 9 县[①]。

---

① 参见郭声波:《中国行政区划通史·唐代卷》许州沿革,第 395 页。

后梁开平三年(909)二月,扶沟、鄢陵2县割隶开封府(参见本章第一节东都留守所辖开封府沿革);汝州所领襄城、叶2县来属(参见本章第九节西都留守所辖汝州沿革)。

后唐同光元年(923),许昌县更名许田县。《舆地广记》卷9颍昌府长社县下载:"许田镇,本许国,二汉为县……魏文帝改曰许昌……后唐避讳,改曰许田。"既然许昌是因后唐避讳而更名许田,故可知此事当在后唐建立之同光元年。

后唐同光二年(924)二月,鄢陵县还属许州。《五代会要》卷20《州县分道改置》许州扶沟县、鄢陵县下载:"梁开平三年二月,割隶汴州。后唐同光二年二月,鄢陵县却隶许州。"襄城、叶2县又别属汝州(参见本章第九节西都留守所辖汝州沿革)。

后唐天成元年(926)九月,扶沟县还属许州。《五代会要》卷20《州县分道改置》:许州扶沟县、鄢陵县下载:"天成元年九月,扶沟县却隶许州。"《旧五代史》卷32《唐庄宗纪六》载:同光三年(925)二月"辛未,许州上言:'襄城、叶县准敕割隶汝州,其扶沟等县请却隶当州。'从之。"《旧五代史》卷37《唐明宗纪三》载:天成元年"九月乙卯朔,诏汴州扶沟县复隶许州"。

后晋天福元年(936),许田县当复更称许昌县。上引《舆地广记》之文既言后唐为避讳,更许昌为许田,则后晋代后唐后,县名当回改。另,《太平寰宇记》卷7许州下领许昌县而不称许田县,亦可为一旁证。

后晋天福三年(938)十月,扶沟、鄢陵二县并割属开封府(参见本章第一节东都留守所辖开封府沿革)。此后至五代末,许州领长社、长葛、临颍、阳翟、许昌、舞阳、郾城等7县。

(1) 长社县(907—959)　　　(2) 长葛县(907—959)

(3) 阳翟县(907—959)

(4) 许昌县(907—923)—许田县(923—936)—许昌县(936—959)

(5) 鄢陵县(907—909,924—938)　(6) 扶沟县(907—909,926—938)

(7) 临颍县(907—959)　　　(8) 舞阳县(907—959)

(9) 郾城县(907—959)　　　(10) 襄城(909—924)

(11) 叶县(909—924)

2. 陈州(907—959),治宛丘县(今河南淮阳县)

《旧唐书》卷38《地理志一》、《新唐书》卷38《地理志二》皆载陈州领宛丘、太康、项城、溵水、南顿、西华等6县。唐末,陈州领此6县[①]。五代初,亦复

---

① 参见郭声波:《中国行政区划通史·唐代卷》陈州沿革,第386页。

如是。

后梁开平三年(909)二月,太康县割隶开封府(参见本章第一节东都留守所辖开封府沿革)。

后唐同光二年(924)二月,太康县还属陈州。《五代会要》卷20《州县分道改置》陈州太康县载:"梁开平三年二月,割隶汴州。后唐同光二年二月,复隶陈州。"

后晋天福三年(938)十月,太康县却属开封府(见本章第一节东都留守所辖开封府沿革)。

此后至五代末,陈州辖宛丘、项城、溵水、南顿、西华等5县。《太平寰宇记》卷10陈州下领宛丘、项城、商水、南顿、西华等5县。《舆地广记》卷9陈州商水县下载:"溵水县……唐属陈州,皇朝建隆元年改为商水。"

(1) 宛丘县(907—959)　　　　(2) 太康县(907—909,924—938)
(3) 项城县(907—959)　　　　(4) 溵水县(907—959)
(5) 南顿县(907—959)　　　　(6) 西华县(907—959)

3. 蔡州(907—959),治汝阳县(今河南汝南县)

《旧唐书》卷38《地理志一》蔡州领汝阳、朗山、遂平、郾城、上蔡、新蔡、褒信、新息、平舆、西平、真阳等11县。《新唐书》卷38《地理志二》蔡州辖汝阳、上蔡、平舆、西平、遂平、朗山、真阳、新息、褒信、新蔡等10县。二者相较,《旧唐书·地理志》比后者多一郾城县。然在该县下载:"元和十二年(817),于县置溵州。长庆元年(821),废溵州,以郾城隶许州。"唐末,蔡州领《新唐书·地理志》所载之10县①。又,《唐会要》卷70《州县改置》蔡州下载:"褒信县,天祐三年十二月改为苞孚县。""褒"与"苞"音近,而仅改"信"字,盖以避朱全忠之祖讳。

五代时期,蔡州一直领汝阳、上蔡、平舆、西平、遂平、朗山、真阳、新息、苞孚、新蔡等10县而未更。唯其中的苞孚县当在后唐同光元年(923)复称褒信县。又,在后汉初期(947?),蔡州升为防御州。《太平寰宇记》卷11蔡州下载:"(后)汉初升为防御州。至皇朝因之。"

(1) 汝阳县(907—959)　　　　(2) 上蔡县(907—959)
(3) 平舆县(907—959)　　　　(4) 西平县(907—959)
(5) 遂平县(907—959)　　　　(6) 朗山县(907—959)
(7) 真阳县(907—959)　　　　(8) 新息县(907—959)
(9) 苞孚县(907—923)—褒信县(923—959)

---

① 参见郭声波:《中国行政区划通史·唐代卷》蔡州沿革,第390页。

(10) 新蔡县(907—959)

4. 申州

参见第二章第十三节安州节度使所辖申州沿革。

5. 颍州

参见本章第二节宋州节度使所辖颍州沿革。

第九节　西都(洛京、东都、西京)留守

后梁开平元年(907),以河南府为西都,西都留守领河南府及汝州[后梁贞明六年(920)之辖区参见图2-3]。后唐同光元年(923),定都河南府,权称洛京。同光三年(925),洛京改称东都。后晋天福三年(938),东都河南府改为西京。辽大同元年(947)正月,西京留守一度为辽所据。后汉天福十二年(947)七月,西京留守归属后汉,仍辖河南府及汝州。后周因之。

一、西都(洛京、东都、西京)留守辖区沿革

西都留守(后梁907—923)—洛京留守(后唐923—925)—东都留守(后唐925—936,后晋936—938)—西京留守(后晋938—946,后汉947—950,后周951—959)

唐至德二载(757),以河南府及临汝、陕、河内3郡置东畿观察使。后历多次置废。建中四年(783),升东畿观察使为东畿汝州节度使。贞元元年(785),改东畿汝州节度使为东畿汝唐邓都防御观察使。贞元三年,改为东畿汝都防御观察使。贞元五年,改为东畿汝州都防御使。又经多次置废后,于光启元年(885)又改东畿汝州都防御使为东畿汝州观察防遏使。光启三年,升为佑国军节度使[1]。光化三年(900),降佑国军节度使为东畿观察防遏使。天祐元年(904),罢东畿观察防遏使。《新唐书》卷64《方镇表一》东畿下载:光化三年,"复置东畿观察使兼防遏使。置佑国军节度。"天祐元年栏载:"罢东畿观察使兼防遏使。"又在京畿下载:天祐元年,"以京畿置佑国军节度使,领金、商二州。"《资治通鉴》卷264天祐元年三月载:"(朱)全忠奏,以长安为佑国军,以韩建为佑国军节度使。"唐末既立京兆府佑国军节度使,则原河南府之佑国军节度使必罢无疑。

---

[1] 参见郭声波:《中国行政区划通史·唐代卷》佑国军节度使沿革,第297页。

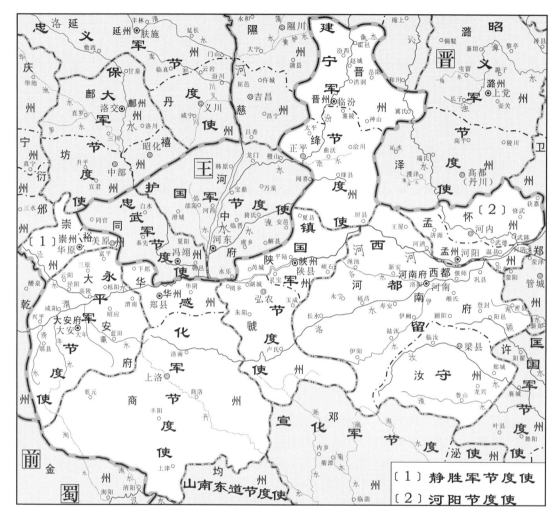

图 2-3 920 年后梁西都留守、陕州镇国军、孟州河阳、大安府永平军、
崇州静胜军、华州感化军、晋州建宁军节度使辖区示意图

后梁开平元年(907),河南府未置节度使,为西都。《资治通鉴》卷 266 开平元年四月载:"(戊辰,)以故东都(笔者按,指河南府)为西都;废故西京,以京兆府为大安府……"《太平寰宇记》卷 3 河南府、《舆地广记》卷 5 西京河南府所载与此略同①。

---

① 此二书中皆将河南府称为"西京",盖受宋人当时称呼的影响。至于东、西二京,在《资治通鉴》与《旧五代史》中,五代前期的记载是"京"、"都"混称,后晋以后几不称"都",而以"京"为常见表述。

其时西都留守除河南府领地外,尚应辖有汝州。《唐会要》卷 70《州县改置上》汝州下载:"光化三年八月,割去隶洛京(笔者按,指河南府)。"《旧唐书》卷 20 上《昭宗纪》载:光化三年八月丙辰"朱全忠奏:'先割汝州隶许州,请却还东都……'从之"。《新唐书》卷 65《方镇表二》河南下载:光化三年,"汝州隶东都。"由是可知唐末时河南府领汝州。又,《五代会要》卷 11《火》载:"后唐天成四年十一月,汝州火,烧羽林军营五百余间。先是,司天奏荧惑入羽林,请京师备火,至是应之。"由上所载可推知汝州于后唐时属"京师",即河南府。故五代期间汝州皆当属河南府。

后唐同光元年(923),定都于河南府,权称洛京。《资治通鉴》卷 272 同光元年十一月载:"张全义请帝迁都洛阳;从之。"《五代会要》卷 19 河南府下载:"近以中兴大业,以魏州为东京兴唐府,权名东都为洛京。"魏州为东京兴唐府事,《旧五代史》卷 29《唐庄宗纪三》、《新五代史》卷 5《唐庄宗纪下》及《资治通鉴》卷 272 皆系于同光元年,故可推知河南府权名洛京事亦当在此年。

后唐同光三年(925),洛京改称东都。《资治通鉴》卷 273 同光三年三月载:"庚辰,帝至洛阳;辛酉,诏复以洛阳为东都。"《五代会要》卷 19《河南府》、《旧五代史》卷 32《唐庄宗纪六》、《新五代史》卷 5《唐庄宗纪下》、《太平寰宇记》卷 3 河南府所载与此略同。

后晋天福三年(938),东都河南府改称西京。《五代会要》卷 19 河南府下载:"晋天福三年十月,敕改东都为西京。"《旧五代史》卷 77《晋高祖纪三》载:天福三年十月庚辰,"其洛京改为西京"。《资治通鉴》卷 281 载:天福三年十月,"(晋高祖)建东京于汴州……以东都(河南府)为西京,以西都为晋昌军节度"。《新五代史》卷 8《晋高祖纪》、《太平寰宇记》卷 3 河南府所载与此略同。此后西京河南府之名未闻再有何变更。

辽大同元年(947)正月,西京河南府一度为辽所据。《资治通鉴》卷 286 天福十二年(947)正月载:"癸丑,契丹主以前燕京留守刘晞为西京留守。"

后汉天福十二年(947)七月,西京河南府为后汉属地。《旧五代史》卷 100《汉高祖下》载:天福十二年七月庚子,以"检校太师、莒国公李从敏为西京留守,加同平章事"。其时后汉西京留守仍当辖河南府及汝州。

后周广顺元年(951),西京河南府又为后周所属。《旧五代史》卷 110《周太祖纪一》载:广顺元年正月己卯,西京白文珂加兼中书令。《旧五代史》卷 111《周太祖纪二》载:广顺元年八月壬子,"以许州节度使武行德为西京留守"。

(1) 河南府(907—959)　　　　(2) 汝州(907—959)

二、西都(洛京、东都、西京)留守所辖各府州沿革

1. 河南府(907—959)，治河南县(今河南洛阳市)

《旧唐书》卷 38《地理志一》河南府下皆辖河南、洛阳、偃师、巩、缑氏、告成、登封、陆浑、伊阙、新安、渑池、福昌、长水、永宁、寿安、密、河清、颍阳、伊阳、王屋、阳翟等 21 县。而《新唐书》卷 38《地理志二》河南府下属县较上所载少阳翟县，且告成县改称为阳城县，计辖 20 县。又，《旧唐书》卷 38《地理志一》河南府下载："会昌三年(843)，(河阳、氾水、温、河阴)割属孟州，阳翟还许州。"《新唐书》卷 38 许州阳翟县下载："会昌三年，复来属。"《太平寰宇记》卷 7 许州下领阳翟县。故可知阳翟当于唐末割隶许州。又，《旧唐书》卷 20 上《昭宗纪》载：天祐二年(905)十一月"甲申，敕：'河南告成县改为阳邑……'"《新唐书》卷 38《地理志二》河南府阳城县下载："万岁登封元年(695)将封嵩山，改阳城曰告成。神龙元年复故名，二年复为告成。天祐二年更名阳邑。"《唐会要》卷 70《州县改置上》河南道告成县、《舆地广记》卷 5 河南府登封县下所载略同。则《新唐书》卷 38《地理志二》河南府下阳城县条目当作阳邑县。

又，《唐会要》卷 70《州县改置上》河南道王屋县下载："显庆二年(657)十二月十三日改名，隶洛州。光化三年(900)八月，割隶河阳。"《旧唐书》卷 20 上《昭宗纪》载："(光化三年，八月丙辰)朱全忠奏：'……河阳先管泽州，今缘蕃戎占据，得失不常，请权割河南府王屋、清河(笔者按，当为"河清")、巩三县隶河阳。'从之。"据此则唐末王屋、河清、巩等 3 县似皆已不属河南府而属河阳。然《太平寰宇记》卷 3 河南府下仍领王屋、河清、巩等 3 县，至于此 3 县自河阳复属河南府之时间，史无确载。据《太平寰宇记》卷 3、《元丰九域志》卷 1、《舆地广记》卷 5 等所载可知，宋初王屋、河清、巩等 3 县同属河南府，皆未书此 3 县于唐末或五代复属之事。故此 3 县割隶河阳时当如朱全忠奏言因泽州为"蕃戎(笔者按，指李克用政权)占据"而行"权"宜之事，故极可能在朱氏于天复元年(901)复夺泽州①之后 3 县复还属河南府。倘此推测不误，则王屋、河清、巩等 3 县还属河南府当在唐末之时。

五代初，后梁河南府应领河南、洛阳、偃师、缑氏、阳邑、登封、陆浑、伊阙、新安、渑池、福昌、长水、永宁、寿安、密、颍阳、伊阳、王屋、河清、巩等 20 县，与

---

① 《旧唐书》卷 20《昭宗纪》载：天复元年(901)闰六月，"(朱全忠)仍请于昭义节度官阶内落下邢、洺、磁三州，却以泽州为属郡"。

唐末河南府领县之规模相同。

后唐同光元年(923)，福昌改曰福庆；阳邑复名告成。《大明清类天文分野之书》卷17《周分野》河南府宜阳县下载："(唐)福昌……五代唐同光中更为福庆县。宋初复旧名。"《肇域志》卷29河南府宜阳县、《明一统志》卷29河南府宜阳县、《读史方舆纪要》卷48河南府宜阳县下所载与此略同。陈鳣《续唐书》卷16《地理志》河南府福庆县下载："旧福昌县，同光元年避讳改曰福庆。"又，同书河南府阳城县下载："旧阳城县，更名告成，天祐二年改曰阳邑，同光元年复名阳城。"然《续通典》卷122《州郡·五代后唐》载："复阳邑县为告成县……又，告成县，天祐二年更名阳邑，后唐复故。"据此，则天祐二年改名阳邑之前曰告成，复名当为告成，而非陈鳣《续唐书》所曰改称"阳城"。又，《五代会要》卷1《帝号》载："汉高祖……葬睿陵(在洛京告成县)"。《新五代史》卷10《汉高祖纪》、《资治通鉴》卷288乾祐元年十一月、《文献通考》卷125《王礼考·山陵》所载与此略同。《宋高僧传》卷22《汉洛阳告成县狂僧传》载："乾祐初，汉祖既入今东京，即位不逾年而崩，当是时也。"其中已皆曰"告成"而不曰"阳邑"，则后汉时已用告成旧名无疑。至于福庆、告成2县复名之时间，盖在同时，《续唐书》所书同光元年当是①。

后汉乾祐中(约949)，新置望陵县。《文献通考》卷320河南府下载："汉乾祐中置望陵县……宋乾德初废望陵。"由望陵之地望及《元丰九域志》卷1西京河南府下所载"乾德元年(963)省望陵县入登封"来看，颇疑该县主要自登封析置。

后周显德五年(958)，陆浑、告成2县并废。《太平寰宇记》卷3河南府下载："二县废。陆浑(并入伊阳)，告成(并入登封)。"《舆地广记》卷5河南府登封县所载与此略同。该二县之废除时间，据史所载亦可大体推知。先看告成县。《文献通考》卷320河南府下载："周显德中废阳城县。"《读史方舆纪要》卷48河南府登封县下载："阳城废县，五代周省入登封县。"其中提及的"阳城"即告成(见上文考证)。又，《大明清类天文分野之书》卷17《周分野》河南府登封县下载："天祐二年又改告成曰阳邑。五代周显德五年省入登封。"综上所述，可知告成县当废于周显德五年。次看陆浑县。《旧五代史》卷93《李专美传》载："伪梁贞明中，河南尹张全义以专美名族之后，奏为陆浑尉。"《册府元龟》卷66《帝王部·发号令五》载：长兴三年(932)"四月，河南府奏，据陆浑县令陈岩

---

① 《旧五代史》卷30《唐庄宗纪四》载：同光元年十月，"(诏)天下官名府号及寺观门额，曾经改易者，并复旧名"。

状申,县邑荒凉……"同书卷154《帝王部·明罚三》载:天福四年(939)"十月,敕:'李道牧前为陆浑县主簿,狠直求官……'"则可知在五代中期陆浑县尚存而未废。结合前引《太平寰宇记》宋初陆浑已废并入伊阳县之记载,则可知陆浑县当废于五代后期。而后周显德年间州县废置常见,又以陆浑县与告成县同属河南府,颇疑2县同时省废,故暂将陆浑省入伊阳之年系于后周显德五年。

(1) 河南县(907—959)　　　　　(2) 洛阳县(907—959)

(3) 偃师县(907—959)　　　　　(4) 缑氏县(907—959)

(5) 河清县(907—959)　　　　　(6) 登封县(907—959)

(7) 巩县(907—959)　　　　　　(8) 伊阙县(907—959)

(9) 新安县(907—959)　　　　　(10) 渑池县(907—959)

(11) 福昌县(907—923)—福庆县(923—959)

(12) 长水县(907—959)　　　　　(13) 永宁县(907—959)

(14) 寿安县(907—959)　　　　　(15) 密县(907—959)

(16) 颍阳县(907—959)　　　　　(17) 伊阳县(907—959)

(18) 王屋县(907—959)　　　　　(19) 望陵县(949?—959)

(20) 陆浑县(907—958?)

(21) 阳邑县(907—923)—告成县(923—958)

2. 汝州(907—959),治梁县(今河南汝州市西南)

《旧唐书》卷38《地理志一》、《新唐书》卷38《地理志二》汝州下皆辖梁、郏城、鲁山、龙兴、临汝、叶、襄城①等7县。五代后梁初亦领此7县。

后梁开平三年(909),襄城、叶2县割隶许州(参见下文),汝州领5县之地。

后唐同光二年(924),襄城、叶2县自许州还属。《五代会要》卷20《州县分道改置》汝州叶县、襄城县下载:"后唐同光二年十二月,租庸使奏:'二县元属汝州,今隶许州,伏缘最邻京畿,户口全少,伏乞却割隶汝州。'从之。"至于叶、襄城2县自汝州割隶许州之时间,亦可依据史载推知。《旧五代史》卷32

---

① 《旧唐书》卷20《昭宗纪》载:天祐二年(905)十一月"甲申,敕……蔡州襄城改为苞孚"。《续唐书》卷16汝州下载:"襄城,旧属汝州,天祐二年改曰苞孚,割隶许州,同光二年复旧。"据上所载似襄城曾易名苞孚且又改属过许州。然《旧唐书》卷38《地理志一》、《新唐书》卷38《地理志二》及《元和郡县图志》卷10蔡州下并无襄城,而有襄信县。而《唐会要》卷70《州县设置》蔡州下又载:"襄信县,天祐三年十二月改为苞孚县。""襄"与"苞"音近,而仅改"信"字,盖为避朱全忠之祖讳。是《旧唐书》所载的"蔡州襄城"当是"蔡州襄信"之误,《续唐书》不察,致使以讹传讹。

《唐庄宗纪六》载：同光三年二月"辛未，许州上言：'襄城、叶县准敕割隶汝州，其扶沟等县请却隶当州。'"由此可知襄城、叶县先前割隶许州，当为补偿扶沟等县自许州割隶他州，二者应是同时调整。又，《五代会要》卷20《州县分道改置》许州扶沟县、鄢陵县下载："梁开平三年二月，割隶汴州。后唐同光二年二月，鄢陵县却隶许州。天成元年(926)九月，扶沟县却隶许州。"①此处所叙恰与上引《旧五代史》所言相合。因此，襄城、叶县自汝州割隶许州，当在扶沟、鄢陵之割隶汴州之时，亦即梁开平三年。

后周显德三年(956)，临汝县废。《五代会要》卷20《州县分道改置》汝州临汝县下载："周显德三年三月废。"《太平寰宇记》卷8汝州下载："元领县七，今六：梁县，叶县，郏城，鲁山，龙兴，襄城。一县废：临汝(并入梁县)。"则临汝县废后当并入相邻之梁县。

(1) 梁县(907—959)   (2) 郏城县(907—959)
(3) 鲁山县(907—959)   (4) 龙兴县(907—959)
(5) 襄城县(907—909，924—959) (6) 叶县(907—909，924—959)
(7) 临汝县(907—956)

第十节 陕州镇国军(保义军)节度使

陕州保义军节度使为唐末旧镇，领陕、虢2州。后梁开平二年(908)，改称镇国军节度使[后梁贞明六年(920)之辖区参见前图2—3]。后唐同光元年(923)，复称保义军节度使。此后至后晋、后汉、后周，陕州保义军节度使无有变更。

一、陕州镇国军(保义军)节度使辖区沿革

陕州保义军节度使(后梁 907—908)—**陕州镇国军节度使(后梁 908—923)**—陕州保义军节度使(后唐 923—936，后晋 936—946，后汉 947—950，后周 951—959)

《新唐书》卷64《方镇表一》东畿下载：中和三年(883)，"升陕虢防御观察使为节度使。龙纪元年(889)，赐陕虢节度为保义军节度。"《旧唐书》卷38

---

① 笔者按，扶沟、鄢陵2县割隶汴州之时间，《旧五代史》卷4亦系于开平三年二月，而《新五代史》卷60、《舆地广记》卷5系于开平元年，且无月份，盖"元"为"三"之讹误。

《地理志一》陕州下载:"天祐初,昭宗迁都洛阳,驻跸陕州,改为兴唐府,县次畿赤。哀帝即位,省。"《新唐书》卷38《地理志二》陕州下载:"天祐元年(904),为兴唐府,县次畿、赤。哀帝初,复故。"《舆地广记》卷13陕州下载:"天祐元年昭宗居陕,升为兴唐府。哀帝初复故号,曰保义军。"是唐末陕州节度使军号仍称保义军①,当辖陕、虢2州。

五代初,陕州保义军节度使属后梁,仍领陕、虢2州,治陕州。

后梁开平二年(908),保义军改名镇国军节度使。《五代会要》卷24《诸道节度使军额》陕州下载:"梁开平二年,改为镇国军节度。"《资治通鉴》卷266开平二年五月载:"壬申,更以……陕州保义军为镇国军。"

后唐同光元年(923),镇国军复称保义军节度使。《旧五代史》卷30《唐庄宗纪四》载:同光元年十二月戊寅,"诏改……陕州镇国军复为保义军"。然《五代会要》卷24《诸道节度使军额》陕州下载:"至后唐同光三年,复为保义军。"所载与《旧五代史》异,其中的"同光三年"恐为"同光元年"之讹②。

后晋天福元年(936),陕州保义军节度使为后晋所属。王光义《周故仆射王进威墓志铭》载:"后乃从唐师,相遇太师于陕府任使。……又天福元年,主人太师移镇晋州,蒙准职授建雄军进奏使。"③《资治通鉴》卷280天福元年闰月载:"以刘知远为保义节度使、侍卫马步军都虞候。"《旧五代史》卷99《汉高祖纪上》载:"晋国初建,加检校司空,充侍卫马步都指挥使,权点检随驾六军诸卫事,寻改陕州节度使,充侍卫亲军马步都虞候。"

辽大同元年(947),陕州保义军节度使一度属辽。《资治通鉴》卷286天福十二年二月载:"契丹以其将刘愿为保义节度副使,陕人苦其暴虐。"

后汉天福十二年(947),陕州保义军节度使复属后汉。《资治通鉴》卷286天福十二年二月载:"庚午旦,(奉国都头王晏与指挥使赵晖、都头侯章合谋)斩(刘)愿首,悬诸府门,又杀契丹监军,奉(赵)晖为留后。……契丹主赐赵晖诏,即以为保义留后。晖斩契丹使者,焚其诏,遣支使河间赵矩奉表诣晋阳。……辛巳,(后汉)以晖为保义节度使。"

后周广顺元年(951),陕州保义军节度使归后周。《旧五代史》卷111《周太祖纪二》载:"滑州折从阮移镇陕州……陕州李洪信移镇永兴。"

(1) 陕州(907—959)　　　　(2) 虢州(907—959)

---

① 或谓唐末陕州一直称兴唐府而未复旧称。参见郭声波:《中国行政区划通史·唐代卷》陕州沿革下所引,第322页。
② 参见朱玉龙:《五代十国方镇年表》陕州注4,第156页。
③ 吴钢主编:《全唐文补遗》第二辑,三秦出版社,1995年,第83页。

二、陕州镇国军(保义军)节度使所辖各州沿革

1. 陕州(907—959),治陕县(今河南陕县西南)

《旧唐书》卷38《地理志一》陕州下领陕、硖石、灵宝、夏、芮城、平陆、安邑等7县。《新唐书》卷38《地理志二》陕州下领陕、硖石、灵宝、夏、芮城、平陆等6县。《新唐书》卷39《地理志三》蒲州安邑县下载:"乾元元年(758)隶陕州……元和三年(808)来属。"同书同卷绛州垣县下载:"贞元三年(787)隶陕州,元和三年(808)复旧(笔者按,指隶绛州)。"综上所述,可知唐末陕州当领陕、硖石、灵宝、夏、芮城、平陆等6县,其时安邑别属蒲州,垣县已别属绛州。

五代期间,陕州仍领陕、硖石、灵宝、夏、芮城、平陆等6县。《太平寰宇记》卷6陕州下领陕、硤石、灵宝、夏、芮城、平陆、阌乡、湖城等8县。然"硤"同"峡","硤石"即"峡石"。又,在陕州阌乡县下载:"皇朝太平兴国二年(977)割阌乡、湖城二县隶陕州。"可知故阌乡、湖城是宋初来属。故五代至宋初,陕州当一直领唐末以来的6县而未更。

(1) 陕县(907—959)　　　　(2) 峡石县(907—959)
(3) 灵宝县(907—959)　　　　(4) 夏县(907—959)
(5) 芮城县(907—959)　　　　(6) 平陆县(907—959)

2. 虢州(907—959),治弘农县(今河南灵宝市)

《旧唐书》卷38《地理志一》、《新唐书》卷38《地理志二》虢州下皆领弘农、阌乡、湖城、朱阳、玉城、卢氏等6县。唐末虢州当有领有此6县之地①。

五代期间,虢州仍领弘农、阌乡、湖城、朱阳、玉成、卢氏等6县。《太平寰宇记》卷6虢州下领恒农、朱阳、玉城、卢氏等4县,且在恒农县下载:"本秦桃林县地。汉武置弘农县于秦故函谷关衙山岭下……唐神龙元年改'弘'为'恒',开元初复为'弘'……至皇朝建隆三年(962),改为恒农,避庙讳。"而又知阌乡、湖城2县在宋初时别属陕州(参见上文陕州沿革),故可推知五代期间虢州一直领有唐末6县而无变化。

(1) 弘农县(907—959)　　　　(2) 阌乡县(907—959)
(3) 湖城县(907—959)　　　　(4) 朱阳县(907—959)
(5) 玉成县(907—959)　　　　(6) 卢氏县(907—959)

---

① 参见郭声波:《中国行政区划通史·唐代卷》虢州沿革,第147页。

第十一节 孟州河阳节度使

孟州河阳节度使为唐末旧镇,领孟、怀2州。开平元年(907),为后梁所据,增领泽州。后梁乾化二年(912),泽州为晋王李存勖所夺,河阳节度使仍领孟、怀2州[后梁贞明六年(920)之辖区参见前图2-3]。此后至后唐、后晋、后汉、后周,孟州河阳节度使领此2州而未变。

一、孟州河阳节度使辖区沿革

孟州河阳节度使(后梁 907—923,后唐 923—936,后晋 936—946,后汉 947—950,后周 951—959)

唐建中四年(783),改河阳三城节度使为河阳节度使。贞元元年(785),降河阳节度使为河阳怀都团练使。贞元十二年(796),复升河阳怀都团练使为河阳节度使①。其时当领孟、怀2州。《旧唐书》卷38《地理志一》河南道孟州下载:"会昌三年(843)九月,中书门下奏:'河阳五县(笔者按,指河阳、汜水、温、济源、河清等5县)……其河阳望升为孟州……'时河阳节度,以怀州为理所。会昌四年,又割泽州隶河阳节度使,仍移治所于孟州。"《唐会要》卷78《诸使中》载:"河阳节度使,会昌四年十月,平刘稹,以河阳三城镇遏使为孟州,号河阳军,额、怿二州(笔者按,此处"额、怿二州"当为"孟、怀二州"之讹)隶焉。"《太平寰宇记》卷52孟州下载:"会昌四年,又割泽州隶河阳节度使。"《新唐书》卷64《方镇表一》东畿下载:会昌三年,"复置河阳节度,徙治孟州。"会昌四年,"河阳节度使增领泽州。"光化三年(900),"河阳节度罢领泽州。"据上所载可知唐末河阳节度使仅领孟、怀2州。

后梁开平元年(907),孟州河阳节度使为后梁所据,领孟、怀、泽等3州,治孟州。《五代会要》卷20《州县分道改置》泽州下载:"梁开平元年六月,割隶河阳。"故五代初河阳节度使领州数目较唐末多出1州。

至迟后梁乾化二年(912),泽州为晋王李存勖所夺,成为晋王潞州昭义军节度使属州(参见第三章第二节潞州节度使辖区沿革),河阳节度使仍领孟、怀2州。

后唐同光元年(923),孟州河阳节度使为后唐所属。《旧五代史》卷30《唐

---

① 参见郭声波:《中国行政区划通史·唐代卷》河阳节度使沿革,第325页。

庄宗纪四》载：同光元年十一月辛酉，"以权知河阳留后、检校太保张继业依前权知河阳留后。"

后晋天福元年(936)，孟州河阳节度使为后晋属地。《旧五代史》卷76《晋高祖纪二》载：天福元年闰十一月"己卯，(高祖)至河阳北，节度使苌从简来降，舟楫已具"。同书卷94《苌从简传》载："(后晋)高祖举义，(后唐)末帝将议亲征，诏(从简)赴阙，充副招讨使，随驾至孟津，除河阳节度使。及赵延寿军败，断浮桥归洛，留从简守河阳。高祖自北而至，从简察军情离散，遂渡河迎谒高祖。"

辽大同元年(947)，孟州河阳节度使一度属辽。《资治通鉴》卷286天福十二年二月载："契丹主闻帝(笔者按，指刘知远)即位，以通事耿崇美为昭义节度使，高唐英为彰德节度使，崔廷勋为河阳节度使，以控扼要害。"

后汉天福十二年(947)四月，河阳节度使复属后汉。《资治通鉴》卷286天福十二年四月载："会契丹河阳节度使崔廷勋以兵送耿崇美之潞州，(武)行德遂乘虚入据河阳，众推行德为河阳都部署。行德遣弟行友奉蜡表间道诣晋阳。"《旧五代史》卷99《汉高祖纪上》载：天福十二年四月甲子，"以北京随使、左都押衙刘铢为河阳节度使。……辛未，以河阳都部署武行德为河阳节度使、检校太尉，充一行马步军都部署"。

后周广顺元年(951)，孟州河阳节度使归属后周。《旧五代史》卷111《周太祖纪二》载：广顺元年八月壬子，"贝州王继弘移镇河阳，李晖移镇沧州"①。《旧五代史》卷129《李晖传》载："乾祐初，拜河阳节度使、检校太傅。(后周)太祖登极，加同平章事，寻移镇沧州。"

(1) 孟州(907—959)   (2) 怀州(907—959)
(3) 泽州(907—912?)

二、孟州河阳节度使所辖各州沿革

1. 孟州(907—959)，治河阳县(今河南孟州市南)

《旧唐书》卷38《地理志一》河南道孟州下领河阳、汜水、温、济源、河阴等5县，并于州下载："会昌三年(843)九月，中书门下奏：'河阳五县(河阳、汜水、温、济源、河清)……其河阳望升为孟州，仍为望，河阳等五县改为望县。'寻有敕，割河阴隶孟州，河清还河南府。"《新唐书》卷39《地理志三》孟州下亦皆领此5县。唐末，孟州亦当领此5县之谱。

---

① 此处"李晖"前疑脱"河阳"二字。参见朱玉龙：《五代十国方镇年表》孟州注7，第140页。

五代时，孟州仍当领河阳、汜水、温、济源、河阴等5县，治河阳。《太平寰宇记》卷52孟州下亦领此5县，故可推知五代时期孟州辖县无变化。

(1) 河阳县(907—959)　　　　(2) 汜水县(907—959)

(3) 温县(907—959)　　　　(4) 济源县(907—959)

(5) 河阴县(907—959)

2. 怀州(907—959)，治河内县(今河南沁阳市)

《旧唐书》卷39《地理志二》、《新唐书》卷39《地理志三》皆载怀州领河内、武德、获嘉、武陟、修武等5县。

五代时期，怀州仍当领唐末5县。又《太平寰宇记》卷53怀州下亦领此5县，故五代时辖州领县无变化。

(1) 河内县(907—959)　　　　(2) 武德县(907—959)

(3) 获嘉县(907—959)　　　　(4) 武陟县(907—959)

(5) 修武县(907—959)

3. 泽州

参见第三章第二节潞州节度使所辖泽州沿革。

第二章　后梁[承岐王(部分区域);暨晋王(部分区域)、后唐、后晋、后汉、后周]辖境政区沿革(下)

后梁贞明六年(920),在原唐京畿、关内道区域内置有大安府永平军节度使①、崇州静胜军节度使、同州忠武军节度使(当年又属晋王)、华州感化军节度使、邠州静难军节度使、鄜州保大军节度使、延州忠义军节度使、灵州朔方节度使。另外后梁在原唐山南东道区域内置有山南东道节度使、邓州宣化军节度使,在原唐淮南道区域内置有安州宣威军节度使,在原唐河东道区域内置有河中府护国军节度使(当年又属晋王)与晋州建宁军节度使,这些节度使辖区与原唐关内道、京畿地域连成一片,出于章节划分与行文叙述的便利,故将上述各节度使的辖区及所属各州(府)的沿革并置于此一章内分节加以讨论。

第一节　大安府(京兆府)永平军(佑国军、晋昌军、永兴军)节度使(西京留守)

京兆府佑国军节度使为唐末旧镇,领京兆府、商州。后梁开平元年(907),京兆府改曰大安府,佑国军节度使领大安府、商州,遥领金州。开平三年(909),改军号佑国军曰永平军,商州别属华州感化军节度使[后梁贞明六年(920)之辖区参见前图2-3]。后唐同光元年(923),废永平军节度使,改称西京留守。同光三年,西京留守实领金州。后晋天福三年(938),改西京留守为晋昌军节度使,京兆府仍旧。天福四年(939),析京兆府晋昌军节度使所领金州别置怀德军节度使。开运元年(944),怀德军节度使废,金州降为防御州,还属京兆府晋昌军节度使。辽大同元年(947),晋昌军节度使一度属辽。旋为后

---

① 笔者按:该节度使所领商州,盛唐时曾一度隶山南东道。

汉所据。后汉乾祐元年(948)，改晋昌军节度使为永兴军节度使；华州镇国军节度使所领商州来属。

一、大安府(京兆府)永平军(佑国军、晋昌军、永兴军)节度使(西京留守)辖区沿革

大安府佑国军节度使(后梁907—909)—**大安府永平军节度使(后梁909—923)**—西京留守(后唐923—936，后晋936—938)—京兆府晋昌军节度使(后晋938—946，后汉947—948)—京兆府永兴军节度使(后汉948—950，后周951—959)

唐天祐元年(904)，以京兆府置佑国军节度使。《资治通鉴》卷264天祐元年三月载："(朱)全忠奏以长安为佑国军，以韩建为佑国军节度使"。天祐三年(906)，以废镇国军节度使之商、金二州来属。《资治通鉴》卷265天祐三年六月载："朱全忠以长安邻于邠、岐，数有战争，奏徙佑国节度使韩建于淄青。(胡三省注曰：韩建本与李茂贞连结者也，朱全忠恐其复然，故徙之。)以淄青节度使长社王重师为佑国节度使。"闰十二月载："乙丑，废镇国军兴德府复为华州，隶匡国节度，割金、商州隶佑国军。(胡三省注曰：并同、华为一镇，割金、商以隶佑国，皆欲厚其资力以扞邠、岐。)"①不过，在此需要指出的是，其时金州领地并不在朱全忠控制之下而为西川王建所据(参见第六章第五节金州节度使辖区沿革)，《资治通鉴》上文所载割金州隶佑国军节度使，仅为虚领而已。

后梁开平元年(907)，京兆府改为大安府，仍置佑国军节度使，实领大安府、商州，遥领金州，治大安府。《资治通鉴》卷266开平元年四月载："(戊辰，)废故西京，以京兆府为大安府，置佑国军于大安府。"《五代会要》卷19京兆府下、《新五代史》卷60《职方考》、《太平寰宇记》卷25雍州所载与此略同②。

---

① 《新唐书》卷64《方镇表一》京畿下载：天祐元年，"以京畿置佑国军节度使，领金、商二州。"然同书卷67《方镇表四》南阳下载：光启元年，"升金商都防御使为节度……是年，罢节度，置昭信军防御使，治金州。"天祐二年，"赐昭信军节度号戎昭军节度，增领均、房二州。是年，更戎昭军曰武定军，徙治均州。"天祐三年，"废武定军节度，复以均、房二州隶山南东道节度。"因此，天祐元年，金、商2州当属昭信军节度使，二年属戎昭军及武定军节度使，《方镇表一》京畿下载有误。天祐三年废武定军节度使，金、商2州必别属他镇。《资治通鉴》卷265所载与《新唐书》卷67《方镇表四》南阳下所载相合，天祐三年佑国军节度使领有金、商2州，应无疑义。参见郭声波：《中国行政区划通史·唐代卷》佑国军节度使沿革，第36页。
② 《旧五代史》卷3《梁太祖纪三》载：开平元年(907)四月戊辰，"仍废京兆府为雍州佑国军节度使"。《新五代史》卷2《梁本纪第二》载：开平元年四月戊辰，"废京兆府为雍州。"皆误以京兆府废为雍州，漏载改大安府事。

后梁开平三年(909),改佑国军曰永平军,商州割隶感化军节度使(参见本章第四节华州节度使辖区沿革)。《旧五代史》卷23《刘鄩传》载:开平三年夏,"太祖以鄩为佑国、同州军两使留后。寻改佑国军为永平军,以鄩为节度使、检校司徒,行大安尹、金州管内观察使……"《册府元龟》卷360《将帅部·立功十三》所载与此略同。《资治通鉴》卷267开平三年七月亦载:"庚午,改佑国军曰永平。"①

后唐同光元年(923),以永平军大安府为西京京兆府,永平军号废。《旧五代史》卷30《唐庄宗纪四》载:同光元年十一月辛酉,"以永平军节度使、行大安尹、检校太保张筠为西都留守②、行京兆尹……(十二月戊寅)诏改伪梁永平军大安府复为西京京兆府"。《五代会要》卷19京兆府下系此事于十二月且不著日,而《资治通鉴》卷272、《新五代史》卷5《唐庄宗纪下》均以同光元年十一月辛酉为改名之日。综合上述记载,颇疑于十一月辛酉改名,而于十二月戊寅正式下诏。

终后梁一代,金州为前蜀所有(参见第六章第五节金州节度使辖区沿革)。后唐同光三年(925),灭前蜀,金州当在此时方真正隶属于西京留守之下。

后晋天福三年(938),改西京留守为晋昌军节度使,京兆府仍旧。《旧五代史》卷77《晋高祖纪三》载:天福三年十月庚辰,"其雍京改为晋昌军,留守改为节度观察使,依旧为京兆府,列在七府之上"。戊子,"以前天平军节度使、检校太尉、同平章事安审琦为晋昌军节度使,行京兆尹"。《资治通鉴》卷281天福三年十月、《新五代史》卷8《晋高祖纪》所载与此略同③。

后晋天福四年(939),析金州别置怀德军节度使。晋昌军节度使仅领京兆府(参见第六章第五节金州节度使辖区沿革)。

后晋开运元年(944),怀德军节度使废,金州降为防御州,来属。《旧五代史》卷83《晋少帝纪三》载:开运元年七月"壬午,降金州为防御州"。《太平寰宇记》卷141金州下载:"晋天福四年升为怀德军节度使,九年降为防御州。"其中提及的天福"九年",即是开运元年④。金州降为防御州后当复隶属于晋昌

---

① 《五代会要》卷19京兆府下系此事于开平二年五月,《太平寰宇记》卷25雍州所记从其年而不著月。录此待考。
② 此处"西都留守",疑为"西京留守"之讹。《旧五代史》卷33《唐庄宗纪七》载:同光三年(925)九月庚子,"诏以西京留守张筠充西川……"同书卷90《张筠传》载:"同光末,(张)筠随魏王继岌伐蜀,奏筠权知西京留守事。"以上所引可资为证。
③ 《五代会要》卷19京兆府下系此事于天福七年,与诸史相悖,恐非。
④ 《旧五代史》卷83《晋少帝三》载:"开运元年秋七月辛未朔,帝御崇元殿,大赦天下,改天福九年为开运元年。"又,《五代会要》卷24《诸道节度使军额》下记此事作"天福十二年",与《旧五代史》所载异,未详何据,存此待考。

军节度使。

辽大同元年(后汉天福十二年,947)正月,契丹灭后晋,晋藩镇争奉表称臣。晋昌军节度使辖区一度属辽。《资治通鉴》卷 286 天福十二年正月载:"(后晋晋昌军节度使)赵在礼至洛阳,谓人曰:'契丹主尝言庄宗之乱由我所致。我此行良可忧。'……乙卯,在礼至郑州,闻(刘)继勋被锁,大惊,夜,自经于马枥间。"又,《旧五代史》卷 129《张彦超传》载:"(彦超)素与晋高祖不协,属其总戎于太原,遂举其城投于契丹,即以为云州节度使。契丹之南侵也,彦超率部众,颇为镇、魏之患。及契丹入汴,迁侍卫马军都校,寻授晋昌军节度使。"同年七月,晋昌军节度使自辽归属后汉。《旧五代史》卷 100《汉高祖纪下》载:"(天福十二年)六月乙卯,契丹河中节度使赵赞起复河中节度使。"七月丙申,"以河中节度使、检校太尉赵赞为晋昌军节度使。以晋昌军节度使张彦超为鄜州节度使,加检校太师"①。《资治通鉴》卷 287 天福十二年七月载:丙申,"徙护国节度使赵匡赞为晋昌节度使"。

后汉乾祐元年(948),晋昌军节度使改称永兴军节度使;商州还属。永兴军节度使领京兆府与金、商 2 州。《资治通鉴》卷 288 乾祐元年三月载:丙寅,"(改)晋昌军为永兴军"。《五代会要》卷 19 京兆府下、《旧五代史》卷 101《汉隐帝纪上》所载与此略同。又,清雍正《陕西通志》卷 2《唐道府州郡县统属考》载:"商州,(五代)汉属永兴军。"②据《续资治通鉴长编》卷 2 载,乾德五年(967)三月"辛亥,诏商州直隶京师"。可知商州于宋初时非直隶州,则在此之前商州必在某一节度使统辖之下。而商州在后梁开平三年(909)后属华州感化军节度使(后唐同光元年改称镇国军节度使),后周显德元年(954)镇国军节度使废置时仅载华州直属京事,并未言及商州(参见本章第四节华州节度使辖区沿革),则可知商州当在镇国军节度使废之前已还属永兴军节度使。至于商州还属之确年,于理似应于晋昌军改军号为永兴军之时。

(1) 大安府(907—923)—京兆府(923—959)

(2) 商州(907—909,948?—959)

(3) 金州(925—939,944—959)

---

① 其中提及的"赵赞"即下文《资治通鉴》所提及的赵匡赞,盖入宋后,为避宋太祖之讳而去"匡"字。参见朱玉龙:《五代十国方镇年表》雍州注 12,第 24 页。
② 朱玉龙谓清雍正《陕西通志》卷 2《唐道府州郡县统属考》中有"商州,五代周属永兴军"的记载(参见氏著《五代十国方镇年表》雍州,第 22 页)。然检《文渊阁四库全书》本及刘氏嘉业堂藏本雍正《陕西通志》,皆言"汉属永兴军",不知朱氏何据。

二、大安府(京兆府)永平军(佑国军、晋昌军、永兴军)节度使(西京留守)所辖各府州沿革

1. 大安府(907—923)—京兆府(923—959),治大安县(今陕西西安市,907—923);长安县(今陕西西安市,923—959)

唐京兆府领县变动繁复,至元和十五年(820),领长安、咸宁、昭应、渭南、蓝田、鄠、盩厔、兴平、武功、好畤、奉天、醴泉、咸阳、泾阳、云阳、三原、高陵、栎阳、富平、华原、同官、美原、奉先等23县。乾宁二年(895),割奉天县隶乾州。乾宁四年,又割好畤、武功、盩厔、醴泉等4县隶属乾州。同年,乾州废,奉天、好畤、武功、盩厔、醴泉等5县还属京兆府。天复元年(901),割盩厔县隶凤翔府。天祐三年(906),李茂贞墨制置乾州、耀州、鼎州,割奉天县隶乾州、华原县隶耀州、美原县隶鼎州;同年,割奉先县隶同州,割栎阳县隶华州①。旋,奉先、栎阳2县又还属京兆府(参见下文)。至此,京兆府当领长安、万年(至德三年咸宁已复名万年)、昭应、渭南、蓝田、鄠、兴平、武功、好畤、醴泉、咸阳、泾阳、云阳、三原、高陵、富平、同官、栎阳、奉先等19县。

后梁开平元年(907),京兆府改为大安府,长安县改称大安县,万年县改称大年县,加之好畤、武功、醴泉等3县又隶属岐王李茂贞所据凤翔府(参见第五章第二节乾州节度使所辖乾州沿革),则其时大安府当领大安、大年、昭应、渭南、蓝田、鄠、兴平、咸阳、泾阳、云阳、三原、高陵、富平、同官、栎阳、奉先等16县。《五代会要》卷19京兆府下载:"梁开平元年四月,改京兆府为大安府,长安县为大安县,万年县为大年县。"《太平寰宇记》卷25雍州万年县下载:"梁开平元年改为大年县。"长安县下载:"梁开平元年改为大安县。"又,《新唐书》卷37《地理志一》同州奉先县下载:"故蒲城,开元四年更名,隶京兆府……天祐三年(906)来属。"《舆地广记》卷13华州蒲城县所载与此略同。《唐会要》卷70《州县改置上》载:"京兆府奉先县,天祐四年②闰十二月二十七日,却割隶同州。"然《五代会要》卷20《州县分道改置》下载:"京兆府奉先县,梁开平三年(909)二月,割隶同州,后唐同光三年(925)二月,却隶京兆府。"依据上述史载,则可知天祐三年奉先县属同州后,又在后梁开平初已还属京兆府,否则无法在开平三年再次隶属同州。又,《新唐书》卷37《地理志一》华州栎阳县下载:"天

---

① 参见郭声波:《中国行政区划通史·唐代卷》京兆府沿革,第39页。
② 笔者按,天祐四年无闰十二月,且此年四月后梁已改元开平。而天祐三年有闰十二月,故此处"四年"当为"三年"之误。

祐三年（自京兆府）来属。"《唐会要》卷70《州县改置上》所载与此略同。然《太平寰宇记》卷25雍州、《元丰九域志》卷3京兆府、《舆地广记》卷13京兆府下栎阳县皆属雍州（京兆府）而不属华州，其他相关史籍亦皆未载五代或宋初栎阳县由华州还隶京兆府之事。又因栎阳位于关中要地，华州与京兆府也均为要州，若栎阳曾有改隶，失载的可能性不大。而栎阳县与奉先县皆原属京兆府，故颇疑栎阳县与后者一样由于唐末动乱旋复还属京兆府。如此，后梁开平元年栎阳县仍属京兆府。

后梁开平三年（909），同官、奉先2县别属同州（参见本章第三节同州节度使所辖同州沿革）。

后唐同光元年（923），大安府复称京兆府。大安县复曰长安，大年县复曰万年；美原县来属。《五代会要》卷19京兆府下载："后唐同光元年十二月，废永平军额，复为西京京兆府，大安县为长安县，大年县为万年县。"《太平寰宇记》卷25雍州万年县下载："后唐同光元年复旧名。"长安县下载："后唐同光三年①复旧名。"宋敏求《长安志》卷20美原县下载："梁贞明初改为裕州，隶崇州，后唐同光元年，复为美原县，属雍州。"同年，富平、三原、云阳等3县一起割隶耀州（参见本章第二节崇州节度使所辖耀州沿革）。

后唐同光二年（924），武功、醴泉2县自乾州来属。《太平寰宇记》卷31乾州下载："至庄宗同光年中改为刺史，属凤翔，其武功、醴泉二县还京兆府，盩厔入凤翔，只领奉天、好畤二县。"宋敏求《长安志》卷19奉天县下载："后唐同光二年罢军名，复为乾州，属凤翔府，领奉天、好畤二县，其武功、醴泉二县还京兆府。"②

后唐同光三年（925），美原县别属耀州（参见本章第二节崇州节度使所辖耀州沿革），奉先县自同州还属（参见本章第三节同州节度使所辖同州沿革）。

后唐天成三年（928），好畤县自乾州来属。《太平寰宇记》卷31乾州下载："至明宗天成三年又割好畤还京兆府。只领奉天一县。"《长安志》卷19奉天县

---

① 笔者按，"同光三年"当作"同光元年"。以万年、长安2县皆为京兆府附郭县，当同时复名。《旧五代史》卷30《庄宗纪四》载：同光元年十月，"（诏）天下官名府号及寺观门额，曾经改易者，并复旧名。"后文《五代会要》卷19所载亦可为证。

② 《太平寰宇记》卷27雍州武功县下载："后唐同光中割属凤翔，长兴元年（930）却复京兆。"好畤县下载："后唐同光年中好畤属凤翔。长兴元年却还京兆。"宋敏求《长安志》卷14武功县、卷19好畤县所载与此略同。据上述所载，似武功、好畤2县曾于同光中属凤翔，又于长兴元年却复京兆。然《五代会要》卷20《州县分道改置》京兆府武功县、好畤县下载："后唐长兴元年五月敕：'并临等四乡，却来京兆府。'"由是可知《太平寰宇记》与《长安志》乃将长兴元年割隶京兆府之事由并临等4乡误为武功、好畤两县，故当从《太平寰宇记》卷31乾州与《长安志》卷19奉天县下所叙。

所载与此略同。

后汉乾祐二年(949)，乾元(祐)县自商州来属。《五代会要》卷20《州县分道改置》："商州乾元县。汉乾祐二年六月，改为乾祐县，割隶京兆。"《旧五代史》卷102《汉隐帝纪中》载：乾祐二年六月"丙申，改商州乾元县为乾祐县，隶京兆府"。《太平寰宇记》卷27雍州乾祐县下载："乾元元年(758)改为乾元县，仍属京兆府，寻又归商州。汉乾祐二年又属京兆，便以年号名县。"

后周显德三年(956)，渭南县别属华州(参见本章第四节华州节度使所辖华州沿革)。此后，京兆府一直领长安、万年、昭应、蓝田、鄠、兴平、咸阳、泾阳、高陵、栎阳、奉先、武功、醴泉、好畤、乾祐等15县而未更。

(1) 大安县(907—923)—长安县(923—959)

(2) 大年县(907—923)—万年县(923—959)

(3) 昭应县(907—959)　　　　(4) 蓝田县(907—959)

(5) 鄠县(907—959)　　　　　(6) 兴平县(907—959)

(7) 咸阳县(907—959)　　　　(8) 泾阳县(907—959)

(9) 高陵县(907—959)　　　　(10) 栎阳县(907—959)

(11) 渭南县(907—956)　　　　(12) 云阳县(907—923)

(13) 三原县(907—923)　　　　(14) 富平县(907—923)

(15) 同官县(907—909)　　　　(16) 奉先县(907—909,925—959)

(17) 美原县(923—925)　　　　(18) 武功县(924—959)

(19) 醴泉县(924—959)　　　　(20) 好畤县(928—959)

(21) 乾祐县(949—959)

2. 商州

参见本章第四节华州节度使所辖商州沿革。

3. 金州

参见第六章第五节金州节度使辖区沿革。

第二节　崇州(耀州)静胜军(义胜军、顺义军)节度使(含耀州)

岐王天祐八年(后梁乾化元年，911)，李茂贞置耀州义胜军节度使，领耀、鼎2州。后梁贞明元年(915)，义胜军节度使降后梁，改称静胜军节度使，耀州改称崇州，鼎州改称裕州[后梁贞明六年(920)之辖区参见前图2-3]。后唐同光元年(923)，崇州静胜军节度使改称耀州顺义军节度使，废裕州，仅领耀州

1州。同光三年(925),顺义军节度使废,耀州降为团练州,直属京。至后周显德二年(955),耀州又降为刺史州,仍直属京。

一、崇州(耀州)静胜军(义胜军、顺义军)节度使辖区沿革(含耀州)

耀州义胜军节度使(岐王 911—915)—**崇州静胜军节度使(后梁 915—923)**—耀州顺义军节度使(后唐 923—925)

唐天祐三年(906),李茂贞墨制置耀州,领华原1县;同时,析同州美原县置鼎州,辖美原1县。《新唐书》卷37《地理志一》华原县、《太平寰宇记》卷31耀州、《舆地广记》卷14耀州下等皆书李茂贞于天祐三年以华原县置耀州。《新五代史》卷40《温韬传》亦载:"茂贞以华原县为耀州,以韬为刺史。"又,《新唐书》卷37《地理志一》美原县下载:"天祐三年,李茂贞墨制以县置鼎州。"

后梁开平元年(907),耀州隶属后梁。后该地又为岐王李茂贞所控制。《新五代史》卷40《温韬传》载:"梁太祖围(李)茂贞于凤翔,韬以耀州降梁,已而复叛归茂贞。"《旧五代史》卷19《范居实传》载:"开平元年……授耀州刺史。令以郡兵屯固镇。"

岐王天祐八年(后梁乾化元年,911),李茂贞置义胜军节度使,辖耀、鼎二州,治耀州。《新五代史》卷40《温韬传》载:"……梁太祖围茂贞于凤翔,韬以耀州降梁,已而复叛归茂贞。茂贞又以美原县为鼎州,建义胜军,以韬为节度使。"《资治通鉴》卷268乾化元年三月载:"岐王募华原贼帅温韬以为假子,以华原为耀州,美原为鼎州。置义胜军,以韬为节度使,使帅邠、岐兵寇长安"。

后梁贞明元年(915),义胜军节度使降梁,改称静胜军节度使,所辖耀州改称崇州,鼎州改称裕州。《五代会要》卷24《诸道节度使军额》耀州下载:"梁贞明元年十二月,改为崇州,升为静胜军节度。"《旧五代史》卷8《梁末帝纪上》载:贞明元年"十二月乙未,诏升华原县为崇州静胜军,以美原县为裕州,以为属郡。以伪命义胜军节度使、鼎耀等州观察使、特进、检校太保、同平章事李彦韬为特进、检校太傅、同平章事,充静胜军节度使、崇裕等州观察使、河内郡开国侯,仍复本姓温,名昭图。昭图,华原贼帅也。李茂贞以为养子,以华原为耀州,美原为鼎州,伪命昭图为节度使。至是归款,故有是命。"《资治通鉴》卷269贞明元年载:"岐义胜节度使、同平章事李彦韬知岐王衰弱,十二月,举耀、鼎二州来降。彦韬即温韬也。乙未,诏改耀州为崇州,鼎州为裕州,义胜军为静胜军。"《太平寰宇记》卷31耀州下载:"梁贞明元年,(温)韬降于梁,乃改耀州为崇州,义胜军为静胜军,又改鼎州为裕州,依旧以温韬为节度使。"宋敏求《长安志》卷 19 华原县等所载与此略同。

后唐同光元年(923),改静胜军节度使为顺义军节度使,裕州废为美原县别属大安府(参见本章第一节永平军节度使所辖大安府沿革),崇州复称耀州(参见下文耀州沿革)。顺义军节度使仅领耀州 1 州。《五代会要》卷 24《诸道节度使军额》耀州下载:"至后唐同光元年,改为顺义军。"《旧五代史》卷 30《唐庄宗纪四》载:同光元年十二月戊寅,"(改)耀州静胜军复为顺义军"。《资治通鉴》卷 272 同光元年十二月载:"以耀州为顺义军。"《太平寰宇记》卷 31 耀州下载:"后唐同光元年改为耀州顺义军。"宋敏求《长安志》卷 19 华原县下载:"后唐同光元年,复为耀州,名顺义军。"

后唐同光三年(925),废顺义军号,耀州降为团练州,直属京。《旧五代史》卷 32《唐庄宗纪六》同光三年四月载:"戊寅,以耀州为团练州,其顺义军额宜停。"①又,《旧五代史》卷 113《晋太祖纪四》载:广顺三年(953)七月,"丁酉,诏曰:'京兆、凤翔府、同、华、邠、延、鄜、耀等州所管州县军镇,顷因唐末藩镇殊风,久历岁时,未能厘革,政途不一,何以教民。其婚田争讼、赋税丁徭,合是令佐之职。其擒奸捕盗、庇护部民,合是军镇警察之职。今后各守职分,专切提撕,如所职疏遗,各行按责,其州府不得差监征军将下县。'"其中耀州与诸节度使并称,可见耀州其时之地位当不同于一般的州级政区,当为直属京州。

此后至后周显德二年(955),耀州降为刺史州,仍直属京。《五代会要》卷 24《诸道节度使军额》载:"耀州……至周显德二年,降为刺史,直属京。"②

崇州(耀州)静胜军(义胜军、顺义军)节度使

(1) 耀州(911—915)—崇州(915—923)—耀州(923—925)

(2) 鼎州(911—915)—<u>裕州</u>(915—923)

直属京州
耀州(925—959)

二、崇州(耀州)静胜军(义胜军、顺义军)节度使所辖各州沿革

1. 耀州(911—915)—崇州(915—923)—耀州(923—959),治华原县(今陕西铜川市耀州区)

唐天祐三年(906),李茂贞墨制置耀州,领华原 1 县(参见上文耀州节度使

---

① 《五代会要》卷 24《诸道节度使军额》耀州下系此事于同光二年三月,疑误。
② 《太平寰宇记》卷 31 耀州下和宋敏求《长安志》卷 19 华原县下皆系此事于后周显德中。

辖区沿革)。

五代初,耀州仍当仅辖华原1县。

后梁贞明元年(915),耀州改称崇州(参见上文崇州节度使辖区沿革)。

后唐同光元年(923),崇州复为耀州;京兆府之富平、三原、云阳等3县来属。《太平寰宇记》卷31耀州下载:"后唐同光元年改为耀州顺义军,并割雍州之富平、三原、云阳、同官、美原以属焉。"同卷富平、云阳县下亦皆载:"后唐同光初割属耀州。"然《长安志》卷19华原县下又载:"后唐同光元年,复为耀州,名顺义军,析雍州(笔者按,指京兆府)之富平、三原、云阳,同州之同官、美原五县属焉。"《文献通考》卷322《舆地八》耀州所载同。据此,似此年除富平、三原、云阳等3县外,耀州还增领了同州的同官与美原2县,其实不然。《五代会要》卷20《州县分道改置》京兆府下同官、美原二县下均载:"后唐同光三年七月,割隶耀州。"《舆地广记》卷14耀州美原县所载略同,且宋敏求《长安志》卷20美原县下载:"后唐同光元年,复为美原县,属雍州。"是同官、美原2县当于同光三年而非元年割隶耀州可知矣。

后唐同光三年(925),京兆府之美原、同州之同官来属(参见上文),耀州当领华原、富平、三原、云阳、美原、同官等6县之谱。

(1) 华原县(907—959)　　(2) 富平县(923—959)
(3) 三原县(923—959)　　(4) 云阳县(923—959)
(5) 美原县(925—959)　　(6) 同官县(925—959)

2. 鼎州(907—915)—裕州(915—923),治美原县(今陕西富平县东北)

唐天祐三年(906),李茂贞墨制置鼎州,割京兆府美原县隶鼎州(参见上文耀州节度使辖区沿革)。

五代初,鼎州仍仅辖美原1县。

后梁贞明元年(915),鼎州改称裕州。《旧五代史》卷8《梁末帝纪上》载:贞明元年,"十二月乙未,诏升华原县为崇州静胜军,以美原县为裕州,以为属郡。"宋敏求《长安志》卷20美原县下载:"梁贞明初改为裕州,隶崇州。"

后唐同光元年(923),裕州废为美原县,隶属京兆府(参见本章第一节永平军节度使所辖大安府沿革)。

美原县(907—923)

第三节　同州忠武军(匡国军)节度使(含同州)

同州匡国军节度使为唐末旧镇。后梁开平元年(907),承唐末之势,领同、华2州。开平二年(908),改称忠武军节度使。开平三年(909),同州节度使附于岐王,旋为后梁收复;又析华州别置感化军节度使,忠武军节度使仅领同州1州。晋王天祐十七年(后梁贞明六年,920),忠武军节度使属晋王(此年之辖区参见后图2-7)。后唐同光元年(923),忠武军节度使复称匡国军节度使。辽大同元年(947),同州匡国军节度使一度属辽。旋为后汉所据。后周显德五年(958),同州匡国军节度使废,所辖同州直属京。

一、同州忠武军(匡国军)节度使辖区沿革(含同州)

同州匡国军节度使(后梁907—908)—**同州忠武军节度使**(后梁908—909,岐王909,**后梁909—920,晋王920—923**)—同州匡国军节度使(后唐923—936,后晋936—946,后汉947—950,后周951—958)

唐乾宁元年(894),以京畿道同州置匡国军节度使。乾宁二年(895),罢匡国军节度使,同州复为京畿道直属州。乾宁四年,复以同州置匡国军节度使①。天祐三年(906),以废镇国军节度使之华州来属。《资治通鉴》卷265天祐三年闰十二月载:"乙丑,废镇国军兴德府复为华州,隶匡国节度。"《旧唐书》卷20下《哀帝纪》所载与此略同②。至此,匡国军节度使领同、华2州。

后梁开平元年(907),同州匡国军节度使为朱温所控,领同、华2州,治同州。《资治通鉴》卷264天祐元年(904)三月乙卯载:"(朱全忠奏)以郑州刺史刘知俊为匡国节度使"。据此可推知至开平元年,匡国军节度使仍当为后梁所据。

后梁开平二年(908),匡国军节度使改称忠武军节度使。《资治通鉴》卷266开平二年五月:"壬申,更以……同州匡国军为忠武军。"

后梁开平三年(909),同州忠武军节度使刘知俊以同州附于岐王,旋为后梁平定。之后,又析华州别置感化军节度使(参见本章第四节华州节度使辖区沿革)。忠武军节度使仅领同州1州之地。

晋王天祐十七年(后梁贞明六年,920),忠武军节度使属晋王李存勖。《资治通鉴》卷271贞明六年四月载:"河中节度使冀王友谦以兵袭取同州,逐忠武节度使程全晖,全晖奔大梁。友谦以其子令德为忠武留后,表求节

---

① 参见郭声波:《中国行政区划通史·唐代卷》匡国军节度使沿革,第65页。
② 《新唐书》卷64《方镇表一》以为天祐三年匡国军节度使废,不确。

钺,帝怒,不许。既而惧友谦怨望,己酉,以友谦兼忠武节度使。制下,友谦已求节钺于晋王,(胡三省注曰:朱友谦自此遂归于晋。)晋王以墨制除令德忠武节度使。"《旧五代史》卷10《梁末帝纪下》、《新五代史》卷45《朱友谦传》所载与此略同。

后唐同光元年(923),忠武军节度使复曰匡国军节度使。《太平寰宇记》卷28同州下载:"本匡国军节度使,梁改为忠武军。后唐同光初复旧。"《新五代史》卷60《职方考》载:同州,后唐有,属匡国军节度使。《资治通鉴》卷272同光元年十二月载:"以耀州为顺义军,延州为彰武军……自余藩镇,皆复唐旧名。"据此可推断匡国军复名亦当在此时。陈鳣《续唐书》卷16《地理志》即载:"同州,本匡国军,梁改为忠武军。同光元年,复旧。"

辽大同元年(后汉天福十二年,947),同州匡国军节度使一度属契丹。《资治通鉴》卷286天福十二年正月载:"晋主之绝契丹也,匡国节度使刘继勋为宣徽北院使,颇豫其谋;契丹主入汴,继勋入朝,契丹主责之。……继勋忧愤而卒。"

后汉天福十二年(947),同州匡国军节度使属后汉。《旧五代史》卷99《汉高祖上》载:天福十二年夏四月己未,"以河东行军司马张彦威为同州节度使、检校太保"。

后周显德五年(958),匡国军节度使废。《资治通鉴》卷294显德五年载:"春,正月,乙酉,废匡国军。"匡国军废后,所领同州为刺史州。《旧五代史》卷118《周世宗纪五》载:显德五年正月"乙酉,降同州为郡"①。

同州匡国军(忠武军)节度使
(1) 同州(907—958)   (2) 华州(907—909)
直属京州
同州(958—959)

二、同州忠武军(匡国军)节度使所辖各州沿革

1. 同州(907—959),治冯翊县(今陕西大荔县)

《新唐书》卷37《地理志一》同州下辖冯翊、韩城、邰阳、夏阳、白水、澄城、朝邑、奉先等8县,且在韩城县下载:"天祐二年(905)更名韩原。"《唐会要》卷70《州县改置上》、《旧唐书》卷20下《哀帝纪》同。韩城更名是为避朱全忠父之

---

① 《太平寰宇记》卷25同州下载:"周显德六年(959)降为刺史。"所记此事之系年与《资治通鉴》及《旧五代史》所载有异,不从。

讳,故唐末韩城当曰"韩原"。另,奉先县于唐末隶京兆府,不属同州(参见本章第一节佑国军节度使辖区沿革)。

五代初,同州仍当辖唐末冯翊、韩原、郃阳、夏阳、白水、澄城、朝邑等 7 县,治冯翊县。

后梁开平三年(909),同官、奉先二县自京兆府来属;韩原、郃阳、澄城等 3 县割隶河中府。《五代会要》卷 20《州县分道改置》京兆府奉先县下载:"梁开平三年二月,割隶同州。"京兆府同官县下载:"梁开平三年三月,割隶同州。"《舆地广记》卷 14 耀州同官县下所载与此略同。又,《五代会要》卷 20《州县分道改置》华州洛南县下载:"后唐同光三年六月,河中府奏:'韩城、郃阳、澄城县,伪梁割属当府……'"韩原、郃阳、澄城等 3 县割属河中府之年月,史书失载。《旧五代史》卷 4《梁太祖纪四》载:开平三年"六月庚戌,同州节度使刘知俊据本郡反……是月,知俊奔凤翔,同州平……十二月乙丑腊,(帝)较猎于甘泉驿。以蒲州肇迹之地,且因经略鄜、延,于是巡幸数月。"可见此年同州曾反。在同州之反被平定后,梁太祖为分同州之势,不仅别置华州节度使(参见本章第四节华州节度使辖区沿革),还极有可能同时将河西同州数县割与梁太祖肇迹之地河中府,以形成犬牙交错之势,牵制河西;况且梁太祖又曾巡幸河中府数月,且有意经略新地鄜、延①,河西 3 县割属河中府无疑有助于这一目的。加之,后梁调整州县较多在开平三年,同官、奉先 2 县来隶后,同州并前所领已有 9 县,境域不免过大,在此种情况下,后梁政权很可能会采取割县的措施来削弱其地域势力。故以理度之,韩原、郃阳、澄城等 3 县当于此年割隶河中府。至此,同州领冯翊、夏阳、白水、朝邑、同官、奉先等 6 县。

后唐同光三年(925),奉先县还属京兆府;同官县割隶耀州;澄城县自河中府还属。《五代会要》卷 20《州县分道改置》京兆府奉先县下载:"后唐同光三年二月,却隶京兆府。"京兆府同官县下载:"后唐同光三年七月,割隶耀州。"华州洛南县下载:"后唐同光三年六月,河中府奏:'韩城、郃阳、澄城县,伪梁割属当府。其澄城县,今请却属同州,韩城、郃阳县且属当府。'从之。"《太平寰宇记》卷 28 同州韩城县、郃阳县、澄城县下所记略同。至此,同州领冯翊、夏阳、白水、朝邑、澄城等 5 县。

后唐天成元年(926),韩城(后唐同光元年,923,韩原复更名为韩城。参见本章第九节河中节度使所辖河中府沿革)、郃阳 2 县自河中府还属。《五代会

---

① 开平三年四月,鄜州、延州二节度使降后梁。参见本章第六节鄜州节度使辖区沿革及第七节延州节度使辖区沿革。

要》卷 20《州县分道改置》华州洛南县下载:"天成元年七月敕:'韩城、郃阳二县,却割隶同州。'"《旧五代史》卷 36《唐明宗纪二》载:天成元年七月"甲子,诏割韩城、郃阳两县属同州"。

至此降至五代末,同州复领五代初之 7 县规模(冯翊、韩城、郃阳、夏阳、白水、澄城、朝邑)而未更。《金石萃编》卷 120《移文宣王庙记》载:后晋开运三年(946)时任同州节度使的冯道重回同州时提及"别离七县",亦可与上述结论相印证。

(1) 冯翊县(907—959)
(2) 韩原县(907—909)—韩城县(926—959)
(3) 郃阳县(907—909,926—959) (4) 夏阳县(907—959)
(5) 白水县(907—959) (6) 澄城县(907—909,925—959)
(7) 朝邑县(907—959) (8) 同官县(909—925)
(9) 奉先县(909—925)

2. 华州

参见本章第四节华州节度使所辖华州沿革。

第四节 华州感化军(镇国军)节度使(含华州)

后梁开平三年(909),析同州匡国军节度使所领华州别置感化军节度使,领华州、商州(自永平军节度使来属)[后梁贞明六年[920]之辖区参见前图 2-3]。后唐同光元年(923),感化军节度使改称镇国军节度使。后汉乾祐元年(948),商州还属永兴军节度使。后周显德元年(954),华州镇国军节度使废,所辖华州直属京。

一、华州感化军(镇国军)节度使辖区沿革(含华州)

华州感化军节度使(后梁 909—923)—华州镇国军节度使(后唐 923—936,后晋 936—946,后汉 947—950,后周 951—954)

唐时曾置华州镇国军(感化军)节度使,屡有置废[①]。天祐三年(906),镇国军节度使废,华州属同州匡国军节度使(参见本章第三节同州节度使辖区沿革)。

---

① 参见郭声波:《中国行政区划通史·唐代卷》镇国军节度使沿革,第 65 页。

后梁开平三年(909),析匡国军节度使所领之华州别置感化军节度使,领华、商 2 州,治华州。《五代会要》卷 24《诸道节度使军额》华州下载:"初为感化军。"《太平寰宇记》卷 29 华州下亦载:"梁为感化军节度。"至于建置感化军的确年,史籍不载,然仍可约略推知。《资治通鉴》卷 267 载:开平三年六月,"(忠武节度使刘知俊)遂以同州附于岐,执监军及将佐之不从者,皆械送于岐。遣兵袭华州,逐刺史蔡敬思,以兵守潼关。"十一月,"岐王欲取灵州以处刘知俊,且以为牧马之地,使知俊自将兵攻之。朔方节度使韩逊遣使告急;诏镇国节度使康怀贞、感化节度使寇彦卿将兵攻邠宁以救之。"据此则可知至迟开平三年十一月已有感化军节度使。又,《旧五代史》卷 4《太祖纪四》载:开平三年"六月庚戌,同州节度使刘知俊据本郡反"。由此可知,开平三年六月同州节度使有"本郡",自当另有"属郡",必为华州(参见本章第三节同州节度使辖区沿革)。设若此时华州已置节度使,自当有节度使官员,为刘知俊攻下时,当书"逐节度使"而非地位更低之"刺史"。故华州感化军节度使必置于开平三年六月至十一月间。其时后梁平定刘知俊叛乱后,为吸取教训,欲缩小同州节度使的权力,且以华州地扼关中之要而置镇无疑。

至于感化军节度使之属州,由《旧五代史》卷 23《刘鄩传》所载"其年(笔者按,指开平三年)夏……寻改佑国军为永平军,以鄩为节度使、检校司徒,行大安尹、金州管内观察使……四年,加检校太保同平章事"可知开平三年永平军仅辖大安府和金州(笔者按,金州此时当是遥领,参见本章第一节永平军节度使辖区沿革),商州必已别属他镇。又,《旧五代史》卷 8《梁末帝本纪》载:乾化四年(916)"二月甲戌,以感化军节度使、华商等州观察使、检校太傅、同平章事、太原郡开国公康怀英为大安尹,充永平军节度使、大安金棣等州观察处置使"。可知感化军节度使已领有华、商 2 州。综上所述,推测商州于感化军节度使建镇之时由永平军节度使辖下来属。故开平三年时感化军节度使应领华、商 2 州。

后唐同光元年(923),感化军节度使更名镇国军节度使。《五代会要》卷 24《诸道节度使军额》华州下载:"初为感化军,至后唐同光元年,改为镇国军。"《旧五代史》卷 30《唐庄宗纪四》载:同光元年十二月戊寅,"(诏改)华州感化军为镇国军"。《太平寰宇记》卷 29 华州下载:"梁为感化军节度。后唐同光元年改为镇国军。"

后汉乾祐元年(948),商州还属永兴军节度使(参见本章第一节永兴军节度使辖区沿革)。镇国军节度使仅领华州。

后周显德元年(954),镇国军节度使废为华州刺史州,直属京。《五代会要》卷24《诸道节度使军额》华州下载:"至周显德元年八月,降为刺史,直属京。"《旧五代史》卷114《周世宗纪一》载:显德元年九月"己巳,诏停华州镇国军,依旧为郡"。《资治通鉴》卷292显德元年九月、《太平寰宇记》卷29华州下所载与此略同。

华州感化军(镇国军)节度使
(1) 华州(909—954)　　　　　(2) 商州(909—948)
直属京州
华州(954—959)

二、华州感化军(镇国军)节度使所辖各州沿革

1. 华州(907—959),治郑县(今陕西华县西南)

《新唐书》卷37《地理志一》华州下辖郑、华阴、下邽、栎阳等4县,且在栎阳县下载:"天祐三年(906)来属。"《唐会要》卷70《州县改置上》关内道京兆府下所载与此略同。然栎阳县于唐末还属京兆府(参见本章第一节佑国军节度使所辖京兆府沿革),华州当领3县。

五代初,华州仍当辖有郑、华阴、下邽等3县,治郑县。

后周显德三年(956),渭南自京兆府来属。《太平寰宇记》卷29华州渭南县下载:"周显德三年,自京兆割隶华州。"《舆地广记》卷13华州渭南县下所载与此略同。

(1) 郑县(907—959)　　　　　(2) 华阴县(907—959)
(3) 下邽县(907—959)　　　　　(4) 渭南县(956—959)

2. 商州(907—959),治上洛县(今陕西商洛市)

《旧唐书》卷39《地理志二》商州领上洛、丰阳、洛南、商洛、上津、安业等6县,且在安业县下载:"乾元元年(758)正月改为乾元县,割属京兆府。"《新唐书》卷37《地理志一》商州领上洛、丰阳、洛南、商洛、上津、乾元等6县,又在乾元县下载:"本安业……景龙三年(709)隶雍州,景云元年(710)来属,乾元元年更名,隶京兆府,寻复还属。"《太平寰宇记》卷27雍州乾祐县下载:"乾元元年改为乾元县,仍属京兆府,寻又归商州。"自乾元元年至唐末,商州领上洛、丰阳、洛南、商洛、上津、乾元等6县规模未再发生变化[①]。

后梁开平元年(907),商州仍领唐末6县之地。

后汉乾祐二年(949),乾元(祐)县割隶京兆府(参见本章第一节永兴军节

---

① 参见郭声波:《中国行政区划通史·唐代卷》商州沿革,第52页。

度使所辖京兆府沿革)。商州领上洛、丰阳、洛南、商洛、上津等5县。

此后至五代末,商州领县未闻再有更改。

(1) 上洛县(907—959)　　　(2) 丰阳县(907—959)

(3) 洛南县(907—959)　　　(4) 商洛县(907—959)

(5) 上津县(907—959)　　　(6) 乾元县(907—949)

第五节　邠州静难军节度使

邠州静难军节度使为唐旧镇,五代初为岐王李茂贞所据,领邠、宁、庆、衍4州。岐王天祐六年(909),宁、庆、衍3州为后梁所取,旋即收复。后梁贞明元年(915),静难军节度使降梁。贞明二年(916),庆、宁、衍3州复叛入岐王。旋,后梁复取宁、衍2州。贞明三年(917),庆州又为后梁所据,静难军节度使恢复原领4州之规模[后梁贞明六年(920)之辖区参见图2-4]。至后周显德五年(958),废衍州,邠州静难军节度使领邠、宁、庆3州。

一、邠州静难军节度使辖区沿革

邠州静难军节度使(岐王907—915,**后梁 915—923**,后唐923—936,后晋936—946,后汉947—950,后周951—959)

唐乾元二年(795),割关内道朔方节度使邠、宁、泾、原、庆、延、鄜、坊、丹9州置邠宁节度使。后领州多有变化。至大历三年(768),罢镇。大历十四年,复析朔方节度使邠、宁、庆3州重置邠宁节度使。中和四年(884),改为静难军节度使。大顺二年(891),割宁州定平县置衍州①。

五代初,邠州静难军节度使仍当领邠、宁、庆、衍等4州,治邠州。《新五代史》卷60《职方考》所载可资为证。

岐王天祐六年(后梁开平三年,909),宁、庆、衍3州为后梁所取,旋为岐王收复。《资治通鉴》卷267开平三年十一月载:"岐王欲取灵州以处刘知俊,且以为牧马之地,使知俊自将兵攻之。朔方节度使韩逊告急;(梁太祖)诏镇国节度使康怀贞、感化节度使寇彦卿将兵攻邠宁以救之。怀贞等所向皆捷,克宁、衍二州,拔庆州南城,刺史李彦广出降……刘知俊闻之,十二月己丑,解灵州围,引兵还。帝(梁太祖)急召怀贞等还,遣兵迎援于三原青谷;怀贞等还"。

---

① 郭声波:《中国行政区划通史·唐代卷》静难军节度使沿革,第65页。

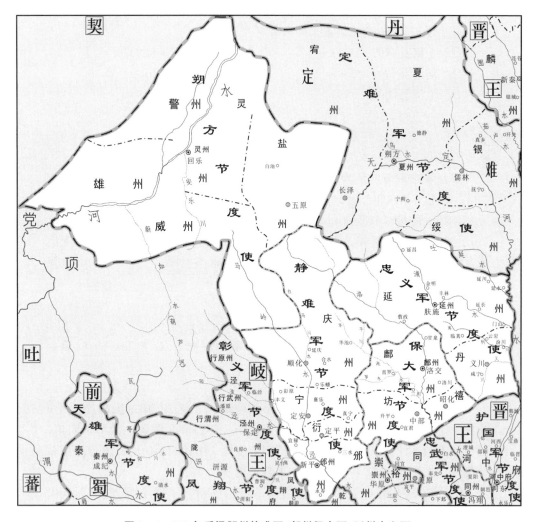

图 2-4 920 年后梁邠州静难军、鄜州保大军、延州忠义军、
灵州朔方节度使辖区示意图

《新五代史》卷 2《梁太祖纪下》及卷 22《康怀英传》、《五代春秋》卷上《梁太祖》略同。据上所载可知,后梁将康怀贞攻下宁、庆、衍等 3 州仅欲造成"围魏救赵"之势,在刘知俊解灵州围之后即撤离此 3 州,岐王于是复得宁、庆、衍等 3 州。

后梁贞明元年(915),邠州静难军节度使降梁,依旧领邠、宁、庆、衍等 4 州。《资治通鉴》卷 269 贞明元年四月载:"李继徽假子保衡杀李彦鲁,自称静难留后,举邠、宁二州来附(胡三省注曰:叛岐附梁。)。诏以保衡为感化节度使,以河阳留后霍彦威为静难节度使。"《旧五代史》卷 8《梁末帝纪上》、《新五代史》卷 3《梁末帝纪》所载略同。又由下引《资治通鉴》卷 269 贞明二年之文可知庆、衍 2 州亦当于此时与邠、宁 2 州一同由岐王属后梁。

后梁贞明二年(916),庆、宁、衍等 3 州叛入岐王。旋,宁、衍 2 州复为后梁所得。邠州静难军节度使领邠、宁、衍 3 州。《旧五代史》卷 23《贺瑰传》载:"贞明二年,庆州叛,为李继陟所据,瑰以本官充西面行营马步军都指挥使兼诸军都虞候,与张筠破泾、凤之众三万,下宁、衍二州。"《资治通鉴》卷 269 贞明二年载:"是岁,庆州叛附于岐(胡三省注曰:庆州本岐地也,盖因去年李保衡以邠宁附梁,遂为梁有。),岐将李继陟据之。诏以左龙虎统军贺瑰为西面行营马步都指挥使,将兵讨之,破岐兵,下宁、衍二州。"①

后梁贞明三年(917),庆州叛乱平定,后梁邠州静难军节度使领邠、宁、庆、衍等 4 州。《旧五代史》卷 23《贺瑰传》载:"贞明二年,庆州叛……三年秋,庆州平。"《资治通鉴》卷 270 贞明三年十二月载:"帝论平庆州功,丁卯,以左龙虎统军贺瑰为宣义节度使、同平章事。"

后周显德五年(958),废衍州(参见下文邠州沿革),邠州静难军节度使领邠、宁、庆等 3 州。

(1) 邠州(907—959)　　　　(2) 宁州(907—916,916—959)

(3) 庆州(907—916,917—959)　(4) 衍州(907—916,916—958)

二、邠州静难军节度使所辖各州沿革

1. 邠州(907—959),治新平县(今陕西彬县)

《旧唐书》卷 38《地理志一》及《新唐书》卷 37《地理志一》邠州下辖新平、三水、永寿、宜禄等 4 县。唐末仍有此规模②。五代初亦当有此 4 县。

后周显德五年(958),衍州废为定平县,来属。《五代会要》卷 20《州县分道改置》载:"衍州。周显德五年六月,废为定平镇③,隶邠州。"《旧五代史》卷 118《世宗纪五》载:显德五年,"闰(七)月壬子,废衍州为定平县"。《太平寰宇

---

① 《资治通鉴考异》曰:"薛史《贺瑰传》:'贞明二年庆州叛,为李继陟所据,帝命左龙虎统军贺瑰为西面行营马步军都指挥使兼诸军都虞候,与张筠破泾、凤之众三万,下宁、衍二州。'此非小事,而《末帝纪》、《李茂贞传》皆无,惟《瑰传》有之,今以为据。"
② 参见郭声波《中国行政区划通史·唐代卷》。
③ 《五代会要》此处"定平镇"当为"定平县"之误。下引《旧五代史》及《太平寰宇记》之文可证。另,《元丰九域志》卷 3 与《舆地广记》卷 14 亦皆为"定平县",亦可证《五代会要》之误。

记》卷34邠州定平县下载:"唐末丧乱,曾为衍州。周世宗显德五年,废为定平县,隶邠州,寻属宁州。"旋,定平县又改属宁州(参见下文宁州沿革)。

  (1) 新平县(907—959)　　　　(2) 三水县(907—959)
  (3) 永寿县(907—959)　　　　(4) 宜禄县(907—959)
  (5) 定平县(958—959?)

  2. 宁州(907—959),治定安县(今甘肃宁县南)

  《旧唐书》卷38《地理志一》及《新唐书》卷37《地理志一》宁州下辖定安、真宁、襄乐、彭原、定平5县。其中《新唐书》卷37《地理志一》彭原县下载:"(武德)二年(619)析置丰义县……开元八年(720)以丰义隶泾州,寻复还属,唐末省。"《读史方舆纪要》卷58平凉府镇原县下载:"丰义城,在县东彭阳废县界……武德三年(620)分彭原县置丰义县……贞元三年(787),吐蕃寇丰义城,前锋至大回原,邠宁节度韩游环击却之。四年(788),游环请筑丰义城,二版而溃,遂不果城。五代时县废。"筑丰义城事见于《旧唐书》卷144《韩游环传》、《新唐书》卷156《韩游环传》,当确。然丰义县是否如上所引史籍所言废于唐末或五代,则颇值深究。《太平寰宇记》卷34宁州彭阳县下载:"唐武德二年,分彭原县为丰义县……开元八年四月割隶泾州,寻复属宁州。皇朝开宝九年(976)改为彭阳县。"《元丰九域志》卷3宁州下载:"太平兴国元年(976)改丰义县为彭阳。"《舆地广记》卷16原州彭阳县、《宋朝事实》卷18泾原路原州、《宋史》卷87《地理志三》泾州彭阳县所载略同。若丰义县已于唐末或五代废,而宋代诸志又皆未见五代或宋初该县复置之载,于理则不应言有宋初改名之事。故颇疑《新唐书·地理志》误以丰义城唐末溃为废县,而《读史方舆纪要》以宋初后不见"丰义"之名而误为五代时县废。综上所述,其实唐末至宋初丰义县应一直存在,并未省废。又,定平县已于唐末置衍州(参见上文邠州沿革)。是唐末至五代初,宁州当领定安、真宁、襄乐、彭原、丰义等5县。

  大约在后周显德六年(959),定平县来属。《太平寰宇记》卷34邠州定平县下载:"唐末丧乱,曾为衍州。周世宗显德五年,废为定平县,隶邠州,寻属宁州。"其中提及定平县属邠州后"寻属宁州",故在此暂将该县属宁州时间定在显德六年。此时宁州领定安、真宁、襄乐、彭原、丰义、定平等6县。

  (1) 定安县(907—959)　　　　(2) 真宁县(907—959)
  (3) 襄乐县(907—959)　　　　(4) 彭原县(907—959)
  (5) 丰义县(907—959)　　　　(6) 定平县(959?)

3. 庆州(907—959)①,治顺化县(今甘肃庆城县)

《旧唐书》卷38《地理志一》及《新唐书》卷37《地理志一》庆州下皆领顺化、合水、乐蟠、马岭、华池、同川、洛源、延庆、方渠、怀安10县。《太平寰宇记》卷33庆州下载:"元领县十一。今三:安化,华池,乐蟠。三县新并合:同川,入安化。延庆,入安化。合水,入乐蟠。五县旧废:马岭,洛源,方渠,怀安,蟠交。"

在此先探究上面史籍中提及的新并3县之时间。《太平寰宇记》卷33庆州安化县下载:"废延庆县……周显德三年(956),并入安化县。"乐蟠县下载:"废合水县……周显德三年,并入乐蟠。"可知延庆、合水2县废于后周。又,其中的安化县即顺化县,宋初易名。《太平寰宇记》卷33庆州安化县所载"(唐)至德元年(756)改为顺化。皇朝复为安化"可证。至于同川县,则实废于唐末,后唐复置后于宋初再度省并(参见下文考证)。

再来看上文提及的旧废5县。《太平寰宇记》卷33庆州乐蟠县下载:"废马岭县……按韦述《十道录》:'与同川、怀安、方渠等四县并废。'"其中提及马岭、同川、怀安、方渠4县于同年或同时期并废。《旧唐书》卷134《浑瑊传》载:"(大历)十一年(776),领邠州刺史。其年,吐蕃入寇庆州方渠、怀安等镇,瑊击却之。"可见此年方渠、怀安已省废为镇。《新唐书》卷156《杨朝晟传》载:"贞元九年(793),城盐州,发卒护境,朝晟屯木波堡……朝晟请城方渠、合道、木波以遏吐蕃路。"所载方渠与合道、木波并列,当亦与后二者并为堡或镇。孙光宪《北梦琐言》卷1载:"唐大中年(847—860),兖州奏:'先差赴庆州行营押官郑神佐阵没,其室女年二十四,先亡父未行营已前许嫁右骁雄军健李玄庆,未受财礼。阿郑知父神佐阵没,遂与李玄庆休亲,截发,往庆州北怀安镇,收亡父遗骸,到兖州瑕丘县进贤乡,与亡母合葬讫,便于茔内筑庐。'"以上记载表明,怀安、方渠2县当在唐中期吐蕃入侵后即废为镇,且终未复置。那么,马岭、同川2县亦当废于此时②。

另外,五代中期同川县复置(见下文)、方渠镇升为威州而马岭镇割隶之

---

① 《元丰九域志》卷3庆州下载:"唐定安军节度。后唐降军事。"《舆地广记》卷14庆州下载:"至德元载曰顺化郡,升定安军节度。后唐降之。"《文献通考》卷322《舆地考八》庆州下载:"李茂贞建为安定军节度,梁为武静军。"皆言庆州于唐代升为定安(或安定)军节度使,后梁时改为武静军。然《旧五代史》卷9《梁末帝纪上》载:贞明三年(917)十一月"戊子,以宁州刺史周为武静军防御使,守庆州刺史;以河潼军使窦廷琬为宁州刺史"。其中"武静军"之长官为"防御使"而非"节度使",且"守庆州刺史",则可知此"武静军"非节度使之军号。

② 《五代会要》卷20《州县分道置》威州下载:"晋天福四年(939)五月敕:'灵州方渠镇宜升为威州,隶灵武,仍割宁州木波、马岭二镇隶之。'"亦可旁证唐末方渠、马岭2县已为镇。

(参见本章第八节灵州节度使所辖威州沿革),亦透出同川、方渠、马岭极可能于五代之前已废为镇之信息。又,《旧五代史》卷 40《明宗纪六》载:天成四年(930),"十二月丁酉,灵武康福奏:'破野利、大虫两族三百余帐于方渠,获牛羊三万。'"《新五代史》卷 74《四夷附录三》载:"党项,西羌之遗种⋯⋯其大姓有细封氏、费听氏、折氏、野利氏、拓拔氏为最强。唐德宗(780—805 年在位)时,党项诸部相率内附,居庆州者号东山部落,居夏州者号平夏部落。部有大姓而无君长,不相统一,散处邠宁、鄜延、灵武、河西,东至麟、府之间。"可知唐晚期至五代中期,方渠等地散居着野利等党项部落,不设县当有理可循。马岭、同川、怀安、方渠 4 县地域相邻①,皆位于庆州州城以西以北之吐蕃、党项散居之地,相邻之原州、武州皆于唐末陷于吐蕃(参见第五章第三节泾州节度使辖区沿革),故《太平寰宇记》所引韦述《十道录》"四县并废"之文实属可信,马岭、同川、怀安、方渠 4 县应废于唐中后期吐蕃入侵之时,至迟唐末时已不再为县②。

又,《旧唐书》卷 122《张献甫传》载:贞元四年(788),"上疏请复盐州及洪门、洛原等镇,各置兵防以备蕃寇,朝廷从之"。《册府元龟》卷 390《将帅部·警备》所载与此略同。《新唐书》卷 148《康日知传》载:"子承训⋯⋯宣宗(847—860 年在位)擢为天德军防御使,军中马乏,虏来战,数负,承训罢冗费,市马益军,军乃奋张。始,党项破射雕军洛源镇,悉俘其人,闻承训威政,皆还俘不敢謷。"《读史方舆纪要》卷 62 宁夏后卫洪门镇下载:"《唐志》:'贞元八年(792),邠宁节度张献甫请复盐州及洪门、洛原镇兵。'洛源,即庆阳府废洛源县。"考各书所指地望,洛原(源)镇当为唐中期洛源县废后之镇。

至于蟠交县,上引《太平寰宇记》卷 33 庆州下所载文字不确。检《元和郡县图志》与两《唐书·地理志》,庆州下皆无蟠交县,而言天宝元年(742)更蟠交曰合水。是《太平寰宇记》将蟠交、合水视为 2 县,且认为蟠交为旧废 5 县之一,误矣。

综上所述,五代初庆州当领顺化、合水、乐蟠、华池、延庆等 5 县。

后唐清泰三年(936),同川县复置。《五代会要》卷 20《州县望》条下载:"泾州平凉县,庆州同川县,安州吉阳县。晋天福二年(937)正月,尚书吏部奏:'自清泰三年创改③,已上三县欲编入十道图,皆未有地望。'敕:'以吉阳、平凉

---

① 下文之洛原县亦与上述诸县相邻,疑同在"并废"之列。
② 《旧唐书》卷 122《张献甫传》载:"贞元四年(788),迁检校刑部尚书,兼邠州刺史、邠宁庆节度观察使。乃于彭置义仓,方渠、马岭等县选险要之地以为烽堡。"《册府元龟》卷 390《将帅部·警备》所载与此略同。其中所言方渠、马岭为县,与其他文献及本卷推断相悖,恐非。
③ 《五代会要》卷 20《州县分道设置》条下载:"泾州平凉县。后唐清泰三年正月,泾州奏:'平凉县自吐蕃陷渭州,权于平凉县为渭州理所,遂罢平凉县⋯⋯今请却置平凉县⋯⋯'从之。"可知"创改"乃"却置"之义无疑。

并为中县,同川为下县。'"

后周显德三年(956),延庆、合水2县分别废入顺化与乐蟠2县(参见上引《太平寰宇记》卷33庆州下所载),庆州领顺化、乐蟠、华池、同川等4县。

(1) 顺化县(907—959)　　　(2) 乐蟠县(907—959)
(3) 华池县(907—959)　　　(4) 同川县(936—959)
(5) 延庆县(907—956)　　　(6) 合水县(907—956)

4. 衍州(907—958),治定平县(今甘肃宁县南)

五代初至后周显德五年(958),衍州仅领定平1县。

后周显德五年(958),废为定平县,隶属邠州(参见上文邠州沿革)。

定平县(907—958)

第六节　鄜州保大军节度使

鄜州保大军节度使为唐末旧镇,五代初为岐王李茂贞所据,领鄜、坊、翟等3州。后梁开平三年(909),保大军节度使为梁所取,改翟州为禧州[后梁贞明六年(920)之辖区参见前图2-4]。后唐同光元年(923),禧废,鄜州保大军节度使仅领鄜、坊2州,直至五代末期。

一、鄜州保大军节度使辖区沿革

鄜州保大军节度使(岐王907—909,**后梁909—923**,后唐923—936,后晋936—946,后汉947—950,后周951—959)

唐中和二年(882),改渭北鄜坊节度使为保大军节度使,在原领鄜、延、丹、坊等4州基础之上[1],增领翟州,共辖5州之地。《资治通鉴》卷254中和二年三月载:"赐鄜坊军号保大。"《新唐书》卷64《方镇表一》载:中和二年,"渭北节度赐号保大军节度,增领翟州。"中和三年,割延州隶保塞军节度使。乾宁四年(897),割丹州隶卫国军节度使。故唐末鄜州保大军节度使仅领鄜、坊、翟3州[2]。

又,《旧五代史》卷2《梁太祖纪》载:天祐三年(906),"十月辛巳,鄜州杨崇本以凤翔、邠、宁、泾、鄜、秦、陇之众合五六万来寇,屯于美原,列十五寨,其势甚盛,帝命同州节度使刘知俊、都将康怀英帅师御之。知俊等大破邠寇,杀二

---

[1] 《元和郡县志》卷3鄜州下载:"鄜州,今为鄜坊观察使理所。管州四:鄜州、坊州、丹州、延州。"
[2] 参见郭声波:《中国行政区划通史·唐代卷》保大军节度使沿革,第90页。

万余众，夺马三千余匹，擒其列校百余人，杨崇本、胡章仅以身免。"同书卷13《杨崇本传》载："天祐三年冬十月，崇本复领凤翔、邠、泾、秦、陇之师，会延州胡章之众，合五六万，屯于美原，列栅十五，其势甚盛。太祖命同州节度使刘知俊及康怀英帅师拒之，崇本大败，复归于邠州。"《资治通鉴》卷265天祐三年九月载："静难节度使杨崇本以凤翔、保塞、彰义、保义①之兵攻夏州。（梁太祖所属）匡国节度使刘知俊邀击坊州之兵，斩首三千余级，擒坊州刺史刘彦晖……十一月，刘知俊、康怀贞乘胜攻鄜、延等五州（笔者按：当为鄜、坊、翟、延、丹五州），下之。"据此，鄜州保大军节度使在唐末一度控制在朱温手中。

岐王天祐四年（后梁开平元年，907），鄜州保大军节度使为李茂贞所据，其时有岐王所署保大军节度使李彦博可资为证（参见下文《资治通鉴》卷267开平三年四月所载）。保大军节度使当领鄜、坊、翟3州，治鄜州。此由《新五代史》卷60《职方考》所载可知。

后梁开平三年（909），岐王鄜州保大军节度使辖区为后梁所取。《资治通鉴》卷267开平三年四月载："岐王所署保大节度使李彦博、坊州刺史李彦昱皆弃城奔凤翔，鄜州都将严弘倚举城降。己未……以绛州刺史牛存节为保大节度使。"《旧五代史》卷21《徐怀玉传》载："（开平）三年，制授鄜坊节度使、特进、检校太保，练兵缮壁，人颇安之，加检校太傅。"同卷《牛存节传》载："（开平）三年四月，除鄜州留后。"《新五代史》卷2《梁太祖纪下》载：开平三年二月"甲子，延州高万兴叛于岐，来降。夏四月丙午，知俊克延、鄜、坊三州"。同书卷40《高万兴传》载："梁太祖兵屯河中，遣同州刘知俊以兵应万兴，攻丹州，执其刺史崔公实。进攻延州，执许从实。鄜州李彦容、坊州李彦昱皆弃城走。梁太祖乃以万兴为延州刺史、忠义军节度使，以牛存节为保大军节度使。"其时保大军节度使仍领鄜、坊、翟3州之地，唯将其中的翟州改称禧州。《资治通鉴》卷267载："岐王置翟州于鄜城，（开平三年二月）其守将亦降。"《太平寰宇记》卷35鄜州鄜城县下载："唐末李茂贞建为翟州。梁开平三年改为禧州，又改其县为昭化县。后唐同光元年复为鄜城县，依旧隶鄜州。"《舆地广记》卷14鄜州鄜城县下所载与此略同。

后唐同光元年（923），禧州废（参见上文所引），鄜州保大军节度使领鄜、坊2州。此后至后周鄜州保大军节度使辖境未闻有所变更。

(1) 鄜州（907—959）   (2) 坊州（907—959）
(3) 翟州（907—909）— 禧州 （909—923）

---

① 笔者按：此处"保义"当作"保大"，时保义军为陕州节度使军号，在河东。胡三省注文辨之已详。

二、鄜州保大军节度使所辖各州沿革

1. 鄜州(907—959),治洛交县(今陕西富县)

《旧唐书》卷38《地理志一》、《新唐书》卷37《地理志一》鄜州下辖洛交、洛川、三川、直罗、甘泉等5县。五代初当仍有此5县。

后唐同光元年(923),禧州废,所领昭化县复名鄜城县来属。《太平寰宇记》卷35鄜州鄜城县下载:"后唐同光元年复为鄜城县,依旧隶鄜州。"至此鄜州并前共计有6县。

后周显德三年(956)前,丹州咸宁县来属。是年,废咸宁县①,《五代会要》卷20《州县分道改置》鄜州咸宁县下载:"周显德三年三月十日废。"《新五代史》卷60《职方考》载:"鄜州咸宁,周废。"咸宁县本属丹州(参见本章第七节延州节度使所辖丹州沿革),据此所载可知咸宁县应于显德三年之前已割隶鄜州,唯由丹州别属鄜州之确年待考。

又,《太平寰宇记》卷35鄜州下载:"元领县六。今五……一县割出:甘泉。入延州。"同书卷36延州下载:"甘泉,鄜州割到。"宋代诸志皆未载甘泉县割属延州的确切时间。清陈鳣《续唐书》卷16《地理志》鄜州下仍领甘泉县,《读史方舆纪要》卷57延安府甘泉县下载:"宋改属延安府。"此处从姑从顾祖禹之说。

(1) 洛交县(907—959)　　　(2) 洛川县(907—959)
(3) 三川县(907—959)　　　(4) 直罗县(907—959)
(5) 甘泉县(907—959)　　　(6) 鄜城县(923—959)
(7) 咸宁县(955?—956)

2. 翟州(907—909),治鄜城县(今陕西洛川县东南)—禧州(909—923),治昭化县(今陕西洛川县东南)

《新唐书》卷37《地理志一》坊州鄜城县下载:"唐末以县置翟州。"《太平寰宇记》卷35鄜城县下所载与此略同。

五代初,翟州仍领鄜城1县。

后梁开平三年(909),翟州改曰禧州,鄜城改曰昭化。禧州领昭化1县。

---

① 《元丰九域志》卷3丹州下载咸宁县废于太平兴国三年(978)。然《太平寰宇记》卷35丹州宜川县下载:"废咸宁……皇朝太平兴国九年并入宜川。"《宋史》卷87《地理三》宜川县下载:"太平兴国中改名,以鄜州废咸宁县并入焉。"据此可知,太平兴国年间并入宜川者,为鄜州早废之咸宁县(咸宁城)。

《五代会要》卷20《州县分道改置》鄜州鄜城县下载:"梁开平三年四月,改为昭化县。"《太平寰宇记》卷35鄜州鄜城县下载:"唐末李茂贞建为翟州。梁开平三年改为禧州,又改其县为昭化县。"

后唐同光元年(923),禧州废,所领昭化县复名鄜城县。《五代会要》卷20《州县分道改置》鄜州鄜城县下载:"后唐同光元年十月,复为鄜城县。"该县别属鄜州(参见上文鄜州沿革)。

鄜城县(907—909)—昭化县(909—923)

3. 坊州(907—959),治中部县(今陕西黄陵县)

《旧唐书》卷38《地理志一》、《新唐书》卷37《地理志一》坊州下辖中部、宜君、升平、鄜城等4县,然鄜城于唐末置翟州(参见上文翟州沿革),故其时坊州仅领其余3县。

五代时期,坊州仍当一直领中部、宜君、升平等3县而未更。《太平寰宇记》卷35亦载坊州领此3县可资为证。

(1) 中部县(907—959)　　　　(2) 宜君县(907—959)
(3) 升平县(907—959)

第七节　延州忠义军(保塞军、彰武军)节度使

延州保塞军节度使为唐末旧镇,五代初为岐王李茂贞所据,领延、丹2州。后梁开平三年(909)为后梁所取,改军号为忠义军[后梁贞明六年(920)之辖区参见前图2-4]。后唐同光元年(923),忠义军节度使又改称彰武军节度使。此后至五代末期,延州彰武军节度使一直领延、丹2州而未更。

一、延州忠义军(保塞军、彰武军)节度使辖区沿革

延州保塞军节度使(岐王907—909)—**延州忠义军节度使(后梁909—923)**—延州彰武军节度使(后唐923—936,后晋936—946,后汉947—950,后周951—959)

唐中和三年(883),割保大军节度使延州置保塞军节度使。乾宁四年(897),改为宁塞军节度使①。光化元年(898),复改称卫国军节度使,割保大

---

① 参见郭声波:《中国行政区划通史·唐代卷》宁塞军节度使沿革,第75页。

军节度使丹州来属。至此当领延、丹2州之地。旋,复称保塞军节度使①。

岐王天祐四年(后梁开平元年,907),延州保塞军节度使为李茂贞所据,领延、丹2州,治延州。《资治通鉴》卷267开平二年(908)十一月癸巳载:"保塞节度使胡敬璋卒,静难节度使李继徽以其将刘万子代镇延州。"据此可证五代初延州节度使军号仍当为"保塞军"。

后梁开平三年(909),延州保塞军节度使为梁所取。《新五代史》卷60《职方考》载:后梁在延州置忠义军。《舆地广记》卷13延安府、《记纂渊海》卷24《郡县部》延安府下所载略同。《新五代史》卷40《高万兴传》载:"梁太祖兵屯河中,遣同州刘知俊以兵应(高)万兴,攻丹州,执其刺史崔公实。进攻延州,执许从实……梁太祖乃以万兴为延州刺史、忠义军节度使。"《资治通鉴》卷267开平三年载:二月,"保塞节度使刘万子暴虐,失众心,且谋贰于梁,李继徽使延州牙将李延实图之。延实因万子葬胡敬璋,攻而杀之,遂据延州""三月,甲戌,帝发洛阳……庚辰,帝至河中,发步骑会高万兴兵取丹、延……辛卯,丹州刺史崔公实请降。四月……庚子……刘知俊克延州,李延实降……己未,以高万兴为保塞节度使。"

后梁领有延州节度使后,当将军号由保塞军改为忠义军。《旧五代史》卷9《梁末帝纪中》载:贞明四年(918)四月"癸亥,以延州忠义军节度使、太原西面招讨应接使、检校太师、兼中书令、渤海王高万兴兼鄜、延两道都制置使,余如故。时万兴弟鄜州节度使万金卒,故有是命。"《资治通鉴》卷270贞明四年四月载:"保大节度使高万金卒。癸亥,以忠义节度使高万兴兼保大节度使,并镇鄜、延。"胡三省注曰:"太祖改保塞军为忠义军"。而由上文知高万兴为延州节度使乃开平三年事,且其时后梁新得延州,颇疑太祖改军号之事当在此年。《资治通鉴》卷267开平三年仍曰"保塞",恐非。

后唐同光元年(923),忠义军节度使改曰彰武军节度使。《旧五代史》卷30《唐庄宗纪四》载:同光元年十二月戊寅,"(诏改)延州为彰武军。"《资治通鉴》卷272同光元年十二月载:"(以)延州为彰武军。"胡三省注曰:"帝既灭梁,特改梁所置军名耳,凡诸藩帅未之易也。"

---

① 《新唐书》卷64《方镇表一》载:光化元年(898),"更保塞军节度曰宁塞军节度,后又更名卫国军节度。罢丹州防御使,以丹州隶卫国军。"除此之外,仅《文献通考》卷322和雍正《陕西通志》、乾隆《府厅州县图志》、嘉庆《大清一统志》等清代诸志言及"卫国军",并未见他书记载"卫国节度",是后出诸书所载皆当出自《方镇表》。又由于此后卫国军不复见,而《资治通鉴》卷263天祐三年(906)九月载:"静难节度使杨崇本以凤翔、保塞、彰义、保义(笔者按:"保义"当作"保大")之兵攻夏州",其中已提及"保塞"之名号,故颇疑《方镇表》此处所载或有脱漏,卫国军当旋复保塞军旧军号。

此后延州彰武军节度使之名一直未闻有所更改,且领延、丹2州之地至后周。

(1) 延州(907—959)　　　　　(2) 丹州(907—959)

二、延州忠义军(保塞军)节度使所辖各州沿革

1. 延州(907—959),治肤施县(今陕西延安市东)

《旧唐书》卷38《地理志一》延州下辖肤施、延长、临真、金明、丰林、延川、敷政、延昌、延水等9县。《新唐书》卷37《地理志一》延州下辖肤施、延长、临真、金明、丰林、延川、敷政、延昌、延水、门山等10县。其中门山县下载:"武德三年析汾州置,隶丹州,广德二年来属。"五代初,延州仍当领此10县。

又,《太平寰宇记》卷36延州下辖10县中有9县与上述记载相同,独无延昌县,另有甘泉县。甘泉县或于宋初自鄜州来属(参见本章第六节鄜州节度使所辖鄜州沿革)。而延昌县废于何时,史籍失载,因《太平寰宇记》延州下已无延昌,故颇疑此县在宋初或五代末已废。

(1) 肤施县(907—959)　　　(2) 延长县(907—959)
(3) 临真县(907—959)　　　(4) 金明县(907—959)
(5) 丰林县(907—959)　　　(6) 延川县(907—959)
(7) 敷政县(907—959)　　　(8) 延水县(907—959)
(9) 门山县(907—959)　　　(10) 延昌县(907—959?)

2. 丹州(907—959),治义川县(今陕西宜川县)

《旧唐书》卷38《地理志一》丹州下辖义川、云岩、汾川、咸宁、门山等5县。门山县于广德二年(764)割属延州(参见上文延州沿革)。《新唐书》卷37《地理志一》丹州下辖义川、云岩、汾川、咸宁等4县。五代初,丹州仍当领有此4县之地。

后周显德三年(956)前,咸宁县别属鄜州(参见本章第六节鄜州节度使所辖鄜州沿革),丹州领义川、云岩、汾川等3县。

(1) 义川县(907—959)　　　(2) 云岩县(907—959)
(3) 汾川县(907—959)　　　(4) 咸宁县(907—955?)

第八节　灵州朔方节度使

灵州朔方节度使为唐旧镇,亦称灵武节度使。五代初属后梁[①],领灵、盐、

---

① 唐末,韩逊占据灵州朔方节度使之地,朝廷授以节钺。后梁建立后,太祖朱温加封韩逊为检校太尉、同平章事,不久又加封中书令,封颍川王(《新五代史》卷40《韩逊传》)。

威、雄、警5州[后梁贞明六年(920)之辖区参见前图2-4]。后晋天福四年(939),置新威州;旧威州降为清边军,别属灵州。天福七年(942),降雄州为昌化军、警州为威肃军,别属灵州。后周广顺二年(952),威州改曰环州。显德四年(957),环州降为通远军,至此朔方节度使领灵、盐2州及通远军。

一、灵州朔方节度使辖区沿革

灵州朔方节度使(后梁 907—923,后唐 923—936,后晋 936—946,后汉 947—950,后周 951—959)

唐开元九年(721),置朔方节度使①。至元和十五年(820),领灵、盐2州。大中三年(849),割灵州鸣沙县置威州(参见下文威州沿革),又析置雄州(参见下文雄州沿革)。光启三年(887),威州徙治凉州镇,为行州。景福元年(892),割灵州定远城置警州②。

又,《元和郡县图志》卷4灵州下载:"今为灵武节度使理所,管灵州、会州、盐州。"《新唐书》卷37《地理志一》下亦载有会州,似唐末朔方军节度使还应领有会州。然,《旧唐书》卷196《吐蕃传》载:广德元年(763),"吐蕃退至凤翔……又复居原、会、成、渭之地。"《册府元龟》卷981《外臣部·盟誓》载,建中四年(783),唐蕃会盟,盟文曰:"……今国家所守界:泾州西至弹筝峡西口,陇州西至清水县,凤州西至同谷县,暨剑南西山、大渡水东,为汉界。蕃国守镇在兰、渭、原、会,西至临洮;又东至成州,抵剑南西界磨些诸蛮,大渡水西南,为蕃界……"其中已提及以会州入蕃界。《太平寰宇记》卷37载会州废,《舆地广记》卷16会州乌兰县下载:"唐武德九年置县,后属没吐蕃。皇朝收复。"《文献通考》卷322《舆地考八》会州下载:"广德后没于吐蕃。"由此可知会州已在广德元年时没入吐蕃,《元和郡县图志》、《新唐书·地理志》等所载朔方节度使领有会州,不过是仅存其名。

后梁开平元年(907),灵州朔方节度使领属后梁,领灵、威③、雄、警等4州,治灵州。唯盐州其时为岐王李茂贞所据(参见下文)。

---

① 《唐会要》卷78《诸使中》"节度使"下载:"朔方节度使,开元元年(713)十月六日敕,朔方行军大总管,宜准诸道例,改为朔方节度使。"
② 《新唐书》卷37《地理志一》警州下载:"本定远城……景福元年(892),灵武节度使韩遵表为州。"又,以上有关唐朔方节度使辖州沿革参见郭声波《中国行政区划通史·唐代卷》,第108页。
③ 《旧五代史》卷31《唐庄宗纪五》载:同光二年(924)四月"乙丑……以朔方、河西等军节度使韩洙依前检校太傅、兼侍中,充朔方、河西等军节度使,灵、盐、威、警、雄、凉、甘、肃等州观察使"。其中提及"威州",此处所载虽为后唐时事,但颇疑五代初威州已复置。

后梁开平三年(909),后梁攻取盐州。《资治通鉴》卷 267 开平三年六月载:"丁未,朔方节度使韩逊奏克盐州,斩岐所署刺史李继直。"灵州朔方节度使领灵、盐、威、雄、警等 5 州。

后梁开平四年(910),盐州复为岐王所据,灵州朔方节度使领灵、威、雄、警等 4 州。《资治通鉴》卷 267 开平四年七月载:"岐王与邠、泾二帅各遣使告晋,请合兵攻定难节度使李仁福。晋王遣振武节度使周德威将兵会之,合五万众围夏州,仁福婴城据守。"自邠、泾 2 州出兵至夏州,当经盐州,则此时盐州应为岐王所有。

后梁乾化元年(911),后梁复取盐州,灵州朔方节度使领灵、盐、威、雄、警等 5 州。《资治通鉴》卷 268 乾化元年十一月载:"庚寅,保塞节度使高万兴奏遣都指挥使高万金将兵攻盐州,刺史高行存降。"《旧五代史》卷 6《梁太祖纪六》、《新五代史》卷 2《梁太祖纪下》所载与此略同。

后晋天福四年(939),升灵州方渠镇为威州,改旧威州为清边军,别属灵州(参见下文威州沿革)。灵州朔方节度使仍领灵、盐、威、雄、警等 5 州,唯其中的威州在地域上已发生了变化。

后晋天福七年(942),降雄州为昌化军、警州为威肃军,别属灵州(参见下文灵州沿革)。灵州朔方节度使领灵、盐、威等 3 州。

后周广顺二年(952),威州改名环州(参见下文威州沿革)。

后周显德四年(957),环州降为通远军,领通远 1 县(参见下文威州沿革)。灵州朔方节度使领灵、盐 2 州及通远军。

(1) 灵州(907—959)

(2) 威州(907?—939),威州(939—952)—环州(952—957)—通远军(957—959)

(3) 雄州(907—942)　　　(4) 警州(907—942)

(5) 盐州(909—910,911—959)

二、灵州朔方节度使所辖各州沿革

1. 灵州(907—959),治回乐县(今宁夏灵武市西南)

《旧唐书》卷 38《地理志一》载灵州下领回乐、灵武、怀远、保静、鸣沙、温池等 6 县。《新唐书》卷 37《地理志一》载灵州下领回乐、灵武、怀远、保静等 4 县,其中不见的鸣沙、温池 2 县,由《新唐书》卷 37《地理志一》载威州下有此 2 县,可知已于唐末割属威州[①]。《太平寰宇记》卷 36 灵州下仅领回乐 1 县,而

---

① 参见郭声波:《中国行政区划通史·唐代卷》威州沿革,第 111 页。

言灵武、怀远、保静等县已废,唯未言县废之时间。又,《资治通鉴》卷 276 天成四年(929)载:"初,朔方节度使韩洙卒,弟澄为留后。未几,定远军使李匡宾聚党据保静镇作乱。"同书卷 282 天福四年(939)三月载:"灵州戍将王彦忠据怀远城叛。"《旧五代史》卷 78《晋高祖纪四》所载与此略同。则灵武、怀远、保静 3 县当废于唐末。

五代初期,灵州领回乐 1 县。

后晋天福四年(939),改旧威州为清边军,隶属灵州(参见下文威州沿革)。

后晋天福七年(942),降雄州为昌化军,警州为威肃军,皆隶属灵州。《五代会要》卷 24《军》下载:"(晋天福)七年四月,降雄州为昌化军,警州为威肃军。其军使委命本道差补。"《旧五代史》卷 80《晋高祖纪六》所载与此略同。至此,灵州领 1 县 3 军:回乐县、清边军、昌化军及威肃军。

又,《太平寰宇记》卷 36 载灵州下领镇 7:清远、昌化、保安、保静、临河、怀远、定远。其中"清远"乃"清边"之讹①,定远镇当由威肃军所废②,则清远、昌化、威肃 3 军于五代后期又废军为镇,唯具体时间无考。

(1) 回乐县(907—959)   (2) 清边军(939—959?)

(3) 昌化军(942—959?)   (4) 威肃军(942—959?)

2. 威州(907?—939),威州(939—952)—环州(952—957)—通远军(957—959),治通远县(今甘肃环县)

《唐会要》卷 70《州县改置上》关内道威州下载:"咸亨三年(672),以灵州之鸣沙县置吐谷浑部落,号安乐州。至德中,没吐蕃。大中三年(849)七月,灵武节度使朱叔明奏收复安乐州。八月,遂改为威州。"《新唐书》卷 37《地理志一》威州下载:"初,吐谷浑部落自凉州徙于鄯州,不安其居,又徙于灵州之境,咸亨三年以灵州之故鸣沙县地置(安乐)州以居之。至德后没吐蕃。大中三年收复,更名。"又,大中三年,又析鸣沙县地置昌化县,割隶雄州(参见下文雄州沿革)。光启三年(887),威州徙治凉州镇为行州,原领鸣沙、温池 2 县皆废③。

五代初,威州无领县。

---

① 参见下文清边军注。
② 参见李昌宪:《中国行政区划通史·宋西夏卷》,第 489 页。
③ 《新唐书》卷 37《地理志一》威州下载:"光启三年(887)徙治凉州镇为行州。"《太平寰宇记》卷 36 灵州废鸣沙县下载:"其旧县基,咸亨三年归复,因以其地置安乐州,仍移吐谷浑部落自凉州徙于鄯州,既而不安其居,又徙于灵州之境,置安乐州以处之。是后,复陷蕃中。吐蕃尝置兵以守之,大中三年七月,灵武节度使朱叔明奏收复安乐州。八月,勅安乐州为威州,仍领鸣沙县。后州与县俱废。"

后晋天福四年(939),以灵州方渠镇新置威州,割宁州木波、马岭2镇隶之,仍不领县;原威州改置为清边军。《五代会要》卷20《州县分道改置》下载:"威州,晋天福四年五月敕:'灵州方渠镇宜升为威州,隶灵武,仍割宁州木波、马岭二镇隶之。'"《旧五代史》卷78《晋高祖纪四》载:天福四年五月乙巳,"升灵州方渠镇为威州,隶于灵武。改旧威州为清边军①"。方渠、马岭本均为唐庆州属县,唐末俱废为镇,由上所载可知,2县废为镇后属州关系亦发生了更改。

后周广顺二年(952),新威州改名环州。《五代会要》卷20《州县分道改置》威州下载:"周广顺二年三月,改为环州。"《新五代史》卷60《职方考》、《太平寰宇记》卷37通远军、《舆地广记》卷14环州通远县所载与此略同②。

后周显德四年(957),环州降为通远军,将方渠镇改为通远县,隶属通远军。《五代会要》卷20《州县分道改置》威州下载:"(周)显德四年九月,降(环州)为通远军。"③《新五代史》卷60《职方考》所载同。《太平寰宇记》卷37通远军下载:"本西蕃边界灵州方渠镇,晋天福四年建为威州……显德四年,以地理不广,人户至简,(环州)降为通远军,管通远一县,并木波、石昌、马岭等三镇,征科人户。"同书同卷通远县下载:"与州同置在郭下。"《舆地广记》卷14环州通远县下载:"本方渠……晋以方渠镇复置威州。周改为环州,后废州为通远军,而改方渠为通远县。"

通远县(957—959)

3. 雄州 (907—942),治承天堡(今宁夏中卫市)

唐大中三年(849),析鸣沙县地置雄州④。《新唐书》卷37《地理志一》雄州下载:"在灵州西南百八十里。中和元年(881)徙治承天堡为行州。"其时雄州无领县。

五代时期,雄州仍无领县。

后晋天福七年(942),雄州降为昌化军,隶属灵州(参见上文灵州沿革)。

4. 警州 (907—942),治定远城(今宁夏平罗县南)

《新唐书》卷37《地理志一》警州下载:"本定远城,在灵州东北二百里,先

---

① 清边军,《五代会要》卷24《军》下记载作"清远军"。然"清远军"当置于宋淳化五年(《宋史》卷5《太宗纪二》),故此处应为"清边军"。
② 《册府元龟》卷4《帝王部》系此事于"广顺元年三月"。其"元年"当为"二年"之讹。
③ 《五代会要》卷24《军》系此事于显德二年七月,不从。
④ 此事不见诸史籍,兹据郭声波《中国行政区划通史·唐代卷》雄州沿革,第111页。唯郭氏以为其时雄州领昌化县,恐非,故不从。

天二年(712),朔方大总管郭元振置。其后为上县,隶灵州。景福元年(892),灵威节度使韩遵表为州。"其时警州无属县。

五代时期,警州仍无领县。

后晋天福七年(942),警州降为威肃军,隶属灵州(参见上文灵州沿革)。

5. 盐州(909—959),治五原县(今陕西定边县)

《新唐书》卷 37《地理志一》、《太平寰宇记》卷 37 所载盐州下皆领五原、白池 2 县。故五代期间盐州领县当无变化,仍当领此 2 县之地。

(1) 五原县(907—959)　　　　(2) 白池县(907—959)

第九节　河中府护国军节度使

护国军节度使为唐末旧镇。五代初,护国军节度使为后梁所据,辖河中府、晋州、绛州等 3 府州。后梁开平四年(910)四月,析晋、绛 2 州置定昌军节度使,护国军节度使仅辖河中府。晋王天祐九年(后梁乾化二年,912),护国军节度使附于晋王。后梁乾化三年(913),护国军节度使复属后梁。晋王天祐十七年(后梁贞明六年,920),护国军节度使又属晋王(此年之辖区参见后图 2—7)。后唐同光二年(924)六月,晋州建雄军节度使所辖绛州复属护国军节度使。后汉乾祐元年(948)九月,析河中府新置解州,隶属护国军节度使。此后至五代末,护国军节度使领河中府及绛、解 2 州。

一、河中府护国军节度使辖区沿革

河中府护国军节度使(后梁 907—912,晋王 912—913,**后梁 913—920,晋王 920—923**,后唐 923—936,后晋 936—946,后汉 947—950,后周 951—959)

唐末光启元年(885),改河中节度使为护国军节度使,领河中府、晋州、绛州、慈州、隰州①,为朱温所控。天复二年(902),慈、隰 2 州为晋王李氏政权所取,属河东节度使(参见第三章第一节河东节度使辖区沿革)。

五代初,后梁所控护国军节度使当辖河中府及晋、绛 2 州之地,以朱友谦为河中节度使。《旧五代史》卷 63《朱友谦传》载:"梁祖建号,移授河中节度使、检校太尉,累拜中书令,封冀王。"

后梁开平四年(910)四月,析晋、绛 2 州置定昌军节度使(见本章第十节晋

---

① 参见郭声波:《中国行政区划通史·唐代卷》护国军节度使沿革,第 139 页。

州节度使辖区沿革），护国军节度使仅辖河中府。

晋王天祐九年（后梁乾化二年，912），河中节度使附于晋王。《资治通鉴》卷268乾化二年八月载："郢王友珪既篡立，诸宿将多愤怒，虽由加恩礼，终不悦。……友珪加（朱）友谦侍中、中书令，以诏书自辨，且征之。友谦谓使者曰：'所立者为谁？先帝晏驾不以理，吾且至洛阳问罪，何以征为！'戊戌，以侍卫诸军使韩勍为西面行营招讨使，督诸军讨之。友谦以河中附于晋以求救。"《旧五代史》卷63《朱友谦传》亦载此事，文字与此略同。

后梁乾化三年（913），河中节度使复属后梁。《资治通鉴》卷268乾化三年三月载："帝（笔者按，指后梁均王）遣使招抚朱友谦；友谦复称藩，奉梁年号。"

后梁贞明六年（920），河中节度使复附于晋王。《新五代史》卷45《朱友谦传》载："末帝即位，友谦复臣于梁而不绝晋也。贞明六年，友谦遣其子令德袭同州，逐节度使程全晖，因求兼镇。末帝初不许，已而许之，制命未至，友谦复叛，始绝梁而附晋矣。末帝遣刘鄩等讨之，鄩为李存审所败。晋封友谦西平王，加守太尉，以其子令德为同州节度使。"

后唐同光二年（924）六月，绛州来属，护国军节度使辖河中府和绛州。《五代会要》卷20《州县分道改置》绛州下载："后唐同光二年六月，却割属河中府。"

后汉乾祐元年（948）九月，以河中府地新置解州，隶属护国军节度使（参见下文解州沿革）。

(1) 河中府（907—959）　　(2) 晋州（907—910）
(3) 绛州（907—910，924—959）　　(4) 解州（948—959）

二、河中府护国军节度使所辖各府州沿革

1. 河中府（907—959），治河东县（今山西永济市西南）

《新唐书》卷39《地理志三》河中府下载辖河东、河西、临晋、解、猗氏、虞乡、永乐、安邑、宝鼎、襄陵、稷山、万泉、龙门等13县。在其中的襄陵县下载："大和元年（827）来属。"又，《旧唐书》卷39《地理志二》河东道晋州下载："元和十四年（819），割襄陵属绛州。大和元年，改属河中府。"《太平寰宇记》卷43晋州下所载与此略同。据上所载可知，似唐襄陵县本属晋州，然后属绛州，之后又属河中府。然襄陵县与河中府辖境悬远，中隔绛州所领之正平、太平2县，于理不应割属河中府。《新唐书·地理志》此处"襄陵"县当是绛州所辖"闻喜"

县之误①。《旧唐书·地理志》及《太平寰宇记》所载的襄陵县于大和元年改属河中府,应当是闻喜县别属河中府之时间,与襄陵县无涉。

五代初,河中府当辖河东、河西、临晋、解、猗氏、虞乡、永乐、安邑、宝鼎、闻喜、稷山、万泉、龙门等13县。

后梁开平三年(909),韩原、郃阳、澄城等3县自同州来属(参见本章第三节同州节度使所辖同州沿革)。

后唐同光元年(923),韩原改名韩城②。

后唐同光二年(924),稷山县割属绛州(参见本章第十节晋州节度使所辖绛州沿革)。

后唐同光三年(925),澄城县还属同州。

后唐天成元年(926),韩城、郃阳2县还属同州(参见本章第三节同州节度使所辖同州沿革)。

后汉高祖乾祐元年(948),析解、闻喜、安邑等3县新置解州(参见下文解州沿革),河中府当领9县之谱,至五代末而未更。

(1) 河东县(907—959)　　　(2) 河西县(907—959)
(3) 临晋县(907—959)　　　(4) 解县(907—948)
(5) 猗氏县(907—959)　　　(6) 虞乡县(907—959)
(7) 永乐县(907—959)　　　(8) 安邑县(907—948)
(9) 宝鼎县(907—959)　　　(10) 闻喜县(907—948)
(11) 稷山县(907—924)　　　(12) 万泉县(907—959)
(13) 龙门县(907—959)
(14) 韩原县(909—923)—韩城县(923—926)
(15) 郃阳县(909—926)　　　(16) 澄城县(909—925)

2. 解州(948—959),治解县(今山西运城市西南)

后汉乾祐元年(948)九月,析河中府之地置解州,辖解、闻喜、安邑等3县。《五代会要》卷20《州县分道改置》河东道解州下载:"汉乾祐元年九月,升解县为州,割河中府闻喜、安邑、解三县为属邑。"《新五代史》卷60《职方考》所载与

---

① 参见郭声波:《中国行政区划通史·唐代卷》绛州与晋州二州沿革,第149页,第153页。
② 韩原复名韩城之时间,在清代所刊行的毕沅《关中胜迹图志》、乾隆《府厅州县图志》、嘉庆《大清一统志》、乾隆《韩城县志》等书中,皆云韩原县于后唐天成元年复曰韩城而还隶同州。然《旧五代史》卷30《唐庄宗纪四》载:"(同光元年十月,诏)天下官名府号及寺观门额,曾经改易者,并复旧名。"且《五代会要》卷20《州县分道改置》华州洛南县下载同光三年河中府已将"韩原"奏称"韩城",故可推断韩原应于同光元年复曰韩城。

此略同。《太平寰宇记》卷47河东道下绛州亦载绛州之闻喜入解州。《舆地广记》解州闻喜县亦云:"唐属绛州,后属河中府,汉乾祐元年来属。"

此后至五代末,解州领县规模未闻有何变动。

(1) 解县(948—959)　　　　　(2) 闻喜县(948—959)

(3) 安邑县(948—959)

3. 绛州

参见本章第十节晋州节度使所辖绛州沿革。

4. 晋州

参见本章第十节晋州节度使所辖晋州沿革。

第十节　晋州建宁军(定昌军、建雄军)节度使

后梁开平四年(910)四月,析河中府护国军节度使所领晋、绛2州置定昌军节度使。贞明三年(917),晋州定昌军节度使改为建宁军节度使〔后梁贞明六年(920)之辖区参见前图2-3〕。后唐同光元年(923),晋州建宁军节度使改称建雄军节度使。同光二年(924)六月,晋州建雄军节度使所辖绛州复属护国军节度使;河东节度使所领慈、隰2州属晋州建雄军节度使。此后至五代末,晋州建雄军节度使领晋、慈、隰等3州。

一、晋州建宁军(定昌军、建雄军)节度使辖区沿革

晋州定昌军节度使(后梁910—917)—**晋州建宁军节度使(后梁917—923)**—晋州建雄军节度使(后唐923—936,后晋936—946,后汉947—950,后周951—959)

后梁开平四年(910),梁太祖朱温升河中府护国军节度使所领晋州为定昌军节度使,以绛州隶之。《五代会要》卷24《诸道节度使军额》晋州下载:"梁开平四年四月,升为定昌军节度,以绛、沁二州隶之。"同书卷20《州县分道改置》绛州下亦载:"梁开平四年四月,割隶晋州。"《资治通鉴》卷267开平四年四月载:"帝(笔者按,指梁太祖)以晋州刺史下邑华温琪拒晋兵有功,欲赏之,会护国节度使冀王友谦上言晋、绛边河东,乞别建节镇,壬申,以晋、绛、沁三州为定昌军,以温琪为节度使。"据上所载,似晋州定昌军节度使建立时领晋、绛、沁3州之地。然其时沁州隶属于河东节度使,为晋王所控(参见第三章第一节河东

节度使沿革)①,故其时定昌军节度使当仅领晋、绛2州。

后梁贞明三年(917),定昌军节度使改称建宁军节度使。《新五代史》卷60《职方考》晋州下载:"梁开平四年置定昌军,贞明三年改曰建宁。"《旧五代史》虽未明载定昌军改名之事,但在同书卷9《梁末帝纪中》载:"(贞明三年六月)壬辰,以权知晋州建宁军军州事、前安州刺史刘玘为建宁军节度观察留后。"同书卷10《梁末帝纪下》载:"(龙德元年二月)庚午,以晋州建宁军节度观察留后刘玘为晋州节度使、检校太保。"由上述这两则史料亦可推知此事。

后唐同光元年(923),建宁军节度使改为建雄军节度使。《五代会要》卷24《诸道节度使军额》晋州下载:"至后唐同光元年,改为建雄军。"《旧五代史》卷30《唐庄宗纪四》载:"(同光元年)十二月戊寅,诏改晋州为建雄军。"《新五代史》卷60《职方考》晋州下载:"唐改曰建雄。"

后唐同光二年(924),六月,绛州割属河中节度使;河东节度使所领慈、隰2州来属,晋州建雄军节度使领晋、慈、隰等3州。《五代会要》卷20《州县分道改置》河东道绛州下载:"后唐同光二年六月,却割属河中府。"慈州、隰州下载:"后唐同光二年六月,割隶晋州。"《旧五代史》卷63《朱友谦传》载:"同光元年,庄宗灭梁,友谦觐于洛阳。庄宗置宴飨劳,宠锡无算……(朱友谦)既归藩,请割慈、隰二郡,依旧隶河中,不许,诏以绛州隶之。"

此后至五代末,晋州建雄军节度使一直领晋、慈、隰等3州。

(1) 晋州(910—959)　　　　(2) 绛州(910—924)
(3) 慈州(924—959)　　　　(4) 隰州(924—959)

二、晋州建宁军(定昌军、建雄军)节度使所辖各州沿革

1. 晋州(907—959),治临汾县(今山西临汾市)

《旧唐书》卷39《地理志二》、《新唐书》卷39《地理志三》均载晋州辖临汾、洪洞、神山、霍邑、赵城、岳阳、汾西、冀氏等8县。《太平寰宇记》卷43 晋州下领有9县,较两《唐书·地理志》多出襄陵1县。然此襄陵县已于唐元和十四年(819)割属绛州(参见下文绛州沿革),宋初方复属晋州。故唐末晋州当辖两

---

① 《旧五代史》卷53《李存贤传》载:"(天祐)六年(909),(存贤)权沁州刺史。先是,州当贼境,不能保守,乃于州南五十里据险立栅为治所,已历十余年矣。存贤至郡,乃移复旧郡,划辟荆棘,特立廨舍,州民完集。庄宗嘉之,转检校司空,真拜刺史。九年,汴人乘其无备,来攻其城,存贤击退之。"同书卷94《郭延鲁传》载:"郭延鲁,字德兴,沁州绵上人也。父饶,后唐武皇时,以军功尝为本郡守,凡九年,有遗爱焉。"从这两则史料看,五代初沁州当属晋王,《新五代史》卷60《职方考》之表中亦载五代后梁时沁州属晋王。另,朱玉龙亦认为《资治通鉴》卷267所载晋州定昌军节度使领有沁州有误,参见《五代十国方镇年表》晋州注1,第147页。

《唐书·地理志》所载的8县之地①。

五代时期,晋州一直领唐末8县而未更。

(1) 临汾县(907—959)　　(2) 洪洞县(907—959)
(3) 神山县(907—959)　　(4) 霍邑县(907—959)
(5) 赵城县(907—959)　　(6) 岳阳县(907—959)
(7) 汾西县(907—959)　　(8) 冀氏县(907—959)

2. 绛州(907—959),治正平县(今山西新绛县)

《新唐书》卷39《地理志三》河东道下载绛州辖有正平、太平、曲沃、翼城、绛、闻喜、垣等7县,其中闻喜县于大和元年(827)别属河中府(参见上文河中府沿革)。翼城于天祐二年(905)更曰浍川。《旧唐书》卷20下《哀帝纪》亦载:天祐二年十一月甲申,"(敕)绛州翼城改为浍川"。《读史方舆纪要》卷41平阳府翼城县下亦载:"天祐二年,改曰浍川县。"加之,早在元和十四年(819),襄陵由晋州来属,《旧唐书》卷39《地理志二》河东道晋州所载"元和十四年(819),割襄陵属绛州"可资为证。故唐末绛州当辖正平、太平、曲沃、浍川、绛、垣、襄陵等7县。

五代初,绛州仍当有唐末7县之谱,治正平县。

后唐同光二年(924),稷山县由河中府来属。《五代会要》卷20《州县分道改置》河中府稷山县下载:"后唐同光二年正月,割隶绛州。"《旧五代史》卷31《唐庄宗纪》载:同光二年正月,"河中府上言,稷山县割隶绛州"。

此后至五代末,绛州一直领上述8县而未更。

(1) 正平县(907—959)　　(2) 太平县(907—959)
(3) 曲沃县(907—959)　　(4) 浍川县(907—959)
(5) 绛县(907—959)　　　(6) 垣县(907—959)
(7) 襄陵县(907—959)　　(8) 稷山县(924—959)

3. 慈州

参见第三章第一节河东节度使所辖慈州沿革。

4. 隰州

参见第三章第一节河东节度使所辖隰州沿革。

第十一节　山南东道(襄州)节度使(含复州、襄州)

山南东道节度使,又称襄州节度使,本唐旧镇。五代初,为后梁所据,领

---

① 参见郭声波:《中国行政区划通史·唐代卷》晋州沿革,第153页。

襄、泌、邓、复、郢、随、均、房等8州,治襄州。后梁开平三年(909),升邓州为宣化军节度,割泌、随、复、郢等4州隶之;山南东道节度使仅辖襄、均、房等3州[后梁贞明六年(920)之辖区参见图2-5]。后唐天成二年(927),山南东道节度使增领复州。后晋天福五年(940),升复州为防御州,直属京,山南东道节度使领襄、均、房等3州。天福七年(942),废山南东道节度使,襄州降为防御州,直属京;均、房2州改属邓州威胜军节度使。后汉天福十二年(947),复置山南东道节度使,领襄、均、房、复等4州,直至五代末期。

一、山南东道(襄州)节度使辖区沿革(含复州、襄州)

山南东道(襄州)节度使(后梁 907—923,后唐 923—936,后晋 936—942,后汉 947—950,后周 951—959)

山南东道节度使,又称襄州节度使,本唐旧镇。唐文德元年(888),改为忠义军节度使。天祐三年(906),复称山南东道节度使①,领襄、泌、邓、复、郢、随、均、房等8州,治襄州。《新五代史》卷1《梁太祖纪上》载:天祐元年,"王欲代唐,使人谕诸镇,襄州赵匡凝以为不可。遣杨师厚攻之,取其唐、邓、复、郢、随、均、房七州。"《资治通鉴》卷265天祐二年八月下载:"杨师厚攻下唐、邓、复、郢、随、均、房七州。"胡三省注曰:"七州皆忠义军巡属。"又,《新唐书》卷40《地理志四》泌州下载:"武德五年(622)以唐城山更名唐州……天祐三年,朱全忠徙治泌阳,表更名。"②可知天祐三年,唐州徙治泌阳后,更名泌州。五代初,山南东道节度使为后梁所据,仍当领此8州之地。

后梁开平三年(909),邓州升为宣化军节度,割泌、随、复、郢等4州隶之,山南东道节度使领襄、均、房等3州(参见本章第十二节邓州节度使辖区沿革)。

后唐天成二年(927),后唐以南平王高季兴所辖复州来属,山南东道节度使领襄、均、房、复等4州。《五代会要》卷20《州县分道改置》复州下载:"梁乾化二年(912)十月,割隶荆南。后唐天成二年五月,却隶襄州。"

后晋天福五年(940),升复州为防御州,直属京(参见下文复州沿革),山南东道节度使领复领襄、均、房等3州。

---

① 参见郭声波:《中国行政区划通史·唐代卷》山南东道节度使沿革,第798页。
② 《舆地广记》卷8唐州泌阳县下载:"天祐二年,州自比阳徙治于此,改为泌州。"其中提及唐州更名泌州事在天祐二年,与《新唐书·地理志》异,今姑从后者。

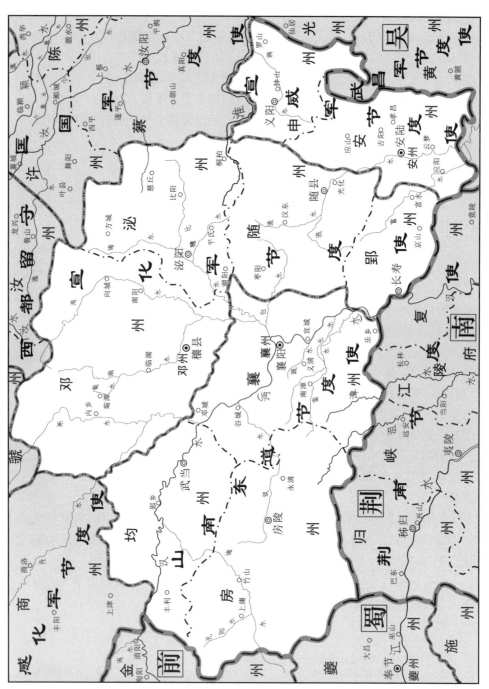

图 2-5　920 年后梁山南东道、邓州宣化军、安州宣威军节度使辖区示意图

后晋天福七年(942),废山南东道节度使,襄州降为防御州,直属京(参见下文襄州沿革);均、房2州割隶邓州威胜军节度使(参见本章第十二节邓州节度使辖区沿革)。

后汉天福十二年(947),复置山南东道节度使。《五代会要》卷24《诸道节度使军额》襄州下载:"至汉天福十二年六月,复旧为山南东道使。"《旧五代史》卷100《汉高祖纪下》载:天福十二年六月"己巳,诏青州、襄州、安州复为节镇,曹、陈二州依旧为郡"。《资治通鉴》卷287天福十二年六月载:"戊辰……复青、襄、汝(笔者按,当为'安')三节度。"此时复置的山南东道节度使辖州情况,史未明载。《册府元龟》卷129《帝王部·封建》载:"周太祖显德元年正月,以山南东道节度襄钧(笔者按,当为'均')房复观察等使、检校太师、守太傅、中书令、南阳王安审琦封陈王。"其中提及后周显德元年(954)山南东道节度使辖襄、均、房、复等4州,据此推测山南东道节度使在后汉天福十二年复置时即已领有此4州之规模。

此后至五代末期,山南东道节度使辖区未更。

山南东道(襄州)节度使

(1) 襄州(907—942,947—959)　(2) 泌州(907—909)

(3) 邓州(907—909)

(4) 复州(907—909,927—940,947—959)

(5) 郢州(907—909)　(6) 随州(907—909)

(7) 均州(907—942,947—959)　(8) 房州(907—942,947—959)

直属京州

(1) 复州(940—947)　(2) 襄州(942—947)

二、山南东道(襄州)节度使所辖各州沿革

1. 襄州(907—959),治襄阳县(今湖北襄阳市)

《旧唐书》卷39《地理志二》、《新唐书》卷40《地理志四》均载襄州领襄阳、邓城、谷城、义清、南漳、宜城、乐乡等7县。唐末,襄州仍领此7县[1]。五代初,亦复如是[2]。

后晋天福七年(942),襄州随山南东道节度使之废而降为防御州,直属京。

---

[1] 参见郭声波:《中国行政区划通史·唐代卷》襄州沿革,第798页。
[2] 《旧五代史》卷10《梁末帝纪下》载:龙德元年(921)三月壬寅,"改襄州鄢县为沿夏县……从中书舍人马缟请也"。襄州无鄢县,颇疑乃宜城县由避讳而改,后唐同光元年(923),沿夏县复称宜城县。存此待考。

《五代会要》卷24《诸道节度使军额》襄州下载:"晋天福七年,降为防御州,直属京。"

后汉天福十二年(947),复置山南东道节度使,襄州当别属之。

后周显德六年(959),乐乡县并入宜城县。《五代会要》卷20《州县分道改置》襄州乐乡县下载:"周显德六年二月,并入宜城。"① 则五代末襄州领襄阳、邓城、谷城、义清、南漳、宜城等6县。

(1) 襄阳县(907—959)　　　(2) 邓城县(907—959)
(3) 谷城县(907—959)　　　(4) 义清县(907—959)
(5) 南漳县(907—959)　　　(6) 宜城县(907—959)
(7) 乐乡县(907—959)

2. 均州(907—959),治武当县(今湖北丹江口市西北)

《旧唐书》卷39《地理志二》、《新唐书》卷40《地理志四》皆载均州下领武当、郧乡、丰利等3县。唐末,均州仍领此3县②。

五代时期,均州一直领武当、郧乡、丰利等3县而未闻有所变更。

(1) 武当县(907—959)　　　(2) 郧乡县(907—959)
(3) 丰利县(907—959)

3. 房州(907—959),治房陵县(今湖北房县)

《旧唐书》卷39《地理志二》、《新唐书》卷40《地理志四》并载房州下领房陵、永清、竹山、上庸等4县。唐末,房州仍领此4县③。

五代时期,房州一直领房陵、永清、竹山、上庸等4县而未闻有所变更。

(1) 房陵县(907—959)　　　(2) 永清县(907—959)
(3) 竹山县(907—959)　　　(4) 上庸县(907—959)

4. 邓州

参见本章第十二节邓州节度使所辖邓州沿革。

5. 泌州

参见本章第十二节邓州节度使所辖泌州沿革。

6. 随州

参见本章第十二节邓州节度使所辖随州沿革。

---

① 《太平寰宇记》卷145襄州下载:"元领县七,今六:襄阳,邓城,谷城,宜城,中庐,南漳。一县割出:乐乡。"又在宜城县废乐乡县下载:"周显德二年并入宜城,皇朝开宝五年割隶荆门军。"将乐乡并入宜城之事系于显德二年(955),与《五代会要》所载"显德六年"异,未详何据,录此备考。
② 参见郭声波:《中国行政区划通史·唐代卷》均州沿革,第811页。
③ 参见郭声波:《中国行政区划通史·唐代卷》房州沿革,第813页。

7. 郢州

参见本章第十二节邓州节度使所辖郢州沿革。

8. 复州

参见第七章第一节荆南节度使所辖复州沿革。

第十二节　邓州宣化军(威胜军、武胜军)节度使

后梁开平三年(909),升山南东道节度使所辖邓州为宣化军节度使,割泌、随、复、郢等4州隶之,治邓州。乾化二年(912),割邓州宣化军节度使所领复州隶荆南节度使[后梁贞明六年(920)之辖区参见前图2-5]。后唐同光元年(923),改邓州宣化军节度使为威胜军节度使;泌州复称唐州。又,大约在同年,邓州节度使又增领复州。同光二年(924),又割复州隶属荆南节度使。后晋天福七年(942),废山南东道节度使,所属均、房2州来属;又改唐州为泌州。后汉初,泌州复称唐州。辽大同元年(947),邓州节度使一度为契丹所据。后汉天福十二年(947),复置山南东道节度使,均、房、复等3州别属之;邓州节度使复由辽属后汉。后周广顺二年(952),邓州威胜军改称武胜军节度使,辖邓、唐、随、郢等4州。

一、邓州宣化军(威胜军、武胜军)节度使辖区沿革

邓州宣化军节度使(后梁 909—923)—邓州威胜军节度使(后唐 923—936,后晋 936—946,后汉 947—950,后周 951—952)—邓州武胜军节度使(后周 952—959)

后梁开平三年(909),析山南东道节度使所辖邓州为宣化军节度使,领邓、泌、随、复、郢等5州,治邓州。《五代会要》卷24《诸道节度使军额》邓州下载:"梁开平三年五月,升为宣化军节度,割泌、随、复、郢四州隶之,与襄州分江心为界。"可见此时的邓州宣化军节度使大体是以汉水以东的原山南东道(襄州)节度使属州设置的。

后梁乾化二年(912),割复州隶荆南节度使,邓州节度使领邓、泌、随、郢等4州。《五代会要》卷20《州县分道改置》复州下载:"梁乾化二年十月,割隶荆南。"

后唐同光元年(923),改宣化军节度使为威胜军节度使;泌州复称唐州。《五代会要》卷24《诸道节度使军额》邓州下载:"至后唐同光元年,改为威胜军。"《旧五代史》卷30《唐庄宗纪四》载:同光元年十二月戊寅,"(改)邓州为

威胜军"。《资治通鉴》卷272同光元年十二月下载:"(改)邓州为威胜军。"《太平寰宇记》卷142邓州下载:"后唐同光元年改为威胜军。"又,《太平寰宇记》卷142唐州下载:"梁改为泌州,后唐同光初复旧名。"而《旧五代史》卷30《唐庄宗纪四》载:同光元年十月,"诏除毁朱氏宗庙神主,伪梁二主并降为庶人。天下官名府号及寺观门额,曾经改易者,并复旧名"。故可推知泌州复旧名唐州当在同光元年。

又,大约在后唐同光元年(923),邓州节度使又增领复州。陶岳《五代史补》卷4《梁震神赞》条载:高季兴朝觐后唐庄宗之后,心怀怨愤,"以兵袭取复州之监利、玉沙①二县,命震草奏,请以江为界。"《十国春秋》卷103《荆南四·梁延嗣传》亦载:"唐同光中,将兵守复州监利,武信王之朝唐也,庄宗欲阴图之,既疾趣归,遂以兵攻监利、星沙二县,延嗣兵败,为王所获"。上述二则史载皆可说明其时复州已属后唐。复州本为邓州节度使领地,此时仍当如是。

后唐同光二年(924),又割复州隶属荆南节度使(参见第七章第一节荆南节度使辖区沿革)。

后晋天福七年(942),山南东道节度使废,均、房2州来属;唐州又改为泌州。邓州节度使领邓、泌、随、郢、均、房等6州。《五代会要》卷24《诸道节度使军额》襄州下载:"晋天福七年,降为防御州,直属京,所管均、房二州割隶邓州,以安从进叛命初平故也。"《旧五代史》卷81《晋少帝纪一》载:天福七年九月"戊子,降襄州为防御使额,均、房二州割属邓州"。又,《太平寰宇记》卷142唐州下载:"梁改为泌州,后唐同光初复旧名,晋又改为泌州。"唐州更名之确年,史籍虽未明载,然仍可推知。《旧五代史》卷80《晋高祖纪六》载:天福六年"十二月丙戌朔……南面军前奏,十一月二十七日,武德使焦继勋、先锋都指挥使郭金海等于唐州南遇安从进贼军一万余人,大破之"。《资治通鉴》卷282天福六年十一月载:"(安)从进举兵攻邓州,唐州刺史武延翰以闻。"《旧五代史》卷81《晋少帝纪一》载:天福七年九月"戊子……升泌州为团练使额"。可知天福六年时尚称"唐州",而次年已有"泌州"之称。故综上所载,可断唐州复称泌州必在天福七年无疑。

辽大同元年(947),邓州节度使一度属辽。王周为辽邓州节度使。《旧五代史》卷106《王周传》载:"开运末,杜重威降于契丹,引契丹主临城谕之。周泣曰:'受国重恩,不能死战,而以兵降,何面南行见人主与士大夫乎?'乃痛饮

---

① 五代复州并不领"玉沙"县,此处所载有误,下引《十国春秋》文中的复州"星沙"县问题与此同。辨见曾育荣:《高氏荆南史稿》,暨南大学博士学位论文,2008年,第83页。

欲引决,家人止之,事不获已,及见契丹主,授邓州节度使、检校太师。高祖定天下,移镇徐州,加同平章事。"

后汉天福十二年(947),邓州节度使复为后汉所据。同年,复置山南东道节度使,均、房 2 州由邓州节度使还属之。又,后汉初期(947?),泌州复称唐州。《太平寰宇记》卷 142 唐州下载:"晋又改为泌州,汉初复旧名。"邓州节度使领邓、唐、随、郢等 4 州(参见本章第十一节山南东道节度使辖区沿革)。

后周广顺二年(952),邓州威胜军改称武胜军节度使。《五代会要》卷 24《诸道节度使军额》邓州下载:"周广顺二年三月,改为武胜军,避讳也。"《资治通鉴》卷 290 广顺二年三月载:"甲戌,改威胜军曰武胜军。"《太平寰宇记》卷 142 邓州下载:"周广顺二年,改为武胜军。"

(1) 邓州(909—959)

(2) 泌州(909—923)—唐州(923—942)—泌州(942—947?)—唐州(947?—959)

(3) 随州(909—959)　　　　　　(4) 复州(909—912,923?—924)

(5) 郢州(909—959)　　　　　　(6) 均州(942—947)

(7) 房州(942—947)

二、邓州宣化军(威胜军、武胜军)节度使所辖各州沿革

1. 邓州(907—959),治穰县(今河南邓州市)

《旧唐书》卷 39《地理志二》邓州下领穰、南阳、新野、向城、临湍、内乡、菊潭等 7 县。《新唐书》卷 40《地理志四》邓州下辖穰、南阳、向城、临湍、内乡、菊潭等 6 县。二者相较,《旧唐书·地理志》多出一县:新野。然《新唐书》卷 40《地理志四》邓州穰县下注曰"乾元元年(758)省新野"入焉。《舆地广记》卷 8 邓州穰县下载:"新野……唐乾元元年省入穰。"可见两《唐书·地理志》及《元和郡县图志》所载并无抵牾。唐末,邓州当辖《新唐书·地理志》所载之 6 县[①]。五代初期,亦复如是。

后汉乾祐元年(948),临湍县改曰临濑县。《五代会要》卷 20《州县分道改置》邓州临湍县下载:"汉乾祐元年正月,改为临濑县,避庙讳也。"《太平寰宇记》卷 142 邓州南阳县下载:"废临濑县……汉乾祐元年改为临濑,避庙讳。今废入穰县。"

后周显德三年(956),废菊潭、向城 2 县入临濑。《五代会要》卷 20《州县

---

① 参见郭声波:《中国行政区划通史·唐代卷》邓州沿革,第 806 页。

分道改置》邓州菊潭县、向城县下载:"周显德三年三月废。"《太平寰宇记》卷142 邓州南阳县下载:"废菊潭县……周显德五年(笔者按,"五年"当为"三年"之讹)并入临濑县。""废向城县……周显德三年废入临濑。"

又,后周时邓州复置一县:淅川。《舆地广记》卷8 邓州淅川县下载:"五代时复置。"淅川曾于唐初析内乡县置,后复省入内乡①。据上所载可知五代时该县又复置。又,《记纂渊海》卷12《郡县部》邓州下载:"五代后周复置淅川,属邓州。"则颇疑淅川县于显德三年菊潭、向城2县废置的同时复置。

综上所述,至五代末,邓州领穰、南阳、内乡、临濑、淅川等5县。

(1) 穰县(907—959)　　　　(2) 南阳县(907—959)

(3) 内乡县(907—959)

(4) 临湍县(907—948)—临濑县(948—959)

(5) 淅川县(956?—959)　　(6) 菊潭县(907—956)

(7) 向城县(907—956)

2. 泌州(907—923)—唐州(923—942)—泌州(942—947?)—唐州(947?—959),治泌阳县(今河南唐河县)

《旧唐书》卷39《地理志二》唐州下与《新唐书》卷40《地理志四》泌州下皆载领比阳、慈丘、桐柏、平氏、湖阳、方城、泌阳等7县。唐末,唐州改称泌州,仍领此7县②。五代初,亦复如是。

后唐同光元年(923),泌州复称唐州。

后晋天福七年(942),唐州又改称泌州。

后汉初期(947?),泌州又改称唐州(参见上文邓州节度使辖区沿革)。

后周显德三年(956),废慈丘县入比阳县。《太平寰宇记》卷142 唐州下载:"元领县六。今五:泌阳,桐柏,湖阳,方城,比阳。一县废:慈丘(并入比阳)。"在比阳县下又载:"废慈丘县……周显德三年入比阳。"

至五代末,唐州领泌阳、比阳、平氏、桐柏、湖阳、方城等6县。

(1) 泌阳县(907—959)　　(2) 比阳县(907—959)

(3) 平氏县(907—959)　　(4) 桐柏县(907—959)

(5) 湖阳县(907—959)　　(6) 方城县(907—959)

(7) 慈丘县(907—956)

---

① 参见郭声波:《中国行政区划通史·唐代卷》邓州内乡县沿革,第807页。
② 参见郭声波:《中国行政区划通史·唐代卷》泌州沿革,第803页。

3. 随州(907—959),治随县(今湖北随州市)

《旧唐书》卷39《地理志二》、《新唐书》卷40《地理志四》皆载隋(随)州下领隋(随)[①]、光化、枣阳、唐城等4县。唐末,随州仍领此4县[②]。五代初,亦复如是。

后梁乾化三年(911),唐城县改曰汉东县。

后唐同光元年(923),汉东县复曰唐城县。

后晋天福元年(936),唐城县又改为汉东县。

后汉乾祐元年(948),汉东县再改称唐城县。《太平寰宇记》卷144随州唐城县下载:"自梁朝乾化三年,改为汉东县。后唐同光元年,复为唐城。晋天福元年,又改为汉东。汉乾祐元年,却改为唐城县。"

五代末,随州仍领随、光化、枣阳、唐城等4县。《太平寰宇记》卷144随州下亦领此4县,可为一旁证。

(1) 随县(907—959)　　　　(2) 光化县(907—959)

(3) 枣阳县(907—959)

(4) 唐城县(907—911)—汉东县(911—923)—唐城县(923—936)—汉东县(936—948)—唐城县(948—959)

4. 郢州(907—959),治长寿县(今湖北钟祥市)

《旧唐书》卷39《地理志二》、《新唐书》卷40《地理志四》并载郢州下领长寿、京山、富水等3县。唐末,郢州仍领此3县[③]。

五代时期,郢州一直领长寿、京山、富水等3县而未有变更。

(1) 长寿县(907—959)　　　　(2) 京山县(907—959)

(3) 富水县(907—959)

5. 均州

参见本章第十一节山南东道节度使所辖均州沿革。

6. 房州

参见本章第十一节山南东道节度使所辖房州沿革。

7. 复州

参见第七章第一节荆南节度使所辖复州沿革。

---

① 郭声波《中国行政区划通史·唐代卷》随州沿革下注曰:"两《唐志》列目作'隋州',《地图集》亦取其说。今依《括地志·序略》、《大唐六典》、《州郡典》、《元和志》、《太平寰宇记》。按随州北朝即有之,以古随(随)国为名,隋朝乃去'辶'作'隋',唐朝鼎革,宜复旧名,两《唐志》所载当误。"(第454页)

② 参见郭声波:《中国行政区划通史·唐代卷》随州沿革,第455页。

③ 参见郭声波:《中国行政区划通史·唐代卷》郢州沿革,第453页。

第十三节 安州宣威军(安远军)节度使
(含安州、申州；附：汉阳军)

后梁初,置安州宣威军节度使,辖安、申2州[后梁贞明六年(920)之辖区参见前图2-5]。后唐同光元年(923),改称安州安远军节度使。后晋天福五年(940),安州节度使废,申州别属许州节度使,安州直属京。辽大同元年(947),一度置安远军节度使。后汉天福十二年(947),安州安远军节度使复置,仍领安、申2州。后周显德元年(954),安远军节度使废,安、申2州直属京。

一、安州宣威军(安远军)节度使辖区沿革(含安州、申州)

安州宣威军节度使(后梁 907?—923)—安州安远军节度使(后唐 923—936,后晋 936—940,后汉 947—950,后周 951—954)

后梁初,安州为宣威军节度使,领安、申2州,治安州。唐末,安州隶属于鄂岳都团练观察使,申州隶属于蔡州奉国军节度使。五代初,安州[1]、申州属后梁(参见第一章第八节许州节度使辖区沿革),又置为安州宣威军节度使。然宣威军节度使始置之年,史未明载。《新五代史》卷60《职方考》与《太平寰宇记》卷132安州、《舆地纪胜》卷77与《方舆胜览》卷31德安府安州下皆仅载"梁置宣威军"而已。又,《旧五代史》卷10《末帝纪下》载:"贞明六年(920)春正月戊子,以曹州刺史朱汉宾为安州宣威军节度使。"其中提及的"宣威军节度使",是史籍中首见有具体年月的记录[2]。察五代初期的形势,在安、申2州之西为山南西道节度使,北为许州节度使和宋州节度使,尤其是东与杨吴相邻,于理该2州当不应直属京而极有置节度使之必要,故推测安州节度使置于五代开平初年。又,宣威军节度使始置之时除辖安州外,还当领有申州(参见第一章第八节许州节度使辖区沿革)。

后唐同光元年(923),安州宣威军节度使改曰安远军节度使。《五代会要》卷24《诸道节度使军额》安州下载:"后唐同光元年,改为安远军节度。"《旧五代史》卷30《唐庄宗纪四》载:同光元年十二月戊寅,"(改)安州为安远军"。

---

[1] 唐光化元年(898),安州为朱温部将攻取。《资治通鉴》卷261光化元年九月载:"汴将朱友恭将兵还自江、淮,过安州,或告刺史武瑜潜与淮南通,谋取汴军。冬,十月,己亥,友恭攻而杀之。"此载可资为证。

[2] 参见朱玉龙:《五代十国方镇年表》安州注1,第120页。

《资治通鉴》卷272同光元年十二月载:"(改)安州为安远军。"《太平寰宇记》卷132安州下载:"后唐同光元年改为安远军。"

后晋天福五年(940),安州安远军节度使废,申州别属许州忠武军节度使(参见第一章第八节许州节度使辖区沿革);安州降为防御州,直属京。《太平寰宇记》卷132安州下载:"晋天福五年,以安州自为藩镇,继有兵戎,宜降为防御州,以李金全叛入伪唐,初平定故也。"既然史籍仅载申州别属许州(《旧五代史》卷79《晋高祖纪五》),则安州为防御州后当直属京。

辽大同元年(947)二月,契丹置安远军节度使。《资治通鉴》卷286天福十二年(947)二月载:契丹主以"(刘)遂凝为安远节度使"。

后汉天福十二年(947)六月,辽安远军节度使之地为后汉所据,复置安州安远军节度使。《五代会要》卷24《诸道节度使军额》安州下载:"至汉天福十二年六月,复为安怀(笔者按,"怀"当作"远")军节度。"《旧五代史》卷100《汉高祖纪下》载:天福十二年六月"己巳,诏青州、襄州、安州复为节镇,曹、陈二州依旧为郡"。《资治通鉴》卷287天福十二年六月载:"复青、襄、汝(笔者按,"汝"当作"安")三节度。"《太平寰宇记》卷132安州下载:"天福十二年,复为安远军。"安州节度使既然是复置,则其时仍当领安、申2州。

后周显德元年(954),安州安远军节度使复废,安州又降为防御州。《五代会要》卷24《诸道节度使军额》安州下载:"至周显德元年十月,又降为防御州。"《旧五代史》卷114《周世宗纪一》载:显德元年十月己酉,"诏安、贝二州依旧为防御州,其军额并停"。《资治通鉴》卷292显德元年十月载:"己酉,废安远、永清军。"《太平寰宇记》卷132安州下载:"周显德元年,又降为防御州。"安、申2州皆当直属京。

安州宣威军(安远军)节度使
(1) 安州(907?—940,947—954)　　(2) 申州(907?—940,947—954)
直属京州
(1) 安州(940—947,954—959)　　(2) 申州(954—959)

二、安州宣威军(安远军)节度使所辖各州沿革

1. 安州(907—959),治安陆县(今湖北安陆市)

《旧唐书》卷40《地理志三》、《新唐书》卷41《地理志五》并载安州领安陆、孝昌、云梦、应城、吉阳、应山等6县。唐末,安州仍领此6县[1],唯应城更名为

---

[1] 参见郭声波:《中国行政区划通史·唐代卷》安州沿革,第450页。

应阳。《新唐书》卷41《地理志五》安州应城县下载："天祐二年(905)复曰应阳。"《旧唐书》卷20下《哀帝纪》：天祐二年，十一月，"安州应城改为应阳。"

五代初，安州仍当领安陆、云梦、孝昌、应阳、吉阳、应山等6县。

后唐同光元年(923)，应阳县复曰应城县，孝昌县改曰孝感县。《太平寰宇记》卷132安州应城县下载："梁开平元年①，为国讳改为应阳县。后唐同光元年复旧。"又，《舆地广记》卷27安州孝感县下载："孝昌……后唐改为孝感。"是孝昌县当于同光元年避"昌"字讳而改名。

后周显德五年(958)，南唐鄂州所领汉川县来属。《太平寰宇记》卷132安州下领安陆、孝感、云梦、应城、应山、汉川等6县。其中在汉川县下载："周显德五年，平淮南……世宗因以汉川隶安州。"则五代末安州领安陆、云梦、孝感、应城、吉阳、应山、汉川等7县。

(1) 安陆县(907—959)　　　　(2) 云梦县(907—959)
(3) 孝昌县(907—923)—孝感县(923—959)
(4) 应阳县(907—923)—应城县(923—959)
(5) 吉阳县(907—959)　　　　(6) 应山县(907—959)
(7) 汉川县(958—959)

2. 申州(907—959)，治义阳县(今河南信阳市)

《旧唐书》卷40《地理志三》、《新唐书》卷41《地理志五》皆载申州下领义阳、钟山、罗山等3县。唐末，申州仍领此3县②。

五代时期申州一直领义阳、钟山、罗山等3县而未闻有所变更。

(1) 义阳县(907—959)　　　　(2) 钟山县(907—959)
(3) 罗山县(907—959)

附：

汉阳军(958—959)，治汉阳县(今湖北武汉市汉阳区)

后周显德五年(958)，后周以南唐所献的江北鄂州汉阳县地置汉阳军。《太平寰宇记》卷131汉阳军下载："周显德五年平淮南，与江南南江为界；江南以汉阳、汉川二县在大江之北，故先进纳。世宗以汉川隶安州，以汉阳县置汉阳军。"

汉阳县(958—959)

---

① 《太平寰宇记》此处将应城更名应阳之事系于后梁开平元年，未详何据。兹从上文《新唐书·地理志》与《旧唐书·哀帝记》所载。
② 参见郭声波：《中国行政区划通史·唐代卷》申州沿革，第443页。

第三章 晋王[暨后梁(部分区域)、后唐、后晋、后汉、后周;附:北汉]辖境政区沿革(上)

晋王天祐十七年(后梁贞明六年,920),晋王李氏政权在原唐河东道及关内道北部区域内据有太原府河东节度使、潞州昭义军节度使、云州大同军节度使、朔州振武军节度使、丰州天德军节度使(当年又为契丹所据)。另,乾祐四年(后周广顺元年,951)建立的北汉政权,为十国政权之一,因其疆域大致沿袭的是河东节度使的辖区,故将北汉政权的政区沿革与上述晋王李氏所属各节度使的辖区及所属各州(府)沿革,一并放在本章分节进行讨论。

第一节 太原府河东节度使[西京(北都、北京)留守][附:代州静塞军节度使、汾州宁化军节度使、府州永安军节度使(含府州、胜州)]

河东节度使为唐旧镇,唐末为晋王李克用所据,天祐四年(907),朱温称帝,建立后梁,改年号为开平,然河东仍为李氏所据,依然沿用唐天祐年号,此时河东节度使辖太原府及仪、石、岚、汾、朔、蔚、云、沁、宪、应、慈、隰、忻、代等14州。晋王天祐五年(908),云、朔、应、蔚等4州别属大同军节度,二月,罢大同军节度使,该4州复属河东节度使。天祐八年(911),河东节度使增领府州。天祐十二年(915),云、应、蔚3州别属大同军节度使。天祐十六年(919),朔州别属振武军节度使[晋王天祐十七年(920)之辖区参见图2-6]。天祐十九年(922),罢大同军节度使,云、应、蔚3州复属河东节度使。后唐同光元年(923)四月,升太原府为西京。十一月,又改为北都。原河东节度使辖区先后归西京留守、北都留守管辖。河东节度使之称此后当是虚职。同光二年(924)六月,

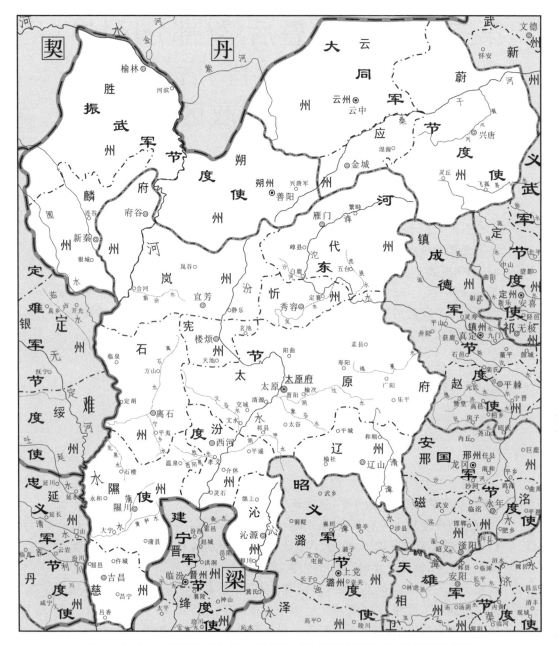

图 2-6　920 年晋王太原府河东、云州大同军、朔州振武军节度使辖区示意图

慈州、隰州割属晋州建雄军节度使；七月，云州、应州别属大同军节度使，北都留守领太原府及辽、石、岚、汾、沁、宪、忻、代、府、蔚等10州。同光三年（925），又改北都为北京。后晋天福三年（938），北京留守增领原属振武军节度使之麟州，罢领蔚州、府州（此2州北属契丹）。天福五年（940）三月，辽、沁2州割属潞州昭义军节度使。天福六年（941）七月，辽州、沁州还属北京留守。开运元年（944），府州复脱离契丹来属。后汉天福十二年（947），府州别属永安军节度使。乾祐三年（950），府州还属北京留守。

北汉乾祐四年（951），后周代汉之际，刘崇据北京留守辖境之地建立北汉政权，与后周并存。北汉辖境有太原府及汾、忻、代、岚、宪、沁、辽、麟、石等9州之地，而府州归属后周。乾祐六年（953），麟州由北汉归属后周。乾祐七年（954），北汉盂县（太原府属县）及汾、辽、宪、岚、石、沁、忻、代各州均归于后周。旋，上述各地连同麟州一起又为北汉收复。天会元年（957），麟州复由北汉归属后周，由后周府州永安军节度使统辖。天会三年（959），辽州又为后周攻取，划入潞州昭义军节度使辖区之中。至此，北汉领太原府及汾、忻、代、岚、宪、沁、石等7州之地。天会四年（960），北宋政权建立，河东依然为北汉政权所据。

一、太原府河东节度使[西京（北都、北京）留守]辖区沿革

[附：**代州静塞军节度使、汾州宁化军节度使、府州永安军节度使**（含府州、胜州）]

太原府河东节度使（晋王907—923）——西京留守（后唐923）——北都留守（后唐923—925）——北京留守（后唐925—936，后晋936—946，后汉947—951）

河东节度使为唐旧镇。《新唐书》卷65《方镇表二》北都下载：唐开元十一年（723），"更天兵军节度为太原府以北诸军州节度、河东道支度营田使兼北都留守，领太原及辽①、石、岚、汾、代、忻、朔、蔚、云九州，治太原。"开元十七年（729），"以仪、石②二州隶潞州都督。"开元十八年（730），"更太原府以北诸军州节度为河东节度……复领仪、石③二州。"至此，河东节度使领太原府及仪、石、汾、岚、代、忻、朔、蔚、云等9州。兴元元年（784），河东节度使改为保宁

---

① 笔者按，"辽"字误，应为"仪"。下文中和三年（883）改仪州为辽州可证。
② 石州其时不应改隶潞州都督府，因为其与潞府之间隔有汾州，据其时制度，内地都督府不该有遥领，此处所言石州或为汾州之误。
③ 参见上注。

军节度使,贞元三年(787),复为河东节度使(《新唐书》卷65《方镇表二》)。贞元十年(794),割昭义军节度使沁州来属。元和十五年(820),河东节度使领太原府及仪、石、汾、岚、代、忻、朔、蔚、云、沁等10州。会昌三年(843),割云、朔、蔚等3州隶大同都团练使。中和二年(882),割忻、代2州隶雁门节度使。中和三年(883),改仪州为辽州。中和四年(884),割代北节度使之云、蔚2州来属①。同年,增领振武节度使所辖之麟州。《资治通鉴》卷256中和四年载:"八月,李克用奏请割麟州隶河东……皆许之。"②光启三年(887),代北节度使废,原领忻、代、朔等3州来属。乾宁元年(894),割幽州卢龙节度使所辖新、武2州来属。乾宁二年(895),新、武2州还隶幽州卢龙节度使。龙纪元年(889),增领宪州(《新唐书》卷65《方镇表二》)③。天复元年(901),取护国军节度使慈、隰2州来属。《旧五代史》卷26《武皇纪下》载:唐天复元年"六月,(李克用)遣李嗣昭、周德威将兵出阴地,攻慈、隰二郡,隰州刺史唐礼、慈州刺史张瑰并以城来降。……(天复二年三月,丁巳,)朱友宁长驱至汾州,慈、隰二州复为汴人所据。……丁卯,硃友宁烧营而遁,周德威追至白壁关,俘斩万计,因收复慈、隰、汾等三州。"《旧五代史》卷52《李嗣昭传》、《新五代史》卷4《唐宗宗纪》、《资治通鉴》卷263所载略同。至迟天祐四年(907),又增领析云州地而置的应州(参见本章第三节云州节度使辖区沿革及所辖应州沿革)。

又,吕梦奇《后唐招讨使李存进墓碑》云:"(天祐)十六年(919)三月,制授单于安北都护、御史大夫,充振武节度、麟胜朔等州观察处置、营田、押蕃汉等使。"④可见其时麟州已属振武节度使。麟州从河东节度使划入振武节度使之确年,史料虽未载,然从振武节度使当时所处的军事形势来分析,仍可约略推知。中和四年(884),振武节度使契苾璋与李克用不睦,彼此之间曾经发生过战争⑤,李克用趁讨黄巢有功之时奏划振武节度使所辖之麟州归河东,削弱契苾璋势力,唐僖宗许之(参见上面所引《资治通鉴》卷256之文)。至乾宁元年

---

① 中和三年,唐雁门节度使改称代北节度使。参见本节所附代州节度使辖区沿革。又,云州其时为吐谷浑首领赫连铎所据,故此时仅是名义上的隶属。至唐大顺二年(891),李克用败赫连铎,河东节度使才真正领有云州(《资治通鉴》卷258大顺二年七月)。
② 《新唐书》卷65《方镇表二》北都又载:中和二年(882),"河东节度增领麟州"。然《资治通鉴》卷256胡三省注曰:"麟州,本属振武节度,《考异》云:《新方镇表》:'中和二年,河东节度增领麟州。'误也,今从《唐末见闻录》。"由胡三省注可知此处"中和四年"乃出自五代王仁裕的《唐末见闻录》,从写作年代看《唐末见闻录》较《新唐书》为早,所载应较可信,故在此采中和四年之说。
③ 参见郭声波:《中国行政区划通史·唐代卷》河东节度使沿革,第172页。
④ 《全唐文》卷840。
⑤ 《资治通鉴》卷254中和二年载:"三月,振武节度使契苾璋奏与天德、大同共讨克用。"

(894),李克用属下石善友为振武节度使①。此后石善友为振武军节度使长达十年。至天祐元年(904),李克宁继任。既然振武节度使为晋王心腹担任,而麟州又向隶振武,倘此时复归振武亦颇合情理。故麟州回归振武节度使之时间当在唐乾宁元年后,至迟似不应超过天祐四年(907)五代后梁建立。

综上可知,唐末河东节度辖有太原府及辽、石、岚、汾、朔、蔚、云、沁、宪、应、慈、隰、忻、代等14州。

晋王天祐四年(后梁开平元年,907),河东节度使当辖上述唐末15府州之地,唯其中的辽州复称仪州(参见下文河东节度使所辖仪州沿革)。

晋王天祐五年(后梁开平二年,908)正月,升云州为大同军节度使,以朔、应、蔚等3州隶之。二月,罢大同军节度使,云、朔、应、蔚4州复属河东节度使(参见本章第三节云州节度使辖区沿革)。

晋王天祐八年(后梁乾化元年,911),河东节度使增领府州,领有太原府及辽②、石、岚、汾、朔、蔚、云、应、沁、宪、慈、隰、忻、代、府等15州地。是年以麟州之地所设之府谷县置府州(参见下文府州沿革),隶属河东节度使。《旧五代史》卷125《折从阮传》载:"唐庄宗初有河朔之地,以代北诸部屡为边患,起从阮为河东牙将,领府州副使。"其中所提及的"河东牙将",当为河东节度使牙将,从折从阮"领府州副使"来看,其时府州隶属河东节度使应无疑义。

晋王天祐十二年(后梁贞明元年,915),云州升为大同军节度使,以应、蔚2州为属州(参见本章第三节云州节度使辖区沿革)。河东节度使领太原府及辽、石、岚、汾、朔、沁、宪、慈、隰、忻、代、府等12州。

晋王天祐十三年(后梁贞明二年,916),振武军节度使徙治朔州(参见本章第四节朔州节度使辖区沿革),朔州自当由河东节度使析出。

晋王天祐十九年(后梁龙德二年,922),罢大同军节度使(参见本章第三节云州节度使辖区沿革),云、应、蔚3州复隶于河东节度使。

后唐同光元年(923)四月,升太原府为西京。《旧五代史》卷29《唐庄宗纪三》载:同光元年四月,"诏升魏州为东京兴唐府,改元城县为兴唐县,贵乡县为广晋县,以太原为西京,以镇州为北都"。《太平寰宇记》卷40并州下载:"后唐同光元年,庄宗即位于魏州,改太原为西京,以镇州为北都。"同年十一月,又

---

① 陆扆《授石善友镇武节度使滕存免邕州节度使制》曰:"……具官石善友,夙知边事,素练戎韬。骅骝骋风,无远不适……善友可检校右仆射充镇武节度使兼安北都护……"(《全唐文》卷827)吴廷燮据此以为石善友在乾宁元年(894)为镇(振)武节度使,可从。参见氏著《唐代方镇年表》,中华书局,1980年,第181页。

② 大约在天祐六年(909),仪州改称辽州。参见下文河东节度使所辖仪州沿革。

改西京为北都。《新五代史》卷5《唐庄宗纪下》载：同光元年"十一月乙巳，复北都为镇州，太原为北都"①。原河东节度使所辖区域当先为西京留守，后为北都留守管辖，河东节度使之名成为虚职。

后唐同光二年（924）六月，慈、隰2州割属晋州建雄军节度使（参见第二章第十节晋州节度使辖区沿革）。七月，云州复为大同军节度使，以应州为属州（参见本章第三节云州节度使辖区沿革）。北都留守领太原府及辽、石、岚、汾、沁、宪、忻、代、府、蔚等10州之地。

后唐同光三年（925），又改北都为北京。《旧五代史》卷33《唐庄宗纪七》载：同光三年十二月"丙子，以北京副留守、太原尹孟知祥为检校太傅、同平章事、成都尹、剑南西川节度副大使、知节度事、西山八国云南都招抚等使。"其中提及了"北京副留守"一职，说明至迟此时北都已更名为北京。《太平寰宇记》卷40并州下亦载："（同光）三年改太原为北京。"

后晋天福三年（938年），蔚州自北京留守析出，此由石敬瑭割属契丹之十六州中列有蔚州之名可知（参见第四章第六节幽州节度使辖区沿革）。另，又因振武军节度使之朔州亦名列十六州之中，其时振武军节度使另一属州——麟州，当在此时改属北京留守，此由麟州地理位置及下文所附北汉政权中领有该州可知②。此外，府州亦当在此年北属契丹。《旧五代史》卷125《折从阮传》载："晋高祖起义，以契丹有援立之恩，赂以云中、河西之地，从阮由是以郡北属。"《资治通鉴》卷284开运元年六月载："初，（后晋）高祖割北边之地以赂契丹，由是府州刺史折从远（笔者按，即折从阮）亦北属。"至此，北京留守领太原府及辽、石、岚、汾、沁、宪、忻、代、麟等9州。

后晋天福五年（940）三月，辽州、沁州割隶潞州昭义军节度使（参见本章第二节潞州节度使辖区沿革）。

后晋天福六年（941）七月，辽州、沁州还隶北京留守。《五代会要》卷20《州县分道改置》仪州下载："晋天福五年三月，（辽州）并沁州割隶潞州。六年七月，并沁州却隶太原。"《旧五代史》卷80《晋高祖纪六》载：天福六年七月"己巳，以邺都留守兼侍卫亲军马步军都指挥使、广晋尹刘知远为太原尹，充北京留守、河东节度使，仍割辽、沁二州却隶河东"。《资治通鉴》卷282天福六年七

---

① 《旧五代史》卷32《唐庄宗纪六》载："（同光三年三月，）诏本朝以雍州为西京，洛州为东都，并州为北都。近以魏州为东京，宜依旧以洛州为东都，魏州改为邺都，与北都并为次府。"所叙与《新五代史》异，朱玉龙以为《新五代史》所记合理（参见《五代十国藩镇年表》，第343页注3）。今从朱氏之说。

② 参见朱玉龙：《五代十国藩镇年表》，第334页。

月载:"帝忧安重荣跋扈,己巳,以刘知远为北京留守、河东节度使,复以辽、沁隶河东。"

后晋开运元年(944),府州脱离契丹,复隶于北京留守。《旧五代史》卷125《折从阮传》载:"晋高祖起义,以契丹有援立之恩,赂以云中、河西之地,从阮由是以郡北属。既而契丹欲尽徙河西之民以实辽东,人心大扰,从阮因保险拒之。晋少帝嗣位,北绝边好,乃遣使持诏谕从阮令出师。明年(笔者按,指开运元年)春,从阮率兵深入边界,连拔十余寨。"《资治通鉴》卷284开运元年六月载:"初,(后晋)高祖割北边之地以赂契丹,由是府州刺史折从远亦北属。契丹欲尽徙河西之民以实辽东,州人大恐,从远因保险拒之。及帝与契丹绝,遣使谕从远使攻契丹。从远引兵深入,拔十余寨。(六月)戊午,以从远为府州团练使。"

后汉天福十二年(947),府州由北京留守析出,升为永安军节度使(参见下文所附府州节度使辖区沿革)。

后汉乾祐三年(950),罢永安军节度使(参见下文所附府州节度使辖区沿革),北京留守复领府州。

后周广顺元年(北汉乾祐四年,951),北汉建国,据有后汉北京留守所辖太原府及汾、忻、代、岚、宪、沁、辽、麟、石等9州之地(参见下文所附北汉辖境政区沿革)。原后汉北京留守废。其后,后周与北汉之间展开了领土的争夺。

后周广顺三年(北汉乾祐六年,953)正月,麟州刺史杨重训降后周,北汉失麟州。《新五代史》卷11《周太祖纪》载:"(广顺三年)春正月乙卯,麟州刺史杨重训叛于汉来附。"又,《资治通鉴》卷291广顺二年记述了杨重训由北汉属后周的缘由:"初,麟州土豪杨信自为刺史,受命于周。信卒,子重训嗣,以州降北汉;至是,为群羌所围,复归款,求救于夏、府二州。"

后周显德元年(北汉乾祐七年,954)四月至五月间,盂县(原太原府所属)及汾、辽、宪、岚、石、沁、忻、代等8州先后由北汉归于后周。其时,后周太祖晏驾,北汉乘机挥师向南,不料战败,后周乘胜向北,连夺数州。《旧五代史》卷114《周世宗纪一》载:"(显德元年)夏四月乙巳,太祖灵驾发东京。乙卯,葬于嵩陵。河中节度使王彦超奏,伪汾州防御使董希颜以城归顺。(《旧五代史考异》:案《宋史·王彦超传》:彦超自阴地关与符彦卿会兵围汾州,诸将请急攻,彦超曰:'城已危矣,旦暮将降,我士卒精锐,驱以先登,必死伤者众,少待之。'翼日,州将董希颜果降)丙辰,伪辽州刺史张汉超以城归顺。……辛酉,符彦卿奏,岚、宪二州归顺。壬戌……王彦超奏,收下石州,获伪刺史安彦进。(《旧五代史考异》:案《宋史·王彦超传》:引兵趣石州,彦超亲鼓士乘城,躬冒矢石,数日下之,擒其守将安彦进献行在。)癸亥,伪沁州刺史李廷海以城归顺。……(庚午,)车驾发潞州,亲征刘崇。癸酉,忻州伪监军李勍杀刺史赵皋及契丹大将杨耨姑,以城归顺。诏授李勍忻州刺史。五月……(丙子,)伪代州防御使郑处谦以城归顺。"《新五代史》卷12《周世宗纪》载:"(显德元年)夏四月乙卯,葬神圣文武恭肃孝皇帝于嵩陵。汾州防御使董希颜叛于汉来附。丙辰,辽州刺史张汉超叛于汉来附。辛酉,取岚、宪州。壬戌……取石、沁州。……(庚午,)忻州监军李勍杀其刺史赵皋,叛于汉来附。五月丙子,代州守将郑处谦叛于汉来附。"《资治通鉴》卷291显德元年载:"夏,四月,北汉盂县降。(后周将)符彦卿军晋阳城下,王彦超攻汾州,北汉防御使董希颜降。帝(笔者按,指后周世宗)遣莱州防御使康延沼攻辽州,密州防御使田琼攻沁州,皆不下。供备库副使太原李谦溥单骑说辽州刺史张汉超,汉超即降。……辛酉,符彦卿奏北汉宪州刺史太原韩光愿、岚州刺史郭言皆举城降。……王彦超、韩通攻石州,克之,执刺史安彦进。癸亥,沁州刺史李廷海降。……癸酉,北汉忻州监军李勍杀刺史赵皋及契丹通事杨耨姑,举城降。以勍为忻州刺史。"同书卷292显德元年载:"(五月,丙子,北汉代州防御使郑)处谦举城来降。"另,同在五月,后周曾一度设置了代州静塞军节度使与汾州宁化军节度使。未几,二节度使皆废,领地皆属北汉(参见下文所附代州节度使与汾州节度使辖区沿革)。亦在五月,复置府州永安军节度使(参见下文所附府州节度使辖区沿革)。

旋,因后周班师撤退、尽弃所得州县之故,上述诸州县(参见下文所附北汉辖境政区沿革)连同麟州(参见下文)复为北汉所有。

后周显德四年(北汉天会元年,957),麟州属后周。《旧五代史》卷117《周世宗纪四》载:"(显德四年十月)癸亥,河东伪命麟州刺史杨重训以城归顺。"《资治通鉴》卷293显德四年十月载:"癸亥,北汉麟州刺史杨重训举城降,(胡三省注曰:太祖广顺二年,杨重训以麟州归款,中间必又附北汉也。)以为麟州防御使。"上文已述在广顺三年(953),麟州已属后周,此处又言麟州归顺后周,是其间麟州必定又附北汉,唯史籍未有确载。颇疑显德元年在后周班师后,麟州与其他诸州一起归属北汉。另,从地理形势上分析,麟州归属后周后当并入府州永安军节度使辖区。

后周显德六年(北汉天会三年,959),北汉所据辽州为后周昭义军节度使李筠攻取(参见下文所附北汉辖境政区沿革)。从地望上来看,辽州当为潞州昭义军节度使属州。

(1) 太原府(907—951)

(2) 仪州(907—909?)—辽州(909?—940,941—951)

(3) 石州(907—951)　　　　　(4) 岚州(907—951)

(5) 汾州(907—951)　　　　　(6) 朔州(907—908,908—916)

(7) 蔚州(907—908,908—915,922—938)

(8) 云州(907—908,908—915,922—924)

(9) 沁州(907—940,941—951)

(10) 宪州(907—951)

(11) 应州(907—908,908—915,922—924)

(12) 慈州(907—924)　　　　　(13) 隰州(907—924)

(14) 忻州(907—951)　　　　　(15) 代州(907—951)

(16) 府州(911—938,944—947,950—951)

(17) 麟州(938—951)

附：
代州静塞军节度使辖区沿革
代州静塞军节度使(后周954)

唐末曾于代州置代北节度使①。唐光启三年(887)，代北节度使废，代州当为河东节度使属州。然陈鳣《续唐书》卷16《地理志》载："代州，旧置雁门军节度，后唐因之。"②似五代初，代州仍置有雁门节度使。其实，陈鳣之说有误。兹请证之如下。

《新唐书》卷65《方镇表二》北都下载：会昌三年(843)，"以云、蔚、朔三州置大同都团练使，治云州"。会昌四年，"升大同都团练使为大同都防御使"。乾符五年(878)，"升大同都防御使为节度使"。中和二年(882)，"以忻、代二州隶雁门节度。更大同节度为雁门节度……徙治代州"。《资治通鉴》卷255中和二年十二月亦载："以忻、代等州留后李克用为雁门节度使。"据上所载可知，唐中和二年(882)，雁门节度使辖有蔚、朔、忻、代等4州③，治代州。

中和三年(883)，雁门节度改为代北节度使，李国昌为节度使。《新唐书》卷65《方镇表二》北都下又载：中和三年，"赐雁门节度为代北节度。"《旧唐书》

---

① 参见郭声波：《中国行政区划通史·唐代卷》代北节度使沿革，第181页。
② 谭其骧主编《中国历史地图集》第五册"五代十国时期"之"开平二年(908)梁、晋、岐、卢龙等镇图"和"清泰元年(934)唐图"中，均于代州处标雁门节度使，未详何据。
③ 其时云州仍为赫连铎所据，未被李克用攻占，故不属雁门节度使。

卷 22《僖宗纪》亦载:"(中和三年)八月,李克用赴镇太原。制以前振武节度、检校司空、兼单于都护、御史大夫李国昌为检校司徒、代州刺史、雁门已北行营节度、蔚朔等州观察等使。"《资治通鉴》卷 255 中和三年八月所载与此略同。

中和四年(884),河东节度使增领云州(名义上)、蔚州,代北节度领代、忻、朔等 3 州(《新唐书》卷 65《方镇表二》)。《资治通鉴》卷 256 中和四年八月亦载:"(李)克用奏罢云蔚防御使,依旧隶河东。"

光启三年(887),代北节度使李国昌薨①。此后,至后周显德元年(954)五月代州升为静塞军节度使,史籍未载其间仍置代北节度使或雁门节度使,而仅有代州刺史的任命。如《旧五代史》卷 35《唐明宗纪一》载:天祐五年(908)五月,"是日,梁军大败,以功授(李嗣源)代州刺史"。《旧五代史》卷 65《李建及传》载:"(天祐)十七年(920)三月,授(李建及)代州刺史。"故颇疑自李国昌卒后,代北节度使即随之撤销,其属州当归属于河东节度使。

后周显德元年(954)五月,代州升为静塞军节度使。《五代会要》卷 24《诸道节度使军额》代州下载:"周显德元年,升为静塞军节度,以初归降故也。"《旧五代史》卷 114《周世宗纪》载:"(显德元年,五月,丙子,)伪代州防御使郑处谦以城归顺。……升代州为节镇,以静塞军为额,以郑处谦为节度使。"《新五代史》卷 12《周世宗纪》载:显德元年,"五月,丙子,代州守将郑处谦叛于汉来附"。《资治通鉴》卷 292 显德元年五月载:"丁丑,置静塞军于代州,以郑处谦为节度使。"胡三省注曰:"创置方镇以怀抚郑处谦。"可见,设置代州静塞军节度使是后周的一个权宜之策。因此,当郑处谦在此后不久为代州将桑珪、解文遇以"潜通契丹"之名杀死②,代州复为北汉攻陷后(参见本节所附北汉辖境政区沿革),静塞军节度使自当随之废除。

代州(954)

汾州宁化军节度使辖区沿革

汾州宁化军节度使(后周 954)

后周显德元年(954)四月,北汉汾州防御使董希颜、沁州刺史李廷诲归降(参见上文河东节度使辖区沿革),升汾州为宁化军节度使,以石、沁 2 州为属

---

① 《资治通鉴》卷 255 光启三年二月。又,李国昌卒年,史载不一。《旧唐书》卷 22《僖宗纪》、《旧五代史》卷 25《唐武皇纪上》、《新五代史》卷 4《唐庄宗纪》均言李国昌中和三年(883)十月卒,而《资治通鉴》言李国昌光启三年薨,胡三省注以之为然。笔者亦从之。

② 《资治通鉴》卷 292 显德元年五月。

州。《五代会要》卷24《诸道节度使军额》汾州下载:"周显德元年五月,升为宁化军节度,以初归顺故也。"《资治通鉴》卷292显德元年五月载:"丁亥,置宁化军于汾州,以石、沁二州隶之。"《十国春秋》卷104《世祖本纪》载:乾祐七年(954)五月"丁亥,周置宁化军于汾州,以石、沁二州隶焉"。汾州宁化军节度使之设,当为安抚前来归顺的北汉汾州防御使董希颜与沁州刺史李廷诲。从代州静塞军节度使以北汉叛将代州防御使郑处谦来充任的事例看,汾州宁化军节度使则当由北汉叛将汾州防御使董希颜充当①。未几,汾州宁化军节度使辖地复归北汉(参见本节所附北汉辖境政区沿革)。

(1) 汾州(954)　　　　　　(2) 石州(954)
(3) 沁州(954)

府州永安军节度使辖区沿革(含府州、胜州)

府州永安军节度使(后汉947—950,后周954—959)

后汉天福十二年(947),析北京留守所辖府州为永安军节度使,领府、胜2州。《五代会要》卷24《诸道节度使军额》府州下载:"汉天福十二年,升为永安军节度。"《旧五代史》卷125《折从阮传》亦载:"……升府州为永安军,析振武之胜州②并沿河五镇以隶焉。"《资治通鉴》卷286天福十二年四月载:"振武节度使、府州团练使折从远入朝,更名从阮,置永安军于府州,以从阮为节度使"。《舆地广记》卷18府州下载:"汉高祖天福十二年,置永安军,以(折)从阮为节度使。"

后汉乾祐三年(950),永安军节度使废,府州降为团练州,直属京。《五代会要》卷24《诸道节度使军额》府州下载:"至乾祐三年四月,降为团练州。"《旧五代史》卷103《汉隐帝纪下》载:"(乾祐三年四月)癸未,府州永安军额宜停,命降为团练州。"同书卷125《折从阮传》载:"明年春(笔者按,当指乾祐三年二月③),从阮举族入觐,朝廷命其子德扆为府州团练使。"④《资治通鉴》卷289乾祐三年四月载:"癸未,罢永安军。"另,从地理形势上分析,此时胜州亦当为直属京州。

---

① 参见栗元益男:《五代宋初藩镇年表》汾州藩镇注(1),第677页;朱玉龙:《五代十国藩镇年表》汾州,第652页。
② 笔者按,胜州至迟在后晋天福元年(936)废,其地为契丹所据。后晋开运二年(945),胜州从契丹重新夺回,隶属后晋振武军节度使。参见本章第四节振武军节度使辖区沿革。
③ 参见陈尚君辑纂:《旧五代史新辑会证》,复旦大学出版社,2005年,第3852页注3。
④ 折德扆为府州团练使的记载还见于《册府元龟》卷420《将帅部•掩袭》。

后周显德元年(954)五月,府州复为永安军节度使。《五代会要》卷24《诸道节度使军额》府州下载:"至显德元年五月,复旧军额。"《旧五代史》卷114《周世宗纪一》载:"(显德元年五月)升府州为节镇,以永安军为军额,以本州防御使折德扆为节度使。"《资治通鉴》卷292显德元年五月亦载:"辛丑,复置永安军于府州。"此时的永安军节度使仍当领府、胜2州之地。

后周显德四年(957),北汉麟州属后周,隶属府州永安军节度使(参见上文河东节度使辖区沿革)。

府州永安军节度使

(1) 府州(947—950,954—959)　　(2) 胜州(947—950,954—959)

(3) 麟州(957—959)

直属京州

(1) 府州(950—954)　　(2) 胜州(950—954)

二、太原府河东(含代州静塞军、汾州宁化军、府州永安军)节度使[西京(北都、北京)留守]所辖各州(府)沿革

1. 太原府(907—959),治太原县(今山西太原市西南)

《旧唐书》卷39《地理志二》、《新唐书》卷39《地理志三》均载太原府领太原、晋阳、榆次、太谷、祁、阳曲、寿阳、盂、清源、乐平、广阳、交城、文水等13县。《太平寰宇记》卷40并州下载:"元领县十三,今九:阳曲、平晋(新置)、文水、祁县、榆次、太谷、清源、寿阳、盂县。二县废:太原(入平晋)、晋阳(同)。三县割出:交城(入大通监)、广阳(建军)、乐平(入广阳军)。"领县虽有变化,但皆发生于宋代,故五代太原府所辖县当与唐末同,仍有13县之谱。

(1) 太原县(907—959)　　(2) 晋阳县(907—959)

(3) 榆次县(907—959)　　(4) 太谷县(907—959)

(5) 祁县(907—959)　　(6) 阳曲县(907—959)

(7) 寿阳县(907—959)　　(8) 盂县(907—959)

(9) 清源县(907—959)　　(10) 乐平县(907—959)

(11) 广阳县(907—959)　　(12) 交城县(907—959)

(13) 文水县(907—959)

2. 忻州(907—959),治秀容县(今山西忻州市)

《旧唐书》卷39《地理志二》、《新唐书》卷39《地理志三》、《太平寰宇记》卷42均载忻州领秀容、定襄2县,五代时期忻州辖县当与此相同。

(1) 秀容县(907—959)　　(2) 定襄县(907—959)

3. 岚州(907—959),治宜芳县(今山西岚县北)

《旧唐书》卷39《地理志二》、《新唐书》卷39《地理志三》均载岚州领宜芳、静乐、合河、岚谷等4县,唐末岚州领此4县而未更①。五代初期岚州领县仍当如此。

又,《旧五代史》卷112《周太祖纪三》载:广顺二年(952)二月,"庚子,府州防御使折德扆奏,收河东界岢岚军"。《资治通鉴》卷290广顺二年载:"北汉遣兵寇府州,防御使折德扆败之,杀二千余人。二月庚子,德扆奏攻拔北汉岢岚军,以兵戍之。"其中提及了"岢岚军"。胡三省注曰:"《旧唐书·地理志》曰:岚州岚谷县,旧岢岚军也,在岚州宜芳县北界;长安二年(703),分宜芳,于岢岚旧军置岚谷县;神龙二年(706),废县,置军;开元十二年(724)复置县。此盖后唐复置军也。《九域志》:岢岚军,治岚谷县,南至岚州九十里。"而《太平寰宇记》卷41岚州下又载:"元领县四。今三:宜芳、静乐、合河。一县割出:岚谷(入岢岚军)。"综上所述,大概在五代后唐时将岚谷县改置为岢岚军②。

(1) 宜芳县(907—959)　　　　(2) 静乐县(907—959)
(3) 合河县(907—959)
(4) 岚谷县(907—923?)—岢岚军(923?—959?)

4. 宪州(907—959),治楼烦县(今山西娄烦县)

唐龙纪元年(889),河东节度使李克用奏割岚州楼烦、玄池、天池等3县置宪州③。《太平寰宇记》卷42宪州下亦辖此3县,故五代时期宪州仍当辖唐末3县之规模而未更。

(1) 楼烦县(907—959)　　　　(2) 玄池县(907—959)
(3) 天池县(907—959)

5. 石州(907—959),治离石县(今山西吕梁市)

《旧唐书》卷39《地理志二》、《新唐书》卷39《地理志三》、《太平寰宇记》卷42均载石州领离石、平夷、定胡、临泉、方山等5县,故五代时期石州辖县当与此相同。

(1) 离石县(907—959)　　　　(2) 平夷县(907—959)
(3) 定胡县(907—959)　　　　(4) 临泉县(907—959)
(5) 方山县(907—959)

---

① 参见郭声波:《中国行政区划通史·唐代卷》岚州沿革,第165页。
② 《宋史》卷86《地理志二》岚州下载:"太平兴国五年(980),以岚谷隶岢岚军。"岢岚军下亦载:"太平兴国五年,以岚州岚谷县建为军。"则岢岚军似在五代末复置为岚谷县,不然无需在宋初再置为军。
③ 《旧唐书》卷39《地理志二》宪州、《新唐书》卷39《地理志三》宪州。

6. 汾州(907—959),治西河县(今山西汾阳市)

《旧唐书》卷39《地理志二》、《新唐书》卷39《地理志三》、《太平寰宇记》卷41均载汾州领西河、介休、孝义、平遥、灵石等5县,故五代时期汾州辖县当与此相同。

(1) 西河县(907—959)　　　(2) 介休县(907—959)
(3) 孝义县(907—959)　　　(4) 平遥县(907—959)
(5) 灵石县(907—959)

7. 仪州(907—909)—辽州(909?—959),治辽山县(今山西左权县)

本唐仪州,晋天祐六年(后梁开平三年,909)更名为辽州。《五代会要》卷20《州县分道置设》仪州下载:"梁开平三年闰八月,敕:'兖州管内已有沂州,其仪州改为辽州。'"其时仪州为晋王李氏政权所据,后梁改仪州为辽州似为遥改。然由于其后史籍不见仪州而仅见辽州之名,故在此暂将仪州更名时间定于此年。

《旧唐书》卷39《地理志二》、《新唐书》卷39《地理志三》、《太平寰宇记》卷41均载仪(辽)州领辽山、榆社、和顺、平城等4县,故五代时期仪(辽)州辖县当与此相同。

(1) 辽山县(907—959)　　　(2) 榆社县(907—959)
(3) 和顺县(907—959)　　　(4) 平城县(907—959)

8. 沁州(907—959),治沁源县(今山西沁源县)

《旧唐书》卷39《地理志二》、《新唐书》卷39《地理志三》沁州下均载领沁源、和川、绵上等3县,《太平寰宇记》卷50威胜军沁源县下载:"皇朝平伪晋,废沁州,以沁源县入威胜军,绵上县入大通监,和川县入晋州。"故五代时期沁州辖县当无变化。

(1) 沁源县(907—959)　　　(2) 和川县(907—959)
(3) 绵上县(907—959)

9. 慈州(907—959),治吉昌县(907—923)—吉乡县(923—959,今山西吉县)

《旧唐书》卷39《地理志二》、《新唐书》卷39《地理志三》均载慈州辖有吉昌、文城、昌宁、吕香、仵城等5县。又,《旧唐书》卷20下《哀帝纪》载:天祐二年(905)十一月"甲申……慈州文城改为屈邑"。故唐末慈州所领5县之名为吉昌、屈邑、昌宁、吕香、仵城。五代初期慈州亦当辖有此5县之地。

后唐同光元年(923),避太祖李克用父国昌讳,吉昌县改为吉乡县,昌宁县改为乡宁县。《舆地广记》卷18慈州吉乡县下载:"后唐改吉昌为吉乡。"昌宁县下载:"后唐改曰宁乡。"然《文献通考》卷316《舆地考二》慈州下载:"乡宁,后魏昌宁县,后唐改。"对照上述两书的记载,昌宁县于后唐所更之名出现矛盾:一曰宁乡,一曰乡宁。又,《读史方舆纪要》卷41吉州吉乡废县下载:"五代唐避李国昌讳,(吉昌)改曰吉乡。"乡宁县下载:"五代唐讳昌,改(昌宁)曰乡宁。"此又为昌宁县改称"乡宁"添一佐证。避讳更名一般不改地名字序,故可断《舆地广记》所记昌宁更名为"宁乡"县有误。

又,大约在后唐同光元年(923)十月,屈邑县复名为文城县。《旧五代史》卷30《唐庄宗纪四》载:同光元年十月,"(诏)天下官名府号及寺观门额,曾经改易者,并复旧名"。据此,颇疑屈邑县亦在此时复文城县旧名。《读史方舆纪要》卷41吉州文城废县下载:"五代时(屈邑)复曰文城。"

后周显德三年(956)三月,仵城并入吉乡,吕香并入乡宁,慈州仅辖吉乡、乡宁、文城等3县。《五代会要》卷20《州县分道改置》慈州仵城县、吕香县下载:"周显德三年三月降。"《新五代史》卷60《职方考》亦载:"慈州仵城、吕香,周废。"《太平寰宇记》卷48慈州文城县下废仵城县载:"显德三年并入吉乡县。"乡宁县下废吕香县载:"周显德三年并入乡宁县。"

(1) 吉昌县(907—923)—吉乡县(923—959)

(2) 屈邑县(907—923)—文城县(923—959)

(3) 昌宁县(907—923)—乡宁县(923—959)

(4) 吕香县(907—956)　　(5) 仵城县(907—956)

10. 隰州(907—959),治隰川县(今山西隰县)

《旧唐书》卷39《地理志二》、《新唐书》卷39《地理志三》、《太平寰宇记》卷48均载隰州领隰川、蒲、温泉、大宁、石楼、永和等6县,故五代时期隰州辖县当与此相同。

(1) 隰川县(907—959)　　(2) 蒲县(907—959)

(3) 温泉县(907—959)　　(4) 大宁县(907—959)

(5) 石楼县(907—959)　　(6) 永和县(907—959)

11. 代州(907—959),治雁门县(今山西代县)

《旧唐书》卷39《地理志二》、《新唐书》卷39《地理志三》均载代州辖雁门、五台、繁畤、崞、唐林等5县。唐末仍是如此[①]。五代初代州辖县当与此相同。

晋王天祐五年(后梁开平二年,908),唐林县更名为白鹿县,后唐同光初期(923?),复称唐林县。《太平寰宇记》卷49代州唐林县下载:"梁开平二年改为白鹿县。后唐同光初复旧。"

---

① 参见郭声波:《中国行政区划通史·唐代卷》代州沿革,第181页。

后晋初期(936?),唐林县更名为广武县,后复称唐林县。《太平寰宇记》卷49代州唐林县下载:"晋改为广武,后复旧。"

又,北汉据有代州后,曾置有宝兴军。《太平寰宇记》卷49代州宝兴军下载:"宝兴军者,本代州烹炼之冶务。刘继元割据之时,建为宝兴军,地属五台山寺。皇朝平河东,因之不改。"又,《十国春秋》卷106《刘继颙传》载:"继颙,故燕王刘守光子也,守光之死,以孽子得不杀,削发为浮图,后居五台山,为人多智数,善商财利,自世祖时,颇已赖之。……五台当契丹界上,继颙常得其马以献,号'添都马',岁率数百匹。……于团柏谷置银冶,募民凿山,取矿烹银,官收十之四,国用多于此取给,即其地建宝兴军。"综上所述,北汉宝兴军当析五台县地所置,唯始置之年失考。

(1) 雁门县(907—959) (2) 五台县(907—959)
(3) 繁畤县(907—959) (4) 崞县(907—959)
(5) 唐林县(907—908)—白鹿县(908—923?)—唐林县(923?—936?)—广武县(936?—947?)—唐林县(947?—959)
(6) 宝兴军(959?)

12. 府州(911—959),治府谷县(今陕西府谷县)

府州为晋王天祐八年(后梁乾化元年,911)新置。《文献通考》卷322《舆地考八》府州下载:"历代地界与麟州同。唐末为河西蕃界之地,于此置府谷镇,属麟州,土人折太、折嗣伦代为镇将;后唐庄宗以代北诸郡屡为边患,乃升府谷为县。八年,麟州刺史折嗣伦男从阮招回纥归国,诏以府谷县建府州,仍授从阮刺史。"此处所说的"八年",据下引胡三省注文可知当为天祐八年。

又,《资治通鉴》卷284开运元年(944)六月下胡三省注曰:"府州领府谷一县,后唐以麟州东北河滨之地置。宋白曰:府州本河西蕃界府谷镇。土人折嗣伦,世为镇将。后唐庄宗天祐七年(910),升镇为府谷县;八年,升建府州以扼蕃界,以嗣伦男从远为刺史。"另,《读史方舆纪要》卷57陕西葭州府谷县下载:"五代晋王存勖天祐七年升为府谷县。八年建为府州,以控蕃界。"故府州升为州当在天祐八年,辖府谷1县①。

府谷县(911—959)

13. 云州

参见本章第三节云州节度使所辖云州沿革。

---

① 谭其骧主编《中国历史地图集》第五册"五代十国时期"之"开平二年(908)梁、晋、岐、卢龙等镇图"中,已标有府州,未详何据。

14. 应州

参见本章第三节云州节度使所辖应州沿革。

15. 蔚州

参见本章第三节云州节度使所辖蔚州沿革。

16. 朔州

参见本章第四节朔州节度使所辖朔州沿革。

17. 麟州

参见本章第四节朔州节度使所辖麟州沿革。

18. 胜州

参见本章第四节朔州节度使所辖胜州沿革。

附：

北　　汉

　　北汉(亦称东汉)，后汉北京留守、河东节度使刘崇于乾祐四年(951)所建，都晋阳(太原府)，是十国中最晚建立的政权，也是十国中唯一在北方的国家。北汉政权建立后，先后与后周、北宋对峙，战争不断，历刘崇(后改名旻)、刘承钧(后改名钧)、刘继恩和刘继元四主，共二十九年，至北宋太平兴国四年(979)，宋太宗亲征北汉，刘继元出降，北汉政权灭亡。在此需要说明的是，限于体例，在本卷只探讨北汉政权至公元959年北宋建立前的政区情况。

　　北汉疆域狭小，乾祐四年(后周广顺元年，951)政权建立之初，领有太原府(并)、汾、忻、代、岚、宪、沁、辽、麟、石等10府州之地。《新五代史》卷60《职方考》序载："郭氏代汉，十州入于刘旻(即刘崇)"，并且在表中将并、汾、忻、代、岚、宪、沁、辽、麟、石等10州列为北汉所有。然《资治通鉴》卷290广顺元年正月载："刘崇即皇帝位于晋阳，仍用乾祐年号，所有者并、汾、忻、代、岚、宪、隆、蔚、沁、辽、麟、石十二州之地。"较上引《新五代史》卷60《职方考》所记多出蔚、隆2州。不过，蔚州为石敬瑭割隶契丹之十六州地之一，《资治通鉴》此处将其列入北汉，显误。至于隆州，除出现于上引《资治通鉴》文外，在五代时期并未见诸其他的史料，现存有关隆州的记载均出现于公元960年之后。如《十国春秋》卷105《英武帝本纪》载："广运六年(979)四月……癸亥，宋解晖等陷隆州。"《续资治通鉴》卷10中提到宋攻北汉时载："隆州为北汉人依险筑城以拒南师者,故先分兵围之。……(太平兴国四年,979,四月)甲子,解晖等攻隆州,西头供奉官袁继忠、武骑军校许均先登,陷之。……(五月丁酉,)废隆州,毁其城。"虽然由上述史载中可知北汉政权领有隆州,但是否在北汉政权建立之初即领有该州,则无法确知。又,从下文的叙述中,可知后周显德元年(954)挥师向北,除太原府外,北汉所有属州均降于后周,而在其中却并未出现隆州之名,故笔者认为,隆州之置当在北汉乾祐七年(954)之后,北汉立国之初,当不应有隆州①。

北汉乾祐六年(后周广顺三年,953),北汉所领麟州归降后周(参见上文河东节度使辖区沿革)。

北汉乾祐七年(后周显德元年,954),北汉乘后周太祖晏驾之机挥师向南,不料战败,后周军队乘胜向北,盂县及汾州、辽州、宪州、岚州、石州、沁州、忻州、代州等8州均自北汉归于后周(参见上文河东节度使辖区沿革)。旋,后周班师,尽弃所得州县,上述各州县连同麟州(参见上文河东节度使辖区沿革)为北汉收复。《资治通鉴》卷292显德元年五月载:"己巳,帝(笔者按,指周太祖)发晋阳……所得北汉州县,周所置刺史等皆弃城走。惟代州桑珪既叛北汉,又不敢归周,婴城自守,北汉遣兵攻拔之。"

北汉天会元年(后周显德四年,957),麟州自北汉别属后周(参见上文河东节度使辖区沿革)。

北汉天会二年(后周显德五年,958)六月,后周昭义军节度使李筠击北汉石会关,拔六寨;晋州都监李谦溥破北汉汾州之孝义县。《资治通鉴》卷294显德五年六月载:"壬子,昭义节度使李筠奏击北汉石会关,拔其六寨。乙卯,晋州奏都监李谦溥击北汉,破孝义。"

北汉天会三年(后周显德六年,959)六月,后周昭义军节度使李筠拔北汉辽州,建雄军节度使杨廷璋降北汉堡寨十三。《资治通鉴》卷294显德六年六月载:"乙亥朔,昭义节度使李筠奏击北汉,拔辽州,获其刺史张丕。……辛巳,建雄节度使杨廷璋奏击北汉,降堡寨一十三。"

---

① 朱玉龙曰:"石敬瑭割十六州以界契丹,蔚州在其中,则《通鉴》以蔚州为北汉有者,误也;又隆州,乃北汉立国后新置,《通鉴》列于初造,亦误。然'十二州'之说必有所本,或乾祐三年四月永安军废后,府、胜二州亦归河东节度,而《通鉴》误以府、胜为隆、蔚。"(《五代十国方镇年表》并州注15,第344—345页)朱氏关于蔚州、隆州不在"十二州"之列,笔者上文已认同之。然朱氏认为《通鉴》误以府、胜为隆、蔚,则恐非。《旧五代史》卷112《周太祖纪三》载:广顺二年(952)"二月庚寅,府州防御使折德扆奏,河东贼军寇境,率州兵破之,斩首二千级。……庚子,府州防御使折德扆奏,收河东界岢岚军。"《旧五代史》卷135《刘崇传》载:"(广顺)二年二月,(刘)崇遣兵三千余众寇府州,为折德扆所破,其所部岢岚军为德扆所取。"据上所述可知府州其时已不为河东节度使所属。

从北汉政权建立及至北宋建立之前,除了麟、辽2州,尚存8州。北汉与后周战争频仍,州县多旋失旋得,归属不定,但是基本上保持了建国时的大体规模①。

又,在北汉境内节度使的设置情况,由于史料的缺失,亦不得其详,现仅就史料中曾提及者作一梳理。

1. 雁门节度使

《辽史》卷8《景宗纪》载:保宁七年(975)"二月癸亥,汉雁门节度使刘继文来朝,贡方物。"据此,则北汉其时设置了雁门节度使,且由其军号来看,当升代州而置。该节度使始置之年不详。然由于在乾祐七年(954)北汉代州防御使郑处谦以城降后周,故至迟乾祐六年(953)北汉已置雁门节度使。乾祐七年,雁门节度使随代州属后周而一度废置。旋,该镇为北汉收复(参见本节所附代州节度使辖区沿革)。又,《宋史》卷272《杨业传》载:"(业)弱冠事刘崇,为保卫指挥使,以骁勇闻。累迁至建雄军节度使。"且《读史方舆纪要》卷40代州下载:"五代末,属于北汉。"顾祖禹自注曰:"后周显德初,侵北汉得其地,置静塞军,旋复失之。刘继元尝改置建雄军于此。"据此所述,似北汉亦置有代州建雄军节度使。然上文已述北汉已在代州设置了雁门节度使,故倘建武军亦置于代州,则于理不合,因此合理的解释是,如史载不误,此建武军节度使当是虚设,并不实领代州;抑或是雁门节度使之易称,亦未可知。

2. 汾州节度使

《续资治通鉴长编》卷20载:太平兴国四年(979)五月,"刘继元所署节度使蔚进、卢遂以汾州来降"。《宋史》卷4《太宗纪一》亦载:太平兴国四年五月,"北汉节度使蔚进、卢遂以汾州降"。其中提及蔚进、卢遂二人曾任北汉汾州节度使。而后周于显德元年(954)一度置有汾州宁化军节度使,旋,辖地入于北汉(参见本节所附汾州节度使辖区沿革),故此北汉汾州节度使当承继后周而来。倘如此,则北汉汾州节度使之置当在乾祐七年(后周显德元年,954)之后。又由后周所置汾州宁化军节度使领汾、石、沁等3州,推测北汉汾州节度使亦应领此3州之地。

除上述二节度使外,还有一些北汉遥领节度使见于记载,下面亦对这些节度使作一梳理。

义成军节度使、武宁军节度使、忠武军节度使 《资治通鉴》卷291显德元

---

① 《宋史》卷4《太宗纪一》载:太平兴国四年(979)五月"甲申,(刘)继元降,北汉平,凡得州十、县四十、户三万五千二百二十"。

年(954)载:"北汉主闻太祖晏驾,甚喜,谋大举入寇,遣使请兵于契丹。二月,契丹遣其武定节度使、政事令杨衮将万余骑如晋阳。北汉主自将兵三万,以义成节度使白从晖为行军都部署,武宁节度使张元徽为前锋都指挥使,与契丹自团柏南趣潞州。"同书卷293显德四年(957)十一月载:"契丹遣其大同节度使、侍中崔勋将兵来会北汉,欲同入寇,北汉主遣其忠武节度使、同平章事李存环将兵会之,南侵潞州,至其城下而还。"其中提及了义成军、武宁军、忠武军诸节度使,似为北汉所辖。然滑州义成军、徐州武宁军及许州忠武军节度使其时皆属后周,是北汉所置的上述节度使皆当是遥领。此点胡三省业已指出[1]。

保义军节度使 《续资治通鉴长编》卷11载:开宝三年(970)正月,"(契丹主)即命李弼为枢密使、刘继文为保义节度使,诏北汉主委任之。继文等久驻契丹,复受其命,归秉国政,左右皆谮毁之。未几,继文为代州刺史,弼为宪州刺史。"其中提及了刘继文为北汉保义军节度使。然陕州保义军节度使其时属后周,故此北汉保义军节度使当是遥领无疑。

永清军节度使 李恽《大汉英武皇帝新建天龙寺千佛楼碑铭(并序)》载:"时诏宣徽北院使、永清军节度使、检校太保范超自始监修,应期成就。"[2]其中提及永清军节度使范超于天会十六年(972)奉北汉英武帝刘继元之命监修天龙寺千佛楼之事。然贝州永清军节度使之地其时并不归属北汉,故可知此北汉永清军亦当是遥领。

又,北汉时期曾置数州,除上文所提及的隆州外,见于史载的还有[3]:

卫州 《宋史》卷1《太祖纪一》载:乾德二年二月"庚午,府州俘北汉卫州刺史杨璘来献。"

耀州 《宋史》卷1《太祖纪一》载:乾德二年三月"乙未,北汉耀州团练使周审玉等来降。"

上述北汉所增置的卫、耀2州,因始置之年未详,故暂不将其计入本卷所讨论的959年之前北汉领州之数内。

直隶地区

(1) 太原府(951—959)　　(2) 忻州(951—954,954—959)

(3) 岚州(951—954,954—959)　　(4) 宪州(951—954,954—959)

(5) 辽州(951—954,954—959)　　(6) 麟州(951—953,954—957)

---

[1] 参见《资治通鉴》卷291显德元年二月下胡三省注。
[2] 《全唐文》卷900。
[3] 《读史方舆纪要》卷6《历代州域形势六》曰:"北汉所增置之州,其不可考者盖多矣。"

(7) 代州(951—953?)　　　　　(8) 汾州(951—953?)
(9) 石州(951—953?)　　　　　(10) 沁州(951—953?)

雁门节度使

代州(953?—954,954—959)

汾州节度使

(1) 汾州(954—959)　　　　　(2) 沁州(954—959)
(3) 石州(954—959)①

第二节　潞州昭义军(安义军、匡义军)节度使

潞州昭义军节度使为唐旧镇,至天复元年(901),领有潞、泽、邢、洺、磁等5州之地。唐天祐三年(906),潞州归晋王李氏政权所有,晋王李克用以李嗣昭为潞州昭义军留后②。至迟晋王天祐九年(912)十月,潞州昭义军节度使增领泽州[晋王天祐十七年(920)之辖区参见图2-7]。天祐十九年(922),改潞州昭义军节度使曰安义军节度使。后梁龙德三年(923)三月,晋王潞州节度留后李继韬遣卖以城归顺后梁,改安义军节度使为匡义军节度使。同光元年(923)十月,后唐代后梁;十二月,匡义军节度使复称安义军节度使。后唐长兴元年(930)三月,安义军节度使复昭义军节度使旧名。后晋天福五年(940)三月,北京留守所辖辽、沁2州属昭义军节度使。天福六年(941)七月,辽、沁2州还属北京留守,潞州昭义军节度使辖潞、泽2州。后周显德六年(959),辽州由北汉来属,潞州节度使领潞、泽、辽等3州之地。

一、潞州昭义军(安义军、匡义军)节度使辖区沿革

潞州昭义军节度使(晋王907—922)—潞州安义军节度使(晋王922)—潞州匡义军节度使(后梁923)—潞州安义军节度使(后唐923—930)—潞州昭义军节度使(后唐930—936,后晋936—946,后汉947—950,后周951—959)

潞州昭义军节度使为唐旧镇,至天复元年(901),领有潞、泽、邢、洺、磁等5州。天祐三年(906),改磁州为惠州③。

---

① 北汉各州(府)的辖县情况,参见本节上文河东节度使所辖各州(府)沿革。
② 唐天祐三年,邢州、洺州、惠州(磁州改)、泽州等4州仍当为朱温所控。后梁开平二年(908),朱温以邢州置保义军节度使,割洺、惠2州隶之。参见第四章第二节邢州节度使辖区沿革。
③ 参见郭声波:《中国行政区划通史·唐代卷》昭义军节度使沿革,第173—174页。

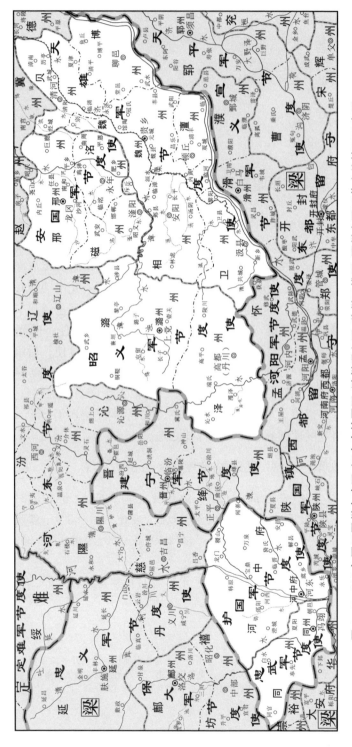

图 2-7 920年晋王同州忠武军、河中府护国军、潞州昭义军、魏州天雄军、邢州安国军节度使辖区示意图

唐天祐三年(906)闰十二月,潞州昭义军节度使丁会开门迎降①,潞州归于晋王。晋王李克用命李嗣昭为昭义军留后。其时晋王所据之潞州昭义军节度使无其他属州,仅领潞州1州之地。

在晋王天祐七年(后梁开平四年,910)十月至九年(后梁乾化二年,912)十月间,潞州昭义军节度使增领泽州。《五代会要》卷20《州县分道改置》泽州下载:"梁开平元年六月,割隶河阳,四年二月,却隶潞州。"据此似泽州于后梁开平四年(晋王天祐七年)二月隶属潞州昭义军节度使。然在天祐三年,晋王取潞州之时,原唐潞州昭义军节度使所属之泽州仍为朱温所有,之后梁与晋王政权在泽、潞2州之间僵持不下②。天祐七年(910)冬十月,朱温遣大将李思安、杨师厚率师营于泽州,以攻上党(潞州治)③,此乃史籍中最后一次记载后梁据泽州而攻潞州之事。至天祐九年十月癸未,晋王李存勖路过泽、潞而西破河中④。其时晋王能无碍而通过泽州,则说明泽州已为晋据。故泽州被晋王攻取,当在天祐七年十月与天祐九年十月之间,《五代会要》所记时间恐嫌稍早。

晋王天祐十九年(后梁龙德二年,922)四月,改潞州昭义军节度使曰安义军节度使,以李继韬为留后。《资治通鉴》卷271龙德二年四月载:昭义军节度使李嗣昭为流矢所中而卒,"(晋王)命嗣昭诸子护丧归葬晋阳;其子继能不受命,帅父牙兵数千,自行营拥丧归潞州。晋王遣母弟存渥驰骑追谕之,兄弟俱忿,欲杀存渥,存渥逃归。嗣昭七子:继俦、继韬、继达、继忠、继能、继袭、继远。继俦为泽州刺史,当袭爵,素懦弱。继韬凶狡,囚继俦于别室,诈令士卒劫己

---

① 丁会降于河东晋王李氏政权之时间,史籍记载不一。《资治通鉴》卷265系此事于天祐三年闰十二月,并附《考异》曰:"《唐太宗年录》:'丁酉,丁会开门迎降,闰十二月,太祖以李嗣昭为潞帅。'薛居正《五代史梁纪》在闰月,《后唐纪》在十二月。今从《新》、《旧唐纪》、《薛纪》及《编遗录》。"今从《资治通鉴》之说。
② 《旧五代史》卷27《唐庄宗纪一》载:晋王天祐五年(908)正月,"汴人方寇潞州……三月,周德威尚在乱柳,梁将李思安屡为德威所败,闭壁不出。是时,梁祖自将兵至泽州,以刘知俊为招讨使以代思安,以范君寔、刘重霸为先锋,牛存节为抚遇,统大军营于长子。四月,帝(笔者按,指李存勖)召德威军归晋阳。汴人既见班师,知我国祸,以为潞州必取,援军无俟再举,遂停斥候。梁祖亦自泽州归洛。……甲子,(周德威)军发自太原。己巳,至潞州北黄碾下营。五月辛未朔,晨雾晦暝,帝率亲军伏三垂岗下,诘旦,天复昏雾,进军直抵夹城。时李嗣源总帐下亲军攻东北隅,李存璋、王霸率丁夫烧寨,斸夹城为二道,周德威、李存审各分道进攻,军士鼓噪,三道齐进。李嗣源坏夹城东北隅,率先掩击,梁军大恐,南向而奔,投戈委甲,嗌塞行路,斩万余级,获其副招讨使符道昭洎大将三百人,刍粟无万。梁招讨使康怀英得百余骑,出天井关而遁。……是月,周德威乘胜攻泽州,刺史王班登城拒守,梁将刘知俊自晋、绛将兵赴援,德威退保高平。"《资治通鉴》卷266开平二年所载与此略同。据上述所载可知,经过几年战争,潞州依旧属晋王,泽州依旧归后梁。
③ 《旧五代史》卷27《唐庄宗纪一》、《资治通鉴》卷267开平四年十月。
④ 《旧五代史》卷28《唐庄宗纪二》载:天祐九年(912)"十月癸未,帝自泽州路赴河中,遇梁将康怀英于平阳,破之,斩首千余级,追至白径岭"。《资治通鉴》卷268乾化二年(912)载:"冬,十月,晋王自将自泽潞而西,遇康怀贞于解县,大破之,斩首千级,追至白径岭而还。梁兵解围,退保陕州。"

为留后,继韬阳让,以事白晋王。晋王以用兵方殷,不得已,改昭义军曰安义①,以继韬为留后"。

后梁龙德三年(后唐同光元年,923)三月,晋王潞州节度留后李继韬遣使以城归顺后梁,后梁改安义军节度使为匡义军节度使。同年十月,后唐代后梁,十二月,潞州匡义军节度使复为安义军节度使。《旧五代史》卷10《梁末帝纪下》载:"龙德三年春三月,晋潞州节度留后李继韬遣使以城归顺。……泽州刺史裴约不从继韬之谋,帝命董璋为泽州刺史,令将兵攻之。……(八月戊子,)董璋攻泽州,下之。"《资治通鉴》卷272同光元年三月载:"(李)继韬乃使(李)继远诣大梁,请以泽潞为梁臣。梁主大喜,更命安义军曰匡义。"《五代会要》卷24《诸道节度使军额》潞州下载:"梁龙德三年,改为匡义军节度,以李继韬归顺故也。后唐同光元年,复为安义军。"《旧五代史》卷30《唐庄宗纪四》载:同光元年十二月,"(诏改)潞州匡义军复为安义军"。

后唐长兴元年(930)三月,潞州安义军节度使复称昭义军节度使。《五代会要》卷24《诸道节度使军额》潞州下载:"至长兴元年三月,复旧名昭义军。"《资治通鉴》卷277长兴元年三月载:"复以安义为昭义军。"

后晋福五年(940)三月,割北京留守所辖辽、沁2州隶属昭义军节度使。《五代会要》卷20《州县分道改置》仪州下载:"晋天福五年三月,(辽州)并沁州割隶潞州。"《旧五代史》卷79《晋高祖纪五》载:天福五年三月"癸酉,以青州节度使王建立为昭义军节度使②,进封韩王,仍割辽、沁二州为昭义属郡,以建立本辽州人,用成其衣锦之美也"。《资治通鉴》卷282天福五年三月下载:"癸酉,徙建立为昭义节度使,进爵韩王;以建立辽州人,割辽、沁二州隶昭义。"

后晋天福六年(941)七月,辽、沁2州还属北京留守(参见本章第一节河东节度使辖区沿革),潞州昭义军节度仍辖潞、泽2州。

后周显德六年(959),辽州自北汉属后周(参见本章第一节所附北汉辖境政区沿革),划入潞州昭义军节度使辖区之中。

(1) 潞州(907—959)　　　　(2) 泽州(912?—959)
(3) 辽州(940—941,959)　　(4) 沁州(940—941)

---

① 《资治通鉴考异》曰:"按,潞州本号昭义军,今以继韬为安义留后,盖晋王避其父讳改之耳。"
② 《册府元龟》卷111《帝王部·宴享三》载:"(天福四年十二月)庚寅,御明德楼,饯送昭义军节度使王建立,赐玉斧蜀马。"所记王建立为昭义军节度使时间与《旧五代史》异,录此备考。

二、潞州昭义军(安义军、匡义军)节度使所辖各州沿革

1. 潞州(907—959),治上党县(今山西长治市)

《旧唐书》卷39《地理志二》、《新唐书》卷39《地理志三》均载潞州领上党、长子、屯留、潞城、壶关、襄垣、黎城、涉、铜鞮、武乡等10县。然《旧唐书》卷20下《哀帝纪》载:"(天祐二年,905)十一月乙卯朔,敕潞州潞城县改为潞子,黎城曰黎亭。"《新唐书》卷39《地理志三》潞州潞城县下载:"天祐二年更曰潞子。"黎城县下载:"天祐二年更曰黎亭。"故唐末潞城县更名为潞子,黎城县更名为黎亭。

五代初,潞州当辖上党、长子、屯留、潞子、壶关、襄垣、黎亭、涉、铜鞮、武乡等10县。

后唐同光元年(923),潞子县复名潞城,黎亭复名黎城。《旧五代史》卷30《唐庄宗纪四》载:同光元年十月,"诏除毁朱氏宗庙神主,伪梁二主并降为庶人。天下官名府号及寺观门额,曾经改易者,并复旧名"。据此,其时潞子县当复曰潞城,黎亭复曰黎城。又,《太平寰宇记》卷45潞州下所领10县,名称皆与两唐书《地理志》所载相同。《读史方舆纪要》卷42山西潞安府潞城县下亦载:"五代唐复曰潞城。"上述记载皆可为潞城、黎城2县复称旧名增添佐证。

(1) 上党县(907—959)　　　(2) 长子县(907—959)
(3) 屯留县(907—959)
(4) 潞子县(907—923)—潞城县(923—959)
(5) 壶关县(907—959)　　　(6) 襄垣县(907—959)
(7) 黎亭县(907—923)—黎城县(923—959)
(8) 涉县(907—959)　　　(9) 铜鞮县(907—959)
(10) 武乡县(907—959)

2. 泽州(907—959),治高都(或曰丹川)县—晋城县(今山西晋城市)

《旧唐书》卷39《地理志二》、《新唐书》卷39《地理志三》均载泽州领晋城、高平、阳城、端氏、陵川、沁水等6县。然《旧唐书》卷20下《哀帝纪》载:天祐二年(905)十一月"甲申……泽州晋城改高都,阳城改为濩泽。"又《新唐书》卷39《地理志三》泽州晋城县下载:"天祐二年更曰丹川。"阳城县下曰:"天祐二年更曰濩泽。"在上述记载中,阳城更名濩泽,两唐书《地理志》所载相同;晋城更名则出现异称,一曰高都,一曰丹川。陈鳣《续唐书》卷16地理志泽州晋城县沿"天祐二年更名高都"之说,《山西通志》卷4《沿革》泽州府凤台县下则袭"晋城县天祐二年更名丹川"之论,未详孰是,录此备考。

五代初，泽州当领高都（或曰丹川）、高平、濩泽、端氏、陵川、沁水等6县。

后唐同光元年（923）十月，天下官名府号及寺观门额，曾经改易者，并复旧名（《旧五代史》卷30《唐庄宗纪四》），高都（或曰丹川）复旧名晋城，濩泽当复名阳城。《太平寰宇记》卷44泽州下所领县6县之名皆与两唐书《地理志》相同，可为上述2县复旧称添一力证。

(1) 高都县（或曰丹川县）(907—923)—晋城县(923—959)

(2) 高平县(907—959)

(3) 濩泽县(907—923)—阳城县(923—959)

(4) 端氏县(907—959)　　　　(5) 陵川县(907—959)

(6) 沁水县(907—959)

3. 辽州

参见本章第一节河东节度使所辖辽州沿革。

4. 沁州

参见本章第一节河东节度使所辖沁州沿革。

第三节　云州大同军节度使（附：应州彰国军节度使）

云州大同军节度使为唐旧镇。唐末，大同军节度使废，云州降为防御使，其辖境为晋王李氏所据。晋王天祐五年（908）正月，升云州为大同军节度使，辖云、朔、应、蔚等4州；二月，大同军节度使李克宁伏诛，云州仍降为防御使。天祐十二年（915），复置大同军节度使，领有云、应、蔚等3州［晋王天祐十七年（920）之辖区参见前图2-6］。天祐十九年（922）四月，大同军节度使废，云州降为刺史州，与应、蔚2州一同别属河东节度使。后唐同光二年（924）七月，复置大同军节度使，领云、应2州。天成元年（926）七月，析应州别置彰国军节度使，大同军节度使仅辖云州1州。后晋天福元年（936），石敬瑭许诺将十六州割予契丹，云州在十六州之列。天福三年（938），云州正式割予契丹。云州北属后，终五代之世，未再收复。

一、云州大同军节度使辖区沿革

云州大同军节度使（晋王908、915—922，后唐924—936，后晋936—938）

晋王天祐五年（后梁开平二年，908）正月，升河东节度使所辖云州为大同军节度使，并析朔、应、蔚等3州隶之。二月，大同军节度使李克宁伏诛，云州，降为防御史，云、朔、应、蔚等4州复归河东节度使。《旧五代史》卷27《唐庄宗纪一》载：天祐五年春正月，李克宁"请授己云州节度使，割蔚、朔、应三州为属郡，帝（笔者按，指李存勖）悉俞允，然知其阴祸有日矣"。《资治通鉴》卷266开平二年正月载："（李克宁）又求领大同节度使，以蔚、朔、应州为巡属。晋王皆听之。"然《旧五代史》卷50《李克宁传》载："（克宁）又请兼领大同节度，以蔚、朔为属郡"，其中并未提及李克宁所欲领之大同节度使辖有应州。比照上面所引的两则史料，可知此处《李克宁传》所载应当有误。不过，此大同军节度使的设置并不长，当年二月即废。《旧五代史》卷27《唐庄宗纪一》载："（天祐五年）二月壬戌，命（李）存璋伏甲以诛克宁，遂靖其难。"同书卷50《李克宁传》及《资治通鉴》卷266开平二年二月所载与此略同。李克宁伏诛后并未有他人接任大同节度使之记载。又，《旧五代史》卷52《李嗣本传》载："（天祐）六年（909）……及武皇丧事有日，嗣本监护其事，改云中防御使、云蔚应朔等州都知兵马使。"可见，李克宁伏诛后，云州复降为防御使。

晋王天祐十二年（后梁贞明元年，915），复升河东节度使所辖云州为大同军节度使，以应、蔚2州为属州。该镇节度使贺德伦未之任即在翌年二月被杀。《旧五代史》卷28《唐庄宗纪二》载：天祐十二年"六月庚寅朔，帝入魏州，贺德伦上符印，请帝兼领魏州，帝从之。墨制授德伦大同军节度，令取便路赴任"。《旧五代史》卷21《贺德伦传》、《新五代史》卷44《贺德伦传》所载与此略同。又，《资治通鉴》卷269载："（贺）德伦至晋阳，张承业留之。……（贞明二年二月，）梁兵之在晋阳城下也，大同节度使贺德伦部兵多逃入梁军，承业恐其为变，收德伦，斩之。"此后，大同军节度使由李存璋接任。《旧五代史》卷53《李存璋传》载："（天祐十三年，存璋）以功加检校太傅、大同军节度、应蔚等州观察使。"

晋王天祐十九年（后梁龙德二年，922），大同节度使李存璋卒，云州降为刺史州。《旧五代史》卷29《唐庄宗纪三》载：天祐十九年四月，"大同军节度使李存璋卒"。此后大同节度使废，云州降为刺史州，与应、蔚2州一起复隶属于河东节度使（参见下文）。

后唐同光二年（924），云州从河东节度使析出，复为大同军节度使，以应州为属州。《五代会要》卷24《诸道节度使军额》云州下载："后唐同光二年七月，复为大同军节度，以应州隶之。"《旧五代史》卷32《唐庄宗纪六》亦载：同光二年七月"庚申，以应州为云州属郡"。八月"丙子，以云州刺史、雁门以北都知兵马使安元信为大同军节度留后"。

后唐天成元年（926），析应州置彰国军节度使（参见下文所附应州节度使辖区沿革)，大同军节度使仅领云州1州。

后晋天福元年(936)，石敬瑭许诺将十六州割予契丹，云州在十六州之列(参见第四章第六节幽州节度使辖区沿革)。

后晋天福二年(937)，大同节度使沙彦珣归降契丹。《资治通鉴》卷281天福二年载：二月，"契丹主自上党过云州，大同节度使沙彦珣出迎，契丹主留之，不使还镇。节度判官吴峦在城中……众推峦领州事，闭城不受契丹之命，契丹攻之，不克"。六月，"契丹攻云州，半岁不能下。吴峦遣使间道奉表求救，帝为之致书契丹主请之，契丹主乃命翟璋解围去。帝召峦归，以为武宁节度副使"。

后晋天福三年(938)，云州正式割予契丹。辽得云州地后仍置大同军节度使[①]。

(1) 云州(908,915—922,924—938)　　(2) 朔州(908)
(3) 应州(908,915—922,924—926)　　(4) 蔚州(908,915—922)

附：

应州彰国军节度使辖区沿革

应州彰国军节度使(后唐926—936，后晋936—938)

后唐天成元年(926)，应州从大同节度使析出，升为彰国军节度使，领应、寰2州。《五代会要》卷24《诸道节度使军额》载："应州，后唐天成元年七月，升为彰国军节度，以兴唐军为寰州以隶之。"《旧五代史》36《唐明宗纪二》载：天成元年"七月己卯，升应州为彰国军节度，仍以兴唐军为寰州，隶彰国军"。《新五代史》卷60《职方考》亦载："应州，故属大同军节度。唐明宗即位，以其应州人也，乃置彰国军。"《辽史》卷41《地理志五》西京道应州下载："天成元年升彰国军节度，兴唐军寰州隶焉。"[②]又，据上所载可知寰州乃于此年由兴唐军(由朔州马邑县置，参见本章第四节朔州节度使所辖朔州沿革)改置。

后晋天福元年(936)，石敬瑭许诺将十六州割予契丹，应州、寰州名列其中(参见第四章第六节幽州节度使辖区沿革)。

---

① 参见余蔚：《中国行政区划通史·辽金卷》(复旦大学出版社，2012年)辽云州沿革，第339页。
② 《文献通考》卷316《舆地考二》应州下载："唐末置，后唐天成七年升彰国军节度。"其中提及应州升为彰国军节度使在"天成七年"，而后唐明宗天成年号仅有四年，故《文献通考》所载不确(或天成七年之"七"为"元"之讹，亦未可知)。

后晋天福三年(938),应、寰2州正式割属契丹。辽在此2州之地仍置彰国军节度使①。

(1) 应州(926—938)　　　　　(2) 寰州(926—938)

二、云州大同军(含应州彰国军)节度使所辖各州沿革

1. 云州(907—938),治云中县(今山西大同市)

《旧唐书》卷39《地理志二》、《新唐书》卷39《地理志三》均载云州领云中县,故五代时期云州辖县当与此相同。

辽会同元年(938),云中县随云州北属契丹。

云中县(907—938)

2. 蔚州(907—938),治兴唐县(今河北蔚县)

《旧唐书》卷39《地理志二》、《新唐书》卷39《地理志三》均载蔚州辖有兴唐、飞狐和灵丘等3县。唐末亦当如此②。五代初,蔚州仍当领兴唐、飞狐和灵丘等3县之地。

又,《太平寰宇记》卷51蔚州兴唐县下载:"(唐)天宝元年(742)改为安边郡,仍改安边郡为兴唐县。梁开平二年(908)改为隆化县。后唐同光初复旧。晋初改为灵仙县。"据此似兴唐县在后梁开平二年更名为隆化县,后唐同光初又改称兴唐县。然后梁时蔚州为晋王所据,上述史料所说的"梁改隆化县",当系后梁的遥改,不足为凭,故此处不采《太平寰宇记》之说。

后唐同光二年(924),分兴唐县置广陵县,蔚州辖灵丘、飞狐、兴唐、广陵等4县。《辽史》卷41《地理志五》西京道蔚州广陵县下载:"后唐同光初分兴唐县置。"《读史方舆纪要》卷44大同府蔚州广灵县下载:"五代唐同光初析兴唐县置广陵县,辽因之。"乾隆《广灵县志》卷1《方舆》沿革下亦载:"五代唐庄宗同光二年,契丹萧阿古只寇蔚州,始于此置广灵县。"③综上所述,在此将广陵县设置之年定在后唐同光二年。

大约在后晋天福元年(936),兴唐县改名灵仙县,此由上文所引《太平寰宇记》卷51蔚州兴唐县下所载可知。

后晋天福三年(938),灵丘、飞狐、灵仙、广陵等4县随蔚州北属契丹。

---

① 参见余蔚:《中国行政区划通史·辽金卷》辽应州沿革,第350页。
② 参见郭声波:《中国行政区划通史·唐代卷》蔚州沿革,第188页。
③ 此处"广灵县"当作"广陵县","广陵"改为"广灵"当在金代。参见《读史方舆纪要》卷44山西蔚州广灵县下所载。

(1) 兴唐县(907—936?)—灵仙县(936? —938)

(2) 飞狐县(907—938)　　　　(3) 灵丘县(907—938)

(4) 广陵县(924—938)

3. 应州(907—938)，治金城县(今山西应县东)

应州不见于新旧《唐书·地理志》记载之中，故应州之置不会早于唐代末期。又，《旧五代史》卷27《唐庄宗纪一》、《资治通鉴》卷266开平二年正月下皆载李克宁求领大同节度使的属州中有"应州"，而此事距唐亡仅有一年。又，《舆地广记》卷19应州下载："唐末置。"《文献通考》卷316《舆地考二》所载与此同。故可断应州于唐末为晋王李氏政权所置。

又，应州当是析自云州。吴兰廷《五代史记纂误补》卷4《职方考》应州下案语云："胡三省曰《唐书·地理志》未有应州，《欧史》(笔者按，指《新五代史》)不载其建置之始，意晋王克用分云州置应州也。"①

五代时期应州当辖金城、混源2县。《元丰九域志》卷10应州下载："领金城、混源二县。"《舆地广记》卷19和《文献通考》卷316《舆地考二》应州下所载与此略同②。

又，《五代会要》卷20《州县望》应州金城县、雁门县、混源县、寰清县下载："后唐天成四年(929)九月敕：'升应州为望州，金城、雁门为望县，混源为上县，寰清为次县。'以明宗潜龙乡里故也。"据此，似五代时期应州还应领雁门县与寰清县。其实不然，寰清当为寰州属县(参见下文寰州沿革)，而雁门则应为代州属县，此由《旧五代史》卷40《唐明宗纪六》所载可知："(天成四年)九月丁卯，中书奏：'据宗正寺申，懿祖永兴陵、献祖长宁陵、太祖建极陵并在代州雁门县，皇帝追尊四庙在应州金城县。'诏：'应州升为望州，金城、雁门并升为望县。'"故《五代会要》此处应州下所列诸县是笼统言之，并非确指所领之县。

后晋天福三年(938)，金城、混源2县随应州北属契丹。

(1) 金城县(907—938)　　　　(2) 混源县(907—938)

4. 寰州(926—938)，治寰清县(今山西朔州市东北)

后唐天成元年(926)改兴唐军为寰州，领寰清1县。《五代会要》卷24《诸道节度使军额》应州下载："后唐天成元年七月，升为彰国军节度，以兴唐军为寰州以隶之。"《旧五代史》卷36《唐明宗纪二》载：天成元年七月，"升应州为彰

---

① 傅璇琮、徐海荣、徐吉军主编：《五代史书汇编》(杭州出版社，2005年)第三册，第1418页。

② 其中的"混源"县，在《辽史》卷41《地理志五》西京道应州下又记作"浑源"(笔者按，盖"混"、"浑"本通)，且曰："浑源县，唐置，有浑源川。"《读史方舆纪要》卷44浑源州恒阳废县下亦载："本汉平舒、崞二县地，唐末置浑源县，以川为名。后唐属应州。"

国军节度,仍以兴唐军为寰州,隶彰德军"。《元丰九域志》卷10 寰州下载:"领寰清一县。"此寰清县当即朔州马邑县所改。《读史方舆纪要》卷44 大同府朔州马邑县下所载"天成初,改置寰州,领寰清一县"可资为证。

后晋天福三年(938),寰清县随寰州北属契丹。

寰清县(926—938)

5. 朔州

参见本章第四节朔州节度使所辖朔州沿革。

第四节　朔州振武军节度使

振武军节度使为唐旧镇。五代初,为晋王李氏政权所据。晋王天祐四年(907),振武军节度使辖有安北都护府、振武军及麟、胜2州,治所位于金河县内。天祐十三年(916),振武军节度使徙治于朔州,安北都护府、振武军为契丹所据,改领朔、麟、胜等3州[晋王天祐十七年(920)之辖区参见前图2-6]。至迟后晋天福元年(936),胜州废,振武军节度使仅辖朔、麟2州。后晋天福元年(936),石敬瑭许诺将朔州割属契丹。天福三年(938),朔州正式割予契丹,后晋振武节度使随之撤废。开运元年(944),虽复置振武军节度使,然仅为虚衔。开运二年(945),后晋重新夺回胜州,归属振武军节度使统辖。后汉天福十二年(947),胜州别属府州永安军节度使。振武军节度使又为虚置。

一、朔州振武军节度使辖区沿革

振武军节度使(晋王907—916)—**朔州振武军节度使(晋王916—923,后唐923—936,后晋936—938)**,振武军节度使(后晋945—946)

唐乾元元年(758),割朔方节度使单于都护府、振武军及胜、麟2州置振武军节度使,治单于府。广德二年(764),罢振武军节度使。《新唐书》卷64《方镇表一》朔方下载:广德二年,"朔方节度复兼单于大都护,罢河中、振武节度,以所管七州隶朔方。"大历十四年(779),重置振武军节度使。《新唐书》卷64《方镇表一》朔方下载:大历十四年,"析置河中、振武、邠宁三节度,朔方所领灵、盐、夏、丰四州,西受降城,定远、天德二军。振武节度复领镇北大都护府及绥、银二州,东、中二受降城。"然《旧唐书》卷12《德宗纪上》载:"大历十四年……以朔方左留后、单于副都护浑瑊为单于大都护,振武军、东中二受降城、镇北及绥、银、麟、胜等军州节度营田使。……(建中二年,781,三月)辛巳,以汾州刺史王翃为振武军使、东中二受降城、镇北、绥、银、麟、胜等州留后。"较上引《新唐书·方镇表》所叙大历十四年振武军节度使之所辖多出麟、胜 2 州。又，陆贽《唐朝臣振武节度论惟明鄜坊观察使制》曰："……朝臣可依前检校兵部尚书兼单于大都护、御史大夫，充振武绥银麟胜等州节度营田观察处置押蕃落等使。"①从中可以看出振武军节度使当时的确领有麟、胜 2 州，故大历十四年振武军节度使复置时，当领有单于都护府②、振武军（东受降城）③、中受降城及绥、银、麟、胜等 4 州。建中四年（783），析绥州隶京畿渭北节度使。同年，复割绥州来属。贞元三年（787），割绥、银 2 州隶夏绥银节度使。元和九年（814），割中受降城隶天德军都防御使。十五年，振武麟胜等军州节度观察处置使领单于都护府，振武军，胜、麟 2 州及一直辖地区。会昌五年（845），改单于都护府为安北都护府。中和四年（884），割麟州隶河东节度使④。后麟州复属振武军节度使（参见本章第一节河东节度使辖区沿革）。

五代初振武军节度使为晋王李氏政权所据，仍当领唐末所辖安北都护府、振武军（东受降城）及麟、胜 2 州之规模，治所当在金河县⑤。《元和郡县图志》卷 5 关内道下载："单于大都护府，今为振武军节度使理所……管县一，金河县。"五代初振武军节度使治所仍应置于此地。

晋王天祐十三年（后梁贞明二年，916），振武军节度使增领朔州，并徙治于此。《旧五代史》卷 52《李嗣本传》载："幽州平，论功授振武节度使，号'威信可汗'。（天祐）十二年，（后唐）庄宗定魏博，刘鄩据莘县，命嗣本入太原巡守都城。十三年，从破刘鄩于故元城，收洺、磁、卫三郡。六月，还镇振武。八月，契丹阿保机倾塞犯边，其众三十万攻振武，嗣本婴城拒战者累日。契丹为火车地道，昼夜急攻，城中兵少，御备罄竭，城陷，嗣本举族入契丹。"《辽史》卷 1《太祖

---

① 《全唐文》卷 462。
② 唐天宝以后，单于都护府与镇北都护府合署。参见宋秀英、龙木：《唐代单于都护府的几个问题》，《中国边疆史地研究》2002 年第 2 期。另，谭其骧先生认为"镇北都护府疑撤废于兴元元年（784）"。参见氏著《唐北陲二都护府建置沿革与治所迁移——编绘〈中国历史地图集〉札记》，收入《长水集》下，人民出版社，1987 年，第 275—276 页。
③ 唐天宝三载（744），王忠嗣并东受降城、振武军为一，亦可谓振武军即在东受降城，亦即在单于都护府城内。参见王永兴：《论唐代前期朔方节度》，收入《唐代经营西北研究》，兰州大学出版社，2010 年，第 257 页。
④ 参见郭声波：《中国行政区划通史·唐代卷》河东节度使沿革，第 172 页。
⑤ 此金河县当为后金河县。参见郭声波：《中国行政区划通史·唐代卷》单于都护府沿革，第 131 页。

纪一》载：神册元年(916)"八月，拔朔州，擒节度使李嗣本"①。其中提及振武节度使所在之地为朔州。《新五代史》卷60《职方考》亦载振武节度使治朔州。《读史方舆纪要》卷44大同府朔州下载："天祐末改置振武军于此。"又，吕梦奇《后唐招讨使李存进墓碑》云："(天祐)十六年(919)三月，制授单于安北都护、御史大夫，充振武节度、麟胜朔等州观察处置、营田、押蕃汉等使。"②其中已明确提及朔州归入振武军节度使辖区。而又知天祐十三年初，晋王李存勖授李存璋大同防御使、应蔚朔等州都知兵马使(参见本章第三节云州节度使辖区沿革)，朔州尚未属振武，故综合上述可断朔州隶属振武军节度使当在此年。同年，安北都护府城、振武军所在地为契丹所据(参见下文朔州节度使所辖安北都护府、振武军沿革)。

至迟后晋天福元年(936)，胜州废，振武军节度仅领朔、麟2州。《辽史》卷41《地理志》东胜州下载："太祖神册元年(916)破振武军，胜州之民皆趋河东，州废。晋割代北来献，复置。"③但是胜州废弃的具体时间，史料中未有记载，且"胜州之民皆趋河东"非一时可以完成，州废应是一个渐变的过程。另外，从上引《后唐招讨使李存进墓碑》中可知，后梁贞明五年(919)时胜州仍存，而后晋割代北之地予契丹时已废("燕云十六州"中已不见胜州之名可证)。故至迟后晋天福元年(936)朔州振武军节度使已无胜州建置。

后晋天福元年(936)，石敬瑭许诺将"燕云十六州"割属契丹，朔州位列其中(参见第四章第六节幽州节度使辖区沿革)。

后晋天福三年(938)，朔州正式割予契丹，仍为辽振武军节度使④治所。原后晋振武军节度使建置撤销，麟州当在此时改隶北京留守(参见本章第一节太原府河东节度使辖区沿革)。

后晋天福六年(941)，朔州一度归附后晋，旋又为契丹所控制。《辽史》卷4《太宗纪下》载："(会同四年)六月辛卯，振武军节度副使赵崇逐其节度使耶律画里，以朔州叛，附晋。丙午，命宣徽使裹古只赴朔州，以兵围其城……(十二月)甲寅，攻拔朔州，遣控鹤指挥使谐里劳军。"《资治通鉴》卷282天福六年六

---

① 《旧五代史》卷28《唐庄宗纪二》与《资治通鉴》卷269贞明二年所载此事，均将契丹所陷之州记为"蔚州"而非"朔州"，胡三省已揭《资治通鉴》之误，栗原益男《五代宋初藩镇年表》朔州藩镇注2)、朱玉龙《五代十国年表》朔州注3)皆同意胡三省之说，今从之。
② 《全唐文》卷840。
③ 李慎儒《辽史地理志考》卷5案："东胜州……西与隋、唐胜州隔河相对……此《志》所载沿革皆隋唐胜州，与辽东胜州无涉，误也。"(《二十五史补编》第六册，第8136页)笔者从之，故采用《辽史·地理志》中东胜州一条下的沿革作为胜州沿革材料。
④ 参见余蔚：《中国行政区划通史·辽金卷》辽朔州沿革，第353页。

月载：戊午，安重荣上后晋高祖表称："朔州节度副使赵崇已逐契丹节度使刘山，求归命朝廷。臣相继以闻。"

后晋出帝开运元年(944)，折从阮任振武军节度使。《旧五代史》卷83《晋少帝纪三》载："(开运元年)以府州刺史折从阮为安北都护，充振武节度使。"同书卷125《折从阮传》亦载："其年(笔者按，指开运元年)，(折从阮)兼领朔州刺史、安北都护、振武军节度使、契丹西南面行营马步都虞候。"这两则史料均载开运元年折从阮曾为振武军节度使。然此时朔、胜等原振武军节度使所辖之州仍在契丹控制之下，故此时的振武军节度使当是遥领其原有辖境(参见下文)。

后晋开运二年(945)，胜州从契丹手中重新夺回，成为振武军节度使的属州。《旧五代史》卷83《晋少帝纪三》载：开运二年二月戊子，"府州防御使折从阮奏，部领兵士攻围契丹胜州，降之，见进兵趋朔州。"《辽史》卷4《太宗纪下》载：会同八年二月戊子，"晋将折从阮陷胜州"。《资治通鉴》卷284开运二年正月载："庚申，振武节度使折从远击契丹，围胜州，遂攻朔州。"可见，开运二年之前朔州、胜州等原振武军节度使辖区仍属契丹，并未归为后晋所有，故可推知开运元年所设的振武军节度使只是遥领而已。

后汉天福十二年(947)，置府州永安军节度使，胜州别属之(参见本章第一节河东节度使所附府州节度使辖区沿革)。振武军节度使又成虚设。《旧五代史》卷99《汉高祖上》载："(天福十二年四月)丁卯，以河东都巡馆驿、沿河巡检使阎万进为岚州刺史，领朔州节度使，充岚、宪二州义军都制置。"《资治通鉴》卷286天福十二年四月载："丁卯，以缘河巡检使阎万进为岚州刺史，领振武节度使兼岚、宪二州义军都制置使。"

(1) 朔州(916—938)　　　　(2) 麟州(907—938)
(3) 胜州(907—936?，945—947)　(4) 安北都护府(907—916)
(5) 振武军(907—916)

二、朔州振武军节度使所辖各州沿革

1. 朔州(907—938)，治善阳县(今山西朔州市)

《旧唐书》卷39《地理志二》、《新唐书》卷39《地理志三》均载朔州辖善阳、马邑2县，唐末仍如此[①]，故五代初朔州当辖善阳、马邑2县。

晋王天祐七年(后梁开平四年，910)，以马邑县置兴唐军。《读史方舆纪要》卷44大同府马邑县下载："五代梁开平四年，晋王存勖于此置兴唐军"。

---

① 参见郭声波：《中国行政区划通史·唐代卷》朔州沿革，第184页。

后唐天成元年(926),兴唐军改置为寰州,别属应州彰国军节度使(参见本章第三节云州节度使所附应州节度使辖区沿革),朔州仅辖善阳县。

后晋天福三年(938),朔州正式割属契丹,善阳自当随之北属。

(1) 善阳县(907—938)

(2) 马邑县(907—910)—兴唐军(910—926)

2. 麟州(907—959),治新秦县(今陕西神木县北)

《旧唐书》卷38《地理志一》、《新唐书》卷37《地理志一》均载麟州领新秦、连谷、银城等3县,唐末仍如此[①]。五代初,麟州领县未更。

晋王天祐七年(910),升麟州东北河滨之地所设府谷镇为府谷县。

晋王天祐八年(911),又析府谷县别置府州,隶属河东节度使(参见本章第一节河东节度使所辖府州沿革)。

此后至五代末,麟州一直辖新秦、连谷、银城等3县。《太平寰宇记》卷38麟州下亦领此3县,可为旁证。

(1) 新秦县(907—959)　　(2) 连谷县(907—959)

(3) 银城县(907—959)　　(4) 府谷县(910—911)

3. 胜州(907—936?,945—959),治榆林县(今内蒙古准格尔旗东北)

《旧唐书》卷38《地理志一》、《新唐书》卷37《地理志一》均载胜州辖榆林、河滨2县,唐末仍如此[②],而《舆地广记》卷17胜州下亦领此2县,故五代时期胜州州废前及从契丹手中收复后皆当辖榆林、河滨2县。

(1) 榆林县(907—936?,945—959)　(2) 河滨县(907—936?,945—959)

4. 安北都护府(907—916)　5. 振武军(907—916),治金河县(今内蒙古和林格尔县北)

《旧唐书》卷38《地理志一》朔方节度使下载:"东受降城,在胜州东北二百里……振武军,在单于东都护府城内。"同书卷39《地理志二》单于都护府下载:"秦汉时云中郡城也。唐龙朔三年(663),置云中都护府。麟德元年(664),改为单于大都护府。东南至朔州三百五十七里。振武军在城内置。"《新唐书》卷37《地理志一》丰州东受降城下载:"景云三年(712),朔方军总管张仁愿筑三受降城。宝历元年(825),振武节度使张惟清以东城滨河,徙置绥远烽南。"同书卷37《地理志一》单于大都护府下载:"本云中都护府,龙朔三年(663)置,麟德元年(664)更名。……县一,金河。"《元和郡县图志》卷4单于大都护府下

---

① 参见郭声波:《中国行政区划通史·唐代卷》麟州沿革,第122页。
② 参见郭声波:《中国行政区划通史·唐代卷》胜州沿革,第121页。

载:"管县一:金河。"《唐会要》卷 73 单于都护府下载:"天宝四载(745)十月,单于都护府置金河县。"综上所述,可知安北都护府(单于都护府于会昌五年更名,参见下文)、振武军同治在东受降城所在的金河县。五代初期,亦当如是。

晋王天祐十三年(后梁贞明二年,916),安北都护府、振武军废。《辽史》卷 41《地理志五》西京道丰州振武县下载:"本汉定襄郡盛乐县。……麟德三年改单于大都督府①。圣历元年(698)又改安北都督。开元七年(719)割隶东受降城。八年(720)置振武军节度使。会昌五年(845)为安北都护府。后唐庄宗以兄嗣本为振武节度使。太祖神册元年(916),伐吐浑还,攻之,尽俘其民以东,唯存乡兵三百人防戍。后更为县。"则自天祐十三年起,这一区域已入契丹。

金河县(907—916)

第五节 丰州天德军节度使(都团练防御使)

天德军都团练防御使为唐旧镇。唐末为晋王李氏政权所据,至迟于晋王天祐八年(911),天德军都团练防御使升为天德军节度使,领有丰州、天德军及西、中两个受降城。晋王天祐十七年(920)十月,丰州天德军节度使为契丹侵占。

一、丰州天德军节度使(都团练防御使)辖区沿革

天德军都团练防御使(晋王 907—911?)—**丰州天德军节度使(晋王 911?—920)**

唐贞元十二年(796),置天德军都团练防御使。《新唐书》卷 64《方镇表一》朔方下载:"贞元十二年,朔方节度罢领丰州及西受降城、天德军,以振武之东、中二受降城隶天德军,以天德军置都团练防御使,领丰、会二州,三受降城。"然其中提及的辖区范围恐不确。

其一,其时天德军都团练防御使不当领有会州。从地望上看,唐丰州、天德军位于今内蒙古河套地区,而会州位于今甘肃会宁县,与天德军隔唐朔方节度使,相距甚远;再者,《旧唐书》卷 13《德宗纪下》载:"(贞元十二年)九月甲午,以河东行军司马李景略为丰州刺史、天德军丰州西受降城都防御使。"同书

---

① 笔者按,麟德年号仅有二年。查《旧唐书·地理志》及《唐会要》,此事皆系于麟德元年,故此处"三"当为"元"之讹。

卷15《宪宗纪下》载:"(元和十年,815)三月壬申朔,以右金吾将军李奉仙为丰州刺史、天德军西城中城都防御使。"在上述史料记载中,"都防御使"之前均未提及会州;另外,《文献通考》卷322《舆地八》会州下载:"广德后没于吐蕃。"是会州已在置天德军都团练防御使之前没于吐蕃。

其二,东受降城仍隶振武军节度使。除上引《旧唐书·德宗纪》所载之外,《旧唐书》卷19下《僖宗纪》又载:乾符二年(875)十月,"以前大同军及云朔都防御营田供军等使李玚检校左散骑常侍、丰州刺史,充天德军、丰州、西城、中城都防御使、本管押蕃落等使"①,并未有天德军辖东受降城之证据。又《元和郡县图志》卷4天德军下载:"东受降城……今属振武节度。"《新唐书》卷37《地理志一》丰州下载:"东受降城……宝历元年(825),振武节度使张惟清以东城滨河,徙置绥远烽南。"

其三,大历十四年(779)时,已割中受降城隶振武军节度使,故贞元十二年(796)时,天德军都团练防御使不辖中受降城②。

故综上所述,唐天德军都团练防御使设置之时当领丰州、天德军及西受降城③,治永清栅④。元和九年(814),宰相李吉甫奏请天德军都团练防御使还治天德旧城⑤,割振武节度使直辖中受降城来属,由天德军都团练防御使统领。唐末天德军都团练防御使为晋王李氏所有⑥。

至迟晋王天祐八年(后梁乾化元年,911),天德军都团练防御使升为节度使,辖有丰州、天德军及西、中2受降城。《旧五代史》卷27《唐庄宗纪一》邵晋涵《考异》曰:"《通鉴考异》引《庄宗实录》云:(天祐八年)三月己丑,镇州遣押衙刘业至,言刘守光凶淫纵毒,欲自尊大,请稔其恶以咎之,推为尚父。乙未,上至晋阳宫,召张承业诸将等议讨燕之谋,诸将亦云宜稔其恶。上令押衙

---

① 《资治通鉴》卷235贞元十二年载:"九月甲午,以景略为丰州都防御使。"同书卷247会昌三年(843)正月载:"庚戌,以石雄为丰州都防御使。"其中提及李景略和石雄均为"丰州都防御使",而在前引《旧唐书》史料中,任命李景略、李奉仙为天德军都防御使,又均兼丰州刺史一职,故此两处"丰州都防御使"与前述"天德军都防御使"实为一职,盖天德军都防御使治所虽在天德军,而丰州刺史与天德军都防御使常由一人兼任,《资治通鉴》便将天德军都防御使记载为丰州都防御使。
②③ 参见郭声波:《中国行政区划通史·唐代卷》天德军沿革,第127页。
④ 永清栅故址在今内蒙古巴彦淖尔市乌拉特前旗额尔登布拉格苏木境,乌梁素海东畔。参见张郁:《唐王逆修墓志铭考释》,《内蒙古文物考古》创刊号,1981年。
⑤ 《元和郡县图志》卷4、《资治通鉴》卷239系此事于元和八年(813),《唐会要》卷73则系于元和十二年(817),兹据《新唐书》卷37《地理志一》所载。
⑥ 全祖望《答王十一兄敬朗论五代史天德军建节始末帖子》曰:"晋人起于忻、代之间,世有事于天德。……国昌据命,天德入于吐浑。……《五代史·唐本纪》:'大顺二年(891),克用攻云州,围之百余日,赫连铎走吐浑。'天德之复归于晋,盖在是时。"参见《全祖望集汇校集注》卷42,上海古籍出版社,2000年,第1631页。

戴汉超持墨制及六镇书如幽州,其辞曰:'天祐八年三月二十七日,天德军节度使宋瑶、振武节度使周德威、昭义节度使李嗣昭、易定节度使王处直、镇州节度使王镕、河东节度使尚书令晋王谨奉册进卢龙横海等军节度、检校太尉、中书令,燕王为尚书令、尚父。'"同书卷135《刘守光传》载:"(天祐八年)及庄宗有柏乡之捷,守光谋攻易、定,讽动镇人,欲为河朔元帅。庄宗乃与镇州节度使王镕、易定节度使王处直、昭义节度使李嗣昭、振武节度使周德威、天德军节度使宋瑶,同遣使奉册,推守光为尚父,以稔其恶。"《新五代史》卷39《刘守光传》载:"守光以为诸镇畏其强,乃讽诸镇共推尊己,于是晋王率天德宋瑶、振武周德威、昭义李嗣昭、义武王处直、成德王镕等,以墨制册尊守光为尚书令、尚父。"《资治通鉴》卷268乾化元年六月载:"(晋王)乃与镕及义武王处直、昭义李嗣昭、振武周德威、天德宋瑶六节度使共奉册推守光为尚书令、尚父。"其中均提及天德军节度使。是知至迟在天祐八年,天德军升为节度使。其辖境当与唐末天德军都团练防御使同,为丰州、天德军及西、中2受降城。

晋王天祐十七年(后梁贞明六年,辽神册五年,920),天德军节度使为契丹所据。《辽史》卷2《太祖纪下》载:"(神册五年)冬十月辛未,攻天德。癸酉,节度使宋瑶降,赐弓矢、鞍马、旗鼓,更其军曰应天。甲戌,班师。宋瑶复叛。丙子,拔其城,擒宋瑶,俘其家属,徙其民于阴山南。"据此可知,是年辽夺取了晋王天德军节度使之地,并随后更名为应天军节度使,并徙其民于阴山南。旋,应天军节度使复降为丰州。《辽史》卷41《地理志五》丰州天德军下载:"后唐改天德军。太祖神册五年攻下,更名应天军,复为州。"《金史》卷24《地理志上》丰州下载:"丰州,下,天德军节度使。辽尝更军名应天,寻复。金因之。"《读史方舆纪要》卷61丰州城下载:"五代唐曰天德军。石晋初为契丹所有,曰应天军,寻复为丰州。"

又,《旧五代史》卷32《唐庄宗纪六》载:同光三年(925)六月"癸丑,以天德军节度使、管内蕃汉都知兵马使刘承训为天德军节度观察留后"。同书卷39《唐明宗纪五》亦载:天成三年(928)"二月丁亥,天德军节度使郭承丰加检校司徒"。同书卷101《汉隐帝纪上》载:乾祐元年(948)六月,"丰州节度使郭勋加检校太师"。同书卷111《周太祖纪二》载:广顺元年(951)二月"己未,天德军节度使、虢国公郭勋加同平章事"。同书卷114《周世宗纪一》载:显德元年(954)七月,"天德军节度使郭勋、邠州折从阮、安州李洪义并加兼侍中"。由上所载可知在后唐、后汉、后周时期均设置有天德军节度使一职,然其是实领抑或遥领以及具体建置,史籍未载,待考。

(1) 丰州(911?—920)   (2) 天德军(911?—920)

(3) 中受降城(911?—920)　　　(4) 西受降城(911?—920)

二、丰州天德军节度使(天德军都团练防御使)所辖各州沿革

1. 丰州(907—920),治九原县(今内蒙古五原县南)

《旧唐书》卷38《地理志一》、《新唐书》卷37《地理志一》均载丰州辖九原、永丰2县。唐末丰州仍辖此2县[①]。

五代时期丰州当领唐末九原、永丰2县。

晋王天祐十七年(后梁末帝贞明六年,辽神册五年,920),天德军节度使为契丹所有,丰州之地当随之归属契丹。

(1) 九原县(907—920)　　　(2) 永丰县(907—920)

2. 天德军(907—920),治天德军城(今内蒙古乌拉特前旗乌梁素海土城子)

晋王天祐十七年(920),天德军节度使为契丹所有,天德军之地当随之归属契丹。

3. 中受降城(907—920)

晋王天祐十七年(920),天德军节度使为契丹所有,中受降城之地当随之归属契丹。

4. 西受降城(907—920)

晋王天祐十七年(920),天德军节度使为契丹所有,西受降城之地当随之归属契丹。

---

① 参见郭声波:《中国行政区划通史·唐代卷》丰州沿革,第125页。

第四章 晋王[承后梁(部分区域)、卢龙(暨燕王、燕国)、赵王、北平王;暨后唐、后晋、后汉、后周]辖境政区沿革(下)

晋王天祐十七年(后梁贞明六年,920),晋王李氏政权在原唐河北道区域内据有魏州天雄军节度使、邢州安国军节度使、镇州成德军节度使、定州义武军节度使、沧州横海军节度使及幽州卢龙节度使。本章下文即分节讨论上述各留守与节度使的辖区及所属各州的沿革。

第一节 魏州[兴唐府(广晋府、大名府)]天雄军节度使 [东京(邺都)留守][含贝州永清军节度使; 附:相州昭德军(彰德军)节度使 (含澶州镇宁军节度使)]

魏州天雄军节度使为唐末旧镇。五代后梁开平年间,魏州天雄军节度使为后梁所占据,领魏、博、澶、卫、相、贝等6州,治魏州。贞明元年(915)三月,析相州置昭德军节度使,以澶、卫2州属之。魏州天雄军节度使改领魏、博、贝等3州;八月,晋王据有魏州天雄军节度使魏、博2州。贞明二年(晋王天祐十三年,916),昭德军节度使废,卫、相、澶等3州及后梁所据的贝州皆为晋王所据,至此魏州天雄军节度使所领6州之地全部归属晋王[晋王天祐十七年(920)之辖区参见前图2-7]。龙德二年(晋王天祐十九年,922),卫州复为后梁夺取。后唐同光元年(923)四月,升魏州为东京兴唐府,去天雄军号,所属6府州由东京留守管辖。同光三年(925),改东京为邺都,兴唐为次府。天成四年(929),降邺都为兴唐府,复天雄军号。天雄军节度使领兴唐府及博、相、澶、卫、贝5州。后晋天福二年(937),改兴唐府曰广晋府。天福三年(938)十一月,建邺都于广晋府,天雄军号复除。同时,复析相州置彰德军节度使,以澶、卫隶之;又于贝州置永清军节度使,以博、冀(镇州成德军节度使属州)2州隶之。邺都留守此时仅领广晋府1府之地。开运元年(944)八月,分彰德军节度使所辖澶州置镇宁军节度使,割滑州义成军节度使所领濮州为其属州;同时,又割彰德军节度使所辖卫州益滑州义成军节度使。至此,彰德军节度使仅有相州1州之地。开运二年(945),复以邺都广晋府置天雄军节度使。后汉乾祐元年(948),改广晋府曰大名府。大约在后周广顺元年(951),复改大名府天雄军节度使为邺都留守。后周显德元年(954),废邺都,复称大名府天雄军节度使。同年,贝州永清军节度使废,原辖贝、博2州当还隶大名府天雄军节度使;冀州则当还属镇州成德军节度使。至此,天雄军节度使当领大名府及博、贝2州之地。

一、魏州[兴唐府(广晋府、大名府)]天雄军节度使[东京(邺都)留守][含贝州永清军节度使]辖区沿革[附:相州昭德军(彰德军)节度使(含澶州镇宁军节度使)]

魏州天雄军节度使(后梁907—915,**晋王915—923**)—东京留守(后唐923—925)—邺都留守(后唐925—929)—兴唐府天雄军节度使(后唐929—936,后晋936—937)—广晋府天雄军节度使(后晋937—938)—邺都留守(后晋938—945)—广晋府天雄军节度使(后晋945—946,后汉947—948)—大名府天雄军节度使(后汉948—950)—邺都留守(后周951?—954)—大名府天雄军节度使(后周954—959)

贝州永清军节度使(后晋938—947,后汉947—950,后周951—954)

唐元和十五年(820),魏博节度使领魏、博、澶、卫、相、贝等6州,治魏州。大和三年(829),相、卫、澶等3州曾一度割属相卫澶节度使。旋,该3州随相卫澶节度使的废置复来属①。天祐元年(904),魏博节度使改称天雄军节度使②。

---

① 参见郭声波:《中国行政区划通史·唐代卷》魏博节度使(天雄军节度使)沿革,第217页。
② 《资治通鉴》卷264天祐元年四月载:"更命魏博曰天雄军。"然,《资治通鉴》卷266开平元年(907)四月载:"(戊辰,)更名魏博曰天雄军。"胡三省注曰:"《通鉴》二百六十四卷昭宗天祐元年四月,已书'更命魏博曰天雄军',盖亦出朱全忠之意,此复出也,但未知更军额的在何年。"在此姑从天祐元年更名之说。

五代初，魏州天雄军仍当领唐末所辖魏、博、澶、卫、相、贝等6州。

后梁贞明元年(915)三月，魏州天雄军节度使杨师厚薨。天雄军本为重镇，握有强兵。末帝欲趁此机会分割魏博为两镇，削弱其实力，故下诏析魏州天雄军所辖之相州置昭德军，并以澶、卫2州属之(参见下文所附相州节度使辖区沿革)。不意这道诏令下达之后，魏州天雄军兵众发生动乱，囚节度使贺德伦，并迫德伦上章请却复6州之地。末帝不从，乱军又迫贺德伦归于晋王李氏政权，致使最终导致魏州叛梁入晋(《旧五代史》卷8《梁末帝纪上》、《资治通鉴》卷269)。六月，晋王李存勖入魏州，并亲自兼领魏州节度使。《旧五代史》卷28《唐庄宗纪二》载："(贞明元年)六月庚寅朔，帝入魏州，贺德伦上符印，请帝兼领魏州，帝从之。"七月，博州属晋。《资治通鉴》卷269贞明元年七月载："时晋王出师屯博州。"同月，澶州为晋所控。八月，后梁又收复澶州(参见下文所附相州节度使辖区沿革)。至此晋人占有魏州天雄军的魏、博2州，而后梁据有魏州天雄军的贝州及相州昭德军所辖的相、卫、澶等3州。

后梁贞明二年(晋王天祐十三年，916)三月，卫州为晋王占据。八月，后梁相州昭德军节度使废，相州为晋王李氏政权所控。九月，贝州为晋王所据。《五代会要》卷24《诸道节度使军额》相州下载："梁贞明元年三月，魏博节度使杨师厚薨，乃割相州建节度，寻军乱，以地归后唐庄宗，却为属郡，隶魏州。"《旧五代史》卷8《梁末帝纪上》载：贞明二年三月，"晋人攻卫州，陷之。……(九月，)晋人陷贝州"。同书卷28《唐庄宗纪二》载："(天祐十三年)三月乙卯朔，分兵以攻卫州。壬戌，刺史米昭以城降。……八月，大阅师徒，进攻邢州。相州节度使张筠弃城遁去，以袁建丰为相州刺史，依旧隶魏州。……是月(笔者按，指九月)，贝州平，以沧州降将毛璋为贝州刺史。自是河朔悉为帝所有。"《新五代史》卷5《唐庄宗纪下》载："(天祐十三年)三月，攻梁卫州，降其刺史米昭；克磁州，杀其刺史靳昭。四月，克洺州。八月，围邢州，降其节度使阎宝。梁张筠弃相州、戴思远弃沧州而逃，遂取二州，而贝州人杀梁守将张源德，以城降。……(天祐十九年)八月，梁取卫州。"《资治通鉴》卷269贞明二年八月载："晋王自将攻邢州，(后梁)昭德节度使张筠弃相州走；晋人复以相州隶天雄军，以李嗣源为刺史。"至此，晋王可已据有魏州天雄军节度使领魏、博、卫、相、贝等5州，而澶州因相州昭德军节度使已废，作为属州，当随相州一起属晋王(下引《资治通鉴》卷271龙德二年(922)八月所载之文可资为证)。由此，晋王已有魏州天雄军节度使原有的6州之地。

后梁龙德二年(晋王天祐十九年，922)，晋王所控制的卫州复为后梁夺取。《资治通鉴》卷271龙德二年八月载："(后梁)遂克卫州……于是澶州之西，相州之南,皆为梁有;晋人失军储三之一,梁军复振。(末)帝以张朗为卫州刺史。"后梁夺取卫州后,晋魏州天雄军节度使的领域当只有魏、博、相、贝、澶等5州之地。

后唐同光元年(923),四月,晋王李存勖于魏州即帝位,升魏州为东京兴唐府(参见下文魏州沿革)。此后遂去天雄军号,由东京留守掌管原天雄军节度使事务。其时史籍中虽仍有天雄军节度使的记载,但皆应是虚额,独立的天雄军衙署当已废除①。此时东京留守当辖兴唐府及博、卫、相、贝、澶等5州之地。

后唐同光三年(925),改魏州东京为邺都,兴唐为次府(参见下文魏州沿革)。原东京留守所辖之6府州,仍当归邺都留守管辖。《旧五代史》卷75《晋高祖纪一》所载"(天成)三年(928)四月,车驾还洛,制加(石敬瑭)检校太傅、同中书门下平章事、兴唐尹、邺都留守、天雄军节度使"可资为证。

后唐天成四年(929),降邺都为兴唐府,复天雄军号(参见下文魏州沿革)。此时的天雄军节度使当辖原6州之谱而未更。

后晋天福二年(937),改兴唐府曰广晋府(参见下文魏州沿革)。

后晋天福三年(938)十一月,建邺都于广晋府(参见下文魏州沿革),天雄军号复除。同时,复于相州置彰德军节度使,以澶、卫隶之(参见下文所附相州节度使辖区沿革);又于贝州置永清军节度使,以博、冀2州隶之。《旧五代史》卷77《晋高祖纪三》载:天福三年十一月辛亥,"升贝州为永清军,置节度观察使,以博、冀二州为属郡"。《资治通鉴》卷281天福三年十一月载:"辛亥,建邺都于广晋府,置彰德军于相州,以澶、卫隶之;置永清军于贝州,以博、冀隶之。"②《太平寰宇记》卷58贝州下载:"晋天福三年升为永清军节度。"至此,邺都留守仅领广晋府1府之地。

后晋开运二年(945),复以邺都为天雄军节度使。《五代会要》卷19《大名府》:"开运二年四月敕:'邺都依旧为天雄军。节度使管内观察处置等使,邺都

---

① 如《资治通鉴》卷275天成元年(926)十二月载:"庚子,以皇子(李)从荣为天雄节度使、同平章事。"同书卷276天成三年(928)又载:"夏,四月,以邺都留守(李)从荣为河东节度使、北都留守⋯⋯戊寅,以宣武节度使石敬瑭为邺都留守、天雄军节度使。"但是其时的天雄军节度使皆是虚额,当无衙署。理由有二:其一,其时出现的天雄军节度使都是由邺都留守兼领;其二,《旧五代史》卷40《唐明宗纪六》载:天成四年六月,"诏邺都仍旧为魏府。应魏府、汴州、益州宫殿悉去鸱尾,赐节度使为衙署。"据上述史载,可知其时后唐降邺都为兴唐府,重新恢复了天雄军节度使的衙署,这也恰可说明此前出现的由邺都留守兼领的天雄军节度使是无独立衙署的。
② 《五代会要》卷24《诸道节度使军额》贝州下载贝州升为永清军节度使在天福三年十二月,与《旧五代史》、《资治通鉴》所载月份微异。

留守广晋尹。'"《旧五代史》卷83《晋少帝纪三》：开运二年四月"己亥，诏邺都依旧为天雄军"。然《资治通鉴》卷284开运二年四月载："己丑，复以邺都为天雄军。"其中所记之日与《旧五代史》异。兹以前后干支推之，当以《资治通鉴》所记"己丑"为是。

后汉乾祐元年（948），改广晋府曰大名府（参见下文魏州沿革）。

大约在后周广顺元年（951），复改大名府天雄军节度使为邺都留守。

后周显德元年（954），废邺都留守，复称大名府天雄军节度使。《五代会要》卷19《大名府》下载："显德元年正月，废邺都留守，依旧为天雄军大名府。"《旧五代史》卷113《周太祖纪四》载：显德元年正月"戊寅，诏废邺都依旧为天雄军，大名府在京兆府之下"。《资治通鉴》卷291显德元年正月载："戊寅，罢邺都，但为天雄军。"据上所载亦可知后周初年当改大名府天雄军节度使为邺都留守。唯改置之年，未见史载，倘若断在后周建立之广顺元年，应无太大疑义。又，同在显德元年，贝州永清军节度使废。《五代会要》卷24《诸道节度使军额》贝州下载："晋天福三年十二月，升为永清军节度，以博、冀二州隶之。至周显德元年十月，降为防御州。"《旧五代史》卷114《周世宗纪一》载：显德元年十月己酉"诏安、贝二州依旧为防御州，其军额并停"。《资治通鉴》卷292显德元年八月载："己酉，废安远、永清军。"永清军节度使废除后，原辖贝、博2州当还隶大名府天雄军节度使；冀州则当还属镇州成德军节度使。至此，天雄军节度使当领大名府及博、贝2州之地。

魏州[兴唐府（广晋府、大名府）]天雄军节度使[东京（邺都）留守]

(1) 魏州（907—923）—兴唐府（923—937）—广晋府（937—948）—大名府（948—959）

(2) 博州（907—938，954—959）

(3) 澶州（907—915，916—938）

(4) 卫州（907—915，916—922，923—938）

(5) 相州（907—915，916—938）

(6) 贝州（907—938，954—959）

贝州永清军节度使

(1) 贝州（938—954）　　　　(2) 博州（938—954）

(3) 冀州（938—954）

附：
相州昭德军(彰德军)节度使(含澶州镇宁军节度使)辖区沿革

相州昭德军节度使(后梁915—916),相州彰德军节度使(后晋938—946,后汉947—950,后周951—959)

澶州镇宁军节度使(后晋944—946,后汉947—950,后周951—959)

后梁贞明元年(晋王天祐十二年,915)三月,因魏州天雄军节度使势力过大,后梁末帝析魏州天雄军节度使所辖之相、澶、卫等3州置相州昭德军节度使,以削弱天雄军节度使。《旧五代史》卷8《梁末帝纪上》载:"(贞明元年三月,)魏博节度使杨师厚薨,辍视朝三日。初,师厚握强兵,据重镇,每邀朝廷姑息,及薨,辍视朝三日,或者以为天意。租庸使赵岩、租庸判官邵赞献议于帝曰:'魏博六州,精兵数万,蠹害唐室百有余年。罗绍威(笔者按,为后梁首任天雄军节度使)前恭后倨,太祖每深含怒。太祖尸未属纩,师厚即肆阴谋。盖以地广兵强,得肆其志,不如分削,使如身使臂,即无不从也。陛下不以此时制之,宁知后人之不为杨师厚耶。若分割相、魏为两镇,则朝廷无北顾之患矣。'帝曰:'善。'即以平卢军节度使贺德伦为天雄军节度使,遣刘鄩率兵六万屯河朔。诏曰:'分疆裂土,虽赏勋劳;建节屯师,亦从机便。比者魏博一镇,巡属六州,为河朔之大藩,实国家之巨镇。所分忧寄,允谓重难;将叶事机,须期通济。但缘镇、定贼境,最为魏、博亲邻;其次相、卫两州,皆控泽潞山口。两道并连于晋土,分头常寇于魏封。既须日有战争,未若俱有节制。免劳兵力,因奔命于两途;稍泰人心,俾安居于终日。其相州宜建节度为昭德军。以澶、卫两州为属郡,以张筠为相州节度使。'"《资治通鉴》卷269贞明元年三月载:"天雄节度使兼中书令邺王杨师厚卒。……(后梁末帝用判官邵赞言,分六州为两镇以弱其权,)以平卢节度使贺德伦为天雄节度使;置昭德军于相州,割澶、卫二州隶焉,以宣徽使张筠为昭德节度使,仍分魏州将士府库之半于相州。"另,《五代会要》卷24《诸道节度使军额》、《旧五代史》卷23《刘鄩传》与卷28《唐庄宗纪二》、《新五代史》卷3《梁末帝纪》与卷5《唐庄宗纪下》、《册府元龟》卷8《帝王部·创业四》、《太平寰宇记》卷55相州下等亦均载此事,文字略同。七月,澶州为晋王李氏政权所控。八月,后梁又收复澶州。《旧五代史》卷8《梁末帝纪上》载:"(贞明元年)秋七月,(晋王)又陷澶州,刺史王彦章弃城来奔。……八月,贺瓌收复澶州。"《旧五代史》卷28《唐庄宗纪二》亦载:天祐十二年"秋七月,梁澶州刺史王彦章弃城而遁,畏帝军之逼也。以故将李岩为澶州刺史。……八月,梁将贺瓌袭取澶州"。故至此年底,后梁仍当据有相州昭德军节度使所领相、澶、卫等3州之地。

后梁贞明二年(晋王天祐十三年,916)三月,卫州为晋王占据。八月,后梁相州昭德军节度使张筠弃城走,昭德军至此而废。相、卫及澶等3州当再次并入为晋王李氏政权所控控制的魏州天雄军(参见上文魏州节度使辖区沿革)。

后晋天福三年(938)十一月,复析邺都留守所领相州置彰德军节度使,以澶、卫隶之。《五代会要》卷24《诸道节度使军额》相州下载:"梁贞明元年三月,魏博节度使杨师厚薨,乃割相州建节度,寻军乱,以地归后唐庄宗,却为属郡,隶魏州。至晋天福三年十一月,复升为彰德军节度,以澶、卫二州隶之。"澶州下载:"晋天福三年十一月初,升为防御,隶相州,移理所于德胜渡。"《旧五代史》卷77《晋高祖纪三》:天福三年十一月辛亥,"升相州为彰德军,置节度观察使,以澶、卫二州为属郡,其澶州仍升为防御州,移于德胜口为治所。……(以)广晋府行营中军使、贝州防御使王庭胤加检校太傅,充相州彰德军节度使"。《资治通鉴》卷281天福三年十一月载:"(辛亥,)置彰德军于相州,以澶、卫隶之。"其实早在晋王天祐十九年(后梁龙德二年,922)九月,李存勖即曾想分魏州天雄军之地而新置节度使。其时李存勖除兼领魏州外尚统镇州,于是欲割相、卫2州置义宁军,以符习为节度使。但符习以"魏博六州,见系霸府,不宜遽有割隶"为由而加以婉绝(《旧五代史》卷59《符习传》、《资治通鉴》卷271龙德二年九月)。至此后晋天福三年,邺都留守辖区(即原天雄军节度使领域)终被再次分割。

后晋开运元年(944)八月,析澶州置镇宁军节度使,并割滑州义成军节度使所领濮州为其属郡。《五代会要》卷24《诸道节度使军额》澶州下载:"至(后晋天福)九年八月,升为节度,号镇宁军,以濮州隶之。"《旧五代史》卷83《晋少帝纪三》载:开运元年八月"癸亥,升澶州为节镇,以镇宁为军额,割濮州为属郡"。《资治通鉴》卷284开运元年八月载:"癸亥,置镇宁军于澶州,以濮州隶焉。"《太平寰宇记》卷57澶州下载:"(后晋天福)九年(笔者按,即开运元年)升为镇宁军节度。"大约在同时,又割卫州益滑州义成军节度使(参见第一章第三节滑州节度使辖区沿革)。故此时彰德军节度使仅领相州1州之地。

相州昭德军(彰德军)节度使
(1) 相州(915—916,938—959)　　(2) 澶州(915—916,938—944)
(3) 卫州(915—916,938—944?)

澶州镇宁军节度使
(1) 澶州(944—959)　　(2) 濮州(944—959)

二、魏州[兴唐府(广晋府、大名府)]天雄军节度使[东京(邺都)留守]所辖各州沿革[含贝州永清军节度使、相州昭德军(彰德军)节度使、澶州镇宁军节度使]

1. 魏州(907—923)—兴唐府(923—937)—广晋府(937—948)—大名府(948—959),治贵乡县(907—923)—广晋县(923—948)—大名县(948—959,今河北大名县东北)

《旧唐书》卷39《地理志二》魏州领贵乡、元城、魏、馆陶、冠氏、莘、临黄、朝城、昌乐等9县。《新唐书》卷39《地理志三》载唐末魏州辖贵乡、元城、魏、馆陶、冠氏、莘、朝城、昌乐、临河、洹水、成安、内黄、宗城、永济等14县,并在不见于《旧唐书·地理志》魏州下的临河、洹水、成安、内黄、宗城、永济等6县下皆载"天祐三年来属"。故可知此6县是唐末天祐三年(906)来属。而《旧唐书·地理志》魏州下尚有临黄一县不见于《新唐书·地理志》,据《太平寰宇记》卷57澶州观城县下废临黄县所载"大历初又割入澶州"知临黄在唐末已别属澶州。故唐末天祐三年后魏州当领《新唐书·地理志》所载的14县规模,唯其中的朝城更名武阳,成安已更名斥丘,宗城更名广宗(参见下文)。

五代初,魏州仍当领贵乡、元城、魏、馆陶、冠氏、莘、武阳、昌乐、临河、洹水、斥丘、内黄、广宗、永济等14县。

后唐同光元年(923)四月,升魏州为东京兴唐府,并改贵乡县为广晋县,改元城县为兴唐县。《五代会要》卷19《大名府》载:"后唐同光元年四月,升魏州为东京,都督府曰兴唐府,元城县为兴唐县,贵乡县为广晋县。"《旧五代史》卷29《唐庄宗纪三》载:同光元年四月,"诏升魏州为东京兴唐府,改元城县为兴唐县,贵乡县为广晋县"。《册府元龟》卷14《帝王部·都邑二》、《资治通鉴》卷272同光元年四月及《太平寰宇记》卷54魏州下所载与上述略同。又,同年,斥丘复名成安,武阳复名朝城,广宗复名宗城,昌乐更名南乐。据《旧唐书》卷39《地理志二》魏州下载:天祐二年,成安更名斥丘;天祐三年,朝城更名武阳、宗城更名广宗。而《旧五代史》卷30《唐庄宗纪四》载:同光元年十月,"诏除毁朱氏宗庙神主,伪梁二主并降为庶人。天下官名府号及寺观门额,曾经改易者,并复旧名。"加之,《太平寰宇记》卷54魏州领县中已是成安、朝城及宗城之名,《舆地广记》卷5大名府成安县下又载:"唐属相州,天祐二年更名斥丘来属。后唐复为成安。"故推测此3县当在此时更名。至于昌乐县,据《舆地广记》卷10开德府南乐县所载"后唐避讳,改为南乐",可知后唐因避讳而改为南乐。同光元年为后唐始建之年,故该县更名亦当在此时。

后唐同光三年(925)三月,改东京为邺都,兴唐为次府。《五代会要》卷19《河南府》下载:"后唐同光三年三月,详定院奏:'近升魏州为东京,臣检故事,须先定两府。未审依旧以京兆及河南为两府,太原、兴唐为次府;为复以兴王之地别定府名?'敕:'故事,雍州为西京,洛州为东都,太原府在两府之次。近以中兴大业,以魏州为东京兴唐府,权名东都为洛京。今后依旧以洛京为东都,魏州改为邺都兴唐府,与北都太原府并为次府。"同卷《大名府》下亦载:"至(同光)三年三月改为邺都,兴唐为次府。"《旧五代史》卷32《唐庄宗纪六》载:同光三年三月辛酉,"魏州改为邺都,与北都(笔者按,指镇州)并为次府"。《资治通鉴》卷273同光三年三月载:"辛酉,诏复以……兴唐府为邺都。"《太平寰宇记》卷54魏州下载:"后唐同光元年升为东京兴唐府,三年改为邺都。"

后唐天成四年(929)六月,降邺都为兴唐府。《五代会要》卷19《大名府》载:"天成四年五月敕:'先升魏州为邺都,有留守、王城使及宫殿诸门园亭名额,并废。'"《旧五代史》卷40《唐明宗纪六》载:天成四年六月戊申,"诏邺都仍旧为魏府,应魏府、汴州、益州宫殿悉去鸱尾,赐节度使为衙署"。《资治通鉴》卷276天成四年六月载:"戊申,复以邺都为魏州,留守、皇城使并停。"

后晋天福二年(937)九月,改兴唐府为广晋府,并改兴唐县为元城县。《五代会要》卷19《大名府》载:"晋天福二年九月,改兴唐府为广晋府,兴唐县为广晋县。"《旧五代史》卷76《晋高祖纪二》载:天福二年九月乙丑,"改兴唐府为广晋府,兴唐县为广晋县"①。据上引之文,似兴唐府改为广晋府时,兴唐县又在此时更为广晋县。然《五代会要》卷19《大名府》载:"(天福)三年十一月敕:'魏州广晋府复升为邺都,置留守,广晋、元城两县为赤县,其余属县为畿县。'"其中明提广晋与元城为二县。若兴唐县更为广晋县,而兴唐县前身即是元城县,则断无广晋与元城并列之理。又,《太平寰宇记》卷54魏州元城县下有"后唐改为兴唐县,晋复为元城"的记载,故颇疑上引《五代会要》与《旧五代史》"兴唐县为广晋县"之文为"兴唐县为元城县"之误。

后晋天福三年(938)十一月,复升广晋府为邺都。《五代会要》卷19《大名府》载:"(天福)三年十一月敕:'魏州广晋府复升为邺都,置留守。'"《旧五代史》卷77《晋高祖纪三》、《新五代史》卷8《晋高祖纪》及《资治通鉴》卷281天福三年十一月条所载与此略同。

后晋天福九年(944),临河县改隶澶州(参见下文澶州沿革)。

---

① 《资治通鉴》卷280天福元年十二月载:"改兴唐府曰广晋府。"所载改名时间与《五代会要》、《旧五代史》异,未详何据,录此待考。

后汉乾祐元年三月(948),广晋府更为大名府,并改广晋县为大名县。《五代会要》卷19《大名府》载:"汉乾祐元年三月,改广晋府为大名府,广晋县为大名县。"《旧五代史》卷101《汉隐帝纪上》:乾祐元年三月丙寅,"诏改广晋府为大名府"。《资治通鉴》卷288乾祐元年三月载:"改广晋为大名府。"

后周广顺元年(951)六月,以元城县为赤县。《五代会要》卷19《大名府》载:"周广顺元年六月,以大名府元城县为赤县。"

后周显德元年(954),废邺都,仅存大名府之名(参见上文魏州节度使辖区沿革)。

又,五代时期,夏津、临清、经城3县均自贝州来属。《太平寰宇记》卷54魏州下载:"天祐三年割贝州之夏津、临清、永济、宗城、经城,相州之内黄、成安、洹水,博州之清平来属。"其中不见于《新唐书·地理志》魏州14县的有夏津、临清、经城、清平等4县,如此似唐末天祐三年(906)初魏州已领此诸县。然《宋史》卷86《地理志二》大名府清平县下载:"宋初,自博州来隶。"可见清平入魏州当在宋初而非天祐三年。又,《资治通鉴》卷269贞明元年(915)八月载:"晋王遣李存审将兵五千击贝州,张源德有卒三千,每夕分出剽掠,州民苦之,请堑其城以安耕耘。存审乃发八县丁夫堑而围之。"胡三省注曰:"贝州管清河、清阳、武城、经城、临清、漳南、历亭、夏津八县。"可见其时夏津、临清、经城等3县尚不属魏州①。又,《旧五代史》卷84《晋少帝纪四》载:开运三年(946),"邺都夏津、临清两县,饿死民凡三千三百"。则至迟在后晋少帝时夏津、临清确已入魏州。故夏津、临清2县从贝州别属魏州的时间应在后梁贞明元年至后晋开运三年之间。至于经城,《宋史》卷275《郭密传》载:"郭密,贝州经城人。"郭密卒于宋至道二年(996),年五十八,以此逆推,故应生于后晋天福四年(939)。据此,经城隶属魏州时间不会早于天福四年(939)。

综上所述,至迟于开运三年(946),魏州当领广晋(大名)、元城、魏、馆陶、冠氏、莘、朝城、南乐、洹水、成安、内黄、宗城、永济、夏津、临清、经城等16县。

(1) 贵乡县(907—923)—广晋县(923—948)—大名县(948—959)

(2) 元城县(907—923)—兴唐(923—937)—元城县(937—959)

(3) 魏县(907—959)　　　　(4) 馆陶县(907—959)

---

① 《旧五代史》卷23《刘鄩传》载:贞明元年(915),"魏之临清,积粟之所,鄩引军将据之"。据此,似临清其时已属魏州。然《旧五代史》卷26《唐武皇纪下》载:"(乾宁三年,896)九月,李存信攻魏之临清,汴将葛从周等引军来援,大败于宗城北。"乾宁三年远在贞明元年之前,此时临清当隶贝州,可见此处所谓"魏之临清",当是指临清在魏州节度使辖境内而非一定在魏州辖境内。临清属魏州的时间尚无法依据上述史料而加以断定。

(5) 冠氏县(907—959) （6）莘县(907—959)

(7) 武阳县(907—923)—朝城县(923—959)

(8) 昌乐县(907—923)—南乐县(923—959)

(9) 临河县(907—944) （10）洹水县(907—959)

(11) 斥丘县(907—923)—成安县(923—959)

(12) 内黄县(907—959)

(13) 广宗县(907—923)—宗城县(923—959)

(14) 永济县(907—959) （15）夏津县(946？—959)

(16) 临清县(946？—959) （17）经城县(939？—959)

2. 博州(907—959)，治聊城县(今山东聊城市东南)

《旧唐书》卷39《地理志二》及《新唐书》卷39《地理志三》并载博州领聊城、博平、武水、清平、堂邑、高唐等6县。又，《唐会要》卷71《州县改置下》博州下载："博平县，贞观十七年(643)废入聊城，天授二年(691)更置，天祐三年(906)四月割隶郓州。聊城县、武阳县、武水县、高唐县，天祐三年四月并割隶郓州。"据此，似博平、聊城、武阳、武水、高唐等5县在天祐三年割属郓州。然《新唐书》卷39《地理志三》博州聊城下载："天祐三年更曰聊邑，又以聊邑、博平、高唐、武水之河外地入郓州。"可见其时聊邑、博平、高唐、武水等县均由黄河穿境而过，这样自然会给各县的管辖区域带来不便，故天祐三年割聊邑、博平、高唐、武水等县在黄河以南的地区(而并非这些县的全境)属郓州，从而使得博、郓2州以黄河为界，这也与山川形便的政区划界原则颇为相符。故上引《唐会要》之文恐非。是唐末博州当领两《唐书·地理志》所载6县之地，唯聊城已更名聊邑而已。

五代初，博州仍当领聊邑、博平、武水、清平、堂邑、高唐等6县。

后梁开平二年(908)，改高唐曰鱼丘。《太平寰宇记》卷54博州高唐县下载："梁开平二年改为鱼丘县。"

后唐同光元年(923)十月，聊邑复称聊城，鱼丘复曰高唐。《太平寰宇记》卷54博州高唐县下载："梁开平二年改为鱼丘县。后唐同光初复旧。"其时，"(诏)天下官名府号及寺观门额，曾经改易者，并复旧名"(《旧五代史》卷30《唐庄宗纪四》)。故上述2县更名当在同光元年。

后晋初年(936？)，堂邑更名河清，高唐更名齐城。当避石敬瑭名讳。

后汉初年(947？)，河清复称堂邑，齐城复称高唐。《太平寰宇记》卷54博州堂邑县下载："晋改为河清县，后复旧。"高唐县下载："晋改为齐城县。汉复旧。"二县之改名既然为避石敬瑭名讳，故当于后汉初即复旧名。

后周显德三年(956),武水废,其地并入聊城。《五代会要》卷20《州县分道改置》河北道博州武水县下载:"周显德三年,十月,并入聊城县。"又,《太平寰宇记》卷54博州聊城县下废武水县载:"周广顺二年(952),河决冲没。显德二年,割属聊城县。"所记与《五代会要》异,今姑从《五代会要》。故五代末博州当下辖5县:聊城、博平、清平、堂邑、高唐。

(1) 聊邑县(907—923)—聊城县(923—959)

(2) 博平县(907—959)

(3) 清平县(907—959)

(4) 堂邑县(907—936?)— 河清县(936?—947?)—堂邑县(947?—959)

(5) 高唐县(907)—鱼丘县(908—923)—高唐县(923—936?)— 齐城县(936?—947?)—高唐县(947?—959)

(6) 武水县(907—956)

3. 相州(907—959),治安阳县(今河南安阳市)

《旧唐书》卷39《地理志二》相州领安阳、邺、汤阴、林虑、尧城、洹水、临漳、成安、内黄、临河等10县。《新唐书》卷39《地理志三》相州领安阳、邺、汤阴、林虑、尧城、临漳等6县。二者相较,《旧唐书·地理志》多洹水、成安、内黄、临河等4县。而此4县在天祐三年(906)已别属魏州(参见上文魏州沿革),故唐末相州当领《新唐书·地理志》所载的6县,唯其中的尧城在天祐三年更名永定。

五代初,相州仍当领安阳、邺、汤阴、林虑、永定、临漳等6县。

大约在后梁开平三年(909),永定更名长平。

后唐同光元年(923),长平复曰永定。《太平寰宇记》卷55相州永定县下载:"朱梁开平中改为长平,后唐同光初复为永定。"又因同光元年十月,"(诏)天下官名府号及寺观门额,曾经改易者,并复旧名"(《旧五代史》卷30《唐庄宗纪四》)。故上述长平复旧名当在此时。

(1) 安阳县(907—959)　　(2) 邺县(907—959)

(3) 汤阴县(907—959)　　(4) 林虑县(907—959)

(5) 永定县(907—909?)—长平县(909?—923)—永定县(923—959)

(6) 临漳县(907—959)

4. 卫州(907—959),治汲县(今河南卫辉市西南)

《旧唐书》卷39《地理志二》、《新唐书》卷39《地理志三》卫州下皆载领汲、卫、共城、新乡、黎阳等5县。是唐末卫州辖此5县之地①。五代初,当亦复如此。

后晋天福五年(940)十一月,黎阳县别属滑州(参见第一章第三节滑州节度使所辖滑州沿革)。另,《太平寰宇记》卷56卫州下领县汲县、新乡、卫县、共城等4县,而在同书卷9滑州下又载割黎阳县建通利军,这些均可为黎阳在五代时已属滑州增添佐证。故五代末卫州当辖汲、卫、共城、新乡等4县。

又,《旧五代史》卷10《梁末帝纪下》载:龙德二年(922)"八月,段凝、张朗攻卫州,下之。获刺史李存儒以献,戴思远又下淇门、共城、新乡等三县,自是澶州之西相州之南,皆为梁有。晋人失军储三分之一焉"。据此,似五代时卫州还领淇门一县。然检相关史籍,除有淇门在唐曾一度为清淇县治所②,后又随清淇县之废而并入卫县的记载外③,并不见另有淇门县的记载。又,《旧五代史》卷1《梁太祖纪一》载:大顺元年(890)"十二月辛丑,帝遣丁会、葛从周率众渡河取黎阳、临河,又令庞师古、霍存下淇门卫县,帝徐以大军继其后"。其中将"淇门卫县"并提。故综上所述,颇疑上引《旧五代史·梁末帝纪》中提及的"淇门"是代指卫州之卫县④。

(1) 汲县(907—959)　　　(2) 卫县(907—959)
(3) 共城县(907—959)　　(4) 新乡县(907—959)
(5) 黎阳县(907—940)

5. 澶州(907—959),治顿丘县(907—938,今河南清丰县西南;938—948,今河南濮阳市),德胜寨故基(948—955?,今河南濮阳市),顿丘县(955?—959,今河南濮阳市)

《旧唐书》卷39《地理志二》、《新唐书》卷39《地理志三》并载澶州领顿丘、清丰、观城、临黄等4县。唐末澶州当辖上述4县⑤。五代初,亦复如是。

后晋天福三年(938)十一月,澶州升为防御州,治所及顿丘县治并由顿丘县原址移至德胜,且仍治顿丘县;而于原顿丘县治置顿丘镇;濮阳县由濮州来属。《五代会要》卷24《诸道节度使军额》澶州下载:"晋天福三年十一月初,升

---

① 参见郭声波:《中国行政区划通史·唐代卷》卫州沿革,第223页。
② 《唐会要》卷71《州县改置下》。
③ 参见郭声波:《中国行政区划通史·唐代卷》卫州清淇县沿革,第224页。
④ 尚不排除另外一种可能,即唐末卫县更名淇门。倘如此,淇门当在后唐同光元年(923)废后梁所改官府名号时复曰卫县。又,《资治通鉴》卷271龙德二年八月下亦有与《旧五代史·梁末帝纪》文字略同的记载,且胡三省注曰"汲县又有淇门镇",则淇门在五代后又成为汲县的一镇。
⑤ 参见郭声波:《中国行政区划通史·唐代卷》澶州沿革,第221页。

为防御,隶相州,移理所于德胜渡。"《旧五代史》卷77《晋高祖纪三》:天福三年十一月辛亥,"其澶州仍升为防御州,移于德胜口为治所。……癸亥,割濮州濮阳县隶澶州。"《资治通鉴》卷281天福三年十一月载:"澶州旧治顿丘,帝(笔者按,指后晋高祖)虑契丹为后世之患,遣前淄州刺史汲人刘继勋徙澶州跨德胜津,并顿丘徙焉。"胡三省注曰:"澶州本治顿丘县,今并州县皆徙治德胜。"《太平寰宇记》卷57德清军下载:"德清军,本旧澶州,晋天福三年移澶州于德胜寨,乃于旧澶州置顿丘镇,取县为名。"上述引文中的"德胜渡"、"德胜口"、"德胜津"及"德胜寨",当指德胜一地。

后晋天福四年(939),濮阳县治所发生迁徙。《太平寰宇记》卷57澶州濮阳县下载:"晋天福四年,诏移于澶州之南郭为理所。"《舆地广记》卷10开德府濮阳县下载:"晋天福中,移县于澶州南郭为治所。"清丰县下载:"晋天福四年移濮阳于澶州南郭为治所。"

后晋天福六年(941)八月,改顿丘镇为德清军;于胡梁渡置大通军。《五代会要》卷24《军》载:"(晋天福)六年八月,改澶州顿邱镇为德清军,镇使为军使①。其年九月,以新修胡梁渡为大通军。"《旧五代史》卷80《晋高祖纪六》亦载:天福六年八月,"改旧澶州为德清军"。十月"己丑,诏以胡梁度月城为大通军,浮桥为大通桥"。唯置大通军的时间为十月,与《五代会要》微异。今姑从《五代会要》所载。

后晋天福九年(944),临河自广晋府(魏州)来属。《太平寰宇记》卷57澶州临河县下载:"天祐三年属魏州。晋天福九年隶澶州。"

后晋开运二年(945)十一月,德清军治所移至陆家店。《太平寰宇记》卷57德清军下载:"开运二年十一月,又移德清军于陆家店置。"②

后汉乾祐元年(948),澶州治所由顿丘县移就德胜寨故基。《太平寰宇记》卷57澶州下载:"汉乾祐元年,移就德胜寨故基。"

后周世宗时(955—959),澶州又移理顿丘县。《太平寰宇记》卷57澶州下载:"今理顿丘县……晋天福三年升为防御州,仍自旧州移于此……汉乾祐元年移就德胜寨故基。至周世宗又移于今理。"顿丘县下载:"晋天福三年随州移于今理所。"此时的顿丘县亦在德胜,故澶州治所移至顿丘县,不过是将州治与县治合一,在地望上应未有大变化。

---

① 《太平寰宇记》卷57德清军、《舆地广记》卷10开德府清丰县下所载皆将德清军始置时间系于后晋天福四年(938),与《五代会要》异,未详何据,待考。
② 《资治通鉴》卷283开运元年胡三省注引宋白曰:"开运元年,移德清军于陆家店。"与《太平寰宇记》所载异,未详孰是,录此备考。

又，五代时，滑州卫南县来属。《舆地广记》卷10开德府卫南县下载："唐属滑州，五代时来属。"唯史籍不载此县来属之确年，因该县地近临河，颇疑与临河县同时在后晋天福九年来属。

综上所述，五代末澶州当辖顿丘、清丰、观城、临黄、濮阳、临河、卫南等7县与德清、大通2军。

(1) 顿丘县(907—959)　　　　(2) 清丰县(907—959)
(3) 观城县(907—959)　　　　(4) 临黄县(907—959)
(5) 濮阳县(938—959)　　　　(6) 临河县(944—959)
(7) 卫南县(944?—959)　　　　(8) 德清军(941—959)
(9) 大通军(941—959)

6. 贝州(907—959)，治清阳县(今河北清河县西北)

《旧唐书》卷39《地理志二》载贝州领清阳、清河、宗城、临清、经城、漳南、历亭、夏津等8县。《新唐书》卷39《地理志三》载贝州辖清阳、清河、武城、漳南、历亭、经城、临清、夏津等8县。其中《旧唐书·地理志》贝州之宗城不见于《新唐书·地理志》贝州下，而《新唐书·地理志》贝州之武城亦不见于《旧唐书·地理志》贝州下。又，宗城在天祐三年时已别属魏州(参见上文魏州沿革)，故唐末贝州当辖《新唐书·地理志》贝州下所载的8县。五代初，亦复如是。

又，五代时期，3县别属魏州：夏津、临清2县别属魏州应在后梁贞明元年(915)至后开运三年(946)之间；经城别属魏州时间则不会早于后晋天福四年(939)(参见上文魏州节度使辖区沿革)。

后周显德元年(954)，贝州为防御州(参见上文魏州节度使辖区沿革)。

综上所述，贝州五代末当领清阳、清河、武城、漳南、历亭等5县。《太平寰宇记》卷58贝州下所领5县与此同。

(1) 清阳县(907—959)　　　　(2) 清河县(907—959)
(3) 武城县(907—959)　　　　(4) 漳南县(907—959)
(5) 历亭县(907—959)　　　　(6) 经城县(907—939?)
(7) 临清县(907—946?)　　　　(8) 夏津县(907—946?)

7. 冀州

参见本章第三节镇州节度使所辖冀州沿革。

8. 濮州

参见第一章第三节滑州节度使所辖濮州沿革。

第二节 邢州安国军(保义军)节度使

后梁开平二年(908),朱温以邢州置保义军节度使,辖洺、惠2州。晋王天祐十三年(916),邢州保义军节度使属晋王李氏政权,更名为安国军节度使,辖区不变,唯更惠州为磁州[晋王天祐十七年(920)之辖区参见前图2-7]。此后至五代末,邢州安国军节度使领州无所变更。

一、邢州安国军(保义军)节度使辖区沿革

邢州保义军节度使(后梁908—916)—**邢州安国军节度使(晋王916—923,** 后唐923—936,后晋936—946,后汉947—950,后周951—959)

唐时,河北道之邢、洺、磁等3州与河东道之潞、泽2州皆属潞泽昭义军节度使管辖,其中邢、洺、磁等3州与潞、泽2州中隔太行山,因此从政区划分上看,昭义军节度使的辖区打破了依"山川形变"划界的原则,盖以防止地方割据。但是在唐末藩镇割据形势下,此种格局必然要被打破。唐中和二年(882),昭义将孟方立迁昭义军于邢州,据山东邢、洺、磁等3州,自称留后①。中和三年(883),山西潞州为李克用所取,以李克修为昭义军节度使②。自是出现了二昭义军节度使。龙纪元年(889),李克用遣将攻下洺、磁2州③。大顺元年(890),李克用兵再下邢州,改孟方立所建之昭义军节度使为邢洺磁都团练使。同年,又升为邢洺磁节度使。天复元年(901),罢邢洺磁节度使④,昭义军节度使复领潞、泽、邢、洺、磁等5州。

唐天祐三年(906)闰十二月,潞州昭义军节度使丁会开门迎降,潞州归于晋王李氏政权,其余泽、邢、洺、磁等4州仍为后梁所据(参见第三章第二节潞州节度使辖区沿革),唯磁州改称惠州。《新唐书》卷39惠州下载:"本磁(礠)州……天祐三年以'磁(礠)'、'慈'声一,更名。"

后梁开平二年(908)六月,升邢州为保义军节度使,以洺、惠2州隶之⑤。

---

① 《新唐书》卷187《孟方立传》。另,《资治通鉴》卷255系此事于中和三年。
② 《资治通鉴》卷255中和三年九月。
③ 《资治通鉴》卷258龙纪元年五月。
④ 《新唐书》卷66《方镇表三》;参见郭声波:《中国行政区划通史·唐代卷》河北道沿革,第193页。
⑤ 另外所余之泽州,当在晋王天祐七年(后梁开平四年,910)十月至九年(后梁乾化二年,912)十月间,已属晋王潞州昭义军节度使。参见第三章第二节潞州节度使辖区沿革。

《五代会要》卷24《诸道节度使军额》邢州下载："梁开平二年六月，建为保义军节度，割洺、惠二州隶之。"《旧五代史》卷22《王檀传》载："开平二年六月，授邢州保义军节度使、检校司徒。"《太平寰宇记卷》59 邢州下载："梁开平二年建为保义军节度。"

晋王天祐十三年（后梁贞明二年，916），邢州节度使辖地入于晋王，并复惠州旧称名磁州。同时，更邢州保义军节度使为安国军节度使。《新五代史》卷5《唐庄宗纪下》载：天祐十三年"三月，攻梁卫州，降其刺史米昭；克磁州，杀其刺史靳昭。四月，克洺州。八月，围邢州，降其节度使阎宝"。《旧五代史》卷8《梁末帝纪上》载：贞明二年四月，"晋人陷洺州……（七月，）邢州节度使阎宝以城降于晋王"。《资治通鉴》卷269 贞明二年载："三月乙卯朔，晋王攻卫州，壬戌，刺史米昭降之。又攻惠州，刺史靳绍走，擒斩之，复以惠州为磁州。（胡三省注曰：唐天祐三年以'磁'、'慈'声相近，改磁州为惠州，是时政在朱氏。晋既取之，因复旧州名。）"又，《五代会要》卷20《诸道节度使军额》邢州下载："至后唐同光元年，改为安国军。"据此似邢州节度使更名在同光元年（923）。然《资治通鉴》卷269 贞明二年八月载："晋王遣人告阎宝以相州已拔，又遣张温帅援兵至城下谕之，宝举城降；晋王以宝为东南面招讨使，领天平节度使、同平章事；以李存审为安国节度使，镇邢州。"①且《旧五代史》卷56《符存审传》亦载：天祐十三年"秋，邢州阎宝降，授（李）存审安国军节度、邢洺磁等州观察使"②。均言李存审早在天祐十三年（后梁贞明二年）邢州节度使归晋王李氏政权时，即为邢州安国军节度使。《五代会要》所记邢州节度使更名之年显误。

此后至五代末，未闻邢州安国军节度使复有何变更。

(1) 邢州（908—959）　　　　(2) 洺州（908—959）

(3) 惠州（908—916）—磁州（916—959）

二、邢州安国军（保义军）节度使所辖各州沿革

1. 邢州（907—959），治龙冈县（今河北邢台市）

《旧唐书》卷39《地理志二》、《新唐书》卷39《地理志三》邢州下皆领龙冈、沙河、南和、巨鹿、平乡、任、尧山、内丘等8县。唐末至五代末期，亦复如是，无

---

① 胡三省注曰："邢州，梁保义军；既入于晋，自此遂改为安国军。《考异》曰：王溥《五代会要》、薛史《地理志》、乐史《寰宇记》皆云'梁建保义军，唐同光元年改为安国军。'而庄宗、明宗《实录》《列传》、薛史《存审传》皆云'此年授安国节度使。'恐是才属晋即改军额，《会要》等书误云同光元年。"

② 《旧五代史考异》卷2："案《五代会要》，同光元年始改邢州为安国军，据薛史此传，则晋人得邢州即改军额，疑《会要》误也。"

有变化。《太平寰宇记》卷 59 邢州下亦领此 8 县,可作一旁证。

(1) 龙冈县(907—959)　　(2) 沙河县(907—959)
(3) 南和县(907—959)　　(4) 巨鹿县(907—959)
(5) 平乡县(907—959)　　(6) 任县(907—959)
(7) 尧山县(907—959)　　(8) 内丘县(907—959)

2. 洺州(907—959),治永年县(今河北永年县东南)

《旧唐书》卷 39《地理志二》、《新唐书》卷 39《地理志三》载洺州下辖永年、平恩、临洺、鸡泽、肥乡、曲周等 6 县。唐末至五代末期,亦复如是,无有变化。《太平寰宇记》卷 58 洺州下亦领此 6 县,可为一旁证。

(1) 永年县(907—959)　　(2) 平恩县(907—959)
(3) 临洺县(907—959)　　(4) 鸡泽县(907—959)
(5) 肥乡县(907—959)　　(6) 曲周县(907—959)

3. 惠州(907—916)—磁州(916—959),治滏阳县(今河北磁县)

《旧唐书》卷 39《地理志二》磁州与《新唐书》卷 39《地理志三》惠州(本磁州,天祐三年更名)下皆载领滏阳、邯郸、武安、昭义等 4 县。五代初,惠州领县亦复如是。

晋王天祐十三年(916),惠州恢复旧称,名磁州(参见上文邢州节度使辖区沿革)。

此后至五代末,磁州无有变更。《太平寰宇记》卷 56 磁州下亦领滏阳、邯郸、武安、昭义等 4 县,可视为一旁证。

(1) 滏阳县(907—959)　　(2) 邯郸县(907—959)
(3) 武安县(907—959)　　(4) 昭义县(907—959)

第三节　镇州(真定府、恒州)成德军(武顺军、顺国军)节度使[北都(中京)留守]

镇州武顺军节度使本唐旧镇,初置时称成德军节度使,唐末改为武顺军节度使,辖镇、冀、赵、深等 4 州,治镇州。五代初属后梁①。后梁开平四年(唐天祐七年,910),镇州节度使赵王王镕与定州节度使北平王王处直联合叛梁,武

---

① 《旧五代史》卷 54《王镕传》载:"及梁祖称帝,镕不得已行其正朔……镕于昭宗朝赐号敦睦保定久大功臣,位至成德军节度使、守太师、中书令、赵王,梁祖加尚书令。"《新五代史》卷 39《王镕传》载:"(梁)太祖即位,封镕赵王。"与《旧五代史》所载王镕为赵王时间异,未详孰是)《资治通鉴》卷 266 开平元年五月载:"加武顺节度使赵王王镕守太师。"

顺军节度使复称成德军节度使。天祐八年(后梁乾化元年,911),镇州成德军节度使在地域上完全脱离后梁。晋王天祐十一年(914),镇州节度使归属晋王李存勖[晋王天祐十七年(920)之辖区参见图2-8]。后唐同光元年(923)四月,升镇州为北都真定府,成德军号废,所属4州由北都留守管辖。十一月,废北都,复置镇州成德军节度使。后晋天福三年(938)十一月,冀州别属永清军节度使,镇州节度使辖镇、赵、深等3州。天福七年(942),镇州成德军节度使改称恒州顺国军节度使。辽大同元年(947)二月,恒州顺国军节度使为辽所据,改镇州为中京,顺国军节度使废。后汉天福十二年(947)八月,辽废中京,恒州顺国军节度使属后汉,复称镇州成德军节度使。后周显德元年(954),永清军节度使废,所领冀州还属镇州节度使。至此镇州成德军节度使复领镇、赵、深、冀等4州。

一、镇州(真定府、恒州)成德军(武顺军;顺国军)节度使[北都(中京)留守]辖区沿革

镇州武顺军节度使(后梁907—910)—**镇州成德军节度使**(赵王910—914,**晋王914—923**)—北都留守(后唐923)—镇州成德军节度使(后唐923—936,后晋936—942)—恒州顺国军节度使(后晋942—946)—镇州成德军节度使(后汉947—950,后周951—959)

镇州武顺军节度使本唐旧镇,初设于宝应元年(762),曰成德军。至元和十五年(820),成德军节度使下辖镇、冀、赵、深等4州①。天祐二年(905),更成德军号为武顺军。《资治通鉴》卷265天祐二年十月载:"癸丑,更名成德军曰武顺。"②又,《新五代史》卷60《职方考》载:"镇州,故曰成德军。梁初以成音犯庙讳(笔者按,朱温父名诚),改曰武顺。"可见成德军节度使此时当为避朱温父字讳而改为武顺军节度使。

五代初,武顺军节度使属后梁,仍当辖镇、冀、赵、深等4州,治镇州(今河北正定县)。

天祐七年(后梁开平四年,910),武顺军节度使复称成德军节度使。是年镇州节度使赵王王镕与定州节度使北平王王处直联合叛梁,王镕复奉唐朝正朔,称天祐七年。《旧五代史》卷54《王镕传》载:"其后梁祖常虑河朔悠久难

---

① 参见郭声波:《中国行政区划通史·唐代卷》武顺军节度使沿革,第276页。
② 《新唐书》卷66《方镇表三》天祐二年亦载此事。

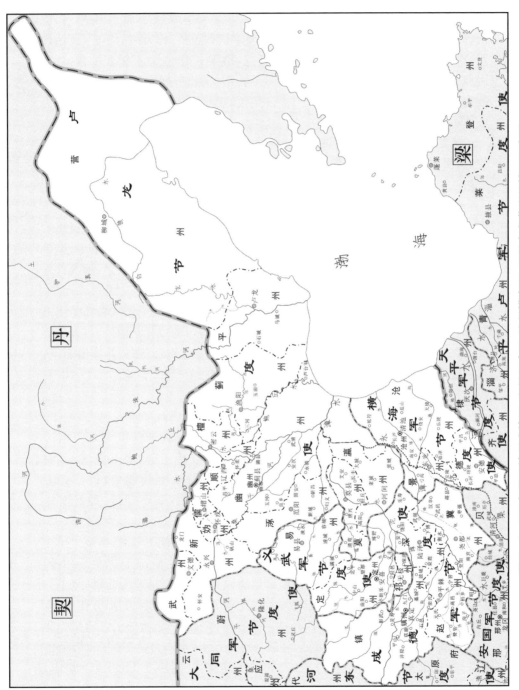

图 2-8 920年晋王镇州成德军、定州义武军、沧州横海军、幽州卢龙节度使辖区示意图

制,会(魏州天雄军节度使)罗绍威卒,因欲除移镇、定。先遣亲军三千,分据镕深、冀二郡,以镇守为名。又遣大将王景仁、李思安率师七万,营于柏乡。镕遣使告急庄宗,庄宗命周德威率兵应之;镕复奉唐朝正朔,称天祐七年。"《资治通鉴》卷267开平四年十一月载:"上(笔者按,指梁太祖)疑赵王镕贰于晋,且欲因邺王绍威卒除移镇、定。……镕使者至晋阳,义武节度使王处直使者亦至,欲共推晋王为盟主,合兵攻梁。……自是镇、定复称唐天祐年号,复以武顺为成德军。"

天祐八年(后梁乾化元年,911),经过柏乡之役,后梁大败于晋王李氏政权,镇州节度使在地域上完全脱离后梁。《旧五代史》卷27《唐庄宗纪一》载:天祐八年正月,"帝号令收军于赵州。既而梁人弃深、冀二州而遁"。

晋王天祐十一年(后梁乾化四年,914),镇州节度使与定州节度使一起归属晋王李存勖。《旧五代史》卷28《唐庄宗纪二》载:天祐十一年正月,"镇州王镕、定州王处直遣使推帝为尚书令。初,王镕称藩于梁,梁以镕为尚书令,至是镇、定以帝南破梁军,北定幽、蓟,乃共推崇焉。使三至,帝让乃从之,遂选日受册,开霸府,建行台,如武德故事"。

晋王天祐十八年(后梁龙德元年,921),镇州发生军变,亲军杀节度使王镕,推张文礼为留后。晋王迫于形势授之。复以符习为成德军留后,与天平节度使阎宝、相州刺史史建瑭一起率兵讨之。晋兵拔赵州后,张文礼惊惧而卒。其子处瑾代掌军事,与其党谋悉力拒晋王(《资治通鉴》卷271龙德元年、《旧五代史》卷29《唐庄宗纪三》)。

晋王天祐十九年(后梁龙德二年,922),镇州乱平。《旧五代史》卷29《唐庄宗纪三》载:天祐十九年九月,"以蕃汉马步总管李存审为北面招讨使,以攻镇州。丙午夜,赵将李再丰之子冲投缒以接王师,诸军登城,迟明毕入,镇州平。……帝以符习为镇州节度使,乌震为赵州刺史,赵仁贞为深州刺史,李再丰为冀州刺史。镇人请帝兼领本镇,从之,乃以符习遥领天平军节度使"。

后唐同光元年(923)四月,升镇州为北都真定府,成德军号废,所属4州当由北都留守管辖。十一月,废北都,复置镇州成德军节度使,辖区未更。《五代会要》卷20《州县分道改置》镇州下载:"后唐同光元年四月,改为北京,至十一月,却复为成德县(笔者按,此处"成德县"当是"成德军"之误)。"《旧五代史》卷29《唐庄宗纪三》载:同光元年四月,"诏升魏州为东京兴唐府……以镇州为北都"。《新五代史》卷5《唐庄宗纪下》载:同光元年"十一月乙巳,复北都为镇州,太原为北都"。《资治通鉴》卷272同光元年载:"(四月,)以魏州为兴唐府,建东京。又于太原府建西京,又以镇州为真定府,建北都。"十一月,"乙巳,废北都,复为成德军。"《太平寰宇记》卷 61 镇州下载:"唐同光初升为北都,其年复为成德军。"①

后晋天福三年(938)十一月,冀州别属永清军节度使(参见本章第一节魏州天雄军节度使所含贝州节度使辖区沿革)。

后晋天福七年(942),镇州改称恒州,成德军节度使改名顺国军节度使。《五代会要》卷 24《诸道节度使军额》镇州下载:"晋天福七年正月,改为顺国军节度,改常山为恒山郡,应军额馆驿带常山名者,并改为恒山,以安重荣叛命初平故也。"《旧五代史》卷 80《晋高祖纪六》载:天福七年正月"癸亥,改镇州为恒州,成德军为顺国军"。《资治通鉴》卷 283 天福七年正月所载与此略同。

辽大同元年(后晋开运四年,947)二月,后晋恒州顺国军节度使为辽所据,改恒州为中京,顺国军节度使废。《资治通鉴》卷 286 天福十二年二月载:"时契丹以恒州为中京。"《辽史》卷 4《太宗纪下》载"(大同元年)二月丁巳朔,建国号大辽,大赦,改元大同。升镇州为中京。以赵延寿为大丞相兼政事令、枢密使、中京留守。"

后汉天福十二年(辽大同元年,947)八月,辽中京留守麻答逃奔定州,辽中京当废,恒州顺国军节度使属后汉,并复镇州成德军节度使旧称。《五代会要》卷 24《诸道节度使军额》镇州下载:"至汉天福十二年八月,却并复为成德军。"《旧五代史》卷 100《汉高祖纪下》:天福十二年八月"辛卯,诏恒州复为镇州,顺国军复为成德军"。《资治通鉴》卷 287 天福十二年八月载:"壬午朔……契丹惧而北遁,麻答、刘晞、崔廷勋皆奔定州……(众)乃以(白)再荣权知留后,具以状闻,且请援兵……辛卯,复以恒州顺国军为镇州成德军。乙未,以白再荣为成德留后。"

后周显德元年(954),贝州永清军节度使废,所领冀州还属镇州成德军节度使(参见本章第一节魏州节度使所含贝州节度使辖区沿革)。

此后至后周显德六年(959),镇州成德军节度使未闻再有所变更。

(1) 镇州(907—923)—真定府(923)—镇州(923—942)—恒州(942—

---

① 《旧五代史》卷 39《唐明宗纪五》载:天成三年(928)"十二月壬寅朔,诏真定府属县宜准河中、凤翔例升为次畿,真定县升为次赤。"《旧五代史》卷 43《唐明宗纪九》载:长兴三年(932)"夏四月……戊午,中书奏:'准敕重定三京、诸道府地望次第者。旧制以王者所都之地为上,今都洛阳,请以河南道为上,关内道为第二,河东道为第三,余依旧制。其升府,按《十道图》,以凤翔为首,河中、成都、江陵、兴元为次。中兴初,升魏州为兴唐府,镇州为真定府,望升二府在五府之上,合为七州,余依旧制。……'从之。"其仍有"真定府"之名,而不称"镇州"。与他书所载异,似后唐明宗时又曾一度将镇州改称真定府。录此备考。

947)—镇州(947—959)

(2) 冀州(907—938,954—959)　　　　(3) 赵州(907—959)

(4) 深州(907—959)

二、镇州(真定府、恒州)成德军(武顺军、顺国军)节度使[北都(中京)留守]所辖各州沿革

1. 镇州(907—923)—真定府(923)—镇州(923—942)—恒州(942—947)—镇州(947—959),治真定县(今河北正定县)

《旧唐书》卷39《地理志二》与《新唐书》卷39《地理志三》镇州下均载领真定、藁城、石邑、九门、灵寿、行唐、井陉、获鹿、平山、鼓城、栾城等11县。唐末亦当辖此11县[①],唯在天祐二年(905)藁城已更名藁平,栾城已更名栾氏,此据《新唐书·地理志》镇州藁城及栾城下各自注文可知。五代初,镇州仍当为11县之规模。

后梁开平二年(908),行唐县更名彰武县。《太平寰宇记》卷61镇州行唐县下载:"梁开平二年改为彰武县。"[②]

晋王天祐六年(后梁开平三年,909),藁平复称藁城。《读史方舆纪要》卷14真定府藁城县下载:"天祐初改为藁平。五代梁开平三年,赵王镕附晋,复故。"

后唐同光元年(923)四月,升镇州为真定府;十一月,复称镇州(参见上文镇州节度使辖区沿革)。又,同年,彰武县复名行唐县。《太平寰宇记》卷61镇州行唐县下载:"梁开平二年改为彰武县,后唐同光初复旧。"又,《旧五代史》卷30《唐庄宗纪四》载:同光元年,"(诏)天下官名府号及寺观门额,曾经改易者,并复旧名"。故彰武县复旧名当在此时。再,《太平寰宇记》卷61镇州下领栾城县而非栾氏县。结合上引《旧五代史》之文,颇疑栾氏县亦当在同光元年复旧名栾城县。

又,大约在后唐同光元年(923),元氏县由赵州来属。《舆地广记》卷11真定府元氏县下载:"唐属赵州,五代时来属。"《读史方舆纪要》卷14真定府元氏县下载:"五代唐改属真定府。"又,束鹿,亦当在后唐时由深州来属。《舆地广记》卷11深州束鹿县下载:"唐属深州……五代时属真定国(笔者按,'国'当作

---

① 参见郭声波:《中国行政区划通史·唐代卷》镇州沿革,第239页。
② 《资治通鉴》卷269乾化四年(914)正月载:"己亥,晋王与(王)镕畋于行唐之西。"其中仍有"行唐"之名,与《太平寰宇记》所载异,未详何据。兹姑从《太平寰宇记》。

'府')。"既然其中提及"真定府",则应为后唐时事无疑。

又,大约在后晋天福元年(936),行唐县更称永昌县。《太平寰宇记》卷61镇州行唐县下载:"晋改为永昌县。"另外,堂阳县由冀州来属。《文献通考》卷316《舆地考二》冀州下载:"(后)晋以堂阳属真定府。"

后晋天福七年(942),镇州改称恒州(参见上文镇州节度使辖区沿革)。

辽大同元年(后汉天福十二年,947)二月,辽改恒州为中京。八月,辽中京废,恒州复为后汉所据,恢复旧称镇州(参见上文镇州节度使辖区沿革)。

大约在后汉天福十二年(947),永昌县复曰行唐县。《太平寰宇记》卷61镇州行唐县下载:"晋改为永昌县,汉复旧名。"

大约在后周广顺元年(951),堂阳县还属冀州(参见下文冀州沿革)。

(1) 真定县(907—959)

(2) 藁平县(907—909)—藁城县(909—959)

(3) 石邑县(907—959)　　(4) 九门县(907—959)

(5) 灵寿县(907—959)

(6) 行唐县(907—908)—彰武县(908—923)—行唐县(923—936?)—永昌县(936?—947?)—行唐县(947?—959)

(7) 井陉县(907—959)　　(8) 获鹿县(907—959)

(9) 平山县(907—959)　　(10) 鼓城县(907—959)

(11) 栾氏县(907—923?)—栾城县(923?—959)

(12) 元氏县(923?—959)　　(13) 束鹿县(923?—959)

(14) 堂阳县(936?—951?)

2. 冀州(907—959),治尧都县(907—923,治河北冀州市)—信都县(923—959,今河北冀州市)

《旧唐书》卷39《地理志二》冀州下领信都、南宫、堂阳、枣强、武邑、衡水、阜城、蓨等8县。《新唐书》卷39《地理志三》载冀州辖信都、南宫、堂阳、枣强、武邑、衡水、阜城、蓨、武强等9县。二者相较,《新唐书·地理志》冀州下多出武强一县。据《新唐书·地理志》冀州武强县下所载可知,武强于唐末由深州来属。是唐末冀州当领《新唐书·地理志》冀州所领9县,唯在天祐二年信都更名尧都,阜城更名汉阜[①]。五代初,冀州领县亦复如是。

后唐同光元年(923),尧都复旧名信都,汉阜复旧称阜城。《读史方舆纪

---

① 《新唐书》卷39《地理志三》冀州下载:"信都,望。天祐二年更曰尧都。""阜城,望。天祐二年更曰汉阜。"

要》卷13阜城县下载:"天祐二年,朱全忠改曰汉阜县,五代唐复故。"《旧五代史》卷30《唐庄宗纪四》载:同光元年,"(诏)天下官名府号及寺观门额,曾经改易者,并复旧名"。故汉阜县复旧名阜城当在此时。再,《太平寰宇记》卷63冀州下领信都县而非尧都县,结合上引《旧五代史》之文,颇疑尧都县亦在同光元年复旧名信都。

后晋开运元年(945),冀州升为防御使。《旧五代史》卷82《晋少帝纪二》载:开运元年四月"丁巳,升冀州为防御使额。"

又,大约在后晋天福元年(936),堂阳县别属镇州(参见上文镇州沿革)。

大约在后周广顺元年(951),武强县别属深州;堂阳县复由镇州还属。《文献通考》卷316《舆地考二》冀州下载:"(后)周以武强隶深州,以堂阳还属。"冀州此时当领8县。

(1) 尧都县(907—923)—信都县(923—959)
(2) 南宫县(907—959)　　　(3) 堂阳县(907—936?,951? —959)
(4) 枣强县(907—959)　　　(5) 武邑县(907—959)
(6) 衡水县(907—959)
(7) 汉阜县(907—923)—阜城县(923—959)
(8) 蓨县(907—959)　　　(9) 武强县(907—951?)

3. 深州(907—959),治陆泽县(907—951?,今河北深州市西南)、下博县(951? —959,今河北深州市东南)

《旧唐书》卷39《地理志二》深州领陆泽、饶阳、束鹿、下博、安平、武强、博野、乐寿等8县。《新唐书》卷39《地理志三》深州辖陆泽、饶阳、束鹿、安平、博野、乐寿、下博等7县。二者相较,《旧唐书·地理志》深州下多出武强县,而又知武强于唐末已属冀州(参见上文冀州沿革)。故唐末深州当领《新唐书·地理志》所载之7县。五代初,亦复如是。

大约在后唐同光元年(923),束鹿别属镇州(参见上文镇州沿革)。

大约在后周广顺元年(951),武强县由冀州来属。《舆地广记》卷11深州武强县下载:"唐末属冀州,五代时又来属。"《文献通考》卷316《舆地考二》冀州下载:"周以武强隶深州。"又,州治在这一时期由陆泽徙至下博。《舆地广记》卷11深州静安县下载:"本下博……后周为州治。"

后周显德二年(955),下博县境之李晏口一度置有静安军,后废。《旧五代史》卷115《周世宗纪二》:显德二年"三月辛未,以李晏口为静安军,其军南距冀州百里,北距深州三十里,夹胡卢河为垒"。《册府元龟》卷994《外臣部·备御七》载:显德二年"(三月)辛未,改李晏口为静安军……李晏口者,即(胡芦)

河上之要津也,故赐以军额。"

后周显德四年五月,博野县割隶定州(参见本章第四节定州节度使辖区沿革)。

综上所述,五代末深州当领陆泽、饶阳、安平、乐寿、下博、武强等6县。

(1) 陆泽县(907—959)　　　　(2) 饶阳县(907—959)

(3) 束鹿县(907—923?)　　　(4) 安平县(907—959)

(5) 博野县(907—957)　　　　(6) 乐寿县(907—959)

(7) 下博县(907—959)　　　　(8) 武强县(951?—959)

(9) 静安军(955—959?)

4. 赵州(907—959),治平棘县(今河北赵县)

《旧唐书》卷39《地理志二》与《新唐书》卷39《地理志三》并载赵州领平棘、宁晋、昭庆、柏乡、高邑、临城、赞皇、元氏等8县。唐末赵州仍辖此8县,唯临城改称房子。《新唐书》卷39《地理志三》赵州临城县下载:"本房子,天宝元年更名,天祐二年更曰房子。"五代初,赵州领县亦复如是。

后唐同光元年(923),房子当复名临城。《旧五代史》卷30《唐庄宗纪四》载:同光元年,"(诏)天下官名府号及寺观门额,曾经改易者,并复旧名"。故房子当在此时恢复旧称。《太平寰宇记》卷60赵州下领有临城县而非房子县亦可为一旁证。

又,大约在后唐同光元年(923),元氏别属镇州(参见上文镇州沿革)。

此后至五代末赵州一直领7县规模而未闻复有何变更。

(1) 平棘县(907—959)　　　　(2) 宁晋县(907—959)

(3) 昭庆县(907—959)　　　　(4) 柏乡县(907—959)

(5) 高邑县(907—959)

(6) 房子县(907—923)—临城县(923—959)

(7) 赞皇县(907—959)　　　　(8) 元氏县(907—923?)

第四节　定州义武军节度使

定州义武军节度使本唐旧镇,唐末领定、易、祁等3州,治定州。五代初属后梁。后梁开平四年(唐天祐七年,910),定州节度使王处直叛梁,复唐天祐年号。天祐八年(后梁乾化元年,911),定州义武军节度使在地域上完全脱离后梁。晋王天祐十一年(后梁乾化四年,914),定州节度使属晋王李氏政权[晋王天祐十七年(920)之辖区参见前图2-8]。后晋开运二年(945),定州义武军节度使增领泰州。开运三年(946),易州附于契丹。后汉乾祐元年(948),易州复属定州义武军节度使。后周广顺二年(952),泰州废。广顺三年(953),易州又为契丹占据。显德六年(959),易州复为后周所攻取,义武军节度使仍领定、易、祁等3州。

一、定州义武军节度使辖区沿革

定州义武军节度使(后梁 907—910,北平王 910—914,**晋王 914—923**,后唐 923—936,后晋 936—946,后汉 947—950,后周 951—959)

定州义武军节度使本唐旧镇,唐建中三年(782)置,下辖定、易、沧等3州,治定州。《资治通鉴》卷227建中三年五月载:"辛亥,置义武军节度于定州,以易、定、沧三州隶之。"兴元元年(784),割义武军节度使沧州置横海军节度使①。景福二年(893),又新置祁州。《旧唐书》卷39《地理志二》祁州下载:"景福二年,定州节度使王处存奏请于本部无极县置祁州。"是唐末,定州义武军节度使当领易、定、祁等3州。五代初,亦复如是。

后梁开平元年(907),定州义武军节度使为后梁所据,由北平王王处直任节度使。《新五代史》卷39《王处直传》载:"光化三年,梁兵攻定州,(王)部遣处直率兵拒之,战于沙河,为梁兵所败。兵返入城逐郜。郜出奔晋,乱兵推处直为留后。梁兵围之,处直遣人告梁,请绝晋而事梁,出绢十万匹犒军,乃与梁盟。梁太祖表处直义武军节度使,累封太原王。太祖即位,封处直北平王。"《资治通鉴》卷266开平元年五月载:"(加)义武节度使王处直兼侍中。"

后梁开平四年(唐天祐七年,910),定州节度使王处直与镇州节度使王镕联合叛梁,复唐天祐年号(参见本章第三节镇州节度使辖区沿革)。

天祐八年(后梁乾化元年,911),经过柏乡之役,后梁大败于晋王,镇、定二州节度使在地域上完全脱离后梁。《资治通鉴》卷267乾化元年正月载:"时魏、滑之兵陈于东,宋、汴之兵陈于西。至晡,梁军未食,士无斗志,(王)景仁等引兵稍却,周德威疾呼曰:'梁兵走矣!'晋兵大噪争进,魏、滑兵先退,李嗣源帅众噪于西陈之前曰:'东陈已走,尔何久留!'梁兵互相惊怖,遂大溃。……自野河至柏乡,僵尸蔽地。王景仁、韩勍、李思安以数十骑走。晋兵夜至柏乡,梁兵已去,弃粮食、资财、器械不可胜计。凡斩首二万级。李嗣源等追奔至邢州,河朔大震。"

晋王天祐十一年(后梁乾化四年,914),定州节度使属晋王李氏政权(参见本章第三节镇州节度使辖区沿革)。

---

① 参见郭声波:《中国行政区划通史·唐代卷》义武军节度使沿革,第274页。

至后晋开运二年(945)三月,辽所置泰州终又为后晋所属,隶属于定州义武军节度使。《旧五代史》卷83《晋少帝纪三》载:开运二年三月"庚戌,王师攻泰州,刺史晋庭谦以城降"。《新五代史》卷9《晋出帝纪》载:"(开运)二年春正月,契丹陷泰州。……三月戊戌,契丹陷祁州……庚戌,马全节克泰州。"《册府元龟》卷118《帝王部·亲征三》载:开元二年三月"乙丑,杜威大军自定州班师赴镇州。敕曰:'睠唯泰郡,素乃汉疆。偶隶藩戎,久罹涂炭。遇王师之进讨,倾臣节以来降。况地处要冲,人推勇悍,将控临于黠虏,宜系属于雄藩。其泰州宜割属定州为属郡,以狼山寨主孙方简为泰州刺史,仍检校尚书右仆射、本州守御都指挥使,充定州东西面都巡检。'"《资治通鉴》卷284开运元年三月载:"辛卯,马全节攻契丹泰州,拔之。"开运二年三月载:"庚戌,诸军攻契丹,泰州刺史晋廷谦举州降……乙丑,诸军自定州引归。诏以泰州隶定州。"综合上述史料,可知在开运元年三月,辽泰州为后晋攻占。开运二年正月,契丹再陷泰州。三月,后晋复攻占泰州。随后,下诏以泰州隶定州节度使。此后定州节度使下辖4州。

后晋开运三年(946),易州附于契丹。《资治通鉴》卷285开运三年十二月载:"戊辰,契丹主入恒州。遣兵袭代州,刺史王晖以城降之。先是契丹屡攻易州,刺史郭璘固守拒之。……及杜威既降,契丹主遣通事耿崇美至易州,诱谕其众,众皆降;璘不能制,遂为崇美所杀。"《辽史》卷4《太宗纪下》载:"(会同九年,946)五月庚戌,晋易州戍将孙方简请内附。"《辽史》卷40《地理志四》易州下载:"五代隶定州节度使。会同九年孙方简以其地来附。"定州节度使此时仅领定、祁、泰3州。

后汉乾祐元年(948),定州义武军节度使由辽转为后汉控制。易州于此时复隶于定州节度使之下。《旧五代史》卷101《汉隐帝纪上》载:乾祐元年三月,"定州节度使、检校太尉孙方简……加检校太师"。四月辛巳,"定州孙方简奏,三月二十七日,契丹弃定州遁去。……乙巳,定州节度使孙方简奏,复入于本州。初,方简为狼山寨主,叛晋归契丹,及契丹降中渡之师,乃以方简为定州节度使。契丹主死,永康王嗣位,即以蕃将耶律忠代之,移方简为云州节度使,方简不受命,遂归狼山。高祖至阙,方简归款,复以中山命之。是岁三月二十七日,契丹弃定州,隳城壁,焚室庐,尽驱人民入蕃,惟余空城瓦砾而已。至是,方简自狼山回保定州"。《资治通鉴》卷287乾祐元年载:"初,契丹主北归,至定州,以义武节度副使邪律忠为节度使,徙故节度使孙方简为大同节度使。方简怨恚,且惧入朝为契丹所留,迁延不受命,帅其党三千人保狼山故寨,控守要害。契丹攻之,不克。未几,遣使请降,帝复其旧官,以扞契丹。(胡三省注曰:

复以为义武节度使。)邪律忠闻邺都既平,常惧华人为变。诏以成德留后刘在明为幽州道马步都部署,使出兵经略定州。未行,忠与麻答等焚掠定州,悉驱其人弃城北去。孙方简自狼山帅其众数百,还据定州,又奏以弟行友为易州刺史,方遇为泰州刺史。每契丹入寇,兄弟奔命,契丹颇畏之。于是晋末州县陷契丹者,皆复为汉有矣。"《旧五代史》卷125《孙方谏传》所载与此略同。

后周广顺二年(952),泰州废(《五代会要》卷20《州县分道改置》泰州),定州节度使复领五代初年定、易、祁等3州之地。

后周广顺三年(953),易州为契丹所占据。《辽史》卷6《穆宗纪》载:应历三年(953)二月甲子,"太保敌烈修易州城,镇州以兵来挑战,却之"。据此可知其时易州已入辽①。

后周显德六年(959),易州复为后周所攻取。《旧五代史》卷119《周世宗纪六》载:显德六年五月"戊申,定州节度使孙行友奏,攻下易州,擒伪命刺史李在钦来献"。《宋史》卷253《孙行友传》载:"显德六年,世宗北征,行友攻下契丹之易州,擒其刺史李在钦以献。"《辽史》卷40《地理志四》易州下载:"应历九年(959),为周世宗所取。"此时定州节度使仍当领定、易、祁等3州。

(1) 定州(907—959)
(2) 易州(907—946,948—953,959)
(3) 祁州(907—959)
(4) 泰州 (945—952)

二、定州义武军节度使所辖各州沿革

1. 定州(907—959),治安喜县(今河北定州市)

《旧唐书》卷39《地理志二》定州下领安喜、义丰、北平、望都、安险、曲阳、陉邑、唐、新乐等9县。《新唐书》卷39《地理志三》定州下辖安喜、义丰、北平、望都、曲阳、陉邑、唐、新乐、无极、深泽等10县。又知《新唐书·地理志》定州无极、深泽2县已在唐景福二年(893)别属而置祁州②,而《旧唐书·地理志》定州所领的安险县当是衍文③,故唐末定州当领安喜、义丰、北平、望都、曲阳、

---

① 参见余蔚:《中国行政区划通史·辽金卷》辽易州沿革,第321页。
② 参见郭声波:《中国行政区划通史·唐代卷》定州沿革,第244页。
③ 罗士琳等《旧唐书校勘记》卷21在《旧唐书·地理志》定州下所载"安险,汉县,属中山国"之下曰:"按,汉安险县,后汉改为安喜县,唐有安喜县,无安险县。此八字疑校者之辞误衍。"[清道光二十六年(1846)扬州岑氏懼盈斋刻本]当是。然《读史方舆纪要》卷14定州安险城下又载:"唐大历三年复置安险县,属定州。五代唐仍省入安喜。"未详顾祖禹何据,存此备考。

陉邑、唐、新乐等8县。五代初期,亦复如是。

后梁开平三年(909),唐县改称中山县。

后唐同光元年(923),中山县复称唐县。《太平寰宇记》卷62定州唐县下载:"梁开平三年改为中山县。后唐同光初复旧。"因后唐同光元年十月,"(诏)天下官名府号及寺观门额,曾经改易者,并复旧名"(《旧五代史》卷30《唐庄宗纪四》)。故中山县复旧名当在此时。

后唐长兴三年(932),北平县改名燕平县。《太平寰宇记》卷62定州北平县下载:"后唐长兴三年改为燕平县。"

后晋初期(936年?),唐县又改称博陵县,盖避石敬瑭之"瑭"讳。

后汉初期(947年?),博陵县复名唐县。《太平寰宇记》卷62定州唐县下载:"晋改为博陵县。汉初复旧。"

后周显德四年(957),博野县由深州来属。《五代会要》卷20《州县分道改置》河北道深州博野县下载:"周显德四年五月,割隶定州。"①故五代末定州下辖9县。

(1) 安喜县(907—959)　　　　(2) 义丰县(907—959)

(3) 北平县(907—932)—燕平县(932—959)

(4) 望都县(907—959)　　　　(5) 曲阳县(907—959)

(6) 陉邑县(907—959)

(7) 唐县(907—909)—中山县(909—923)—唐县(923—936?)—博陵县(936?—947?)—唐县(947?—959)

(8) 新乐县(907—959)　　　　(9) 博野县(957—959)

2. 易州(907—946,948—953,959),治易县(今河北易县)

《旧唐书》卷39《地理志二》易州下领易、容城、遂城、涞水、满城、五回等6县。《新唐书》卷39《地理志三》易州下辖易、容城、涞水、遂城、满城等5县。然《旧唐书·地理志》易州五回县下曰:"天宝后废。"是唐末易州当领《新唐书·地理志》所领的5县之地②。五代初,亦复如是。

后晋开运元年(944),遂城为契丹所据。《新五代史》卷9《晋出帝纪》载:开运元年"九月丙子,契丹寇遂城、乐寿,代州刺史白文珂及契丹战于七里烽,败之"。满城亦在此年为契丹一度占据(此由下文所引《新五代史·晋出帝纪》

---

① 《太平寰宇记》卷68宁边军博野县下曰:"周显德二年(955)割属定州。"所载时间与《五代会要》异,未详何据,录此备考。今姑从《五代会要》所载。
② 参见郭声波:《中国行政区划通史·唐代卷》易州沿革,第205页。

之文可证)。

后晋开运二年(945)三月,满城、遂城2县又为后晋收复。《新五代史》卷9《晋出帝纪》载:开运二年三月"甲寅,杜威克满城。乙卯,克遂城"。同月,泰州由辽属晋。九月,泰州移治满城县(参见本章第六节幽州节度使辖区沿革)。而满城县本属易州,故当是此时别属泰州。

后晋开运三年(946),易州附于契丹(参见上文定州节度使辖区沿革)。《辽史》卷40《地理志四》载易州下辖易、容城、涞水等3县,无易州原辖的遂城县。其实,遂城县亦当于此时入辽,唯归属于辽泰州抑或易州,尚难确定①。

后汉乾祐元年(948),易州复属后汉(参见上文定州节度使辖区沿革),其时仍当领有易、容城、涞水、遂城等4县之地②。

后周广顺二年(952),泰州废,满城县还属易州。《五代会要》卷20《州县分道改置》河北道泰州下载:"至周广顺二年二月,废州,其满城县割隶易州。"易州并前共领5县之地。

后周广顺三年(953),易州为契丹所占据(参见上文定州节度使辖区沿革),所领5县尽失于辽。

后周显德六年(959),易州复为后周所攻取(参见上文定州节度使辖区沿革)。同年,因世宗克瓦桥关后设雄州,遂以容城属之(参见本章第六节幽州节度使所附雄州沿革)。易州当领易、遂城、涞水、满城等4县。

(1) 易县(907—946,948—953,959)
(2) 容城县(907—946,948—953,959)
(3) 遂城县(907—944,945—946,948—953,959)
(4) 涞水县(907—946,948—953,959)
(5) 满城县(907—944,945,952—953,959)

3. 祁州(907—959),治无极县(今河北无极县)

《旧唐书》卷39《地理志二》、《新唐书》卷39《地理志三》并载祁州辖无极、深泽2县。唐末祁州当辖此2县③。

五代时期,祁州仍辖唐末2县而未更。《太平寰宇记》卷60祁州下亦领此2县。

---

① 参见余蔚:《中国行政区划通史·辽金卷》辽易州遂城县沿革,第325页。
② 参见余蔚:《中国行政区划通史·辽金卷》辽易州沿革,第321页。
③ 参见郭声波:《中国行政区划通史·唐代卷》祁州沿革,第246页。

(1) 无极县(907—959)　　　　(2) 深泽县(907—959)

4. 泰州

参见本章第六节幽州节度使所辖泰州沿革。

第五节　沧州横海军(义昌军、顺化军)节度使

沧州义昌军节度使,唐旧镇。五代初为后梁所据,辖沧、景、德等3州。后梁开平四年(910),义昌军节度使为燕王刘守光所据。乾化二年(燕应天二年,912),因燕义昌军节度使刘继威为都指挥使张万进所杀,请降于后梁。朱温遂改义昌军节度使为顺化军节度使。乾化三年(913),顺化军节度使辖地正式为后梁占据。贞明元年(晋王天祐十二年,915),德州为晋王李存勖所据。贞明二年(晋王天祐十三年,916),沧州顺化军节度使全境属晋王,李存勖改顺化军节度使为横海军节度使[晋王天祐十七年(920)之辖区参见前图2-8]。后周显德二年(955),景州废为定远军。此后沧州横海军节度使仅辖沧、德2州。

一、沧州横海军(义昌军、顺化军)节度使辖区沿革

沧州义昌军节度使(后梁907—910,燕王910—911,燕911—912)—沧州顺化军节度使(后梁912—916)—**沧州横海军节度使(晋王916—923,后唐923—936,后晋936—946,后汉947—950,后周951—959)**

沧州义昌军节度使为唐旧镇。唐大和五年(831),更齐德沧节度使名义昌军节度使[①]。唐末沧州义昌军节度使下辖沧、德、景等3州,治沧州[②]。五代初,当复如是。

后梁开平元年(907),沧州义昌军节度使刘守文降于后梁。《资治通鉴》卷266开平元年十一月载:"义昌节度使刘守文闻其弟守光幽其父……乃发兵击守光,互有胜负。(后梁)天雄节度使邺王(罗)绍威谓其下曰:'守光以窘急归国,守文孤立无援,沧州可不战服也。'乃遗守文书,谕以祸福。守文亦恐梁乘虚袭其后,戊子,遣使请降,以子延祐为质。帝(笔者按,指梁太祖)抃手曰:'绍威折简,胜十万兵!'加守文中书令,抚纳之。"

后梁开平四年(910),义昌军节度使为燕王刘守光所据。《资治通鉴》卷

---

① 《新唐书》卷66《方镇表三》。
② 参见郭声波:《中国行政区划通史·唐代卷》义昌军节度使沿革,第274页。

267 开平四年载:"春,正月,乙未,刘延祚(笔者按,延祚,守文之子。时因守文为守光所擒而自立为帅)力尽出降。时刘继威(笔者按,继威,守光之子。时已被守光任命为义昌留后)尚幼,守光使大将张万进、周知裕辅之镇沧州,以延祚及其将佐归幽州。……(五月)己亥,以刘继威为义昌节度使。"①尹洙《五代春秋》卷上《梁太祖》条亦载:"(开平)四年正月,燕王守光克沧州。"②

后梁乾化二年(燕应天二年,912),因义昌军节度使刘继威淫虐,都指挥使张万进怒而杀之,自燕请降于后梁。朱温遂以张万进为义昌留后,又改义昌军为顺化军。《五代会要》卷24《诸道节度使军额》沧州下载:"梁乾化二年三月,改为顺化军节度,以张万进归顺故也。"《资治通鉴》卷268乾化二年三月载:"义昌节度使刘继威年少,淫虐类其父,淫于都指挥使张万进家,万进怒,杀之。诘旦,召大将周知裕,告其故。万进自称留后,以知裕为左都押牙。庚子,遣使奉表请降,亦遣使降于晋;晋王命周德威安抚之。知裕心不自安,遂来奔,帝为之置归化军,以知裕为指挥使,凡军士自河朔来者皆隶之。辛丑,以万进为义昌留后。甲辰,改义昌为顺化军,以万进为节度使。"

后梁乾化三年(913),顺化军节度使正式为后梁所据。《旧五代史》卷8《梁末帝纪上》载:乾化三年五月,"天雄军节度使杨师厚及刘守奇率魏、博、邢、洺、徐、兖、郓、滑之众十万讨镇州。……刘守奇以一军自贝州掠冀州衡水、阜城,陷下博。师厚自弓高渡御河,迫沧州,张万进惧,送款,师厚表请以万进为青州节度使,以刘守奇为沧州节度使"。同书卷28《唐庄宗纪二》载:天祐十年(913)五月,"(杨)师厚移军寇沧州,张万进惧,遂降于梁"。《资治通鉴》卷268乾化三年五月载:"杨师厚与刘守奇将汴、滑、徐、兖、魏、博、邢、洺之兵十万大掠赵境……师厚、守奇自弓高渡御河而东,逼沧州,张万进惧,请迁于河南;师厚表徙万进镇青州,以守奇为顺化节度使。"

晋王天祐十二年(后梁贞明元年,915),后梁德州为晋王所据。《旧五代史》卷8《梁末帝纪上》:贞明元年六月,"晋人陷德州"。《新五代史》卷3《梁末帝纪》:贞明元年"夏六月庚寅朔,晋王李存勖入于魏州,遂取德州"。《资治通鉴》卷269贞明元年六月载:"(晋兵)袭德州……遂克之。"

晋王天祐十三年(后梁贞明二年,916),沧州顺化军节度使属晋王李氏政权,并改顺义军为横海军节度使。《旧五代史》卷8《梁末帝纪上》:贞明二年九

---

① 《资治通鉴》卷267开平四年载:"八月,以刘守光兼义昌节度使。"《考异》曰:"《实录》,是岁五月以义昌留后刘继威为义昌节度使,八月又云以守光兼义昌节度使,不言置继威于何处,或者复为留后。不然,守光兼幽、沧节度使,继威但为沧州节度使,皆不可知。今两存之。"录此备考。
② 傅璇琮、徐海荣、徐吉军主编:《五代史书汇编》第五册,第2544页。

月,"沧州节度使戴思远弃城来奔"。《新五代史》卷3《梁末帝纪》:贞明二年"九月,晋人取沧州,横海军节度使戴思远奔于京师"。《旧五代史》卷56《符存审传》载:"(天祐十三年)十月,戴思远弃沧州,毛璋以城降,授存审检校太傅、横海军节度使,兼领魏博马步军都指挥使。"《资治通鉴》卷269贞明二年九月载:"晋人以兵逼沧州,顺化节度使戴思远弃城奔东都。沧州将毛璋据城降晋,晋王命李嗣源将兵镇抚之,嗣源遣璋诣晋阳。晋王徙李存审为横海节度使,镇沧州,以嗣源为安国节度使。"据上所载,可知后梁沧州顺义军节度使归属晋王后即改为横海军节度使①。

后周显德二年(955),景州废为定远军,原辖之地分入沧、德2州(参见下文景州沿革)。此后沧州横海军节度使仅辖沧、德2州。

(1) 沧州(907—959)　　　　　(2) 德州(907—959)

(3) 景州(907—955)

二、沧州横海军(义昌军、顺化军)节度使所辖各州沿革

1. 沧州(907—959),治清池县(今河北沧州市)

《旧唐书》卷39《地理志二》沧州领清池、盐山、南皮、长芦、乐陵、饶安、无棣、临津、乾符等9县,《新唐书》卷39《地理志三》沧州辖清池、盐山、长芦、乐陵、饶安、无棣、乾符等7县。二者相较,《旧唐书·地理志》比《新唐书·地理志》多南皮、临津2县。而此2县在唐大和四年(830)景州废时来属②,故唐末沧州当领《旧唐书·地理志》所载的9县规模。五代初,亦复如是。

至后周时期,沧州领域发生了较大变化。

后周显德二年(955),废景州为定远军,原领东光、弓高2县来属。并前9县,沧州至此共领11县及定远1军之地。《五代会要》卷24《军》:"其年(笔者按,指周显德二年)六月,废景州为定远军,所管东光、弓高两县隶沧州,安陵县隶德州。"《太平寰宇记》卷68定远军下载:"本景州。……(唐)景福元年(892)复于弓高置景州,管[弓高]、东光、安陵三县。天祐五年(908)移州治于东光县。周显德二年,废景州为定远军,县属沧州,至六年并弓高县入东光县。皇朝太平兴国六年(981)割东光县属军。"又由上引文中的"皇朝太平兴国六年割东光县属军"可知,景州废为定远军后,其治所当在东光县境。

---

① 《五代会要》卷24《诸道节度使军额》沧州下载:"后唐同光元年(923),改为横海军。"与他书所载异,恐非。
② 参见郭声波:《中国行政区划通史·唐代卷》沧州、景州沿革,第257、261页。

后周显德三年(956)十月,长芦、乾符2县废,辖地并入清池县。《五代会要》卷20《州县分道改置》河北道下载:"沧州长芦县、乾符县,周显德三年十月,并入清池县。"①

后周显德五年(958),以无棣县之保顺镇为保顺军。《五代会要》卷20《州县分道改置》河北道沧州无棣县下载:"周显德五年,改为保顺军。"据此似以无棣一县之地置保顺军。然《太平寰宇记》卷68保顺军下载:"本沧州无棣县之保顺镇,周显德六年建为军,以旧镇为名。"并结合上文显德二年定远军的设置情况,可知保顺军仅以无棣县保顺镇而设,无棣县此时仍属沧州。《太平寰宇记》卷65沧州下仍领无棣县,亦可为此添一旁证②。

后周显德六年(959)二月,弓高县废,其地并入东光县(《五代会要》卷20《州县分道改置》河北道、《太平寰宇记》卷68定远军)。同年四月,原幽州所辖乾宁军地在后晋天福三年(938)属辽后(参见第四章第六节幽州节度使所辖幽州沿革)于此时为后周收复③,置永安县,并在县境内仍置乾宁军,皆属沧州管辖。《旧五代史》卷119《周世宗纪六》载:显德六年四月"壬辰,至乾宁军,伪宁州刺史王洪以城降"。《资治通鉴》卷959显德六年四月载:"壬辰,上至乾宁军,契丹宁州刺史王洪举城降。"胡三省注曰:"契丹盖置宁州于乾宁军。"④《太平寰宇记》卷68乾宁军下载:"周世宗显德六年,收复关南,却为乾宁军,仍置乾宁县。"据上引《太平寰宇记》之文,似其时后周置有乾宁军与乾宁县。其实此"乾宁县"之名有误。《太平寰宇记》卷68乾宁军乾宁县下曰:"旧名永安县,与军同置在城下,太平兴国七年六月改为乾宁县。"《舆地广记》卷10清州下载:"五代时置乾宁军,后入契丹。周显德六年,世宗北伐,取乾宁军……后废焉。皇朝太平兴国七年,以沧州永安县复置。"《宋史》卷86《地理志二》清州下载:"本乾宁军。幽州芦台军之地,晋陷契丹。周平三关,置永安县,属沧州。太平兴国七年置军,改县曰乾宁隶焉。"则可知显德六年原乾宁军之地所置之县当名永安县而非乾宁县。

综上所述,五代末沧州当领清池、盐山、南皮、临津、乐陵、饶安、无棣、东光、永安等9县及定远、保顺、乾宁等3军。

---

① 《太平寰宇记》卷65沧州清池县下载:"废长芦县……皇朝乾德二年割入清池县。""废乾符县……周显德二年并入清池县。"所载长芦、乾符2县并入清池县时间与《五代会要》异,不知何据。录此备考。
② 唯《太平寰宇记》所记保顺军始置之年与《五代会要》异,今姑从《会要》之说。
③ 幽州乾宁军入辽后,辽在其地置宁州。参见余蔚:《中国行政区划通史·辽金卷》辽宁州沿革,第328页。
④ 《读史方舆纪要》卷13河间府青县下亦载:青县之地,"五代晋初陷入契丹,置宁州于此"。

(1) 清池县(907—959)　　　　　(2) 盐山县(907—959)
(3) 南皮县(907—959)　　　　　(4) 临津县(907—959)
(5) 乐陵县(907—959)　　　　　(6) 饶安县(907—959)
(7) 无棣县(907—959)　　　　　(8) 东光县(955—959)
(9) 永安县(959)　　　　　　　(10) 定远军(955—959)
(11) 保顺军(958—959)　　　　 (12) 乾宁军(959)
(13) 乾符县(907—956)　　　　 (14) 长芦县(907—956)
(15) 弓高县(955—959)

2. 德州(907—959),治安德县(907—940,今山东德州市陵城区)、长河县(940—959,今山东德州市)

《旧唐书》卷39《地理志二》、《新唐书》卷39《地理志三》并载德州领安德、平原、长河、平昌、将陵等5县。是唐末德州当领此5县。五代初亦复如是。

后晋天福五年(940)十一月,移德州理所于长河县。《旧五代史》卷79《晋高祖纪五》载:天福五年十一月,"癸未,移德州长河县,大水故也"。《记纂渊海》卷20《郡县部》德州下载:"五代晋移治长河县,本朝移治安德。"

后周显德二年(955)景州废,安陵县来属。《五代会要》卷24《军》载:"其年(笔者按,指周显德二年)六月,废景州为定远军,所管东光、弓高两县隶沧州,安陵县隶德州。"自此以后,德州领安德、长河、平原、平昌、将陵、安陵等6县。

(1) 安德县(907—959)　　　　(2) 长河县(907—959)
(3) 平原县(907—959)　　　　(4) 平昌县(907—959)
(5) 将陵县(907—959)　　　　(6) 安陵县(955—959)

3. 景州(907—955),治东光县(今河北东光县)

唐代景州多次置废。大和四年(830)景州废时,所领弓高、南皮、东光、临津、景城等5县皆归属沧州[1]。景福元年(892),复割沧州弓高、东光、安陵3县置景州。天祐五年(908),移州治弓高县至东光县[2]。

后周显德二年(955),六月,景州废为定远军,治东光县境。原领东光、弓高2县别属沧州(参见上文沧州沿革);安陵县则别属德州(参见上文德州沿革)。

---

[1] 参见郭声波:《中国行政区划通史·唐代卷》景州沿革,第261页。
[2] 《旧唐书》卷39《地理志二》景州。

(1) 东光县(907—955)　　　　(2) 弓高县(907—955)
(3) 安陵县(907—955)

第六节　幽州卢龙节度使(含新州威塞军节度使、莫州、瀛州；附：雄州、霸州)

后梁开平元年(907)，承唐末之势，幽州卢龙节度为刘守光所据，领幽、蓟、瀛、莫、檀、顺、武、新、妫、儒、营、平、涿等13州。开平三年(909)，朱温封刘守光为燕王。燕应天元年(911)，刘守光称帝，建立燕国，年号应天，卢龙节度使属燕。晋王天祐十年(913)，该节度使辖区入于晋王李氏政权。此节度使与契丹地界相邻，经常受到侵扰，属州归属无常[晋王天祐十七年(920)之辖区参见前图2-8]。后唐同光元年(923)，营、平2州陷于契丹。同光二年(924)，升新州为威塞军节度使，新、妫、儒、武等4州别属，幽州节度使仅领有幽、蓟、瀛、莫、檀、顺、涿等7州。天成三年(928)，又置泰州，旋废。长兴元年(930)，武州更名毅州。大约在清泰元年(934)，毅州又称武州。后晋天福元年(936)，石敬瑭许诺将十六州割予契丹，幽州卢龙节度使与新州威塞军节度使所辖各州均在十六州之列。天福三年(938)，十六州正式割属契丹。终五代之世，除莫、瀛2州外，其他各州均未能收复。

一、幽州卢龙(含新州威塞军)节度使辖区沿革(含莫州、瀛州)

幽州卢龙节度使(卢龙907—919，燕王909—911，燕911—913，**晋王913—923**，后唐923—936，后晋936—938)

新州威塞军节度使(后唐924—936，后晋936—938)

唐广德元年(763)，范阳卢龙节度使改称幽州卢龙节度使。至元和十五年(820)，幽州卢龙节度使领幽、妫、檀、蓟、平、营、瀛、莫、涿等9州。光启二年(886)，新置新、武、儒等3州。又，唐末，析羁縻归顺州复置顺州，隶幽州卢龙节度使①。是唐末幽州卢龙节度使有13州之地。

后梁开平元年(907)，幽州卢龙军节度使为刘守光所据。《资治通鉴》卷266开平元年载："刘守光既因其父(刘仁恭)，自称卢龙留后，遣使请命。秋，七月，甲午，以守光为卢龙节度使、同平章事。"其时幽州卢龙节度使仍辖上述

---

① 参见郭声波：《中国行政区划通史·唐代卷》幽州卢龙节度使沿革，第199页。

唐末13州之地,即幽、蓟、瀛、莫、檀、顺、武、新、妫、儒、营、平、涿诸州。

后梁开平三年(909),后梁封刘守光为燕王。《资治通鉴》卷276开平三年载:"七月,甲子,以刘守光为燕王。"

燕应天元年(后梁乾化元年,911),刘守光称帝,建立燕国,年号应天,境内幽州节度使所辖之平州陷于契丹,旋又收复。《旧五代史》卷135《刘守光传》载:"(乾化元年)八月十三日,守光僭号大燕皇帝,改年曰应天……伪册之日,契丹陷平州。"《资治通鉴》卷268乾化元年所载与此略同。不过此次契丹陷平州时日不长,旋为燕收复(参见下文考证)。

晋王天祐九年(燕应天二年,后梁乾化二年,912)燕幽州节度使所辖涿、莫、瀛等州先后为晋王李存勖之割据政权所控。《资治通鉴》卷268乾化二年载:"春,正月,德威东出飞狐,与赵王将王德明、义武将程岩会于易水。丙戌,三镇兵进攻燕祁沟关,下之;戊子,围涿州。刺史刘知温城守,刘守奇之客刘去非大呼于城下,谓知温曰:'河东小刘郎来为父讨贼,何豫汝事而坚守邪?'守奇免胄劳之,知温拜于城上,遂降。"三月,"戊申,周德威遣裨将李存晖等攻瓦桥关,其将吏及莫州刺史李严皆降。"四月,"李嗣源攻瀛州,刺史赵敬降。"不过,莫、瀛2州旋又属燕(参见下文)。十月,平州再次陷于契丹,旋又收复。《辽史》卷1《太祖纪上》载:"(辽太祖)六年(912)七月丙午……命弟剌葛分兵攻平州……冬十月戊寅,剌葛破平州。"然由上文知,在911年平州已为契丹所陷,而此处复言契丹再陷平州,可见911年平州陷于契丹后当旋即收复。又,《资治通鉴》卷268乾化三年(913)四月载:"己亥,晋刘光濬拔燕平州。"此处既言乾化三年晋王攻燕时,平州依然为幽州节度使所辖,可见《辽史》所载912年契丹破平州后,该地旋又为燕收复。

晋王天祐十年(燕应天三年,后梁末帝乾化三年,913),在幽州卢龙节度使辖境内,经过燕晋之间的激战,属州在双方之间多有易手,最终这一节镇归属晋王李存勖。《旧五代史》卷28《唐庄宗纪二》载:"天祐十年春正月丁巳,晋将周德威攻下顺州,获刺史王在思。"《资治通鉴》卷268乾化三年载:"春正月丁巳,晋周德威拔燕顺州。……(二月)丙申,晋李存晖攻燕檀州,刺史陈确以城降。……(四月)己亥,晋刘光濬拔燕平州,执刺史张在吉。五月,光濬攻营州,刺史杨靖降。……(七月)甲子,晋五院军使拔莫州,擒燕将毕元福。八月,乙亥,李信拔瀛州。"《新五代史》卷6《唐明宗纪》载:"庄宗攻刘守光,嗣源及李嗣昭将兵三万别出飞狐,定山后,取武、妫、儒三州。"《新五代史》卷39《刘守光传》亦载:乾化二年(912),"晋遣周德威将三万人,会镇、定之兵以攻燕,自祈沟关入,其澶(笔者按,'澶'当作'檀')、涿、武、顺诸州皆迎降。"旋,顺州复为燕夺回。《资治通鉴》卷268乾化三年九月载:"燕主守光引兵夜出,复取顺州。"不过,燕据顺州不久,又为晋王所据。至乾化三年十月,燕幽州卢龙节度使辖区除幽州一州之地外,余州皆已属晋王,《资治通鉴》卷268乾化三年十月所载"卢龙巡属皆入于晋,燕主守光独守幽州城"可证。之后,刘守光之燕国悉入于晋王,晋将周德威任幽州卢龙节度使。《旧五代史》卷28《唐庄宗纪二》载:"(天祐十年)十一月己亥朔,帝下令亲征幽州,甲辰,发晋阳。己未,至范阳。辛酉,守光奉礼币归款于帝,帝单骑临城邀守光,辞以他日,盖为其亲将李小喜所扼也。是夕,小喜来奔,帝下令诸军,诘旦攻城。壬戌,梯轈并进,军士毕登,帝登燕丹冢以观之。有顷,擒刘仁恭以献。癸亥,帝入燕城,诸将毕贺。十二月庚午,墨制授周德威幽州节度使。"《旧五代史》卷56《周德威传》载:"(天祐)十年十一月,擒守光父子,幽州平。"《资治通鉴》卷268乾化三年所载与此略同。

晋王天祐十三年(后梁末帝贞明二年,916),晋王幽州节度使所辖之新、武、妫、儒4州陷于契丹,旋又收复。《辽史》卷1《太祖纪上》载:神册元年(916)十一月,"攻蔚、新、武、妫、儒五州,斩首万四千七百余级。自代北至河曲逾阴山,尽有其地。遂改武州为归化州,妫州为可汗州,置西南面招讨司,选有功者领之。"不久,随着契丹的退兵,新、武、妫、儒4州复属晋王。下文此4州之地重又由晋王陷入契丹可资为证。

又,对于上引《辽史·太祖纪》中记载的是年辽改武州为归化州、妫州为可汗州之事,《旧五代史》与《资治通鉴》二书均未提及。钱大昕经过考证,以为武、妫2州更名之事当在石敬瑭割地予辽之后,《辽史·太祖纪》此处所书,恐非其实①。其说甚是。

晋王天祐十四年(后梁贞明三年,917),幽州节度使所辖之新州陷于契丹,旋又为晋王收复。《旧五代史》卷28《唐庄宗纪二》载:"天祐十四年二月……新州将卢文进杀节度使(笔者按,节度使当为团练使之误)李存矩,叛入契丹,遂引契丹之众寇新州……契丹攻新州甚急,刺史安金全弃城而遁,契丹以文进部将刘殷为刺史。"《资治通鉴》卷269贞明三年三月载:"卢文进引契丹兵急攻新州,刺史安金全不能守,弃城走;文进以其部将刘殷为刺史,使守之。晋王使周德威合河东、镇、定之兵攻之,旬日不克。契丹主帅众三十万救之,德威众寡不敌,大为契丹所败,奔归。"《契丹国志》卷1《太祖纪》载:"神册二年(917)春二月,晋王之弟威塞军节度使李存矩在新州,骄惰不治,边人嗟怨,为小校宫彦

---

① 钱大昕:《廿二史考异》卷83《辽史》。

璋谋杀,其裨将卢文进帅其众奔契丹。三月,卢文进引契丹兵马攻晋新州,刺史安金全弃城走,文进以其部将刘殷为刺史,守之。晋王使周德威令河东镇定之兵攻之,旬日不克,太祖帅三十万众救之,德威大败奔归。"另外,《契丹国志》卷18《卢文进传》、《辽史》卷1《太祖纪上》对此事亦有记载。

契丹占据新州后,更进围幽州,长达"二百日,城中危困"①。最后,晋将李嗣源等率军击退契丹。《新五代史》卷5《唐庄宗纪下》载:"(天祐)十四年,契丹寇新州,遂寇幽州,李嗣源击走之。"《辽史》卷41《地理志五》西京道奉圣州下亦云:"太祖克新州,庄宗遣李嗣源复取之。"②据上所引可知,917年新州陷于契丹,旋又为晋王收复。

晋王天祐十八年(后梁龙德元年,921),新州刺史王郁叛入契丹,幽州节度使所辖之新、檀、顺、涿、妫、儒、武等州陷于契丹,旋又为晋王收复。《资治通鉴》卷271龙德元年八月载:"及晋王存勖讨(镇州成德军留后)张文礼,(定州义武军节度使王)处直以平日镇、定相为唇齿,恐镇亡而己孤,固谏,以为方御梁寇,且宜赦文礼。晋王答以文礼弑君,义不可赦;又潜引梁兵,恐于易定亦不利。处直患之,以新州地邻契丹,乃潜遣人语(其子)郁,使赂契丹,召令犯塞,务以解镇州之围。"《契丹国志》卷1《太祖纪》所载略同。又,《辽史》卷2《太祖纪下》载:神册六年(921)"冬十月癸丑朔,晋新州防御使王郁以所部山北兵马内附。丙子,上率大军入居庸关。十一月癸卯,下古北口。丁未,分兵略檀、顺、安远、三河、良乡、望都、潞、满城、遂城等十余城,俘其民徙内地。……(十二月)癸亥,围涿州,有白兔缘垒而上,是日破其郛。癸酉,刺史李嗣弼以城降。……己卯,还次檀州,幽人来袭,击走之,擒其裨将。诏徙檀、顺民于东平、沈州"。《资治通鉴》卷271龙德元年载:"十二月辛未……契丹长驱而南,围涿州,旬日拔之,擒刺史李嗣弼。"《旧五代史》卷29《唐庄宗纪三》载:天祐十八年(921)"十二月辛未,王郁诱契丹阿保机寇幽州,遂引军涿州,陷之"。综合上述史籍所载可知,契丹占有新州后,又南下进军,拔晋王檀、顺、涿等州及相邻地区的数县,并徙民于契丹境内。又,《旧五代史》卷50《李嗣肱传》载:"(天祐)十九年(922),新州刺史王郁叛入契丹。嗣肱进兵定妫、儒、武等三州,授山北都团练使。"《新五代史》卷14《李嗣肱传》亦载:"新州王郁叛晋,亡入契丹,山后诸州皆叛,嗣肱取妫、儒、武三州,拜新州刺史、山北都团练使。"《资治通鉴》

---

① 《资治通鉴》卷270贞明三年八月。
② 击退契丹军的晋军将领除李嗣源外,尚有阎宝、李存审二人。事见《资治通鉴》卷270贞明三年八月所载。

卷 271 龙德二年所载略同。据上所载可知,随着新州王郁引契丹入寇,妫、儒、武等 3 州之地亦曾为契丹所据,随后晋将李嗣肱将此 3 州并新州又一一收复,并任新州刺史。之后,此前为契丹所据的檀、顺、涿等州之地,随着契丹的兵败北归①,而依旧为晋王所有,幽州节度使的辖境未变。

后唐同光元年(923),平、营 2 州陷于契丹。《辽史》卷 2《太祖纪下》载:(天赞二年,923)"春正月丙申,大元帅尧骨克平州……二月,如平州。甲子,以平州为卢龙军,置节度使。"据此所载知,平州为契丹攻克后,契丹以其地置卢龙军节度使②。又,《新五代史》卷 60《职方考》载:营州属契丹。然营州隶属契丹之年,史籍不载,据其地望(营州位于平州之东北),颇疑与平州同年没于契丹。至此,晋王幽州节度使辖有幽、蓟、瀛、莫、檀、顺、武、新、妫、儒、涿等 11 州之地,辖境较前有所减小。

后唐同光二年(924)正月,新州曾短暂属契丹,旋复属后唐。《旧五代史》卷 31《唐庄宗纪五》:"(同光二年正月)乙卯……幽州奏,妫州山后十三寨百姓却复新州。"《资治通鉴》卷 273 同光二年正月载:"李存审奏契丹去,复得新州。"此处既然提及"复得新州",则可知新州曾失。又,《旧五代史》卷 29《唐庄宗纪三》载:"(同光元年)二月,新州团练使李嗣肱卒。"据此可知此前新州仍属后唐。而《资治通鉴》卷 273 同光二年载:"春正月甲辰,幽州(李存审)奏契丹入寇,至瓦桥。"故颇疑新州之失即在此时,唯该州"失"与"复得",之间仅隔旬日(从"甲辰"至"乙卯")而已。同年七月,升新州为威塞军节度使,幽州节度使所领妫、儒、武等 3 州别属之。《五代会要》卷 24《诸道节度使军额》新州下载:"后唐同光二年七月,升为威塞军节度,以妫、儒、武三州隶之。"《旧五代史》卷 32《唐庄宗纪六》载:同光二年七月庚申,"升新州为威塞军节度使,以妫、儒、武等州为属郡"。《资治通鉴》卷 273 同光二年七月载:"庚申,置威塞军于新州。"至此,幽州节度使领有幽、蓟、瀛、莫、檀、顺、涿等 7 州之地。

至迟后唐天成二年(927),平州复属后唐(参见下文)。

后唐天成三年(928),平州再陷于契丹。《旧五代史》卷 39《唐明宗纪五》载:"(天成三年春正月辛酉③,)契丹陷平州。"然上文已言同光元年(923)时平州已陷于契丹,故在此次平州属契丹前当已还属后唐,唯史籍中未明言平州何

---

① 《契丹国志》卷 1《太祖纪》载:"太祖兵败,遂北至易州。会大雪弥旬,平地数尺,人马死者相属,太祖乃归。"
② 参见余蔚:《中国行政区划通史·辽金卷》辽平洲沿革,第 359 页。
③ 笔者按,"辛酉",《新五代史》卷 5《唐明宗》作"丁巳"。《资治通鉴》卷 276 记载此事则不书日。

时复为后唐收复①。又，同年三月，以莫州奉化军置泰州，隶幽州节度使（参见下文泰州沿革）②。故是年幽州节度使当辖幽、蓟、瀛、莫、檀、顺、涿、泰等8州。

后唐长兴元年（930）四月，新州威塞军节度使所辖武州更名毅州。大约在清泰元年（934），仍复名为武州（参见下文武州沿革）。

又，至迟后唐清泰三年（936），泰州废（参见下文莫州沿革）。

后晋天福元年（后唐清泰三年，936），幽州卢龙节度使及新州威塞军节度使辖区之地已由石敬瑭许诺，割属契丹。是年，后唐末帝徙河东节度使石敬瑭为天平军节度使，石敬瑭不从，于是在晋阳举兵叛乱。末帝派张敬达等人统军讨伐。石敬瑭自忖实力不足，听从幕僚桑维翰之计，遣使向辽"赍表乞师，愿为臣子"③。辽太宗耶律德光闻之甚喜，亲率大军五万自雁门前来援助石敬瑭。在晋阳，辽太宗大败后唐张敬达军队后，册立石敬瑭为帝④，国号为晋，改元天福，史称后晋。随后，石敬瑭许诺割地给契丹。《旧五代史》卷137《契丹传》载：石敬瑭与契丹"约为父子之国，割幽州管内及新、武、云、应、朔州之地以赂之，仍每岁许输帛三十万"。契丹所得之地，在下面两则史料中有明确的记载。《新五代史》卷8《晋高祖纪》载："（天福元年）十一月丁酉，皇帝即位，国号晋。以幽、涿、蓟、檀、顺、瀛、莫、蔚、朔、云、应、新、妫、儒、武、寰州入于契丹。"《资治通鉴》卷280天福元年十一月载：石敬瑭"割幽、蓟、瀛、莫、涿、檀、顺、新、妫、儒、武、云、应、寰、朔、蔚十六州以与契丹"。此16州之地即后世所谓的"燕云十六州"。幽州卢龙节度使与新州威塞军节度使其时所辖之州尽在此16州之列。

然《辽史》卷37《地理志一》序载："太宗立晋，有幽、涿、檀、蓟、顺、营、平、蔚、朔、云、应、新、妫、儒、武、寰十六州，于是割古幽、并、营之境而跨有之。"较之上述《新五代史》与《资治通鉴》所载，则无莫、瀛2州，而有营、平2州。不过营、平2州由上文所述可知，已在石敬瑭割地之前先属契丹，故知《辽史·地理

---

① 《资治通鉴》卷275天成元年（926）十月载："庚子，幽州奏契丹卢龙节度使卢文进来奔。初，文进为契丹守平州，帝（笔者按，指唐明宗）即位，遣间使说之，以易代之后，无复嫌忌。文进所部皆华人，思归，乃杀契丹戍平州者，帅其众十余万、车帐八千乘来奔。"细究起来，此次天成元年卢文进率众来属之后不久，平州之地亦当由后唐乘机收复，因而也才会有天成三年该地再陷契丹的记载。
② 朱玉龙以为此时所置泰州隶属于定州义武军节度使（《五代十国方镇年表》定州，第295页），不确。《资治通鉴》卷276天成三年载：义武节度使王都反，王晏球以诏讨之，"定州城坚，不可攻，晏球增修西关城以为行府，使三州民输税供军食而守之"。胡三省注曰："三州，定、祁、易也。"可知义武节度使此时仅领3州之地。后晋开运年间夺辽所置泰州后，始改隶定州节度使。参见本章第四节定州节度使辖区沿革。
③④ 《旧五代史》卷137《契丹传》。

志》所载有误。钱大昕以为此误乃由于辽得莫、瀛 2 州后旋失,而营、平 2 州原系后唐故地,后人因以当 16 州之数所致①。

又,《辽史》卷 4《太宗纪下》载:"(会同元年,938)十一月,晋复遣赵莹奉表来贺,以幽、蓟、瀛、莫、涿、檀、顺、妫、儒、新、武、云、应、朔、寰、蔚十六州并图籍来献。"在 16 州归入契丹的时间上,与《新五代史》及《资治通鉴》所载不同。其中或许有许诺割地与正式割地的时间差问题,换言之,石敬瑭许诺割地在天福元年(936),而正式割地给契丹则是在二年之后的天福三年(938)②。

后周显德六年(959)四月,莫州由契丹归属后周。五月,瀛州亦由契丹归属后周(参见下文莫、瀛二州沿革)。莫、瀛 2 州归附后,成为后周直属京州。

幽州卢龙节度使
(1) 幽州(907—938)　　　　　(2) 蓟州(907—938)
(3) 涿州(907—921,921?—938)　(4) 檀州(907—921,921?—938)
(5) 顺州(907—921,921?—938)
(6) 妫州(907—916,916?—921,921?—924)
(7) 新州(907—916,916—917,917?—921,921?—924)
(8) 儒州(907—916,916?—921,921?—924)
(9) 武州(907—916,916?—921,921?—924)
(10) 平州(907—911,911—912,912?—923,927?—928)
(11) 营州(907—923)　　　　　(12) 瀛州(907—938)
(13) 莫州(907—938)　　　　　(14) 泰州(928—936?)

新州威塞军节度使
(1) 新州(924—938)　　　　　(2) 妫州(924—938)
(3) 儒州(924—938)

---

① 钱大昕:《廿二史考异》卷 83《辽史》。
② 刘浦江认为天福元年(936)十一月,辽太宗在晋阳册命石敬瑭为大晋皇帝时,燕云十六州还都在后唐的控制之下,此时石敬瑭尚未入洛攻灭后唐,不可能正式割地。并据《旧五代史》卷 75《晋高祖纪一》所载而认为石敬瑭被立为帝时,只是向辽许下割让燕云十六州和岁输帛三十万的诺言,当时并未兑现。欧阳修和司马光皆误解了《旧五代史》的意思。参见刘浦江:《辽朝国号考释》,《历史研究》2001 年第 6 期。该文后又收入刘浦江:《松漠之间——辽金契丹女真史研究》,中华书局,2008 年,第 27—51 页。此外,笔者以为这里除了刘浦江所说的承诺割地与正式割地之间存在时间差外,可能还有实际执行的问题。《资治通鉴》卷 281 天福二年二月载:"契丹主自上党归,过云州……节度判官吴峦在城中,谓其众曰:'吾属礼义之俗,安可臣于夷狄乎!'众推峦领州事,闭城不受契丹之命,契丹攻之,不克。应州马军都指挥使金城郭崇威亦耻臣契丹,挺身南归。"可见,虽说其时云、应 2 州已割属契丹,但仍不为契丹真正掌控。

(4)武州(924—930)—毅州(930—934?)—武州(934?—938)

直属京州

(1)莫州(959)　　　　　　　　(2)瀛州(959)

二、幽州卢龙(含新州威塞军)节度使所辖各州沿革

1. 幽州(907—938),治蓟县(今北京市区)

后梁开平元年(晋天祐四年,907),幽州辖有蓟、幽都、潞、武清、永清、安次、良乡、昌平、玉河等9县。《旧唐书》卷39《地理志二》、《新唐书》卷39《地理志三》均载幽州辖有蓟、幽都、广平、潞、武清、永清、安次、良乡、昌平等9县。然,《太平寰宇记》卷69载幽州原领县八,较两唐书《地理志》少广平县。《读史方舆纪要》卷11顺天府宛平县宾义废县下载:"《唐书》:幽州管内有广平县,天宝初分蓟县置,三载废。至德以后复分置,后又省入蓟县。"故综合上述史料,可断五代时期幽州所辖各县中不应有广平县。

又,《辽史》卷40《地理志四》南京析津府下载:"玉河县,本〔玉〕泉山地,刘仁恭于大安山创宫观……因割蓟县分置,以供给之。"据此可知唐末刘仁恭据有幽州时已置玉河县。是五代初幽州当辖有蓟、幽都、潞、武清、永清、安次、良乡、昌平、玉河等9县,治蓟县。

后唐长兴三年(932),昌平县改名燕平县,良乡县移治盐沟。《五代会要》卷20《州县分道改置》幽州北平县下载:"后唐长兴三年八月,改为燕平县。"然两唐书《地理志》幽州下均未辖有北平县。《读史方舆纪要》卷11昌平州昌平废县下载:"今州治,本汉旧县……唐亦曰昌平县……五代唐曰燕平县,徙治曹村,又徙于白浮图城,在今州西八里,自辽以后皆治焉。"《日下旧闻考》卷134昌平州与光绪《昌平州志》卷3《土地记三上》均据《清类天文分野之书》而认为后唐同光二年(924),改昌平曰燕平县,石晋复名昌平。故综合以上史料可知,上引《五代会要》中后唐长兴三年八月改为燕平县之"北平县",当为"昌平县"之误。唯昌平更名燕平之时间,史籍记载存在差异,今姑从《五代会要》所记。又,《新五代史》卷72《四夷附录一》载:"庄宗之末,赵德钧镇幽州,于盐沟置良乡县。"许亢宗《宣和乙巳奉使金国行程录》亦载:"良乡乃唐庄宗时赵德钧镇边幽州,岁苦契丹侵钞转饷,乃于盐沟置良乡,即此地,隶燕山府。"良乡县本汉县,似不应言后唐庄宗之末方置该县。而《资治通鉴》卷278长兴三年八月载:"(赵德钧)城阎沟而戍之,为良乡县。"胡三省注曰:"良乡,汉古县,赵德钧移之于阎沟耳。……盖契丹得燕之后改良乡县为阎沟县,而所谓古良乡空城即赵德钧未移县之前古城也。"《辽史纪事本末》卷12及《辽史拾遗》卷14又皆已指

出阎沟即盐沟。故可知《新五代史》所言"于盐沟置良乡县",乃后唐明宗长兴三年良乡县移治盐沟之意。

后晋天福元年(936),燕平县复名为昌平县,石敬瑭许诺将幽州割属契丹(参见上文)。天福三年(938),幽州正式割属契丹。

又,在辽据幽州前,据有关史料记载,境内还曾置有芦台军与乾宁军(宁州)。兹将有关沿革叙述如下:

芦台军

芦台军,唐末五代初燕王刘守光为防备沧州而置于幽州海口镇①。《资治通鉴》卷267开平二年(908)十一月载:"丁亥,(刘)守文兵至卢(芦)台军,为(刘)守光所败。"又,《清一统志》卷9顺天府芦台镇巡司下载:芦台镇,"在宁河县东南,去宝坻县一百四十里,即古芦台军,元至元十九年立芦台盐使司,明亦设芦台场,置巡司"。据此可知五代时的芦台军治所当在清代的芦台镇(今天津宁河县治)。

晋王天祐十年(燕应天三年,后梁乾化三年,913),晋王灭燕时,芦台军为晋王大将周德威攻取②。

后晋天福三年(938),芦台军之地与"燕云十六州"一同入辽③。

乾宁军(宁州)

乾宁军,唐时已置。《资治通鉴》卷262光化三年(900)四月载:"朱全忠遣葛从周……击刘仁恭,五月,庚寅,拔德州。"六月,"刘仁恭将幽州兵五万救沧州,营于乾宁军"。胡三省注曰:"乾宁军,在沧州西一百里,盖乾宁间始置此军也。"

五代初,为燕王刘守光所据,并曾一度置为宁州。《太平寰宇记》卷68乾宁军下载:"乾宁军,理冯桥镇,本古卢台军地,后为冯桥镇,临御河之岸,接沧州、霸州之界。幽州割据,伪命升为宁州。"又,燕应天元年(后梁乾化元年,911),刘守光称帝,建立燕国,乾宁军或在此时升为宁州,亦未可知。

至迟晋王天祐十年(燕应天三年、后梁乾化三年,913),晋王李存勖灭燕

---

① 刘晞颜《创建宝坻县碑》(金大定十二年,1161)载:"(刘守光)因置芦台军于海口镇以备沧州。"(阎凤梧主编:《全辽金文》,山西古籍出版社,2002年,第1619页)
② 刘晞颜《创建宝坻县碑》(金大定十二年,1161)载:"后唐庄宗命其大将周德威破燕军于平冈,复收芦台军。同光中,以赵德钧镇其地,十余年间,兴利除害,人共赖之。遂因芦台卤地置盐场,又般行运盐东去京国一百八十八里,相其地高阜平阔,因置榷盐院,谓之新仓,以贮其盐。……清泰二年(935),晋祖起于并、汾,以辽主有援立之劳,因父事之,遂以山前后燕蓟等一十六州遗于有辽。遂改燕京,因置新仓镇,广榷盐以补用度。"(阎凤梧主编:《全辽金文》,第1619页)
③ 参见余蔚:《中国行政区划通史·辽金卷》辽(废)芦台军沿革,第326页。

后，宁州当废。

后晋天福三年(938)，原乾宁军之地与"燕云十六州"一起入辽①。

后周显德六年(959)四月，原乾宁军地由辽属周，仍置为乾宁军，归属沧州管辖(参见本章第五节沧州节度使所辖沧州沿革)。

(1) 蓟县(907—938)　　　　　(2) 幽都县(907—938)

(3) 潞县(907—938)　　　　　(4) 武清县(907—938)

(5) 永清县(907—938)　　　　(6) 安次县(907—938)

(7) 良乡县(907—938)

(8) 昌平县(907—932)—燕平县(932—936)—昌平县(936—938)

(9) 玉河县(907—938)　　　　(10) 芦台军(907—938)

(11) 乾宁军(907—911?)—宁州(911?—913?)

2. 蓟州(907—938)，治渔阳县(今天津蓟县)

《旧唐书》卷39《地理志二》、《新唐书》卷39《地理志三》均载蓟州辖有渔阳、三河、玉田等3县，《太平寰宇记》卷70、《舆地广记》卷12及《宋史》卷90《地理志六》蓟州下所载均同。可知蓟州领渔阳、三河、玉田等3县之规模在五代时期没有发生更改。

然《新五代史》卷72《四夷附录一》载："庄宗之末，赵德钧镇幽州，于盐沟置良乡县，又于幽州东五十里筑城，皆戍以兵。及破赫邈等，又于其东置三河县。"许亢宗《宣和乙巳奉使金国行程录》亦载："三河县隶蓟州，后唐赵德钧于幽州东置三河县，以护转输，即此。"据此似三河县置于后唐时期。而《新唐书》卷39《地理志三》蓟州三河县下又明载："开元四年(716)析潞置。"其实二者所载并不矛盾。《资治通鉴》卷278长兴三年(932)载："(八月，赵德钧)又于州东北百余里城三河县以通蓟州运路……九月，庚辰朔，奏城三河毕。"《读史方舆纪要》卷11通州三河县三河城下载："旧城在今县东三里沟河南，被水冲废。后唐长兴三年，幽州帅赵德钧于幽州东北百余里城三河县，以通蓟州运路。"据上所载可知，三河县当唐开元四年始置，后被水冲废，后唐长兴三年于旧城西三里复置。

后晋天福元年(936)，石敬瑭许诺将蓟州割属契丹。

后晋天福三年(938)，蓟州正式割属契丹(参见上文幽州节度使辖区沿革)。

---

① 参见余蔚：《中国行政区划通史·辽金卷》辽(废)乾宁军—宁州沿革，第327页。

(1) 渔阳县(907—938)　　　(2) 三河县(907—?,932—938)

(3) 玉田县(907—938)

3. 涿州(907—921,921?—938),治范阳县(今河北涿州市)

《旧唐书》卷39《地理志二》、《新唐书》卷39《地理志三》均载涿州辖有范阳、归义、固安、新昌、新城等5县。涿州领此5县之规模直至唐末①。

五代初期,涿州仍当领唐末5县之地。

晋王天祐十八年(后梁末帝龙德元年,921),涿州陷于契丹,旋为晋王收复。

后唐天成四年(929),新昌县省入新城县。《辽史》卷40《地理志四》南京析津府下与《宋史》卷90《地理志六》燕山府路下均载涿州辖范阳、归义、固安、新城等4县之地,较之两唐书《地理志》少新昌县。《读史方舆纪要》卷12保定府新城县新昌废县下载:"汉旧县,后废。唐复置,属涿州。李克用克幽、燕,避父讳,省入新城县。"陈鳣《续唐书》卷16《地理志》涿州新城县下载:"旧县。后分设新昌,天成四年,省入新城。"从此两则史料看,新昌县在后唐时,为避李国昌(李克用之父)名讳,省入新城县。然在省并之具体时间上,《读史方舆纪要》以为是在李克用克幽、燕后新昌省入新城,恐非。因李克用亡故于天祐五年(908),后唐克幽、燕者为李存勖。故在此采《续唐书》之说,将新昌县并入新城县的时间定在天成四年。

后晋天福元年(936),石敬瑭许诺将涿州割属契丹。

后晋天福三年(938),涿州正式割属契丹(参见上文幽州节度使辖区沿革)。

(1) 范阳县(907—921,921?—938)

(2) 归义县(907—921,921?—938)

(3) 固安县(907—921,921?—938)

(4) 新城县(907—921,921?—938)

(5) 新昌县(907—921,921?—929)

4. 檀州(907—921,921?—938),治密云县(今北京密云县)

《旧唐书》卷39《地理志二》、《新唐书》卷39《地理志三》、《太平寰宇记》卷71下均载檀州辖有密云、燕乐2县,似五代时期,檀州辖此2县而未变。然

---

① 参见郭声波:《中国行政区划通史·唐代卷》涿州沿革,第204页。

《辽史》卷40《地理志四》载檀州辖密云、行唐①2县而无燕乐县。《读史方舆纪要》卷11昌平州密云县燕乐废县下载:"五代梁乾化三年(913),晋将周德威伐燕,刘守光奔燕乐被擒,县寻废。"《旧五代史》卷28《庄宗纪二》亦载有天祐十年(913)刘守光于燕乐县被擒之事②。在此姑从顾祖禹之说,将燕乐县之废定为晋王天祐十年。因燕乐地近契丹,该县之废当与其时契丹扰境有关。此后,檀州当仅辖密云1县之地而至割属契丹。

晋王天祐十八年(后梁龙德元年,921),檀州陷于契丹,旋为晋王收复。

后晋天福元年(936),石敬瑭许诺将檀州割属契丹。

后晋天福三年(938),檀州正式割属契丹(参见上文幽州节度使辖区沿革)。

(1) 密云县(907—921,921?—938)　(2) 燕乐县(907—913)

5. 顺州(907—921,921?—938),治辽西县(今北京顺义区)

《旧唐书》卷39《地理志二》、《新唐书》卷43《地理志七》皆载顺州辖有宾义1县,且《旧唐书》卷43《地理志二》顺州下载:唐末,"宾义,郡所理,在幽州城内"。据此所载,知唐末顺州寄治幽州,所辖之宾义县后废③。

后梁时,顺州承继了燕州的领地,当辖有辽西县。《读史方舆纪要》卷11昌平州顺义县下载:辽西废县,"五代梁乾化三年(913),晋将周德威攻燕,拔顺州,即此。"是五代顺州之治所,实为辽西县。而据《旧唐书》卷39《地理志二》燕州下所载可知,辽西县本为燕州治所,而唐末时,燕州仅领此1县④。故可知五代之顺州乃承继唐燕州领地而来。辽西县当在顺州属辽时而废,此由《辽史》卷40《地理志四》顺州不载有该县可以推知。

又,五代初期,顺州还应领有怀柔县。《旧唐书》卷39《地理志二》归顺州下载:"开元四年置,为契丹松漠府弹汗州部落。天宝元年,改为归化郡。乾元元年,复为归顺州。天宝领县一……怀柔,州所理也。"而《辽史》卷40《地理志四》又载顺州辖怀柔1县。综合上述史料,怀柔属顺州似在辽据其地之后。顾祖禹即持此论,《读史方舆纪要》卷11昌平州怀柔县下所载"辽废归顺州,以县

---

① 《辽史》卷40《地理志》南京道檀州下载:"行唐县,本定州行唐县。太祖掠定州,破行唐,尽驱其民,北至檀州,择旷土居之,凡置十寨,仍名行唐县。"
② 《旧五代史》卷28《唐庄宗纪二》载:天祐十年(913)十二月"癸酉,檀州燕乐县人执刘守光并妻李氏祝氏、子继祚以献。"
③ 《读史方舆纪要》卷11顺天府宛平县宾义废县下载:"唐贞观初,置顺州于营州南五柳戍,后寄治于幽州城内。天宝初曰顺义郡。乾元初复曰顺州,领宾义县一,后废。"
④ 郭声波《中国行政区划通史·唐代卷》燕州沿革下以为燕州废于建中二年(782),所属辽西县废入幽州昌平县。如此,则五代燕时当复置辽西县。

属顺州"即可为证。然遍检五代史料,不见有关归顺州的记载,故颇疑该州在五代初期已废,其所领怀柔县随之即归属顺州,而不必非如顾氏所说,要迟至辽据该地时归顺州方废。

晋王天祐十八年(后梁龙德元年,921),顺州陷于契丹,旋为晋王收复。

后晋天福元年(936),石敬瑭许诺将顺州割属契丹。

后晋天福三年(938),顺州正式割属契丹(参见上文幽州节度使辖区沿革)。

(1) 怀柔县(907—921,921？—938)

(2) 辽西县(907—921,921？—938)

6. 妫州(907—916,916？—921,921？—938),治怀戎县(今河北怀来县)

《旧唐书》卷39《地理志二》、《新唐书》卷39《地理志三》、《太平寰宇记》卷71均载妫州辖怀戎一县,故可推知妫州在五代时期,亦应仅辖怀戎县。

晋王天祐十三年(后梁贞明二年,916),妫州陷于契丹,旋为晋王收复。

晋王天祐十八年(后梁龙德元年,921),妫州再次陷于契丹,旋为晋王收复。

后唐同光二年(924),升新州为威塞军节度使,妫州别属之。

后晋天福元年(936),石敬瑭许诺将妫州割属契丹。

后晋天福三年(938),妫州及其属县怀戎正式割属契丹(参见上文幽州节度使辖区沿革)。

怀戎县(907—916,916？—921,921？　938)

7. 新州(907—916,916—917,917？—921,921？—938),治永兴县(今河北涿鹿县)

《新唐书》卷39《地理志三》新州下载:"领县四:永兴,矾山,龙门,怀安。"《辽史》卷41《地理志五》西京道奉圣州下载:"本唐新州……县四:永兴县……矾山县……龙门县……望云县。"其中望云县乃辽新置,而《辽史》同卷西京大同府下载有怀安县,并云该县"初隶奉圣州,后来属",是可知新州在割属契丹前辖县与唐相同,有永兴、矾山、龙门、怀安等4县,治永兴县①。

晋王天祐十三年(后梁贞明二年,916),新州陷于契丹,旋为晋王收复。

晋王天祐十四年(后梁贞明三年,917),新州再次陷于契丹,旋为晋王收复。

---

① 《读史方舆纪要》卷17保安州下载:"永兴废县……唐末,置永兴县,为新州治。五代晋没于契丹,新州仍治焉。"

晋王天祐十八年(后梁龙德元年,921),新州又一次陷于契丹,旋为晋王收复。

后唐同光二年(924),升新州为威塞军节度使,新州为威塞军治所。

后晋天福元年(936),石敬瑭许诺将新州割属契丹。

后晋天福三年(938),新州及其属县永兴、矾山、龙门、怀安正式割属契丹(参见上文幽州节度使辖区沿革)。

(1) 永兴县(907—916,916—917,917?—921,921?—938)

(2) 矾山县(907—916,916—917,917?—921,921?—938)

(3) 龙门县(907—916,916—917,917?—921,921?—938)

(4) 怀安县(907—916,916—917,917?—921,921?—938)

8. 儒州(907—916,916?—921,921?—938),治缙山县(今北京延庆县)

两《唐书·地理志》、《太平寰宇记》均未载儒州。然《辽史》卷41《地理志五》西京道奉圣州儒州下载:"唐置……统县一:缙山县。"《文献通考》卷316《舆地考二》儒州下又载:"唐末置,石晋时没于契丹,领县一:缙山。"《读史方舆纪要》卷17延庆州缙山废县下亦载:"唐为妫州(笔者按,'州'当作'川')县地。唐末析置缙山县,为儒州治。契丹因之。"故综上所述可知唐末置儒州,治缙山县,五代因之。

晋王天祐十三年(后梁贞明二年,916),儒州陷于契丹,旋为晋王收复。

晋王天祐十八年(后梁龙德元年,921),儒州再次陷于契丹,旋为晋王收复。

后唐同光二年(924),升新州为威塞军节度使,儒州别属之。

后晋天福元年(936),石敬瑭许诺将儒州割属契丹。

后晋天福三年(938),儒州及其属县缙山正式割属契丹(参见上文幽州节度使辖区沿革)。

缙山县(907—916,916?—921,921?—938)

9. 武州(907—916,916?—921,921?—930)—毅州(930—934?)—武州(934?—938),治文德县(今河北宣化县)

《新唐书》卷39《地理志三》武州下载:"领县一:文德。"《辽史》卷41《地理志五》西京道奉圣州下亦载归化州(即唐武州)统文德一县。又,《读史方舆纪要》卷18万全都指挥使司文德废县下载:"唐末析怀戎县置,为武州治。契丹因之。"此又为武州辖文德县添一佐证。五代初期武州仍当领文德1县。

晋王天祐十三年(后梁末帝贞明二年,916),武州陷于契丹,旋为晋王收复。

晋王天祐十八年(后梁末帝龙德元年,921),武州再次陷于契丹,旋为晋王收复。

后唐同光二年(924),升新州为威塞军节度使,武州别属之(参见上文幽州节度使辖区沿革)。

后唐长兴元年(930)四月,武州更名毅州。大约在清泰元年(934),仍复名为武州。《旧五代史》卷41《明宗纪七》载:"(长兴元年四月)改新州管内武州为毅州。"《舆地广记》卷19毅州下载:"毅州,本武州,唐末置。后唐长兴元年改曰毅州。领县一:文德县。"《辽史》卷41《地理志五》西京道奉圣州归化州下载:"唐升武州,僖宗改毅州。后唐太祖复武州①,明宗又为毅州,潞王(笔者按,指后唐末帝李从珂)仍为武州。"②《读史方舆纪要》卷18万全都指挥使司下载:"唐属妫州,光启中始置武州于此,寻改毅州。后唐复曰武州。③(顾祖禹自注曰:明宗时仍曰毅州,潞王从珂又改为武州。)"以上所载,均可为证。

后晋天福元年(936),石敬瑭许诺将武州割属契丹。

后晋天福三年(938),武州及其属县文德正式割属契丹(参见上文幽州节度使辖区沿革)。

文德县(907—916,916? —921,921? —938)

10. 平州(907—911,911? —912,912? —923,927? —928),治卢龙县(今河北卢龙县)

《旧唐书》卷39《地理志二》、《新唐书》卷39《地理志三》、《太平寰宇记》卷70、《舆地广记》卷12均载平州辖卢龙、石城、马城等3县。故五代时期平州辖县应与此同。

燕应天元年(后梁乾化元年,911),平州陷于契丹,旋复。

燕应天二年(后梁乾化二年,912),平州再次陷于契丹,旋又收复。

后唐同光元年(923),平州又陷于契丹。

至迟后唐天成二年(927),平州复为后唐所据。

后唐天成三年(928),平州再陷于契丹(参见上文幽州节度使辖区沿革)。

(1) 卢龙县(907—911,911? —912,912? —923,927—928)

(2) 石城县(907—911,911? —912,912? —923,927—928)

---

① 武州自唐末至后唐初一直未易名,此处《辽史·地理志》所载"僖宗改毅州。后唐太祖复武州"之说,未详何据,故不取。

② 《辽史》卷41《地理志五》西京道朔州辖下亦领有一武州,并在该武州下载:"唐末置武州。后唐改毅州。"然从该武州领有的神武县来看,与西京道奉圣州辖下易名为归化州之武州并非一地,故该武州上述沿革的叙述不确。

③ 此处顾祖禹所云"寻改毅州。后唐复曰武州",颇疑即据上引《辽史·地理志》之文而来。

(3) 马城县(907—911,911?—912,912?—923,927—928)

11. 营州(907—923),治柳城县(今辽宁朝阳市)

《旧唐书》卷39《地理志二》、《新唐书》卷39《地理志三》、《太平寰宇记》卷71、《舆地广记》卷12、《文献通考》卷316《舆地考二》均载营州辖柳城县。故五代营州辖县应与此同。

后唐同光元年(923),营州陷于契丹(参见上文幽州节度使辖区沿革)。

柳城县(907—923)

12. 瀛州(907—938,959),治河间县(今河北河间市)

《旧唐书》卷39《地理志二》、《新唐书》卷39《地理志三》均载唐末瀛州辖河间、高阳、平舒、束城、景城等5县①,五代初瀛州仍当辖此5县。

至迟燕应天二年(晋王天祐九年,后梁乾化二年,912),平舒县改名为大城县。《旧五代史》卷56《周德威传》载:天祐九年五月晋灭燕时,"德威自涿州进军良乡、大城"。其中的大城县,即原平舒县。故至迟是年平舒县已改名为大城县。《读史方舆纪要》卷11霸州大城县下虽载"五代唐改(平舒县)为大城县,周改属霸州",然并未指出具体更名之确年。

后晋天福元年(936),石敬瑭许诺割十六州与契丹,瀛州在此列。

后晋天福三年(938),瀛州及其领县属契丹(参见上文幽州节度使辖区沿革)。

后周显德六年(959)五月,瀛州属周②,割大城县隶霸州③,《太平寰宇记》卷66瀛州下所载"元领县六,今四,河间、高阳、束城、景城……平舒④入霸州"为大城县割隶霸州添一佐证。

(1) 河间县(907—938,959)　　(2) 高阳县(907—938,959)

(3) 平舒县(907—912?)—大城县(912?—938,959)

(4) 束城县(907—938,959)　　(5) 景城县(907—938,959)

13. 莫州(907—938,959),治莫县(今河北任丘市)

《旧唐书》卷39《地理志二》、《新唐书》卷39《地理志三》均载唐末莫州辖

---

① 参见郭声波:《中国行政区划通史·唐代卷》瀛州沿革,第249页。
② 《资治通鉴》卷294显德六年(959)五月载:"契丹瀛州刺史高彦晖举城降。"
③ 《五代会要》卷20《州县分道置设》雄州、霸州下载:"周显德六年五月……益津关为霸州,割文安、大城二县隶之。"《新五代史》卷60《职方考》所载与此略同。
④ 笔者按,平舒县已改为大城县,此处"平舒"应为"大城"。

莫、文安、任丘、清苑、长丰、唐兴等6县①,五代初,莫州仍当领此6县之规模。

后唐天成三年(928)三月,清苑县别属泰州(参见下文泰州沿革),莫州改领5县。

至迟后唐清泰三年(936),泰州废。此可由下文石敬瑭在后晋初年许诺割十六州而非十七州之数推知②。清苑县仍当还属莫州。《太平寰宇记》卷68保州下载:"本莫州清苑县地,石晋初割属契丹,番戎立为泰州。"此处乐史虽略掉泰州始置于后唐的记载,但清苑县在泰州废后仍属莫州的情况应该不误。

后晋时期,唐兴县一度改为宜川县,后复旧名。《太平寰宇记》卷66莫州莫县下所载"废唐兴县……石晋改为宜川县,后复旧"可证。

后晋天福元年(936),石敬瑭许诺割十六州与契丹,莫州在此之列。

后晋天福三年(938),莫州及其领县属契丹(参见上文幽州节度使辖区沿革)。

后周显德六年(959)四月,莫州属周③,清苑县亦当于此时复属莫州(参见下文泰州沿革)。同时,割文安县隶霸州④,唐兴县并入莫县。《太平寰宇记》卷66莫州下载:"二县割出:文安(割入霸州),清苑(割入保州)。一县废:唐兴(并入莫县)。"莫州废唐兴县下载:"周显德六年并入莫州"。是此时莫州当辖莫、任丘、长丰、清苑等4县。

(1) 莫县(907—938,959)　　(2) 文安县(907—938,959)

(3) 任丘县(907—938,959)

(4) 清苑县(907—928,936？—938,959)

(5) 长丰县(907—938,959)

(6) 唐兴县(907—936？)—宜川县(936？—937？)—唐兴县(937？—938)—唐兴县(959)

14. 泰州(928—936？,945—946,948—952),治清苑县(928—936？,今河北清苑县)、满城县(945—952,今河北满城县)

后唐天成三年(928)三月,升奉化军为泰州。《五代会要》卷20《州县分道改置》泰州下载:"后唐天成三年三月,升奉化军为泰州,以清苑县为理所。"奉化军始建之年,史未明载,据此《五代会要》之文可以推知当以莫州清苑县置,

---

① 参见郭声波:《中国行政区划通史·唐代卷》莫州沿革,第246页。
② 参见余蔚:《中国行政区划通史·辽金卷》辽(失)泰州沿革,第329页。
③ 《资治通鉴》卷294显德六年(959)四月载:"甲辰,契丹莫州刺史刘楚信举城降。"
④ 《五代会要》卷20《州县分道改置》、《新五代史》卷60《职方考》所载与此略同。

随后又升军为州。故泰州当领清苑1县之地。

至迟后唐清泰三年(936),泰州废,清苑县当还属莫州(参见上文莫州沿革)。

后晋开运二年(945)三月,占据辽泰州之地,并以泰州隶定州节度使(参见本章第四节定州节度使辖区沿革)。同年九月,将州治移于满城县。《旧五代史》卷84《晋少帝纪四》载:开运二年九月"甲寅,移泰州理所于满城县"。《五代会要》卷20《州县分道改置》所载与此略同。泰州本治清苑县,现将州治移于满城,当出于军事考虑①。

后晋开运三年(946),定州义武军节度使归顺契丹,泰州当随之属辽(参见本章第四节定州节度使辖区沿革)。

后汉乾祐元年(948),定州义武军节度使复由辽归汉(参见本章第四节定州节度使辖区沿革)。其时后汉泰州当治于满城,沿袭后晋之建置。而原泰州所属的另一县清苑,则仍当在辽所置泰州辖区之内,《宋史》卷253《孙行友传》载其时辽仍有泰州刺史蔡福顺与清苑县令王琎即可为证②。故其时后汉、契丹各应置有一泰州。

后周广顺二年(952),泰州废,所领满城县归属易州(参见本章第四节定州节度使辖区沿革)。

后周广顺三年(953),易州为契丹所占据,满城县当随之入辽,该县或于此时复隶于辽泰州之下,亦未可知③。

后周显德六年(959),周世宗北伐,收复瀛州、莫州、易州。此时位于易州以南的辽泰州(包括清苑、满城)之地,亦当于此时归属后周。清苑县当还隶刚刚收复的莫州。至于满城县,则应仍属易州④。

(1) 清苑县(928—936?,945—946)
(2) 满城县(945—946,948—952)

附:

雄、霸2州为后周显德六年(959)新置之州,不隶属于任何节度使,直属京。因2州所在之地为原中原政权幽州节度使辖境⑤,故将该2州之建置沿革附录于此。

---

① 参见余蔚:《中国行政区划通史·辽金卷》辽(失)泰州沿革,第330页。
②③④ 参见余蔚:《中国行政区划通史·辽金卷》辽(失)泰州沿革,第331页。
⑤ 《五代会要》卷20《州县分道改置》下载雄、霸州二州"地望并为中州,时初平关南故也"。

1. 雄州(959)，治归义县(今河北雄县)

后周显德六年(959)，在原涿州境内的瓦桥关置雄州，容城与归义2县别属之。容城本易州属县，归义本涿州属县(参见本章第六节幽州节度使所辖涿州沿革)。《五代会要》卷20《州县分道改置》雄州下载："周显德六年五月，以瓦桥关为雄州，割容城、归义二县隶之。"《新五代史》卷60《职方考》雄州下载："周显德六年克瓦桥关置，治归义；割易州之容城为属，寻废。"《资治通鉴》卷294显德六年五月载："己酉，以瓦桥关为雄州，割容城、归义二县隶之。"《太平寰宇记》卷67雄州下载："本涿州归义县之瓦子济桥，在涿州南，易州东，当九河之末，旧置瓦桥关，周显德六年收复三关，以其地控扼幽、蓟，建为雄州，仍移归义并易州之容城二县于城中。"又，《舆地广记》卷10雄州容城下载："周显德六年属雄州，寻废。"李攸《宋朝事实》卷18雄州下载："建隆四年(963)复置容城县(周显德六年废)。"据此，容城在隶属雄州之当年即废①。而雄州所属的归义县也与原涿州之归义县在地域上有别，后者其时已在契丹界中，而前者是移于瓦桥关后新置的。胡三省《资治通鉴》注引宋白曰"归义县，本涿州属邑，今移于瓦桥，而涿州之归义自治汉易县故城，属契丹界"可资为证。

(1) 归义县(959)   (2) 容城县(959)

2. 霸州(959)，治永清县(今河北永清县)

后周显德六年(959)，在益津关置霸州，以莫州之文安县与瀛州之大城县为其属县。《五代会要》卷20《州县分道改置》霸州下载：周显德六年五月，以"益津关为霸州，割文安、大城二县隶之"。《资治通鉴》卷294显德六年五月载：己酉，"以益津关为霸州，割文安、大城二县隶之"。上述二则史料可资为证。又，《太平寰宇记》卷67霸州下载："霸州今理永清……晋天福初陷契丹，周显德六年收复，因置霸州并永清县，仍割莫州之文安、瀛州之大城二县隶焉。领县三，永清、文安、大城。"益津关在原幽州永清县地，后周从契丹手中收复该地后，仍在此置永清县而属霸州②。

(1) 永清县(959)   (2) 文安县(959)
(3) 大城县(959)

---

① 《辽史》卷6《穆宗纪上》载：应历九年(959)九月"戊寅，复容城县"。可见，后周容城县之废，当是辽夺取之故。参见余蔚：《中国行政区划通史·辽金卷》辽易州沿革，第321页。
② 参见彭元瑞：《五代史记注》卷60下霸州，清道光八年(1828)刻本。

第五章　岐王[暨后唐、后晋、后汉（部分区域：暨后蜀）、后周]、定难、归义（承西汉金山国）辖境政区沿革

岐王天祐十七年（后梁贞明六年，920），岐王李氏政权在原唐京畿区域内领有凤翔节度使、乾州威胜军节度使、泾州彰义军节度使。另外，在原唐关内道区域内尚有由拓跋氏（自称李氏）所控制的夏州定难军节度使、在原唐陇右道区域内由曹氏所控制的沙州归义军节度使（承张氏西汉金山国），其时虽奉中原王朝为正朔，然实皆为世袭相传的割据政权。出于章节划分与行文叙述方面的便利，将上述诸节度使及割据政权同置于本章之中，分节讨论其各自的辖区及所属各州（府）的沿革。

第一节　凤翔（岐阳军）节度使（附：陇州保胜军节度使）

凤翔节度使、陇州保胜军节度使皆为唐旧镇。五代初承唐末之势，为岐王李茂贞所据。凤翔节度使领凤翔府和乾州，陇州保胜军节度使仅领陇州。大约在岐王天祐八年（911），乾州别置威胜军节度使。天祐十三年（916），保胜军节度使废，陇州来属[岐王天祐十七年（920）之辖区参见图2-9]。天祐二十年（923），又分陇州之地置义州。后唐同光二年（924），凤翔节度使由岐王归属后唐。同年，废威胜军节度使，乾州来属。后晋天福元年（936），凤翔节度使归属后晋。辽大同元年（947），凤翔节度使属辽，旋归后汉。后蜀广政十一年（948），后汉凤翔节度使降后蜀，改曰岐阳军节度使。后汉乾祐二年（949），后汉收复凤翔节度使，复旧名。后周广顺元年（951），凤翔节度使属后周。

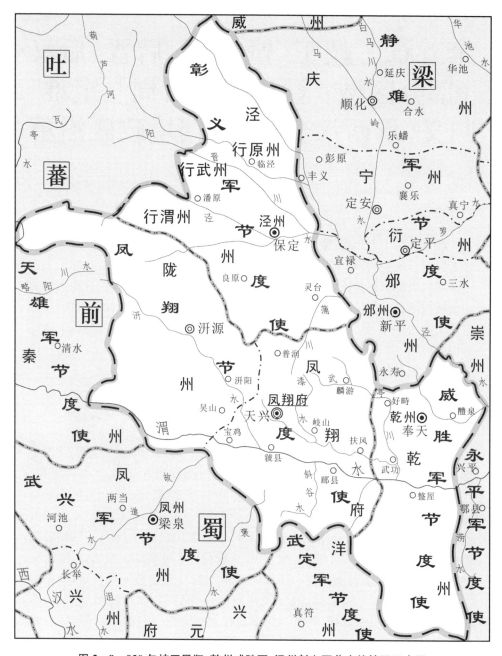

图 2-9 920年岐王凤翔、乾州威胜军、泾州彰义军节度使辖区示意图

一、凤翔(岐阳军)节度使辖区沿革(附：陇州保胜军节度使)

凤翔节度使(岐王 907—924，后唐 924—936，后晋 936—946，后汉 947—948)—岐阳军节度使(后蜀 948—949)—凤翔节度使(后汉 949—950，后周 951—959)

唐末，凤翔节度使辖凤翔府、陇州。《元和郡县图志》卷 2 凤翔府下载："今为凤翔节度使理所。管州二：凤翔府，陇州。"《旧唐书》卷 38《地理志一》载："凤翔陇节度使(治凤翔府，管凤翔、陇州)。"天复元年(901)，分陇州置保胜军节度使(参见下文所附陇州节度使辖区沿革)，凤翔节度使仅领凤翔 1 府之地。其时，凤翔节度使辖区为岐王李茂贞所据①，治凤翔府。

天祐三年(906)，李茂贞墨制以京兆府奉天县置乾州，属凤翔节度使。宋敏求《长安志》卷 19 奉天县下载："天祐中李茂贞墨制以奉天县复乾州，领奉天一县。"又，天祐三年，李茂贞有"墨制"置数州之举②，故上文中所提及的"天祐中"可推知为"天祐三年"。

大约在岐王天祐八年③(后梁乾化元年，911)，升乾州置威胜军节度使(参见本章第二节乾州节度使辖区沿革)。

岐王天祐十三年(后梁贞明二年，916)，保胜军节度使废，陇州来属。凤翔节度使复领凤翔府、陇州二地。《资治通鉴》卷 269 贞明二年十月载："甲申，蜀王宗绾等出大散关，大破岐兵，俘斩万计，遂取宝鸡。己丑，王宗播等出故关，

---

① 《旧唐书》卷 19《僖宗纪》载：光启三年七月(笔者按，《资治通鉴》作"八月")"丙子，制以武定军节度使、检校尚书左仆射，兼洋州刺史、御史大夫、上柱国、陇西郡公、食邑一千五百户李茂贞检校司空、同平章事，兼凤翔尹、凤翔陇右节度使。"又，《旧五代史》卷 41《唐明宗纪七》载：长兴元年(930)四月庚申，"诏改凤翔管内应州为匡州，信州为晏州……(六月甲辰)凤翔奏：'所管良、晏、匡三州并无属县，请却改为县。从之，仍旧为军镇。"据此可知自五代初至后唐长兴元年，凤翔府还曾一度领有良、应(匡)、信(晏)3 州。然有关此 3 州的记载仅此一见，其地望已不可考。不过，由于从上述引文可知该 3 州领地不大(本各为军镇，升州之后亦无属县)，州废之后复为军镇，故并不影响这一时段凤翔节度使的辖区范围。
② 参见郭声波：《中国行政区划通史·唐代卷》，第 46—47 页。
③ 《旧五代史》卷 132《李茂贞传》载："及梁祖建号，茂贞与王建会兵于太原，志图兴复，竟无成功。茂贞疆土危蹙，不遂僭窃之志，但岐王府，署王官，目妻为皇后，鸣鞘掌扇，宣谕令，一如王者之制，然尚行昭宗(按，指唐昭宗)之正朔焉。"又，《资治通鉴》卷 266 开平元年四月下载："是时，惟河东、凤翔、淮南称'天祐'，西川称'天复'年号。"综上所述，可知李茂贞的岐王政权于后唐同光二年(924)降唐前当一直使用天祐年号。然朱玉龙以《大唐秦王重修法门寺塔庙记》中出现的纪年记载，以为李茂贞其时先自用"天复"年号，至壬午岁(天祐十九年，后梁龙德二年，922)，迫于其时晋王李存勖即将灭梁之强势，不敢自异，始改称天祐年号(详见氏著《五代十国方镇年表》岐州注 3，第 224 页)。其论可备一说，存此待考。

至陇州。丙寅,保胜节度使兼侍中李继岌畏岐王猜忌,帅其众二万,弃陇州奔于蜀军。蜀兵进攻陇州,以继岌为西北面行营第四招讨。刘知俊会王宗绾等围凤翔,岐兵不出。会大雪,蜀主召军还。"自是年之后,保胜军节度使之名未再见于史载。推测其中应与该节度使降蜀,且陇州地处岐、蜀交锋前线,导致李茂贞遂罢军额有关。而原保胜军节度使所领陇州之地,也复应在此时还属凤翔节度使才是。

岐王天祐二十年(后唐同光元年,923),以陇州汧源县华亭乡之地新置义州(参见下文凤翔节度使所辖义州沿革)。又,《册府元龟》卷160《帝王部·革弊二》载:"是月[笔者按,指周太祖广顺元年(951)十一月],凤翔言义州蕃部买牛入蕃多是宰杀,乞止绝沿路州县道路,百姓不得杀牛货卖与蕃人。"据此可知义州新置后当属凤翔节度使。

后唐同光二年(924),岐王李茂贞派子从曮入觐听命,凤翔节度使辖区归属后唐。又在同年,威胜军节度使废为乾州,隶属凤翔节度使。《太平寰宇记》卷31乾州下载:"至庄宗同光年中改为刺史,属凤翔。"宋敏求《长安志》卷19奉天县下亦载:"后唐同光二年罢军名,复为乾州,属凤翔府。"是此年凤翔节度使当领凤翔府及陇、义、乾3州。

后晋天福元年(936),凤翔节度使归属后晋。

辽会同十年(后汉天福十二年,947)正月,契丹灭后晋,晋藩镇争奉表称臣。凤翔节度使辖区一度属辽。《资治通鉴》卷286天福十二年正月载:癸丑,"契丹主以……前护国节度使侯益为凤翔节度使,权知凤翔府事"。七月,凤翔节度使复归后汉。《旧五代史》卷100《汉高祖纪》载:天福十二年七月,"以凤翔节度使、检校太师、同平章事侯益依前凤翔节度使,加兼侍中"。凤翔节度使仍辖凤翔府与陇、义、乾3州。

后蜀广政十一年(后汉乾祐元年,948),凤翔节度使属后蜀,改称岐阳军节度使,领凤翔府与义、陇、乾3州。《资治通鉴》卷288后汉乾祐元年六月载:乙酉,"(凤翔巡检使、邠州留后)王景崇遣使请降于蜀,亦受李守贞官爵……(八月)戊子,蜀改凤翔曰岐阳军,己丑,以王景崇为岐阳节度使、同平章事"。

后汉乾祐二年(949),收复凤翔节度使并复旧名。《资治通鉴》卷288乾祐二年十二月载:"(后汉)赵晖急攻凤翔……(王)景崇已与家人自焚矣。(其将周)璨亦降。"后汉既收凤翔,自当废后蜀所置之军额,而复原名。此后直至后周显德六年(959)而未再有所更改。

(1) 凤翔府(907—959)　　　　(2) 乾州(907—911?,924—959)

(3) 陇州(916—959)　　　　　(4) 义州(923—959)

附:
陇州保胜军节度使辖区沿革
陇州保胜军节度使(岐王907—916)

唐天复元年(901),分陇州置保胜军节度使。《新唐书》卷64《方镇表一》载:天复元年,"升陇州防御使为保胜节度使"。其时仅领陇州1州之地。

五代初,岐王李茂贞据有保胜军节度使,仍治陇州。

岐王天祐十三年(后梁贞明元年,916),废保胜军节度使,所辖之陇州属凤翔节度使(参见上文凤翔节度使辖区沿革)。

陇州(907—916)

二、凤翔(岐阳军;含陇州保胜军)节度使所辖各州(府)沿革

1. 凤翔府(907—959),治天兴县(今陕西凤翔县)

《旧唐书》卷38《地理志一》凤翔府下领天兴、扶风、宝鸡、岐阳、岐山、郿、麟游、普润、虢等9县。《新唐书》卷37《地理志一》凤翔府下所领天兴、岐山、扶风、麟游、普润、宝鸡、虢、郿、盩厔等9县虽然与《旧唐书·地理志》在数目上一致,但在名称上两《唐书·地理志》有2县(岐阳、盩厔)各不重见。其中,在《新唐书·地理志》中出现的盩厔县下载:"乾宁中隶乾州,天复元年(901)来属。"而在《旧唐书·地理志》中出现的岐阳,《唐会要》卷70《州县改置上》载:"岐阳县,贞观七年割扶风、岐山并京兆上宜县置焉,二十一年废,永徽五年十二月又置,元和三年三月并入岐山、扶风县。"据上所述,则唐末凤翔府当领天兴、扶风、宝鸡、岐山、郿、麟游、普润、虢、盩厔等9县。

五代初,凤翔府仍当领唐末9县及唐末京兆府原属好畤、武功、醴泉等3县(参见本章第二节乾州节度使所辖乾州沿革),合计12县之谱。

大约在岐王天祐八年(后梁乾化元年,911),岐王李茂贞置乾州威胜军,割盩厔县、好畤、武功、醴泉等4县别属之(参见本章第二节乾州节度使所辖乾州沿革)。

后唐同光二年(924),乾州盩厔县复来属。《太平寰宇记》卷30凤翔府盩厔县下载:"后唐同光元年割属凤翔。"①同书卷31乾州下载:"至庄宗同光年中改为刺史,属凤翔,其武功、醴泉二县还京兆府,盩厔入凤翔,只领奉天、好畤二县。"宋敏求《长安志》卷19奉天县下载:"后唐同光二年(威胜军)罢军

---
① 笔者按,同光二年时岐王李茂贞才向后唐称臣,故"元年"当为"二年"之误。

名,复为乾州,属凤翔府,领奉天、好畤二县,其武功、醴泉二县还京兆府,盩厔入凤翔。"

此后至五代末,凤翔府一直领天兴、扶风、宝鸡、岐山、郿、麟游、普润、虢、盩厔等9县而未更,领域复与唐末同。

(1) 天兴县(907—959)　　　　(2) 扶风县(907—959)

(3) 宝鸡县(907—959)　　　　(4) 岐山县(907—959)

(5) 郿县(907—959)　　　　　(6) 麟游县(907—959)

(7) 普润县(907—959)　　　　(8) 虢县(907—959)

(9) 盩厔县(907—911?,924—959)　(10) 好畤县(907—911?)

(11) 武功县(907—911?)　　　(12) 醴泉县(907—911?)

2. 陇州(907—959),治汧源县(今陕西陇县)

《旧唐书》卷38《地理志一》陇州下领汧源、汧阳、吴山、南由、华亭等5县。《新唐书》卷37《地理志一》陇州下辖汧源、汧阳、吴山3县,且在其中的汧源县下载:"垂拱二年(686)更华亭曰亭川,神龙元年(705)复故名,元和三年(808)省入汧源。"在吴山县下又载:"武德元年(618)以南由县置含州,四年州废,元和三年省入焉。"则可知华亭县并入了汧源县,南由县并入了吴山县。故唐末陇州仅领《新唐书·地理志》所载之3县。

五代初,陇州仍当辖汧源、汧阳、吴山等3县。

岐王天祐二十年(后唐同光元年,923),析陇州汧源县华亭乡之地新置义州(参见下文义州沿革)。汧源县领域应较前有所缩小,然陇州领3县之数未变,自此延续至后周。

(1) 汧源县(907—959)　　　　(2) 汧阳县(907—959)

(3) 吴山县(907—959)

3. 义州(923—959),治华亭乡(今甘肃华亭县)

后唐同光元年(923),析陇州汧源县华亭乡置义州,无属县。华亭本唐县,元和三年(808)省并入汧源县①。《太平寰宇记》卷150仪州领华亭、安化2县,并在仪州下载:"唐为神策军。后唐同光元年改为义州。"

后周显德六年(959),复置华亭县,义州领1县。《太平寰宇记》卷150仪州下载:"周显德六年置华亭县于州郭。"又在华亭县下载:"周显德六年置,以华亭乡为名。"《元丰九域志》卷10《省废军州》载:"陕西路仪州。后唐义州,领县一。"

华亭县(959)

---

① 《新唐书》卷37《地理志一》。

4. 乾州

参见本章第二节乾州节度使所辖乾州沿革。

第二节 乾州威胜军节度使

大约在岐王天祐八年(911),析凤翔节度使所辖乾州别置威胜军节度使〔岐王天祐十七年(920)之辖区参见前图2-9〕。后唐同光二年(924),威胜军节度使废,乾州还属凤翔节度使。

一、乾州威胜军节度使辖区沿革

乾州威胜军节度使(岐王 911？—924)

五代初,乾州隶属岐王凤翔节度使(参见本章第一节凤翔节度使辖区沿革)。

大约在岐王天祐八年(后梁乾化元年,911),岐王李茂贞将凤翔节度使所领乾州别置为威胜军节度使,治奉天县。唐乾宁二年(895)曾一度以乾州置威胜军节度使[1],旋罢[2]。此次天祐年间的设置,当是岐王李茂贞据前复置。宋敏求《长安志》卷19奉天县下载:"天祐中李茂贞墨制以奉天县复乾州,领奉天一县。梁乾化中升为威胜军,析奉天、好畤、武功、盩厔、醴泉五县以隶焉。"据此可知其时的威胜军节度使地仅1州之地。又,李茂贞于天祐八年设置了耀州义胜军节度使(参见第二章第二节崇州节度使辖区沿革),颇疑乾州威胜军节度使之设亦在此时。

后唐同光二年(924),威胜军节度使废为乾州,仍属凤翔节度使(参见本章第一节凤翔节度使辖区沿革)。

乾州(911？—924)

二、乾州威胜军节度使辖州沿革

乾州(907—959),治奉天县(今陕西乾县)

唐乾宁二年(895),曾一度设置过乾州,领奉天、好畤、武功、盩厔、醴泉5

---

[1] 参见《新唐书》卷37《地理志一》。又,《新唐书》卷64《方镇表一》载:乾宁元年(894),"以乾州置威胜军节度。凤翔节度增领乾州,未几罢。"据相关史料可知"乾宁元年"当作"乾宁二年"。
[2] 宋敏求《长安志》卷19奉天县下载:"乾宁二年,以县置乾州。及覃王出镇,又以畿内之好畤、武功、盩厔、醴泉隶之。寻并复旧。"

县。《新唐书》卷 37《地理志一》京兆府奉天县下载:"乾宁二年(895)以县置乾州,及覃王出镇,又以畿内之好畤、武功、盩厔、醴泉隶之。"不久,乾州废。《新唐书》卷 64《方镇表一》载:"乾宁元年(笔者按,'元年'当作'二年'),凤翔节度增领乾州,未几罢。"宋敏求《长安志》卷 19 奉天县下又载:"乾宁二年,以县置乾州。及覃王出镇,又以畿内之好畤、武功、盩厔、醴泉隶之。寻并复旧。"天祐三年(906)①,复置乾州,领奉天县。《长安志》卷 19 奉天县下载:"天祐中李茂贞墨制以奉天县复乾州,领奉天一县。"

大约在岐王天祐八年(后梁乾化元年,911),乾州增领好畤、武功、盩厔、醴泉等 4 县,并奉天县,共计 5 县。《长安志》卷 19 奉天县下载:"梁乾化中升为威胜军,析奉天、好畤、武功、盩厔、醴泉五县以隶焉。"其中的盩厔本为凤翔府属县(参见本章第一节凤翔节度使所辖凤翔府沿革),而好畤、武功、醴泉等 3 县唐末时属京兆府(参见第二章第一节佑国军节度使所辖大安府沿革),且京兆府在五代初已为后梁所据(参见第二章第一节佑国军节度使辖区沿革),则可推知此 3 县五代初应为岐王李茂贞所据,不然,无法在以乾州置威胜军节度使时隶属之。由于此 3 县地近凤翔府,颇疑其时为岐王凤翔府属县。

后唐同光二年(924),威胜军节度使废为乾州,仅领奉天、好畤 2 县。原所领之武功、醴泉 2 县还属京兆府,盩厔县还属凤翔府。上文凤翔府沿革中所引《太平寰宇记》与《长安志》之文可证。

后唐天成三年(928),好畤县还属京兆府,乾州仅领奉天县。《太平寰宇记》卷 31 乾州下载:"至明宗天成三年又割好畤还京兆府。只领奉天一县。"宋敏求《长安志》卷 19 所载与此略同。

此后至五代末,乾州领奉天 1 县而未更。

(1) 奉天县(907—959)　　　　(2) 好畤县(911?—928)
(3) 武功县(911?—924)　　　　(4) 盩厔县(911?—924)
(5) 醴泉县(911?—924)

第三节　泾州彰义军节度使

泾州彰义军节度使为唐末旧镇,五代初为岐王李茂贞所据,领泾、行原、行渭、行武等 4 州[岐王天祐十七年(920)之政区参见前图 2-9]。后唐同光二年(924),岐王称臣于后唐,泾州彰义节度使始归属后唐。清泰三年(936),行

---

① 参见郭声波:《中国行政区划通史·唐代卷》京兆府奉天县沿革,第 42 页。

原州升为正州。后晋天福五年(940),行渭州升为正州。后周显德五年(958),废武州,泾州彰义军节度使领泾、原、渭等3州之地。

一、泾州彰义军节度使辖区沿革

泾州彰义军节度使(岐王 907—924,后唐 924—936,后晋 936—946,后汉 947—950,后周 951—959)

唐大历三年(768),以废邠宁节度使之泾、行原2州置泾原节度使。其后领州多有变化,至大顺二年(891),改为彰义军节度使,其时当领泾、行原、行渭、行武4州①。《新唐书》卷37《地理志一》原州下载:"广明(880—881)后复没吐蕃,又侨治临泾。"《新五代史》卷60《职方考》、《太平寰宇记》卷32泾州下及卷33原州下、《舆地广记》卷16原州下所载与此略同。《新唐书》卷37《地理志一》渭州下载:"元和四年(809)以原州之平凉县置行渭州,广明元年(880)为吐蕃所破,中和四年(884),泾原节度使张钧表置……县一:平凉。"《新五代史》卷60《职方考》、《舆地广记》卷16渭州下所载略同②。然,平凉县实已废于唐末(参见下文《五代会要》卷20《州县分道改置》平凉县下引文)。《新唐书》卷37《地理志一》武州下载:"大中五年(851)以原州之萧关置。中和四年(884)侨治潘原。"据上所载可知,行原、行渭、行武3州分别侨治于泾州临泾县、原州原平凉县境和泾州潘原县。

岐王天祐四年(后梁开平元年,907),泾州彰义军节度使为岐王李茂贞所据,仍当领泾、行原、行渭、行武等4州,治泾州。《新五代史》卷60《职方考》所载可资为证。

后唐同光二年(924),岐王称臣于唐,泾州彰义节度使归属后唐。《资治通鉴》卷273同光二年正月载:"岐王闻帝入洛,内不自安,遣其子行军司马彰义节度使兼侍中继曠入贡,始上表称臣。"

后唐清泰三年(936),行原州升为正州,泾州彰义军节度使领泾、原、行渭、行武等4州(参见下文泾州沿革)。

后晋天福五年(940),行渭州升为正州,泾州彰义军节度使领泾、原、渭、行武等4州(参见下文渭州沿革)。

至迟后周显德五年(958),行武州升为正州。显德五年,武州废,泾州彰义

---

① 参见郭声波:《中国行政区划通史·唐代卷》原州沿革,第98页。
② 《太平寰宇记》卷32泾州下载:"潘原,唐末割置行渭州。"与本文所引其他文献所载皆悖,恐非。

军节度使领泾、原、渭等 3 州(参见下文渭州沿革)。

(1) 泾州(907—959)
(2) 行原州(907—936)—原州(936—959)
(3) 行渭州(907—940)—渭州(940—959)
(4) 行武州(907—?)—武州(?—958)

二、泾州彰义军节度使所辖各州沿革

1. 泾州(907—959),治保定县(今甘肃泾川县)

《旧唐书》卷 38《地理志一》及《新唐书》卷 37《地理志一》泾州下皆领保定、灵台、临泾、良原、潘原等 5 县。五代初因之。

后唐清泰三年(936),临泾县别属原州。《五代会要》卷 20《州县分道改置》泾州临泾县下载:"后唐清泰三年二月,原州刺史翟建奏:'本州自陷吐蕃,权于临泾县为理所,临泾元属泾州,刺史只管捕盗,其人户即泾州管县,既无属县,刺举何施? 伏乞割临泾属当州。'从之。"《新五代史》卷 60《职方考》载:"临泾,故属泾州。唐末原州陷吐蕃,权于临泾置原州而泾州兼治其民。后唐清泰三年割隶原州。"《舆地广记》卷 16 原州下所载与此略同。同年,复置平凉县。《五代会要》卷 20《州县分道改置》泾州平凉县下载:"后唐清泰三年正月,泾州奏:'平凉县自吐蕃陷渭州,权于平凉县为渭州理所,遂罢平凉县。又有安国、耀武两镇,兼属平凉,其赋租节目,并无属管。今请却置平凉县,管安国、耀武两镇人户。'从之。"同卷《州县望》载:"泾州平凉县,庆州同川县,安州吉阳县。晋天福二年正月,尚书吏部奏:'自清泰三年创改,已上三县欲编入《十道图》,皆未有地望。'"《新五代史》卷 60《职方考》载:"平凉,故属泾州。唐末渭州陷吐蕃,权于平凉置渭州而县废。后唐清泰三年,以故平凉之安国、耀武两镇置平凉县,属泾州。"

后晋天福五年(940),平凉县别属渭州(参见上文泾州节度使辖区沿革)。

至迟后周显德五年(958),潘原别属武州(参见上文泾州节度使辖区沿革)。至此,泾州仅领保定、灵台、良原等 3 县。

(1) 保定县(907—959)　　　　(2) 灵台县(907—959)
(3) 临泾县(907—936)　　　　(4) 良原县(907—959)
(5) 潘原县(907—958?)　　　　(6) 平凉县(936—940)

2. 行原州(907—936,侨治泾州临泾县)—原州(936—959),治临泾县(今甘肃镇原县)

五代初,行原州侨治泾州临泾县(参见上文泾州节度使辖区沿革),无属县。

后唐清泰三年(936),泾州临泾县来属(参见上文泾州节度使辖区沿革),原州领临泾1县。此后至后周,原州领县未闻有何变更。

临泾县(936—959)

3. 行渭州(907—940,侨治泾州原平凉县境)—渭州(940—959),治平凉县(今甘肃平凉市)

五代初,行渭州侨治原州原平凉县境(参见上文泾州节度使辖区沿革),无属县。

后晋天福五年(940),泾州平凉县来属。《太平寰宇记》卷151渭州平凉县下载:"唐元和四年以渭州陷蕃,权置行渭州于此。天福五年割属渭州。"

后周显德五年(958),武州废,原领潘原县来属。《五代会要》卷20《州县分道改置》武州下载:"周显德五年六月,废为潘源县,隶渭州。"《太平寰宇记》卷151渭州潘原县下载:"广德元年(763)陷于蕃。至贞元十年(794)置行县于彰信堡。周显德五年废新武州入。"①武州本是行州,上述史载径言"武州"或"新武州",说明当是在废前已改为正州。

(1) 平凉县(940—959)　　　　(2) 潘原县(958—959)

4. 行武州(907—?,侨治潘原县)—武州(?—958),治潘原县(?—958,今甘肃平凉市东南)

五代初,行武州侨治泾州潘原县(参见上文泾州节度使辖区沿革),无属县。

至迟后周显德五年(958),行武州升为正州,析泾州潘原县属之。显德五年,武州废为潘原县。《旧五代史》卷118《世宗纪五》载:显德五年"闰(七)月壬子……废武州为潘原县"。潘原县别属渭州(参见上文渭州沿革)。

又,《太平寰宇记》卷33原州萧关县下载:"大中五年(851)置武州。周显德五年废入潘原县。"同书卷151渭州潘原县下载:"萧关一县,周显德五年六月废入潘原县,属渭州。"然武州既侨治潘原县,当无实土,且萧关远在灵州界,与临泾县更近之平高、百泉(《新唐书·地理志》)、平凉(参见上文)3县都已落入蕃土,此萧关县自应早亦如此。《太平寰宇记》不察五代时的武州是由侨治泾州潘原县改置的,而仍视为在原唐武州故土所置,故而认为当武州废入潘原县后,原治所萧关县亦当随之废入,误甚。

---

① 《舆地广记》卷16渭州潘原县下载:"唐属泾州,天宝元年(742)改为潘原县。周显德六年(959)来属。"笔者按,其中"显德六年"当为"显德五年"之误。

潘原县(？—958)

第四节 夏州定难军节度使

夏州定难军节度使为唐末旧镇,领夏、绥、银、宥等4州。五代期间,夏州定难军节度使为拓跋氏(自称李氏)所掌控,虽奉中原王朝为正朔,然实为世袭相传的割据政权。在五代初期,夏州定难军节度使仍领唐末4州[后梁贞明六年(920)之辖区参见图2-10]。后汉乾祐二年(949),增领静州,并前合计有5州之地。

一、夏州定难军节度使辖区沿革

夏州定难军节度使(907—959)

《元和郡县志》卷4夏州下载:"夏州,今为夏绥银节度使理所。管州四:夏州、绥州、银州、宥州。"《旧唐书》卷38《地理志一》宥州下载:"宥州……宝应后废。元和九年(814),复于经略军置宥州,郭下置延恩县。十五年(820),移治长泽县,为吐蕃所破。长庆四年(824),夏州节度使李祐复置。"《唐会要》卷70《州县分望道》载:"宥州,元和九年五月复置,隶夏州。"同卷《州县改置上》载:"宥州延恩县,元和九年二月敕:'天宝末年,宥州寄治于经略军,宝应已后,因循遂废。……朕方弘远略,思复旧规,宜于经略军置宥州,仍为上州。于郭下置延恩县,为上县,仍属夏州。'元和十五年九月,夏州节度使李祐请置宥州于长泽县。"《新唐书》卷37《地理志一》、《舆地广记》卷17宥州所载与此略同。中和元年(881),改夏绥银节度使为定难军节度使。《资治通鉴》卷254中和元年载:"赐夏州号定难军。"①

后梁开平元年(907),夏州定难军节度使李思谏臣服于梁,仍领夏、绥、银、宥等4州,治夏州。吴广成《西夏书事》卷1综合《旧五代史》卷2《梁太祖纪》、卷13《杨崇本传》及《资治通鉴》卷265所叙而记载道:"唐昭宣帝天祐三年(906)秋九月,邠州李继徽将六镇兵攻夏州。冬十月,李思谏告急于梁,梁遣刘知俊等击走之。先是朱全忠攻邠州,降静难节度李继徽。继徽,茂贞假子也。全忠令镇邠州,质其妻、子于河中。已而,私其妻,继徽怒,遣使与茂贞连兵。

---

① 《新唐书》卷64《方镇表一》载:中和二年(882),"夏州节度赐号定难节度"。此处从《资治通鉴》所载。参见郭声波:《中国行政区划通史·唐代卷》夏州沿革,第113页。

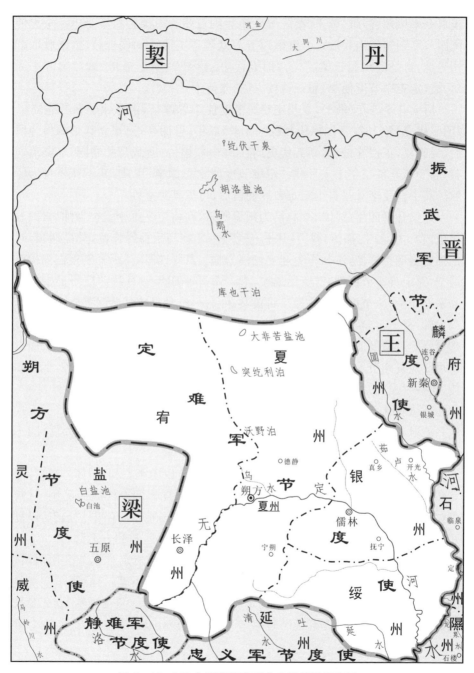

图 2-10　920 年夏州定难军节度使辖区示意图

茂贞令率凤翔、静难、彰义、秦陇等六镇兵围夏州。思谏告急于全忠。全忠使匡国节度刘知俊出兵援之。继徽以五万众阵于美原。知俊击破之,乘胜取鄜州等地,自是夏州服于梁。"又,《旧五代史》卷132《李仁福传》载:"梁开平元年,授(定难军节度使李)思谏检校太尉、兼侍中。"

后梁开平二年(908),夏州定难军节度使李思谏卒,由思谏子彝昌继位[①]。《旧五代史》卷132《李仁福传》载:"(开平)二年,思谏卒,三军立其子彝昌为留后,寻起复,正授旄钺。"《新五代史》卷40《李仁福传》所载与此略同。《资治通鉴》卷267开平二年十一月载:"定难节度使李思谏卒;甲戌,其子彝昌自为留后。"其中言及李彝昌自为定难节度使留后,可见其独立性。

后梁开平四年(910),李彝昌为叛将所杀,众将吏又推李仁福为帅。《旧五代史》卷132《李仁福传》载:"(开平)三年春,牙将高宗益等作乱,彝昌遇害,时仁福为蕃部指挥使,本州军吏迎立仁福为帅。其年四月,梁祖降制授仁福检校司空,充定难军节度使。"《资治通鉴》卷267开平四年三月载:"夏州都指挥使高宗益作乱,杀节度使李彝昌。将吏共诛宗益,推彝昌族父蕃汉都指挥使李仁福为帅,癸丑,仁福以闻。夏,四月,甲子,以仁福为定难节度使。"由上所载可知夏州定难节度使的人选是由当地将吏拥立的,后梁只不过是在形式上加以认可。而夏州节度使对后梁也仅是名义上的臣服。《新五代史》卷40《李仁福传》所载"(夏州)终梁之世,奉正朔而已"即是明证。

后梁乾化三年(913),为笼络李仁福,梁末帝又封他为陇西郡王。《旧五代史》卷八《末帝纪上》载:乾化三年三月"壬戌,以夏州节度使、检校太尉、同平章事李仁福为检校太师,进封陇西郡王。"

后唐同光二年(926),李仁福"闻庄宗灭梁,自以向拒晋师,中怀恐惧,首遣宥州刺史李仁裕奉表入贺。"[②]后唐为了拉拢割据夏州的李氏以为己用,又封李仁福为朔方王。《旧五代史》卷31《庄宗纪五》载:同光二年四月"己丑,以夏州节度使李仁福依前检校太师、兼中书令、夏州节度使,封朔方王"。

后唐长兴四年(933),李仁福卒,其子彝超自为夏州定难军节度使留后。后唐为控制夏州之地,欲迁李彝超为彰武军留后,彝超不就,与后唐军发生争战,最终以后唐撤军,明宗以彝超为定难军节度使告终。《资治通鉴》卷278长兴四年二月载:"戊午,定难节度使李仁福卒;庚申,军中立其子彝超为留

---

① 《宋史》卷485《夏国传》载:"思谏卒,思恭孙彝昌嗣。"除此之外,诸书皆以彝昌为思谏子,故《夏国传》所言恐误。
② 吴广成:《西夏书事》卷2。

后……先是,河西诸镇皆言李仁福潜通契丹,朝廷恐其与契丹连兵,并吞河右,南侵关中,会仁福卒,三月,癸未,以其子彝超为彰武留后,徙彰武节度使安从进为定难留后,仍命静塞(笔者按,'塞',他本作'难')节度使药彦稠将兵五万,以宫苑使安重益为监军,送从进赴镇……丁亥,敕谕夏、银、绥、宥将士吏民,以'夏州穷边,李彝超年少,未能扞御,故使之延安,从命则有李从曮、高允韬富贵之福,违命则有王都、李匡宾覆族之祸。'夏,四月,彝超上言,为军士百姓拥留,未得赴镇,诏遣使趣之。……李彝超不奉诏,遣其兄阿啰王守青岭门,集境内党项诸胡以自救。药彦稠等进屯芦关,彝超遣党项抄粮运及攻具,官军自芦关退保金明。……壬辰夜,夏州城上举火,比明,杂虏数千骑救之,安从进遣先锋使宋温击走之。……安从进攻夏州。州城赫连勃勃所筑,坚如铁石,斸凿不能入。又党项万余骑徜徉四野,抄掠粮饷,官军无所刍牧。山路险狭,关中民输斗粟束藁费钱数缗,民间困竭不能供。李彝超兄弟登城谓从进曰:'夏州贫瘠,非有珍宝蓄积可以充朝廷贡赋也;但以祖父世守此土,不欲失之。蕞尔孤城,胜之不武,何足烦国家劳费如此!幸为表闻,若许其自新,或使之征伐,愿为众先。'上闻之,壬午,命从进引兵还。其后有知李仁福阴事者,云:'仁福畏朝廷除移,扬言结契丹为援,契丹实不与之通也;致朝廷误兴是役,无功而还。'自是夏州轻朝廷,每有叛臣,必阴与之连以邀赂遗。……(十月,)权知夏州事李彝超上表谢罪,求昭雪;壬戌,以彝超为定难军节度使。"《旧五代史》卷132、《新五代史》卷40《李彝超传》所载略同。经过这一番争斗,李氏据夏州而割据的色彩更加浓厚①。

后唐清泰二年(935),李彝超卒,其弟彝殷继夏州定难节度使之位。《旧五代史》卷47《唐末帝纪中》载:清泰二年三月辛丑,"以夏州行军司马李彝殷为本州节度使,兄彝超卒故也。"《资治通鉴》卷279清泰二年二月载:"丁丑,夏州节度使李彝超上言疾病,以兄行军司马彝殷权知军州事;彝超寻卒。"

后晋天福初年,李彝殷被加封官爵。《旧五代史》卷132《李彝兴传》载:"晋天福初,加检校太尉、同平章事。少帝嗣位,加检校太师。"

后汉乾祐元年(948),李彝殷又被加封官爵。《旧五代史》卷101《汉隐帝纪上》载:乾祐元年三月"西京留守、检校太师、平章事、莒国公李从敏,夏州节度使、检校太师、同平章事李彝殷,并加兼侍中"。

后汉乾祐二年(949),夏州定难军节度使增领静州,并前共领夏、绥、银、宥、静等5州。《资治通鉴》卷288乾祐二年载:正月,"诏以静州隶定难军,

---

① 吴广成《西夏书事》卷2评论此事加按语曰:"此李氏显据夏州之始。"

(胡三省注曰：唐置静边州都督于银州界，以处党项降者。)二月，辛未，李彝殷上表谢。"检《旧唐书》卷38《地理志一》，银州下有静边州都督府，静州当由此羁縻州升为正州。又，《资治通鉴》卷288乾祐二年载："彝殷以中原多故，有轻傲之志，每藩镇有叛者，常阴助之，邀其重赂。朝廷知其事，亦以恩泽羁縻之。"从中道出了后汉之所以让夏州定难军增领静州的用意。

后周广顺元年(951)，册封李彝殷为陇西郡王。《五代会要》卷11《封建》下载：周广顺元年正月，进封"夏州节度使李彝殷为陇西郡王"。《旧五代史》卷110《周太祖纪一》所载与此略同。

后周显德元年(954)，又改封李彝殷为西平王。《五代会要》卷11《封建》下载：显德元年正月，进封"陇西郡王李彝殷为西平王"。

后周显德六年，李彝殷被再一次加封。《旧五代史》卷120《周恭帝纪》载：八月庚辰，"夏州节度使、检校太师、守太保、兼中书令、西平王李彝兴加守太傅"。

(1) 夏州(907—959)　　　　(2) 绥州(907—959)
(3) 银州(907—959)　　　　(4) 宥州(907—959)
(5) 静州(949—959)

二、夏州定难军节度使所辖各州沿革

1. 夏州(907—959)，治朔方县(今陕西靖边县北)

《旧唐书》卷38《地理志一》夏州下领朔方、宁朔、德静、长泽等4县。而《新唐书》卷37《地理志一》和《太平寰宇记》卷37夏州下辖朔方、宁朔、德静等3县，无长泽县。长泽县于元和十五年(820)别属宥州(参见下文宥州沿革)。

唐末经五代至宋初，夏州一直领朔方、宁朔、德静等3县而未更。

(1) 朔方县(907—959)　　　　(2) 宁朔县(907—959)
(3) 德静县(907—959)

2. 绥州(907—959)，治今陕西绥德县境

《旧唐书》卷38《地理志一》及《新唐书》卷37《地理志一》绥州下皆领龙泉、延福、绥德、城平、大斌等5县。然《太平寰宇记》卷38绥州下载："自唐末蕃寇侵扰，所管五县并废，或陷在蕃界，亦无乡里，其民皆蕃族，州差军将征科。"故此5县当废于唐末，经五代而未复置。

又，《太平寰宇记》卷38绥州废龙泉县下载："至皇朝见管蕃户。"废城平县下载："今废为城平镇，见差蕃人为镇将，管蕃户。"废绥德县下载："今废为绥德镇，见差蕃人为镇将，管蕃户。"废延福县下载："今废为镇，差蕃人管蕃户。"废大斌县下载："今废为大斌镇，差蕃人管蕃户。"

3. 银州(907—959),治儒林县(今陕西横山县东)

《旧唐书》卷38《地理志一》、《新唐书》卷37《地理志一》及《太平寰宇记》卷38银州下皆领儒林、真乡、开光、抚宁等4县。五代期间,银州领县当无变化。

(1) 儒林县(907—959)　　　　(2) 真乡县(907—959)
(3) 开光县(907—959)　　　　(4) 抚宁县(907—959)

4. 宥州(907—959),治长泽县(今内蒙古鄂托克旗东南)

《旧唐书》卷38《地理志一》宥州下领延恩、归仁、怀德等3县。《新唐书》卷37《地理志一》宥州下领延恩、长泽2县。《太平寰宇记》卷39宥州下领长泽1县,并言延恩、归仁、怀德等3县"唐末废"。陈鳣《续唐书》卷16《地理志》宥州下亦载:"领县二。唐末衰乱,废延恩县。止领县一,长泽,旧县。"

五代期间,宥州一直领长泽1县而未闻有所更改。

长泽县(907—959)

5. 静州(949—959),治今陕西米脂县境

后汉乾祐二年(949),夏州定难军节度使增领静州(参见上文夏州节度使辖区沿革)。由于静州源自羁縻州,相关史籍亦未载其下有属县,故其时静州下应无领县。

又,《续资治通鉴长编》卷23太平兴国七年(982)五月载:"己酉,定难军留后李继捧来朝……遂献其所管四州八县。"其中所谓"四州",指上文所述夏、绥、银、宥等4州,而"八县",则恰与上面所提及的朔方、宁朔、德静、儒林、真乡、开光、抚宁、长泽相合。

第五节　沙州归义军节度使(暨西汉金山国)

沙州归义军节度使为唐旧镇,唐天祐二年(905),节度使张承奉建号西汉金山国,领沙、瓜、肃、甘、凉等州。后梁乾化四年(914),沙州归义军节度使又为曹议军掌控,领沙、瓜2州之地,虽奉中原王朝为正朔,然实为世袭相传的割据政权[后梁贞明六年(920)之辖区参见图2-11]。

一、沙州归义军节度使(暨西汉金山国)辖区沿革

西汉金山国(907—914)—沙州归义军节度使(914—959)

唐安史之乱后,吐蕃乘虚进攻陇右、河西,至唐贞元三年(787),河西节度

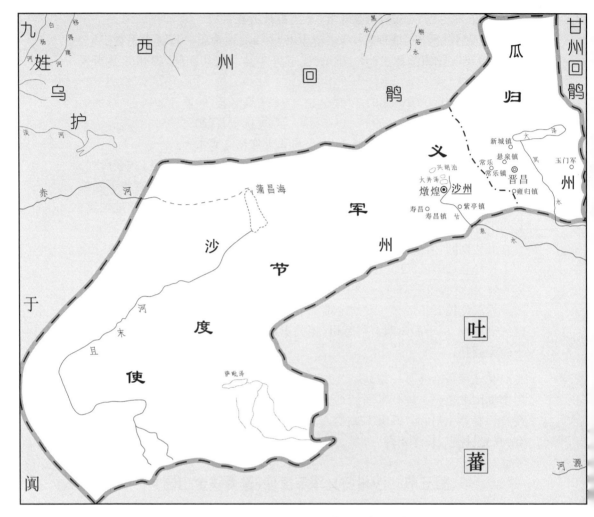

图 2-11　920 年沙州归义军节度使辖区示意图

使所领沙、瓜 2 州及行甘州之地陷于吐蕃,河西节度使遂废①。唐大中二年(848)张议潮趁吐蕃内乱,起兵收复瓜、沙 2 州。大中三年,收复甘、肃 2 州。大中四年,收复伊州。大中五年,张议潮遣使入朝归附,唐宣宗遂置归义军,以张议潮为节度使,治沙州。后又一度取得石城镇。咸通二年(861),张议潮又

---

① 郭声波:《中国行政区划通史·唐代卷》河西节度使沿革,第 1029 页。

收复凉州。至此归义军政权据有沙、瓜、肃、甘、伊、沙等6州之地,辖境达到极盛①,"西尽伊吾,东接灵武,得地四千余里,户口百万之家,六郡山河,宛然而旧。"②其后归义军的势力范围还一度达到河湟地区的鄯州及兰州以北的广武县地。到咸通七年,张议潮通过回鹘又在名义上取得了西州、庭州之地③。

咸通八年张议潮入朝不归,咸通十三年张议潮病死长安。张淮深继任节度使,在其任内后期,归义军辖区有所变化。先是西州、庭州脱离了归义军的名义管辖,接着北部的伊州又为西州回鹘攻占。另外,其时河湟地区的鄯州及兰州以北的广武县地,亦不在归义军的掌控之中了④。

至乾宁元年(894),张议潮孙张承奉被推为归义军节度使。两年后,独揽大权。唐天祐二年(905),张承奉建号西汉金山国,自立为白衣天子⑤。但由于甘州回鹘不断侵扰,后梁乾化元年(911),派使臣与甘州回鹘约为父子之国,张承奉做了甘州回鹘可汗的儿皇帝,从此一蹶不振。西汉金山国的辖区进一步退缩,甘、凉、肃等州尽失,辖境仅有疏勒河流域的沙、瓜2州了⑥。

后梁乾化四年(914),归义军政权由张氏转入曹议金手中。

至迟后梁龙德二年(922),归义军节度使曹议金称大王⑦。

大约在后唐清泰二年(935)前,曹议金对回鹘第二次用兵时,先后收复了肃州与甘州⑧。《敦煌碑铭赞辑释》P.3718《薛善通邈真赞并序》载:"自曹王秉政,收复甘、肃二州。公乃战效勇于沙场,纳忠勤于柳境。"⑨P.3556《府君庆德邈真赞并序》载:"重金步卒元帅,又选兵马都权;职位崇隆,荣超极品。运张良之计,东静金河;立韩信之谋,北清玉塞。单枪匹马,舍躯命而张掖河边;仗剑轮刀,建功勋于燕脂山下。再举衙内师长,兼任亲从行班。……西收蕃塞,东静甘凉。"⑩

后唐清泰二年(935)四月,甘州复为回鹘夺取。P.3718《梁幸德邈真赞并

---

①③④⑧ 郑炳林:《晚唐五代归义军疆域演变研究》,《历史地理》第十五辑,上海人民出版社,1999年。
② 《敕河西节度兵部尚书张公德政之碑》。该碑录文参见荣新江《敦煌写本〈敕河西节度兵部尚书张公德政之碑〉校考》,收入氏著《归义军史研究——唐宋时代敦煌历史考索》附录,上海古籍出版社,1996年,第401页。
⑤ 罗振玉:《瓜沙曹氏年表》,罗继祖主编、王同策副主编:《罗振玉学述论著集》第八辑,上海古籍出版社,2010年。
⑦ 王惠民:《一条曹议金称"大王"的新资料》,《北京图书馆馆刊》1994年第3、4期。又,荣新江认为曹议金称大王在931年至935年之间,参见氏撰《沙州归义军历任节度使称号研究》,中国敦煌吐鲁番学编:《敦煌吐鲁番研究论文集》,汉语大词典出版社,1990年,第768—816页。
⑨ 郑炳林:《敦煌碑铭赞辑释》,甘肃教育出版社,1992年,第464页。
⑩ 同上书,第392—393页。

序》载:"奉贡东朝,不辞路间之苦。乃遇睿慈合允累对,频宣封赐衣冠而难量。恩诏西陲而准奏,面迁左散骑常侍。兼使臣七十余人,意着珠珍,不可筹度。一行匡泰,逍遥往还。回程届此鬼方,忽值奸邪之略。""路隘张掖,猃狁侵缠。……于时清泰二年乙未岁四月九日题记。"①肃州也应在此期间再次为回鹘占据。P.4638《丙申年(936)正月马军武达儿状》记载:"去七月令捉道,氾都知将壮羊壹口放却。同月闻瓜州贼起,再复境界宁谧,军回至东定点检"②。其中提及的"东定"城在沙州附近,虽然此处所云"再复境界"是指瓜州被回鹘打下后再行收复,抑或是平定回鹘骚扰尚有待进一步研究,但可以肯定的是,归义军的辖区东部仅到瓜州③。

此后历曹元德、曹元深至曹元忠,归义军节度使辖区基本维持在曹议金时期的规模,仅有瓜、沙2州之地,直至五代末期。《高居诲使于阗记》载:"(肃州西经吐蕃界)西至瓜州、沙州,二州多中国人,闻晋使者来,其刺史曹元深等郊迎,问使者天子起居。"④由此说明曹元深时期归义军节度使的辖区范围仅有瓜、沙2州之地。又,《弟归义军节度使曹元忠致甘州回鹘可汗状》称:"早者,当道差亲从都头曹延定,往贵道复礼。况是两地一家,并无疑阻。使人去后,只务宽快,并不提防。去五月廿七日从向东有贼出来,于雍归镇下,煞却一人,又打将马三两疋,却往东去,运后奔越问讯,言道趁逃人来。又至六月四日悬泉镇贼下,假作往来使人,从大道,一半乘骑,一半步行,直至城门将捉,作极小口五人,亦乃奔趁相竞。其贼一十八人及前件雍归镇下,并是回鹘,亦称趁逃人来。自前或有逃人经过,只是有般次行时发书寻问,不曾队队作贼偷劫。如今道途开泰,共保一家,不期如此打劫,是何名价。又去五月十五日被肃州家一鸡悉冽作引道人,领达坦贼壹伯已来,于瓜州、会稽两处同日下,打将人口及牛马。此件不忏贵道人也。况且兄弟才敦恩义,永契岁寒,有此恶弱之人,不要两地世界。到日伏希兄可汗天子细与寻问,勾当发遣,即是久远之恩幸矣。今因肃州人去,谨修状起居咨闻。"⑤由上所述可知,其时甘州回鹘兵马攻打雍归镇、骚扰悬泉镇,肃州达坦出兵攻打瓜州、会稽,故曹元忠向甘州回鹘可汗提出归还所劫人口的要求。从中可以证明肃州在甘州回鹘控制之下,曹元忠时

---

① 郑炳林:《敦煌碑铭赞辑释》,甘肃教育出版社,1992年,第450—451页。
② 唐耕耦、陆宏基:《敦煌社会经济文献真迹释录》第4辑,全国图书馆文献缩微复制中心,1990年,第507页。
③ 郑炳林:《晚唐五代归义军疆域演变研究》。
④ 《新五代史》卷74《四夷附录三·于阗》。
⑤ 唐耕耦、陆宏基:《敦煌社会经济文献真迹释录》第4辑,第401—402页。

期的辖域只到瓜州东境①。

(1) 沙州(907—959)　　　　　(2) 瓜州(907—959)
(3) 肃州(907—911,934?—935)　(4) 甘州(907—911,934?—935)
(5) 凉州(907—911)

二、沙州归义军节度使(暨西汉金山国)所辖诸州沿革

1. 沙州(907—959),治燉煌县(今甘肃敦煌市)

《旧唐书》卷40《地理志三》、《新唐书》卷41《地理志五》皆载沙州领燉煌、寿昌2县。

后梁开平元年(907),沙州为张氏归义军节度使所控,领燉煌、寿昌2县及寿昌、紫亭、石城3镇②,其中寿昌、紫亭属县、镇并置,同治一地③。紫亭镇,又作子亭镇,位于沙州南境党河流域紫亭山下的党城湾,即今甘肃肃北蒙古族自治县城东南4里的党城遗址;石城镇位于沙州之西1580里的楼兰地区④。

后梁乾化四年(914)后,石城镇为楼兰地区的仲云人所据。《高居诲使于阗记》载:后晋使者张匡邺、高居诲等出使于阗,途经沙州,受到归义军节度使曹元深等郊迎。"其西,渡都乡河曰阳关。沙州西曰仲云,其牙帐居胡卢碛。云仲云者,小月氏之遗种也,其人勇而好战,瓜、沙之人皆惮之。……匡邺等西行入仲云界,至大屯城,仲云遣宰相四人,都督三十七人候晋使者,匡邺等以诏书慰谕之,皆东向拜。"⑤其中提及仲云有"宰相"、"都督",可见其已立国,居住在楼兰地区。又据敦煌写本《寿昌县地境》、S.367《沙州伊州地志》等记载,知石城镇位于屯城之西,故可断在曹氏归义军时期(914后)石城镇为仲云人所据⑥。

此后至五代末,沙州领燉煌、寿昌2县及寿昌、紫亭2镇⑦。

---

① 郑炳林:《晚唐五代归义军疆域演变研究》。
② 郑炳林:《晚唐五代敦煌归义军行政区划制度研究(之二)》,《敦煌研究》2002年第3期;冯培红:《归义军镇制考》,《敦煌吐鲁番研究》第九卷,中华书局,2006年。
③ 晚唐五代归义军时期,在所领诸州的非附郭县地,一般按例实行县、镇并置,同治一地(参见郑炳林:《晚唐五代敦煌归义军行政区划制度研究(之二)》),但是否必然如此,尚待进一步探究(参见冯培红:《归义军镇制考》),故本节在所述归义军诸州所置县镇之时,仍以有明确史料记载者为标准,对县镇的叙述不作划一处理。
④⑥　冯培红:《归义军镇制考》。
⑤ 《新五代史》卷74《四夷附录三·于阗》。
⑦ 在曹氏归义军的晚期,还另置有紫亭县,与紫亭镇并置。莫高窟第431窟窟檐后梁上有红底墨书的题记云"□(窟)主节度内亲从知紫亭县令兼衙前都押衙银青光禄大夫检校刑部尚书兼御史大夫上柱国阎员清",窟檐前梁有归义军节度使曹延禄的题记,时间在太平兴国五年(980),据此可知至迟在曹氏归义军后期已设有紫亭县。参见郑炳林:《晚唐五代敦煌归义军行政区划制度研究(之二)》。

(1) 燉煌县(907—959)　　　　(2) 寿昌县(907—959)
(3) 寿昌镇(907—959)　　　　(4) 紫亭镇(907—959)
(5) 石城镇(907—914?)

2. 瓜州(907—959),治晋昌县(今甘肃瓜州县东南)

《旧唐书》卷40《地理志三》、《新唐书》卷41《地理志五》皆载瓜州领晋昌、常乐2县。

后梁开平元年(907),瓜州为张氏归义军节度使所控,领晋昌、常乐2县及常乐、悬泉、雍归、新城等4镇,其中常乐属县、镇并置,同治一地①。常乐镇位于城西115公里处,即今甘肃瓜州县南岔镇六工破城;悬泉镇位于今甘肃瓜州县锁阳城镇破城子;雍归镇,又作邕归镇,在榆林窟南70里处之石包城;新城镇位于瓜州县东北80里处,即今甘肃瓜州县布隆吉乡旱湖脑古城②。

后梁乾化元年(911),归义军节度使所领肃州失守后,以玉门镇来属。玉门镇本肃州属镇,是年,肃州大片辖境陷于回鹘,归义军节度使便以玉门镇改属瓜州。

大约在后梁乾化四年(914),玉门镇改为玉门军③。

后周广顺三年(953),新置新乡镇(位于瓜州城东南180里处,即今甘肃玉门市昌马乡)。经学者考证,S.8516《后周广顺三年(953)十二月十九日归义军节度使元忠榜》即为归义军节度使曹元忠设置乡镇的榜文④,其中提及:"右奉处分,盖闻□封建邑,先看□山川,阡陌堪居,□乃置城立社。况河□境部,旧日总有人民。因为土蕃吞侵,便有多投停废。伏自犬王治世,方便再置安城。自把已来,例皆快活。唯残新乡要镇,未及安置军人。今岁初春,乃遣少多人口耕种一熟,早得二载喉粮,柴在□头,使是觅得活处。仍仰乡城百姓审细思量,空莫执愚。"⑤另外,在P.3727v《后周广顺五年(955)正月都知兵马使吕留延阴义进等上太保衙状》中亦有新乡镇的记载。新乡镇地本属肃州辖境,而曹氏归义军时期,肃州早已陷落,为附属于甘州回鹘的肃州家所据,故此时所新置的新乡镇当属瓜州⑥。

又,大约在广顺三年(953)新置新乡镇的同时,亦新置会稽镇(位于瓜州城

---

① 郑炳林:《晚唐五代敦煌归义军行政区划制度研究(之二)》;冯培红:《归义军镇制考》。
②⑥ 冯培红:《归义军镇制考》。
③ 因为曹氏归义军时期,仅见玉门镇,而无玉门军之载,故可推知其时玉门镇为玉门军所取代。参见冯培红:《归义军镇制考》。
④ 冯培红《归义军镇制考》文转述荣新江观点。
⑤ 宁可主编:《英藏敦煌文献(汉文佛经以外部分)》第12卷,四川人民出版社,1995年,第145—147页。

东北,即今瓜州县东 36 里处的小宛破城)。此由 P. 3727v《后周广顺五年(955)正月都知兵马使吕留延阴义进等上太保衙状》中所载"有马踪多少骑,数来入会稽、新乡、雍归、新城管界"之语可推知①。

至五代末,瓜州领晋昌、常乐 2 县及常乐、悬泉、雍归、新城、新乡、会稽等 6 镇及玉门军 1 军。

(1) 晋昌县(907—959)　　　　　(2) 常乐县(907—959)

(3) 常乐镇(907—959)　　　　　(4) 悬泉镇(907—959)

(5) 雍归镇(907—959)　　　　　(6) 新城镇(907—959)

(7) 玉门镇(911—914)—玉门军(914？—959)

(8) 新乡镇(953—959)　　　　　(9) 会稽镇(953？—959)

3. 肃州(907—911,934？—935),治酒泉县(今甘肃酒泉市)

《旧唐书》卷 40《地理志三》载肃州领酒泉、福禄 2 县;《新唐书》卷 41《地理志五》载肃州辖酒泉、福禄、玉门等 3 县。

后梁开平元年(907),肃州为张氏归义军节度使所控,肃州领酒泉、福禄、振武②等 3 县及玉门镇 1 镇。

后梁乾化元年(911),肃州陷于回鹘,玉门镇当在此时别属瓜州(参见上文瓜州沿革)。

大约在后唐清泰二年(935)前,曹氏归义军节度使对回鹘第二次用兵时,收复了肃州,仍当领酒泉、福禄、振武等 3 县。

后唐清泰二年(935),肃州再次陷于回鹘。

(1) 酒泉县(907—911,934？—935)

(2) 福禄县(907—911,934？—935)

(3) 振武县(907—911,934？—935)

(4) 玉门镇(907—911)

4. 甘州(907—911,934？—935),治张掖县(今甘肃张掖市)

《旧唐书》卷 40《地理志三》、《新唐书》卷 41《地理志五》皆载甘州领张掖、删丹 2 县。

---

① 冯培红:《归义军镇制考》。
② P. 2672《胡桐树诗十二首》中有"金河,亦名呼蚕水。县名标振武 ,波浪出西凉。直入居延海,分流洗战场。塞城滋黍稷,地利赖金汤。道性通川静,风涛怨异乡"之载,而金河即今酒泉北大河,其时肃州管辖区域。故郑炳林据此认为归义军据肃州时领有振武县。又,振武县之名不见于新旧《唐书·地理志》、《元和郡县图志》、《通典·州郡典》等地理志书,或是归义军时期新置,或是将原有旧县更名,待考(参见郑炳林:《晚唐五代敦煌归义军行政区划制度研究(之二)》)。此处暂将振武县视为归义军新置之县。

后梁开平元年(907),甘州为张氏归义军节度使所控,仍当领张掖、删丹2县①。

后梁乾化元年(911),甘州陷于回鹘。

大约在后唐清泰二年(935)前,曹氏归义军节度使对回鹘第二次用兵时,收复了甘州,仍领张掖、删丹2县。

后唐清泰二年(935),甘州再次陷于回鹘。

(1) 张掖县(907—911,934?—935)

(2) 删丹县(907—911,934?—935)

5. 凉州(907—911),治姑臧县(今甘肃武威市)

《旧唐书》卷40《地理志三》、《新唐书》卷41《地理志五》皆载凉州领姑臧、神乌、昌松、天宝、嘉麟等5县。

后梁开平元年(907),凉州为张氏归义军节度使所控,仍当领姑臧、神乌、昌松、番禾(天宝县更名)、嘉麟等5县②。

至后梁乾化元年(911),凉州陷于回鹘。

(1) 姑臧县(907—911)　　(2) 神乌县(907—911)

(3) 昌松县(907—911)　　(4) 番禾县(907—911)

(5) 嘉麟县(907—911)

---

①② 郑炳林:《晚唐五代敦煌归义军行政区划制度研究(之二)》。

国家 "十二五"规划重点图书
国家出版基金资助项目

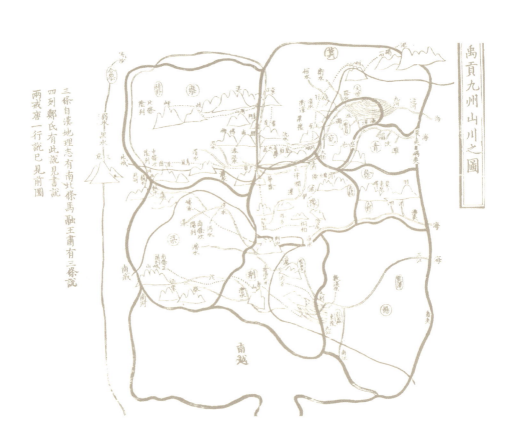

国家自然科学基金项目　国家社会科学基金项目
上海市社会科学重大项目

中國行政區劃通史

五代十国卷（下）

李晓杰　著

周振鹤◎主编

復旦大學出版社

中国行政区划通史

周振鹤　主编

总论 先秦卷　　　　　周振鹤　李晓杰　著
秦汉卷　　　　　　　　周振鹤　李晓杰　张　莉　著
三国两晋南朝卷　　　　胡阿祥　孔祥军　徐　成　著
十六国北朝卷　　　　　牟发松　毋有江　魏俊杰　著
隋代卷　　　　　　　　施和金　著
唐代卷　　　　　　　　郭声波　著
五代十国卷　　　　　　李晓杰　著
宋西夏卷　　　　　　　李昌宪　著
辽金卷　　　　　　　　余　蔚　著
元代卷　　　　　　　　李治安　薛　磊　著
明代卷　　　　　　　　郭　红　靳润成　著
清代卷　　　　　　　　傅林祥　林　涓　任玉雪　王卫东　著
中华民国卷　　　　　　傅林祥　郑宝恒　著

全书简介

本书研究自先秦至民国时期的中国行政区划变迁史。这一研究不仅是传统的关于历时政区沿革的考证（纵向），而且对同一年代各政区并存的面貌作出复原（横向），在条件许可的情况下相关的复原以详细至逐年为尺度。全书在总论外，分为十三卷，依次是先秦卷、秦汉卷、三国两晋南朝卷、十六国北朝卷、隋代卷、唐代卷、五代十国卷、宋西夏卷、辽金卷、元代卷、明代卷、清代卷及中华民国卷。

在掌握传世与出土历史文献的基础上，本书充分吸收前人的研究成果，力求最大可能地反映历史真实。全书以重建政区变迁序列、复原政区变迁面貌为主要内容，而由于历史时期中国行政区划的变化很大，在正式政区以外又有准政区的形式存在，加之政区层级、幅员及边界在不同时期的变迁程度不一，因此各卷又独立成书，其考证过程和编写结构有各自的侧重点。

本书是中华人民共和国成立以来第一部学术意义上的行政区划变迁通史。各卷作者在相关领域有长期的学术积累，全书的写作也倾注了十余年之功，希望能成为中国行政区划变迁史研究的重要参考著作。

作者简介

李晓杰，1965年生，河北唐山人。1988年毕业于复旦大学历史系，获历史学学士学位。1988年至1991年在北京故宫博物院保管部工作，任助理馆员。1996年毕业于复旦大学中国历史地理研究所，获历史学博士学位。2001年至2002年度为哈佛燕京学社访问学者。2003年至2004年度任大阪大学文学部COE研究员。现为复旦大学中国历史地理研究所教授、博士生导师。主要从事历史政治地理、《水经注》、中国古代史及近代中外文化交流等方面的研究。

著有《东汉政区地理》、《体国经野——历代行政区划》、《中国行政区划通史·先秦卷》、《疆域与政区》、《中国行政区划通史·秦汉卷》（合撰）、《水经注校笺图释·渭水流域诸篇》（主编）等，发表学术论文数十篇。

五代十国卷 提要

本卷依据相关传世与金石考古资料，全面而系统地逐年复原了五代十国时期（907—959）中原地区先后更替的后梁、后唐（晋王）、后晋、后汉、后周等五个王朝政权与在此期间南北方所出现过的前蜀、后蜀、南平（荆南）、楚（楚王）、吴（吴王）、南唐、吴越、闽（威武、闽王）、南汉（大彭王、南平王、南海王、大越）、北汉等十个地域政权的行政区划的演变过程。同时，兼论其时曾存在过的岐王、卢龙（燕王、燕）、赵王、北平王、定难、归义（西汉金山国）、武贞、宁远、邕管（岭南西道）、江西、百胜、高州、新州、静海、殷、湖南及清源等或大或小的各割据政权（势力）的辖区范围的变迁。其中对存在于这一时期诸多纷繁复杂、悬而未决的政区地理相关问题，作了迄今为止最为详尽、完整的揭示与廓清。

全卷除绪言与附录外，分为概述编与考证编两大部分。

概述编系综合考证编的所有结论撰写而成。此编又分为上、下篇，以政权为视角，划分章节进行叙述。上篇析为五章，简述后梁、后唐（晋王）、后晋、后汉及后周等五代所设置的行政区划的沿革；下篇分为十章，略叙前蜀、后蜀、南平（荆南）、楚（楚王）、吴（吴王）、南唐、吴越、闽（威武、闽王）、南汉（大彭王、南平王、南海王、大越）及北汉等十国政权所设置的行政区划的沿革。其中主要涉及这些政权所置节度使（留守）及其属州、直属京（直隶）州（军）的各自辖区的逐年变化。另外，曾与五代十国在不同时期并存过的岐王、卢龙（燕王、燕）、赵王、北平王、定难、归义（西汉金山国）、武贞、宁远、邕管（岭南西道）、江西、百胜、高州、新州、静海、殷、湖南及清源等或大或小的各割据政权（势力）的辖区演变，亦按地域与出现时间附入此编相应各章节之中加以概述。

考证编系对五代十国时期的政区地理所作的逐年详尽考述，为全卷的重心所在。此编参照唐开元十五道的分野，按地域划分考证区域，以后梁贞明六年（920）为断，将其时所存在的各割据政权（北方：后梁、晋王、岐王、定难及归义；南方：前蜀、荆南、楚王、吴、吴越、闽王及南汉）所辖的高层政区与统县政区的置废分合及其各自辖境的盈缩作了系统而详赡的考订，共计十章，分置于上、下篇之中。此年之前或之后在南北方区域内出现的各割据政权（势力）〔北方：卢龙（燕王、燕）、赵王、北平王、西汉金山国及后唐、后晋、后汉、后周、北汉；南方：吴王、威武、大彭王（南平王、南海王、大越）、武贞、宁远、邕管（岭南西道）、江西、百胜、高州、新州、静海及后蜀、南平、楚、南唐、闽、殷、湖南、清源〕所辖的政区建置与领域的变动，则纳入上述相应考证区域的章节之中进行论述。

此外，为了便于读者的阅读与理解，本卷还编绘了大量的图表（其中图53幅、表45项），力图从时间与地域上直观而形象地展现论述的结论。

下篇　南方政权辖境政区沿革

第六章　前蜀[承岐王(部分区域);暨后唐、后蜀(部分区域:暨后晋、后周)]辖境政区沿革

前蜀乾德二年(后梁贞明六年,920),前蜀政权在原唐剑南道区域内除将原剑南西川节度使部分辖区改为直隶地区外,尚置有梓州武德军节度使、遂州武信军节度使、雅州永平军节度使,在原唐山南东道区域内置有金州雄武军节度使、夔州镇江军节度使,在原唐山南西道区域内置有山南节度使、利州昭武军节度使、洋州武定军节度使、凤州武兴军节度使,在原唐陇右道区域内置有秦州天雄军节度使,在原唐黔中道区域内置有黔州武泰军节度使[①]。本章即分节讨论上述直隶地区与各节度使的辖区及其所属各州(府)的沿革。

第一节　直隶地区(剑南西川节度使)

唐末,剑南西川节度使领成都府及眉、嘉、戎、彭、维、茂、汉、简、资、蜀、雅、邛、黎等1府13州,治成都府。前蜀天复七年(后梁开平元年,907),王建称帝,废剑南西川节度为前蜀直隶地区,又得陵、荣2州,并大约在同时割雅、邛、黎等3州置永平军节度使。大约在前蜀武成元年(后梁开平二年,908),析彭

---

① 此外,朱玉龙据《茅亭客话》中记有天复中蜀有永泰军节度使之文而以为王蜀似曾置有永泰军节度使,其说可从。唯史料阙如,无法详论,录此备考。参见氏著《五代十国方镇年表·附录》永泰军,第652页。

州之地置灌州[前蜀乾德二年(920)之辖区参见图2-12]。大约在前蜀乾德三年(后梁龙德元年,921),废灌州入彭州。后唐同光三年(925),灭前蜀,以成都府及眉、嘉、戎、彭、维、茂、汉、简、资、陵、荣、蜀等1府12州置剑南西川节度使,治成都府;又废永平军节度使,所领雅、黎、邛等3州来属。后蜀明德元年(后唐应顺元年,934),孟知祥称帝,以成都府为都城,废剑南西川节度使,以雅、黎、邛等3州置永平军节度使,成都府及眉、嘉、戎、彭、维、茂、汉、简、资、陵、荣、蜀等1府12州直隶后蜀。后蜀广政五年(后晋天福七年,942),析彭州

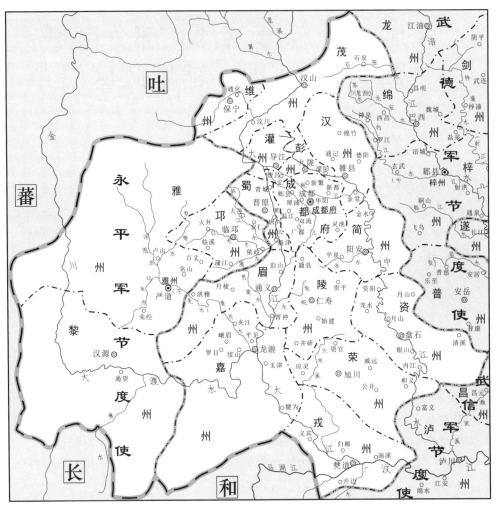

图2-12 920年前蜀直隶地区、雅州永平军节度使辖区示意图

复置灌州,直隶后蜀。此后至后蜀广政二十二年(后周显德六年,959),后蜀直隶地区领 1 府 13 州之规模而未更。

一、直隶地区(剑南西川节度使)沿革

直隶地区(前蜀 907—925)—剑南西川节度使(后唐 925—934)—直隶地区(后蜀 934—959)

唐大顺二年(891),王建为唐剑南西川节度使。《新五代史》卷 63《前蜀世家》载:"大顺二年十月,唐以建为检校司徒、成都尹、剑南西川节度副大使知节度事、管内观察处置云南八国招抚等使。"天复三年(903),唐昭宗封王建为蜀王。唐末剑南西川节度使领成都府及眉、嘉、戎、彭、维、茂、汉、简、资、蜀、雅、邛、黎等 1 府 13 州,治成都府①。

前蜀天复七年(后梁开平元年,907)九月,王建称帝,建立前蜀,定都成都府。废剑南西川节度使,以所辖成都府及眉、嘉、戎、彭、维、茂、汉、简、资、蜀②等 1 府 10 州之地为前蜀直隶地区。利阆节度使亦在此时降为都团练观察使,并对原领诸州做地域上的调整,其中所领陵、荣 2 州从地望上看,盖在此时就近划归直隶地区③。并大约在此时割雅、邛、黎等 3 州另置永平军节度使(参见本章第四节雅州节度使辖区沿革)。

至迟前蜀武成元年(后梁开平二年,908),析彭州导江县置灌州(参见下文灌州沿革)。

大约在前蜀乾德三年(后梁龙德元年,921),废灌州,导江县还属彭州(参见下文彭州沿革)。

后唐同光三年(925),前蜀为后唐所灭,复以成都府及眉、嘉、戎、彭、维、茂、汉、简、资、蜀、陵、荣等 1 府 12 州置剑南西川节度使,治成都府;同时,又废永平军节度使,以所领雅、黎、邛等 3 州地理形势度之,应于此时来属。《旧五代史》卷 33《唐庄宗纪七》载:同光三年十二月"丙子,以北京副留守、太原尹孟知祥为检校太傅、同平章事、成都尹、剑南西川节度副大使、知节度事、西山八

---

① 参见郭声波:《中国行政区划通史·唐代卷》西川节度使沿革,第 882—883 页。
② 蜀州,一度曾为唐永平军节度使属州,永平军节度使废并后入剑南西川节度使。朱玉龙以为前蜀所置之永平军节度使不领蜀州。参见氏著《五代十国方镇年表》雅州,第 571 页。今从之。另,以地理形势度之,蜀州当属前蜀直隶地区。
③ 陵、荣 2 州,唐时即曾一度为剑南西川节度使辖州。参见郭声波:《中国行政区划通史·唐代卷》西川节度使沿革,第 882 页。

国云南都招抚等使"。《资治通鉴》卷274同光三年十二月载:"丙子,以知北都留守事孟知祥为西川节度使、同平章事,促召赴洛阳。"

后蜀明德元年(后唐应顺元年,934),孟知祥称帝,定都成都府,废剑南西川节度使,又以雅、黎、邛等3州置永平军节度使(参见本章第四节雅州节度使沿革),成都府及眉、嘉、戎、彭、维、茂、汉、简、资、蜀、陵、荣等1府12州直隶后蜀。

后蜀广政五年(后晋天福七年,942),复析彭州导江县置灌州(参见下文灌州沿革)。

此后至后蜀广政二十二年(后周显德六年,959),后蜀直隶地区领1府13州之规模未更。

(1) 成都府(907—959)　　　(2) 汉州(907—959)
(3) 彭州(907—959)　　　　(4) 灌州(908?—921?,942—959)
(5) 蜀州(907—959)　　　　(6) 眉州(907—959)
(7) 嘉州(907—959)　　　　(8) 陵州(907—959)
(9) 荣州(907—959)　　　　(10) 资州(907—959)
(11) 戎州(907—959)　　　(12) 简州(907—959)
(13) 维州(907—959)　　　(14) 茂州(907—959)
(15) 雅州(925—934)　　　(16) 黎州(925—934)
(17) 邛州(925—934)

二、前蜀(暨后唐、后蜀)直隶地区(剑南西川节度使)所辖府州沿革

1. 成都府(907—959),治成都县(今四川成都市)

《旧唐书》卷41《地理志四》、《新唐书》卷42《地理志六》皆载成都府领成都、华阳、新都、新繁、犀浦、双流、广都、郫、温江、灵池等10县。唐末,成都府领县亦复如是,治成都县①。

前蜀天复七年(后梁开平元年,907),成都府仍领县唐末10县之地,治成都县。

此后至后蜀广政二十二年(后周显德六年,959),未闻成都府领县有何更改。《太平寰宇记》卷72益州下亦领此10县,亦可添一旁证。

(1) 成都县(907—959)　　　(2) 华阳县(907—959)
(3) 灵池县(907—959)　　　(4) 广都县(907—959)

---

① 参见郭声波:《中国行政区划通史·唐代卷》成都府沿革,第884页。

(5) 双流县(907—959)　　　(6) 温江县(907—959)
(7) 郫县(907—959)　　　　(8) 犀浦县(907—959)
(9) 新繁县(907—959)　　　(10) 新都县(907—959)

2. 汉州(907—959),治雒县(今四川广汉市)

《旧唐书》卷41《地理志四》、《新唐书》卷42《地理志六》皆载汉州领雒、德阳、什邡、绵竹、金堂等5县。唐末,汉州领县亦复如是,治雒县①。

前蜀天复七年(后梁开平元年,907),汉州仍领县唐末5县之地,治雒县。

前蜀永平二年(后梁乾化二年,912),改什邡县为通记县。《蜀梼杌》卷上载:永平二年(912)"八月,什邡县获铜牌、石记,有膺昌之文,改什邡为通计县,改太子名为元膺"。杜光庭《广成集》卷12《紫霞洞修造毕告谢醮词》亦作永平二年获得铜牌。《十国春秋》卷36《前蜀高祖本纪下》载:永平二年"秋八月,汉州什邡县获古铜牌一(《蜀梼杌》作铜牌石记,今不从),上有王建王元膺以下六十二字(欧阳《史》云:有文二十余字。今从《五国故事》及《全蜀艺文志》)。县民郭迵持以献帝。改什邡县曰通计,更太子元坦名曰元膺,字昌美,以符铜牌膺昌之文(欧阳《史》云:建以为符谶,因取以名其诸子,今不从。又,《通鉴》载此事在七月,今从《蜀梼杌》系于八月之下)。"又,《广成集》卷4《皇帝修符瑞报恩斋词》载:"汉州什邡县百姓郭迴芝,于仙居观采药耕地,掘得铜牌,长七寸,广四寸,上有六十字《老子通天记》,云:丁卯年甲戌乙亥,人王生,享二百年。天子王从建、王元膺、王万感、王岳、王则、王道宜。"据上引《蜀梼杌》可知王建因此符瑞,将太子改名为元膺,则什邡县改名应源于铜牌上有所谓《老子通天记》符文。另,《广成集》卷2《谢宣赐天锡观庄表》已有"汉州通记县"之载。故综上所述,什邡县更名通记县在永平二年应无疑义。

后唐同光三年(925),后唐灭前蜀,通记县当在此时复名什邡县。通记县复名什邡县的确切时间,史籍未载。然《蜀梼杌》卷下载:后蜀"(广政)二十四年(961)十月,汉州什邡县井中有火龙腾空而去"。其中已提及"什邡县"。《太平寰宇记》卷73汉州领县中亦见"什邡"而无"通记"。加之,后唐有将五代初已改之地名皆复旧名之规②,故颇疑什邡县复名即在后唐占据前蜀领地之时。

此后至后蜀广政二十二年(后周显德六年,959),汉州一直领雒、德阳、什邡、绵竹、金堂等5县而未更。

---

① 参见郭声波:《中国行政区划通史·唐代卷》汉州沿革,第898页。
② 《旧五代史》卷30《唐庄宗纪四》载:同光元年(923)十月,"诏除毁朱氏宗庙神主,伪梁二主并降为庶人。天下官名府号及寺观门额,曾经改易者,并复旧名"。

(1) 雒县(907—959)　　　　(2) 德阳县(907—959)

(3) 什邡县(907—912)—通记县(912—925?)—什邡县(925?—959)

(4) 绵竹县(907—959)　　　　(5) 金堂县(907—959)

3. 彭州(907—959),治九陇县(今四川彭州市)

《旧唐书》卷41《地理志四》、《新唐书》卷42《地理志六》皆载彭州领九陇、濛阳、导江、唐昌①等4县。唐末彭州仍领此4县,治九陇县②。

前蜀天复七年(后梁开平元年,907),彭州仍领唐末4县之地。

大约在前蜀武成元年(后梁开平二年,908),割彭州导江县置灌州(参见下文灌州沿革),彭州领九陇、濛阳、唐昌③等3县,治九陇县。

大约在前蜀乾德三年(后梁龙德元年,921),废灌州,割导江县来属。《宋史》卷479《西蜀孟氏世家》附《李昊传》载:"王衍袭伪位,授彭州导江令。"则前蜀王衍时复废灌州。彭州复领九陇、濛阳、唐昌、导江等4县。

后蜀广政五年(后晋天福七年,942),析导江县置灌州(参见下文灌州沿革),彭州领九陇、濛阳、唐昌等3县。

此后至后蜀广政二十二年(后周显德六年,959),彭州领县未再更改。

(1) 九陇县(907—959)　　　　(2) 濛阳县(907—959)

(3) 唐昌县(907—959)　　　　(4) 导江县(907—908?,921?—942?)

4. 灌州(908?—921?,942?—959),治导江县(今四川都江堰市)

大约在前蜀武成元年(后梁开平元年,908),析彭州导江县置灌州(参见下文)。《蜀梼杌》卷上载:武成二年(909)"三月,灌州奏武部郎中张道古卒"。则可知至迟前蜀武成元年已置灌州。

大约在前蜀乾德三年(后梁龙德元年,921),废灌州入彭州(参见上文彭州沿革)。

后蜀广政五年(后晋天福七年,942),割彭州导江县置灌州,治导江县灌口镇。《舆地纪胜》卷151永康军下系此事于广政五年,同卷永康军古迹灌州下又作广政十五年(952)。《蜀梼杌》卷下载:广政十五年(952)六月,"又遣使往灌州下诏罪己"。《十国春秋》卷49《后蜀后主本纪》又载:广政九年(946),"析

---

① 《旧唐书·地理志》彭州下载领有4县,然仅见九陇、濛阳、导江等3县,而不见唐昌县,是为脱载。详见《旧唐书》中华书局点校本校勘记。

② 参见郭声波:《中国行政区划通史·唐代卷》彭州沿革,第896页。

③ 《五代会要》卷20《州县分道改置》彭州唐昌县下载:"梁开平二年(908)八月,改为归化县。后唐同光元年(923)十月,复为唐昌县。"笔者按:前蜀不奉中原政权号令,后梁、后唐之改名均为遥改,《五代会要》所载不足为唐昌县更名之依据。

导江县立灌州"。上述史籍,对后蜀复置灌州的时间记载不一,未详孰是,在此姑从《舆地纪胜》永康军下所载之广政五年。又,由上引《十国春秋》之文,可知此时的灌州乃析彭州导江县而置。由于后蜀所置之灌州当沿前置旧制,故可推知前蜀灌州亦当辖导江县。

此后至后蜀广政二十二年(后周显德六年,959),未闻灌州复有何变更。

导江县(908? —921?,942? —959)

5. 蜀州(907—959),治晋原县(今四川崇州市)

《旧唐书》卷41《地理志四》、《新唐书》卷42《地理志六》皆载蜀州领晋原、青城、唐安、新津等4县。唐末,蜀州亦领此4县,唯其中的唐安县已更名唐兴县①,治晋原县。

前蜀天复七年(后梁开平元年,907),蜀州仍领唐末晋原、青城、唐兴、新津等4县,治晋原县②。

后蜀广政十六年(后周广顺三年,953),析青城县置永康县。《太平寰宇记》卷75蜀州永康县下载:"伪蜀广政十二年(949),割郭信等八乡,就横渠镇置征税院,至十六年,改为永康县,以便于民。"可见永康县之置,乃出于方便当地人交纳赋税之考虑。

此后至后蜀广政二十二年(后周显德六年,959),蜀州一直领晋原、青城、唐兴、新津、永康等5县之地。

(1) 晋原县(907—959)　　　　(2) 青城县(907—959)

(3) 唐兴县(907—959)　　　　(4) 新津县(907—959)

(5) 永康县(953—959)

6. 眉州(907—959),治通义县(今四川眉山市)

《旧唐书》卷41《地理志四》、《新唐书》卷42《地理志六》皆载眉州领通义、彭山、丹棱(稜)、洪雅、青神等5县。唐末,眉州亦领此5县,治通义县③。

前蜀天复七年(后梁开平元年,907)至后蜀广政二十二年(后周显德六年,959),眉州领县无有变更,与唐末同,治通义县。《太平寰宇记》卷74眉州仍领此5县,亦可添一旁证。

(1) 通义县(907—959)　　　　(2) 彭山县(907—959)

---

① 参见郭声波:《中国行政区划通史·唐代卷》蜀州沿革,第895页。
② 《五代会要》卷20《州县分道置》蜀州唐兴县下载:"梁开平二年(908)八月,改为陶胡县。后唐同光元年(923)十月,复为唐兴县。"笔者按:后梁、后唐改唐兴县名情形同彭州唐昌县,均为遥改,不能视为其时唐兴县更名之依据。
③ 参见郭声波:《中国行政区划通史·唐代卷》眉州沿革,第891页。

(3) 丹棱县(907—959)　　　(4) 洪雅县(907—959)
(5) 青神县(907—959)

7. 嘉州(907—959),治龙游县(今四川乐山市)

《旧唐书》卷41《地理志四》、《新唐书》卷42《地理志六》皆载嘉州领龙游、平羌、峨眉、夹江、玉津、绥山、罗目、犍为等8县。唐末,嘉州亦领此8县,治龙游县①。

前蜀天复七年(后梁开平元年,907)至后蜀广政二十二年(后周显德六年,959),嘉州领县无有变更,与唐末同,治龙游县。《太平寰宇记》卷74嘉州下载:"领县七:龙游,夹江,犍为,平羌,峨眉,玉津,罗目。"又在罗目县下载:"皇朝乾德四年(966)绥山入焉。"可见直至宋初,除领县数目略有变化外,嘉州辖境并未变更。

(1) 龙游县(907—959)　　　(2) 平羌县(907—959)
(3) 峨眉县(907—959)　　　(4) 夹江县(907—959)
(5) 玉津县(907—959)　　　(6) 绥山县(907—959)
(7) 罗目县(907—959)　　　(8) 犍为县(907—959)

8. 陵州(907—959),治仁寿县(今四川仁寿县)

《旧唐书》卷41《地理志四》、《新唐书》卷42《地理志六》皆载陵州领仁寿、贵平、井研、始建、籍等5县。唐末,陵州亦领此5县,治仁寿县②。

前蜀天复七年(后梁开平元年,907)至后蜀广政二十二年(后周显德六年,959),陵州领县无有变更,与唐末同,治仁寿县。《太平寰宇记》卷85陵州仍领此5县,亦可添一旁证。

(1) 仁寿县(907—959)　　　(2) 贵平县(907—959)
(3) 井研县(907—959)　　　(4) 始建县(907—959)
(5) 籍县(907—959)

9. 荣州(907—959),治旭川县(今四川荣县)

《旧唐书》卷41《地理志四》载荣州领大牢、公井、威远、旭川、资官、和义等6县。《新唐书》卷42《地理志六》载荣州领旭川、应灵、公井、资官、威远、和义等6县,且在应灵县下载:"本大牢……天宝元年(742)更名。"唐末,荣州领《新唐书·地理志》所载之6县,治旭川县③。

---

① 参见郭声波:《中国行政区划通史·唐代卷》嘉州沿革,第888页。
② 参见郭声波:《中国行政区划通史·唐代卷》陵州沿革,第887页。
③ 参见郭声波:《中国行政区划通史·唐代卷》荣州沿革,第928页。

前蜀天复七年(后梁开平元年,907)至后蜀广政二十二年(后周显德六年,959),荣州领县无有变更,与唐末同,仍治旭川县。《太平寰宇记》卷85荣州下载:"元领县六,今五:旭川,威远,应灵,资官,公井。一县废:和义(并入威远)。"可见直至宋初,除领县数目略有变化外,荣州辖境并未变更。

(1) 旭川县(907—959)　　　　(2) 应灵县(907—959)
(3) 公井县(907—959)　　　　(4) 资官县(907—959)
(5) 威远县(907—959)　　　　(6) 和义县(907—959)

10. 资州(907—959),治盘石县(今四川资中县)

《旧唐书》卷41《地理志四》载资州领盘石、资阳、牛鞞、内江、月山、龙水、银山、丹山等8县。《新唐书》卷42《地理志六》载资州辖盘石、资阳、清溪、内江、月山、龙水、银山、丹山等8县。且在清溪县下载:"本牛鞞,天宝元年(742)更名。"故可知两《唐书·地理志》所载资州领县相同。唐末,资州仍领《新唐书·地理志》所载之8县,治盘石县①。

前蜀天复七年(后梁开平元年,907)至后蜀广政二十二年(后周显德六年,959),资州领县无有变更,与唐末同,仍治盘石县。《太平寰宇记》卷76资州下载:"元领县八,今四:盘石,资阳,内江,龙水。四县废:银山,月山,丹山(三县并入盘石),清溪(并入内江)"可见直至宋初,除领县数目略有变化外,资州辖境并未变更。

(1) 盘石县(907—959)　　　　(2) 资阳县(907—959)
(3) 清溪县(907—959)　　　　(4) 内江县(907—959)
(5) 月山县(907—959)　　　　(6) 龙水县(907—959)
(7) 银山县(907—959)　　　　(8) 丹山县(907—959)

11. 戎州(907—959),治僰道县(今四川宜宾市)

《旧唐书》卷41《地理志四》、《新唐书》卷42《地理志六》皆载戎州领僰道、南溪、义宾、开边、归顺等5县。唐末戎州亦领此5县,治僰道县②。

前蜀天复七年(后梁开平元年,907)至后蜀广政二十二年(后周显德六年,959),戎州领县无有变更,与唐末同,治僰道县。《太平寰宇记》卷79戎州下载:"元领县五,今三:僰道,宜宾(笔者按,即义宾),南溪。二县废:开边,归顺(以上二县并入僰道)。"可见直至宋初,除领县数目略有变化外,戎州辖境并

---

① 参见郭声波:《中国行政区划通史·唐代卷》资州沿革,第917页。
② 《新唐书》卷42《地理志六》戎州下载:"本犍为郡,治南溪,贞观中徙治僰道。天宝元年(742)更名。长庆(821—824)中复治南溪。"郭声波认为唐会昌二年(842)戎州又移治僰道县,今从之。参见氏著《中国行政区划通史·唐代卷》戎州沿革,第932页。

未变更。

(1) 僰道县(907—959)　　　　(2) 南溪县(907—959)

(3) 义宾县(907—959)　　　　(4) 开边县(907—959)

(5) 归顺县(907—959)

12. 简州(907—959),治阳安县(今四川简阳市西)

《旧唐书》卷41《地理志四》、《新唐书》卷42《地理志六》皆载简州领阳安、金水、平泉等3县。唐末,简州亦领此3县,治阳安县①。

前蜀天复七年(后梁开平元年,907)至后蜀广政二十二年(后周显德六年,959),简州领县无有变更,与唐末同,治阳安县。

(1) 阳安县(907—959)　　　　(2) 金水县(907—959)

(3) 平泉县(907—959)

13. 维州(907—959),治薛城县(907—912)—保宁县(912—959)(今四川理县东北)

《旧唐书》卷41《地理志四》载维州领薛城、小封二县。《新唐书》卷42《地理志六》载维州领薛城、通化、归化等3县,且在通化县下载:"本小封,咸亨二年(671)以生羌户于故金川县地置,后更名。"至于归化县,在天宝元年(742)已隶属霸州②,故唐末维州当领薛城、通化2县,治薛城县。

前蜀天复七年(后梁开平元年,907),维州仍领唐末2县,治薛城县。

前蜀永平二年(后梁乾化二年,912),改薛城县为保宁县。《太平寰宇记》卷78维州保宁县下载:"薛城在州治西南二百步,伪蜀永平二年改为保宁县。"③

此后至后蜀广政二十二年(后周显德六年,959),维州一直领保宁、通化2县而未更。

(1) 薛城县(907—912)—保宁县(912—959)

(2) 通化县(907—959)

14. 茂州(907—959),治汶山县(今四川茂县)

《旧唐书》卷41《地理志四》、《新唐书》卷42《地理志六》皆载茂州领汶山、汶川、石泉、通化等4县。唐末,通化县别属维州(参见上文维州沿革),茂州领汶山、石泉、汶川等3县,治汶山县。

前蜀天复七年(后梁开平元年,907)至后蜀广政二十二年(后周显德六年,

---

① 参见郭声波:《中国行政区划通史·唐代卷》简州沿革,第886页。
② 参见郭声波:《中国行政区划通史·唐代卷》霸州沿革,第972页。
③ 《舆地纪胜》卷148威州保宁县下系此事于永平元年(911),未知何据,今姑从《太平寰宇记》所载。

959),茂州领县无有变更,与唐末同,治汶山县①。《太平寰宇记》卷 78 茂州下亦领汶山、石泉、汶川等 3 县,可添一旁证。

(1) 汶山县(907—959)　　　　(2) 石泉县(907—959)
(3) 汶川县(907—959)

15. 雅州

参见本章第四节雅州节度使所辖雅州沿革。

16. 黎州

参见本章第四节雅州节度使所辖黎州沿革。

17. 邛州

参见本章第四节雅州节度使所辖邛州沿革。

第二节　梓州武德军(天贞军)节度使(剑南东川节度使)

剑南东川节度使为唐旧镇,前蜀天复七年(后梁开平元年,907),剑南东川节度使为前蜀所据,领梓、绵、普、剑、龙等 5 州,治梓州。前蜀武成元年(后梁开平二年,908),改剑南东川节度使为天贞军节度使。前蜀武成三年(后梁开平四年,910),又改天贞军节度使为剑南东川节度使。前蜀永平二年(后梁乾化二年,912),再改剑南东川节度使为武德军节度使[前蜀乾德二年(920)之辖区参见图 2-13]。后唐同光三年(前蜀咸康元年,925),灭前蜀,改武德军为剑南东川节度使。后唐长兴元年(930),废保宁军节度使,阆、果 2 州来属。后唐长兴三年(932),复割阆、果 2 州隶保宁军节度使。后蜀明德元年(后唐应顺元年,934),剑南东川节度使为后蜀所据。至迟后蜀广政四年(后晋天福六年,941),剑南东川节度使改称武德军节度使。此后至后蜀广政二十二年(后周显德六年,959),武德军节度使领梓、绵、普、剑、龙等 5 州之规模而未更。

一、梓州武德军(天贞军)节度使(剑南东川节度使)辖区沿革

剑南东川节度使(前蜀 907—908)—梓州天贞军节度使(前蜀 908—910)—剑南东川节度使(前蜀 910—912)—**梓州武德军节度使(前蜀 912—925)**—剑南东川节度使(后唐 925—934,后蜀 934—941)—梓州武德军节度使(后蜀 941—959)

---

① 《册府元龟》卷 189《闰位部·奉先》载:"(开平元年,907)五月甲午,诏天下管属及州县官名犯庙讳者,各宜改换……茂州改为汶州,避曾祖讳。"笔者按,因前蜀不奉后梁号令,故后梁改茂州为汶州仅为遥改而已。

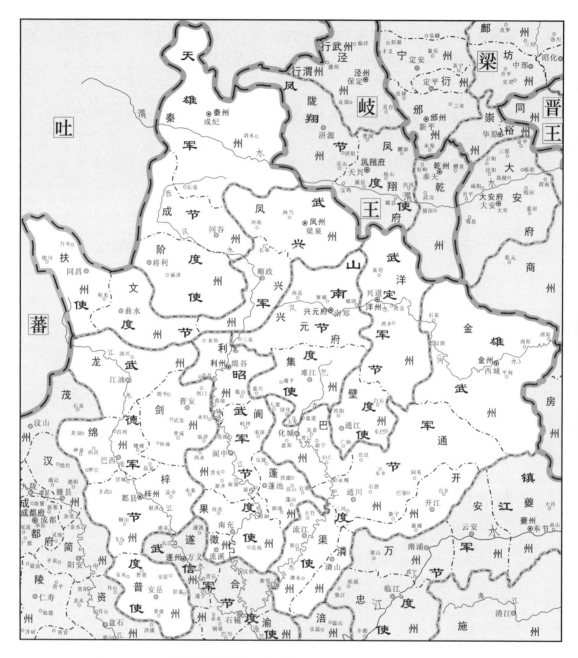

图 2-13 920 年前蜀梓州武德军、金州雄武军、山南、利州昭武军、洋州武定军、凤州武兴军、秦州天雄军节度使辖区示意图

唐末，东川节度使领梓、绵、普等3州；龙剑节度使领龙、剑2州①。

前蜀天复七年(后梁开平元年，907)，东川节度使与龙剑节度使为前蜀王建所据，且废龙剑节度使，属州划归东川节度使，故此时剑南东川节度使当领梓、绵、普、龙、剑等5州之地，治梓州。龙剑节度使废置时间，史籍未载。然前蜀咸康元年(925)时，武德军(东川节度使改称)留后宋光葆以梓、绵、普、龙、剑等5州降后唐(参见下文)②，可知龙剑节度使已废。又因前蜀时期不闻龙剑节度使之名，故颇疑前蜀建立之时，该节度使已废。

前蜀武成元年(后梁开平二年，908)，改剑南东川节度使为天贞军节度使。东川节度使改称天贞军之年，史无明载。《九国志》卷6《王宗弼传》载："封巨鹿王、天贞军节度使。"《宋会要辑稿》188册《方域五》载："潼川府，旧梓州，唐剑南东川节度使，伪蜀改天正(贞)军。"杜光庭《广成集》卷1《贺天贞军进嘉禾表》载："臣某伏睹天贞军留后崔善进射洪县百姓王友田上《嘉禾合穗图》者。"以上所载可为蜀改剑南东川为天贞军节度使之佐证。朱玉龙据后梁乾化二年(912)九月之后，诸史皆作梓州武德军，推测剑南东川节度使改称天贞军节度使在后梁开平二年(908)至乾化二年之间③。今据朱氏之说姑将改称时间定为武成元年。

前蜀武成三年(后梁开平四年，910)，又改天贞军为剑南东川节度使。《九国志》卷6《王宗裕传》载："再为东川节度副大使。"史籍不载此事之确年，朱玉龙据史事推测在后梁开平四年(910)④，可从。

前蜀永平二年(后梁乾化二年，912)，复改剑南东川节度使为武德军节度使。《九国志》卷6《王宗裕传》载："明年(笔者按，指永平二年)，乃改东川为武德军，以宗裕为节度使。"《资治通鉴》卷268乾化二年(912)九月载："辛巳，蜀改剑南东川曰武德军。"

后唐同光三年(前蜀咸康元年，925)，前蜀武德军节度使为后唐所据，并改称剑南东川节度使。《旧五代史》卷33《唐庄宗纪》载：同光三年十月"己丑，魏王继岌至兴州，伪东川节度使宋光葆以梓、绵、剑、龙、普五州来降"。《旧五代史》卷51《魏王继岌传》载：同光三年十月"己丑，继岌至兴州，伪蜀东川节度使宋光葆以梓、绵、剑、龙、普五州来降"。《资治通鉴》卷273同光三年(925)十月载："乙丑，(后唐)魏王(李)继岌至兴州，(前蜀武德军留后宋)光葆以梓、绵、

---

① 参见郭声波：《中国行政区划通史·唐代卷》东川节度使与龙剑节度使沿革，第903、920页。
② 朱玉龙亦认为前蜀剑南东川节度使领梓、绵、普、龙、剑等5州。参见氏著《五代十国方镇年表》梓州，第548页。
③④ 参见朱玉龙：《五代十国方镇年表》梓州注1，第555页。

剑、龙、普五州(降)。"《旧五代史》卷33《唐庄宗纪七》载：同光三年十二月，"以邠州节度使、检校太保董璋为剑南东川节度副大使、知节度事"。

后唐长兴元年(930)，废保宁军节度使，阆、果2州来属。《资治通鉴》卷277长兴元年九月载："东川兵至阆州，诸将皆曰：'董璋久蓄反谋，以金帛啖其士卒，锐气不可当，宜深沟高垒以挫之，不过旬日，大军至，贼自走矣。'(后唐保宁军节度使)李仁矩曰：'蜀兵懦弱，安能当我精卒！'遂出战，兵未交而溃归。董璋昼夜攻之，庚辰，城陷，杀仁矩，灭其族。"《锦里耆旧传》卷7载："(长兴元年)秋九月辛酉朔。丙辰，收下阆州，榜曰：'……自今月二十九日酉时，得东川相公来书，云："二十五日夜三更三点，亲领两川大军四面围裹，攻打阆州城池。至其日平明打破，斫到李仁矩首级，并活捉到都指挥使姚洪……"'"《新五代史》卷6《唐明宗纪》亦载：长兴元年(929)十月"乙巳，董璋陷阆州，杀节度使李仁矩，指挥使姚洪死之"①。

后唐长兴三年(932)，复割阆、果2州隶阆州保宁军节度使(参见本章第八节利州节度使所附阆州节度使沿革)。

后蜀明德元年(后唐应顺元年，934)，后蜀据有剑南东川节度使。《新五代史》卷64《后蜀世家》载："(孟)知祥为两川节度使，(孟)昶为行军司马。知祥僭号，以昶为东川节度使、同中书门下平章事。"

至迟后蜀广政四年(后晋天福六年，941)，剑南东川节度使改称武德军节度使。《资治通鉴》卷282天福六年(941)二月载："蜀自建国以来，节度使多领禁兵，或以他职留成都，委僚佐知留务，专事聚敛，政事不治，民无所诉。蜀主知其弊，丙辰，加卫圣马步都指挥使、武德节度使兼中书令赵廷隐(胡三省注曰：蜀以东川为武德军，以定董璋，克梓州，取武有七德以为军号。)……检校官，并罢其节度使。"

此后至后蜀广政二十二年(后周显德六年，959)，武德军节度使一直领梓、绵、普、剑、龙等5州而未更。

(1) 梓州(907—959)　　(2) 绵州(907—959)
(3) 普州(907—959)　　(4) 剑州(907—959)
(5) 龙州(907—959)　　(6) 阆州(930—932)
(7) 果州(930—932)

---

① 朱玉龙以为《新五代史》卷6《唐明宗纪》系此事于"十月"，盖以《旧五代史》闻奏之月日为断。参见氏著《五代十国方镇年表》阆州注2，第571页。

二、梓州武德军(天贞军)节度使(剑南东川节度使)所辖诸州沿革

1. 梓州(907—959),治郪县(今四川三台县)

《旧唐书》卷41《地理志四》载梓州领郪、射洪、通泉、玄武、盐亭、飞乌、永泰、铜山等8县。《新唐书》卷42《地理志六》载梓州辖郪、射洪、通泉、玄武、盐亭、飞乌、永泰、铜山、涪城等9县,且在涪城下注曰:"本隶绵州,大历十三年(778)来属。"唐末梓州领《新唐书·地理志》所载之9县,治郪县①。

前蜀天复七年(后梁开平元年,907)至后蜀广政二十二年(后周显德六年,959),梓州领县无有变更,与唐末同,治郪县。

(1) 郪县(907—959)　　　(2) 射洪县(907—959)
(3) 通泉县(907—959)　　(4) 玄武县(907—959)
(5) 盐亭县(907—959)　　(6) 飞乌县(907—959)
(7) 永泰县(907—959)　　(8) 铜山县(907—959)
(9) 涪城县(907—959)

2. 绵州(907—959),治巴西县(今四川绵阳市东)

《旧唐书》卷41《地理志四》载绵州领巴西、涪城、昌明、魏城、罗江、神泉、盐泉、龙安、西昌等9县。《新唐书》卷42《地理志六》载绵州辖巴西、昌明、魏城、罗江、神泉、盐泉、龙安、西昌等8县。而唐大历十三年(778),绵州涪城县别属梓州(参见上文梓州沿革),故唐末绵州当领《新唐书·地理志》所载之8县,治巴西县②。

前蜀天复七年(后梁开平元年,907),绵州仍领唐末8县之地,治巴西县。

后唐同光三年(925),改昌明县为彰明县。《舆地广记》卷29绵州彰明县下载:"唐属绵州,先天元年(712)改曰昌明。后唐改曰彰明。"《十国春秋》卷111《十国地理表上》绵州彰明县下载:"旧为昌明,前蜀因之,后唐同光时改曰彰明,避庙讳也。后蜀从今名。"据上所载,可断后唐同光三年灭前蜀后昌明县更名。

此后至后蜀广政二十二年(后周显德六年,959),绵州一直领巴西、彰明、魏城、罗江、神泉、盐泉、龙安、西昌等8县而无有变更。《太平寰宇记》卷83绵州仍领此8县,亦可添一旁证。

---

① 参见郭声波:《中国行政区划通史·唐代卷》梓州沿革,第904页。
② 参见郭声波:《中国行政区划通史·唐代卷》绵州沿革,第889页。

(1) 巴西县(907—959)　　　　(2) 昌明县(907—925)—彰明县(925—959)
(3) 魏城县(907—959)　　　　(4) 罗江县(907—959)
(5) 神泉县(907—959)　　　　(6) 盐泉县(907—959)
(7) 龙安县(907—959)　　　　(8) 西昌县(907—959)

3. 普州(907—959)，治安岳县(今四川安岳县)

《旧唐书》卷41《地理志四》载普州领安岳、安居、普康、崇龛等4县。《新唐书》卷42《地理志六》载普州辖安岳、安居、普慈、乐至、普康、崇龛等6县。二者相较，《新唐书·地理志》多出普慈、乐至二县，当是《旧唐书·地理志》漏载。唐末，普州领《新唐书·地理志》所载之6县，治安岳县[①]。

前蜀天复七年(后梁开平元年，907)至后蜀广政二十二年(后周显德六年，959)，普州领县无有变更，与唐末同，治安岳县。《太平寰宇记》卷87普州下载："元领县六。今四：安岳，安居，普康，乐至。二县废：崇龛(旧隆龛，今改并入安居)，普慈(并入乐至)。"可见至宋初，除领县数目略有变化外，普州辖境并未变更。

(1) 安岳县(907—959)　　　　(2) 安居县(907—959)
(3) 普慈县(907—959)　　　　(4) 乐至县(907—959)
(5) 普康县(907—959)　　　　(6) 崇龛县(907—959)

4. 剑州(907—959)，治普安县(今四川剑阁县)

《旧唐书》卷41《地理志四》载剑州领普安、黄安、永归、梓潼、阴平、武连、临津、剑门等8县。《新唐书》卷42《地理志六》载剑州辖普安、普城、永归、梓潼、阴平、临津、武连、剑门等8县，且在普城下载："本黄安，唐末更名。"唐末，普州当领《新唐书·地理志》剑州所领之8县(唯其中的普城县，实应作普成县[②])，治普安县[③]。

前蜀天复七年(后梁开平元年，907)至后蜀广政二十二年(后周显德六年，959)，剑州领县无有变更，与唐末同，治普安县。《太平寰宇记》卷84剑州下载："领县七：普安，武连，阴平，剑门，梓潼，临津，普成。"又在临津县下载："废永归县，在县北四十九里。本临津县地……今废焉。"可见至宋初，除领县数目略有变化外，剑州辖境并未变更。

(1) 普安县(907—959)　　　　(2) 普成县(907—959)

---

① 参见郭声波：《中国行政区划通史·唐代卷》普州沿革，第915页。
② 笔者按，普城县，《太平寰宇记》卷84剑州下作普成县。郭声波《中国行政区划通史·唐代卷》(第908页)剑州普成县沿革下引曹学佺《蜀中广记》认为因县中有普成观而得名，从之。
③ 参见郭声波：《中国行政区划通史·唐代卷》剑州沿革，第907页。

(3) 永归县(907—959)　　　　(4) 梓潼县(907—959)
　　(5) 阴平县(907—959)　　　　(6) 临津县(907—959)
　　(7) 武连县(907—959)　　　　(8) 剑门县(907—959)
　　5. 龙州(907—959),治江油县(今四川平武县东南)

《旧唐书》卷41《地理志四》、《新唐书》卷42《地理志六》皆载龙州领江油、清川2县。唐末龙州仍领此2县,治江油县①。

前蜀天复七年(后梁开平元年,907)至后蜀广政二十二年(后周显德六年,959),龙州领县无有变更,与唐末同,治江油县。《太平寰宇记》卷84龙州仍领此2县,亦可添一旁证。

　　(1) 江油县(907—959)　　　　(2) 清川县(907—959)
　　6. 阆州
　　参见本章第八节利州节度使所辖阆州沿革。
　　7. 果州
　　参见本章第八节利州节度使所辖果州沿革。

第三节　遂州武信军节度使

遂州武信军节度使为唐末旧镇,前蜀天复七年(后梁开平元年,907),武信军节度使为前蜀所据,领遂、合、渝、泸、昌等5州,治遂州[前蜀乾德二年(920)之辖区参见图2-14]。后唐同光三年(前蜀咸康元年,925),武信军节度使属后唐。又,大约在此年,割昭武军节度使所领果、徽2州来属。后唐天成二年(927),果、徽2州还属昭武军节度使。后蜀明德元年(后唐应顺元年,934),武信军节度使又为后蜀所据,仍领遂、合、渝、泸、昌等5州。

一、遂州武信军节度使辖区沿革

遂州武信军节度使(前蜀907—925,后唐925—934,后蜀934—959)

唐光化二年(899),割东川节度使所领遂、合、渝、泸、昌等5州置武信军节度使,治遂州②。唐末,武信军节度使仍领此5州。

---

① 参见郭声波:《中国行政区划通史·唐代卷》龙州沿革,第906页。
② 参见郭声波:《中国行政区划通史·唐代卷》武信军节度使沿革,第920页。

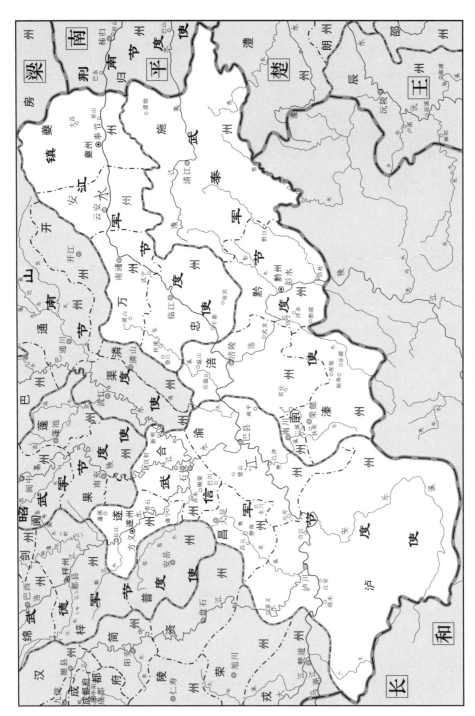

图 2-14 920 年前蜀遂州武信军、夔州镇江军、黔州武泰军节度使辖区示意图

前蜀天复七年(后梁开平元年,907),武信军节度使为前蜀所据,领遂、合、渝、泸、昌等5州,治遂州。其时以王宗瑶为武信军节度使。《九国志》卷6《王宗瑶传》载:"宗瑶,字宝臣,燕人也。本姓姜,名郅,以骑射隶许昌军籍中。……天复中,授武信军节度使。(王)建开国,加太子少傅,后封临淄郡王。建病亟,以宗瑶为金吾使,参预顾命。"

后唐同光三年(前蜀咸康元年,925),武信军节度使为后唐所有。《资治通鉴》卷274同光三年十一月载:"甲辰,(后唐)魏王(李)继岌至剑州,蜀武信节度使兼中书令王宗寿以遂、合、渝、泸、昌五州降。"①《旧五代史》卷33《唐庄宗纪七》载:同光三年"十二月壬戌……以同州节度使、检校太保、同平章事李令德为遂州节度使"。又,大约在同年,割昭武军节度使所辖果、徼2州来属(参见本章第八节利州节度使辖区沿革)。

后唐天成二年(927),果、徼2州还属利州昭武军节度使(参见本章第八节利州节度使辖区沿革)。

此后至后蜀广政二十二年(后周显德六年,959),武信军节度使一直领遂、合、渝、泸、昌等5州而未更。

(1) 遂州(907—959) (2) 合州(907—959)
(3) 渝州(907—959) (4) 泸州(907—959)
(5) 昌州(907—959) (6) 果州(925?—927)
(7) 徼州(925?—927)

二、遂州武信军节度使所辖诸州沿革

1. 遂州(907—959),治方义县(今四川遂宁市)

《旧唐书》卷41《地理志四》、《新唐书》卷42《地理志六》皆载遂州领方义、长江、蓬溪、青石、遂宁等5县。唐末遂州仍领此5县,治方义县②。

前蜀天复七年(后梁开平元年,907)至后蜀广政二十二年(后周显德六年,959),遂州领县无有变更,与唐末同,治方义县。《太平寰宇记》卷87遂州仍领此5县(唯方义县更名小溪县),亦可添一旁证。

(1) 方义县(907—959) (2) 长江县(907—959)
(3) 蓬溪县(907—959) (4) 青石县(907—959)

---

① 《旧五代史》卷33《唐庄宗纪七》载:同光三年十一月"甲辰,魏王至剑州,伪武信军节度使王宗寿以遂、合、渝、泸、忠五州来降"。其中的"忠"州,当从上文《资治通鉴》所载作"昌"州。
② 参见郭声波:《中国行政区划通史·唐代卷》遂州沿革,第913页。

(5) 遂宁县(907—959)

2. 合州(907—959),治石镜县(今重庆合川区)

《旧唐书》卷39《地理志二》、《新唐书》卷42《地理志六》皆载合州领石镜、新明、汉初、赤水、巴川、铜梁等6县。唐末,合州亦领此6县,治石镜县①。

前蜀天复七年(后梁开平元年,907)至后蜀广政二十二年(后周显德六年,959),泸州领县无有变更,与唐末同,治石镜县。

(1) 石镜县(907—959)　　　(2) 新明县(907—959)
(3) 汉初县(907—959)　　　(4) 赤水县(907—959)
(5) 巴川县(907—959)　　　(6) 铜梁县(907—959)

3. 渝州(907—959),治巴县(今重庆市)

《旧唐书》卷39《地理志二》载渝州领巴、江津、万寿、南平等4县。《新唐书》卷42《地理志六》载渝州辖巴、南平、江津、万寿、壁山等5县,且在壁山县下载:"至德二载(757),析巴、江津、万寿置。"唐末,渝州仍领《新唐书·地理志》所载之5县,治巴县②。

前蜀天复七年(后梁开平元年,907)至后蜀广政二十二年(后周显德六年,959),渝州领县无有变更,与唐末同,治巴县。《太平寰宇记》卷136渝州下载:"元领县五。今四:巴县,江津,南平,壁山。一县废:万寿(并入江津)。"可见至宋初,除领县数目略有变化外,渝州辖境并未变更。

(1) 巴县(907—959)　　　(2) 南平县(907—959)
(3) 江津县(907—959)　　　(4) 万寿县(907—959)
(5) 壁山县(907—959)

4. 泸州(907—959),治泸川县(今四川泸州市)

《旧唐书》卷41《地理志四》载泸州领泸川、富义、江安、合江、绵水、泾南等6县。《新唐书》卷42《地理志六》载泸州辖泸川、富义、江安、合江、绵水等5县,且在泸川下载:"贞观八年(634),析置泾南县,后省。"又,《元和郡县图志》卷33泸州下未领泾南县,则可知泾南县约省于大历(766—779)中③。唐末,泸州领《新唐书·地理志》所载之5县,治泸川县④。

前蜀天复七年(后梁开平元年,907)至后蜀广政二十二年(后周显德六年,959),泸州领县无有变更,与唐末同,治泸川县。

---

① 参见郭声波:《中国行政区划通史·唐代卷》合州沿革,第859页。
② 参见郭声波:《中国行政区划通史·唐代卷》渝州沿革,第856页。
③ 参见郭声波:《中国行政区划通史·唐代卷》泸州泾南县沿革,第922页。
④ 参见郭声波:《中国行政区划通史·唐代卷》泸州沿革,第921页。

(1) 泸川县(907—959)　　　(2) 富义县(907—959)
(3) 江安县(907—959)　　　(4) 合江县(907—959)
(5) 绵水县(907—959)

5. 昌州(907—959),治大足县(今重庆大足区)

《新唐书》卷42《地理志六》载昌州领大足、静南、昌元、永川等4县。唐末,昌州仍领此4县,治大足县①。

前蜀天复七年(后梁开平元年,907)至后蜀广政二十二年(后周显德六年,959),昌州领县无有变更,与唐末同,治大足县。《太平寰宇记》卷88昌州下载:"元领县四。今三:大足,昌元,永川。一县废:静南(分入三县)。"可见直至宋初,除领县数目略有变化外,昌州辖境并未变更。

(1) 大足县(907—959)　　　(2) 静南县(907—959)
(3) 昌元县(907—959)　　　(4) 永川县(907—959)

6. 果州

参见本章第八节利州节度使所辖果州沿革。

7. 徽州

参见本章第八节利州节度使所辖徽州沿革。

第四节　雅州永平军节度使

大约在前蜀天复七年(后梁开平元年,907),以唐末剑南西川节度使所领雅、邛、黎等3州别置为永平军节度使,治雅州[前蜀乾德二年(920)之辖区参见前图2-12]。后唐同光三年(前蜀咸康元年,925),灭前蜀,废永平军节度使,所领3州并入剑南西川节度使。后蜀明德元年(后唐应顺元年,934),复割剑南西川节度使之雅、黎、邛等3州置永平军节度使,治雅州。此后至后蜀广政二十二年(后周显德六年,959),永平军节度使一直领此3州之规模而未更。

一、雅州永平军节度使辖区沿革

雅州永平军节度使(前蜀907?—925,后蜀934—959)

唐文德元年(888),割西川节度使所领邛、蜀、雅、黎等4州置永平军节度

---

① 参见郭声波:《中国行政区划通史·唐代卷》东川节度使所附昌州沿革,第919页。

使,治邛州。大顺二年(891),永平军节度使废,所领 4 州还属剑南西川节度使①。

前蜀天复七年(后梁开平元年,907),王建立国,永平军节度使大约置于此时。前蜀永平军节度使设置之确年,史籍不载。《新五代史》卷 60《职方考》载:前蜀置永平军于雅州。《资治通鉴》卷 271 后梁贞明六年(920)六月载:"丁巳,蜀以司徒兼门下侍郎、同平章事周庠同平章事,充永平节度使。"胡三省注曰:"唐末置永平军于邛州。欧《史·职方考》,蜀以雅州为永平节度。"是至迟前蜀乾德二年(后梁贞明六年,920),前蜀已置有永平军。又因永平军在唐末曾置,而剑南西川节度使在王建立国后废为直隶地区,故颇疑其时前蜀政区调整,复唐末旧制,割雅、邛、黎等 3 州置永平军节度使,治雅州。

后唐同光三年(前蜀咸康元年,925),灭前蜀,废永平军节度使。以地理度之,所领雅、黎、邛等 3 州当并入后唐所置之剑南西川节度使。

后蜀明德元年(后唐清泰元年,934),复以剑南西川节度之雅、邛、黎等 3 州置永平军节度使,治雅州。《资治通鉴》卷 279 清泰元年(934)七月载:"蜀置永平军于雅州,以孙汉韶为节度使。"胡三省注曰:"唐末置永平军于邛州,后徙雅州。盖庄宗灭蜀而废之,今后蜀复置之也。"《五代后蜀孙汉韶墓志》曰:"明德元年秋七月,制赐公安时顺国全节功臣,授永平军节度使,依前光禄大夫、检校太傅,封开国公,加食五百户。"②

此后至后蜀广政二十二年(959),永平军节度使一直领 3 州之地而未更。

(1) 雅州(907—925,934—959)　　(2) 邛州(907—925,934—959)
(3) 黎州(907—925,934—959)

二、雅州永平军节度使所辖诸州沿革

1. 雅州(907—959),治严道县(今四川雅安市)

《旧唐书》卷 41《地理志四》、《新唐书》卷 42《地理志六》皆载雅州领严道、卢山、名山、百丈、荣经等 5 县。唐末,雅州亦领此 5 县,治严道县③。

前蜀天复七年(后梁开平元年,907)至后蜀广政二十二年(后周显德六年,959),雅州领县无有变更,与唐末同,治严道县。《太平寰宇记》卷 77 雅州仍领

---

① 参见郭声波:《中国行政区划通史·唐代卷》西川节度使所附永平军节度使沿革,第 902 页。
② 成都市博物馆考古队:《五代后蜀孙汉韶墓》,《文物》1991 年第 5 期。
③ 参见郭声波:《中国行政区划通史·唐代卷》雅州沿革,第 958 页。

此5县,亦可添一旁证。

(1) 严道县(907—959)　　　　(2) 卢山县(907—959)

(3) 名山县(907—959)　　　　(4) 百丈县(907—959)

(5) 荥经县(907—959)

2. 邛州(907—959),治临邛县(今四川邛崃市)

《旧唐书》卷41《地理志四》、《新唐书》卷42《地理志六》皆载邛州领临邛、依政、安仁、大邑、蒲江、临溪、火井等7县。唐末,邛州亦领此7县,治临邛县①。

前蜀天复七年(后梁开平元年,907)至后蜀广政二十二年(后周显德六年,959),邛州领县无有变更,与唐末同,治临邛县。《太平寰宇记》卷75邛州仍领此7县,亦可添一旁证。

(1) 临邛县(907—959)　　　　(2) 依政县(907—959)

(3) 安仁县(907—959)　　　　(4) 大邑县(907—959)

(5) 蒲江县(907—959)　　　　(6) 临溪县(907—959)

(7) 火井县(907—959)

3. 黎州(907—959),治汉源县(今四川汉源县西北)

《旧唐书》卷41《地理志四》、《新唐书》卷42《地理志六》皆载黎州领汉源、通望、飞越等3县。唐末黎州亦领此3县,治汉源县②。

大约在前蜀永平四年(后梁乾化四年,914),省飞越县入汉源县。飞越县省并之时间,史无确载。《舆地广记》卷30黎州汉源县下载:"故飞越县,唐仪凤二年(677)析汉源置,以飞越山为名,初属雅州,后属黎州。五代之际,省入汉源。"又,《资治通鉴》卷269乾化四年载前蜀与南诏于黎州交战之事,故颇疑前蜀于永平四年省飞越县入汉源县。

此后至后蜀广政二十二年(后周显德六年,959),黎州一直领汉源、通望2县而无有变更。《太平寰宇记》卷77黎州下载:"元领县三。今二:汉源,通望。一县废:飞越(并入汉源)。"可见至宋初,除领县数目略有变化外,黎州辖境并未变更。

(1) 汉源县(907—959)　　　　(2) 通望县(907—959)

(3) 飞越县(907—914?)

---

① 参见郭声波:《中国行政区划通史·唐代卷》邛州沿革,第893页。
② 参见郭声波:《中国行政区划通史·唐代卷》黎州沿革,第956页。

第五节　金州雄武军节度使(含巴渠开都团练观察使、金州怀德军节度使、金州)

唐末巴渠开都团练观察使,领巴、渠、开等3州,治巴州。前蜀天复七年(后梁开平元年,907),巴渠开都团练观察使归属前蜀。前蜀武成元年(后梁开平二年,908),废巴渠开都团练观察使;又以金州置雄武军节度使,领金、巴、渠、开、通、潾等6州,治金州[前蜀乾德二年(920)之辖区参见前图2-13]。前蜀乾德二年(后梁贞明六年,920)后,雄武军节度使废,所属6州除金州成为前蜀直隶州外,其余5州隶属于山南节度使辖区。后唐同光三年(925),后唐灭前蜀,金州为后唐西京留守统辖。后晋天福四年(939),析京兆府晋昌军节度使所领金州别置怀德军节度使,仍治金州。后晋天运元年(944),怀德军节度使废,金州还属京兆府晋昌军节度使。

一、金州雄武军节度使(含巴渠开都团练观察使、金州怀德军节度使、金州)辖区沿革

巴渠开都团练观察使(前蜀 907—908)

金州雄武军节度使(前蜀 908—920)

金州怀德军节度使(后晋 939—944)

唐天祐二年(905),析山南西道节度使置巴渠开都团练观察使,领巴、渠、开等3州①,治巴州②。

前蜀天复七年(后梁开平元年,907),巴渠开都团练观察使归属前蜀③。

前蜀武成元年(后梁开平二年,908),巴渠开都团练观察使废。又以金州为雄武军节度使,领金、巴、渠、开、通、潾等6州。《舆地纪胜》卷189金州下载:"五代前蜀王建改雄武军④,《图经》在梁开平二年(908)。"金州自唐天祐三年(906)后,即为王建所据。《资治通鉴》卷265天祐二年(905)载:"八月,王建遣前山南西道节度使王宗贺等将兵击昭信节度使冯行袭于金州。(胡三省注曰:冯行袭附朱全忠。)"九月,"王宗贺等攻冯行袭,所向皆捷。丙子,行袭弃

---

① 《新唐书》卷67《方镇表四》。
② 参见郭声波:《中国行政区划通史·唐代卷》巴渠开都团练观察使沿革,第875页。
③ 参见郭声波:《中国行政区划通史·唐代卷》山南西道沿革,第837页。
④ 《新五代史》卷60《职方考》金州下标注为"武雄",当是"雄武"之误。

金州,奔均州;其将全师朗以城降。王建更师朗姓名曰王宗朗,补金州观察使,割渠、巴、开三州以隶之"。十二月,"西川将王宗朗不能守金州,焚其城邑,奔成都。戎昭节度使冯行袭复取金州,奏请:'金州荒残,乞徙理均州。'从之。更以行袭领武安军①"。又,《旧唐书》卷 20 下《哀帝纪》载:天祐三年五月"丙申,敕:'天祐二年九月二十日于金州置戎昭军,割均、房二州为属郡。比因冯行袭叶赞元勋,克宣丕绩,用奖济师之效,遂行割地之权。今命帅得人,畴庸有秩,其戎昭军额宜停,其均、房二州却还山南东道收管。'"由前引《资治通鉴》之文已知戎昭节度使既已于天祐二年十二月徙治均州,而此处《哀帝纪》仅记天祐三年罢戎昭军后"其均、房二州却还山南东道收管",则可知金州原领地在罢军前已不在戎昭军辖区之内。而《十国春秋》卷 39《王宗朗传》又载:"本姓全,名师朗,金州人也。唐昭信节度使冯行袭据金州,师朗居戏下为亲校。及王宗贺攻行袭,行袭奔均州,师朗遂以其城降。高祖嘉其功……补金州观察使……居三月,金州复为行袭所取……已而蜀兵又克金州,仍以宗朗为刺史。"则天祐二年十二月冯行袭取金州后,金州"已而"又为蜀兵所克,结合前文所证,则天祐三年时金州当为西川王建所据②。又据上引《资治通鉴》与《十国春秋·王宗朗传》所载,颇疑武成元年前蜀所置金州雄武军节度使亦有唐末王建所设金州观察使(巴渠开都团练观察使一度增辖金州后之易称)领金、渠、巴、开等 4 州之规模,唯尚需要增加一通州。因从地望上看,在金州与渠、巴、开等 3 州之间尚横亘一通州(前蜀初当属山南节度使,参见本章第七节山南节度使辖区沿革),无法在地域上相连,故其时雄武军必当辖有通州,否则似于理不合。又,大约在此时,析渠州潾山县置潾州(参见下文潾州沿革)。如此,则其时前蜀雄武军节度使当领 6 州之地。

前蜀乾德二年(后梁贞明六年,920)后,雄武军节度使废。《资治通鉴》卷 271 贞明五年(919)十二月载:"己酉,蜀雄武节度使兼中书令王宗朗有罪,削夺官爵,复其姓名曰全师朗,命武定节度使兼中书令桑弘志讨之。"同卷贞明六年(920)又载:"春,正月,戊辰,蜀桑弘志克金州,持全师朗,献于成都,蜀主释之。"《十国春秋》卷 39《王宗朗传》载:"(蜀兵克金州后,王建以宗朗为刺史。)俄改金州为雄武军,宗朗领本军节度使兼中书令。后主时以罪削夺官职,复其姓

---

① 笔者按,"武安军"当为"武定军",参见该条胡三省注。又,《旧唐书》卷 20 下《哀帝纪》载:天祐二年十二月"壬寅,戎昭军(笔者按,昭信军改)奏收复金州,兵火之后,井邑残破,请移理所于均州,从之。仍改为武定军"。
② 王宗朗为蜀兵再克金州后的刺史,当在唐天祐三年。参见郁贤皓:《唐刺史考全编》卷 203,第 4 册,安徽大学出版社,2000 年,第 2762 页。

名,命桑宏志将兵往讨,已而持归成都,释其罪。"据此,朱玉龙以为前蜀雄武军节度使此后遂废,可从①。雄武军节度使废后,所领渠、巴、开、通、潾等5州当属山南节度使(参见本章第七节山南节度使辖区沿革);另外,金州则因与后梁(唐)地界相邻,地理位置重要而成为前蜀直隶州。《资治通鉴》卷273同光二年(924)十二月载:"蜀主罢金州屯戍,命王承勳等七军还成都。"据此似可印证这一点。

后唐同光三年(925),后唐灭前蜀,金州为后唐西京留守所属(参见第二章第一节西京留守辖区沿革)。

后晋天福四年(939),析京兆府晋昌军节度使所领金州别置怀德军节度使。《旧五代史》卷78《晋高祖纪四》:天福四年五月"乙卯,升金州为节镇,以怀德军为使额。以齐州防御使潘璟为怀德军节度使"。同书卷94《潘璟传》载:"天福中,预平范延光,授齐州防御使。四年,升金州为节镇,以璟为节度使。"《太平寰宇记》卷141金州下载:"晋天福四年升为怀德军节度使。"其时怀德军除领金州外,是否还领他州,不详。

后晋开运元年(944),怀德军节度使废,金州降为防御州,还属京兆府晋昌军节度使(参见第二章第一节京兆府节度使辖区沿革)。

巴渠开都团练观察使
(1) 巴州(907—908)　　　(2) 渠州(907—908)
(3) 开州(907—908)

金州雄武军节度使
(1) 金州(908—920)　　　(2) 渠州(908—920)
(3) 巴州(908—920)　　　(4) 开州(908—920)
(5) 通州(908—920)　　　(6) 潾州(908—920)

金州怀德军节度使
(1) 金州(939—944)

直隶州
金州(921?—925)

二、金州雄武军节度使(含巴渠开都团练观察使、金州怀德军节度使)所辖诸州沿革

1. 金州(907—959),治西城县(今陕西安康市)

《旧唐书》卷39《地理志二》、《新唐书》卷40《地理志四》皆载金州领西城、

---

① 参见朱玉龙:《五代十国方镇年表》金州,第105页。

洵阳、淯阳、石泉、汉阴、平利等 6 县,且《新唐书·地理志》金州淯阳县下载:"大历六年(771)省入洵阳,长庆初复置。"《太平寰宇记》卷 141 金州领西城、洵阳、石泉、汉阴、平利等 5 县,又在洵阳县废淯阳县下曰:"大历六年以户口散落,其地并入洵阳县。"《元丰九域志》卷 1 金州下载:"乾德四年(966),省淯阳县入汉阴。"《舆地广记》卷 8、《文献通考》卷 321 所载与此略同。故可知淯阳县自唐末至宋初一直皆存。另外,在大历六年,还曾省石泉、平利二县。贞元元年(785),复置石泉县。长庆元年(821),复置平利、淯阳二县①。至此,金州仍领两《唐书·地理志》金州所领 6 县。

五代十国时期,金州辖区未更,自前蜀天复七年(907)至后周显德六年(959),一直领有西城、洵阳、淯阳、石泉、汉阴、平利等 6 县。

(1) 西城县(907—959)　　　　(2) 洵阳县(907—959)
(3) 淯阳县(907—959)　　　　(4) 石泉县(907—959)
(5) 汉阴县(907—959)　　　　(6) 平利县(907—959)

2. 渠州(907—959),治流江县(今四川渠县)

《旧唐书》卷 39《地理志二》载渠州领流江、潾水、渠江、潾山等 4 县。《新唐书》卷 40《地理志四》载渠州辖流江、渠江、潾山等 3 县,且在潾山下载:"宝历元年(825)省潾水、大竹入潾山。"《太平寰宇记》卷 138 渠州大竹县下载:"至德二年(757)割属渠州。宝历中与潾水县同废,其后又置。"同卷渠州潾水县下载:"宝历中山南西道节度使裴度奏废之。大中初又改置焉。"故可知唐末大竹、潾水 2 县皆存②。是唐末,渠州当领流江、渠江、潾山、大竹、潾水等 5 县,治流江县。

前蜀天复七年(后梁开平元年,907),渠州仍领唐末 5 县,治流江县。

前蜀武成元年(后梁开平二年,908),析潾山县置潾州(参见下文潾州沿革)。

大约在后唐同光三年(前蜀咸康元年,925),废潾州,所领潾山县当复并入渠州。检《宋史·地理志》,北宋平后蜀时无潾州,则后唐或后蜀时废潾州,在此暂且将潾州之废定于后唐平前蜀之时。潾州废后,属县潾山县当还隶渠州。《太平寰宇记》卷 138 渠州下领有潾山县可为一旁证。

此后至后蜀广政二十二年(后周显德六年,959),渠州一直领流江、渠江、大竹、潾水、潾山等 5 县而未更。

(1) 流江县(907—959)　　　　(2) 渠江县(907—959)

---

① 参见郭声波:《中国行政区划通史·唐代卷》金州沿革,第 55 页。
② 《读史方舆纪要》卷 68 顺庆府广安州大竹县下载:"宝历元年,省入潾山县。五代时,复置。"不确。

(3) 潾水县(907—959)　　　　　(4) 大竹县(907—959)

(5) 潾山县(907—908,925? —959)

3. 巴州(907—959),治化城县(今四川巴中市)

《旧唐书》卷 39《地理志二》载巴州领化城、盘道、清化、曾口、归仁、始宁、奇章、恩阳、大牟、七盘等 10 县。《新唐书》卷 40《地理志四》载巴州辖化城、盘道、清化、曾口、归仁、始宁、其章、恩阳、七盘等 9 县,且在清化县下载:"又析置大牟、狄平二县。"由于大牟、狄平二县(后称通平县)唐末属静(集)州,故唐末巴州领《新唐书·地理志》所载 9 县之地(唯《旧唐书·地理志》所载"奇章"当作"其章"),治化城县①。

前蜀天复七年(后梁开平元年,907)至后蜀广政二十二年(后周显德六年,959),巴州领县无有变更,与唐末同,治化城县。《太平寰宇记》卷 139 巴州下载:"元领县九。今六:化城、恩阳、曾口、其章、清化、七盘。三县废:归仁(并入曾口),始宁(同上),盘道(并入清化)。"可见至宋初,除领县数目略有变化外,巴州辖境并未变更。

(1) 化城县(907—959)　　　　　(2) 盘道县(907—959)

(3) 清化县(907—959)　　　　　(4) 曾口县(907—959)

(5) 归仁县(907—959)　　　　　(6) 始宁县(907—959)

(7) 其章县(907—959)　　　　　(8) 恩阳县(907—959)

(9) 七盘县(907—959)

4. 开州(907—959),治开江县(今重庆开县)

《旧唐书》卷 39《地理志二》载开州领盛山、新浦、万岁等 3 县;《新唐书》卷 40《地理志四》载开州领开江、新浦、万岁等 3 县,且在开江县下载:"本盛山,贞观元年(627)省西流县入焉,广德元年(763)更名。"唐末,开州亦领《新唐书·地理志》所载之 3 县,治开江县②。

前蜀天复七年(后梁开平元年,907)至后蜀广政二十二年(后周显德六年,959),开州领县无有变更,与唐末同,治开江县。《太平寰宇记》卷 137 开州仍领此 3 县,亦可添一旁证。

(1) 开江县(907—959)　　　　　(2) 新浦县(907—959)

(3) 万岁县(907—959)

---

① 参见郭声波:《中国行政区划通史·唐代卷》巴州沿革,第 867 页。
② 参见郭声波:《中国行政区划通史·唐代卷》开州沿革,第 855 页。

5. 通州(907—959),治通川县(今四川达州市)

《旧唐书》卷39《地理志二》载通州领通川、永穆、三冈、石鼓、东乡、宣汉、新宁、巴渠等8县。《新唐书》卷40《地理志四》载通州辖通川、永穆、三冈、石鼓、东乡、宣汉、新宁、巴渠、阆英等9县,且在阆英县下注曰:"天宝九载(750)置。"唐末,通州领《新唐书·地理志》所载之9县,治通川县①。

五代时期,通州领县未更,一如唐末,仍治通川县。

(1) 通川县(907—959)　　　(2) 永穆县(907—959)
(3) 三冈县(907—959)　　　(4) 石鼓县(907—959)
(5) 东乡县(907—959)　　　(6) 宣汉县(907—959)
(7) 新宁县(907—959)　　　(8) 巴渠县(907—959)
(9) 阆英县(907—959)

6. 潾州(908—925?),治潾山县(今四川大竹县东南)

大约在前蜀武成元年(908),割渠州潾山县置潾州,治潾山县。《新五代史》卷60《职方考》未载潾州。《资治通鉴》卷273后唐同光三年(925)十月载:"乙丑,(后唐)魏王(李)继岌至兴州……山南节度使王宗威以梁、开、通、渠、麟五州(降)。"胡三省注曰:"渠州潾山县,唐武德元年(618)置潾州,八年(625)州废,以潾山县属渠州;当是蜀复置潾州也。'麟',当作'潾'。"《十国春秋》卷111《十国地理表上》据此以为前蜀以渠州潾山县置潾州,当是。又,史籍不载潾州始置之年。《锦里耆旧传》卷2载有武成三年(910)前蜀致后梁国书,其中云"七十州自可指挥",潾州自当在此之列。故在此倘将前蜀析置潾州定于改元武成之时,似去史实不远。

大约后唐同光三年(925),废潾州,所领潾山县还属渠州(参见本章第七节山南西道节度使所辖渠州沿革)。

潾山县(908—925?)

第六节　夔州(暨忠州)镇江军(含夔州宁江军)节度使
(含夔州、忠州、万州、云安监)

夔州镇江军节度使为唐旧镇,领夔、忠、万等3州,治夔州。前蜀天复七年(后梁开平元年,907),王建据有镇江军节度使,治忠州,仍辖上述3州。前蜀永平二年(后梁乾化二年,912),增领安州。前蜀永平四年(后梁乾化四年,

---

① 参见郭声波:《中国行政区划通史·唐代卷》通州沿革,第851页。

914),使府由忠州徙治夔州[前蜀乾德二年(920)之辖区参见前图2-14]。后唐同光三年(925),前蜀为后唐所灭,镇江军节度使废,原领夔、忠、万3州为后唐直属京州,安州大约在此时废为云安监,亦直属京。后唐天成元年(926),夔、忠、万等3州之地与云安监由后唐划归南平。后唐天成二年(927)七月,后唐复取南平夔、忠、万等3州,并以此3州之地置宁江军节度使,治夔州;十二月,增领武泰军节度使原辖之施州。天成三年(928)二月,后唐攻取南平之归州,旋失;十一月,后唐再夺归州,属宁江军节度使。至迟长兴元年(930),归州复为南平夺回。后蜀明德元年(后唐清泰元年,934),后蜀建立,据有宁江军节度使,仍当领夔、忠、万、施等4州,治夔州。此后至后蜀广政二十二年(后周显德六年,959),夔州宁江军节度使辖区未再变更。

一、夔州(暨忠州)镇江军(含夔州宁江军)节度使辖区沿革(含夔州、忠州、万州、云安监)

忠州镇江军节度使(前蜀907—914)—**夔州镇江军节度使(前蜀914—925)**
夔州宁江军节度使(后唐927—934,后蜀934—959)

唐天祐三年(906),升夔忠等州都防御使为镇江军节度使,领夔、忠、万等3州,治夔州①。

前蜀天复七年(后梁开平元年,907),忠州镇江军节度使为王建所据,仍领唐末所辖之3州,治忠州②。《新五代史》卷63《前蜀世家》载:"(天复初,王)建乘其间,攻下夔、施、忠、万四州。"

前蜀永平二年(后梁乾化二年,912),析夔州云安县置安州(参见下文安州沿革),隶镇江军节度使。至此,镇江军节度领夔、忠、万、安等4州。

前蜀永平四年(后梁乾化四年,914),镇江军节度使徙治夔州。《资治通鉴》卷269乾化四年四月载:"丙子,蜀主徙镇江军治夔州。"

后唐同光三年(925),后唐灭前蜀,镇江军节度使废。《资治通鉴》卷273同光三年十月所载蜀将张武"以夔、忠、万三州诣魏王(笔者按,指后唐魏王李继岌)降"可证。③ 安州大约在此时废为云安监(参见下文云安监沿革)。

---

① 参见郭声波:《中国行政区划通史·唐代卷》镇江军节度使沿革,第820页。
② 参见朱玉龙:《五代十国方镇年表》忠州,第590页。
③ 《旧五代史》卷36《唐明宗纪二》载:天成元年(926)六月,"荆南节度使高季兴上言:'夔、忠、万三州,旧是当道属郡,先被西川侵据,今乞却割隶本管。'诏可之,其夔州,伪蜀先曾建节,宜依旧除刺史。"并参见朱玉龙:《五代十国方镇年表》夔州,第582页。

后唐天成元年(926),受封于后唐的南平王高季兴上表请将夔、忠、万等3州之地与云安监隶属于南平,后唐许之(参见第七章第一节荆南节度使辖区沿革)。

后唐天成二年(927)七月,后唐攻取南平夔、忠、万等3州与云安监,并以夔、忠、万等州(云安监其时降为云安县,隶属夔州)之地置宁江军节度使,治夔州。十二月,复割武泰军节度之施州来属。《旧五代史》卷38《唐明宗纪四》载:天成二年七月,"夔州刺史西方邺奏,杀败荆南贼军,收峡内三州。丙寅,升夔州为宁江军,以邺为节度使"。十二月,"诏以施州为夔州属郡,以其便近故也"。《新五代史》卷69《南平高季兴世家》载:天成二年,"明宗乃以襄州刘训为招讨使,攻之,不克,而唐别将西方邺克其夔、忠、万三州,季兴遂以荆、归、峡三州臣于吴,吴册季兴秦王"。

后唐天成三年(928)二月,南平政权所属归州为后唐宁江军节度使攻取。旋,归州复为南平夺回。十一月,后唐再取归州,属宁江军节度使管辖。

至迟后唐长兴元年(930),归州复为南平高氏所据(参见第七章第一节荆南节度使辖区沿革)。

后蜀明德元年(后唐清泰元年,934),孟知祥建立后蜀,宁江军节度使为后蜀所据,仍当领夔、忠、万、施等4州,治夔州。此后至五代,宁江军节度使辖境未闻复有所变更。

忠州(夔州)镇江军节度使
(1) 夔州(907—925)　　　　　(2) 忠州(907—925)
(3) 万州(907—925)　　　　　(4) 安州(912—925)

夔州宁江军节度使
(1) 夔州(927—959)　　　　　(2) 忠州(927—959)
(3) 万州(927—959)　　　　　(4) 施州(927—959)
(5) 归州(928—930?)

直属京州(监)
(1) 夔州(925—926)　　　　　(2) 忠州(925—926)
(3) 万州(925—926)　　　　　(4) 云安监(925—926)

二、夔州(暨忠州)镇江军(含夔州宁江军)节度使所辖诸州沿革

1. 夔州(907—959),治奉节县(今重庆奉节县东)

《旧唐书》卷39《地理志二》、《新唐书》卷40《地理志四》皆载夔州领奉节、

云安、巫山、大昌等 4 县。唐末,夔州仍领此 4 县,治奉节县①。五代初,亦复如是。

前蜀永平二年(后梁乾化二年,912),割云安县置安州(参见下文安州沿革)。

大约后唐同光三年(925),废安州为云安监。大约天成二年(927),云安监又为云安县,属夔州。《太平寰宇记》卷 147 云安军下载:"皇朝乾德二年(964),以夔州云安县上水去州二百里,人户输纳不便,于本县建一军,从本州之所奏请也,仍领云安县。"由此可知北宋平后蜀时云安县已隶属夔州。故颇疑后唐灭前蜀时安州废为云安监,天成元年(926),又别属荆南节度使。天成二年,云安监复为后唐夺取后即降为云安县,并复归夔州管辖。

此后至五代末,夔州一直领奉节、云安、巫山、大昌等 4 县而未闻有所变更。

(1) 奉节县(907—959)　　　　(2) 云安县(907—912,927?—959)
(3) 巫山县(907—959)　　　　(4) 大昌县(907—959)

2. 忠州(907—959),治临江县(今重庆忠县)

《旧唐书》卷 39《地理志二》、《新唐书》卷 40《地理志四》均载忠州领临江、丰都、南宾、垫江、桂溪等 5 县。唐末,忠州仍领此 5 县,治临江县②。

五代时期,忠州领县未更,一如唐末,治临江县。《太平寰宇记》卷 149 忠州下仍领唐末 5 县之地,亦可添一旁证。

(1) 临江县(907—959)　　　　(2) 丰都县(907—959)
(3) 南宾县(907—959)　　　　(4) 垫江县(907—959)
(5) 桂溪县(907—959)

3. 万州(907—959),治南浦县(今重庆万州区)

《旧唐书》卷 39《地理志二》、《新唐书》卷 40《地理志四》皆载万州领南浦、武宁、梁山等 3 县。唐末,万州仍领此 3 县,治南浦县③。

五代时期,万州领县未更,一如唐末,治南浦县。

(1) 南浦县(907—959)　　　　(2) 武宁县(907—959)
(3) 梁山县(907—959)

4. 安州(912—925,治云安县,今重庆云阳县北)—云安监(925?—927?)

前蜀永平二年(后梁乾化二年,912),割夔州云安县置安州,治云安县。《册府元龟》卷 338《宰辅部·贪渎》载:"云安县,旧置云安监,盐之利为安邑解

---

① 参见郭声波:《中国行政区划通史·唐代卷》夔州沿革,第 816 页。
② 参见郭声波:《中国行政区划通史·唐代卷》忠州沿革,第 818 页。
③ 参见郭声波:《中国行政区划通史·唐代卷》万州沿革,第 817 页。

县胡雒盐池之最。王建既得之,两川大获其利。乃升云安县为安州,以刺史领监务。"扈仲荣《成都文类》卷18载前蜀宋光葆《上蜀主表》曰:"……昔成汭据山陵,养兵五万,皆仰给云安。请择安州刺史,充峡路招讨副使。改榷盐法,以广财用。"综上所述,可证前蜀时确已升云安县为安州。又,《十国春秋》卷36《前蜀高祖本纪下》载:永平二年(912),"升云安监为安州"。其中所提及的"云安监"当作"云安县"方是。

大约在后唐同光三年(前蜀咸康元年,925),废安州为云安监。
大约在天成二年(927),云安监又降为云安县,别属夔州(参见上文夔州沿革)。
云安县(912—925?)
5. 施州
参见本章第十二节黔州节度使所辖施州沿革。
6. 归州
参见第七章第一节荆南节度使所辖归州沿革。

第七节　山南(西道)(兴元府天义军)节度使

山南节度使为唐旧镇,唐时称山南西道节度使。唐末,山南西道节度使领兴元府,治兴元府。前蜀天复七年(后梁开平元年,907),山南节度使领兴元府与兴、文、集、通、扶等5州,治兴元府。前蜀武成元年(后梁开平二年,908),通州别属金州雄武军节度使。前蜀永平五年(后梁贞明元年,915),割兴、文、扶等3州隶凤州武兴军节度使。前蜀乾德二年(后梁贞明六年,920)后,金州雄武军节度使废,所领其中的巴、渠、开、潾、通等5州来属[前蜀乾德二年(920)之辖区参见前图2-13]。至此,山南节度使领兴元府、集、巴、渠、开、潾、通等1府6州。后唐同光三年(前蜀咸康元年,925),灭前蜀,山南节度使属后唐,又称山南西道节度使。此后,又废潾州入渠州。后唐天成四年(929),又析集、巴、通等3州别属利州昭武军节度使。后唐长兴三年(932),析渠、开2州别属阆州保宁军节度使;凤州武兴军节度使废,以所领凤、兴、文等3州来属。后蜀明德元年(后唐清泰元年,934)闰正月,山南西道节度使属后蜀,又称山南节度使,领兴元府及兴、文2州;五月,增领后唐秦州雄武军节度使所辖阶州。明德四年(后晋天福二年,937)后,阶州又为后晋夺取。后蜀广政十年(后汉天福十二年,947),兴、文2州别属凤州节度使。广政十八年(后周显德二年,955),凤州节度使废,兴、文2州复还属。此后至广政二十二年(后周显德六年,959),山南节度使领兴元府及兴、文2州之地。

一、山南(西道)(兴元府天义军)节度使辖区沿革

山南(兴元府天义军)节度使(前蜀 907—925)—山南西道节度使(后唐 925—934)—山南节度使(后蜀 934—959)

唐末,山南西道节度使领兴元府,治兴元府①。

前蜀天复七年(后梁开平元年,907),山南西道节度使为王建所据,称山南节度使。《新五代史》卷63《前蜀世家》载,唐天复中,王建遣王宗涤攻兴元府,执山南西道节度使李继业,而武定军节度使拓拔思敬遂以其地降王建,"于是并有山南西道",仍治兴元府。同时,兴文节度使废,所辖其中之兴、文、集、扶等4州来属。利阆节度使亦在此时属前蜀,并降为都团练观察使(参见本章第八节利州节度使辖区沿革),随之调整辖区,所辖其中之通州来属(参见本章第五节金州节度使辖区沿革)。是其时前蜀山南节度使应领兴元府及兴、文、集、通、扶等5州,治兴元府。又,王建时,山南节度使一度又称天义军节度使,寻复旧名。《文献通考》卷321《舆地考七》兴元府下载:"(唐)兴元元年(784)为府,属山南道山南西道节度使,领县五(南郑、褒城、西、三泉、城固)。王蜀改天义军,后复。"另,《九国志》卷6《王宗翰传》载:"(前蜀)通正初,授通义军节度、同平章事、守兴元尹,以杜尧嗣为之佐。"其中的"通义军"当为"天义军"之讹②。

前蜀武成元年(后梁开平二年,908),通州别属金州雄武军节度使(参见本章第五节金州节度使辖区沿革)。

前蜀永平五年(后梁贞明元年,915),兴、文2州别属凤州武兴军节度使。不久,扶州亦别属凤州武兴军节度使(参见本章第十节凤州节度使辖区沿革)。

前蜀乾德二年(后梁贞明六年,920)后,金州雄武军节度使废,除金州外,所辖巴、开、通、渠、潾等5州来属(参见下文)。

后唐同光三年(前蜀咸康元年,925),灭前蜀,山南节度使属后唐。《旧五代史》卷33《唐明宗纪》载:同光元年十月,"兴元节度使王宗威以梁、开、通、渠、麟(潾)五州来降"。《资治通鉴》卷273同光三年十月载:"乙丑,(后唐)魏王(李)继岌至兴州……山南节度使王宗威以梁、开、通、渠、麟(潾)五州(降)。"既然上述史载已提及其时"开、通、渠、麟(潾)"等4州随山南节度使降后唐,可

---

① 参见郭声波:《中国行政区划通史·唐代卷》山南西道节度使沿革,第837页。
② 参见王伊同:《前蜀考略》之《疆域考附藩镇考》,收入《王伊同学术论文集》,中华书局,2006年,第241页;朱玉龙:《五代十国方镇年表》梁州注2,第606页。

证前蜀金州雄武军节度使于乾德二年(920)后废,该 4 州来属。又,雄武军原领之巴州,依地理而言(巴州在开、通、渠、潾等之北,与兴元府更近,仅隔集州),也必在雄武军节度使废后属山南节度使才合情理。又,山南节度使属后唐后,又称山南西道节度使。同时,又废潾州入渠州(参见本章第五节金州节度使所辖渠州沿革)。山南西道节度使此时当领兴元府及集、巴、开、通、渠等 1 府 5 州之地。

后唐天成四年(929),集、巴、通等 3 州别属利州昭武军节度使①(参见第八节利州节度使辖区沿革)。

后唐长兴三年(932)五月,渠、开 2 州别属保宁军节度使(参见本章第八节利州节度使所附阆州节度使辖区沿革)。又,同年七月,武兴军节度使废,所领凤、兴、文等 3 州来属。《旧五代史》卷 43《唐明宗纪九》:长兴三年七月,"废凤州武兴军节制为防御使,并所管兴、文二州并依旧隶兴元府"。《资治通鉴》卷 278 长兴三年七月载:"废武兴军,复以凤、兴、文三州隶山南西道。"胡三省注曰:"凤、兴、文本山南西道巡属,唐末始分凤州置感义军,寻废。前蜀王氏复置武兴军,今废之,州还旧属。"至此,山南西道节度使领兴元府及凤、兴、文 3 州。

后蜀明德元年(后唐清泰元年,934),山南西道节度使属后蜀。《资治通鉴》卷 279 清泰元年四月载:"山南西道节度使张虔钊之讨凤翔也,留武定节度使孙汉韶守兴元。虔钊既败,奔归兴元,与汉韶举两镇之地降于蜀。"山南西道节度使属后蜀后,所领除凤州归属后唐及其之后的后晋(参见本章第十节凤州节度使辖区沿革)外,仍辖兴元府及兴、文 2 州。稍后,后唐秦州雄武军节度使所辖阶州又为后蜀夺取,来属(参见本章第十一节秦州节度使辖区沿革)。另外,后蜀时山南西道节度使,又称山南节度使。五代后蜀《孙汉韶墓志》所载"(广政二年)秋七月,遽转授公山南节度使"②及《张虔钊墓志》所载"广政十年闰七月,转授山南节度使、行兴元尹,兼山南武定管界沿边诸寨都指挥使"③可资为证。

大约在后蜀明德四年(937),阶州又为后晋所取,仍属后晋秦州节度使统辖(参见本章第十一节秦州节度使辖区沿革)

后蜀广政十年(后汉天福十二年,947),兴、文 2 州别属凤州节度使(参见本章第十节凤州节度使辖区沿革)。

后蜀广政十八年(后周显德二年,955),凤州为后周所取(参见本章第十节

---

① 朱玉龙但言其时以巴、集 2 州属利州节度使,并未言及通州(参见氏著《五代十国方镇年表》利州,第 591 页),不确。
② 成都市博物馆考古队:《五代后蜀孙汉韶墓》,《文物》1991 年第 5 期。
③ 翁善良:《成都市东郊后蜀张虔钊墓》,《文物》1982 年第 3 期。

凤州节度使辖区沿革),后蜀凤州威武军节度使废,所辖之兴、文2州复来属。是自此至后蜀广政二十二年(959),山南节度使当领兴元府及兴、文2州。

(1) 兴元府(907—959)
(2) 兴州(907—915,932—947,955—959)
(3) 文州(907—915,932—947,955—959)
(4) 扶州(907—915)　　　　(5) 集州(907—929)
(6) 巴州(921?—929)　　　(7) 开州(921?—932)
(8) 通州(907—908,921?—929)　(9) 渠州(921?—932)
(10) 潾州(921?—925?)　　(11) 凤州(932—934)
(12) 阶州(934—937?)

二、山南(西道)(兴元府天义军)节度使所辖诸州沿革

1. 兴元府(907—959),治南郑县(今陕西汉中市东)

《旧唐书》卷39《地理志二》载梁州(兴元府)领南郑、褒城、城固、西、金牛、三泉等6县。《新唐书》卷40《地理志四》载兴元府领南郑、褒城、城固、西、三泉等5县,且在西县下载:"宝历元年(825)省金牛县入焉。"①唐末,兴元府亦领《新唐书·地理志》所载之5县,治南郑县②。

前蜀天复七年(后梁开平元年,907),兴元府仍领唐末5县之地,治南郑县。

大约在后唐同光三年(前蜀咸康元年,925),三泉、西2县别属兴州(参见本章第十节凤州节度使所辖兴州沿革)。

大约在后蜀明德元年(后唐清泰元年,934),三泉、西2县由兴州还属。《资治通鉴》卷279清泰元年四月载:"帝(笔者按,指后唐末帝)之起凤翔也,召兴州刺史刘遂清,迟疑不至。闻帝入洛,乃悉集三泉、西县、金牛、桑林戍兵以归,自散关以南城镇悉弃之,皆为蜀人所有。"由此可知三泉、西2县后唐时隶兴州,故颇疑2县在后唐灭前蜀后改隶兴州,又在后蜀取兴州时还属兴元府。又,《太平寰宇记》卷133西县下载:"本属兴元府,皇朝平蜀后,以此县当要冲,申奏公事,直属朝廷。"亦可为西县属后蜀兴元府添一佐证。

此后至后蜀广政二十二年(后周显德六年,959),兴元府一直领南郑、褒城、城固、西、三泉等5县而未再有更改。

(1) 南郑县(907—959)　　　(2) 褒城县(907—959)

---

① 《太平寰宇记》卷133兴元府下载金牛废入褒城县,与《新唐书·地理志》所载不同。
② 参见郭声波:《中国行政区划通史·唐代卷》梁州(兴元府)沿革,第841页。

(3) 城固县(907—959)　　　　(4) 西县(907—925?,934?—959)

(5) 三泉县(907—925?,934?—959)

2. 集州(907—959),治难江县(今四川南江县)

《旧唐书》卷39《地理志二》载集州领难江、符阳、地平等3县。《新唐书》卷40《地理志四》载集州辖难江、大牟、嘉川等3县,且在大牟县下注曰:"永泰元年(765)以大牟隶集州,更地平曰通平,宝历元年(825)省。"嘉川县下注曰:"本隶利州……永泰元年来属。"又,同卷壁州符阳县下又载:"永泰元年来属。"是综上所述,唐永泰元年后集州当领难江、大牟、嘉川等3县。唐末,集州除领上述3县外,还当领通平县①,治难江县。

五代时期,集州一直领唐末所辖难江、大牟、嘉川、通平等4县而未更,治难江县。

(1) 难江县(907—959)　　　　(2) 大牟县(907—959)

(3) 嘉川县(907—959)　　　　(4) 通平县(907—959)

3. 巴州

参见本章第五节金州节度使所辖巴州沿革。

4. 渠州

参见本章第五节金州节度使所辖渠州沿革。

5. 通州

参见本章第五节金州节度使所辖通州沿革。

6. 开州

参见本章第五节金州节度使所辖开州沿革。

7. 潾州

参见本章第五节金州节度使所辖潾州沿革。

8. 兴州

参见本章第十节凤州节度使所辖兴州沿革。

9. 文州

参见本章第十节凤州节度使所辖文州沿革。

10. 凤州

参见本章第十节凤州节度使所辖凤州沿革。

---

① 嘉庆《大清一统志》卷298保宁府通平废县曰:"按《唐书·地理志》,通平,宝历元年省,与《寰宇记》不合,盖其后复置,宋始废也。"郭声波据此以为唐末析大牟县复置通平县,仍隶集州。参见氏著《中国行政区划通史·唐代卷》集州沿革,第849页。

11. 扶州

参见本章第十节凤州节度使所辖扶州沿革。

12. 阶州

参见本章第十一节秦州节度使所辖阶州沿革。

第八节 利州昭武军节度使(利阆节度使、利州都团练观察使)(附：阆州保宁军节度使、果州永宁军节度使)

利州节度使为唐旧镇。唐末为王建所据,改称利阆节度使,领利、通、蓬、果、阆、陵、荣等7州之地,治利州。前蜀天复七年(后梁开平元年,907),利阆节度使降为利州都团练观察使。又,大约在此时,将陵、荣2州划归前蜀直隶地区,并将通州别属山南西道节度使。大约在前蜀武成元年(后梁开平二年,908),析果州置徽州。大约在前蜀通正元年(916),复置昭武军节度使,当领利、阆、果、徽、蓬等5州,治利州[前蜀乾德二年(920)之辖区参见前图2-13]。至迟前蜀乾德六年(后唐同光二年,924),蓬州别属武定军节度使。后唐同光三年(前蜀咸康元年,925)割果州、徽州隶武信军节度使。后唐天成二年(927),果、徽2州还属利州昭武军节度使。后唐天成四年(929),析置阆州保宁军节度使,阆、果2州别属之,治阆州。同年,利州昭武军节度使增领山南西道节度使巴、集、通等3州。又,徽州大约废于此年。后唐长兴元年(930),阆州保宁军节度使废,阆、果2州属剑南东川节度使。后唐长兴三年(932),复置阆州保宁军节度使,辖阆、果、蓬、渠、开等5州,治阆州。后蜀明德元年(后唐清泰元年,934),昭武军节度使为后蜀所据,领利、巴、集、通等4州。后蜀广政二十一年(后周显德五年,958),析保宁军节度之果州与昭武军节度使之通州置永宁军节度使,治果州。此后,利州昭武军节度使领利、巴、集等3州。

一、利州昭武军节度使(利阆节度使、利州都团练观察使)辖区沿革(附：阆州保宁军节度使、果州永宁军节度使)

利阆节度使(前蜀907?)—利州都团练观察使(907?—916?)—**利州昭武军节度使(前蜀916?—925,后唐925—934,后蜀934—959)**

唐天复三年(903),析山南西道节度使所辖利州置利州节度使,治利州。天祐三年(906),复析山南西道节度使通州,武定军节度使蓬、果2州,剑南道龙剑节度使阆州,东川节度使陵、荣2州来属,并原有利州共计7州之地①,同时改利州节度使为利阆节度使,仍治利州。

大约前蜀天复七年(后梁开平元年,907),利阆节度使降为利州都团练观察使。杜光庭《广成集》卷11《紫霞洞修造毕告谢醮词》载:"永平四年(914)八月二十四日戊子,利州团练王承宾奏:'此山灵洞,显见神仙。'"其中提及"利州团练",据此可知前蜀立国初年降利阆节度使为都团练观察使②。颇疑利州节度使降为都团练观察使后,原辖7州(利、通、蓬、果、阆、陵、荣)当作适当的调整,将在地域上与原利州节度使主要区域不相连接的陵、荣2州就近划归前蜀直隶地区(参见本章第一节前蜀直隶地区沿革),又将通州还属山南节度使(参见本章第五节金州节度使辖区沿革)。

大约在前蜀武成元年(后梁开平二年,908),析果州置徽州(参见下文果州沿革)。

大约在前蜀通正元年(916),复置昭武军节度使③,当领利、阆、果、徽、蓬等5州。

至迟前蜀乾德六年(后唐同光元年,924),析蓬州别属武定军节度使(参见本章第九节洋州节度使辖区沿革)。

后唐同光三年(前蜀咸康元年,925),前蜀灭亡,昭武军节度使辖区为后唐所据。《旧五代史》卷33《唐庄宗纪七》载:同光三年十一月,"伪昭武军节度使林思谔来降"。《资治通鉴》卷274同光三年十一月载:"戊戌,李绍琛至利州,修桔柏浮梁。昭武节度使林思谔先弃城奔阆州,遣使请降。"之后,又析果州、徽州别属遂州武信军节度使(参见下文)。

后唐天成二年(927),果、徽2州自遂州节度使还属。《五代会要》卷20《州县分道改置》果州下载:"后唐天成二年五月,隶利州。"因徽州自果州析出,故应与果州同时别属利州节度使。又,自地理情势度之,相邻之剑南东川节度使董璋叛迹明显,后唐不应增其支郡,故此前果、徽2州一度(颇疑在前蜀亡于后唐之后)应自利州节度使别隶遂州节度使方合情理。天成二年,2州复隶利州节度使当是还属。

后唐天成四年(929),析阆、果2州别置阆州保宁军节度使(参见下文所附

---

① 参见郭声波:《中国行政区划通史·唐代卷》利阆节度使沿革,第850页。
② 参见朱玉龙:《五代十国方镇年表》利州注1,第597页。又,从永平以后(916),前蜀复置昭武军节度使来看,杜光庭《广成集》卷11《紫霞洞修造毕告榭醮词》中提及的"利州团练"应为"利州都团练观察使"的省称似较合理。
③ 参见朱玉龙:《五代十国方镇年表》利州及其注1,第591、597页。

阆州节度使辖区沿革）。同年，山南西道节度使巴、集、通等3州来属。《旧五代史》卷70《康思立传》载："（天成）四年，领昭武军节度、利巴集等州观察处置等使，改赐耀忠保节功臣。"其中，虽然仅提及利、巴、集等3州，但以地理形势来看，还应包括通州，否则，通州就会成为山南西道节度使的飞地，似于理不合。又，徽州大约废于此年（参见下文徽州沿革）。

后唐长兴元年（930），董璋陷阆州，保宁军节度使废，阆、果2州应属剑南东川节度使。

后唐长兴三年（932），孟知祥灭董璋，复置阆州保宁军节度使，阆、果2州复别属之（参见本节所附阆州节度使辖区沿革）。

后蜀明德元年（后唐清泰元年，934），昭武军节度使又为后蜀所领，辖利、巴、集、通等4州，治利州。

后蜀广政二十一年（后周显德五年，958），割通州隶永宁军节度（参见下文所附果州节度使辖区沿革）。利州昭武军节度使领利、巴、集等3州。

(1) 利州（907—959）　　　(2) 通州（907，929—958）
(3) 蓬州（907—924?）　　(4) 果州（907—925?，927—929）
(5) 阆州（907—929）　　　(6) 陵州（907）
(7) 荣州（907）　　　　　(8) 巴州（929—959）
(9) 集州（929—959）
(10) 徽州（908?—925?，927—929?）

附：
阆州保宁军节度使辖区沿革

阆州保宁军节度使（后唐929,932—934，后蜀934—959）

后唐天成四年（929），析利州节度使所领阆、果二州置保宁军节度使，治阆州。《旧五代史》卷40《明宗纪六》载：天成四年十月"辛亥，升阆州为保宁军。壬子，以内客省使、左卫大将军李仁矩为阆州节度使"。《资治通鉴》卷276天成四年十月载："辛亥，割阆、果二州置保宁军，壬子，以内客省使李仁矩为节度使。"

后唐长兴元年（930），东川节度使董璋反，陷阆州，杀李仁矩，后唐阆州节度使废（参见本章第二节剑南东川节度使辖区沿革）。

后唐长兴三年（932），孟知祥灭董璋，复以阆州为保宁军节度使，辖阆、果、蓬、渠、开等5州，治阆州。《资治通鉴》卷277长兴三年载：五月，"（孟）知祥谓李昊曰：'吾得东川，为患益深。'昊请其故，知祥曰：'自吾发梓州，得(李)仁罕七状，皆云"公宜自领东川，不然诸将不服"。(赵)廷隐言"本不敢当东川，因仁罕不让，遂有争心耳"。君为我晓廷隐，复以阆州为保宁军，(胡三省注曰：董璋取阆州，废保宁军；今孟知祥复以为节镇，以赏赵廷隐。)益以果、蓬、渠、开四州，往镇之。吾自领东川，以绝仁罕之望。'廷隐犹不平，请与仁罕斗，胜者为东川；昊深解之，乃受命。六月，以廷隐为保宁留后。"

后蜀广政二十一年(后周显德五年，958)，果州别属永宁军节度使(参见下文所附果州节度使辖区沿革)。阆州节度使领阆、蓬、渠、开等4州。

(1) 阆州(929—930,932—959)　　(2) 果州(929—930,932—958)
(3) 蓬州(932—959)　　(4) 渠州(932—959)
(5) 开州(932—959)

果州永宁军节度使辖区沿革

果州永宁军节度使(后蜀958—959)

后蜀广政二十一年(后周显德五年，958)，以保宁军节度使之果州与昭武军节度使之通州，置永宁军节度使，治果州。《资治通鉴》卷294显德五年(958)正月载："庚戌，蜀置永宁军于果州，以通州隶之。"

(1) 果州(958—959)　　(2) 通州(958—959)

二、利州昭武军节度使(利阆节度使，利州都团练观察使)(含阆州保宁军节度使、果州永宁军节度使)所辖诸州沿革

1. 利州(907—959)，治绵谷县(今四川广元市)

《旧唐书》卷39《地理志二》、《新唐书》卷40《地理志四》均载利州领绵谷、胤山、嘉川、葭萌、益昌、景谷等6县。唐末，利州领绵谷、胤山、葭萌、益昌、景谷等5县，治绵谷县[①]。五代初，亦复如是。

前蜀永平四年(后梁乾化四年，914)，改景谷县为金仙县。杜庭玉《广成集》卷12《紫霞洞修造毕告谢醮词》载：永平四年(914)十月，"以是月甲申，改道长山为玄都山，阳谟洞为紫霞洞，景谷县为金仙县"。

大约在后唐同光三年(前蜀咸康元年，925)，省金仙县入绵谷县。《舆地纪

[①] 唐永泰元年(765)，嘉川县别属集州。参见郭声波：《中国行政区划通史·唐代卷》利州沿革，第870页。

胜》卷184利州《古迹》景谷县下载："五代改为白水镇。"据此可知景谷（金仙）县五代时废，唯确年不知，在此姑断为后唐灭前蜀时废县为镇。另，以地理形势度之，该县当省废入绵谷县。

后唐同光三年（前蜀咸康元年，925），益昌县更名益光县。《舆地纪胜》卷184利州昭化县下载："《国朝会要》云：昭化县，旧曰益昌，开宝五年（971）改曰昭化县。"《读史方舆纪要》卷68保宁府昭化县下载："五代唐同光三年，得其地，改曰益光。宋初，复曰益昌。"据此可知后唐同光三年，益昌县更名益光。另，《续资治通鉴长编》卷6宋太祖乾德三年（965）正月载："王全斌等自利州趋剑门，次益光……侍卫军头向韬曰：'得降卒牟进言，益光江东越大山数重，有狭径，名来苏，蜀人于江西置栅，对岸可渡……'"则可知后蜀时利州领有益光县。

此后至五代末，利州一直领绵谷、胤山、葭萌、益光等4县而未更。

(1) 绵谷县（907—959）   (2) 葭萌县（907—959）

(3) 益昌县（907—925）—益光县（925—959）

(4) 胤山县（907—959）

(5) 景谷县（907—914）—金仙县（914—925?）

2. 蓬州（907—959），治蓬池县（今四川仪陇县南）

《旧唐书》卷39《地理志二》载蓬州领良山、大寅、仪陇、伏虞、宕渠、咸安、大竹等7县，且在咸安县下注曰："至德二年（757），改为蓬山。"在大竹县下注曰："至德二年，割属潾山郡。"潾山郡即渠州。《新唐书》卷40《地理志四》载蓬州辖蓬池、良山、仪陇、伏虞、宕渠、蓬山、朗池等7县，且在蓬池县下注曰："本大寅，广德元年（763）更名，后省，开成元年（836）复置。"蓬山县下注曰："本咸安，至德二载更名。"朗池县下注曰："宝应元年（762）来属。宝历元年（825）省，开成二年（837）复置。"唐末，蓬州领《新唐书·地理志》蓬州下所领蓬池、良山、仪陇、伏虞、宕渠、蓬山、朗池等7县，治蓬池县①。

五代时期，蓬州领县未更，一如唐末，仍治蓬池县。《太平寰宇记》卷139蓬州下载："元领县七。今六：蓬池、良山、仪陇、伏虞、蓬山、朗池。一县废：宕渠（入良山）。"据此可知直至北宋初，蓬州除领县数目与唐末五代不同外，其领域并未有变更。

(1) 蓬池县（907—959）   (2) 良山县（907—959）

(3) 仪陇县（907—959）   (4) 伏虞县（907—959）

(5) 宕渠县（907—959）   (6) 蓬山县（907—959）

---

① 参见郭声波：《中国行政区划通史·唐代卷》蓬州沿革，第864页。

(7) 朗池县(907—959)

3. 果州(907—959),治南充县(今四川南充市北)

《旧唐书》卷41《地理志四》载果州领南充、相如、流溪、西充、郎池、岳池等6县,《新唐书》卷40《地理志四》载果州辖南充、相如、流溪、西充、岳池等5县。又因宝应元年(762),割朗池县隶蓬州,故唐末果州当领《新唐书·地理志》所属之5县[①]。五代初期亦复如是,治南充县。

大约在前蜀武成元年(后梁开平二年,908),析流溪县置徽州(参见下文徽州沿革)。

大约在后唐天成四年(929),徽州废,所领流溪县复并入果州。徽州废置时间,史籍失载[②],但仍可约略推知。其一,后唐天成四年,析利州节度使阆、果2州置保宁军节度使(参见上文利州节度使所附阆州节度使辖区沿革),其中并未提及与果州相邻的徽州;其二,北宋平后蜀时徽州不见著录。综上所述,颇疑徽州废于后唐天成四年保宁军节度使设置之前。

此后至五代末,果州领县未闻复有所变更。

(1) 南充县(907—959)　　　(2) 相如县(907—959)

(3) 流溪县(907—908?,929?—959)　(4) 西充县(907—959)

(5) 岳池县(907—959)

4. 阆州(907—959),治阆中县(今四川阆中市)

《旧唐书》卷41《地理志四》、《新唐书》卷40《地理志四》均载阆州领阆中、晋安、南部、苍溪、西水、奉国、新井、新政、岐坪等9县。唐末,阆州仍领此9县之地,治阆中县[③]。

五代时期,阆州领县未更,一如唐末,仍治阆中县。《太平寰宇记》卷86阆州下亦仍辖此9县,亦可为此添一旁证。

(1) 阆中县(907—959)　　　(2) 晋安县(907—959)

(3) 南部县(907—959)　　　(4) 苍溪县(907—959)

(5) 西水县(907—959)　　　(6) 奉国县(907—959)

(7) 新井县(907—959)　　　(8) 新政县(907—959)

(9) 岐坪县(907—959)

---

① 参见郭声波:《中国行政区划通史·唐代卷》果州沿革,第911页。
② 刘仁济《周故枢密副承旨银青光禄大夫检校兵部尚书兼御史大夫上柱国彭城刘府君(琪)墓志铭(并序)》云:"唐庄宗皇帝即位于邺,擢居枢密院,授将仕郎、徽州司马。"(吴钢主编:《全唐文补遗》第1辑,三秦出版社,1994年,第448页)据此可知唐平前蜀后仍有徽州。
③ 参见郭声波:《中国行政区划通史·唐代卷》阆州沿革,第909页。

5. 徽州(908？—929？)，治流溪县(今四川南充市西南)

大约前蜀武成元年(后梁开平二年，908)，割果州流溪县置徽州。徽州置于何时，史无明载。《读史方舆纪要》卷 68 顺庆府流溪废县下载："徽州城，在府东南。或云王建所置。"据上述所载，可大体推知徽州置于前蜀时期。又，《锦里耆旧传》卷 2 载武成三年(910)前蜀致后梁国书，信中有"七十州自可指挥"之语。故暂且将前蜀析置徽州的时间定在改元武成之时。

徽州之地望，史无明载。《资治通鉴》卷 277 长兴元年(930)十月载："癸丑，东川兵陷徽、合、巴、蓬、果五州。"(徽州恐不在此 5 州之列，因其已于 929 年废。参见上文果州沿革)针对其中提及的徽州，胡三省注曰："遍考隋唐《地理志》、《五代职方考》、《元丰九域志》，皆无徽州。按东川之兵时自遂、阆东略，《九域志》：合州在遂州东二百二十里，果州在遂州东南一百八十里，巴州在阆州东二百四十五里，蓬州在果州东北一百八十五里；徽州必在遂、合、果三州之间。"对徽州的地望作了大致的推测。雍正《四川通志》卷 26《古迹》顺庆府南充县下载："徽州故城在县西南，五代唐长兴初，董璋以东川叛，引兵陷徽州，即此。"结合胡三省、雍正《四川通志》并前《读史方舆纪要》所述，倘以徽州乃析果州流溪县(在果州与遂、合 2 州交界处)而置，似较合理。

大约在后唐天成四年(929)，徽州废，所领流溪县复并入果州。

流溪县(908？—929？)

6. 陵州

参见本章第一节前后蜀直辖地区陵州沿革。

7. 荣州

参见本章第一节前后蜀直辖地区荣州沿革。

8. 巴州

参见本章第五节金州节度使所辖巴州沿革。

9. 集州

参见本章第七节山南(西道)节度使所辖集州沿革。

10. 渠州

参见本章第五节金州节度使所辖渠州沿革。

11. 开州

参见本章第五节金州节度使所辖开州沿革。

12. 通州

参见本章第五节金州节度使所辖通州沿革。

第九节　洋(源)州武定军节度使

唐末洋州武定军节度使领洋、壁 2 州,治洋州。唐天祐三年(906),壁州别属兴文节度使。前蜀天复七年(后梁开平元年,907),兴文节度使废,壁州还属洋州武定军节度使[前蜀乾德二年(920)之辖区参见前图 2-13]。至迟前蜀乾德六年(后唐同光二年,924),蓬州自利州昭武军节度使来属。后唐长兴三年(932),孟知祥灭董璋,复置保宁军节度使,蓬州别属之,洋州节度使辖洋、壁 2 州。后蜀明德元年(后唐清泰元年,934),避孟知祥讳,改洋州为源州。此后至后蜀广政二十二年(后周显德六年,959),武定军节度使一直辖源、壁 2 州而未更。

一、洋(源)州武定军节度使辖区沿革

洋州武定军节度使(前蜀 907—925,后唐 925—934)—源州武定军节度使(后蜀 934—959)

洋州武定军节度使为唐旧镇,唐末领洋、壁 2 州,治洋州,为王建所据。唐天祐三年(906),壁州别属兴文节度使①。

前蜀天复七年(后梁开平元年,907),兴文节度使属前蜀后废,所辖其中之壁州当还属洋州武定军节度使。

至迟前蜀乾德六年(后唐同光二年,924),蓬州自利州昭武军节度使来属(参见下文)。至此,洋州节度使辖洋、壁、蓬等 3 州,治洋州。

后唐同光三年(前蜀咸康元年,925)十月,武定军节度使辖区属后唐。《旧五代史》卷 33《唐庄宗纪七》载:同光三年十月己丑,"武定军使王承肇以洋、蓬、壁(笔者按,"壁"当作"壁")三州来降"。《旧五代史》卷 51《魏王继岌传》载:同光三年十月"己丑,继岌至兴州……武定军节度使王承肇以洋、蓬、壁三州符印降"。又,蓬州本为前蜀利州节度使属州,此时前蜀武定军节度使又以蓬州等 3 州来降后唐,是至迟前蜀乾德六年(924)蓬州已自利州节度使来属无疑。

后唐长兴三年(932),孟知祥灭东川节度使董璋,复置保宁军节度使,析蓬州别属之(参见本章第八节利州节度使所附阆州节度使辖区沿革)。

---

① 参见郭声波:《中国行政区划通史·唐代卷》兴文节度使沿革,第 875 页。

后蜀明德元年(后唐清泰元年,934),洋州武定军节度使又为后蜀所据。《资治通鉴》卷279清泰元年四月载:"山南西道节度使张虔钊之讨凤翔也,留武定节度使孙汉韶守兴元。虔钊既败,奔归兴元,与汉韶举两镇之地降于蜀。"后蜀武定军节度使仍当洋、璧2州之地①,唯避孟知祥讳改洋州为源州(参见下文洋州沿革)。

此后至五代末,后蜀源州武定军节度使一直领源、璧2州之地而未更。

(1) 洋州(907—934)—源州(934—959)　　(2) 璧州(907—959)

(3) 蓬州(924?—932)

二、洋(源)州武定军节度使所辖诸州沿革

1. 洋州(907—934)—源州(934—959),治兴道县(今陕西洋县)

《旧唐书》卷39《地理志二》载洋州领西乡、黄金、兴道、洋源、真符等5县。《新唐书》卷40《地理志四》载洋州辖兴道、西乡、黄金、真符等4县,且在西乡县下注曰:"武德四年(621)析置洋源县,宝历元年(825)省。"唐末,洋州仍领《新唐书·地理志》所载之4县,治兴道县②。

五代时期,洋州领县未更,一如唐末,治兴道县。

后蜀明德元年(后唐清泰元年,934),因避后蜀高祖孟知祥讳,改洋州为源州③。

又,《太平寰宇记》卷138洋州下载:"元领县五。今三:兴道、西乡,真符。二县废:洋源(散入邻近县)、黄金(入真符县)。"据此可知至北宋初,洋州除领县数目与唐末五代不同外,其领域并未有变更。

(1) 兴道县(907—959)　　(2) 西乡县(907—959)

(3) 黄金县(907—959)　　(4) 真符县(907—959)

---

① 《九国志》卷7《潘仁嗣传》载:"明德二年(935),奏授武定军节度使、源璧等州观察营置等使。(未)之任,卒于成都,年四十六。"其中将源、璧2州并提,亦可证其时武定军节度使领此2州。
② 参见郭声波:《中国行政区划通史·唐代卷》洋州沿革,第844页。
③ 《资治通鉴》卷279清泰元年(934)十月载:"蜀源州都押牙文景琛据城叛。"胡三省注曰:"遍考新、旧《唐志》及《九域图志》、《寰宇记》,皆不载源州建置之由与其地。欧史《职方考》曰:州县,凡唐故而废于五代者,若五代所置而见于今者及县之割隶今因之者,皆宜列以备职方之考;其尝置而复废,尝改置而复旧,皆不足书。则知源州盖蜀所置而寻废,此所以无传。同光之克蜀也,得州六十四,见于《职方考》者五十三州而已。如源州等盖皆六十四州之数。"笔者按,《方舆胜览》卷68洋州下载:"孟蜀避孟知祥讳,改为源州。皇朝平蜀,地归版图,复为洋州。"《宋史》卷479《西蜀世家》附《高彦俦传》载:"(高彦俦)拜源州武定军节度。"而前蜀武定军节度使治洋州,故综合以上史料可知源州为洋州之更名,胡三省之释有误。参见朱玉龙:《五代十国方镇年表》洋州注3,第611页。

2. 壁州(907—959),治通江县(今四川通江县)

《旧唐书》卷 39《地理志二》载壁州领诺水、广纳、白石、巴东等 4 县。《新唐书》卷 40《地理志四》载壁州领通江、广纳、符阳、白石、东巴等 5 县,且在通江县下注曰:"本诺水,隶万州。武德中省,八年(625)又析巴州之始宁复置,天宝元年(742)更名。"符阳县下注曰:"永泰元年(765)来属。"东巴县下注曰:"天宝元年(742)更名。"唐末,壁州仍领《新唐书·地理志》所载之 5 县,治通江县①。

五代时期,壁州领县未更,一如唐末,治通江县。又,《太平寰宇记》卷 140 壁州下载:"元领县五。今三:通江、白石,符阳。二县废:广纳、东巴(并入通江)。"据此可知直至北宋初,壁州除领县数目与唐末五代不同外,其领域并未变更。

(1) 通江县(907—959)　　(2) 广纳县(907—959)
(3) 符阳县(907—959)　　(4) 白石县(907—959)
(5) 东巴县(907—959)

3. 蓬州

参见本章第八节利州节度使所辖蓬州沿革。

第十节　凤州武兴军节度使[含凤州(威武军)节度使、凤州]

前蜀永平五年(后梁贞明元年,915),析秦州天雄军节度使所领凤州置凤州武兴军节度使,领凤、文、兴等 3 州。旋,又增领扶州[前属乾德二年(920)之辖区参见前图 2 - 13]。后唐同光三年(925),后唐灭蜀,凤州节度使属唐。后唐长兴三年(932),凤州武兴军废为凤州防御使,所辖凤、兴、文(扶州在此前已并入文州)等 3 州别属山南西道节度使。清秦元年(934),凤州未随山南西道节度使属后蜀,而成为后唐直属京州。后蜀广政十年(后晋天福十二年,947),凤州由后晋属后蜀,且置为凤州节度使,仍当领凤、文、兴等 3 州。广政十八年(后周显德二年,955)正月,凤州节度使又易名为威武军节度使;十一月,凤州威武军节度使为后周所夺取(其中所领的文、兴 2 州则仍属后蜀,并改由后蜀山南节度使统辖),废凤州节度使而为防御使,凤州还隶秦州节度使。

---

① 参见郭声波:《中国行政区划通史·唐代卷》壁州沿革,第 846 页。

一、凤州武兴军[含凤州(威武军)]节度使辖区沿革(含凤州)

凤州武兴军节度使(前蜀 915—925,后唐 925—932)
凤州节度使(后蜀 947—955)—凤州威武军节度使(后蜀 955)

五代初,凤州为岐王秦州雄武军节度使辖州(参见本章第十一节秦州节度使沿革)。

前蜀永平五年(后梁贞明元年,915)十一月,岐王秦州雄武军节度使属前蜀。十二月,析秦州节度使所辖之凤州置武兴军节度使,以文、兴 2 州隶属之①(参见本章第十一节秦州节度使辖区沿革)。则其时前蜀的凤州武兴军节度使有 3 州之地,治凤州。

不久,凤州武兴节度使增领扶州。《资治通鉴》卷 273 同光三年(925)十月载:"戊寅,(前蜀)王承捷以凤、兴、文、扶四州印节迎降,(胡三省注曰:四州州印及武兴节度使印及旌节也。)得兵八千,粮四十万斛。(郭)崇韬曰:'平蜀必矣。'即以都统牒命承捷摄武兴节度使。"其中提及前蜀凤州武兴军节度使王承捷以凤、兴、文、扶 4 州降后唐,可知后蜀时凤州节度使设置后又辖扶州之地。

后唐同光三年(前蜀咸康元年,925),后唐灭前蜀,凤州武兴军节度使归后唐,仍保留该镇建置,统领 4 州之地。上引《资治通鉴》之文所载郭崇韬以都统牒命王承捷摄武兴节度使可证。又,《旧五代史》卷 39《唐明宗纪》、卷 40 与卷 41《唐明宗纪》分别记载陈皋在天成三年(928)为凤州武兴军留后、天成四年为凤州武兴军节度使,孙岳长兴元年(930)为凤州节度使,也可为后唐置有凤州武兴军节度使增添佐证。

后唐长兴三年(932),凤州武兴军节度使废为凤州防御使,所辖凤、兴、文等 3 州别属山南西道节度使(参见本章第七节山南西道节度使沿革),扶州则在此前并入文州曲水县(参见下文扶州沿革)。又,由下文《资治通鉴》所引天福十二年四月后晋凤州防御使石奉頵举州降后蜀来看,颇疑后唐清泰元年(934)山南西道节度使属后蜀后,凤州成为防御使,直属后唐及之后的后晋。

后蜀广政十年(后晋天福十二年,947),凤州由后晋属后蜀,且置为凤州节

---

① 文、兴 2 州在唐末本为兴文节度使属州,唐天祐四年(907),为前蜀王建所据。参见郭声波:《中国行政区划通史·唐代卷》兴文节度使沿革,第 875 页。

度使。《资治通鉴》卷286天福十二年四月载："乙亥,凤州防御使石奉頵举州降蜀。"《旧五代史》卷115《周世宗纪》载："先是,晋末契丹入晋,秦州节度使何建（按,应作何重建）以秦、成、阶三州入蜀,蜀人又取凤州。"后蜀据有凤州之后,又设立了凤州节度使,任命王环为该镇节度使。《新五代史》卷50《王环传》载："王环,镇州真定人也。以勇力事孟知祥为御者,及知祥僭号于蜀,使典卫兵。晋开运之乱,秦、凤、阶、成入于蜀,孟昶以环为凤州节度使。"前蜀置凤州武兴军节度使时曾领凤、文、兴3州之地（扶州亦曾一度隶属武兴军节度使,后废入文州,详见上文所述）,故颇疑后蜀其时所置之凤州节度使除下辖凤州外,亦应领有本为山南节度使统辖的文、兴2州,以达恢复前蜀武兴军节度使辖区之效。

后蜀广政十八年（后周显德二年,955）,凤州节度使又易名为威武军节度使。《资治通鉴》卷292显德二年正月载："戊子,蜀置威武军于凤州。"同年,凤州由后蜀改属后周。《资治通鉴》卷292显德二年十一月载："戊申,克凤州,擒蜀威武节度使王环及都监赵崇溥等将士五千人。"《旧五代史》卷115《周世宗纪》:显德二年十一月"癸丑,西南面行营都部署王景奏,收复凤州,获伪命节度使王环。"《新五代史》卷12《周本纪》载:显德二年十一月"戊申,王景克凤州"。后周收复凤州后,当废节度使而为防御使。《元丰九域志》卷三凤州下载："伪蜀武兴军节度。后唐降防御。皇朝建隆四年（963）,降团练。"凤州在升置节度使之前,本隶秦州节度使,故颇疑此时仍还隶秦州雄武军节度使。而文、兴2州则未属后周,当仍归割属凤州节度使之前的后蜀山南节度使。

凤州武兴军节度使

(1) 凤州（915—932）　　　　(2) 文州（915—932）

(3) 兴州（915—932）　　　　(4) 扶州（915?—931?）

凤州（威武军）节度使

(1) 凤州（947—955）　　　　(2) 文州（947—955）

(3) 兴州（947—955）

直属京州

凤州（934—947）

二、凤州武兴军（含凤州威武军）节度使所辖各州沿革

1. 凤州（907—959）,治梁泉县（今陕西凤县）

《旧唐书》卷39《地理志二》凤州领梁泉、两当、河池、黄花4县。而《新唐书》卷40《地理志四》、《太平寰宇记》卷134凤州下皆领梁泉、两当、河池等3县。其中不载的黄花县,乃随后并入梁泉县。《新唐书》卷40《地理志四》凤州

梁泉县下载："武德元年(618)析置黄花县,宝历元年(825)省。"《太平寰宇记》卷134凤州下曰："一县废:黄花(注:并入梁泉)。"

五代期间,凤州大部分时间应一直领梁泉、两当、河池等3县而未更。

后周显德六年(959)年,升凤州固镇为雄胜军,隶属凤州。《五代会要》卷24《军》下载："(后周显德)六年十一月,以凤州固镇为雄胜军。"《旧五代史》卷120《周恭帝纪》:显德六年(959)十一月"壬戌,升凤州固镇为雄胜军"。此雄胜军因由"镇"(县之下行政单位)升置,故当为县级行政区划。此雄胜军之设,应与其地当后蜀与后周争夺之要冲,后周设军以求加强此地之防御有关①。又因该军未见其废于宋代之记载,故雄胜军之置应属权宜之计,寻废。

(1) 梁泉县(907—959)　　　　(2) 两当县(907—959)
(3) 河池县(907—959)　　　　(4) 雄胜军(959)

2. 文州(907—959),治曲水县(今甘肃文县西南)

《旧唐书》卷41《地理志四》文州下领曲水、长松2县。而《新唐书》卷40《地理志四》文州下仅领曲水1县,并在曲水县下注曰："贞观元年(627)省正西县,贞元六年(790)省长松县,皆来属。"《太平寰宇记》卷134文州亦仅领曲水一县,且在县下又载："废长松县……贞元六年九月废入曲水县。"故唐末至五代期间文州仅领曲水1县无变化。然由于在后唐长兴三年(932)扶州废后并入曲水县(参见下文扶州沿革),曲水县的范围应较前有所扩大。

曲水县(907—959)

3. 兴州(907—959),治顺政县(今陕西略阳县)

《旧唐书》卷39《地理志二》兴州下领顺政、长举、鸣水等3县,《新唐书》卷40《地理志四》兴州下领顺政、长举2县,且在长举县下注曰："州又领鸣水县,长庆元年(821)省入焉。"又,《太平寰宇记》卷135兴州下亦载："一废县:鸣水。"且注曰："并入长举。"在长举县下有"废鸣水县"条。据上所述,则唐末兴州领顺政、长举2县。

五代初期,兴州属前蜀,仍领唐末所辖2县,治顺政县。

大约在后唐同光三年(925),兴州属后唐,析兴元府所领三泉、西2县来属。兴州此时共领4县。

大约在后蜀明德元年(后唐清泰元年,934),兴州属后蜀,三泉、西2县还隶兴元府(参见本章第七节山南西道节度使所辖兴元府沿革),兴州辖境复回

---

① 参见田雁:《五代行政区划单位"军"的形成》,《江汉大学学报》2004年第4期。

至唐末情形。《太平寰宇记》卷135兴州所载"伪蜀领顺政、长举二县。皇朝因之"可为一佐证。

(1) 顺政县(907—959)　　　　(2) 长举县(907—959)
(3) 三泉县(925?—934?)　　　(4) 西县(925?—934?)

4. 扶州(907—932?)，治同昌县(今四川九寨沟县境)

《旧唐书》卷41《地理志四》、《新唐书》卷40《地理志四》皆载扶州领同昌、帖夷、万全、钳川等4县。至唐末扶州仍应领此4县之地。

五代初，扶州仍应领4县之规模。

至迟后唐长兴三年(932)，扶州废，领地并入文州曲水县。《太平寰宇记》卷134文州曲水县下记载有"废扶州"及"废同昌县"、"废帖夷县"、"废钳川县"、"废尚安县"，又知在长兴三年凤州武兴军节度使废时已不见领有扶州(参见本节凤州节度使辖区沿革)，故至迟在长兴三年扶州并入文州曲水县。从扶州地望来看，其废当因与吐蕃为邻之故①。

(1) 同昌县(907—932?)　　　(2) 帖夷县(907—932?)
(3) 万全县(907—932?)　　　(4) 钳川县(907—932?)

第十一节　秦州天雄军(雄武军)节度使

秦州雄武军节度使本为唐末旧镇，五代时为岐王李茂贞所据，领秦、凤、阶、成等4州。前蜀永平五年(后梁贞明元年，915)，为王建所侵，改曰天雄军节度使，析凤州而别置凤州武兴军节度使。秦州天雄军节度使改领秦、阶、成3等州[前蜀乾德二年(920)之辖区参见前图2-13]。后唐同光三年(925)，后唐灭前蜀，秦州节度使属唐，并改秦州天雄军为雄武军节度使。后蜀明德元年(后唐清泰元年，934)，阶、成2州为后蜀所得，后唐秦州雄武军节度使仅领秦州。旋，成州又为后唐收复。后晋天福初年(937?)，阶州为后晋所得，秦州雄武军节度使仍领秦、成、阶3等州。后蜀广政十年(后晋天福十二年，947)，秦州雄武军节度使降后蜀。后周显德二年(后蜀广政十八年，955)，后周夺后蜀秦州雄武节度使与凤州节度使，并废凤州节度使而为防御使，凤州还隶秦州节度使。至此，秦州节度使仍领秦、成、阶、凤等4州。

---

① 唐大历五年(770)至大中三年(849)，扶州即曾一度陷于吐蕃。参见郭声波：《中国行政区划通史·唐代卷》扶州沿革，第979页。

一、秦州天雄军(雄武军)节度使辖区沿革

秦州雄武军节度使(岐王 907—915)—**秦州天雄军节度使(前蜀 915—925)**—秦州雄武军节度使(后唐 925—936,后晋 936—947,后蜀 947—955,后周 955—959)

唐咸通四年(863),以秦州及成州经略使为天雄军节度使。《旧唐书》卷38《地理志一》载:"上元年后,河西、陇右州郡,悉陷吐蕃。大中、咸通之间,陇右遗黎,始以地图归国,又析置节度。秦州节度使,治秦州,管秦、成、阶等州。"《新唐书》卷67《方镇表四》载:咸通五年(864),"升秦成两州经略、天雄军使为天雄军节度、观察、处置、营田、押蕃落等使,增领阶州"。然《资治通鉴》卷250咸通四年二月载"置天雄军于秦州"①,比上引《方镇表》所载提早一年,考虑到《通鉴》按编年记载史事多有所据,《方镇表》错置一年之事时有发生,故此处从《通鉴》纪年,将设置秦州天雄军的时间定在咸通四年。综上所述,可知其时秦州天雄军当领秦、成、阶等3州。

唐大顺二年(891),阶州别属洋州武定军节度使。《新唐书》卷67《方镇表四》大顺二年载:"武定军节度增领阶、扶二州。"是此时秦州节度使应领秦、成2州②。

唐天祐元年(904)后,秦州节度使军号变更,改天雄军为雄武军。天祐元年四月,魏博节度使复称天雄军节度使③,秦州天雄军之军号当在此后更改,以避免与魏博节度使之"天雄"名称重复,此点胡三省业已指出④。又在《资治通鉴》卷265天祐元年七月所载李茂贞曾"遣判官赵锽如西川,为其侄天雄节度使继勋⑤求婚;(王)建以女妻之"之后,未复闻秦州天雄军之名,可知至迟在天祐二年,已改称秦州雄武军。另外,《新五代史》卷60《职方考》秦州下所载

---

① 《资治通鉴》卷250咸通四年二月载:"置天雄军于秦州,以成、河、渭三州隶焉。"笔者按,其时河、渭2州为河渭等州都游奕使所领之蕃族羁縻州(参见郭声波:《中国行政区划通史·唐代卷》河、渭二州沿革,第996、1006页),非正州,不在本书讨论之列。
② 《新唐书》卷67《方镇表四》载:文德元年(888),"成州隶威戎军。"以地望判断,其中的"成州"当为"茂州"之讹,与秦州节度使所领之成州无涉。
③ 《新唐书》卷66《方镇表三》载:天祐元年,"赐魏博节度使号天雄军节度"。《资治通鉴》卷264天祐元年四月载:"更命魏博曰天雄军。"又,此前魏博节度使曾一度改称过天雄军节度使。《资治通鉴》卷223广德二年(764)正月载:"魏博节度使田承嗣奏名所管曰天雄军,从之。"然魏博节度使改称天雄军节度使不久即复旧名。
④ 《资治通鉴》卷250咸通四年二月"置天雄军于秦州"下胡三省注曰:"代宗姑息田承嗣,以天雄军号宠魏博,寻以其悖傲,削之。今复于秦州置天雄军,至于唐末,魏博复天雄军号,秦州不复号天雄矣。"
⑤ 笔者按,此处"继勋"当作"继崇",参见朱玉龙:《五代十国方镇年表》,第242页注2。

"岐，雄武"，亦可为上述推断添一佐证。

五代初，秦州雄武军节度使为岐王李茂贞所据，其时当辖秦、凤、阶、成等4州之地，治秦州。《新五代史》卷60《职方考》所载可资为证。又，其中的凤州在唐初隶属山南道①，后又隶属山南西道，唐末，隶感义军节度使(后又改称昭武军节度使)②。据此，凤州属秦州节度使应在天祐初年李茂贞以岐王割据之前。阶州，由前文知在大顺二年时已别属洋州武定军节度使，而武定军节度使在天祐四年时已归前蜀③，故阶州别属秦州节度使至迟应在此年之前。

前蜀永平五年(后梁贞明元年，915)，秦、凤、阶、成4州为前蜀所攻占，秦州雄武军节度使辖区属前蜀。《资治通鉴》卷269贞明元年十一月载："己巳，蜀王宗翰引兵出清泥岭，克固镇，与(岐王)秦州将郭守谦战于泥阳川；蜀兵败，退保鹿台山。辛未，王宗绾等败秦州兵于金沙谷，擒其将李彦巢等，乘胜趣秦州。兴州刺史王宗铎克阶州，降其刺史李彦安。甲戌，王宗绾克成州，擒其刺史李彦德。蜀军至上染坊，秦州节度使李继崇遣其子彦秀奉牌印迎降。宗绛入秦州，表排陈使王宗俦为留后……王宗绾自河池、两当进兵，会王宗瑶攻凤州，癸未，克之……(十二月)丁未，蜀大赦；改明年元曰通正。置武兴军于凤州，割文、兴二州隶之，以前利州团练使王宗鲁为节度使。"④据此还可知，其中的凤州在属前蜀后，又别属前蜀的武兴军节度使。这样，前蜀的秦州节度使当领秦、阶、成等3州。

至于其时秦州节度使之军号，由上文《新五代史》卷60《职方考》秦州下所载"蜀，天雄"与《资治通鉴》卷二六九贞明二年(916)八月所载"蜀主以……天雄节度使王宗俦……将兵十二万出秦州，以伐岐"及《十国春秋》卷36《前蜀本纪》所载通正元年(916)八月"以……天雄军节度使王宗俦为第二招讨……将兵十万出秦州以伐岐……冬十月……以唐文裔为天雄军节度使，镇秦州"⑤，可知前蜀在夺取秦州节度使之后，将军号由原雄武军改为了天雄军。

---

① 《括地志·序略》贺次君按语，参见李泰等著，贺次君辑校：《括地志辑校》，中华书局，1980年，第3页。
② 《新唐书》卷67《方镇表四》载：光启二年(886)，"升兴、凤二州防御使为感义军节度使"。旋罢后复置。乾宁四年(897)，"更感义军节度曰昭武军节度"。
③ 《新五代史》卷63《前蜀世家》载，唐天复中，王建遣王宗涤攻兴元，执山南西道节度使李继业，而武定军节度使拓拔思敬遂以其地降王建，"于是并有山南西道"。
④ 《十国春秋》卷36《前蜀高祖本纪下》亦载：永平五年十一月前蜀攻克秦州节度使辖区之后，"我于是有秦、凤、阶、成四州之地"。
⑤ 《十国春秋》卷39《王宗俦传》载："武成时授秦州留后，已而授天雄军节度使，兼侍中。"其中所言"武成"为前蜀高祖王建年号，止于后梁开平四年(910)，次年改元永平。时秦州节度使尚属岐王，故此处《传》文作"武成"显误。参见朱玉龙：《五代十国方镇年表》，第234页注4。

后唐同光三年(925),后唐灭前蜀,秦州节度使属后唐,仍领秦、成、阶等3州。《旧五代史》卷33《唐庄宗纪七》:同光三年十月"辛巳,伪兴州刺史王承鉴、成州刺史王承朴弃城遁去……(己丑,)阶州刺史王承岳纳符印请命,秦州节度使王承休弃城自扶州路奔于西川。"《资治通鉴》卷273同光三年十月载:"天雄节度使王承休与副使安重霸谋掩击唐军,重霸曰:'击之不胜,则大事去矣。蜀中精兵十万,天下险固,唐兵虽勇,安能直度剑门邪!然公受国恩,闻难不可不赴,愿与公俱西。'承休素亲信之,以为然。重霸请赂羌人买文、扶州路以归;承休从之,使重霸将龙武军及所募兵万二千人以从。将行,州人饯于城外。承休上道,重霸拜于马前曰:'国家竭力以得秦、陇,若从开府还朝,谁当守之!开府行矣,重霸请为公留守。'承休业已上道,无如之何,遂与招讨副使王宗汭自扶、文而南;其地皆不毛,羌人抄之,且战且行,士卒冻馁,比至茂州,余众二千而已。重霸遂以秦、陇来降。"①

秦州节度使属后唐后,其军号天雄军当复为雄武军。《五代会要》卷24《杂录》:"后唐天成元年(926)十一月敕:'雄武军节度使官衔内宜兼押蕃落使。'"《旧五代史》卷90《李德珫传》:"长兴元年(930),授雄武军节度、秦成阶观察处置等使,加检校司徒。"

后蜀明德元年(后唐清泰元年,934),后蜀建国,夺后唐阶、成2州。《资治通鉴》卷279清泰元年五月载:"丁未,阶州刺史赵澄降蜀……(之后)蜀人取成州。"《旧五代史》卷46《唐末帝纪上》:清泰元年五月"癸亥,秦州奏,西川孟知祥(按,孟知祥为后蜀高祖)出军迫陷成州"。

旋,成州又为后唐收复。《资治通鉴》卷279清泰元年十月载:"雄武节度使张延朗将兵围文州,阶州刺史郭知琼拔尖石寨。蜀李延厚将果州兵屯兴州,遣先登指挥使范延晖将兵救文州,延朗解围而归。兴州刺史冯晖自干渠引成兵归凤翔。(胡三省注曰:时阶、兴二州皆已入于蜀。唐盖使郭知琼、冯晖领二州刺史以进取而不克也。)"《读史方舆纪要》卷59阶州杨家寨下载:"尖石寨,亦在(阶)州北。后唐清泰元年郭知琼攻蜀阶州,拔尖石寨是也。"以地望判断,其时后唐自秦州发兵攻打阶、文2州,并拔阶州北之尖石寨,行军之路必经成州界内,故可推知此时成州当已为后唐收复。又,从地望上看,阶州属后蜀

---

① 《十国春秋》卷37《前蜀后主纪》咸康元年十月下所载与此略同。另,粟原益男据《资治通鉴》此处所载的"(安)重霸遂以秦、陇来降",以为当指秦州与陇州二地,并进而认为陇州在贞明二年保胜军节度使废后即属秦州,在同光三年后才又隶属凤翔府(参见氏著《五代宋初藩镇年表》"秦州藩镇"条及注19,第434、444页)。其说不确。此处的"秦、陇"当是指秦州节度使其时所辖的地域而言,并不能由该条记载而断定此时秦州节度使辖有陇州。

后，当归入山南节度使统辖。

后晋天福年间，阶州为晋所得，秦州节度使领秦、成、阶等3州。《资治通鉴》卷284开运元年(944)二月载："阶、成义军指挥使王君怀帅所部千余人叛降蜀，请为乡道以取阶、成。甲子，蜀人攻阶州……(三月，)秦州兵救阶州，出黄阶岭，败蜀兵于西平。"据此可知后晋末年阶州已为晋土。至于该地何时自后蜀收复，史籍虽无确载，然仍依据相关史料作一推定。《十国春秋》卷49《后蜀后主纪》："是岁(笔者按，指后蜀明德四年，后晋天福二年，937)晋人攻利州，至剑门，(后蜀)赵廷隐领兵拒退之。"可知此年后晋曾大举进攻后蜀，兵至剑州之剑门。故从地望上来看，后晋从秦州出兵进攻利州时，应该历经的是秦、成、阶等3州界内的交通线。由此可推知阶州当于后晋初年已由后蜀改属后晋。

后蜀广政十年(后晋天福十二年，947)，后晋秦州雄武军节度使何重建降于后蜀，所领秦、阶、成等3州属蜀。《资治通鉴》卷286天福十二年(947)正月载："雄武节度使何重建斩契丹使者，以秦、阶、成三州降蜀。"《旧五代史》卷115《周世宗纪》载："先是，晋末契丹入晋，秦州节度使何建(笔者按，即何重建)以秦、成、阶三州入蜀。"《九国志》卷7《后蜀何重建传》载："契丹犯中原，虏使赍伪诏至，重建不胜其愤……乃斩其使，以秦、阶、成三州归款于我。(孟)昶遣右千牛卫上将军李继勋驰往慰谕，赐予甚厚，加特进同平章事，依前雄武军节度使。"后蜀仍置秦州雄武军节度使。

后周显德二年(后蜀广政十八年，955)，后周从后蜀手中攻取秦、阶、成等3州，仍设秦州雄武军节度使。《资治通鉴》卷292显德二年九月载："蜀雄武节度使兼侍中韩继勋弃秦州，奔还成都，观察判官赵玭举城降，斜谷援兵亦溃。成、阶二州皆降，蜀人震恐。"《旧五代史》卷115《周世宗纪》、《新五代史》卷12《周本纪》所载与此略同。《九国志》卷7《后蜀李廷珪传》载："广政十八年，周师攻秦、凤，以廷珪为北路行营都统，高彦俦、吕彦珂为招讨。廷珪遣先锋指挥使李进以兵据马岭，分兵出斜谷，营于白涧，将腹背以攻周师；又遣染院使王峦领兵出唐仓。与周师遇，我师败走，王峦死之，而马岭斜谷之兵闻之，皆退奔。高彦俦与诸将谋退守青泥岭。由是秦、凤、阶、成之地，皆陷于周矣。"又，此年凤州节度使亦由后蜀属后周，且废节度，降为凤州，颇疑此时复隶秦州节度使(参见本章第十节凤州节度使辖区沿革)。

(1) 秦州(907—959)　　　　　(2) 凤州(907—915,955?—959)
(3) 阶州(907—934,937?—959)　(4) 成州(907—934,934?—959)

二、秦州天雄军(雄武军)节度使所辖各州沿革

1. 秦州(907—959),治成纪县(今甘肃秦安县西北)

《旧唐书》卷40《地理志三》载秦州领上邽、成纪、伏羌、陇城、清水等5县,而《新唐书》卷40《地理志四》秦州领成纪、上邽、伏羌、陇城、清水、长道等6县,且在长道县下载:"本隶成州,天宝末废,咸通十三年(872)复置,来属。"(《舆地广记》卷15所载与此略同)可知此多出的一县长道县是随后复置的。然,《新五代史》卷60《职方考》载:"秦州……陇城,唐末废。"《太平寰宇记》卷150秦州陇城县下载:"唐末废。"秦州大潭县下有"废伏羌县"条,并曰:"天宝元年复陷吐蕃。"秦州清水县下载:"废上邽县……唐天宝末陷入吐蕃。大中初收复为镇。"《舆地广记》卷15秦州成纪县下载:"州本治上邽,而成纪本治小坑川。开元二十二年地震,州自上邽徙至成纪之敬亲川,县亦移入新城。天宝元年(742),州还至上邽。宝应元年(762)陷吐蕃,大中三年(849)复故地,徙治成纪,而上邽废。"综合上述记载,可知唐末陇城、伏羌、上邽等3县已废,秦州当领成纪、清水、长道等3县。

五代初,秦州仍当领成纪、清水、长道等3县。

后唐长兴三年(932),复置天水、陇城2县,并扩大了长道县辖界。此时秦州当领成纪、天水、陇城、清水、长道等5县。《五代会要》卷20《州县分道改置》陇右道下载:"秦州天水县、陇城县。"并注曰:"后唐长兴三年二月,秦州奏:'见管长道、成纪、清水三县外,有十一镇,征科并系镇将。今请以归化、恕水、五龙、黄土四镇,就归化镇复置旧陇城县。赤砂、染坊、夕阳、南台、铁务五镇,就赤砂镇复置旧天水县。其白石、大泽、良恭三镇,割属长道县。'从之。"《太平寰宇记》卷150秦州陇城县下载:"唐末废。后唐长兴三年于归化镇复置。"秦州天水县下载:"唐末废。后唐长兴三年于南冶镇置。"①

此后至后周显德六年(959),秦州领5县之规模未闻有所变化。

(1) 成纪县(907—959)　　　　(2) 清水县(907—959)
(3) 长道县(907—959)　　　　(4) 天水县(932—959)
(5) 陇城县(932—959)

2. 阶州(907—959),治将利县(907—932,今甘肃陇南市武都区)—福津县(932—959,今甘肃陇南市武都区东)

《旧唐书》卷40《地理志三》武州(笔者按,景福元年改称阶州)下领将

---

① 《太平寰宇记》此处所言天水县复置之镇与上引《五代会要》所述微异,未详孰是,待考。

利、覆津、盘堤等3县,《新唐书》卷40《地理志四》阶州下记载领将利、福津、盘隄等3县。其中,在福津县下曰:"本覆津,景福元年(892)更名。"盘隄县下曰:"没蕃后不复置。"《太平寰宇记》卷154阶州福津县下载:"自唐景福元年再置县,改为福字。"将利县下载:"废盘隄县……自武州陷后废。"据此可知唐末覆津县已更名福津,而盘堤(隄)县则已废置。是其时阶州仅领2县之地。

五代初,阶州仍当领将利、福津2县。

后唐长兴三年(932),阶州治所从将利移治福津。《太平寰宇记》卷154阶州下载:"旧理将利县,今理福津县。"在福津县下载:"后唐长兴三年移州于此。"

(1) 将利县(907—959)　　　　(2) 福津县(907—959)

3. 成州(907—959),治同谷县(今甘肃成县)

《旧唐书》卷40《地理志三》成州下皆领同谷、上禄、长道等3县。《新唐书》卷40《地理志四》成州下则领同谷、上禄、汉源等3县,并在汉源、上禄二县下皆注曰:"没蕃后废。"加之长道县已于咸通十三年(872)复置后割隶秦州(参见上文秦州沿革),故唐末五代初成州仅领同谷1县①。

又,《太平寰宇记》卷150成州下载:"梁开平初改为汶州。后唐同光初复旧。"《文献通考》卷321成州下载:"梁改汶州,后唐复。"似成州在五代初一度改为汶州。然而《旧五代史》卷3《梁太祖本纪》载:开平元年(907)五月"甲午,诏天下管属及州县官名犯庙讳者,各宜改换……茂州改为汶州,桂州慕化县改为归化县,潘州茂名县改为越裳县"。其中明确提及将茂州改为汶州,盖避梁太祖曾祖朱茂琳名中"茂"字之讳。据此可知前引《太平寰宇记》与《文献通考》之文中提及的"成州"在后梁初改称"汶州"之事,当是指"茂州"②。"成"、"茂"形近,故易致讹。不过,其时茂州属前蜀,成州属岐王,无论是哪个州,后梁欲改其名,亦仅系遥改,不可能进行实质性易名。

后唐清泰三年(936),增置栗亭县。《五代会要》卷20《州县分道改置》:"后唐清泰三年六月,秦州奏:'阶州元管将利、福津两县,并无巡镇。成州元管同谷县,余并是镇,便系征科。今欲取成州西南近便镇分,并入同谷县。其东界四镇,别创一县者。……州东界有胜仙、泥阳、金沙、栗亭四镇……欲并其四

---

① 参见郭声波:《中国行政区划通史·唐代卷》成州沿革,第1005页。
② 谭其骧主编《中国历史地图集》第五册"五代十国时期"之"开平二年(908)梁、晋、岐、卢龙等镇图"中将成州改为汶州,不确。

镇地于栗亭县,其征科委县司,捕盗委镇司。'从之。"《太平寰宇记》卷150成州栗亭县下载:"本栗亭镇地,后唐清泰三年六月于秦州①奏置栗亭县。"此栗亭县,《舆地广记》卷15成州下作"粟亭县",《元丰九域志》卷3成州下、《方舆胜览》卷70同庆府下、《宋史》卷87《地理志四十》成州下与卷89《地理志四二》阶州下皆作"栗亭",故"粟"字当讹。至此成州领同谷、栗亭2县至后周未闻再有变化。

(1) 同谷县(907—959)　　　　(2) 栗亭县(936—959)

4. 凤州

参见本章第十节凤州节度使所辖凤州沿革。

第十二节　黔州(暨涪州)武泰军节度使

黔州武泰军节度使为唐旧镇,唐天复三年(903),为王建所据,徙治涪州,领涪、黔、施、溱、南等5州。至迟前蜀永平四年(后梁乾化四年,914),武泰军节度使复徙至黔州[前蜀乾德二年(920)之辖区参见前图2-14]。后唐天成二年(927),施州别属夔州宁江军节度使,后唐应顺元年(934)后蜀建立后,仍置黔州武泰军节度。至五代末,黔州节度使领黔、涪2州,治黔州。

一、黔州(涪州)武泰军节度使辖区沿革

涪州武泰军节度使(前蜀907—914?)—**黔州武泰军节度使(前蜀914—925,后唐925—934,后蜀934—959)**

黔州武泰军节度使为唐旧镇,唐大顺元年(890),改黔中节度使置,领黔、施、溪、辰、叙、奖、锦、思、费、夷、播、溱、南、涪等14州,治黔州。光化元年(898),溪州别属山南东道武贞军节度使②。天复三年(903),武泰军节度使徙治涪州,为王建所据③,有涪、黔、施、溱、南等5州④。

---

① 此时成州属秦州节度使。
② 参见郭声波:《中国行政区划通史·唐代卷》武泰军节度使沿革,第752页。
③ 《资治通鉴》卷264天复三年十月载:"(王)建以(王)宗本为武泰军留后。武泰军旧治黔州,宗本以其地多瘴疠,请徙治涪州,建许之。"《太平寰宇记》卷120黔州下载:"自大顺元年改为武泰军节度。天复三年之后,伪蜀割据,移黔南就涪州为行府,以道路僻远,就近便也。"
④ 参见朱玉龙:《五代十国方镇年表》黔州,第575页。据《新唐书·方镇表》黔州下所载补以施、溱、南等3州。又,溱、南2州,不见于《新五代史·职方考》,王伊同据相关史载认为前蜀时王建应据有此2州(参见氏著《前蜀考略》之《疆域考》,《王伊同学术论文集》,第231—232页),今从其说。至于其余武泰军节度使原领之州,五代或初为马楚所据(溪、辰、叙、奖、锦诸州),或为蛮夷所陷(思、费、夷、播诸州)。参见第七章第三节所附楚王(国)羁縻州沿革。

至迟前蜀永平四年(914),武泰军节度使由涪州回迁至黔州。《资治通鉴》卷269乾化四年(914)八月载:"蜀武泰节度使王宗训镇黔州,贪暴不法;擅还成都,庚辰,见蜀主,多所邀求,言辞狂悖。蜀主怒,命卫士殴杀之。戊子,以内枢密使潘峭为武泰节度使、同平章事。"

后唐同光三年(前蜀咸康元年,925),前蜀灭亡,武泰军节度使属后唐。其中所辖溱、南二州盖于此时入于蛮夷而废(参见下文溱、南二州沿革)。

后唐天成二年(927)十二月,施州别属夔州宁江军节度使(参见本章第六节夔州节度使沿革)。

此后至五代末,黔州武泰军节度使当一直领黔、涪2州而未更。

(1) 涪州(907—959)　　　　　(2) 黔州(907—959)

(3) 施州(907—927)　　　　　(4) 溱州(907—925?)

(5) 南州(907—925?)

二、黔州(涪州)武泰军节度使所辖诸州沿革

1. 涪州(907—959),治涪陵县(今重庆涪陵区)

《新唐书》卷40《地理志四》载涪州领涪陵、宾化、武龙、乐温、温山等5县。唐末,涪州领县亦复如是,治涪陵县①。

五代时期,涪州领县未更,一如唐末,治涪陵县。

(1) 涪陵县(907—959)　　　　(2) 宾化县(907—959)

(3) 武龙县(907—959)　　　　(4) 乐温县(907—959)

(5) 温山县(907—959)

2. 黔州(907—959),治彭水县(今重庆彭水苗族土家族自治县)

《旧唐书》卷40《地理志三》、《新唐书》卷41《地理志五》均载黔州领彭水、黔江、洪杜、洋水、信宁、都濡等6县。唐末,黔州仍领此6县,治彭水县②。

五代时期,黔州领县未更,一如唐末,治彭水县。《太平寰宇记》卷120黔州亦领唐末之6县之地,亦可为此添一旁证。

(1) 彭水县(907—959)　　　　(2) 黔江县(907—959)

(3) 洪杜县(907—959)　　　　(4) 洋水县(907—959)

(5) 信宁县(907—959)　　　　(6) 都濡县(907—959)

---

① 参见郭声波:《中国行政区划通史·唐代卷》涪州沿革,第781页。
② 参见郭声波:《中国行政区划通史·唐代卷》黔州沿革,第753页。

3. 施州(907—959),治清江县(今湖北恩施市)

《旧唐书》卷40《地理志三》、《新唐书》卷41《地理志五》均载施州领清江、建始2县。唐末,施州仍领此2县,治清江县①。

五代时期,施州领县未更,一如唐末,治清江县。

(1) 清江县(907—959)　　　(2) 建始县(907—959)

4. 溱州(907—925?),治荣懿县(今重庆綦江区)

《旧唐书》卷40《地理志三》载溱州领荣懿、扶欢2县。《新唐书》卷41《地理志五》载溱州辖荣懿、扶欢、夜郎、丽皋、乐源等5县,且在夜郎县下注曰:"贞观十六年开山洞置珍州,并置夜郎、丽皋、乐源三县,后为夜郎郡。元和三年州废,县皆来属。"唐末,溱州领《新唐书·地理志》所载之5县,治荣懿县②。

前蜀时期,溱州领县未更,一如唐末,治荣懿县。

后唐同光三年(前蜀咸康元年,925),后唐灭前蜀,蛮人盖于此时攻取溱州③。

(1) 荣懿县(907—925?)　　　(2) 扶欢县(907—925?)

(3) 夜郎县(907—925?)　　　(4) 乐源县(907—925?)

(5) 丽皋县(907—925?)

5. 南州(907—925?),治南川县(今重庆綦江区北)

《旧唐书》卷40《地理志三》、《新唐书》卷41《地理志五》均载南川、三溪2县。唐末,南州仍领此2县,治南川县④。

前蜀时期,南州领县未更,一如唐末,治南川县。

后唐同光三年(前蜀咸康元年,925),后唐灭前蜀,蛮人盖于此时攻取南州。

(1) 南川县(907—925?)　　　(2) 三溪县(907—925?)

---

① 参见郭声波:《中国行政区划通史·唐代卷》施州沿革,第783页。
② 参见郭声波:《中国行政区划通史·唐代卷》溱州沿革,第777页。
③ 笔者按,北宋灭后蜀所取诸州中无溱、南2州。兹姑断后唐灭前蜀时该2州没于蛮夷。
④ 参见郭声波:《中国行政区划通史·唐代卷》南州沿革,第779页。

第七章　荆南(暨南平)、楚王［暨楚国、南唐、南汉、湖南］辖境政区沿革

后梁贞明六年(920),高季昌的荆南政权在原唐山南东道区域内据有荆南节度使;楚王马殷政权在原唐江南西道区域内置有潭州武安军节度使、朗州永顺军节度使,在原唐岭南道区域置有桂州静江军节度使。本章即分节讨论荆南、楚二政权所辖上述各节度使辖区及其所属各州的沿革。

第一节　荆南节度使

唐天祐三年(906)十月,朱全忠以颍州防御使高季昌为荆南留后,"高季昌自此遂据有荆南"①。

后梁乾化三年(913)八月,封高季昌为渤海王。同年九月,荆南高氏政权趁后梁太祖遇弑政局动荡之际,"造战舰五百艘,治城垒,缮器械,为攻守之具,招聚亡命,交通吴、蜀,朝廷浸不能制"②。高氏荆南自此与后梁断绝关系而成为割据政权。贞明三年(917)五月,"高季昌与(山南东道节度使)孔勍修好,复通贡献"③。虽然在名义上荆南修复了与后梁间的臣属关系,但割据一方的事实并未发生改变。

后唐同光二年(924)三月,后唐恐高季兴(因避后唐献祖李国昌讳,高季昌更名为高季兴)与前蜀联合,封其为南平王,故史称此后的高氏政权为南平。天成三年(928)六月,后唐出师讨南平,"季兴遂以荆、归、峡三州臣于吴,吴册

---

① 《资治通鉴》卷265唐天祐三年十月胡三省注。
② 《资治通鉴》卷268后梁乾化三年九月。
③ 《资治通鉴》卷269后梁贞明三年五月。

季兴秦王"①。天成三年冬,高季兴卒,长子从诲立。高从诲承其父旧策②。天成四年(929)六月"庚申,高从诲自称前荆南行军司马、归州刺史,上表求内附。秋,七月,甲申,以从诲为荆南节度使兼侍中。己丑,罢荆南招讨使"③。长兴三年(932)二月,"赐高从诲爵勃海王"④。应顺元年(934)正月"壬辰,制以荆南节度使、检校太尉、兼中书令、江陵尹、渤海郡侯高从诲可封南平王"⑤。

后晋天福二年(937)正月,后晋给高从诲"加食邑实封,改功臣名号"⑥。

后汉天福十二年(947)六月,"帝遣使告谕荆南。高从诲上表贺,且求郢州,帝不许;及加恩使至,拒而不受"。八月,"高从诲闻杜重威叛,发水军数千袭襄州,山南东道节度使安审琦击却之。又寇郢州,刺史尹实大破之。乃绝汉,附于唐、蜀"⑦。乾祐元年(948)六月,"高从诲既与汉绝,北方商旅不至,境内贫乏,乃遣使上表谢罪,乞修职贡;(后汉高祖)诏遣使慰抚之"⑧。同年十月,高从诲卒,其子保融立。

后周广顺元年(951)正月,高保融进封渤海郡王。显德元年(954)正月,"以荆南节度、荆归峡观察等使、检校太师、兼中书令、江陵尹、渤海郡王高保融封南平王"⑨。"荆南自后唐以来,常数岁一贡京师,而中间两绝。及(周)世宗时,无岁不贡矣。保融以谓器械金帛,皆土地常产,不足以效诚节,乃遣其弟保绅来朝,世宗益嘉之。"⑩

综上所述,可以看出虽然荆南(南平)高氏政权与其时的南方其他割据政权颇有不同,在大多数的时间里一直以中原五代为正朔,而从未称帝立国,但其割据的事实还是确而无疑的。因此,本卷仍采传统观点,视荆南(高平)为南方九国之一。

---

① 《新五代史》卷69《南平世家》,并参《资治通鉴》卷276天成三年六月。
② 《新五代史》卷69《南平世家》载:"荆南地狭兵弱,介于吴、楚为小国。自吴称帝,而南汉、闽、楚皆奉梁正朔,岁时贡奉,皆假道荆南。季兴、从诲常邀留其使者,掠取其物,而诸道以书责诮,或发兵加讨,即复还之而无愧。其后南汉与闽、蜀皆称帝,从诲所向称臣,盖利其赐予。俚俗语谓夺攘苟得无愧耻者为赖子,犹言无赖也,故诸国皆目为'高赖子'。"《资治通鉴》卷287天福十二年八月所载与此略同。
③ 《资治通鉴》卷276天成四年六月。
④ 《资治通鉴》卷277长兴三年二月。《新五代史》卷69《南平世家》所载与此略同。
⑤ 《册府元龟》卷129《帝王部·封建》。《旧五代史》卷45《唐闵帝纪》、《新五代史》卷69《南平世家》、《资治通鉴》卷278等所载与此略同。
⑥ 《旧五代史》卷76《晋高祖纪二》。
⑦ 《资治通鉴》卷287天福十二年。
⑧ 《资治通鉴》卷288乾祐元年六月。
⑨ 《册府元龟》卷129《帝王部·封建》。《旧五代史》卷113《周太祖纪》、《五代会要》卷11《封建》、《新五代史》卷69《南平世家》等所载与此略同。
⑩ 《新五代史》卷69《南平世家》。

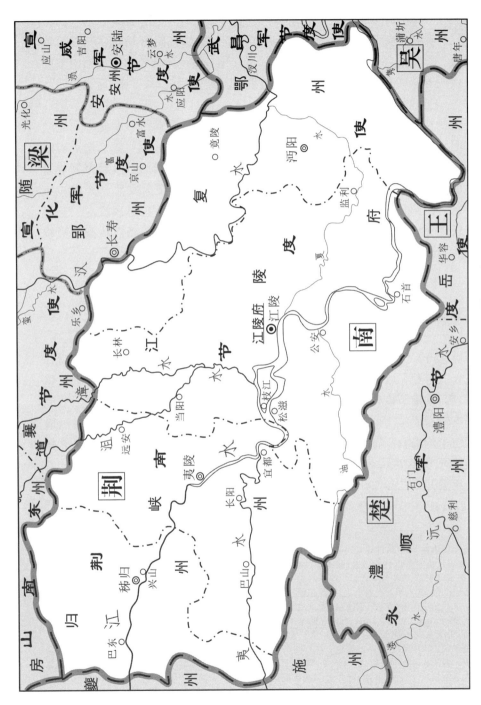

图 2−15　920 年荆南节度使辖区示意图

五代十国时期,荆南高氏政权的控制范围与唐末的荆南节度使辖区大体相当。后梁开平元年(907),高季昌为荆南节度使,领江陵府及归、峡2州,治江陵府。乾化二年(912)十月,后梁割邓州宣化节度使所领复州隶属荆南节度使。贞明五年(919),荆南高氏以江陵府荆门县地置荆门军,寻废[后梁贞明六年(920)之辖区参见图2-15]。

大约在后唐同光元年(923),复州又为后唐所据,属邓州节度使。同光二年(924)五月,复州再次属南平高氏。后唐天成元年(926),南平趁后唐灭后蜀之机,一度占据夔、忠、万等3州及云安监。天成二年(927)五月,后唐复取复州隶山南东道节度使;七月,后唐复取夔、忠、万等3州及云安监。天成三年(928)二月,归州为后唐攻取,旋又夺回;十一月,归州为后唐再次攻占。至迟后唐长兴元年(930),再次将归州夺回。此后至五代末,南平高氏政权一直领江陵府及归、峡2州之地而未更。

一、荆南节度使辖区沿革

荆南节度使(后梁907—913,**荆南913—924**,南平924—959)

后梁开平元年(907),高季昌晋为荆南节度使。《资治通鉴》卷266后梁开平元年五月载:后梁太祖"以权知荆南留后高季昌为节度使"。唐光化元年(898)后,荆南节度使领江陵府及归、峡2州①。后梁建立之初,高氏荆南节度使仍当辖有唐末1府2州之地,治江陵府。学者一般据《新五代史》、《资治通鉴》及《十国春秋》所载②以为其时荆南节度使仅有江陵1府之地③,归、峡2州属前蜀④,似不妥⑤。

后梁开平二年(908),前蜀攻打归州,但最终并未据之。《资治通鉴》卷266后梁开平二年二月载:"甲子,蜀兵入归州,(胡三省注曰:归州,荆南巡

---

① 参见郭声波:《中国行政区划通史·唐代卷》荆南节度使沿革,第898页。
② 《新五代史》卷69《南平世家》载:"季兴始至,江陵一城而已。"《资治通鉴》卷266开平元年五月载:"癸未,(朱温)以权知荆南留后高季昌为节度使。荆南旧统八州,(胡三省注曰:荆、归、硖、夔、忠、万、沣、朗,共八州。)乾符以来,寇乱相继,诸州皆为邻道所据,独余江陵。"《十国春秋》卷100《荆南一·武信王世家》亦载:荆南自"僖、昭以来数为诸道蚕食,(高)季昌至,惟江陵一城而已。"
③ 陶懋炳:《五代史略》,第175页;陶懋炳、张其凡、曾育荣:《五代史》,人民出版社,2009年,第120页;朱玉龙:《五代十国方镇年表》,第536页。
④ 蒲孝荣:《四川政区沿革与治地今释》,四川人民出版社,1986年,第268页;杨伟立:《前蜀后蜀史》,四川社会科学出版社,1986年,第71页;曾育荣:《五代十国时期归、峡二州归属考辨》,《湖北大学学报》2008年第3期;曾育荣:《高氏荆南史稿》,暨南大学博士学位论文,2008年,第70页。
⑤ 参见杨光华:《前蜀与荆南疆界辩误》,《西南师范大学学报》1993年第4期。

属。不地曰入,言入之而不能有其地。),执刺史张瑭。"此事在《十国春秋》卷36《前蜀高祖本纪》中又记为:武成元年(908)二月"甲子,我兵入归州,执梁刺史张瑭"。其时荆南名义上属后梁,故张瑭应为荆南节度使属州刺史无疑。由此亦可证《新五代史》卷63《前蜀世家》所载"(天复)六年(906),又取归州,于是并有三峡"不确,其时前蜀应未占领归州①。

后梁乾化二年(912),割邓州宣化节度使所领复州隶荆南节度使。《五代会要》卷20《州县分道改置》山南道复州下载:"梁乾化二年十月,割隶荆南。"

后梁乾化三年(913),九月,高氏荆南与后梁断绝关系,成为割据政权(参见上文)。

大约在后梁贞明五年(919),荆南高氏以江陵府荆门县置荆门军,领当阳县。寻废(参见下文荆门军沿革)。

大约在后唐同光元年(923),复州又为后唐所控,隶属于邓州节度使(参见第二章第十二节邓州节度使辖区沿革)。

后唐同光二年(924),复州为荆南(南平)高氏政权所据。《旧五代史》卷32《唐庄宗纪六》载:同光二年五月,"诏割复州为荆南属郡"。

后唐天成元年(926)六月,后唐夔、忠、万等3州及云安监为高季兴(即高季昌)所据。此前一年,即同光三年(925),后唐灭前蜀,夔、忠、万等3州属后唐(参见第六章第六节夔州节度使辖区沿革)。天成元年六月,高季兴以夔、忠、万等3州本属荆南节度使原管之州为由,奏请后唐将此三州之地割为其属郡。《旧五代史》卷36《唐明宗纪二》载:天成元年六月,"荆南节度使高季兴上言:'夔、忠、万三州,旧是当道属郡,先被西川侵据,今乞却割隶本管。'诏可之"。《资治通鉴》卷275天成元年六月载:"高季兴表求夔、忠、万三州为属郡,诏许之。"②《十国春秋》卷100《荆南一·武信王世家》载:"同光四年(926)春二月,王表请夔、忠等州(一作夔、忠、万三州,见《十国纪年》)及云安监隶本道。唐主许焉,诏未下,时门下侍郎豆卢革、同门下中书平章事韦说,实内主之也。……是月(笔者按,指四月),唐主遇弑。丙午,李嗣源即皇帝位。甲寅,改元天成。六月甲寅,王表求夔、忠、万、归、峡五州于唐为属郡,略言:'去冬先朝诏命攻峡内属郡,寻有施州官吏知臣上峡,率先归投,夔、忠等州(一作夔、忠、万三州)旦夕期于收复,乃被郭崇韬专将文字约臣回归,方欲陈论,便值更变。'唐大臣多

---

① 参见杨光华:《前蜀与荆南疆界辩误》。
② 《旧五代史》卷133《高季兴传》云:"明宗即位,复请夔、峡为属郡。"按,此载显与上引《旧五代史·后唐明宗纪》与《资治通鉴》所叙内容并不一致,录此待考。

谓王请自取诸州,而兵出无功,不当以诸州与我。唐主重违王意,不得已许之。"

后唐天成二年(927)五月,复州为后唐所据,隶属于襄州山南东道节度使。(参见第二章第十一节山南东道节度使辖区沿革)同年七月,夔、忠、万3州及云安监复为后唐所有(参见第六章第六节夔州节度使辖区沿革)。高氏政权仅有江陵府及归、峡2州。

后唐天成三年(928)二月,高氏政权所据归州一度属后唐,旋又夺回。《资治通鉴》卷276后唐天成三年二月载:"壬辰,(后唐)宁江节度使西方邺攻拔归州;未几,荆南复取之。"①同年十一月,后唐再取归州。《资治通鉴》卷276天成三年十一月载:"忠州刺史王雅取归州。"胡三省注曰:"忠州时属夔州宁江军,西方邺所部也。归州时属荆南军,高季兴所部也。"

至迟后唐长兴元年(930),归州重又为高氏政权所属。《资治通鉴》后唐天成四年(929)六月载:"庚申,高从诲(笔者按,高季兴长子)自称前荆南行军司马、归州刺史,上表求内附。秋,七月,甲申,(后唐)以从诲为荆南节度使兼侍中。己丑,罢荆南招讨使。"据此可说明高氏政权此后仍奉后唐为正朔。又,《册府元龟》卷178《帝王部·姑息三》载:"长兴元年正月,荆南奏峡州刺史高季雍、归州刺史孙文乞且依旧任,从之。"可知此时高氏政权已在归、峡2州均设有刺史,如此,则归、峡2州至迟在此年前已属高氏。唯确切时间史籍失载,但其事必在天成四年七月至长兴元年正月之间应属无疑②。

此后至五代末,荆南高氏政权当一直领江陵府及归、峡2州之地而未更。

(1) 江陵府(907—959)　　　　　(2) 归州(907—928,930?—959)
(3) 峡州(907—959)　　　　　　(4) 复州(912—923?,924—927)
(5) 夔州(926—927)　　　　　　(6) 忠州(926—927)
(7) 万州(926—927)　　　　　　(8) 云安监(926—927)
(9) 荆门军(919?)

二、荆南节度使所辖各州沿革

1. 江陵府(907—959),治江陵县(今湖北荆州市)

《旧唐书》卷39《地理志二》江陵府下载江陵、长宁、当阳、长林、石首、松

---

① 《旧五代史》卷39《唐明宗纪五》亦载:"西方邺上言,收复归州。……于归州杀败荆南贼军。"《新五代史》卷6《唐明宗纪六》又载:"西方邺克归州。"唯皆系此事于天成三年三月,与《资治通鉴》所记之"二月"有异,未详孰是,录此备考。又,《旧五代史》卷61《西方邺传》称:"(邺)又取归州,数败季兴之兵。"《新五代史》卷25《西方邺传》所载与此同。

② 参见曾育荣:《高氏荆南史稿》,暨南大学博士学位论文,2008年,第74页。

滋、公安等 7 县,《新唐书》卷 40《地理志四》领江陵、枝江、当阳、长林、石首、松滋、公安、荆门等 8 县,且在枝江县下注曰:"上元元年(674)析江陵置长宁县。二年省枝江入长宁。大历六年(771)复置枝江,省长宁。"荆门县下注曰:"贞元二十一年(805)析长林置。"是两《唐书·地理志》所载江陵府领县并无矛盾之处。唐末江陵府领《新唐书·地理志》所载之 8 县,治江陵县①。五代初,亦复如是。

后梁开平三年(909),割复州监利县来属。《太平寰宇记》卷 146 荆州监利县下载:"梁开平三年,以荆州割据,遂属荆州。"

大约在后梁贞明五年(919),废荆门县,以其地置荆门军,并以当阳县别属之。旋,荆门军废,当阳县还属(参见下文荆门军沿革)。

此后至五代末,江陵府一直领江陵、枝江、当阳、长林、石首、松滋、公安、监利等 8 县而未闻复有变更。

(1) 江陵县(907—959)　　　　(2) 枝江县(907—959)
(3) 当阳县(907—919?,919—959)　(4) 长林县(907—959)
(5) 石首县(907—959)　　　　(6) 松滋县(907—959)
(7) 公安县(907—959)　　　　(8) 监利县(909—959)
(9) 荆门县(907—919?)

2. 归州(907—959),治秭归县(今湖北秭归县)

《旧唐书》卷 39《地理志二》、《新唐书》卷 40《地理志四》皆载归州领秭归、巴东、兴山等 3 县。唐末及五代,归州领县亦复如是,治秭归县②。

(1) 秭归县(907—959)　　　　(2) 巴东县(907—959)
(3) 兴山县(907—959)

3. 峡州(907—959),治夷陵县(今湖北宜昌市)

《旧唐书》卷 39《地理志二》硖州(笔者按,当作"峡州")下载领夷陵、宜都、长阳、远安、巴山等 5 县;《新唐书》卷 40《地理志四》峡州下辖夷陵、宜都、长阳、远安等 4 县,并在长阳县下注曰:"天宝八载(749)省巴山入长阳。"唐末,峡州领《新唐书·地理志》所载之 4 县,治夷陵县③。五代初,亦复如是。

高氏据荆南时,析长阳县复置巴山县。《元丰九域志》卷 6 峡州下载:"开宝八年(975),省巴山县为寨,隶夷陵。"《舆地广记》卷 27 峡州夷陵县下载:"巴

---

① 参见郭声波:《中国行政区划通史·唐代卷》江陵府沿革,第 825 页。
② 参见郭声波:《中国行政区划通史·唐代卷》归州沿革,第 815 页。
③ 参见郭声波:《中国行政区划通史·唐代卷》峡州沿革,第 828 页。

山寨,本巴山县,隋分长阳置,属清江郡,后省。唐武德四年(621)复置,属睦州。八年属东松州。贞观元年(627)属硖州。天宝八载(749)省入长阳。五代时复置。皇朝开宝八年省入夷陵。"《记纂渊海》卷14《郡县部》峡州下载:"五代高氏复置巴山县,本朝省之。"综上所述,可知五代时高氏当复析长阳县置巴山县①,至北宋时又废巴山县入夷陵县。至于巴山县复置的确切时间,史籍失载,在此暂置于913年荆南高氏正式割据之时。

(1) 夷陵县(907—959)　　　(2) 宜都县(907—959)

(3) 长阳县(907—959)　　　(4) 远安县(907—959)

(5) 巴山县(913?—959)

4. 复州(907—959),治沔阳县(907—936?,今湖北仙桃市西南)—景陵县(936?—959,今湖北天门市)

《旧唐书》卷39《地理志二》、《新唐书》卷40《地理志四》皆载复州下领沔阳、竟陵、监利等3县。唐末,复州仍领此3县②。五代初,亦复如是。

后梁开平三年(909),监利割隶江陵府(荆州)(参见上文江陵府沿革)。

后晋天福初,竟陵县改曰景陵县,并徙州治于景陵县。《太平寰宇记》卷144复州下载:"今理景陵县。"在景陵县下又载:"晋天福初改为景陵县。"《记纂渊海》卷14复州景陵县下载:"晋天福改县曰景陵。"又,《舆地广记》卷27复州景陵县下载:"五代时又徙治此。"则复州当于改竟陵为景陵时,由沔阳徙治于此。

晋天福五年(940),复州升为防御州,直属京。《五代会要》卷20《州县分道改置》复州下载:"晋天福五年七月,直属京,升为防御。"

五代末,复州领景陵、沔阳2县。《太平寰宇记》卷144复州下载:"元领县三。今二:景陵,沔阳。一县割出:监利(入荆州)。"

(1) 沔阳县(907—959)

(2) 竟陵县(907—936?)—景陵县(936?—959)

(3) 监利县(907—909)

5. 荆门军(919?),治当阳县(今湖北当阳市)

大约在后梁贞明五年(919),荆南高氏以江陵府荆门县地置荆门军,并割

---

① 有关南平复置巴山县的原因推测,可参看杨光华:《五代峡州复置巴山县考》,《中国历史地理论丛》2010年第3辑。

② 郭声波:《中国行政区划通史·唐代卷》复州沿革,第833页。

江陵府当阳县来属。寻废荆门军①,当阳县复属江陵府。《太平寰宇记》卷146荆门军下载:"唐末,荆州高氏割据,建为军,领荆州当阳县。"《舆地纪胜》卷78荆门军下载:"五代朱梁时,高氏割据,建为荆门军,治当阳,寻省。"

至于荆门军的始置时间,史籍失载,在此仅据相关史料作一推测。《十国春秋》卷100《荆南一·武信王世家》载:天成二年(927),"筑内城以自固,名曰子城。建楼于内城东门上,曰江汉楼。置荆门军于当阳县。"然《新五代史》69《南平世家》载:"(梁)太祖崩,季兴见梁日以衰弱,乃谋阻兵自固,治城隍,设楼橹。"《十国春秋》卷100《荆南一·武信王世家》载:贞明五年(919),"改建内城东门楼曰江汉楼"。综合这两条史料记载,则可知吴任臣将贞明五年荆南高氏建江汉楼事误载于天成二年,故颇疑置荆门军之事亦当调整至贞明五年,如此则亦与《舆地纪胜》所述相合。

当阳县(919?)

6. 夔州

参见第六章第六节夔州节度使所辖夔州沿革。

7. 忠州

参见第六章第六节夔州节度使所辖忠州沿革。

8. 万州

参见第六章第六节夔州节度使所辖万州沿革。

9. 云安监

参见第六章第六节夔州节度使所辖云安监沿革。

第二节　潭州(长沙府)武安军节度使

潭州武安军节度使为唐末旧镇。后梁开平元年(907)四月,封马殷为楚王,据有潭州武安军节度使所辖潭、衡、郴、连、道、永、邵、岳等8州,治潭州。开平二年(908),岳州别属朗州武贞军节度使[后梁贞明六年(920)之辖区参见图2-16]。后唐天成二年(927),封马殷为楚国王,改潭州为长沙府。后唐长兴元年(930),马殷病亡。十一月,子马希声嗣位,"去建国之制,复藩镇之旧"②,改长沙府为潭州。后晋天福三年(938),改邵州为敏州,改郴州为敦州。

---

① 谭其骧主编《中国历史地图集》第五册"五代十国时期"之"天福八年(943)南平、楚图"中南平有荆门军,当误。

② 《十国春秋》卷68《楚二·衡阳王世家》。

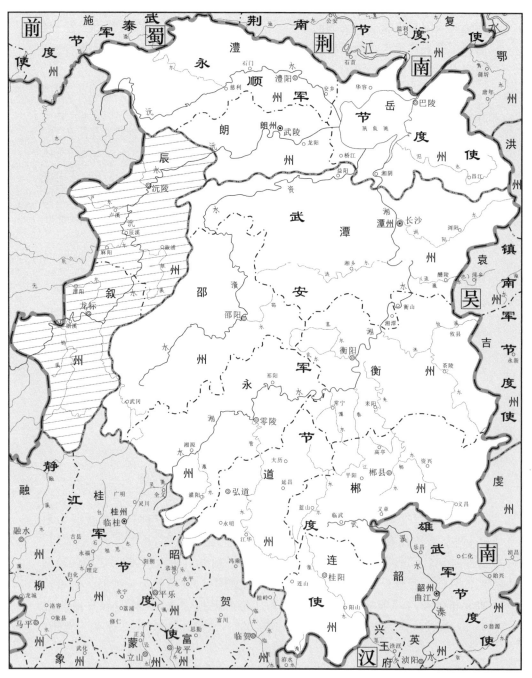

图 2-16 920年楚王潭州武安军、朗州永顺军节度使辖区及羁縻地区示意图
（图中阴影部分所示为楚王羁縻州区域）

天福四年(939),析永州置全州,又析郴州2县之地置桂阳监,为州级政区。后汉天福十二年(947),复改敏州为邵州,改敦州为郴州。南唐保大九年(后周广顺元年,951),南唐兵入潭州,楚国灭亡,武安军节度使大部分辖区为南唐所据。十二月,南汉乘南唐灭楚之时取郴、连2州及桂阳监。后周广顺二年(952),马楚旧将(湖南)王逵(王进逵)任武安军节度使,据有潭、衡、道、永、邵、全等6州。后周显德三年(956),王逵被杀,武安军节度使所领6州之地又为湖南周行逢占据。

一、潭州(长沙府)武安军节度使辖区沿革

潭州武安军节度使(楚王 907—927)—长沙府武安军节度使(楚 927—930)—潭州武安军节度使(后唐 930—934,楚 934—951,南唐 951—952,湖南 952—959)

潭州武安军节度使,又称湖南节度使,为唐末旧镇,领潭、衡、郴、连、道、永、邵等7州,治潭州①。至唐光化二年(899),为马殷所控制。《资治通鉴》光化元年(898)三月载:昭宗"以潭州刺史、判湖南军府事马殷知武安留后。时湖南管内七州,贼帅杨师远据衡州,唐世旻据永州,蔡结据道州,陈彦谦据郴州,鲁景仁据连州,殷所得惟潭、邵而已"②。同年五月,马殷派兵攻打衡州,"斩杨师远,引兵趣永州,围之月余,唐世旻走死。殷以李唐为永州刺史"。光化二年(899)七月,"马殷遣其将李唐攻道州,蔡结聚群蛮,伏兵于隘以击之,大破唐兵。唐曰:'蛮所恃者山林耳,若战平地,安能败我!'乃命因风燔林,火烛天地,群蛮惊遁,遂拔道州,擒结,斩之"。同年十一月,"马殷遣其将李琼攻郴州,执陈彦谦,斩之;进攻连州,鲁景仁自杀,湖南皆平"。

后梁开平元年(907),武安军节度使仍为割据一方的楚王马殷所据,领唐末7州及原唐末鄂岳都团练观察使辖区的岳州(参见本章第三节朗州节度使辖区沿革),共计8州之地,治潭州。

后梁开平二年(908),马楚据有武贞军节度使,岳州当别属之(参见本章第三节朗州节度使辖区沿革)。

后唐天成二年(927)八月,楚王马殷始建国,改潭州为长沙府。《新五代史》卷66《楚世家·马殷》载:"天成二年,请建行台。明宗封殷楚国王……殷

---

① 参见郭声波:《中国行政区划通史·唐代卷》武安军节度沿革,第538页。
② 《新五代史》卷66《楚世家·马殷》以为其时马殷仅有潭州1州之地,随后又将其余6州攻下,恐非。

以潭州为长沙府,建国承制,自置官属。"《资治通鉴》卷 276 天成二年八月载:"册礼使至长沙,楚王殷始建国,立宫殿,置百官,皆如天子"。

后唐长兴元年(930)十一月,马殷病亡。子马希声袭位,"称遗命去建国之制,复藩镇之旧"①。楚国恢复后唐藩镇地位后,复改长沙府为潭州。

后唐应顺元年(934)正月,封武安、武平节度使马希范为楚王②。应视为后唐对马楚立国的再次承认。

后晋天福三年(938)五月,因避后晋宪祖石绍雍(后晋高祖石敬瑭父)与肃祖石郴(后晋高祖石敬瑭曾祖父)名讳,分别改邵州为敏州、郴州为敦州(参见下文邵、郴 2 州沿革)。

后晋天福四年(939)四月,析永州清湘、灌阳 2 县置全州(参见下文全州沿革)。同年,析郴州平阳、临武两县置桂阳监,为州一级领县政区(参见下文桂阳监沿革)。是此时武安军节度使领潭、衡、敦、连、道、永、敏、全等 8 州及桂阳监。

后汉天福十二年(947),复改敏州为邵州、敦州为郴州(参见下文邵、郴 2 州沿革)。

南唐保大九年(后周广顺元年,951),南唐兵入潭州,楚国灭亡,武安军节度使大部分辖区为南唐所据。《资治通鉴》卷 290 广顺元年载:三月,"唐以楚王希萼为天策上将军,武安・武平・静江・宁远节度使兼中书令、楚王;以右仆射孙忌、客省使姚凤为册礼使。……楚王希萼既得志,多思旧怨,杀戮无度,昼夜纵酒荒淫,悉以军府事委马希崇"。九月,乱军囚希萼,"立希崇为武安留后……希崇既袭位,亦纵酒荒淫,为政不公,语多矫妄,国人不附。……(马部都指挥使)徐威等见希崇所为,知必无成,又畏朗州、衡山之逼,恐一朝丧败,俱及祸,欲杀希崇以自解。希崇微觉之,大惧,密遣客将范守牧奉表请兵于唐,唐主命边镐自袁州将兵万人西趣长沙"。十月"壬寅,(希崇)遣天策府学士拓跋恒奉牋诣镐请降。……甲辰,希崇等从镐入城,镐舍于浏阳门楼,湖南将吏毕贺,镐皆厚赐之。时湖南饥馑,镐大发马氏仓粟赈之,楚人大悦。(胡三省注曰:马殷据潭、朗,传子希声、希范、希广、希萼、希崇,至是而亡。)……马希萼望唐人立己为潭帅,而潭人恶希萼,共请边镐为帅,唐主乃以镐为武安节度使"。又,同年十一月,南汉趁南唐灭楚国之际攻取连州、桂阳监。《资治通鉴》卷 290 广顺元年十一月载:"(南汉将吴)怀恩因以兵略定宜、连、梧、严、富、昭、柳、龚、象等州,南汉始尽有岭南之地。"同年十二月,郴州又为南汉所据。《资

---

① 《资治通鉴》卷 277 长兴元年十一月、《十国春秋》卷 68《楚二・衡阳王世家》。
② 《资治通鉴》卷 277 清泰元年。

治通鉴》卷290广顺元年十二月载:"南汉主遣内侍省丞潘崇彻、将军谢贯将兵攻郴州,唐边镐发兵救之;崇彻败唐兵于义章,遂取郴州。"另外,是年九月,马希萼又自置武清军节度使。《资治通鉴》卷290广顺元年九月载:衡山指挥使廖偃与其季父节度巡官匡凝与彭师暠"共立希萼为衡山王,以县为行府,断江为栅,编竹为战舰,以师暠为武清节度使,(胡三省注曰:武清节度使,廖偃等自相署置耳。)召募徒众,数日,至万余人,州县多应之。"该武清军节度使于史籍中仅此一见,又系马希萼于非常时期自置,且无辖区,疑旋置旋废。

后周广顺二年(南唐保大十年,952),武安军节度使辖区又为马楚旧将王逵(王进逵)所据。《旧五代史》卷133《马殷传》所附《刘言传》载:广顺二年,"冬十月三日,(武平节度使留后刘言)与其节度副使王进逵、行军司马何敬真、都指挥使周行逢等同领舟师以袭潭州。……十三日,至潭州城下。是夕,边镐领其部众弃城东走,进逵、敬真遂入据其城。言乃遣牙将张崇嗣奉表于周太祖,且言潭州兵戈之后,焚烧殆尽,乞移使府于朗州,从之"。《资治通鉴》卷291广顺二年载:"冬,十月,(王)逵等将兵分道趣长沙……乙未,至潭州,边镐婴城自守;救兵未至,城中兵少,丙申夜,镐弃城走,吏民俱溃。……丁酉旦,王逵入城,自称武平节度副使、权知军府事。……蒲公益攻岳州,唐岳州刺史宋德权走,刘言以公益权知岳州。唐将守湖南诸州者,闻长沙陷,相继遁去。(武平留后)刘言尽复马氏岭北故地,惟郴、连入于南汉。"由上所载可知此时的武安军节度使当领潭、衡、道、永、邵、全等6州。另,此时为王逵又沿袭此前马希萼自置武清军节度使的做法,以周行逢为武清军节度使。《资治通鉴》卷292显德元年(954)载:"是岁,湖南大饥,民食草木实;武清节度使、知潭州事周行逢(胡三省注曰:自彭师暠等拥立马希萼于衡山,自署武清节度使,王逵因之以授周行逢。)开仓以赈之,全活甚众。"不过,此武清军节度使当徒具其名,无实际辖区。

后周显德三年(956),王逵被杀,武安军节度使辖区又为周行逢控制。《资治通鉴》卷292显德三年二月载:潘叔嗣西袭朗州,"(王)逵闻之,还军追之,及于武陵城外,与叔嗣战,逵败死。……(叔嗣)使(岳州)团练判官李简帅朗州将吏迎武安节度使周行逢。……(行逢)乃以衡州刺史莫弘万权知潭州,帅众人朗州,自称武平、武安留后,告于朝廷"。

(1) 潭州(907—927)—长沙府(927—930)—潭州(930—959)
(2) 衡州(907—959)
(3) 郴州(907—936)—敦州(938—947)—郴州(947—951)
(4) 连州(907—951)　　　　(5) 道州(907—959)

(6) 永州(907—959)

(7) 邵州(907—936)—敏州(938—947)—邵州(947—959)

(8) 岳州(907—908)　　　　(9) 全州(939—959)

(10) 桂阳监(939—951)

二、潭州(长沙府)武安军节度使所辖各州(府)沿革

1. 潭州(907—927)—长沙府(927—930)—潭州(930—959),治长沙县(今湖南长沙市)

《旧唐书》卷40《地理志三》、《新唐书》卷41《地理志五》潭州下皆领长沙、湘潭、湘乡、益阳、醴陵、浏阳等6县。唐末潭州领县未更①,治长沙县。五代初,亦复如是。

后梁时期(907—922),割衡州攸县来属。《太平寰宇记》卷114潭州下载:"攸县,衡州割到。"《舆地广记》卷26潭州攸县下载:"五代时来属。"《文献通考》卷319《舆地考五》潭州下载:"唐末马氏据其地,建为武安军节度。梁以衡州攸县来属。"衡州下亦载:"梁以攸县属潭州。"②

后唐天成二年(927),马殷"建国承制,自置官属",改潭州为长沙府。

后唐长兴元年(930),马殷卒,楚国恢复后唐藩镇地位,复改长沙府为潭州。

至迟后唐清泰二年(935),割衡州衡山县隶潭州,寻又还属衡州。《太平寰宇记》卷114潭州下载:"衡山,衡州割到。"又,同书卷115衡州安仁县下载:"本安仁镇,后唐清泰二年徙(析)潭州衡山县,割宜阳、熊耳两乡为场,在熊耳乡。"据此可知至迟清泰二年,衡山县已从衡州改属潭州。然《舆地广记》卷26潭州衡山县下载:"皇朝淳化四年(993)来属。"《记纂渊海》卷13《郡县部》潭州衡山县下又载:"石晋属潭州,后复属衡州,本朝改属潭州。"《文献通考》卷319《舆地考五》衡州下载:"淳化四年,以衡山隶潭州。"《读史方舆纪要》卷80衡州府衡山县下载:"五代晋天福五年(940)复属潭州,寻还属衡州。宋淳化四年又改隶潭州。"综合上述所载,则衡山县寻又由潭州还属衡州,至宋淳化四年,衡山县又属潭州。唯上引《记纂渊海》与《读史方舆纪要》所述后晋时衡山县由衡州别属潭州不确,当依《太平寰宇记》所载将别属时间更为后唐。又,由上引

---

① 参见郭声波:《中国行政区划通史·唐代卷》潭州沿革,第538页。
② 《记纂渊海》卷13《郡县部》潭州攸县下又载:"后梁属潭州,后又属衡州,本朝来属。"《读史方舆纪要》卷80长沙府攸县下亦载:"五代梁时马氏复属潭州。汉乾祐初仍属衡州。宋还属潭州。"似后梁时攸县割隶潭州后,又曾于后汉年间复隶衡州,至宋方又别属潭州。其说未详何据,录此待考。

《太平寰宇记》衡州安仁县下之文可知,清泰二年,又析衡山县 2 乡置安仁场,寻当与衡山县一起复别属衡州(参见下文衡州沿革)。

后晋天福四年(939),割衡州茶陵县来属。《记纂渊海》卷 13《郡县部》衡州茶陵县下载:"石晋时地入马氏,建天策府,析属潭州,本朝改属衡。"又,《资治通鉴》卷 282 天福四年十一月载:"楚王希范始开天策府。"据此,可断定茶陵割属潭州为后晋天福四年。

后汉乾祐二年(949),析长沙县置龙喜县,隶潭州。《旧五代史》卷 102《汉隐帝纪中》载:"(乾祐二年)秋七月辛亥,湖南奏,析长沙县东界为龙喜县"。又,《新五代史》卷 60《职方考》载:"潭州龙喜,汉乾祐三年,马希范置。"其中记载的龙喜县始置之年与《旧五代史·汉隐帝纪中》之文有异。然马希范于后汉天福十二年(947)已亡,故在此不取欧阳氏之说。

此后至五代末,潭州当一直领长沙、湘潭、湘乡、益阳、醴陵、浏阳、攸、茶陵、龙喜等 9 县未更。

(1) 长沙县(907—959)　　(2) 湘潭县(907—959)
(3) 湘乡县(907—959)　　(4) 益阳县(907—959)
(5) 醴陵县(907—959)　　(6) 浏阳县(907—959)
(7) 攸县(922?—959)　　(8) 衡山县(935?—936?)
(9) 茶陵县(939—959)　　(10) 龙喜县(949—959)
(11) 安仁场(935—936?)

2. 衡州(907—959),治衡阳(今湖南衡阳市)

《旧唐书》卷 40《地理志三》、《新唐书》卷 41《地理志五》皆载衡州下领衡阳、常宁、攸、茶陵、耒阳、衡山等 6 县。唐末衡州领县未更,治衡阳县①。五代初,亦复如是。

后梁时期,割攸县隶潭州(参见上文潭州沿革)。

至迟后唐清泰二年(935),割衡山县隶潭州,寻复还属(参见上文潭州沿革)。同年,又析衡山县宜阳、熊耳两乡置安仁场,治熊耳乡(参见上文潭州沿革)。《太平寰宇记》卷 115 衡州下领有安仁县,并言"潭州割到",而从地理言之,安仁又在衡山县之南,故颇疑安仁场在始置后不久亦当随衡山县一起别属衡州,至宋又由场升为县。

后晋天福四年(939),割茶陵县隶潭州(参见上文潭州沿革)。

此后至五代末,衡州一直领衡阳、常宁、衡山、耒阳等 4 县及安仁场而

---

① 参见郭声波:《中国行政区划通史·唐代卷》衡州沿革,第 540 页。

未更。

(1) 衡阳县(907—959)　　　　　(2) 常宁县(907—959)

(3) 攸县(907—922?)　　　　　(4) 茶陵县(907—939)

(5) 耒阳县(907—959)　　　　　(6) 衡山县(907—935?,936?—959)

(7) 安仁场(936?—959)

3. 郴州(907—938)—敦州(938—947)—郴州(947—959),治郴县(今湖南郴州市,907—938)—敦化县(938—947)—郴县(947—959)

《旧唐书》卷40《地理志三》、《新唐书》卷41《地理志五》皆载郴州领郴、义章、义昌、平阳、资兴、高亭、临武、蓝山等8县。唐末郴州仍领此8县,治郴县①。五代初,亦复如是。

后唐同光二年(924)八月,改义昌县为郴义县。《册府元龟》卷31《帝王部·奉先四》载:同光二年八月"癸亥,湖南马殷奏管内州县名有犯献祖庙讳处……彬州义昌县改为义彰县"。据此,似义昌县改称义彰。然由上文可知,郴州此前已领义章县,故此处"义彰"应为"郴义"之讹,《舆地广记》卷26郴州桂阳县下所载"唐天宝元年(742)改为义昌,后唐改曰郴义"可资为证。

后晋天福三年(938)五月,因避后晋肃祖石郴讳,改郴州为敦州,改郴县为敦化县,郴义县为敦和县。《太平寰宇记》卷117郴州下载:"(唐)乾元元年复为郴州。晋天福初为敦州,避庙讳。汉初复旧名。"郴县下载:"晋天福初改为敦化。汉初复旧。"《册府元龟》卷31《帝王部·奉先四》载:天福三年"五月,丁巳,敕应诸州县名犯庙讳等相南管内资兴县本州名犯肃祖孝简皇帝庙讳,宜改为敦州;州管县名与州名同,改为敦化县;义县上一字亦与本州名同,改为敦和县。"

后晋天福四年(939),割平阳、临武2县入桂阳监,2县即废(参见下文桂阳监沿革)。

后汉天福十二年(947),复改敦州为郴州,敦化县为郴县,敦和县为义昌县。

此后至五代末,郴州一直领郴、义章、义昌、资兴②、高亭、蓝山等6县而未更。

---

① 参见郭声波:《中国行政区划通史·唐代卷》郴州沿革,第543页。

② 《文献通考》卷319《舆地考五》郴州下载:"后晋时废临武、高平二县,以其地入桂阳监,又废资兴县。"似资兴县在五代时已废。然《舆地纪胜》卷57郴州资兴县载:"皇朝是废,失其年月。《寰宇记》有资兴县,《九域志》无资兴县。则是废在于太平兴国至熙宁之间。"据此则可知《文献通考》所载不确。

(1) 郴县(907—938)—敦化县(938—947)—郴县(947—959)

(2) 义章县(907—959)

(3) 义昌县(907—924)—郴义县(924—938)—敦和县(938—947)—义昌县(947—951)

(4) 资兴县(907—959)　　　　(5) 高亭县(907—959)

(6) 蓝山县(907—959)　　　　(7) 平阳县(907—939)

(8) 临武县(907—939)

4. 连州(907—959),治桂阳县(今广东连州市)

《旧唐书》卷40《地理志三》、《新唐书》卷41《地理志五》皆载连州领桂阳、阳山、连山等3县。唐末,连州仍领此3县,治桂阳县①。五代时期,连州领县无有变更,一如唐末。

(1) 桂阳县(907—959)　　　　(2) 连山县(907—959)

(3) 阳山县(907—959)

5. 道州(907—959),治弘道县(今湖南道县)

《旧唐书》卷40《地理志三》、《新唐书》卷41《地理志五》皆载道州领弘道、延唐、江华、永明、大历等5县。唐末道州仍领此5县,治弘道县②。

后梁开平元年(907),因避后梁讳唐字,改延唐县为延昌县。

后唐同光二年(924)八月,因避后唐献祖李国昌讳及复后梁改唐字讳,复改延昌县为延唐县。《册府元龟》卷31《帝王部·奉先四》载:同光二年八月,"癸亥湖南马殷奏管内州县名有犯献祖庙讳处,道州延昌县复旧名延唐县"。

后晋天福七年(942),因避后晋高祖石敬瑭讳,改延唐县为延喜县。《册府元龟》卷3《帝王部·名讳》载:晋天福七年,敕改"道州延唐为延喜"。

后汉天福十二年(947),复改延喜县为延唐县。《太平寰宇记》卷116道州宁远县下载:"天宝元年(742)又改为延唐县。梁改为延昌县。后唐同光初复旧。晋天复(福)初改为延喜县。后复旧。"因后晋为避讳改名,故可断后汉初时当复旧名。

此后至五代末,道州领县一如唐末而未更。

(1) 弘道县(907—959)

(2) 延唐县(907)—延昌县(907—924)—延唐县(924—942)—延喜县(942—947)—延唐县(947—959)

---

① 参见郭声波:《中国行政区划通史·唐代卷》连州沿革,第546页。
② 参见郭声波:《中国行政区划通史·唐代卷》道州沿革,第547页。

(3) 江华县(907—959)　　　　　(4) 永明县(907—959)

(5) 大历县(907—959)

6. 永州(907—959),治零陵县(今湖南永州市)

《旧唐书》卷 40《地理志三》、《新唐书》卷 41《地理志五》皆载永州领零陵、祁阳、湘源、灌阳等 4 县。唐末,永州仍领此 4 县,治零陵县①。五代初,亦复如是。

后唐天成元年(926),因避后唐明宗李嗣源讳,马殷改湘源县为湘川县。《太平寰宇记》卷 116 全州清湘县下载:"后唐时节度使马殷改为清湘县。"其中提及的"清湘县"当作"湘川县",而"清湘县"则应是"湘川县"为全州属县后的改称(参见下文全州沿革所引《五代会要》之文)。又,《舆地广记》卷 26 全州清湘县下载:"(隋)置湘源县,属永州。唐因之,后改为湘川。楚又改为清湘,而置全州。"此载亦可添一佐证。

后晋天福元年(936),马希范析零陵县地置东安场。《太平寰宇记》卷 116 永州东安县下载:"本零陵县地,丙申岁(936),马氏割据时,析零陵县置东安场,以近东安江岸为名。"

后晋天福四年(939),马希范割湘川、灌阳 2 县置全州(参见下文全州沿革)。永州仅领零陵、祁阳 2 县及东安场。此后至五代末,永州境域未闻复有所变更。

(1) 零陵县(907—959)　　　　　(2) 祁阳县(907—951)

(3) 湘源县(907—926)—湘川县(926—939)　(4) 灌阳县(907—939)

(5) 东安场(936—959)

7. 邵州(907—938)—敏州(938—947)—邵州(947—959),治邵阳县(今湖南邵阳市,907—938)—敏政县(938—947)—邵阳县(947—959)

《旧唐书》卷 40《地理志三》、《新唐书》卷 41《地理志五》皆载邵州领邵阳、武冈 2 县。唐末,邵州仍领此 2 县,治邵阳县②。五代初,亦复如是。

后晋天福三年(938),因避后晋宪祖石绍雍讳,改邵州为敏州,改邵阳县为敏政县。《册府元龟》卷 31《帝王部·奉先四》载:天福三年五月,"武冈县本州名与宪祖孝元皇帝庙讳上一字音同,宜改为敏州;州管阳县上一字与州名同,改为敏政县。"

后汉天福十二年(947),复改敏州为邵州,改敏政县为邵阳县。《太平寰宇记》卷 114 邵州下载:"晋天福初改为敏州,避庙讳。汉初仍旧。"邵阳县下载:

---

① 参见郭声波:《中国行政区划通史·唐代卷》永州沿革,第 549 页。
② 参见郭声波:《中国行政区划通史·唐代卷》邵州沿革,第 550 页。

"晋天福初改为敏政县。汉初复旧。"

此后至五代末,邵州一直领邵阳、武冈2县而未更。

(1) 邵阳县(907—938)—敏政县(938—947)—邵阳县(947—959)

(2) 武冈县(907—959)

8. 全州(939—959),治清湘县(今广西全州县)

后晋天福四年(939),割永州湘川(改称清湘县)、灌阳2县置全州,治清湘县。《五代会要》卷20《州县分道改置》全州下载:"晋天福四年四月,湖南马希范奏,以湘川县置州,仍置清湘县,并割灌阳县隶之。"《旧五代史》卷78《晋高祖纪四》:天福四年(939)四月,"改湘川县为全州,从马希范之奏也。"《太平寰宇记》卷116全州下载:"晋天福四年,于永州清湘县置全州,仍割清湘、灌阳二县以属焉,从潭州节度使马希范之请也。"《舆地纪胜》卷60全州下载:"五代晋高祖时,湖南节度使马希范奏改永州之湘源县于清湘县置全州,割永之清湘、灌阳二县隶焉。"永州下亦载:"五代马氏又割湘源、灌阳二县为全州。"《文献通考》卷319《舆地考五》永州下载:"晋以湘源、灌阳二县属全州。"全州下又载:"晋天福中,马希范奏以永州湘源县置州,以灌阳来属。"①其中《太平寰宇记》、《舆地纪胜》及《文献通考》中提及的湘源县实即《五代会要》与《旧五代史》中所言及的湘川县。后唐天成元年(926),湘源县改称湘川县(参见上文永州沿革),又在后晋天福四年由永州割属全州时改称清湘县。

此后至五代末,全州领清湘、灌阳2县而未更。《太平寰宇记》卷116全州下仍领此2县可添一旁证。

(1) 清湘县(939—959)　　　　(2) 灌阳县(939—959)

9. 桂阳监(939—959),治平阳(今湖南桂阳县)

后晋天福四年(939),以郴州平阳、临武2县地置桂阳监。《太平寰宇记》卷117桂阳监下载:"在桂阳洞之南。历代以来,或为监出银之务也。晋天福四年割出郴州平阳、临武两县人户属监。"桂阳监升为与州同级的政区。又因《太平寰宇记》桂阳监下无有辖县,是平阳、临武2县此时当废。故《文献通考》卷319《舆地考五》郴州下载:"晋改为敦州,废临武、高平二县,以其地入桂阳监。"

10. 岳州

参见本章第三节朗州节度使所辖岳州沿革。

---

① 《舆地广记》卷26全州下载:"石晋天福三年(938),楚王马希范奏置全州。"其中的"天福三年"疑为"天福四年"之误。又,《新五代史》卷60《职方考》载:"全州,楚王马希范置,以潭州之湘川县为清湘县,又割灌阳县以属而治清湘。"笔者按,潭州无湘川县,其中的"潭州"当为"永州"之误。

第三节　朗州永顺军(武贞军、武顺军、武平军)节度使

朗州武贞军节度使为唐末旧镇。后梁开平元年(907)，雷彦恭割据于此。后梁开平三年(908)，为马楚所控制，辖朗、澧、岳等3州，治朗州。旋，马楚将武贞军军号改为永顺军[后梁贞明六年(920)之辖区参见前图2-16]。至迟龙德二年(922)，复改永顺军为武顺军。后唐同光元年(923)十二月，武顺军又改称武贞军。至迟长兴元年(931)，武贞军又改军号为武平军。至迟后晋天福四年(939)，辰州由羁縻州升为正州，当属武平军节度使管辖。南唐保大八年(后汉乾祐三年，950)，武平军节度使由马楚改属南唐。保大九年(后周广顺元年，951)，武平军节度使又为马楚旧将刘言所据。后周广顺三年(953)八月，武平军节度使又为王逵(王进逵)所据，且迁治潭州。后周显德元年(954)五月，武平军节度使复徙治朗州。后周显德三年(956)二月，武平军节度使又为周行逢所据。

一、朗州永顺军(武贞军、武顺军、武平军)节度使辖区沿革

朗州武贞军节度使(武贞907—908)—**朗州永顺军节度使(楚王908—922?)**—朗州武顺军节度使(楚王922?—923)—朗州武贞军节度使(楚王923—927，楚927—930，后唐930—931?)—朗州武平军节度使(后唐931?—934，楚934—950，南唐950—951，湖南951—959)

朗州武贞军节度使为唐旧镇，唐末领朗、澧、溪等3州，治朗州①。

五代初，武贞军节度使为雷彦恭所控，领朗、澧2州②，治朗州。《资治通鉴》开平元年(907)载：六月甲寅，"武贞节度使雷彦恭会楚兵攻江陵。"九月，"丙申，诏削彦恭官爵，命季昌与楚王殷讨之。"

后梁开平二年(908)五月，马殷派兵将武贞军节度使雷彦恭逐出朗州。澧州刺史向瓌见势亦归附马殷。《资治通鉴》卷267开平二年五月载："(武贞军节度使)雷彦恭引沅江瓌朗州以自守，(楚将)秦彦晖顿兵月余不战，彦恭守备稍懈；彦晖使裨将曹德昌帅壮士夜入自水窦，内外举火相应，城中惊乱，彦晖鼓

---

① 参见郭声波：《中国行政区划通史·唐代卷》武贞军节度使沿革，第833页。
② 唐末武贞军节度使所领之溪州，五代初为土家族彭瑊所据。后成为马楚境内的羁縻州。参见下文所附楚王(国)羁縻州溪州沿革。

噪坏门而入,彦恭轻舟奔广陵。彦晖虏其弟彦雄,送于大梁。淮南以彦恭为节度副使。先是,澧州刺史向瓌与彦恭相表里,至是亦降于楚,楚始得澧、朗二州。"至此,武贞军节度使所辖的朗、澧2州为马楚所据。随后马楚又改武贞军节度使军号为永顺军①。

再者,在此前一年,即开平元年(907)六月,马殷又从吴王杨氏政权手中夺取了在唐末本属鄂岳都团练观察使辖区②的岳州③。早在唐天复三年(903)五月,岳州曾一度归属马殷。《资治通鉴考异》引《马氏行年记》曰:"天复三年,自荆南振旅还,遂入岳州,降刺史邓进思。"《资治通鉴》卷264天复三年五月载:"马殷以(许)德勋为岳州刺史。"然至唐天祐三年(906)三月,岳州又为淮南吴王杨渥遣将攻取。《资治通鉴》卷265天祐三年载:"杨渥遣先锋指挥使陈知新攻湖南。三月,乙丑,知新拔岳州,逐刺史许德勋,(胡三省注曰:昭宗天复三年,湖南将许德勋取岳州,今弃之。)渥以知新为岳州刺史。"故在开平元年马楚夺得岳州可谓是二次据有。从地理位置上看,岳州地近朗、澧、潭等3州,是马楚在开平元年(907)据有岳州后,应先属潭州武安军节度使;在开平二年马楚取得武贞军节度使朗、澧2州后,复调整至武贞军节度使下管辖。

至迟后梁龙德二年(922),永顺军节度使又改称武顺军节度使(参见下文)。

后唐同光元年(923)十二月,武顺军节度使复称武贞军节度使。《旧五代史》卷30《唐庄宗纪四》载:同光元年十二月,"(改)朗州武顺军复为武贞军"。据此可知,此前马楚又曾改永顺军号为武顺军,唯具体确年不详,姑且定在后梁末年④。

至迟后唐长兴元年(931),武贞军节度使又改军号为武平军。《旧五代史》卷42《唐明宗纪八》载:长兴二年八月"丙寅,以武平军节度使马希振依前检校太尉、兼侍中,充虔州昭信军节度使"。其中提及的"武平军节度使"为最早见于史籍的记载,据此可知至迟此年前武贞军节度使已改称武平军节度使。

至迟后晋天福四年(939),辰州由马楚政权的羁縻州升为正州⑤。《资治

---

① 朗州武贞军改军号为永顺军之确年,史籍无载。《旧五代史》卷17《张佶传》载:"开平初,(马)殷表佶为朗州永顺军节度使,累加检校太傅、同平章事。"《资治通鉴》卷267开平四年十二月所载"楚王殷以(姚)彦章知容州事,以(刘)昌鲁为永顺节度副使。"胡三省注曰:"马殷并朗州,奏改武贞军为永顺军。"据此二则史料推断当是马殷得朗、澧2州后即改。朱玉龙以为亦存在后梁乾化中避末帝友贞讳改之可能。参见氏著《五代十国方镇年表》朗州注4,第631页。
② 参见郭声波:《中国行政区划通史·唐代卷》鄂岳都团练观察使沿革,第569页。
③ 《资治通鉴》卷266开平元年六月。
④ 朱玉龙将永顺军改称武顺军的时间定在后梁贞明四年(918)至龙德二年(922)之间,可备一说。参见氏著《五代十国方镇年表》朗州注8,第631页。
⑤ 辰州为马楚羁縻州时的情况,参见下文所附楚王(国)羁縻州辰州沿革。

通鉴》卷282天福四年八月载："黔南巡内溪州刺史彭士愁引蒋、锦州蛮万余人寇辰、澧州，（胡三省注曰：辰、澧时属楚。）焚掠镇戍，遣使乞师于蜀；蜀主以道远，不许。"据此可知至迟此年，辰州已为马楚所属之正州，否则上引文中不会将辰、澧2州并称，并用"寇"字来表述周边少数部族对此2州的侵扰①。又，由辰州的地望度之，将其纳入朗州武平军节度使管辖范围之内似较合理。

南唐保大八年（后汉乾祐三年，950），武平军节度使由马楚改属南唐。《资治通鉴》卷289乾祐三年载：九月，"（武平军节度使）马希萼以朝廷意佑楚王希广，怒，遣使称藩于唐，乞师攻楚。唐加希萼同平章事，以鄂州今年租税赐之，命楚州刺史何敬洙将兵助希萼。"十一月"辛未，希萼留其子光赞守朗州，悉发境内之兵趣长沙，自称顺天王"。十二月甲辰，陷长沙。"丁未，希萼自称天策上将军，武安·武平·静江·宁远等军节度使、楚王。……楚王希萼以子光赞为武平留后，以何敬真为朗州牙内都指挥使，将兵戍之。"

南唐保大九年（后周广顺元年，951），武平军节度使又为马楚旧将刘言所据，自称武平留后。《资治通鉴》卷290广顺元年载：三月，"楚王希萼既得志，多思旧怨，杀戮无度，昼夜纵酒荒淫，悉以军府事委马希崇。……虽朗州旧将佐从希萼来者，亦皆不悦，有离心。……（朗州静江指挥使王）逵等黜（武平）留后马光赞，（胡三省注曰：去年马希萼以子光赞镇朗州。）更以希萼兄子光惠知州事。光惠，希振之子也。（胡三省注曰：希振，马殷之嫡长子也。）寻奉光惠为节度使，逵等与何敬真及诸军指挥使张倣参决军府事"。六月，"武平节度使马光惠，愚懦嗜酒，不能服诸将；王逵、周行逢、何敬真谋以辰州刺史庐陵刘言骁勇得蛮夷心，欲迎以为副使。言知逵等难制，曰：'不往，将攻我。'乃单骑赴之。既至，众废光惠，送于唐，推言权武平留后，表求旄节于唐，唐人未许；亦称藩于周"。

后周广顺三年（953）八月，王逵（王进逵）杀刘言，武平军节度使又为王逵所据，且迁治潭州。《新五代史》卷66《楚世家·刘言》载："周广顺三年，言奉表京师，以邀封爵。又言长沙残破，不可居，请移治所于武陵。周太祖皆从之，乃升朗州为武平军，在武安军上，以言为节度使，因以武安授（王）进逵，进逵自以言已所迎立，不为之下。言患之，二人始有隙，欲相图。进逵谋曰：'言将可用者不过何景真、朱全琇尔，召而杀之，言可取也。'是时，刘晟取楚梧、桂、宜、

---

① 辰州在马楚政权亡后，又被随后的湖南政权所控制，直至周行逢时。《宋史》卷493《蛮夷一·西南溪峒诸蛮上》载："晋天福中，马希范承袭父业，据有湖南，时蛮猺保聚，依山阻江，殆十余万，至周行逢时，数出寇边，逼辰、永二州，杀掠民畜无宁岁。"上述所载可资为证。

蒙等州,进逵因白言召景真等会兵攻晟。言信之,遣景真、全琇往,至皆见杀,乃举兵袭武陵,执言杀之,奉表京师,周太祖即以进逵为武平军节度使。"《资治通鉴》卷291广顺三年载:六月,"王逵以周行逢知潭州,自将兵袭朗州,克之,杀指挥使郑玒,执武安(胡三省注曰:'安'当作'平')节度使、同平章事刘言,幽于别馆"。八月,"王逵遣使上表,诬'刘言谋以朗州降唐,又欲攻潭州,其众不从,废而囚之,臣已至朗州抚安军府讫'。且请复移使府治潭州。甲戌,遣通事舍人翟光裔诣湖南宣抚,从其所请。逵还长沙,以周行逢知朗州事,又遣潘叔嗣杀刘言于朗州。"

后周显德元年(954)五月,武平军节度使复徙治朗州。《资治通鉴》卷292显德元年五月载:"甲戌朔,王逵自潭州迁于朗州,以周行逢知潭州事,以潘叔嗣为岳州团练使。"

后周显德三年(956)二月,武平军节度使又为周行逢所据。《资治通鉴》卷292显德三年二月载:潘叔嗣西袭朗州,"(王)逵闻之,还军追之,及于武陵城外,与叔嗣战,逵败死。……(叔嗣)使(岳州)团练判官李简帅朗州将吏迎武安节度使周行逢。……(行逢)乃以衡州刺史莫弘万权知潭州,帅众人朗州,自称武平、武安留后,告于朝廷。"

(1) 朗州(907—959)　　　　(2) 澧州(907—959)
(3) 岳州(908—959)　　　　(4) 辰州(939?—959)

二、朗州永顺军(武贞军、武顺军、武平军)节度使所辖诸州沿革

1. 朗州(907—959),治武陵县(今湖南常德市)

《旧唐书》卷40《地理志三》、《新唐书》卷40《地理志四》皆载朗州领武陵、龙阳2县。唐末,朗州仍领此2县,治武陵[①]。

五代时期,朗州领县与治所均未闻有何变更,一如唐末。

(1) 武陵县(907—959)　　　　(2) 龙阳县(907—959)

2. 澧州(907—959),治澧阳县(今湖南澧县)

《旧唐书》卷40《地理志三》、《新唐书》卷40《地理志四》皆载澧州领澧阳、安乡、石门、慈利等4县,治澧阳县。唐末,澧州仍领此4县,治澧阳县[②]。

五代时期,澧州领县与治所均未闻有何变更,一如唐末。《太平寰宇记》卷

---

① 参见郭声波:《中国行政区划通史·唐代卷》朗州沿革,第832页。
② 参见郭声波:《中国行政区划通史·唐代卷》澧州沿革,第830页。

118 澧州仍领唐末之4县,亦可添一旁证。

(1) 澧阳县(907—959)　　　　(2) 安乡县(907—959)
(3) 石门县(907—959)　　　　(4) 慈利县(907—959)

3. 岳州(907—959),治巴陵县(今湖南岳阳市)

《旧唐书》卷40《地理志三》载岳州领巴陵、华容、湘阴、沅江、昌江等5县;《新唐书》卷41《地理志五》载岳州辖巴陵、华容、桥江、湘阴、昌江等5县,且在桥江县下曰:"本沅江,乾宁中更名。"唐末,岳州领《新唐书·地理志》所载之5县,治巴陵县①。

五代初,岳州领县与治所均未闻有何变更,一如唐末。

后唐同光二年(924),因避后唐献祖李国昌讳,改昌江县为平江县。《册府元龟》卷31《帝王部·奉先四》载:同光二年(924)八月"癸亥,湖南马殷奏,管内州县名有犯献祖庙讳处……岳州昌江县改为平江县"。《太平寰宇记》卷113岳州平江县下载:"唐神龙三年(707)析湘阴地,又于吴昌故城置,以界内昌江为邑之名。亦曾隶潭,今隶岳。后唐改为平江县。"②

后唐清泰三年(936),分巴陵县地置王朝场。《太平寰宇记》卷113岳州王朝场下载:"元县只管五乡。本巴陵县地,后唐清泰三年,潭州节度使析巴陵县置王朝场,以便人户输纳。出茶。"

此后至五代末,岳州领5县1场而未再有所变动。

(1) 巴陵县(907—959)　　　　(2) 华容县(907—959)
(3) 桥江县(907—959)　　　　(4) 湘阴县(907—959)
(5) 昌江县(907—924)—平江县(924—959)　　(6) 王朝场(936—959)

4. 辰州

参见下文所附楚王(国)羁縻州辰州沿革。

附:

楚王(国)羁縻州

五代十国时期,马楚先后在原唐黔中道区域内设置了辰、叙③、溪、锦、

---

① 参见郭声波:《中国行政区划通史·唐代卷》岳州沿革,第568页。
② 《资治通鉴》卷266后梁开平元年(907)十月载:"弘农王遣将泠业为水军屯平江。"据上所引《册府元龟》及《太平寰宇记》之文可知,此处《通鉴》盖用宋代地名记述五代史事,不足为昌江县更名年份之据。又,《十国春秋》卷67《楚一·武穆王世家》将昌江县改为平江县之事系于同光元年(923),亦不取。
③ 笔者按,叙州,一作"溆州"。

奖①、懿(洽)等羁縻州。兹将其具体设置与沿革情况述之如下。

1. 辰州(912—939?)，治沅陵县(今湖南沅陵县)；2. 叙州(912—951，954—959)，治龙标县(今湖南洪江市西南)；3. 懿州(942?—951?)—洽州(951?)，治潭阳县(今湖南芷江侗族自治县)

辰、叙2州本为唐旧州。《旧唐书》卷40《地理志三》、《新唐书》卷41《地理志五》皆载辰州领沅陵、卢溪、溆浦、麻阳、辰溪等5县。《旧唐书》卷40《地理志三》巫州下领龙标、朗溪、潭阳等3县。《新唐书》卷41《地理志五》叙州下亦领此3县，并曰："本巫州……天授二年(691)曰沅州，开元十三年(725)……复为巫州，大历五年(770)更名。"

唐末，辰、叙二州为"蛮夷"所据。《宋史》卷493《蛮夷一·西南溪峒诸蛮上》载："西南溪峒诸蛮皆盘瓠种，唐虞为要服。……唐置锦州、溪州、巫州、叙州②，皆其地也。唐季之乱，蛮酋分据其地，自署为刺史。"

后梁乾化二年(912)二月，辰、叙2州之地为马楚所控制。《新五代史》卷66《楚马殷世家》载：梁太祖时，"澧州向环、辰州宋邺、溆州昌师益等率溪洞诸蛮皆附于(马)殷"。《资治通鉴》卷267开平四年(910)十二月载："辰州蛮酋宋邺，溆州蛮酋潘金盛，恃其所居深险，数扰楚边。至是，邺寇湘乡，(胡三省注曰：宋白曰：秦置黔中郡于今沅陵县西二十里，汉改黔中郡为武陵郡。建武二十五年(49)，宗均受群蛮降，置辰阳县；隋为辰州，因辰溪为名。唐贞观八年(634)，分辰州龙标县置巫州，天授三年(692)改沅州，大历五年(770)改溆州。)金盛寇武冈。楚王殷遣昭州刺史吕师周将衡山兵五千讨之。"同书卷268乾化二年二月载："辰州蛮酋宋邺、昌师益皆帅众降于楚，楚王殷以邺为辰州刺史，师益为溆州刺史。"

后梁龙德元年(921)，辰、叙2州复反，旋为马楚所平定。《资治通鉴》卷271龙德元年载："辰、溆蛮侵楚，楚宁远节度使副使姚彦章平之。"

至迟后晋天福四年(939)，辰州由马楚羁縻州升为正州(参见上文朗州节

---

① 聂崇岐《宋代府州军监之分析》在论及《宋史·地理志序》中所述的宋"平湖南，得州十五"一句后所开列的15州名时认为："蒋(笔者按，即奖)、锦、溪、叙四州皆为土民所据，与羁縻州相仿佛，非流官所得治理，故不当列入。且欧阳氏《新五代史·职方考》亦不言有此四州也。"(参见氏著《宋史丛考》，第121页)其实，不仅上述4州在五代时具羁縻性质，聂氏尚未提及的辰州，除一部分时间为马楚及其之后的湖南政权所控辖外，在其他的时间里，也应列入此性质之列。由下文《资治通鉴》所载马殷以"(辰州蛮酋宋)邺为辰州刺史"可知，马楚初置辰州时应为羁縻州。又，《续资治通鉴长编》卷4乾德元年(963)四月载："慕容延钊言辰、锦、溪、叙等州各纳牌印请命。"《宋史》卷1《太祖本纪一》载：乾德元年四月"癸卯，辰、锦、叙等州归顺"。可见辰州在北宋政权建立之前又已沦为"化外之地"。

② 笔者按，叙州为巫州之改称，二者应为一州，《宋史》此处所载有误。

度使辖区沿革)。

又,后晋天福年间(936—942),马希范析叙州潭阳县置懿州,以田万盈为刺史。

南唐保大八年至九年间(950—951),马希萼又改懿州为洽州。《续资治通鉴长编》卷6乾德三年(965)七月载:"诏洽州复为懿州。时五溪团练使、洽州刺史田处崇言:'先是,湖南节度使马希范以叙州潭阳县为懿州,命臣叔万盈为刺史。希范死,其弟希萼改为洽州,愿复旧名。'从之,仍铸印以赐处崇。"《宋史》卷493《蛮夷一·西南溪峒诸蛮上》载:"乾德二年四月,溪、叙、奖等州民相攻劫,遣殿直牛允赍诏谕之,乃定。三年七月,珍州刺史田景迁内附,五溪团练使、洽州刺史田处崇上言:'湖南节度马希范建叙州潭阳县为懿州,署臣叔父万盈为刺史。希范卒,其弟希萼袭位,改为洽州,愿复旧名。'诏从其请。"

后周广顺元年(951),南唐兵入潭州,楚国灭亡,原楚国羁縻地区尽失。

后周显德元年(954)十一月,叙州复为王逵所控制。《资治通鉴》卷292显德元年十一月载:"(溆州蛮酋苻)彦通由是富强,称王于溪洞间。王逵既得湖南,欲遣使抚之,募能往者,其将王虔朗请行。既至,彦通盛侍卫而见之,礼貌甚倨。虔朗厉声责之曰:'足下自称苻秦苗裔,宜知礼义,有以异于群蛮。昔马氏在湖南,足下祖父皆北面事之;今王公尽得马氏之地,足下不早往乞盟,致使者先来,又不接之以礼,异日得无悔乎!'彦通惭惧,起,执虔朗手谢之。虔朗知其可动,因说之曰:'溪洞之地,隋、唐之世皆为州县,著在图籍。今足下上无天子之诏,下无使府之命,虽自王于山谷之间,不过蛮夷一酋长耳!曷若去王号,自归于王公,王公必以天子之命授足下节度使,与中国侯伯等夷,岂不尊荣哉!'彦通大喜,即日去王号,因虔朗献铜鼓数枚于王逵。逵曰:'虔朗一言胜数万兵,真国士也!'承制以彦通为黔中节度使;以虔朗为都指挥使,预闻府政。"

辰州

(1) 沅陵县(912—939)　　(2) 卢溪县(912—939)

(3) 溆浦县(912—939)　　(4) 麻阳县(912—939)

(5) 辰溪县(912—939)

叙州

(1) 龙标县(912—951,954—959)　(2) 朗溪县(912—951,954—959)

(3) 潭阳县(912—942?)

懿州

潭阳县(942?—951?)

4. 溪州（940—951?），治大乡县（今湖南永顺县东南）；5. 锦州（940—951，954—959），治峨山县（今湖南新晃侗族自治县西南）；6. 奖州（940—951?），治卢阳县（今湖南麻阳苗族自治县西南）

溪、锦、奖等3州本为唐旧州。《旧唐书》卷40《地理志三》、《新唐书》卷41《地理志五》均载溪州领大乡、三亭2县。《旧唐书》卷40《地理志三》、《新唐书》卷41《地理志五》均载锦州领卢阳、招谕、渭阳、常丰、洛浦等5县。《旧唐书》卷40《地理志三》业州下领峨山、渭溪、梓姜等3县，《新唐书》卷41《地理志五》奖州下亦领此3县。且注曰："本舞州，长安四年（704）以沅州之夜郎、渭溪二县置，开元十三年（725）……更名鹤州，二十年（732）曰业州，大历五年（770）又更名。"

唐末，溪、锦、奖等3州为"蛮夷"彭氏所据。《宋史》卷493《蛮夷一·西南溪峒诸蛮上》载："初，北江蛮酋最大者曰彭氏，世有溪州，州有三，曰上、中、下溪，又有龙赐、天赐、忠顺、保静、感化、永顺州六，懿、安、远、新、给、富、来、宁、南、顺、高州十一，总二十州，皆置刺史。而以下溪州刺史兼都誓主，十九州皆隶焉，谓之誓下。州将承袭，都誓主率群酋合议，子孙若弟、侄、亲党之当立者，具州名移辰州为保证，申钤辖司以闻，乃赐敕告、印符，受命者隔江北望拜谢。州有押案副使及校吏，听自补置。"《文献通考》卷328《四裔考五》亦载："北江蛮酋最大者曰彭氏，彭氏世有溪州，州有三，曰上、中、下溪，又有龙赐、天赐、忠顺、保静、感化、永顺州六，懿、安、远、新、给、富、来、宁、南、顺、高州十一，总二十州，皆置刺史。而以下溪州刺史兼都誓主，十九州皆隶焉，谓之誓下州。誓下州将承袭，都誓主率蛮酋合议，子孙若弟、侄、亲党人当立者，具州名移辰州为保证，申钤辖司以闻，乃赐敕告、印符，受命者隔江北望拜谢。州有押案副使及校吏，听自补置。"

后晋天福五年（940）二月，溪州刺史彭士然①遣其子彭师暠帅诸酋长纳溪、锦、奖3州印，请降于楚。楚国于溪州立铜柱，以溪、锦、奖等3州为羁縻州。《新五代史》卷66《楚马希范世家》载："溪州刺史彭士愁率锦、奖诸蛮攻澧州，希范遣刘勍、刘全明等以步卒五千击之，士愁大败。勍等攻溪州，士愁走奖州，遣其子师暠率诸蛮酋降于勍。溪州西接牂柯、两林，南通桂林、象郡，希范乃立铜柱以为表，命学士李皋铭之。"《资治通鉴》卷282天福四年（939）载：八月，"黔南巡内溪州刺史彭士愁引獎人锦州蛮万余、寇辰、澧州"。九月，"楚王

---

① 彭士然，《新五代史·楚世家》、《资治通鉴》均作彭士愁，据罗庆康《马楚史研究》（湖南人民出版社，2004年）引杨慎之《谢华集·湘西土司辑略》录《溪州铜柱记》所载"天福五年正月十九日，溪州刺史彭士然与五姓归明，众具件状，饮血求誓"之文句，知应为彭士然。

希范命左静江指挥使刘勍、决胜指挥使廖匡齐帅衡山兵五千讨之"。十一月，"刘勍等进攻溪州，彭士愁兵败，弃州走保山寨"。天福五年，正月，"楚刘勍等因大风，以火箭焚彭士愁寨而攻之，士愁帅麾下逃入奖、锦深山，乙未，遣其子师暠帅诸酋长纳溪、锦、奖三州印，请降于楚"。二月，"刘勍引兵还长沙。楚王希范徙溪州于便地，表彭士愁为溪州刺史，以刘勍为锦州刺史；自是群蛮服于楚。希范自谓伏波之后，以铜五千斤铸柱，高丈二尺，入地六尺，铭誓状于上，立之溪州"。《文献通考》卷328《四裔考五》盘瓠种下亦载："隋置辰州以处蛮，唐置锦州、溪州、巫州、叙州，皆其地也。唐季蛮酋分据其地，自署刺史。晋天福中，马希范袭父业，据有湖南。溪州刺史彭士愁等以溪、锦、奖州归马氏，立铜柱为界。"

后周广顺元年（951），南唐兵入潭州，楚国灭亡，原楚国羁縻地区尽失。

后周显德元年（954）十一月，锦州地区复为王逵所控制。《资治通鉴》卷292显德元年十一月载："（王）逵虑西界镇遏使、锦州刺史刘璪为边患，（胡三省注曰：'王逵之逐（南唐）边镐也，以刘璪镇遏群蛮。）表为镇南节度副使，（胡三省注曰：镇南军，洪州，属（南）唐；王逵表以其号宠刘璪耳。）充西界都招讨使。"①

溪州

(1) 大乡县（940—951?）　　(2) 三亭县（940—951?）

锦州

(1) 卢阳县（940—951，954—959）　(2) 招谕县（940—951，954—959）
(3) 渭阳县（940—951，954—959）　(4) 常丰县（940—951，954—959）
(5) 洛浦县（940—951，954—959）

奖州

(1) 峨山县（940—951?）　　(2) 渭溪县（940—951?）
(3) 梓姜县（940—951?）

此外，在后晋天福八年（943），宁州酋长莫彦殊以所部温、那等18州，都云酋长尹怀昌率其昆明等12部，牂柯张万浚率其夷、播等7州皆附于楚，均为楚国羁縻地区。《新五代史》卷66《楚世家·马希范》载："于是，南宁州酋长莫彦殊率其本部十八州，都云酋长尹怀昌率其昆明等十二部，牂柯张万浚率其夷、播等七州皆附于希范。"②《资治通鉴》卷283天福八年载："宁州酋长莫彦殊以

---

① 又，其中未见溪、奖2州之名，颇疑在951年南唐灭楚后，该2羁縻州已废。
② 邓之诚据《新五代史》卷66《楚世家·马希范》所载之文疑其时马氏已据有全黔，唯史无明文，其详待考。参见氏著《中华二千年史》第二册《五代诸国疆域简表》，中国社会科学出版社，2011年，第813页。

所部温那等十八州附于楚;其州无官府,惟立牌于冈阜,略以恩威羁縻而已。"

第四节 桂州静江军节度使

桂州静江军节度使为唐末旧镇。唐末,为刘士政所据。唐光化三年(900),马殷击败刘士政,据有静江军节度使部分辖地,余地为清海军节度使刘隐所据。至后梁开平三年(908),静江军节度使辖区为马楚所完全控制,辖桂、宜、严、柳、象、融、昭、贺、梧、蒙、龚、富、思唐等13州,治桂州[后梁贞明六年(920)之辖区参见图2-17]。后晋天福七年(942),改思唐州为思化州。后晋开运三年(946),析桂州置溥州,静江军节度使辖州增至14,然境域并未增大。后汉天福十二年(947),复改思化州为思唐州。南汉乾和六年(后汉乾祐元年,948)十二月,马楚贺、昭2州为南汉所取。南汉乾和九年(后周广顺元年,951)十一月,南汉又攻取桂、溥、宜、严、柳、象、融、梧、蒙、龚、富、思唐等12州。至此,静江军节度使全境为南汉所据。

一、桂州静江军节度使辖区沿革

桂州静江军节度使(静江907—908,**楚王908—927**,楚927—930,后唐930—934,楚934—951,南汉951—959)

桂州静江军节度使为唐末旧镇,为刘士政所据。《资治通鉴》卷262光化三年(900)九月载:"升桂管为静江军,以经略使刘士政为节度使。"其时静江军节度使领桂、昭、贺、梧、富、蒙、龚、思唐、象、柳、严、宜、环、古、融等15州,治桂州①。

唐光化三年(900)十月,马殷又向岭南进军,刘士政兵败,桂州静江军节度使为马殷所据,领桂、宜、严、柳、象、融等6州。《资治通鉴》卷262光化三年十月载:"静江节度使刘士政闻马殷悉平岭北,大惧,遣副使陈可璠屯全义岭以备之。殷遣使修好于士政,可璠拒之;殷遣其将秦彦晖、李琼等将兵七千击士政。湖南军至全义,士政又遣指挥使王建武屯秦城。可璠掠县民耕牛以犒军,县民怨之,请为湖南乡导,曰:'此西南有小径,距秦城才五十里,仅通单骑。'彦晖遣

---

① 参见郭声波:《中国行政区划通史·唐代卷》静江军节度使沿革,第715页。又,严州,郭声波以为自唐咸通三年(862)属岭南西道节度使后,未再改隶。然从本节下文所引《资治通鉴》之文判断,严州在唐末又属静江军节度使。

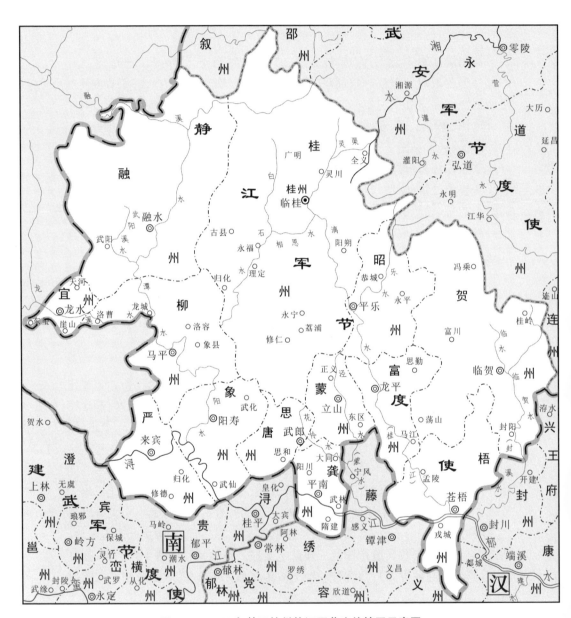

图 2-17 920 年楚王桂州静江军节度使辖区示意图

李琼将骑六十、步兵三百袭秦城,中宵,逾垣而入,擒王建武,比明,复还,絣之以练,造可璠壁下示之,可璠犹未之信;斩其首,投壁中,桂人震恐。琼因勒兵击之,擒可璠,降其将士二千,皆杀之。引兵趣桂州,自秦城以南二十余壁皆望风奔溃,遂围桂州;数日,士政出降,桂、宜、岩(按,'岩'应作'严')、柳、象五州皆降于湖南。马殷以李琼为桂州刺史;未几,表为静江节度使。"除此5州之外,以地理形势度之,融州亦应于此时归属马殷①。而静江军节度使原所辖其余诸州(昭、贺、梧、蒙、龚、富、思唐等州)则为刘隐所据(参见下文)。

后梁开平二年(908)九月,马楚又取岭南清海军节度使刘隐所据昭、贺、梧、蒙、龚、富、思唐等7州。《资治通鉴》卷267开平二年九月载:"(马)殷又遣步军都指挥使吕师周将兵击岭南,与清海节度使刘隐十余战,取昭、贺、梧、蒙、龚、富六州。"又,以地理形势度之,思唐州周边桂、龚、象、蒙等4州俱属楚国,则思唐州亦应属楚国无疑。至此,马楚所据的静海军节度使已领有唐末所辖除环、古2州②外的其余13州之地,治桂州。

后晋天福七年(942),改思唐州为思化州(参见下文思唐州沿革)。

后晋开运三年(946),析桂州所领德昌、灵川、广明、义宁等4县置溥州(参见下文溥州沿革)。

后汉天福十二年(947),复改思化州为思唐州(参见下文思唐州沿革)。

南汉乾和六年(后汉乾祐元年,948)十二月,南汉攻取楚国贺、昭2州。《资治通鉴》卷288乾祐元年十二月载:"辛巳,南汉主以内常侍吴怀恩为开府仪同三司、西北面招讨使,将兵击楚,攻贺州,楚王希广遣决胜指挥使徐知新等将兵五千救之。未至,南汉人已拔贺州……南汉兵复陷昭州。"

南汉乾和九年(后周广顺元年,951)十一月,南汉攻取桂、溥、宜、严、柳、象、融、梧、蒙、龚、富、思唐等12州。《资治通鉴》卷290广顺元年十一月载:"楚静江节度副使、知桂州马希隐,武穆王殷之少子也。楚王希广、希萼兄弟争国,南汉主以内侍吴怀恩为西北招讨使,将兵屯境上,伺间密谋进取,希广遣指挥使彭彦晖将兵屯龙峒以备之。希萼自衡山遣使以彦晖为桂州都监、在城外内巡检使,判军府事,希隐恶之,潜遣人告蒙州刺史许可琼。可琼方畏南汉之逼,即弃蒙州,引兵趣桂州,与彦晖战于城中,彦晖败,奔衡山,可琼留屯桂州。吴怀恩据蒙州……丙寅,吴怀恩引兵奄至(桂州)城下,希隐、可琼帅其众,夜斩

---

① 陶岳《五代史补》卷3《石文德献挽歌》条载楚王马希范(932—947年在位)曾承制授石文德"水部员外郎,充融州刺史",可为旁证。

② 环、古2州其时已废,为当地部族所控制,不在马楚的管辖之下。

关奔全州,桂州遂溃。怀恩因以兵略定宜、连、梧、严、富、昭、柳、龚、象等州,南汉始尽有岭南之地。"①其中虽未提及此时亦属静江军节度使的溥、融、蒙、思唐等4州,然据地望可知,该4州亦应同时归属南汉,否则难符"南汉始尽有岭南之地"之说。至此,楚桂州静江军节度使所领14州之地尽入于南汉。

此后至五代末,静江军节度使辖区未闻复有何变更。

(1) 桂州(907—959)　　　　　(2) 宜州(907—959)
(3) 严州(907—959)　　　　　(4) 柳州(907—959)
(5) 象州(907—959)　　　　　(6) 融州(907—959)
(7) 昭州(908—948,951—959) (8) 贺州(908—948,951—959)
(9) 梧州(908—959)　　　　　(10) 蒙州(908—959)
(11) 龚州(908—959)　　　　　(12) 富州(908—959)
(13) 思唐州(908—942)—思化州(942—947)—思唐州(947—959)
(14) 溥州(946—959)

二、桂州静江军节度使所辖各州沿革

1. 桂州(907—959),治临桂县(今广西桂林市)

《旧唐书》卷41《地理志四》桂州领临桂、理定、灵川、阳朔、荔浦、丰水、修仁、慕化②、永福、全义等10县。《新唐书》卷43上《地理志七上》桂州除领上述10县外,尚多一古县,且在该县下注曰:"乾宁二年(895)析慕化置。"唐末,桂州仍当领此11县,治临桂县③。

后梁开平元年(907),改慕化县为归化县。《五代会要》卷20《州县分道改置》桂州纯化县下载:"梁开平元年(907)五月,改为归化县。"

后梁开平四年(910),改丰水县为永宁县。《南汉地理志》桂州永宁县下载:"本丰水,梁时改。"又,《旧五代史》卷141《五行志》载:"梁开平四年(910)十月,梁、宋、辉、亳水"。《五代会要》卷11《水溢》载:"梁开平四年十月,青、宋、冀、亳水。"据此推断,盖后梁遭受水灾,而改丰水县名为永宁,以避灾害。故将丰水县更名时间定在开平四年。

---

① 《新五代史》卷65《南汉世家》载:乾和六年(948),"(刘)晟乃遣巨象指挥使吴珣、内侍吴怀恩攻贺州,已克之……珣等攻桂州及连、宜、严、梧、蒙五州,皆克之"。据上引《资治通鉴》之文,可知《新五代史·南汉世家》将前后两次战事杂糅成一次记载,并系于乾和六年,误。
② 笔者按,两《唐书·地理志》桂州所领"慕化县"均作"恭化县"。《新唐书》中华书局点校本校勘记以为"恭化"疑作'慕化'是"。今从之。
③ 参见郭声波:《中国行政区划通史·唐代卷》桂州沿革,第716页。

又,至迟后梁时,析灵川县置广明县(参见下文溥州沿革)。

后唐同光元年(923),改归化县为慕化县。《太平寰宇记》卷162桂州慕化县下载:"唐武德四年(621)复置纯化县。永贞元年(805)十二月,改为慕化县,以避宪宗庙讳。梁开平元年,复为归化县。后唐同光初,复为慕化县。"①

后晋天福八年(943),析灵川县置义宁县。《太平寰宇记》卷162桂州义宁县下载:"晋天福八年,析灵川县归义乡为场,复升为义宁县。"②

后晋开运三年(946),析置溥州,全义、灵川、广明、义宁等4县别属之(参见下文溥州沿革)。

此后至五代末,桂州当领临桂、理定、阳朔、荔浦、永宁、修仁、慕化、永福、古等9县之地而未更。

(1) 临桂县(907—959)　　　(2) 理定县(907—959)
(3) 灵川县(907—946)　　　(4) 阳朔县(907—959)
(5) 荔浦县(907—959)
(6) 丰水县(907—910)—永宁县(910—959)
(7) 修仁县(907—959)
(8) 慕化县(907)—归化县(907—923)—慕化县(923—959)
(9) 永福县(907—959)　　　(10) 全义县(907—946)
(11) 古县(907—959)　　　(12) 广明县(907—946)
(13) 义宁县(943—946)

2. 宜州(907—959),治龙水县(今广西宜州市)

《旧唐书》卷41《地理志四》载粤州领龙水、崖山、东玺、天河等4县,治龙水县。《新唐书》卷43上《地理志七上》宜州下领县与此相同,且注曰:"本粤州,乾封中更名。"唐末,宜州仍领上述4县③。

五代初期,宜州领县未更,一如唐末所辖之4县,治龙水县。

南汉乾和十年(后周广顺二年,952),省崖山、东玺2县。《文献通考》卷323《舆地考九》禺州下载:"乾封中更名宜州……领县四:龙水、崖山、东玺、天河。五代时为楚马氏所有,后入南汉,省崖山、东玺。"《十国春秋》卷59

---

① 《五代会要》卷20《州县分道改置》桂州纯化县下载:"后唐同光元年(923)十月,复为纯化县。"与上引《太平寰宇记》所载不同。然《元丰九域志》卷9桂州下又载:"嘉祐六年(1061),省慕化县为镇入临桂。"故在此不取《五代会要》之说。

② 《舆地纪胜》卷130桂州义宁县下载:"《皇朝志》云:本灵川县归义乡,石晋开运元年析置义宁县。《寰宇记》云:石晋天福八年,析灵川县归义乡为场,复升义宁县。年月小不同。"笔者按,天福八年七月即改元开运元年,故《皇朝志》此处所记与《太平寰宇记》所载应无甚差异,王象之所说当是。

③ 参见郭声波:《中国行政区划通史·唐代卷》宜州沿革,第742页。

《南汉中宗本纪》载:"是时(笔者按,指南汉乾和十年),省宜州之崖山、东玺二县。"①

此后至五代末,宜州当领龙水、天河 2 县而未更。

(1) 龙水县(907—959)　　　　(2) 天河县(907—959)

(3) 崖山县(907—952)　　　　(4) 东玺县(907—952)

3. 严州(907—959),治来宾县(今广西来宾市东南)

《旧唐书》卷 41《地理志四》、《新唐书》卷 43 上《地理志七上》均载严州领来宾、修德②、归化等 3 县,治来宾县。唐末,宜州仍领上述 3 县③。

五代时期,严州领县未闻有何变更,一如唐末所辖之 3 县,治来宾县。

(1) 来宾县(907—959)　　　　(2) 修德县(907—959)

(3) 归化县(907—959)

4. 柳州(907—959),治马平县(今广西柳州市)

《旧唐书》卷 41《地理志四》、《新唐书》卷 43 上《地理志七上》均载柳州领马平、龙城、象、洛曹、洛容等 5 县,治马平县。唐末,柳州仍领上述 5 县④。

五代时期,柳州领县未闻有何变更,一如唐末所辖之 5 县,治马平县。《太平寰宇记》卷 168 柳州下仍领此 5 县,可添一旁证。

(1) 马平县(907—959)　　　　(2) 龙城县(907—959)

(3) 象县(907—959)　　　　　(4) 洛曹县(907—959)

(5) 洛容县(907—959)

5. 象州(907—959),治阳寿县(今广西象州县)

《旧唐书》卷 41《地理志四》载象州领武化、武德、阳寿、武仙等 4 县;《新唐书》卷 43 上《地理志七上》载象州辖阳寿、武仙、武化等 3 县,治阳寿县,且在阳寿县下注曰:"天宝元年(742)省武德入阳寿。"唐末,象州仍当领上述《新唐书·地理志》所载之 3 县⑤。

五代时期,象州领县未闻有何变更,一如唐末所辖之 3 县,治阳寿县。《太

---

① 《宋史》卷 90《地理志六》庆远府下载:"本宜州……景祐三年(1036),废崖山县。"据此似崖山县在南汉时未省,或省后又曾复置。存此备考。
② 修德,两《唐书·地理志》严州下均作"循德",两《唐书》柳州下及《通典·州郡典》严州下则作"修德"。笔者按,郡名为修德郡,则当以"修德"为是。"修"字繁体"脩"甚类"循",盖以致误。
③ 参见郭声波:《中国行政区划通史·唐代卷》严州沿革,第 696 页。
④ 参见郭声波:《中国行政区划通史·唐代卷》柳州沿革,第 737 页。
⑤ 参见郭声波:《中国行政区划通史·唐代卷》象州沿革,第 734 页。

平寰宇记》卷165象州下载宋开宝七年(974)废严州前,象州仍领此3县,可添一旁证。

(1) 阳寿县(907—959)　　　　(2) 武仙县(907—959)

(3) 武化县(907—959)

6. 融州(907—959),治融水县(今广西融水苗族自治县)

《旧唐书》卷41《地理志四》、《新唐书》卷43上《地理志七上》均载融州领融水、武阳二县,治融水县。唐末,融州仍领上述2县①。

五代时期,融州领县未闻有何变更,一如唐末所辖之2县,治融水县。

(1) 融水县(907—959)　　　　(2) 武阳县(907—959)

7. 昭州(907—959),治平乐县(今广西平乐县西南)

《旧唐书》卷41《地理志四》、《新唐书》卷43上《地理志七上》均载昭州领平乐、恭城、永平等3县,治平乐县。唐末,昭州仍领上述3县②。

五代时期,昭州领县未闻有何变更,一如唐末所辖之3县,治平乐县。

(1) 平乐县(907—959)　　　　(2) 恭城县(907—959)

(3) 永平县(907—959)

8. 贺州(907—959),治临贺县(今广西贺州市东南)

《旧唐书》卷41《地理志四》、《新唐书》卷43上《地理志七上》均载贺州领临贺、桂岭、冯乘、封阳、富川、荡山等6县,治临贺县。唐末,贺州仍领上述6县③。

五代时期,贺州领县未闻有何变更,一如唐末所辖之6县,治临贺县。《太平寰宇记》卷161贺州下载:"元领县六。今三:临贺、富川、桂岭。三县废:荡山(入临贺)、封阳(入临贺)、冯乘(入富川)。"据此可知直至宋初贺州辖县数目虽有变更,但辖区范围并未有所变化。

(1) 临贺县(907—959)　　　　(2) 桂岭县(907—959)

(3) 冯乘县(907—959)　　　　(4) 封阳县(907—959)

(5) 富川县(907—959)　　　　(6) 荡山县(907—959)

9. 梧州(907—959),治苍梧县(今广西梧州市)

《旧唐书》卷41《地理志四》、《新唐书》卷43上《地理志七上》均载梧州领

---

① 参见郭声波:《中国行政区划通史·唐代卷》融州沿革,第745页。
② 参见郭声波:《中国行政区划通史·唐代卷》昭州沿革,第720页。
③ 参见郭声波:《中国行政区划通史·唐代卷》贺州沿革,第722页。

苍梧、戎城、孟陵等3县，治苍梧县。唐末，梧州仍领上述3县①。

五代时期，梧州领县未闻有何变更，一如唐末所辖之3县，治苍梧县。《太平寰宇记》卷164梧州下载："元领县三。今二：苍梧、戎城。一县废：孟陵（并入苍梧）。"据此可知直至宋初梧州辖县数目虽有变更，但辖区范围并未有所变化。

(1) 苍梧县(907—959)　　　(2) 戎城县(907—959)

(3) 孟陵县(907—959)

10. 蒙州(907—959)，治立山县(今广西蒙山县东南)

《旧唐书》卷41《地理志四》、《新唐书》卷43上《地理志七上》均载蒙州领立山、东区、正义等3县，治立山县。唐末，蒙州仍领上述3县②。

五代时期，蒙州领县未闻有何变更，一如唐末所辖之3县，治立山县。《太平寰宇记》卷163蒙州下仍领此3县，可添一旁证。

(1) 立山县(907—959)　　　(2) 东区县(907—959)

(3) 正义县(907—959)

11. 龚州(907—959)，治平南县(今广西平南县)

《旧唐书》卷41《地理志四》、《新唐书》卷43上《地理志七上》均载龚州领平南、武林、隋建、大同、阳川等5县，治平南县。唐末，龚州仍领上述5县③。

五代时期，龚州领县未闻有何变更，一如唐末所辖之5县，治平南县。

(1) 平南县(907—959)　　　(2) 武林县(907—959)

(3) 隋建县(907—959)　　　(4) 大同县(907—959)

(5) 阳川县(907—959)

12. 富州(907—959)，治龙平县(今广西昭平县)

《旧唐书》卷41《地理志四》、《新唐书》卷43上《地理志七上》均载富州领龙平、思勤、马江等3县，治龙平县。唐末，富州仍领上述3县④。

五代时期，富州领县未闻有何变更，一如唐末所辖之3县，治龙平县。

---

① 《新唐书》卷43上《地理志七上》梧州戎城县下载："本隶藤州，永徽中来属。光化四年(901)，马殷表以县隶桂州。"孟陵县下载："本猛陵，隶藤州，萧铣置。贞观八年(634)来属，更名。光化中，马殷表以县隶桂州。"笔者按，光化四年时，马殷据有梧州，但未尝领梧州(时为清海军节度使刘隐所据)，至后梁开平二年(908)时才攻取梧州。且以地理形势度之，梧州与桂州相隔悬远，中间有昭、富、藤、蒙诸州，桂州似不可能越过上述各州而领戎城、孟陵2县。颇疑《新唐书·地理志》梧州下所载有误，故推定戎城、孟陵2县在唐末及马楚时仍属梧州，未曾别属桂州。

② 参见郭声波：《中国行政区划通史·唐代卷》蒙州沿革，第727页。

③ 参见郭声波：《中国行政区划通史·唐代卷》龚州沿革，第729页。

④ 参见郭声波：《中国行政区划通史·唐代卷》富州沿革，第725页。

(1) 龙平县(907—959)　　　　　(2) 思勤县(907—959)
(3) 马江县(907—959)

13. 思唐州(907—942)—思化州(942—947?)—思唐州(947?—959),治武郎县(今广西平南县北)

《新唐书》卷43上《地理志七上》载思唐州领武郎、思和2县,治武郎县。唐末,思唐州仍领上述2县①。

五代时期,思唐州领县未闻有何变更,一如唐末所辖之2县,治武郎县。唯州名一度发生更改:后晋天福七年(942),因避后晋高祖石敬瑭讳,改思唐州为思化州;大约在后汉天福十二年(947),复改思化州为思唐州②。

(1) 武郎县(907—959)　　　　　(2) 思和县(907—959)

14. 溥州(946—959),治德昌县(今广西兴安县)

后晋开运三年(946)三月以桂州全义县置,并改全义为德昌,另割桂州之灵川、广明、义宁等3县别属之。《五代会要》卷20《州县分道改置》溥州下载:"晋开运三年(946)三月,升桂州全义县为州,仍改全义县为德昌县。并割桂州临川、广明、义宁等三县隶之。从湖南马希范奏也。"笔者按,其中的"临川"当是"灵川"之讹,《十国春秋》卷68《楚二·文昭王世家》引《五代会要》此段文字时即作"灵川"而非"临川",可资一证。又,其中的广明县,两《唐书·地理志》不载,雍正《广西通志》卷44《古迹》桂林府义宁县下载:"广明县在县治东北,唐末湖南马氏置。宋初废,今有古城墟。"故在此姑断广明县为后梁时马楚奏置。由地理形势推断,该县应自灵川县析置。

此后至五代末,溥州领上述4县之规模而未更。

(1) 全义县(946)—德昌县(946—959)　　(2) 灵川县(946—959)
(3) 广明县(946—959)　　　　　　　　　(4) 义宁县(946—959)

---

① 参见郭声波:《中国行政区划通史·唐代卷》思唐州沿革,第733页。
② 《册府元龟》卷3《帝王部·名讳》载:"天福七年敕:应殿名及州县名职名等有与高祖讳犯者,悉改……思唐州为思化州。"又,《舆地广记》卷36龚州平南县下载:"唐永隆二年(681)析龚、蒙、象三州立思唐州……石晋天福初,改州曰思化,汉初复旧。"据此所载暂将思化州更名为思唐州的时间断为后汉天福十二年(947)。

第八章 吴国[承吴王、江西、百胜;暨南唐(部分区域:暨后周)]辖境政区沿革

吴武义二年(后梁贞明六年,920),吴国在原唐淮南道辖区内领有直隶地区与濠州清淮军节度使(即原唐扬州淮南节度使辖区)、庐州德胜军节度使;在原唐江南东道辖区内领有金陵府镇海军节度使;在原唐江南西道辖区内领有宣州宁国军节度使、鄂州武昌军节度使、洪州镇南军节度使、虔州百胜军节度使。本章即分节讨论上述直隶地区与各节度使的辖区及所属各州(府)的沿革。

第一节 直隶地区(扬州淮南节度使)[含泗州静淮军节度使、濠州定远军节度使(濠州观察使)]

扬州淮南节度使为唐末旧镇。唐天祐四年(后梁开平元年,907),杨吴所据之淮南节度使领扬、和、滁、庐、舒、寿、楚、泗、濠、海、光等11州,治扬州。吴王天祐十四年(后梁贞明三年,917),割庐、滁、舒等3州置庐州都团练观察使。又大约在此年,析濠、寿、光等3州置清淮军节度使。吴王天祐十五年(后梁贞明四年,918),析泗州置静淮军节度使,旋废。吴武义元年(后梁贞明五年,919),杨行密子杨隆演称帝,改扬州为江都府,定都江都府,淮南节度使遂废,原节度使所辖之州为杨吴直隶地区属州[吴武义二年(920)之辖区参见图2-18]。吴乾贞元年(后唐天成二年,927年),清淮军节度使治所由濠州移至寿州,濠州为直隶地区属州,寿州清淮军节度使领寿、光2州。吴天祚二年(后晋天福元年,936),以江都府为东都。南唐昇元元年(后晋天福二年,937),南唐仍以江都府为东都,又升海陵制置院为泰州。南唐昇元六年(后晋天福七年,942),割江都府天长县置建武军。南唐保大元年(后晋天福八

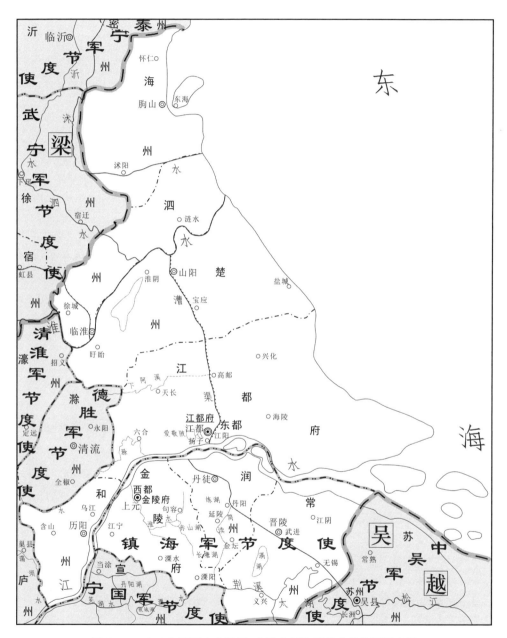

图 2-18　920年吴国直隶地区、金陵府镇海军节度使辖区示意图

年,943),又升濠州为定远军节度使,领濠、泗、楚、海等4州。南唐保大二年(后晋开运元年,944),定远军节度使废,濠州复为观察使。南唐保大十四年(后周显德三年,956),后周攻占南唐东都,仍称扬州。又攻占建武军与泰州、和州。旋,南唐收复失地,重置东都江都府。至迟在南唐保大十五年(后周显德四年,957),升静海置制院为静海军;濠州观察使废,濠、泗、楚、海、涟(此前析泗州置,此时又降为雄武军)复归入直隶地区。后周显德四年(南唐保大十五年,957)十二月,后周军攻取南唐泗、濠、泰等3州与雄武军、江都府。后周显德五年(南唐中兴元年、交泰元年,958)正月,后周得南唐静海军,不久即升为通州。同月,南唐升建武军为雄州;海、楚2州及静海军又为后周攻取。二月,雄州为后周所得,降为天长军。至三月,南唐直隶地区的府、州、军皆为后周所攻取,置扬州淮南节度使统辖。

一、直隶地区(扬州淮南节度使)[含泗州静淮军节度使、濠州定远军节度使(濠州观察使)]辖区沿革

扬州淮南节度使(吴王907—919)—**直隶地区(吴919—937**,南唐937—956)—扬州淮南节度使(后周956)—直隶地区(南唐956—957)—扬州淮南节度使(后周958—959)

泗州静淮军节度使(吴918)

濠州定远军节度使(南唐943—944)—濠州观察使(南唐944—956)

扬州淮南节度使为唐末旧镇。唐至德元年(756),置淮南节度使。咸通十四年(873),淮南节度使领扬、和、滁、庐、舒、光、寿、楚等8州,治扬州。光启三年(887)十月,杨行密率军攻入扬州,自称淮南留后。文德元年(888)四月,淮西节度使秦宗权部将孙儒攻打扬州,杨行密弃城而走。大顺二年(891)六月,杨行密遣其将李神福攻取和、滁2州。景福元年(892)五月,杨行密将败时溥,攻取楚州。六月,杨行密重据扬州。八月,唐廷授杨行密为淮南节度使。景福二年(893)七月,杨行密派兵攻占庐州。十月,又占据舒州。乾宁元年(894)十一月,泗州(武宁军节度使所属)刺史张谏举州降杨行密。乾宁二年(895)三月,徐州观察使所领濠州为杨行密所得。四月,杨行密将朱延寿攻取寿州。乾宁三年(896)五月,朱延寿又拔光州。光化二年(899)七月,朱全忠海州(泰宁军节度使所属)戍将陈汉宾降杨行密。天复二年(902)三月,封杨行密为吴王。

天祐二年(905),淮南节度使杨行密薨,其长子杨渥承制继任①。天祐三年(906)杨渥所据之淮南节度使领扬、和、滁、庐、舒、寿、楚、泗、濠、海、光等11州之地,治扬州。

唐天祐四年(后梁开平元年,907),后梁代唐,而淮南仍沿用唐天祐年号。

吴王天祐十四年(后梁贞明三年,917),割庐、滁、舒等3州置庐州都团练观察使(参见本章第三节庐州节度使辖区沿革)。又大约在此年,置濠州清淮军节度使,濠、寿、光等3州别属之(参见本章第二节濠州节度使辖区沿革)。

吴王天祐十五年(后梁贞明四年,918),置泗州静淮军节度使。《资治通鉴》卷270贞明四年六月载:"平卢节度使、同平章事、诸道副都统朱瑾遣家妓通候问于(徐)知训,知训强欲私,瑾已不平。知训恶瑾位加己上,置静淮军于泗州,出瑾为静淮节度使,瑾益恨之,然外事知训愈谨。"②其时静淮军节度使当领泗州1州之地。然由于同年朱瑾未之镇即见杀,后亦未闻他人再命帅,颇疑静淮军节度使置后不久即废③。

吴武义元年(后梁贞明五年,919),杨行密子杨隆演称帝,改扬州为江都府(参见下文江都府沿革),定都江都府,淮南节度使遂废,原节度使所辖之州为杨吴直隶地区属州。同年,泗州静淮军节度使亦废,泗州成为直隶地区。

吴乾贞元年(后唐天成二年,927),清淮军节度使治所由濠州移至寿州,濠州直隶杨吴(参见本章第二节寿州节度使辖区沿革)。

吴天祚二年(后晋天福元年,936),以江都府为东都(参见下文江东府沿革)。

南唐昇元元年(后晋天福二年,937),南唐仍以江都府为东都(参见下文江东府沿革)。同年,升海陵制置院为泰州(参见下文泰州沿革)。

南唐昇元六年(后晋天福七年,942),割东都天长县置建武军(参见下文建武军沿革)。

南唐保大元年(后晋天福八年,943)三月,升濠州为定远军节度使。《资治通鉴》卷283天福八年三月载:"唐置定远军于濠州。"陆游《南唐书》卷2《元宗纪》载:"保大元年春三月……升濠州为定远军。"从地理形势上来看,其时濠州

---

① 《资治通鉴》卷265天祐二年十一月载:"庚辰,吴武忠王杨行密薨。将佐共请宣谕使李俨承制授杨渥淮南节度使、东南诸道行营都统,兼侍中、弘农郡王。"
② 马令《南唐书》卷30《建国谱》与《十国春秋》卷113《十国藩镇表》均有泗州静淮军名称。又,静淮军,《旧五代史》卷13《朱瑾传》作"淮宁军",未详何据,录此待考。
③ 朱玉龙:《五代十国方镇年表·附录》泗州,第654页。

定远军节度使除领濠州外,颇疑尚领泗、楚、海等3州①。

南唐保大二年(后晋开运元年,944)八月,定远军号废,濠州复为观察使。《资治通鉴》卷284开运元年八月载:"初,吴濠州刺史刘金卒,子仁规代之;仁规卒,子崇俊代之。唐烈祖置定远军于濠州,以崇俊为节度使。会清淮节度使姚景卒,崇俊厚赂权要,求兼领寿州。唐主阳为不知其意,徙崇俊为清淮节度使,以楚州刺史刘彦贞为濠州观察使,驰往代之;崇俊悔之。"

南唐保大十四年(后周显德三年,956)二月,后周攻陷南唐直隶地区所属的东都江都府、建武军及泰州。随后,后周将南唐东都改称扬州。《新五代史》卷12《周世宗本纪》载:显德三年,二月,"丙戌,取扬州。"《资治通鉴》卷292显德三年载:二月,"帝诇知扬州无备,己卯,命韩令坤等将兵袭之,戒以毋得残民;其李氏陵寝,遣人与李氏人共守护之。……乙酉,韩令坤奄至扬州。平旦,先遣白延遇以数百骑驰入城,城中不之觉。令坤继至,唐东都营屯使贾崇焚官府民舍,弃城南走,副留守工部侍郎冯延鲁髡发被僧服,匿于佛寺,军士执之。令坤慰抚其民,使皆安堵。……辛卯,太祖皇帝奏唐天长制置使(笔者按,此前南唐已以天长县置雄武军,故此处的'天长制置使'当指雄武军使而言)耿谦降,获刍粮二十余万。……韩令坤攻唐泰州,拔之,刺史方讷奔金陵。"陆游《南唐书》卷2《元宗纪》载:保大十四年,二月,"乙酉,周师陷东都,执副留守冯延鲁。"三月,和州为后周攻取。《十国春秋》卷16《南唐元宗纪》载:保大十四年三月戊戌,"周师陷和州"。四月,南唐收复泰州。《十国春秋》卷16《南唐元宗纪》载:保大十四年"复四月,复泰州。"后周又于扬州置淮南节度使。《旧五代史》卷116《周世宗纪三》载:四月丙戌后周"以宣徽南院使向训权淮南节度使,充沿江招讨使。"《资治通鉴》卷293显德三年四月所载与此略同。六月,"以宣徽南院使、陈州节度使向训为淮南节度使,依前南院宣徽使,加检校太尉。"七月,南唐收复江都府、和州及建武军,重置东都。《新五代史》卷12《周世宗本纪》载:显德三年,七月,"扬、光、舒、滁州复入于唐。"《资治通鉴》卷292显德三年七月载:"淮南节度使向训自扬州班师,回驻寿春。"陆游《南唐书》卷2《元宗纪》载:保大十四年"秋七月,复东都、舒、蕲、光、和、滁州,唯寿州之围愈争急。"《十国春秋》卷16《南唐元宗纪》所载与此略同。上述史料虽未提及建武军,但从地望上来看,建武军亦当在南唐收复之列。又,大约在同年,割泗

---

① 《资治通鉴》卷293显德四年(957)十二月载:辛酉,"唐兵有沿淮东下者,帝自追之,太祖皇帝为前锋,行六十里,擒其保义节度使、濠·泗·楚·海都应援使陈承昭以归"。其中提及的"濠·泗·楚·海都应援使"似透出南唐曾将濠、泗、楚、海等4州置于同一区划的信息,若此,则颇疑南唐置濠州定远军节度使时即领有此4州。

州涟水县置涟州(参见下文涟州沿革),仍属濠州观察使。

至迟在南唐保大十五年(后周显德四年,957)升静海制置院为静海军(参见下文静海军沿革);濠州观察使又降为团练使(下文《资治通鉴》卷293显德四年中所提有濠州团练使郭廷谓,可资为证),所领泗、楚、海、涟等州应复为南唐直隶地区属州,同时降涟州为雄武军(参见下文雄武军沿革)。

后周显德四年(南唐保大十五年,957)十二月,泗、濠、泰等3州及雄武军先后为后周所属。《资治通鉴》卷293显德四年十二月载:"乙卯,唐泗州守将范再遇举城降,以再遇为宿州团练使。"辛酉,"(濠州团练使郭廷谓)举濠州降,(后周)得兵万人,粮数万斛"。乙丑,"唐雄武军使、知涟水县事崔万迪降"。癸酉,"帝闻泰州无备,遣兵袭之,丁丑,拔泰州"。《旧五代史》卷117《周世宗纪四》、《新五代史》卷12《周世宗纪》所载与此略同。另外,在此期间,后周重据扬州。《资治通鉴》卷293显德四年十二月载:"帝(笔者按,指周世宗)遣铁骑左厢都指挥使武守琦将骑数百趋扬州,至高邮;唐人悉焚扬州官府民居,驱其人南渡江,后数日,周兵至,城中余癃病十余人而已,癸酉,守琦以闻。"陆游《南唐书》卷2《元宗纪》载:保大十五年十二月,"帝知东都必不守,遣使焚其官私庐舍,徙其民于江南。周师入扬州"。

后周显德五年(南唐中兴元年,958)正月,海州、静海军、楚州等先后为后周攻取。《新五代史》卷12《周世宗纪》载:"(显德)五年春,正月,丁亥,取海州。壬辰,取静海军。丁未,克楚州,守将张彦卿、郑昭业死之。"《资治通鉴》卷294显德五年正月载:"丁亥,(后周)右龙武将军王汉璋奏克海州。""壬辰,(后周)拔静海军,始通吴越之路。""周兵攻楚州……丁未,克之。"后周在取得南唐静海军后不久即升为通州(参见下文通州沿革)。又,同月,南唐升建武军为雄州(参见下文雄州沿革)。二月,雄州为后周所得,降为天长军(参见下文天长军沿革)。后周显德五年(南唐交泰元年,958)三月,后周终得南唐江北14州。《新五代史》卷12《周世宗纪》载:显德五年三月"己亥,克淮南十有四州,以江为界"。《资治通鉴》卷294显德五年三月载:"唐主复遣刘承遇奉表称唐国主,请献江北四州(笔者按,指庐、舒、蕲、黄等4州),岁输贡物十万。于是江北悉平,得州十四,县六十。(胡三省注曰:光、寿、庐、舒、蕲、黄、滁、和、濠、泗、楚、扬、泰、通十四州。)"其中在此之前原属南唐直隶地区的扬、和、楚、泗、海、濠、泰等7州均在其列,此时当复为后周淮南节度使辖州。另外,此时由静海军升为的通州,从地理形势上看,亦应成为淮南节度使所属之州。故此时的淮南节度使领有8州2军(雄武军、天长军)之规模,治扬州。

扬州淮南节度使(直隶地区)

(1) 扬州(907—919)—江都府(919—956)—扬州(956)—江都府(956—957)—扬州(957—959)

(2) 和州(907—959)　　　　　　(3) 滁州(907—917)
(4) 庐州(907—917)　　　　　　(5) 舒州(907—917)
(6) 寿州(907—917?)　　　　　(7) 楚州(907—943,957?—959)
(8) 泗州(907—918,919?—943,957?—959)
(9) 濠州(907—917?,927—943,957?—959)
(10) 海州(907—943,957?—959)　(11) 光州(907—917?)
(12) 泰州(937—959)
(13) 静海军(957?—958)—通州(958—959)
(14) 建武军(942—958)—雄州(958)—天长军(958—959)
(15) 雄武军(957?—959)

泗州静淮军节度使

泗州(918—919?)

濠州定远军节度使(濠州观察使)

(1) 濠州(943?—956?)　　　　　(2) 泗州(943?—956?)
(3) 楚州(943?—956?)　　　　　(4) 海州(943?—956?)
(5) 涟州(956?)

二、扬州淮南节度使(直隶地区)[含泗州静淮军节度使、濠州定远军节度使(濠州观察使)]所辖诸州(府)沿革

1. 扬州(907—919)—江都府(919—956)—扬州(956)—江都府(956—957)—扬州(957—959),治江都县(今江苏扬州市)

《旧唐书》卷40《地理志三》、《新唐书》卷41《地理志五》皆载扬州领江都、江阳、六合、海陵、高邮、扬子、天长等7县。唐末,扬州仍领此7县,治江都县[①]。

吴武义元年(后梁贞明五年,919),改扬州为江都府,领唐末扬州所辖之7县,治江都县。《文献通考》卷318《舆地考四》扬州下载:"吴改江都府,置兴化县。"《十国春秋》卷111《十国地理表上》江都府下载:"本扬州,吴改府建都。"后梁均王贞明五年(919),杨隆演称吴国王,改元武义,建宗庙社稷,"宫殿文物

---

① 参见郭声波:《中国行政区划通史·唐代卷》扬州沿革,第420页。

皆用天子礼",此时杨吴当改扬州为江都府,并以之为国都。

吴武义二年(后梁贞明六年,920),析江都府海陵县置兴化县。《太平寰宇记》卷130泰州兴化县下载:"本海陵县地,属淮南。伪吴武义年中析为招远场,寻改为兴化县,属扬州。"《舆地纪胜》卷43高邮军兴化县下载:"本海陵地。伪吴武义二年(920)以其地置兴化县。"

大约在吴乾贞二年(后唐天成三年,928),析江都府海陵县置海陵制置院。《太平寰宇记》卷130泰州下载:"本扬州海陵县,伪吴乾贞年中,立为制置院。"吴乾贞共有二年(927—928),姑将海陵制置院之置推断为乾贞二年。

吴天祚二年(后晋天福元年,936),以江都府为东都,此与是年吴以金陵府为西都相对而称。

南唐昇元元年(后晋天福二年,937),仍以江都府为东都[1];同时,改江阳县为广陵县、扬子县为永贞县[2]。《文献通考》卷318《舆地考四》扬州广陵县下载:"唐江阳县,南唐改。"朱德孙《唐故张府君(康)墓志》曰:"以天祐十二年(915)三月十九日,终于私第。殁未月旬,葬于江阳县道化坊。"[3]《九国志》卷1《陈璋传》载:"大和二年(930)……遇疾归江都求医,至江阳县卒,年六十五。"由上所载可知吴国时江都府仍领江阳县。陈鳣《续唐书》卷16《地理志》江都府广陵县下载:"旧江阳县,昇元元年,改为广陵。"今从之。又,《太平寰宇记》卷130建安军永贞县下载:"本汉江都县地,旧扬子镇城,唐高宗时,废镇置县,因镇为名……李昇伪命日改为永贞县。"又,同年(937),升海陵制置院为泰州,海陵县别属,又析海陵县南五乡置泰兴县,亦别属泰州。亦在同年,割兴化县别属泰州(参见下文泰州沿革)。

南唐昇元六年(后晋天福七年,942),割江都府天长县置建武军(参见下文建武军沿革)。

南唐保大十四年(后周显德三年,956)二月,后周攻陷南唐东都,改称扬州。七月,南唐复收回扬州,又称东都江都府。

南唐保大十五年(后周显德四年,957)十二月,后周最终占据南唐江都府,

---

[1] 《资治通鉴》卷280天福二年载:十月"己丑,唐主表让皇改东都宫殿名,皆取于仙经"。十一月,"戊午,唐主立其子景遂为吉王,景达为寿阳公;以景遂为侍中、东都留守、江都尹,帅留司百官赴东都。(胡三省注曰:南唐仿盛唐两都之制建东、西都,置留台百司于江都。)"

[2] 笔者按,永贞县,《文献通考》、《舆地广记》、《舆地纪胜》均作"永正县"。聂崇岐以为"宋代诸书间有书永正县者,盖史官避仁宗嫌名追改耳"。其说当是。参见氏著《宋史地理志考异》,《宋史丛考》,第524页。

[3] 吴钢主编:《全唐文补遗》第4辑,三秦出版社,1997年,第273页。

再次改称扬州。其时,扬州领江都、广陵、六合①、高邮、永贞等 5 县,治江都县。

  (1) 江都县(907—959)

  (2) 江阳县(907—937)—广陵县(937—959)

  (3) 六合县(907—959)   (4) 海陵县(907—928?)

  (5) 高邮县(907—959)

  (6) 扬子县(907—937)—永贞县(937—959)

  (7) 天长县(907—942)   (8) 兴化县(920—937)

  (9) 海陵制置院(928?—937)

  2. 和州(907—959),治历阳县(今安徽和县)

《旧唐书》卷 40《地理志三》、《新唐书》卷 41《地理志五》皆载和州领历阳、乌江、含山等 3 县。唐末,和州仍领此 3 县,治历阳县②。

五代十国时期,和州领县未闻有何变更,一如唐末所辖 3 县之规模,治历阳县。《太平寰宇记》卷 124 和州仍领唐末所载之 3 县,亦可添一旁证。

  (1) 历阳县(907—959)   (2) 乌江县(907—959)

  (3) 含山县(907—959)

  3. 楚州(907—959),治山阳县(今江苏淮安市)

《旧唐书》卷 40《地理志三》载楚州领山阳、盐城、盱眙、宝应、淮阴等 5 县;《新唐书》卷 41《地理志五》载楚州下领山阳、盐城、宝应、淮阴等 4 县。唐建中二年(781),割盱眙县隶泗州。元和元年(806),盱眙县复自泗州来属。唐末,楚州领山阳、盐城、宝应、淮阴、盱眙等 5 县,治山阳县③。

杨吴时期,楚州领 5 县之规模未有变更,一如唐末,治山阳县。

南唐昇元元年(后晋天福二年,937),割盐城县隶泰州(参见下文泰州沿革)。

此后至后周显德六年(959),楚州当领山阳、宝应、淮阴、盱眙等 4 县。

  (1) 山阳县(907—959)   (2) 盐城县(907—937)

  (3) 宝应县(907—959)   (4) 淮阴县(907—959)

  (5) 盱眙县(907—959)

---

① 《新五代史》卷 60《职方考》载:"天长、六合,故属扬州。南唐以天长为军,六合为雄州,周复故。"然《资治通鉴》卷 294 显德五年(958)载:正月,"唐以天长为雄州,以建武军使易文赟为刺史。二月甲寅,文赟举城降"。则可知六合未曾割隶雄州,《新五代史·职方考》所载不确。

② 参见郭声波:《中国行政区划通史·唐代卷》和州沿革,第 422 页。

③ 参见郭声波:《中国行政区划通史·唐代卷》楚州沿革,第 431 页。

4. 泗州(907—959),治临淮县(今江苏泗洪县东南)

《旧唐书》卷38《地理志一》载泗州领临淮、涟水、徐城等3县。《新唐书》卷38《地理志二》载泗州辖临淮、涟水、盱眙、徐城等4县,且在盱眙县下注曰:"建中二年(自楚州)来属。"唐元和元年(806),割盱眙县隶楚州。唐末,泗州领临淮、涟水、徐城等3县,治临淮县①。

杨吴时期,泗州领3县之规模而未更,一如唐末,治临淮县。

大约在南唐保大十四年(后周显德三年,956),割涟水县置涟州(参见下文涟州沿革),泗州领临淮、徐城2县。

(1) 临淮县(907—959)　　　　(2) 涟水县(907—956?)
(3) 徐城县(907—959)

5. 海州(907—959),治朐山县(今江苏连云港市西南)

《旧唐书》卷38《地理志一》、《新唐书》卷38《地理志二》皆载海州领朐山、东海、沭阳、怀仁等4县。唐末,海州仍领此4县,治朐山县②。

五代十国时期,海州领县未闻有何变更,一如唐末所辖4县之规模,治朐山县。《太平寰宇记》卷122海州仍领唐末所载之4县,亦可添一旁证。

(1) 朐山县(907—959)　　　　(2) 东海县(907—959)
(3) 沭阳县(907—959)　　　　(4) 怀仁县(907—959)

6. 泰州(937—959),治海陵县(今江苏泰州市)

南唐昇元元年(后晋天福二年,937),升海陵制置院为泰州,领海陵、泰兴、盐城、兴化等4县,治海陵县。《太平寰宇记》卷130泰州下载:"本扬州海陵县,伪吴乾贞年中,立为制置院。伪唐昇元元年升为泰州,仍析海陵南五乡为泰兴县,割楚州之盐城县,改招远场为县。"泰州海陵县下曰:"伪唐昇元元年于此置泰州。"泰州兴化县下曰:"本海陵县地,属淮南。伪吴武义年中析为招远场,寻改为兴化县,属扬州。伪唐昇元元年改隶泰州。"泰州泰兴县下曰:"本海陵县济南镇地,伪唐昇元三年③析海陵县之南界五乡为泰兴县,属泰州。"④

南唐保大十年(后周广顺二年,952),改如皋场为县,隶属泰州。《太平寰

---

① 参见郭声波:《中国行政区划通史·唐代卷》泗州沿革,第370页。
② 参见郭声波:《中国行政区划通史·唐代卷》海州沿革,第367页。
③ 笔者按:此处"昇元三年"疑为"昇元元年"之误。
④ 马令《南唐书》卷1《先主书》载:"(天祚三年冬十月)受吴禅……改元昇元……(十二月)以扬州海陵县为泰州,割泰兴、盐城、兴化、如皋四县属焉。以海陵置制使褚仁规为刺史。"所述与上引《太平寰宇记》之文不同,未详何据,在此暂从《太平寰宇记》所载。

宇记》卷130泰州下载："至保大十年，又改如皋场为县，并隶泰州。"泰州如皋县下曰："唐太和五年析海陵之五乡置如皋场。伪唐保大十年升为县。"大约在同年，南唐析海陵县置静海制置院。《太平寰宇记》卷130通州下载："南唐李氏于海陵县之东境置静海制置院。"由于南唐在保大十年将海陵县东的如皋场升为如皋县，可知其时南唐对海陵县东部区域在行政上有所调整，故颇疑同样位于海陵县东的静海制置院亦当在此时设置。至迟在南唐保大十五年(后周显德四年，957)，升静海制置院为静海军(参见下文静海军沿革)。

此后至五代末，泰州一直领海陵、泰兴、盐城、兴化、如皋等5县而未更。

(1) 海陵县(937—959)　　　　(2) 泰兴县(937—959)
(3) 盐城县(937—959)　　　　(4) 兴化县(937—959)
(5) 如皋县(952—959)　　　　(6) 静海制置院(952？—957？)

7. 静海军(957？—958？)—通州(958？—959)，治静海县(今江苏南通市)

至迟在南唐保大十五年(后周显德四年，957)，升静海制置院为静海军。

南唐中兴元年(后周显德五年，958)正月，南唐静海军为后周攻取。《资治通鉴》卷294显德五年正月载："壬辰，(后周)拔静海军，始通吴越之路。"不久，后周升静海军为通州。《太平寰宇记》卷130通州下载："南唐李氏于海陵县之东境置静海制置院。周显德中，世宗克淮南，升为军①，后以为通州。"《舆地广记》卷20通州下所载与此略同。《舆地纪胜》卷41引《达州图经》曰："周世宗平淮南，以唐静海军为通州。"综上所引史料，将后周置通州时间定于显德五年，应大体无误。同时，后周置静海、海门2县隶属通州。《舆地广记》卷20通州静海、海门县下皆曰："本海陵之东境，周显德中置。"

(1) 静海县(958？—959)　　　　(2) 海门县(958？—959)

8. 建武军(942—958)—雄州(958)—天长军(958—959)，治天长县(今安徽天长市)

南唐昇元六年(后晋天福七年，942)，割东都天长县置建武军。陆游《南唐书》卷1《烈祖本纪》载："昇元六年(942)……闰(正)月甲朔，改天长制置使为建武军。"

南唐中兴元年(后周显德五年，958)正月，改建武军为雄州，仍治天长县。

---

① 笔者按，南唐时当已置静海军，不俟属后周后方置，此处前后所引《资治通鉴》与《达州图经》之文可证。

二月,后周取雄州,复降雄州为天长军,治天长县。《资治通鉴》卷294显德五年载:正月,"唐以天长为雄州,以建武军使易文赟为刺史。二月甲寅,文赟举城降"。由于此前建武军即辖天长县,故可知南唐雄州当为建武军升格而置。《太平寰宇记》卷130天长军下载:"晋天福年中,江南伪命改为建武军。周显德四年(957)平定江淮,改为雄州。国朝既克江南,降雄州为天长军,兼领县事。"《文献通考》卷318《舆地考四》扬州天长县下载:"唐县。伪唐置建武军,又改雄州,周改天长军。"

天长县(942—959)

9. 涟州(956?—957?)—雄武军(957?—959),治涟水县(今江苏涟水县)

大约在南唐保大十四年(后周显德三年,956),割泗州涟水县置涟州。《资治通鉴》卷293显德三年四月(956)载:"己卯,韩令坤奏败扬州兵万余人于湾头堰,获涟州刺史秦进崇。"《旧五代史》卷116《周世宗纪三》、《册府元龟》卷435《将帅部·献捷二》所述略同。嘉庆《重修一统志》淮安府涟水旧城下亦载:"周显德三年(956)于县地复置涟州。宋太平兴国三年升为涟水军,熙宁五年仍为县,属楚州。"由上述所载则可知后周进攻江北时南唐已置有涟州。

至迟在南唐保大十五年(后周显德四年,957),又降涟州为雄武军。《资治通鉴》卷293显德四年十二月载:乙丑,"唐雄武军使、知涟水县事崔万迪降"。其中提及了以涟水县地所置的雄武军,故可推知在南唐保大十五年前,南唐已将涟州改置为雄武军。后周得雄武军后仍当保留此建置。宋太平兴国三年十二月以涟水县所置的涟水军①,或即是雄武军的后身。

涟水县(956?—959)

10. 濠州

参见本章第二节濠州节度使所辖濠州沿革。

11. 寿州

参见本章第二节濠州节度使所辖寿州沿革。

12. 光州

参见本章第二节濠州节度使所辖光州沿革。

13. 庐州

参见本章第三节庐州节度使所辖庐州沿革。

---

① 参见《太平寰宇记》卷17涟水军下所载。

14. 滁州

参见本章第三节庐州节度使所辖滁州沿革。

15. 舒州

参见本章第三节庐州节度使所辖舒州沿革。

第二节 濠州(暨寿州)清淮军(忠正军)节度使

大约在吴王天祐十四年(后梁贞明三年,917),杨吴置濠州清淮军节度使,领濠、寿、光等3州,治濠州[吴武义二年(920)之辖区参见图2-19]。吴乾贞元年(后唐天成二年,927年),清淮军节度使治所由濠州移至寿州,寿州节度使仅领寿、光2州,濠州则直隶杨吴。后周显德三年(南唐保大十四年,956年)三月,后周军攻取光州;七月,南唐收复光州。后周显德四年(南唐保大十五年,957年)三月,后周军克寿州,废南唐清淮军号,更名忠正军节度使,徙治下蔡。

一、濠州(寿州)清淮军(忠正军)节度使辖区沿革

濠州清淮军节度使(吴王 917? —919,吴 **919—927**)—寿州清淮军节度使(吴 927—937,南唐 937—957)—寿州忠正军节度使(后周 957—959)

大约在吴王天祐十四年(后梁贞明三年,917),杨吴置濠州清淮军节度使。徐铉《大唐故匡时启运功臣清淮军节度使寿州观察处置等使特进检校太傅使持节都督寿州诸军事寿州刺史御史大夫上柱国彭城威侯赠太尉刘公(崇俊)神道碑》载:"复命烈考,嗣膺使符。不还渭水之兵,誓卒龙门之托。故蓼城之战,斩获过当;汝阴之围,策勋居最。先零委质,斗充国以无由。獯狁惊魂,射郅都而不中。畴庸锡羡,建清淮军以壮中权。加礼慎终,赠太尉公以光幽岁。"①其中提及"建清淮军以壮中权"。然清淮军节度使设置之确年,史籍无载。由上引碑文知清淮军节度使之设,乃为酬劳刘崇俊之父仁规战蓼城(事在后梁乾化三年十二月)、围汝阴(事在后梁贞明二年十一月)之功,故朱玉龙据此推测吴置清淮军似应在贞明三年、四年间②。今从其说。

濠州清淮军节度使辖区,史籍失载,从当时的地理形势看,除治所所在的濠州外,尚应领有寿、光2州,共计3州之地。

---

① 《徐公文集》卷11,又收入《全唐文》卷884。
② 参见朱玉龙:《五代十国方镇年表》濠州注2,第396页。

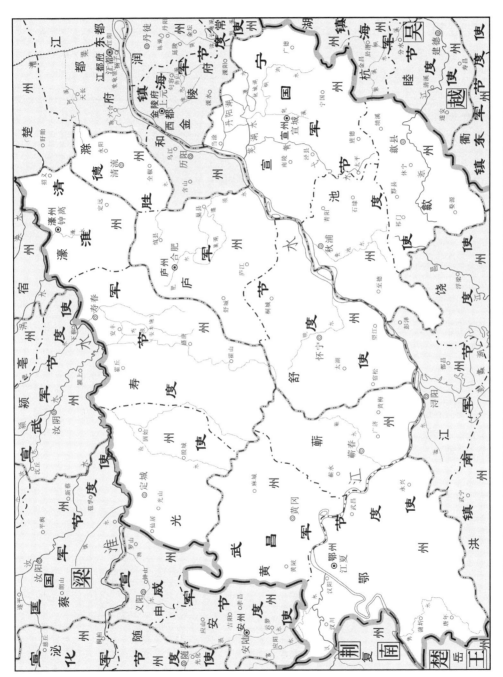

图 2-19 920 年吴国濠州濠清军、庐州德胜军、宣州宁国军、鄂州武昌军节度使辖区示意图

吴乾贞元年(后唐天成二年,927年),清淮军节度使治所由濠州移至寿州。上引《寿州刺史刘公神道碑》载:"初先太尉公之薨也,西北小惊,戒严从便,因诏执事移清淮军于寿春。及是复立定远军,即命公为节度使,仍以公少子匡符尚永嘉公主。留侯操印,初跻上将之坛。帝子吹箫,即降王姬之馆。礼优伯舅,望重懿亲。于时公莅濠梁十有七年矣。"南唐置定远军节度使在保大元年(后晋天福八年,943),由此上推十七年,即后唐天成二年(吴乾贞元年),故朱玉龙以为"清淮军初置于濠州,天成二年,节度使刘仁规卒,其子幼弱,又加流言后唐将大举入侵,故移清淮军于战略要地寿州,而降濠州为都团练观察使,以崇俊继典之"①。其说可从。其时的寿州清淮军节度使仍当领有寿、光2州②,濠州归入杨吴直隶地区。

后周显德三年(南唐保大十四年,956年)三月,后周军攻取光州。《资治通鉴》卷293显德三年三月载:"丙申,(后周将何)超奏唐光州刺史张绍弃城走,都监张承翰以城降。"七月,南唐收复光州(参见本章第一节直隶地区辖区沿革)。

后周显德四年(南唐保大十五年,957年)三月,后周军克寿州,废南唐清淮军号,更名忠正军节度使,徙治下蔡。《资治通鉴》卷293显德四年三月载:"甲辰,帝耀兵于寿春城北。唐清淮节度使兼侍中刘仁赡病甚,不知人,丙午,监军使周廷构、营田副使孙羽等作仁赡表,遣使奉之来降。……庚戌,徙寿州治下蔡。……帝复以清淮军为忠正军,以旌仁赡之节,以右羽林统军杨信为忠正节度使、同平章事。"③后周忠正军节度使当仍领寿、光2州。

濠州(寿州)清淮军(忠正军)节度使
(1)濠州(917?—927)　　　(2)寿州(917?—959)
(3)光州(917?—956,957—959)

---

① 参见朱玉龙:《五代十国方镇年表》濠州注3,第396页。
② 参见朱玉龙:《五代十国方镇年表》寿州,第385页。
③ 《新五代史》卷60《职方考》载:"寿州,唐故忠正,南唐改曰清淮。周世宗平淮南,复曰忠正。"同卷《职方表》寿州下亦注曰:"吴(忠正)","南唐(清淮)"。不确。《五代会要》卷24《诸道节度使军额》寿州下载:"后唐天成三年(928)十月,升为忠正军节度。"由是可知此"忠正军"是后唐遥改之军号,并非杨吴所改。又,《太平寰宇记》卷129寿州下曰:"后唐天成三年为顺化军节度。"而《五代会要》卷24《诸道节度使军额》楚州下载:"后唐天成三年闰八月,升为顺化军节度。"可见"顺化军"是后唐遥改楚州之军号,与寿州无涉,《太平寰宇记》显系将楚州下之文字误录于寿州之下,故其说不足凭据。参见朱玉龙:《五代十国方镇年表》寿州注1,第391页。又,谭其骧主编《中国历史地图集》第五册"五代十国时期"之"太和六年(934)吴、吴越、闽图"中将寿州标记为"忠正节度使",不确。

直属京州(后周)

光州(956—957)

二、濠州(寿州)清淮军(忠正军)节度使所辖诸州沿革

1. 濠州(907—959),治钟离县(今安徽凤阳县东北)

《旧唐书》卷40《地理志三》、《新唐书》卷38《地理志二》皆载濠州领钟离、定远、招义等3县。唐末,濠州仍领此3县,治钟离县①。

杨吴南唐时期,濠州领县未闻有何变更,一如唐末所辖3县之规模,治钟离县。

后周显德三年(956年)五月,后周于涡口镇置镇淮军。《资治通鉴》卷293显德三年五月载:"丙辰朔,以涡口为镇淮军。"《五代会要》卷24《军》载:"(后周显德)三年五月,以涡口镇为镇淮军。"《旧五代史》卷116《周世宗纪》载:"(显德三年)五月壬辰朔,以涡口为镇淮军。"此镇淮军之置乃因后周攻打南唐需要而置,故在翌年,后周攻取南唐寿州后,镇淮军当废。又,《新五代史》卷62《南唐世家》载:"(保大)十五年,景达遣朱元等屯紫金山,筑甬道以饷寿州。二月世宗复南征,徙下蔡浮桥于涡口,为镇淮军,筑二城以夹淮。"(马令《南唐书》卷4《嗣主书》与此略同)《册府元龟》卷118《帝王部·亲征三》:"(显德四年,957)是夜,帝入于镇淮军,以驻跸焉。甲午,诏发近县丁夫数千,城镇淮军,军有二城,夹淮相对,仍命徙下蔡浮桥维于其间。"所载镇淮军始置时间与《五代会要》《旧五代史》微异,录此备考。涡口镇之地望,胡三省注曰:"涡口,涡水入淮之口。《郡县志》:涡口城,东南至濠州九十里。"而濠州治钟离县,故可推知此涡口镇当在钟离县境。

至后周显德六年(959),濠州领钟离、定远、招义等3县。

(1) 钟离县(907—959)　　　(2) 定远县(907—959)

(3) 招义县(907—959)　　　(4) 镇淮军(956—957?)

2. 寿州(907—959),寿春县(907—957,今安徽寿县)—下蔡县(957—959,今安徽凤台县)

《旧唐书》卷40《地理志三》、《新唐书》卷41《地理志五》皆载寿州领寿春、安丰、霍山、盛唐、霍丘等5县,唐末,寿州仍领此5县,治寿春县②。

杨吴南唐时期,寿州领县未闻有何变更,一如唐末所辖5县之规模,治寿春县。

后周显德四年(南唐保大十五年,957年),后周攻取寿州,改清淮军节度

---

① 参见郭声波:《中国行政区划通史·唐代卷》濠州沿革,第429页。
② 参见郭声波:《中国行政区划通史·唐代卷》寿州沿革,第426页。

为忠正军节度,割颍州下蔡县来属,移寿州州治于下蔡县。《五代会要》卷20《州县分道改置》寿州下载:"周显德四年,移于颍州下蔡县,仍以下蔡县为倚郭,以旧寿州为寿春县。"《新五代史》卷32《死节传·刘仁瞻传》载:"寿州故治寿春,世宗以其难克,遂徙城下蔡,而复其军曰忠正。"《资治通鉴》卷293周世宗显德四年(957)三月载:"庚戌,徙寿州治下蔡。"①

至后周显德六年(959),寿州领寿春、安丰、霍山、盛唐②、霍丘、下蔡等6县,治下蔡县。

(1) 寿春县(907—959)　　　　(2) 安丰县(907—959)
(3) 霍山县(907—959)　　　　(4) 盛唐县(907—959)
(5) 霍丘县(907—959)　　　　(6) 下蔡县(957—959)

3. 光州(907—959),治定城县(今河南潢川县)

《旧唐书》卷40《地理志三》、《新唐书》卷41《地理志五》皆载光州领定城、光山、殷城、固始、仙居等5县。唐末,光州仍领此5县,治定城县③。

五代十国时期,光州领县未闻有何变更,一如唐末所辖5县之规模,治定城县。

(1) 定城县(907—959)　　　　(2) 光山县(907—959)
(3) 殷城县(907—959)　　　　(4) 固始县(907—959)
(5) 仙居县(907—959)

第三节　庐州德胜军(保信军)节度使(含庐州都团练观察使;附: 舒州永泰军节度使)

庐州为杨行密起兵之所,唐末为淮南节度使属州。吴王天祐十四年(后梁贞明三年,917),析庐州置庐州都团练观察使,领庐、滁、舒等3州。吴武义元年(后梁贞明五年,919),又升庐州都团练观察使为德胜军节度使,辖区如故[吴武义二年(920)之辖区参见前图2-19]。南唐昇元元年(后晋天福二年,

---

① 《太平寰宇记》卷129寿州下载:"周显德三年平淮南,降为防御州,旧理寿春县,仍移州于颍州之下蔡县为理所。"其中的"三年"当为"四年"之误。参见该书中华书局点校本寿州下校勘记。
② 《五代会要》卷20《州县分道改置》寿州盛唐县下载:"梁开平二年(908)八月,改为濉山县。后唐同光元年(923)十月,复为盛唐。"《十国春秋》卷111《十国地理表上》寿州来化县下载:"旧为盛唐县,梁开平二年八月改为濉山县,后唐同光元年复为盛唐,晋天福七年(942)改曰来化。"然此时盛唐县属吴,后梁的改名仅仅是遥改以避唐讳而已,之后后唐、后晋的反复更名亦是如此。吴任臣显然亦认识到了此点,故他又加按语曰:"寿州为吴与南唐所有之地,梁、唐、晋所改者疑亦遥改其名耳,吴与南唐未必遵之也。"
③ 参见郭声波:《中国行政区划通史·唐代卷》光州沿革,第445页。

937），南唐代吴后，仍置庐州德胜军节度使。至迟南唐保大元年（后晋天福八年，943），又析舒州置永泰军节度使。后周显德三年（南唐保大十四年，956），舒州节度使废，舒州复属庐州节度使。后周显德五年（南唐交泰元年，958），南唐庐州德胜军节度为后周所得，并改称保信军节度使，领庐、滁、舒3州之地。

一、庐州德胜军（保信军）节度使辖区沿革（含庐州都团练观察使；附：舒州永泰军节度使）

庐州都团练观察使（吴王917—919）—**庐州德胜军节度使**（吴919—937，南唐937—958）—*庐州保信军节度使*（后周958—959）

吴王天祐十四年（后梁贞明三年，917），以淮南节度使所领庐州置庐州都团练观察使。殷文圭《后唐张崇修庐州外罗城记》载："至天祐十四年四月二十七日，蒙恩转授武宁平难军节度、滁宿等州观察处置等使，依前权淮南行军副使、知庐州都团练观察处置等使。"①依据其时周边的地理形势，庐州观察使除领庐州外，还当领有滁、舒2州。

吴武义元年（后梁贞明五年，919），又升庐州观察使为德胜军节度使，仍领庐、滁、舒等3州，治庐州。《九国志》卷1《张崇传》载："武义元年，累加安西大将军。梁祖遣将合湖南兵攻荆州，以崇为应援招讨使，引军攻安州，降其骑兵二百而还，迁德胜军节度使，加中书令。"②

南唐代吴后，仍置有庐州德胜军节度使。《资治通鉴》卷281天福三年（938）正月载："唐德胜节度使兼中书令西平恭烈王周本以不能存吴，愧恨而卒。"马令《南唐书》卷9《李章传》载："出为虔州节度使，为理严重，禁戢左右，

---

① 《全唐文》卷868。
② 《十国春秋》卷1《吴太祖世家》载："是岁（笔者按，指天复三年，903）……置德胜军于庐州。"朱玉龙据此以为杨吴庐州德胜军置于唐天复三年（参见氏著《五代十国方镇年表》庐州，第376页）。然未详吴任臣何据，故未敢遽信，录此备考。又，《资治通鉴》卷278长兴三年（932）十一月载：己丑，"吴以诸道都统徐知诰为大丞相、太师，加领得〔德〕胜节度使；知诰辞丞相、太师。"胡三省注曰："'得胜'当作'德胜'，吴之先王杨行密起于庐州，故因置德胜节度于庐州，言以德而胜也。"又，《旧五代史》卷42《唐明宗纪八》载：长兴二年闰五月"癸丑，升庐州为昭顺军。"《舆地广记》卷21庐州下载："唐长兴二年（931）升为昭顺军节度。周显德五年（958）改为保信军。"似吴曾改德胜军为昭顺军。然此时庐州属杨吴，后唐以庐州为昭顺军当系遥改，其时杨吴并无昭顺军节度的军号。《十国春秋》卷113《十国藩镇表》昭顺军下所载"庐州，吴以庐州为昭顺军节度"之说亦误。此外，马令《南唐书》作南唐时有"保信军节度"，盖将后周取庐州后改名之军额误作南唐时名称。《十国春秋·十国藩镇表》亦误以为南唐改德胜军节度使为保信军节度使。谭其骧主编《中国历史地图集》（第五册）隋唐五代十国时期"南唐、吴越"分图标记庐州为"保信节度使"，误，应为"德胜节度使"，《舆地纪胜》卷45庐州下辨之已详。

宾礼寮属。会周本卒,移镇庐州,加中书令,卒年九十。"

至迟南唐保大元年(后晋天福八年,943),析舒州置永泰军节度使(参见下文所附舒州节度使辖区沿革)。

后周显德三年(南唐保大十四年,956)二月,后周攻取南唐滁州。《资治通鉴》卷292显德三年二月载:"上命太祖皇帝倍道袭清流关。皇甫晖等陈于山下,方与前锋战,太祖皇帝引兵出山后;晖等大惊,走入滁州……(太祖皇帝)手剑击晖,中脑生擒之,并擒姚凤,遂克滁州。"七月,滁州为南唐收复。同时,舒州亦为南唐收复(参见本章第一节直隶地区辖区沿革),为庐州节度使属州(参见下文所附舒州节度使辖区沿革)。

后周显德五年(南唐交泰元年,958)三月,南唐遣使向后周称臣,献江北庐、舒、蕲、黄等4州,南唐庐州节度使辖境(庐、滁、舒等3州)尽为后周所得。之后,后周改庐州德胜军节度使为保信军节度使。《资治通鉴》卷294后周显德五年三月载:"甲辰,置保信军于庐州,以右龙武统军赵匡赞为节度使。"

庐州德胜军(保信军)节度使

(1) 庐州(917—959)　　　　(2) 滁州(917—956,956—959)

(3) 舒州(917—943?,956—959)

附:
舒州永泰军节度使辖区沿革

舒州永泰军节度使(南唐943?—956)

至迟南唐保大元年(后晋天福八年,943),置舒州永泰军节度使。陆游《南唐书》卷11《孙忌传》载:"元宗立,齐王景遂排之(笔者按,指孙忌),出为舒州节度使。"南唐保大元年,李璟即位,是为南唐元宗,故至迟该年,南唐置有舒州节度使。又,徐铉《徐公文集》卷6《抚州节度使马希崇除舒州节度使制》载:"永泰全军,舒庸旧国。地望无惭于汝水,封疆密迩于王城。"①据此则可知舒州节度使军号曰永泰军②。永泰军节度使当仅辖舒州1州之地。

南唐保大十四年(后周显德三年,956)三月,舒州为后周攻取,永泰军节度使当废。《新五代史》卷12《周世宗本纪》载:显德三年,"是月(笔者按,指三月),取光、舒、蕲州"。《资治通鉴》卷293显德三年三月载:"丁酉,行舒州刺史

---

① 又收入《全唐文》卷878。
② 参见朱玉龙:《五代十国方镇年表·附录》舒州,第654页。

郭令图拔舒州,唐蕲州将李福杀其知州王承巂,举州来降。"马楚亡后,南唐任命马希崇为永泰军节度使。《资治通鉴》卷290广顺元年(951)十二月载:"唐主以镇南节度使兼中书令宋齐丘为太傅,以马希萼为江南西道观察使,镇洪州,仍赐爵楚王;以马希崇为永泰节度使,镇舒州。"显德三年后周攻占扬州、舒州等地后,马希崇投奔后周。《资治通鉴》卷293显德三年三月载:"马希崇及王延政之子继沂皆在扬州,(后周)诏抚存之。(胡三省注曰:楚、闽世事中国,其后为南唐所俘,因于扬州,周得扬州,故抚存之。)"同年七月,舒州为南唐收复(参见本章第一节直隶地区辖区沿革),从地理形势上分析,其时舒州当转归庐州节度使统辖。

舒州(943?—956)

二、庐州都团练观察使、庐州德胜军(保信军)节度使、舒州永泰军节度使所辖诸州沿革

1. 庐州(907—959),治合肥县(今安徽合肥市)

《旧唐书》卷40《地理志三》、《新唐书》卷41《地理志五》皆载庐州领合肥、慎、巢、庐江、舒城等5县。唐末,庐州仍领此5县,治合肥县①。

五代十国时期,庐州领县未闻有何变更,一如唐末所辖5县之规模,治合肥县。《太平寰宇记》卷126庐州仍领唐末所载之5县,亦可添一旁证。

(1) 合肥县(907—959)　　(2) 慎县(907—959)
(3) 巢县(907—959)　　　(4) 庐江县(907—959)
(5) 舒城县(907—959)

2. 滁州(907—959),治清流县(今安徽滁州市)

《旧唐书》卷40《地理志三》、《新唐书》卷41《地理志五》皆载滁州领清流、全椒、永阳等3县。唐末,滁州仍领此3县,治清流县②。

五代十国时期,滁州领县未闻有何变更,一如唐末所辖3县之规模,治清流县。《太平寰宇记》卷128滁州仍领唐末所载之5县,亦可添一旁证。

(1) 清流县(907—959)　　(2) 全椒县(907—959)
(3) 永阳县(907—959)

3. 舒州(907—959),治怀宁县(今安徽潜山县)

《旧唐书》卷40《地理志三》载舒州领怀宁、宿松、望江、太湖、同安等5县;

---

① 参见郭声波:《中国行政区划通史·唐代卷》庐州沿革,第433页。
② 参见郭声波:《中国行政区划通史·唐代卷》滁州沿革,第423页。

《新唐书》卷 41《地理志五》载舒州领怀宁、宿松、望江、太湖、桐城等 5 县,且在桐城县下注曰:"本同安,至德二载(757)更名。"唐末,舒州仍领《新唐书·地理志》所载之 5 县,治怀宁县①。

五代十国时期,舒州领县未闻有何变更,一如唐末所辖 5 县之规模,治怀宁县。《太平寰宇记》卷 125 舒州仍领唐末所载之 5 县,亦可添一旁证。

(1) 怀宁县(907—959)　　　　(2) 宿松县(907—959)
(3) 望江县(907—959)　　　　(4) 太湖县(907—959)
(5) 桐城县(907—959)

第四节　金陵府(昇州、江宁府)(暨润州)镇海军节度使(含直隶地区)

润州镇海军节度使本唐旧镇,领润、昇、常、苏、湖、杭、睦等 7 州,治润州。吴王天祐七年(后梁开平四年,910),杨吴据有其中的润、昇、常等 3 州。吴王天祐九年(后梁乾化二年,912),置润州镇海军节度使,领润、昇、常等 3 州,治润州。吴王天祐十二年(后梁贞明元年,915),润州镇海军节度使增领宣、歙、池等 3 州。吴王天祐十四年(后梁贞明三年,917),镇海军节度使由润州徙治昇州。吴武义元年(后梁贞明五年,919),复割宣、池、歙等 3 州置宣州宁国军节度使。吴武义二年(后梁贞明六年,920),改昇州为金陵府(此年之辖区参见前图 2-18)。吴天祚二年(后晋天福元年,936),以金陵府为西都。吴天祚三年(后晋天福二年,937),又改金陵府为江宁府。南唐昇元元年(后晋天福二年,937),南唐代吴,定都江宁府,又称西都。江宁府成为南唐直隶地区,镇海军节度使复由江都府还治润州,辖境仅有润、常 2 州。至迟南唐昇元六年(后晋天福七年,942),析常州江阴县置江阴军。南唐交泰元年(后周显德五年,958),在江宁府当涂县侨置新和州,旋,又改新和州为雄远军,割当涂县隶之。江阴、雄远 2 军皆归入南唐直隶地区。

一、金陵府(昇州、江宁府)(暨润州)镇海军节度使辖区沿革(含直隶地区)

润州镇海军节度使(吴王 912—917)—昇州镇海军节度使(吴王 917—919,吴 919—920)—**金陵府镇海军节度使(吴 920—937)**—江宁府镇海军节度使(吴 937)—润州镇海军节度使(南唐 937—959)

---

① 参见郭声波:《中国行政区划通史·唐代卷》舒州沿革,第 435 页。

直隶地区[江宁府(南唐937—959)、江阴军(南唐942?—959)、新和州(南唐958)—雄远军(南唐958?—959)]

润州镇海军节度使本唐旧镇,领润、昇、常、苏、湖、杭、睦等7州,治润州。唐景福元年(892),杨行密夺取了润、常2州。景福三年(893),昇州又为杨行密占据。光化三年(900),镇海军节度使钱镠将镇府由润州徙治杭州。天复二年(902),昇州为杨吴宣州守将田頵所攻占。天复三年(903)八月,田頵与润州守将安仁义共同举兵反杨。十二月,田、安二人被杀,杨行密将叛乱平定。此后,杨吴据有润、昇、常等3州,其余的杭、苏、湖、睦等4州为钱镠所据的杭州镇海军节度使所属(参见第九章第一节杭州节度使辖区沿革)。

吴王天祐七年(后梁开平四年,910),置润州观察使。《资治通鉴》卷267开平四年五月载:"吴徐温母周氏卒,将吏致祭,为偶人,高数尺,衣以罗锦,温曰:'此皆出民力,奈何施于此而焚之,宜解以衣贫者。'未几,起复为内外马步军都军使,领润州观察使。"

吴王天祐九年(后梁乾化二年,912),以润州置镇海军节度使。《资治通鉴》卷268乾化二年九月载:"(徐)温与(刘)威、(陶)雅帅将吏请于李俨,承制加嗣吴王(杨)隆演太师、吴王,以温领镇海节度使、同平章事,淮南行军司马如故。"①润州镇海军节度使其时当领润、昇、常等3州,治润州(参见下文)。

吴王天祐十二年(后梁贞明元年,915),润州镇海军节度使增领宣、池、歙等3州。《资治通鉴》卷269贞明元年八月载:"庚戌,吴以镇海节度使徐温为管内水陆马步诸军都指挥使、两浙都招讨使、守侍中、齐国公,镇润州,以昇、润、常、宣、歙、池六州为巡属,军国庶务参决如故。"《九国志》卷3《徐温传》、马令《南唐书》卷8《徐温传》等所载与此略同。其中提及润州镇海军节度使领昇、润、常、宣、歙、池等6州,而宣、歙、池等3州在唐末本为宁国军节度使属州,五代初年又为杨吴宣州都团练观察使属州(参见本章第五节宣州节度使辖区沿革),故由此可逆推知天祐九年(912)杨吴初置润州节度使时仅辖润、昇、常等3州。

吴王天祐十四年(后梁贞明三年,917),镇海军节度使由润州徙治昇州。

---

① 马令《南唐书》卷30《建国谱》载:"吴因唐为昇州,徐温建节,升为建康军。"其说不确。《宋史》卷88《地理志四》江宁府下载:"天禧二年(1018),升为建康军节度。"据此可知建康军节度使之名称迟至北宋时方才出现。

《资治通鉴》卷 269 贞明三年载:"吴昇州刺史徐知诰治城市府舍甚盛。五月,徐温行部至昇州,爱其繁富。润州司马陈彦谦劝温徙镇海军治所于昇州,温从之,徙知诰为润州团练使。"《九国志》卷 3《徐温传》、马令《南唐书》卷 8《徐温传》等所载与此略同。

吴武义元年(后梁贞明五年,919),割宣、池、歙等 3 州置宣州宁国军节度使(参见本章第五节宣州节度使辖区沿革),昇州节度使复辖昇、润、常等 3 州。

吴武义二年(后梁贞明六年,920),改昇州为金陵府(参见下文金陵府沿革)。

吴天祚二年(后晋天福元年,936),以金陵府为西都(参见下文金陵府沿革)。

吴天祚三年(后晋天福二年,937),改金陵府为江宁府(参见下文江宁府沿革)。南唐昇元元年(后晋天福二年,937),南唐代吴,定都江宁府,又称西都,江宁府成为南唐直隶地区,镇海军节度使复由江宁府还治润州。陆游《南唐书》卷 8《徐知谔传》载:"烈祖初,封饶王,进王梁,镇润州,兼中书令。"此后镇海军节度使当辖润、常 2 州。

至迟南唐昇元六年(后晋天福七年,942),析常州江阴县置江阴军(参见下文江阴军沿革),直隶南唐政权。

南唐交泰元年(后周显德五年,958),在江宁府当涂县侨置新和州,旋,又改新和州为雄远军,割当涂县为其属县(参见下文雄远军沿革),直隶南唐政权。

金陵府(昇州、江宁府)(暨润州)镇海军节度使

(1) 润州(912—959)

(2) 昇州(912—920)—金陵府(920—937)—江宁府(937)

(3) 常州(912—959)　　　(4) 宣州(915—919)

(5) 池州(915—919)　　　(6) 歙州(915—919)

直隶地区

(1) 江宁府(937—959)　　(2) 江阴军(942?—959)

(3) 新和州(958)—雄远军(958?—959)

二、金陵府(昇州、江宁府)(暨润州)镇海军节度使(含直隶地区)所辖诸州(府)沿革

1. 昇州(907—920)—金陵府(920—937)—江宁府(937—959),治上元县(今江苏南京市)

《新唐书》卷 41《地理志五》载昇州领上元、句容、溧水、溧阳等 4 县。唐

末,昇州仍领此 4 县,治上元县①。五代初,亦复如是。

吴王天祐十四年(后梁贞明三年,917),析上元县地置江宁县。《太平寰宇记》卷 90 昇州江宁县下载:"天祐十四年五月,析上元之南十九乡,割当涂之北二乡,复置江宁县。"②

吴武义二年(后梁贞明六年,920),改昇州为金陵府。《新五代史》卷 61《吴世家》载:武义二年(920)七月,"改昇州大都督府为金陵府,拜徐温金陵尹。"《十国春秋》卷 3《吴睿帝纪》载:武义二年"秋七月,改昇州大都督府为金陵府,拜徐温金陵尹"。然《太平寰宇记》卷 90 昇州下载:"天祐十四年(917),伪吴遣部将徐温城之,为金陵府。伪唐改为江宁府,因之建都。"似吴改昇州为金陵府早在天祐十四年。又,《资治通鉴》卷 271 贞明六年(920)载:"正月……(张)崇在庐州,贪暴不法……(徐)知诰曰:'何如?'(杨)廷式曰:'械系张崇,使吏如昇州,簿责都统。'"由此则可知武义二年(贞明六年)之前昇州未改名为金陵府,《太平寰宇记》所载恐非。

吴天祚二年(后晋天福元年,936),以金陵府为西都。《资治通鉴》卷 280 天福元年十一月载:"癸巳,吴主诏齐王知诰置百官,以金陵府为西都。"此西都之称正与江都府东都之称相对应。

吴天祚三年(后晋天福二年,937),改金陵府为江宁府③。《资治通鉴》卷 280 天福二年(937)正月载:"(徐)知诰始建太庙、社稷,改金陵为江宁府。"南唐昇元元年(937)十月,定都江宁府,又称西都。同年,南唐割宣州广德、当涂 2 县来属。陆游《入蜀记》卷 3 乾道六年七月二十四日下载:"盖南唐都金陵,故当涂、芜湖、铜陵、繁昌、广德、青阳并江宁、上元、溧阳、溧水、句容凡十一县,皆隶畿内。今建康为行都,而才有江宁等五邑,有司所当议也。"《文献通考》卷 318《舆地考四》建康府下载:"吴为金陵府。南唐改江宁府。置芜湖、铜陵、繁昌三县,又以宣州之当涂、广信(笔者按,当作"广德")来属。寻以当涂为雄远军,复以池州之青阳来属。"《元丰九域志》卷 6 江宁府下载:"开宝八年(975),以芜湖、繁昌、广德三县隶宣州,以青阳、铜陵二县隶池州。"由上述所载可知南唐时当涂、广德隶江宁府,北宋平南唐后复还宣州。又,陈鳣《续唐书》卷 16

---

① 参见郭声波:《中国行政区划通史·唐代卷》昇州沿革,第 470 页。
② 《舆地广记》卷 24 江宁府江宁县下载:"南唐复析上元置江宁,分治郭下。"未详何据,录此备考。今从《太平寰宇记》之说。
③ 笔者按:后晋天福二年(937)十月,徐知诰于西都江宁府即位,改元昇元,立国号为齐。此前之当年纪年仍旧为杨吴天祚三年,因此金陵府改名为江宁府仍是在杨吴时期。《太平寰宇记》、《舆地广记》、《文献通考》等史籍未明同年改元的情况,误以为此年既是南唐(齐)昇元元年,则更名自当在南唐时期。其说均误。

《地理志》江宁府广德县下载:"旧属宣州,昇元元年(937),改属江宁府。"至于当涂县何时由宣州别属江宁府,史无确载,颇疑当涂县与广德县同时自宣州割隶江宁府。

南唐保大八年(后汉乾祐三年,950),以广德县地置广德制置院。《太平寰宇记》卷103广德军下载:"本宣州广德县,伪唐保大八年改为广德制置。皇朝太平兴国四年建为军,管广德一县。"

南唐保大九年(后周广顺元年,951),析宣州南陵县地置铜陵、繁昌2县,隶属江宁府。《太平寰宇记》卷105太平州繁昌县下载:"伪唐析南陵之五乡,立为繁昌县。"《舆地广记》卷24池州铜陵县下载:"本南陵县地。……五代时置铜陵县,属江宁府。"《舆地纪胜》卷22池州铜陵县下载:"本汉南陵县梅根监。……南唐保大中为县,属昇州,皇朝开宝八年属池州。"又,嘉庆《重修一统志》池州府铜陵县下将铜陵县之置系于保大九年(951),今姑从之。至于繁昌县,因地近铜陵,颇疑与铜陵一起设置后别属江宁府。又,大概在铜陵、繁昌2县别属江宁府的同时,又析宣城、当涂2县地置芜湖县(《太平寰宇记》卷105太平州芜湖县下载:"伪唐割宣城、当涂二邑之地复置,隶昇州"),隶江宁府,上引《文献通考》卷318《舆地考四》建康府所载之文将芜湖、铜陵、繁昌等3县一并提及,似可透出一些消息。

大约在南唐交泰元年(后周显德五年,958),割池州青阳县隶江宁府。因大约在是年,割当涂县置雄远军(参见下文雄远军沿革),故复以池州青阳县来补江宁府。《文献通考》卷318《舆地考四》建康府所载"寻以当涂为雄远军,复以池州之青阳来属"可资为证。至此,江宁府领上元、句容、溧水、溧阳、江宁、芜湖、繁昌、铜陵、青阳等9县,治江宁县。

(1) 上元县(907—959) (2) 句容县(907—959)
(3) 溧水县(907—959) (4) 溧阳县(907—959)
(5) 江宁县(917—959)
(6) 广德县(937—950)—广德制置院(950—959)
(7) 当涂县(937?—958?) (8) 铜陵县(951—959)
(9) 繁昌县(951?—959) (10) 芜湖县(951?—959)
(11) 青阳县(958?—959)

2. 润州(907—959),治丹徒县(今江苏镇江市)

《旧唐书》卷40《地理志三》载润州领丹徒、丹阳、延陵、上元、句容、金坛等6县;《新唐书》卷41《地理志五》载润州辖丹徒、丹阳、金坛、延陵等4县。唐光启三年(887),复割上元、句容2县隶昇州。唐末,润州领《新唐书·地理志》所载之4县,治丹徒县①。

五代十国时期,润州领县未闻有何变更,一如唐末所辖4县之规模,治丹徒县。《太平寰宇记》卷89州仍领唐末所载之4县,亦可添一旁证。

(1) 丹徒县(907—959)　　　(2) 丹阳县(907—959)
(3) 金坛县(907—959)　　　(4) 延陵县(907—959)

3. 常州(907—959),治晋陵县(今江苏常州市)

《旧唐书》卷40《地理志三》、《新唐书》卷41《地理志五》皆载常州领晋陵、武进、江阴、义兴、无锡等5县。唐末,常州仍领此5县,治晋陵县②。

杨吴时期,常州领县未闻有何变更,一如唐末所辖5县之规模,治晋陵县。

至迟在南唐昇元六年(后晋天福七年,942),割江阴县置江阴军(参见下文江阴军沿革)。

此后至五代十国末期,常州一直领晋陵、武进、义兴、无锡等4县而未更。《太平寰宇记》卷92常州下仍领此4县(唯义兴改称宜兴),亦可添一旁证。

(1) 晋陵县(907—959)　　　(2) 武进县(907—959)
(3) 江阴县(907—942?)　　　(4) 义兴县(907—959)
(5) 无锡县(907—959)

4. 江阴军(942?—959),治江阴县(今江苏江阴市)

至迟在南唐昇元六年(后晋天福七年,942),南唐析常州江阴县置江阴军。《太平寰宇记》卷92江阴军下载:"本江阴县,伪唐昇元年中建为军,以江阴县属焉。皇朝因之。"《舆地纪胜》卷9江阴军下载:"南唐始建为江阴军。"并引晏殊《类要》作置于昇元中。因南唐昇元年号纪年共有六年,故为稳妥起见,暂将南唐置江阴军的时间定在昇元六年。

江阴县(942?—959)

5. 新和州(958)—雄远军(958?—959),治当涂县(今安徽当涂县)

南唐交泰元年(后周显德五年,958),在江宁府当涂县侨置新和州,旋,又改新和州为雄远军,以当涂县为其属县。《太平寰宇记》卷105太平州下载:"本宣州当涂县,周世宗画江为界之后,伪唐于县立新和州,又为雄远军。皇朝开宝八年(975)平江南,改为平南军。太平兴国二年(977)升为太平州,割当涂、芜湖、繁昌三县以隶焉。"陆游《入蜀记》乾道六年七月十二日下载:"太平州,本金陵之当涂县。周世宗时,南唐元宗失淮南,侨置和州于此,谓之新和

---

① 参见郭声波:《中国行政区划通史·唐代卷》润州沿革,第466页。
② 参见郭声波:《中国行政区划通史·唐代卷》常州沿革,第471页。

州,改为雄远军。国朝开宝八年(975)下江南,改为平南军,然独领当涂一邑而已。太平兴国二年,遂以为州,且割芜湖、繁昌来属,而治当涂,与兴国军同时建置,故分纪年以名之。"综上所述可知,南唐新和州之"新"是相对原先江北和州的名称而言,且该和州应为侨州,目的当是用于招徕江北流人。不久,南唐又改新和州为雄远军,正式将当涂县划归其辖区。又,南唐与后周划江为界的时间在958年,故将此年定为南唐置新和州的时间。

当涂县(958?—959)

6. 宣州

参见本章第五节宣州节度使所辖宣州沿革。

7. 池州

参见本章第五节宣州节度使所辖池州沿革。

8. 歙州

参见本章第五节宣州节度使所辖歙州沿革。

第五节 宣州宁国军节度使(含宣州都团练观察使、池州康化军节度使)

宣州宁国军节度使为唐旧镇,领宣、歙、池等3州,治宣州。唐天复三年(903),复降宁国军节度使为宣歙池都团练观察使。唐末,宣、歙、池等3州为杨行密所据。五代初,杨吴置有宣州都团练观察使,仍辖宣、歙、池等3州,治宣州。吴王天祐十二年(后梁贞明元年,915),宣州都团练观察使废,宣、池、歙等3州别属润州镇海军节度使。吴武义元年(后梁贞明五年,919),置宣州宁国军节度使,领宣、池、歙等3州,治宣州[吴武义二年(920)之辖区参见前图2-19]。南唐昇元二年(后晋天福三年,938),析池州置康化军节度使,领池州1州之地。大约在南唐保大十二年(后周显德元年,954),康化军节度使废,池州复还属宣州宁国军节度使。

一、宣州宁国军节度使(含宣州都团练观察使、池州康化军节度使)

宣州都团练观察使(吴王907—915)

宣州宁国军节度使(吴 919—937,南唐 937—959)

池州康化军节度使(南唐938—954?)

宣州宁国军节度使为唐旧镇。唐大顺元年(890),升宣歙池都团练观察使为宁国军节度使,领宣、歙、池等 3 州,治宣州。天复三年(903),复降宁国军节度使为宣歙池都团练观察使。天祐二年(905),割歙州隶江南东道歙婺衢睦都团练观察使①。

唐末,宣、歙、池等 3 州之地最终为杨行密所占据。唐文德元年(888),杨行密先夺取了池州;龙纪元年(889),又占据了宣州;景福二年(893),又攻占了歙州。天复三年(903)八月,杨吴宣州守将田頵与润州守将安仁义共同举兵反杨。十二月,田、安二人兵败被杀,叛乱平定。此后,宣、歙、池等 3 州便一直在杨行密的控制之下。

吴王天祐四年(后梁开平元年,907),置宣州都团练观察使。《九国志》卷 1《李遇传》载:"天祐中,宣州王茂章奔越,乃以遇为淮南行军司马、宣州团练使。"又,《资治通鉴》卷 268 乾化二年(912)三月又载李遇为宣州观察使。故综合上述史料,颇疑杨吴在五代初沿袭了唐末宣歙池都团练观察使的设置②。此时所置的宣州都团练观察使当领宣、池、歙等 3 州,治宣州。

吴王天祐十二年(后梁贞明元年,915),宣州都团练观察使废,所领宣、池、歙等 3 州隶属润州镇海军节度使管辖(参见本章第四节润州节度使辖区沿革)。

吴武义元年(后梁贞明五年,919),置宣州宁国军节度使,领宣、池、歙等 3 州,治宣州。《资治通鉴》卷 270 贞明五年四月载:"以徐温为大丞相、都督中外诸军事、诸道都统、镇海·宁国节度使,守太尉兼中书令、东海郡王。"其中将镇海节度使与宁国节度使并称,据此可知此时杨吴又恢复了宣州宁国军节度使的建置,其辖区当仍有宣、池、歙等 3 州之地。

南唐昇元二年(后晋天福三年,938),析池州置康化军节度使。陆游《南唐书》卷 1《烈祖纪》载:昇元二年六月"甲申,升池州为康化军"。《十国春秋》卷 4《杨珙传》载:"南唐受禅,降珙等十二人为公,珙领康化军节度使,兼中书令。"其时南唐所置的康化军节度使当仅领池州 1 州之地③。

大约在南唐保大十二年(后周显德元年,954),康化军节度使废④,池州复还属宣州宁国军节度使。

---

① 参见郭声波:《中国行政区划通史·唐代卷》宁国军节度使、宣歙池都团练观察使沿革,第 552 页。
② 朱玉龙亦以为"唐末田頵、王茂章、李遇相继据其地(笔者按,指宣州)叛,因停宁国军额,但为都团练观察使。"参见氏著《五代十国方镇年表》宣州,第 406 页。
③ 参见朱玉龙:《五代十国方镇年表》池州,第 430 页。
④ 朱玉龙以为"自王继勋以后,其守臣皆为刺史、团练衔,故表至后周显德元年继勋卒止。"参见氏著《五代十国方镇年表》池州,第 430 页。

此后,宣州节度使一直领宣、池、歙等3州而未更。

宣州都团练观察使

(1) 宣州(907—915)　　　　　(2) 池州(907—915)

(3) 歙州(907—915)

宣州宁国军节度使

(1) 宣州(919—959)　　　　　(2) 池州(919—938,954?—959)

(3) 歙州(919—959)

池州康化军节度使

池州(938—954?)

二、宣州宁国军节度使(含宣州都团练观察使、池州康化军节度使)所辖诸州沿革

1. 宣州(907—959),治宣城(今安徽宣城市)

《旧唐书》卷40《地理志三》载宣州领宣城、当涂、泾、广德、溧阳、溧水、南陵、太平、宁国、旌德等10县;《新唐书》卷41《地理志五》载宣州辖宣城、当涂、泾、广德、南陵、太平、宁国、旌德等8县。至唐光启三年(887),溧水、溧阳2县最终割隶昇州。唐末,宣州领《新唐书·地理志》所载之8县,治宣城[①]。

杨吴时期,宣州领8县之规模而未更,一如唐末,治宣城县。

南唐昇元元年(后晋天福二年,937),割广德隶江宁府,当涂县亦当在此时与广德县一起别属江宁府(参见本章第四节昇州节度使所辖江宁府沿革)。此后,宣州领宣城、泾、南陵、太平、宁国、旌德等6县。

大约在南唐保大九年(后周广顺元年,951),析南陵县地置繁昌、铜陵2县,隶江宁府(参见本章第四节昇州节度使所辖江宁府沿革)。

(1) 宣城县(907—959)　　　　(2) 当涂县(907—937?)

(3) 泾县(907—959)　　　　　(4) 广德县(907—937)

(5) 南陵县(907—959)　　　　(6) 太平县(907—959)

(7) 宁国县(907—959)　　　　(8) 旌德县(907—959)

2. 池州(907—959),治贵池县(今安徽池州市)

《旧唐书》卷40《地理志三》、《新唐书》卷41《地理志五》皆载池州领秋浦、青阳、至德、石埭等4县。唐末,池州仍领此4县,治秋浦县[②]。五代初,亦复

---

① 参见郭声波:《中国行政区划通史·唐代卷》宣州沿革,第552页。
② 参见郭声波:《中国行政区划通史·唐代卷》池州沿革,第559页。

如是。

大约在吴顺义二年(后梁龙德二年,922),改至德县为建德县。《太平寰宇记》卷105池州建德县下载:"伪吴顺义初,改为建德。"《宋史》卷88《地理志四》建德县下载:"唐至德县,吴改。"①

吴顺义六年(后唐天成元年,926),改秋浦县为贵池县。《太平寰宇记》卷105池州贵池县下载:"隋开皇十九年(599)分南陵县置秋浦县,盖以秋浦之水为其名。至伪吴顺义六年,改为贵池。"《舆地纪胜》卷22池州贵池县下引晏殊《类要》与《太平寰宇记》所载略同。

大约在南唐交泰元年(后周显德五年,958),割青阳县隶江宁府(参见本章第四节昇州节度使所辖江宁府沿革)。此后,池州领贵池、建德、石埭等3县。

(1) 秋浦县(907—926)—贵池县(926—959)
(2) 青阳县(907—958?)
(3) 至德县(907—922?)—建德县(922?—959)
(4) 石埭县(907—959)

3. 歙州(907—959),治歙县(今安徽歙县)

《旧唐书》卷40《地理志三》载歙州领歙、休宁、黟、绩溪、婺源等5县。《新唐书》卷41《地理志五》皆载歙、休宁、黝(黟)、绩溪、婺源、祈(祁)门等6县,且在祁门县下注曰:"永泰二年(766)平方清,因其垒析黝(黟)及饶州之浮梁置。"唐末,歙州领歙、休宁、黟、绩溪、婺源、祁门等6县,治歙县②。

五代十国时期,歙州领县未闻有何变更,一如唐末所辖6县之规模,治歙县。《太平寰宇记》卷104歙州仍领唐末所载之6县,亦可添一旁证。

(1) 歙县(907—959)   (2) 休宁县(907—959)
(3) 黟县(907—959)   (4) 绩溪县(907—959)
(5) 婺源县(907—959)   (6) 祁门县(907—959)

第六节　鄂州武昌军节度使(鄂岳都团练观察使)
(含蕲州、黄州)

鄂州武昌军节度使为唐旧镇。唐文德元年(888)后,领鄂、岳、安、申、黄、蕲等6州,治鄂州。天祐二年(905),降武昌军节度使为鄂岳都团练观察使。

---

① 《读史方舆纪要》卷27池州府建德县下将更名系于吴顺义二年。
② 参见郭声波:《中国行政区划通史·唐代卷》歙州沿革,第483页。

天祐四年(后梁开平元年,907)后,杨吴所据之鄂岳都团练观察使领鄂、黄、蕲等3州,仍治鄂州。吴王天祐九年(后梁乾祐二年,912),升鄂岳都团练观察使为武昌军节度使,辖区不变[吴武义二年(920)之辖区参见前图2-19]。南唐交泰元年(后周显德五年,958)三月,武昌军节度使所领之黄、蕲2州入于后周,武昌军节度使仅领鄂州1州之地。

一、鄂州武昌军节度使(鄂岳都团练观察使)辖区沿革(含蕲州、黄州)

鄂岳都团练观察使(吴王907—912)—**鄂州武昌军节度使(吴王912—919,吴国919—937,**南唐937—959)

鄂州武昌军节度使为唐旧镇。唐文德元年(888)后,领鄂、岳、安、申、黄、蕲等6州,治鄂州①。乾宁四年(897),割申州隶河南道奉国军节度使。光化元年(898),安州又为朱全忠部将攻取②。天祐二年(905),降武昌军节度使为鄂岳都团练观察使③,领鄂、岳、黄、蕲等4州,仍治鄂州,为杨吴所据④。

唐天祐四年(后梁开平元年,907)六月,岳州为楚王马殷攻取(参见第七章第三节朗州节度使辖区沿革)。吴王杨渥据有鄂岳都团练观察使所领之鄂、黄、蕲等3州,治鄂州。

吴王天祐九年(后梁乾祐二年,912),升鄂岳都团练观察使为武昌军节度使。《九国志》卷1《秦裴传》载:"(天祐)九年,加武昌军节度使。"又据《秦裴传》所记,知秦裴自天祐三年(906)后即授杨吴鄂岳都团练观察使,故天祐九年加授武昌军节度使之时可视为杨吴设武昌军节度使之始。武昌军节度使领鄂、黄、蕲等3州,治鄂州。

南唐昇元元年(后晋天福二年,937),南唐代吴,武昌军节度使又为南唐所属⑤。

---

① 参见郭声波:《中国行政区划通史·唐代卷》武昌军节度使沿革,第570页。
② 《资治通鉴》卷261唐光化元年九月载:"汴将朱友恭将兵还自江、淮,过安州,或告刺史武瑜潜与淮南通,谋取汴军,冬,十月,己亥,友恭攻而杀之。"
③ 参见郭声波:《中国行政区划通史·唐代卷》鄂岳都团练观察使沿革,第570页。
④ 《资治通鉴》卷266开平元年五月载:"弘农王(笔者按,即杨渥)以鄂岳观察使刘存为西南面都招讨使……将水军三万以击楚。"
⑤ 《旧五代史》卷77《晋高祖纪三》载:天福三年(938)二月"丙申,制武清军节度使马希尊改威武军节度使"。马令《南唐书》卷2《嗣主书》载:保大二年(944)"秋七月,鄂州王舆卒,以神武统军韦建为武清军节度使"。上述史籍中提及的"武清军节度使",当系后唐避乃祖李国昌讳而遥改杨吴与南唐鄂州武昌军节度使所置军号,而吴与南唐自始至终称为武昌军,《九国志》、陆游《南唐书》、《徐铉文集》、《稽神录》以及所发现的吴与南唐境内的碑铭资料皆作"武昌军"可资为证。参见朱玉龙:《五代十国方镇年表》鄂州注5,第426页。

南唐保大十四年(后周显德三年,956)三月,蕲州降后周,七月为南唐恢复。

南唐交泰元年(后周显德五年,958)三月,南唐献与后周江北4州①,武昌军节度使所领之黄、蕲2州列于其中,武昌军节度使仅领鄂州1州之地(其中鄂州所领汉阳、汉川2县亦失。后周将汉川县别属安州,又以汉阳县置汉阳军,参见第二章第十三节安州节度使所辖安州沿革及所附汉阳军沿革)。

鄂州武昌军节度使(鄂岳都团练观察使)

(1) 鄂州(907—959)　　　　　(2) 黄州(907—958)

(3) 蕲州(907—956,957—958)

直属京州

(1) 蕲州(958—959)　　　　　(2) 黄州(958—959)

二、鄂州武昌军节度使(鄂岳都团练观察使)所辖诸州沿革

1. 鄂州(907—959),治江夏县(今湖北武汉市)

《旧唐书》卷40《地理志三》、《新唐书》卷41《地理志五》皆载鄂州领江夏、永兴、武昌、蒲圻、唐年、汉阳、汉川等7县。唐末,鄂州仍领此7县,治江夏县②。五代初,亦复如是。

吴顺义七年(后晋天福二年,927),改唐年县为崇阳县。

南唐昇元元年(后晋天福二年,937),复改崇阳县为唐年县。《太平寰宇记》卷112鄂州崇阳县下载:"伪吴顺义七年(927)改为崇阳。伪唐改为唐年。皇朝改为崇阳。(其地唐末已属淮南,杨行密割据,改为崇阳县。梁于《郡国志》上存其空名,改为临夏县。后唐同光初复旧。晋天福初改为临江县)"③

南唐保大十一年(后周广顺三年,953),析蒲圻县置嘉鱼县。《太平寰宇记》卷112鄂州嘉鱼县下载:"本蒲圻县,隋之鲇渎镇,以多生鲇鱼为镇名。唐天祐三年(906),本道以镇界所管怀仁、宣化三里合为一乡,属镇征科。伪唐④

---

① 《资治通鉴》卷294后周显德五年三月载:"唐主复遣刘承遇奉表称唐国主,请献江北四州,岁输贡物十万。于是江北悉平,得州十四,县六十。"胡三省注曰:"光、寿、庐、舒、蕲、黄、滁、和、濠、泗、楚、扬、泰、通十四州。"

② 参见郭声波:《中国行政区划通史·唐代卷》鄂州沿革,第566页。

③ 《舆地广记》卷27鄂州崇阳县载:"唐天宝二年开山洞置唐年县,属鄂州。朱梁改为临夏。后唐复故名。石晋天福初改为临江。皇朝开宝八年(975)改为崇阳。"其中提及的后梁、后唐、后晋对崇阳县的更名皆属遥改,此由上引《太平寰宇记》自注之文可知。

④ 今中华书局点校本《太平寰宇记》中将底本"伪唐"据宋版等改为"伪吴",不确。此处引文仍依底本原文。

升为嘉鱼县。"《舆地纪胜》卷 66 鄂州嘉鱼县下载:"《寰宇记》云:隋以其地多生鲇鱼,置鲇渎镇,伪唐改镇为场。保大十一年(953)升场为县,其地有鱼岳山,兼取南有嘉鱼之意,更今名。"

南唐保大十二年(后周显德元年,954),析江夏县置永安县。《太平寰宇记》卷 112 鄂州永安县下载:"本江夏县之南界……唐大历二年割金城、丰乐、宣化等乡置镇。伪吴乾贞三年改为永安场。伪吴保大十二年升为县。"

南唐交泰元年(后周显德五年,958),汉阳、汉川 2 县割属后周。陆游《南唐书》卷 2《元宗纪》载:交泰元年三月,"尽献江北郡县之未陷者,鄂州汉阳、汉(笔者按,'汉'为'汊'字之讹)川二县在江北,亦献焉"。后周得此 2 县后,以汉川县隶安州,以汉阳县置汉阳军(参见第二章第十三节安州节度使所辖安州沿革及所附汉阳军沿革)

显德六年(959),析永兴县置通山县。《太平寰宇记》卷 113 兴国军通山县下载:"本永兴县新丰之一乡也。淮南伪吴武义年中隶羊山镇征赋。周显德六年(959),唐国建为通山县。皇朝太平兴国二年来属。"《舆地广记》卷 25 兴国军通山县下载:"五代时置,属鄂州。皇朝太平兴国二年来属。"至此,鄂州领江夏、永兴、武昌、蒲圻、唐年、嘉鱼、永安、通山等 8 县。

(1) 江夏县(907—959)　　(2) 永兴县(907—959)
(3) 武昌县(907—959)　　(4) 蒲圻县(907—959)
(5) 唐年县(907—927)—崇阳县(927—937)—唐年县(937—959)
(6) 汉阳县(907—958)　　(7) 汉川县(907—958)
(8) 嘉鱼县(953—959)　　(9) 永安县(954—959)
(10) 通山县(959)

2. 黄州(907—959),治黄冈县(今湖北黄冈市)

《旧唐书》卷 40《地理志三》、《新唐书》卷 41《地理志五》皆载黄州领黄冈、黄陂、麻城等 3 县。唐末,黄州亦领此 3 县,治黄冈县①。

五代十国时期,黄州领县未闻有何变更,一如唐末所辖 3 县之规模,治黄冈县。《太平寰宇记》卷 131 黄州下仍领唐末所载之 3 县,亦可添一旁证。

(1) 黄冈县(907—959)　　(2) 黄陂县(907—959)
(3) 麻城县(907—959)

3. 蕲州(907—959),治蕲春县(今湖北蕲春县西南)

《旧唐书》卷 40《地理志三》、《新唐书》卷 41《地理志五》皆载蕲春、黄梅、广

---

① 参见郭声波:《中国行政区划通史·唐代卷》黄州沿革,第 441 页。

济、蕲水等4县。唐末,蕲州亦领此4县,治蕲春县①。

五代十国时期,蕲州领县未闻有何变更,一如唐末所辖4县之规模,治蕲春县。《太平寰宇记》卷127蕲州下仍领唐末所载之4县,亦可添一旁证。

(1) 蕲春县(907—959)　　　　(2) 黄梅县(907—959)
(3) 广济县(907—959)　　　　(4) 蕲水县(907—959)

第七节　洪州镇南军节度使(直隶地区)[含抚州昭武军节度使、江州奉化军节度使、饶州永平军(安化军)节度使]

洪州镇南军节度使为唐旧镇。唐末,镇南军节度使领洪、饶、江、抚、信、袁、吉、虔等8州,治洪州。其时,镇南节度使辖区内豪强割据,纷争不已。至吴王天祐六年(后梁开平三年,909),杨吴击败江西境内的割据势力,最终据有镇南军节度使8州之地,仍置镇南军节度使于洪州,另辖抚、江、饶、信、袁、吉等6州[吴武义二年(920)之辖区参见图2-20]。吴顺义元年(后梁龙德元年,921),吴以抚州置昭武军节度使,又以江州置奉化军节度使。大约在南唐保大元年(后晋天福八年,943),南唐以饶州置永平军节度使,后改称安化军节度使。后周显德六年(959),南唐改洪州为南昌府,建南都,洪州镇南军节度使遂废,所领信、袁、吉等3州随之成为南唐直隶地区。

一、洪州镇南军节度使(直隶地区)[含抚州昭武军、江州奉化军、饶州永平军(安化军)诸节度使]辖区沿革

洪州镇南军节度使(吴王909—919,**吴919—937**,南唐937—959)—直隶地区(南唐959)

抚州昭武军节度使(吴921—937,南唐937—959)

江州奉化军节度使(吴921—937,南唐937—959)

饶州永平军节度使(南唐943?—947?)—饶州安化军节度使(南唐947?—959?)

洪州镇南军节度使为唐旧镇。唐龙纪元年(889),镇南军节度使领洪、饶、

---

① 参见郭声波:《中国行政区划通史·唐代卷》蕲州沿革,第438页。

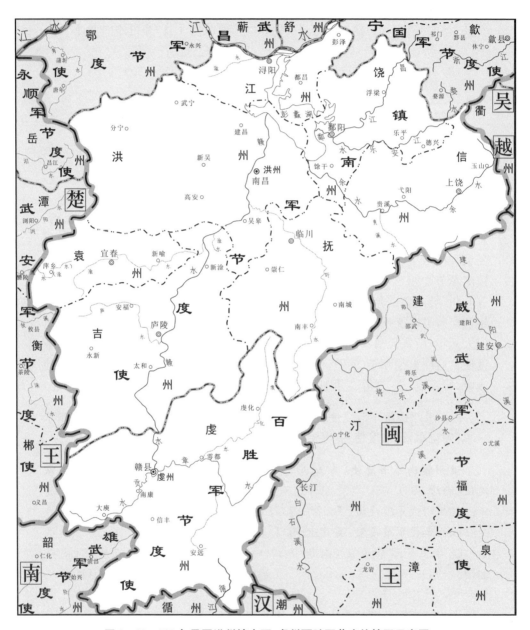

图 2-20　920年吴国洪州镇南军、虔州百胜军节度使辖区示意图

江、抚、信、袁、吉、虔等 8 州,治洪州。唐末,镇南节度使辖区内豪强林立,各据一方。其中,镇南节度使钟传控制洪、江 2 州,抚州刺史危全讽及其属下控制抚、饶、信、袁等 4 州,吉州刺史彭玕据有吉州,虔州刺史卢光稠与谭全播占据虔州。

唐天祐三年(906)四月,杨吴据有江州。七月,饶州刺史唐宝请降。九月,杨吴将秦裴拔洪州。杨渥自兼镇南军节度使。其时,杨吴已据有江西北部地区。因此胡三省曰:"淮南杨氏遂兼有江西之地。"①

吴王天祐六年(后梁开平三年,909)六月,抚州刺史危全讽自称镇南节度使,率抚、信、袁、吉之兵号十万攻洪州。七月,杨吴将周本生擒全讽,据有抚州,随即又先后将袁、吉、信等州占据。八月,杨吴又将虔州占领。至此,江西之地尽入杨吴。杨吴洪州镇南军节度使辖区当恢复到唐末所领洪、饶、江、抚、信、袁、吉、虔等 8 州之规模,仍治洪州。同年,附于杨吴的卢光稠又请命于后梁,后梁又授卢光稠为防御使,置百胜军节度使,辖虔、韶 2 州(参见本章第八节虔州节度使辖区沿革)。

吴顺义元年(后梁龙德元年,921),以抚州置昭武军节度使,又以江州置奉化军节度使。《舆地纪胜》卷 29 抚州下载:"五代伪吴升为昭武军节度(顺义元年)。"②又,《资治通鉴》卷 271 龙德元年十月载:"乙丑,大赦;加徐知诰同平章事,领江州观察使。寻以江州为奉化军,以知诰领节度使。"其时昭武军节度使当辖抚州 1 州之地,治抚州;奉化军节度使当辖江州 1 州之地,治江州。

大约在南唐保大元年(后晋天福八年,943),以饶州置永平军节度使,领饶州。《方舆胜览》卷 18 饶州下载:"南唐建饶州为永平军。国朝复为饶州。"陆游《南唐书》卷 6《刁彦能传》载:"元宗(笔者按,指李璟)嗣立,出为饶州节度使。"《十国春秋》卷 21《刁彦能传》载:"元宗嗣立,出为永平军节度使。"③

至迟南唐保大五年(后汉天福十二年,947),又改永平军节度使为安化军节度使。《资治通鉴》卷 286 天福十二年载:"是岁,唐主以羽林大将军王延政为安化节度使鄱阳王,镇饶州。(胡三省注曰:唐盖置安化军于饶州。)"④

---

① 《资治通鉴》卷 265 天祐三年九月胡三省注。
② 又,《太平寰宇记》卷 110 抚州下载:"伪吴顺义九年升为昭武军节度使。皇朝因之。"然杨吴顺义年号仅有七年,《太平寰宇记》所载有误,疑"九"乃"元"字之讹,应以《舆地纪胜》所述为是。
③ 参见朱玉龙:《五代十国方镇年表·附录》饶州,第 653 页。又马令《南唐书》卷 11《刁彦能传》仅作"元宗即位,出为饶、信二州刺史"。与上述史载不同,存此待考。
④ 参见朱玉龙:《五代十国方镇年表·附录》饶州,第 653 页。

后周显德六年(959),南唐改洪州为南昌府,建南都(参见下文南昌府沿革)。洪州镇南军节度使遂废,所领信、吉、袁、筠等州成为南唐直隶地区。

洪州镇南军节度使(直隶地区)

(1) 洪州(907—959)—南昌府(959)　(2) 江州(907—921)

(3) 饶州(907—943?)　(4) 抚州(909—921)

(5) 信州(909—959)　(6) 袁州(909—959)

(7) 吉州(909—959)　(8) 虔州(909)

(9) 筠州(952—959)

抚州昭武军节度使

抚州(921—959)

江州奉化军节度使

江州(921—959)

饶州永平军(安化军)节度使

饶州(943?—959)

二、洪州镇南军节度使(直隶地区)[含抚州昭武军、江州奉化军、饶州永平军(安化军)诸节度使]所辖诸州(府)沿革

1. 洪州(907—959)—南昌府(又称南都,959),治南昌县(今江西南昌市)

《旧唐书》卷40《地理志三》载洪州领钟陵、丰城、高安、建昌、新吴、武宁、分宁等7县;《新唐书》卷41《地理志五》载洪州领南昌、丰城、高安、建昌、新吴、武宁、分宁等7县,且在南昌县下注曰:"贞元中又更(钟陵)名(南昌)。"唐末,洪州仍领此7县(唯天祐二年(905),改丰城县为吴皋县),治南昌县①。

杨吴时期,洪州领7县之规模而未更,一如唐末,治南昌县。

南唐昇元元年(后晋天福二年,937),改吴皋县为丰城县②,改新吴县为奉新县③。又,大约在同年,析建昌县置靖安县。《太平寰宇记》卷106洪州靖安县下载:"唐广明之后……乃于此置镇。至伪吴乾贞二年(928)升为场,伪唐昇元年中(937—943)改为县。"《读史方舆纪要》卷84南昌府靖安县、《嘉庆重修

---

① 参见郭声波:《中国行政区划通史·唐代卷》洪州沿革,第524页。
② 陆游《南唐书》卷1《烈祖纪》载:昇元元年(937)十一月丁巳,"追封……长女为丰城公主"。则可知是年已改吴皋县为丰城县。
③ 《太平寰宇记》卷106洪州奉新县下载:"汉南昌县地,后汉灵帝置新吴县。……伪唐割据江南,改为奉新县。"

一统志》卷 308 南昌府靖安县下均将靖安县置县定为昇元元年，今姑从之。

南唐昇元二年(后晋天福三年，938)，析高安县与吉州新淦县置清江县。《太平寰宇记》卷 106 筠州清江县下载："本吉州萧滩镇，伪唐昇元年中以其地当要冲，升为清江县，以大江清流为名，仍析高安之建安修德两乡、吉州新淦之易阳一乡以实焉。"《舆地纪胜》卷 34 临江军下载："南唐吴鸾以萧滩之地当南粤虔、吉、袁、洪四会之冲，编氓牒讼不及，官事办集愆期，唐主从其请，遂取高安及新喻、建安之三乡为清江县，属洪州。"①

南唐保大十年(后周广顺二年，952)，割高安、清江 2 县别属筠州(参见下文筠州沿革)。

后周显德六年(959)，南唐改洪州为南昌府，为南都。《资治通鉴》卷 294 显德六年十一月载："唐更命洪州曰南昌府，建南都，以武清节度使何敬洙为南都留守，以兵部尚书陈继善为南昌尹。"此时南昌府领南昌、丰城、建昌、奉新、武宁、分宁、靖安等 7 县，治南昌县。

(1) 南昌县(907—959)　(2) 吴皋县(907—937)—丰城县(937—959)

(3) 高安县(907—952)　(4) 建昌县(907—959)

(5) 新吴县(907—937)—奉新县(937—959)

(6) 武宁县(907—959)　(7) 分宁县(907—959)

(8) 靖安县(937?—959)　(9) 清江县(938—952)

2. 饶州(907—959)，治鄱阳县(今江西鄱阳县)

《旧唐书》卷 40《地理志三》、《新唐书》卷 41《地理志五》皆载饶州领鄱阳、余干、乐平、浮梁等 4 县。唐末，饶州仍领此 4 县，治鄱阳县②。五代初，亦复如是。

大约在吴王天祐七年(910)，析乐平县置德兴县。《太平寰宇记》卷 107 饶州德兴县下载："本饶州乐平之地……至伪唐升为德兴县。四面皆水。"《舆地纪胜》卷 23 饶州德兴县下载："本饶州乐平之地……伪唐升为德兴县。"又引程迥《重建厅事记》载："晋天福三年(938)，南唐割据，始置县。"据上所载似德兴县置于南唐昇元二年(938)。然南唐刘津《婺源诸县都制置新城记》载："太

---

① 徐铉《骑省集》卷 10《筠州清江县重修三清观记》载："保大庚戌岁(950)，诏复高安县为筠州，析其北鄙为清江县。"然清江在筠州南，徐铉所述有误，故不取。又，陆游《南唐书》卷 1《烈祖纪》载：昇元二年(938)"八月戊寅，升洪州渊滩镇为清江县，不隶州"。其说亦误。《新五代史》卷 60《职方考》载："筠州，南唐李景置，割洪州之高安、上高、万载、清江四县为属而治高安。"据此载与上引《舆地纪胜》之文，可知清江县割隶筠州前本属洪州无疑。

② 参见郭声波：《中国行政区划通史·唐代卷》饶州沿革，第 559 页。

(大)和中，以婺源、浮梁、祁门、德兴四县，茶货实多，兵甲且众，甚殷户口，素是奥区。……唐昇元二年(938)，今上即中兴位，岁戊戌十月癸丑五日丁巳，诸县都制置使检校司空刘津记。"①又，弘治《徽州府志》卷1《地理一·建置沿革》婺源县下载："天祐中……陶雅以朱瓌为新县制置，巡辖婺源、德兴、浮梁、祁门四县。"则可知南唐昇元二年(938)前，杨氏吴国天祐年间已置德兴县。据《九国志》卷1《吴·陶雅传》载，陶雅薨于天祐十年(913)，故在此姑断为吴王天祐七年(910)杨吴攻取饶州后而析乐平县置德兴县。

此后至五代十国末期，饶州一直领鄱阳、余干、乐平、浮梁、德兴等5县而未更。《太平寰宇记》卷107饶州下仍领此5县之地，亦可添一旁证。

(1) 鄱阳县(907—959)　　　　(2) 余干县(907—959)
(3) 乐平县(907—959)　　　　(4) 浮梁县(907—959)
(5) 德兴县(910?—959)

3. 江州(907—959)，治浔阳县(今江西九江市)

《旧唐书》卷40《地理志三》、《新唐书》卷41《地理志五》皆载江州领浔阳、都昌、彭泽等3县。唐末，江州仍领此3县，治浔阳县②。五代初，亦复如是。

吴顺义七年(后唐天成二年，927)，析浔阳县置德安县。《太平寰宇记》卷111江州德安县下载："本蒲塘。……至咸通三年(862)，(蒲塘场)还浔阳，至四年复为场。伪吴顺义七年升为德安县。"③

南唐昇元元年(后晋天福二年，937)，改浔阳县为德化县。《太平寰宇记》卷111江州德化县下载："伪唐改为德化县。"

南唐昇元三年(后晋天福四年，939)，析德化县置瑞昌县。《太平寰宇记》卷111江州瑞昌县下载："建中四年(783)以浔阳西偏僻远，因立为场。伪唐昇元三年改为瑞昌县。"

大约在南唐保大七年(后汉乾祐二年，949)，析德化县置湖口县。《太平寰宇记》卷111江州湖口县下载："本湖口戍……伪唐保大年中升为县。"《舆地纪胜》卷30江州湖口县下载："旧属江州德化县。……伪唐保大年中升为县。"南唐保大年号共有十五年(943—957)，在此姑定保大七年为湖口县始置之年。

保大十一年(953)，析彭泽县置东流县。《太平寰宇记》卷105池州东流县下载："本彭泽县之黄菊乡……唐会昌初，建为东流场……伪唐保大十一年

---

① 《全唐文》卷871。
② 参见郭声波：《中国行政区划通史·唐代卷》江州沿革，第563页。
③ 又，《文献通考》卷318《舆地考四》江州德安县下载南唐置德安县，不确。

(953)升为东流县。至皇朝太平兴国三年(978)割属池州。"

此后至五代十国末期,江州领德化、都昌、彭泽、德安、瑞昌、湖口、东流等 7 县。

(1) 浔阳县(907—937)—德化县(937—959)

(2) 都昌县(907—959)　　　　(3) 彭泽县(907—959)

(4) 德安县(927—959)　　　　(5) 瑞昌县(939—959)

(6) 湖口县(949? —959)　　　(7) 东流县(953—959)

4. 抚州(907—959),治临川县(今江西抚州市)

《旧唐书》卷 40《地理志三》、《新唐书》卷 41《地理志五》皆载抚州领临川、南城、崇仁、南丰等 4 县。唐末,抚州仍领此 4 县,治临川县[①]。

在五代十国的大部分时期,抚州当一直领唐末所辖 4 县,治临川县。

后周显德五年(958),析临川县与饶州余干县地置金谿场。《太平寰宇记》卷 110 抚州金谿场下载:"本临川县上幕镇……至周显德五年析临川近镇一乡,并取饶州余干白马一乡,立金谿场,置鑪以烹银矿。"

(1) 临川县(907—959)　　　　(2) 南城县(907—959)

(3) 崇仁县(907—959)　　　　(4) 南丰县(907—959)

(5) 金谿场(958—959)

5. 信州(907—959),治上饶县(今江西上饶市)

《旧唐书》卷 40《地理志三》、《新唐书》卷 41《地理志五》皆载信州领上饶、弋阳、贵溪、玉山等 4 县。唐末,信州仍领此 4 县,治上饶县[②]。

杨吴时期,信州领 4 县之规模而未更,一如唐末,治上饶县。

南唐保大二年(后晋开运元年,944),析上饶、弋阳 2 县置铅山县。《太平寰宇记》卷 107 信州铅山县下载:"伪唐昇元二年(938)迁置鹅湖山郭水西邓田坂,即廨署是也;至四年(940)于上饶、弋阳析五乡以为场,后升为县。皇朝平江南后,直属朝廷。"《舆地纪胜》卷 21 信州铅山县下载:"后唐尝析上饶、弋阳五乡以为场。保大二年(944)升为县,属信州。"

此后至五代十国末期,信州一直领上饶、弋阳、贵溪、玉山、铅山等 5 县而未更,治上饶县。

(1) 上饶县(907—959)　　　　(2) 弋阳县(907—959)

(3) 贵溪县(907—959)　　　　(4) 玉山县(907—959)

(5) 铅山县(944—959)

[①] 参见郭声波:《中国行政区划通史·唐代卷》抚州沿革,第 529 页。
[②] 参见郭声波:《中国行政区划通史·唐代卷》信州沿革,第 562 页。

6. 袁州(907—959),治宜春县(今江西宜春市)

《旧唐书》卷40《地理志三》、《新唐书》卷41《地理志五》皆载袁州领宜春、萍乡、新喻等3县。唐末,袁州仍领此3县,治宜春县①。

五代十国时期,袁州领县未闻有何变更,一如唐末所辖3县之规模,治宜春县。

(1) 宜春县(907—959)　　　(2) 萍乡县(907—959)
(3) 新喻县(907—959)

7. 吉州(907—959),治庐陵县(今江西吉安市)

《旧唐书》卷40《地理志三》、《新唐书》卷41《地理志五》皆载庐陵、太和、安福、新淦、永新等5县。唐末,吉州仍领此5县,治庐陵县②。

杨吴时期,吉州领5县之规模而未更,一如唐末,治庐陵县。

南唐昇元二年(后晋天福三年,938),析新淦县与洪州高安县地另置清江县,隶洪州(参见上文洪州沿革)。

南唐保大八年(后汉乾祐三年,950),析庐陵县置吉水县。《舆地纪胜》卷31吉州吉水县下载:"南唐保大八年(950)割(庐陵)水东十一乡置吉水县。"③此后,吉州领庐陵、太和、安福、新淦、永新、吉水等6县,治庐陵县。

(1) 庐陵县(907—959)　　　(2) 太和县(907—959)
(3) 安福县(907—959)　　　(4) 新淦县(907—959)
(5) 永新县(907—959)　　　(6) 吉水县(950—959)

8. 筠州(952—959),治高安县(今江西高安市)

南唐保大十年(后周广顺二年,952),割洪州高安县、清江县置筠州,治高安县;同时,又析高安县置上高、万载2县,隶筠州。《太平寰宇记》卷106筠州下载:"伪保大十年再置筠州高安、上高、万载、清江等四县。"筠州高安县下载:"伪唐再置筠州,为郭下县。"筠州上高县下载:"本高安之上高镇,以地形高上,故曰上高。伪唐昇元中立为场,保大十年升为县,以隶筠州。"同书卷109袁州万载县下载:"本高安县地,伪吴顺义元年分高安、进城、康乐、高侯等四乡置万载场,因其乡以名。其地去高安路远,伪唐保大十年升高安县为筠州,遂升万载场为县以属焉。今割隶袁州。"

(1) 高安县(952—959)　　　(2) 清江县(952—959)

---

① 参见郭声波:《中国行政区划通史·唐代卷》袁州沿革,第535页。
② 参见郭声波:《中国行政区划通史·唐代卷》吉州沿革,第532页。
③ 《太平寰宇记》卷109吉州吉水县下载:"大业末分庐陵水东十一乡置吉水县。"似隋末已置吉水县。然《隋书》、两《唐书》之《地理志》均不载吉水县之名,未详何据,故不取乐史之说。

(3) 上高县(952—959)　　　　(4) 万载县(952—959)

9. 虔州

参见本章第八节虔州节度使所辖虔州沿革。

第八节　虔州百胜军节度使

唐天复二年(902)后,虔州刺史卢光稠据有虔州与韶州2州之地。吴王天祐六年(后梁开平三年,909),卢光稠以州附于杨吴。同时,他又将其所据虔、韶2州请命于后梁。后梁以虔州置百胜军节度使,以卢光稠为防御使,但实际上仍是卢氏割据政权。后梁乾化元年(911),韶州又为清海军节度使刘岩夺回。吴天祐十五年(后梁贞明四年,918),杨吴攻取虔州,仍置百胜军节度使,领虔州1州,南唐亦复如是,直至五代十国末期[吴武义二年(920)之辖区参见前图2-20]。

一、虔州百胜军节度使

虔州百胜军节度使(百胜909—918,吴王918—919,**吴 919—937**,南唐937—959)

唐末虔州,为南康人虔州刺史卢光稠所割据。唐天复二年(902),广管韶州又为卢光稠所取。

吴王天祐六年(后梁开平三年,909),卢光稠以州附于杨吴。同时,他又将其所据虔、韶2州请命于后梁。后梁以虔州置百胜军节度使,以卢光稠为防御使。《资治通鉴》卷267开平三年载:"八月,虔州刺史卢光稠以州附于淮南。……光稠亦遣使附于梁。"《十国春秋》卷8《谭全播传》载:"天祐六年,光稠来附于高祖(笔者按,指杨隆演),亦以虔、韶二州请命于梁。梁太祖为置百胜军,以光稠为防御使,兼五岭开通使。"虽然其时卢光稠受后梁封号,实仍为一割据政权。

后梁乾化元年(911),韶州为清海军节度使刘岩重新夺回(参见第十章第一节南汉直隶地区辖区沿革)。

吴天祐十五年(后梁贞明四年,918),攻取虔州,仍置百胜军节度使。《资治通鉴》卷270贞明四年载:正月,"吴以右都押牙王祺为虔州行营都指挥使,将洪、抚、袁、吉之兵击(百胜军防御使)谭全播"。七月,"虔州险固,吴军攻之,久不下,军中大疫,王祺病,吴以镇南节度使刘信为虔州行营招讨使,未几,祺卒"。十一月,"刘信……引兵还击虔州。先锋始至,虔兵皆溃,谭全播奔雩都,追执之。吴以全播为右威卫将军,领百胜节度使"。杨吴百胜军节度使当仅辖虔州1州之地。

此后虔州百胜军节度使历吴与南唐,直至五代十国末期,未闻复有何变更。

(1) 虔州(909—959)　　　　　　(2) 韶州(909—911)

二、虔州百胜军节度使所辖诸州沿革

1. 虔州(907—959),治赣县(今江西赣州市)

《旧唐书》卷40《地理志三》、《新唐书》卷41《地理志五》皆载虔州领赣、虔化、南康、雩都、信丰、大庾、安远等7县。唐末,虔州仍领此7县,治赣县①。

杨吴时期,虔州领7县之规模而未更,一如唐末,治赣县。

南唐保大十年(后周广顺二年,952),析虔化县置石城县。王礼《麟原前集》卷6《石城县重修城池记》载:"石城之为邑尚矣。南唐保定(大)十年(952)割虔化县石城场置县于虔州。"同年,又析南康县置上犹县,析信丰县置龙南县。《太平寰宇记》卷108虔州上游县下载:"本南康县地,伪吴天祐年中析南康县之一乡半为场。伪唐壬子岁(952)改为县。"虔州龙南县下载:"本信丰县地,伪吴武义年中析信丰顺仁乡之新兴一里为场。壬子岁(952)伪唐改为县。"

南唐保大十一年(后周广顺三年,953),析雩都县置瑞金县。《太平寰宇记》卷108虔州瑞金县下载:"本瑞金场,淘金之地也。伪唐升为县。"《读史方舆纪要》卷88赣州府瑞金县下载:"本雩都县地,唐天祐元年杨行密析雩都象湖镇之淘金场,置瑞金监,南唐保大十一年(953),升监为县,仍属虔州。宋因之。"

此后至五代十国末,虔州领赣、虔化、南康、雩都、信丰、大庾、安远、石城、上犹、龙南、瑞金等11县,治赣县。

(1) 赣县(907—959)　　　　　　(2) 虔化县(907—959)
(3) 南康县(907—959)　　　　　　(4) 雩都县(907—959)
(5) 信丰县(907—959)　　　　　　(6) 大庾县(907—959)
(7) 安远县(907—959)　　　　　　(8) 石城县(952—959)
(9) 上犹县(952—959)　　　　　　(10) 龙南县(952—959)

---

① 参见郭声波:《中国行政区划通史·唐代卷》虔州沿革,第531页。

(11) 瑞金县(953—959)

2. 韶州

参见第十章第一节南汉直隶地区所辖韶州沿革。

第九章 吴越、闽王（承威武；暨闽国、殷国、南唐、吴越、清源）辖境政区沿革

后梁贞明六年(920)，在原唐江南东道辖区内有吴越所据之杭州镇海军节度使、苏州中吴军节度使、越州镇东军节度使及闽王王审知所据之福州威武军节度使。本章即分节讨论上述各节度使的辖区及所属各州(府)的沿革。

第一节 杭州镇海军节度使(含湖州宣德军节度使)

杭州镇海军节度使为唐末旧镇。唐天祐四年(后梁开平元年，907)，钱镠所据之杭州镇海军节度使辖杭、苏、湖、睦等4州，治杭州。吴越天宝元年(后梁开平二年，908)，割苏州属县置开元府，析杭州临安县衣锦城置衣锦军，又以苏州置中吴府(或称苏州府)。大约在后梁贞明元年(915)，以苏州置中吴军节度使[后梁贞明六年(920)之辖区参见图2-21]。大约在吴越宝正六年(后唐长兴三年，932)，废开元府，属县入杭州。后晋天福三年(938)，析杭州、苏州2州之地置秀州。后周显德六年(959)，以湖州置宣德军节度。杭州镇海军节度使此时领杭、睦、秀等3州及衣锦军，治杭州。

一、杭州镇海军节度使(含湖州宣德军节度使)辖区沿革

杭州镇海军节度使(吴越907—959)
湖州宣德军节度使(吴越959)

杭州镇海军节度使为唐末旧镇。唐光化三年(900)，镇海军节度使自润州移治杭州，仍领杭、睦、升、润、常、苏、湖等7州。唐天复二年(902)，割升州隶淮南道淮南节度使。天祐二年(905)，割睦州隶歙婺衢睦都团练

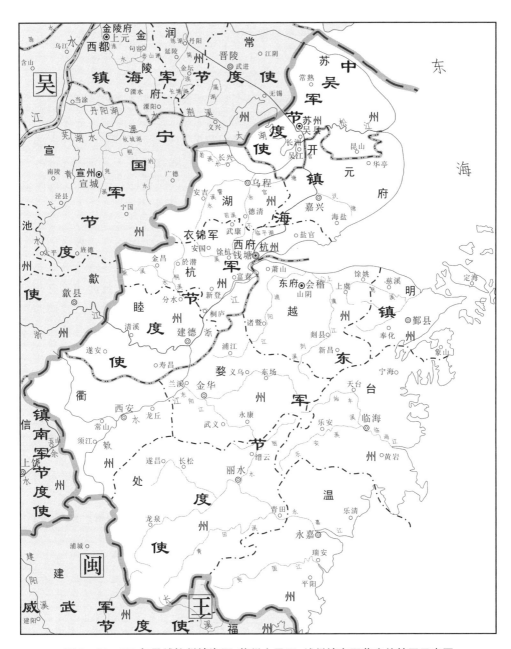

图 2-21　920年吴越杭州镇海军、苏州中吴军、越州镇东军节度使辖区示意图

观察使①。至天祐三年(906),钱镠据有杭州镇海军节度使,辖有原节度使所领之杭、苏、湖等3州②及歙婺衢睦都团练观察使所属之睦州,共计4州之地,治杭州。

后梁开平元年(907)五月,朱温封钱镠为吴越王。《吴越备史》卷1《武肃王》载:开平元年五月,"敕遣金吾卫大将军安崇隐进封王为吴越王,增食邑二千户,实封三百户,仍赐号'启圣匡运同德功臣'。"《资治通鉴》卷266后梁开平元年五月载:"己卯,以河南尹兼河阳节度使张全义为魏王;镇海、镇东节度使吴王钱镠为吴越王;加清海节度使刘隐、威武节度王审知兼侍中,仍以隐为大彭王。"同年,析杭州临安县衣锦城置衣锦军(参见下文衣锦军沿革)。

吴越天宝元年(后梁开平二年,908)八月,杭、越等州升为大都督府。《吴越备史》卷1《武肃王》载:开平二年八月,"又敕升杭州、越州等为大都督府"。此后,杭州又称西府,越州又称东府③。同年,割苏州嘉兴、华亭、海盐等3县置开元府(参见下文开元府沿革)。又,大约在此年,以苏州置中吴府或称苏州府(参见本章第二节苏州节度使所辖苏州府沿革)。亦在是年,吴越王钱镠改元天宝,只行于境内,与中原王朝往来时却不使用。《十国春秋》卷78《吴越二·武肃王世家下》载:"是岁(按,指开平二年),王以中原丧乱,改元天宝,私行于境中;既而复通中国,或讳而不称。"

大约在后梁贞明元年(915),析苏州置中吴军节度使,领苏州1州之地,治苏州(参见本章第二节苏州中吴军节度使沿革)。

大约在吴越宝正六年(后唐长兴三年,932),废开元府,嘉兴、海盐2县并入杭州(参见下文杭州沿革)。

后晋天福三年(938),又析杭州、苏州2州之地置秀州(参见下文秀州沿革)。

后周显德六年(959)二月,以湖州置宣德军节度使,领湖州1州之地,治湖州。《旧五代史》卷119《周世宗纪六》载:显德六年二月,"诏升湖州为节镇,以

---

① 参见郭声波:《中国行政区划通史·唐代卷》镇海军节度使沿革,第463页。
② 其时,润、昇、常等3州为杨吴势力所据。参见第八章第四节润州节度使辖区沿革。
③ 《吴越备史》中有诸多称杭州为西府、越州为东府的记载,如卷1《武肃王》中即载开平三年"王初城西府"、"(五月)辛酉,王自姑苏复如东府"。另,在吴越时期,杭州除称"西府"外,还称"钱唐府"。五代吴越国康陵《墓志》曰:"维天福四年(939),岁在己亥,冬,十有二月,丁丑、二十五日,辛酉,吴越国恭穆王后扶风马氏,窆于钱唐府安国县庆仙乡长寿里封盂山,曰康陵……"(杭州市文物考古所等:《浙江临安五代吴越国康陵发掘简报》,图四八"石墓志",《文物》2000年第2期)其中提及的"钱唐府"即可为证。

宣德军为军额,以湖州刺史钱偡为本州节度使,从两浙钱俶之请也"①。

杭州镇海军节度使

(1) 杭州(907—959)

(2) 苏州(907—908?)—中吴府(苏州府)(908?—915?)

(3) 湖州(907—958)　　　　　(4) 睦州(907—959)

(5) 开元府(908?—932?)　　　(6) 秀州(938—959)

(7) 衣锦军(907—959)

湖州宣德军节度使

湖州(959)

二、杭州镇海军节度使(含湖州宣德军节度使)所辖诸州(府)沿革

1. 杭州(907—959),治钱塘县(今浙江杭州市)

《旧唐书》卷40《地理志三》载杭州领钱塘、盐官、余杭、富阳、於潜、临安、新城、紫溪、唐山等9县;《新唐书》卷41《地理志五》载杭州辖钱塘、盐官、余杭、富阳、於潜、临安、新城、唐山等8县,且在唐山县下注曰:"垂拱二年(686)析於潜置紫溪县。万岁通天元年(696)曰武隆,其年复为紫溪,又析紫溪别置武隆县。圣历三年(700)省武隆入紫溪,长安四年(704)复置。神龙元年(705)更武隆为唐山。大历二年(767)皆省。长庆初复置唐山。"由此可知唐在大历二年省紫溪。唐光化三年(900),又割睦州桐庐县来属。是唐末杭州领《新唐书·地理志》所载之8县及桐庐县,共计9县之地,治钱塘县②。

唐天祐四年(后梁开平元年,907),割临安县衣锦城置衣锦军(参见下文衣锦军沿革)。同年,割湖州武康县来属。《十国春秋》卷78《吴越二·武肃王世家下》下载:天宝三年(910)五月,"又割湖州武康县隶杭州"。然同书卷112《十国春秋地理表下》杭州武康县下引《顺存录》云:"梁开平元年(907)割武康隶杭州。"今从《顺存录》之说。亦在此年,改新城县为新登县。《十国春秋》卷78《吴越二·武肃王世家下》载:天宝元年(908)八月,"复改新城县曰新登,长城县曰长兴,乐成县曰乐清,避梁讳也"。而乾道《临安志》卷2《历代沿革》载:"朱梁开平元年(907),改新城为新登(以梁太祖父讳,改城

---

① 《五代会要》卷24《诸道节度使军额》湖州下载:"周显德二年六月,升为宣德军节度。"其中的"二年六月",恐为"六年二月"之讹。参见朱玉龙:《五代十国方镇年表》湖州注1,第526页。又,《吴越备史》卷4《大元帅吴越国王》载:显德六年四月,"敕升湖州为宣德军,授王兄宏偡特进检校太尉,充本军节度使"。其中记载宣德军节度使的设置时间与《旧五代史》年同月异,录此备考。

② 参见郭声波:《中国行政区划通史·唐代卷》杭州沿革,第477页。

曰登）。"是吴越于开平元年（907）后梁代唐时即改名以避讳，故此处从乾道《临安志》之说。

吴越天宝元年（后梁开平二年，908），改临安县为安国县，改唐山县为吴昌县。《五代会要》卷20《州县分道改置》杭州临安县下载："梁开平二年正月，改为安国县。"《吴越备史》卷1《武肃王》载："开平二年春正月，敕改临安县为安国县，广义乡为衣锦乡。……秋八月，敕改杭州唐山县为吴昌县，台州唐兴县为天台县。"《太平寰宇记》卷93杭州临安县下载："梁开平二年改为安国。今复旧。"

吴越天宝三年（后梁开平四年，910），改富阳县为富春县，改吴昌县为金昌县。《吴越备史》卷1《武肃王》载："（开平四年）夏五月，奏改西府富阳县为富春县，东府暨阳县为诸暨县，处州松阳县为长松县。"又，乾道《临安志》卷2《历代沿革》载："（后梁开平）四年（910），改唐山为金昌。"《太平寰宇记》卷93、《舆地广记》卷22、《舆地纪胜》卷2杭州昌化县下亦作后梁改唐山为金昌。然由上引《吴越备史》卷1之文可知在后梁开平二年八月已改杭州唐山县为吴昌县，故综合上述史载，可断开平四年吴越上书请求改吴昌县（而非唐山县）为金昌县。

后梁龙德三年（923），析钱塘县、盐官县置钱江县。乾道《临安志》卷2《历代沿革》载："龙德三年，析钱塘、盐官地置钱江县，与钱塘分治城下。"①

吴越宝大元年（后唐同光二年，924），改金昌县为唐山县。《太平寰宇记》卷93、《舆地纪胜》杭州昌化县下皆载后唐同光初改金昌为唐山②。又，《册府元龟》卷31《帝王部·奉先四》载：唐庄宗同光二年二月"丁酉，吏部奏十道图内州县名，共三十七处犯献祖庙讳，敕改易之"。综合上述所载，可知后唐同光二年（924），金昌县复更名为唐山县。另，曾在后梁时因避讳而更名的新登县，当于此时复旧称新城县。《太平寰宇记》卷93杭州下仍领有新城县，可为旁证。

后唐长兴三年（932），废开元府，嘉兴、海盐2县来属。后晋天福三年（938），以杭州嘉兴县置秀州（参见下文秀州沿革）。据此则可知嘉兴县尝隶杭

---

① 咸淳《临安志》卷16《疆域·古今郡县表》吴越王国下载："置钱江县。（钱氏析钱塘、盐官地置，龙德二年。）"其中的"龙德二年"疑为"龙德三年"之误。又，《太平寰宇记》卷99杭州仁和县下载"唐麟德二年（665）析（钱塘、盐官）二县之地置钱江县于州郭。国朝太平兴国三年（978）平江东，改为仁和县。《舆地纪胜》卷2以为两《唐书·地理志》、《通典》杭州下皆不载钱江县，已证《太平寰宇记》之误，并进而认为唐麟德二年是梁龙德二年之误。
② 乾道《临安志》卷2《历代沿革》载："后唐同光初复金昌为昌化。"未详何据，录此待考。

州。又，谭其骧认为："《旧五代史·郡县志》、《新五代史·职方考》皆谓后晋天福中吴越割杭州之嘉兴县置秀州以治之。海盐居嘉兴杭州之间，嘉兴既自苏州改隶杭州，则海盐自当同时改隶。"①其说甚是。又，嘉兴、海盐 2 县自吴越天宝元年(908)后，即由苏州别属开元府(参见下文开元府沿革)，故在此暂将嘉兴、海盐 2 县改隶杭州之时间定在后唐长兴三年(932)开元府省废之时。

大约在后晋天福二年(937)，改富春县为富阳县。《太平寰宇记》卷 93 杭州下所载原领 8 县中有富阳县；《读史方舆纪要》卷 90 杭州府富阳县下载："五代时，吴越尝复为富春，寻复故。"而由《十国春秋》卷 78《吴越二·武肃王世家下》所载可知，吴越在天宝三年(910)改富阳县为富春县之由是"恶(吴)杨氏也"。故在此倘将吴越复改富阳县为富春县之举，断于吴国杨氏为南唐取代之年，应无甚疑义。

后晋天福三年(938)，置秀州，嘉兴、海盐 2 县别属之(参见下文秀州沿革)。

后晋天福七年(942)，改唐山县为横山县。《册府元龟》卷 3《帝王部·名讳》载：晋天福七年(942)，"敕……州县名、职名等有与高祖讳犯者，悉改之……唐山为横山"②。

此后至后周显德六年(959)，杭州一直领钱塘③、盐官、余杭、富阳、於潜、安国、新城、横山、桐庐、武康、钱江等 11 县而未复闻有何变更。

(1) 钱塘县(907—959)　　　　(2) 盐官县(907—959)

(3) 余杭县(907—959)

(4) 富阳县(907—910)—富春县(910—937?)—富阳县(937?—959)

(5) 於潜县(907—959)

---

① 谭其骧：《海盐县的建置沿革、县治迁移和辖境变迁》，《长水集续编》，人民出版社，1994 年，第 277 页。
② 《太平寰宇记》卷 93 杭州昌化县下载："晋改为横山县，后复旧。迨至太平兴国三年(978)改为昌化县。"《乾道临安志》卷 2《历代沿革》载："石晋改为横山。又以为吴昌。……(太平兴国)四年(979)，改吴昌为昌化。"似横山县后又曾更名吴昌。然《元丰九域志》卷 5 杭州下载："太平兴国四年(979)，改横山县为昌化。"故可知后晋天福七年(942)唐山更名横山后，未尝再有易名之举。
③ 《册府元龟》卷 3《帝王部·名讳》载：晋天福七年(942)，"(敕)州县名、职名等有与高祖讳犯者，悉改之……杭州钱塘为钱江。《舆地广记》卷 22 杭州钱塘县下载："五代时晋改县为钱江。别置钱塘县，与钱江分治州郭下。"笔者按，吴越奉中朝为正朔，理当避石敬瑭讳，然《资治通鉴》卷 285 开运三年(946)十月载："福州使者至钱塘，吴越王弘佐召诸将谋之。"同卷天福十二年(947)十二月载："己酉，鲍修让传李孺赟首至钱塘。"则后晋、后汉初仍为钱塘县。故在此暂且认为吴越时钱塘县未曾更名。

（6）临安县（907—908）—安国县（908—959）

（7）新城县（907）—新登县（907—924）—新城县（924—959）

（8）唐山县（907—908）—吴昌县（908—910）—金昌县（910—924）—唐山县（924—942）—横山县（942—959）

（9）桐庐县（907—959）　　　　（10）武康县（907—959）

（11）钱江县（923—959）　　　　（12）嘉兴县（932—938）

（13）海盐县（932—938）

2. 湖州（907—959），治乌程县（今浙江湖州市）

《旧唐书》卷40《地理志三》、《新唐书》卷41《地理志五》皆载湖州领乌程、德清、安吉、武康、长城等5县。唐末，湖州仍领此5县，治乌程县①。

后梁开平元年（907），割武康县隶杭州（参见上文杭州沿革），改长城县为长兴县。《太平寰宇记》卷94湖州长兴县下载："本汉乌程县地，武帝分置长城县……今改为长兴县。"《舆地广记》卷22湖州长兴县下载："梁避庙讳，改曰长兴。"颇疑长城县改名长兴县应与新城县改名新登县同时，故定于后梁开平元年②。

此后至后周显德六年（959），湖州一直领乌程、德清、安吉、长兴等4县而未闻有何变更。

（1）乌程县（907—959）　　　　（2）德清县（907—959）

（3）安吉县（907—959）　　　　（4）武康县（907）

（5）长城县（907）—长兴县（907—959）

3. 睦州（907—959），治建德县（今浙江建德市东北）

《旧唐书》卷40《地理志三》、《新唐书》卷41《地理志五》皆载睦州领建德、清（青）溪、寿昌、桐庐、分水、遂安等6县。唐光化三年（900），割桐庐县隶杭州。唐末，睦州领建德、清（青）溪、寿昌、分水、遂安等5县，治建德县③。

五代十国时期，睦州领建德、清溪、寿昌、分水、遂安等5县，治建德县，一如唐末。

（1）建德县（907—959）　　　　（2）清溪县（907—959）

（3）寿昌县（907—959）　　　　（4）分水县（907—959）

---

① 参见郭声波：《中国行政区划通史·唐代卷》湖州沿革，第473页。
② 《十国春秋》卷78《吴越二·武肃王世家下》下作开平二年更名，不确。前文杭州沿革下改新城县为新登县中辩之已明。
③ 参见郭声波：《中国行政区划通史·唐代卷》睦州沿革，第480页。

(5) 遂安县(907—959)

4. 开元府(908?—932)，治嘉兴县(今浙江嘉兴市)

大约在吴越天宝元年(后梁开平二年，908)，割苏州嘉兴、华亭、海盐三县置开元府。《读史方舆纪要》卷91嘉兴府下曰："郡志：后唐同光二年(924)，钱镠置开元府，治嘉兴，兼领华亭、海盐二县。长兴三年(932)府罢。"①似开元府置于吴越宝大元年(924)。然皮光业《吴越故忠义军匡国功臣越州都指挥使前授常州刺史特赠武康节度使银青光禄大夫检校尚书右仆射开府仪同三司上柱国海盐屠将军墓志铭》载："王念将军徒步从戎，卒死国难，以衣冠归葬于开元府海盐县南三十六里瀲川之青山德政乡归仁里开化村。今天宝五年(912)，特赠忠义军匡国功臣武康节度使银青光禄大夫检校尚书右仆射开府仪同三司上柱国。"②则可知开元府至迟在天宝五年已置，故颇疑后梁开平二年(908)吴越私下改元天宝时私置开元府。

后唐长兴三年(932)，开元府废，原属华亭县回隶苏州，而海盐、嘉兴2县则别属杭州(参见上文)。

(1) 嘉兴县(908?—932)　　　(2) 华亭县(908?—932)

(3) 海盐县(908?—932)

5. 秀州(938—959)，治嘉兴县(今浙江嘉兴市)

后晋天福三年(938)，析杭州嘉兴县置崇德县，以杭州嘉兴、海盐、崇德与苏州华亭等4县置秀州，治嘉兴县。《五代会要》卷20《州县分道改置》秀州下载："晋天福三年(938)十月，两浙钱元瓘奏，以杭州嘉兴县置州。"《旧五代史》卷77《晋高祖纪三》、《新五代史》卷60《职方考》所载与《五代会要》略同③。《舆地纪胜》卷3嘉兴府下载："五代石晋时吴文穆王(钱)元瓘病支郡多阙而右藩强大，始经邑为州，奏割杭之嘉兴县置秀州为属而治之，仍割苏州之海盐、华亭二县并置崇德县以属焉。"

---

① 然顾祖禹以为其所引"郡志"之文有误，"按唐制非京尹不得称府，镠不敢置府于杭州，何由置府于嘉兴乎？开元盖军府之名"。其实顾氏之说实误。谢鹗《佐正匡国功臣故节度左押衙亲卫第三都指挥使静海镇遏使银青光禄大夫检校尚书右仆射御史上柱国朱府君墓志铭》载："……府君世葬在湖州乌程县，不克归葬。续致桑梓在开元府海盐，以其年岁次甲申十一月乙未朔六日庚子，厝于本县德政乡通福里瀲墅村之原，礼也。"(《全唐文》卷898)其中的"甲申"为吴越宝大元年(924)，据此所载"开元府海盐县"之文可证开元府为统县政区，并非五代时军府名称。

② 《全唐文》卷898。

③ 《太平寰宇记》卷95秀州下载："本苏州嘉兴县地，晋天福四年(939)于此置秀州，从两浙钱元瓘之所请也。仍割嘉兴、海盐、华亭三县，并置崇德县以属焉。"至元《嘉禾志》卷1《沿革》载："晋天福四年钱元瓘病支郡多阙而右藩强大，始更邑为州，遂奏以嘉兴为秀州，绝其华亭、海盐二地同附于州。乃以境西义和聚为崇德。"其中提及秀州的置州时间在晋天福四年而非三年，录此备考。

此后至后周显德六年(959),秀州一直领嘉兴、海盐、华亭、崇德等 4 县而未闻复有何变更。《太平寰宇记》卷 95 秀州下仍领此 4 县,可为旁证。

(1) 嘉兴县(938—959)　　　　　(2) 海盐县(938—959)
(3) 华亭县(938—959)　　　　　(4) 崇德县(938—959)

6. 衣锦军(907—959)

唐天祐四年(907),析杭州临安县衣锦城置衣锦军,不领县,隶属杭州镇海军节度使。《新五代史》卷 67《吴越世家》载:"天祐元年(904),封(钱)镠吴王,镠建功臣堂,立碑纪功,列宾佐将校名氏于碑阴者五百人。四年,升衣锦城为安国衣锦军。"《吴越备史》卷 1《武肃王》载:"(天祐)四年春三月,勅升衣锦城为安国衣锦军。"《舆地广记》卷 22 杭州临安县下载:"(唐)垂拱四年(688),析余杭、於潜,以故临水城复置临安县,属杭州,吴越国王钱镠,其县人也。镠既贵,以素所居营为安国衣锦军。"

此后至后周显德六年(959),吴越一直领有衣锦军而未更。

7. 苏州(中吴府、苏州府)

参见本章第二节苏州节度使所辖苏州(中吴府、苏州府)沿革。

第二节　苏州中吴军节度使

大约在后梁贞明元年(915),吴越以杭州镇海军节度使所辖苏州置中吴军节度使,领苏州 1 州之地,治苏州,直至五代十国末期[后梁贞明六年(920)之辖区参见前图 2-21]。

一、苏州中吴军节度使辖区沿革

苏州中吴军节度使(吴越 915? —959)

大约在后梁贞明元年(915),析苏州置中吴军节度使,领苏州 1 州之地,治苏州。《吴越备史》卷 1《武肃王》载:后唐同光二年(924)"十一月,升苏州为中吴军,制授镇东军节度、检校太保兼中书令、大彭郡侯王子传璙(一作元璙)充中吴军节度使。"似中吴军置于同光二年,《十国春秋》即持此说。然洪武《苏州府志》之《牧守题名》载钱元璙在"贞明三年(917)三月,加官勋阶,爵以镇东军节度副大使、江南管内都招讨、建武军节度、岭南道观察处置等使、检校太傅、守侍中、知苏州中吴军军州事、行邕州刺史系衔"。朱玉龙据此以为同光二年实乃后唐以后梁所封中吴军旧官重新加封于吴越,中吴军恐在后梁贞明初已置①。今从其说,在此将中吴军节度使的始置时间暂定在后梁贞明元年。

吴越置苏州中吴军节度使直至五代十国末期而未更。

苏州(915?—959)

二、苏州中吴军节度使辖州(府)沿革

苏州(907—908)—中吴府(苏州府)(908?—915?)—苏州(915?—959),治吴县(今江苏苏州市)

《旧唐书》卷40《地理志三》载苏州领吴、嘉兴、昆山、常熟、长洲、海盐等6县;《新唐书》卷41《地理志五》载苏州辖吴、长洲、嘉兴、昆山、常熟、海盐、华亭等7县,且在华亭县下注曰:"天宝十载析嘉兴置。"唐末,苏州领《新唐书·地理志》所载之7县,治吴县②。

大约在吴越天宝元年(后梁开平二年,908),割苏州嘉兴、海盐、华亭等3县置开元府(参见上文开元府沿革)。又,大约在此年,吴越尝私自改苏州为中吴府(苏州府)。钱大昕《潜研堂文集》卷32《跋高阳许氏夫人墓志》曰:"钱塘何君梦华过吴门,出此志铭见示。首题'吴越国中吴府','吴'字稍漫漶。其志文云'迁厝于府城西长洲县武邱乡大来里'。考吴越以苏州为中吴军节度,史未见中吴府之名。予尝读《嘉禾志》载《朱府君碑》,亦吴越时物,文之'续致桑梓在开元府海盐县',是秀州尝称开元府,而史亦未之及。盖吴越有国时,于所属州私立府名,未尝请命中朝。及纳土以后,讳而不言,史家无从采录也。"钱说极是。又,钱镠《投龙文》载:"……谨诣太湖水府金龙驿传于吴越国苏州府吴县洞庭乡东皋里太湖水府告文。宝正三年(928)岁在戊子三月丁未朔二十六日壬申投。"③可知文中苏州府即为中吴府之称。又因开元府大约置于天宝元年(参见上文开元府沿革),故颇疑中吴府(苏州府)亦置于是年。

吴越天宝二年(后梁开平三年,909),析吴县置吴江县。《五代会要》卷20《州县分道改置》苏州吴江县下载:"梁开平三年闰八月,两浙奏,于吴松江置县。"《吴越备史》卷1《武肃王》载:"是月(笔者按,指开平三年闰八月),敕置苏州吴江县、明州静安县(今定海县是也),从王请也。"《太平寰宇记》卷91苏州吴江县下载:"梁开平三年,两浙奏析吴县于松江置。"

大约在后梁贞明元年(915),置中吴军节度使,中吴府(苏州府)又改称

---

① 参见朱玉龙:《五代十国方镇年表》苏州注1,第523页。
② 参见郭声波:《中国行政区划通史·唐代卷》苏州沿革,第464页。
③ 《全唐文》卷130。

苏州。

后唐长兴三年(932),废开元府,华亭县还属苏州。

后晋天福三年(938),置秀州,华亭县别属之(参见本章第一节杭州节度使所辖秀州沿革)。

此后至后周显德六年(959),苏州一直领吴、长洲、昆山、常熟、吴江等5县而未闻有何变更。

(1) 吴县(907—959)　　　(2) 长洲县(907—959)
(3) 嘉兴县(907—908?)　　(4) 昆山县(907—959)
(5) 常熟县(907—959)　　　(6) 海盐县(907—908?)
(7) 华亭县(907—908?,932—938) (8) 吴江县(909—959)

第三节　越州镇东军节度使(含温州静海军节度使、婺州武胜军节度使)

越州镇东军节度使为唐末旧镇。后梁开平元年(907),钱镠所据之越州镇东军节度使辖越、明、台、温、处、婺、衢等7州,治越州[后梁贞明六年(920)之辖区参见前图2-21]。后晋天福四年(939)五月,析镇东军节度使所辖之温州置静海军节度使;九月,复析镇东军节度使所辖之婺州置武胜军节度使。此后至后周显德六年(959),越州镇东军节度使一直领越、明、台、衢、处等5州之地而未更。

一、越州镇东军节度使(含温州静海军节度使、婺州武胜军节度使)辖区沿革

越州镇东军节度使(吴越907—959)
温州静海军节度使(吴越939—959)
婺州武胜军节度使(吴越939—959)

越州镇东军节度使为唐末旧镇。唐贞元三年(787),以越、明、台、温、处、衢、婺等7州置浙江东道都团练观察使,治越州。中和三年(883),升为义胜军节度使。光启三年(887),改为威胜军节度使。乾宁三年(896),改为镇东军节度使①。天祐二年(905),割婺、衢2州及江南西道宣歙池都团练观察使所领

---

① 参见郭声波:《中国行政区划通史·唐代卷》镇东军节度使沿革,第488页。

之歙州、镇海军节度使所领之睦州置歙婺衢睦都团练观察使,治歙州①。至天祐三年(906),钱镠据有越州镇东军节度使,领越、明、台等3州及歙婺衢睦都团练观察使所辖之婺、衢2州,共计5州之地。

后梁开平元年(907)四月,吴越攻克温州。五月,吴越攻取处州。《资治通鉴》卷266开平元年载:三月,"镇海、镇东节度使吴王钱镠遣其子传璙、传瓘讨卢佶于温州"。四月"戊午,温州溃,擒(卢)佶斩之。(胡三省注曰:天祐二年,卢佶陷温州,至是败亡。)吴王镠以都监使吴璋为温州制置使"。五月甲午,"卢约以处州降吴越"。至此,钱镠所据之越州镇东军节度使辖越、明、台、温、处、婺、衢等7州之地,又恢复到了唐乾宁三年镇东军节度使的辖区范围,治越州。

吴越天宝元年(后梁开平二年,908)八月,杭、越等州升为大都督府。此后越州又称东府(参见本章第一节杭州节度使辖区沿革)。

后晋天福四年(939)五月,于温州置静海军节度使;九月,于婺州置武胜军节度使。《旧五代史》卷78《晋高祖纪四》载:五月"辛亥,置静海军于温州,从钱元瓘之请也"。九月"癸酉,升婺州为武胜军额"。《太平寰宇记》卷97婺州下载:"晋天福四年升为武胜军节度使。皇朝因之。"同书卷99温州下载:"晋天福四年升为静海军节度,从钱元瓘之奏请。皇朝为刺史州。"《吴越备史》卷2《文穆王》载:"(晋天福四年)九月,诏升婺州为武胜军,授王兄元懿为节度使。"静海军节度使领温州1州之地,治温州;婺州武胜军节度使领婺州1州之地,治婺州。

此后至后周显德六年(959),越州镇东军节度使一直领越、明、台、衢、处等5州而未更②。

越州镇东军节度使
(1) 越州(907—959)　　　(2) 明州(907—959)
(3) 台州(907—959)　　　(4) 温州(907—939)
(5) 处州(907—959)　　　(6) 婺州(907—939)
(7) 衢州(907—959)

温州静海军节度使

---

① 参见郭声波:《中国行政区划通史·唐代卷》歙婺衢睦都团练观察使沿革,第487页。
② 《十国春秋》卷113《十国藩镇年表》载吴越置有台州德化军节度使,且自注曰:"唐光启二年(886)升台州为德化军节度。德化军判官鲁洵作《杜雄墓碑》,常纪其事。又忠懿王时钱昱以德化军节度使、本路安抚使兼知台州,时乾德元年(963)也。"朱玉龙虽从吴任臣之说,亦以为吴越时曾复于台州置德化军,然由于"别无所征",尚待博考(参见氏著《五代十国方镇年表·附录》台州,第653页)。其说甚是。故为稳妥起见,本卷此处暂不将吴越台州德化军节度使列入正文进行讨论。

温州(939—959)

婺州武胜军节度使

婺州(939—959)

二、越州镇东军节度使(含温州静海军节度使、婺州武胜军节度使)所辖诸州(府)沿革

1. 越州(907—959),治会稽县(今浙江绍兴市)

《旧唐书》卷40《地理志三》、《新唐书》卷41《地理志五》皆载越州领会稽、山阴、诸暨、余姚、剡、萧山、上虞等7县。唐末,越州仍领此7县(唯其中的诸暨县在唐光启二年更名暨阳县),治会稽县①。

吴越天宝元年(后梁开平二年,908),析剡县置新昌县。《太平寰宇记》卷96越州新昌县下载:"唐末,钱镠割据钱塘时,以去温州之道路悠远,此地人物稍繁,且无馆驿,乃析剡县一十三乡置新昌县。"嘉泰《会稽志》卷1《历代属县》下载:"梁开平中,钱镠析剡县立新昌县。"万历《新昌县志》卷1《建置志·沿革》载:"梁开平二年,吴越王钱镠始析剡东鄙十三乡县新昌,治石牛镇。"②因两《唐书·地理志》越州下无新昌县,颇疑《太平寰宇记》误将五代时钱镠析置新昌县记作唐末时事,故在此姑从嘉泰《会稽志》、万历《新昌县志》之说,将新昌县之置系于后梁开平二年。

吴越天宝三年(后梁开平四年,910),改暨阳县为诸暨县。因吴越与吴国杨氏交恶,钱镠恶杨氏,暨阳县当在此时改为旧称诸暨县。

后晋天福五年(940),改剡县为赡县。嘉泰《会稽志》卷12《八县·镇》剡镇下载:"天庆观有钱氏时东都公移,称两都都军粮帖,检先据赡县奏云云。"《读史方舆纪要》卷92绍兴府嵊县下据此以为"吴越尝改为赡县,宋初复旧"。又,《十国春秋》卷79《吴越三·文穆王世家》载:后晋天福五年(940),"又改剡县为赡县,恶'剡'有二火一刀之说,为不祥也"。在此姑从《十国春秋》之说。

此后至后周显德六年(959),越州一直领会稽、山阴、诸暨、余姚、赡、萧山、上虞、新昌等8县而未闻有何变更。

(1) 会稽县(907—959)　　　　(2) 山阴县(907—959)
(3) 暨阳县(907—910)—诸暨县(910—959)

---

① 参见郭声波:《中国行政区划通史·唐代卷》越州沿革,第489页。
② 《文献通考》卷318《舆地考四》绍兴府下作后晋时吴越王钱元瓘奏置新昌县;《十国春秋》卷79《吴越三·文穆王世家》与《嘉庆重修一统志》卷294绍兴府新昌县沿革下均作后晋天福五年(940)置新昌县,录此备考。

(4) 余姚县(907—959)

(5) 剡县(907—940)—赡县(940—959)

(6) 萧山县(907—959)　　　　(7) 上虞县(907—959)

(8) 新昌县(908—959)

2. 明州(907—959),治鄮县(今浙江宁波市)

《旧唐书》卷40《地理志三》、《新唐书》卷41《地理志五》皆载明州领鄮、奉化、慈溪、象山等4县。唐末,明州仍领此4县,治鄮县①。

后梁开平元年(907),改鄮县为鄞县。《舆地广记》卷23明州鄞县下载:"五代时改曰鄞县。"《册府元龟》卷189《闰位部·奉先》载:"(开平元年)五月甲午,诏天下管属及州县官名犯庙讳者,各宜改换:城门郎改为门局郎,茂州改为汶州……"吴越奉后梁正朔,则鄮县改为鄞县应在开平元年之时②。

吴越天宝二年(后梁开平三年,909),析鄞县置望海县,寻改望海县为定海县。《五代会要》卷20《州县分道改置》明州望海县下载:"梁开平三年闰八月,两浙奏置。"《新五代史》卷60《职方考》载:"明州望海,梁开平三年(909),钱镠置。"《太平寰宇记》卷98明州定海县下载:"梁开平三年,吴越王钱镠以地滨海口,有鱼盐之利,因置望海县。后改为定海县。"宝庆《四明志》卷1《郡志一·叙郡上·沿革论》载:"钱镠奄有吴越……又更望海镇曰静海镇,寻置望海县,梁之开平三年也。未几,改县曰定海。"③

此后至后周显德六年(959),明州一直领鄞、奉化、慈溪、象山、定海等5县而未更。

(1) 鄮县(907)—鄞县(907—959)　(2) 奉化县(907—959)

(3) 慈溪县(907—959)　　　　(4) 象山县(907—959)

(5) 望海县(909)—定海县(909—959)

3. 台州(907—959),治临海县(今浙江临海市)

《旧唐书》卷40《地理志三》载台州领临海、唐兴、黄岩、乐安、宁海、象山等6县;《新唐书》卷41《地理志五》载台州辖临海、唐兴、黄岩、乐安、宁海等5县。唐广德二年(764),象山割隶明州。唐末,台州领《新唐书·地理志》所载之5

---

① 参见郭声波:《中国行政区划通史·唐代卷》明州沿革,第492页。

② 《吴越备史》卷1《武肃王》载:贞明二年(916)"冬十二月,王命惠州防御使弟铧率官吏、僧众诣明州鄮县阿育王寺,迎释迦舍利塔,归于府城"。蒋鉴玄《梁故明州军事押衙充勾押官银青光禄大夫检校太子宾客兼殿中侍御史王府君墓志铭》曰:"(府君)以乾化五年(915)闰二月二十九日,归葬于鄮县灵岩乡金泉里。"(《唐文拾遗》卷46)则可知明贞明二年前明州即领鄮县,《吴越备史》乃沿用唐代鄮县名称记吴越时事。

③ 《文献通考》卷318《舆地考四》庆元府定海县下载:"梁望海县,宋改。"不确。

县,治临海县①。

吴越天宝元年(后梁开平二年,908),改唐兴县为天台县。《吴越备史》卷1《武肃王》载:开平二年(908)"秋八月,敕改杭州唐山县为吴昌县,台州唐兴县为天台县"。

大约在吴越宝大元年(后唐同光二年,924),改天台县为唐兴县。《太平寰宇记》卷98台州天台县下载:"(唐)上元二年(761)改为唐兴县。梁改为天台县。后唐同光初复旧。晋天福初,改为台兴县。今为天台县。"《舆地广记》卷23台州天台下所载与此略同②。

吴越宝正五年(后唐长兴元年,930),改乐安县为永安县。嘉定《赤城志》卷1《地理门一·叙州》载:"钱氏宝正五年(930),改乐安为永安。"

大约在后晋天福二年(937),为避后晋高祖石敬瑭名讳,改唐兴县为台兴县。

此后至后周显德六年(959),台州一直领临海、黄岩、永安、台兴、宁海等5县而未有变更。

(1) 临海县(907—959)

(2) 唐兴县(907—908)—天台县(908—924)—唐兴县(924?—937?)—台兴县(937?—959)

(3) 黄岩县(907—959)

(4) 乐安县(907—930)—永安县(930—959)

(5) 宁海县(907—959)

4. 温州(907—959),治永嘉县(今浙江温州市)

《旧唐书》卷40《地理志三》、《新唐书》卷41《地理志五》皆载温州领永嘉、安固、横阳、乐城等4县。唐末,温州仍领此4县(唯安固县于天复二年(902)改称瑞安县),治永嘉③。

后梁开平元年(907),因避后梁烈祖朱诚讳,改乐城县为乐清县。《舆地广

---

① 参见郭声波:《中国行政区划通史·唐代卷》台州沿革,第494页。
② 《舆地纪胜》卷12台州下载:"朱梁改唐兴为新兴(徐灵府《天台山记》在梁开平三年),后唐改新兴为始丰(《新赤城志》在同光元年),石晋改始丰为台兴(《赤城新志》在晋天福初),国朝复为天台县。"然《册府元龟》卷3《帝王部·名讳》载:晋天福七年(942),"敕……州县名、职名等有与高祖讳犯者,悉改之……台州唐兴为台兴"。据此可知后晋时当为唐兴县。又检徐灵府《天台山记》(《唐文拾遗》卷50)之文,并无开平三年更唐兴为新兴县之叙述,且文末又言:"灵府以元和十年(815),自衡岳移居台岭,定室方瀛,至宝历初岁,已逾再闰。"则可知徐灵府应为唐宪宗、穆宗、敬宗前后人,不当记述后梁时事。故此处从《太平寰宇记》之说,将后梁改天台县为唐兴县之年断为同光二年(924)。
③ 参见郭声波:《中国行政区划通史·唐代卷》温州沿革,第505页。

记》卷23温州乐清县下载:"本乐城县……五代时改曰乐清。"《十国春秋》卷78《吴越二·武肃王世家下》作开平二年更名,然前文已在改杭州新城县为新登县之文中辨明,此次易名之举当系后梁开平元年之事(参见本章第一节杭州节度使所辖杭州沿革)。

后梁乾化四年(914),因平横阳,改横阳县为平阳县。《舆地广记》卷23温州平阳县下载:"本横阳县……朱梁改曰平阳。"《读史方舆纪要》卷94与《嘉庆重修一统志》卷304温州府平阳县下均将更名之事系于后梁乾化四年(914)。今从之。

此后至后周显德六年(959),温州一直领永嘉、瑞安、平阳、乐清等4县而未更,治永嘉县。

(1) 永嘉县(907—959)　　　　(2) 瑞安县(907—959)

(3) 横阳县(907—914)—平阳县(914—959)

(4) 乐城县(907)—乐清县(907—959)

5. 处州(907—959),治丽水县(今浙江丽水市西北)

《旧唐书》卷40《地理志三》、《新唐书》卷41《地理志五》皆载处州领丽水、松阳、缙云、青田、遂昌、龙泉等6县。唐末,处州仍领此6县之地,治丽水县[①]。

吴越天宝三年(后梁开平四年,910),因吴越与吴国杨氏交恶,钱镠恶杨氏,遂改松阳县为长松县。《五代会要》卷20《州县分道改置》处州松阳县下载:"梁开平四年五月,改为长松县。"《太平寰宇记》卷99处州白龙县下载:"梁开平四年改为长松县,又改为白龙县。"《舆地广记》卷23处州松阳县下载:"朱梁时,杨氏据江淮,于是吴越钱氏上言:以淮寇未平,耻闻逆姓,请改为长松。后又改曰白龙。"

后晋天福四年(939),改长松县为白龙县。《十国春秋》卷79《吴越三·文穆王世家》载:天福四年(939)八月戊申,"是日,白龙见处州长松县,遂更为龙泉县。"然此时处州已有龙泉县,结合上引《太平寰宇记》与《舆地广记》之文可知当为白龙县之误。

此后至后周显德六年(959),处州一直领丽水、白龙、缙云、青田、遂昌、龙泉等6县而未更,治丽水县。《太平寰宇记》卷99处州下仍领此6县,可为旁证。

(1) 丽水县(907—959)

[①] 参见郭声波:《中国行政区划通史·唐代卷》处州沿革,第502页。

(2) 松阳县(907—910)—长松县(910—939)—白龙县(939—959)

(3) 缙云县(907—959)　　　　(4) 青田县(907—959)

(5) 遂昌县(907—959)　　　　(6) 龙泉县(907—959)

6. 婺州(907—978),治金华县(今浙江金华市)

《旧唐书》卷40《地理志三》、《新唐书》卷41《地理志五》皆载金华、义乌、永康、东阳、兰溪、武成、浦阳等7县。唐末,婺州仍领此7县[唯武成县于天祐三年(906)复改为武义县],治金华县①。

吴越天宝三年(后梁开平四年,910),因吴越与吴国杨氏交恶,钱镠恶杨氏,改浦阳县为浦江县,改东阳县为东场县②。

大约在后晋天福二年(937),吴国杨氏灭亡,吴越当复改浦江县为浦阳县、东场县为东阳县。

此后至后周显德六年(959),婺州一直领金华、义乌、永康、东阳、兰溪、武义、浦阳等7县而未更,治金华县。《太平寰宇记》卷97婺州下仍领此7县,可为旁证。

(1) 金华县(907—959)　　　　(2) 义乌县(907—959)

(3) 永康县(907—959)

(4) 东阳县(907—910)—东场县(910—937?)—东阳县(937?—959)

(5) 兰溪县(907—959)　　　　(6) 武义县(907—959)

(7) 浦阳县(907—910)—浦江县(910—937?)—浦阳县(937?—959)

7. 衢州(907—959),治西安县(今浙江衢州市)

《旧唐书》卷40《地理志三》载衢州领信安、龙丘、须江、盈川、常山等5县;《新唐书》卷41《地理志五》载衢州辖西安、龙丘、须江、常山等4县,且在西安下注曰:"咸通中更信安为西安。"唐元和七年(812),省盈川县。唐末,衢州领《新唐书·地理志》所载之4县,治西安县③。五代十国初期,亦复如是。

吴越宝正六年(后唐长兴二年,931),改龙丘县为龙游县,改须江县为江山县。《读史方舆纪要》卷93衢州府龙游县下载:"贞观八年(634),复置龙丘县,属婺州,寻属衢州。后唐长兴二年,吴越改曰龙游。"江山县下载:"唐武德四年

---

① 参见郭声波:《中国行政区划通史·唐代卷》婺州沿革,第496页。
② 《读史方舆纪要》卷93金华府东阳县下载:"五代梁开平四年(910)钱镠奏改曰东场,宋咸平二年(999)复故。"其中言东阳更名东场在开平四年是,而言宋咸平二年东场复更名东阳则恐非,《太平寰宇记》、《元丰九域志》、《舆地广记》、《舆地纪胜》均未载咸平二年更名之事,可资为证。故颇疑吴越于吴国灭亡时复更东场县为东阳县。
③ 参见郭声波:《中国行政区划通史·唐代卷》衢州沿革,第499页。

(621)置须江县,属衢州……五代唐长兴二年,吴越改江山县。"《十国春秋》卷78《吴越二·武肃王世家下》载:"是时(笔者按,指宝正六年),王改衢州龙丘县曰龙游,恶丘为墓不祥也。又改须江县曰江山。"

此后至后周显德六年(959),衢州一直领西安、龙游、江山、常山四县而未更,治西安县。

(1) 西安县(907—959)
(2) 龙丘县(907—931)—龙游县(931—959)
(3) 须江县(907—931)—江山县(931—959)
(4) 常山县(907—959)

第四节　福州威武军节度使(直隶地区)[含福州威武军(彰武军)节度使;附:建州镇安军(镇武军)节度使、建州永安军(忠义军)节度使、泉州清源军节度使]

福州威武军节度使为唐末旧镇。唐末,为王审知所据,领福、泉、漳、汀、建等5州,治福州[后梁贞明六年(920)之辖区参见图2-22]。

后唐长兴四年(933),王延钧称帝,国号大闽,改福州为长乐府,并定都于此。闽国领长乐府、建州、泉州、汀州、漳州等1府4州。福州威武军节度使遂废。

闽永隆三年(后晋天福六年,941),以建州置镇安军节度使,旋改为镇武军节度使。

殷天德元年(后晋天福八年,943),镇武军节度使王延政于建州称帝,国号大殷。又析建州置镛、镡2州。闽镇武军节度使废。不久,镛州又废,辖地仍隶建州。

闽天德二年(后晋开运元年,944),闽之故臣迎王延政,王延政复国号为闽,以长乐府为南都。殷国之名不复存在。

闽天德三年(南唐保大三年,后晋开运二年,945),李仁达据福州自立,废南都长乐府为福州,南唐以之为威武军节度使。同年,闽亡,建、泉、汀、漳、镡等州为南唐所据。另外,亦在同年,南唐置建州永安军节度使,领建、汀、镡3州。旋,废镡州,又新置剑州,仍属永安军节度使。

后晋开运三年(南唐保大四年,946),李仁达又转投吴越。同年,南唐改漳州为南州。

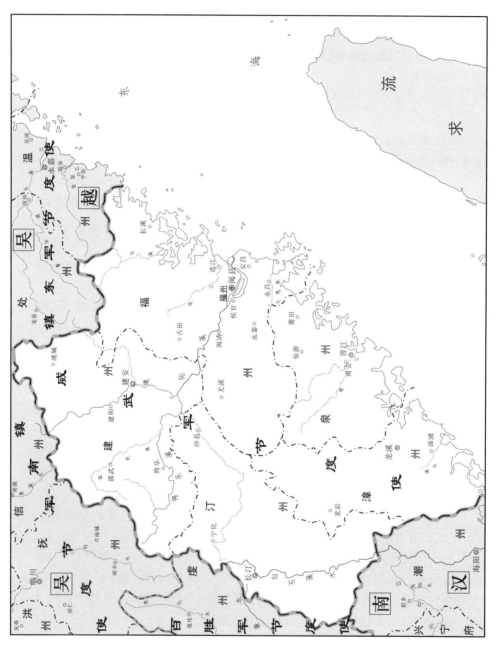

图 2-22 920 年福州威武军节度使辖区示意图

后晋天福十二年(947),福州最终为吴越所控,仍置威武军节度使,统领福州。

南唐保大七年(后汉乾祐二年,949),泉州刺史留从效兄从愿,杀死南州刺史而代之,南唐被迫以泉、南2州置清源军,以留从效为节度使,治泉州。其时留从效虽表面上向南唐称蕃,实则割据一隅。闽地至此为南唐、吴越及清源政权三分。

后周广顺元年(951),吴越更福州威武军节度使为彰武军节度使。

南唐保大十四年(后周显德三年,956),建州永安军节度使更名为忠义军节度使。

一、福州威武军节度使(直隶地区)[含福州威武军(彰武军)节度使]辖区沿革

[附:建州镇安军(镇武军)、建州永安军(忠义军)、泉州清源军诸节度使]

福州威武军节度使(威武907—909,**闽王909—933**)—直隶地区(闽933—945,南唐945—949)

福州威武军节度使(南唐945—947,吴越947—951)—福州彰武军节度使(吴越951—959)

福州威武军节度使为唐末旧镇。唐乾宁三年(896),升福建都团练观察使为威武军节度使,领福、泉、漳、汀、建等5州,治福州①。唐末,福州威武军节度使王审知据有该地。唐亡,王审知一直奉中原后梁、后唐为正朔而未称帝。

后梁开平三年(909),封福州威武军节度使王审知为闽王②,仍领唐末福、泉、漳、汀、建等5州之地,治福州。

后唐天成元年(926),王审知子王延翰自称大闽国王③,"而犹禀唐正朔"④。同年,王延翰之弟王延钧及王审知之养子王延禀合兵袭福州,杀王延翰,推王延钧为威武军留后⑤。天成二年,王延钧为威武军节度使⑥。天成三年,王延

---

① 参见郭声波:《中国行政区划通史·唐代卷》威武军节度使沿革,第507页。
② 《资治通鉴》卷267开平三年四月载:"庚子,以王审知为闽王,刘隐为南平王。"《旧五代史》卷4《梁太祖纪四》、《册府元龟》卷196《闰位部·封建》、《五代会要》卷11《封建》等所载与此略同。
③ 《资治通鉴》卷275天成元年十月。
④ 《新五代史》卷68《闽世家》。
⑤ 《新五代史》卷68《闽世家》、《资治通鉴》卷275天成元年十二月。
⑥ 《资治通鉴》卷275天成二年五月。

钧进封闽王①。

后唐长兴四年(933),王延钧称帝,国号大闽。《资治通鉴》卷278长兴四年正月载:"(闽王延钧)即皇帝位,国号大闽,大赦,改元龙启;更名璘。""改福州为长乐府",定都长乐府,闽国领长乐府、建州、泉州、汀州、漳州等1府4州。原福州威武军节度使当废于此时。

后历经王昶(王延钧子)、王曦(王审知子),至王曦时闽国内乱。

闽永隆三年(后晋天福六年,941),闽以建州置镇安军,以王延政为节度使。旋,改为镇武军节度使(参见下文所附建州节度使辖区沿革)。

殷天德元年(后晋天福八年,943),镇武军节度使王延政于建州称帝,国号大殷。闽镇武军节度使废(参见下文所附建州节度使辖区沿革)。闽国此时辖长乐府及泉、汀、漳等3州;殷国此时领建、镛、镡等3州,都建州,与定都长乐府的闽国王王延曦对峙。不久,镛州废为将乐县,仍属建州(参见下文建州沿革)。

闽天德二年(后晋开运元年,944)正月,长乐府闽之故臣迎王延政,王延政复国号为闽,以长乐府为南都。《资治通鉴》卷284开运元年正月载:"闽之故臣共迎殷主延政,请归福州,改国号曰闽。延政以方有唐兵,未暇徙都,以从子门下侍郎、同平章事继昌都督南都内外诸军事,镇福州(胡三省注曰:殷主居建州,故以福州为南都。)"王延政所领建、镡2州当随之复归入闽之直隶地区。同年十一月,泉、汀、漳等3州附于王延政。《资治通鉴》卷284开运元年载:"十一月,(泉州散员指挥使桃林留)从效等各引军中所善壮士……执(泉州刺史黄)绍颇,斩之。……从效自称平贼统军使,函绍颇首,遣副兵马使临淮陈洪进赍诣建州。……(王)延政以(王)继勋为侍中、泉州刺史,(留)从效、(王)忠顺、(董)思安、(陈)洪进皆为都指挥使。漳州将程谟闻之,亡杀刺史程文纬,立王继成权州事。继勋、继成,皆延政之从子也。……汀州刺史许文稹奉表请降于殷。"

闽天德三年(南唐保大三年,后晋开运二年,945)三月,光州人李仁达杀王继昌,废南都长乐府为福州。五月,南唐以仁达为威武军节度使,割据福州。《资治通鉴》卷284开运二年载:三月,"王继昌暗弱嗜酒,不恤将士,将士多怨。(李)仁达潜入福州……引甲士突入府舍,杀继昌及吴成义。仁达欲自立,恐众心未服,以雪峰寺僧卓岩明素为众所重……相与迎之。己亥,立为帝,解去衲衣,被以衮冕,帅将吏北面拜之。然犹称天福十年,遣使奉表称藩于晋"。

---

① 《旧五代史》卷39《唐明宗纪五》、《五代会要》卷11《封建》、《资治通鉴》卷276天成三年七月。

五月"丁巳,李仁达大阅战士,请卓岩明临视。仁达阴教军士突前登阶,刺杀岩明,仁达阳惊,狼狈而走;军士共执仁达,使居岩明之坐。仁达乃自称威武留后,用保大年号,奉表称藩于唐,亦遣使入贡于晋;并杀岩明之父。唐以仁达为威武节度使、同平章事,赐名弘义,编之属籍。弘义又遣使修好于吴越"。同年七月,南唐攻克镡州。八月,南唐又攻取建州。九月,汀、漳、泉等3州亦先后降南唐,闽国灭亡。《资治通鉴》卷284后晋开运二年七月载:"唐边镐拔镡州。"同书卷285后晋开运二年载:八月"丁亥,唐先锋桥道使上元王建封先登,遂克建州,闽主延政降"。"九月,许文稹以汀州,王继勋以泉州,王继成以漳州,皆降于唐。"随后,析建州置永安军节度使,另领汀、镡2州。旋,废镡州,又新置剑州为属州(参见下文所附建州永安军节度使辖区沿革)。

后晋开运三年(南唐保大四年,946),李仁达又转投吴越。《资治通鉴》卷285开运三年九月载:"(李)弘达更名达(胡三省注曰:弘达更名达,以吴越王名上从弘,避之也),遣使奉表称臣,乞师于吴越。"同年,南唐改漳州为南州(参见下文漳州沿革)。

后晋天福十二年(947),福州最终为吴越所控,仍置威武军节度使。《资治通鉴》卷287天福十二年载:七月,"李达以其弟通知福州留后,自诣钱唐见吴越王弘佐,弘佐承制加达兼侍中,更其名曰孺赟。既而孺赟悔惧,以金笥二十株及杂宝赂内牙统军使胡进思,求归福州;进思为之请,弘佐从之"。十二月癸巳,"威武节度使李孺赟与吴越戍将鲍修让不协,谋袭杀修让,复以福州降唐;修让觉之,引兵攻府第,是日,杀孺赟,夷其族"。"己酉,鲍修让传李孺赟首至钱塘,吴越王弘佐以丞相山阴吴程知威武节度事。"其时吴越之威武军节度使仅领福州1州之地。

南唐保大七年(后汉乾祐二年,949),泉州刺史留从效兄南州副使从愿,杀死南州刺史董思安而代之,南唐被迫承认现实,以泉、南2州置清源军,以留从效为节度使,治泉州。其时留从效虽称藩南唐,实割据一方。从此,闽地三分:建、剑、汀等3州属南唐;福州属吴越;泉、漳2州属名义上向南唐称臣的清源军节度使(参见下文所附泉州节度使辖区沿革)。

后周广顺元年(951),吴越更福州威武军节度使为彰武军节度使。淳熙《三山志》卷20《秩官类一》载:"广顺元年,吴越更威武军为彰武军。"①

福州威武军节度使(直隶地区)

---

① 《舆地纪胜》卷128福州下载:"后唐时王氏建伪国,升为长乐府。其后,李仁达自立,举以归吴越。周改威武为彰武军(广顺三年,避周太祖名)。"录此备考。

(1) 福州(907—945)   (2) 泉州(907—949)
(3) 漳州(907—946—南州(946—949))   (4) 汀州(907—945)
(5) 建州(907—941,944—945)   (6) 镡州(944—945)

福州威武军(彰武军)节度使

福州(945—959)

附：
建州镇安军(镇武军)节度使(直隶地区)辖区沿革

建州镇安军节度使(闽941)—建州镇武军节度使(闽941—943)—直隶地区(殷943—944)

闽永隆三年(后晋天福六年,941),闽王曦以建州置镇安军节度使。旋,改为镇武军节度使。《资治通鉴》卷282天福六年(941)正月载:"王延政城建州,周二十里,请于闽王曦,欲以建州为威武军,自为节度使。曦以威武军福州也,乃以建州为镇安军,以延政为节度使,封富沙王;延政改镇安曰镇武而称之。"其时的建州镇安军(镇武军)节度使当仅领建州1州之地。

殷天德元年(后晋天福八年,943),镇武军节度王延政于建州称帝,国号大殷。同时,析建州置镛、镡2州(参见下文建州沿革),以此3州为直隶地区,原闽建州镇武军节度使当废于此时。不久,镛州废,殷直隶地区领建、镡2州。

闽天德二年(后晋开运元年,944)正月,王延政为闽之故臣所请,复国号为闽,殷国遂至此不存(参见上文福州节度使辖区沿革)。

(1) 建州(941—944)   (2) 镡州(943—944)
(3) 镛州(943)

建州永安军(忠义军)节度使辖区沿革

建州永安军节度使(南唐945—956)—建州忠义军节度使(南唐956—959)

南唐保大三年(后晋开运二年,945),置建州永安军节度使。《资治通鉴》卷285开运二年九月载:"唐置永安军于建州。"其时永安军节度使除领建州外,另当领汀、镡2州(由地理形势推知)。旋,镡州废为延平镇,隶属建州(参见下文建州沿革)。随后,又析建、汀2州之地置剑州(参见下文剑州沿革)。

南唐保大十四年(后周显德三年,956),建州永安军节度使更名为忠义军节度使。《资治通鉴》卷293显德三年五月载:"丙申,唐永安节度使陈诲败福州兵于南台江,俘斩千余级。唐主更命永安曰忠义军。"陆游《南唐书》卷12《陈诲传》载:"唐兵两取福州,皆大败涂地,诲在兵间皆有功,号名将,遂为建州节度使,兼侍中。训兵积谷,隐然为大镇。尝破福州兵于南台江,军声大振,由是朝廷委以南方事,而名其军曰忠义。"

(1) 建州(945—959)　　　(2) 汀州(945—959)

(3) 剑州(945—959)　　　(4) 镡州(945)

泉州清源军节度使辖区沿革

泉州清源军节度使(清源949—959)

南唐保大七年(后汉乾祐二年,949),泉州将留从效逐南唐戍兵,南唐被迫以泉州、南州为清源军,以留从效为清源军节度使,治泉州。《资治通鉴》卷288乾祐二年载:"是岁,唐泉州刺史留从效兄南州副使从愿,酖刺史董思安而代之;唐主不能制,置清源军于泉州,以从效为节度使。"陆游《南唐书》卷2《元宗纪》载:保大七年"十二月,泉州刺史留从效兄南州刺史从愿杀刺史董思安,据南州。自称刺史,我不能问,因升泉州为清源军,以从效为节度使"①。

留从效虽为节度使,称藩南唐,实际为一割据政权。《方舆胜览》卷12泉州下载:"从效以海滨之州,介于江、广、吴越三国之间,虽称藩南唐,而实自雄据一隅。彼虽环视,莫敢议者。"

(1) 泉州(949—959)　　　(2) 南州(949—959)

二、福州威武军节度使、福州威武军(彰武军)节度使、建州镇安军(镇武军)节度使、建州永安军(忠义军)节度使、泉州清源军节度使所辖诸州(府)沿革(含镛、镡2州)

1. 福州(907—933)—长乐府(933—945)—福州(945—959),治闽县(907—933)—长乐县(933—935)—闽县(935—941)—长乐县(941—942)—闽县(942—959,今福建福州市)

《旧唐书》卷40《地理志三》载福州领闽、侯官(笔者按,当为"候官")、长

---

① 马令《南唐书》卷2《嗣主书》载南唐保大三年升泉州为清源军节度使,误。参见朱玉龙:《五代十国方镇年表》泉州注1,第478页。

乐、福唐、连江、长溪、古田、永泰、梅青①等 9 县；《新唐书》卷 41《地理志五》载福州辖闽、候官、长乐、福唐、连江、长溪、古田、梅溪、永泰、尤溪等 10 县，且在尤溪县下注曰："开元二十九年开山洞置。"唐末，福州仍领《新唐书·地理志》所载之 10 县，治闽县②。五代初，亦复如是。

后梁开平二年(908)，避后梁讳唐字，改福唐县为永昌县。淳熙《三山志》卷 3《地理类三》福清县下载："梁开平二年(908)改为永昌，唐同光元年(923)复为福唐，伪闽龙启元年(933)改为福清。"

后梁乾化元年(911)，改梅溪县为闽清县，改长乐县为安昌县。《五代会要》卷 20《州县分道改置》福州闽清县下载："梁乾化元年十月，移就梅溪场置。"《十国春秋》卷 90《闽太祖世家》载："是岁(笔者按，指乾化元年)……改长乐县曰安昌(同光初复旧)。"

后唐同光元年(923)，改永昌县为福唐县，改安昌县为长乐县。

闽龙启元年(后唐长兴四年，933)，改福州为长乐府③。又改闽县为长乐县、候官县为闽兴县、长乐县为候官县、福唐县为福清县。淳熙《三山志》卷 2《地理类二》闽县下载："伪闽龙启元年(长兴四年)，改为长乐。三年仍旧。永隆三年(天福六年)又为长乐，四年仍旧。"候官县下载："伪闽龙启元年，改为闽兴，以长乐为候官。三年皆复旧。"长乐县下载："伪闽龙启元年，改为候官县，三年仍旧。永隆三年，改闽县为长乐，长乐为安昌，明年仍旧。"又析尤溪、永泰 2 县置德化县(此由地理形势推知)，析长溪、古田 2 县置宁德县，析连江县置永贞县。淳熙《三山志》卷 1《地理类·叙州》载：长兴四年(933)，"以归化场置德化县"。同书卷 3《地理类三》宁德县下载："唐开成中，析长溪、古田二县地置感德(场)。伪闽龙启元年升为县。"罗源县下载："唐大中元年，观察使韦岫以连江县一乡为罗源场。伪闽龙启元年，升为永贞县。"故是年，长乐府领长乐、闽兴、候官、福清、尤溪、永泰、长溪、古田、连江、闽清、德化、宁德、永贞等 13 县④。

闽龙启三年(后唐清泰二年，935)，复改长乐县为闽县、闽兴县为候官县、候官县为长乐县。

---

① 笔者按，梅青，《新唐书》卷 41《地理志五》、《太平寰宇记》卷 100 皆作"梅溪"。
② 参见郭声波：《中国行政区划通史·唐代卷》福州沿革，第 508 页。
③ 《资治通鉴》卷 278 长兴四年十二月载："闽主改福州为长乐府"。
④ 淳熙《三山志》卷 1《地理类一》载福州长兴四年(933)升为长乐府时领县十四，其中多领一县为顺昌县。然顺昌县与福州所领诸县隔有将乐县，故不取淳熙《三山志》长乐府领顺昌县之说。

闽永隆三年(后晋天福六年,941),复改闽县为长乐县、长乐县为安昌县①。

闽永隆四年(后晋天福七年,942),复改长乐县为闽县、安昌县为长乐县。

闽天德二年(后晋开运元年,944),以长乐府为南都。翌年三月,李仁达废南都长乐府为福州。

南唐保大六年(后汉乾祐元年,948),尤溪县别属剑州(参见下文剑州沿革)。

南唐保大八年(后汉乾祐元年,950),德化县别属泉州(参见下文泉州沿革)。

此后至五代十国末期,福州领县未闻复有何变更,领闽、候官、长乐、福清、连江、长溪、古田、闽清、永泰、宁德、永贞等11县。

(1) 闽县(907—933)—长乐县(933—935)—闽县(935—941)—长乐县(941—942)—闽县(942—959)

(2) 候官县(907—933)—闽兴县(933—935)—候官县(935—959)

(3) 长乐县(907—911)—安昌县(911—923)—长乐县(923—933)—候官县(933—935)—长乐县(935—941)—安昌县(941—942)—长乐县(942—959)

(4) 福唐县(907—908)—永昌县(908—923)—福唐县(923—933)—福清县(933—959)

(5) 连江县(907—959)　(6) 长溪县(907—959)

(7) 古田县(907—959)　(8) 梅溪县(907—911)—闽清县(911—959)

(9) 永泰县(907—959)　(10) 尤溪县(907—948)

(11) 德化县(933—950)　(12) 宁德县(933—959)

(13) 永贞县(933—959)

2. 泉州(907—959),治晋江县(今福建泉州市)

《旧唐书》卷40《地理志三》、《新唐书》卷41《地理志五》皆载泉州领晋江、南安、莆田、仙游等4县。唐末,泉州仍领此4县,治晋江县②。五代十国初期,亦复如是。

闽龙启元年(后唐长兴四年,933),析南安县置桃源县。《太平寰宇记》卷102泉州永春县下载:"唐长庆二年(822)析南安县西界两乡置桃林场。福州

---

① 又,《太平寰宇记》卷100福州福清县下载:"朱梁改为永昌县,后唐同光初复旧,晋天福初改为南台县,后复旧,今为福清县。"然后晋天福初,闽已不奉中原正朔,故后晋之改名当系遥改。

② 参见郭声波:《中国行政区划通史·唐代卷》泉州沿革,第512页。

伪命升为桃源县①。壬寅岁(942)改为永春县。"

闽永隆元年(后晋天福四年,939),析南安县置同安县。《太平寰宇记》卷102 泉州同安县下载:"唐贞元十九年析南安县南界四乡置大同场。福州伪命己亥岁(939)升为同安县。"

闽永隆四年(后晋天福七年,942),改桃源县为永春县。

南唐保大八年(后汉乾祐元年,950),福州德化县来属。《太平寰宇记》卷102 泉州德化县下载:"元属福州,伪命日置。庚戌年(950)归属当州。"

后周显德二年(955),析南安县置清溪县,析同安县置长泰县。《太平寰宇记》卷102 泉州清溪县下载:"唐咸通五年(864)析南安县西界两乡置小溪场。江南伪命乙卯岁(955)升为清溪县。"同书漳州长泰县下载:"本属泉州,唐乾符三年析大同场西界六里置武德场。江南伪唐乙卯岁(955)升为长泰县。皇朝太平兴国五年割属漳州,从转运司之请也。"其中的大同场在939年已升为同安县,故可知长泰县实析自同安县。

此后至后周显德六年(959),泉州领晋江、南安、莆田、仙游、永春、同安、德化、清溪、长泰等9县,治晋江县。

(1) 晋江县(907—959)　　　　(2) 南安县(907—959)
(3) 莆田县(907—959)　　　　(4) 仙游县(907—959)
(5) 桃源县(933—942)—永春县(942—959)
(6) 同安县(939—959)　　　　(7) 德化县(950—959)
(8) 清溪县(955—959)　　　　(9) 长泰县(955—959)

3. 漳州(907—946)—南州(946—959),治龙溪县(今福建漳州市)

《旧唐书》卷40《地理志三》载漳州领漳浦、龙溪2县;《新唐书》卷41《地理志五》载漳州辖龙溪、龙岩、漳浦等3县,且在龙岩下注曰:"开元二十四年置,隶汀州,大历十二年来属。"唐末,漳州领《新唐书·地理志》所载之3县,治龙溪县②。五代十国初期,亦复如是。

后晋开运三年(南唐保大四年,946),南唐改漳州为南州。《资治通鉴》卷285 后晋开运三年十月载:"唐主以(董)思安为漳州刺史,思安辞以父名章,唐主改漳州为南州,命思安及留从效将州兵会攻福州。"

(1) 龙溪县(907—959)　　　　(2) 龙岩县(907—959)

---

① 今中华书局点校本《太平寰宇记》"福州伪命"之下脱"升为桃源县"五字,此据《舆地纪胜》卷130泉州永春县所引《太平寰宇记》之文补正。
② 参见郭声波:《中国行政区划通史·唐代卷》漳州沿革,第589页。

(3) 漳浦县(907—959)

4. 汀州(907—959),治长汀县(今福建长汀县)

《旧唐书》卷40《地理志三》载汀州领长汀、龙岩、宁化等3县;《新唐书》卷41《地理志五》载汀州辖长汀、宁化、沙等3县,且在沙县下注曰:"本隶建州,武德四年置,后省入建安,永徽六年复置,大历十二年(777)来属。"唐末,汀州领《新唐书·地理志》所载之3县,治长汀县①。五代十国初期,亦复如是。

南唐保大三年(后晋开运二年,945),沙县别属剑州(参见下文剑州沿革)。

(1) 长汀县(907—959)　　　　(2) 宁化县(907—959)

(3) 沙县(907—945)

5. 建州(907—959),治建安县(今福建建瓯市)[含镛州(943)、镡州(943—945)]

《旧唐书》卷40《地理志三》载建州领建安、邵武、浦城、建阳、将乐、沙等6县;《新唐书》卷41《地理志五》载建州辖建安、邵武、浦城、建阳、将乐等5县。唐大历十二年(777),割沙县隶汀州。唐末,建州领《新唐书·地理志》所载之5县,治建安县②。五代十国初期,亦复如是。

闽龙启元年(后唐长兴四年,933),析将乐县置顺昌县。淳熙《三山志》卷1《地理类一》载:"是岁(笔者按,指长兴四年)……以建州永顺场(笔者按,将乐县所析)为顺昌县。"《舆地广记》卷34南剑州顺昌县下载:"南唐置。"《舆地纪胜》卷133南剑州顺昌县下载:"五代时伪唐升为顺昌县。"《宋史》卷89《地理志》南剑州顺昌县下载:"南唐升永顺场为县。"

殷天德元年(后晋天福八年,943),闽镇武军节度王延政于建州称帝,国号大殷。析建州将乐县置镛州,改建州永平镇为龙津县置镡州。《资治通鉴》卷283天福八年二月载:"闽富沙王延政称帝于建州,国号大殷,大赦,改元天德。以将乐县为镛州,延平镇③为镡州。"《文献通考》卷318《舆地考四》南剑州下载:"闽以建州永平镇置镡州及龙津县。"不久,镛州废为将乐县,仍属建州。《舆地纪胜》卷133南剑州将乐县下载:"后晋天福八年,王延政以将乐县为镛州,寻复旧。《国朝会要》太平兴国四年自建州割隶剑州。"

南唐保大三年(后晋开运三年,945),废镡州与龙津县为延平镇。《太平寰宇记》卷100南剑州下载:"伪唐保大四年立为延平军,因析沙县、建安、顺昌等

---

① 参见郭声波:《中国行政区划通史·唐代卷》汀州沿革,第513页。
② 参见郭声波:《中国行政区划通史·唐代卷》建州沿革,第515页。
③ 笔者按,延平镇,当作"永平镇"。参见《舆地纪胜》卷133南剑州下所载。

县所管交溪、上阳、员当、逐咨、芹哨、富沙等六里户口,共成九里,为军额。"《文献通考》卷318《舆地考四》南剑州下载:"闽以建州永平镇置镡州及龙津县,后州废。南唐改延平镇。"南唐废镡州为延平镇抑或延平军,上述两则史料所载有异,今姑从马端临之说①,而废州之年代则应在保大三年南唐以延平镇置剑州之前(参见下文剑州沿革)。

南唐保大六年(后汉乾祐元年,948),顺昌县别属剑州(参见下文剑州沿革)。

南唐保大九年(951),析建安县置松源县。《太平寰宇记》卷101建州松溪县下载:"本建安县地。旧为闽越之界,戍兵所屯,号松溪镇焉。伪唐保大中得闽地,因为县,取旧镇为名。"《舆地纪胜》卷129建宁府松溪县下载:"南唐保大九年(951)升为松源县,国朝开宝八年(975)改为松溪县。"

后周显德五年(958),置归化县。《太平寰宇记》卷101邵武军归化县下载:"本将乐县地……唐末于此立归化镇。后以去郡遥远,民难输纳,户口稍滋,伪唐保大三年升为场。周显德五年改为县,属建州。……皇朝太平兴国五年割属军。"至此,建州领建安、邵武②、浦城、建阳、将乐、松源、归化等7县,治建安县。

建州

(1) 建安县(907—959)　　　(2) 邵武县(907—959)

(3) 浦城县(907—959)　　　(4) 建阳县(907—959)

(5) 将乐县(907—943,944—959)　(6) 顺昌县(933—948)

(7) 松源县(951—959)　　　(8) 归化县(958—959)

镛州

将乐县(943)

镡州

龙津县(943—945)

6. 剑州(945—959),治剑浦县(今福建南平市)

南唐保大三年(后晋开运二年,945),析建、汀2州之地置剑州。马令《南唐书》卷2《嗣主书》载:保大三年"冬十月……以延平津为剑州,割建州之剑

---

① 《舆地纪胜》卷133南剑州下已认为《太平寰宇记》所记"延平军"一说不足信。
② 《册府元龟》卷31《帝王部·奉先四》载:天福三年(938)五月,"敕……建州管(笔者按,"管"疑当作"邵")武县,上一字亦与宪祖孝皇帝庙讳上一字音同,改为昭武县"。《太平寰宇记》卷101邵武军邵武县下载:"晋天福初改为昭武县。汉初复旧。"然后晋天福初,闽国已不奉中原正朔,故后晋对邵武县之改名仅为遥改,建州仍当领邵武县。

浦、汀州之沙县属焉。"陆游《南唐书》卷2《元宗纪》载:"是岁(笔者按,指保大三年),升建州延平津①为剑州,以建州之剑浦、汀州之沙县隶焉。"②其时剑州当治剑浦县。

南唐保大六年(后汉乾祐元年,948),剑州增领顺昌、尤溪2县。

(1) 剑浦县(945—959)　　　　(2) 沙县(945—959)
(3) 顺昌县(948—959)　　　　(4) 尤溪县(948—959)

---

① 笔者按,延平津,当作"延平镇"。参见《舆地纪胜》卷133南剑州沿革。
② 《新五代史》卷62《南唐世家》载:"保大四年(946)八月,(查)文徽乘胜克建、汀、泉、漳四州,景分延平、剑浦、富沙三县,置剑州。"《太平寰宇记》卷100南剑州下载:"伪唐保大四年立为延平军,因析沙县、建安、顺昌等县所管交溪、上阳、员当、逐咨、芹哨、富沙等六里户口,共成九里,为军额;至保大六年升为剑州,仍割古田县积善、赖溪二里,共十一里为剑浦县,又割沙县、顺昌、尤溪等县来属。"然《资治通鉴》卷285开运三年(946)载:"唐陈觉自福州还,至剑州。"其中已提及"剑州",且胡三省注曰:"剑州,即殷主王延政所置之镡州也。南唐既克建州,分延平、建浦、富沙三县置剑州。"又,叶云《大唐范司空府君(韬)墓志铭(并序)》(吴钢主编《全唐文补遗》第7辑,三秦出版社,2000年,第199页)曰:"……又下建州,于水陆两路战退殷军,渐逼州城下寨围绕,却赴剑州攻破城壁。……止丙午年(946),大发兵师,克复福府。"据此可知保大四年(946)前已有剑州,故在此不取《新五代史》、《太平寰宇记》之说。不过,《太平寰宇记》中所提及的顺昌县与尤溪县,当是保大六年(948)剑州所增领的2县。参见《舆地纪胜》卷133南剑州沿革。又,《十国春秋》卷112《十国地理表下》剑州下载:"唐原为剑州,闽太祖改延平镇,嗣王延翰改永平镇,鄱阳王延政自立于剑州,升为龙津县,寻置镡州。南唐拔镡州,以为制置镇,明年改为剑州,析建州之南平、剑浦、富沙三县为属。保大六年复以福之尤溪、汀之沙县来属,升永昌场为顺昌县。领县六。《南唐书》及《唐余纪传》云:保大三年升建州延平津为剑州。"可见吴任臣也是试图调和史载而未能最终解决问题。

第十章 南汉[承大彭王、南平王、南海王、大越;宁远、楚王(部分区域)]、静海[暨南汉(部分区域)]辖境政区沿革

南汉乾亨四年(后梁贞明六年,920),南汉政权在原唐岭南道区域内辖有直隶地区、祯州节度使、韶州雄武军节度使(以上三辖区为原唐广州清海军节度使辖区与琼州管内招讨游奕使改)、容州宁远军节度使、邕州建武军节度使。另外,其时,原唐静海军节度使暨安南都护府辖区为土豪曲颢所据。本章即分节讨论上述各节度使(都护府)的辖区及所属各州(府)的沿革。

第一节 直隶地区[广州清海军节度使暨琼州管内招讨游奕使(含齐昌府兴宁军节度使)]、祯州节度使、韶州雄武军节度使

广州清海军节度使与琼州管内招讨游奕使并为唐末旧镇。后梁开平元年(907),名义上为朱温所据,实为岭南刘隐所控。开平二年(908),后梁以刘隐为清海军节度使。后梁乾化元年(911)刘隐卒,弟刘岩继为清海军节度使。后梁贞明三年(917),刘岩称帝,国号大越,改元乾亨,改广州为兴王府,定都兴王府,析循州置祯州、齐昌府。另外,还置有祯州节度使与韶州雄武军节度使[南汉乾亨四年(920)三地之辖区参见图2-23]。南汉乾亨二年(后梁贞明四年,918),改国号为汉,史称南汉。南汉乾亨四年(后梁贞明六年,920),析兴王府置英州。南汉乾和三年(后晋开运二年,945),析潮州置敬州。南汉乾和四年(后晋开运二年,946),析韶州置雄州。至迟南汉乾和十五年(后周显德四年,957),又以齐昌

府置兴宁军节度使。

一、直隶地区[广州清海军节度使暨琼州管内招讨游奕使(含齐昌府兴宁军节度使)]、祯州节度使、韶州雄武军节度使辖区沿革

广州清海军节度使暨琼州管内招讨游奕使①(大彭 907—909,南平 909—910,南海 910—917)—**直隶地区**(大越 917,**南汉 918—959**)

祯州节度使②(大越 917?,**南汉 918? —959**)

韶州雄武军节度使(大越 917?,**南汉 918? —959**)

齐昌府兴宁军节度使(南汉 957?—959)

广州清海军节度使为唐末旧镇。唐乾宁二年(895),改岭南东道节度使为清海军节度使,领广、韶、循、潮、端、新、春、勤、恩、高、潘、辩、罗、雷、泷、康、封等 17 州,治广州③。天复二年(902),广管韶、潮 2 州为虔人卢光稠所取。同年,清海军节度使刘隐发兵,重新夺回潮州④。天祐元年(904),朱全忠以"辩""汴"声近,表更辩州为勋州⑤。此外,在唐末,高州为刘昌鲁所占⑥,新州为刘潜所据⑦。

琼州管内招讨游奕使亦为唐末一低级方镇,又简称琼管五州招讨使,始置于唐贞元五年(789)。唐末,琼州管内招讨游奕使领琼、崖、儋、万安、振等 5 州,治琼州⑧。

后梁开平元年(907),广州清海军节度使名义上为后梁所据,实为岭南刘隐所控。开平二年(908),任刘隐为清海军、静海军节度使(静海军节度辖区时为交州土豪曲颢割据,故其时刘隐仅为遥领),实领广、循、潮、端、春、勤、恩、潘、辩⑨、罗、雷、泷、康、封等 14 州,治广州。同时,原唐琼州管内招讨游奕使

---

① 琼州管内招讨游奕使在五代初是否仍存,不详。此处所用为权宜之法,用以包括海南岛 5 州。
② 祯州节度使,史籍中仅有此名,未见军号。
③ 参见郭声波:《中国行政区划通史·唐代卷》清海军节度使沿革,第 578 页。
④ 《资治通鉴》卷 263 唐天复二年。
⑤ 《新唐书》卷 43 上《地理志七上》辩州。
⑥ 《九国志》卷 11《刘昌鲁传》载:"(唐)乾符中,(昌鲁)出为高州刺史。黄巢寇岭南,郡县离析,昌鲁使其居民据保障以自守,一境获安,就迁防御使。"
⑦ 《新五代史》卷 65《南汉世家·刘龑传》载:"唐末,南海最后乱,僖宗以后,大臣出镇者,天下皆乱,无所之,惟除南海而已,自(刘)隐幼亦自立。是时,交州曲颢、桂州刘士政、邕州叶广略、容州庞巨昭,分据诸管;卢光稠据虔以攻岭之,其弟光睦据潮州,子延昌据韶州;高州刺史刘昌鲁、新州刺史刘潜及江东七十余寨,皆不能制。"
⑧ 参见郭声波:《中国行政区划通史·唐代卷》琼州管内招讨游奕使沿革,第 619 页。
⑨ 笔者按,时勋州当已复旧称。参见下文辩州沿革。

图 2-23 920 年南汉直隶地区、韶州雄武

度使、祯州节度使辖区示意图

所领琼、崖、儋、万安、振等5州之地,亦当为刘隐所管控。

后梁开平四年(910),刘岩率军攻刘昌鲁所据高州失败,刘昌鲁率高州之众转归于马楚(参见本章第二节容州节度使辖区沿革)。

大约在后梁乾化元年(911)前,刘岩应已将新州攻取(参见本章第三节邕州节度使辖区沿革)。

后梁乾化元年(911),刘隐卒,弟刘岩继为清海军节度使,重新夺回韶州。《资治通鉴》卷268乾化元年十二月载:"镇南留后卢延昌游猎无度,百胜军指挥使黎球杀之,自立;将杀谭全播,全播称疾请老,乃免。丙辰,以球为虔州防御使。未几,球卒,牙将李彦图代知州事,全播愈称疾笃。刘岩闻全播病,发兵攻韶州,破之,刺史廖爽奔楚。"胡三省注曰:"唐天复二年,虔人取韶州,至是复为刘氏。"同年,高州复为刘岩攻取(参见本章第二节容州节度使辖区沿革)。至此,广州清海军节度使辖区当恢复至唐乾宁二年(895)所领17州之规模。

后梁贞明三年(917),刘岩称帝,国号大越,改元乾亨,改广州为兴王府,定都兴王府。《资治通鉴》卷270贞明三年八月载:"清海、建武节度使刘岩即皇帝位于番禺,国号大越,大赦,改元乾亨。……以广州为兴王府。"清海军节度使至此当废,所辖各州当直属朝廷。同年,析循州置齐昌府(参见下文齐昌府沿革)、祯州(参见下文祯州沿革)。

又,南汉建立后,还置有祯州节度使与韶州雄武军节度使。《资治通鉴》卷292显德二年(955)六月载:"戊午,南汉主杀祯州节度使通王弘政,于是高祖之诸子尽矣。"是南汉当置有祯州节度使无疑,唯该节镇始置之年史籍失载,从后梁贞明三年刘岩称帝,国号大越,改元乾亨,并析循州四县置祯州的情形来看,颇疑祯州节度使即置于乾亨元年(917)祯州设置之时。至于祯州节度使辖区,除治所当在祯州外,余州无考。又,南汉乾和四年(后梁贞明四年,946)《都峤山五百罗汉记》碑首云:"汉容州都峤山中峰石室五百罗汉记并序,前雄武军节度副使、奉义郎、检校尚书、礼部郎中、赐紫金鱼袋陈亿撰。"[1]《大汉韶州云门山大觉禅寺大慈云匡圣宏明大师碑铭》载:"至大宝六年(963)岁次癸亥八月,有雄武军节度推官阮绍庄,忽于梦中见大师在佛殿之上。"[2]是南汉亦当置有韶州雄武军节度使。唯史籍不载该节镇始置之年,或与祯州节度使同置于乾亨元年,亦未可知。

---

[1] 张心泰:《粤游小识》卷5《金石》,见吴兰修辑、陈鸿钧、黄兆辉补征:《南汉金石志补征》所附《金石补遗》,广东人民出版社,2010年,第134页。

[2] 吴兰修:《南汉金石志》卷2;阮元:《广东通志·金石略六》。

南汉乾亨四年(后梁贞明六年,920),割兴王府浈阳县置英州(参见下文英州沿革)。

南汉乾和三年(后晋开运二年,945),割潮州程乡县置敬州(参见下文敬州沿革)。

南汉乾和四年(后晋开运二年,946),割韶州浈昌县置雄州(参见下文雄州沿革),韶州节度使至少领韶、雄2州。

至迟南汉乾和十五年(后周显德四年,957),以齐昌府置兴宁军节度使。1954年广东广州石马村出土南汉乾和年间之残墓记砖图片及释文:"乾和十六年(958)……兴宁军节……好也"[1]。其中的"兴宁军节"当为兴宁军节度使无疑[2]。又因南汉齐昌府治兴宁县,故此南汉所置之兴宁军节度使当以齐昌府辖区而置。南汉直隶地区至此领兴王府与循、潮、端、春、勤、恩、潘、辩、罗、雷、泷、康、封、琼、崖、儋、万安、振、新、高、英、敬等1府22州。

广州清海军节度使暨琼州管内招讨游奕使(直隶地区)
(1) 广州(907—917)—兴王府(917—959)　(2) 循州(907—959)
(3) 潮州(907—959)　(4) 端州(907—959)
(5) 春州(907—959)　(6) 勤州(907—959)
(7) 恩州(907—959)　(8) 潘州(907—959)
(9) 辩州(907—959)　(10) 罗州(907—959)
(11) 雷州(907—959)　(12) 泷州(907—959)
(13) 康州(907—959)　(14) 封州(907—959)
(15) 琼州(907—959)　(16) 崖州(907—959)
(17) 儋州(907—959)　(18) 万安州(907—959)
(19) 振州(907—959)　(20) 新州(911?—959)
(21) 韶州(911—917?)　(22) 高州(911—959)
(23) 齐昌府(917—957?)　(24) 祯州(917—917?)
(25) 英州(920—959)　(26) 敬州(945—959)

祯州节度使
祯州(917?—959)

韶州雄武军节度使

---

[1] 胡海帆、汤燕编著:《中国古代砖刻铭文集》(上)图1275,第338页;(下)图版1275说明,第226页,文物出版社,2008年。
[2] 麦英豪:《关于广州石马村南汉墓的年代与墓主问题》,《考古》1975年第1期。

(1) 韶州(917?—959)　　　　　　(2) 雄州(946—959)
齐昌府兴宁军节度使
齐昌府(957?—959)

二、直隶地区[广州清海军节度使暨琼州管内招讨游奕使(含齐昌府兴宁军节度使)]、祯州节度使、韶州雄武军节度使所辖各州(府)沿革

1. 广州(907—917)—兴王府(917—959),治南海县(907—917,今广东广州市),番禺县(917—959,今广东广州市)

《旧唐书》卷41《地理志四》载广州领南海、番禺、增城、四会、化蒙、怀集、东莞、清远、浈水、浈阳等10县;《新唐书》卷43上《地理志七上》载广州辖南海、番禺、增城、四会、化蒙、怀集、浈水、东莞、清远、洭浈、浈阳、新会、义宁等13县,并在洭浈县下曰:"武德五年以洭浈、真阳(笔者按,即浈阳)二县置匡州,并析置翁源县。贞观元年州废,以翁源隶韶州,洭浈、真阳来属。"在新会县下曰:"武德四年,以南海郡之新会、义宁二县置冈州新会郡,以地有金冈以名州,并析置封平、封乐二县。贞观十三年州废,省封平、封乐,以新会、义宁来属。是年,复以新会、义宁置冈州,又析义宁置封乐县。后省封乐。开元二十三年州废,以新会、义宁复来属。"唐末,广州当领《新唐书·地理志》广州所领之13县,治南海县①。五代初,亦复如是。

南汉乾亨元年(后梁贞明三年,917),改广州为兴王府,析南海为常康、咸宁2县与永丰、重合2场。《太平寰宇记》卷157广州南海县下载:"先是广州伪命日,析南海郡(笔者按,当作'县')为常康、咸宁二县,及永丰、重合二场。"又,《宋会要辑稿》第189册《方域七》载:"南海之名,自秦、汉以来未尝改,刘氏割据岭表,伪建都于广州,乃分南海县地为常康、咸宁二县,以为京邑,且就美名。"②

南汉乾亨四年(后梁贞明六年,920),割浈阳县置英州(参见下文英州沿革)。

此后至南汉大宝二年(后周显德六年,959),广州一直领番禺、增城、四会、化蒙、怀集、浈水、东莞、清远、洭浈、新会、义宁、常康、咸宁等13县与永丰、重合2场。

(1) 南海县(907—917)　　　　　(2) 番禺县(907—959)

---

① 参见郭声波:《中国行政区划通史·唐代卷》广州沿革,第579页。
② 刘氏建都于广州,析南海县之地为常康、咸宁2县为京邑,盖效唐都京兆府治长安、万年县之制。
参见陈鸿钧:《南汉兴王府暨常康、咸宁二县设置考》,《岭南文史》2008年第1期。

(3) 增城县(907—959)　　　　(4) 四会县(907—959)
(5) 化蒙县(907—959)　　　　(6) 怀集县(907—959)
(7) 浈水县(907—959)　　　　(8) 东莞县(907—959)
(9) 清远县(907—959)　　　　(10) 浛洭县(907—959)
(11) 浈阳县(907—920)　　　　(12) 新会县(907—959)
(13) 义宁县(907—959)　　　　(14) 常康县(917—959)
(15) 咸宁县(917—959)　　　　(16) 永丰场(917—959)
(17) 重合场(917—959)

2. 循州(907—959)，治归善县(907—917)—雷乡县(917—922)—龙川县(922—959，今广东龙川县)

《旧唐书》卷 41《地理志四》、《新唐书》卷 43 上《地理志七上》皆载循州领归善、博罗、河源、海丰、兴宁、雷乡等 6 县。唐末循州仍领此 6 县，治归善县①。五代初年，亦复如是。

南汉乾亨元年(后梁贞明三年，917)，割归善、海丰、博罗、河源 4 县置祯州(参见下文祯州沿革)，割兴宁县置齐昌府(参见下文齐昌府沿革)，循州徙治雷乡县。

南汉乾亨六年(后梁龙德二年，922)，改雷乡县为龙川县。《太平寰宇记》卷 159 循州龙川县下载："旧雷乡县，广南刘䶮伪号，乾亨六年改为龙川县，仍移州就县古赵佗城。"

此后至南汉大宝二年(后周显德六年，959)，循州一直领龙川 1 县而未更。

(1) 归善县(907—917)　　　　(2) 博罗县(907—917)
(3) 河源县(907—917)　　　　(4) 海丰县(907—917)
(5) 兴宁县(907—917)　　　　(6) 雷乡县(907—922)—龙川县(922—959)

3. 潮州(907—959)，治海阳县(今广东潮州市)

《新唐书》卷 43 上《地理志七上》载潮州领海阳、程乡、潮阳等 3 县。唐末潮州仍领此 3 县，治海阳县②。五代初，亦复如是。

南汉乾和三年(后晋开运二年，945)，割程乡县置敬州(参见下文敬州沿革)。

此后至南汉大宝二年(后周显德六年，959)，潮州一直领海阳、潮阳 2 县而未更。《太平寰宇记》卷 158 潮州下仍领此 2 县，亦可为一旁证。

(1) 海阳县(907—959)　　　　(2) 程乡县(907—945)
(3) 潮阳县(907—959)

---

① 参见郭声波：《中国行政区划通史·唐代卷》循州沿革，第 585 页。
② 参见郭声波：《中国行政区划通史·唐代卷》潮州沿革，第 588 页。

4. 端州(907—959),治高要县(今广东肇庆市)

《旧唐书》卷41《地理志四》、《新唐书》卷43上《地理志七上》皆载端州领高要、平兴2县。唐末,端州仍领此2县,治高要县①。

五代十国时期,端州领高要、平兴2县之地而未更,治高要县,一如唐末。

(1) 高要县(907—959)　　　(2) 平兴县(907—959)

5. 春州(907—959),治阳春县(今广东阳春市)

《旧唐书》卷41《地理志四》、《新唐书》卷43上《地理志七上》皆载春州领阳春、罗水2县。唐末,复置流南县,治阳春县②。

五代十国时期,春州领阳春、罗水、流南等3县之地而未更,治阳春县,一如唐末。

(1) 阳春县(907—959)　　　(2) 罗水县(907—959)
(3) 流南县(907—959)

6. 勤州(907—959),治铜陵县(今广东阳春市北)

《旧唐书》卷41《地理志四》、《新唐书》卷43上《地理志七上》皆载勤州领铜陵、富林2县。唐末,勤州仍领此2县,治铜陵县③。

五代十国时期,勤州领铜陵、富林2县之地而未更,治铜陵县,一如唐末。

(1) 铜陵县(907—959)　　　(2) 富林县(907—959)

7. 恩州(907—959),治阳江县(今广东阳江市)

《旧唐书》卷41《地理志四》、《新唐书》卷43上《地理志七上》皆载恩州领阳江、恩平、杜陵等3县。唐末,恩州仍领此3县,治阳江县④。

五代十国时期,恩州领阳江、恩平、杜陵等3县之地而未更,治阳江县,一如唐末。《太平寰宇记》卷158恩州下载:"元领县三。今一:阳江。二县废:恩平、杜陵(以上并入阳江)。"在阳江县废杜陵县下又载:"以上二县(笔者按,指恩平、杜陵2县),皇朝开宝六年废入阳江。"

(1) 阳江县(907—959)　　　(2) 恩平县(907—959)
(3) 杜陵县(907—959)

8. 潘州(907—959),治茂名县(907)—越常县(907—923)—茂名县(923—959,今广东高州市)

《旧唐书》卷41《地理志四》、《新唐书》卷43上《地理志七上》皆载潘州领

---

① 参见郭声波:《中国行政区划通史·唐代卷》端州沿革,第592页。
② 参见郭声波:《中国行政区划通史·唐代卷》春州沿革,第603页。
③ 参见郭声波:《中国行政区划通史·唐代卷》勤州沿革,第599页。
④ 参见郭声波:《中国行政区划通史·唐代卷》恩州沿革,第601页。

茂名、南巴、潘水等3县。唐末,潘州仍领此3县,治茂名县①。

后梁开平元年(907),潘州领茂名、南巴、潘水等3县,治茂名县。同年五月,改茂名县为越常县。

南汉乾亨七年(后唐同光元年923)十月,复改越常县为茂名县。《五代会要》卷20《州县分道改置》潘州茂名县下载:"梁开平元年五月,改为越常县②。至后唐同光元年十月,复为茂名县③。"

此后至南汉大宝二年(后周显德六年,959),潘州一直领茂名、南巴、潘水等3县而未更。《太平寰宇记》卷161高州下载:"皇朝开宝五年……仍废潘州,以潘州南巴、潘水二县并入茂名县来属。"据此亦可知潘州在北宋初年省废前领茂名、南巴、潘水等3县。

(1) 茂名县(907)—越常县(907—923)—茂名县(923—959)
(2) 南巴县(907—959)　　　　(3) 潘水县(907—959)

9. 勋州(907)—辩州④(907—959),治石龙县(今广东化州市)

《旧唐书》卷41《地理志四》载辩州领石龙、陵罗、龙化等3县;《新唐书》卷43上《地理志七上》载辩州辖石龙、陵罗2县。唐大历八年(773),割龙化县隶顺州。天祐元年(904),朱全忠以"辩""汴"声近,表更名勋州⑤。唐末,勋州领石龙、陵罗2县,治石龙县⑥。

后梁开平元年(907),复改勋州为辩州⑦,领石龙、陵罗2县,治石龙县。

此后至南汉大宝二年(后周显德六年,959),辩州一直领石龙、陵罗2县而未更。

(1) 石龙县(907—959)　　　　(2) 陵罗县(907—959)

---

① 参见郭声波:《中国行政区划通史·唐代卷》潘州沿革,第605页。
② "越常县",《旧五代史》卷150《郡县志》引《五代会要》作"越裳县"。因驩州下本已有越裳县,故此处当作"越常县"。
③ "茂名县",《五代会要》本作"茂明县",此处据新旧《唐书·地理志》改。
④ 《旧唐书·哀帝纪》、《十国春秋·十国地理表》均作"辨州",今依《通典》、《旧唐书·地理志》、《新唐书·地理志》、《太平寰宇记》、《宋史·地理志》等书,作"辩州"。
⑤ 《新唐书》卷43上《地理志七上》辩州。
⑥ 参见郭声波:《中国行政区划通史·唐代卷》勋州沿革,第631页。
⑦ 《舆地纪胜》卷116化州下载:"唐末,朱全忠以'辩''汴'声相近,更名勋州,寻复故。"又,新旧《五代史》均载后梁开平元年(907)四月后梁代唐时,升汴州为开封府,则辩州与汴州已无同音的问题,故可断后梁开平元年勋州复更名为辩州。又,韩桂《大周故输诚效功臣光禄大夫检校太保前行宁州刺史权知阶州军州事濮阳郡开国侯食邑一千户袁公(彦进)墓志并序》曰:"同年(笔者按,指开运元年,944)十一月日,转授护圣左第五军都指挥使、使持节勋州刺史。"(吴钢主编:《全唐文补遗》第1辑,第456—457页)据此则可知其时北方中原政权仍遥称辩州为勋州。

10. 罗州(907—959),治廉江县(今广东廉江市北)

《旧唐书》卷 41《地理志四》载罗州领石城、吴川、招义、南河等 4 县(笔者按,尚有零绿县漏载,当补,故实为 5 县);《新唐书》卷 43 上《地理志七上》载罗州辖廉江、吴川、干水、零绿等 4 县,且在廉江县下注曰:"本石城……天宝元年更名。"在干水县下注曰:"武德元年曰招义,天宝元年更名。"又,大历八年(773),南河县割隶顺州。故唐末罗州领廉江、吴川、干水、零绿等 4 县,治廉江县①。五代初,亦复如是。

南汉乾亨二年(后梁贞明四年,918),割零绿县隶常乐州(参见本章第二节容州节度使所辖常乐州沿革)。

此后至南汉大宝二年(后周显德六年,959),罗州一直领廉江、吴川、干水等 3 县而未更,治廉江县。

(1) 廉江县(907—959)　　(2) 吴川县(907—959)
(3) 干水县(907—959)　　(4) 零绿县(907—918)

11. 雷州(907—959),治海康县(今广东雷州市)

《旧唐书》卷 41《地理志四》、《新唐书》卷 43 上《地理志七上》皆载雷州领海康、遂溪、徐闻等 3 县。唐末,雷州仍领此 3 县,治海康县②。

五代十国时期,雷州领海康、遂溪、徐闻等 3 县之地而未更,治海康县,一如唐末。

(1) 海康县(907—959)　　(2) 遂溪县(907—959)
(3) 徐闻县(907—959)

12. 泷州(907—959),治泷水县(今广东罗定市东南)

《旧唐书》卷 41《地理志四》载泷州领泷水、开阳、永宁、镇南、建水等 5 县;《新唐书》卷 43 上《地理志七上》载泷州辖泷水、开阳、镇南、建水等 4 县,且在建水县下注曰:"武德五年曰永宁,天宝元年复更名。"据《新唐书·地理志》所载,可知《旧唐书·地理志》泷州所领的永宁县为重出。唐末,泷州领《新唐书·地理志》所载之 4 县,治泷水县③。

五代十国时期,泷州领泷水、开阳、镇南、建水等 4 县之地而未更,治泷水县,一如唐末。

(1) 泷水县(907—959)　　(2) 开阳县(907—959)

---

① 参见郭声波:《中国行政区划通史·唐代卷》罗州沿革,第 706 页。
② 参见郭声波:《中国行政区划通史·唐代卷》雷州沿革,第 607 页。
③ 参见郭声波:《中国行政区划通史·唐代卷》泷州沿革,第 597 页。

(3) 镇南县(907—959)　　　　(4) 建水县(907—959)

13. 康州(907—959),治端溪县(今广东德庆县)

《旧唐书》卷41《地理志四》、《新唐书》卷43上《地理志七上》皆载康州领端溪、晋康、悦城、都城等4县。唐末,康州仍领此4县,治端溪县①。

五代十国时期,康州领端溪、晋康、悦城、都城等4县之地而未更,治端溪县,一如唐末。

(1) 端溪县(907—959)　　　　(2) 晋康县(907—959)
(3) 悦城县(907—959)　　　　(4) 都城县(907—959)

14. 封州(907—959),治封川县(今广东封开县东南)

《旧唐书》卷41《地理志四》、《新唐书》卷43上《地理志七上》皆载封州领封川、开建2县。唐末,封州仍领此2县,治封川县②。

五代十国时期,康州领封川、开建2县之地而未更,治封川县,一如唐末。

(1) 封川县(907—959)　　　　(2) 开建县(907—959)

15. 琼州(907—959),治琼高县(今海南海口市琼山区东南)

《旧唐书》卷41《地理志四》、《新唐书》卷43上《地理志七上》皆载琼州领琼高、临高、曾口、乐会、颜罗等5县。唐末,省曾口、颜罗2县③,琼州领琼高、临高、乐会等3县,治琼高县④。

五代十国时期,琼州仍领琼高、临高、乐会等3县之地而未更,治琼高县,一如唐末。

(1) 琼高县(907—959)　　　　(2) 临高县(907—959)
(3) 乐会县(907—959)

16. 崖州(907—959),治舍城县(今海南海口市琼山区东南)

《旧唐书》卷41《地理志四》、《新唐书》卷43上《地理志七上》皆载崖州领舍城、澄迈、文昌等3县。唐末,崖州仍领此3县,治舍城县⑤。

五代十国时期,崖州仍领舍城、澄迈、文昌等3县之地而未更,治舍城县,一如唐末。

(1) 舍城县(907—959)　　　　(2) 澄迈县(907—959)

---

① 参见郭声波:《中国行政区划通史·唐代卷》康州沿革,第594页。
② 参见郭声波:《中国行政区划通史·唐代卷》封州沿革,第596页。
③ 参见郭声波:《中国行政区划通史·唐代卷》琼州颜罗县沿革,第612页。
④ 参见郭声波:《中国行政区划通史·唐代卷》琼州沿革,第610页。
⑤ 参见郭声波:《中国行政区划通史·唐代卷》崖州沿革,第609页。

(3) 文昌县(907—959)

17. 儋州(907—959),治义伦县(今海南儋州市西北)

《旧唐书》卷41《地理志四》、《新唐书》卷43上《地理志七上》皆载儋州领义伦、昌化、感恩、洛场、富罗等5县。唐末,儋州仍领此5县,治义伦县①。

五代初期,儋州仍领义伦、昌化、感恩、洛场、富罗等5县,治义伦县。

南汉乾和十五年(后周显德四年,957),省富罗县。《太平寰宇记》卷169儋州下载:"元领县五。今四:宜伦(笔者按,宋改义伦为宜伦)、昌化、感恩、洛场。一县旧废:富罗。"《舆地广记》卷37昌化军感恩县下载:"故富罗县,本毗善。隋属珠崖郡。唐武德五年更名来属。南汉省之。"《十国春秋》卷59《南汉中宗纪》载:"是时(笔者按,指乾和十五年)废儋州之富罗县"。故将南汉省富罗县的时间断为乾和十五年。

(1) 义伦县(907—959)　　(2) 昌化县(907—959)
(3) 感恩县(907—959)　　(4) 洛场县(907—959)
(5) 富罗县(907—957)

18. 万安州(907—959),治万安县(今海南万宁市北)

《旧唐书》卷41《地理志四》、《新唐书》卷43上《地理志七上》皆载万安州领万安、陵水、富云、博辽等4县。唐末,省富云、博辽2县②,万安州领万安、陵水2县,治万安县③。

五代十国时期,万安州仍领万安、陵水2县之地而未更,治万安县,一如唐末。

(1) 万安县(907—959)　　(2) 陵水县(907—959)

19. 振州(907—959),治宁远县(今海南三亚市西北)

《旧唐书》卷41《地理志四》、《新唐书》卷43上《地理志七上》皆载振州领宁远、延德、吉阳、临川、落屯等5县。唐末,振州仍领此5县,治宁远县④。

五代初期,振州仍领宁远、延德、吉阳、临川、落屯等5县,治宁远县。

大约南汉乾和十五年(后周显德四年,957),省延德、临川、落屯等3县。

---

① 参见郭声波:《中国行政区划通史·唐代卷》儋州沿革,第616页。
② 《舆地广记》卷37万安军陵水县下载:"故富云、博辽二县。唐贞观五年置,南汉皆省之。"然《太平寰宇记》卷169万安州陵水县下载:"废富云县、废博辽县,唐末废。"是颇疑《舆地广记》误将唐末刘隐割据万安州时废富云、博辽2县当作南汉时事。故此处从《太平寰宇记》之载,南汉时万安州无富云、博辽2县。
③ 参见郭声波:《中国行政区划通史·唐代卷》万安州富云、博辽二县沿革,第613—614页。
④ 参见郭声波:《中国行政区划通史·唐代卷》振州沿革,第615页。

《舆地广记》卷37朱崖军藤桥镇下载:"初唐振州,领宁远、延德、吉阳、临川、落屯五县。南汉时,省延德、临川、落屯三县。"据此姑将省延德、临川、落屯等3县的时间断为南汉乾和十五年(957),与省儋州富罗县同时。

  (1) 宁远县(907—959)   (2) 延德县(907—957?)

  (3) 吉阳县(907—959)   (4) 临川县(907—957?)

  (5) 落屯县(907—957?)

  20. 新州(907—959),治新兴县(今广东新兴县)

《旧唐书》卷41《地理志四》载新州领新兴、索卢、永顺等3县;《新唐书》卷43上《地理志七上》载新州辖新兴、永顺2县,且在新兴县下注曰:"武德四年(621)析置索卢、新昌、单牒、永顺四县。后省新昌、单牒,乾元后又省索卢。"唐末,新州仍领《新唐书·地理志》所载之二县,治新兴县①。

五代十国时期,新州领新兴、永顺2县之地而未更,治新兴县,一如唐末。

  (1) 新兴县(907—959)   (2) 永顺县(907—959)

  21. 韶州(907—959),治曲江县(今广东韶关市)

《旧唐书》卷41《地理志四》、《新唐书》卷43上《地理志七上》皆载韶州领曲江、始兴、乐昌、翁源、仁化、浈昌等6县。唐末,韶州仍领此6县,治曲江县②。五代初,亦复如是。

南汉乾和四年(后晋开运三年,946),割浈昌、始兴2县置雄州(参见下文雄州沿革)。

大约南汉大宝元年(后周显德五年,958),始兴县还属韶州。《元丰九域志》卷9韶州、南雄州下均载:"开宝四年(971),以始兴县隶南雄州。"《宋会要辑稿》第189册《方域七》、《宋朝事实》卷19、《文献通考》卷323南雄州下亦有相同记载。如上述史载不误,而由上文又知此前始兴县已属雄州,故可推断南汉乾和后始兴县复还属韶州③。

此后至南汉大宝二年(后晋显德六年,959),韶州一直领曲江、始兴、乐昌、翁源、仁化等5县而未更,治曲江县。

  (1) 曲江县(907—959)   (2) 始兴县(907—946,958?—959)

  (3) 乐昌县(907—959)   (4) 翁源县(907—959)

---

① 参见郭声波:《中国行政区划通史·唐代卷》新州沿革,第600页。
② 参见郭声波:《中国行政区划通史·唐代卷》韶州沿革,第585页。
③ 李昌宪:《中国行政区划通史·宋西夏卷》雄州沿革,第458页。

(5) 仁化县(907—959)　　　　(6) 浈昌县(907—946)

22. 高州(907—959),治电白县(今广东高州市东北)

《旧唐书》卷41《地理志四》、《新唐书》卷43上《地理志七上》皆载高州领电白、良德、保宁①等3县。唐末,高州仍领此3县,治电白县②。

五代十国时期,高州领电白、良德、保宁等3县之地而未更,治电白县,一如唐末。

(1) 电白县(907—959)　　　　(2) 良德县(907—959)
(3) 保宁县(907—959)

23. 齐昌府(917—959),治兴宁县(今广东兴宁市)

南汉乾亨元年(后梁贞明三年,917),割循州兴宁县置齐昌府,治兴宁县。《十国春秋》卷58《南汉高祖本纪》载:"乾亨元年(917),升兴宁县为齐昌府。"

此后至南汉大宝二年(后周显德六年,959),齐昌府一直领兴宁县而未更。

兴宁县(917—959)

24. 祯州(917—959),治归善县(今广东惠州市)

南汉乾亨元年(后梁贞明三年,917),割循州归善、海丰、博罗、河源等4县置祯州③,治归善县。《太平寰宇记》卷160惠州下载:"本循州之旧理也,广南伪汉刘䶮乾亨元年(917)移循州于雷乡县,于此置祯州,仍割循州之归善、博罗、海丰、河源四县以属之。"

此后至南汉大宝二年(后周显德六年,959),祯州领县未闻有何变更。

(1) 归善县(917—959)　　　　(2) 海丰县(917—959)
(3) 博罗县(917—959)　　　　(4) 河源县(917—959)

25. 英州(920—959),治浈阳县(今广东英德市)

南汉乾亨四年(后梁贞明六年,920),割兴王府浈阳县置英州,治浈阳县。《太平寰宇记》卷160英州下载:"本广州浈阳县。……广南伪汉乾和五年(947)于此置英州。"然《新五代史·职方考》载:"南汉刘䶮割广州之浈阳置,治浈阳。"《十国春秋》卷58《南汉高祖纪》、《南汉书》卷2《高祖纪一》均作乾亨四年(920)析浈阳县置英州。又《资治通鉴》卷285晋出帝开运二年(945)九月载:"汉主杀刘思潮、林少强、林少良、何昌廷。以左仆射王翷尝与高祖谋立弘

---

① 笔者按,保宁县,《旧唐书·地理志》本作"保安县",兹据《新唐书·地理志》改,辨见郭声波:《中国行政区划通史·唐代卷》高州保宁县沿革,第605页。
② 参见郭声波:《中国行政区划通史·唐代卷》高州沿革,第604页。
③ 《新五代史》卷60《职方考》作惠州。《元丰九域志》卷9惠州载:"伪汉州,名同仁宗庙讳,天禧五年(1021)改惠州。"据此则可知《新五代史》为避讳而将南汉祯州称之以北宋州名。

昌,出为英州刺史,未至,赐死。"则可知乾和五年前南汉已有英州,故此处采《新五代史》《十国春秋》之说,将英州始置之年定于南汉乾亨四年。

此后至南汉大宝二年(后周显德六年,959),英州一直领浈阳1县之地而未闻有何变更。

浈阳县(920—959)

26. 敬州(945—959),治程乡县(今广东梅州市)

南汉乾和三年(945),割潮州程乡县置敬州,治程乡县。《太平寰宇记》卷160梅州下载:"本潮州程乡县,广南伪汉乾和三年(945)升为敬州,仍领程乡县。皇朝开宝四年(971)平广南,以名犯国讳,改为梅州。"

此后至南汉大宝二年(后周显德六年,959),敬州一直领程乡1县之地而未闻有何变更。

程乡县(945—959)

27. 雄州(946—959),治浈昌县(今广东南雄市)

南汉乾和四年(后晋开运三年,946),割韶州浈昌、始兴2县置雄州,治浈昌县。《太平寰宇记》卷159韶州下载:"伪乾祐二年(949),割浈昌、始兴二县置雄州。"同书卷160南雄州下载:"本始兴郡浈昌县地,广南伪汉乾和四年(946)于此置雄州,仍割浈昌、始兴二县以属焉。""乾祐"为后汉年号,依《太平寰宇记》书写体例,当为正朔年号,不应有"伪乾祐"之称,颇疑此处传抄有误。故在此从南雄州下所载,将雄州始置之年系于乾和四年。

大约在南汉大宝元年(后周显德五年,958),始兴县还属韶州(参见上文韶州沿革),雄州仅领浈昌1县之地。

(1) 浈昌县(946—959)　　(2) 始兴县(946—958?)

第二节　容州宁远军节度使

容州宁远军节度使为唐末旧镇。后梁开平元年(907),名义上为朱温所控,实为庞巨昭所据。开平四年(910),庞巨昭降于楚将姚彦章,容管之地尽归马楚。开平五年(911),容管之地为岭南刘隐之弟刘岩攻取。南汉政权建立后,仍置容州宁远军节度使。南汉乾亨二年(918),改宁远军所领行岩州为常乐州[南汉乾亨四年(920)之辖区参见图2-24]。此后宁远军节度使一直领容、藤、义、窦、禺、顺、白、廉、常乐、牢、党、郁林、绣等13州之地而未更。

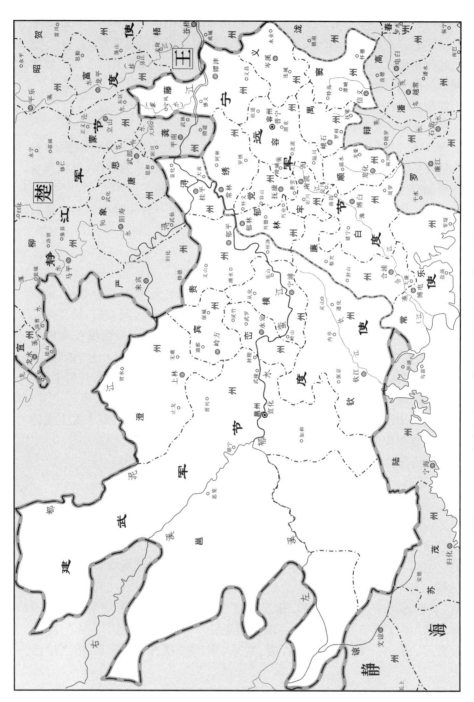

图 2-24 920 年南汉宁远军节度使、邕州建武军节度使辖区示意图

一、容州宁远军节度使辖区沿革

容州宁远军节度使(宁远 907—910,楚王 910—911,南海 911—917,大越 917,南汉 918—959)

容州宁远军节度使为唐末旧镇。唐咸通十四年(873),容州管内观察经略等使领容、藤、义、窦、禺、顺、白、廉、行岩、牢、党、郁林、绣等 13 州,治容州。乾宁四年(897),升为宁远军节度使①。唐末,为宁远军节度使庞巨昭所据。《资治通鉴》卷 265 天祐三年(906)正月载:"辛未,以权知宁远留后庞巨昭、岭南西道留后叶广略并为节度使。"

后梁开平元年(907),容州宁远军节度使名义上为朱温所属,实仍为庞巨昭所控。

后梁开平四年(910),容管之地与刘昌鲁所据高州一起归于马楚。《资治通鉴》卷 267 后梁开平四年载:"宁远节度使庞巨昭、高州防御使刘昌鲁,皆唐官也。黄巢之寇岭南也,巨昭为容管观察使,昌鲁为高州刺史,帅群蛮据险以拒之,巢众不敢入境。唐嘉其功,置宁远军于容州,以巨昭为节度使,以昌鲁为高州防御使。及刘隐据岭南,二州不从;隐遣弟岩攻高州,昌鲁大破之,又攻容州,亦不克。昌鲁自度终非隐敌,是岁,致书请自归于楚,楚王殷大喜,遣横州刺史姚彦章将兵迎之。彦章至容州,裨将莫彦昭……不从,巨昭杀之,举州迎降。彦章进至高州,以兵援送巨昭、昌鲁之族及士卒千余人归长沙。楚王殷以彦章知容州事,以昌鲁为永顺节度副使。"

后梁乾化元年(911),容管与高州又复为刘岩攻占。《资治通鉴》卷 267 乾化元年十二月载:"癸亥,以静江行军司马姚彦章为宁远节度副使,权知容州,从楚王殷之请也。刘岩遣兵攻容州,殷遣都指挥使许德勋以桂州兵救之;彦章不能守,乃迁容州士民及其府藏奔长沙,岩遂取容管及高州。"胡三省注曰:"开平四年,楚取容管及高州,至是弃之。"

广南刘氏政权所据之容州宁远军节度使②当仍领容、藤、义、窦、禺、顺、白、廉、行岩、牢、党、郁林、绣等 13 州,治容州。

南汉乾亨二年(后梁贞明四年,918),因避南汉高祖刘岩讳,改行岩州为常

---

① 参见郭声波:《中国行政区划通史·唐代卷》宁远军节度使沿革,第 621 页。
② 梁廷枏《南汉书》卷 9《王定保传》载:"大有初,官宁远节度使。"由此可知南汉政权置有容州宁远军节度使。

乐州(参见下文行岩州沿革)。

此后至南汉大宝二年(后周显德六年,959),容州宁远军节度使领州未闻复有何变更。

(1) 容州(907—910,912—959)　　(2) 藤州(907—910,912—959)

(3) 义州(907—910,912—959)　　(4) 窦州(907—910,912—959)

(5) 禺州(907—910,912—959)　　(6) 顺州(907—910,912—959)

(7) 白州(907—910,912—959)　　(8) 廉州(907—910,912—959)

(9) 行岩州(907—910,912—918)—常乐州(918—959)

(10) 牢州(907—910,912—959)　　(11) 党州(907—910,912—959)

(12) 郁林州(907—910,912—959)　　(13) 绣州(907—910,912—959)

二、容州宁远军节度使所辖各州沿革

1. 容州(907—959),治普宁县(今广西容县)

《旧唐书》卷41《地理志四》载容州领北流、普宁、陵城、渭龙、欣道等5县;《新唐书》卷43上《地理志七上》载容州辖北流、普宁、陵城、渭龙、欣道、陆川等6县,且在陆川下注曰:"本隶东峨州,唐末来属。"唐末,容州仍领《新唐书·地理志》所载之6县,治普宁县①。

五代十国时期,容州领普宁、北流、陵城、渭龙、欣道、陆川等6县之地而未更,治普宁县,一如唐末。

(1) 普宁县(907—959)　　(2) 北流县(907—959)

(3) 陵城县(907—959)　　(4) 渭龙县(907—959)

(5) 欣道县(907—959)　　(6) 陆川县(907—959)

2. 藤州(907—959),治镡津县(今广西藤县东北)

《旧唐书》卷41《地理志四》载藤州领镡津、感义、义昌等3县;《新唐书》卷43上《地理志七上》载藤州辖镡津、感义、义昌、宁风等4县,且在宁风县下注曰:"武德五年以县置鷰州……(贞观)十八年州废,以宁风来属。"唐末,藤州仍领《新唐书·地理志》所载之4县,治镡津县②。

五代十国时期,藤州领镡津、感义、义昌、宁风等4县之地而未更,治镡津县,一如唐末。

(1) 镡津县(907—959)　　(2) 感义县(907—959)

---

① 参见郭声波:《中国行政区划通史·唐代卷》容州沿革,第623页。

② 参见郭声波:《中国行政区划通史·唐代卷》藤州沿革,第625页。

(3) 义昌县(907—959)   (4) 宁风县(907—959)

3. 义州(907—959),治岑溪县(今广西岑溪市东南)

《旧唐书》卷41《地理志四》、《新唐书》卷43上《地理志七上》皆载义州领岑溪、永业、连城等3县。唐末,义州仍领此3县,治岑溪县①。

五代十国时期,义州领岑溪、永业、连城等3县之地而未更,治岑溪县,一如唐末。

(1) 岑溪县(907—959)   (2) 永业县(907—959)

(3) 连城县(907—959)

4. 窦州(907—959),治信义县(今广东信宜市西南)

《旧唐书》卷41《地理志四》、《新唐书》卷43上《地理志七上》皆载窦州领信义、怀德、潭峨、特亮等4县。唐末,窦州仍领此4县,治信义县②。

五代十国时期,窦州领信义、怀德、潭峨、特亮等4县之地而未更,治信义县,一如唐末。

(1) 信义县(907—959)   (2) 怀德县(907—959)

(3) 潭峨县(907—959)   (4) 特亮县(907—959)

5. 禺州(907—959),治峨石县(今广西北流市东南)

《旧唐书》卷41《地理志四》载禺州领峨石、温水、陆川、扶莱③等4县;《新唐书》卷43上《地理志七上》载禺州辖峨石、扶莱、罗辩④、宕昌等4县。唐大历八年(773),割温水县隶顺州。唐末,复割陆川县隶容州,省宕昌县。禺州领峨石、扶莱、罗辩等3县,治峨石县⑤。

五代十国时期,禺州领峨石、扶莱、罗辩等3县之地而未更,治峨石县,一如唐末。

(1) 峨石县(907—959)   (2) 扶莱县(907—959)

(3) 罗辩县(907—959)

6. 顺州(907—959),治龙化县(今广西博白县东)

《新唐书》卷43上《地理志七上》载顺州领龙化、温水、南河、龙豪等4县。

---

① 参见郭声波:《中国行政区划通史·唐代卷》义州沿革,第627页。
② 参见郭声波:《中国行政区划通史·唐代卷》窦州沿革,第629页。
③ 笔者按,扶莱,《旧唐书·地理志》本作"扶桑",误。参见郭声波:《中国行政区划通史·唐代卷》禺州沿革,第634页。
④ 《新唐书》卷43《地理志七》罗辩县下注曰:"本陆川……后更名。"似罗辩与陆川本为一县,其实不确,辨见郭声波:《中国行政区划通史·唐代卷》禺州沿革,第634页。
⑤ 参见郭声波:《中国行政区划通史·唐代卷》禺州沿革,第633页。

唐末,仍领此 4 县,治龙化县①。

五代十国时期,顺州一直领龙化、温水、南河、龙豪等 4 县之地而未更,治龙化县,一如唐末。

(1) 龙化县(907—959)　　　　(2) 温水县(907—959)
(3) 南河县(907—959)　　　　(4) 龙豪县(907—959)

7. 白州(907—959),治博白县(今广西博白县)

《旧唐书》卷 41《地理志四》载白州领博白、建宁、周罗、龙豪、南昌等 5 县;《新唐书》卷 43 上《地理志七上》载白州辖博白、建宁、周罗、南昌等 4 县,且在博白县下曰:"大历八年(773)以龙豪隶顺州。"唐末,白州领《新唐书·地理志》所载之 4 县,治博白县②。

五代十国时期,白州一直领博白、建宁、周罗、南昌等 4 县之地而未更,治博白县,一如唐末。

(1) 博白县(907—959)　　　　(2) 建宁县(907—959)
(3) 周罗县(907—959)　　　　(4) 南昌县(907—959)

8. 廉州(907—959),治合浦县(今广西浦北县西南)

《旧唐书》卷 41《地理志四》、《新唐书》卷 43 上《地理志七上》皆载廉州领合浦、封山、蔡龙、大廉等 4 县。唐末,廉州仍领此 4 县,治合浦县③。

五代十国时期,廉州一直领合浦、封山、蔡龙、大廉等 4 县之地而未更,治合浦县,一如唐末。

(1) 合浦县(907—959)　　　　(2) 封山县(907—959)
(3) 蔡龙县(907—959)　　　　(4) 大廉县(907—959)

9. 行岩州(907—918)—常乐州(918—959),治行常乐县(907—918)—博电县(918—959,今广西合浦县东北)

唐元和十三年(818),析廉州合浦县地置行岩州及行常乐县,隶容州管内观察经略等使④。唐末,行岩州仍领行常乐 1 县,治行常乐县⑤。五代初,亦复如是。

南汉乾亨二年(后梁贞明四年,918),因避南汉高祖刘岩讳,改行岩州为常

---

① 参见郭声波:《中国行政区划通史·唐代卷》顺州沿革,第 632 页。
② 参见郭声波:《中国行政区划通史·唐代卷》白州沿革,第 635 页。
③ 参见郭声波:《中国行政区划通史·唐代卷》廉州沿革,第 638 页。
④ 《唐会要》卷 71《州县改置下》岩州下载:"元和十三年十月,容管经略使奏:岩州为黄洞贼所陷,请置行岩州于安乐县。从之。"又,安乐县至德中已改常乐县,则所置行亦当以常乐为名。参郭声波:《试解岩州失踪之谜——唐五代岭南岩州、常乐州地理考》,《中国边疆史地研究》2000 年第 9 期。
⑤ 参见郭声波:《中国行政区划通史·唐代卷》行岩州沿革,第 640 页。

乐州,改治所行常乐县为博电县。又析廉州大廉县置盐场县,割罗州零绿县来属。《太平寰宇记》卷169《太平军》:"太平军,本廉州,皇朝开宝五年自旧州理移西南四十里地名长沙置州,并封山、蔡龙、大廉三县为合浦一县。仍废常乐州,以博电、零绿、盐场三县并为石康一县来属。"《舆地广记》卷37廉州石康县下载:"本常乐州,南汉立,及置博电、零绿、盐场三县。皇朝开宝五年废州省县,以其地置石康县来属。"清人吴任臣据上所载以为南汉乾亨元年(917年)立常乐州①。其说大体无误,然有关常乐州始置之年,郭声波以为定于乾亨二年刘陟改名刘岩时更为合理,且指出了盐场、零绿2县的地望②,今从其说。

此后至南汉大宝二年(后周显德六年,959),常乐州一直领博电、盐场、零绿等3县之地而未闻有何变更。

(1) 行常乐县(907—918)—博电县(918—959)

(2) 盐场县(918—959)　　　　(3) 零绿县(918—959)

10. 牢州(907—959),治南流县(今广西玉林市)

《旧唐书》卷41《地理志四》、《新唐书》卷43上《地理志七上》皆载牢州领南流、定川、宕川等3县。唐末,牢州仍领此3县,治南流县③。

五代十国时期,牢州一直领南流、定川、宕川等3县之地而未更,治南流县,一如唐末。

(1) 南流县(907—959)　　　　(2) 定川县(907—959)

(3) 宕川县(907—959)

11. 党州(907—959),治抚康县(今广西玉林市西北)

《新唐书》卷43上《地理志七上》载党州领抚安、善劳、善文、宁仁、容山、怀义、福阳、古符等8县。至唐元和十五年(820),党州领抚康(抚安更名)、善劳、容山、怀义等4县(此前善文、宁仁、福阳、古符等4县已省),治抚康县④。唐末,亦复如是。

五代十国时期,党州一直领抚康、善劳、容山、怀义等4县,治抚康县,一如唐末。《太平寰宇记》卷165郁林州下载:"(皇朝开宝七年)又并党州之容山、怀义、抚康、善劳四县入南流县,来属郁林州。"据此亦可为党州在北宋初废入郁林州之前原领上述4县之地添一佐证。

---

① 《十国春秋》卷58《南汉高祖纪》载:"乾亨元年(917),立常乐州于合浦县地,兼置博电、零绿、盐场三县为属。"
② 参见郭声波:《试解岩州失踪之谜——唐五代岭南岩州、常乐州地理考》。
③ 参见郭声波:《中国行政区划通史·唐代卷》牢州沿革,第642页。
④ 参见郭声波:《中国行政区划通史·唐代卷》党州沿革,第643页。

(1) 抚康县(907—959)　　　　(2) 善劳县(907—959)
(3) 容山县(907—959)　　　　(4) 怀义县(907—959)

12. 郁林州(907—959)，治郁林县(今广西贵港市东南)

《旧唐书》卷41《地理志四》载郁林州领石南、郁林、兴业、潭栗等4县;《新唐书》卷43上《地理志七上》载郁林州辖郁平①、兴业、兴德、潭栗等4县，且在兴业县下注曰:"麟德二年(665)析石南置，建中二年(781)省石南入焉。"唐元和十五年，郁林州领郁林、兴德、兴业、潭栗四县，治郁林县②。唐末，又省潭栗县③。

五代十国时期，郁林州一直领郁林、兴德、兴业等3县而未闻有何变更，治郁林县。

(1) 郁林县(907—959)　　　　(2) 兴德县(907—959)
(3) 兴业县(907—959)

13. 绣州(907—959)，治常林县(今广西桂平市南)

《旧唐书》卷41《地理志四》、《新唐书》卷43上《地理志七上》皆载绣州领常林、阿林、罗绣等3县。唐末，绣州仍领此3县，治常林县。

五代十国时期，绣州一直领常林、阿林、罗绣等3县而未闻有何变更，治常林县。《太平寰宇记》卷167容州废绣州下仍列有废常林县、废阿林县及废罗绣县等3条目，亦可为绣州在北宋初废入容州之前原领上述3县之地添一佐证。

(1) 常林县(907—959)　　　　(2) 阿林县(907—959)
(3) 罗绣县(907—959)

第三节　邕州建武军节度使(岭南西道节度使)

岭南西道节度使为唐末旧镇。后梁开平元年(907)，名义上为朱温所控，实为岭南西道节度使叶广略所据。后梁乾化元年(911)前，邕管之地为岭南刘氏所有，赐额建武军节度使。南汉政权建立后，仍置邕州建武军节度使[南汉乾亨四年(920)之辖区参见前图2-24]，领邕、宾、澄、贵、浔、横、峦、钦等8州之地。

---

① 笔者按，郁平，即《旧唐书·地理志》所载之"郁林"。参见郭声波:《中国行政区划通史·唐代卷》郁林州沿革，第648页。
② 参见郭声波:《中国行政区划通史·唐代卷》郁林州沿革，第647页。
③ 《文献通考》323《舆地考九》郁林州下曰:"唐为郁林州，或为郁林郡。属岭南道。领县五(石南、兴业、郁平、潭栗、兴德)。后废石南、潭栗。"吴兰修《南汉地理志》据此所载以为潭栗在唐末已省，当是，今从之。

一、邕州建武军节度使(岭南西道节度使)辖区沿革

岭南西道节度使(邕管①907—911?)—**邕州建武军节度使**(南海911?—917,大越918?,**南汉918?—959**)

岭南西道节度使为唐末旧镇。唐咸通三年(862),升邕州管内经略等使为岭南西道节度使,领邕、宾、澄、贵、浔、横、峦、钦、严、龚、象、藤、行岩等13州,治邕州。咸通四年(863),以废容州管内观察经略等使之容、义、窦、禹、顺、白、廉、牢、党、郁林、绣等11州来属,割龚、象2州还隶桂州管内都防御经略等使。咸通五年(864),复割容、藤、义、窦、禹、顺、白、廉、行岩、牢、党、郁林、绣等13州还属容州管内观察经略等使。至咸通十四年(873),岭南西道节度使领邕、宾、澄、严、贵、浔、横、峦、钦等9州,治邕州②。唐末,除严州别属桂州静江军节度使外(参见第七章第四节桂州节度使辖区沿革),其余8州为岭南西道节度使叶广略所据。《资治通鉴》卷265天祐三年(906)正月载:"辛未,以权知宁远留后庞巨昭、岭南西道留后叶广略并为节度使。"③

后梁开平元年(907),岭南西道节度使名义上为朱温所属,实仍为叶广略所据。

大约在后梁乾化元年(911)之前,邕管与新州应为刘氏夺取。故梁廷枏《南汉书》卷2《高祖纪一》在记载刘岩于乾化元年夺取韶州之前曰:"帝(笔者按,指刘岩)先后数年间悉平诸寨,杀邕州叶广略、新州刘潜,并二州之地,更置刺史。"其中虽然提及的仅是邕州,但结合《新五代史》卷65《南汉世家》所载"(刘岩)西与马殷争容、桂,殷取桂管,虏(刘)士政,龚取容管,逐(庞)巨昭,又取邕管",可知其时刘岩所取之地包括邕管所有各州,当无疑义④。

广南刘氏政权据有邕管各州后,设置了邕州建武军节度使。《南汉书》卷2《高祖纪一》载:后梁乾化三年(913)"二月,均王友贞即皇帝位于大梁,使来,宣诏除帝清海、建武节度使兼中书令,袭封南海王"。刘氏邕州建武军节度使

---

① 此处姑以"邕管"作为岭南西道节度使的简称。
② 参见郭声波:《中国行政区划通史·唐代卷》岭南西道节度使沿革,第690页。
③ 《舆地纪胜》卷106邕州所引《建武志》以为唐乾宁四年置建武军;《新五代史》卷60《职方考》载:"容州曰宁远,邕州曰建武,广州曰清海,皆唐故号。"似唐时已置建武军节度使。然朱玉龙以为邕管建节在唐代,赐额建武军则是后梁时事。参见氏著《五代十国方镇年表》邕州注1,第647页。今姑从朱氏之说。
④ 朱玉龙以为岭南刘氏攻取邕州在后梁乾化二年(912),亦可备一说。参见氏著《五代十国方镇年表》邕州注3,第647页。

仍当领邕、宾、澄、贵、浔、横、峦、钦等 8 州,治邕州。

此后至南汉大宝二年(后周显德六年,959),邕州建武军节度使辖区未闻有何变更。

(1) 邕州(907—959)　　　(2) 宾州(907—959)

(3) 澄州(907—959)　　　(4) 贵州(907—959)

(5) 浔州(907—959)　　　(6) 横州(907—959)

(7) 峦州(907—959)　　　(8) 钦州(907—959)

二、邕州建武军节度使(岭南西道节度使)所辖各州沿革

1. 邕州(907—959),治宣化县(今广西南宁市南)

《旧唐书》卷41《地理志四》、《新唐书》卷43上《地理志七上》皆载邕州领宣化、武缘、晋兴、朗宁、思笼、如和、封陵等 7 县。唐末,邕州仍领此 7 县,治宣化县①。

五代十国时期,邕州②一直领宣化、武缘、晋兴、朗宁、思笼、如和、封陵等 7 县而未闻有何变更,治宣化县。

(1) 宣化县(907—959)　　　(2) 武缘县(907—959)

(3) 晋兴县(907—959)　　　(4) 朗宁县(907—959)

(5) 思笼县(907—959)　　　(6) 如和县(907—959)

(7) 封陵县(907—959)

2. 宾州(907—959),治岭方县(今广西宾阳县东南)

《旧唐书》卷41《地理志四》、《新唐书》卷43上《地理志七上》皆载宾州领岭方、琅邪③、保城等 3 县。唐末,宾州仍领此 3 县,治岭方县④。

五代十国时期,宾州一直领岭方、琅邪、保城等 3 县而未闻有何变更,治岭方县。

(1) 岭方县(907—959)　　　(2) 琅邪县(907—959)

---

① 参见郭声波:《中国行政区划通史·唐代卷》邕州沿革,第 690—691 页。
② 《五代会要》卷 20《州县分道改置》邕州下载:"邕州,晋天福七年(942)七月改为诚州,避庙讳。"《太平寰宇记》卷 166 邕州下载:"晋天福七年改为诚州,以避庙讳。汉初复旧。"据上所载似南汉时邕州曾改称诚州。然《新五代史》卷 65《南汉世家》载:乾和二年(944),"镇王洪泽居邕州,有善政,是岁凤皇见邕州"。《资治通鉴》卷 284 开运元年(944)载:"冬十月,丙午,汉主毒杀镇王弘泽于邕州。"可证其时仍称邕州。朱玉龙亦认为南汉无有秉后晋之命而改境内州名之可能。参见氏著《五代十国方镇年表》邕州注 4,第 647 页。谭其骧主编《中国历史地图集》(第五册)五代十国时期"五代十国时期全图"(晋天福八年,843)上标为诚州,不确。
③ 笔者按,琅邪,《元和郡县图志》、《太平寰宇记》作"琅琊"。今依两唐书《地理志》、《元丰九域志》所载。
④ 参见郭声波:《中国行政区划通史·唐代卷》宾州沿革,第 693 页。

(3) 保城县(907—959)

3. 澄州(907—959),治上林县(今广西上林县南)

《旧唐书》卷41《地理志四》载澄州领上林、无虞、贺水等3县;《新唐书》卷43上《地理志七上》载澄州辖上林、无虞、止戈、贺水等4县,且在上林县下曰:"武德四年(621),析岭方县地置无虞、琅邪、思干、上林、止戈五县。"唐末,澄州领《新唐书·地理志》所载之4县,治上林县①。

五代十国时期,澄州一直领上林、无虞、止戈、贺水等4县而未闻有何变更,治上林县。

(1) 上林县(907—959)　　(2) 无虞县(907—959)
(3) 止戈县(907—959)　　(4) 贺水县(907—959)

4. 贵州(907—959),治郁平县(今广西贵港市)

《旧唐书》卷41《地理志四》、《新唐书》卷43上《地理志七上》皆载贵州领郁平②、怀泽、潮水、义山等4县。唐末,贵州仍辖此4县,治郁平县③。

五代十国时期,贵州一直领郁平、怀泽、潮水、义山等4县而未闻有何变更,治郁平县。

(1) 郁平县(907—959)　　(2) 怀泽县(907—959)
(3) 潮水县(907—959)　　(4) 义山县(907—959)

5. 浔州(907—959),治桂平县(今广西桂平市西)

《旧唐书》卷41《地理志四》载浔州领桂平、皇化2县④;《新唐书》卷43上《地理志七上》载浔州辖桂平、皇化、大宾等3县。唐末,浔州领《新唐书·地理志》所载之3县,治桂平县⑤。

五代十国时期,浔州一直领桂平、皇化、大宾等3县而未闻有何变更,治桂平县。

(1) 桂平县(907—959)　　(2) 皇化县(907—959)
(3) 大宾县(907—959)

6. 横州(907—959),治宁浦县(今广西横县)

《旧唐书》卷41《地理志四》、《新唐书》卷43上《地理志七上》皆载横州领宁浦、从化、乐山等3县。唐大历六年(771),析宁浦县复置岭山县。唐末,横

---

① 参见郭声波:《中国行政区划通史·唐代卷》澄州沿革,第694页。
② 笔者按,郁平,《新唐书·地理志》作"郁林",郭声波以为应从《通典·州郡典》、《旧唐书·地理志》所载,作"郁平"。参见氏著《中国行政区划通史·唐代卷》贵州郁平县沿革,第698页。
③ 参见郭声波:《中国行政区划通史·唐代卷》贵州沿革,第698页。
④ 王鸣盛《十七史商榷》卷80载:"浔州属县三,今惟二,脱去大宾一县。"
⑤ 参见郭声波:《中国行政区划通史·唐代卷》浔州沿革,第733页。

州领宁浦、从化、乐山、岭山等4县,治宁浦县①。

五代十国时期,横州一直领宁浦、从化、乐山、岭山等4县而未闻有何变更,治宁浦县。

(1) 宁浦县(907—959)　　(2) 从化县(907—959)
(3) 乐山县(907—959)　　(4) 岭山县(907—959)

7. 峦州(907—959),治永定县(今广西横县西北)

《旧唐书》卷41《地理志四》、《新唐书》卷43上《地理志七上》皆载峦州领永定、武罗、灵竹等3县。唐末,峦州仍领此3县,治永定县②。

五代十国时期,峦州一直领永定、武罗、灵竹等3县而未闻有何变更,治永定县。

(1) 永定县(907—959)　　(2) 武罗县(907—959)
(3) 灵竹县(907—959)

8. 钦州(907—959),治钦江县(今广西钦州市东北)

《旧唐书》卷41《地理志四》、《新唐书》卷43上《地理志七上》皆载钦州领钦江、保京、遵化、内亭、灵山等5县。唐末,钦州仍领此5县,治钦江县③。

五代十国时期,钦州一直领钦江、保京、遵化、内亭、灵山等5县而未闻有何变更,治钦江县。

(1) 钦江县(907—959)　　(2) 保京县(907—959)
(3) 遵化县(907—959)　　(4) 内亭县(907—959)
(5) 灵山县(907—959)

第四节　静海军节度使暨安南都护府

唐末,在安南地区置有静海军节度使与安南都护府,统辖1府12州之地。五代时期,安南地区先为土豪曲氏父子所控[后梁贞明六年(920)之辖区参见图2-25]。南汉大有三年(后唐长兴元年,930),刘岩派兵攻打安南,执静海军节度使曲承美,安南为南汉所控。南汉大有四年(后唐长兴二年,931),安南爱州将杨廷艺举兵叛乱,交州刺史李进逃归,南汉复失安南地区。南汉大有十年(后晋天福二年,937),交州牙将皎公羡又起兵杀杨廷艺,代为节度。南汉大

---

① 参见郭声波:《中国行政区划通史·唐代卷》横州沿革,第700页。
② 参见郭声波:《中国行政区划通史·唐代卷》峦州沿革,第701页。
③ 参见郭声波:《中国行政区划通史·唐代卷》钦州沿革,第703页。

有十一年(后晋天福三年,938),杨廷艺旧部吴权起兵为杨廷艺复仇,杀皎公羡,在安南地区自立为王。南汉乾和十二年(后周显德元年,954),安南吴氏政权再次向南汉遣使称臣,刘晟册封吴昌文为静海军节度使兼安南都护。然此举徒具象征而已,安南地区实际仍掌控在吴氏手中,直至五代十国末期。

一、静海军节度使暨安南都护府辖区沿革

静海军节度使暨安南都护府(静海 907—930)——交州刺史①(南汉 930—931)——交州静海军节度使(静海 931—959)

唐末,在安南地区置有静海军节度使与安南都护府。唐永隆二年(681),改交州都督府为安南都护府,罢交州为安南都护府直辖地区。唐咸通七年(866),置静海军节度使。咸通十四年(873),静海军节度使兼安南都护领峰、武定、谅、陆、苏茂、武安、郡、长、爱、演、骥、唐林等 12 州,治安南府②。天祐二年(905),土豪曲承裕乘乱自称节度使,控制了安南。天祐三年(906),已经衰落的唐朝中央政权只得承认现实,"加静海军节度使曲承裕同平章事"③。

后梁开平元年(907),曲承裕死,后梁加封曲承裕之子曲颢为安南都护,充节度使④,在名义上仍属后梁。开平二年(908),后梁又命清海军节度使刘隐兼静海军节度使、安南都护⑤,但其时刘隐只能是遥领,安南的实际统治权仍在曲氏手中。

后梁贞明三年(917),曲颢卒,子承美继任静海军节度使,领有原唐末安南地区 1 府 12 州之地⑥。

南汉大有三年(后唐长兴元年,930),刘龑遣将攻占安南之地。《新五代史》卷 65《南汉世家·刘龑传》载:"(大有)三年,遣将李守鄘、梁克贞攻交趾,擒曲承美等。"《南汉书》卷 18《曲承美传》亦载:"(南汉)高祖屡欲并吞交管,而虑道远,兵力不继,因使诏之。(曲)承美坚不肯内附,对人指高祖为'伪朝'。

---

① 其时南汉盖以刺史之职行节度使之责。
② 参见郭声波:《中国行政区划通史·唐代卷》静海军节度使暨安南都护府沿革,第 653 页。
③ 《资治通鉴》卷 265 天祐三年正月。
④ 《旧五代史》卷 3《后梁太祖纪三》载:"七月丙申,以静海军行营司马权知留后曲颢起复为安南都护,充节度使。"《资治通鉴》卷 266 开平元年七月载:"丙申,以其子权知留后颢为节度使。"
⑤ 《旧五代史》卷 135《刘陟传》;《新五代史》卷 65《南汉世家·刘隐传》。
⑥ 梁廷柟《南汉书》卷 18《曲承美传》载:"承美送款于梁,嗣为节度,遂专有交趾十二州之地。"笔者按,梁氏此载不甚准确,其时安南地区实应为"1 府 12 州"之地,即在原唐末所设 12 州之外,还应加上原来安南都护府的直辖地,即安南府(交州)。

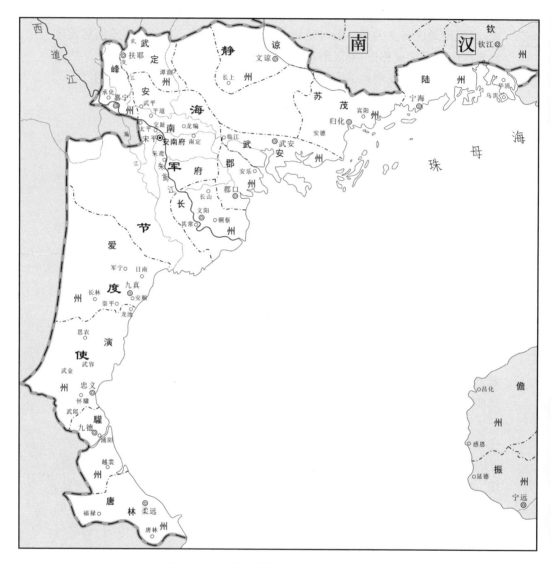

图 2-25　920 年静海军节度使辖区示意图

高祖闻，益怒。大有三年，命梁克贞、李守鄘统众攻之，承美战败被执。"随后，南汉以李进为交州刺史，统管安南地区（即交①、峰、武定、谅、陆、苏茂、武安、郡、长、爱、演、驩、唐林等 13 州之地）。不过，此时南汉对安南的控制力度有

---

① 安南府当于此时复改称交州，此由李进为交州刺史可以推知。

限,仅属羁縻性质①。

南汉大有四年(后唐长兴二年,931),安南爱州将杨廷艺举兵叛乱,刺史李进逃归②,南汉复失安南地区③。杨廷艺据有交州后,南汉主刘龑知不可与之争,"因就拜交州节度使"④。

南汉大有十年(后晋天福二年,937),交州牙将皎公羡起兵杀杨廷艺,代为节度⑤。

南汉大有十一年(后晋天福三年,938),杨廷艺旧部吴权起兵"为廷艺复仇",杀皎公羡⑥,并在白藤江之战中大败前来救援皎公羡的南汉军队⑦。此后吴权成为安南地区最大的割据政权,并且称王⑧。

南汉乾和十二年(后周显德元年,954),安南吴氏政权再次向南汉遣使称臣,南汉中宗刘晟册封吴昌文为静海军节度使兼安南都护⑨。但吴昌文并非真心依附南汉,当南汉遣使招之时,以道路不畅为由,迫使南汉使臣中途而返⑩。

此后至南汉大宝二年(后周显德六年,959),安南地区一直在吴昌文的控制之下。

---

① 黎崱《安南志略》卷11《五代时僭窃·杨廷艺》载:"(刘)龑谓左右:'交趾民好乱,但可羁縻而已。'"吴士连等《大越史记全书·外纪全书卷之五·南北分争纪》、《南汉书》卷18《曲承美传》亦有相同记载。
② 《新五代史》卷65《南汉世家·刘龑传》载:"(大有)四年,爱州杨廷艺叛,攻交州刺史李进,进遁归。"
③ 《资治通鉴》卷277长兴二年载:"爱州将杨廷艺养假子三千人,图复交州;汉交州守将李进知之,受其赂,不以闻。是岁,廷艺举兵围交州,汉主遣承旨程宝救之,未至,城陷。进逃归,汉主杀之。宝围交州,廷艺出战,宝败死。"梁廷枏《南汉书》卷11《程宝传》载:"高祖既命梁克贞等攻破交州,俘曲承美,以李进为刺史,留兵守备。明年,爱州将杨廷艺养假子三千人欲图交州。进已侦知其事。廷艺恐其闻于高祖,不得志,阴使以赂遗进。进受之,遂匿不以闻。廷艺潜举兵由黄江口来犯,围高州,始仓皇入报。高祖亟遣(程)宝统军赴援,甫及交境,进已先弃城遁,廷艺方据城坚守。宝惧无功,即鼓众薄城门,廷艺引军出战。会宝兵远来疲乏,大败。宝犹力战,为廷艺所杀。"
④ 梁廷枏《南汉书》卷14《杨廷艺传》。
⑤ 梁廷枏《南汉书》卷14《杨廷艺传》载:"大有十年,皎公羡作乱,为所杀。公羡初为交州牙将,素有大志,恶廷艺所为,起所部攻杀廷艺,而代为节度。"
⑥ 梁廷枏《南汉书》卷14《杨廷艺传》。
⑦ 《资治通鉴》卷281天福三年十月载:"杨廷艺故将吴权自爱州举兵攻皎公羡于交州,羡遣使以赂求救于汉。汉主欲乘其乱而取之,以其子万王弘操为静海节度使,徙封交王,将兵救公羡。汉主自将屯于海门,为之声援……命弘操帅战舰自白藤江趣交州。权已杀公羡,据交州,引兵逆战。……汉兵大败,士卒覆溺者太半;弘操死,汉主恸哭,收余众而还。"
⑧ 吴士连等《大越史记全书·外纪全书卷之五·吴纪》载:"己亥,元年(晋天福四年,939)春,王(笔者按,指吴权)始称王。立杨氏为后。置百官,制朝仪,定服色。"
⑨ 《资治通鉴》卷291显德元年正月。
⑩ 《新五代史》卷65《南汉世家》载:乾和十二年,"交州吴昌浚(文)遣使称臣,求节钺。……(刘)晟遣给事中李玙以旌节招之,玙至白州,浚(文)使人止玙曰:'海贼为乱,道路不通。'玙不果行。"

(1) 安南府(907—930)—交州(930—959)　(2) 峰州(907—959)
(3) 武定州(907—959)　(4) 谅州(907—959)
(5) 陆州(907—959)　(6) 苏茂州(907—959)
(7) 武安州(907—959)　(8) 郡州(907—959)
(9) 长州(907—959)　(10) 爱州(907—959)
(11) 演州(907—959)　(12) 驩州(907—959)
(13) 唐林州(907—959)

二、静海军节度使所辖诸州暨安南府沿革

1. 安南府(907—930)—交州(930—959)，治宋平县(今越南河内市还剑郡)

《旧唐书》卷41《地理志四》载安南府领宋平、交趾、朱鸢、龙编、平道、武平、太平等7县。《新唐书》卷43上《地理志七上》皆安南府辖宋平、南定、太平、交趾、朱鸢、龙编、平道、武平等8县，且在南定县下注曰："本隶宋州，武德四年(621)析宋平置，五年隶交州。大历五年(770)省，贞元八年(792)复置。"唐末，安南府领《新唐书·地理志》所载之8县，治宋平县①。

五代十国时期，安南府一直领宋平、南定、太平、交趾、朱鸢、龙编、平道、武平等8县而未闻有何变更，治宋平县；唯安南府之名在南汉大有三年(930)时更名为交州(参见上文)。

(1) 宋平县(907—959)　(2) 南定县(907—959)
(3) 太平县(907—959)　(4) 交趾县(907—959)
(5) 朱鸢县(907—959)　(6) 龙编县(907—959)
(7) 平道县(907—959)　(8) 武平县(907—959)

2. 峰州(907—959)，治嘉宁县(今越南富寿省越池市)

《旧唐书》卷41《地理志四》、《新唐书》卷43上《地理志七上》皆载峰州领嘉宁、承化、新昌、嵩山②、珠绿等5县。唐贞元末，省新昌、嵩山、珠绿等3县。唐末，峰州领嘉宁、承化2县，治嘉宁县③。

五代十国时期，峰州一直领嘉宁、承化2县而未闻有何变更，治嘉宁县，一如唐末。

---

① 参见郭声波：《中国行政区划通史·唐代卷》安南府(交州)沿革，第654页。
② 嵩山，《新唐书》卷43上《地理志七上》作"高山"。
③ 参见郭声波：《中国行政区划通史·唐代卷》峰州沿革，第680页。

(1) 嘉宁县(907—959)　　　　(2) 承化县(907—959)

3. 武定州(907—959)，治扶耶县(今越南宣光省山阳县)

大约在唐元和二年(807)，升羁縻武定州为正州，所领羁縻扶耶、潭湍2县升为正县。唐末，武定州仍领此2县，治扶耶县①。

五代十国时期，武定州一直领扶耶、潭湍2县而未闻有何变更，治扶耶县，一如唐末。

(1) 扶耶县(907—959)　　　　(2) 潭湍县(907—959)

4. 谅州(907—959)，治文谅县(今越南谅山省文朗县)

大约在唐元和二年(807)，升羁縻谅州为正州，所领羁縻文谅、长上2县升为正县。唐末，谅州仍领此2县，治文谅县②。

五代十国时期，谅州一直领文谅、长上2县而未闻有何变更，治文谅县，一如唐末。

(1) 文谅县(907—959)　　　　(2) 长上县(907—959)

5. 陆州(907—959)，治宁海县(今越南广宁省芒街市)

《旧唐书》卷41《地理志四》、《新唐书》卷43上《地理志七上》皆载陆州领乌雷、华清、宁海等3县。唐末，陆州仍领此3县，治宁海县③。

五代十国时期，陆州一直领宁海、乌雷、华清等3县而未闻有何变更，治宁海县，一如唐末。

(1) 宁海县(907—959)　　　　(2) 乌雷县(907—959)
(3) 华清县(907—959)

6. 苏茂州(907—959)，治归化县(今越南广宁省先安县)

唐咸通七年(866)，升羁縻苏茂州为正州，所领羁縻归化、宾阳、安德等3县升为正县。唐末，苏茂州仍领此3县，治归化县④。

五代十国时期，苏茂州一直领归化、宾阳、安德等3县而未闻有何变更，治归化县，一如唐末。

(1) 归化县(907—959)　　　　(2) 宾阳县(907—959)
(3) 安德县(907—959)

7. 武安州(907—959)，治武安县(今越南广宁省汪秘市)

《新唐书》卷43上《地理志七上》载武安州领武安、临江2县。唐末，武安

---

① 参见郭声波：《中国行政区划通史·唐代卷》武定州沿革，第683页。
② 参见郭声波：《中国行政区划通史·唐代卷》谅州沿革，第685页。
③ 参见郭声波：《中国行政区划通史·唐代卷》陆州沿革，第686页。
④ 参见郭声波：《中国行政区划通史·唐代卷》苏茂州沿革，第687页。

州仍领此2县,治武安县①。

五代十国时期,武安州一直领武安、临江2县而未闻有何变更,治武安县,一如唐末。

(1) 武安县(907—959)　　　　(2) 临江县(907—959)

8. 郡州(907—959),治郡口县(治今越南海防市先朗县)

唐贞元六年(790),升羁縻郡州为正州,所领羁縻郡口、安乐2县升为正县。唐末,郡州仍领此2县,治郡口县②。

五代十国时期,郡州一直领郡口、安乐2县而未闻有何变更,治郡口县,一如唐末。

(1) 郡口县(907—959)　　　　(2) 安乐县(907—959)

9. 长州(907—959),治文阳县(今越南太平省武舒县)

《旧唐书》卷41《地理志四》、《新唐书》卷43上《地理志七上》皆载长州领文阳、铜蔡、长山、其常等4县。唐末,长州仍领此4县,治文阳县③。

五代十国时期,长州一直领文阳、铜蔡、长山、其常等4县而未闻有何变更,治文阳县,一如唐末。

(1) 文阳县(907—959)　　　　(2) 铜蔡县(907—959)
(3) 长山县(907—959)　　　　(4) 其常县(907—959)

10. 爱州(907—959),治九真县(今越南清化省清化市)

《旧唐书》卷41《地理志四》载爱州领九真、安顺、崇平、军宁、日南、无编等6县;《新唐书》卷43上《地理志七上》载爱州辖九真、安顺、崇平、军宁、日南、长林等6县,且在长林县下注曰:"本无编。"唐末,爱州领《新唐书·地理志》所载之6县,治九真县④。

五代十国时期,爱州一直领九真、安顺、崇平、军宁、日南、长林等6县而未闻有何变更,治九真县,一如唐末。

(1) 九真县(907—959)　　　　(2) 安顺县(907—959)
(3) 崇平县(907—959)　　　　(4) 军宁县(907—959)
(5) 日南县(907—959)　　　　(6) 长林县(907—959)

11. 演州(907—959),治忠义县(今越南义安省演州县)

唐广德二年(764),割驩州忠义、怀驩2县及爱州龙池县复置演州⑤。元

---

① 参见郭声波:《中国行政区划通史·唐代卷》武安州沿革,第660页。
② 参见郭声波:《中国行政区划通史·唐代卷》郡州沿革,第660页。
③ 参见郭声波:《中国行政区划通史·唐代卷》长州沿革,第661页。
④ 参见郭声波:《中国行政区划通史·唐代卷》爱州沿革,第663页。
⑤ 笔者按,唐演州曾于贞观十六年(642)废。参见《旧唐书》卷41《地理志四》驩州怀驩县下所载。

和十五年(820),演州领忠义、怀驩、龙池 3 县。其后,以废羁縻思农州之羁縻思农、武郎、武容、武金 4 县来属,升为正县。《新唐书》卷 43 上《地理志七上》所载演州即领忠义、怀驩、龙池、思农、武郎、武容、武金等 7 县。唐末,演州仍领此 7 县,治忠义县①。

五代十国时期,演州一直领忠义、怀驩、龙池、思农、武郎、武容、武金等 6 县而未闻有何变更,治忠义县,一如唐末。

(1) 忠义县(907—959)　　　(2) 怀驩县(907—959)
(3) 龙池县(907—959)　　　(4) 思农县(907—959)
(5) 武郎县(907—959)　　　(6) 武容县(907—959)
(7) 武金县(907—959)

12. 驩州(907—959),治九德县(今越南义安省荣市)

《旧唐书》卷 41《地理志四》、《新唐书》卷 43 上《地理志七上》皆载驩州领九德、浦阳、怀驩、越裳等 4 县。唐广德二年(764),怀驩割属演州。唐末,驩州领九德、浦阳、越裳等 3 县,治九德县②。

五代十国时期,驩州一直领九德、浦阳、越裳等 3 县而未闻有何变更,治九德县,一如唐末。

(1) 九德县(907—959)　　　(2) 浦阳县(907—959)
(3) 越裳县(907—959)

13. 唐林州(907—959),治柔远县(今越南河静省河静市)

《旧唐书》卷 41《地理志四》、《新唐书》卷 43 上《地理志七上》皆载福禄州领柔远、唐林 2 县。唐乾元元年(758),改为唐林州。其后,复置福禄县。唐末,唐林州领柔远、福禄、唐林等 3 县,治柔远县③。

五代十国时期,唐林州一直领柔远、福禄、唐林等 3 县而未闻有何变更,治柔远县,一如唐末。

(1) 柔远县(907—959)　　　(2) 福禄县(907—959)
(3) 唐林县(907—959)

---

① 参见郭声波:《中国行政区划通史·唐代卷》演州沿革,第 676 页。
② 参见郭声波:《中国行政区划通史·唐代卷》驩州沿革,第 670 页。
③ 参见郭声波:《中国行政区划通史·唐代卷》唐林州沿革,第 677 页。

附 录

一、政区示意图

Ⅰ. 总图（见本书书末所附折页）

Ⅱ. 区域图

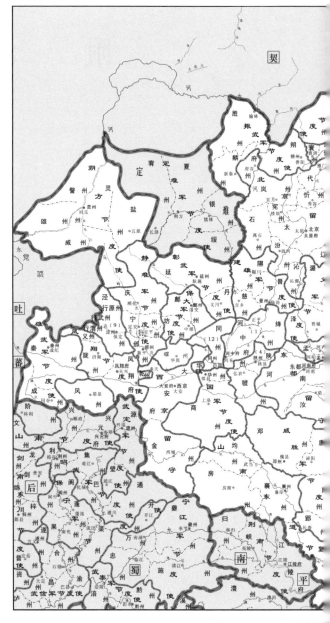

图Ⅱ-1　934年后唐辖

附 录

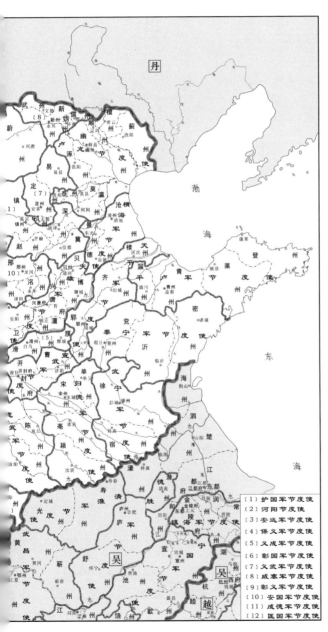

区示意图

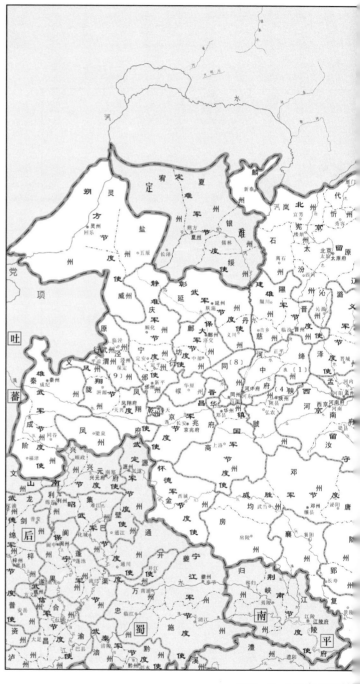

图Ⅱ-2　943年后晋辖

附 录 761

区示意图

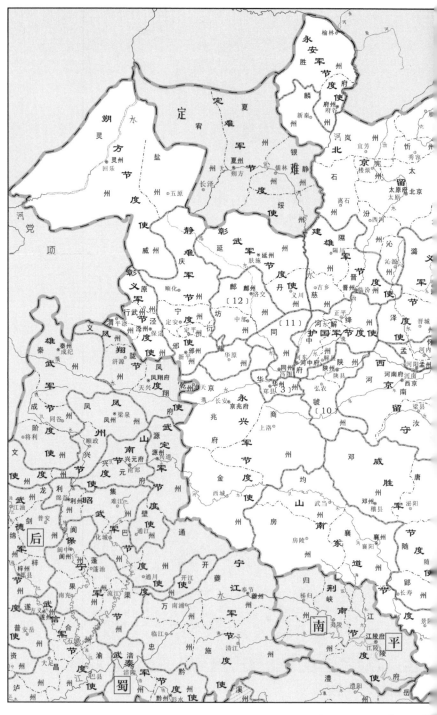

图Ⅱ-3 948年后汉

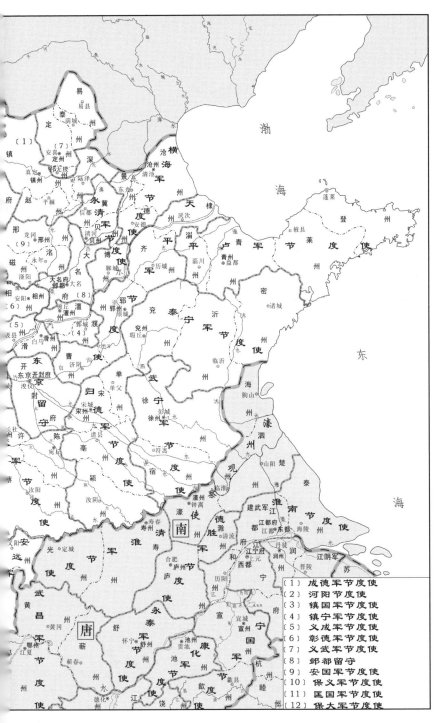

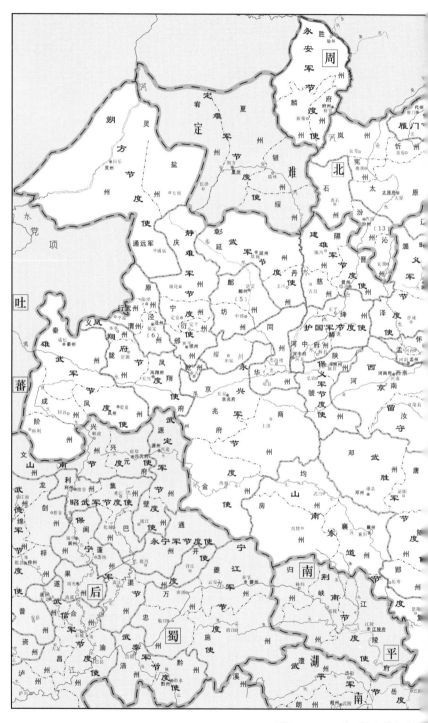

图Ⅱ-4 959年后周、北汉辖

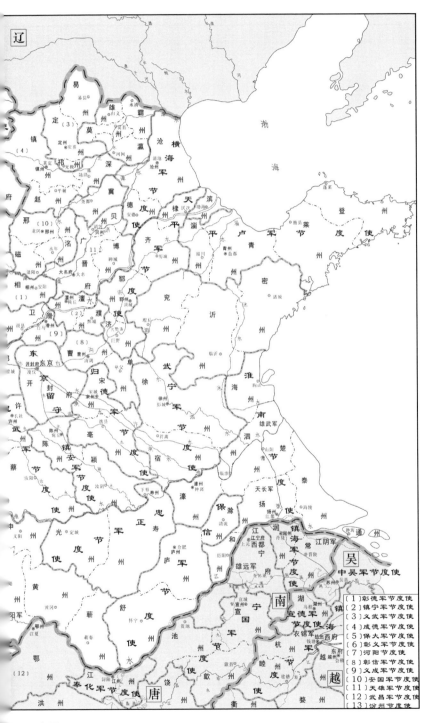

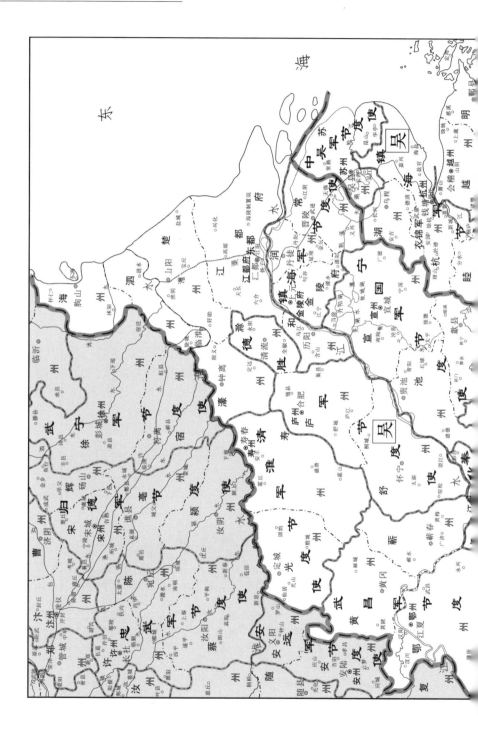

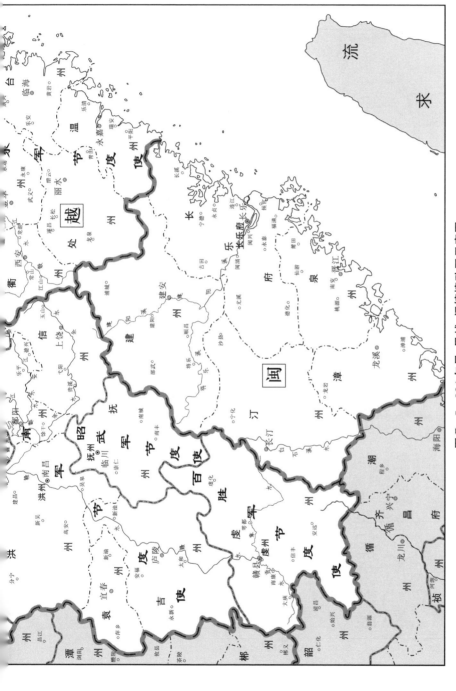

图Ⅱ-5 934年吴、吴越、闽辖境政区示意图

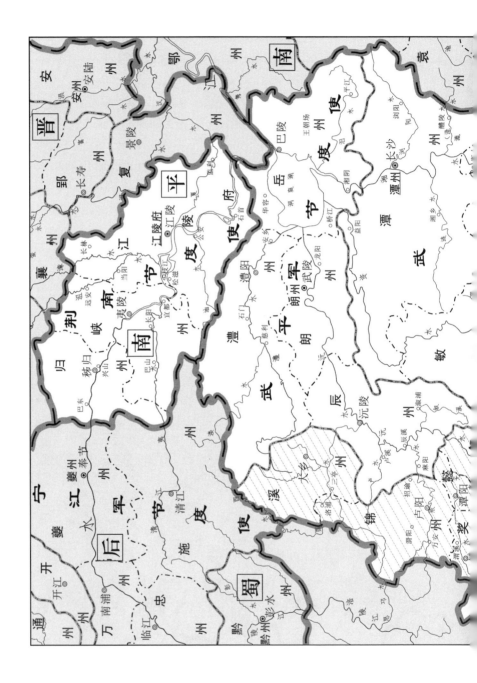

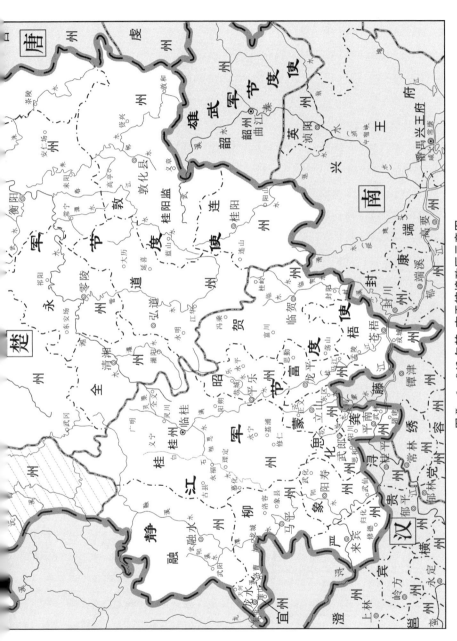

图Ⅱ-6 943年楚、南平辖境政区示意图

770　中国行政区划通史·五代十国卷

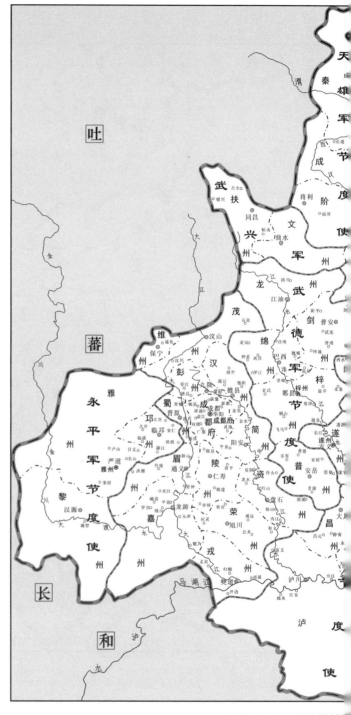

图Ⅱ-7　924年前蜀辖

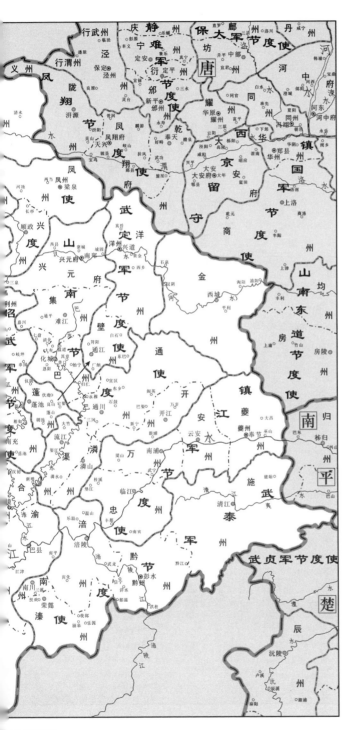

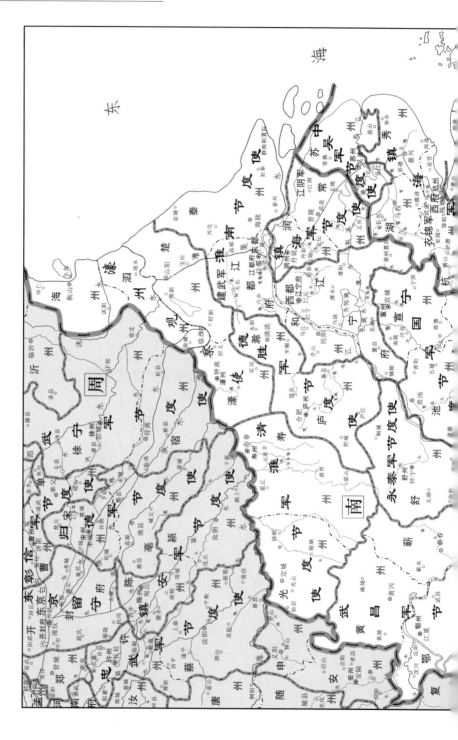

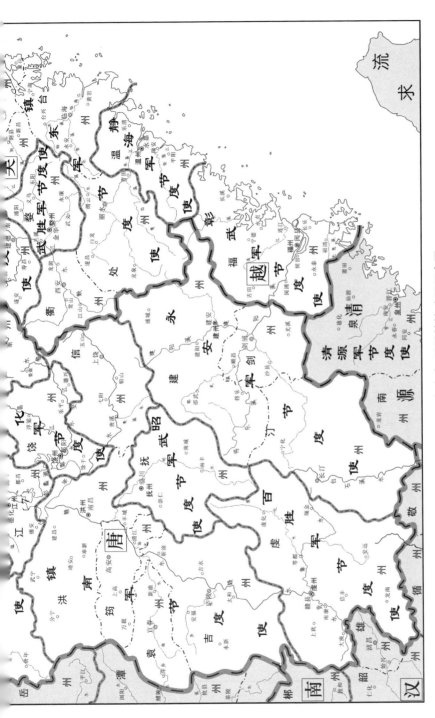

图 Ⅱ-8 954年南唐、吴越辖境政区示意图

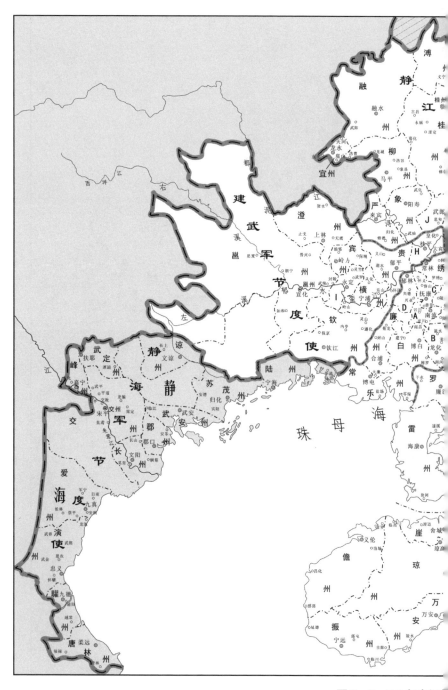

图Ⅱ-9 954年南汉

附　录　775

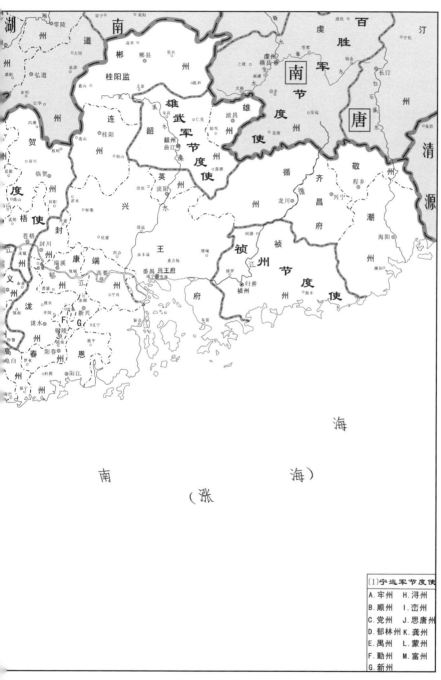

(1)宁远军节度使
A.牢州　H.浔州
B.顺州　I.峦州
C.党州　J.思唐州
D.郁林州　K.龚州
E.禺州　L.蒙州
F.勤州　M.富州
G.新州

示意图

二、政区沿革表

Ⅰ. 五代十国方镇建置沿革表

说明：

一、本表以政权为单位划分为 15 个子表，逐年反映五代十国时期各政权方镇的建置沿革。

二、为节省篇幅，除起讫之年外，各子表中仅列出各方镇有所变动（包括政权归属、置废、名称更改）的年代（遇特殊情况，或列出某年中的某月），其余的年份则从略。

三、各子表中每个方镇的序号为本卷概述编中的编号，以起查核便利之效。

四、各子表中方镇名称所系之年代，表明该方镇在该年或始置、已存、更名、来属、别属，或大约（至迟）在该年已置、已存、更名、来属、别属（以？表示）等，且在该年底见在。

表I-1 后梁方镇建置沿革表

公元	1.2	1.3	1.4	1.5	1.6	1.7	1.8	1.9	1.10	1.11	1.12	1.13	1.14	1.15	1.16	1.17	1.18
907年（21个）	东都留守（唐汴州宣武军节度使）		滑州宣义军节度使（唐旧镇）	郓州天平军节度使（唐旧镇）	兖州泰宁军节度使（唐旧镇）	青州平卢军节度使（唐旧镇）	徐州武宁军节度使（唐旧镇）	许州忠武军节度使（唐旧镇）	西都留守（唐河南府河南尹、东都留守）	陕州保义军节度使（唐旧镇）	孟州河阳军节度使（唐旧镇）	大安府佑国军节度使		同州匡国军节度使（唐旧镇）			灵州朔方军节度使（唐旧镇）	
908年（22个）									许州匡国军节度使	陕州镇国军节度使				同州忠武军节度使				
909年（27个）	东都留守		宋州宣武军节度使										大安府永平军节度使	华州感化军节度使	同州忠武军节度使	鄜州保大军节度使（自岐王来属）	延州忠义军节度使（自岐王来属）	
910年（25个）																		

1.19	1.20	1.21	1.22	1.23	1.24	1.25	1.26	1.27	1.28	1.29	1.30	1.31	1.32
河中府护国军节度使（唐旧镇）				荆南节度使（唐旧镇）	山南东道节度使（唐旧镇）	安州宣威军节度使（唐旧镇）	魏州天雄军节度使（唐旧镇）				镇州武顺军节度使（唐旧镇）	定州义武军节度使（唐旧镇）	沧州义昌军节度使（唐旧镇）
										邢州保义军节度使			
					山南东道节度使	邓州宣化军节度使							
河中府护国军节度使	晋州定昌军节度使										镇州成德军节度使（赵王）	定州义武军节度使（北平王）	沧州义昌军节度使（燕王）

公元	1.1	1.2	1.3	1.4	1.5	1.6	1.7	1.8	1.9	1.10	1.11	1.12	1.13	1.14	1.15	1.16	1.17	1.18
912年（25个）																		
913年（25个）																		
915年（28个）																		耀州义胜军节度使（自岐王来属）
916年（24个）																		崇州静胜军节度使
917年（24个）																		
918年（23个）					（属晋王）													

1.19	1.20	1.21	1.22	1.23	1.24	1.25	1.26	1.27	1.28	1.29	1.30	1.31	1.32
													沧州顺化军节度使
	（附于晋王）		河中府护国军节度使		（高季昌割据）								
邠州靖难军节度使（自岐王来属）								魏州天雄军节度使	相州昭德军节度使				
								（属晋王）	（废）	（属晋王）		（属晋王）	
	晋州建宁军节度使												

公元	1.1	1.2	1.3	1.4	1.5	1.6	1.7	1.8	1.9	1.10	1.11	1.12	1.14	1.13	1.15	1.16	1.17	1.18
919年（24个）					兖州泰宁军节度使													
920年（22个）														（属晋王）				
923年 九月（23个）																		

1.19	1.20	1.21	1.22	1.23	1.24	1.25	1.26	1.27	1.28	1.29	1.30	1.31	1.32
	（属晋王）												
			潞州匡义军节度使（自晋王来属）										

表1-2 后唐（晋王）方镇建置沿革表

公元	2.1	2.2	2.3	2.4	2.5	2.6	2.7	2.8	2.9	2.10	2.11	2.12	2.13	2.14	2.15
907年 （4个）															
908年正月 （5个）															
908年二月 （4个）															
911年 （4个）															

2.16	2.17	2.18	2.19	2.20	2.21	2.22	2.23	2.27	2.28	2.24	2.25	2.26	2.29	2.30	2.31
							河东节度使（唐旧镇）			潞州昭义军节度使（唐旧镇）			振武军节度使（唐旧镇）	天德军都团练防御使（唐旧镇）	
							河东节度使	云州大同军节度使						天德军都团练防御使	
								（废）						天德军都团练防御使	
														丰州天德军节度使（晋王新置）	

2.32	2.33	2.34	2.35	2.36	2.37	2.38	2.39	2.40	2.42	2.43	2.45	2.46	2.41	2.47	2.44

2.48	2.49	2.50

公元	2.1	2.2	2.3	2.4	2.5	2.6	2.7	2.8	2.9	2.10	2.11	2.12	2.13	2.14	2.15
912年（5个）															
913年（5个）															
914年（7个）															

2.16	2.17	2.18	2.19	2.20	2.21	2.22	2.23	2.27	2.28	2.24	2.25	2.26	2.29	2.30	2.31
											河中府护国军节度使（自后梁来属）				
											（属后梁）				

2.32	2.33	2.34	2.35	2.36	2.37	2.38	2.39	2.40	2.42	2.43	2.45	2.46	2.41	2.47	2.44
				幽州卢龙节度使（燕旧镇）											
	镇州成德军节度使（赵王旧镇）	定州义武军节度使（北平王旧镇）													

附　录　791

| 2.48 | 2.49 | 2.50 |

公元	2.1	2.2	2.3	2.4	2.5	2.6	2.7	2.8	2.9	2.10	2.11	2.12	2.13	2.14	2.15
915年 (9个)															
916年 (11个)															
918年 (12个)					兖州泰宁军节度使（自后梁来属）										

附　录　793

2.16	2.17	2.18	2.19	2.20	2.21	2.22	2.23	2.27	2.28	2.24	2.25	2.26	2.29	2.30	2.31
							河东节度使	云州大同军节度使							魏州天雄军节度使（自后梁来属）
													朔州振武军节度使（徙治朔州）		

2.32	2.33	2.34	2.35	2.36	2.37	2.38	2.39	2.40	2.42	2.43	2.45	2.46	2.41	2.47	2.44
邢州安国军节度使（自后梁来属）			沧州横海军节度使（自后梁来属）												

附 录 795

2.48	2.49	2.50

公元	2.1	2.2	2.3	2.4	2.5	2.6	2.7	2.8	2.9	2.10	2.11	2.12	2.13	2.14	2.15
919年 (11个)					(属后梁)										
920年 (12个)														同州忠武军节度使（自后梁来属）	
922年 (11个)															
923年三月 至十月 (33个)	东都留守	宋州宣武军节度使（后梁旧镇）	滑州宣义军节度使（后梁旧镇）	郓州天平军节度使（后梁旧镇）	兖州泰宁军节度使（后梁旧镇）	青州平卢军节度使（后梁旧镇）	徐州武宁军节度使（后梁旧镇）	许州匡国军节度使（后梁旧镇）	西都留守（后梁旧镇）	陕州镇国军节度使（后梁旧镇）	孟州河阳军节度使（后梁旧镇）	大安府永平军节度使（后梁旧镇）	崇州静胜军节度使（后梁旧镇）		华州感化军节度使（后梁旧镇）

2.16	2.17	2.18	2.19	2.20	2.21	2.22	2.23	2.27	2.28	2.24	2.25	2.26	2.29	2.30	2.31
										河中府护国军节度使（自后梁来属）				（属契丹）	
								（废）		潞州安义军节度使					
邠州静难军节度使（后梁旧镇）	鄜州保大军节度使（后梁旧镇）	延州忠义军节度使（后梁旧镇）	灵州朔方军节度使（后梁旧镇）	山南东道节度使（后梁旧镇）	邓州宣化军节度使（后梁旧镇）	安州宣威军节度使（后梁旧镇）	西京留守			潞州匡义军节度使（三至九月属后梁）		晋州建宁军节度使（后梁旧镇）			东京留守

2.32	2.33	2.34	2.35	2.36	2.37	2.38	2.39	2.40	2.42	2.43	2.45	2.46	2.41	2.47	2.44
	北都留守														

2.48	2.49	2.50

公元	2.1	2.2	2.3	2.4	2.5	2.6	2.7	2.8	2.9	2.10	2.11	2.12	2.13	2.14	2.15
923年十一月（33个）	许州宣武军节度使	宋州归德军节度使	滑州义成军节度使					许州忠武军节度使	洛京留守	陕州保义军节度使		西京留守	耀州顺义军节度使		华州镇国军节度使
924年（37个）															
925年（45个）									东都留守				（废）		
926年（46个）															

2.16	2.17	2.18	2.19	2.20	2.21	2.22	2.23	2.27	2.28	2.24	2.25	2.26	2.29	2.30	2.31
		延州彰武军节度使			邓州威胜军节度使	安州安远军节度使	北都留守			潞州安义军节度使（自后梁来属）		晋州建雄军节度使			
									云州大同军节度使						
							北京留守								邺都留守
								云州大同军节度使	应州彰国军节度使						

2.32	2.33	2.34	2.35	2.36	2.37	2.38	2.39	2.40	2.42	2.43	2.45	2.46	2.41	2.47	2.44
镇州成德军节度使															
				幽州卢龙节度使	新州威塞军节度使	凤翔节度使（岐王旧镇）	泾州彰义军节度使（岐王旧镇）								
								剑南西川节度使（以原前蜀地置）	遂州武信军节度使（前蜀旧镇）	利州昭武军节度使（前蜀旧镇）	剑南东川节度使（改原前蜀梓州武德军置）	洋州武定军节度使（前蜀旧镇）	山南西道节度使（前蜀旧镇）		

2.48	2.49	2.50
凤州武兴军节度使（前蜀旧镇）	秦州雄武军节度使（前蜀旧镇）	黔州武泰军节度使（前蜀旧镇）

公元	2.1	2.2	2.3	2.4	2.5	2.6	2.7	2.8	2.9	2.10	2.11	2.12	2.13	2.14	2.15
927年 （47个）															
929年 （48个）															
930年 （47个）															
932年 （47个）															
934年 （38个）															
936年十月 （38个）															

2.16	2.17	2.18	2.19	2.20	2.21	2.22	2.23	2.27	2.28	2.24	2.25	2.26	2.29	2.30	2.31
															魏州天雄軍節度使
								潞州昭义军节度使							

2.32	2.33	2.34	2.35	2.36	2.37	2.38	2.39	2.40	2.42	2.43	2.45	2.46	2.41	2.47	2.44
								夔州宁江军节度使（以原前蜀地置）							
											利州昭武军节度使	阆州保宁军节度使			
												（废）			
												阆州保宁军节度使			
									（属后蜀）	（属后蜀）	（属后蜀）	（属后蜀）	（属后蜀）	（属后蜀）	（属后蜀）

2.48	2.49	2.50
（废）		
		（旧后蜀）

表I-3 后晋方镇建置沿革表

公元	3.1	3.2	3.3	3.4	3.5	3.6	3.7	3.8	3.9	3.10	3.11	3.12	3.13	3.14	3.15	3.16	3.17	3.18	3.19	3.20	3.21	3.22
936年(38个)	汴州宣武军节度使(后唐旧镇)	宋州归德军节度使(后唐旧镇)	滑州义成军节度使(后唐旧镇)	郓州天平军节度使(后唐旧镇)	兖州泰宁军节度使(后唐旧镇)	青州平卢军节度使(后唐旧镇)	徐州武宁军节度使(后唐旧镇)	许州忠武军节度使(后唐旧镇)	东都留守	陕州保义军节度使(后唐旧镇)	孟州河阳军节度使(后唐旧镇)	西京留守	同州匡国军节度使(后唐旧镇)	华州镇国军节度使(后唐旧镇)	邠州静难军节度使(后唐旧镇)	鄜州保大军节度使(后唐旧镇)	延州彰武军节度使(后唐旧镇)	灵州朔方军节度使(后唐旧镇)	山南东道节度使(后唐旧镇)
937年(38个)																						
938年(35个)		东京留守										西京留守			京兆府晋昌军节度使							
939年(36个)															京兆府晋昌军节度使	金州怀德军节度使						

3.23	3.24	3.25	3.26	3.27	3.28	3.29	3.30	3.31	3.35	3.34	3.32	3.33	3.37	3.36	3.38	3.39	3.40	3.41	3.42	3.43	3.44
邓州威胜军节度使（后唐旧镇）	安州安远军节度使（后唐旧镇）	北京留守（后唐旧镇）	潞州昭义军节度使（后唐旧镇）	河中府护国军节度使（后唐旧镇）	晋州建雄军节度使（后唐旧镇）	云州大同军节度使（后唐旧镇）	应州彰国军节度使（后唐旧镇）	朔州振武军节度使（后唐旧镇）		兴唐府天雄军节度使（后唐旧镇）			镇州成德军节度使（后唐旧镇）	邢州安国军节度使（后唐旧镇）	定州义武军节度使（后唐旧镇）	沧州横海军节度使（后唐旧镇）	幽州卢龙军节度使（后唐旧镇）	新州威塞军节度使（后唐旧镇）	凤翔节度使（后唐旧镇）	泾州彰义军节度使（后唐旧镇）	秦州雄武军节度使（后唐旧镇）
										广晋府天雄军节度使											
									（属契丹）	（废）	相州彰德军节度使	邺都留守 贝州永清军节度使	镇州成德军节度使					（属契丹）			

公元	3.1	3.2	3.3	3.4	3.5	3.6	3.7	3.8	3.9	3.10	3.11	3.12	3.13	3.14	3.15	3.16	3.17	3.18	3.19	3.20	3.21	3.22
940年（35个）																						
942年（34个）																						（废）
944年（33个）							（废）								（废）							
945年（35个）				郓州天平军节度使	曹州威信军节度使			许州忠武军节度使	陈州镇安军节度使													
946年十一月（35个）																						

3.23	3.24	3.25	3.26	3.27	3.28	3.29	3.30	3.31	3.35	3.34	3.32	3.33	3.37	3.36	3.38	3.39	3.40	3.41	3.42	3.43	3.44
	（废）																				
													恒州顺国军节度使								
									澶州镇宁军节度使	相州彰德军节度使											
													广晋府天雄军节度使								

表 I-4 后汉方镇建置沿革表

公元	4.1	4.2	4.3	4.4	4.5	4.6	4.7	4.8	4.9	4.10	4.11	4.12	4.13	4.14	4.15	4.16	4.17	4.18
947年（35个）	东京留守（后晋旧镇）	宋州归德军节度使（后晋旧镇）	滑州义成军节度使（后晋旧镇）	郓州天平军节度使（后晋旧镇）	兖州泰宁军节度使（后晋旧镇）	青州平卢军节度使（后晋旧镇）	徐州武宁军节度使（后晋旧镇）	许州忠武军节度使（后晋旧镇）	西京留守（后晋旧镇）	陕州保义军节度使（后晋旧镇）	孟州河阳军节度使（后晋旧镇）	京兆府晋昌军节度使（后晋旧镇）	同州匡国军节度使（后晋旧镇）	华州镇国军节度使（后晋旧镇）	邠州静难军节度使（后晋旧镇）	鄜州保大军节度使（后晋旧镇）	延州彰武军节度使（后晋旧镇）	灵州朔方军节度使（后晋旧镇）
948年（35个）												京兆府永兴军节度使						
949年（36个）																		
950年十一月（35个）																		

4.19	4.20	4.21	4.22	4.23	4.24	4.25	4.26	4.27	4.28	4.29	4.30	4.31	4.32	4.33	4.34	4.35	4.36
山南东道节度使（后晋旧镇）	邓州威胜军节度使（后晋旧镇）	安州安远军节度使（后晋旧镇）	北京留守（后晋旧镇）	府州永安军节度使（后晋旧镇）	潞州昭义军节度使（后晋旧镇）	河中府护国军节度使（后晋旧镇）	晋州建雄军节度使（后晋旧镇）	广晋府天雄军节度使（后晋旧镇）	贝州永清军节度使（后晋旧镇）	相州彰德军节度使（后晋旧镇）	澶州镇宁军节度使（后晋旧镇）	邢州安国军节度使（后晋旧镇）	镇州成德军节度使（后晋旧镇）		沧州横海军节度使（后晋旧镇）	凤翔节度使（后晋旧镇）	泾州彰义军节度使（后晋旧镇）
								大名府天雄军节度使					定州义武军节度使			（属后蜀）	
																凤翔节度使	
			（废）														

表I-5 后周方镇建置沿革表

公元	5.1	5.2	5.3	5.4	5.5	5.6	5.7	5.8	5.9	5.10	5.11	5.12	5.13	5.14	5.15	5.16	5.17	5.18	5.19	5.20	5.21
951年（34个）	东京留守（后汉旧镇）	宋州归德军节度使（后汉旧镇）	滑州义成军节度使（后汉旧镇）	郓州天平军节度使（后汉旧镇）		兖州泰宁军节度使（后汉旧镇）	青州平卢军节度使（后汉旧镇）	徐州武宁军节度使（后汉旧镇）	许州忠武军节度使（后汉旧镇）		西京留守（后汉旧镇）	陕州保义军节度使（后汉旧镇）	孟州河阳军节度使（后汉旧镇）	京兆府永兴军节度使（后汉旧镇）	同州匡国军节度使（后汉旧镇）	华州镇国军节度使（后汉旧镇）	邠州静难军节度使（后汉旧镇）	鄜州保大军节度使（后汉旧镇）	延州彰武军节度使（后汉旧镇）	灵州朔方军节度使（后汉旧镇）	山南东道节度使（后汉旧镇）
952年（35个）				郓州天平军节度使	曹州彰信军节使	（废）			许州忠武军节度使	陈州镇安军节度使											
954年（33个）																（废）					
955年（34个）																					

5.22	5.23	5.24	5.25	5.26	5.27	5.28	5.29	5.30	5.31	5.32	5.33	5.34	5.35	5.36	5.37	5.38	5.39	5.40	5.41	5.42	5.43
邓州威胜军节度使（后汉旧镇）	安州安远军节度使（后汉旧镇）	潞州昭义军节度使（后汉旧镇）	河中府护国军节度使（后汉旧镇）	晋州建雄军节度使（后汉旧镇）		大名府天雄军节度使（后汉旧镇）	贝州永清军节度使（后汉旧镇）	相州彰德军节度使（后汉旧镇）	澶州镇宁军节度使（后汉旧镇）	邢州安国军节度使（后汉旧镇）	镇州成德军节度使（后汉旧镇）	定州义武军节度使（后汉旧镇）	沧州横海军节度使（后汉旧镇）	凤翔节度使	泾州彰义军节度使（后汉旧镇）						
邓州武胜军节度使																					
	府州永安军节度使（复置）				代州静塞军节度使（旋废）	汾州宁化军节度使（旋废）		（废）													
																		秦州雄武节度使（后蜀旧镇）			

公元	5.1	5.2	5.3	5.4	5.5	5.6	5.7	5.8	5.9	5.10	5.11	5.12	5.13	5.14	5.15	5.16	5.17	5.18	5.19	5.20	5.21
956年（35个）																					
957年（35个）																					
958年（36个）															（废）						
959年（36个）																					

5.22	5.23	5.24	5.25	5.26	5.27	5.28	5.29	5.30	5.31	5.32	5.33	5.34	5.35	5.36	5.37	5.38	5.39	5.40	5.41	5.42	5.43
																			（以原南唐地置）		
																			（属南唐）	寿州忠正军节度使（自南唐来属）	
																			扬州淮南节度使（以原南唐地增置）		庐州保信军节度使（自南唐来属）

表I-6 前蜀方镇建置沿革表

公元	6.1	6.2	6.3	6.4	6.9	6.5	6.6	6.7	6.8	6.10	6.11	6.12	6.13
907年 (9个)	（直隶地区）（唐剑南西川节度使）	剑南东川节度使（唐旧镇）	遂州武信军节度使（唐旧镇）	雅州永平军节度使（前蜀新置）	山南节度使（唐山南西道节度使）		巴开渠都团练观察使（唐都团练观察使）	忠州镇江军节度使（唐旧镇）	涪州武泰军观察使（唐旧镇）	利州都团练观察使（唐旧镇）	洋州武定军节度使（唐旧镇）		
908年 (9个)		梓州天贞军节度使				金州雄武军节度使	（废）						
910年 (9个)		剑南东川节度使											
912年 (9个)		梓州武德军节度使											
914年 (9个)								夔州镇江军节度使	黔州武泰军节度使				

附　录　819

公元	6.1	6.2	6.3	6.4	6.9	6.5	6.6	6.7	6.8	6.10	6.11	6.12	6.13
915年 (11个)												秦州天雄军节度使（自岐王来属）	凤州武兴军节度使（前蜀新置）
916年 (11个)										利州昭武军节度使			
920年 (10个)						（废）							
925年十一月（10个)													

表I-7 后蜀方镇建置沿革表

公元	7.1	7.2	7.3	7.5	7.7	7.8	7.14	7.9	7.10	7.6	7.4	7.11	7.12	7.13
934年（9个）	（直隶地区）（后唐剑南西川节度）	剑南东川节度使（后唐旧镇）	遂州武信军节度使（后唐旧镇）	夔州宁江军节度使（后唐旧镇）	山南节度使（后唐山南西道节度使）	利州昭武军节度使（后唐旧镇）		阆州保宁军节度使（后唐旧镇）	源州武定军节度使（后唐旧镇）	黔州武泰军节度使（后唐旧镇）	雅州永平军节度使（后蜀新置）			
941年（9个）		梓州武德军节度使												
947年（11个）												凤州节度使（以后晋地置）	秦州雄武节度使（自后晋来属）	
948年（12个）														凤翔（岐阳军）节度使（自后汉来属）

公元	7.1	7.2	7.3	7.5	7.7	7.8	7.14	7.9	7.10	7.6	7.4	7.11	7.12	7.13
949年（11个）														（属后汉）
955年九月（10个）												凤州威武军节度使	（属后周）	
955年十一月（9个）													（属后周）	
958年（10个）						利州昭武军节度使	果州永宁军节度使	阆州保宁军节度使						
959年（10个）														

表I-8 南平（荆南）方镇建置沿革表

公元	8.1
913年(1个)	荆南节度使（后梁旧镇）
959年(1个)	

表I-9 楚国（楚王）方镇建置沿革表

公元	9.1	9.2	9.3	9.4
907年(2个)	潭州武安军节度使（唐旧镇）		桂州静江军节度使（唐旧镇）	
908年(3个)		朗州永顺军节度使（原为雷彦恭所控）		
910年(4个)				容州宁远军节度使（原为庞巨昭所控）
911年(3个)				（属南汉）
922年(3个)		朗州武顺军节度使		
923年(3个)	朗州武贞军节度使			
927年(3个)	长沙府武安军节度使			
930年(3个)	潭州武安军节度使（臣属后唐）	（臣属后唐）	（臣属后唐）	
931年(3个)	朗州武平军节度使			
934年(3个)		（复楚国）	（复楚国）	（复楚国）
950年十月(2个)				（属南唐）

表I-10 吴国（吴王）方镇建置沿革表

公元	10.2	10.1	10.3	10.4	10.5	10.6	10.7	10.8	10.10	10.9	10.11	10.12
907年 (4个)		扬州淮南节度使（唐旧镇）					宣州都团练观察使（唐旧镇）	鄂岳都团练观察使（唐旧镇）		洪州镇南军节度使（唐旧镇）		
912年 (5个)					润州镇海军节度使（吴王新置）			鄂州武昌军节度使				
915年 (4个)							（废入镇海军）					
917年 (6个)		扬州淮南节度使	濠州清淮军节度使	庐州都团练观察使	昇州镇海军节度使							
918年 (8个)	泗州静淮军节度使（吴王新置）	扬州淮南节度使										虔州百胜军节度使（自后梁来属）

公元	10.2	10.1	10.3	10.4	10.5	10.6	10.7	10.8	10.10	10.9	10.11	10.12
919年（7个）	（废，所领泗州直隶）	（废，所领诸州直隶）	庐州德胜军节度使	昇州镇海军节度使	宣州宁国军节度使							
920年（7个）					金陵府镇海军节度使							
921年（9个）									抚州昭武军节度使	洪州镇南军节度使	江州奉化军节度使	
927年（9个）			寿州清淮军节度使									
937年九月（9个）					江宁府镇海军节度使							

表I-11 南唐方镇建置沿革表

公元	11.1	11.3	11.2	11.4	11.5	11.6	11.7	11.8	11.9	11.10	11.11	11.14	11.12	11.13
937年（9个）	（直隶地区一）（原吴直隶地区）		寿州清淮军节度使（吴旧镇）	庐州德胜军节度使（吴旧镇）	（直隶地区二）（原吴江宁府镇）	润州镇海军节度使（吴旧镇、原吴部分辖区）	宜州宁国军节度使（吴旧镇）		鄂州武昌军节度使（吴旧镇）	洪州镇南军节度使（吴旧镇）		抚州昭武军节度使（吴旧镇）	江州奉化军节度使（吴旧镇）
938年（10个）							宣州宁国军节度使	池州康化军节度使					
943年（13个）	（直隶地区一）	濠州定远军节度使		庐州德胜军节度使	舒州永泰军节度使（？）					洪州镇南军节度使	饶州永平军节度使（？）		
944年（13个）		濠州观察使											
945年（15个）													

11.15	11.16	11.17	11.18	11.19
虔州百胜军节度使（吴旧镇）				
		建州永安军节度使（以原闽地置）	福州威武军节度使（以原闽地置）	

公元	11.1	11.3	11.2	11.4	11.5	11.6	11.7	11.8	11.9	11.10	11.11	11.14	11.12	11.13
947年（14个）												饶州安化军节度使（?）		
949年（14个）														
950年（15个）														
951年（15个）														
952年（14个）														

11.15	11.16	11.17	11.18	11.19
			（属吴越）	
				朗州武平军节度使（自楚来属）
	潭州武安军节度使（自楚来属）			（属湖南）
	（属湖南）			

附　录　829

公元	11.1	11.3	11.2	11.4	11.5	11.6	11.7	11.8	11.9	11.10	11.11	11.14	11.12	11.13
954年 （13个）									（废）					
956年 （12个）					（废）									
957年 （10个）		（降为濠州团练使）	（属后周）											
958年 （9个）			（属后周）											
959年 （8个）											（直隶地区三）			

11.15	11.16	11.17	11.18	11.19
		建州忠义军节度使		

表I-12 吴越方镇建置沿革表

公元	12.3	12.1	12.2	12.4	12.5	12.6	12.7
907年(2个)		杭州镇海军节度使（唐旧镇）		越州镇东军节度使（唐旧镇）			
908年(2个)		杭州镇海军节度使		越州镇东军节度使			
915年(3个)		杭州镇海军节度使	苏州中吴军节度使（？）				
939年(5个)			越州（东府）镇东军节度使	温州静海军节度使	婺州武胜军节度使		

公元	12.3	12.1	12.2	12.4	12.5	12.6	12.7
947年(6个)							福州威武军节度使（自南唐来属）
951年(6个)							福州彰武军节度使
959年(7个)	湖州宣德军节度使	杭州镇海军节度使					

表I-13 闽国（闽王）方镇建置沿革表

公元	13.1	13.2	公元	13.1	13.2
907年（1个）	福州威武军节度使	（唐旧镇）	943年		（废，所领诸州直隶殷国）
933年		（直隶地区）			
941年（1个）		建州镇安（镇武）军节度使（闽新置）	945年七月		

表I-14 南汉方镇建置沿革表

公元	14.1	14.4	14.2	14.3	14.5	14.6
907年（1个）	琼州管内招讨游奕使（唐旧镇）	广州清海军节度使（唐旧镇）				
911年（3个）				容州宁远军节度使（原属楚王）	邕州建武军节度使（原为叶广略所控）	
917年（4个）	（废，所领诸州直隶）	（废，所领诸州直隶）	祯州节度使	韶州雄武军节度使		

公元	14.1	14.4	14.2	14.3	14.5	14.6	14.7
951年（5个）							桂州静江军节度使（楚旧镇）
957年（6个）						齐昌府兴宁军节度使（？）	
959年（6个）							

表I-15 北汉方镇建置沿革表

公元	15.1	15.2	15.3
951年	（直隶地区）		
953年(2个)		雁门节度使	汾州节度使
954年(2个)		（四、五月间一度属后周。旋复）	（四、五月间一度属后周。旋复）
959年(2个)			

Ⅱ．五代十国时期政区沿革表

说明：

一、本表大体以一个或数个高层政区（留守、节度使）或直隶地区为一组，按地域分割为 29 个子表，逐年反映五代十国时期各政权县级以上政区的变迁。

二、为节省篇幅，除起迄之年外，各子表中仅列出各级政区有所变动（包括政权归属、政区的置废、政区名称更改、政区统领数目增减等，在表中用斜体字表示）的年代（遇特殊情况，或列出某年中的某月），其余的年份则从略。

三、各子表中的每个变动年代之下又细分为三栏，分别由"方镇"（代表高层政区或直隶地区）、"府、州"（代表准高层政区、统县政区、准统县政区）、县（代表县级政区、准县级政区）组成。

四、各子表中县级及县级以上政区名称所系之年代，表明该政区在该年或始置、已存、更名、来属、别属，或大约（至迟）在该年已置、已存、更名、来属、别属（以？表示）等，且在该年底见在。

表II-1 东都(东京)留守(汴州宣武军节度使)[含宋州宣武军(归德军)节度使]、许州忠武军(匡国军)(含陈州镇安军)节度使、崇德军辖区沿革表

公元	907年			908年		
政区	方镇	府、州	县	方镇	府、州	县
崇德军	(直属后梁)	崇德军		(直属后梁)	崇德军	
东都(东京)留守(汴州宣武军节度使)[含宋州宣武军(归德军)节度使、崇德军]	东都留守(后梁,1府4州1军)	开封府(6县)	浚仪、开封、尉氏、封丘、雍丘、陈留	东都留守(后梁,1府4州1军)	开封府(6县)	浚仪、开封、尉氏、封丘、雍丘、陈留
		宋州(6县)	宋城、宁陵、下邑、谷熟、柘城、襄邑		宋州(6县)	宋城、宁陵、下邑、谷熟、柘城、襄邑
		亳州(7县)	谯、酂、鹿邑、真源、永城、蒙城、焦夷		亳州(7县)	谯、酂、鹿邑、真源、永城、蒙城、焦夷
		辉州(5县)	单父、砀山、虞城、成武、楚丘		辉州(5县)	单父、砀山、虞城、成武、楚丘
		颍州(4县)	汝阴、颍上、下蔡、沈丘		颍州(4县)	汝阴、颍上、下蔡、沈丘
许州忠武军(匡国军)(含陈州镇安军)节度使	许州忠武军节度使(后梁,2州)	陈州(6县)	宛丘、太康、项城、溵水、南顿、西华	许州匡国军节度使(后梁,3州)	陈州(6县)	宛丘、太康、项城、溵水、南顿、西华
		许州(9县)	长社、长葛、阳翟、许昌、鄢陵、扶沟、临颍、舞阳、郾城		许州(9县)	长社、长葛、阳翟、许昌、鄢陵、扶沟、临颍、舞阳、郾城
		蔡州(10县)?	汝阳、上蔡、平舆、西平、遂平、朗山、真阳、新息、苞孚、新蔡		蔡州(10县)?	汝阳、上蔡、平舆、西平、遂平、朗山、真阳、新息、苞孚、新蔡

909年			910年		
方镇	府、州	县	方镇	府、州	县
（直属后梁）	崇德军		（直属后梁）	崇德军	
东都留守（后梁，1府）	开封府（15县）	浚仪、开封、尉氏、封丘、雍丘、陈留、*酸枣、长垣*、中牟、阳武、*襄邑、戴邑、扶沟*、鄢陵、太康	东都留守（后梁，1府）	开封府（15县）	浚仪、开封、尉氏、封丘、雍丘、陈留、酸枣、长垣、中牟、阳武、襄邑、戴邑、扶沟、鄢陵、太康
宋州宣武军节度使（后梁，4州）	宋州（5县）	宋城、宁陵、下邑、谷熟、柘城	宋州宣武军节度使（后梁，4州）	宋州（6县）	宋城、宁陵、下邑、谷熟、柘城、*楚丘*
	亳州（7县）	谯、酂、鹿邑、真源、永城、蒙城、焦夷		亳州（7县）	谯、酂、鹿邑、真源、永城、蒙城、焦夷
	辉州（5县）	单父、砀山、虞城、成武、楚丘		辉州（4县）	单父、砀山、虞城、成武
	颍州（4县）	汝阴、颍上、下蔡、沈丘		颍州（4县）	汝阴、颍上、下蔡、沈丘
许州匡国军节度使（后梁，3州）	陈州（5县）	宛丘、项城、溵水、南顿、西华	许州匡国军节度使（后梁，3州）	陈州（5县）	宛丘、项城、溵水、南顿、西华
	许州（9县）	长社、长葛、阳翟、许昌、临颍、舞阳、郾城、叶县、*襄城*		许州（9县）	长社、长葛、阳翟、许昌、临颍、舞阳、郾城、叶县、襄城
	蔡州（10县）	汝阳、上蔡、平舆、西平、遂平、朗山、真阳、新息、苞孚、新蔡		蔡州（10县）	汝阳、上蔡、平舆、西平、遂平、朗山、真阳、新息、苞孚、新蔡

921年			923年		
方镇	府、州	县	方镇	府、州	县
（直属后梁）	崇德军		（直属后唐）	崇德军	
东都留守（后梁，1府）	开封府（15县）	浚仪、开封、尉氏、封丘、雍丘、陈留、酸枣、长垣、中牟、阳武、襄邑、戴邑、扶沟、鄢陵、太康	汴州宣武军节度使（后唐，1州）	汴州（15县）	浚仪、开封、尉氏、封丘、雍丘、陈留、酸枣、长垣、中牟、阳武、襄邑、戴邑、扶沟、鄢陵、太康
宋州宣武军节度使（后梁，4州）	宋州（6县）	宋城、宁陵、下邑、谷熟、柘城、楚丘	宋州归德军节度使（后唐，4州）	宋州（6县）	宋城、宁陵、下邑、谷熟、柘城、楚丘
	亳州（7县）	谯、酂、鹿邑、真源、永城、蒙城、夷父		亳州（7县）	谯、酂、鹿邑、真源、永城、蒙城、城父
	辉州（4县）	单父、砀山、虞城、成武		辉州（4县）	单父、砀山、虞城、成武
	颍州（4县）	汝阴、颍上、下蔡、沈丘		颍州（4县）	汝阴、颍上、下蔡、沈丘
许州匡国军节度使（后梁，3州）	陈州（5县）	宛丘、项城、溵水、南顿、西华	许州忠武军节度使（后唐，3州）	陈州（5县）	宛丘、项城、溵水、南顿、西华
	许州（9县）	长社、长葛、阳翟、许昌、临颍、舞阳、郾城、叶县、襄城		许州（9县）	长社、长葛、阳翟、许田、临颍、舞阳、郾城、叶县、襄城
	蔡州（10县）	汝阳、上蔡、平舆、西平、遂平、朗山、真阳、新息、苞孚、新蔡		蔡州（10县）	汝阳、上蔡、平舆、西平、遂平、朗山、真阳、新息、褒信、新蔡

924年			926年		
方镇	府、州	县	方镇	府、州	县
(废)					
				曹州（4县，自郓州天平军节度使来属）	济阴、宛句、乘氏、南华
汴州宣武军节度使（后唐，1州）	汴州（10县）	浚仪、开封、尉氏、封丘、雍丘、陈留、匡城（原长垣）、阳武、考城（原戴邑）、扶沟	汴州宣武军节度使（后唐，2州）	汴州（9县）	浚仪、开封、尉氏、封丘、雍丘、陈留、匡城、阳武、考城
宋州归德军节度使（后唐，4州）	宋州（8县）	宋城、宁陵、下邑、谷熟、柘城、楚丘、襄邑、虞城	宋州归德军节度使（后唐，4州）	宋州（8县）	宋城、宁陵、下邑、谷熟、柘城、楚丘、襄邑、虞城、
	亳州（7县）	谯、酂、鹿邑、真源、永城、蒙城、城父		亳州（7县）	谯、酂、鹿邑、真源、永城、蒙城、城父
	单州（5县）	单父、砀山、成武、鱼台、金乡		单州（5县）	单父、砀山、成武、鱼台、金乡
	颍州（4县）	汝阴、颍上、下蔡、沈丘		颍州（4县）	汝阴、颍上、下蔡、沈丘
许州忠武军节度使（后唐，3州）	陈州（6县）	宛丘、太康、项城、溵水、南顿、西华	许州忠武军节度使（后唐，3州）	陈州（6县）	宛丘、太康、项城、溵水、南顿、西华
	许州（8县）	长社、长葛、阳翟、许田、临颍、舞阳、郾城、鄢陵		许州（9县）	长社、长葛、阳翟、许田、临颍、舞阳、郾城、鄢陵、扶沟
	蔡州（10县）	汝阳、上蔡、平舆、西平、遂平、朗山、真阳、新息、褒信、新蔡		蔡州（10县）	汝阳、上蔡、平舆、西平、遂平、朗山、真阳、新息、褒信、新蔡

936年			937年		
方镇	府、州	县	方镇	府、州	县
汴州宣武军节度使（后晋，2州）	曹州（4县）	济阴、冤句、乘氏、南华	汴州宣武军节度使（后晋，2州）	曹州（4县）	济阴、冤句、乘氏、南华
	汴州（9县）	浚仪、开封、尉氏、封丘、雍丘、陈留、匡城、阳武、考城		汴州（9县）	浚仪、开封、尉氏、封丘、*杞*、陈留、匡城、阳武、考城
宋州归德军节度使（后晋，4州）	宋州（8县）	宋城、宁陵、下邑、谷熟、柘城、楚丘、襄邑、虞城	宋州归德军节度使（后晋，4州）	宋州（8县）	宋城、宁陵、下邑、谷熟、柘城、楚丘、襄邑、虞城
	亳州（7县）	谯、酂、鹿邑、真源、永城、蒙城、城父		亳州（7县）	谯、酂、鹿邑、真源、永城、蒙城、城父
	单州（5县）	单父、砀山、成武、鱼台、金乡		单州（5县）	单父、砀山、成武、鱼台、金乡
	颍州（4县）	汝阴、颍上、下蔡、沈丘		颍州（4县）	汝阴、颍上、下蔡、沈丘
许州忠武军节度使（后晋，3州）	陈州（6县）	宛丘、太康、项城、溵水、南顿、西华	许州忠武军节度使（后晋，3州）	陈州（6县）	宛丘、太康、项城、溵水、南顿、西华
	许州（9县）	长社、长葛、阳翟、*许昌*、临颍、舞阳、郾城、鄢陵、扶沟		许州（9县）	长社、长葛、阳翟、*许昌*、临颍、舞阳、郾城、鄢陵、*扶沟*
	蔡州（10县）	汝阳、上蔡、平舆、西平、遂平、朗山、真阳、新息、褒信、新蔡		蔡州（10县）	汝阳、上蔡、平舆、西平、遂平、朗山、真阳、新息、褒信、新蔡

方镇	府、州	县	方镇	府、州	县
		938年			940年
		(还属郓州天平军节度使)			
东京留守（后晋，1府）	开封府（15县）	浚仪、开封、尉氏、封丘、杞县、陈留、酸枣、匡城、中牟、阳武、襄邑、考城、扶沟、鄢陵、太康	东京留守（后晋，1府）	开封府（15县）	浚仪、开封、尉氏、封丘、杞县、陈留、酸枣、匡城、中牟、阳武、襄邑、考城、扶沟、鄢陵、太康
宋州归德军节度使（后晋，4州）	宋州（7县）	宋城、宁陵、下邑、谷熟、柘城、楚丘、虞城	宋州归德军节度使（后晋，4州）	宋州（7县）	宋城、宁陵、下邑、谷熟、柘城、楚丘、虞城
	亳州（7县）	谯、鄟、鹿邑、真源、永城、蒙城、城父		亳州（7县）	谯、鄟、鹿邑、真源、永城、蒙城、城父
	单州（5县）	单父、砀山、成武、鱼台、金乡		单州（5县）	单父、砀山、成武、鱼台、金乡
	颍州（4县）	汝阴、颍上、下蔡、沈丘		颍州（4县）	汝阴、颍上、下蔡、沈丘
许州忠武军节度使（后晋，3州）	陈州（5县）	宛丘、项城、溵水、南顿、西华	许州忠武军节度使（后晋，4州）	陈州（5县）	宛丘、项城、溵水、南顿、西华
	许州（7县）	长社、长葛、阳翟、许昌、临颍、舞阳、郾城		许州（7县）	长社、长葛、阳翟、许昌、临颍、舞阳、郾城
	蔡州（10县）	汝阳、上蔡、平舆、西平、遂平、朗山、真阳、新息、褒信、新蔡		蔡州（10县）	汝阳、上蔡、平舆、西平、遂平、朗山、真阳、新息、褒信、新蔡
				申州（3县，自安州安远军节度使来属）	义阳、钟山、罗山

945年			947年		
方镇	府、州	县	方镇	府、州	县
东京留守（后晋，1府）	开封府（15县）	浚仪、开封、尉氏、封丘、杞县、陈留、酸枣、匡城、中牟、阳武、襄邑、考城、扶沟、鄢陵、太康	东京留守（后汉，1府）	开封府（15县）	浚仪、开封、尉氏、封丘、雍丘、陈留、酸枣、匡城、中牟、阳武、襄邑、考城、扶沟、鄢陵、太康
宋州归德军节度使（后晋，4州）	宋州（7县）	宋城、宁陵、下邑、谷熟、柘城、楚丘、虞城	宋州归德军节度使（后汉，4州）	宋州（7县）	宋城、宁陵、下邑、谷熟、柘城、楚丘、虞城
	亳州（7县）	谯、酂、鹿邑、真源、永城、蒙城、城父		亳州（7县）	谯、酂、鹿邑、真源、永城、蒙城、城父
	单州（5县）	单父、砀山、成武、鱼台、金乡		单州（5县）	单父、砀山、成武、鱼台、金乡
	颍州（4县）	汝阴、颍上、下蔡、沈丘		颍州（4县）	汝阴、颍上、下蔡、沈丘
陈州镇安军节度使（后晋，1州）	陈州（5县）	宛丘、项城、溵水、南顿、西华	陈州镇安军节度使（后汉，1州）	陈州（5县）	宛丘、项城、溵水、南顿、西华
许州忠武军节度使（后晋，3州）	蔡州（10县）	汝阳、上蔡、平舆、西平、遂平、朗山、真阳、新息、褒信、新蔡	许州忠武军节度使（后汉，3州）	许州（7县）	长社、长葛、阳翟、许昌、临颍、舞阳、郾城
	许州（7县）	长社、长葛、阳翟、许昌、临颍、舞阳、郾城		蔡州（10县）	汝阳、上蔡、平舆、西平、遂平、朗山、真阳、新息、褒信、新蔡
	申州（3县）	义阳、钟山、罗山	（申州还属安州安远军节度使）		

	951年			952年	
方镇	府、州	县	方镇	府、州	县
东京留守（后周，1府）	开封府（15县）	浚仪、开封、尉氏、封丘、雍丘、陈留、酸枣、匡城、中牟、阳武、襄邑、考城、扶沟、鄢陵、太康	东京留守（后周，1府）	开封府（15县）	浚仪、开封、尉氏、封丘、雍丘、陈留、酸枣、匡城、中牟、阳武、襄邑、考城、扶沟、鄢陵、太康
宋州归德军节度使（后周，4州）	宋州（7县）	宋城、宁陵、下邑、谷熟、柘城、楚丘、虞城	宋州归德军节度使（后周，2州）	宋州（7县）	宋城、宁陵、下邑、谷熟、柘城、楚丘、虞城
	亳州（7县）	谯、酂、鹿邑、真源、永城、蒙城、城父		亳州（7县）	谯、酂、鹿邑、真源、永城、蒙城、城父
	单州（5县）	单父、砀山、成武、鱼台、金乡	（单州别属曹州彰信军节度使）		
	颖州（4县）	汝阴、颖上、下蔡、沈丘	陈州镇安军节度使（后周，2州）	颖州（4县）	汝阴、颖上、下蔡、沈丘
	陈州（5县）	宛丘、项城、溵水、南顿、西华		陈州（5县）	宛丘、项城、溵水、南顿、西华
许州忠武军节度使（后周，3州）	许州（7县）	长社、长葛、阳翟、许昌、临颖、舞阳、郾城	许州忠武军节度使（后周，2州）	许州（7县）	长社、长葛、阳翟、许昌、临颖、舞阳、郾城
	蔡州（10县）	汝阳、上蔡、平舆、西平、遂平、朗山、真阳、新息、褒信、新蔡		蔡州（10县）	汝阳、上蔡、平舆、西平、遂平、朗山、真阳、新息、褒信、新蔡

956年			957年		
方镇	府、州	县	方镇	府、州	县
东京留守（后周，1府）	开封府（15县）	开封、浚仪、尉氏、封丘、雍丘、陈留、酸枣、匡城、中牟、阳武、襄邑、考城、扶沟、鄢陵、太康	东京留守（后周，1府）	开封府（15县）	浚仪、开封、尉氏、封丘、雍丘、陈留、酸枣、匡城、中牟、阳武、襄邑、考城、扶沟、鄢陵、太康
宋州归德军节度使（后周，2州）	宋州（7县）	宋城、宁陵、下邑、谷熟、柘城、楚丘、虞城	宋州归德军节度使（后周，2州）	宋州（7县）	宋城、宁陵、下邑、谷熟、柘城、楚丘、虞城
	亳州（7县）	谯、鄹、鹿邑、真源、永城、蒙城、城父		亳州（7县）	谯、鄹、鹿邑、真源、永城、蒙城、城父
陈州镇安军节度使（后周，12州）	颍州（4县）	汝阴、颍上、下蔡、沈丘	陈州镇安军节度使（后周，12州）	颍州（3县）	汝阴、颍上、沈丘
	陈州（5县）	宛丘、项城、溵水、南顿、西华		陈州（5县）	宛丘、项城、溵水、南顿、西华
许州忠武军节度使（后周，2州）	许州（7县）	长社、长葛、阳翟、许昌、临颍、舞阳、郾城	许州忠武军节度使（后周，2州）	许州（7县）	长社、长葛、阳翟、许昌、临颍、舞阳、郾城
	蔡州（10县）	汝阳、上蔡、平舆、西平、遂平、朗山、真阳、新息、褒信、新蔡		蔡州（10县）	汝阳、上蔡、平舆、西平、遂平、朗山、真阳、新息、褒信、新蔡

959年		
方镇	府、州	县
东京留守（后周，1府）	开封府（15县）	浚仪、开封、尉氏、封丘、雍丘、陈留、酸枣、匡城、中牟、阳武、襄邑、考城、扶沟、鄢陵、太康
宋州归德军节度使（后周，2州）	宋州（7县）	宋城、宁陵、下邑、谷熟、柘城、楚丘、虞城
	亳州（7县）	谯、鄢、鹿邑、真源、永城、蒙城、城父
陈州镇安军节度使（后周，12州）	颖州（3县）	汝阴、颖上、沈丘
	陈州（5县）	宛丘、项城、溵水、南顿、西华
许州忠武军节度使（后周，2州）	许州（7县）	长社、长葛、阳翟、许昌、临颖、舞阳、郾城
	蔡州（10县）	汝阳、上蔡、平舆、西平、遂平、朗山、真阳、新息、褒信、新蔡

表II-2 滑州宣义军（义成军）节度使（含郑州）、郓州天平军［含曹州威信军（彰信军）］节度使（含滨州）辖区沿革表

公元	907年			909年		
政区	方镇	府、州	县	方镇	府、州	县
滑州宣义军（义成军）节度使（含郑州）	滑州宣义军节度使（后梁，3州）	滑州（7县）	白马、卫南、韦城、长垣、胙城、酸枣、灵昌	滑州宣义军节度使（后梁，3州）	滑州（5县）	白马、卫南、韦城、胙城、灵昌
		濮州（5县）	鄄城、濮阳、范、雷泽、临濮		濮州（5县）	鄄城、濮阳、范、雷泽、临濮
		郑州（7县）	管城、荥阳、荥泽、原武、阳武、新郑、中牟		郑州（5县）	管城、荥阳、荥泽、原武、新郑
郓州天平军［含曹州威信军（彰信军）］节度使（含滨州）	郓州天平军节度使（后梁，3州）	郓州（8县）	须昌、万安、巨野、寿张、卢、平阴、东阿、阳谷	郓州天平军节度使（后梁，3州）	郓州（8县）	须昌、万安、巨野、寿张、卢、平阴、东阿、阳谷
		齐州（6县）	历城、章丘、临邑、临济、长清、禹城		齐州（6县）	历城、章丘、临邑、临济、长清、禹城
		曹州（5县）	济阴、考城、冤句、乘氏、南华		曹州（4县）	济阴、冤句、乘氏、南华

918年			923年		
方镇	府、州	县	方镇	府、州	县
滑州宣义军节度使（后梁，3州）	滑州（5县）	白马、卫南、韦城、胙城、灵昌	滑州义成军节度使（后唐，2州）	滑州（5县）	白马、卫南、韦城、胙城、灵河
	濮州（5县）	鄄城、濮阳、范、雷泽、临濮		濮州（5县）	鄄城、濮阳、范、雷泽、临濮
	郑州（5县）	管城、荥阳、荥泽、原武、新郑	（直属后唐）	郑州（5县）	管城、荥阳、荥泽、原武、新郑
郓州天平军节度使（后梁，4州）	郓州（8县）	须昌、万安、巨野、寿张、卢、平阴、东阿、阳谷	郓州天平军节度使（后唐，4州）	郓州（8县）	须城、郓城、巨野、寿张、卢、平阴、东阿、阳谷
	齐州（6县）	历城、章丘、临邑、临济、长清、禹城		齐州（6县）	历城、章丘、临邑、临济、长清、禹城
	棣州（5县，自青州平卢军节度使来属）？	厌次、滳河、阳信、蒲台、渤海		棣州（5县）	厌次、滳河、阳信、蒲台、渤海
	曹州（4县）	济阴、冤句、乘氏、南华		曹州（4县）	济阴、冤句、乘氏、南华

924年			926年		
方镇	府、州	县	方镇	府、州	县
滑州义成军节度使（后唐，2州）	滑州（6县）	白马、卫南、韦城、胙城、灵河、*酸枣*	滑州义成军节度使（后唐，2州）	滑州（6县）	白马、卫南、韦城、胙城、灵河、*酸枣*
	濮州（5县）	鄄城、濮阳、范、雷泽、临濮		濮州（5县）	鄄城、濮阳、范、雷泽、临濮
（直属后唐）	郑州（6县）	管城、荥阳、荥泽、原武、新郑、*中牟*	（直属后唐）	郑州（6县）	管城、荥阳、荥泽、原武、新郑、中牟
郓州天平军节度使（后唐，4州）	郓州（8县）	须城、郓城、巨野、寿张、卢、平阴、东阿、阳谷	郓州天平军节度使（后唐，3州）	郓州（8县）	须城、郓城、巨野、寿张、卢、平阴、东阿、阳谷
	齐州（6县）	历城、章丘、临邑、临济、长清、禹城		齐州（6县）	历城、章丘、临邑、临济、长清、禹城
	棣州（5县）	厌次、滴河、阳信、蒲台、渤海		棣州（5县）	厌次、滴河、阳信、蒲台、渤海
	曹州（4县）	济阴、冤句、乘氏、南华	（别属汴州宣武军节度使）		

	936年			938年	
方镇	府、州	县	方镇	府、州	县
滑州义成军节度使（后晋,2州）	滑州（6县）	白马、卫南、韦城、胙城、灵河、酸枣	滑州义成军节度使（后晋,2州）	滑州（5县）	白马、卫南、韦城、胙城、灵河
	濮州（5县）	鄄城、濮阳、范、雷泽、临濮		濮州（4县）	鄄城、范、雷泽、临濮
（直属后晋）	郑州（6县）	管城、荥阳、荥泽、原武、新郑、中牟	（直属后晋）	郑州（5县）	管城、荥阳、荥泽、原武、新郑
郓州天平军节度使（后晋,3州）	郓州（8县）	须城、郓城、巨野、寿张、卢、平阴、东阿、阳谷	郓州天平军节度使（后晋,4州）	郓州（8县）	须城、郓城、巨野、寿张、卢、平阴、东阿、阳谷
	齐州（6县）	历城、章丘、临邑、临济、长清、禹城		齐州（6县）	历城、章丘、临邑、临济、长清、禹城
	棣州（5县）	厌次、滴河、阳信、蒲台、渤海		棣州（5县）	厌次、滴河、阳信、蒲台、渤海
				曹州?（4县）	济阴、冤句、乘氏、南华

940年			944年		
方镇	府、州	县	方镇	府、州	县
滑州义成军节度使（后晋，2州）			滑州义成军节度使（后晋，2州）	卫州（4县，自相州彰德军节度使来属）？	汲、卫、共城、新乡
	滑州（6县）	白马、卫南、韦城、胙城、灵河、黎阳		滑州（5县）	白马、韦城、胙城、灵河、黎阳
	濮州（4县）	鄄城、范、雷泽、临濮	（濮州别属澶州镇宁军节度使）		
（直属后晋）	郑州（5县）	管城、荥阳、荥泽、原武、新郑	（直属后晋）	郑州（5县）	管城、荥阳、荥泽、原武、新郑
郓州天平军节度使（后晋，4州）	郓州（8县）	须城、郓城、巨野、寿张、卢、平阴、东阿、阳谷	郓州天平军节度使（后晋，4州）	郓州（8县）	须城、郓城、巨野、寿张、卢、平阴、东阿、阳谷
	齐州（6县）	历城、章丘、临邑、临济、长清、禹城		齐州（6县）	历城、章丘、临邑、临济、长清、禹城
	棣州（5县）	厌次、滴河、阳信、蒲台、渤海		棣州（5县）	厌次、滴河、阳信、蒲台、渤海
	曹州（4县）	济阴、宛句、乘氏、南华		曹州（4县）	济阴、宛句、乘氏、南华

945年			947年		
方镇	府、州	县	方镇	府、州	县
滑州义成军节度使（后晋，2州）	卫州（4县）	汲、卫、共城、新乡	滑州义成军节度使（后汉，2州）	卫州（4县）	汲、卫、共城、新乡
	滑州（5县）	白马、韦城、胙城、灵河、黎阳		滑州（5县）	白马、韦城、胙城、灵河、黎阳
(直属后晋)	郑州（5县）	管城、荥阳、荥泽、原武、新郑	(直属后汉)	郑州（5县）	管城、荥阳、荥泽、原武、新郑
				赡国军（析棣州渤海县地置，无领县）？	
郓州天平军节度使（后晋，3州）	郓州（8县）	须城、郓城、巨野、寿张、卢、平阴、东阿、阳谷	郓州天平军节度使（后汉，4州1军）	郓州（8县）	须城、郓城、巨野、寿张、卢、平阴、东阿、阳谷
	齐州（6县）	历城、章丘、临邑、临济、长清、禹城		齐州（6县）	历城、章丘、临邑、临济、长清、禹城
	棣州（5县）	厌次、滴河、阳信、蒲台、渤海		棣州（5县）	厌次、滴河、阳信、蒲台、渤海
曹州威信军节度使（后晋，1州）	曹州（4县）	济阴、冤句、乘氏、南华		曹州（4县）	济阴、冤句、乘氏、南华

951年			952年		
方镇	府、州	县	方镇	府、州	县
滑州义成军节度使（后周，2州）	卫州（4县）	汲、卫、共城、新乡	滑州义成军节度使（后周，2州）	卫州（4县）	汲、卫、共城、新乡
	滑州（5县）	白马、韦城、胙城、灵河、黎阳		滑州（5县）	白马、韦城、胙城、灵河、黎阳
（直属后周）	郑州（5县）	管城、荥阳、荥泽、原武、新郑	（直属后周）	郑州（5县）	管城、荥阳、荥泽、原武、新郑
郓州天平军节度使（后周，4州1军）	赡国军（无领县）		郓州天平军节度使（后周，4州1军）	赡国军（无领县）	
				济州（4县，以郓州巨野县等地置）	巨野、郓城、任城、金乡
	郓州（8县）	须城、郓城、巨野、寿张、卢、平阴、东阿、阳谷		郓州（7县）	须城、寿张、卢、平阴、东阿、阳谷、中都
	齐州（6县）	历城、章丘、临邑、临济、长清、禹城		齐州（6县）	历城、章丘、临邑、临济、长清、禹城
	棣州（5县）	厌次、滴河、阳信、蒲台、渤海		棣州（5县）	厌次、滴河、阳信、蒲台、渤海
	曹州（4县）	济阴、冤句、乘氏、南华	曹州彰信军节度使（后周，2州）	曹州（4县）	济阴、冤句、乘氏、南华
				单州（4县，自宋州归德军节度使来属）	砀山、单父、成武、鱼台

	956年			959年	
方镇	府、州	县	方镇	府、州	县
滑州义成军节度使（后周，2州）	卫州（4县）	汲、卫、共城、新乡	滑州义成军节度使（后周，2州）	卫州（4县）	汲、卫、共城、新乡
	滑州（5县）	白马、韦城、胙城、灵河、黎阳		滑州（5县）	白马、韦城、胙城、灵河、黎阳
（直属后周）	郑州（5县）	管城、荥阳、荥泽、原武、新郑	（直属后周）	郑州（5县）	管城、荥阳、荥泽、原武、新郑
（直属后周）	滨州（2县）	渤海、蒲台	（直属后周）	滨州（2县）	渤海、蒲台
郓州天平军节度使（后周，4州）	济州（4县）	巨野、郓城、任城、金乡	郓州天平军节度使（后周，4州）	济州（4县）	巨野、郓城、任城、金乡
	郓州（7县）	须城、寿张、卢、平阴、东阿、阳谷、中都		郓州（7县）	须城、寿张、卢、平阴、东阿、阳谷、中都
	齐州（6县）	历城、章丘、临邑、临济、长清、禹城		齐州（6县）	历城、章丘、临邑、临济、长清、禹城
	棣州（3县）	厌次、滴河、阳信		棣州（3县）	厌次、滴河、阳信
曹州彰信军节度使（后周，2州）	曹州（4县）	济阴、冤句、乘氏、南华	曹州彰信军节度使（后周，2州）	曹州（4县）	济阴、冤句、乘氏、南华
	单州（4县）	砀山、单父、成武、鱼台		单州（4县）	砀山、单父、成武、鱼台

表II-3 兖州泰宁军节度使（含兖、沂、密3州）、青州平卢军节度使（含青、登、莱、淄4州）、徐州武宁军节度使辖区沿革表

公元 政区	方镇	府、州	县	方镇	府、州	县
兖州泰宁军节度使（含兖、沂、密3州）	兖州泰宁军节度使（后梁，3州）	兖州（11县）	瑕丘、曲阜、乾封、泗水、邹、任城、龚丘、金乡、鱼台、莱芜、中都	兖州泰宁军节度使（后梁，3州）	兖州（11县）	瑕丘、曲阜、乾封、泗水、邹、任城、龚丘、金乡、鱼台、莱芜、中都
		沂州（5县）	临沂、承、费、新泰、沂水		沂州（5县）	临沂、承、费、新泰、沂水
		密州（4县）	诸城、辅唐、高密、莒		密州（4县）	诸城、安丘、高密、莒
青州平卢军节度使（含青、登、莱、淄4州）	青州平卢军节度使（后梁，5州）	青州（7县）	益都、临淄、博昌、寿光、千乘、临朐、北海	青州平卢军节度使（后梁，5州）	青州（7县）	益都、临淄、博昌、寿光、千乘、临朐、北海
		登州（4县）	蓬莱、牟平、文登、黄		登州（4县）	蓬莱、牟平、文登、黄
		莱州（4县）	掖、昌阳、胶水、即墨		莱州（4县）	掖、昌阳、胶水、即墨
		淄州（4县）	淄川、长山、高苑、邹平		淄州（4县）	淄川、长山、高苑、邹平
		棣州（5县）	厌次、滳河、阳信、蒲台、渤海		棣州（5县）	厌次、滳河、阳信、蒲台、渤海
徐州武宁军节度使	徐州武宁军节度使（后梁，2州）	徐州（7县）	彭城、萧、丰、沛、滕、宿迁、下邳	徐州武宁军节度使（后梁，2州）	徐州（7县）	彭城、萧、丰、沛、滕、宿迁、下邳
		宿州（4县）	符离、虹、蕲、临涣		宿州（4县）	符离、虹、蕲、临涣

918年			919年		
方镇	府、州	县	方镇	府、州	县
兖州泰宁军节度使（晋王，3州）	兖州（11县）	瑕丘、曲阜、乾封、泗水、邹、任城、龚丘、金乡、鱼台、莱芜、中都	兖州泰宁军节度使（后梁，3州）	兖州（11县）	瑕丘、曲阜、乾封、泗水、邹、任城、龚丘、金乡、鱼台、莱芜、中都
	沂州（5县）	临沂、承、费、新泰、沂水		沂州（5县）	临沂、承、费、新泰、沂水
	密州（4县）	诸城、安丘、高密、莒		密州（4县）	诸城、安丘、高密、莒
青州平卢军节度使（后梁，4州）	青州（7县）	益都、临淄、博昌、寿光、千乘、临朐、北海	青州平卢军节度使（后梁，4州）	青州（7县）	益都、临淄、博昌、寿光、千乘、临朐、北海
	登州（4县）	蓬莱、牟平、文登、黄		登州（4县）	蓬莱、牟平、文登、黄
	莱州（4县）	掖、昌阳、胶水、即墨		莱州（4县）	掖、昌阳、胶水、即墨
	淄州（4县）	淄川、长山、高苑、邹平		淄州（4县）	淄川、长山、高苑、邹平
（棣州别属郓州天平军节度使）					
徐州武宁军节度使（后梁，2州）	徐州（7县）	彭城、萧、丰、沛、滕、宿迁、下邳	徐州武宁军节度使（后梁，2州）	徐州（7县）	彭城、萧、丰、沛、滕、宿迁、下邳
	宿州（4县）	符离、虹、蕲、临涣		宿州（4县）	符离、虹、蕲、临涣

921年			923年		
方镇	府、州	县	方镇	府、州	县
兖州泰宁军节度使（后梁，3州）	兖州（11县）	瑕丘、曲阜、乾封、泗水、邹、任城、龚丘、金乡、鱼台、莱芜、中都	兖州泰宁军节度使（后唐，3州）	兖州（11县）	瑕丘、曲阜、乾封、泗水、邹、任城、龚丘、金乡、鱼台、莱芜、中都
	沂州（5县）	临沂、承、费、新泰、沂水		沂州（5县）	临沂、承、费、新泰、沂水
	密州（4县）	*胶源*、安丘、高密、莒		密州（4县）	*诸城*、*辅唐*、高密、莒
青州平卢军节度使（后梁，4州）	青州（7县）	益都、临淄、博昌、寿光、千乘、临朐、北海	青州平卢军节度使（后唐，4州）	青州（7县）	益都、临淄、*博兴*、寿光、千乘、临朐、北海
	登州（4县）	蓬莱、牟平、文登、黄		登州（4县）	蓬莱、牟平、文登、黄
	莱州（4县）	掖、昌阳、胶水、即墨		莱州（4县）	掖、*莱阳*、胶水、即墨
	淄州（4县）	淄川、长山、高苑、邹平		淄州（4县）	淄川、长山、高苑、邹平
徐州武宁军节度使（后梁，2州）	徐州（7县）	彭城、萧、丰、沛、滕、宿迁、下邳	徐州武宁军节度使（后唐，2州）	徐州（7县）	彭城、萧、丰、沛、滕、宿迁、下邳
	宿州（4县）	符离、虹、蕲、临涣		宿州（4县）	符离、虹、蕲、临涣

924年			936年		
方镇	府、州	县	方镇	府、州	县
兖州泰宁军节度使（后唐，3州）	兖州（9县）	瑕丘、曲阜、乾封、泗水、邹、任城、龚丘、莱芜、中都	兖州泰宁军节度使（后晋，3州）	兖州（9县）	瑕丘、曲阜、乾封、泗水、邹、任城、龚丘、莱芜、中都
	沂州（5县）	临沂、承、费、新泰、沂水		沂州（5县）	临沂、承、费、新泰、沂水
	密州（4县）	诸城、辅唐、高密、莒		密州（4县）	诸城、辅唐、高密、莒
青州平卢军节度使（后唐，4州）	青州（7县）	益都、临淄、博兴、寿光、千乘、临朐、北海	青州平卢军节度使（后晋，4州）	青州（7县）	益都、临淄、博兴、寿光、千乘、临朐、北海
	登州（4县）	蓬莱、牟平、文登、黄		登州（4县）	蓬莱、牟平、文登、黄
	莱州（4县）	掖、莱阳、胶水、即墨		莱州（4县）	掖、莱阳、胶水、即墨
	淄州（4县）	淄川、长山、高苑、邹平		淄州（4县）	淄川、长山、高苑、邹平
徐州武宁军节度使（后唐，2州）	徐州（7县）	彭城、萧、丰、沛、滕、宿迁、下邳	徐州武宁军节度使（后晋，2州）	徐州（7县）	彭城、萧、丰、沛、滕、宿迁、下邳
	宿州（4县）	符离、虹、蕲、临涣		宿州（4县）	符离、虹、蕲、临涣

942年			944年		
方镇	府、州	县	方镇	府、州	县
兖州泰宁军节度使（后晋，3州）	兖州（9县）	瑕丘、曲阜、乾封、泗水、邹、任城、龚丘、莱芜、中都	兖州泰宁军节度使（后晋，3州）	兖州（9县）	瑕丘、曲阜、乾封、泗水、邹、任城、龚丘、莱芜、中都
	沂州（5县）	临沂、承、费、新泰、沂水		沂州（5县）	临沂、承、费、新泰、沂水
	密州（4县）	诸城、胶西、高密、莒		密州（4县）	诸城、胶西、高密、莒
青州平卢军节度使（后晋，4州）	青州（7县）	益都、临淄、博兴、寿光、千乘、临朐、北海	（直属后晋）	青州（7县）	益都、临淄、博兴、寿光、千乘、临朐、北海
	登州（4县）	蓬莱、牟平、文登、黄	（直属后晋）	登州（4县）	蓬莱、牟平、文登、黄
	莱州（4县）	掖、莱阳、胶水、即墨	（直属后晋）	莱州（4县）	掖、莱阳、胶水、即墨
	淄州（4县）	淄川、长山、高苑、邹平	（直属后晋）	淄州（4县）	淄川、长山、高苑、邹平
徐州武宁军节度使（后晋，2州）	徐州（7县）	彭城、萧、丰、沛、滕、宿迁、下邳	徐州武宁军节度使（后晋，2州）	徐州（7县）	彭城、萧、丰、沛、滕、宿迁、下邳
	宿州（4县）	符离、虹、蕲、临涣		宿州（4县）	符离、虹、蕲、临涣

947年			951年		
方镇	府、州	县	方镇	府、州	县
兖州泰宁军节度使（后汉，3州）	兖州（9县）	瑕丘、曲阜、乾封、泗水、邹、任城、龚丘、莱芜、中都	兖州泰宁军节度使（后周，3州）	兖州（9县）	瑕丘、曲阜、乾封、泗水、邹、任城、龚丘、莱芜、中都
	沂州（5县）	临沂、承、费、新泰、沂水		沂州（5县）	临沂、承、费、新泰、沂水
	密州（4县）	诸城、胶西、高密、莒		密州（4县）	诸城、胶西、高密、莒
青州平卢军节度使（后汉，4州）	青州（7县）	益都、临淄、博兴、寿光、千乘、临朐、北海	青州平卢军节度使（后周，4州）	青州（7县）	益都、临淄、博兴、寿光、千乘、临朐、北海
	登州（4县）	蓬莱、牟平、文登、黄		登州（4县）	蓬莱、牟平、文登、黄
	莱州（4县）	掖、莱阳、胶水、即墨		莱州（4县）	掖、莱阳、胶水、即墨
	淄州（4县）	淄川、长山、高苑、邹平		淄州（4县）	淄川、长山、高苑、邹平
徐州武宁军节度使（后汉，2州）	徐州（7县）	彭城、萧、丰、沛、滕、宿迁、下邳	徐州武宁军节度使（后周，2州）	徐州（7县）	彭城、萧、丰、沛、滕、宿迁、下邳
	宿州（4县）	符离、虹、蕲、临涣		宿州（4县）	符离、虹、蕲、临涣

952年			954年		
方镇	府、州	县	方镇	府、州	县
(直属后周)	兖州 (7县)	瑕丘、曲阜、乾封、泗水、邹、龚丘、莱芜	(直属后周)	兖州 (*7县1军*)	瑕丘、曲阜、乾封、泗水、邹、龚丘、莱芜、*广利军*
(直属后周)	沂州 (5县)	临沂、承、费、新泰、沂水	(直属后周)	沂州 (5县)	临沂、承、费、新泰、沂水
(直属后周)	密州 (4县)	诸城、胶西、高密、莒	(直属后周)	密州 (4县)	诸城、胶西、高密、莒
青州平卢军节度使 (后周, 4州)	青州 (7县)	益都、临淄、博兴、寿光、千乘、临朐、北海	青州平卢军节度使 (后周, 4州)	青州 (7县)	益都、临淄、博兴、寿光、千乘、临朐、北海
	登州 (4县)	蓬莱、牟平、文登、黄		登州 (4县)	蓬莱、牟平、文登、黄
	莱州 (4县)	掖、莱阳、胶水、即墨		莱州 (4县)	掖、莱阳、胶水、即墨
	淄州 (4县)	淄川、长山、高苑、邹平		淄州 (4县)	淄川、长山、高苑、邹平
徐州武宁军节度使 (后周, 2州)	徐州 (7县)	彭城、萧、丰、沛、滕、宿迁、下邳	徐州武宁军节度使 (后周, 2州)	徐州 (7县)	彭城、萧、丰、沛、滕、宿迁、下邳
	宿州 (4县)	符离、虹、蕲、临涣		宿州 (4县)	符离、虹、蕲、临涣

方镇	府、州	县
959年		
（直属后周）	兖州（7县）	瑕丘、曲阜、乾封、泗水、邹、龚丘、莱芜
（直属后周）	沂州（5县）	临沂、承、费、新泰、沂水
（直属后周）	密州（4县）	诸城、胶西、高密、莒
青州平卢军节度使（后周，4州）	青州（7县）	益都、临淄、博兴、寿光、千乘、临朐、北海
	登州（4县）	蓬莱、牟平、文登、黄
	莱州（4县）	掖、莱阳、胶水、即墨
	淄州（4县）	淄川、长山、高苑、邹平
徐州武宁军节度使（后周，2州）	徐州（7县）	彭城、萧、丰、沛、滕、宿迁、下邳
	宿州（4县）	符离、虹、蕲、临涣

表 II-4 西都（洛京、东都、西京）留守、陕州镇国军（保义军）、孟州河阳、潞州昭义军（安义军、匡义军）节度使辖区沿革表

公元政区	907年			908年		
	方镇	府、州	县	方镇	府、州	县
西都（洛京、东都、西京）留守	西都留守（后梁，1府1州）	河南府（20县）	河南、洛阳、偃师、缑氏、阳邑、登封、陆浑、伊阙、新安、渑池、福昌、长水、永宁、寿安、密、颍阳、伊阳、王屋、河清、巩	西都留守（后梁，1府1州）	河南府（20县）	河南、洛阳、偃师、缑氏、阳邑、登封、陆浑、伊阙、新安、渑池、福昌、长水、永宁、寿安、密、颍阳、伊阳、王屋、河清、巩
		汝州（7县）	梁、郏城、鲁山、龙兴、临汝、叶、襄城		汝州（7县）	梁、郏城、鲁山、龙兴、临汝、叶、襄城
陕州保义军（保义军）节度使	陕州保义军节度使（后梁，2州）	陕州（6县）	陕、峡石、灵宝、夏县、芮城、平陆	陕州镇国军节度使（后梁，2州）	陕州（6县）	陕、峡石、灵宝、夏县、芮城、平陆
		虢州（6县）	弘农、阌乡、湖城、朱阳、玉成、卢氏		虢州（6县）	弘农、阌乡、湖城、朱阳、玉成、卢氏
孟州河阳节度使	孟州河阳节度使（后梁，3州）	孟州（5县）	河阳、汜水、温县、济源、河阴	孟州河阳节度使（后梁，3州）	孟州（5县）	河阳、汜水、温县、济源、河阴
		怀州（5县）	河内、武德、获嘉、武陟、修武		怀州（5县）	河内、武德、获嘉、武陟、修武
		泽州（6县）	高都（或曰丹川）、高平、濩泽、端氏、陵川、沁水		泽州（6县）	高都（或曰丹川）、高平、濩泽、端氏、陵川、沁水
潞州昭义军（安义军、匡义军）节度使	潞州昭义军节度使（晋王，1州）	潞州（10县）	上党、长子、屯留、潞子、壶关、襄垣、黎亭、涉、铜鞮、武乡	潞州昭义军节度使（晋王，1州）	潞州（10县）	上党、长子、屯留、潞子、壶关、襄垣、黎亭、涉、铜鞮、武乡

909年			912年		
方镇	府、州	县	方镇	府、州	县
西都留守（后梁，1府1州）	河南府（20县）	河南、洛阳、偃师、缑氏、阳邑、登封、陆浑、伊阙、新安、渑池、福昌、长水、永宁、寿安、密、颍阳、伊阙、王屋、河清、巩	西都留守（后梁，1府1州）	河南府（20县）	河南、洛阳、偃师、缑氏、阳邑、登封、陆浑、伊阙、新安、渑池、福昌、长水、永宁、寿安、密、颍阳、伊阙、王屋、河清、巩
	汝州（5县）	梁、郏城、鲁山、龙兴、临汝		汝州（5县）	梁、郏城、鲁山、龙兴、临汝
陕州镇国军节度使（后梁，2州）	陕州（6县）	陕、峡石、灵宝、夏县、芮城、平陆	陕州镇国军节度使（后梁，2州）	陕州（6县）	陕、峡石、灵宝、夏县、芮城、平陆
	虢州（6县）	弘农、阌乡、湖城、朱阳、玉成、卢氏		虢州（6县）	弘农、阌乡、湖城、朱阳、玉成、卢氏
孟州河阳节度使（后梁，3州）	孟州（5县）	河阳、汜水、温县、济源、河阴	孟州河阳节度使（后梁，2州）	孟州（5县）	河阳、汜水、温县、济源、河阴
	怀州（5县）	河内、武德、获嘉、武陟、修武		怀州（5县）	河内、武德、获嘉、武陟、修武
	泽州（6县）	高都（或曰丹川）、高平、濩泽、端氏、陵川、沁水	潞州昭义军节度使（晋王，2州）	泽州（6县）？	高都（或曰丹川）、高平、濩泽、端氏、陵川、沁水
潞州昭义军节度使（晋王，1州）	潞州（10县）	上党、长子、屯留、潞子、壶关、襄垣、黎亭、涉、铜鞮、武乡		潞州（10县）	上党、长子、屯留、潞子、壶关、襄垣、黎亭、涉、铜鞮、武乡

922年			923年三月		
方镇	府、州	县	方镇	府、州	县
西都留守（后梁，1府1州）	河南府（20县）	河南、洛阳、偃师、缑氏、阳邑、登封、陆浑、伊阙、新安、渑池、福昌、长水、永宁、寿安、密、颍阳、伊阳、王屋、河清、巩	西都留守（后梁，1府1州）	河南府（20县）	河南、洛阳、偃师、缑氏、阳邑、登封、陆浑、伊阙、新安、渑池、福昌、长水、永宁、寿安、密、颍阳、伊阳、王屋、河清、巩
	汝州（5县）	梁、郏城、鲁山、龙兴、临汝		汝州（5县）	梁、郏城、鲁山、龙兴、临汝
陕州镇国军节度使（后梁，2州）	陕州（6县）	陕、峡石、灵宝、夏县、芮城、平陆	陕州镇国军节度使（后梁，2州）	陕州（6县）	陕、峡石、灵宝、夏县、芮城、平陆
	虢州（6县）	弘农、阌乡、湖城、朱阳、玉成、卢氏		虢州（6县）	弘农、阌乡、湖城、朱阳、玉成、卢氏
孟州河阳节度使（后梁，2州）	孟州（5县）	河阳、汜水、温县、济源、河阴	孟州河阳节度使（后梁，2州）	孟州（5县）	河阳、汜水、温县、济源、河阴
	怀州（5县）	河内、武德、获嘉、武陟、修武		怀州（5县）	河内、武德、获嘉、武陟、修武
	泽州（6县）	高都（或曰丹川）、高平、濩泽、端氏、陵川、沁水		泽州（6县）	高都（或曰丹川）、高平、濩泽、端氏、陵川、沁水
潞州安义军节度使（晋王，2州）	潞州（10县）	上党、长子、屯留、潞子、壶关、襄垣、黎亭、涉、铜鞮、武乡	*潞州匡义军节度使*（后梁，2州）	潞州（10县）	上党、长子、屯留、潞子、壶关、襄垣、黎亭、涉、铜鞮、武乡

923年十月			924年		
方镇	府、州	县	方镇	府、州	县
洛京留守（后唐，1府1州）	河南府（20县）	河南、洛阳、偃师、缑氏、告成、登封、陆浑、伊阙、新安、渑池、福庆、长水、永宁、寿安、密、颍阳、伊阳、王屋、河清、巩	洛京留守（后唐，1府1州）	河南府（20县）	河南、洛阳、偃师、缑氏、告成、登封、陆浑、伊阙、新安、渑池、福庆、长水、永宁、寿安、密、颍阳、伊阳、王屋、河清、巩
	汝州（5县）	梁、郏城、鲁山、龙兴、临汝		汝州（7县）	梁、郏城、鲁山、龙兴、临汝、叶、襄城
陕州保义军节度使（后唐，2州）	陕州（6县）	陕、硖石、灵宝、夏县、芮城、平陆	陕州保义军节度使（后唐，2州）	陕州（6县）	陕、硖石、灵宝、夏县、芮城、平陆
	虢州（6县）	弘农、阌乡、湖城、朱阳、玉成、卢氏		虢州（6县）	弘农、阌乡、湖城、朱阳、玉成、卢氏
孟州河阳节度使（后唐，2州）	孟州（5县）	河阳、汜水、温县、济源、河阴	孟州河阳节度使（后唐，2州）	孟州（5县）	河阳、汜水、温县、济源、河阴
	怀州（5县）	河内、武德、获嘉、武陟、修武		怀州（5县）	河内、武德、获嘉、武陟、修武
潞州安义军节度使（后唐，2州）	泽州（6县）	晋城、高平、阳城、端氏、陵川、沁水	潞州安义军节度使（后唐，2州）	泽州（6县）	晋城、高平、阳城、端氏、陵川、沁水
	潞州（10县）	上党、长子、屯留、潞城、壶关、襄垣、黎城、涉、铜鞮、武乡		潞州（10县）	上党、长子、屯留、潞城、壶关、襄垣、黎城、涉、铜鞮、武乡

925年			930年		
方镇	府、州	县	方镇	府、州	县
东都留守（后唐，1府1州）	河南府（20县）	河南、洛阳、偃师、缑氏、告成、登封、陆浑、伊阙、新安、渑池、福庆、长水、永宁、寿安、密、颍阳、伊阳、王屋、河清、巩	东都留守（后唐，1府1州）	河南府（20县）	河南、洛阳、偃师、缑氏、告成、登封、陆浑、伊阙、新安、渑池、福庆、长水、永宁、寿安、密、颍阳、伊阳、王屋、河清、巩
	汝州（7县）	梁、郏城、鲁山、龙兴、临汝、叶、襄城		汝州（7县）	梁、郏城、鲁山、龙兴、临汝、叶、襄城
陕州保义军节度使（后唐，2州）	陕州（6县）	陕、峡石、灵宝、夏县、芮城、平陆	陕州保义军节度使（后唐，2州）	陕州（6县）	陕、峡石、灵宝、夏县、芮城、平陆
	虢州（6县）	弘农、阌乡、湖城、朱阳、玉成、卢氏		虢州（6县）	弘农、阌乡、湖城、朱阳、玉成、卢氏
孟州河阳节度使（后唐，2州）	孟州（5县）	河阳、汜水、温县、济源、河阴	孟州河阳节度使（后唐，2州）	孟州（5县）	河阳、汜水、温县、济源、河阴
	怀州（5县）	河内、武德、获嘉、武陟、修武		怀州（5县）	河内、武德、获嘉、武陟、修武
潞州安义军节度使（后唐，2州）	泽州（6县）	晋城、高平、阳城、端氏、陵川、沁水	潞州昭义军节度使（后唐，2州）	泽州（6县）	晋城、高平、阳城、端氏、陵川、沁水
	潞州（10县）	上党、长子、屯留、潞城、壶关、襄垣、黎城、涉、铜鞮、武乡		潞州（10县）	上党、长子、屯留、潞城、壶关、襄垣、黎城、涉、铜鞮、武乡

	936年			938年	
方镇	府、州	县	方镇	府、州	县
东都留守（后晋，1府1州）	河南府（20县）	河南、洛阳、偃师、缑氏、告成、登封、陆浑、伊阙、新安、渑池、福庆、长水、永宁、寿安、密、颍阳、伊阳、王屋、河清、巩	西京留守（后晋，1府1州）	河南府（20县）	河南、洛阳、偃师、缑氏、告成、登封、陆浑、伊阙、新安、渑池、福庆、长水、永宁、寿安、密、颍阳、伊阳、王屋、河清、巩
	汝州（7县）	梁、郏城、鲁山、龙兴、临汝、叶、襄城		汝州（7县）	梁、郏城、鲁山、龙兴、临汝、叶、襄城
陕州保义军节度使（后晋，2州）	陕州（6县）	陕、峡石、灵宝、夏县、芮城、平陆	陕州保义军节度使（后晋，2州）	陕州（6县）	陕、峡石、灵宝、夏县、芮城、平陆
	虢州（6县）	弘农、阌乡、湖城、朱阳、玉成、卢氏		虢州（6县）	弘农、阌乡、湖城、朱阳、玉成、卢氏
孟州河阳节度使（后晋，2州）	孟州（5县）	河阳、汜水、温县、济源、河阴	孟州河阳节度使（后晋，2州）	孟州（5县）	河阳、汜水、温县、济源、河阴
	怀州（5县）	河内、武德、获嘉、武陟、修武		怀州（5县）	河内、武德、获嘉、武陟、修武
潞州昭义军节度使（后晋，2州）	泽州（6县）	晋城、高平、阳城、端氏、陵川、沁水	潞州昭义军节度使（后晋，2州）	泽州（6县）	晋城、高平、阳城、端氏、陵川、沁水
	潞州（10县）	上党、长子、屯留、潞城、壶关、襄垣、黎城、涉、铜鞮、武乡		潞州（10县）	上党、长子、屯留、潞城、壶关、襄垣、黎城、涉、铜鞮、武乡

940年			941年		
方镇	府、州	县	方镇	府、州	县
西京留守（后晋，1府1州）	河南府（20县）	河南、洛阳、偃师、缑氏、告成、登封、陆浑、伊阙、新安、渑池、福昌、长水、永宁、寿安、密、颖阳、伊阳、王屋、河清、巩	西京留守（后晋，1府1州）	河南府（20县）	河南、洛阳、偃师、缑氏、告成、登封、陆浑、伊阙、新安、渑池、福昌、长水、永宁、寿安、密、颖阳、伊阳、王屋、河清、巩
	汝州（7县）	梁、郏城、鲁山、龙兴、临汝、叶、襄城		汝州（7县）	梁、郏城、鲁山、龙兴、临汝、叶、襄城
陕州保义军节度使（后晋，2州）	陕州（6县）	陕、硖石、灵宝、夏县、芮城、平陆	陕州保义军节度使（后晋，2州）	陕州（6县）	陕、硖石、灵宝、夏县、芮城、平陆
	虢州（6县）	弘农、阌乡、湖城、朱阳、玉成、卢氏		虢州（6县）	弘农、阌乡、湖城、朱阳、玉成、卢氏
孟州河阳节度使（后晋，2州）	孟州（5县）	河阳、汜水、温县、济源、河阴	孟州河阳节度使（后晋，2州）	孟州（5县）	河阳、汜水、温县、济源、河阴
	怀州（5县）	河内、武德、获嘉、武陟、修武		怀州（5县）	河内、武德、获嘉、武陟、修武
潞州昭义军节度使（后晋，4州）	泽州（6县）	晋城、高平、阳城、端氏、陵川、沁水		泽州（6县）	晋城、高平、阳城、端氏、陵川、沁水
	潞州（10县）	上党、长子、屯留、潞城、壶关、襄垣、黎城、涉、铜鞮、武乡	潞州昭义军节度使（后晋，2州）	潞州（10县）	上党、长子、屯留、潞城、壶关、襄垣、黎城、涉、铜鞮、武乡
	辽州（4县，自北京留守来属）	辽山、榆社、和顺、平城		（辽州还属北京留守）	
	沁州（3县，自北京留守来属）	沁源、和川、绵上		（沁州还属北京留守）	

947年			949年		
方镇	府、州	县	方镇	府、州	县
西京留守（后汉，1府1州）	河南府（20县）	河南、洛阳、偃师、缑氏、告成、登封、陆浑、伊阙、新安、渑池、福庆、长水、永宁、寿安、密、颖阳、伊阳、王屋、河清、巩	西京留守（后汉，1府1州）	河南府（21县）	河南、洛阳、偃师、缑氏、告成、登封、陆浑、伊阙、新安、渑池、福庆、长水、永宁、寿安、密、颖阳、伊阳、王屋、河清、巩、望陵
	汝州（7县）	梁、郏城、鲁山、龙兴、临汝、叶、襄城		汝州（7县）	梁、郏城、鲁山、龙兴、临汝、叶、襄城
陕州保义军节度使（后汉，2州）	陕州（6县）	陕、峡石、灵宝、夏县、芮城、平陆	陕州保义军节度使（后汉，2州）	陕州（6县）	陕、峡石、灵宝、夏县、芮城、平陆
	虢州（6县）	弘农、阌乡、湖城、朱阳、玉成、卢氏		虢州（6县）	弘农、阌乡、湖城、朱阳、玉成、卢氏
孟州河阳节度使（后汉，2州）	孟州（5县）	河阳、汜水、温县、济源、河阴	孟州河阳节度使（后汉，2州）	孟州（5县）	河阳、汜水、温县、济源、河阴
	怀州（5县）	河内、武德、获嘉、武陟、修武		怀州（5县）	河内、武德、获嘉、武陟、修武
潞州昭义军节度使（后汉，2州）	泽州（6县）	晋城、高平、阳城、端氏、陵川、沁水	潞州昭义军节度使（后汉，2州）	泽州（6县）	晋城、高平、阳城、端氏、陵川、沁水
	潞州（10县）	上党、长子、屯留、潞城、壶关、襄垣、黎城、涉、铜鞮、武乡		潞州（10县）	上党、长子、屯留、潞城、壶关、襄垣、黎城、涉、铜鞮、武乡

方镇	府、州	县	方镇	府、州	县
951年			956年		
西京留守（后周，1府1州）	河南府（21县）	河南、洛阳、偃师、缑氏、告成、登封、陆浑、伊阙、新安、渑池、福庆、长水、永宁、寿安、密、颍阳、伊阳、王屋、河清、巩、望陵	西京留守（后周，1府1州）	河南府（21县）	河南、洛阳、偃师、缑氏、告成、登封、陆浑、伊阙、新安、渑池、福庆、长水、永宁、寿安、密、颍阳、伊阳、王屋、河清、巩、望陵
	汝州（7县）	梁、郏城、鲁山、龙兴、临汝、叶、襄城		汝州（6县）	梁、郏城、鲁山、龙兴、叶、襄城
陕州保义军节度使（后周，2州）	陕州（6县）	陕、峡石、灵宝、夏县、芮城、平陆	陕州保义军节度使（后周，2州）	陕州（6县）	陕、峡石、灵宝、夏县、芮城、平陆
	虢州（6县）	弘农、阌乡、湖城、朱阳、玉成、卢氏		虢州（6县）	弘农、阌乡、湖城、朱阳、玉成、卢氏
孟州河阳节度使（后周，2州）	孟州（5县）	河阳、汜水、温县、济源、河阴	孟州河阳节度使（后周，2州）	孟州（5县）	河阳、汜水、温县、济源、河阴
	怀州（5县）	河内、武德、获嘉、武陟、修武		怀州（5县）	河内、武德、获嘉、武陟、修武
潞州昭义军节度使（后周，2州）	泽州（6县）	晋城、高平、阳城、端氏、陵川、沁水	潞州昭义军节度使（后周，2州）	泽州（6县）	晋城、高平、阳城、端氏、陵川、沁水
	潞州（10县）	上党、长子、屯留、潞城、壶关、襄垣、黎城、涉、铜鞮、武乡		潞州（10县）	上党、长子、屯留、潞城、壶关、襄垣、黎城、涉、铜鞮、武乡

	958年			959年		
方镇	府、州	县	方镇	府、州	县	
西京留守（后周，1府1州）	河南府（19县）	河南、洛阳、偃师、缑氏、登封、伊阙、新安、渑池、福庆、长水、永宁、寿安、密、颍阳、伊阳、王屋、河清、巩、望陵	西京留守（后周，1府1州）	河南府（19县）	河南、洛阳、偃师、缑氏、登封、伊阙、新安、渑池、福庆、长水、永宁、寿安、密、颍阳、伊阳、王屋、河清、巩、望陵	
	汝州（6县）	梁、郏城、鲁山、龙兴、叶、襄城		汝州（6县）	梁、郏城、鲁山、龙兴、叶、襄城	
陕州保义军节度使（后周，2州）	陕州（6县）	陕、峡石、灵宝、夏县、芮城、平陆	陕州保义军节度使（后周，2州）	陕州（6县）	陕、峡石、灵宝、夏县、芮城、平陆	
	虢州（6县）	弘农、阌乡、湖城、朱阳、玉成、卢氏		虢州（6县）	弘农、阌乡、湖城、朱阳、玉成、卢氏	
孟州河阳节度使（后周，2州）	孟州（5县）	河阳、汜水、温县、济源、河阴	孟州河阳节度使（后周，2州）	孟州（5县）	河阳、汜水、温县、济源、河阴	
	怀州（5县）	河内、武德、获嘉、武陟、修武		怀州（5县）	河内、武德、获嘉、武陟、修武	
潞州昭义军节度使（后周，2州）	泽州（6县）	晋城、高平、阳城、端氏、陵川、沁水	潞州昭义军节度使（后周，2州）	泽州（6县）	晋城、高平、阳城、端氏、陵川、沁水	
	潞州（10县）	上党、长子、屯留、潞城、壶关、襄垣、黎城、涉、铜鞮、武乡		潞州（10县）	上党、长子、屯留、潞城、壶关、襄垣、黎城、涉、铜鞮、武乡	
				辽州（4县，自北汉来属）	辽山、榆社、和顺、平城	

表 II-5 大安府（京兆府）永平军（佑国军、晋昌军、永兴军）节度使（西京留守）（含金州怀德军节度使）、同州忠武军（匡国军）[含华州感化军（镇国军）]节度使（含华州）、耀州（崇州）义胜军（静胜军、顺义军）节度使（含耀州）辖区沿革表

公元 政区	907年			908年		
	方镇	府、州	县	方镇	府、州	县
大安府（京兆府）永平军（佑国军、晋昌军、永兴军）节度使（西京留守）(含金州怀德军节度使)	大安府佑国军节度使（后梁，1府2州）	大安府（16县）	大安、大年、昭应、渭南、蓝田、鄠、兴平、咸阳、泾阳、云阳、三原、高陵、富平、同官、栎阳、奉先	大安府佑国军节度使（后梁，1府2州）	大安府（16县）	大安、大年、昭应、渭南、蓝田、鄠、兴平、咸阳、泾阳、云阳、三原、高陵、富平、同官、栎阳、奉先
		商州（6县）	上洛、丰阳、洛南、商洛、上津、乾元		商州（6县）	上洛、丰阳、洛南、商洛、上津、乾元
同州匡国军（匡国军）[含华州感化军（镇国军）]节度使（含华州）	同州匡国军节度使（后梁，2州）	华州（3县）	郑、华阴、下邽	同州忠武军节度使（后梁，2州）	华州（3县）	郑、华阴、下邽
		同州（7县）	冯翊、韩原、郃阳、夏阳、白水、澄城、朝邑		同州（7县）	冯翊、韩原、郃阳、夏阳、白水、澄城、朝邑
耀州（崇州）义胜军（静胜军、顺义军）节度使（含耀州）						

附　录　873

909年			911年		
方镇	府、州	县	方镇	府、州	县
大安府永平军节度使（后梁，1府1州）	大安府（*14县*）	大安、大年、昭应、渭南、蓝田、鄠、兴平、咸阳、泾阳、云阳、三原、高陵、富平、栎阳	大安府永平军节度使（后梁，1府1州）	大安府（14县）	大安、大年、昭应、渭南、蓝田、鄠、兴平、咸阳、泾阳、云阳、三原、高陵、富平、栎阳
华州感化军节度使（后梁，2州）	商州（6县）	上洛、丰阳、洛南、商洛、上津、乾元	华州感化军节度使（后梁，2州）	商州（6县）	上洛、丰阳、洛南、商洛、上津、乾元
	华州（3县）	郑、华阴、下邽		华州（3县）	郑、华阴、下邽
同州忠武军节度使（后梁，1州）	同州（*6县*）	冯翊、夏阳、白水、朝邑、*同官*、奉先	同州忠武军节度使（后梁，1州）	同州（6县）	冯翊、夏阳、白水、朝邑、同官、奉先
			耀州义胜军节度使（岐王，2州）	耀州（1县）	华原
				鼎州（1县）	美原

915年			920年		
方镇	府、州	县	方镇	府、州	县
大安府永平军节度使（后梁，1府1州）	大安府（14县）	大安、大年、昭应、渭南、蓝田、鄠、兴平、咸阳、泾阳、云阳、三原、高陵、富平、栎阳	大安府永平军节度使（后梁，1府1州）	大安府（14县）	大安、大年、昭应、渭南、蓝田、鄠、兴平、咸阳、泾阳、云阳、三原、高陵、富平、栎阳
华州感化军节度使（后梁，2州）	商州（6县）	上洛、丰阳、洛南、商洛、上津、乾元	华州感化军节度使（后梁，2州）	商州（6县）	上洛、丰阳、洛南、商洛、上津、乾元
	华州（3县）	郑、华阴、下邽		华州（3县）	郑、华阴、下邽
同州忠武军节度使（后梁，1州）	同州（6县）	冯翊、夏阳、白水、朝邑、同官、奉先	同州忠武军节度使（晋王，1州）	同州（6县）	冯翊、夏阳、白水、朝邑、同官、奉先
崇州静胜军节度使（后梁，2州）	崇州（1县）	华原	崇州静胜军节度使（后梁，2州）	崇州（1县）	华原
	裕州（1县）	美原		裕州（1县）	美原

	923年			924年		
方镇	府、州	县		方镇	府、州	县
西京留守（后唐，1府1州）	京兆府（12县）	长安、万年、昭应、渭南、蓝田、鄠、兴平、咸阳、泾阳、高陵、栎阳、美原		西京留守（后唐，1府1州）	京兆府（14县）	长安、万年、昭应、渭南、蓝田、鄠、兴平、咸阳、泾阳、高陵、栎阳、美原、*武功*、*醴泉*
华州镇国军节度使（后唐，2州）	商州（6县）	上洛、丰阳、洛南、商洛、上津、乾元		华州镇国军节度使（后唐，2州）	商州（6县）	上洛、丰阳、洛南、商洛、上津、乾元
	华州（3县）	郑、华阴、下邽			华州（3县）	郑、华阴、下邽
同州匡国军节度使（后唐，1州）	同州（6县）	冯翊、夏阳、白水、朝邑、同官、奉先		同州匡国军节度使（后唐，1州）	同州（6县）	冯翊、夏阳、白水、朝邑、同官、奉先
耀州顺义军节度使（后唐，1州）	耀州（4县）	华原、富平、三原、云阳		耀州顺义军节度使（后唐，1州）	耀州（4县）	华原、富平、三原、云阳
（废）						

925年			926年		
方镇	府、州	县	方镇	府、州	县
西京留守（后唐，1府1州）	金州（6县，灭前蜀来属）	西城、洵阳、淯阳、石泉、汉阴、平利	西京留守（后唐，1府1州）	金州（6县）	西城、洵阳、淯阳、石泉、汉阴、平利
	京兆府（14县）	长安、万年、昭应、渭南、蓝田、鄠、兴平、咸阳、泾阳、高陵、栎阳、武功、醴泉、奉先		京兆府（14县）	长安、万年、昭应、渭南、蓝田、鄠、兴平、咸阳、泾阳、高陵、栎阳、武功、醴泉、奉先
华州镇国军节度使（后唐，2州）	商州（6县）	上洛、丰阳、洛南、商洛、上津、乾元	华州镇国军节度使（后唐，2州）	商州（6县）	上洛、丰阳、洛南、商洛、上津、乾元
	华州（3县）	郑、华阴、下邽		华州（3县）	郑、华阴、下邽
同州匡国军节度使（后唐，1州）	同州（5县）	冯翊、夏阳、白水、朝邑、澄城	同州匡国军节度使（后唐，1州）	同州（7县）	冯翊、夏阳、白水、朝邑、澄城、韩城、郃阳
（直属后唐）	耀州（6县）	华原、富平、三原、云阳、美原、同官	（直属后唐）	耀州（6县）	华原、富平、三原、云阳、美原、同官

928年			936年		
方镇	府、州	县	方镇	府、州	县
西京留守（后唐，1府1州）	金州（6县）	西城、洵阳、清阳、石泉、汉阴、平利	西京留守（后晋，1府1州）	金州（6县）	西城、洵阳、清阳、石泉、汉阴、平利
	京兆府（15县）	长安、万年、昭应、渭南、蓝田、鄠、兴平、咸阳、泾阳、高陵、栎阳、武功、醴泉、奉先、好畤		京兆府（15县）	长安、万年、昭应、渭南、蓝田、鄠、兴平、咸阳、泾阳、高陵、栎阳、武功、醴泉、奉先、好畤
华州镇国军节度使（后唐，2州）	商州（6县）	上洛、丰阳、洛南、商洛、上津、乾元	华州镇国军节度使（后晋，2州）	商州（6县）	上洛、丰阳、洛南、商洛、上津、乾元
	华州（3县）	郑、华阴、下邽		华州（3县）	郑、华阴、下邽
同州匡国军节度使（后唐，1州）	同州（7县）	冯翊、夏阳、白水、朝邑、澄城、韩城、郃阳	同州匡国军节度使（后晋，1州）	同州（7县）	冯翊、夏阳、白水、朝邑、澄城、韩城、郃阳
（直属后唐）	耀州（6县）	华原、富平、三原、云阳、美原、同官	（直属后晋）	耀州（6县）	华原、富平、三原、云阳、美原、同官

938年			939年		
方镇	府、州	县	方镇	府、州	县
京兆府晋昌军节度使（后晋，1府1州）	金州（6县）	西城、洵阳、淯阳、石泉、汉阴、平利	金州怀德军节度使（后晋，1州）	金州（6县）	西城、洵阳、淯阳、石泉、汉阴、平利
	京兆府（15县）	长安、万年、昭应、渭南、蓝田、鄠、兴平、咸阳、泾阳、高陵、栎阳、武功、醴泉、奉先、好畤	京兆府晋昌军节度使（后晋，1府）	京兆府（15县）	长安、万年、昭应、渭南、蓝田、鄠、兴平、咸阳、泾阳、高陵、栎阳、武功、醴泉、奉先、好畤
华州镇国军节度使（后晋，2州）	商州（6县）	上洛、丰阳、洛南、商洛、上津、乾元	华州镇国军节度使（后晋，2州）	商州（6县）	上洛、丰阳、洛南、商洛、上津、乾元
	华州（3县）	郑、华阴、下邽		华州（3县）	郑、华阴、下邽
同州匡国军节度使（后晋，1州）	同州（7县）	冯翊、夏阳、白水、朝邑、澄城、韩城、郃阳	同州匡国军节度使（后晋，1州）	同州（7县）	冯翊、夏阳、白水、朝邑、澄城、韩城、郃阳
（直属后晋）	耀州（6县）	华原、富平、三原、云阳、美原、同官	（直属后晋）	耀州（6县）	华原、富平、三原、云阳、美原、同官

944年			947年		
方镇	府、州	县	方镇	府、州	县
京兆府晋昌军节度使（后晋，1府1州）	金州（6县）	西城、洵阳、淯阳、石泉、汉阴、平利	京兆府晋昌军节度使（后汉，1府1州）	金州（6县）	西城、洵阳、淯阳、石泉、汉阴、平利
	京兆府（15县）	长安、万年、昭应、渭南、蓝田、鄠、兴平、咸阳、泾阳、高陵、栎阳、武功、醴泉、奉先、好畤		京兆府（15县）	长安、万年、昭应、渭南、蓝田、鄠、兴平、咸阳、泾阳、高陵、栎阳、武功、醴泉、奉先、好畤
华州镇国军节度使（后晋，2州）	商州（6县）	上洛、丰阳、洛南、商洛、上津、乾元	华州镇国军节度使（后汉，2州）	商州（6县）	上洛、丰阳、洛南、商洛、上津、乾元
	华州（3县）	郑、华阴、下邽		华州（3县）	郑、华阴、下邽
同州匡国军节度使（后晋，1州）	同州（7县）	冯翊、夏阳、白水、朝邑、澄城、韩城、郃阳	同州匡国军节度使（后汉，1州）	同州（7县）	冯翊、夏阳、白水、朝邑、澄城、韩城、郃阳
（直属后晋）	耀州（6县）	华原、富平、三原、云阳、美原、同官	（直属后汉）	耀州（6县）	华原、富平、三原、云阳、美原、同官

948年			949年		
方镇	府、州	县	方镇	府、州	县
京兆府永兴军节度使（后汉，1府2州）	金州（6县）	西城、洵阳、清阳、石泉、汉阴、平利	京兆府永兴军节度使（后汉，1府2州）	金州（6县）	西城、洵阳、清阳、石泉、汉阴、平利
	京兆府（15县）	长安、万年、昭应、渭南、蓝田、鄠、兴平、咸阳、泾阳、高陵、栎阳、武功、醴泉、奉先、好畤		京兆府（16县）	长安、万年、昭应、渭南、蓝田、鄠、兴平、咸阳、泾阳、高陵、栎阳、武功、醴泉、奉先、好畤、乾祐
	商州?（6县）	上洛、丰阳、洛南、商洛、上津、乾元		商州（5县）	上洛、丰阳、洛南、商洛、上津
华州镇国军节度使（后汉，1州）	华州（3县）	郑、华阴、下邽	华州镇国军节度使（后汉，1州）	华州（3县）	郑、华阴、下邽
同州匡国军节度使（后汉，1州）	同州（7县）	冯翊、夏阳、白水、朝邑、澄城、韩城、郃阳	同州匡国军节度使（后汉，1州）	同州（7县）	冯翊、夏阳、白水、朝邑、澄城、韩城、郃阳
（直属后汉）	耀州（6县）	华原、富平、三原、云阳、美原、同官	（直属后汉）	耀州（6县）	华原、富平、三原、云阳、美原、同官

951年			952年		
方镇	府、州	县	方镇	府、州	县
京兆府永兴军节度使（后周，1府2州）	金州（6县）	西城、洵阳、清阳、石泉、汉阴、平利	京兆府永兴军节度使（后周，1府2州）	金州（6县）	西城、洵阳、清阳、石泉、汉阴、平利
	京兆府（16县）	长安、万年、昭应、渭南、蓝田、鄠、兴平、咸阳、泾阳、高陵、栎阳、武功、醴泉、奉先、好畤、乾祐		京兆府（16县）	长安、万年、昭应、渭南、蓝田、鄠、兴平、咸阳、泾阳、高陵、栎阳、武功、醴泉、奉先、好畤、乾祐
	商州（5县）	上洛、丰阳、洛南、商洛、上津		商州（5县）	上洛、丰阳、洛南、商洛、上津
华州镇国军节度使（后周，1州）	华州（3县）	郑、华阴、下邽	华州镇国军节度使（后周，1州）	华州（3县）	郑、华阴、下邽
同州匡国军节度使（后周，1州）	同州（7县）	冯翊、夏阳、白水、朝邑、澄城、韩城、郃阳	同州匡国军节度使（后周，1州）	同州（7县）	冯翊、夏阳、白水、朝邑、澄城、韩城、郃阳
（直属后周）	耀州（6县）	华原、富平、三原、云阳、美原、同官	（直属后周）	耀州（6县）	华原、富平、三原、云阳、美原、同官

954年			956年		
方镇	府、州	县	方镇	府、州	县
京兆府永兴军节度使（后周，1府2州）	金州（6县）	西城、洵阳、清阳、石泉、汉阴、平利	京兆府永兴军节度使（后周，1府2州）	金州（6县）	西城、洵阳、清阳、石泉、汉阴、平利
	京兆府（16县）	长安、万年、昭应、渭南、蓝田、鄠、兴平、咸阳、泾阳、高陵、栎阳、武功、醴泉、奉先、好畤、乾祐		京兆府（15县）	长安、万年、昭应、蓝田、鄠、兴平、咸阳、泾阳、高陵、栎阳、武功、醴泉、奉先、好畤、乾祐
	商州（5县）	上洛、丰阳、洛南、商洛、上津		商州（5县）	上洛、丰阳、洛南、商洛、上津
（直属后周）	华州（3县）	郑、华阴、下邽	（直属后周）	华州（4县）	郑、华阴、下邽、*渭南*
同州匡国军节度使（后周，1州）	同州（7县）	冯翊、夏阳、白水、朝邑、澄城、韩城、郃阳	同州匡国军节度使（后周，1州）	同州（7县）	冯翊、夏阳、白水、朝邑、澄城、韩城、郃阳
（直属后周）	耀州（6县）	华原、富平、三原、云阳、美原、同官	（直属后周）	耀州（6县）	华原、富平、三原、云阳、美原、同官

附　录　883

958年			959年		
方镇	府、州	县	方镇	府、州	县
京兆府永兴军节度使（后周，1府2州）	金州（6县）	西城、洵阳、淯阳、石泉、汉阴、平利	京兆府永兴军节度使（后周，1府2州）	金州（6县）	西城、洵阳、淯阳、石泉、汉阴、平利
	京兆府（15县）	长安、万年、昭应、蓝田、鄠、兴平、咸阳、泾阳、高陵、栎阳、武功、醴泉、奉先、好畤、乾祐		京兆府（15县）	长安、万年、昭应、蓝田、鄠、兴平、咸阳、泾阳、高陵、栎阳、武功、醴泉、奉先、好畤、乾祐
	商州（5县）	上洛、丰阳、洛南、商洛、上津		商州（5县）	上洛、丰阳、洛南、商洛、上津
（直属后周）	华州（4县）	郑、华阴、下邽、渭南	（直属后周）	华州（4县）	郑、华阴、下邽、渭南
（直属后周）	同州（7县）	冯翊、夏阳、白水、朝邑、澄城、韩城、郃阳	（直属后周）	同州（7县）	冯翊、夏阳、白水、朝邑、澄城、韩城、郃阳
（直属后周）	耀州（6县）	华原、富平、三原、云阳、美原、同官	（直属后周）	耀州（6县）	华原、富平、三原、云阳、美原、同官

表II-6 邠州静难军、鄜州保大军、延州保塞军(忠义军、彰武军)、灵州朔方节度使辖区沿革表

公元 政区	907年			909年		
	方镇	府、州	县	方镇	府、州	县
邠州静难军节度使	邠州静难军节度使(岐王,4州)	邠州(4县)	新平、三水、永寿、宜禄	邠州静难军节度使(岐王,4州)	邠州(4县)	新平、三水、永寿、宜禄
		宁州(5县)	定安、真宁、襄乐、彭原、丰义		宁州(5县)	定安、真宁、襄乐、彭原、丰义
		庆州(5县)	顺化、合水、乐蟠、华池、延庆		庆州(5县)	顺化、合水、乐蟠、华池、延庆
		衍州(1县)	定平		衍州(1县)	定平
鄜州保大军节度使	鄜州保大军节度使(岐王,3州)	鄜州(5县)	洛交、洛川、三川、直罗、甘泉	鄜州保大军节度使(后梁,3州)	鄜州(5县)	洛交、洛川、三川、直罗、甘泉
		坊州(3县)	中部、宜君、升平		坊州(3县)	中部、宜君、升平
		翟州(1县)	鄜城		禧州(1县)	昭化
延州保塞军(忠义军、彰武军)节度使	延州保塞军节度使(岐,2州)	延州(10县)	肤施、延长、临真、金明、丰林、延川、敷政、延水、门山、延昌	延州忠义军节度使(后梁,2州)	延州(10县)	肤施、延长、临真、金明、丰林、延川、敷政、延水、门山、延昌
		丹州(4县)	义川、云岩、汾川、咸宁		丹州(4县)	义川、云岩、汾川、咸宁
灵州朔方节度使	(岐王)	盐州(2县)	五原、白池		盐州(2县,自岐王处攻取)	五原、白池
	灵州朔方节度使(后梁,4州)	灵州(1县)	回乐	灵州朔方节度使(后梁,5州)	灵州(1县)	回乐
		威州(无领县)			威州(无领县)	
		雄州(无领县)			雄州(无领县)	
		警州(无领县)			警州(无领县)	

910年			911年		
方镇	府、州	县	方镇	府、州	县
邠州静难军节度使（岐王，4州）	邠州（4县）	新平、三水、永寿、宜禄	邠州静难军节度使（岐王，4州）	邠州（4县）	新平、三水、永寿、宜禄
	宁州（5县）	定安、真宁、襄乐、彭原、丰义		宁州（5县）	定安、真宁、襄乐、彭原、丰义
	庆州（5县）	顺化、合水、乐蟠、华池、延庆		庆州（5县）	顺化、合水、乐蟠、华池、延庆
	衍州（1县）	定平		衍州（1县）	定平
鄜州保大军节度使（后梁，3州）	鄜州（5县）	洛交、洛川、三川、直罗、甘泉	鄜州保大军节度使（后梁，3州）	鄜州（5县）	洛交、洛川、三川、直罗、甘泉
	坊州（3县）	中部、宜君、升平		坊州（3县）	中部、宜君、升平
	禧州（1县）	昭化		禧州（1县）	昭化
延州忠义军节度使（后梁，2州）	延州（10县）	肤施、延长、临真、金明、丰林、延川、敷政、延水、门山、延昌	延州忠义军节度使（后梁，2州）	延州（10县）	肤施、延长、临真、金明、丰林、延川、敷政、延水、门山、延昌
	丹州（4县）	义川、云岩、汾川、咸宁		丹州（4县）	义川、云岩、汾川、咸宁
（岐王）	盐州（2县）	五原、白池	盐州（2县，自岐王处攻取）		五原、白池
灵州朔方节度使（后梁，4州）	灵州（1县）	回乐	灵州朔方节度使（后梁，5州）	灵州（1县）	回乐
	威州（无领县）			威州（无领县）	
	雄州（无领县）			雄州（无领县）	
	警州（无领县）			警州（无领县）	

915年			916年		
方镇	府、州	县	方镇	府、州	县
邠州静难军节度使（后梁，4州）	邠州（4县）	新平、三水、永寿、宜禄	邠州静难军节度使（后梁，3州）	邠州（4县）	新平、三水、永寿、宜禄
	宁州（5县）	定安、真宁、襄乐、彭原、丰义		宁州（5县）	定安、真宁、襄乐、彭原、丰义
	庆州（5县）	顺化、合水、乐蟠、华池、延庆	（废入岐）	庆州（5县）	顺化、合水、乐蟠、华池、延庆
	衍州（1县）	定平	邠州静难军节度使（后梁，3州）	衍州（1县）	定平
鄜州保大军节度使（后梁，3州）	鄜州（5县）	洛交、洛川、三川、直罗、甘泉	鄜州保大军节度使（后梁，3州）	鄜州（5县）	洛交、洛川、三川、直罗、甘泉
	坊州（3县）	中部、宜君、升平		坊州（3县）	中部、宜君、升平
	禧州（1县）	昭化		禧州（1县）	昭化
延州忠义军节度使（后梁，2州）	延州（10县）	肤施、延长、临真、金明、丰林、延川、敷政、延水、门山、延昌	延州忠义军节度使（后梁，2州）	延州（10县）	肤施、延长、临真、金明、丰林、延川、敷政、延水、门山、延昌
	丹州（4县）	义川、云岩、汾川、咸宁		丹州（4县）	义川、云岩、汾川、咸宁
灵州朔方节度使（后梁，5州）	盐州（2县）	五原、白池	灵州朔方节度使（后梁，5州）	盐州（2县）	五原、白池
	灵州（1县）	回乐		灵州（1县）	回乐
	威州（无领县）			威州（无领县）	
	雄州（无领县）			雄州（无领县）	
	警州（无领县）			警州（无领县）	

	917年			923年		
方镇	府、州	县		方镇	府、州	县
邠州静难军节度使（后梁，4州）	邠州（4县）	新平、三水、永寿、宜禄	邠州静难军节度使（后唐，4州）	邠州（4县）	新平、三水、永寿、宜禄
	宁州（5县）	定安、真宁、襄乐、彭原、丰义		宁州（5县）	定安、真宁、襄乐、彭原、丰义
	庆州（5县）	顺化、合水、乐蟠、华池、延庆		庆州（5县）	顺化、合水、乐蟠、华池、延庆
	衍州（1县）	定平		衍州（1县）	定平
鄜州保大军节度使（后梁，3州）	鄜州（5县）	洛交、洛川、三川、直罗、甘泉	鄜州保大军节度使（后唐，2州）	鄜州（6县）	洛交、洛川、三川、直罗、甘泉、鄜城
	坊州（3县）	中部、宜君、升平		坊州（3县）	中部、宜君、升平
	禧州（1县）	昭化		（废）	
延州忠义军节度使（后梁，2州）	延州（10县）	肤施、延长、临真、金明、丰林、延川、敷政、延水、门山、延昌	延州彰武军节度使（后唐，2州）	延州（10县）	肤施、延长、临真、金明、丰林、延川、敷政、延水、门山、延昌
	丹州（4县）	义川、云岩、汾川、咸宁		丹州（4县）	义川、云岩、汾川、咸宁
灵州朔方节度使（后梁，5州）	盐州（2县）	五原、白池	灵州朔方节度使（后唐，5州）	盐州（2县）	五原、白池
	灵州（1县）	回乐		灵州（1县）	回乐
	威州（无领县）			威州（无领县）	
	雄州（无领县）			雄州（无领县）	
	警州（无领县）			警州（无领县）	

936年			939年		
方镇	府、州	县	方镇	府、州	县
邠州静难军节度使（后晋，4州）	邠州（4县）	新平、三水、永寿、宜禄	邠州静难军节度使（后晋，4州）	邠州（4县）	新平、三水、永寿、宜禄
	宁州（5县）	定安、真宁、襄乐、彭原、丰义		宁州（5县）	定安、真宁、襄乐、彭原、丰义
	庆州（6县）	顺化、合水、乐蟠、华池、延庆、同川		庆州（6县）	顺化、合水、乐蟠、华池、延庆、同川
	衍州（1县）	定平		衍州（1县）	定平
鄜州保大军节度使（后晋，2州）	鄜州（6县）	洛交、洛川、三川、直罗、甘泉、鄜城	鄜州保大军节度使（后晋，2州）	鄜州（6县）	洛交、洛川、三川、直罗、甘泉、鄜城
	坊州（3县）	中部、宜君、升平		坊州（3县）	中部、宜君、升平
延州彰武军节度使（后晋，2州）	延州（10县）	肤施、延长、临真、金明、丰林、延川、敷政、延水、门山、延昌	延州彰武军节度使（后晋，2州）	延州（10县）	肤施、延长、临真、金明、丰林、延川、敷政、延水、门山、延昌
	丹州（4县）	义川、云岩、汾川、咸宁		丹州（4县）	义川、云岩、汾川、咸宁
灵州朔方节度使（后晋，5州）	盐州（2县）	五原、白池	灵州朔方节度使（后晋，5州）	盐州（2县）	五原、白池
	灵州（1县）	回乐		灵州（1县1军）	回乐、清边军
	威州（无领县）			（新）威州（领2镇，以灵州方渠镇新置威州，原威州改置清边军，属灵州）	木波镇、马岭镇
	雄州（无领县）			雄州（无领县）	
	警州（无领县）			警州（无领县）	

942年			947年		
方镇	府、州	县	方镇	府、州	县
邠州静难军节度使（后晋，4州）	邠州（4县）	新平、三水、永寿、宜禄	邠州静难军节度使（后汉，4州）	邠州（4县）	新平、三水、永寿、宜禄
	宁州（5县）	定安、真宁、襄乐、彭原、丰义		宁州（5县）	定安、真宁、襄乐、彭原、丰义
	庆州（6县）	顺化、合水、乐蟠、华池、延庆、同川		庆州（6县）	顺化、合水、乐蟠、华池、延庆、同川
	衍州（1县）	定平		衍州（1县）	定平
鄜州保大军节度使（后晋，2州）	鄜州（6县）	洛交、洛川、三川、直罗、甘泉、鄜城	鄜州保大军节度使（后汉，2州）	鄜州（6县）	洛交、洛川、三川、直罗、甘泉、鄜城
	坊州（3县）	中部、宜君、升平		坊州（3县）	中部、宜君、升平
延州彰武军节度使（后晋，2州）	延州（10县）	肤施、延长、临真、金明、丰林、延川、敷政、延水、门山、延昌	延州彰武军节度使（后汉，2州）	延州（10县）	肤施、延长、临真、金明、丰林、延川、敷政、延水、门山、延昌
	丹州（4县）	义川、云岩、汾川、咸宁		丹州（4县）	义川、云岩、汾川、咸宁
灵州朔方节度使（后晋，3州）	盐州（2县）	五原、白池	灵州朔方节度使（后汉，3州）	盐州（2县）	五原、白池
	灵州（*1县3军*）	回乐、清边军、*昌化军*、*威肃军*		灵州（1县3军）	回乐、清边军、昌化军、威肃军
	（新）威州（2镇）	木波镇、马岭镇		（新）威州（2镇）	木波镇、马岭镇
（降为昌化军，属灵州）					
（降为威肃军，属灵州）					

951年			952年		
方镇	府、州	县	方镇	府、州	县
邠州静难军节度使（后周，4州）	邠州（4县）	新平、三水、永寿、宜禄	邠州静难军节度使（后周，4州）	邠州（4县）	新平、三水、永寿、宜禄
	宁州（5县）	定安、真宁、襄乐、彭原、丰义		宁州（5县）	定安、真宁、襄乐、彭原、丰义
	庆州（6县）	顺化、合水、乐蟠、华池、延庆、同川		庆州（6县）	顺化、合水、乐蟠、华池、延庆、同川
	衍州（1县）	定平		衍州（1县）	定平
鄜州保大军节度使（后周，2州）	鄜州（6县）	洛交、洛川、三川、直罗、甘泉、鄜城	鄜州保大军节度使（后周，2州）	鄜州（6县）	洛交、洛川、三川、直罗、甘泉、鄜城
	坊州（3县）	中部、宜君、升平		坊州（3县）	中部、宜君、升平
延州彰武军节度使（后周，2州）	延州（10县）	肤施、延长、临真、金明、丰林、延川、敷政、延水、门山、延昌	延州彰武军节度使（后周，2州）	延州（10县）	肤施、延长、临真、金明、丰林、延川、敷政、延水、门山、延昌
	丹州（4县）	义川、云岩、汾川、咸宁		丹州（4县）	义川、云岩、汾川、咸宁
灵州朔方节度使（后周，3州）	盐州（2县）	五原、白池	灵州朔方节度使（后周，3州）	盐州（2县）	五原、白池
	灵州（1县3军）	回乐、清边军、昌化军、威肃军		灵州（1县3军）	回乐、清边军、昌化军、威肃军
	（新）威州（2镇）	木波镇、马岭镇		环州（2镇）	木波镇、马岭镇

955年			956年		
方镇	府、州	县	方镇	府、州	县
邠州静难军节度使（后周，4州）	邠州（4县）	新平、三水、永寿、宜禄	邠州静难军节度使（后周，4州）	邠州（4县）	新平、三水、永寿、宜禄
	宁州（5县）	定安、真宁、襄乐、彭原、丰义		宁州（5县）	定安、真宁、襄乐、彭原、丰义
	庆州（6县）	顺化、合水、乐蟠、华池、延庆、同川		庆州（*4县*）	顺化、乐蟠、华池、同川
	衍州（1县）	定平		衍州（1县）	定平
鄜州保大军节度使（后周，2州）	鄜州（7县）	洛交、洛川、三川、直罗、甘泉、鄜城、咸宁?	鄜州保大军节度使（后周，2州）	鄜州（*6县*）	洛交、洛川、三川、直罗、甘泉、鄜城
	坊州（3县）	中部、宜君、升平		坊州（3县）	中部、宜君、升平
延州彰武军节度使（后周，2州）	延州（10县）	肤施、延长、临真、金明、丰林、延川、敷政、延水、门山、延昌	延州彰武军节度使（后周，2州）	延州（10县）	肤施、延长、临真、金明、丰林、延川、敷政、延水、门山、延昌
	丹州（*3县*）	义川、云岩、汾川		丹州（3县）	义川、云岩、汾川
灵州朔方节度使（后周，3州）	盐州（2县）	五原、白池	灵州朔方节度使（后周，3州）	盐州（2县）	五原、白池
	灵州（1县3军）	回乐、清边军、昌化军、威肃军		灵州（1县3军）	回乐、清边军、昌化军、威肃军
	环州（2镇）	木波镇、马岭镇		环州（2镇）	木波镇、马岭镇

957年			958年		
方镇	府、州	县	方镇	府、州	县
邠州静难军节度使（后周，4州）	邠州（4县）	新平、三水、永寿、宜禄	邠州静难军节度使（后周，3州）	邠州（*5县*）	新平、三水、永寿、宜禄、定平
	宁州（5县）	定安、真宁、襄乐、彭原、丰义		宁州（5县）	定安、真宁、襄乐、彭原、丰义
	庆州（4县）	顺化、乐蟠、华池、同川		庆州（4县）	顺化、乐蟠、华池、同川
	衍州（1县）	定平	（废）		
鄜州保大军节度使（后周，2州）	鄜州（6县）	洛交、洛川、三川、直罗、甘泉、鄜城	鄜州保大军节度使（后周，2州）	鄜州（6县）	洛交、洛川、三川、直罗、甘泉、鄜城
	坊州（3县）	中部、宜君、升平		坊州（3县）	中部、宜君、升平
延州彰武军节度使（后周，2州）	延州（10县）	肤施、延长、临真、金明、丰林、延川、敷政、延水、门山、延昌	延州彰武军节度使（后周，2州）	延州（10县）	肤施、延长、临真、金明、丰林、延川、敷政、延水、门山、延昌
	丹州（3县）	义川、云岩、汾川		丹州（3县）	义川、云岩、汾川
灵州朔方节度使（后周，3州）	盐州（2县）	五原、白池	灵州朔方节度使（后周，3州）	盐州（2县）	五原、白池
	灵州（1县3军）	回乐、清边军、昌化军、威肃军		灵州（1县3军）	回乐、清边军、昌化军、威肃军
	通远军（*1县3镇*）	通远县、木波镇、马岭镇、石昌镇		通远军（*1县3镇*）	通远县、木波镇、马岭镇、石昌镇

959年		
方镇	府、州	县
邠州静难军节度使（后周，3州）	邠州（5县）	新平、三水、永寿、宜禄、定平？
	宁州（6县）	定安、真宁、襄乐、彭原、丰义、*定平？*
	庆州（4县）	顺化、乐蟠、华池、同川
鄜州保大军节度使（后周，2州）	鄜州（6县）	洛交、洛川、三川、直罗、甘泉、鄜城
	坊州（3县）	中部、宜君、升平
延州彰武军节度使（后周，2州）	延州（10县）	肤施、延长、临真、金明、丰林、延川、敷政、延水、门山、延昌？
	丹州（3县）	义川、云岩、汾川
灵州朔方节度使（后周，3州）	盐州（2县）	五原、白池
	灵州（1县3军）	回乐、清边军？、昌化军？、威肃军？
	通远军（1县3镇）	通远县、木波镇、马岭镇、石昌镇

表II-7 山南东道(襄州)节度使[含邓州宣化军（威胜军、武胜军）节度使、复州、襄州]、安州宣威军（安远军）节度使（含安州、申州、汉阳军）辖区沿革表

公元			907年			909年	
政区	方镇	府、州	县	方镇	府、州	县
山南东道（襄州）节度使[含邓州宣化军（威胜军、武胜军）节度使、复州、襄州]	山南东道（襄州）节度使（后梁，8州）	襄州（7县）	襄阳、邓城、谷城、义清、南漳、宜城、乐乡	山南东道（襄州）节度使（后梁，3州）	襄州（7县）	襄阳、邓城、谷城、义清、南漳、宜城、乐乡
		均州（3县）	武当、郧乡、丰利		均州（3县）	武当、郧乡、丰利
		房州（4县）	房陵、永清、竹山、上庸		房州（4县）	房陵、永清、竹山、上庸
		复州（3县）	沔阳、竟陵、监利	邓州宣化军节度使（后梁，5州）	复州（2县）	沔阳、竟陵
		邓州（6县）	穰、南阳、向城、临湍、内乡、菊潭		邓州（6县）	穰、南阳、向城、临湍、内乡、菊潭
		泌州（7县）	泌阳、慈丘、桐柏、平氏、湖阳、方城、比阳		泌州（7县）	泌阳、慈丘、桐柏、平氏、湖阳、方城、比阳
		随州（4县）	随、光化、枣阳、唐城		随州（4县）	随、光化、枣阳、唐城
		郢州（3县）	长寿、京山、富水		郢州（3县）	长寿、京山、富水
安州宣威军（安远军）节度使（含安州、申州、汉阳军）	安州宣威军节度使（后梁?，2州）	安州（6县）	安陆、云梦、孝昌、应阳、吉阳、应山	安州宣威军节度使（后梁，2州）	安州（6县）	安陆、云梦、孝昌、应阳、吉阳、应山
		申州（3县）	义阳、钟山、罗山		申州（3县）	义阳、钟山、罗山

911年			914年		
方镇	府、州	县	方镇	府、州	县
山南东道（襄州）节度使（后梁，3州）	襄州（7县）	襄阳、邓城、谷城、义清、南漳、宜城、乐乡	山南东道（襄州）节度使（后梁，3州）	襄州（7县）	襄阳、邓城、谷城、义清、南漳、宜城、乐乡
	均州（3县）	武当、郧乡、丰利		均州（3县）	武当、郧乡、丰利
	房州（4县）	房陵、永清、竹山、上庸		房州（4县）	房陵、永清、竹山、上庸
邓州宣化军节度使（后梁，5州）	复州（2县）	沔阳、竟陵	邓州宣化军节度使（后梁，4州）	（复州划属荆南节度使）	
	邓州（6县）	穰、南阳、向城、临湍、内乡、菊潭		邓州（6县）	穰、南阳、向城、临湍、内乡、菊潭
	泌州（7县）	泌阳、慈丘、桐柏、平氏、湖阳、方城、比阳		泌州（7县）	泌阳、慈丘、桐柏、平氏、湖阳、方城、比阳
	随州（4县）	随、光化、枣阳、汉东		随州（4县）	随、光化、枣阳、汉东
	郢州（3县）	长寿、京山、富水		郢州（3县）	长寿、京山、富水
安州宣威军节度使（后梁，2州）	安州（6县）	安陆、云梦、孝昌、应阳、吉阳、应山	安州宣威军节度使（后梁，2州）	安州（6县）	安陆、云梦、孝昌、应阳、吉阳、应山
	申州（3县）	义阳、钟山、罗山		申州（3县）	义阳、钟山、罗山

923年			927年		
方镇	府、州	县	方镇	府、州	县
山南东道（襄州）节度使（后唐，3州）	襄州（7县）	襄阳、邓城、谷城、义清、南漳、宜城、乐乡	山南东道（襄州）节度使（后唐，4州）	襄州（7县）	襄阳、邓城、谷城、义清、南漳、宜城、乐乡
	均州（3县）	武当、郧乡、丰利		均州（3县）	武当、郧乡、丰利
	房州（4县）	房陵、永清、竹山、上庸		房州（4县）	房陵、永清、竹山、上庸
				复州（2县，自荆南节度使来属）	沔阳、竟陵
邓州威胜军节度使（后唐，4州）	邓州（6县）	穰、南阳、向城、临湍、内乡、菊潭	邓州威胜军节度使（后唐，4州）	邓州（6县）	穰、南阳、向城、临湍、内乡、菊潭
	唐州（7县）	比阳、慈丘、桐柏、平氏、湖阳、方城、沁阳		唐州（7县）	泌阳、慈丘、桐柏、平氏、湖阳、方城、比阳
	随州（4县）	随、光化、枣阳、唐城		随州（4县）	随、光化、枣阳、唐城
	郢州（3县）	长寿、京山、富水		郢州（3县）	长寿、京山、富水
安州安远军节度使（后唐，2州）	安州（6县）	安陆、云梦、孝感、应城、吉阳、应山	安州安远军节度使（后唐，2州）	安州（6县）	安陆、云梦、孝感、应城、吉阳、应山
	申州（3县）	义阳、钟山、罗山		申州（3县）	义阳、钟山、罗山

936年			940年		
方镇	府、州	县	方镇	府、州	县
山南东道（襄州）节度使（后晋，4州）	襄州（7县）	襄阳、邓城、谷城、义清、南漳、宜城、乐乡	山南东道（襄州）节度使（后晋，3州）	襄州（7县）	襄阳、邓城、谷城、义清、南漳、宜城、乐乡
	均州（3县）	武当、郧乡、丰利		均州（3县）	武当、郧乡、丰利
	房州（4县）	房陵、永清、竹山、上庸		房州（4县）	房陵、永清、竹山、上庸
	复州（2县）	*景陵、沔阳*	（*直属后晋*）复州（*2县*）		景陵、沔阳
邓州威胜军节度使（后晋，4州）	邓州（6县）	穰、南阳、向城、临湍、内乡、菊潭	邓州威胜军节度使（后晋，4州）	邓州（6县）	穰、南阳、向城、临湍、内乡、菊潭
	唐州（7县）	泌阳、慈丘、桐柏、平氏、湖阳、方城、比阳		唐州（7县）	泌阳、慈丘、桐柏、平氏、湖阳、方城、比阳
	随州（4县）	随、光化、枣阳、*汉东*		随州（4县）	随、光化、枣阳、汉东
	郢州（3县）	长寿、京山、富水		郢州（3县）	长寿、京山、富水
安州安远军节度使（后晋，2州）	安州（6县）	安陆、云梦、孝感、应城、吉阳、应山	（*直属后晋*）	安州（*6县*）	安陆、云梦、孝感、应城、吉阳、应山
	申州（3县）	义阳、钟山、罗山	（*申州别属许州忠武军节度使*）		

942年			947年		
方镇	府、州	县	方镇	府、州	县
(直属后晋)	襄州(7县)	襄阳、邓城、谷城、义清、南漳、宜城、乐乡	山南东道(襄州)节度使(后汉,4州?)	襄州(7县)	襄阳、邓城、谷城、义清、南漳、宜城、乐乡
邓州威胜军节度使(后晋,6州)	均州(3县)	武当、郧乡、丰利		均州(3县)	武当、郧乡、丰利
	房州(4县)	房陵、永清、竹山、上庸		房州(4县)	房陵、永清、竹山、上庸
(直属后晋)	复州(2县)	景陵、沔阳		复州(2县)	景陵、沔阳
邓州威胜军节度使(后晋,6州)	邓州(6县)	穰、南阳、向城、临湍、内乡、菊潭	邓州威胜军节度使(后汉,4州)	邓州(6县)	穰、南阳、向城、临湍、内乡、菊潭
	泌州(7县)	泌阳、慈丘、桐柏、平氏、湖阳、方城、比阳		唐州(7县)?	泌阳、慈丘、桐柏、平氏、湖阳、方城、比阳
	随州(4县)	随、光化、枣阳、汉东		随州(4县)	随、光化、枣阳、汉东
	郢州(3县)	长寿、京山、富水		郢州(3县)	长寿、京山、富水
(直属后晋)	安州(6县)	安陆、云梦、孝感、应城、吉阳、应山	安州安远军节度使(后汉,2州)	安州(6县)	安陆、云梦、孝感、应城、吉阳、应山
				申州(3县,自许州忠武军节度使还属)	义阳、钟山、罗山

948年			951年		
方镇	府、州	县	方镇	府、州	县
山南东道（襄州）节度使（后汉，4州）	襄州（7县）	襄阳、邓城、谷城、义清、南漳、宜城、乐乡	山南东道（襄州）节度使（后周，4州）	襄州（7县）	襄阳、邓城、谷城、义清、南漳、宜城、乐乡
	均州（3县）	武当、郧乡、丰利		均州（3县）	武当、郧乡、丰利
	房州（4县）	房陵、永清、竹山、上庸		房州（4县）	房陵、永清、竹山、上庸
	复州（2县）	景陵、沔阳		复州（2县）	景陵、沔阳
邓州威胜军节度使（后汉，4州）	邓州（6县）	穰、南阳、向城、临湍、内乡、菊潭	邓州威胜军节度使（后周，4州）	邓州（6县）	穰、南阳、向城、临湍、内乡、菊潭
	唐州（7县）	泌阳、慈丘、桐柏、平氏、湖阳、方城、比阳		唐州（7县）	泌阳、慈丘、桐柏、平氏、湖阳、方城、比阳
	随州（4县）	随、光化、枣阳、唐城		随州（4县）	随、光化、枣阳、唐城
	郢州（3县）	长寿、京山、富水		郢州（3县）	长寿、京山、富水
安州安远军节度使（后汉，2州）	安州（6县）	安陆、云梦、孝感、应城、吉阳、应山	安州安远军节度使（后周，2州）	安州（6县）	安陆、云梦、孝感、应城、吉阳、应山
	申州（3县，自许州忠武军节度使还属）	义阳、钟山、罗山		申州（3县）	义阳、钟山、罗山

952年			954年		
方镇	府、州	县	方镇	府、州	县
山南东道（襄州）节度使（后周，4州）	襄州（7县）	襄阳、邓城、谷城、义清、南漳、宜城、乐乡	山南东道（襄州）节度使（后周，4州）	襄州（7县）	襄阳、邓城、谷城、义清、南漳、宜城、乐乡
	均州（3县）	武当、郧乡、丰利		均州（3县）	武当、郧乡、丰利
	房州（4县）	房陵、永清、竹山、上庸		房州（4县）	房陵、永清、竹山、上庸
	复州（2县）	景陵、沔阳		复州（2县）	景陵、沔阳
邓州武胜军节度使（后周，4州）	邓州（6县）	穰、南阳、向城、临湍、内乡、菊潭	邓州武胜军节度使（后周，4州）	邓州（6县）	穰、南阳、向城、临湍、内乡、菊潭
	唐州（7县）	泌阳、慈丘、桐柏、平氏、湖阳、方城、比阳		唐州（7县）	泌阳、慈丘、桐柏、平氏、湖阳、方城、比阳
	随州（4县）	随、光化、枣阳、唐城		随州（4县）	随、光化、枣阳、唐城
	郢州（3县）	长寿、京山、富水		郢州（3县）	长寿、京山、富水
安州安远军节度使（后周，2州）	安州（6县）	安陆、云梦、孝感、应城、吉阳、应山	（直属后周）	安州（6县）	安陆、云梦、孝感、应城、吉阳、应山
	申州（3县）	义阳、钟山、罗山	（直属后周）	申州（3县）	义阳、钟山、罗山

	956年			958年	
方镇	府、州	县	方镇	府、州	县
山南东道（襄州）节度使（后周，4州）	襄州（7县）	襄阳、邓城、谷城、义清、南漳、宜城、乐乡	山南东道（襄州）节度使（后周，4州）	襄州（7县）	襄阳、邓城、谷城、义清、南漳、宜城、乐乡
	均州（3县）	武当、郧乡、丰利		均州（3县）	武当、郧乡、丰利
	房州（4县）	房陵、永清、竹山、上庸		房州（4县）	房陵、永清、竹山、上庸
	复州（2县）	景陵、沔阳		复州（2县）	景陵、沔阳
邓州武胜军节度使（后周，4州）	邓州（*5县*）	穰、南阳、临濑、内乡、*淅川*	邓州武胜军节度使（后周，4州）	邓州（5县）	穰、南阳、临濑、内乡、淅川
	唐州（*6县*）	泌阳、桐柏、平氏、湖阳、方城、比阳		唐州（6县）	泌阳、桐柏、平氏、湖阳、方城、比阳
	随州（4县）	随、光化、枣阳、唐城		随州（4县）	随、光化、枣阳、唐城
	郢州（3县）	长寿、京山、富水		郢州（3县）	长寿、京山、富水
（直属后周）	安州（6县）	安陆、云梦、孝感、应城、吉阳、应山	（直属后周）	安州（7县）	安陆、云梦、孝感、应城、吉阳、应山、*汉川*
（直属后周）	申州（3县）	义阳、钟山、罗山	（直属后周）	申州（3县）	义阳、钟山、罗山
			（直属后周）	汉阳军（*1县，以南唐所献鄂州汉阳县置*）	汉阳

959年		
方镇	府、州	县
山南东道（襄州）节度使（后周，4州）	襄州（6县）	襄阳、邓城、谷城、义清、南漳、宜城
	均州（3县）	武当、郧乡、丰利
	房州（4县）	房陵、永清、竹山、上庸
	复州（2县）	景陵、沔阳
邓州武胜军节度使（后周，4州）	邓州（5县）	穰、南阳、临濑、内乡、淅川
	唐州（6县）	泌阳、桐柏、平氏、湖阳、方城、比阳
	随州（4县）	随、光化、枣阳、唐城
	郢州（3县）	长寿、京山、富水
（直属后周）	安州（7县）	安陆、云梦、孝感、应城、吉阳、应山、汉川
（直属后周）	申州（3县）	义阳、钟山、罗山
（直属后周）	汉阳军（1县）	汉阳

表II-8 河中府护国军[含晋州定昌军（建宁军、建雄军）]节度使辖区沿革表

公元政区	907年			909年		
	方镇	府、州	县	方镇	府、州	县
河中府护国军[含晋州定昌军（建宁军、建雄军）]节度使	河中府护国军节度使（后梁，1府2州）	河中府（13县）	河东、河西、临晋、解、猗氏、虞乡、永乐、安邑、宝鼎、闻喜、稷山、万泉、龙门	河中府护国军节度使（后梁，1府2州）	河中府（16县）	河东、河西、临晋、解、猗氏、虞乡、永乐、安邑、宝鼎、闻喜、稷山、万泉、龙门、*韩原*、*郃阳*、*澄城*
		绛州（7县）	正平、太平、曲沃、浍川、绛、垣、襄陵		绛州（7县）	正平、太平、曲沃、浍川、绛、垣、襄陵
		晋州（8县）	临汾、洪洞、神山、霍邑、赵城、岳阳、汾西、冀氏		晋州（8县）	临汾、洪洞、神山、霍邑、赵城、岳阳、汾西、冀氏

910年			912年		
方镇	府、州	县	方镇	府、州	县
河中府护国军节度使（后梁，1府）	河中府（16县）	河东、河西、临晋、解、猗氏、虞乡、永乐、安邑、宝鼎、闻喜、稷山、万泉、龙门、韩原、邰阳、澄城	河中府护国军节度使（郛王，1府）	河中府（16县）	河东、河西、临晋、解、猗氏、虞乡、永乐、安邑、宝鼎、闻喜、稷山、万泉、龙门、韩原、邰阳、澄城
晋州定昌军节度使（后梁，2州）	绛州（7县）	正平、太平、曲沃、浍川、绛、垣、襄陵	晋州定昌军节度使（后梁，2州）	绛州（7县）	正平、太平、曲沃、浍川、绛、垣、襄陵
	晋州（8县）	临汾、洪洞、神山、霍邑、赵城、岳阳、汾西、冀氏		晋州（8县）	临汾、洪洞、神山、霍邑、赵城、岳阳、汾西、冀氏

913年			917年		
方镇	府、州	县	方镇	府、州	县
河中府护国军节度使（后梁，1府）	河中府（16县）	河东、河西、临晋、解、猗氏、虞乡、永乐、安邑、宝鼎、闻喜、稷山、万泉、龙门、韩原、邰阳、澄城	河中府护国军节度使（后梁，1府）	河中府（16县）	河东、河西、临晋、解、猗氏、虞乡、永乐、安邑、宝鼎、闻喜、稷山、万泉、龙门、韩原、邰阳、澄城
晋州定昌军节度使（后梁，2州）	绛州（7县）	正平、太平、曲沃、浍川、绛、垣、襄陵	晋州建宁军节度使（后梁，2州）	绛州（7县）	正平、太平、曲沃、浍川、绛、垣、襄陵
	晋州（8县）	临汾、洪洞、神山、霍邑、赵城、岳阳、汾西、冀氏		晋州（8县）	临汾、洪洞、神山、霍邑、赵城、岳阳、汾西、冀氏

920年			923年		
方镇	府、州	县	方镇	府、州	县
河中府护国军节度使（晋王，1府）	河中府（16县）	河东、河西、临晋、解、猗氏、虞乡、永乐、安邑、宝鼎、闻喜、稷山、万泉、龙门、韩原、邰阳、澄城	河中府护国军节度使（后唐，1府）	河中府（16县）	河东、河西、临晋、解、猗氏、虞乡、永乐、安邑、宝鼎、闻喜、稷山、万泉、龙门、韩城、邰阳、澄城
晋州建宁军节度使（后梁，2州）	绛州（7县）	正平、太平、曲沃、浍川、绛、垣、襄陵	晋州建雄军节度使（后唐，2州）	绛州（7县）	正平、太平、曲沃、浍川、绛、垣、襄陵
	晋州（8县）	临汾、洪洞、神山、霍邑、赵城、岳阳、汾西、冀氏		晋州（8县）	临汾、洪洞、神山、霍邑、赵城、岳阳、汾西、冀氏

方镇	924年		方镇	925年	
	府、州	县		府、州	县
河中府护国军节度使（后唐，1府1州）	河中府（15县）	河东、河西、临晋、解、猗氏、虞乡、永乐、安邑、宝鼎、闻喜、万泉、龙门、韩城、郃阳、澄城	河中府护国军节度使（后唐，1府1州）	河中府（14县）	河东、河西、临晋、解、猗氏、虞乡、永乐、安邑、宝鼎、闻喜、万泉、龙门、韩城、郃阳
	绛州（8县）	正平、太平、曲沃、浍川、绛垣、襄陵、稷山		绛州（8县）	正平、太平、曲沃、浍川、绛垣、襄陵、稷山
晋州建雄军节度使（后唐，3州）	晋州（8县）	临汾、洪洞、神山、霍邑、赵城、岳阳、汾西、冀氏	晋州建雄军节度使（后唐，3州）	晋州（8县）	临汾、洪洞、神山、霍邑、赵城、岳阳、汾西、冀氏
	慈州（自河东节度使来属，5县）	吉乡、文城、乡宁、吕香、仵城		慈州（5县）	吉乡、文城、乡宁、吕香、仵城
	隰州（自河东节度使来属，6县）	隰川、蒲、温泉、大宁、石楼、永和		隰州（6县）	隰川、蒲、温泉、大宁、石楼、永和

926年			936年		
方镇	府、州	县	方镇	府、州	县
河中府护国军节度使（后唐，1府1州）	河中府（12县）	河东、河西、临晋、解、猗氏、虞乡、永乐、安邑、宝鼎、闻喜、万泉、龙门	河中府护国军节度使（后晋，1府1州）	河中府（12县）	河东、河西、临晋、解、猗氏、虞乡、永乐、安邑、宝鼎、闻喜、万泉、龙门
	绛州（8县）	正平、太平、曲沃、浍川、绛、垣、襄陵、稷山		绛州（8县）	正平、太平、曲沃、浍川、绛、垣、襄陵、稷山
晋州建雄军节度使（后唐，3州）	晋州（8县）	临汾、洪洞、神山、霍邑、赵城、岳阳、汾西、冀氏	晋州建雄军节度使（后晋，3州）	晋州（8县）	临汾、洪洞、神山、霍邑、赵城、岳阳、汾西、冀氏
	慈州（5县）	吉乡、文城、乡宁、吕香、仵城		慈州（5县）	吉乡、文城、乡宁、吕香、仵城
	隰州（6县）	隰川、蒲、温泉、大宁、石楼、永和		隰州（6县）	隰川、蒲、温泉、大宁、石楼、永和

\	947年			\	948年	
方镇	府、州	县	方镇	府、州	县	
河中府护国军节度使（*后汉*，1府1州）				*解州（3县，河中府析置）*	解、闻喜、安邑	
	河中府（12县）	河东、河西、临晋、解、猗氏、虞乡、永乐、安邑、宝鼎、闻喜、万泉、龙门	河中府护国军节度使（后汉，1府2州）	河中府（9县）	河东、河西、临晋、猗氏、虞乡、永乐、宝鼎、万泉、龙门	
	绛州（8县）	正平、太平、曲沃、浍川、绛垣、襄陵、稷山		绛州（8县）	正平、太平、曲沃、浍川、绛垣、襄陵、稷山	
晋州建雄军节度使（*后汉*，3州）	晋州（8县）	临汾、洪洞、神山、霍邑、赵城、岳阳、汾西、冀氏	晋州建雄军节度使（后汉，3州）	晋州（8县）	临汾、洪洞、神山、霍邑、赵城、岳阳、汾西、冀氏	
	慈州（5县）	吉乡、文城、乡宁、吕香、仵城		慈州（5县）	吉乡、文城、乡宁、吕香、仵城	
	隰州（6县）	隰川、蒲、温泉、大宁、石楼、永和		隰州（6县）	隰川、蒲、温泉、大宁、石楼、永和	

951年			956年		
方镇	府、州	县	方镇	府、州	县
河中府护国军节度使（后周，1府2州）	解州（3县）	解、闻喜、安邑	河中府护国军节度使（后周，1府2州）	解州（3县）	解、闻喜、安邑
	河中府（9县）	河东、河西、临晋、猗氏、虞乡、永乐、宝鼎、万泉、龙门		河中府（9县）	河东、河西、临晋、猗氏、虞乡、永乐、宝鼎、万泉、龙门
	绛州（8县）	正平、太平、曲沃、浍川、绛、垣、襄陵、稷山		绛州（8县）	正平、太平、曲沃、浍川、绛、垣、襄陵、稷山
晋州建雄军节度使（后周，3州）	晋州（8县）	临汾、洪洞、神山、霍邑、赵城、岳阳、汾西、冀氏	晋州建雄军节度使（后周，3州）	晋州（8县）	临汾、洪洞、神山、霍邑、赵城、岳阳、汾西、冀氏
	慈州（5县）	吉乡、文城、乡宁、吕香、仵城		慈州（3县）	吉乡、文城、乡宁
	隰州（6县）	隰川、蒲、温泉、大宁、石楼、永和		隰州（6县）	隰川、蒲、温泉、大宁、石楼、永和

方镇	府、州	县
河中府护国军节度使（后周，1府2州）	解州（3县）	解、闻喜、安邑
	河中府（9县）	河东、河西、临晋、猗氏、虞乡、永乐、宝鼎、万泉、龙门
	绛州（8县）	正平、太平、曲沃、浍川、绛、垣、襄陵、稷山
晋州建雄军节度使（后周，3州）	晋州（8县）	临汾、洪洞、神山、霍邑、赵城、岳阳、汾西、冀氏
	慈州（3县）	吉乡、文城、乡宁
	隰州（6县）	隰川、蒲、温泉、大宁、石楼、永和

959年

表II—9 太原府河东节度使[西京（北都、北京）留守][含云州大同军、应州彰国军、府州永安军、雁门（代州静塞军）、汾州（汾州宁化军）节度使；府州、胜州]、朔州振武军节度使、丰州天德军都团练防御使（节度使）辖区沿革表

公元			907年	
政区	方镇	府、州		县
太原府河东节度使[西京（北都、北京）留守][含云州大同军、应州彰国军、府州永安军、雁门（代州静塞军）、汾州（汾州宁化军）节度使；府州、胜州]	太原府河东节度使（晋王，1府14州）	太原府（13县）		太原、晋阳、榆次、太谷、祁、阳曲、寿阳、盂、清源、乐平、广阳、交城、文水
		忻州（2县）		秀容、定襄
		岚州（4县）		宜芳、静乐、合河、岚谷
		宪州（3县）		楼烦、玄池、天池
		仪州（4县）		辽山、榆社、和顺、平城
		代州（5县）		雁门、五台、繁畤、崞、唐林
		汾州（5县）		西河、介休、孝义、平遥、灵石
		石州（5县）		离石、平夷、定胡、临泉、方山
		沁州（3县）		沁源、和川、绵上
		慈州（5县）		吉昌、屈邑、昌宁、吕香、仵城
		隰州（6县）		隰川、蒲、温泉、大宁、石楼、永和
		蔚州（3县）		兴唐、飞狐、灵丘
		云州（1县）		云中
		应州（2县）		金城、浑源
		朔州（2县）		善阳、马邑
振武军节度使	振武军节度使（晋王，1府1军2州）	麟州（3县）		新秦、连谷、银城
		胜州（2县）		榆林、河滨
		安北都护府		金河县
		振武军		
丰州天德军都团练防御使（节度使）	丰州天德军都团练防御使（晋王，1州1军2受降城）	丰州（2县）		九原、永丰
		天德军		
		中受降城		
		西受降城		

方镇	府、州	县
908年正月		
太原府河东节度使（晋王，1府10州）	太原府（13县）	太原、晋阳、榆次、太谷、祁、阳曲、寿阳、盂、清源、乐平、广阳、交城、文水
	忻州（2县）	秀容、定襄
	岚州（4县）	宜芳、静乐、合河、岚谷
	宪州（3县）	楼烦、玄池、天池
	仪州（4县）	辽山、榆社、和顺、平城
	代州（5县）	雁门、五台、繁畤、崞、白鹿
	汾州（5县）	西河、介休、孝义、平遥、灵石
	石州（5县）	离石、平夷、定胡、临泉、方山
	沁州（3县）	沁源、和川、绵上
	慈州（5县）	吉昌、屈邑、昌宁、吕香、仵城
	隰州（6县）	隰川、蒲、温泉、大宁、石楼、永和
云州大同军节度使（晋王，4州）	蔚州（3县）	兴唐、飞狐、灵丘
	云州（1县）	云中
	应州（2县）	金城、浑源
	朔州（2县）	善阳、马邑
振武军节度使（晋王，1府1军2州）	麟州（3县）	新秦、连谷、银城
	胜州（2县）	榆林、河滨
	安北都护府	金河县
	振武军	
丰州天德军都团练防御使（晋王，1州1军2受降城）	丰州（2县）	九原、永丰
	天德军	
	中受降城	
	西受降城	

方镇	府、州	县
909年二月		
太原府河东节度使（晋王，1府14州）	太原府（13县）	太原、晋阳、榆次、太谷、祁、阳曲、寿阳、盂、清源、乐平、广阳、交城、文水
	忻州（2县）	秀容、定襄
	岚州（4县）	宜芳、静乐、合河、岚谷
	宪州（3县）	楼烦、玄池、天池
	辽州（4县）？	辽山、榆社、和顺、平城
	代州（5县）	雁门、五台、繁畤、崞、白鹿
	汾州（5县）	西河、介休、孝义、平遥、灵石
	石州（5县）	离石、平夷、定胡、临泉、方山
	沁州（3县）	沁源、和川、绵上
	慈州（5县）	吉昌、屈邑、昌宁、吕香、仵城
	隰州（6县）	隰川、蒲、温泉、大宁、石楼、永和
	蔚州（3县）	兴唐、飞狐、灵丘
	云州（1县）	云中
	应州（2县）	金城、浑源
	朔州（2县）	善阳、马邑
振武军节度使（晋王，1府1军2州）	麟州（3县）	新秦、连谷、银城
	胜州（2县）	榆林、河滨
	安北都护府	金河县
	振武军	
丰州天德军都团练防御使（晋王，1州1军2受降城）	丰州（2县）	九原、永丰
	天德军	
	中受降城	
	西受降城	

910年		
方镇	府、州	县
太原府河东节度使（晋王，1府14州）	太原府（13县）	太原、晋阳、榆次、太谷、祁、阳曲、寿阳、盂、清源、乐平、广阳、交城、文水
	忻州（2县）	秀容、定襄
	岚州（4县）	宜芳、静乐、合河、岚谷
	宪州（3县）	楼烦、玄池、天池
	辽州（4县）	辽山、榆社、和顺、平城
	代州（5县）	雁门、五台、繁畤、崞、白鹿
	汾州（5县）	西河、介休、孝义、平遥、灵石
	石州（5县）	离石、平夷、定胡、临泉、方山
	沁州（3县）	沁源、和川、绵上
	慈州（5县）	吉昌、屈邑、昌宁、吕香、仵城
	隰州（6县）	隰川、蒲、温泉、大宁、石楼、永和
	蔚州（3县）	兴唐、飞狐、灵丘
	云州（1县）	云中
	应州（2县）	金城、浑源
	朔州（2县）	善阳、兴唐军
振武军节度使（晋王，1府1军2州）	麟州（4县）	新秦、连谷、银城、府谷
	胜州（2县）	榆林、河滨
	安北都护府	金河县
	振武军	
丰州天德军都团练防御使（晋王，1州1军2受降城）	丰州（2县）	九原、永丰
	天德军	
	中受降城	
	西受降城	

911年			
方镇	府、州	县	
太原府河东节度使（晋王，1府15州）	府州（1县）	府谷	
	太原府（13县）	太原、晋阳、榆次、太谷、祁、阳曲、寿阳、盂、清源、乐平、广阳、交城、文水	
	忻州（2县）	秀容、定襄	
	岚州（4县）	宜芳、静乐、合河、岚谷	
	宪州（3县）	楼烦、玄池、天池	
	辽州（4县）	辽山、榆社、和顺、平城	
	代州（5县）	雁门、五台、繁畤、崞、白鹿	
	汾州（5县）	西河、介休、孝义、平遥、灵石	
	石州（5县）	离石、平夷、定胡、临泉、方山	
	沁州（3县）	沁源、和川、绵上	
	慈州（5县）	吉昌、屈邑、昌宁、吕香、仵城	
	隰州（6县）	隰川、蒲、温泉、大宁、石楼、永和	
	蔚州（3县）	兴唐、飞狐、灵丘	
	云州（1县）	云中	
	应州（2县）	金城、浑源	
	朔州（2县）	善阳、兴唐军	
振武军节度使（晋王，1府1军2州）	麟州（3县）	新秦、连谷、银城	
	胜州（2县）	榆林、河滨	
	安北都护府	金河县	
	振武军		
丰州天德军节度使?（晋王，1州1军2受降城）	丰州（2县）	九原、永丰	
	天德军		
	中受降城		
	西受降城		

915年		
方镇	府、州	县
太原府河东节度使（晋王，1府12州）	府州（1县）	府谷
	太原府（13县）	太原、晋阳、榆次、太谷、祁、阳曲、寿阳、盂、清源、乐平、广阳、交城、文水
	忻州（2县）	秀容、定襄
	岚州（4县）	宜芳、静乐、合河、岚谷
	宪州（3县）	楼烦、玄池、天池
	辽州（4县）	辽山、榆社、和顺、平城
	代州（5县）	雁门、五台、繁畤、崞、白鹿
	汾州（5县）	西河、介休、孝义、平遥、灵石
	石州（5县）	离石、平夷、定胡、临泉、方山
	沁州（3县）	沁源、和川、绵上
	慈州（5县）	吉昌、屈邑、昌宁、吕香、仵城
	隰州（6县）	隰川、蒲、温泉、大宁、石楼、永和
云州大同军节度使（晋王，3州）	蔚州（3县）	兴唐、飞狐、灵丘
	云州（1县）	云中
	应州（2县）	金城、浑源
太原府河东节度使（晋王，1府12州）	朔州（2县）	善阳、兴唐军
振武军节度使（晋王，1府1军2州）	麟州（3县）	新秦、连谷、银城
	胜州（2县）	榆林、河滨
	安北都护府	金河县
	振武军	
丰州天德军节度使（晋王，1州1军2受降城）	丰州（2县）	九原、永丰
	天德军	
	中受降城	
	西受降城	

916年		
方镇	府、州	县
太原府河东节度使 (晋王，*1府11州*)		
	府州(1县)	府谷
	太原府(13县)	太原、晋阳、榆次、太谷、祁、阳曲、寿阳、盂、清源、乐平、广阳、交城、文水
	忻州(2县)	秀容、定襄
	岚州(4县)	宜芳、静乐、合河、岚谷
	宪州(3县)	楼烦、玄池、天池
	辽州(4县)	辽山、榆社、和顺、平城
	代州(5县)	雁门、五台、繁畤、崞、白鹿
	汾州(5县)	西河、介休、孝义、平遥、灵石
	石州(5县)	离石、平夷、定胡、临泉、方山
	沁州(3县)	沁源、和川、绵上
	慈州(5县)	吉昌、屈邑、昌宁、吕香、仵城
	隰州(6县)	隰川、蒲、温泉、大宁、石楼、永和
云州大同军节度使 (晋王，3州)	蔚州(3县)	兴唐、飞狐、灵丘
	云州(1县)	云中
	应州(2县)	金城、浑源
朔州振武军节度使 (晋王，3州)	朔州(*2县*)	善阳、兴唐军
	麟州(3县)	新秦、连谷、银城
	胜州(2县)	榆林、河滨
丰州天德军节度使 (晋王，1州1军2受降城)		
	丰州(2县)	九原、永丰
	天德军	
	中受降城	
	西受降城	

920年		
方镇	府、州	县
太原府河东节度使 (晋王，1府11州)	府州（1县）	府谷
	太原府（13县）	太原、晋阳、榆次、太谷、祁、阳曲、寿阳、盂、清源、乐平、广阳、交城、文水
	忻州（2县）	秀容、定襄
	岚州（4县）	宜芳、静乐、合河、岚谷
	宪州（3县）	楼烦、玄池、天池
	辽州（4县）	辽山、榆社、和顺、平城
	代州（5县）	雁门、五台、繁畤、崞、白鹿
	汾州（5县）	西河、介休、孝义、平遥、灵石
	石州（5县）	离石、平夷、定胡、临泉、方山
	沁州（3县）	沁源、和川、绵上
	慈州（5县）	吉昌、屈邑、昌宁、吕香、作城
	隰州（6县）	隰川、蒲、温泉、大宁、石楼、永和
云州大同军节度使 (晋王，3州)	蔚州（3县）	兴唐、飞狐、灵丘
	云州（1县）	云中
	应州（2县）	金城、浑源
朔州振武军节度使 (晋王，3州)	朔州（2县）	善阳、兴唐军
	麟州（3县）	新秦、连谷、银城
	胜州（2县）	榆林、河滨

（丰州天德军节度使为契丹所据）

922年		
方镇	府、州	县
太原府河东节度使 （晋王，1府14州）	府州（1县）	府谷
	太原府（13县）	太原、晋阳、榆次、太谷、祁、阳曲、寿阳、盂、清源、乐平、广阳、交城、文水
	忻州（2县）	秀容、定襄
	岚州（4县）	宜芳、静乐、合河、岚谷
	宪州（3县）	楼烦、玄池、天池
	辽州（4县）	辽山、榆社、和顺、平城
	代州（5县）	雁门、五台、繁畤、崞、白鹿
	汾州（5县）	西河、介休、孝义、平遥、灵石
	石州（5县）	离石、平夷、定胡、临泉、方山
	沁州（3县）	沁源、和川、绵上
	慈州（5县）	吉昌、屈邑、昌宁、吕香、仵城
	隰州（6县）	隰川、蒲、温泉、大宁、石楼、永和
	蔚州（3县）	兴唐、飞狐、灵丘
	云州（1县）	云中
	应州（2县）	金城、浑源
朔州振武军节度使 （晋王，3州）	朔州（2县）	善阳、兴唐军
	麟州（3县）	新秦、连谷、银城
	胜州（2县）	榆林、河滨

923年四月		
方镇	府、州	县
西京留守（后唐，1府14州）	府州（1县）	府谷
	太原府（13县）	太原、晋阳、榆次、太谷、祁、阳曲、寿阳、盂、清源、乐平、广阳、交城、文水
	忻州（2县）	秀容、定襄
	岚州（*3县1军*）	宜芳、静乐、合河、*岢岚军?*
	宪州（3县）	楼烦、玄池、天池
	辽州（4县）	辽山、榆社、和顺、平城
	代州（5县）	雁门、五台、繁畤、崞、*唐林*
	汾州（5县）	西河、介休、孝义、平遥、灵石
	石州（5县）	离石、平夷、定胡、临泉、方山
	沁州（3县）	沁源、和川、绵上
	慈州（5县）	*吉乡*、屈邑、乡宁、吕香、仵城
	隰州（6县）	隰川、蒲、温泉、大宁、石楼、永和
	蔚州（3县）	兴唐、飞狐、灵丘
	云州（1县）	云中
	应州（2县）	金城、浑源
朔州振武军节度使（*后唐，3州*）	朔州（2县）	善阳、兴唐军
	麟州（3县）	新秦、连谷、银城
	胜州（2县）	榆林、河滨

923年十一月		
方镇	府、州	县
北都留守（后唐，1府14州）	府州（1县）	府谷
	太原府（13县）	太原、晋阳、榆次、太谷、祁、阳曲、寿阳、盂、清源、乐平、广阳、交城、文水
	忻州（2县）	秀容、定襄
	岚州（3县1军）	宜芳、静乐、合河、岢岚军？
	宪州（3县）	楼烦、玄池、天池
	辽州（4县）	辽山、榆社、和顺、平城
	代州（5县）	雁门、五台、繁畤、崞、唐林
	汾州（5县）	西河、介休、孝义、平遥、灵石
	石州（5县）	离石、平夷、定胡、临泉、方山
	沁州（3县）	沁源、和川、绵上
	慈州（5县）	吉乡、文城、乡宁、吕香、仵城
	隰州（6县）	隰川、蒲、温泉、大宁、石楼、永和
	蔚州（3县）	兴唐、飞狐、灵丘
	云州（1县）	云中
	应州（2县）	金城、浑源
朔州振武军节度使（后唐，3州）	朔州（2县）	善阳、兴唐军
	麟州（3县）	新秦、连谷、银城
	胜州（2县）	榆林、河滨

924年		
方镇	府、州	县
北都留守（后唐，1府10州）	府州（1县）	府谷
	太原府（13县）	太原、晋阳、榆次、太谷、祁、阳曲、寿阳、盂、清源、乐平、广阳、交城、文水
	忻州（2县）	秀容、定襄
	岚州（3县1军）	宜芳、静乐、合河、岢岚军
	宪州（3县）	楼烦、玄池、天池
	辽州（4县）	辽山、榆社、和顺、平城
	代州（5县）	雁门、五台、繁畤、崞、唐林
	汾州（5县）	西河、介休、孝义、平遥、灵石
	石州（5县）	离石、平夷、定胡、临泉、方山
	沁州（3县）	沁源、和川、绵上
	（慈州别属晋州建雄军节度使）	
	（隰州别属晋州建雄军节度使）	
	蔚州（4县）	兴唐、飞狐、灵丘、广陵
云州大同军节度使（后唐，2州）	云州（1县）	云中
	应州（2县）	金城、浑源
朔州振武军节度使（后唐，3州）	朔州（2县）	善阳、兴唐军
	麟州（3县）	新秦、连谷、银城
	胜州（2县）	榆林、河滨

925年		
方镇	府、州	县
北京留守（后唐，1府10州）	府州（1县）	府谷
	太原府（13县）	太原、晋阳、榆次、太谷、祁、阳曲、寿阳、孟、清源、乐平、广阳、交城、文水
	忻州（2县）	秀容、定襄
	岚州（3县1军）	宜芳、静乐、合河、岢岚军
	宪州（3县）	楼烦、玄池、天池
	辽州（4县）	辽山、榆社、和顺、平城
	代州（5县）	雁门、五台、繁畤、崞、唐林
	汾州（5县）	西河、介休、孝义、平遥、灵石
	石州（5县）	离石、平夷、定胡、临泉、方山
	沁州（3县）	沁源、和川、绵上
	蔚州（4县）	兴唐、飞狐、灵丘、广陵
云州大同军节度使（后唐，2州）	云州（1县）	云中
	应州（2县）	金城、浑源
朔州振武军节度使（后唐，3州）	朔州（2县）	善阳、兴唐军
	麟州（3县）	新秦、连谷、银城
	胜州（2县）	榆林、河滨

926年		
方镇	府、州	县
北京留守（后唐，1府10州）	府州（1县）	府谷
	太原府（13县）	太原、晋阳、榆次、太谷、祁、阳曲、寿阳、盂、清源、乐平、广阳、交城、文水
	忻州（2县）	秀容、定襄
	岚州（3县1军）	宜芳、静乐、合河、岢岚军
	宪州（3县）	楼烦、玄池、天池
	辽州（4县）	辽山、榆社、和顺、平城
	代州（5县）	雁门、五台、繁畤、崞、唐林
	汾州（5县）	西河、介休、孝义、平遥、灵石
	石州（5县）	离石、平夷、定胡、临泉、方山
	沁州（3县）	沁源、和川、绵上
	蔚州（4县）	兴唐、飞狐、灵丘、广陵
云州大同军节度使（后唐，1州）	云州（1县）	云中
应州彰国军节度使（后唐，2州）	应州（2县）	金城、浑源
	寰州（1县，朔州兴唐军改置）	寰清
朔州振武军节度使（后唐，3州）	朔州（1县）	善阳
	麟州（3县）	新秦、连谷、银城
	胜州（2县）	榆林、河滨

936年		
方镇	府、州	县
北京留守（后晋，1府10州）	府州（1县）	府谷
	太原府（13县）	太原、晋阳、榆次、太谷、祁、阳曲、寿阳、盂、清源、乐平、广阳、交城、文水
	忻州（2县）	秀容、定襄
	岚州（3县1军）	宜芳、静乐、合河、岢岚军
	宪州（3县）	楼烦、玄池、天池
	辽州（4县）	辽山、榆社、和顺、平城
	代州（5县）	雁门、五台、繁畤、崞、广武？
	汾州（5县）	西河、介休、孝义、平遥、灵石
	石州（5县）	离石、平夷、定胡、临泉、方山
	沁州（3县）	沁源、和川、绵上
	蔚州（4县）	灵仙？、飞狐、灵丘、广陵
云州大同军节度使（后晋，1州）	云州（1县）	云中
应州彰国军节度使（后晋，2州）	应州（2县）	金城、浑源
	寰州（1县）	寰清
朔州振武军节度使（后晋，3州）	朔州（1县）	善阳
	麟州（3县）	新秦、连谷、银城
（废）		

938年			
方镇	府、州		县
	(属契丹)		
北京留守（后晋，1府9州）	太原府（13县）		太原、晋阳、榆次、太谷、祁、阳曲、寿阳、盂、清源、乐平、广阳、交城、文水
	忻州（2县）		秀容、定襄
	岚州（3县1军）		宜芳、静乐、合河、岢岚军
	宪州（3县）		楼烦、玄池、天池
	辽州（4县）		辽山、榆社、和顺、平城
	代州（5县）		雁门、五台、繁畤、崞、广武
	汾州（5县）		西河、介休、孝义、平遥、灵石
	石州（5县）		离石、平夷、定胡、临泉、方山
	沁州（3县）		沁源、和川、绵上
	麟州（3县，自朔州振武军节度使来属）		新秦、连谷、银城
(蔚州割属契丹)			
(云州割属契丹)			
(应州割属契丹)			
(寰州割属契丹)			
(朔州割属契丹)			
(*麟州别属后晋北京留守*)			

方镇	府、州	县
		940年
北京留守（后晋，1府7州）	太原府（13县）	太原、晋阳、榆次、太谷、祁、阳曲、寿阳、盂、清源、乐平、广阳、交城、文水
	忻州（2县）	秀容、定襄
	岚州（3县1军）	宜芳、静乐、合河、岢岚军
	宪州（3县）	楼烦、玄池、天池
	（辽州别属潞州昭义军节度使）	
	代州（5县）	雁门、五台、繁畤、崞、广武
	汾州（5县）	西河、介休、孝义、平遥、灵石
	石州（5县）	离石、平夷、定胡、临泉、方山
	（沁州别属潞州昭义军节度使）	
	麟州（3县）	新秦、连谷、银城

941年		
方镇	府、州	县
北京留守（后晋，1府9州）	太原府（13县）	太原、晋阳、榆次、太谷、祁、阳曲、寿阳、盂、清源、乐平、广阳、交城、文水
	忻州（2县）	秀容、定襄
	岚州（3县1军）	宜芳、静乐、合河、岢岚军
	宪州（3县）	楼烦、玄池、天池
	辽州（4县）	辽山、榆社、和顺、平城
	代州（5县）	雁门、五台、繁畤、崞、广武
	汾州（5县）	西河、介休、孝义、平遥、灵石
	石州（5县）	离石、平夷、定胡、临泉、方山
	沁州（3县）	沁源、和川、绵上
	麟州（3县）	新秦、连谷、银城
（朔州一度归附后晋，旋复为契丹所据）		

944年		
方镇	府、州	县
北京留守（后晋，1府10州）	*府州*（1县）	府谷
	太原府（13县）	太原、晋阳、榆次、太谷、祁、阳曲、寿阳、盂、清源、乐平、广阳、交城、文水
	忻州（2县）	秀容、定襄
	岚州（3县1军）	宜芳、静乐、合河、岢岚军
	宪州（3县）	楼烦、玄池、天池
	辽州（4县）	辽山、榆社、和顺、平城
	代州（5县）	雁门、五台、繁畤、崞、广武
	汾州（5县）	西河、介休、孝义、平遥、灵石
	石州（5县）	离石、平夷、定胡、临泉、方山
	沁州（3县）	沁源、和川、绵上
	麟州（3县）	新秦、连谷、银城

945年		
方镇	府、州	县
北京留守（后晋，1府10州）	府州（1县）	府谷
	太原府（13县）	太原、晋阳、榆次、太谷、祁、阳曲、寿阳、盂、清源、乐平、广阳、交城、文水
	忻州（2县）	秀容、定襄
	岚州（3县1军）	宜芳、静乐、合河、岢岚军
	宪州（3县）	楼烦、玄池、天池
	辽州（4县）	辽山、榆社、和顺、平城
	代州（5县）	雁门、五台、繁畤、崞、广武
	汾州（5县）	西河、介休、孝义、平遥、灵石
	石州（5县）	离石、平夷、定胡、临泉、方山
	沁州（3县）	沁源、和川、绵上
	麟州（3县）	新秦、连谷、银城
振武军节度使（后晋，1州）	胜州（2县，从契丹处夺回）	榆林、河滨

947年		
方镇	府、州	县
府州永安军节度使（后汉，2州）	胜州（2县，自朔州振武军节度使来属）	榆林、河滨
	府州（1县）	府谷
北京留守（后汉，1府9州）	太原府（13县）	太原、晋阳、榆次、太谷、祁、阳曲、寿阳、盂、清源、乐平、广阳、交城、文水
	忻州（2县）	秀容、定襄
	岚州（3县1军）	宜芳、静乐、合河、岢岚军
	宪州（3县）	楼烦、玄池、天池
	辽州（4县）	辽山、榆社、和顺、平城
	代州（5县）	雁门、五台、繁畤、崞、唐林？
	汾州（5县）	西河、介休、孝义、平遥、灵石
	石州（5县）	离石、平夷、定胡、临泉、方山
	沁州（3县）	沁源、和川、绵上
	麟州（3县）	新秦、连谷、银城

（胜州别属府州永安军节度使）

950年		
方镇	府、州	县
（直属后汉）	胜州（2县）	榆林、河滨
北京留守（后汉，1府10州）	府州（1县）	府谷
	太原府（13县）	太原、晋阳、榆次、太谷、祁、阳曲、寿阳、盂、清源、乐平、广阳、交城、文水
	忻州（2县）	秀容、定襄
	岚州（3县1军）	宜芳、静乐、合河、岢岚军
	宪州（3县）	楼烦、玄池、天池
	辽州（4县）	辽山、榆社、和顺、平城
	代州（5县）	雁门、五台、繁畤、崞、唐林
	汾州（5县）	西河、介休、孝义、平遥、灵石
	石州（5县）	离石、平夷、定胡、临泉、方山
	沁州（3县）	沁源、和川、绵上
	麟州（3县）	新秦、连谷、银城

951年		
方镇	府、州	县
（直属后周）	胜州（2县）	榆林、河滨
（直属后周）	府州（1县）	府谷
直隶地区（北汉，1府9州）	太原府（13县）	太原、晋阳、榆次、太谷、祁、阳曲、寿阳、孟、清源、乐平、广阳、交城、文水
	忻州（2县）	秀容、定襄
	岚州（3县1军）	宜芳、静乐、合河、岢岚军
	宪州（3县）	楼烦、玄池、天池
	辽州（4县）	辽山、榆社、和顺、平城
	代州（5县）	雁门、五台、繁畤、崞、唐林
	汾州（5县）	西河、介休、孝义、平遥、灵石
	石州（5县）	离石、平夷、定胡、临泉、方山
	沁州（3县）	沁源、和川、绵上
	麟州（3县）	新秦、连谷、银城

953年		
方镇	府、州	县
（直属后周）	胜州（2县）	榆林、河滨
（直属后周）	府州（1县）	府谷
直隶地区（北汉，1府4州）	太原府（13县）	太原、晋阳、榆次、太谷、祁、阳曲、寿阳、盂、清源、乐平、广阳、交城、文水
	忻州（2县）	秀容、定襄
	岚州（3县1军）	宜芳、静乐、合河、岢岚军
	宪州（3县）	楼烦、玄池、天池
	辽州（4县）	辽山、榆社、和顺、平城
雁门节度使（北汉，1州）	代州（5县）	雁门、五台、繁畤、崞、唐林
汾州节度使（北汉，3州）	汾州（5县）	西河、介休、孝义、平遥、灵石
	石州（5县）	离石、平夷、定胡、临泉、方山
	沁州（3县）	沁源、和川、绵上
（后周，1州）	麟州（3县）	新秦、连谷、银城

954年四月-五月		
方镇	府、州	县
(直属后周)	胜州(3县)	榆林、河滨
(直属后周)	府州(2县)	府谷
直隶地区(北汉,1府)	太原府(13县)	太原、晋阳、榆次、太谷、祁、阳曲、寿阳、盂(属后周)、清源、乐平、广阳、交城、文水
(属后周,4州)	忻州(2县)	秀容、定襄
	岚州(3县1军)	宜芳、静乐、合河、岢岚军
	宪州(3县)	楼烦、玄池、天池
	辽州(4县)	辽山、榆社、和顺、平城
代州静塞军节度使(后周,1州)	代州(5县)	雁门、五台、繁畤、崞、唐林
汾州宁化军节度使(后周,3州)	汾州(5县)	西河、介休、孝义、平遥、灵石
	石州(5县)	离石、平夷、定胡、临泉、方山
	沁州(3县)	沁源、和川、绵上
(后周,1州)	麟州(3县)	新秦、连谷、银城

方镇	府、州	县
954年六月		
府州永安军节度使（后周，2州）	胜州（2县）	榆林、河滨
	府州（1县）	府谷
直隶地区（北汉，1府5州）	太原府（13县）	太原、晋阳、榆次、太谷、祁、阳曲、寿阳、盂、清源、乐平、广阳、交城、文水
	忻州（2县）	秀容、定襄
	岚州（3县1军）	宜芳、静乐、合河、岢岚军
	宪州（3县）	楼烦、玄池、天池
	辽州（4县）	辽山、榆社、和顺、平城
雁门节度使（北汉，1州）	代州（5县）	雁门、五台、繁畤、崞、唐林
汾州节度使（北汉，3州）	汾州（5县）	西河、介休、孝义、平遥、灵石
	石州（5县）	离石、平夷、定胡、临泉、方山
	沁州（3县）	沁源、和川、绵上
直隶地区（北汉，1府5州）	麟州（3县）	新秦、连谷、银城

957年		
方镇	府、州	县
府州永安军节度使（后周，3州）	麟州（3县，自北汉来属）	新秦、连谷、银城
	胜州（2县）	榆林、河滨
	府州（1县）	府谷
直隶地区（北汉，1府4州）	太原府（13县）	太原、晋阳、榆次、太谷、祁、阳曲、寿阳、盂、清源、乐平、广阳、交城、文水
	忻州（2县）	秀容、定襄
	岚州（3县1军）	宜芳、静乐、合河、岢岚军
	宪州（3县）	楼烦、玄池、天池
	辽州（4县）	辽山、榆社、和顺、平城
雁门节度使（北汉，1州）	代州（5县）	雁门、五台、繁畤、崞、唐林
汾州节度使（北汉，3州）	汾州（5县）	西河、介休、孝义、平遥、灵石
	石州（5县）	离石、平夷、定胡、临泉、方山
	沁州（3县）	沁源、和川、绵上
（麟州归属后周府州永安军节度使）		

958年		
方镇	府、州	县
府州永安军节度使（后周，3州）	麟州（3县）	新秦、连谷、银城
	胜州（2县）	榆林、河滨
	府州（1县）	府谷
直隶地区（北汉，1府4州）	太原府（13县）	太原、晋阳、榆次、太谷、祁、阳曲、寿阳、盂、清源、乐平、广阳、交城、文水
	忻州（2县）	秀容、定襄
	岚州（3县1军）	宜芳、静乐、合河、岢岚军
	宪州（3县）	楼烦、玄池、天池
	辽州（4县）	辽山、榆社、和顺、平城
雁门节度使（北汉，1州）	代州（5县）	雁门、五台、繁畤、崞、唐林
汾州节度使（北汉，3州）	汾州（5县）	西河、介休、孝义、平遥、灵石
	石州（5县）	离石、平夷、定胡、临泉、方山
	沁州（3县）	沁源、和川、绵上

959年		
方镇	府、州	县
府州永安军节度使（后周，3州）	麟州（3县）	新秦、连谷、银城
	胜州（2县）	榆林、河滨
	府州（1县）	府谷
直隶地区（北汉，1府3州）	太原府（13县）	太原、晋阳、榆次、太谷、祁、阳曲、寿阳、盂、清源、乐平、广阳、交城、文水
	忻州（2县）	秀容、定襄
	岚州（3县1军）	宜芳、静乐、合河、岢岚军
	宪州（3县）	楼烦、玄池、天池
（辽州别属后周潞州昭义军节度使）		
雁门节度使（北汉，1州）	代州（5县1军）	雁门、五台、繁畤、崞、唐林、宝兴军
汾州节度使（北汉，3州）	汾州（5县）	西河、介休、孝义、平遥、灵石
	石州（5县）	离石、平夷、定胡、临泉、方山
	沁州（3县）	沁源、和川、绵上

表II-10 镇州（真定府、恒州）武顺军（成德军、顺国军）节度使[北都（中京）留守]、魏州[兴唐府（广晋府、大名府）]天雄军[含贝州永清军、相州昭德军（彰德军）、澶州镇宁军]节度使[东京（邺都）留守]辖区沿革表

公元	907年			908年		
政区	方镇	府、州	县	方镇	府、州	县
镇州（真定府、恒州）武顺军（成德军、顺国军）节度使[北都（中京）留守]	镇州武顺军节度使（后梁，4州）	镇州（11县）	真定、藁平、石邑、九门、灵寿、行唐、井陉、获鹿、平山、鼓城、栾氏	镇州武顺军节度使（后梁，4州）	镇州（11县）	真定、藁平、石邑、九门、灵寿、彰武、井陉、获鹿、平山、鼓城、栾氏
		赵州（8县）	平棘、宁晋、昭庆、柏乡、高邑、房子、赞皇、元氏		赵州（8县）	平棘、宁晋、昭庆、柏乡、高邑、房子、赞皇、元氏
		深州（7县）	陆泽、饶阳、束鹿、安平、博野、乐寿、下博		深州（7县）	陆泽、饶阳、束鹿、安平、博野、乐寿、下博
		冀州（9县）	尧都、南宫、堂阳、枣强、武邑、衡水、汉阜、蓨、武强		冀州（9县）	尧都、南宫、堂阳、枣强、武邑、衡水、汉阜、蓨、武强
魏州[兴唐府（广晋府、大名府）]天雄军[含贝州永清军、相州昭德军（彰德军）、澶州镇宁军]节度使[东京（邺都）留守]	魏州天雄军节度使（后梁，6州）	博州（6县）	聊邑、博平、武水、清平、堂邑、高唐	魏州天雄军节度使（后梁，6州）	博州（6县）	聊邑、博平、武水、清平、堂邑、鱼丘
		贝州（8县）	清阳、清河、武城、临清、经城、漳南、历亭、夏津		贝州（8县）	清阳、清河、武城、临清、经城、漳南、历亭、夏津
		魏州（14县）	贵乡、元城、魏、馆陶、冠氏、莘、武阳、昌乐、临河、洹水、斥丘、内黄、广宗、永济		魏州（14县）	贵乡、元城、魏、馆陶、冠氏、莘、武阳、昌乐、临河、洹水、斥丘、内黄、广宗、永济
		相州（6县）	安阳、邺、汤阴、林虑、永定、临漳		相州（6县）	安阳、邺、汤阴、林虑、永定、临漳
		澶州（4县）	顿丘、清丰、观城、临黄		澶州（4县）	顿丘、清丰、观城、临黄
		卫州（5县）	汲县、卫县、共城、新乡、黎阳		卫州（5县）	汲县、卫县、共城、新乡、黎阳

	909年			910年		
方镇	府、州	县	方镇	府、州	县
镇州武顺军节度使（后梁，4州）	镇州（11县）	真定、藁城、石邑、九门、灵寿、彰武、井陉、获鹿、平山、鼓城、栾氏	镇州成德军节度使（赵王，4州）	镇州（11县）	真定、藁城、石邑、九门、灵寿、彰武、井陉、获鹿、平山、鼓城、栾氏
	赵州（8县）	平棘、宁晋、昭庆、柏乡、高邑、房子、赞皇、元氏		赵州（8县）	平棘、宁晋、昭庆、柏乡、高邑、房子、赞皇、元氏
	深州（7县）	陆泽、饶阳、束鹿、安平、博野、乐寿、下博		深州（7县）	陆泽、饶阳、束鹿、安平、博野、乐寿、下博
	冀州（9县）	尧都、南宫、堂阳、枣强、武邑、衡水、汉阜、蓚、武强		冀州（9县）	尧都、南宫、堂阳、枣强、武邑、衡水、汉阜、蓚、武强
魏州天雄军节度使（后梁，6州）	博州（6县）	聊邑、博平、武水、清平、堂邑、鱼丘	魏州天雄军节度使（后梁，6州）	博州（6县）	聊邑、博平、武水、清平、堂邑、鱼丘
	贝州（8县）	清阳、清河、武城、临清、经城、漳南、历亭、夏津		贝州（8县）	清阳、清河、武城、临清、经城、漳南、历亭、夏津
	魏州（14县）	贵乡、元城、魏、馆陶、冠氏、莘、武阳、昌乐、临河、洹水、斥丘、内黄、广宗、永济		魏州（14县）	贵乡、元城、魏、馆陶、冠氏、莘、武阳、昌乐、临河、洹水、斥丘、内黄、广宗、永济
	相州（6县）	安阳、邺、汤阴、林虑、长平?、临漳		相州（6县）	安阳、邺、汤阴、林虑、长平、临漳
	澶州（4县）	顿丘、清丰、观城、临黄		澶州（4县）	顿丘、清丰、观城、临黄
	卫州（5县）	汲县、卫县、共城、新乡、黎阳		卫州（5县）	汲县、卫县、共城、新乡、黎阳

914年			915年		
方镇	府、州	县	方镇	府、州	县
镇州成德军节度使(*晋王*,4州)	镇州（11县）	真定、藁城、石邑、九门、灵寿、彰武、井陉、获鹿、平山、鼓城、栾氏	镇州成德军节度使(*晋王*,4州)	镇州（11县）	真定、藁城、石邑、九门、灵寿、彰武、井陉、获鹿、平山、鼓城、栾氏
	赵州（8县）	平棘、宁晋、昭庆、柏乡、高邑、房子、赞皇、元氏		赵州（8县）	平棘、宁晋、昭庆、柏乡、高邑、房子、赞皇、元氏
	深州（7县）	陆泽、饶阳、束鹿、安平、博野、乐寿、下博		深州（7县）	陆泽、饶阳、束鹿、安平、博野、乐寿、下博
	冀州（9县）	尧都、南宫、堂阳、枣强、武邑、衡水、汉城、蓨、武强		冀州（9县）	尧都、南宫、堂阳、枣强、武邑、衡水、汉城、蓨、武强
魏州天雄军节度使(后梁,6州)	博州（6县）	聊邑、博平、武水、清平、堂邑、鱼丘	（属晋王）	博州（6县）	聊邑、博平、武水、清平、堂邑、鱼丘
	贝州（8县）	清阳、清河、武城、临清、经城、漳南、历亭、夏津	魏州天雄军节度使(后梁,1州)	贝州（8县）	清阳、清河、武城、临清、经城、漳南、历亭、夏津
	魏州（14县）	贵乡、元城、魏、馆陶、冠氏、莘、武阳、昌乐、临河、洹水、斥丘、内黄、广宗、永济	（属晋王）	魏州（14县）	贵乡、元城、魏、馆陶、冠氏、莘、武阳、昌乐、临河、洹水、斥丘、内黄、广宗、永济
	相州（6县）	安阳、邺、汤阴、林虑、长平、临漳		相州（6县）	安阳、邺、汤阴、林虑、长平、临漳
	澶州（4县）	顿丘、清丰、观城、临黄	相州昭德军节度使（后梁,3州）	澶州（4县）	顿丘、清丰、观城、临黄
	卫州（5县）	汲县、卫县、共城、新乡、黎阳		卫州（5县）	汲县、卫县、共城、新乡、黎阳

916年			922年		
方镇	府、州	县	方镇	府、州	县
镇州成德军节度使（晋王，4州）	镇州（11县）	真定、藁城、石邑、九门、灵寿、彰武、井陉、获鹿、平山、鼓城、栾氏	镇州成德军节度使（晋王，4州）	镇州（11县）	真定、藁城、石邑、九门、灵寿、彰武、井陉、获鹿、平山、鼓城、栾氏
	赵州（8县）	平棘、宁晋、昭庆、柏乡、高邑、房子、赞皇、元氏		赵州（8县）	平棘、宁晋、昭庆、柏乡、高邑、房子、赞皇、元氏
	深州（7县）	陆泽、饶阳、束鹿、安平、博野、乐寿、下博		深州（7县）	陆泽、饶阳、束鹿、安平、博野、乐寿、下博
	冀州（9县）	尧都、南宫、堂阳、枣强、武邑、衡水、汉阜、蓚、武强		冀州（9县）	尧都、南宫、堂阳、枣强、武邑、衡水、汉阜、蓚、武强
魏州天雄军节度使（晋王，6州）	博州（6县）	聊邑、博平、武水、清平、堂邑、鱼丘	魏州天雄军节度使（晋王，5州）	博州（6县）	聊邑、博平、武水、清平、堂邑、鱼丘
	贝州（8县）	清阳、清河、武城、临清、经城、漳南、历亭、夏津		贝州（8县）	清阳、清河、武城、临清、经城、漳南、历亭、夏津
	魏州（14县）	贵乡、元城、魏、馆陶、冠氏、莘、武阳、昌乐、临河、洹水、斥丘、内黄、广宗、永济		魏州（14县）	贵乡、元城、魏、馆陶、冠氏、莘、武阳、昌乐、临河、洹水、斥丘、内黄、广宗、永济
	相州（6县）	安阳、邺、汤阴、林虑、长平、临漳		相州（6县）	安阳、邺、汤阴、林虑、长平、临漳
	澶州（4县）	顿丘、清丰、观城、临黄		澶州（4县）	顿丘、清丰、观城、临黄
	卫州（5县）	汲县、卫县、共城、新乡、黎阳	（属后梁）	卫州（5县）	汲县、卫县、共城、新乡、黎阳

方镇	府、州	县	方镇	府、州	县
		923年四月			923年十一月
北都留守（后唐，4州）	真定府（13县）	真定、藁城、石邑、九门、灵寿、*行唐*、井陉、获鹿、平山、鼓城、*栾城*、*元氏*、束鹿	镇州成德军节度使（后唐，4州）	镇州（13县）	真定、藁城、石邑、九门、灵寿、行唐、井陉、获鹿、平山、鼓城、栾城、元氏、束鹿
	赵州（7县）	平棘、宁晋、昭庆、柏乡、高邑、*临城*、赞皇		赵州（7县）	平棘、宁晋、昭庆、柏乡、高邑、*临城*、赞皇
	深州（6县）	陆泽、饶阳、安平、博野、乐寿、下博		深州（6县）	陆泽、饶阳、安平、博野、乐寿、下博
	冀州（9县）	*信都*、南宫、堂阳、枣强、武邑、衡水、阜城、蓚、武强		冀州（9县）	信都、南宫、堂阳、枣强、武邑、衡水、阜城、蓚、武强
东京留守（后唐，1府5州）	博州（6县）	聊城、博平、武水、清平、堂邑、*高唐*	东京留守（后唐，1府5州）	博州（6县）	聊城、博平、武水、清平、堂邑、高唐
	贝州（8县）	清阳、清河、武城、临清、经城、漳南、历亭、夏津		贝州（8县）	清阳、清河、武城、临清、经城、漳南、历亭、夏津
	兴唐府（14县）	广晋、兴唐、魏、馆陶、冠氏、莘、朝城、南乐、临河、洹水、成安、内黄、宗城、永济		兴唐府（14县）	广晋、兴唐、魏、馆陶、冠氏、莘、朝城、南乐、临河、洹水、成安、内黄、宗城、永济
	相州（6县）	安阳、邺、汤阴、林虑、永定、临漳		相州（6县）	安阳、邺、汤阴、林虑、永定、临漳
	澶州（4县）	顿丘、清丰、观城、临黄		澶州（4县）	顿丘、清丰、观城、临黄
	卫州（5县）	汲县、卫县、共城、新乡、黎阳		卫州（5县）	汲县、卫县、共城、新乡、黎阳

925年			929年		
方镇	府、州	县	方镇	府、州	县
镇州成德军节度使（后唐，4州）	镇州（13县）	真定、藁城、石邑、九门、灵寿、行唐、井陉、获鹿、平山、鼓城、栾城、元氏、束鹿	镇州成德军节度使（后唐，4州）	镇州（13县）	真定、藁城、石邑、九门、灵寿、行唐、井陉、获鹿、平山、鼓城、栾城、元氏、束鹿
	赵州（7县）	平棘、宁晋、昭庆、柏乡、高邑、临城、赞皇		赵州（7县）	平棘、宁晋、昭庆、柏乡、高邑、临城、赞皇
	深州（6县）	陆泽、饶阳、安平、博野、乐寿、下博		深州（6县）	陆泽、饶阳、安平、博野、乐寿、下博
	冀州（9县）	信都、南宫、堂阳、枣强、武邑、衡水、阜城、蓚、武强		冀州（9县）	信都、南宫、堂阳、枣强、武邑、衡水、阜城、蓚、武强
邺都留守（后唐，1府5州）	博州（6县）	聊城、博平、武水、清平、堂邑、高唐	兴唐府天雄军节度使（后唐，1府5州）	博州（6县）	聊城、博平、武水、清平、堂邑、高唐
	贝州（8县）	清阳、清河、武城、临清、经城、漳南、历亭、夏津		贝州（8县）	清阳、清河、武城、临清、经城、漳南、历亭、夏津
	兴唐府（14县）	广晋、兴唐、魏、馆陶、冠氏、莘、朝城、南乐、临河、洹水、成安、内黄、宗城、永济		兴唐府（14县）	广晋、兴唐、魏、馆陶、冠氏、莘、朝城、南乐、临河、洹水、成安、内黄、宗城、永济
	相州（6县）	安阳、邺、汤阴、林虑、永定、临漳		相州（6县）	安阳、邺、汤阴、林虑、永定、临漳
	澶州（4县）	顿丘、清丰、观城、临黄		澶州（4县）	顿丘、清丰、观城、临黄
	卫州（5县）	汲县、卫县、共城、新乡、黎阳		卫州（5县）	汲县、卫县、共城、新乡、黎阳

		936年			937年	
方镇	府、州	县	方镇	府、州	县
镇州成德军节度使（*后晋，4州*）	镇州（*14县*）	真定、藁城、石邑、九门、灵寿、永昌?、井陉、获鹿、平山、鼓城、栾城、元氏、束鹿、堂阳	镇州成德军节度使（后晋，4州）	镇州（14县）	真定、藁城、石邑、九门、灵寿、永昌、井陉、获鹿、平山、鼓城、栾城、元氏、束鹿、堂阳
	赵州（7县）	平棘、宁晋、昭庆、柏乡、高邑、临城、赞皇		赵州（7县）	平棘、宁晋、昭庆、柏乡、高邑、临城、赞皇
	深州（6县）	陆泽、饶阳、安平、博野、乐寿、下博		深州（6县）	陆泽、饶阳、安平、博野、乐寿、下博
	冀州（8县）	信都、南宫、枣强、武邑、衡水、阜城、蓨、武强		冀州（8县）	信都、南宫、枣强、武邑、衡水、阜城、蓨、武强
兴唐府天雄军节度使（*后晋，1府5州*）	博州（6县）	聊城、博平、武水、清平、*河清、齐城*	广晋府天雄军节度使（*后晋，1府5州*）	博州（6县）	聊城、博平、武水、清平、河清、齐城
	贝州（8县）	清阳、清河、武城、临清、经城、漳南、历亭、夏津		贝州（8县）	清阳、清河、武城、临清、经城、漳南、历亭、夏津
	兴唐府（14县）	广晋、兴唐、魏、馆陶、冠氏、莘、朝城、南乐、临河、洹水、成安、内黄、宗城、永济		广晋府（14县）	广晋、元城、魏、馆陶、冠氏、莘、朝城、南乐、临河、洹水、成安、内黄、宗城、永济
	相州（6县）	安阳、邺、汤阴、林虑、永定、临漳		相州（6县）	安阳、邺、汤阴、林虑、永定、临漳
	澶州（4县）	顿丘、清丰、观城、临黄		澶州（4县）	顿丘、清丰、观城、临黄
	卫州（5县）	汲县、卫县、共城、新乡、黎阳		卫州（5县）	汲县、卫县、共城、新乡、黎阳

938年			941年		
方镇	府、州	县	方镇	府、州	县
镇州成德军节度使（后晋，3州）	镇州（14县）	真定、藁城、石邑、九门、灵寿、永昌、井陉、获鹿、平山、鼓城、栾城、元氏、束鹿、堂阳	镇州成德军节度使（后晋，3州）	镇州（14县）	真定、藁城、石邑、九门、灵寿、永昌、井陉、获鹿、平山、鼓城、栾城、元氏、束鹿、堂阳
	赵州（7县）	平棘、宁晋、昭庆、柏乡、高邑、临城、赞皇		赵州（7县）	平棘、宁晋、昭庆、柏乡、高邑、临城、赞皇
	深州（6县）	陆泽、饶阳、安平、博野、乐寿、下博		深州（6县）	陆泽、饶阳、安平、博野、乐寿、下博
贝州永清军节度使（后晋，3州）	冀州（8县）	信都、南宫、枣强、武邑、衡水、阜城、蓚、武强	贝州永清军节度使（后晋，3州）	冀州（8县）	信都、南宫、枣强、武邑、衡水、阜城、蓚、武强
	博州（6县）	聊城、博平、武水、清平、河清、齐城		博州（6县）	聊城、博平、武水、清平、河清、齐城
	贝州（8县）	清阳、清河、武城、临清、漳南、历亭、夏津、经城		贝州（7县）	清阳、清河、武城、临清、漳南、历亭、夏津
邺都留守（后晋，1府）	广晋府（14县）	广晋、元城、魏、馆陶、冠氏、莘、朝城、南乐、临河、洹水、成安、内黄、宗城、永济	邺都留守（后晋，1府）	广晋府（15县）	广晋、元城、魏、馆陶、冠氏、莘、朝城、南乐、临河、洹水、成安、内黄、宗城、永济、经城？
相州彰德军节度使（后晋，3州）	相州（6县）	安阳、邺、汤阴、林虑、永定、临漳	相州彰德军节度使（后晋，3州）	相州（6县）	安阳、邺、汤阴、林虑、永定、临漳
	澶州（防御州）（5县）	顿丘（徙至德胜）、清丰、观城、临黄、濮阳		澶州（防御州）*5县2军*	顿丘、清丰、观城、临黄、濮阳、*德清军、大通军*
	卫州（5县）	汲县、卫县、共城、新乡、黎阳		卫州（4县）	汲县、卫县、共城、新乡

942年			944年		
方镇	府、州	县	方镇	府、州	县
恒州顺国军节度使（后晋，3州）	恒州（14县）	真定、藁城、石邑、九门、灵寿、永昌、井陉、获鹿、平山、鼓城、栾城、元氏、束鹿、堂阳	恒州顺国军节度使（后晋，3州）	恒州（14县）	真定、藁城、石邑、九门、灵寿、永昌、井陉、获鹿、平山、鼓城、栾城、元氏、束鹿、堂阳
	赵州（7县）	平棘、宁晋、昭庆、柏乡、高邑、临城、赞皇		赵州（7县）	平棘、宁晋、昭庆、柏乡、高邑、临城、赞皇
	深州（6县）	陆泽、饶阳、安平、博野、乐寿、下博		深州（6县）	陆泽、饶阳、安平、博野、乐寿、下博
贝州永清军节度使（后晋，3州）	冀州（8县）	信都、南宫、枣强、武邑、衡水、阜城、蓚、武强	贝州永清军节度使（后晋，3州）	冀州（8县）	信都、南宫、枣强、武邑、衡水、阜城、蓚、武强
	贝州（7县）	清阳、清河、武城、临清、漳南、历亭、夏津		贝州（7县）	清阳、清河、武城、临清、漳南、历亭、夏津
	博州（6县）	聊城、博平、武水、清平、河清、齐城		博州（7县）	聊城、博平、武水、清平、河清、齐城
邺都留守（后晋，1府）	广晋府（15县）	广晋、元城、魏、馆陶、冠氏、莘、朝城、南乐、临河、洹水、成安、内黄、宗城、永济、经城	邺都留守（后晋，1府）	广晋府（14县）	广晋、元城、魏、馆陶、冠氏、莘、朝城、南乐、洹水、成安、内黄、宗城、永济、经城
相州彰德军节度使（后晋，3州）	相州（6县）	安阳、邺、汤阴、林虑、永定、临漳	相州彰德军节度使（后晋，1州）	相州（6县）	安阳、邺、汤阴、林虑、永定、临漳
	澶州（5县2军）	顿丘、清丰、观城、临黄、濮阳、德清军、大通军	澶州镇宁军节度使（后晋，2州）	澶州（7县2军）	顿丘、清丰、观城、临黄、濮阳、德清军、大通军、临河、卫南？
	卫州（4县）	汲县、卫县、共城、新乡		（卫州别属滑州义成军节度使）	
				濮州（自滑州义成军节度使来属，4县）	鄄城、范、雷泽、临濮

方镇	府、州	县	方镇	府、州	县
	945年			946年	
恒州顺国军节度使（后晋，3州）	恒州（14县）	真定、藁城、石邑、九门、灵寿、永昌、井陉、获鹿、平山、鼓城、栾城、元氏、束鹿、堂阳	恒州顺国军节度使（后晋，3州）	恒州（14县）	真定、藁城、石邑、九门、灵寿、永昌、井陉、获鹿、平山、鼓城、栾城、元氏、束鹿、堂阳
	赵州（7县）	平棘、宁晋、昭庆、柏乡、高邑、临城、赞皇		赵州（7县）	平棘、宁晋、昭庆、柏乡、高邑、临城、赞皇
	深州（6县）	陆泽、饶阳、安平、博野、乐寿、下博		深州（6县）	陆泽、饶阳、安平、博野、乐寿、下博
贝州永清军节度使（后晋，3州）	冀州（8县）	信都、南宫、枣强、武邑、衡水、阜城、蓚、武强	贝州永清军节度使（后晋，3州）	冀州（8县）	信都、南宫、枣强、武邑、衡水、阜城、蓚、武强
	贝州（7县）	清阳、清河、武城、临清、漳南、历亭、夏津		贝州（5县）	清阳、清河、武城、漳南、历亭
	博州（7县）	聊城、博平、武水、清平、河清、齐城		博州（8县）	聊城、博平、武水、清平、河清、齐城
广晋府天雄军节度使（后晋，1府）	广晋府（14县）	广晋、元城、魏、馆陶、冠氏、莘、朝城、南乐、洹水、成安、内黄、宗城、永济、经城	广晋府天雄军节度使（后晋，1府）	广晋府（16县）	广晋、元城、魏、馆陶、冠氏、莘、朝城、南乐、洹水、成安、内黄、宗城、永济、经城、夏津?、临清?
相州彰德军节度使（后晋，1州）	相州（6县）	安阳、邺、汤阴、林虑、永定、临漳	相州彰德军节度使（后晋，1州）	相州（6县）	安阳、邺、汤阴、林虑、永定、临漳
澶州镇宁军节度使（后晋，2州）	澶州（7县2军）	顿丘、清丰、观城、临黄、濮阳、德清军、大通军、临河、卫南	澶州镇宁军节度使（后晋，2州）	澶州（7县2军）	顿丘、清丰、观城、临黄、濮阳、德清军、大通军、临河、卫南
	濮州（4县）	鄄城、范、雷泽、临濮		濮州（4县）	鄄城、范、雷泽、临濮

	947年			948年	
方镇	府、州	县	方镇	府、州	县
镇州成德军节度使（后汉，3州）	镇州（14县）	真定、藁城、石邑、九门、灵寿、行唐?、井陉、获鹿、平山、鼓城、栾城、元氏、束鹿、堂阳	镇州成德军节度使（后汉，3州）	镇州（14县）	真定、藁城、石邑、九门、灵寿、行唐、井陉、获鹿、平山、鼓城、栾城、元氏、束鹿、堂阳
	赵州（7县）	平棘、宁晋、昭庆、柏乡、高邑、临城、赞皇		赵州（7县）	平棘、宁晋、昭庆、柏乡、高邑、临城、赞皇
	深州（6县）	陆泽、饶阳、安平、博野、乐寿、下博		深州（6县）	陆泽、饶阳、安平、博野、乐寿、下博
贝州永清军节度使（后汉，3州）	冀州（8县）	信都、南宫、枣强、武邑、衡水、阜城、蓚、武强	贝州永清军节度使（后汉，3州）	冀州（8县）	信都、南宫、枣强、武邑、衡水、阜城、蓚、武强
	贝州（5县）	清阳、清河、武城、漳南、历亭		贝州（5县）	清阳、清河、武城、漳南、历亭
	博州（6县）	聊城、博平、武水、清平、堂邑、高唐		博州（6县）	聊城、博平、武水、清平、堂邑、高唐
广晋府天雄军节度使（后汉，1府）	广晋府（16县）	广晋、元城、魏、馆陶、冠氏、莘、朝城、南乐、洹水、成安、内黄、宗城、永济、经城、夏津、临清	大名府天雄军节度使（后汉，1府）	大名府（16县）	大名、元城、魏、馆陶、冠氏、莘、朝城、南乐、洹水、成安、内黄、宗城、永济、经城、夏津、临清
相州彰德军节度使（后汉，1州）	相州（6县）	安阳、邺、汤阴、林虑、永定、临漳	相州彰德军节度使（后汉，1州）	相州（6县）	安阳、邺、汤阴、林虑、永定、临漳
澶州镇宁军节度使（后汉，2州）	澶州（7县2军）	顿丘、清丰、观城、临黄、濮阳、德清军、大通军、临河、卫南	澶州镇宁军节度使（后汉，2州）	澶州（7县2军）	顿丘、清丰、观城、临黄、濮阳、德清军、大通军、临河、卫南
	濮州（4县）	鄄城、范、雷泽、临濮		濮州（4县）	鄄城、范、雷泽、临濮

方镇	951年 府、州	县	方镇	953年 府、州	县
镇州成德军节度使（后周，3州）	镇州（13县）	真定、藁城、石邑、九门、灵寿、行唐、井陉、获鹿、平山、鼓城、栾城、元氏、束鹿	镇州成德军节度使（后周，3州）	镇州（13县）	真定、藁城、石邑、九门、灵寿、行唐、井陉、获鹿、平山、鼓城、栾城、元氏、束鹿
	赵州（7县）	平棘、宁晋、昭庆、柏乡、高邑、临城、赞皇		赵州（7县）	平棘、宁晋、昭庆、柏乡、高邑、临城、赞皇
	深州（7县）	陆泽、饶阳、安平、博野、乐寿、下博、*武强?*		深州（7县）	陆泽、饶阳、安平、博野、乐寿、下博、武强
贝州永清军节度使（后周，3州）	冀州（8县）	信都、南宫、枣强、武邑、衡水、阜城、蓨、*堂阳?*		冀州（8县）	信都、南宫、枣强、武邑、衡水、阜城、蓨、堂阳
	贝州（5县）	清阳、清河、武城、漳南、历亭	贝州永清军节度使（后周，3州）	贝州（5县）	清阳、清河、武城、漳南、历亭
	博州（7县）	聊城、博平、武水、清平、堂邑、高唐		博州（7县）	聊城、博平、武水、清平、堂邑、高唐
大名府天雄军节度使（后周，1府）	大名府（16县）	大名、元城、魏、馆陶、冠氏、莘、朝城、南乐、洹水、成安、内黄、宗城、永济、经城、夏津、临清	大名府天雄军节度使（后周，1府）	大名府（16县）	大名、元城、魏、馆陶、冠氏、莘、朝城、南乐、洹水、成安、内黄、宗城、永济、经城、夏津、临清
相州彰德军节度使（后周，1州）	相州（6县）	安阳、邺、汤阴、林虑、永定、临漳	相州彰德军节度使（后周，1州）	相州（6县）	安阳、邺、汤阴、林虑、永定、临漳
澶州镇宁军节度使（后周，2州）	澶州（7县2军）	顿丘、清丰、观城、临黄、濮阳、德清军、大通军、临河、卫南	澶州镇宁军节度使（后周，2州）	澶州（7县2军）	顿丘、清丰、观城、临黄、濮阳、德清军、大通军、临河、卫南
	濮州（4县）	鄄城、范、雷泽、临濮		濮州（4县）	鄄城、范、雷泽、临濮

954年			955年		
方镇	府、州	县	方镇	府、州	县
镇州成德军节度使（后周，4州）	镇州（13县）	真定、藁城、石邑、九门、灵寿、行唐、井陉、获鹿、平山、鼓城、栾城、元氏、束鹿	镇州成德军节度使（后周，4州）	镇州（13县）	真定、藁城、石邑、九门、灵寿、行唐、井陉、获鹿、平山、鼓城、栾城、元氏、束鹿
	赵州（7县）	平棘、宁晋、昭庆、柏乡、高邑、临城、赞皇		赵州（7县）	平棘、宁晋、昭庆、柏乡、高邑、临城、赞皇
	深州（7县）	陆泽、饶阳、安平、博野、乐寿、下博、武强		深州（*7县1军*）	陆泽、饶阳、安平、博野、乐寿、下博、武强、*静安军*
	冀州（8县）	信都、南宫、枣强、武邑、衡水、阜城、蓨、堂阳		冀州（8县）	信都、南宫、枣强、武邑、衡水、阜城、蓨、堂阳
大名府天雄军节度使（后周，1府2州）	贝州（5县）	清阳、清河、武城、漳南、历亭	大名府天雄军节度使（后周，1府2州）	贝州（5县）	清阳、清河、武城、漳南、历亭
	博州（6县）	聊城、博平、武水、清平、堂邑、高唐		博州（6县）	聊城、博平、武水、清平、堂邑、高唐
	大名府（16县）	大名、元城、魏、馆陶、冠氏、莘、朝城、南乐、洹水、成安、内黄、宗城、永济、经城、夏津、临清		大名府（16县）	大名、元城、魏、馆陶、冠氏、莘、朝城、南乐、洹水、成安、内黄、宗城、永济、经城、夏津、临清
相州彰德军节度使（后周，1州）	相州（6县）	安阳、邺、汤阴、林虑、永定、临漳	相州彰德军节度使（后周，1州）	相州（6县）	安阳、邺、汤阴、林虑、永定、临漳
澶州镇宁军节度使（后周，2州）	澶州（7县2军）	顿丘、清丰、观城、临黄、濮阳、德清军、大通军、临河、卫南	澶州镇宁军节度使（后周，2州）	澶州（7县2军）	顿丘、清丰、观城、临黄、濮阳、德清军、大通军、临河、卫南
	濮州（4县）	鄄城、范、雷泽、临濮		濮州（4县）	鄄城、范、雷泽、临濮

956年			957年		
方镇	府、州	县	方镇	府、州	县
镇州成德军节度使（后周，4州）	镇州（13县）	真定、藁城、石邑、九门、灵寿、行唐、井陉、获鹿、平山、鼓城、栾城、元氏、束鹿	镇州成德军节度使（后周，4州）	镇州（13县）	真定、藁城、石邑、九门、灵寿、行唐、井陉、获鹿、平山、鼓城、栾城、元氏、束鹿
	赵州（7县）	平棘、宁晋、昭庆、柏乡、高邑、临城、赞皇		赵州（7县）	平棘、宁晋、昭庆、柏乡、高邑、临城、赞皇
	深州（7县1军）	陆泽、饶阳、安平、博野、乐寿、下博、武强、静安军		深州（6县1军）	陆泽、饶阳、安平、乐寿、下博、武强、静安军
	冀州（8县）	信都、南宫、枣强、武邑、衡水、阜城、蓨、堂阳		冀州（8县）	信都、南宫、枣强、武邑、衡水、阜城、蓨、堂阳
大名府天雄军节度使（后周，1府2州）	贝州（5县）	清阳、清河、武城、漳南、历亭	大名府天雄军节度使（后周，1府2州）	贝州（5县）	清阳、清河、武城、漳南、历亭
	博州（5县）	聊城、博平、清平、堂邑、高唐		博州（5县）	聊城、博平、清平、堂邑、高唐
	大名府（16县）	大名、元城、魏、馆陶、冠氏、莘、朝城、南乐、洹水、成安、内黄、宗城、永济、经城、夏津、临清		大名府（16县）	大名、元城、魏、馆陶、冠氏、莘、朝城、南乐、洹水、成安、内黄、宗城、永济、经城、夏津、临清
相州彰德军节度使（后周，1州）	相州（6县）	安阳、邺、汤阴、林虑、永定、临漳	相州彰德军节度使（后周，1州）	相州（6县）	安阳、邺、汤阴、林虑、永定、临漳
澶州镇宁军节度使（后周，2州）	澶州（7县2军）	顿丘、清丰、观城、临黄、濮阳、德清军、大通军、临河、卫南	澶州镇宁军节度使（后周，2州）	澶州（7县2军）	顿丘、清丰、观城、临黄、濮阳、德清军、大通军、临河、卫南
	濮州（4县）	鄄城、范、雷泽、临濮		濮州（4县）	鄄城、范、雷泽、临濮

	958年			959年		
方镇	府、州	县	方镇	府、州	县
镇州成德军节度使（后周，4州）	镇州（13县）	真定、藁城、石邑、九门、灵寿、行唐、井陉、获鹿、平山、鼓城、栾城、元氏、束鹿	镇州成德军节度使（后周，4州）	镇州（13县）	真定、藁城、石邑、九门、灵寿、行唐、井陉、获鹿、平山、鼓城、栾城、元氏、束鹿
	赵州（7县）	平棘、宁晋、昭庆、柏乡、高邑、临城、赞皇		赵州（7县）	平棘、宁晋、昭庆、柏乡、高邑、临城、赞皇
	深州（6县1军）	陆泽、饶阳、安平、乐寿、下博、武强、静安军		深州（6县1军）	陆泽、饶阳、安平、乐寿、下博、武强、静安军
	冀州（8县）	信都、南宫、枣强、武邑、衡水、阜城、蓨、堂阳		冀州（8县）	信都、南宫、枣强、武邑、衡水、阜城、蓨、堂阳
大名府天雄军节度使（后周，1府2州）	贝州（5县）	清阳、清河、武城、漳南、历亭	大名府天雄军节度使（后周，1府2州）	贝州（5县）	清阳、清河、武城、漳南、历亭
	博州（5县）	聊城、博平、清平、堂邑、高唐		博州（5县）	聊城、博平、清平、堂邑、高唐
	大名府（16县）	大名、元城、魏、馆陶、冠氏、莘、朝城、南乐、洹水、成安、内黄、宗城、永济、经城、夏津、临清		大名府（16县）	大名、元城、魏、馆陶、冠氏、莘、朝城、南乐、洹水、成安、内黄、宗城、永济、经城、夏津、临清
相州彰德军节度使（后周，1州）	相州（6县）	安阳、邺、汤阴、林虑、永定、临漳	相州彰德军节度使（后周，1州）	相州（6县）	安阳、邺、汤阴、林虑、永定、临漳
澶州镇宁军节度使（后周，2州）	澶州（7县2军）	顿丘、清丰、观城、临黄、濮阳、德清军、大通军、临河、卫南	澶州镇宁军节度使（后周，2州）	澶州（7县2军）	顿丘、清丰、观城、临黄、濮阳、德清军、大通军、临河、卫南
	濮州（4县）	鄄城、范、雷泽、临濮		濮州（4县）	鄄城、范、雷泽、临濮

表II-11 邢州保义军（安国军）、定州义武军、沧州义昌军（顺化军、横海军）节度使辖区沿革表

公元 政区	907年			908年		
	方镇	府、州	县	方镇	府、州	县
邢州保义军（安国军）节度使				邢州保义军节度使（后梁，3州）	邢州（8县）	龙冈、沙河、南和、巨鹿、平乡、任县、尧山、内丘
					洺州（6县）	永年、平恩、临洺、鸡泽、肥乡、曲周
					惠州（4县）	滏阳、邯郸、武安、昭义
定州义武军节度使	定州义武军节度使（后梁，3州）	定州（8县）	安喜、义丰、北平、望都、曲阳、陉邑、唐、新乐	定州义武军节度使（后梁，3州）	定州（8县）	安喜、义丰、北平、望都、曲阳、陉邑、唐、新乐
		祈州（2县）	无极、深泽		祈州（2县）	无极、深泽
		易州（5县）	易、容城、涞水、遂城、满城		易州（5县）	易、容城、涞水、遂城、满城
沧州义昌军（顺化军、横海军）节度使	沧州义昌军节度使（后梁，3州）	沧州（9县）	清池、盐山、南皮、临津、乐陵、饶安、无棣、长芦、乾符	沧州义昌军节度使（后梁，3州）	沧州（9县）	清池、盐山、南皮、临津、乐陵、饶安、无棣、长芦、乾符
		德州（5县）	安德、长河、平原、平昌、将陵		德州（5县）	安德、长河、平原、平昌、将陵
		景州（3县）	东光、弓高、安陵		景州（3县）	东光、弓高、安陵

909年			910年		
方镇	府、州	县	方镇	府、州	县
邢州保义军节度使（后梁，3州）	邢州（8县）	龙冈、沙河、南和、巨鹿、平乡、任县、尧山、内丘	邢州保义军节度使（后梁，3州）	邢州（8县）	龙冈、沙河、南和、巨鹿、平乡、任县、尧山、内丘
	洺州（6县）	永年、平恩、临洺、鸡泽、肥乡、曲周		洺州（6县）	永年、平恩、临洺、鸡泽、肥乡、曲周
	惠州（4县）	滏阳、邯郸、武安、昭义		惠州（4县）	滏阳、邯郸、武安、昭义
定州义武军节度使（后梁，3州）	定州（8县）	安喜、义丰、北平、望都、曲阳、陉邑、*中山*、新乐	定州义武军节度使（*北平王*，3州）	定州（8县）	安喜、义丰、北平、望都、曲阳、陉邑、中山、新乐
	祁州（2县）	无极、深泽		祁州（2县）	无极、深泽
	易州（5县）	易、容城、涞水、遂城、满城		易州（5县）	易、容城、涞水、遂城、满城
沧州义昌军节度使（后梁，3州）	沧州（9县）	清池、盐山、南皮、临津、乐陵、饶安、无棣、长芦、乾符	沧州义昌军节度使（*燕王*，3州）	沧州（9县）	清池、盐山、南皮、临津、乐陵、饶安、无棣、长芦、乾符
	德州（5县）	安德、长河、平原、平昌、将陵		德州（5县）	安德、长河、平原、平昌、将陵
	景州（3县）	东光、弓高、安陵		景州（3县）	东光、弓高、安陵

911年			912年		
方镇	府、州	县	方镇	府、州	县
邢州保义军节度使（后梁，3州）	邢州（8县）	龙冈、沙河、南和、巨鹿、平乡、任县、尧山、内丘	邢州保义军节度使（后梁，3州）	邢州（8县）	龙冈、沙河、南和、巨鹿、平乡、任县、尧山、内丘
	洺州（6县）	永年、平恩、临洺、鸡泽、肥乡、曲周		洺州（6县）	永年、平恩、临洺、鸡泽、肥乡、曲周
	惠州（4县）	滏阳、邯郸、武安、昭义		惠州（4县）	滏阳、邯郸、武安、昭义
定州义武军节度使（北平王，3州）	定州（8县）	安喜、义丰、北平、望都、曲阳、陉邑、中山、新乐	定州义武军节度使（北平王，3州）	定州（8县）	安喜、义丰、北平、望都、曲阳、陉邑、中山、新乐
	祁州（2县）	无极、深泽		祁州（2县）	无极、深泽
	易州（5县）	易、容城、涞水、遂城、满城		易州（5县）	易、容城、涞水、遂城、满城
沧州义昌军节度使（燕，3州）	沧州（9县）	清池、盐山、南皮、临津、乐陵、饶安、无棣、长芦、乾符	沧州顺化军节度使（后梁，3州）	沧州（9县）	清池、盐山、南皮、临津、乐陵、饶安、无棣、长芦、乾符
	德州（5县）	安德、长河、平原、平昌、将陵		德州（5县）	安德、长河、平原、平昌、将陵
	景州（3县）	东光、弓高、安陵		景州（3县）	东光、弓高、安陵

方镇	府、州	县	方镇	府、州	县
		914年			916年
邢州保义军节度使（后梁，3州）	邢州（8县）	龙冈、沙河、南和、巨鹿、平乡、任县、尧山、内丘	邢州安国军节度使（晋王，3州）	邢州（8县）	龙冈、沙河、南和、巨鹿、平乡、任县、尧山、内丘
	洺州（6县）	永年、平恩、临洺、鸡泽、肥乡、曲周		洺州（6县）	永年、平恩、临洺、鸡泽、肥乡、曲周
	惠州（4县）	滏阳、邯郸、武安、昭义		*磁州（4县）*	滏阳、邯郸、武安、昭义
定州义武军节度使（晋王，3州）	定州（8县）	安喜、义丰、北平、望都、曲阳、陆邑、中山、新乐	定州义武军节度使（晋王，3州）	定州（8县）	安喜、义丰、北平、望都、曲阳、陆邑、中山、新乐
	祈州（2县）	无极、深泽		祈州（2县）	无极、深泽
	易州（5县）	易、容城、涞水、遂城、满城		易州（5县）	易、容城、涞水、遂城、满城
沧州顺化军节度使（后梁，3州）	沧州（9县）	清池、盐山、南皮、临津、乐陵、饶安、无棣、长芦、乾符	沧州横海军节度使（晋王，3州）	沧州（9县）	清池、盐山、南皮、临津、乐陵、饶安、无棣、长芦、乾符
	德州（5县）	安德、长河、平原、平昌、将陵		德州（5县）	安德、长河、平原、平昌、将陵
	景州（3县）	东光、弓高、安陵		景州（3县）	东光、弓高、安陵

	923年			932年	
方镇	府、州	县	方镇	府、州	县
邢州安国军节度使（后唐，3州）	邢州（8县）	龙冈、沙河、南和、巨鹿、平乡、任县、尧山、内丘	邢州安国军节度使（后唐，3州）	邢州（8县）	龙冈、沙河、南和、巨鹿、平乡、任县、尧山、内丘
	洺州（6县）	永年、平恩、临洺、鸡泽、肥乡、曲周		洺州（6县）	永年、平恩、临洺、鸡泽、肥乡、曲周
	磁州（4县）	滏阳、邯郸、武安、昭义		磁州（4县）	滏阳、邯郸、武安、昭义
定州义武军节度使（后唐，3州）	定州（8县）	安喜、义丰、北平、望都、曲阳、陉邑、唐、新乐	定州义武军节度使（后唐，3州）	定州（8县）	安喜、义丰、燕平、望都、曲阳、陉邑、唐、新乐
	祁州（2县）	无极、深泽		祁州（2县）	无极、深泽
	易州（5县）	易、容城、涞水、遂城、满城		易州（5县）	易、容城、涞水、遂城、满城
沧州横海军节度使（后唐，3州）	沧州（9县）	清池、盐山、南皮、临津、乐陵、饶安、无棣、长芦、乾符	沧州横海军节度使（后唐，3州）	沧州（9县）	清池、盐山、南皮、临津、乐陵、饶安、无棣、长芦、乾符
	德州（5县）	安德、长河、平原、平昌、将陵		德州（5县）	安德、长河、平原、平昌、将陵
	景州（3县）	东光、弓高、安陵		景州（3县）	东光、弓高、安陵

936年			944年		
方镇	府、州	县	方镇	府、州	县
邢州安国军节度使（后晋,3州）	邢州(8县)	龙冈、沙河、南和、巨鹿、平乡、任县、尧山、内丘	邢州安国军节度使（后晋,3州）	邢州(8县)	龙冈、沙河、南和、巨鹿、平乡、任县、尧山、内丘
	洺州(6县)	永年、平恩、临洺、鸡泽、肥乡、曲周		洺州(6县)	永年、平恩、临洺、鸡泽、肥乡、曲周
	磁州(4县)	滏阳、邯郸、武安、昭义		磁州(4县)	滏阳、邯郸、武安、昭义
定州义武军节度使（后晋,3州）	定州(8县)	安喜、义丰、燕平、望都、曲阳、陉邑、*博陵*、新乐	定州义武军节度使（后晋,3州）	定州(8县)	安喜、义丰、燕平、望都、曲阳、陉邑、博陵、新乐
	祁州(2县)	无极、深泽		祁州(2县)	无极、深泽
	易州(5县)	易、容城、涞水、遂城、满城		易州(*3县*)	易、容城、涞水
沧州横海军节度使（后晋,3州）	沧州(9县)	清池、盐山、南皮、临津、乐陵、饶安、无棣、长芦、乾符	沧州横海军节度使（后晋,3州）	沧州(9县)	清池、盐山、南皮、临津、乐陵、饶安、无棣、长芦、乾符
	德州(5县)	安德、长河、平原、平昌、将陵		德州(5县)	安德、长河、平原、平昌、将陵
	景州(3县)	东光、弓高、安陵		景州(3县)	东光、弓高、安陵

945年			946年		
方镇	府、州	县	方镇	府、州	县
邢州安国军节度使（后晋，3州）	邢州（8县）	龙冈、沙河、南和、巨鹿、平乡、任县、尧山、内丘	邢州安国军节度使（后晋，3州）	邢州（8县）	龙冈、沙河、南和、巨鹿、平乡、任县、尧山、内丘
	洺州（6县）	永年、平恩、临洺、鸡泽、肥乡、曲周		洺州（6县）	永年、平恩、临洺、鸡泽、肥乡、曲周
	磁州（4县）	滏阳、邯郸、武安、昭义		磁州（4县）	滏阳、邯郸、武安、昭义
定州义武军节度使（后晋，4州）	定州（8县）	安喜、义丰、燕平、望都、曲阳、陉邑、博陵、新乐	定州义武军节度使（后晋，3州）	定州（8县）	安喜、义丰、燕平、望都、曲阳、陉邑、博陵、新乐
	祁州（2县）	无极、深泽		祁州（2县）	无极、深泽
	易州（4县）	易、容城、涞水、遂城		（易州附于契丹）	
	泰州（自契丹来属，2县）	清苑、满城		泰州（2县）	清苑、满城
沧州横海军节度使（后晋，3州）	沧州（9县）	清池、盐山、南皮、临津、乐陵、饶安、无棣、长芦、乾符	沧州横海军节度使（后晋，3州）	沧州（9县）	清池、盐山、南皮、临津、乐陵、饶安、无棣、长芦、乾符
	德州（5县）	安德、长河、平原、平昌、将陵		德州（5县）	安德、长河、平原、平昌、将陵
	景州（3县）	东光、弓高、安陵		景州（3县）	东光、弓高、安陵

947年			948年		
方镇	府、州	县	方镇	府、州	县
邢州安国军节度使（后汉，3州）	邢州（8县）	龙冈、沙河、南和、巨鹿、平乡、任县、尧山、内丘	邢州安国军节度使（后汉，3州）	邢州（8县）	龙冈、沙河、南和、巨鹿、平乡、任县、尧山、内丘
	洺州（6县）	永年、平恩、临洺、鸡泽、肥乡、曲周		洺州（6县）	永年、平恩、临洺、鸡泽、肥乡、曲周
	磁州（4县）	滏阳、邯郸、武安、昭义		磁州（4县）	滏阳、邯郸、武安、昭义
定州义武军节度使（后汉，3州）	定州（8县）	安喜、义丰、燕平、望都、曲阳、陆邑、唐、新乐	定州义武军节度使（后汉，4州）	定州（8县）	安喜、义丰、燕平、望都、曲阳、陆邑、唐、新乐
	祁州（2县）	无极、深泽		祁州（2县）	无极、深泽
				易州（自契丹来属，4县）	易、容城、涞水、遂城
	泰州（2县）	清苑、满城		泰州（1县）	满城
沧州横海军节度使（后汉，3州）	沧州（9县）	清池、盐山、南皮、临津、乐陵、饶安、无棣、长芦、乾符	沧州横海军节度使（后汉，3州）	沧州（9县）	清池、盐山、南皮、临津、乐陵、饶安、无棣、长芦、乾符
	德州（5县）	安德、长河、平原、平昌、将陵		德州（5县）	安德、长河、平原、平昌、将陵
	景州（3县）	东光、弓高、安陵		景州（3县）	东光、弓高、安陵

951年			952年		
方镇	府、州	县	方镇	府、州	县
邢州安国军节度使（后周，3州）	邢州（8县）	龙冈、沙河、南和、巨鹿、平乡、任县、尧山、内丘	邢州安国军节度使（后周，3州）	邢州（8县）	龙冈、沙河、南和、巨鹿、平乡、任县、尧山、内丘
	洺州（6县）	永年、平恩、临洺、鸡泽、肥乡、曲周		洺州（6县）	永年、平恩、临洺、鸡泽、肥乡、曲周
	磁州（4县）	滏阳、邯郸、武安、昭义		磁州（4县）	滏阳、邯郸、武安、昭义
定州义武军节度使（后周，4州）	定州（8县）	安喜、义丰、燕平、望都、曲阳、陉邑、唐、新乐	定州义武军节度使（后周，3州）	定州（8县）	安喜、义丰、燕平、望都、曲阳、陉邑、唐、新乐
	易州（4县）	易、容城、涞水、遂城		祁州（2县）	无极、深泽
	祁州（2县）	无极、深泽		易州（5县）	易、容城、涞水、遂城、满城
	泰州（1县）	满城		（废）	
沧州横海军节度使（后周，3州）	沧州（9县）	清池、盐山、南皮、临津、乐陵、饶安、无棣、长芦、乾符	沧州横海军节度使（后周，3州）	沧州（9县）	清池、盐山、南皮、临津、乐陵、饶安、无棣、长芦、乾符
	德州（5县）	安德、长河、平原、平昌、将陵		德州（5县）	安德、长河、平原、平昌、将陵
	景州（3县）	东光、弓高、安陵		景州（3县）	东光、弓高、安陵

953年			955年		
方镇	府、州	县	方镇	府、州	县
邢州安国军节度使（后周，3州）	邢州（8县）	龙冈、沙河、南和、巨鹿、平乡、任县、尧山、内丘	邢州安国军节度使（后周，3州）	邢州（8县）	龙冈、沙河、南和、巨鹿、平乡、任县、尧山、内丘
	洺州（6县）	永年、平恩、临洺、鸡泽、肥乡、曲周		洺州（6县）	永年、平恩、临洺、鸡泽、肥乡、曲周
	磁州（4县）	滏阳、邯郸、武安、昭义		磁州（4县）	滏阳、邯郸、武安、昭义
定州义武军节度使（后周，2州）	定州（8县）	安喜、义丰、燕平、望都、曲阳、陉邑、唐、新乐	定州义武军节度使（后周，2州）	定州（8县）	安喜、义丰、燕平、望都、曲阳、陉邑、唐、新乐
	祁州（2县）	无极、深泽		祁州（2县）	无极、深泽
（易州为契丹占据）					
沧州横海军节度使（后周，3州）	沧州（9县）	清池、盐山、南皮、临津、乐陵、饶安、无棣、长芦、乾符	沧州横海军节度使（后周，2州）	沧州（11县1军）	清池、盐山、南皮、临津、乐陵、饶安、无棣、长芦、乾符、东光、弓高、定远军
	德州（5县）	安德、长河、平原、平昌、将陵		德州（6县）	安德、长河、平原、平昌、将陵、安陵
	景州（3县）	东光、弓高、安陵	（景州废为定远军，别属沧州）		

方镇	府、州	县	方镇	府、州	县
		957年			958年
邢州安国军节度使（后周，3州）	邢州（8县）	龙冈、沙河、南和、巨鹿、平乡、任县、尧山、内丘	邢州安国军节度使（后周，3州）	邢州（8县）	龙冈、沙河、南和、巨鹿、平乡、任县、尧山、内丘
	洺州（6县）	永年、平恩、临洺、鸡泽、肥乡、曲周		洺州（6县）	永年、平恩、临洺、鸡泽、肥乡、曲周
	磁州（4县）	滏阳、邯郸、武安、昭义		磁州（4县）	滏阳、邯郸、武安、昭义
定州义武军节度使（后周，2州）	定州（9县）	安喜、义丰、燕平、望都、曲阳、陉邑、唐、新乐、*博野*	定州义武军节度使（后周，2州）	定州（9县）	安喜、义丰、燕平、望都、曲阳、陉邑、唐、新乐、*博野*
	祁州（2县）	无极、深泽		祁州（2县）	无极、深泽
沧州横海军节度使（后周，2州）	沧州（*9县1军*）	清池、盐山、南皮、临津、乐陵、饶安、无棣、东光、弓高、定远军	沧州横海军节度使（后周，2州）	沧州（*9县2军*）	清池、盐山、南皮、临津、乐陵、饶安、无棣、东光、弓高、定远军、*保顺军*
	德州（6县）	安德、长河、平原、平昌、将陵、安陵		德州（6县）	安德、长河、平原、平昌、将陵、安陵

959年		
方镇	府、州	县
邢州安国军节度使（后周，3州）	邢州（8县）	龙冈、沙河、南和、巨鹿、平乡、任县、尧山、内丘
	洺州（6县）	永年、平恩、临洺、鸡泽、肥乡、曲周
	磁州（4县）	滏阳、邯郸、武安、昭义
定州义武军节度使（后周，3州）	定州（9县）	安喜、义丰、燕平、望都、曲阳、陉邑、唐、新乐、博野
	祈州（2县）	无极、深泽
	易州（从契丹收复，4县）	易、涞水、遂城、满城
沧州横海军节度使（后周，2州）	沧州（9县3军）	清池、盐山、南皮、临津、乐陵、饶安、无棣、东光、永安、定远军、保顺军、乾宁军
	德州（6县）	安德、长河、平原、平昌、将陵、安陵

表II-12　幽州卢龙节度使（含新州威塞军节度使、莫州、瀛州、雄州、霸州） 辖区沿革表

公元	907年			909年		
政区	方镇	府、州	县	方镇	府、州	县
幽州卢龙节度使（含新州威塞军节度使、莫州、瀛州、雄州、霸州）	幽州卢龙节度使（卢龙，13州）	幽州（9县2军）	蓟、幽都、潞、武清、永清、安次、良乡、昌平、玉河、芦台军、乾宁军	幽州卢龙节度使（燕王，13州）	幽州（9县2军）	蓟、幽都、潞、武清、永清、安次、良乡、昌平、玉河、芦台军、乾宁军
		蓟州（3县）	渔阳、三河、玉田		蓟州（3县）	渔阳、三河?、玉田
		涿州（5县）	范阳、归义、固安、新城、新昌		涿州（5县）	范阳、归义、固安、新城、新昌
		檀州（2县）	密云、燕乐		檀州（2县）	密云、燕乐
		顺州（2县）	辽西、怀柔		顺州（2县）	辽西、怀柔
		瀛洲（5县）	河间、高阳、平舒、束城、景城		瀛洲（5县）	河间、高阳、平舒、束城、景城
		莫州（6县）	莫、文安、任丘、清苑、长丰、唐兴		莫州（6县）	莫、文安、任丘、清苑、长丰、唐兴
		平州（3县）	卢龙、石城、马城		平州（3县）	卢龙、石城、马城
		营州（1县）	柳城		营州（1县）	柳城
		新州（4县）	永兴、矾山、龙门、怀安		新州（4县）	永兴、矾山、龙门、怀安
		妫州（1县）	怀戎		妫州（1县）	怀戎
		儒州（1县）	缙山		儒州（1县）	缙山
		武州（1县）	文德		武州（1县）	文德

	911年			913年		
方镇	府、州	县		方镇	府、州	县
幽州卢龙节度使（燕，13州）	幽州（9县1军1州?）	蓟、幽都、潞、武清、永清、安次、良乡、昌平、玉河、芦台军、宁州?		幽州卢龙节度使（燕王，13州）	幽州（9县1军）	蓟、幽都、潞、武清、永清、安次、良乡、昌平、玉河、芦台军
	蓟州（3县）	渔阳、三河?、玉田			蓟州（3县）	渔阳、三河?、玉田
	涿州（5县）	范阳、归义、固安、新城、新昌			涿州（5县）	范阳、归义、固安、新城、新昌
	檀州（2县）	密云、燕乐			檀州（1县）	密云
	顺州（2县）	辽西、怀柔			顺州（2县）	辽西、怀柔
	瀛洲（5县）	河间、高阳、平舒、束城、景城			瀛洲（5县）	河间、高阳、大城?、束城、景城
	莫州（6县）	莫、文安、任丘、清苑、长丰、唐兴			莫州（6县）	莫、文安、任丘、清苑、长丰、唐兴
	平州（3县）	卢龙、石城、马城			平州（3县）	卢龙、石城、马城
	营州（1县）	柳城			营州（1县）	柳城
	新州（4县）	永兴、矾山、龙门、怀安			新州（4县）	永兴、矾山、龙门、怀安
	妫州（1县）	怀戎			妫州（1县）	怀戎
	儒州（1县）	缙山			儒州（1县）	缙山
	武州（1县）	文德			武州（1县）	文德

916年			923年		
方镇	府、州	县	方镇	府、州	县
幽州卢龙节度使（晋王，13州）	幽州（9县1军）	蓟、幽都、潞、武清、永清、安次、良乡、昌平、玉河、芦台军	幽州卢龙节度使（后唐，11州）	幽州（9县1军）	蓟、幽都、潞、武清、永清、安次、良乡、昌平、玉河、芦台军
	蓟州（3县）	渔阳、三河?、玉田		蓟州（3县）	渔阳、三河?、玉田
	涿州（5县）	范阳、归义、固安、新城、新昌		涿州（5县）	范阳、归义、固安、新城、新昌
	檀州（1县）	密云		檀州（1县）	密云
	顺州（2县）	辽西、怀柔		顺州（2县）	辽西、怀柔
	瀛洲（5县）	河间、高阳、大城、束城、景城		瀛洲（5县）	河间、高阳、大城、束城、景城
	莫州（6县）	莫、文安、任丘、清苑、长丰、唐兴		莫州（6县）	莫、文安、任丘、清苑、长丰、唐兴
	平州（3县）	卢龙、石城、马城		（平州陷于契丹）	
	营州（1县）	柳城		（营州陷于契丹）	
	新州（一度陷于契丹，旋收复，4县）	永兴、矾山、龙门、怀安		新州（4县）	永兴、矾山、龙门、怀安
	妫州（一度陷于契丹，旋收复，1县）	怀戎		妫州（1县）	怀戎
	儒州（一度陷于契丹，旋收复，1县）	缙山		儒州（1县）	缙山
	武州（一度陷于契丹，旋收复，1县）	文德		武州（1县）	文德

924年			927年		
方镇	府、州	县	方镇	府、州	县
幽州卢龙节度使（后唐，7州）	幽州（9县1军）	蓟、幽都、潞、武清、永清、安次、良乡、昌平、玉河、芦台军	幽州卢龙节度使（后唐，8州）	幽州（9县1军）	蓟、幽都、潞、武清、永清、安次、良乡、昌平、玉河、芦台军
	蓟州（3县）	渔阳、三河？、玉田		蓟州（3县）	渔阳、三河？、玉田
	涿州（5县）	范阳、归义、固安、新城、新昌		涿州（5县）	范阳、归义、固安、新城、新昌
	檀州（1县）	密云		檀州（1县）	密云
	顺州（2县）	辽西、怀柔		顺州（2县）	辽西、怀柔
	瀛洲（5县）	河间、高阳、大城、束城、景城		瀛洲（5县）	河间、高阳、大城、束城、景城
	莫州（6县）	莫、文安、任丘、清苑、长丰、唐兴		莫州（6县）	莫、文安、任丘、清苑、长丰、唐兴
				平州（3县）	卢龙、石城、马城
新州威塞军节度使（后唐，4州）	新州（4县）	永兴、矾山、龙门、怀安	新州威塞军节度使（后唐，4州）	新州（4县）	永兴、矾山、龙门、怀安
	妫州（1县）	怀戎		妫州（1县）	怀戎
	儒州（1县）	缙山		儒州（1县）	缙山
	武州（1县）	文德		武州（1县）	文德

方镇	928年 府、州	县	方镇	930年 府、州	县
幽州卢龙节度使（后唐，8州）	泰州（升奉化军为泰州，1县）	清苑	幽州卢龙节度使（后唐，8州）	泰州（1县）	清苑
	幽州（9县1军）	蓟、幽都、潞、武清、永清、安次、良乡、昌平、玉河、芦台军		幽州（9县1军）	蓟、幽都、潞、武清、永清、安次、良乡、昌平、玉河、芦台军
	蓟州（3县）	渔阳、三河?、玉田		蓟州（3县）	渔阳、三河?、玉田
	涿州（5县）	范阳、归义、固安、新城、新昌		涿州（4县）	范阳、归义、固安、新城
	檀州（1县）	密云		檀州（1县）	密云
	顺州（2县）	辽西、怀柔		顺州（2县）	辽西、怀柔
	瀛洲（5县）	河间、高阳、大城、束城、景城		瀛洲（5县）	河间、高阳、大城、束城、景城
	莫州（5县）	莫、文安、任丘、长丰、唐兴		莫州（5县）	莫、文安、任丘、长丰、唐兴
（平州陷于契丹）					
新州威塞军节度使（后唐，4州）	新州（4县）	永兴、矾山、龙门、怀安	新州威塞军节度使（后唐，4州）	新州（4县）	永兴、矾山、龙门、怀安
	妫州（1县）	怀戎		妫州（1县）	怀戎
	儒州（1县）	缙山		儒州（1县）	缙山
	武州（1县）	文德		毅州（1县）	文德

932年			934年		
方镇	府、州	县	方镇	府、州	县
幽州卢龙节度使（后唐，8州）	泰州（1县）	清苑	幽州卢龙节度使（后唐，8州）	泰州（1县）	清苑
	幽州（9县1军）	蓟、幽都、潞、武清、永清、安次、良乡、燕平、玉河、芦台军		幽州（9县1军）	蓟、幽都、潞、武清、永清、安次、良乡、燕平、玉河、芦台军
	蓟州（3县）	渔阳、三河、玉田		蓟州（3县）	渔阳、三河、玉田
	涿州（4县）	范阳、归义、固安、新城		涿州（4县）	范阳、归义、固安、新城
	檀州（1县）	密云		檀州（1县）	密云
	顺州（2县）	辽西、怀柔		顺州（2县）	辽西、怀柔
	瀛洲（5县）	河间、高阳、大城、束城、景城		瀛洲（5县）	河间、高阳、大城、束城、景城
	莫州（5县）	莫、文安、任丘、长丰、唐兴		莫州（5县）	莫、文安、任丘、长丰、唐兴
新州威塞军节度使（后唐，4州）	新州（4县）	永兴、矾山、龙门、怀安	新州威塞军节度使（后唐，4州）	新州（4县）	永兴、矾山、龙门、怀安
	妫州（1县）	怀戎		妫州（1县）	怀戎
	儒州（1县）	缙山		儒州（1县）	缙山
	毅州（1县）	文德		武州（1县）	文德

936年			937年		
方镇	府、州	县	方镇	府、州	县
(废)					
幽州卢龙节度使（后晋，7州）	幽州（9县1军）	蓟、幽都、潞、武清、永清、安次、良乡、昌平、玉河、芦台军	幽州卢龙节度使（后晋，7州）	幽州（9县1军）	蓟、幽都、潞、武清、永清、安次、良乡、昌平、玉河、芦台军
	蓟州（3县）	渔阳、三河、玉田		蓟州（3县）	渔阳、三河、玉田
	涿州（4县）	范阳、归义、固安、新城		涿州（4县）	范阳、归义、固安、新城
	檀州（1县）	密云		檀州（1县）	密云
	顺州（2县）	辽西、怀柔		顺州（2县）	辽西、怀柔
	瀛洲（5县）	河间、高阳、大城、束城、景城		瀛洲（5县）	河间、高阳、大城、束城、景城
	莫州（6县）	莫、文安、任丘、长丰、宜川?清苑?		莫州（6县）	莫、文安、任丘、长丰、唐兴?清苑
新州威塞军节度使（后晋，4州）	新州（4县）	永兴、矾山、龙门、怀安	新州威塞军节度使（后晋，4州）	新州（4县）	永兴、矾山、龙门、怀安
	妫州（1县）	怀戎		妫州（1县）	怀戎
	儒州（1县）	缙山		儒州（1县）	缙山
	武州（1县）	文德		武州（1县）	文德

938年			959年		
方镇	府、州	县	方镇	府、州	县
			(直属后周)	霸州（以所夺契丹地新置，3县）	永清、文安、大城
			(直属后周)	雄州（以所夺契丹地新置，2县）	容城、归义
(割与契丹)			(直属后周)	瀛洲（从契丹收复，4县）	河间、高阳、束城、景城
			(直属后周)	莫州（从契丹收复，4县）	莫、任丘、长丰、清苑

表II—13 凤翔（岐阳军）节度使（含乾州威胜军节度使）、陇州保胜军节度使、泾州彰义军节度使辖区沿革表

公元 政区	907年			911年		
	方镇	府、州	县	方镇	府、州	县
凤翔（岐阳军）节度使（含乾州威胜军节度使）	凤翔节度使（岐王，1府1州）	乾州（1县）	奉天	乾州威胜军节度使（岐王，1州）	乾州（5县）	奉天、好畤、武功、鏊屋、醴泉
		凤翔府（12县）	天兴、扶风、宝鸡、岐山、郿、麟游、普润、虢、鏊屋、好畤、武功、醴泉	凤翔节度使（岐王，1府）	凤翔府（8县）	天兴、扶风、宝鸡、岐山、郿、麟游、普润、虢
陇州保胜军节度使	陇州保胜军节度使（岐王，1州）	陇州（3县）	汧源、汧阳、吴山	陇州保胜军节度使（岐王，1州）	陇州（3县）	汧源、汧阳、吴山
泾州彰义军节度使	泾州彰义军节度使（岐王，4州）	泾州（5县）	保定、灵台、临泾、良原、潘原	泾州彰义军节度使（岐王，4州）	泾州（5县）	保定、灵台、临泾、良原、潘原
		行原州（无属县）			行原州（无属县）	
		行渭州（无属县）			行渭州（无属县）	
		行武州（无属县）			行武州（无属县）	

916年			923年		
方镇	府、州	县	方镇	府、州	县
乾州威胜军节度使（岐王，1州）	乾州（5县）	奉天、好畤、武功、盩厔、醴泉	乾州威胜军节度使（岐王，1州）	乾州（5县）	奉天、好畤、武功、盩厔、醴泉
凤翔节度使（岐王，1府1州）	凤翔府（8县）	天兴、扶风、宝鸡、岐山、郿、麟游、普润、虢	凤翔节度使（岐王，1府2州）	凤翔府（8县）	天兴、扶风、宝鸡、岐山、郿、麟游、普润、虢
	陇州（3县）	汧源、汧阳、吴山		陇州（3县）	汧源（析汧源县华亭乡之地新置义州）、汧阳、吴山
				义州（析陇州地置，无领县）	
泾州彰义军节度使（岐王，4州）	泾州（5县）	保定、灵台、临泾、良原、潘原	泾州彰义军节度使（岐王，4州）	泾州（5县）	保定、灵台、临泾、良原、潘原
	行原州（无属县）			行原州（无属县）	
	行渭州（无属县）			行渭州（无属县）	
	行武州（无属县）			行武州（无属县）	

924年			928年		
方镇	府、州	县	方镇	府、州	县
凤翔节度使（后唐，1府3州）	乾州（2县）	奉天、好畤	凤翔节度使（后唐，1府3州）	乾州（1县）	奉天
	凤翔府（9县）	天兴、扶风、宝鸡、岐山、郿、麟游、普润、虢、盩厔		凤翔府（9县）	天兴、扶风、宝鸡、岐山、郿、麟游、普润、虢、盩厔
	陇州（3县）	汧源、汧阳、吴山		陇州（3县）	汧源、汧阳、吴山
	义州（无领县）			义州（无领县）	
泾州彰义军节度使（后唐，4州）	泾州（5县）	保定、灵台、临泾、良原、潘原	泾州彰义军节度使（后唐，4州）	泾州（5县）	保定、灵台、临泾、良原、潘原
	行原州（无属县）			行原州（无属县）	
	行渭州（无属县）			行渭州（无属县）	
	行武州（无属县）			行武州（无属县）	

936年			940年		
方镇	府、州	县	方镇	府、州	县
凤翔节度使（*后晋*，1府3州）	乾州（1县）	奉天	凤翔节度使（*后晋*，1府3州）	乾州（1县）	奉天
	凤翔府（9县）	天兴、扶风、宝鸡、岐山、郿、麟游、普润、虢、盩厔		凤翔府（9县）	天兴、扶风、宝鸡、岐山、郿、麟游、普润、虢、盩厔
	陇州（3县）	汧源、汧阳、吴山		陇州（3县）	汧源、汧阳、吴山
	义州（无领县）			义州（无领县）	
泾州彰义军节度使（*后晋*，4州）	泾州（5县）	保定、灵台、良原、潘原、平凉	泾州彰义军节度使（*后晋*，4州）	泾州（*4县*）	保定、灵台、良原、潘原
	原州（*1县*）	临泾		原州（1县）	临泾
	行渭州（无属县）			*渭州*（*1县*）	平凉
	行武州（无属县）			行武州（无属县）	

947年			948年		
方镇	府、州	县	方镇	府、州	县
凤翔节度使（后汉，1府3州）	乾州（1县）	奉天	岐阳军节度使（后蜀，1府3州）	乾州（1县）	奉天
	凤翔府（9县）	天兴、扶风、宝鸡、岐山、郿、麟游、普润、虢、整屋		凤翔府（9县）	天兴、扶风、宝鸡、岐山、郿、麟游、普润、虢、整屋
	陇州（3县）	汧源、汧阳、吴山		陇州（3县）	汧源、汧阳、吴山
	义州（无领县）			义州（无领县）	
泾州彰义军节度使（后汉，4州）	泾州（4县）	保定、灵台、良原、潘原	泾州彰义军节度使（后汉，4州）	泾州（4县）	保定、灵台、良原、潘原
	原州（1县）	临泾		原州（1县）	临泾
	渭州（1县）	平凉		渭州（1县）	平凉
	行武州（无属县）			行武州（无属县）	

949年			951年		
方镇	府、州	县	方镇	府、州	县
凤翔节度使（后汉，1府3州）	乾州（1县）	奉天	*凤翔节度使*（后周，1府3州）	乾州（1县）	奉天
	凤翔府（9县）	天兴、扶风、宝鸡、岐山、郿、麟游、普润、虢、盩厔		凤翔府（9县）	天兴、扶风、宝鸡、岐山、郿、麟游、普润、虢、盩厔
	陇州（3县）	汧源、汧阳、吴山		陇州（3县）	汧源、汧阳、吴山
	乂州（无领县）			乂州（无领县）	
泾州彰义军节度使（后汉，4州）	泾州（4县）	保定、灵台、良原、潘原	泾州彰义军节度使（后周，4州）	泾州（4县）	保定、灵台、良原、潘原
	原州（1县）	临泾		原州（1县）	临泾
	渭州（1县）	平凉		渭州（1县）	平凉
	行武州（无属县）			行武州（无属县）	

958年			959年		
方镇	府、州	县	方镇	府、州	县
凤翔节度使（后周，1府3州）	乾州（1县）	奉天	凤翔节度使（后周，1府3州）	乾州（1县）	奉天
	凤翔府（9县）	天兴、扶风、宝鸡、岐山、郿、麟游、普润、虢、盩厔		凤翔府（9县）	天兴、扶风、宝鸡、岐山、郿、麟游、普润、虢、盩厔
	陇州（3县）	汧源、汧阳、吴山		陇州（3县）	汧源、汧阳、吴山
	义州（无领县）			义州（1县）	华亭
泾州彰义军节度使（后周，4州）	泾州（3县）	保定、灵台、良原	泾州彰义军节度使（后周，4州）	泾州（3县）	保定、灵台、良原
	原州（1县）	临泾		原州（1县）	临泾
	渭州（2县）	平凉、潘原		渭州（2县）	平凉、潘原
	武州（无领县）？			(武州废)	

表II-14 夏州定难军节度使、西汉金山国（暨沙州归义军节度使）辖区沿革表

公元	907年			911年		
政区	方镇	府、州	县	方镇	府、州	县
夏州定难军节度使	夏州定难军节度使（定难，4州）	夏州（3县）	朔方、宁朔、德静	夏州定难军节度使（定难，4州）	夏州（3县）	朔方、宁朔、德静
		绥州（无领县）？			绥州（无领县）	
		银州（4县）	儒林、真乡、开光、抚宁		银州（4县）	儒林、真乡、开光、抚宁
		宥州（1县）	长泽		宥州（1县）	长泽
西汉金山国（暨沙州归义军节度使）	西汉金山国（张氏，5州）	沙州（2县3镇）	燉煌县、寿昌县、寿昌镇、紫亭镇、石城镇	西汉金山国（张氏，2州）	沙州（2县3镇）	燉煌县、寿昌县、寿昌镇、紫亭镇、石城镇
		瓜州（2县4镇）	晋昌县、常乐县、常乐镇、悬泉镇、雍归镇、新城镇		瓜州（2县5镇）	晋昌县、常乐县、常乐镇、悬泉镇、雍归镇、新城镇、玉门镇
		肃州（3县1镇）	酒泉县、福禄县、振武县、玉门镇		（失）	
		甘州（2县）	张掖县、删丹县			
		凉州（5县）	姑臧县、神乌县、昌松县、番禾县、嘉麟县			

914年			934年		
方镇	府、州	县	方镇	府、州	县
夏州定难军节度使（定难，4州）	夏州（3县）	朔方、宁朔、德静	夏州定难军节度使（定难，4州）	夏州（3县）	朔方、宁朔、德静
	绥州（无领县）			绥州（无领县）	
	银州（4县）	儒林、真乡、开光、抚宁		银州（4县）	儒林、真乡、开光、抚宁
	宥州（1县）	长泽		宥州（1县）	长泽
沙州归义军节度使（曹氏，2州）	沙州（2县2镇）	燉煌县、寿昌县、寿昌镇、紫亭镇	沙州归义军节度使（曹氏，4州）	沙州（2县2镇）	燉煌县、寿昌县、寿昌镇、紫亭镇
	瓜州（2县4镇1军）	晋昌县、常乐县、常乐镇、悬泉镇、雍归镇、新城镇、玉门军		瓜州（2县4镇1军）	晋昌县、常乐县、常乐镇、悬泉镇、雍归镇、新城镇、玉门军
				肃州（3县）	酒泉县、福禄县、振武县
				甘州（2县）	张掖县、删丹县

935年			953年		
方镇	府、州	县	方镇	府、州	县
夏州定难军节度使（定难，4州）	夏州（3县）	朔方、宁朔、德静	夏州定难军节度使（定难，5州）	夏州（3县）	朔方、宁朔、德静
	绥州（无领县）			绥州（无领县）	
	银州（4县）	儒林、真乡、开光、抚宁		银州（4县）	儒林、真乡、开光、抚宁
	宥州（1县）	长泽		宥州（1县）	长泽
				静州（无领县）	
沙州归义军节度使（曹氏，2州）	沙州（2县2镇）	燉煌县、寿昌县、寿昌镇、紫亭镇	沙州归义军节度使（曹氏，2州）	沙州（2县2镇）	燉煌县、寿昌县、寿昌镇、紫亭镇
	瓜州（2县4镇1军）	晋昌县、常乐县、常乐镇、悬泉镇、雍归镇、新城镇、玉门军		瓜州（2县6镇1军）	晋昌县、常乐县、常乐镇、悬泉镇、雍归镇、新城镇、玉门军、新乡镇、会稽镇

959年		
方镇	府、州	县
夏州定难军节度使（定难，4州）	夏州（3县）	朔方、宁朔、德静
	绥州（无领县）	
	银州（4县）	儒林、真乡、开光、抚宁
	宥州（1县）	长泽
	静州（无领县）	
沙州归义军节度使（曹氏，2州）	沙州（2县2镇）	燉煌县、寿昌县、寿昌镇、紫亭镇
	瓜州（2县6镇1军）	晋昌县、常乐县、常乐镇、悬泉镇、雍归镇、新城镇、玉门军、新乡镇、会稽镇

表II-15 剑南西川节度使（直隶地区）、雅州永平军节度使辖区沿革表

公元 政区	907年			908年		
	方镇	府、州	县	方镇	府、州	县
剑南西川节度使（直隶地区）	直隶地区（前蜀，1府12州）			直隶地区（前蜀，1府13州）	灌州（1县，彭州析置）?	导江
		成都府（10县）	成都、华阳、新都、新繁、犀浦、双流、广都、郫、温江、灵池		成都府（10县）	成都、华阳、新都、新繁、犀浦、双流、广都、郫、温江、灵池
		眉州（5县）	通义、彭山、丹棱（稜）、洪雅、青神		眉州（5县）	通义、彭山、丹棱（稜）、洪雅、青神
		嘉州（8县）	龙游、平羌、峨眉、夹江、玉津、绥山、罗目、犍为		嘉州（8县）	龙游、平羌、峨眉、夹江、玉津、绥山、罗目、犍为
		戎州（5县）	僰道、南溪、义宾、开边、归顺		戎州（5县）	僰道、南溪、义宾、开边、归顺
		彭州（4县）	九陇、濛阳、导江、唐昌		彭州（3县）	九陇、濛阳、唐昌
		维州（2县）	薛城、通化		维州（2县）	薛城、通化
		茂州（3县）	汶山、石泉、汶川		茂州（3县）	汶山、石泉、汶川
		汉州（5县）	雒、德阳、什邡、绵竹、金堂		汉州（5县）	雒、德阳、什邡、绵竹、金堂
		简州（3县）	阳安、金水、平泉		简州（3县）	阳安、金水、平泉
		资州（8县）	盘石、资阳、清溪、内江、月山、龙水、银山、丹山		资州（8县）	盘石、资阳、清溪、内江、月山、龙水、银山、丹山
		蜀州（4县）	晋原、青城、唐兴、新津		蜀州（4县）	晋原、青城、唐兴、新津
		陵州（5县）	仁寿、贵平、井研、始建、籍		陵州（5县）	仁寿、贵平、井研、始建、籍
		荣州（6县）	旭川、应灵、公井、资官、威远、和义		荣州（6县）	旭川、应灵、公井、资官、威远、和义
雅州永平军节度使	雅州永平军节度使（前蜀，3州）	雅州（5县）	严道、卢山、名山、百丈、荣经	雅州永平军节度使（前蜀，3州）	雅州（5县）	严道、卢山、名山、百丈、荣经
		邛州（7县）	临邛、依政、安仁、大邑、蒲江、临溪、火井		邛州（7县）	临邛、依政、安仁、大邑、蒲江、临溪、火井
		黎州（3县）	汉源、通望、飞越		黎州（3县）	汉源、通望、飞越

方镇	府、州	县	方镇	府、州	县
		912年			914年
直隶地区（前蜀，1府13州）	灌州（1县）	导江	直隶地区（前蜀，1府13州）	灌州（1县）	导江
	成都府（10县）	成都、华阳、新都、新繁、犀浦、双流、广都、郫、温江、灵池		成都府（10县）	成都、华阳、新都、新繁、犀浦、双流、广都、郫、温江、灵池
	眉州（5县）	通义、彭山、丹棱（稜）、洪雅、青神		眉州（5县）	通义、彭山、丹棱（稜）、洪雅、青神
	嘉州（8县）	龙游、平羌、峨眉、夹江、玉津、绥山、罗目、犍为		嘉州（8县）	龙游、平羌、峨眉、夹江、玉津、绥山、罗目、犍为
	戎州（5县）	僰道、南溪、义宾、开边、归顺		戎州（5县）	僰道、南溪、义宾、开边、归顺
	彭州（3县）	九陇、濛阳、唐昌		彭州（3县）	九陇、濛阳、唐昌
	维州（2县）	保宁、通化		维州（2县）	保宁、通化
	茂州（3县）	汶山、石泉、汶川		茂州（3县）	汶山、石泉、汶川
	汉州（5县）	雒、德阳、通记、绵竹、金堂		汉州（5县）	雒、德阳、通记、绵竹、金堂
	简州（3县）	阳安、金水、平泉		简州（3县）	阳安、金水、平泉
	资州（8县）	盘石、资阳、清溪、内江、月山、龙水、银山、丹山		资州（8县）	盘石、资阳、清溪、内江、月山、龙水、银山、丹山
	蜀州（4县）	晋原、青城、唐兴、新津		蜀州（4县）	晋原、青城、唐兴、新津
	陵州（5县）	仁寿、贵平、井研、始建、籍		陵州（5县）	仁寿、贵平、井研、始建、籍
	荣州（6县）	旭川、应灵、公井、资官、威远、和义		荣州（6县）	旭川、应灵、公井、资官、威远、和义
雅州永平军节度使（前蜀，3州）	雅州（5县）	严道、卢山、名山、百丈、荣经	雅州永平军节度使（前蜀，3州）	雅州（5县）	严道、卢山、名山、百丈、荣经
	邛州（7县）	临邛、依政、安仁、大邑、蒲江、临溪、火井		邛州（7县）	临邛、依政、安仁、大邑、蒲江、临溪、火井
	黎州（3县）	汉源、通望、飞越		黎州（2县）	汉源、通望

	921年			925年	
方镇	府、州	县	方镇	府、州	县
(废入彭州)					
直隶地区（前蜀，1府12州）	成都府（10县）	成都、华阳、新都、新繁、犀浦、双流、广都、郫、温江、灵池	剑南西川节度使（后唐，1府15州）	成都府（10县）	成都、华阳、新都、新繁、犀浦、双流、广都、郫、温江、灵池
	眉州（5县）	通义、彭山、丹棱（稜）、洪雅、青神		眉州（5县）	通义、彭山、丹棱（稜）、洪雅、青神
	嘉州（8县）	龙游、平羌、峨眉、夹江、玉津、绥山、罗目、犍为		嘉州（8县）	龙游、平羌、峨眉、夹江、玉津、绥山、罗目、犍为
	戎州（5县）	僰道、南溪、义宾、开边、归顺		戎州（5县）	僰道、南溪、义宾、开边、归顺
	彭州（*4县*）	九陇、濛阳、*导江?*、唐昌		彭州（4县）	九陇、濛阳、导江、唐昌
	维州（2县）	保宁、通化		维州（2县）	保宁、通化
	茂州（3县）	汶山、石泉、汶川		茂州（3县）	汶山、石泉、汶川
	汉州（5县）	雒、德阳、通记、绵竹、金堂		汉州（5县）	雒、德阳、*什邡?*、绵竹、金堂
	简州（3县）	阳安、金水、平泉		简州（3县）	阳安、金水、平泉
	资州（8县）	盘石、资阳、清溪、内江、月山、龙水、银山、丹山		资州（8县）	盘石、资阳、清溪、内江、月山、龙水、银山、丹山
	蜀州（4县）	晋原、青城、唐兴、新津		蜀州（4县）	晋原、青城、唐兴、新津
	陵州（5县）	仁寿、贵平、井研、始建、籍		陵州（5县）	仁寿、贵平、井研、始建、籍
	荣州（6县）	旭川、应灵、公井、资官、威远、和义		荣州（6县）	旭川、应灵、公井、资官、威远、和义
雅州永平军节度使（前蜀，3州）	雅州（5县）	严道、卢山、名山、百丈、荣经		雅州（5县）	严道、卢山、名山、百丈、荣经
	邛州（7县）	临邛、依政、安仁、大邑、蒲江、临溪、火井		邛州（7县）	临邛、依政、安仁、大邑、蒲江、临溪、火井
	黎州（2县）	汉源、通望		黎州（2县）	汉源、通望

934年			942年		
方镇	府、州	县	方镇	府、州	县
直隶地区（后蜀，1府12州）			直隶地区（后蜀，1府13州）	灌州（1县，彭州析置）?	导江
	成都府（10县）	成都、华阳、新都、新繁、犀浦、双流、广都、郫、温江、灵池		成都府（10县）	成都、华阳、新都、新繁、犀浦、双流、广都、郫、温江、灵池
	眉州（5县）	通义、彭山、丹棱（稜）、洪雅、青神		眉州（5县）	通义、彭山、丹棱（稜）、洪雅、青神
	嘉州（8县）	龙游、平羌、峨眉、夹江、玉津、绥山、罗目、犍为		嘉州（8县）	龙游、平羌、峨眉、夹江、玉津、绥山、罗目、犍为
	戎州（5县）	僰道、南溪、义宾、开边、归顺		戎州（5县）	僰道、南溪、义宾、开边、归顺
	彭州（4县）	九陇、濛阳、导江、唐昌		彭州（3县）	九陇、濛阳、唐昌
	维州（2县）	保宁、通化		维州（2县）	保宁、通化
	茂州（3县）	汶山、石泉、汶川		茂州（3县）	汶山、石泉、汶川
	汉州（5县）	雒、德阳、什邡、绵竹、金堂		汉州（5县）	雒、德阳、什邡、绵竹、金堂
	简州（3县）	阳安、金水、平泉		简州（3县）	阳安、金水、平泉
	资州（8县）	盘石、资阳、清溪、内江、月山、龙水、银山、丹山		资州（8县）	盘石、资阳、清溪、内江、月山、龙水、银山、丹山
	蜀州（4县）	晋原、青城、唐兴、新津		蜀州（4县）	晋原、青城、唐兴、新津
	陵州（5县）	仁寿、贵平、井研、始建、籍		陵州（5县）	仁寿、贵平、井研、始建、籍
	荣州（6县）	旭川、应灵、公井、资官、威远、和义		荣州（6县）	旭川、应灵、公井、资官、威远、和义
雅州永平军节度使（后蜀，3州）	雅州（5县）	严道、卢山、名山、百丈、荣经	雅州永平军节度使（后蜀，3州）	雅州（5县）	严道、卢山、名山、百丈、荣经
	邛州（7县）	临邛、依政、安仁、大邑、蒲江、临溪、火井		邛州（7县）	临邛、依政、安仁、大邑、蒲江、临溪、火井
	黎州（2县）	汉源、通望		黎州（2县）	汉源、通望

方镇	府、州	县	方镇	府、州	县
		953年			959年
直隶地区（后蜀，1府13州）	灌州（1县）	导江	直隶地区（后蜀，1府13州）	灌州（1县）	导江
	成都府（10县）	成都、华阳、新都、新繁、犀浦、双流、广都、郫、温江、灵池		成都府（10县）	成都、华阳、新都、新繁、犀浦、双流、广都、郫、温江、灵池
	眉州（5县）	通义、彭山、丹棱（稜）、洪雅、青神		眉州（5县）	通义、彭山、丹棱（稜）、洪雅、青神
	嘉州（8县）	龙游、平羌、峨眉、夹江、玉津、绥山、罗目、犍为		嘉州（8县）	龙游、平羌、峨眉、夹江、玉津、绥山、罗目、犍为
	戎州（5县）	僰道、南溪、义宾、开边、归顺		戎州（5县）	僰道、南溪、义宾、开边、归顺
	彭州（3县）	九陇、濛阳、唐昌		彭州（3县）	九陇、濛阳、唐昌
	维州（2县）	保宁、通化		维州（2县）	保宁、通化
	茂州（3县）	汶山、石泉、汶川		茂州（3县）	汶山、石泉、汶川
	汉州（5县）	雒、德阳、什邡、绵竹、金堂		汉州（5县）	雒、德阳、什邡、绵竹、金堂
	简州（3县）	阳安、金水、平泉		简州（3县）	阳安、金水、平泉
	资州（8县）	盘石、资阳、清溪、内江、月山、龙水、银山、丹山		资州（8县）	盘石、资阳、清溪、内江、月山、龙水、银山、丹山
	蜀州（*5县*）	晋原、青城、唐兴、新津、永康		蜀州（5县）	晋原、青城、唐兴、新津、永康
	陵州（5县）	仁寿、贵平、井研、始建、籍		陵州（5县）	仁寿、贵平、井研、始建、籍
	荣州（6县）	旭川、应灵、公井、资官、威远、和义		荣州（6县）	旭川、应灵、公井、资官、威远、和义
雅州永平军节度使（后蜀，3州）	雅州（5县）	严道、卢山、名山、百丈、荣经	雅州永平军节度使（后蜀，3州）	雅州（5县）	严道、卢山、名山、百丈、荣经
	邛州（7县）	临邛、依政、安仁、大邑、蒲江、临溪、火井		邛州（7县）	临邛、依政、安仁、大邑、蒲江、临溪、火井
	黎州（2县）	汉源、通望		黎州（2县）	汉源、通望

表 II-16　剑南东川[梓州天贞军（武德军）]节度使、遂州武信军节度使辖区沿革表

公元 政区	907年			908年		
	方镇	府、州	县	方镇	府、州	县
剑南东川[梓州天贞军（武德军）]节度使	剑南东川节度使（前蜀，5州）	梓州（9县）	郪、射洪、通泉、玄武、盐亭、飞乌、永泰、铜山、涪城	梓州天贞军节度使（前蜀，5州）	梓州（9县）	郪、射洪、通泉、玄武、盐亭、飞乌、永泰、铜山、涪城
		绵州（8县）	巴西、昌明、魏城、罗江、神泉、盐泉、龙安、西昌		绵州（8县）	巴西、昌明、魏城、罗江、神泉、盐泉、龙安、西昌
		普州（6县）	安岳、安居、普慈、乐至、普康、崇龛		普州（6县）	安岳、安居、普慈、乐至、普康、崇龛
		龙州（2县）	江油、清川		龙州（2县）	江油、清川
		剑州（8县）	普安、普成、永归、梓潼、阴平、临津、武连、剑门		剑州（8县）	普安、普成、永归、梓潼、阴平、临津、武连、剑门
遂州武信军节度使	遂州武信军节度使（前蜀，5州）	遂州（5县）	方义、长江、蓬溪、青石、遂宁	遂州武信军节度使（前蜀，5州）	遂州（5县）	方义、长江、蓬溪、青石、遂宁
		合州（6县）	石镜、新明、汉初、赤水、巴川、铜梁		合州（6县）	石镜、新明、汉初、赤水、巴川、铜梁
		渝州（5县）	巴、南平、江津、万寿、壁山		渝州（5县）	巴、南平、江津、万寿、壁山
		泸州（5县）	泸川、富义、江安、合江、绵水		泸州（5县）	泸川、富义、江安、合江、绵水
		昌州（4县）	大足、静南、昌元、永川		昌州（4县）	大足、静南、昌元、永川

	910年			912年	
方镇	府、州	县	方镇	府、州	县
剑南东川节度使（前蜀，5州）	梓州（9县）	郪、射洪、通泉、玄武、盐亭、飞乌、永泰、铜山、涪城	梓州武德军节度使（前蜀，5州）	梓州（9县）	郪、射洪、通泉、玄武、盐亭、飞乌、永泰、铜山、涪城
	绵州（8县）	巴西、昌明、魏城、罗江、神泉、盐泉、龙安、西昌		绵州（8县）	巴西、昌明、魏城、罗江、神泉、盐泉、龙安、西昌
	普州（6县）	安岳、安居、普慈、乐至、普康、崇龛		普州（6县）	安岳、安居、普慈、乐至、普康、崇龛
	龙州（2县）	江油、清川		龙州（2县）	江油、清川
	剑州（8县）	普安、普成、永归、梓潼、阴平、临津、武连、剑门		剑州（8县）	普安、普成、永归、梓潼、阴平、临津、武连、剑门
遂州武信军节度使（前蜀，5州）	遂州（5县）	方义、长江、蓬溪、青石、遂宁	遂州武信军节度使（前蜀，5州）	遂州（5县）	方义、长江、蓬溪、青石、遂宁
	合州（6县）	石镜、新明、汉初、赤水、巴川、铜梁		合州（6县）	石镜、新明、汉初、赤水、巴川、铜梁
	渝州（5县）	巴、南平、江津、万寿、壁山		渝州（5县）	巴、南平、江津、万寿、壁山
	泸州（5县）	泸川、富义、江安、合江、绵水		泸州（5县）	泸川、富义、江安、合江、绵水
	昌州（4县）	大足、静南、昌元、永川		昌州（4县）	大足、静南、昌元、永川

925年			927年		
方镇	府、州	县	方镇	府、州	县
剑南东川节度使（后唐，5州）	梓州（9县）	郪、射洪、通泉、玄武、盐亭、飞乌、永泰、铜山、涪城	剑南东川节度使（后唐，5州）	梓州（9县）	郪、射洪、通泉、玄武、盐亭、飞乌、永泰、铜山、涪城
	绵州（8县）	巴西、彰明、魏城、罗江、神泉、盐泉、龙安、西昌		绵州（8县）	巴西、彰明、魏城、罗江、神泉、盐泉、龙安、西昌
	普州（6县）	安岳、安居、普慈、乐至、普康、崇龛		普州（6县）	安岳、安居、普慈、乐至、普康、崇龛
	龙州（2县）	江油、清川		龙州（2县）	江油、清川
	剑州（8县）	普安、普成、永归、梓潼、阴平、临津、武连、剑门		剑州（8县）	普安、普成、永归、梓潼、阴平、临津、武连、剑门
遂州武信军节度使（后唐，7州）	果州（4县，自利州昭武军节度使来属）？	南充、相如、西充、岳池	遂州武信军节度使（后唐，5州）	（果州别属利州昭武军节度使）	
	遂州（5县）	方义、长江、蓬溪、青石、遂宁		遂州（5县）	方义、长江、蓬溪、青石、遂宁
	合州（6县）	石镜、新明、汉初、赤水、巴川、铜梁		合州（6县）	石镜、新明、汉初、赤水、巴川、铜梁
	渝州（5县）	巴、南平、江津、万寿、壁山		渝州（5县）	巴、南平、江津、万寿、壁山
	泸州（5县）	泸川、富义、江安、合江、绵水		泸州（5县）	泸川、富义、江安、合江、绵水
	昌州（4县）	大足、静南、昌元、永川		昌州（4县）	大足、静南、昌元、永川
	徽州（1县，自利州昭武军节度使来属）？	流溪		（徽州别属利州昭武军节度使）	

方镇	府、州	县	方镇	府、州	县
剑南东川节度使（后唐，7州）	梓州（9县）	郪、射洪、通泉、玄武、盐亭、飞乌、永泰、铜山、涪城	剑南东川节度使（后唐，5州）	梓州（9县）	郪、射洪、通泉、玄武、盐亭、飞乌、永泰、铜山、涪城
	绵州（8县）	巴西、彰明、魏城、罗江、神泉、盐泉、龙安、西昌		绵州（8县）	巴西、彰明、魏城、罗江、神泉、盐泉、龙安、西昌
	普州（6县）	安岳、安居、普慈、乐至、普康、崇龛		普州（6县）	安岳、安居、普慈、乐至、普康、崇龛
	龙州（2县）	江油、清川		龙州（2县）	江油、清川
	剑州（8县）	普安、普成、永归、梓潼、阴平、临津、武连、剑门		剑州（8县）	普安、普成、永归、梓潼、阴平、临津、武连、剑门
	阆州（9县，自阆州保宁军节度使来属）	阆中、晋安、南部、苍溪、西水、奉国、新井、新政、岐坪		（阆州别属阆州保宁军节度使）	
	果州（5县，自阆州保宁军节度使来属）	南充、相如、西充、岳池、流溪		（果州别属阆州保宁军节度使）	
遂州武信军节度使（后唐，5州）	遂州（5县）	方义、长江、蓬溪、青石、遂宁	遂州武信军节度使（后唐，5州）	遂州（5县）	方义、长江、蓬溪、青石、遂宁
	合州（6县）	石镜、新明、汉初、赤水、巴川、铜梁		合州（6县）	石镜、新明、汉初、赤水、巴川、铜梁
	渝州（5县）	巴、南平、江津、万寿、壁山		渝州（5县）	巴、南平、江津、万寿、壁山
	泸州（5县）	泸川、富义、江安、合江、绵水		泸州（5县）	泸川、富义、江安、合江、绵水
	昌州（4县）	大足、静南、昌元、永川		昌州（4县）	大足、静南、昌元、永川

934年			941年		
方镇	府、州	县	方镇	府、州	县
剑南东川节度使（后蜀，5州）	梓州（9县）	郪、射洪、通泉、玄武、盐亭、飞乌、永泰、铜山、涪城	梓州武德军节度使（后蜀，5州）	梓州（9县）	郪、射洪、通泉、玄武、盐亭、飞乌、永泰、铜山、涪城
	绵州（8县）	巴西、彰明、魏城、罗江、神泉、盐泉、龙安、西昌		绵州（8县）	巴西、彰明、魏城、罗江、神泉、盐泉、龙安、西昌
	普州（6县）	安岳、安居、普慈、乐至、普康、崇龛		普州（6县）	安岳、安居、普慈、乐至、普康、崇龛
	龙州（2县）	江油、清川		龙州（2县）	江油、清川
	剑州（8县）	普安、普成、永归、梓潼、阴平、临津、武连、剑门		剑州（8县）	普安、普成、永归、梓潼、阴平、临津、武连、剑门
遂州武信军节度使（后蜀，5州）	遂州（5县）	方义、长江、蓬溪、青石、遂宁	遂州武信军节度使（后蜀，5州）	遂州（5县）	方义、长江、蓬溪、青石、遂宁
	合州（6县）	石镜、新明、汉初、赤水、巴川、铜梁		合州（6县）	石镜、新明、汉初、赤水、巴川、铜梁
	渝州（5县）	巴、南平、江津、万寿、壁山		渝州（5县）	巴、南平、江津、万寿、壁山
	泸州（5县）	泸川、富义、江安、合江、绵水		泸州（5县）	泸川、富义、江安、合江、绵水
	昌州（4县）	大足、静南、昌元、永川		昌州（4县）	大足、静南、昌元、永川

方镇	府、州	县
		959年
梓州武德军节度使（后蜀，5州）	梓州（9县）	郪、射洪、通泉、玄武、盐亭、飞乌、永泰、铜山、涪城
	绵州（8县）	巴西、彰明、魏城、罗江、神泉、盐泉、龙安、西昌
	普州（6县）	安岳、安居、普慈、乐至、普康、崇龛
	龙州（2县）	江油、清川
	剑州（8县）	普安、普成、永归、梓潼、阴平、临津、武连、剑门
遂州武信军节度使（后蜀，5州）	遂州（5县）	方义、长江、蓬溪、青石、遂宁
	合州（6县）	石镜、新明、汉初、赤水、巴川、铜梁
	渝州（5县）	巴、南平、江津、万寿、壁山
	泸州（5县）	泸川、富义、江安、合江、绵水
	昌州（4县）	大足、静南、昌元、永川

表II-17　山南（西道）（兴元府天义军）节度使（含凤州武兴军节度使、凤州威武军节度使、凤州）、巴渠开都团练观察使（含金州雄武军节度使）辖区沿革表

公元	907年			908年		
政区	方镇	府、州	县	方镇	府、州	县
山南（西道）（兴元府天义军）节度使（含凤州武兴军节度使、凤州威武军节度使、凤州）	山南节度使（兴元府天义军节度使?）（前蜀，1府5州）	扶州（4县）	同昌、帖夷、万全、钳川	山南节度使（前蜀，1府4州）	扶州（4县）	同昌、帖夷、万全、钳川
		文州（1县）	曲水		文州（1县）	曲水
		兴州（2县）	顺政、长举		兴州（2县）	顺政、长举
		集州（4县）	难江、大牟、嘉川、通平		集州（4县）	难江、大牟、嘉川、通平
		兴元府（5县）	南郑、褒城、城固、西、三泉		兴元府（5县）	南郑、褒城、城固、西、三泉
		通州（9县）	通川、永穆、三冈、石鼓、东乡、宣汉、新宁、巴渠、阆英		通州（9县）	通川、永穆、三冈、石鼓、东乡、宣汉、新宁、巴渠、阆英
巴渠开都团练观察使（含金州雄武军节度使）	巴渠开都团练观察使（前蜀，3州）	巴州（9县）	化城、盘道、清化、曾口、归仁、始宁、其章、恩阳、七盘	金州雄武军节度使（前蜀，6州）	巴州（9县）	化城、盘道、清化、曾口、归仁、始宁、其章、恩阳、七盘
		渠州（5县）	流江、渠江、大竹、潾水、潾山		渠州（4县）	流江、渠江、大竹、潾水
		开州（3县）	开江、新浦、万岁		开州（3县）	开江、新浦、万岁
					潾州（1县，渠州析置）	潾山
	（直隶前蜀）	金州（6县）	西城、洵阳、淯阳、石泉、汉阴、平利		金州（6县）	西城、洵阳、淯阳、石泉、汉阴、平利

915年			920年		
方镇	府、州	县	方镇	府、州	县
凤州武兴军节度使（前蜀，4州）	凤州（3县，*由秦州天雄军节度使来属*）	梁泉、两当、河池	凤州武兴军节度使（前蜀，4州）	凤州（3县）	梁泉、两当、河池
	扶州（4县）	同昌、帖夷、万全、钳川		文州（1县）	曲水
	文州（1县）	曲水		兴州（2县）	顺政、长举
	兴州（2县）	顺政、长举		扶州（4县）	同昌、帖夷、万全、钳川
山南节度使（前蜀，*1府1州*）	集州（4县）	难江、大牟、嘉川、通平	山南节度使（前蜀，*1府6州*）	集州（4县）	难江、大牟、嘉川、通平
	兴元府（5县）	南郑、褒城、城固、西、三泉		兴元府（5县）	南郑、褒城、城固、西、三泉
金州雄武军节度使（前蜀，6州）	通州（9县）	通川、永穆、三冈、石鼓、东乡、宣汉、新宁、巴渠、阆英		通州（9县）	通川、永穆、三冈、石鼓、东乡、宣汉、新宁、巴渠、阆英
	巴州（9县）	化城、盘道、清化、曾口、归仁、始宁、其章、恩阳、七盘		巴州（9县）	化城、盘道、清化、曾口、归仁、始宁、其章、恩阳、七盘
	渠州（5县）	流江、渠江、大竹、潾水、潾山		渠州（4县）	流江、渠江、大竹、潾水
	开州（3县）	开江、新浦、万岁		开州（3县）	开江、新浦、万岁
	潾州（1县）	潾山		潾州（1县）	潾山
	金州（6县）	西城、洵阳、清阳、石泉、汉阴、平利	（*直隶前蜀*）	金州（6县）	西城、洵阳、清阳、石泉、汉阴、平利

925年			929年		
方镇	府、州	县	方镇	府、州	县
凤州武兴军节度使（后唐，4州）	凤州（3县）	梁泉、两当、河池	凤州武兴军节度使（后唐，4州）	凤州（3县）	梁泉、两当、河池
	文州（1县）	曲水		文州（1县）	曲水
	兴州（4县）	顺政、长举、三泉、西		兴州（4县）	顺政、长举、三泉、西
	扶州（4县）	同昌、帖夷、万全、钳川		扶州（4县）	同昌、帖夷、万全、钳川
山南西道节度使（后唐，1府5州）	集州（4县）	难江、大牟、嘉川、通平	山南西道节度使（后唐，1府2州）	（集州别属利州昭武军节度使）	
	兴元府（3县）	南郑、褒城、城固		兴元府（3县）	南郑、褒城、城固
	通州（9县）	通川、永穆、三冈、石鼓、东乡、宣汉、新宁、巴渠、阆英		（通州别属利州昭武军节度使）	
	巴州（9县）	化城、盘道、清化、曾口、归仁、始宁、其章、恩阳、七盘		（巴州别属利州昭武军节度使）	
	渠州（5县）	流江、渠江、潾山、大竹、潾水		渠州（5县）	流江、渠江、潾山、大竹、潾水
	开州（3县）	开江、新浦、万岁		开州（3县）	开江、新浦、万岁
（废入渠州）					
（别属后唐西京留守）					

932年			934年		
方镇	府、州	县	方镇	府、州	县
山南西道节度使（后唐，1府3州）	凤州（3县）	梁泉、两当、河池	(直属后唐)	凤州（3县）	梁泉、两当、河池
	文州（1县）	曲水	山南节度使（后蜀，1府2州）	文州（1县）	曲水
	兴州（4县）	顾政、长举、三泉、西		兴州（2县？）	顾政、长举
	（废）				
	兴元府（3县）	南郑、褒城、城固		兴元府（5县）	南郑、褒城、城固、西、三泉
(渠州别属阆州保宁军节度使)					
(开州别属阆州保宁军节度使)					

937年			947年		
方镇	府、州	县	方镇	府、州	县
（直属后晋）	凤州（3县）	梁泉、两当、河池	凤州节度使（后蜀，3州）	凤州（3县）	梁泉、两当、河池
山南节度使（后蜀，1府2州）	文州（1县）	曲水		文州（1县）	曲水
	兴州（2县）	顺政、长举		兴州（2县）	顺政、长举
	兴元府（5县）	南郑、褒城、城固、西、三泉	山南节度使（后蜀，1府）	兴元府（5县）	南郑、褒城、城固、西、三泉

955年正月			955年十一月		
方镇	府、州	县	方镇	府、州	县
凤州威武军节度使（后蜀，3州）	凤州（3县）	梁泉、两当、河池	（别属后周秦州雄武军节度使）		
	文州（1县）	曲水		文州（1县）	曲水
	兴州（2县）	顺政、长举		兴州（2县）	顺政、长举
山南节度使（后蜀，1府）			山南节度使（后蜀，1府2州）		
	兴元府（5县）	南郑、褒城、城固、西、三泉		兴元府（5县）	南郑、褒城、城固、西、三泉

959年		
方镇	府、州	县
山南节度使（后蜀，1府2州）	文州（1县）	曲水
	兴州（2县）	顺政、长举
	兴元府（5县）	南郑、褒城、城固、西、三泉

表II-18 利州都团练观察使（利州昭武军节度使）（含阆州保宁军节度使、果州永宁军节度使）、洋（源）州武定军节度使、秦州天雄军（雄武军）节度使辖区沿革表

公元	907年			908年		
政区	方镇	府、州	县	方镇	府、州	县
利州都团练观察使（利州昭武军节度使）（含阆州保宁军节度使、果州永宁军节度使）	利州都团练使（前蜀，4州）	利州(5县)	绵谷、胤山、葭萌、益昌、景谷	利州都团练使（前蜀，5州）	利州(5县)	绵谷、胤山、葭萌、益昌、景谷
		果州(5县)	南充、相如、流溪、西充、岳池		果州(4县)	南充、相如、西充、岳池
		蓬州(7县)	蓬池、良山、仪陇、伏虞、宕渠、蓬山、朗池		蓬州(7县)	蓬池、良山、仪陇、伏虞、宕渠、蓬山、朗池
		阆州(9县)	阆中、晋安、南部、苍溪、西水、奉国、新井、新政、岐坪		阆州(9县)	阆中、晋安、南部、苍溪、西水、奉国、新井、新政、岐坪
					微州(1县，果州析置)	流溪
洋（源）州武定军节度使	洋州武定军节度使（前蜀，2州）	洋州(4县)	兴道、西乡、黄金、真符	洋州武定军节度使（前蜀，2州）	洋州(4县)	兴道、西乡、黄金、真符
		壁州(5县)	通江、广纳、符阳、白石、东巴		壁州(5县)	通江、广纳、符阳、白石、东巴
秦州天雄军（雄武军）节度使	秦州雄武军节度使（岐王，4州）	秦州(3县)	成纪、清水、长道	秦州雄武军节度使（岐王，4州）	秦州(3县)	成纪、清水、长道
		阶州(2县)	将利、福津		阶州(2县)	将利、福津
		成州(1县)	同谷		成州(1县)	同谷
		凤州(3县)	梁泉、两当、河池		凤州(3县)	梁泉、两当、河池

914年			915年		
方镇	府、州	县	方镇	府、州	县
利州都团练使（前蜀，5州）	利州（5县）	绵谷、胤山、葭萌、益昌、金仙	利州都团练使（前蜀，5州）	利州（5县）	绵谷、胤山、葭萌、益昌、金仙
	果州（4县）	南充、相如、西充、岳池		果州（4县）	南充、相如、西充、岳池
	蓬州（7县）	蓬池、良山、仪陇、伏虞、宕渠、蓬山、朗池		蓬州（7县）	蓬池、良山、仪陇、伏虞、宕渠、蓬山、朗池
	阆州（9县）	阆中、晋安、南部、苍溪、西水、奉国、新井、新政、岐坪		阆州（9县）	阆中、晋安、南部、苍溪、西水、奉国、新井、新政、岐坪
	徽州（1县）	流溪		徽州（1县）	流溪
洋州武定军节度使（前蜀，2州）	洋州（4县）	兴道、西乡、黄金、真符	洋州武定军节度使（前蜀，2州）	洋州（4县）	兴道、西乡、黄金、真符
	壁州（5县）	通江、广纳、符阳、白石、东巴		壁州（5县）	通江、广纳、符阳、白石、东巴
秦州雄武军节度使（岐王，4州）	秦州（3县）	成纪、清水、长道	秦州天雄军节度使（前蜀，3州）	秦州（3县）	成纪、清水、长道
	阶州（2县）	将利、福津		阶州（2县）	将利、福津
	成州（1县）	同谷		成州（1县）	同谷
	凤州（3县）	梁泉、两当、河池	（凤州别属前蜀武兴军节度使）		

	916年			924年		
方镇	府、州	县	方镇	府、州	县
利州昭武军节度使（前蜀，5州）	利州（5县）	绵谷、胤山、葭萌、益昌、金仙	利州昭武军节度使（前蜀，4州）	利州（5县）	绵谷、胤山、葭萌、益昌、金仙
	果州（4县）	南充、相如、西充、岳池		果州（4县）	南充、相如、西充、岳池
	蓬州（7县）	蓬池、良山、仪陇、伏虞、宕渠、蓬山、朗池		（蓬州别属洋州武定军节度使）	
	阆州（9县）	阆中、晋安、南部、苍溪、西水、奉国、新井、新政、岐坪		阆州（9县）	阆中、晋安、南部、苍溪、西水、奉国、新井、新政、岐坪
	微州（1县）	流溪		微州（1县）	流溪
洋州武定军节度使（前蜀，2州）	洋州（4县）	兴道、西乡、黄金、真符	洋州武定军节度使（前蜀，3州）	洋州（4县）	兴道、西乡、黄金、真符
	壁州（5县）	通江、广纳、符阳、白石、东巴		壁州（5县）	通江、广纳、符阳、白石、东巴
				蓬州（7县，自利州昭武军节度使来属）	蓬池、良山、仪陇、伏虞、宕渠、蓬山、朗池
秦州天雄军节度使（前蜀，3州）	秦州（3县）	成纪、清水、长道	秦州天雄军节度使（前蜀，3州）	秦州（3县）	成纪、清水、长道
	阶州（2县）	将利、福津		阶州（2县）	将利、福津
	成州（1县）	同谷		成州（1县）	同谷

925年			927年		
方镇	府、州	县	方镇	府、州	县
利州昭武军节度使（后唐，2州）	利州（4县）	绵谷、胤山、葭萌、益光	利州昭武军节度使（后唐，4州）	利州（4县）	绵谷、胤山、葭萌、益光
	（果州别属遂州武信军节度使）			果州（4县，自遂州武信军节度使还属）	南充、相如、西充、岳池
	阆州（9县）	阆中、晋安、南部、苍溪、西水、奉国、新井、新政、岐坪		阆州（9县）	阆中、晋安、南部、苍溪、西水、奉国、新井、新政、岐坪
	（微州别属遂州武信军节度使）			微州（1县，自遂州武信军节度使还属）	流溪
洋州武定军节度使（后唐，3州）	洋州（4县）	兴道、西乡、黄金、真符	洋州武定军节度使（后唐，3州）	洋州（4县）	兴道、西乡、黄金、真符
	壁州（5县）	通江、广纳、符阳、白石、东巴		壁州（5县）	通江、广纳、符阳、白石、东巴
	蓬州（7县）	蓬池、良山、仪陇、伏虞、宕渠、蓬山、朗池		蓬州（7县）	蓬池、良山、仪陇、伏虞、宕渠、蓬山、朗池
秦州雄武军节度使（后唐，3州）	秦州（3县）	成纪、清水、长道	秦州雄武军节度使（后唐，3州）	秦州（3县）	成纪、清水、长道
	阶州（2县）	将利、福津		阶州（2县）	将利、福津
	成州（1县）	同谷		成州（1县）	同谷

	929年			930年	
方镇	府、州	县	方镇	府、州	县
利州昭武军节度使（后唐，4州）	巴州（9县，自山南节度使来属）	化城、盘道、清化、曾口、归仁、始宁、其章、恩阳、七盘	利州昭武军节度使（后唐，4州）	巴州（9县）	化城、盘道、清化、曾口、归仁、始宁、其章、恩阳、七盘
	集州（4县，自山南节度使来属）	难江、大牟、嘉川、通平		集州（4县）	难江、大牟、嘉川、通平
	利州（4县）	绵谷、胤山、葭萌、益光		利州（4县）	绵谷、胤山、葭萌、益光
	通州（9县，自山南节度使来属）	通川、永穆、三冈、石鼓、东乡、宣汉、新宁、巴渠、阆英		通州（9县）	通川、永穆、三冈、石鼓、东乡、宣汉、新宁、巴渠、阆英
阆州保宁军节度使（后唐，2州）	果州（5县）	南充、相如、西充、岳池、流溪		（果州别属剑南东川节度使）	
	阆州（9县）	阆中、晋安、南部、苍溪、西水、奉国、新井、新政、岐坪		（阆州别属剑南东川节度使）	
	（废入果州）				
洋州武定军节度使（后唐，3州）	洋州（4县）	兴道、西乡、黄金、真符	洋州武定军节度使（后唐，3州）	洋州（4县）	兴道、西乡、黄金、真符
	壁州（5县）	通江、广纳、符阳、白石、东巴		壁州（5县）	通江、广纳、符阳、白石、东巴
	蓬州（7县）	蓬池、良山、仪陇、伏虞、宕渠、蓬山、朗池		蓬州（7县）	蓬池、良山、仪陇、伏虞、宕渠、蓬山、朗池
秦州雄武军节度使（后唐，3州）	秦州（3县）	成纪、清水、长道	秦州雄武军节度使（后唐，3州）	秦州（3县）	成纪、清水、长道
	阶州（2县）	将利、福津		阶州（2县）	将利、福津
	成州（1县）	同谷		成州（1县）	同谷

932年			934年		
方镇	府、州	县	方镇	府、州	县
利州昭武军节度使（后唐，4州）	巴州（9县）	化城、盘道、清化、曾口、归仁、始宁、其章、恩阳、七盘	利州昭武军节度使（后蜀，4州）	巴州（9县）	化城、盘道、清化、曾口、归仁、始宁、其章、恩阳、七盘
	集州（4县）	难江、大牟、嘉川、通平		集州（4县）	难江、大牟、嘉川、通平
	利州（4县）	绵谷、胤山、葭萌、益光		利州（4县）	绵谷、胤山、葭萌、益光
	通州（9县）	通川、永穆、三冈、石鼓、东乡、宣汉、新宁、巴渠、阆英		通州（9县）	通川、永穆、三冈、石鼓、东乡、宣汉、新宁、巴渠、阆英
阆州保宁军节度使（后唐，5州）	果州（5县，自剑南东川节度使来属）	南充、相如、西充、岳池、流溪	阆州保宁军节度使（后蜀，5州）	果州（5县）	南充、相如、西充、岳池、流溪
	蓬州（7县，自洋州武定军节度使来属）	蓬池、良山、仪陇、伏虞、宕渠、蓬山、朗池		蓬州（7县）	蓬池、良山、仪陇、伏虞、宕渠、蓬山、朗池
	阆州（9县，自剑南东川节度使来属）	阆中、晋安、南部、苍溪、西水、奉国、新井、新政、岐坪		阆州（9县）	阆中、晋安、南部、苍溪、西水、奉国、新井、新政、岐坪
	渠州（5县，自山南节度使来属）	流江、渠江、潾山、大竹、潾水		渠州（5县）	流江、渠江、潾山、大竹、潾水
	开州（3县，自山南节度使来属）	开江、新浦、万岁		开州（3县）	开江、新浦、万岁
洋州武定军节度使（后唐，2州）	洋州（4县）	兴道、西乡、黄金、真符	源州武定军节度使（后蜀，2州）	源州（4县）	兴道、西乡、黄金、真符
	壁州（5县）	通江、广纳、符阳、白石、东巴		壁州（5县）	通江、广纳、符阳、白石、东巴
（蓬州别属阆州保宁军节度使）					
秦州雄武军节度使（后唐，3州）	秦州（5县）	成纪、清水、长道、天水、陇城	秦州雄武军节度使（后唐，2州）	秦州（5县）	成纪、清水、长道、天水、陇城
	阶州（2县）	福津、将利		阶州（2县，属后蜀）	福津、将利
	成州（1县）	同谷		成州（1县）	同谷

937年			947年		
方镇	府、州	县	方镇	府、州	县
利州昭武军节度使（后蜀，4州）	巴州（9县）	化城、盘道、清化、曾口、归仁、始宁、其章、恩阳、七盘	利州昭武军节度使（后蜀，4州）	巴州（9县）	化城、盘道、清化、曾口、归仁、始宁、其章、恩阳、七盘
	集州（4县）	难江、大牟、嘉川、通平		集州（4县）	难江、大牟、嘉川、通平
	利州（4县）	绵谷、胤山、葭萌、益光		利州（4县）	绵谷、胤山、葭萌、益光
	通州（9县）	通川、永穆、三冈、石鼓、东乡、宣汉、新宁、巴渠、阆英		通州（9县）	通川、永穆、三冈、石鼓、东乡、宣汉、新宁、巴渠、阆英
阆州保宁军节度使（后蜀，5州）	果州（5县）	南充、相如、西充、岳池、流溪	阆州保宁军节度使（后蜀，5州）	果州（5县）	南充、相如、西充、岳池、流溪
	蓬州（7县）	蓬池、良山、仪陇、伏虞、宕渠、蓬山、朗池		蓬州（7县）	蓬池、良山、仪陇、伏虞、宕渠、蓬山、朗池
	阆州（9县）	阆中、晋安、南部、苍溪、西水、奉国、新井、新政、岐坪		阆州（9县）	阆中、晋安、南部、苍溪、西水、奉国、新井、新政、岐坪
	渠州（5县）	流江、渠江、潾山、大竹、潾水		渠州（5县）	流江、渠江、潾山、大竹、潾水
	开州（3县）	开江、新浦、万岁		开州（3县）	开江、新浦、万岁
源州武定军节度使（后蜀，2州）	源州（4县）	兴道、西乡、黄金、真符	源州武定军节度使（后蜀，2州）	源州（4县）	兴道、西乡、黄金、真符
	壁州（5县）	通江、广纳、符阳、白石、东巴		壁州（5县）	通江、广纳、符阳、白石、东巴
秦州雄武军节度使（后晋，3州）	秦州（5县）	成纪、清水、长道、天水、陇城	秦州雄武军节度使（后蜀，3州）	秦州（5县）	成纪、清水、长道、天水、陇城
	阶州（2县，自后蜀来属）	福津、将利		阶州（2县）	福津、将利
	成州（2县）	同谷、栗亭		成州（2县）	同谷、栗亭

955年			958年		
方镇	府、州	县	方镇	府、州	县
利州昭武军节度使（后蜀，4州）	巴州（9县）	化城、盘道、清化、曾口、归仁、始宁、其章、恩阳、七盘	利州昭武军节度使（后蜀，3州）	巴州（9县）	化城、盘道、清化、曾口、归仁、始宁、其章、恩阳、七盘
	集州（4县）	难江、大牟、嘉川、通平		集州（4县）	难江、大牟、嘉川、通平
	利州（4县）	绵谷、胤山、葭萌、益光		利州（4县）	绵谷、胤山、葭萌、益光
	通州（9县）	通川、永穆、三冈、石鼓、东乡、宣汉、新宁、巴渠、阆英	果州永宁军节度使（后蜀，2州）	通州（9县）	通川、永穆、三冈、石鼓、东乡、宣汉、新宁、巴渠、阆英
阆州保宁军节度使（后蜀，5州）	果州（5县）	南充、相如、西充、岳池、流溪		果州（5县）	南充、相如、西充、岳池、流溪
	蓬州（7县）	蓬池、良山、仪陇、伏虞、宕渠、蓬山、朗池		蓬州（7县）	蓬池、良山、仪陇、伏虞、宕渠、蓬山、朗池
	阆州（9县）	阆中、晋安、南部、苍溪、西水、奉国、新井、新政、岐坪	阆州保宁军节度使（后蜀，4州）	阆州（9县）	阆中、晋安、南部、苍溪、西水、奉国、新井、新政、岐坪
	渠州（5县）	流江、渠江、潾山、大竹、潾水		渠州（5县）	流江、渠江、潾山、大竹、潾水
	开州（3县）	开江、新浦、万岁		开州（3县）	开江、新浦、万岁
源州武定军节度使（后蜀，2州）	源州（4县）	兴道、西乡、黄金、真符	源州武定军节度使（后蜀，2州）	源州（4县）	兴道、西乡、黄金、真符
	壁州（5县）	通江、广纳、符阳、白石、东巴		壁州（5县）	通江、广纳、符阳、白石、东巴
秦州雄武军节度使（后周，4州）	秦州（5县）	成纪、清水、长道、天水、陇城	秦州雄武军节度使（后周，4州）	秦州（5县）	成纪、清水、长道、天水、陇城
	阶州（2县）	福津、将利		阶州（2县）	福津、将利
	成州（2县）	同谷、栗亭		成州（2县）	同谷、栗亭
	凤州（3县）	梁泉、两当、河池		凤州（3县）	梁泉、两当、河池

方镇	府、州	县
959年		
利州昭武军节度使（后蜀，3州）	巴州（9县）	化城、盘道、清化、曾口、归仁、始宁、其章、恩阳、七盘
	集州（4县）	难江、大牟、嘉川、通平
	利州（4县）	绵谷、胤山、葭萌、益光
果州永宁军节度使（后蜀，2州）	通州（9县）	通川、永穆、三冈、石鼓、东乡、宣汉、新宁、巴渠、阆英
	果州（5县）	南充、相如、西充、岳池、流溪
阆州保宁军节度使（后蜀，4州）	蓬州（7县）	蓬池、良山、仪陇、伏虞、宕渠、蓬山、朗池
	阆州（9县）	阆中、晋安、南部、苍溪、西水、奉国、新井、新政、岐坪
	渠州（5县）	流江、渠江、潾山、大竹、潾水
	开州（3县）	开江、新浦、万岁
源州武定军节度使（后蜀，2州）	源州（4县）	兴道、西乡、黄金、真符
	壁州（5县）	通江、广纳、符阳、白石、东巴
秦州雄武军节度使（后周，4州）	秦州（5县）	成纪、清水、长道、天水、陇城
	阶州（2县）	福津、将利
	成州（2县）	同谷、栗亭
	凤州（*3县1军*）	梁泉、两当、河池、*雄胜军*

表II-19 荆南节度使、忠州（暨夔州）镇江军节度使（含夔州宁江军节度使、忠州、夔州、万州、云安监）、涪州（暨黔州）武泰军节度使辖区沿革表

公元 政区	907年			912年		
	方镇	府、州	县	方镇	府、州	县
荆南节度使	荆南节度使（后梁，1府2州）	江陵府（8县）	江陵、枝江、当阳、长林、石首、松滋、公安、荆门	荆南节度使（后梁，1府3州）	江陵府（9县）	江陵、枝江、当阳、长林、石首、松滋、公安、荆门、监利
		归州（3县）	秭归、巴东、兴山		归州（3县）	秭归、巴东、兴山
		峡州（4县）	夷陵、宜都、长阳、远安		峡州（4县）	夷陵、宜都、长阳、远安
					复州（2县，自邓州宣化军节度使来属）	沔阳、竟陵
忠州（暨夔州）镇江军节度使（含夔州宁江军节度使、忠州、夔州、万州、云安监）	忠州镇江军节度使（前蜀，3州）	忠州（5县）	临江、丰都、南宾、垫江、桂溪	忠州镇江军节度使（前蜀，4州）	忠州（5县）	临江、丰都、南宾、垫江、桂溪
		夔州（4县）	奉节、云安、巫山、大昌		夔州（3县）	奉节、巫山、大昌
		万州（3县）	南浦、武宁、梁山		万州（3县）	南浦、武宁、梁山
					安州（1县，夔州析置）	云安
涪州（暨黔州）武泰军节度使辖区沿革表	涪州武泰军节度使（前蜀，5州）	施州（2县）	清江、建始	涪州武泰军节度使（前蜀，5州）	施州（2县）	清江、建始
		涪州（5县）	涪陵、宾化、武龙、乐温、温山		涪州（5县）	涪陵、宾化、武龙、乐温、温山
		黔州（6县）	彭水、黔江、洪杜、洋水、信宁、都濡		黔州（6县）	彭水、黔江、洪杜、洋水、信宁、都濡
		溱州（5县）	荣懿、扶欢、夜郎、丽皋、乐源		溱州（5县）	荣懿、扶欢、夜郎、丽皋、乐源
		南州（2县）	南川、三溪		南州（2县）	南川、三溪

913年			914年		
方镇	府、州	县	方镇	府、州	县
荆南节度使（荆南，1府3州）	江陵府(9县)	江陵、枝江、当阳、长林、石首、松滋、公安、荆门、监利	荆南节度使（荆南，1府3州）	江陵府(9县)	江陵、枝江、当阳、长林、石首、松滋、公安、荆门、监利
	归州(3县)	秭归、巴东、兴山		归州(3县)	秭归、巴东、兴山
	峡州(5县)	夷陵、宜都、长阳、远安、巴山		峡州(5县)	夷陵、宜都、长阳、远安、巴山
	复州(2县)	沔阳、竟陵		复州(2县)	沔阳、竟陵
忠州镇江军节度使（前蜀，4州）	忠州(5县)	临江、丰都、南宾、垫江、桂溪	夔州镇江军节度使（前蜀，4州）	忠州(5县)	临江、丰都、南宾、垫江、桂溪
	夔州(3县)	奉节、巫山、大昌		夔州(3县)	奉节、巫山、大昌
	万州(3县)	南浦、武宁、梁山		万州(3县)	南浦、武宁、梁山
	安州(1县，夔州析置)	云安		安州(1县，夔州析置)	云安
涪州武泰军节度使（前蜀，5州）	施州(2县)	清江、建始	黔州武泰军节度使（前蜀，5州）	施州(2县)	清江、建始
	涪州(5县)	涪陵、宾化、武龙、乐温、温山		涪州(5县)	涪陵、宾化、武龙、乐温、温山
	黔州(6县)	彭水、黔江、洪杜、洋水、信宁、都濡		黔州(6县)	彭水、黔江、洪杜、洋水、信宁、都濡
	溱州(5县)	荣懿、扶欢、夜郎、丽皋、乐源		溱州(5县)	荣懿、扶欢、夜郎、丽皋、乐源
	南州(2县)	南川、三溪		南州(2县)	南川、三溪

方镇	919年 府、州	县	方镇	920年 府、州	县
荆南节度使（荆南，1府3州1军）	荆门军（1县，江陵府析置，旋废）？	当阳	荆南节度使（荆南，1府3州）	（废入江陵府）	
	江陵府（7县）	江陵、枝江、长林、石首、松滋、公安、监利		江陵府（8县）	江陵、枝江、当阳、长林、石首、松滋、公安、监利
	归州（3县）	秭归、巴东、兴山		归州（3县）	秭归、巴东、兴山
	峡州（5县）	夷陵、宜都、长阳、远安、巴山		峡州（5县）	夷陵、宜都、长阳、远安、巴山
	复州（2县）	沔阳、竟陵		复州（2县）	沔阳、竟陵
夔州镇江军节度使（前蜀，4州）	忠州（5县）	临江、丰都、南宾、垫江、桂溪	夔州镇江军节度使（前蜀，4州）	忠州（5县）	临江、丰都、南宾、垫江、桂溪
	夔州（3县）	奉节、巫山、大昌		夔州（3县）	奉节、巫山、大昌
	万州（3县）	南浦、武宁、梁山		万州（3县）	南浦、武宁、梁山
	安州（1县）	云安		安州（1县）	云安
黔州武泰军节度使（前蜀，5州）	施州（2县）	清江、建始	黔州武泰军节度使（前蜀，5州）	施州（2县）	清江、建始
	涪州（5县）	涪陵、宾化、武龙、乐温、温山		涪州（5县）	涪陵、宾化、武龙、乐温、温山
	黔州（6县）	彭水、黔江、洪杜、洋水、信宁、都濡		黔州（6县）	彭水、黔江、洪杜、洋水、信宁、都濡
	溱州（5县）	荣懿、扶欢、夜郎、丽皋、乐源		溱州（5县）	荣懿、扶欢、夜郎、丽皋、乐源
	南州（2县）	南川、三溪		南州（2县）	南川、三溪

	923年			924年	
方镇	府、州	县	方镇	府、州	县
荆南节度使（荆南，1府2州）	江陵府（8县）	江陵、枝江、当阳、长林、石首、松滋、公安、监利	荆南节度使（南平，1府3州）	江陵府（8县）	江陵、枝江、当阳、长林、石首、松滋、公安、监利
	归州（3县）	秭归、巴东、兴山		归州（3县）	秭归、巴东、兴山
	峡州（5县）	夷陵、宜都、长阳、远安、巴山		峡州（5县）	夷陵、宜都、长阳、远安、巴山
（复州别属后唐邓州威胜军节度使）				复州（2县，自后唐邓州威胜军节度使来属）	沔阳、竟陵
夔州镇江军节度使（前蜀，4州）	忠州（5县）	临江、丰都、南宾、垫江、桂溪	夔州镇江军节度使（前蜀，4州）	忠州（5县）	临江、丰都、南宾、垫江、桂溪
	夔州（3县）	奉节、巫山、大昌		夔州（3县）	奉节、巫山、大昌
	万州（3县）	南浦、武宁、梁山		万州（3县）	南浦、武宁、梁山
	安州（1县）	云安		安州（1县）	云安
黔州武泰军节度使（前蜀，5州）	施州（2县）	清江、建始	黔州武泰军节度使（前蜀，5州）	施州（2县）	清江、建始
	涪州（5县）	涪陵、宾化、武龙、乐温、温山		涪州（5县）	涪陵、宾化、武龙、乐温、温山
	黔州（6县）	彭水、黔江、洪杜、洋水、信宁、都濡		黔州（6县）	彭水、黔江、洪杜、洋水、信宁、都濡
	溱州（5县）	荣懿、扶欢、夜郎、丽皋、乐源		溱州（5县）	荣懿、扶欢、夜郎、丽皋、乐源
	南州（2县）	南川、三溪		南州（2县）	南川、三溪

925年			926年		
方镇	府、州	县	方镇	府、州	县
荆南节度使（南平，1府3州）	江陵府（8县）	江陵、枝江、当阳、长林、石首、松滋、公安、监利	荆南节度使（南平，1府6州1监）	江陵府（8县）	江陵、枝江、当阳、长林、石首、松滋、公安、监利
	归州（3县）	秭归、巴东、兴山		归州（3县）	秭归、巴东、兴山
	峡州（5县）	夷陵、宜都、长阳、远安、巴山		峡州（5县）	夷陵、宜都、长阳、远安、巴山
	复州（2县）	沔阳、竟陵		复州（2县）	沔阳、竟陵
（直属后唐）	忠州（5县）	临江、丰都、南宾、垫江、桂溪		忠州（5县）	临江、丰都、南宾、垫江、桂溪
（直属后唐）	夔州（3县）	奉节、巫山、大昌		夔州（3县）	奉节、巫山、大昌
（直属后唐）	万州（3县）	南浦、武宁、梁山		万州（3县）	南浦、武宁、梁山
（直属后唐）	云安监（无领县）			云安监（无领县）	
黔州武泰军节度使（后唐，3州）	施州（2县）	清江、建始	黔州武泰军节度使（后唐，3州）	施州（2县）	清江、建始
	涪州（5县）	涪陵、宾化、武龙、乐温、温山		涪州（5县）	涪陵、宾化、武龙、乐温、温山
	黔州（6县）	彭水、黔江、洪杜、洋水、信宁、都濡		黔州（6县）	彭水、黔江、洪杜、洋水、信宁、都濡
（废）			（废）		
（废）			（废）		

方镇	府、州	县	方镇	府、州	县
		927年			928年
荆南节度使（南平，1府2州）	江陵府（8县）	江陵、枝江、当阳、长林、石首、松滋、公安、监利	荆南节度使（南平，1府1州）	江陵府（8县）	江陵、枝江、当阳、长林、石首、松滋、公安、监利
	归州（3县）	秭归、巴东、兴山		（归州别属后唐）	
	峡州（5县）	夷陵、宜都、长阳、远安、巴山		峡州（5县）	夷陵、宜都、长阳、远安、巴山
（复州别属后唐山南东道节度使）					
夔州宁江军节度使（后唐，4州）	忠州（5县）	临江、丰都、南宾、垫江、桂溪	夔州宁江节度使（后唐，4州）	忠州（5县）	临江、丰都、南宾、垫江、桂溪
	夔州（*4县*）	奉节、云安、巫山、大昌		夔州（*4县*）	奉节、云安、巫山、大昌
	万州（3县）	南浦、武宁、梁山		万州（3县）	南浦、武宁、梁山
	（废入夔州）				
	施州（2县）	清江、建始		施州（2县）	清江、建始
黔州武泰军节度使（后唐，2州）	涪州（5县）	涪陵、宾化、武龙、乐温、温山	黔州武泰军节度使（后唐，2州）	涪州（5县）	涪陵、宾化、武龙、乐温、温山
	黔州（6县）	彭水、黔江、洪杜、洋水、信宁、都濡		黔州（6县）	彭水、黔江、洪杜、洋水、信宁、都濡

930年			934年		
方镇	府、州	县	方镇	府、州	县
荆南节度使（南平，1府2州）	江陵府（8县）	江陵、枝江、当阳、长林、石首、松滋、公安、监利	荆南节度使（南平，1府2州）	江陵府（8县）	江陵、枝江、当阳、长林、石首、松滋、公安、监利
	归州（3县，自后唐来属）	秭归、巴东、兴山		归州（3县）	秭归、巴东、兴山
	峡州（5县）	夷陵、宜都、长阳、远安、巴山		峡州（5县）	夷陵、宜都、长阳、远安、巴山
夔州宁江节度使（后唐，4州）	忠州（5县）	临江、丰都、南宾、垫江、桂溪	夔州宁江节度使（后蜀，4州）	忠州（5县）	临江、丰都、南宾、垫江、桂溪
	夔州（4县）	奉节、云安、巫山、大昌		夔州（4县）	奉节、云安、巫山、大昌
	万州（3县）	南浦、武宁、梁山		万州（3县）	南浦、武宁、梁山
	施州（2县）	清江、建始		施州（2县）	清江、建始
黔州武泰军节度使（后唐，2州）	涪州（5县）	涪陵、宾化、武龙、乐温、温山	黔州武泰军节度使（后蜀，2州）	涪州（5县）	涪陵、宾化、武龙、乐温、温山
	黔州（6县）	彭水、黔江、洪杜、洋水、信宁、都濡		黔州（6县）	彭水、黔江、洪杜、洋水、信宁、都濡

959年		
方镇	府、州	县
荆南节度使（南平，1府2州）	江陵府（8县）	江陵、枝江、当阳、长林、石首、松滋、公安、监利
	归州（3县）	秭归、巴东、兴山
	峡州（5县）	夷陵、宜都、长阳、远安、巴山
夔州宁江节度使（后蜀，4州）	忠州（5县）	临江、丰都、南宾、垫江、桂溪
	夔州（4县）	奉节、云安、巫山、大昌
	万州（3县）	南浦、武宁、梁山
	施州（2县）	清江、建始
黔州武泰军节度使（后蜀，2州）	涪州（5县）	涪陵、宾化、武龙、乐温、温山
	黔州（6县）	彭水、黔江、洪杜、洋水、信宁、都濡

表II-20　潭州（长沙府）武安军节度使、朗州武贞军（永顺军、武顺军、武平军）节度使、楚王（国）（湖南）羁縻州辖区沿革表

公元	907年			908年		
政区	方镇	府、州	县	方镇	府、州	县
潭州（长沙府）武安军节度使	潭州武安军节度使（楚王，8州）	潭州（6县）	长沙、湘潭、湘乡、益阳、醴陵、浏阳	潭州武安军节度使（楚王，7州）	潭州（6县）	长沙、湘潭、湘乡、益阳、醴陵、浏阳
		衡州（6县）	衡阳、常宁、攸县、茶陵、耒阳、衡山		衡州（6县）	衡阳、常宁、攸县、茶陵、耒阳、衡山
		郴州（8县）	郴、义章、义昌、平阳、资兴、高亭、临武、蓝山		郴州（8县）	郴、义章、义昌、平阳、资兴、高亭、临武、蓝山
		连州（3县）	桂阳、阳山、连山		连州（3县）	桂阳、阳山、连山
		道州（5县）	弘道、延昌、江华、永明、大历		道州（5县）	弘道、延昌、江华、永明、大历
		永州（4县）	零陵、祁阳、湘源、灌阳		永州（4县）	零陵、祁阳、湘源、灌阳
		邵州（2县）	邵阳、武冈		邵州（2县）	邵阳、武冈
		岳州（5县）	巴陵、华容、湘阴、桥江、昌江		岳州（5县）	巴陵、华容、湘阴、桥江、昌江
朗州武贞军（永顺军、武顺军、武平军）节度使	朗州武贞军节度使（武贞，2州）	朗州（2县）	武陵、龙阳	朗州永顺军节度使（楚王，3州）	朗州（2县）	武陵、龙阳
		澧州（4县）	澧阳、安乡、石门、慈利		澧州（4县）	澧阳、安乡、石门、慈利
楚王（国）（湖南）羁縻州						

912年			922年		
方镇	府、州	县	方镇	府、州	县
潭州武安军节度使（楚王，7州）	潭州（6县）	长沙、湘潭、湘乡、益阳、醴陵、浏阳	潭州武安军节度使（楚王，7州）	潭州（7县）	长沙、湘潭、湘乡、益阳、醴陵、浏阳、*攸县*
	衡州（6县）	衡阳、常宁、攸县、茶陵、耒阳、衡山		衡州（5县）	衡阳、常宁、茶陵、耒阳、衡山
	郴州（8县）	郴、义章、义昌、平阳、资兴、高亭、临武、蓝山		郴州（8县）	郴、义章、义昌、平阳、资兴、高亭、临武、蓝山
	连州（3县）	桂阳、阳山、连山		连州（3县）	桂阳、阳山、连山
	道州（5县）	弘道、延昌、江华、永明、大历		道州（5县）	弘道、延昌、江华、永明、大历
	永州（4县）	零陵、祁阳、湘源、灌阳		永州（4县）	零陵、祁阳、湘源、灌阳
	邵州（2县）	邵阳、武冈		邵州（2县）	邵阳、武冈
朗州永顺军节度使（楚王，3州）	岳州（5县）	巴陵、华容、湘阴、桥江、昌江	*朗州武顺军节度使（楚王，3州）?*	岳州（5县）	巴陵、华容、湘阴、桥江、昌江
	朗州（2县）	武陵、龙阳		朗州（2县）	武陵、龙阳
	澧州（4县）	澧阳、安乡、石门、慈利		澧州（4县）	澧阳、安乡、石门、慈利
[羁縻州（楚王，2州）]	辰州（5县）	沅陵、卢溪、溆浦、麻阳、辰溪	[羁縻州（楚王，2州）]	辰州（5县）	沅陵、卢溪、溆浦、麻阳、辰溪
	叙州（3县）	龙标、朗溪、潭阳		叙州（3县）	龙标、朗溪、潭阳

923年			924年		
方镇	府、州	县	方镇	府、州	县
潭州武安军节度使（楚王，7州）	潭州（7县）	长沙、湘潭、湘乡、益阳、醴陵、浏阳、攸县	潭州武安军节度使（楚王，7州）	潭州（7县）	长沙、湘潭、湘乡、益阳、醴陵、浏阳、攸县
	衡州（5县）	衡阳、常宁、茶陵、耒阳、衡山		衡州（5县）	衡阳、常宁、茶陵、耒阳、衡山
	郴州（8县）	郴、义章、义昌、平阳、资兴、高亭、临武、蓝山		郴州（8县）	郴、义章、*郴义*、平阳、资兴、高亭、临武、蓝山
	连州（3县）	桂阳、阳山、连山		连州（3县）	桂阳、阳山、连山
	道州（5县）	弘道、延昌、江华、永明、大历		道州（5县）	弘道、*延唐*、江华、永明、大历
	永州（4县）	零陵、祁阳、湘源、灌阳		永州（4县）	零陵、祁阳、湘源、灌阳
	邵州（2县）	邵阳、武冈		邵州（2县）	邵阳、武冈
朗州武贞军节度使（楚王，3州）	岳州（5县）	巴陵、华容、湘阴、桥江、昌江	朗州武贞军节度使（楚王，3州）	岳州（5县）	巴陵、华容、湘阴、桥江、平江
	朗州（2县）	武陵、龙阳		朗州（2县）	武陵、龙阳
	澧州（4县）	澧阳、安乡、石门、慈利		澧州（4县）	澧阳、安乡、石门、慈利
[羁縻州（楚王，2州）]	辰州（5县）	沅陵、卢溪、溆浦、麻阳、辰溪	[羁縻州（楚王，2州）]	辰州（5县）	沅陵、卢溪、溆浦、麻阳、辰溪
	叙州（3县）	龙标、朗溪、潭阳		叙州（3县）	龙标、朗溪、潭阳

	926年			927年	
方镇	府、州	县	方镇	府、州	县
潭州武安军节度使（楚王，7州）	潭州（7县）	长沙、湘潭、湘乡、益阳、醴陵、浏阳、攸县	长沙府武安军节度使（楚，1府6州）	长沙府（7县）	长沙、湘潭、湘乡、益阳、醴陵、浏阳、攸县
	衡州（5县）	衡阳、常宁、茶陵、耒阳、衡山		衡州（5县）	衡阳、常宁、茶陵、耒阳、衡山
	郴州（8县）	郴县、义章、郴义、平阳、资兴、高亭、临武、蓝山		郴州（8县）	郴、义章、郴义、平阳、资兴、高亭、临武、蓝山
	连州（3县）	桂阳、阳山、连山		连州（3县）	桂阳、阳山、连山
	道州（5县）	弘道、延唐、江华、永明、大历		道州（5县）	弘道、延唐、江华、永明、大历
	永州（4县）	零陵、祁阳、*湘川*、灌阳		永州（4县）	零陵、祁阳、湘川、灌阳
	邵州（2县）	邵阳、武冈		邵州（2县）	邵阳、武冈
朗州武贞军节度使（楚王，3州）	岳州（5县）	巴陵、华容、湘阴、桥江、平江	朗州武贞军节度使（楚，3州）	岳州（5县）	巴陵、华容、湘阴、桥江、平江
	朗州（2县）	武陵、龙阳		朗州（2县）	武陵、龙阳
	澧州（4县）	澧阳、安乡、石门、慈利		澧州（4县）	澧阳、安乡、石门、慈利
[羁縻州（楚王，2州）]	辰州（5县）	沅陵、卢溪、溆浦、麻阳、辰溪	[羁縻州（楚，2州）]	辰州（5县）	沅陵、卢溪、溆浦、麻阳、辰溪
	叙州（3县）	龙标、朗溪、潭阳		叙州（3县）	龙标、朗溪、潭阳

930年			931年		
方镇	府、州	县	方镇	府、州	县
潭州武安军节度使（后唐,7州）	潭州（7县）	长沙、湘潭、湘乡、益阳、醴陵、浏阳、攸县	潭州武安军节度使（后唐,7州）	潭州（7县）	长沙、湘潭、湘乡、益阳、醴陵、浏阳、攸县
	衡州（5县）	衡阳、常宁、茶陵、耒阳、衡山		衡州（5县）	衡阳、常宁、茶陵、耒阳、衡山
	郴州（8县）	郴、义章、郴义、平阳、资兴、高亭、临武、蓝山		郴州（8县）	郴、义章、郴义、平阳、资兴、高亭、临武、蓝山
	连州（3县）	桂阳、阳山、连山		连州（3县）	桂阳、阳山、连山
	道州（5县）	弘道、延唐、江华、永明、大历		道州（5县）	弘道、延唐、江华、永明、大历
	永州（4县）	零陵、祁阳、湘川、灌阳		永州（4县）	零陵、祁阳、湘川、灌阳
	邵州（2县）	邵阳、武冈		邵州（2县）	邵阳、武冈
朗州武贞军节度使（后唐,3州）	岳州（5县）	巴陵、华容、湘阴、桥江、平江	朗州武平军节度使（后唐,3州）？	岳州（5县）	巴陵、华容、湘阴、桥江、平江
	朗州（2县）	武陵、龙阳		朗州（2县）	武陵、龙阳
	澧州（4县）	澧阳、安乡、石门、慈利		澧州（4县）	澧阳、安乡、石门、慈利
[羁縻州（楚,2州）]	辰州（5县）	沅陵、卢溪、溆浦、麻阳、辰溪	[羁縻州（楚,2州）]	辰州（5县）	沅陵、卢溪、溆浦、麻阳、辰溪
	叙州（3县）	龙标、朗溪、潭阳		叙州（3县）	龙标、朗溪、潭阳

934年			935年		
方镇	府、州	县	方镇	府、州	县
潭州武安军节度使（楚，7州）	潭州（7县）	长沙、湘潭、湘乡、益阳、醴陵、浏阳、攸县	潭州武安军节度使（楚，7州）	潭州（*8县1场*）	长沙、湘潭、湘乡、益阳、醴陵、浏阳、攸县、*衡山*、*安仁场*
	衡州（5县）	衡阳、常宁、茶陵、耒阳、衡山		衡州（*4县*）	衡阳、常宁、茶陵、耒阳
	郴州（8县）	郴、义章、郴义、平阳、资兴、高亭、临武、蓝山		郴州（8县）	郴、义章、郴义、平阳、资兴、高亭、临武、蓝山
	连州（3县）	桂阳、阳山、连山		连州（3县）	桂阳、阳山、连山
	道州（5县）	弘道、延唐、江华、永明、大历		道州（5县）	弘道、延唐、江华、永明、大历
	永州（4县）	零陵、祁阳、湘川、灌阳		永州（4县）	零陵、祁阳、湘川、灌阳
	邵州（2县）	邵阳、武冈		邵州（2县）	邵阳、武冈
朗州武平军节度使（楚，3州）	岳州（5县）	巴陵、华容、湘阴、桥江、平江	朗州武平军节度使（楚，3州）	岳州（5县）	巴陵、华容、湘阴、桥江、平江
	朗州（2县）	武陵、龙阳		朗州（2县）	武陵、龙阳
	澧州（4县）	澧阳、安乡、石门、慈利		澧州（4县）	澧阳、安乡、石门、慈利
[羁縻州（楚，2州）]	辰州（5县）	沅陵、卢溪、溆浦、麻阳、辰溪	[羁縻州（楚，2州）]	辰州（5县）	沅陵、卢溪、溆浦、麻阳、辰溪
	叙州（3县）	龙标、朗溪、潭阳		叙州（3县）	龙标、朗溪、潭阳

936年			938年		
方镇	府、州	县	方镇	府、州	县
潭州武安军节度使（楚，7州）	潭州（7县）	长沙、湘潭、湘乡、益阳、醴陵、浏阳、攸县	潭州武安军节度使（楚，7州）	潭州（7县）	长沙、湘潭、湘乡、益阳、醴陵、浏阳、攸县
	衡州（5县1场）	衡阳、常宁、茶陵、耒阳、衡山、安仁场		衡州（5县1场）	衡阳、常宁、茶陵、耒阳、衡山、安仁场
	郴州（8县）	郴、义章、郴义、平阳、资兴、高亭、临武、蓝山		*敦州*（8县）	*敦化*、义章、*敦和*、平阳、资兴、高亭、临武、蓝山
	连州（3县）	桂阳、阳山、连山		连州（3县）	桂阳、阳山、连山
	道州（5县）	弘道、延唐、江华、永明、大历		道州（5县）	弘道、延唐、江华、永明、大历
	永州（4县1场）	零陵、祁阳、湘川、灌阳、东安场		永州（4县1场）	零陵、祁阳、湘川、灌阳、东安场
	邵州（2县）	邵阳、武冈		*敏州*（2县）	*敏政*、武冈
朗州武平军节度使（楚，3州）	岳州（5县1场）	巴陵、华容、湘阴、桥江、平江、王朝场	朗州武平军节度使（楚，3州）	岳州（5县1场）	巴陵、华容、湘阴、桥江、平江、王朝场
	朗州（2县）	武陵、龙阳		朗州（2县）	武陵、龙阳
	澧州（4县）	澧阳、安乡、石门、慈利		澧州（4县）	澧阳、安乡、石门、慈利
[羁縻州（楚，2州）]	辰州（5县）	沅陵、卢溪、溆浦、麻阳、辰溪	[羁縻州（楚，2州）]	辰州（5县）	沅陵、卢溪、溆浦、麻阳、辰溪
	叙州（3县）	龙标、朗溪、潭阳		叙州（3县）	龙标、朗溪、潭阳

939年			940年		
方镇	府、州	县	方镇	府、州	县
潭州武安军节度使（楚，8州1监）	桂阳监（无领县，敦州析置）		潭州武安军节度使（楚，8州1监）	桂阳监	
	全州（2县，永州析置）	清湘、灌阳		全州（2县）	清湘、灌阳
	潭州（8县）	长沙、湘潭、湘乡、益阳、醴陵、浏阳、攸县、茶陵		潭州（8县）	长沙、湘潭、湘乡、益阳、醴陵、浏阳、攸县、茶陵
	衡州（4县1场）	衡阳、常宁、耒阳、衡山、安仁场		衡州（4县1场）	衡阳、常宁、耒阳、衡山、安仁场
	敦州（6县）	敦化、义章、敦和、资兴、高亭、蓝山		敦州（6县）	敦化、义章、敦和、资兴、高亭、蓝山
	连州（3县）	桂阳、阳山、连山		连州（3县）	桂阳、阳山、连山
	道州（5县）	弘道、延唐、江华、永明、大历		道州（5县）	弘道、延唐、江华、永明、大历
	永州（2县1场）	零陵、祁阳、东安场		永州（2县1场）	零陵、祁阳、东安场
	敏州（2县）	敏政、武冈		敏州（2县）	敏政、武冈
朗州武平军节度使（楚，4州）	岳州（5县1场）	巴陵、华容、湘阴、桥江、平江、王朝场	朗州武平军节度使（楚，4州）	岳州（5县1场）	巴陵、华容、湘阴、桥江、平江、王朝场
	朗州（2县）	武陵、龙阳		朗州（2县）	武陵、龙阳
	澧州（4县）	澧阳、安乡、石门、慈利		澧州（4县）	澧阳、安乡、石门、慈利
	辰州（5县）	沅陵、卢溪、溆浦、麻阳、辰溪		辰州（5县）	沅陵、卢溪、溆浦、麻阳、辰溪
[羁縻州（楚，1州）]	叙州（3县）	龙标、朗溪、潭阳		叙州（3县）	龙标、朗溪、潭阳
			[羁縻州（楚，4州）]	溪州（2县，蛮夷来降）	大乡、三亭
				锦州（5县，蛮夷来降）	卢阳、招谕、渭阳、常丰、洛浦
				奖州（3县，蛮夷来降）	峨山、渭溪、梓姜

942年			947年		
方镇	府、州	县	方镇	府、州	县
潭州武安军节度使（楚，8州1监）	桂阳监		潭州武安军节度使（楚，8州1监）	桂阳监	
	全州（2县）	清湘、灌阳		全州（2县）	清湘、灌阳
	潭州（8县）	长沙、湘潭、湘乡、益阳、醴陵、浏阳、攸县、茶陵		潭州（8县）	长沙、湘潭、湘乡、益阳、醴陵、浏阳、攸县、茶陵
	衡州（4县1场）	衡阳、常宁、耒阳、衡山、安仁场		衡州（4县1场）	衡阳、常宁、耒阳、衡山、安仁场
	敦州（6县）	敦化、义章、敦和、资兴、高亭、蓝山		*郴州*（6县）	*郴*、义昌、义兴、资兴、高亭、蓝山
	连州（3县）	桂阳、阳山、连山		连州（3县）	桂阳、阳山、连山
	道州（5县）	弘道、*延熹*、江华、永明、大历		道州（5县）	弘道、*延唐*、江华、永明、大历
	永州（2县1场）	零陵、祁阳、东安场		永州（2县1场）	零陵、祁阳、东安场
	敏州（2县）	敏政、武冈		*邵州*（2县）	*邵阳*、武冈
朗州武平军节度使（楚，4州）	岳州（5县1场）	巴陵、华容、湘阴、桥江、平江、王朝场	朗州武平军节度使（楚，4州）	岳州（5县1场）	巴陵、华容、湘阴、桥江、平江、王朝场
	朗州（2县）	武陵、龙阳		朗州（2县）	武陵、龙阳
	澧州（4县）	澧阳、安乡、石门、慈利		澧州（4县）	澧阳、安乡、石门、慈利
	辰州（5县）	沅陵、卢溪、溆浦、麻阳、辰溪		辰州（5县）	沅陵、卢溪、溆浦、麻阳、辰溪
[羁縻州（楚，*5州*）]	叙州（*2县*）	龙标、朗溪	[羁縻州（楚，*5州*）]	叙州（2县）	龙标、朗溪
	溪州（2县）	大乡、三亭		溪州（2县）	大乡、三亭
	锦州（5县）	卢阳、招谕、渭阳、常丰、洛浦		锦州（5县）	卢阳、招谕、渭阳、常丰、洛浦
	奖州（3县）	峨山、渭溪、梓姜		奖州（3县）	峨山、渭溪、梓姜
	懿州（1县，*叙州析置*）	潭阳		懿州（1县）	潭阳

附　录　1031

949年			950年		
方镇	府、州	县	方镇	府、州	县
潭州武安军节度使（楚，8州1监）	桂阳监		潭州武安军节度使（楚，8州1监）	桂阳监	
	全州（2县）	清湘、灌阳		全州（2县）	清湘、灌阳
	潭州（9县）	长沙、湘潭、湘乡、益阳、醴陵、浏阳、攸县、茶陵、龙喜		潭州（9县）	长沙、湘潭、湘乡、益阳、醴陵、浏阳、攸县、茶陵、龙喜
	衡州（4县1场）	衡阳、常宁、耒阳、衡山、安仁场		衡州（4县1场）	衡阳、常宁、耒阳、衡山、安仁场
	郴州（6县）	郴、义章、义昌、资兴、高亭、蓝山		郴州（6县）	郴、义章、义昌、资兴、高亭、蓝山
	连州（3县）	桂阳、阳山、连山		连州（3县）	桂阳、阳山、连山
	道州（5县）	弘道、延唐、江华、永明、大历		道州（5县）	弘道、延唐、江华、永明、大历
	永州（2县1场）	零陵、祁阳、东安场		永州（2县1场）	零陵、祁阳、东安场
	邵州（2县）	邵阳、武冈		邵州（2县）	邵阳、武冈
朗州武平军节度使（楚，4州）	岳州（5县1场）	巴陵、华容、湘阴、桥江、平江、王朝场	朗州武平军节度使（南唐，4州）	岳州（5县1场）	巴陵、华容、湘阴、桥江、平江、王朝场
	朗州（2县）	武陵、龙阳		朗州（2县）	武陵、龙阳
	澧州（4县）	澧阳、安乡、石门、慈利		澧州（4县）	澧阳、安乡、石门、慈利
	辰州（5县）	沅陵、卢溪、溆浦、麻阳、辰溪		辰州（5县）	沅陵、卢溪、溆浦、麻阳、辰溪
[羁縻州（楚，5州）]	叙州（2县）	龙标、朗溪	[羁縻州（楚，5州）]	叙州（2县）	龙标、朗溪
	溪州（2县）	大乡、三亭		溪州（2县）	大乡、三亭
	锦州（5县）	卢阳、招谕、渭阳、常丰、洛浦		锦州（5县）	卢阳、招谕、渭阳、常丰、洛浦
	奖州（3县）	峨山、渭溪、梓姜		奖州（3县）	峨山、渭溪、梓姜
	懿州（1县）	潭阳		洽州？（1县）	潭阳

	951年			952年	
方镇	府、州	县	方镇	府、州	县
潭州武安军节度使（南唐，6州）	（桂阳监别属南汉）		潭州武安军节度使（湖南，6州）		
	全州（2县）	清湘、灌阳		全州（2县）	清湘、灌阳
	潭州（9县）	长沙、湘潭、湘乡、益阳、醴陵、浏阳、攸县、茶陵、龙喜		潭州（9县）	长沙、湘潭、湘乡、益阳、醴陵、浏阳、攸县、茶陵、龙喜
	衡州（4县1场）	衡阳、常宁、耒阳、衡山、安仁场		衡州（4县1场）	衡阳、常宁、耒阳、衡山、安仁场
	（郴州别属南汉）				
	（连州别属南汉）				
	道州（5县）	弘道、延唐、江华、永明、大历		道州（5县）	弘道、延唐、江华、永明、大历
	永州（2县1场）	零陵、祁阳、东安场		永州（2县1场）	零陵、祁阳、东安场
	邵州（2县）	邵阳、武冈		邵州（2县）	邵阳、武冈
朗州武平军节度使（湖南，4州）	岳州（5县1场）	巴陵、华容、湘阴、桥江、平江、王朝场	朗州武平军节度使（湖南，4州）	岳州（5县1场）	巴陵、华容、湘阴、桥江、平江、王朝场
	朗州（2县）	武陵、龙阳		朗州（2县）	武陵、龙阳
	澧州（4县）	澧阳、安乡、石门、慈利		澧州（4县）	澧阳、安乡、石门、慈利
	辰州（5县）	沅陵、卢溪、溆浦、麻阳、辰溪		辰州（5县）	沅陵、卢溪、溆浦、麻阳、辰溪
（南唐灭楚，楚羁縻地区尽失于蛮夷）					

954年			959年		
方镇	府、州	县	方镇	府、州	县
潭州武安军节度使（湖南，6州）	全州（2县）	清湘、灌阳	潭州武安军节度使（湖南，6州）	全州（2县）	清湘、灌阳
	潭州（9县）	长沙、湘潭、湘乡、益阳、醴陵、浏阳、攸县、茶陵、龙喜		潭州（9县）	长沙、湘潭、湘乡、益阳、醴陵、浏阳、攸县、茶陵、龙喜
	衡州（4县1场）	衡阳、常宁、耒阳、衡山、安仁场		衡州（4县1场）	衡阳、常宁、耒阳、衡山、安仁场
	道州（5县）	弘道、延唐、江华、永明、大历		道州（5县）	弘道、延唐、江华、永明、大历
	永州（2县1场）	零陵、祁阳、东安场		永州（2县1场）	零陵、祁阳、东安场
	邵州（2县）	邵阳、武冈		邵州（2县）	邵阳、武冈
朗州武平军节度使（湖南，4州）	岳州（5县1场）	巴陵、华容、湘阴、桥江、平江、王朝场	朗州武平军节度使（湖南，4州）	岳州（5县1场）	巴陵、华容、湘阴、桥江、平江、王朝场
	朗州（2县）	武陵、龙阳		朗州（2县）	武陵、龙阳
	澧州（4县）	澧阳、安乡、石门、慈利		澧州（4县）	澧阳、安乡、石门、慈利
	辰州（5县）	沅陵、卢溪、溆浦、麻阳、辰溪		辰州（5县）	沅陵、卢溪、溆浦、麻阳、辰溪
羁縻州（湖南，2州）	叙州（2县）	龙标、朗溪	羁縻州（湖南，2州）	叙州（2县）	龙标、朗溪
	锦州（5县）	卢阳、招谕、渭阳、常丰、洛浦		锦州（5县）	卢阳、招谕、渭阳、常丰、洛浦

表II-21 桂州静江军节度使辖区沿革表

公元 政区	907年			908年		
	方镇	府、州	县	方镇	府、州	县
桂州静江军节度使	桂州静江军节度使（楚王，6州）	桂州（12县）	临桂、理定、灵川、阳朔、荔浦、丰水、修仁、归化、永福、全义、古、广明	桂州静江军节度使（楚王，13州）	桂州（12县）	临桂、理定、灵川、阳朔、荔浦、丰水、修仁、归化、永福、全义、古、广明
		宜州（4县）	龙水、崖山、东玺、天河		宜州（4县）	龙水、崖山、东玺、天河
		严州（3县）	来宾、修德、归化		严州（3县）	来宾、修德、归化
		柳州（5县）	马平、龙城、象、洛曹、洛容		柳州（5县）	马平、龙城、象、洛曹、洛容
		象州（3县）	阳寿、武仙、武化		象州（3县）	阳寿、武仙、武化
		融州（2县）	融水、武阳		融州（2县）	融水、武阳
	（属大彭，7州）	昭州（3县）	平乐、恭城、永平		昭州（3县）	平乐、恭城、永平
		贺州（6县）	临贺、桂岭、冯乘、封阳、富川、荡山		贺州（6县）	临贺、桂岭、冯乘、封阳、富川、荡山
		梧州（3县）	苍梧、戎城、孟陵		梧州（3县）	苍梧、戎城、孟陵
		富州（3县）	龙平、思勤、马江		富州（3县）	龙平、思勤、马江
		蒙州（3县）	立山、东区、正义		蒙州（3县）	立山、东区、正义
		龚州（5县）	平南、武林、隋建、大同、阳川		龚州（5县）	平南、武林、隋建、大同、阳川
		思唐州（2县）	武郎、思和		思唐州（2县）	武郎、思和

910年			923年		
方镇	府、州	县	方镇	府、州	县
桂州静江军节度使（楚王，13州）	桂州（12县）	临桂、理定、灵川、阳朔、荔浦、永宁、修仁、归化、永福、全义、古、广明	桂州静江军节度使（楚王，13州）	桂州（12县）	临桂、理定、灵川、阳朔、荔浦、永宁、修仁、慕化、永福、全义、古、广明
	宜州（4县）	龙水、崖山、东玺、天河		宜州（4县）	龙水、崖山、东玺、天河
	严州（3县）	来宾、修德、归化		严州（3县）	来宾、修德、归化
	柳州（5县）	马平、龙城、象、洛曹、洛容		柳州（5县）	马平、龙城、象、洛曹、洛容
	象州（3县）	阳寿、武仙、武化		象州（3县）	阳寿、武仙、武化
	融州（2县）	融水、武阳		融州（2县）	融水、武阳
	昭州（3县）	平乐、恭城、永平		昭州（3县）	平乐、恭城、永平
	贺州（6县）	临贺、桂岭、冯乘、封阳、富川、荡山		贺州（6县）	临贺、桂岭、冯乘、封阳、富川、荡山
	梧州（3县）	苍梧、戎城、孟陵		梧州（3县）	苍梧、戎城、孟陵
	富州（3县）	龙平、思勤、马江		富州（3县）	龙平、思勤、马江
	蒙州（3县）	立山、东区、正义		蒙州（3县）	立山、东区、正义
	龚州（5县）	平南、武林、陏建、大同、阳川		龚州（5县）	平南、武林、陏建、大同、阳川
	思唐州（2县）	武郎、思和		思唐州（2县）	武郎、思和

方镇	927年			方镇	930年	
	府、州	县		府、州	县
桂州静江军节度使（楚，13州）	桂州（12县）	临桂、理定、灵川、阳朔、荔浦、永宁、修仁、慕化、永福、全义、古、广明	桂州静江军节度使（后唐，13州）	桂州（12县）	临桂、理定、灵川、阳朔、荔浦、永宁、修仁、慕化、永福、全义、古、广明
	宜州（4县）	龙水、崖山、东玺、天河		宜州（4县）	龙水、崖山、东玺、天河
	严州（3县）	来宾、修德、归化		严州（3县）	来宾、修德、归化
	柳州（5县）	马平、龙城、象、洛曹、洛容		柳州（5县）	马平、龙城、象、洛曹、洛容
	象州（3县）	阳寿、武仙、武化		象州（3县）	阳寿、武仙、武化
	融州（2县）	融水、武阳		融州（2县）	融水、武阳
	昭州（3县）	平乐、恭城、永平		昭州（3县）	平乐、恭城、永平
	贺州（6县）	临贺、桂岭、冯乘、封阳、富川、荡山		贺州（6县）	临贺、桂岭、冯乘、封阳、富川、荡山
	梧州（3县）	苍梧、戎城、孟陵		梧州（3县）	苍梧、戎城、孟陵
	富州（3县）	龙平、思勤、马江		富州（3县）	龙平、思勤、马江
	蒙州（3县）	立山、东区、正义		蒙州（3县）	立山、东区、正义
	龚州（5县）	平南、武林、隋建、大同、阳川		龚州（5县）	平南、武林、隋建、大同、阳川
	思唐州（2县）	武郎、思和		思唐州（2县）	武郎、思和

	934年			942年		
方镇	府、州	县	方镇	府、州	县
桂州静江军节度使（*楚*，13州）	桂州（12县）	临桂、理定、灵川、阳朔、荔浦、永宁、修仁、慕化、永福、全义、古、广明	桂州静江军节度使（*楚*，13州）	桂州（12县）	临桂、理定、灵川、阳朔、荔浦、永宁、修仁、慕化、永福、全义、古、广明
	宜州（4县）	龙水、崖山、东玺、天河		宜州（4县）	龙水、崖山、东玺、天河
	严州（3县）	来宾、修德、归化		严州（3县）	来宾、修德、归化
	柳州（5县）	马平、龙城、象、洛曹、洛容		柳州（5县）	马平、龙城、象、洛曹、洛容
	象州（3县）	阳寿、武仙、武化		象州（3县）	阳寿、武仙、武化
	融州（2县）	融水、武阳		融州（2县）	融水、武阳
	昭州（3县）	平乐、恭城、永平		昭州（3县）	平乐、恭城、永平
	贺州（6县）	临贺、桂岭、冯乘、封阳、富川、荡山		贺州（6县）	临贺、桂岭、冯乘、封阳、富川、荡山
	梧州（3县）	苍梧、戎城、孟陵		梧州（3县）	苍梧、戎城、孟陵
	富州（3县）	龙平、思勤、马江		富州（3县）	龙平、思勤、马江
	蒙州（3县）	立山、东区、正义		蒙州（3县）	立山、东区、正义
	龚州（5县）	平南、武林、隋建、大同、阳川		龚州（5县）	平南、武林、隋建、大同、阳川
	思唐州（2县）	武郎、思和		*思化州*（2县）	武郎、思和

方镇	府、州	县	方镇	府、州	县
桂州静江军节度使（楚，13州）	桂州（13县）	临桂、理定、灵川、阳朔、荔浦、永宁、修仁、慕化、永福、全义、古、广明、义宁	桂州静江军节度使（楚，14州）	桂州（9县）	临桂、理定、阳朔、荔浦、永宁、修仁、慕化、永福、古
	宜州（4县）	龙水、崖山、东玺、天河		宜州（4县）	龙水、崖山、东玺、天河
	严州（3县）	来宾、修德、归化		严州（3县）	来宾、修德、归化
	柳州（5县）	马平、龙城、象、洛曹、洛容		柳州（5县）	马平、龙城、象、洛曹、洛容
	象州（3县）	阳寿、武仙、武化		象州（3县）	阳寿、武仙、武化
	融州（2县）	融水、武阳		融州（2县）	融水、武阳
	昭州（3县）	平乐、恭城、永平		昭州（3县）	平乐、恭城、永平
	贺州（6县）	临贺、桂岭、冯乘、封阳、富川、荡山		贺州（6县）	临贺、桂岭、冯乘、封阳、富川、荡山
	梧州（3县）	苍梧、戎城、孟陵		梧州（3县）	苍梧、戎城、孟陵
	富州（3县）	龙平、思勤、马江		富州（3县）	龙平、思勤、马江
	蒙州（3县）	立山、东区、正义		蒙州（3县）	立山、东区、正义
	龚州（5县）	平南、武林、隋建、大同、阳川		龚州（5县）	平南、武林、隋建、大同、阳川
	思化州（2县）	武郎、思和		思化州（2县）	武郎、思和
				溥州（4县，桂州析置）	德昌、灵川、广明、义宁

表头：

	943年			946年		
方镇	府、州	县	方镇	府、州	县

	947年			948年	
方镇	府、州	县	方镇	府、州	县
桂州静江军节度使（楚，14州）	桂州（9县）	临桂、理定、阳朔、荔浦、永宁、修仁、慕化、永福、古	桂州静江军节度使（楚，*12州*）	桂州（9县）	临桂、理定、阳朔、荔浦、永宁、修仁、慕化、永福、古
	宜州（4县）	龙水、崖山、东玺、天河		宜州（4县）	龙水、崖山、东玺、天河
	严州（3县）	来宾、修德、归化		严州（3县）	来宾、修德、归化
	柳州（5县）	马平、龙城、象、洛曹、洛容		柳州（5县）	马平、龙城、象、洛曹、洛容
	象州（3县）	阳寿、武仙、武化		象州（3县）	阳寿、武仙、武化
	融州（2县）	融水、武阳		融州（2县）	融水、武阳
	昭州（3县）	平乐、恭城、永平		（昭州别属南汉）	
	贺州（6县）	临贺、桂岭、冯乘、封阳、富川、荡山		（贺州别属南汉）	
	梧州（3县）	苍梧、戎城、孟陵		梧州（3县）	苍梧、戎城、孟陵
	富州（3县）	龙平、思勤、马江		富州（3县）	龙平、思勤、马江
	蒙州（3县）	立山、东区、正义		蒙州（3县）	立山、东区、正义
	龚州（5县）	平南、武林、隋建、大同、阳川		龚州（5县）	平南、武林、隋建、大同、阳川
	思唐州（2县）	武郎、思和		*思唐州*（2县）	武郎、思和
	溥州（4县）	德昌、灵川、广明、义宁		溥州（4县）	德昌、灵川、广明、义宁

方镇	951年			方镇	959年	
	府、州	县		府、州	县
桂州静江军节度使（南汉，14州）	桂州（9县）	临桂、理定、阳朔、荔浦、永宁、修仁、慕化、永福、古	桂州静江军节度使（南汉，14州）	桂州（9县）	临桂、理定、阳朔、荔浦、永宁、修仁、慕化、永福、古
	宜州（4县）	龙水、崖山、东玺、天河		宜州（2县）	龙水、天河
	严州（3县）	来宾、修德、归化		严州（3县）	来宾、修德、归化
	柳州（5县）	马平、龙城、象、洛曹、洛容		柳州（5县）	马平、龙城、象、洛曹、洛容
	象州（3县）	阳寿、武仙、武化		象州（3县）	阳寿、武仙、武化
	融州（2县）	融水、武阳		融州（2县）	融水、武阳
	昭州（3县）	平乐、恭城、永平		昭州（3县）	平乐、恭城、永平
	贺州（6县）	临贺、桂岭、冯乘、封阳、富川、荡山		贺州（6县）	临贺、桂岭、冯乘、封阳、富川、荡山
	梧州（3县）	苍梧、戎城、孟陵		梧州（3县）	苍梧、戎城、孟陵
	富州（3县）	龙平、思勤、马江		富州（3县）	龙平、思勤、马江
	蒙州（3县）	立山、东区、正义		蒙州（3县）	立山、东区、正义
	龚州（5县）	平南、武林、隋建、大同、阳川		龚州（5县）	平南、武林、隋建、大同、阳川
	思唐州（2县）	武郎、思和		思唐州（2县）	武郎、思和
	溥州（4县）	德昌、灵川、广明、义宁		溥州（4县）	德昌、灵川、广明、义宁

表II-22 扬州淮南节度使(直隶地区){含濠州（暨寿州）清淮军（忠正军）节度使、庐州都团练观察使[庐州德胜军（保信军）节度使]、泗州静淮军节度使、濠州定远军节度使（濠州观察使）、舒州永泰军节度使}辖区沿革表

公元	907年			917年		
政区	方镇	府、州	县	方镇	府、州	县
扬州淮南节度使(直隶地区){含濠州（暨寿州）清淮军（忠正军）节度使、庐州都团练观察使[庐州德胜军（保信军）节度使]、泗州静淮军节度使、濠州定远军节度使（濠州观察使）、舒州永泰军节度使}	扬州淮南节度使（吴王，11州）	扬州(7县)	江都、江阳、六合、海陵、高邮、扬子、天长	扬州淮南节度使（吴王，5州）	扬州(7县)	江都、江阳、六合、海陵、高邮、扬子、天长
		和州(3县)	历阳、乌江、含山		和州(3县)	历阳、乌江、含山
		楚州(5县)	山阳、盐城、宝应、淮阴、盱眙		楚州(5县)	山阳、盐城、宝应、淮阴、盱眙
		海州(4县)	朐山、东海、沭阳、怀仁		海州(4县)	朐山、东海、沭阳、怀仁
		泗州(3县)	临淮、涟水、徐城		泗州(3县)	临淮、涟水、徐城
		濠州(3县)	钟离、定远、招义	濠州清淮军节度使（吴王，3州）	濠州(3县)	钟离、定远、招义
		寿州(5县)	寿春、安丰、霍山、盛唐、霍丘		寿州(5县)	寿春、安丰、霍山、盛唐、霍丘
		光州(5县)	定城、光山、殷城、固始、仙居		光州(5县)	定城、光山、殷城、固始、仙居
		庐州(5县)	合肥、慎、巢、庐江、舒城	庐州都团练观察使（吴王，3州）	庐州(5县)	合肥、慎、巢、庐江、舒城
		滁州(3县)	清流、全椒、永阳		滁州(3县)	清流、全椒、永阳
		舒州(5县)	怀宁、宿松、望江、太湖、桐城		舒州(5县)	怀宁、宿松、望江、太湖、桐城

918年			919年		
方镇	府、州	县	方镇	府、州	县
扬州淮南节度使（吴王，4州）	扬州（7县）	江都、江阳、六合、海陵、高邮、扬子、天长	直隶地区（吴，1府4州）	江都府（7县）	江都、江阳、六合、海陵、高邮、扬子、天长
	和州（3县）	历阳、乌江、含山		和州（3县）	历阳、乌江、含山
	楚州（5县）	山阳、盐城、宝应、淮阴、盱眙		楚州（5县）	山阳、盐城、宝应、淮阴、盱眙
	海州（4县）	朐山、东海、沭阳、怀仁		海州（4县）	朐山、东海、沭阳、怀仁
泗州静淮军节度使（吴王，1州）	泗州（3县）	临淮、涟水、徐城		泗州（3县）	临淮、涟水、徐城
濠州清淮军节度使（吴王，3州）	濠州（3县）	钟离、定远、招义	濠州清淮军节度使（吴，3州）	濠州（3县）	钟离、定远、招义
	寿州（5县）	寿春、安丰、霍山、盛唐、霍丘		寿州（5县）	寿春、安丰、霍山、盛唐、霍丘
	光州（5县）	定城、光山、殷城、固始、仙居		光州（5县）	定城、光山、殷城、固始、仙居
庐州都团练观察使（吴王，3州）	庐州（5县）	合肥、慎、巢、庐江、舒城	庐州德胜军节度使（吴，3州）	庐州（5县）	合肥、慎、巢、庐江、舒城
	滁州（3县）	清流、全椒、永阳		滁州（3县）	清流、全椒、永阳
	舒州（5县）	怀宁、宿松、望江、太湖、桐城		舒州（5县）	怀宁、宿松、望江、太湖、桐城

920年			927年		
方镇	府、州	县	方镇	府、州	县
直隶地区（吴，1府4州）	江都府（8县）	江都、江阳、六合、海陵、高邮、扬子、天长、兴化	直隶地区（吴，1府5州）	江都府（8县）	江都、江阳、六合、海陵、高邮、扬子、天长、兴化
	和州（3县）	历阳、乌江、含山		和州（3县）	历阳、乌江、含山
	楚州（5县）	山阳、盐城、宝应、淮阴、盱眙		楚州（5县）	山阳、盐城、宝应、淮阴、盱眙
	海州（4县）	朐山、东海、沭阳、怀仁		海州（4县）	朐山、东海、沭阳、怀仁
	泗州（3县）	临淮、涟水、徐城		泗州（3县）	临淮、涟水、徐城
濠州清淮军节度使（吴，3州）	濠州（3县）	钟离、定远、招义		濠州（3县）	钟离、定远、招义
	寿州（5县）	寿春、安丰、霍山、盛唐、霍丘	寿州清淮军节度使（吴，2州）	寿州（5县）	寿春、安丰、霍山、盛唐、霍丘
	光州（5县）	定城、光山、殷城、固始、仙居		光州（5县）	定城、光山、殷城、固始、仙居
庐州德胜军节度使（吴，3州）	庐州（5县）	合肥、慎、巢、庐江、舒城	庐州德胜军节度使（吴，3州）	庐州（5县）	合肥、慎、巢、庐江、舒城
	滁州（3县）	清流、全椒、永阳		滁州（3县）	清流、全椒、永阳
	舒州（5县）	怀宁、宿松、望江、太湖、桐城		舒州（5县）	怀宁、宿松、望江、太湖、桐城

928年			937年		
方镇	府、州	县	方镇	府、州	县
直隶地区（吴，1府5州）			直隶地区（南唐，1府6州）	泰州（4县）	海陵、泰兴、盐城、兴化
	江都府（7县1制置院）	江都、江阳、六合、高邮、扬子、天长、兴化、海陵制置院		江都府（6县）	江都、广陵、六合、高邮、永贞、天长
	和州（3县）	历阳、乌江、含山		和州（3县）	历阳、乌江、含山
	楚州（5县）	山阳、盐城、宝应、淮阴、盱眙		楚州（4县）	山阳、宝应、淮阴、盱眙
	海州（4县）	朐山、东海、沭阳、怀仁		海州（4县）	朐山、东海、沭阳、怀仁
	泗州（3县）	临淮、涟水、徐城		泗州（3县）	临淮、涟水、徐城
	濠州（3县）	钟离、定远、招义		濠州（3县）	钟离、定远、招义
寿州清淮军节度使（吴，2州）	寿州（5县）	寿春、安丰、霍山、盛唐、霍丘	寿州清淮军节度使（南唐，2州）	寿州（5县）	寿春、安丰、霍山、盛唐、霍丘
	光州（5县）	定城、光山、殷城、固始、仙居		光州（5县）	定城、光山、殷城、固始、仙居
庐州德胜军节度使（吴，3州）	庐州（5县）	合肥、慎、巢、庐江、舒城	庐州德胜军节度使（南唐，3州）	庐州（5县）	合肥、慎、巢、庐江、舒城
	滁州（3县）	清流、全椒、永阳		滁州（3县）	清流、全椒、永阳
	舒州（5县）	怀宁、宿松、望江、太湖、桐城		舒州（5县）	怀宁、宿松、望江、太湖、桐城

942年			943年		
方镇	府、州	县	方镇	府、州	县
直隶地区（南唐，1府6州1军）	建武军（1县，江都府析置）	天长	直隶地区（南唐，1府2州1军）	建武军（1县）	天长
	泰州（4县）	海陵、泰兴、盐城、兴化		泰州（4县）	海陵、泰兴、盐城、兴化
	江都府（5县）	江都、广陵、六合、高邮、永贞		江都府（5县）	江都、广陵、六合、高邮、永贞
	和州（3县）	历阳、乌江、含山		和州（3县）	历阳、乌江、含山
	楚州（4县）	山阳、宝应、淮阴、盱眙	濠州定远军节度使（南唐，4州）	楚州（4县）	山阳、宝应、淮阴、盱眙
	海州（4县）	朐山、东海、沭阳、怀仁		海州（4县）	朐山、东海、沭阳、怀仁
	泗州（3县）	临淮、涟水、徐城		泗州（3县）	临淮、涟水、徐城
	濠州（3县）	钟离、定远、招义		濠州（3县）	钟离、定远、招义
寿州清淮军节度使（南唐，2州）	寿州（5县）	寿春、安丰、霍山、盛唐、霍丘	寿州清淮军节度使（南唐，2州）	寿州（5县）	寿春、安丰、霍山、盛唐、霍丘
	光州（5县）	定城、光山、殷城、固始、仙居		光州（5县）	定城、光山、殷城、固始、仙居
庐州德胜军节度使（南唐，3州）	庐州（5县）	合肥、慎、巢、庐江、舒城	庐州德胜军节度使（南唐，2州）	庐州（5县）	合肥、慎、巢、庐江、舒城
	滁州（3县）	清流、全椒、永阳		滁州（3县）	清流、全椒、永阳
	舒州（5县）	怀宁、宿松、望江、太湖、桐城	舒州永泰军节度使（南唐，1州）	舒州（5县）	怀宁、宿松、望江、太湖、桐城

方镇	府、州	县	方镇	府、州	县
		944年			952年

方镇	府、州	县	方镇	府、州	县
直隶地区（南唐，1府2州1军）	建武军（1县）	天长	直隶地区（南唐，1府2州1军）	建武军（1县）	天长
	泰州（4县）	海陵、泰兴、盐城、兴化		泰州（*5县1制置院*）	海陵、泰兴、盐城、兴化、*如皋、静海制置院*
	江都府（5县）	江都、广陵、六合、高邮、永贞		江都府（5县）	江都、广陵、六合、高邮、永贞
	和州（3县）	历阳、乌江、含山		和州（3县）	历阳、乌江、含山
濠州观察使（南唐，4州）	楚州（4县）	山阳、宝应、淮阴、盱眙	濠州观察使（南唐，4州）	楚州（4县）	山阳、宝应、淮阴、盱眙
	海州（4县）	朐山、东海、沭阳、怀仁		海州（4县）	朐山、东海、沭阳、怀仁
	泗州（3县）	临淮、涟水、徐城		泗州（3县）	临淮、涟水、徐城
	濠州（3县）	钟离、定远、招义		濠州（3县）	钟离、定远、招义
寿州清淮军节度使（南唐，2州）	寿州（5县）	寿春、安丰、霍山、盛唐、霍丘	寿州清淮军节度使（南唐，2州）	寿州（5县）	寿春、安丰、霍山、盛唐、霍丘
	光州（5县）	定城、光山、殷城、固始、仙居		光州（5县）	定城、光山、殷城、固始、仙居
庐州德胜军节度使（南唐，2州）	庐州（5县）	合肥、慎、巢、庐江、舒城	庐州德胜军节度使（南唐，2州）	庐州（5县）	合肥、慎、巢、庐江、舒城
	滁州（3县）	清流、全椒、永阳		滁州（3县）	清流、全椒、永阳
舒州永泰军节度使（南唐，1州）	舒州（5县）	怀宁、宿松、望江、太湖、桐城	舒州永泰军节度使（南唐，1州）	舒州（5县）	怀宁、宿松、望江、太湖、桐城

955年			956年		
方镇	府、州	县	方镇	府、州	县
直隶地区（南唐，1府2州1军）	建武军（1县）	天长	直隶地区（南唐，1府2州1军）	建武军（1县）	天长
	泰州（5县1制置院）	海陵、泰兴、盐城、兴化、如皋、静海制置院		泰州（5县1制置院）	海陵、泰兴、盐城、兴化、如皋、静海制置院
	江都府（5县）	江都、广陵、六合、高邮、永贞		江都府（5县）	江都、广陵、六合、高邮、永贞
	和州（3县）	历阳、乌江、含山		和州（3县）	历阳、乌江、含山
				涟州（1县，泗州析置）	涟水
濠州观察使（南唐，4州）	楚州（4县）	山阳、宝应、淮阴、盱眙	濠州观察使（南唐，5州）	楚州（4县）	山阳、宝应、淮阴、盱眙
	海州（4县）	朐山、东海、沭阳、怀仁		海州（4县）	朐山、东海、沭阳、怀仁
	泗州（3县）	临淮、徐城、涟水		泗州（2县）	临淮、徐城
	濠州（3县）	钟离、定远、招义		濠州（3县1军）	钟离、定远、招义、镇淮军
寿州清淮军节度使（南唐，2州）	寿州（5县）	春春、安丰、霍山、盛唐、霍丘	寿州清淮军节度使（南唐，2州）	寿州（5县）	寿春、安丰、霍山、盛唐、霍丘
	光州（5县）	定城、光山、殷城、固始、仙居		光州（5县）	定城、光山、殷城、固始、仙居
庐州德胜军节度使（南唐，2州）	庐州（5县）	合肥、慎、巢、庐江、舒城	庐州德胜军节度使（南唐，3州）	庐州（5县）	合肥、慎、巢、庐江、舒城
	滁州（3县）	清流、全椒、永阳		滁州（3县）	清流、全椒、永阳
舒州永泰军节度使（南唐，1州）	舒州（5县）	怀宁、宿松、望江、太湖、桐城		舒州（5县）	怀宁、宿松、望江、太湖、桐城

方镇	957年 府、州	县	方镇	958年 府、州	县
扬州淮南节度使（后周，7州3军）	*静海军*（无属县、泰州析置）		扬州淮南节度使（后周，8州2军）	通州（2县）	静海、海门
	建武军（1县，属南唐）	天长		天长军（1县）	天长
	泰州（*5县*）	海陵、泰兴、盐城、兴化、如皋		泰州（5县）	海陵、泰兴、盐城、兴化、如皋
	扬州（*5县*）	江都、广陵、六合、高邮、永贞		扬州（5县）	江都、广陵、六合、高邮、永贞
	和州（3县，属南唐）	历阳、乌江、含山		和州（3县）	历阳、乌江、含山
	雄武军（1县）	涟水		雄武军（1县）	涟水
	楚州（4县，属南唐）	山阳、宝应、淮阴、盱眙		楚州（4县）	山阳、宝应、淮阴、盱眙
	海州（4县，属南唐）	朐山、东海、沭阳、怀仁		海州（4县）	朐山、东海、沭阳、怀仁
	泗州（2县）	临淮、徐城		泗州（2县）	临淮、徐城
	濠州（3县1军）	钟离、定远、招义、镇淮军		濠州（3县）	钟离、定远、招义
寿州忠正军节度使（后周，2州）	寿州（*6县*）	下蔡、寿春、安丰、霍山、盛唐、霍丘	寿州忠正军节度使（后周，2州）	寿州（6县）	下蔡、寿春、安丰、霍山、盛唐、霍丘
	光州（5县）	定城、光山、殷城、固始、仙居		光州（5县）	定城、光山、殷城、固始、仙居
庐州德胜军节度使（南唐，3州）	庐州（5县）	合肥、慎、巢、庐江、舒城	庐州保信军节度使（后周，3州）	庐州（5县）	合肥、慎、巢、庐江、舒城
	滁州（3县）	清流、全椒、永阳		滁州（3县）	清流、全椒、永阳
	舒州（5县）	怀宁、宿松、望江、太湖、桐城		舒州（5县）	怀宁、宿松、望江、太湖、桐城

方镇	府、州	县
扬州淮南节度使（后周，8州2军）	通州（2县）	静海、海门
	天长军（1县）	天长
	泰州（5县）	海陵、泰兴、盐城、兴化、如皋
	扬州（5县）	江都、广陵、六合、高邮、永贞
	和州（3县）	历阳、乌江、含山
	雄武军（1县）	涟水
	楚州（4县）	山阳、宝应、淮阴、盱眙
	海州（4县）	朐山、东海、沭阳、怀仁
	泗州（2县）	临淮、徐城
	濠州（3县）	钟离、定远、招义
寿州忠正军节度使（后周，2州）	寿州（6县）	下蔡、寿春、安丰、霍山、盛唐、霍丘
	光州（5县）	定城、光山、殷城、固始、仙居
庐州保信军节度使（后周，3州）	庐州（5县）	合肥、慎、巢、庐江、舒城
	滁州（3县）	清流、全椒、永阳
	舒州（5县）	怀宁、宿松、望江、太湖、桐城

959年

表II—23 润州[暨昇州（金陵府、江宁府）]镇海军（含直隶地区）、宣州都团练观察使（宣州宁国军节度使）（含池州康化军节度使）、鄂岳都团练观察使（鄂州武昌军节度使）辖区沿革表

公元	907年			912年		
政区	方镇	府、州	县	方镇	府、州	县
润州[暨昇州（金陵府、江宁府）]镇海军（含直隶地区）	（直隶吴王）	昇州（4县）	上元、句容、溧水、溧阳	润州镇海军节度使（吴王，3县）	昇州（4县）	上元、句容、溧水、溧阳
		润州（4县）	丹徒、丹阳、金坛、延陵		润州（4县）	丹徒、丹阳、金坛、延陵
		常州（5县）	晋陵、武进、江阴、义兴、无锡		常州（5县）	晋陵、武进、江阴、义兴、无锡
宣州都团练观察使（宣州宁国军节度使）（含池州康化军节度使）	宣州都团练观察使（吴王，3州）	宣州（8县）	宣城、当涂、泾县、广德、南陵、太平、宁国、旌德	宣州都团练观察使（吴王，3州）	宣州（8县）	宣城、当涂、泾县、广德、南陵、太平、宁国、旌德
		歙州（6县）	歙、休宁、黟、绩溪、婺源、祁门		歙州（6县）	歙、休宁、黟、绩溪、婺源、祁门
		池州（4县）	秋浦、青阳、至德、石埭		池州（4县）	秋浦、青阳、至德、石埭
鄂岳都团练观察使（鄂州武昌军节度使）	鄂岳都团练观察使（吴王，3州）	鄂州（7县）	江夏、永兴、武昌、蒲圻、唐年、汉阳、汉川	鄂州武昌军节度使（吴王，3州）	鄂州（7县）	江夏、永兴、武昌、蒲圻、唐年、汉阳、汉川
		黄州（3县）	黄冈、黄陂、麻城		黄州（3县）	黄冈、黄陂、麻城
		蕲州（4县）	蕲春、黄梅、广济、蕲水		蕲州（4县）	蕲春、黄梅、广济、蕲水

附　录　1051

915年			917年		
方镇	府、州	县	方镇	府、州	县
润州镇海军节度使（吴王，6州）	昇州（4县）	上元、句容、溧水、溧阳	昇州镇海军节度使（吴王，6州）	昇州（5县）	上元、句容、溧水、溧阳、江宁
	润州（4县）	丹徒、丹阳、金坛、延陵		润州（4县）	丹徒、丹阳、金坛、延陵
	常州（5县）	晋陵、武进、江阴、义兴、无锡		常州（5县）	晋陵、武进、江阴、义兴、无锡
	宣州（8县）	宣城、当涂、泾县、广德、南陵、太平、宁国、旌德		宣州（8县）	宣城、当涂、泾县、广德、南陵、太平、宁国、旌德
	歙州（6县）	歙、休宁、黟、绩溪、婺源、祁门		歙州（6县）	歙、休宁、黟、绩溪、婺源、祁门
	池州（4县）	秋浦、青阳、至德、石埭		池州（4县）	秋浦、青阳、至德、石埭
鄂州武昌军节度使（吴王，3州）	鄂州（7县）	江夏、永兴、武昌、蒲圻、唐年、汉阳、汉川	鄂州武昌军节度使（吴王，3州）	鄂州（7县）	江夏、永兴、武昌、蒲圻、唐年、汉阳、汉川
	黄州（3县）	黄冈、黄陂、麻城		黄州（3县）	黄冈、黄陂、麻城
	蕲州（4县）	蕲春、黄梅、广济、蕲水		蕲州（4县）	蕲春、黄梅、广济、蕲水

919年			920年		
方镇	府、州	县	方镇	府、州	县
昇州镇海军节度使（吴，3州）	昇州（5县）	上元、句容、溧水、溧阳、江宁	金陵府镇海军节度使（吴，1府2州）	金陵府（5县）	上元、句容、溧水、溧阳、江宁
	润州（4县）	丹徒、丹阳、金坛、延陵		润州（4县）	丹徒、丹阳、金坛、延陵
	常州（5县）	晋陵、武进、江阴、义兴、无锡		常州（5县）	晋陵、武进、江阴、义兴、无锡
宣州宁国军节度使（吴，3州）	宣州（8县）	宣城、当涂、泾县、广德、南陵、太平、宁国、旌德	宣州宁国军节度使（吴，3州）	宣州（8县）	宣城、当涂、泾县、广德、南陵、太平、宁国、旌德
	歙州（6县）	歙、休宁、黟、绩溪、婺源、祁门		歙州（6县）	歙、休宁、黟、绩溪、婺源、祁门
	池州（4县）	秋浦、青阳、至德、石埭		池州（4县）	秋浦、青阳、至德、石埭
鄂州武昌军节度使（吴，3州）	鄂州（7县）	江夏、永兴、武昌、蒲圻、唐年、汉阳、汉川	鄂州武昌军节度使（吴，3州）	鄂州（7县）	江夏、永兴、武昌、蒲圻、唐年、汉阳、汉川
	黄州（3县）	黄冈、黄陂、麻城		黄州（3县）	黄冈、黄陂、麻城
	蕲州（4县）	蕲春、黄梅、广济、蕲水		蕲州（4县）	蕲春、黄梅、广济、蕲水

922年			926年		
方镇	府、州	县	方镇	府、州	县
金陵府镇海军节度使（吴，1府2州）	金陵府（5县）	上元、句容、溧水、溧阳、江宁	金陵府镇海军节度使（吴，1府2州）	金陵府（5县）	上元、句容、溧水、溧阳、江宁
	润州（4县）	丹徒、丹阳、金坛、延陵		润州（4县）	丹徒、丹阳、金坛、延陵
	常州（5县）	晋陵、武进、江阴、义兴、无锡		常州（5县）	晋陵、武进、江阴、义兴、无锡
宣州宁国军节度使（吴，3州）	宣州（8县）	宣城、当涂、泾县、广德、南陵、太平、宁国、旌德	宣州宁国军节度使（吴，3州）	宣州（8县）	宣城、当涂、泾县、广德、南陵、太平、宁国、旌德
	歙州（6县）	歙、休宁、黟、绩溪、婺源、祁门		歙州（6县）	歙、休宁、黟、绩溪、婺源、祁门
	池州（4县）	秋浦、青阳、*建德*、石埭		池州（4县）	*贵池*、青阳、建德、石埭
鄂州武昌军节度使（吴，3州）	鄂州（7县）	江夏、永兴、武昌、蒲圻、唐年、汉阳、汉川	鄂州武昌军节度使（吴，3州）	鄂州（7县）	江夏、永兴、武昌、蒲圻、唐年、汉阳、汉川
	黄州（3县）	黄冈、黄陂、麻城		黄州（3县）	黄冈、黄陂、麻城
	蕲州（4县）	蕲春、黄梅、广济、蕲水		蕲州（4县）	蕲春、黄梅、广济、蕲水

927年			937年		
方镇	府、州	县	方镇	府、州	县
金陵府镇海军节度使（吴，1府2州）	金陵府（5县）	上元、句容、溧水、溧阳、江宁	直隶地区（南唐，1府）	江宁府（7县）	上元、句容、溧水、溧阳、江宁、当涂、广德
	润州（4县）	丹徒、丹阳、金坛、延陵	润州镇海军节度使（南唐，2州）	润州（4县）	丹徒、丹阳、金坛、延陵
	常州（5县）	晋陵、武进、江阴、义兴、无锡		常州（5县）	晋陵、武进、江阴、义兴、无锡
宣州宁国军节度使（吴，3州）	宣州（8县）	宣城、当涂、泾县、广德、南陵、太平、宁国、旌德	宣州宁国军节度使（南唐，3州）	宣州（6县）	宣城、泾县、南陵、太平、宁国、旌德
	歙州（6县）	歙、休宁、黟、绩溪、婺源、祁门		歙州（6县）	歙、休宁、黟、绩溪、婺源、祁门
	池州（4县）	贵池、青阳、建德、石埭		池州（4县）	贵池、青阳、建德、石埭
鄂州武昌军节度使（吴，3州）	鄂州（7县）	江夏、永兴、武昌、蒲圻、*崇阳*、汉阳、汉川	鄂州武昌军节度使（南唐，3州）	鄂州（7县）	江夏、永兴、武昌、蒲圻、*唐年*、汉阳、汉川
	黄州（3县）	黄冈、黄陂、麻城		黄州（3县）	黄冈、黄陂、麻城
	蕲州（4县）	蕲春、黄梅、广济、蕲水		蕲州（4县）	蕲春、黄梅、广济、蕲水

	938年			942年	
方镇	府、州	县	方镇	府、州	县
				江阴军（1县，常州析置）	江阴
直隶地区（南唐，1府）	江宁府（7县）	上元、句容、溧水、溧阳、江宁、当涂、广德	直隶地区（南唐，1府1军）	江宁府（7县）	上元、句容、溧水、溧阳、江宁、当涂、广德
润州镇海军节度使（南唐，2州）	润州（4县）	丹徒、丹阳、金坛、延陵	润州镇海军节度使（南唐，2州）	润州（4县）	丹徒、丹阳、金坛、延陵
	常州（5县）	晋陵、武进、江阴、义兴、无锡		常州（4县）	晋陵、武进、义兴、无锡
宣州宁国军节度使（南唐，2州）	宣州（6县）	宣城、泾县、南陵、太平、宁国、旌德	宣州宁国军节度使（南唐，2州）	宣州（6县）	宣城、泾县、南陵、太平、宁国、旌德
	歙州（6县）	歙、休宁、黟、绩溪、婺源、祁门		歙州（6县）	歙、休宁、黟、绩溪、婺源、祁门
池州康化军节度使（南唐，1州）	池州（4县）	贵池、青阳、建德、石埭	池州康化军节度使（南唐，1州）	池州（4县）	贵池、青阳、建德、石埭
鄂州武昌军节度使（南唐，3州）	鄂州（7县）	江夏、永兴、武昌、蒲圻、唐年、汉阳、汉川	鄂州武昌军节度使（南唐，3州）	鄂州（7县）	江夏、永兴、武昌、蒲圻、唐年、汉阳、汉川
	黄州（3县）	黄冈、黄陂、麻城		黄州（3县）	黄冈、黄陂、麻城
	蕲州（4县）	蕲春、黄梅、广济、蕲水		蕲州（4县）	蕲春、黄梅、广济、蕲水

方镇	府、州	县	方镇	府、州	县
950年			951年		
直隶地区（南唐，1府1军）	江阴军（1县）	江阴	直隶地区（南唐，1府1军）	江阴军（1县）	江阴
	江宁府（6县1制置院）	上元、句容、溧水、溧阳、江宁、当涂、广德制置院		江宁府（9县1制置院）	上元、句容、溧水、溧阳、江宁、当涂、繁昌、铜陵、芜湖、广德制置院
润州镇海军节度使（南唐，2州）	润州（4县）	丹徒、丹阳、金坛、延陵	润州镇海军节度使（南唐，2州）	润州（4县）	丹徒、丹阳、金坛、延陵
	常州（4县）	晋陵、武进、义兴、无锡		常州（4县）	晋陵、武进、义兴、无锡
宣州宁国军节度使（南唐，2州）	宣州（6县）	宣城、泾县、南陵、太平、宁国、旌德	宣州宁国军节度使（南唐，2州）	宣州（6县）	宣城、泾县、南陵、太平、宁国、旌德
	歙州（6县）	歙、休宁、黟、绩溪、婺源、祁门		歙州（6县）	歙、休宁、黟、绩溪、婺源、祁门
池州康化军节度使（南唐，1州）	池州（4县）	贵池、青阳、建德、石埭	池州康化军节度使（南唐，1州）	池州（4县）	贵池、青阳、建德、石埭
鄂州武昌军节度使（南唐，3州）	鄂州（7县）	江夏、永兴、武昌、蒲圻、唐年、汉阳、汉川	鄂州武昌军节度使（南唐，3州）	鄂州（7县）	江夏、永兴、武昌、蒲圻、唐年、汉阳、汉川
	黄州（3县）	黄冈、黄陂、麻城		黄州（3县）	黄冈、黄陂、麻城
	蕲州（4县）	蕲春、黄梅、广济、蕲水		蕲州（4县）	蕲春、黄梅、广济、蕲水

953年			954年		
方镇	府、州	县	方镇	府、州	县
直隶地区（南唐，1府1军）	江阴军（1县）	江阴	直隶地区（南唐，1府1军）	江阴军（1县）	江阴
	江宁府（9县1制置院）	上元、句容、溧水、溧阳、江宁、当涂、繁昌、铜陵、芜湖、广德制置院		江宁府（9县1制置院）	上元、句容、溧水、溧阳、江宁、当涂、繁昌、铜陵、芜湖、广德制置院
润州镇海军节度使（南唐，2州）	润州（4县）	丹徒、丹阳、金坛、延陵	润州镇海军节度使（南唐，2州）	润州（4县）	丹徒、丹阳、金坛、延陵
	常州（4县）	晋陵、武进、义兴、无锡		常州（4县）	晋陵、武进、义兴、无锡
宣州宁国军节度使（南唐，2州）	宣州（6县）	宣城、泾县、南陵、太平、宁国、旌德	宣州宁国军节度使（南唐，3州）	宣州（6县）	宣城、泾县、南陵、太平、宁国、旌德
	歙州（6县）	歙、休宁、黟、绩溪、婺源、祁门		歙州（6县）	歙、休宁、黟、绩溪、婺源、祁门
池州康化军节度使（南唐，1州）	池州（4县）	贵池、青阳、建德、石埭		池州（4县）	贵池、青阳、建德、石埭
鄂州武昌军节度使（南唐，3州）	鄂州（*8*县）	江夏、永兴、武昌、蒲圻、唐年、汉阳、汉川、*嘉鱼*	鄂州武昌军节度使（南唐，3州）	鄂州（*9*县）	江夏、永兴、武昌、蒲圻、唐年、汉阳、汉川、嘉鱼、永安
	黄州（3县）	黄冈、黄陂、麻城		黄州（3县）	黄冈、黄陂、麻城
	蕲州（4县）	蕲春、黄梅、广济、蕲水		蕲州（4县）	蕲春、黄梅、广济、蕲水

958年			959年		
方镇	府、州	县	方镇	府、州	县
直隶地区（南唐，1府1州1军）	新和州（1县）	当涂	直隶地区（南唐，1府2军）	雄远军（1县）	当涂
	江阴军（1县）	江阴		江阴军（1县）	江阴
	江宁府（9县1制置院）	上元、句容、溧水、溧阳、江宁、青阳、铜陵、繁昌、芜湖、广德制置院		江宁府（9县1制置院）	上元、句容、溧水、溧阳、江宁、青阳、铜陵、繁昌、芜湖、广德制置院
润州镇海军节度使（南唐，2州）	润州（4县）	丹徒、丹阳、金坛、延陵	润州镇海军节度使（南唐，2州）	润州（4县）	丹徒、丹阳、金坛、延陵
	常州（4县）	晋陵、武进、义兴、无锡		常州（4县）	晋陵、武进、义兴、无锡
宣州宁国军节度使（南唐，3州）	宣州（6县）	宣城、泾县、南陵、太平、宁国、旌德	宣州宁国军节度使（南唐，3州）	宣州（6县）	宣城、泾县、南陵、太平、宁国、旌德
	歙州（6县）	歙、休宁、黟、绩溪、婺源、祁门		歙州（6县）	歙、休宁、黟、绩溪、婺源、祁门
	池州（3县）	贵池、建德、石埭		池州（3县）	贵池、建德、石埭
鄂州武昌军节度使（南唐，1州）	鄂州（7县）	江夏、永兴、武昌、蒲圻、唐年、嘉鱼、永安	鄂州武昌军节度使（南唐，1州）	鄂州（8县）	江夏、永兴、武昌、蒲圻、唐年、嘉鱼、永安、通山
（直属后周）	黄州（3县）	黄冈、黄陂、麻城	（直属后周）	黄州（3县）	黄冈、黄陂、麻城
（直属后周）	蕲州（4县）	蕲春、黄梅、广济、蕲水	（直属后周）	蕲州（4县）	蕲春、黄梅、广济、蕲水

表II-24 洪州镇南军节度使(直隶地区)[含江州奉化军节度使、抚州昭武军节度使、饶州永平军（安化军）节度使]、虔州百胜军节度使辖区沿革表

公元	907年			909年		
政区	方镇	府、州	县	方镇	府、州	县
洪州镇南军节度使(直隶地区)[含江州奉化军节度使、抚州昭武军节度使、饶州永平军（安化军）节度使]	洪州镇南军节度使（吴王，2州）	洪州（7县）	南昌、吴皋、高安、建昌、新吴、武宁、分宁	洪州镇南军节度使（吴王，7州）	洪州（7县）	南昌、吴皋、高安、建昌、新吴、武宁、分宁
		江州（3县）	浔阳、都昌、彭泽		信州（4县）	上饶、弋阳、贵溪、玉山
	（江西）	袁州（3县）	宜春、萍乡、新喻		袁州（3县）	宜春、萍乡、新喻
		吉州（5县）	庐陵、太和、安福、新淦、永新		吉州（5县）	庐陵、太和、安福、新淦、永新
		饶州（吴王，4县）	鄱阳、馀干、乐平、浮梁		饶州（4县）	鄱阳、馀干、乐平、浮梁
		信州（4县）	上饶、弋阳、贵溪、玉山		江州（3县）	浔阳、都昌、彭泽
		抚州（4县）	临川、南城、崇仁、南丰		抚州（4县）	临川、南城、崇仁、南丰
虔州百胜军节度使	（江西、卢光稠）	虔州（7县）	赣、虔化、南康、雩都、信丰、大庾、安远	虔州百胜军节度使（后梁名义上置，2州）	虔州（7县）	赣、虔化、南康、雩都、信丰、大庾、安远
	（卢光稠）	韶州（6县）	曲江、始兴、乐昌、翁源、仁化、浈昌		韶州（6县）	曲江、始兴、乐昌、翁源、仁化、浈昌

方镇	910年			方镇	911年	
	府、州	县		府、州	县
洪州镇南军节度使（吴王，7州）	洪州（7县）	南昌、吴皋、高安、建昌、新吴、武宁、分宁	洪州镇南军节度使（吴王，7州）	洪州（7县）	南昌、吴皋、高安、建昌、新吴、武宁、分宁
	信州（4县）	上饶、弋阳、贵溪、玉山		信州（4县）	上饶、弋阳、贵溪、玉山
	袁州（3县）	宜春、萍乡、新喻		袁州（3县）	宜春、萍乡、新喻
	吉州（5县）	庐陵、太和、安福、新淦、永新		吉州（5县）	庐陵、太和、安福、新淦、永新
	饶州（5县）	鄱阳、馀干、乐平、浮梁、德兴		饶州（5县）	鄱阳、馀干、乐平、浮梁、德兴
	江州（3县）	浔阳、都昌、彭泽		江州（3县）	浔阳、都昌、彭泽
	抚州（4县）	临川、南城、崇仁、南丰		抚州（4县）	临川、南城、崇仁、南丰
虔州百胜军节度使（后梁名义上置，2州）	虔州（7县）	赣、虔化、南康、零都、信丰、大庾、安远	虔州百胜军节度使（后梁名义上置，1州）	虔州（7县）	赣、虔化、南康、零都、信丰、大庾、安远
	韶州（6县）	曲江、始兴、乐昌、翁源、仁化、浈昌	（别属南汉广州清海军节度使）		

919年			921年		
方镇	府、州	县	方镇	府、州	县
洪州镇南军节度使（吴，7州）	洪州（7县）	南昌、吴皋、高安、建昌、新吴、武宁、分宁	洪州镇南军节度使（吴，5州）	洪州（7县）	南昌、吴皋、高安、建昌、新吴、武宁、分宁
	信州（4县）	上饶、弋阳、贵溪、玉山		信州（4县）	上饶、弋阳、贵溪、玉山
	袁州（3县）	宜春、萍乡、新喻		袁州（3县）	宜春、萍乡、新喻
	吉州（5县）	庐陵、太和、安福、新淦、永新		吉州（5县）	庐陵、太和、安福、新淦、永新
	饶州（5县）	鄱阳、馀干、乐平、浮梁、德兴		饶州（5县）	鄱阳、馀干、乐平、浮梁、德兴
	江州（3县）	浔阳、都昌、彭泽	江州奉化军节度使（吴，1州）	江州（3县）	浔阳、都昌、彭泽
	抚州（4县）	临川、南城、崇仁、南丰	抚州昭武军节度使（吴，1州）	抚州（4县）	临川、南城、崇仁、南丰
虔州百胜军节度使（吴，1州）	虔州（7县）	赣、虔化、南康、雩都、信丰、大庾、安远	虔州百胜军节度使（吴，1州）	虔州（7县）	赣、虔化、南康、雩都、信丰、大庾、安远

927年			937年		
方镇	府、州	县	方镇	府、州	县
洪州镇南军节度使（吴，5州）	洪州（7县）	南昌、吴皋、高安、建昌、新吴、武宁、分宁	洪州镇南军节度使（*南唐*，5州）	洪州（*8县*）	南昌、*丰城*、高安、建昌、*奉新*、武宁、分宁、*靖安*
	信州（4县）	上饶、弋阳、贵溪、玉山		信州（4县）	上饶、弋阳、贵溪、玉山
	袁州（3县）	宜春、萍乡、新喻		袁州（3县）	宜春、萍乡、新喻
	吉州（5县）	庐陵、太和、安福、新淦、永新		吉州（5县）	庐陵、太和、安福、新淦、永新
	饶州（5县）	鄱阳、馀干、乐平、浮梁、德兴		饶州（5县）	鄱阳、馀干、乐平、浮梁、德兴
江州奉化军节度使（吴，1州）	江州（*4县*）	浔阳、都昌、彭泽、*德安*	江州奉化军节度使（南唐，1州）	江州（4县）	*德化*、都昌、彭泽、德安
抚州昭武军节度使（吴，1州）	抚州（4县）	临川、南城、崇仁、南丰	抚州昭武军节度使（南唐，1州）	抚州（4县）	临川、南城、崇仁、南丰
虔州百胜军节度使（吴，1州）	虔州（7县）	赣、虔化、南康、雩都、信丰、大庚、安远	虔州百胜军节度使（南唐，1州）	虔州（7县）	赣、虔化、南康、雩都、信丰、大庚、安远

附　录　1063

	938年			939年		
方镇	府、州	县	方镇	府、州	县	
洪州镇南军节度使（南唐，5州）	洪州（9县）	南昌、丰城、高安、建昌、奉新、武宁、分宁、靖安、清江	洪州镇南军节度使（南唐，5州）	洪州（9县）	南昌、丰城、高安、建昌、奉新、武宁、分宁、靖安、清江	
	信州（4县）	上饶、弋阳、贵溪、玉山		信州（4县）	上饶、弋阳、贵溪、玉山	
	袁州（3县）	宜春、萍乡、新喻		袁州（3县）	宜春、萍乡、新喻	
	吉州（5县）	庐陵、太和、安福、新淦、永新		吉州（5县）	庐陵、太和、安福、新淦、永新	
	饶州（5县）	鄱阳、馀干、乐平、浮梁、德兴		饶州（5县）	鄱阳、馀干、乐平、浮梁、德兴	
江州奉化军节度使（南唐，1州）	江州（4县）	德化、都昌、彭泽、德安	江州奉化军节度使（南唐，1州）	江州（5县）	德化、都昌、彭泽、德安、瑞昌	
抚州昭武军节度使（南唐，1州）	抚州（4县）	临川、南城、崇仁、南丰	抚州昭武军节度使（南唐，1州）	抚州（4县）	临川、南城、崇仁、南丰	
虔州百胜军节度使（南唐，1州）	虔州（7县）	赣、虔化、南康、雩都、信丰、大庾、安远	虔州百胜军节度使（南唐，1州）	虔州（7县）	赣、虔化、南康、雩都、信丰、大庾、安远	

	943年			944年		
方镇	府、州	县	方镇	府、州	县	
洪州镇南军节度使（南唐，4州）	洪州（9县）	南昌、丰城、高安、建昌、奉新、武宁、分宁、靖安、清江	洪州镇南军节度使（南唐，4州）	洪州（9县）	南昌、丰城、高安、建昌、奉新、武宁、分宁、靖安、清江	
	信州（4县）	上饶、弋阳、贵溪、玉山		信州（5县）	上饶、弋阳、贵溪、玉山、*铅山*	
	袁州（3县）	宜春、萍乡、新喻		袁州（3县）	宜春、萍乡、新喻	
	吉州（5县）	庐陵、太和、安福、新淦、永新		吉州（5县）	庐陵、太和、安福、新淦、永新	
饶州永平军节度使（南唐，1州）	饶州（5县）	鄱阳、馀干、乐平、浮梁、德兴	饶州永平军节度使（南唐，1州）	饶州（5县）	鄱阳、馀干、乐平、浮梁、德兴	
江州奉化军节度使（南唐，1州）	江州（5县）	德化、都昌、彭泽、德安、瑞昌	江州奉化军节度使（南唐，1州）	江州（5县）	德化、都昌、彭泽、德安、瑞昌	
抚州昭武军节度使（南唐，1州）	抚州（4县）	临川、南城、崇仁、南丰	抚州昭武军节度使（南唐，1州）	抚州（4县）	临川、南城、崇仁、南丰	
虔州百胜军节度使（南唐，1州）	虔州（7县）	赣、虔化、南康、雩都、信丰、大庾、安远	虔州百胜军节度使（南唐，1州）	虔州（7县）	赣、虔化、南康、雩都、信丰、大庾、安远	

方镇	947年 府、州	县	方镇	949年 府、州	县
洪州镇南军节度使（南唐，4州）	洪州（9县）	南昌、丰城、高安、建昌、奉新、武宁、分宁、靖安、清江	洪州镇南军节度使（南唐，4州）	洪州（9县）	南昌、丰城、高安、建昌、奉新、武宁、分宁、靖安、清江
	信州（5县）	上饶、弋阳、贵溪、玉山、铅山		信州（5县）	上饶、弋阳、贵溪、玉山、铅山
	袁州（3县）	宜春、萍乡、新喻		袁州（3县）	宜春、萍乡、新喻
	吉州（5县）	庐陵、太和、安福、新淦、永新		吉州（5县）	庐陵、太和、安福、新淦、永新
饶州安化军节度使（南唐，1州）	饶州（5县）	鄱阳、馀干、乐平、浮梁、德兴	饶州安化军节度使（南唐，1州）	饶州（5县）	鄱阳、馀干、乐平、浮梁、德兴
江州奉化军节度使（南唐，1州）	江州（5县）	德化、都昌、彭泽、德安、瑞昌	江州奉化军节度使（南唐，1州）	江州（6县）	德化、都昌、彭泽、德安、瑞昌、*湖口*
抚州昭武军节度使（南唐，1州）	抚州（4县）	临川、南城、崇仁、南丰	抚州昭武军节度使（南唐，1州）	抚州（4县）	临川、南城、崇仁、南丰
虔州百胜军节度使（南唐，1州）	虔州（7县）	赣、虔化、南康、雩都、信丰、大庾、安远	虔州百胜军节度使（南唐，1州）	虔州（7县）	赣、虔化、南康、雩都、信丰、大庾、安远

950年			952年		
方镇	府、州	县	方镇	府、州	县
洪州镇南军节度使（南唐，4州）			洪州镇南军节度使（南唐，5州）	筠州（4县，洪州析置）	高安、清江、上高、万载
	洪州（9县）	南昌、丰城、高安、建昌、奉新、武宁、分宁、靖安、清江		洪州（7县）	南昌、丰城、建昌、奉新、武宁、分宁、靖安
	信州（5县）	上饶、弋阳、贵溪、玉山、铅山		信州（5县）	上饶、弋阳、贵溪、玉山、铅山
	袁州（3县）	宜春、萍乡、新喻		袁州（3县）	宜春、萍乡、新喻
	吉州（6县）	庐陵、太和、安福、新淦、永新、吉水		吉州（6县）	庐陵、太和、安福、新淦、永新、吉水
饶州安化军节度使（南唐，1州）	饶州（5县）	鄱阳、馀干、乐平、浮梁、德兴	饶州安化军节度使（南唐，1州）	饶州（5县）	鄱阳、馀干、乐平、浮梁、德兴
江州奉化军节度使（南唐，1州）	江州（6县）	德化、都昌、彭泽、德安、瑞昌、湖口	江州奉化军节度使（南唐，1州）	江州（6县）	德化、都昌、彭泽、德安、瑞昌、湖口
抚州昭武军节度使（南唐，1州）	抚州（4县）	临川、南城、崇仁、南丰	抚州昭武军节度使（南唐，1州）	抚州（4县）	临川、南城、崇仁、南丰
虔州百胜军节度使（南唐，1州）	虔州（7县）	赣、虔化、南康、雩都、信丰、大庾、安远	虔州百胜军节度使（南唐，1州）	虔州（10县）	赣、虔化、南康、雩都、信丰、大庾、安远、石城、上犹、龙南

953年			958年		
方镇	府、州	县	方镇	府、州	县
洪州镇南军节度使（南唐,5州）	筠州（4县）	高安、清江、上高、万载	洪州镇南军节度使（南唐,5州）	筠州（4县）	高安、清江、上高、万载
	洪州（7县）	南昌、丰城、建昌、奉新、武宁、分宁、靖安		洪州（7县）	南昌、丰城、建昌、奉新、武宁、分宁、靖安
	信州（5县）	上饶、弋阳、贵溪、玉山、铅山		信州（5县）	上饶、弋阳、贵溪、玉山、铅山
	袁州（3县）	宜春、萍乡、新喻		袁州（3县）	宜春、萍乡、新喻
	吉州（6县）	庐陵、太和、安福、新淦、永新、吉水		吉州（6县）	庐陵、太和、安福、新淦、永新、吉水
饶州安化军节度使（南唐,1州）	饶州（5县）	鄱阳、馀干、乐平、浮梁、德兴	饶州安化军节度使（南唐,1州）	饶州（5县）	鄱阳、馀干、乐平、浮梁、德兴
江州奉化军节度使（南唐,1州）	江州（*7县*）	德化、都昌、彭泽、德安、瑞昌、湖口、*东流*	江州奉化军节度使（南唐,1州）	江州（7县）	德化、都昌、彭泽、德安、瑞昌、湖口、东流
抚州昭武军节度使（南唐,1州）	抚州（4县）	临川、南城、崇仁、南丰	抚州昭武军节度使（南唐,1州）	抚州（4县 *1场*）	临川、南城、崇仁、南丰、金谿场
虔州百胜军节度使（南唐,1州）	虔州（*11县*）	赣、虔化、南康、雩都、信丰、大庾、安远、石城、上犹、龙南、瑞金	虔州百胜军节度使（南唐,1州）	虔州（11县）	赣、虔化、南康、雩都、信丰、大庾、安远、石城、上犹、龙南、瑞金

方镇	府、州	县
959年		
直隶地区（南唐，5州）	筠州（4县）	高安、清江、上高、万载
	南昌府（7县）	南昌、丰城、建昌、奉新、武宁、分宁、靖安
	信州（5县）	上饶、弋阳、贵溪、玉山、铅山
	袁州（3县）	宜春、萍乡、新喻
	吉州（6县）	庐陵、太和、安福、新淦、永新、吉水
饶州安化军节度使（南唐，1州）	饶州（5县）	鄱阳、馀干、乐平、浮梁、德兴
江州奉化军节度使（南唐，1州）	江州（7县）	德化、都昌、彭泽、德安、瑞昌、湖口、东流
抚州昭武军节度使（南唐，1州）	抚州（4县1场）	临川、南城、崇仁、南丰、金谿场
虔州百胜军节度使（南唐，1州）	虔州（11县）	赣、虔化、南康、雩都、信丰、大庾、安远、石城、上犹、龙南、瑞金

表II-25 杭州(西府)镇海军节度使（含苏州中吴军节度使、湖州宣德军节度使）、越州（东府）镇东军节度使（含婺州武胜军节度使、温州静海军节度使）辖区沿革表

公元		907年			908年		
政区	方镇	府、州	县		方镇	府、州	县
杭州镇海军节度使（含苏州中吴军节度使、湖州宣德军节度使）	杭州镇海军节度使（吴越，4州1军）	苏州（7县）	吴县、长洲、嘉兴、昆山、常熟、海盐、华亭		杭州镇海军节度使（吴越，1府4州1军）	中吴府（苏州府）（4县）	吴县、长洲、昆山、常熟
		湖州（4县）	乌程、德清、安吉、长兴			湖州（4县）	乌程、德清、安吉、长兴
		杭州（10县）	钱塘、盐官、馀杭、富阳、於潜、临安、新登、唐山、桐庐、武康			杭州（10县）	钱塘、盐官、馀杭、富阳、於潜、安国、新登、吴昌、桐庐、武康
		睦州（5县）	建德、清溪、寿昌、分水、遂安			睦州（5县）	建德、清溪、寿昌、分水、遂安
		衣锦军（无领县）				衣锦军（无领县）	
						开元府（3县，析苏州置）	嘉兴、华亭、海盐
越州镇东军节度使（含婺州武胜军节度使、温州静海军节度使）	越州镇东军节度使（吴越，7州）	越州（7县）	会稽、山阴、暨阳、馀姚、剡、萧山、上虞		越州镇东军节度使（吴越，7州）	越州（8县）	会稽、山阴、暨阳、馀姚、剡、萧山、上虞、新昌
		明州（4县）	鄞县、奉化、慈溪、象山			明州（4县）	鄞县、奉化、慈溪、象山
		台州（5县）	临海、唐兴、黄岩、乐安、宁海			台州（5县）	临海、天台、黄岩、乐安、宁海
		处州（6县）	丽水、松阳、缙云、青田、遂昌、龙泉			处州（6县）	丽水、松阳、缙云、青田、遂昌、龙泉
		衢州（4县）	西安、龙丘、须江、常山			衢州（4县）	西安、龙丘、须江、常山
		婺州（7县）	金华、义乌、永康、东阳、兰溪、武义、浦阳			婺州（7县）	金华、义乌、永康、东阳、兰溪、武义、浦阳
		温州（4县）	永嘉、瑞安、横阳、乐清			温州（4县）	永嘉、瑞安、横阳、乐清

	909年			910年		
方镇	府、州	县	方镇	府、州	县
杭州镇海军节度使（吴越，1府4州1军）	中吴府（苏州府）（5县）	吴县、长洲、昆山、常熟、吴江	杭州镇海军节度使（吴越，1府4州1军）	中吴府（苏州府）（5县）	吴县、长洲、昆山、常熟、吴江
	湖州（4县）	乌程、德清、安吉、长兴		湖州（4县）	乌程、德清、安吉、长兴
	杭州（10县）	钱塘、盐官、馀杭、富阳、於潜、安国、新登、吴昌、桐庐、武康		杭州（10县）	钱塘、盐官、馀杭、*肯夯*、於潜、安国、新登、金昌、桐庐、武康
	睦州（5县）	建德、清溪、寿昌、分水、遂安		睦州（5县）	建德、清溪、寿昌、分水、遂安
	衣锦军（无领县）			衣锦军（无领县）	
	开元府（3县）	嘉兴、华亭、海盐		开元府（3县）	嘉兴、华亭、海盐
越州镇东军节度使（吴越，7州）	越州（8县）	会稽、山阴、暨阳、馀姚、剡、萧山、上虞、新昌	越州镇东军节度使（吴越，7州）	越州（8县）	会稽、山阴、*诸暨*、馀姚、剡、萧山、上虞、新昌
	明州（5县）	鄞县、奉化、慈溪、象山、定海		明州（5县）	鄞县、奉化、慈溪、象山、定海
	台州（5县）	临海、天台、黄岩、乐安、宁海		台州（5县）	临海、天台、黄岩、乐安、宁海
	处州（6县）	丽水、松阳、缙云、青田、遂昌、龙泉		处州（6县）	丽水、*长松*、缙云、青田、遂昌、龙泉
	衢州（4县）	西安、龙丘、须江、常山		衢州（4县）	西安、龙丘、须江、常山
	婺州（7县）	金华、义乌、永康、东阳、兰溪、武义、浦阳		婺州（7县）	金华、义乌、永康、*东场*、兰溪、武义、*浦江*
	温州（4县）	永嘉、瑞安、横阳、乐清		温州（4县）	永嘉、瑞安、横阳、乐清

914年			915年		
方镇	府、州	县	方镇	府、州	县
杭州镇海军节度使（吴越，1府4州1军）	中吴府（苏州府）（5县）	吴县、长洲、昆山、常熟、吴江	苏州中吴军节度使（吴越，1州）	苏州（5县）	吴县、长洲、昆山、常熟、吴江
	湖州（4县）	乌程、德清、安吉、长兴	杭州镇海军节度使（吴越，1府3州1军）	湖州（4县）	乌程、德清、安吉、长兴
	杭州（10县）	钱塘、盐官、馀杭、富春、於潜、安国、新登、金昌、桐庐、武康		杭州（10县）	钱塘、盐官、馀杭、富春、於潜、安国、新登、金昌、桐庐、武康
	睦州（5县）	建德、清溪、寿昌、分水、遂安		睦州（5县）	建德、清溪、寿昌、分水、遂安
	衣锦军（无领县）			衣锦军（无领县）	
	开元府（3县）	嘉兴、华亭、海盐		开元府（3县）	嘉兴、华亭、海盐
越州镇东军节度使（吴越，7州）	越州（8县）	会稽、山阴、诸暨、馀姚、剡、萧山、上虞、新昌	越州镇东军节度使（吴越，7州）	越州（8县）	会稽、山阴、诸暨、馀姚、剡、萧山、上虞、新昌
	明州（5县）	鄞县、奉化、慈溪、象山、定海		明州（5县）	鄞县、奉化、慈溪、象山、定海
	台州（5县）	临海、天台、黄岩、乐安、宁海		台州（5县）	临海、天台、黄岩、乐安、宁海
	处州（6县）	丽水、长松、缙云、青田、遂昌、龙泉		处州（6县）	丽水、长松、缙云、青田、遂昌、龙泉
	衢州（4县）	西安、龙丘、须江、常山		衢州（4县）	西安、龙丘、须江、常山
	婺州（7县）	金华、义乌、永康、东场、兰溪、武义、浦江		婺州（7县）	金华、义乌、永康、东场、兰溪、武义、浦江
	温州（4县）	永嘉、瑞安、平阳、乐清		温州（4县）	永嘉、瑞安、平阳、乐清

方镇	府、州	县	方镇	府、州	县
		923年			924年
苏州中吴军节度使（吴越，1州）	苏州（5县）	吴县、长洲、昆山、常熟、吴江	苏州中吴军节度使（吴越，1州）	苏州（5县）	吴县、长洲、昆山、常熟、吴江
杭州镇海军节度使（吴越，1府3州1军）	湖州（4县）	乌程、德清、安吉、长兴	杭州镇海军节度使（吴越，1府3州1军）	湖州（4县）	乌程、德清、安吉、长兴
	杭州（*11县*）	钱塘、盐官、馀杭、富春、於潜、安国、新登、金昌、桐庐、武康、*钱江*		杭州（11县）	钱塘、盐官、馀杭、富春、於潜、安国、*新城、唐山*、桐庐、武康、钱江
	睦州（5县）	建德、清溪、寿昌、分水、遂安		睦州（5县）	建德、清溪、寿昌、分水、遂安
	衣锦军（无领县）			衣锦军（无领县）	
	开元府（3县）	嘉兴、华亭、海盐		开元府（3县）	嘉兴、华亭、海盐
越州镇东军节度使（吴越，7州）	越州（8县）	会稽、山阴、诸暨、馀姚、剡、萧山、上虞、新昌	越州镇东军节度使（吴越，7州）	越州（8县）	会稽、山阴、诸暨、馀姚、剡、萧山、上虞、新昌
	明州（5县）	鄞县、奉化、慈溪、象山、定海		明州（5县）	鄞县、奉化、慈溪、象山、定海
	台州（5县）	临海、天台、黄岩、乐安、宁海		台州（5县）	临海、*唐兴*、黄岩、乐安、宁海
	处州（6县）	丽水、长松、缙云、青田、遂昌、龙泉		处州（6县）	丽水、长松、缙云、青田、遂昌、龙泉
	衢州（4县）	西安、龙丘、须江、常山		衢州（4县）	西安、龙丘、须江、常山
	婺州（7县）	金华、义乌、永康、东场、兰溪、武义、浦江		婺州（7县）	金华、义乌、永康、东场、兰溪、武义、浦江
	温州（4县）	永嘉、瑞安、平阳、乐清		温州（4县）	永嘉、瑞安、平阳、乐清

	930年			931年	
方镇	府、州	县	方镇	府、州	县
苏州中吴军节度使（吴越,1州）	苏州（5县）	吴县、长洲、昆山、常熟、吴江	苏州中吴军节度使（吴越,1州）	苏州（5县）	吴县、长洲、昆山、常熟、吴江
杭州镇海军节度使（吴越,1府3州1军）	湖州（4县）	乌程、德清、安吉、长兴	杭州镇海军节度使（吴越,1府3州1军）	湖州（4县）	乌程、德清、安吉、长兴
	杭州（11县）	钱塘、盐官、馀杭、富春、於潜、安国、新城、唐山、桐庐、武康、钱江		杭州（11县）	钱塘、盐官、馀杭、富春、於潜、安国、新城、唐山、桐庐、武康、钱江
	睦州（5县）	建德、清溪、寿昌、分水、遂安		睦州（5县）	建德、清溪、寿昌、分水、遂安
	衣锦军（无领县）			衣锦军（无领县）	
	开元府（3县）	嘉兴、华亭、海盐		开元府（3县）	嘉兴、华亭、海盐
越州镇东军节度使（吴越,7州）	越州（8县）	会稽、山阴、诸暨、馀姚、剡、萧山、上虞、新昌	越州镇东军节度使（吴越,7州）	越州（8县）	会稽、山阴、诸暨、馀姚、剡、萧山、上虞、新昌
	明州（5县）	鄞县、奉化、慈溪、象山、定海		明州（5县）	鄞县、奉化、慈溪、象山、定海
	台州（5县）	临海、唐兴、黄岩、永安、宁海		台州（5县）	临海、唐兴、黄岩、永安、宁海
	处州（6县）	丽水、长松、缙云、青田、遂昌、龙泉		处州（6县）	丽水、长松、缙云、青田、遂昌、龙泉
	衢州（4县）	西安、龙丘、须江、常山		衢州（4县）	西安、龙游、江山、常山
	婺州（7县）	金华、义乌、永康、东场、兰溪、武义、浦江		婺州（7县）	金华、义乌、永康、东场、兰溪、武义、浦江
	温州（4县）	永嘉、瑞安、平阳、乐清		温州（4县）	永嘉、瑞安、平阳、乐清

方镇	府、州	县	方镇	府、州	县
932年			937年		
苏州中吴军节度使（吴越，1州）	苏州(6县)	吴县、长洲、昆山、常熟、吴江、华亭	苏州中吴军节度使（吴越，1州）	苏州(6县)	吴县、长洲、昆山、常熟、吴江、华亭
杭州镇海军节度使（吴越，3州1军）	湖州(4县)	乌程、德清、安吉、长兴	杭州镇海军节度使（吴越，3州1军）	湖州(4县)	乌程、德清、安吉、长兴
	杭州(13县)	钱塘、盐官、馀杭、富春、於潜、安国、新城、唐山、武康、钱江、嘉兴、海盐		杭州(13县)	钱塘、盐官、馀杭、富阳、於潜、安国、新城、唐山、武康、钱江、嘉兴、海盐
	睦州(5县)	建德、清溪、寿昌、分水、遂安		睦州(5县)	建德、清溪、寿昌、分水、遂安
	衣锦军（无领县）			衣锦军（无领县）	
（废）					
越州镇东军节度使（吴越，7州）	越州(8县)	会稽、山阴、诸暨、馀姚、剡、萧山、上虞、新昌	越州镇东军节度使（吴越，7州）	越州(8县)	会稽、山阴、诸暨、馀姚、剡、萧山、上虞、新昌
	明州(5县)	鄞县、奉化、慈溪、象山、定海		明州(5县)	鄞县、奉化、慈溪、象山、定海
	台州(5县)	临海、唐兴、黄岩、永安、宁海		台州(5县)	临海、台兴、黄岩、永安、宁海
	处州(6县)	丽水、长松、缙云、青田、遂昌、龙泉		处州(6县)	丽水、长松、缙云、青田、遂昌、龙泉
	衢州(4县)	西安、龙游、江山、常山		衢州(4县)	西安、龙游、江山、常山
	婺州(7县)	金华、义乌、永康、东场、兰溪、武义、浦江		婺州(7县)	金华、义乌、永康、东阳、兰溪、武义、浦阳
	温州(4县)	永嘉、瑞安、平阳、乐清		温州(4县)	永嘉、瑞安、平阳、乐清

938年			939年		
方镇	府、州	县	方镇	府、州	县
苏州中吴军节度使（吴越，1州）	苏州（5县）	吴县、长洲、昆山、常熟、吴江	苏州中吴军节度使（吴越，1州）	苏州（5县）	吴县、长洲、昆山、常熟、吴江
杭州镇海军节度使（吴越，4州1军）	湖州（4县）	乌程、德清、安吉、长兴	杭州镇海军节度使（吴越，4州1军）	湖州（4县）	乌程、德清、安吉、长兴
	杭州（11县）	钱塘、盐官、馀杭、*富阳*、於潜、安国、新城、唐山、桐庐、武康、钱江		杭州（11县）	钱塘、盐官、馀杭、富阳、於潜、安国、新城、唐山、桐庐、武康、钱江
	睦州（5县）	建德、清溪、寿昌、分水、遂安		睦州（5县）	建德、清溪、寿昌、分水、遂安
	衣锦军（无领县）			衣锦军（无领县）	
	秀州（4县，析杭、苏2州地置）	嘉兴、海盐、华亭、崇德		秀州（4县）	嘉兴、海盐、华亭、崇德
越州镇东军节度使（吴越，7州）	越州（8县）	会稽、山阴、诸暨、馀姚、剡、萧山、上虞、新昌	越州镇东军节度使（吴越，5州）	越州（8县）	会稽、山阴、诸暨、馀姚、剡、萧山、上虞、新昌
	明州（5县）	鄞县、奉化、慈溪、象山、定海		明州（5县）	鄞县、奉化、慈溪、象山、定海
	台州（5县）	临海、台兴、黄岩、永安、宁海		台州（5县）	临海、台兴、黄岩、永安、宁海
	处州（6县）	丽水、长松、缙云、青田、遂昌、龙泉		处州（6县）	丽水、*白龙*、缙云、青田、遂昌、龙泉
	衢州（4县）	西安、龙游、江山、常山		衢州（4县）	西安、龙游、江山、常山
	婺州（7县）	金华、义乌、永康、东阳、兰溪、武义、浦阳	婺州武胜军节度使（吴越，1州）	婺州（7县）	金华、义乌、永康、东阳、兰溪、武义、浦阳
	温州（4县）	永嘉、瑞安、平阳、乐清	温州静海军节度使（吴越，1州）	温州（4县）	永嘉、瑞安、平阳、乐清

940年			942年		
方镇	府、州	县	方镇	府、州	县
苏州中吴军节度使（吴越，1州）	苏州（5县）	吴县、长洲、昆山、常熟、吴江	苏州中吴军节度使（吴越，1州）	苏州（5县）	吴县、长洲、昆山、常熟、吴江
杭州镇海军节度使（吴越，4州1军）	湖州（4县）	乌程、德清、安吉、长兴	杭州镇海军节度使（吴越，4州1军）	湖州（4县）	乌程、德清、安吉、长兴
	杭州（11县）	钱塘、盐官、馀杭、富阳、於潜、安国、新城、唐山、桐庐、武康、钱江		杭州（11县）	钱塘、盐官、馀杭、富阳、於潜、安国、新城、*横山*、桐庐、武康、钱江
	睦州（5县）	建德、清溪、寿昌、分水、遂安		睦州（5县）	建德、清溪、寿昌、分水、遂安
	衣锦军（无领县）			衣锦军（无领县）	
	秀州（4县）	嘉兴、海盐、华亭、崇德		秀州（4县）	嘉兴、海盐、华亭、崇德
越州镇东军节度使（吴越，5州）	越州（8县）	会稽、山阴、诸暨、馀姚、䤁、萧山、上虞、新昌	越州镇东军节度使（吴越，5州）	越州（8县）	会稽、山阴、诸暨、馀姚、赡、萧山、上虞、新昌
	明州（5县）	鄞县、奉化、慈溪、象山、定海		明州（5县）	鄞县、奉化、慈溪、象山、定海
	台州（5县）	临海、台兴、黄岩、永安、宁海		台州（5县）	临海、台兴、黄岩、永安、宁海
	处州（6县）	丽水、白龙、缙云、青田、遂昌、龙泉		处州（6县）	丽水、白龙、缙云、青田、遂昌、龙泉
	衢州（4县）	西安、龙游、江山、常山		衢州（4县）	西安、龙游、江山、常山
婺州武胜军节度使（吴越，1州）	婺州（7县）	金华、义乌、永康、东阳、兰溪、武义、浦阳	婺州武胜军节度使（吴越，1州）	婺州（7县）	金华、义乌、永康、东阳、兰溪、武义、浦阳
温州静海军节度使（吴越，1州）	温州（4县）	永嘉、瑞安、平阳、乐清	温州静海军节度使（吴越，1州）	温州（4县）	永嘉、瑞安、平阳、乐清

959年		
方镇	府、州	县
苏州中吴军节度使（吴越，1州）	苏州（5县）	吴县、长洲、昆山、常熟、吴江
湖州宣德军节度使（吴越，1州）	湖州（4县）	乌程、德清、安吉、长兴
杭州镇海军节度使（吴越，3州1军）	杭州（11县）	钱塘、盐官、馀杭、富阳、於潜、安国、新城、横山、桐庐、武康、钱江
	睦州（5县）	建德、清溪、寿昌、分水、遂安
	衣锦军（无领县）	
	秀州（4县）	嘉兴、海盐、华亭、崇德
越州镇东军节度使（吴越，5州）	越州（8县）	会稽、山阴、诸暨、馀姚、赡、萧山、上虞、新昌
	明州（5县）	鄞县、奉化、慈溪、象山、定海
	台州（5县）	临海、台兴、黄岩、永安、宁海
	处州（6县）	丽水、白龙、缙云、青田、遂昌、龙泉
	衢州（4县）	西安、龙游、江山、常山
婺州武胜军节度使（吴越，1州）	婺州（7县）	金华、义乌、永康、东阳、兰溪、武义、浦阳
温州静海军节度使（吴越，1州）	温州（4县）	永嘉、瑞安、平阳、乐清

表II-26 福州威武军节度使（直隶地区）[含福州威武军（彰武军）节度使、建州镇安军（镇武军）节度使、建州永安军（忠义军）节度使、泉州清源军节度使]辖区沿革表

公元	907年			908年		
政区	方镇	府、州	县	方镇	府、州	县
福州威武军节度使（直隶地区）[含福州威武军（彰武军）节度使、建州镇安军（镇武军）节度使、建州永安军（忠义军）节度使、泉州清源军节度使]	福州威武军节度使（威武，5州）	泉州（4县）	晋江、南安、莆田、仙游	福州威武军节度使（威武，5州）	泉州（4县）	晋江、南安、莆田、仙游
		漳州（3县）	龙溪、龙岩、漳浦		漳州（3县）	龙溪、龙岩、漳浦
		福州（10县）	闽、候官、长乐、福唐、连江、长溪、古田、梅溪、永泰、尤溪		福州（10县）	闽、候官、长乐、永昌、连江、长溪、古田、梅溪、永泰、尤溪
		汀州（3县）	长汀、宁化、沙县		汀州（3县）	长汀、宁化、沙县
		建州（5县）	建安、邵武、浦城、建阳、将乐		建州（5县）	建安、邵武、浦城、建阳、将乐

909年			911年		
方镇	府、州	县	方镇	府、州	县
福州威武军节度使（闽王，5州）	泉州（4县）	晋江、南安、莆田、仙游	福州威武军节度使（闽王，5州）	泉州（4县）	晋江、南安、莆田、仙游
	漳州（3县）	龙溪、龙岩、漳浦		漳州（3县）	龙溪、龙岩、漳浦
	福州（10县）	闽、候官、长乐、永昌、连江、长溪、古田、梅溪、永泰、尤溪		福州（10县）	闽、候官、安昌、永昌、连江、长溪、古田、*闽清*、永泰、尤溪
	汀州（3县）	长汀、宁化、沙县		汀州（3县）	长汀、宁化、沙县
	建州（5县）	建安、邵武、浦城、建阳、将乐		建州（5县）	建安、邵武、浦城、建阳、将乐

923年			933年		
方镇	府、州	县	方镇	府、州	县
福州威武军节度使（闽王，5州）	泉州(4县)	晋江、南安、莆田、仙游	直隶地区（闽，1府4州）	泉州（5县）	晋江、南安、莆田、仙游、桃源
	漳州(3县)	龙溪、龙岩、漳浦		漳州（3县）	龙溪、龙岩、漳浦
	福州(10县)	闽、候官、长乐、福唐、连江、长溪、古田、闽清、永泰、尤溪		长乐府（13县）	长乐、闽兴、候官、福清、连江、长溪、古田、闽清、永泰、尤溪、德化、宁德、永贞
	汀州(3县)	长汀、宁化、沙县		汀州（3县）	长汀、宁化、沙县
	建州(5县)	建安、邵武、浦城、建阳、将乐		建州（6县）	建安、邵武、浦城、建阳、将乐、顺昌

附 录 1081

	935年			939年	
方镇	府、州	县	方镇	府、州	县
直隶地区（闽，1府4州）	泉州（5县）	晋江、南安、莆田、仙游、桃源	直隶地区（闽，1府4州）	泉州（*6县*）	晋江、南安、莆田、仙游、桃源、*同安*
	漳州（3县）	龙溪、龙岩、漳浦		漳州（3县）	龙溪、龙岩、漳浦
	长乐府（13县）	闽、*候官、长乐*、福清、连江、长溪、古田、闽清、永泰、尤溪、德化、宁德、永贞		长乐府（13县）	闽、候官、长乐、福清、连江、长溪、古田、闽清、永泰、尤溪、德化、宁德、永贞
	汀州（3县）	长汀、宁化、沙县		汀州（3县）	长汀、宁化、沙县
	建州（6县）	建安、邵武、浦城、建阳、将乐、顺昌		建州（6县）	建安、邵武、浦城、建阳、将乐、顺昌

941年			942年		
方镇	府、州	县	方镇	府、州	县
直隶地区（闽，1府3州）	泉州（6县）	晋江、南安、莆田、仙游、桃源、同安	直隶地区（闽，1府3州）	泉州（6县）	晋江、南安、莆田、仙游、永春、同安
	漳州（3县）	龙溪、龙岩、漳浦		漳州（3县）	龙溪、龙岩、漳浦
	长乐府（13县）	*长乐*、候官、安昌、福清、连江、长溪、古田、闽清、永泰、尤溪、德化、宁德、永贞		长乐府（13县）	*闽*、候官、*长乐*、福清、连江、长溪、古田、闽清、永泰、尤溪、德化、宁德、永贞
	汀州（3县）	长汀、宁化、沙县		汀州（3县）	长汀、宁化、沙县
建州镇安军（镇武军）节度使（闽，1州）	建州（6县）	建安、邵武、浦城、建阳、将乐、顺昌	建州镇武军节度使（闽，1州）	建州（6县）	建安、邵武、浦城、建阳、将乐、顺昌

943年			944年		
方镇	府、州	县	方镇	府、州	县
直隶地区（闽，1府3州）	泉州（6县）	晋江、南安、莆田、仙游、永春、同安	直隶地区（闽，1府6州）	泉州（6县）	晋江、南安、莆田、仙游、永春、同安
	漳州（3县）	龙溪、龙岩、漳浦		漳州（3县）	龙溪、龙岩、漳浦
	长乐府（13县）	闽、候官、长乐、福清、连江、长溪、古田、闽清、永泰、尤溪、德化、宁德、永贞		长乐府（13县）	闽、候官、长乐、福清、连江、长溪、古田、闽清、永泰、尤溪、德化、宁德、永贞
	汀州（3县）	长汀、宁化、沙县		汀州（3县）	长汀、宁化、沙县
（属殷）	建州（5县）	建安、邵武、浦城、建阳、顺昌		建州（6县）	建安、邵武、浦城、建阳、顺昌、将乐
	镡州（1县）	龙津		镡州（1县）	龙津
	镛州（1县）	将乐		（废）	

945年			946年		
方镇	府、州	县	方镇	府、州	县
（直隶南唐）	泉州（5县）	晋江、南安、莆田、仙游、桃源	（直隶南唐）	泉州（5县）	晋江、南安、莆田、仙游、桃源
（直隶南唐）	漳州（3县）	龙溪、龙岩、漳浦	（直隶南唐）	南州（3县）	龙溪、龙岩、漳浦
福州威武军节度使（南唐，1州）	福州（13县）	闽、候官、长乐、福清、连江、长溪、古田、闽清、永泰、尤溪、德化、宁德、永贞	福州威武军节度使（南唐，1州）	福州（13县）	闽、候官、长乐、福清、连江、长溪、古田、闽清、永泰、尤溪、德化、宁德、永贞
建州永安军节度使（南唐，3州）	汀州（2县）	长汀、宁化	建州永安军节度使（南唐，3州）	汀州（2县）	长汀、宁化
	建州（6县）	建安、邵武、浦城、建阳、顺昌、将乐		建州（6县）	建安、邵武、浦城、建阳、顺昌、将乐
	（废）				
	剑州（2县，析建、汀2州置）	剑浦、沙		剑州（2县）	剑浦、沙

	947年			948年	
方镇	府、州	县	方镇	府、州	县
（直隶南唐）	泉州（5县）	晋江、南安、莆田、仙游、桃源	（直隶南唐）	泉州（5县）	晋江、南安、莆田、仙游、桃源
（直隶南唐）	南州（3县）	龙溪、龙岩、漳浦	（直隶南唐）	南州（3县）	龙溪、龙岩、漳浦
福州威武军节度使（吴越，1州）	福州（13县）	闽、候官、长乐、福清、连江、长溪、古田、闽清、永泰、尤溪、德化、宁德、永贞	福州威武军节度使（吴越，1州）	福州（*12县*）	闽、候官、长乐、福清、连江、长溪、古田、闽清、永泰、德化、宁德、永贞
建州永安军节度使（南唐，3州）	汀州（2县）	长汀、宁化	建州永安军节度使（南唐，3州）	汀州（2县）	长汀、宁化
	建州（6县）	建安、邵武、浦城、建阳、顺昌、将乐		建州（*5县*）	建安、邵武、浦城、建阳、将乐
	剑州（2县）	剑浦、沙		剑州（*4县*）	剑浦、沙、*顺昌、尤溪*

949年			950年		
方镇	府、州	县	方镇	府、州	县
泉州清源军节度使（清源，2州）	泉州（6县）	晋江、南安、莆田、仙游、永春、同安	泉州清源军节度使（清源，2州）	泉州（*7县*）	晋江、南安、莆田、仙游、永春、同安、*德化*
	南州（3县）	龙溪、龙岩、漳浦		南州（3县）	龙溪、龙岩、漳浦
福州威武军节度使（吴越，1州）	福州（12县）	闽、候官、长乐、福清、连江、长溪、古田、闽清、永泰、德化、宁德、永贞	福州威武军节度使（吴越，1州）	福州（*11县*）	闽、候官、长乐、福清、连江、长溪、古田、闽清、永泰、宁德、永贞
建州永安军节度使（南唐，3州）	汀州（2县）	长汀、宁化	建州永安军节度使（南唐，3州）	汀州（2县）	长汀、宁化
	建州（5县）	建安、邵武、浦城、建阳、将乐		建州（5县）	建安、邵武、浦城、建阳、将乐
	剑州（4县）	剑浦、沙、顺昌、尤溪		剑州（4县）	剑浦、沙、顺昌、尤溪

方镇	府、州	县	方镇	府、州	县
951年			955年		
泉州清源军节度使（清源，2州）	泉州（7县）	晋江、南安、莆田、仙游、永春、同安、德化	泉州清源军节度使（清源，2州）	泉州（*9县*）	晋江、南安、莆田、仙游、永春、同安、德化、*清溪*、*长泰*
	南州（3县）	龙溪、龙岩、漳浦		南州（3县）	龙溪、龙岩、漳浦
福州彰武军节度使（吴越，1州）	福州（11县）	闽、候官、长乐、福清、连江、长溪、古田、闽清、永泰、宁德、永贞	福州彰武军节度使（吴越，1州）	福州（11县）	闽、候官、长乐、福清、连江、长溪、古田、闽清、永泰、宁德、永贞
建州永安军节度使（南唐，3州）	汀州（2县）	长汀、宁化	建州永安军节度使（南唐，3州）	汀州（2县）	长汀、宁化
	建州（6县）	建安、邵武、浦城、建阳、将乐、*松源*		建州（6县）	建安、邵武、浦城、建阳、将乐、松源
	剑州（4县）	剑浦、沙、顺昌、尤溪		剑州（4县）	剑浦、沙、顺昌、尤溪

方镇	府、州	县	方镇	府、州	县
	956年			958年	
泉州清源军节度使（清源，2州）	泉州（9县）	晋江、南安、莆田、仙游、永春、同安、德化、清溪、长泰	泉州清源军节度使（清源，2州）	泉州（9县）	晋江、南安、莆田、仙游、永春、同安、德化、清溪、长泰
	南州（3县）	龙溪、龙岩、漳浦		南州（3县）	龙溪、龙岩、漳浦
福州彰武军节度使（吴越，1州）	福州（11县）	闽、候官、长乐、福清、连江、长溪、古田、闽清、永泰、宁德、永贞	福州彰武军节度使（吴越，1州）	福州（11县）	闽、候官、长乐、福清、连江、长溪、古田、闽清、永泰、宁德、永贞
建州忠义军节度使（南唐，3州）	汀州（2县）	长汀、宁化	建州忠义军节度使（南唐，3州）	汀州（2县）	长汀、宁化
	建州（6县）	建安、邵武、浦城、建阳、将乐、松源		建州（7县）	建安、邵武、浦城、建阳、将乐、松源、归化
	剑州（4县）	剑浦、沙、顺昌、尤溪		剑州（4县）	剑浦、沙、顺昌、尤溪

959年		
方镇	府、州	县
泉州清源军节度使（清源，2州）	泉州（9县）	晋江、南安、莆田、仙游、永春、同安、德化、清溪、长泰
	南州（3县）	龙溪、龙岩、漳浦
福州彰武军节度使（吴越，1州）	福州（11县）	闽、候官、长乐、福清、连江、长溪、古田、闽清、永泰、宁德、永贞
建州忠义军节度使（南唐，3州）	汀州（2县）	长汀、宁化
	建州（7县）	建安、邵武、浦城、建阳、将乐、松源、归化
	剑州（4县）	剑浦、沙、顺昌、尤溪

表II-27 广州清海军节度使暨琼州管内招讨游奕使（直隶地区）（含韶州雄武军节度使、齐昌府兴宁军节度使）、祯州节度使辖区沿革表

公元			907年	
政区	方镇	府、州		县
广州清海军节度使暨琼州管内招讨游奕使（直隶地区）（含韶州雄武军节度使、齐昌府兴宁军节度使）	广州清海军节度使（大彭，14州）	广州（13县）		南海、番禺、增城、四会、化蒙、怀集、浈水、东莞、清远、洭浔、浈阳、新会、义宁
		循州（6县）		归善、博罗、河源、海丰、兴宁、雷乡
		潮州（3县）		海阳、程乡、潮阳
		端州（2县）		高要、平兴
		春州（3县）		阳春、罗水、流南
		勤州（2县）		铜陵、富林
		恩州（3县）		阳江、恩平、杜陵
		潘州（3县）		越常、南巴、潘水
		辩州（2县）		石龙、陵罗
		罗州（4县）		廉江、吴川、干水、零绿
		雷州（3县）		海康、遂溪、徐闻
		泷州（4县）		泷水、开阳、镇南、建水
		康州（4县）		端溪、晋康、悦城、都城
		封州（2县）		封川、开建
	琼州管内招讨游奕使（大彭，5州）	琼州（3县）		琼高、临高、乐会
		崖州（3县）		舍城、澄迈、文昌
		儋州（5县）		义伦、昌化、感恩、洛场、富罗
		万安州（2县）		万安、陵水
		振州（5县）		宁远、延德、吉阳、临川、落屯
祯州节度使				

909年		
方镇	府、州	县
广州清海军节度使 （*南平王*，14州）	广州（13县）	南海、番禺、增城、四会、化蒙、怀集、浈水、东莞、清远、浛洭、浈阳、新会、义宁
	循州（6县）	归善、博罗、河源、海丰、兴宁、雷乡
	潮州（3县）	海阳、程乡、潮阳
	端州（2县）	高要、平兴
	春州（3县）	阳春、罗水、流南
	勤州（2县）	铜陵、富林
	恩州（3县）	阳江、恩平、杜陵
	潘州（3县）	越常、南巴、潘水
	辩州（2县）	石龙、陵罗
	罗州（4县）	廉江、吴川、干水、零绿
	雷州（3县）	海康、遂溪、徐闻
	泷州（4县）	泷水、开阳、镇南、建水
	康州（4县）	端溪、晋康、悦城、都城
	封州（2县）	封川、开建
琼州管内招讨游奕使 （*南平王*，5州）	琼州（3县）	琼高、临高、乐会
	崖州（3县）	舍城、澄迈、文昌
	儋州（5县）	义伦、昌化、感恩、洛场、富罗
	万安州（2县）	万安、陵水
	振州（5县）	宁远、延德、吉阳、临川、落屯

方镇	府、州	县
		910年
广州清海军节度使（南海，14州）	广州（13县）	南海、番禺、增城、四会、化蒙、怀集、浈水、东莞、清远、浛洭、浈阳、新会、义宁
	循州（6县）	归善、博罗、河源、海丰、兴宁、雷乡
	潮州（3县）	海阳、程乡、潮阳
	端州（2县）	高要、平兴
	春州（3县）	阳春、罗水、流南
	勤州（2县）	铜陵、富林
	恩州（3县）	阳江、恩平、杜陵
	潘州（3县）	越裳、南巴、潘水
	辩州（2县）	石龙、陵罗
	罗州（4县）	廉江、吴川、干水、零绿
	雷州（3县）	海康、遂溪、徐闻
	泷州（4县）	泷水、开阳、镇南、建水
	康州（4县）	端溪、晋康、悦城、都城
	封州（2县）	封川、开建
琼州管内招讨游奕使（南海，5州）	琼州（3县）	琼高、临高、乐会
	崖州（3县）	舍城、澄迈、文昌
	儋州（5县）	义伦、昌化、感恩、洛场、富罗
	万安州（2县）	万安、陵水
	振州（5县）	宁远、延德、吉阳、临川、落屯

911年		
方镇	府、州	县
广州清海军节度使 (南海，17州)	韶州（6县）	曲江、始兴、乐昌、翁源、仁化、浈昌
	高州（3县）	电白、良德、保宁
	新州（2县）	新兴、永顺
	广州（13县）	南海、番禺、增城、四会、化蒙、怀集、浈水、东莞、清远、洽洭、浈阳、新会、义宁
	循州（6县）	归善、博罗、河源、海丰、兴宁、雷乡
	潮州（3县）	海阳、程乡、潮阳
	端州（2县）	高要、平兴
	春州（3县）	阳春、罗水、流南
	勤州（2县）	铜陵、富林
	恩州（3县）	阳江、恩平、杜陵
	潘州（3县）	越常、南巴、潘水
	辩州（2县）	石龙、陵罗
	罗州（4县）	廉江、吴川、干水、零绿
	雷州（3县）	海康、遂溪、徐闻
	泷州（4县）	泷水、开阳、镇南、建水
	康州（4县）	端溪、晋康、悦城、都城
	封州（2县）	封川、开建
琼州管内招讨游奕使 (南海，5州)	琼州（3县）	琼高、临高、乐会
	崖州（3县）	舍城、澄迈、文昌
	儋州（5县）	义伦、昌化、感恩、洛场、富罗
	万安州（2县）	万安、陵水
	振州（5县）	宁远、延德、吉阳、临川、落屯

方镇	府、州	县
		917年
韶州雄武军节度使（大越，1州）	韶州（6县）	曲江、始兴、乐昌、翁源、仁化、浈昌
直隶地区（大越，2府20州）	高州（3县）	电白、良德、保宁
	新州（2县）	新兴、永顺
	兴王府（14县2场）	常康、咸宁、番禺、增城、四会、化蒙、怀集、浈水、东莞、清远、洽洭、浈阳、新会、义宁、永丰场、重合场
	循州（1县）	雷乡
	潮州（3县）	海阳、程乡、潮阳
	端州（2县）	高要、平兴
	春州（3县）	阳春、罗水、流南
	勤州（2县）	铜陵、富林
	恩州（3县）	阳江、恩平、杜陵
	潘州（3县）	越常、南巴、潘水
	辩州（2县）	石龙、陵罗
	罗州（4县）	廉江、吴川、干水、零绿
	雷州（3县）	海康、遂溪、徐闻
	泷州（4县）	泷水、开阳、镇南、建水
	康州（4县）	端溪、晋康、悦城、都城
	封州（2县）	封川、开建
	琼州（3县）	琼高、临高、乐会
	崖州（3县）	舍城、澄迈、文昌
	儋州（5县）	义伦、昌化、感恩、洛场、富罗
	万安州（2县）	万安、陵水
	振州（5县）	宁远、延德、吉阳、临川、落屯
	齐昌府（1县，循州析置）	兴宁
祯州节度使（大越，1州）	祯州（4县，析循州置）	归善、海丰、博罗、河源

918年			
方镇	府、州	县	
韶州雄武军节度使（南汉，1州）	韶州（6县）	曲江、始兴、乐昌、翁源、仁化、浈昌	
直隶地区（南汉，2府20州）	高州（3县）	电白、良德、保宁	
	新州（2县）	新兴、永顺	
	兴王府（14县2场）	常康、咸宁、番禺、增城、四会、化蒙、怀集、浈水、东莞、清远、洊洭、浈阳、新会、义宁、永丰场、重合场	
	循州（1县）	雷乡	
	潮州（3县）	海阳、程乡、潮阳	
	端州（2县）	高要、平兴	
	春州（3县）	阳春、罗水、流南	
	勤州（2县）	铜陵、富林	
	恩州（3县）	阳江、恩平、杜陵	
	潘州（3县）	越常、南巴、潘水	
	辩州（2县）	石龙、陵罗	
	罗州（3县）	廉江、吴川、干水	
	雷州（3县）	海康、遂溪、徐闻	
	泷州（4县）	泷水、开阳、镇南、建水	
	康州（4县）	端溪、晋康、悦城、都城	
	封州（2县）	封川、开建	
	琼州（3县）	琼高、临高、乐会	
	崖州（3县）	舍城、澄迈、文昌	
	儋州（5县）	义伦、昌化、感恩、洛场、富罗	
	万安州（2县）	万安、陵水	
	振州（5县）	宁远、延德、吉阳、临川、落屯	
	齐昌府（1县）	兴宁	
祯州节度使（南汉，1州）	祯州（4县）	归善、海丰、博罗、河源	

920年		
方镇	府、州	县
韶州雄武军节度使（南汉，1州）	韶州（6县）	曲江、始兴、乐昌、翁源、仁化、浈昌
直隶地区（南汉，2府21州）	高州（3县）	电白、良德、保宁
	新州（2县）	新兴、永顺
	兴王府（13县2场）	常康、咸宁、番禺、增城、四会、化蒙、怀集、浈水、东莞、清远、洽洭、新会、义宁、永丰场、重合场
	循州（1县）	雷乡
	潮州（3县）	海阳、程乡、潮阳
	端州（2县）	高要、平兴
	春州（3县）	阳春、罗水、流南
	勤州（2县）	铜陵、富林
	恩州（3县）	阳江、恩平、杜陵
	潘州（3县）	越常、南巴、潘水
	辩州（2县）	石龙、陵罗
	罗州（3县）	廉江、吴川、干水
	雷州（3县）	海康、遂溪、徐闻
	泷州（4县）	泷水、开阳、镇南、建水
	康州（4县）	端溪、晋康、悦城、都城
	封州（2县）	封川、开建
	琼州（3县）	琼高、临高、乐会
	崖州（3县）	舍城、澄迈、文昌
	儋州（5县）	义伦、昌化、感恩、洛场、富罗
	万安州（2县）	万安、陵水
	振州（5县）	宁远、延德、吉阳、临川、落屯
	齐昌府（1县）	兴宁
	英州（1县，兴王府析置）	浈阳
祯州节度使（南汉，1州）	祯州（4县）	归善、海丰、博罗、河源

922年		
方镇	府、州	县
韶州雄武军节度使（南汉，1州）	韶州（6县）	曲江、始兴、乐昌、翁源、仁化、浈昌
直隶地区（南汉，2府21州）	高州（3县）	电白、良德、保宁
	新州（2县）	新兴、永顺
	兴王府（13县2场）	常康、咸宁、番禺、增城、四会、化蒙、怀集、浈水、东莞、清远、浛洭、新会、义宁、永丰场、重合场
	循州（1县）	龙川
	潮州（3县）	海阳、程乡、潮阳
	端州（2县）	高要、平兴
	春州（3县）	阳春、罗水、流南
	勤州（2县）	铜陵、富林
	恩州（3县）	阳江、恩平、杜陵
	潘州（3县）	越常、南巴、潘水
	辩州（2县）	石龙、陵罗
	罗州（3县）	廉江、吴川、干水
	雷州（3县）	海康、遂溪、徐闻
	泷州（4县）	泷水、开阳、镇南、建水
	康州（4县）	端溪、晋康、悦城、都城
	封州（2县）	封川、开建
	琼州（3县）	琼高、临高、乐会
	崖州（3县）	舍城、澄迈、文昌
	儋州（5县）	义伦、昌化、感恩、洛场、富罗
	万安州（2县）	万安、陵水
	振州（5县）	宁远、延德、吉阳、临川、落屯
	齐昌府（1县）	兴宁
	英州（1县）	浈阳
祯州节度使（南汉，1州）	祯州（4县）	归善、海丰、博罗、河源

923年		
方镇	府、州	县
韶州雄武军节度使（南汉，1州）	韶州（6县）	曲江、始兴、乐昌、翁源、仁化、浈昌
直隶地区（南汉，2府21州）	高州（3县）	电白、良德、保宁
	新州（2县）	新兴、永顺
	兴王府（13县2场）	常康、咸宁、番禺、增城、四会、化蒙、怀集、浈水、东莞、清远、浛洭、新会、义宁、永丰场、重合场
	循州（1县）	龙川
	潮州（3县）	海阳、程乡、潮阳
	端州（2县）	高要、平兴
	春州（3县）	阳春、罗水、流南
	勤州（2县）	铜陵、富林
	恩州（3县）	阳江、恩平、杜陵
	潘州（3县）	茂名、南巴、潘水
	辩州（2县）	石龙、陵罗
	罗州（3县）	廉江、吴川、干水
	雷州（3县）	海康、遂溪、徐闻
	泷州（4县）	泷水、开阳、镇南、建水
	康州（4县）	端溪、晋康、悦城、都城
	封州（2县）	封川、开建
	琼州（3县）	琼高、临高、乐会
	崖州（3县）	舍城、澄迈、文昌
	儋州（5县）	义伦、昌化、感恩、洛场、富罗
	万安州（2县）	万安、陵水
	振州（5县）	宁远、延德、吉阳、临川、落屯
	齐昌府（1县）	兴宁
	英州（1县）	浈阳
祯州节度使（南汉，1州）	祯州（4县）	归善、海丰、博罗、河源

945年			
方镇	府、州		县
韶州雄武军节度使（南汉，1州）	韶州（6县）		曲江、始兴、乐昌、翁源、仁化、浈昌
直隶地区（南汉，2府22州）	高州（3县）		电白、良德、保宁
	新州（2县）		新兴、永顺
	兴王府（13县2场）		常康、咸宁、番禺、增城、四会、化蒙、怀集、浈水、东莞、清远、浛洭、新会、义宁、永丰场、重合场
	循州（1县）		龙川
	潮州（2县）		海阳、潮阳
	端州（2县）		高要、平兴
	春州（3县）		阳春、罗水、流南
	勤州（2县）		铜陵、富林
	恩州（3县）		阳江、恩平、杜陵
	潘州（3县）		茂名、南巴、潘水
	辩州（2县）		石龙、陵罗
	罗州（3县）		廉江、吴川、干水
	雷州（3县）		海康、遂溪、徐闻
	泷州（4县）		泷水、开阳、镇南、建水
	康州（4县）		端溪、晋康、悦城、都城
	封州（2县）		封川、开建
	琼州（3县）		琼高、临高、乐会
	崖州（3县）		舍城、澄迈、文昌
	儋州（5县）		义伦、昌化、感恩、洛场、富罗
	万安州（2县）		万安、陵水
	振州（5县）		宁远、延德、吉阳、临川、落屯
	齐昌府（1县）		兴宁
	英州（1县）		浈阳
	敬州（1县，潮州析置）		程乡
祯州节度使（南汉，1州）	祯州（4县）		归善、海丰、博罗、河源

946年		
方镇	府、州	县
韶州雄武军节度使（南汉，2州）	雄州（2县）	浈昌、始兴
	韶州（4县）	曲江、乐昌、翁源、仁化
直隶地区（南汉，2府22州）	高州（3县）	电白、良德、保宁
	新州（2县）	新兴、永顺
	兴王府（13县2场）	常康、咸宁、番禺、增城、四会、化蒙、怀集、浈水、东莞、清远、洊涅、新会、义宁、永丰场、重合场
	循州（1县）	龙川
	潮州（2县）	海阳、潮阳
	端州（2县）	高要、平兴
	春州（3县）	阳春、罗水、流南
	勤州（2县）	铜陵、富林
	恩州（3县）	阳江、恩平、杜陵
	潘州（3县）	茂名、南巴、潘水
	辩州（2县）	石龙、陵罗
	罗州（3县）	廉江、吴川、干水
	雷州（3县）	海康、遂溪、徐闻
	泷州（4县）	泷水、开阳、镇南、建水
	康州（4县）	端溪、晋康、悦城、都城
	封州（2县）	封川、开建
	琼州（3县）	琼高、临高、乐会
	崖州（3县）	舍城、澄迈、文昌
	儋州（5县）	义伦、昌化、感恩、洛场、富罗
	万安州（2县）	万安、陵水
	振州（5县）	宁远、延德、吉阳、临川、落屯
	齐昌府（1县）	兴宁
	英州（1县）	浈阳
	敬州（1县）	程乡
祯州节度使（南汉，1州）	祯州（4县）	归善、海丰、博罗、河源

951年			
方镇	府、州	县	
韶州雄武军节度使（南汉，2州）	雄州（2县）	浈昌、始兴	
	韶州（4县）	曲江、乐昌、翁源、仁化	
直隶地区（南汉，2府24州1监）	高州（3县）	电白、良德、保宁	
	新州（2县）	新兴、永顺	
	兴王府（13县2场）	常康、咸宁、番禺、增城、四会、化蒙、怀集、浈水、东莞、清远、洊洭、新会、义宁、永丰场、重合场	
	循州（1县）	龙川	
	潮州（2县）	海阳、潮阳	
	端州（2县）	高要、平兴	
	春州（3县）	阳春、罗水、流南	
	勤州（2县）	铜陵、富林	
	恩州（3县）	阳江、恩平、杜陵	
	潘州（3县）	茂名、南巴、潘水	
	辩州（2县）	石龙、陵罗	
	罗州（3县）	廉江、吴川、干水	
	雷州（3县）	海康、遂溪、徐闻	
	泷州（4县）	泷水、开阳、镇南、建水	
	康州（4县）	端溪、晋康、悦城、都城	
	封州（2县）	封川、开建	
	琼州（3县）	琼高、临高、乐会	
	崖州（3县）	舍城、澄迈、文昌	
	儋州（5县）	义伦、昌化、感恩、洛场、富罗	
	万安州（2县）	万安、陵水	
	振州（5县）	宁远、延德、吉阳、临川、落屯	
	齐昌府（1县）	兴宁	
	英州（1县）	浈阳	
	敬州（1县）	程乡	
	连州（3县，自楚来属）	桂阳、阳山、连山	
	郴州（6县，自楚来属）	郴县、义章、义昌、资兴、高亭、蓝山	
	桂阳监（无领县，自楚来属）		
祯州节度使（南汉，1州）	祯州（4县）	归善、海丰、博罗、河源	

方镇	府、州	县
		957年
韶州雄武军节度使（南汉，2州）	雄州（2县）	浈昌、始兴
	韶州（4县）	曲江、乐昌、翁源、仁化
直隶地区（南汉，1府24州1监）	高州（3县）	电白、良德、保宁
	新州（2县）	新兴、永顺
	兴王府（13县2场）	常康、咸宁、番禺、增城、四会、化蒙、怀集、浈水、东莞、清远、洽洭、新会、义宁、永丰场、重合场
	循州（1县）	龙川
	潮州（2县）	海阳、潮阳
	端州（2县）	高要、平兴
	春州（3县）	阳春、罗水、流南
	勤州（2县）	铜陵、富林
	恩州（3县）	阳江、恩平、杜陵
	潘州（3县）	茂名、南巴、潘水
	辩州（2县）	石龙、陵罗
	罗州（3县）	廉江、吴川、干水
	雷州（3县）	海康、遂溪、徐闻
	泷州（4县）	泷水、开阳、镇南、建水
	康州（4县）	端溪、晋康、悦城、都城
	封州（2县）	封川、开建
	琼州（3县）	琼高、临高、乐会
	崖州（3县）	舍城、澄迈、文昌
	儋州（4县）	义伦、昌化、感恩、洛场
	万安州（2县）	万安、陵水
	振州（2县）	宁远、吉阳
齐昌府兴宁军节度使（南汉，1府）	齐昌府（1县）	兴宁
直隶地区（南汉，1府24州1监）	英州（1县）	浈阳
	敬州（1县）	程乡
	连州（3县）	桂阳、阳山、连山
	郴州（6县）	郴县、义章、义昌、资兴、高亭、蓝山
	桂阳监（无领县）	
祯州节度使（南汉，1州）	祯州（4县）	归善、海丰、博罗、河源

958年			
方镇	府、州	县	
韶州雄武军节度使（南汉，2州）	雄州（1县）	涘昌	
	韶州（5县）	曲江、乐昌、翁源、仁化、始兴	
直隶地区（南汉，1府24州1监）	高州（3县）	电白、良德、保宁	
	新州（2县）	新兴、永顺	
	兴王府（13县2场）	常康、咸宁、番禺、增城、四会、化蒙、怀集、浛水、东莞、清远、浛洭、新会、义宁、永丰场、重合场	
	循州（1县）	龙川	
	潮州（2县）	海阳、潮阳	
	端州（2县）	高要、平兴	
	春州（3县）	阳春、罗水、流南	
	勤州（2县）	铜陵、富林	
	恩州（3县）	阳江、恩平、杜陵	
	潘州（3县）	茂名、南巴、潘水	
	辩州（2县）	石龙、陵罗	
	罗州（3县）	廉江、吴川、干水	
	雷州（3县）	海康、遂溪、徐闻	
	泷州（4县）	泷水、开阳、镇南、建水	
	康州（4县）	端溪、晋康、悦城、都城	
	封州（2县）	封川、开建	
	琼州（3县）	琼高、临高、乐会	
	崖州（3县）	舍城、澄迈、文昌	
	儋州（4县）	义伦、昌化、感恩、洛场	
	万安州（2县）	万安、陵水	
	振州（2县）	宁远、吉阳	
齐昌府兴宁军节度使（南汉，1府）	齐昌府（1县）	兴宁	
直隶地区（南汉，1府24州1监）	英州（1县）	涘阳	
	敬州（1县）	程乡	
	连州（3县）	桂阳、阳山、连山	
	郴州（6县）	郴县、义章、义昌、资兴、高亭、蓝山	
	桂阳监（无领县）		
祯州节度使（南汉，1州）	祯州（4县）	归善、海丰、博罗、河源	

959年		
方镇	府、州	县
韶州雄武军节度使（南汉，2州）	雄州（1县）	浈昌
	韶州（5县）	曲江、乐昌、翁源、仁化、始兴
直隶地区（南汉，1府24州1监）	高州（3县）	电白、良德、保宁
	新州（2县）	新兴、永顺
	兴王府（13县2场）	常康、咸宁、番禺、增城、化蒙、怀集、浈水、东莞、清远、浛洭、新会、义宁、永丰场、重合场
	循州（1县）	龙川
	潮州（2县）	海阳、潮阳
	端州（2县）	高要、平兴
	春州（3县）	阳春、罗水、流南
	勤州（2县）	铜陵、富林
	恩州（3县）	阳江、恩平、杜陵
	潘州（3县）	茂名、南巴、潘水
	辩州（2县）	石龙、陵罗
	罗州（3县）	廉江、吴川、干水
	雷州（3县）	海康、遂溪、徐闻
	泷州（4县）	泷水、开阳、镇南、建水
	康州（4县）	端溪、晋康、悦城、都城
	封州（2县）	封川、开建
	琼州（3县）	琼高、临高、乐会
	崖州（3县）	舍城、澄迈、文昌
	儋州（4县）	义伦、昌化、感恩、洛场
	万安州（2县）	万安、陵水
	振州（2县）	宁远、吉阳
齐昌府兴宁军节度使（南汉，1府）	齐昌府（1县）	兴宁
直隶地区（南汉，1府24州1监）	英州（1县）	浈阳
	敬州（1县）	程乡
	连州（3县）	桂阳、阳山、连山
	郴州（6县）	郴县、义章、义昌、资兴、高亭、蓝山
	桂阳监（无领县）	
祯州节度使（南汉，1州）	祯州（4县）	归善、海丰、博罗、河源

表II-28 容州宁远军节度使、岭南西道(邕州建武军)节度使辖区沿革表

公元	907年			910年		
政区	方镇	州	县	方镇	州	县
容州宁远军节度使	容州宁远军节度使（宁远，13州）	容州（6县）	普宁、北流、陵城、渭龙、欣道、陆川	容州宁远军节度使（楚王，13州）	容州（6县）	普宁、北流、陵城、渭龙、欣道、陆川
		藤州（4县）	镡津、感义、义昌、宁风		藤州（4县）	镡津、感义、义昌、宁风
		义州（3县）	岑溪、永业、连城		义州（3县）	岑溪、永业、连城
		窦州（4县）	信义、怀德、潭峨、特亮		窦州（4县）	信义、怀德、潭峨、特亮
		禹州（3县）	峨石、扶莱、罗辩		禹州（3县）	峨石、扶莱、罗辩
		顺州（4县）	龙化、温水、南河、龙豪		顺州（4县）	龙化、温水、南河、龙豪
		白州（4县）	博白、建宁、周罗、南昌		白州（4县）	博白、建宁、周罗、南昌
		廉州（4县）	合浦、封山、蔡龙、大廉		廉州（4县）	合浦、封山、蔡龙、大廉
		行岩州（1县）	行常乐县		行岩州（1县）	行常乐县
		牢州（3县）	南流、定川、宕川		牢州（3县）	南流、定川、宕川
		党州（4县）	抚康、善劳、容山、怀义		党州（4县）	抚康、善劳、容山、怀义
		郁林州（3县）	郁林、兴德、兴业		郁林州（3县）	郁林、兴德、兴业
		绣州（3县）	常林、阿林、罗绣		绣州（3县）	常林、阿林、罗绣
岭南西道（邕州建武军）节度使	岭南西道节度使（邕管，8州）	邕州（7县）	宣化、武缘、晋兴、朗宁、思笼、如和、封陵	岭南西道节度使（邕管，8州）	邕州（7县）	宣化、武缘、晋兴、朗宁、思笼、如和、封陵
		宾州（3县）	岭方、琅邪、保城		宾州（3县）	岭方、琅邪、保城
		澄州（4县）	上林、无虞、止戈、贺水		澄州（4县）	上林、无虞、止戈、贺水
		贵州（4县）	郁平、怀泽、潮水、义山		贵州（4县）	郁平、怀泽、潮水、义山
		浔州（3县）	桂平、皇化、大宾		浔州（3县）	桂平、皇化、大宾
		横州（4县）	宁浦、从化、乐山、岭山		横州（4县）	宁浦、从化、乐山、岭山
		峦州（3县）	永定、武罗、灵竹		峦州（3县）	永定、武罗、灵竹
		钦州（5县）	钦江、保京、遵化、内亭、灵山		钦州（5县）	钦江、保京、遵化、内亭、灵山

方镇	911年 州	县	方镇	917年 州	县
容州宁远军节度使（*南海*，13州）	容州（6县）	普宁、北流、陵城、渭龙、欣道、陆川	容州宁远军节度使（*大越*，13州）	容州（6县）	普宁、北流、陵城、渭龙、欣道、陆川
	藤州（4县）	镡津、感义、义昌、宁风		藤州（4县）	镡津、感义、义昌、宁风
	义州（3县）	岑溪、永业、连城		义州（3县）	岑溪、永业、连城
	窦州（4县）	信义、怀德、潭峨、特亮		窦州（4县）	信义、怀德、潭峨、特亮
	禹州（3县）	峨石、扶莱、罗辩		禹州（3县）	峨石、扶莱、罗辩
	顺州（4县）	龙化、温水、南河、龙豪		顺州（4县）	龙化、温水、南河、龙豪
	白州（4县）	博白、建宁、周罗、南昌		白州（4县）	博白、建宁、周罗、南昌
	廉州（4县）	合浦、封山、蔡龙、大廉		廉州（4县）	合浦、封山、蔡龙、大廉
	行岩州（1县）	行常乐县		行岩州（1县）	行常乐县
	牢州（3县）	南流、定川、宕川		牢州（3县）	南流、定川、宕川
	党州（4县）	抚康、善劳、容山、怀义		党州（4县）	抚康、善劳、容山、怀义
	郁林州（3县）	郁林、兴德、兴业		郁林州（3县）	郁林、兴德、兴业
	绣州（3县）	常林、阿林、罗绣		绣州（3县）	常林、阿林、罗绣
邕州建武军节度使（*南海*，8州）？	邕州（7县）	宣化、武缘、晋兴、朗宁、思笼、如和、封陵	邕州建武军节度使（*大越*，8州）	邕州（7县）	宣化、武缘、晋兴、朗宁、思笼、如和、封陵
	宾州（3县）	岭方、琅邪、保城		宾州（3县）	岭方、琅邪、保城
	澄州（4县）	上林、无虞、止戈、贺水		澄州（4县）	上林、无虞、止戈、贺水
	贵州（4县）	郁平、怀泽、潮水、义山		贵州（4县）	郁平、怀泽、潮水、义山
	浔州（3县）	桂平、皇化、大宾		浔州（3县）	桂平、皇化、大宾
	横州（4县）	宁浦、从化、乐山、岭山		横州（4县）	宁浦、从化、乐山、岭山
	峦州（3县）	永定、武罗、灵竹		峦州（3县）	永定、武罗、灵竹
	钦州（5县）	钦江、保京、遵化、内亭、灵山		钦州（5县）	钦江、保京、遵化、内亭、灵山

方镇	州	县	方镇	州	县
		918年			959年
容州宁远军节度使（*南汉*，13州）	容州（6县）	普宁、北流、陵城、渭龙、欣道、陆川	容州宁远军节度使（*南汉*，13州）	容州（6县）	普宁、北流、陵城、渭龙、欣道、陆川
	藤州（4县）	镡津、感义、义昌、宁风		藤州（4县）	镡津、感义、义昌、宁风
	义州（3县）	岑溪、永业、连城		义州（3县）	岑溪、永业、连城
	窦州（4县）	信义、怀德、潭峨、特亮		窦州（4县）	信义、怀德、潭峨、特亮
	禹州（3县）	峨石、扶莱、罗辩		禹州（3县）	峨石、扶莱、罗辩
	顺州（4县）	龙化、温水、南河、龙豪		顺州（4县）	龙化、温水、南河、龙豪
	白州（4县）	博白、建宁、周罗、南昌		白州（4县）	博白、建宁、周罗、南昌
	廉州（4县）	合浦、封山、蔡龙、大廉		廉州（4县）	合浦、封山、蔡龙、大廉
	常乐州（3县）	*博电、盐场、零绿*		常乐州（3县）	博电、盐场、零绿
	牢州（3县）	南流、定川、宕川		牢州（3县）	南流、定川、宕川
	党州（4县）	抚康、善劳、容山、怀义		党州（4县）	抚康、善劳、容山、怀义
	郁林州（3县）	郁林、兴德、兴业		郁林州（3县）	郁林、兴德、兴业
	绣州（3县）	常林、阿林、罗绣		绣州（3县）	常林、阿林、罗绣
邕州建武军节度使（*南汉*，8州）	邕州（7县）	宣化、武缘、晋兴、朗宁、思笼、如和、封陵	邕州建武军节度使（*南汉*，8州）	邕州（7县）	宣化、武缘、晋兴、朗宁、思笼、如和、封陵
	宾州（3县）	岭方、琅邪、保城		宾州（3县）	岭方、琅邪、保城
	澄州（4县）	上林、无虞、止戈、贺水		澄州（4县）	上林、无虞、止戈、贺水
	贵州（4县）	郁平、怀泽、潮水、义山		贵州（4县）	郁平、怀泽、潮水、义山
	浔州（3县）	桂平、皇化、大宾		浔州（3县）	桂平、皇化、大宾
	横州（4县）	宁浦、从化、乐山、岭山		横州（4县）	宁浦、从化、乐山、岭山
	峦州（3县）	永定、武罗、灵竹		峦州（3县）	永定、武罗、灵竹
	钦州（5县）	钦江、保京、遵化、内亭、灵山		钦州（5县）	钦江、保京、遵化、内亭、灵山

表II-29 静海军节度使暨安南都护府辖区沿革表

公元 政区	907年			930年		
	方镇	府、州	县	方镇	府、州	县
静海军节度使暨安南都护府	静海军节度使暨安南都护府（静海，13州）	安南府（8县）	宋平、南定、太平、交趾、朱鸢、龙编、平道、武平	交州刺史（南汉，13州）	交州（8县）	宋平、南定、太平、交趾、朱鸢、龙编、平道、武平
		峰州（2县）	嘉宁、承化		峰州（2县）	嘉宁、承化
		武定州（2县）	扶耶、潭澶		武定州（2县）	扶耶、潭澶
		谅州（2县）	文谅、长上		谅州（2县）	文谅、长上
		陆州（3县）	宁海、乌雷、华清		陆州（3县）	宁海、乌雷、华清
		苏茂州（3县）	归化、宾阳、安德		苏茂州（3县）	归化、宾阳、安德
		武安州（2县）	武安、临江		武安州（2县）	武安、临江
		郡州（2县）	郡口、安乐		郡州（2县）	郡口、安乐
		长州（4县）	文阳、铜蔡、长山、其常		长州（4县）	文阳、铜蔡、长山、其常
		爱州（6县）	九真、安顺、崇平、军宁、日南、长林		爱州（6县）	九真、安顺、崇平、军宁、日南、长林
		演州（7县）	忠义、怀驩、龙池、思农、武郎、武容、武金		演州（7县）	忠义、怀驩、龙池、思农、武郎、武容、武金
		驩州（3县）	九德、浦阳、越裳		驩州（3县）	九德、浦阳、越裳
		唐林州（3县）	柔远、福禄、唐林		唐林州（3县）	柔远、福禄、唐林

附 录 1109

	931年			959年	
方镇	府、州	县	方镇	府、州	县
交州静海军节度使（静海，13州）	交州（8县）	宋平、南定、太平、交趾、朱鸢、龙编、平道、武平	交州静海军节度使（静海，13州）	交州（8县）	宋平、南定、太平、交趾、朱鸢、龙编、平道、武平
	峰州（2县）	嘉宁、承化		峰州（2县）	嘉宁、承化
	武定州（2县）	扶耶、潭湍		武定州（2县）	扶耶、潭湍
	谅州（2县）	文谅、长上		谅州（2县）	文谅、长上
	陆州（3县）	宁海、乌雷、华清		陆州（3县）	宁海、乌雷、华清
	苏茂州（3县）	归化、宾阳、安德		苏茂州（3县）	归化、宾阳、安德
	武安州（2县）	武安、临江		武安州（2县）	武安、临江
	郡州（2县）	郡口、安乐		郡州（2县）	郡口、安乐
	长州（4县）	文阳、铜蔡、长山、其常		长州（4县）	文阳、铜蔡、长山、其常
	爱州（6县）	九真、安顺、崇平、军宁、日南、长林		爱州（6县）	九真、安顺、崇平、军宁、日南、长林
	演州（7县）	忠义、怀驩、龙池、思农、武郎、武容、武金		演州（7县）	忠义、怀驩、龙池、思农、武郎、武容、武金
	驩州（3县）	九德、浦阳、越裳		驩州（3县）	九德、浦阳、越裳
	唐林州（3县）	柔远、福禄、唐林		唐林州（3县）	柔远、福禄、唐林

Ⅲ. 五代十国时期"军"建置沿革表

序号	分类号	军	存在时间	级别	治所	政权	方镇	州
1	I-1	崇德军	907-924	直属京	砀山县境	后梁		
2	I-2	衣锦军	908-959	直隶	临安县境	吴越		
3	I-3	荆门军	919?	直隶	当阳县	荆南		
4	I-4	建武军	942-958（雄州）958	直隶	天长县	南唐		
	I-5	天长军	958-952	直隶		南唐		
			952-959	淮州级		后周	扬州淮南节度使	
5	I-6	江阴军	942?-959	直隶	江阴县	南唐		
6	I-7	静海军	957?-958	直隶	静海县	南唐		
7	I-8	雄远军	958?-959	直隶	当涂县	南唐		
8	I-9	汉阳军	958-959	直属京	汉阳县	后周		
9	II-1	振武军	907-916	淮州级	金河县	晋王	振武军节度使	
10	II-2	天德军	907-911?	淮州级	天德军城	晋王	丰州天德军都团练防御使	
			911?-920				丰州天德军节度使	
11	II-3	奉化军	?-923	淮州级	清苑县境	晋王	幽州卢龙节度使	
			923-928			后唐		
12	II-4	赡国军	947?-950	淮州级	渤海县境	后汉	郓州天平军节度使	
			950-956			后周		

备注（史料出处）
《五代会要》卷24《军》载："梁开平元年十二月，于辉州砀山县置崇德军。（太祖榆社元在砀山，置使以领之。始命朱彦让为军使
《新五代史》卷67《吴越世家》载："天祐元年（903），封（钱）镠吴王，镠建功臣堂，立碑纪功，列宾佐将校名氏于碑阴者五百人。四年，升衣锦城为安国衣锦军。"《吴越备史》卷1《武肃王》载："（天祐）四年春三月，勅升衣锦城为安国衣锦军。"《舆地广记》卷22杭州临安县下载："（唐）垂拱四年（688），析馀杭、於潜，以故临水城复置临安县，属杭州，吴越国王钱镠，其县人也。镠既贵，以素所居营为安国衣锦军。"
《太平寰宇记》卷146荆门军下载："唐末，荆州高氏割据，建为军，领荆州当阳县。"《舆地纪胜》卷78荆门军下载："五代朱梁时，高氏割据，建为荆门军，治当阳，寻省。"
陆游《南唐书》卷1《烈祖本纪》载："昇元六年（942）……闰（正）月甲申朔，改天长制置使为建武军。"
《资治通鉴》卷294显德五年（958）载：正月，"唐以天长为雄州，以建武军使夏文赞为刺史。二月甲寅，文赞举城降。"《太平寰宇记》卷130天长军下载："晋天福中，江南伪改为建武军。周显德四年平定江淮，改为雄州。国朝既克江南，降雄州为天长军，兼领县事。"《文献通考》卷318《舆地考四》扬州天长县下载："唐县。伪唐置建武军，又改雄州，周改天长军。"
《太平寰宇记》卷92江阴军下载："本江阴县，伪唐昇元中建为军，以江阴县属焉。皇朝因之。"《舆地纪胜》卷9江阴军下载："南唐始建江阴军。"
《太平寰宇记》卷130通州下载："南唐李氏于海陵县之东境置静海制置院。周显德中，世宗克淮南，升为军。后以为通州。"《舆地广记》卷20通州下所载与此略同。《舆地纪胜》卷41引《达州图经》："周世宗平淮南，以唐静海军为通州。"
《太平寰宇记》卷105太平州下载："本宣州当涂县，周世宗画江为界之后，伪唐于县立新和军，又为雄远军。皇朝开宝八年（975）平江南，改为平南军。太平兴国二年（977）升为太平州，割当涂、芜湖、繁昌三县以隶焉。"陆游《入蜀记》乾道六年七月十二日下载："太平州，本金陵之当涂县。周世宗时，唐元宗失淮南，侨置和州于此，谓之新和军，改为雄国军。国朝开宝八年（975）下江南，改为平南军，然独领当涂一邑而已。太平兴国二年，遂以为州，且割芜湖、繁昌来属，而治当涂，与兴国军同时建置，故分纪年以名之。"
《太平寰宇记》卷131汉阳军下载："周显德五年（958）平淮南，与江南画江为界；江南以汉阳、汉川二县在大江之北，故先进纳。世宗以汉川县隶复州，以汉阳县置汉阳军。"《五代会要》卷24《军》："（周显德）五年六月，以鄂州汉阳县为汉阳军。（时初平淮南之地，以江为界）。"
《新唐书》卷64《方镇表一》朔方下又载："大历十四年，析宥州河中、振武、邠宁三节度，朔方所领灵、盐、夏、丰四州、西受降城、定远、天德二军。振武节度复领镇北大都护府及绥、银二州、东、中二受降城。"
《新唐书》卷64《方镇表一》朔方下："贞元十二年，朔方节度罢领丰州及西受降城、天德军，以振武之东、中二受降城隶天德军，以天德军置都团练防御使，领丰、会二州、三受降城。"《旧唐书》卷13《德宗纪下》载："（贞元十二年）九月甲午，以河东行军司马李景略为丰州刺史、天德军丰州西受降城都防御使。"《旧唐书》卷15《宪宗纪下》载："（元和十年，815）三月壬申朔，以右金吾将军李奉仙为丰州刺史、天德军西城中城都防御使。"
《旧五代史》卷27《唐庄宗纪一》载："《通鉴考异》引《庄宗实录》云：三月己丑，镇州遣押衙刘光业至，言刘守光凶淫纵毒，欲自尊大，请秽其恶以咎之，推为祖考。乙未，上至晋阳宫，召张承业诸将等议讨燕之谋，诸将亦云稔秽其恶。上令押衙戴汉超持墨制及六镇书如幽州，其辞曰：'天祐八年三月二十七日，天德军节度使宋瑶、振武节度使周德威、昭义节度使李嗣昭、易定节度使王处直、镇州节度使王镕、河东节度使尚书令晋王谨奉册进卢龙横海等军节度、检校大尉、中书令、燕王为尚书令、尚父。'"同书卷135《刘守光传》载："（天祐八年）及庄宗有柏乡之捷，守光谋攻易、定，讽动镇人，欲为河朔元帅。庄宗乃与镇州节度使王镕、易定节度使王处直、昭义节度使李嗣昭、振武周德威、天德宋瑶六节度使奉册，推守光为尚父，以稔其恶。"《资治通鉴》卷268梁太祖乾化元年六月载："（晋王）乃与镕及义武王处直、昭义李嗣昭、振武周德威、天德宋瑶六节度使共奉册推守光为尚书令、尚父。"
《五代会要》卷20《州县分道改置》泰州下载："后唐天成三年三月，升奉化军为泰州，以清苑县为理所。"
《记纂渊海》卷20《郡县部》滨州下载："五代唐置榷盐务，汉改赡国军，周改滨州，治渤海县。"《文献通考》卷317《舆地考三》滨州下亦载："本棣州蒲台、渤海县。后唐以其地斥卤，置榷盐务。汉改赡国军。周建为州。宋因之。"

序号	分类号	军	存在时间	级别	治所	政权	方镇	州
13	II-5	通远军	957-959	准州级	通远县	后周	灵州朔方军节度使	
14	II—6	雄武军	957?-959	准州级	涟水县	后周	扬州淮南节度使	
15	III-1	乾宁军	907-910?	县级		后梁	幽州卢龙节度使	幽州
			（宁州）911?-913			燕王		
			913?-923			晋王		
			923-936			后唐		
			936-938			后晋		
			959	县级		后周	沧州横海军节度使	沧州
16	III-2	芦台军	907-913	县级		燕王	幽州卢龙节度使	幽州
			913-923			晋王		
			923-936			后唐		
			936-938			后晋		
17	III-3	兴唐军	910-923	县级		晋王	朔州振武军节度使	朔州
			923-926			后唐		
18	III-4	岢岚军	923?-925	县级		后唐	北都留守	岚州
			925-936				北京留守	
			936-946			后晋	北京留守	
			947-950			后汉		
			950-959			北汉		
19	III-5	清边军	939-946	县级		后晋	灵州朔方军节度使	灵州
			947-950			后汉		
			951-959?			后周		
20	III-6	德清军	941-945	县级		后晋	邺都留守	澶州
			945-946			后晋	广晋府天雄军节度使	
			947-948			后汉		
			948-950			后汉	大名府天雄军节度使	
			951-959			后周		

备注（史料出处）
《五代会要》卷20《州县分道改置》威州下载：" （周）显德四年九月，降（环州）为通远军。"同书卷24《军》："其年（周显德二年）七月，废环州为通远军。"《新五代史》卷60《职方考》所载同。《太平寰宇记》卷37通远军下载："本西蕃边界灵州方渠镇，晋天福四年建为威州……显德四年，以地理不广，人户至简，（环州）降为通远军，管通远一县，并木波、石昌、马岭等三镇，征科人户。"同书同卷通远县下载："与州同置在郭下。"《舆地广记》卷14环州通远县下载："本方渠……晋以方渠镇复置威州。周改为环州，后废州为通远军，而改方渠为通远县。"
《资治通鉴》卷293显德三年四月（956）载："己卯，韩令坤奏败扬州兵万余人于湾头堰，获涟州刺史秦进崇。"《旧五代史》卷116《周世宗纪三》、《册府元龟》卷435《将帅部・献捷二》所述略同。嘉庆《重修一统志》淮安府涟水旧城下亦载："周显德三年（956）于县地复置涟州。宋太平兴国三年升为涟水军，熙宁五年仍为县，属楚州。"《资治通鉴》卷293显德四年十二月载：乙丑，"唐武军使、知涟水县事崔万迪降。"
《资治通鉴》卷262光化三年（900年）四月载："朱全忠遣葛从周……击刘仁恭，五月，庚寅，拔德州。"六月，"刘仁恭将幽州兵五万救沧州，营于乾宁军。"胡三省注曰："乾宁军，在沧州西一百里，盖乾宁间始置此军也。"《太平寰宇记》卷68乾宁军下载："乾宁军，理冯桥镇，本古卢台军地，后为冯桥镇，临御河之岸，接沧州、霸州之界。幽州割据，伪命升为宁州。"
《旧五代史》卷119《周世宗纪六》载：显德六年，四月"壬辰，至乾宁军，伪宁州刺史王洪以城降"。《资治通鉴》卷959显德六年四月载："壬辰，上至乾宁军，契丹宁州刺史王洪举城降。"胡三省注曰："契丹盖置宁州于乾宁军。"《太平寰宇记》卷68乾宁军下载："周世宗显德六年，收复关南，却为乾宁军，仍置乾宁县。"据上引《太平寰宇记》之文，似此时后周置有乾宁军与乾宁县。其实此"乾宁县"之名有误。《太平寰宇记》卷68乾宁军乾宁县下曰："旧名永安县，与军同置在城内，太平兴国七年六月改为乾宁。"《舆地广记》卷10清州下载："五代时置乾宁军，后入契丹。周显六年，世宗北伐，取乾宁军，仍置焉。皇朝太平兴国七年，以沧州永安县复置。"《宋史》卷86《地理志二》河北路清州下载："本乾宁军。幽州芦台军之地，晋陷契丹。周平三关，置永安县，属沧州。太平兴国七年置军，改县曰乾宁隶焉。"则可知显德六年原乾宁军之地所置之县当名永安县而非乾宁县。其后乾宁军废，至宋太平兴国七年（982）复以沧州永安县地置乾宁军，同时改永安县为乾宁县，隶属于乾宁军。
《资治通鉴》卷267开平二年（908）十一月即载："丁亥，（刘）守文兵至卢台军，为（刘）守光所败。"
《读史方舆纪要》卷44山西六大同府马邑县下载："五代梁开平四年（910），晋王存勖于此置兴唐军。"
《旧五代史》卷112《周太祖纪》载：广顺二年（952）二月载："庚子，府州防御使折德扆奏，收河东界岢岚军。"《资治通鉴》卷290广顺二年载："北汉遣兵寇府州，防御使折德扆败之，杀二千余人。二月，庚午，德扆奏攻拔北汉岢岚军，以兵戍之。"胡三省注曰："《旧唐书・地理志》曰：岚州岢岚县，本岢岚军也，在岚州宜芳县北界；长安二年（703），分宜芳，于岢岚旧军置岢岚县；神龙二年（706），废县，置军；开元十二年（724）复置县。此盖后周复置军也。"《九域志》：岢岚军，治岢岚县，南至岚州九十里。"《太平寰宇记》卷41岚州下又载："元领县四。今三：宜芳、静乐、合河。一县割出：岚谷（入岢岚军）。"
《五代会要》卷20《州县分道改置》下载："威州，晋天福四年（939）五月敕：'灵州方渠镇宜升为威州，隶灵武，仍割宁州木波、马岭二镇隶之。'"《五代会要》卷24《军》："晋天福四年五月，改旧威州为清远军。"然"清远军"当置于宋淳化五年（《宋史》卷5《太宗纪二》），此处应为"清边军"。《旧五代史》卷78《晋高祖纪四》：天福四年五月，"升灵州方渠镇为威州，隶于灵武。改旧威州为清边军。"
《五代会要》卷24《军》载："（晋天福）六年（941）八月，改澶州顿邱镇为德清军，镇使为军使。"其年九月，以新修胡梁渡为大通军。"《旧五代史》卷80《晋高祖纪六》亦载：天福六年，八月，"改旧澶州为德清军。"十月，"己丑，诏以胡梁度月城为大通军，浮桥为大通桥。"《太平寰宇记》卷57德清军下载："德清军，本旧澶州，晋天福三年移澶州于德胜寨，乃于旧澶州置顿丘镇，取县为名。"

序号	分类号	军	存在时间	级别	治所	政权	方镇	州
21	III-7	大通军	941-945	县级		后晋	邺都留守	澶州
			945-946			后晋	广晋府天雄军节度使	
			947-948			后汉		
			948-950			后汉	大名府天雄军节度使	
			951-959			后周		
22	III-8	昌化军	942-946	县级		后晋	灵州朔方军节度使	灵州
			947-950			后汉		
			951-959?			后周		
23	III-9	威肃军	942-946	县级		后晋	灵州朔方军节度使	灵州
			947-950			后汉		
			951-959?			后周		
24	III-10	广利军	954-952	县级		后周	兖州泰宁军节度使	兖州
			952-959					兖州
25	III-11	定远军、	955-959	县级		后周	沧州横海军节度使	沧州
26	III-12	静安军	955-959?	县级		后周	镇州成德军节度使	深州
27	III-13	镇淮军	956-957?	县级		后周	扬州淮南节度使	濠州
28	III-14	保顺军	958-959	县级		后周	沧州横海军节度使	沧州
29	III-15	雄胜军	959	县级		后周	凤州武兴军节度使	凤州
30	III-16	宝兴军	959?	县级		北汉		代州

备注（史料出处）
同德清军备注所引。
《五代会要》卷24《军》下记载："（晋天福）七年（942）四月，降雄州为昌化军，警州为威肃军。其军使委命本道差补。"
同昌化军备注所引。
《五代会要》卷24《军》载："周显德元年十月，以莱芜监为广利军，从前监使张崇谦奏请也。（至六年十一月，复废为莱芜治。）"《旧五代史》卷120《周恭帝纪》：显德六年，十一月，"戊午，废兖州广利军，依旧为莱芜监。"
《五代会要》卷24《军》："其年（笔者按，指周显德二年，955）六月，废景州为定远军，所管东光、弓高两县隶沧州，安陵县隶德州。"《太平寰宇记》卷68定远军下载："本景州。……（唐）景福元年（892）复于弓高置景州，管[弓高]、东光、安陵三县。天祐五年（908）移州治于东光县。周显德二年，废景州为定远军，县属沧州，至六年并弓高县入东光县。皇朝太平兴国六年（981）割东光县属军。"
《旧五代史》卷115《周世宗纪二》载：显德二年（955）"三月辛未，以李晏口为静安军，其军南距冀州百里，北距深州三十里，夹胡卢河为垒。"《册府元龟》卷994《外臣部·备御七》载：显德二年"三月庚午朔。辛未，改李晏口为静安军……李晏口者，即（胡芦）河上之要津也，故赐以军额。"《五代会要》卷24《军》："（周显德）二年三月，以李晏口为静安军。（李晏口当契丹入寇之路，筑城屯军为边防，人甚赖之。）"《宋史》卷86《地理志二》深州下载："静安，垒，本汉下博县。周置静安军，以县隶，俄复焉。"
《五代会要》卷24军载："（后周显德）三年五月，以涡口镇为镇淮军。"《旧五代史》卷116《周世宗纪》："（显德三年）五月壬辰朔，以涡口为镇淮军。"《新五代史》卷62《南唐世家》："十五年，景达遣朱元等屯紫金山，筑甬道以饷寿州。二月世宗复南征，徙下蔡浮桥于涡口，为镇淮军，筑二城以夹淮。"《册府元龟》卷118《帝王部·亲征第三》："（显德四年）是夜，帝入于镇淮军，以驻跸焉。甲午，诏发近县丁夫数千，城镇淮军，军有二城，夹淮相对，仍命徙下蔡浮桥维于其间。"马令《南唐书》卷4《嗣主书》："十有五年春，元帅景达命其将朱元等屯紫金山，筑甬道以饷寿州。二月，天子复来伐，徙下蔡桥于涡口，为镇淮军，筑二城以夹淮。"
《五代会要》卷20《州县分道改置》河北道无棣县下载："周显德五年（958），改为保顺军。"据此似以无棣一县之地置保顺军。然《太平寰宇记》卷68保顺军下载："本沧州无棣县之保顺镇，周显德六年建为军，以旧镇为名。"并结合上文显德二年定远军的设置情况，可知保顺军仅以无棣县保顺镇而设，无棣县此时仍属沧州。《太平寰宇记》卷65沧州下仍领无棣县，亦可为此添一旁证。
《五代会要》卷24《军》下载："（周显德）六年十一月，以凤州固镇为雄胜军。"《旧五代史》卷120《周恭帝纪》：显德六年（959）十一月，"壬戌，升凤州固镇为雄胜军。"
《太平寰宇记》卷49代州宝兴军下载："宝兴军者，本代州烹炼之冶务。刘继元割据之时，建为宝兴军，地属五台山寺。皇朝平河东，因之不改。"又，《十国春秋》卷106《刘继颙传》载："继颙，故燕王刘守光之子，守光之死，以孽子得不杀，削发为浮图，后居五台山，为人多智，善商财利，自旻世颇以赖之。……五台当契丹界上，继颙常得其马以献，号添都马，岁率数百匹。又于柏谷置银冶，募民凿山取矿，烹银以输，刘氏仰以足用，即其冶建宝兴军。"

主要参考文献

一、古籍(以四部分类为序)

(一)正史、编年类

《旧唐书》,(后晋)刘昫撰,中华书局,1975年。

《新唐书》,(宋)欧阳修、宋祁撰,中华书局,1975年。

《旧五代史》,(宋)薛居正等撰,中华书局,1976年。

《新五代史》,(宋)欧阳修撰,(宋)徐无党注,中华书局,1974年。

《宋史》,(元)脱脱撰,中华书局,1985年。

《辽史》,(元)脱脱撰,中华书局,1974年。

《旧五代史考异》,(清)邵晋涵撰,曾贻芬校点,傅璇琮、徐海荣、徐吉军主编《五代史书汇编》,杭州出版社,2004年。

《廿二史考异》,(清)钱大昕著,方诗铭、周殿杰点校,上海古籍出版社,2004年。

《十七史商榷》,(清)王鸣盛撰,黄曙辉点校,上海古籍出版社,2013年。

《资治通鉴》,(宋)司马光编著,中华书局,1963年。

《续资治通鉴长编》,(宋)李焘撰,上海师范大学古籍整理研究所、华东师范大学古籍整理研究所点校,中华书局,2004年。

(二)别史、杂史、载记、史表类

《五代史阙文》,(宋)王禹偁撰,顾薇薇校点,傅璇琮、徐海荣、徐吉军主编《五代史书汇编》,杭州出版社,2004年。

《五代史补》,(宋)陶岳,顾薇薇校点,傅璇琮、徐海荣、徐吉军主编《五代史书汇编》,杭州出版社,2004年。

《周世宗实录》,(宋)王溥等撰,陈尚君辑校,傅璇琮、徐海荣、徐吉军主编《五代史书汇编》,杭州出版社,2004年。

《契丹国志》,(宋)叶隆礼撰,贾敬颜、林荣贵点校,上海古籍出版社,1985年。

《续唐书》,(清)陈鳣撰,《丛书集成初编》据《史学丛书》排印本,商务印书馆,1936年。

《西夏书事》,(清)吴广成撰,道光五年(1825)小岘山房初刻本。

《钓矶立谈》,(宋)史温撰,虞云国、吴爱芬校点,傅璇琮、徐海荣、徐吉军主编《五代史书汇编》,杭州出版社,2004年。

《江南野史》,(宋)龙衮撰,张剑光校点,傅璇琮、徐海荣、徐吉军主编《五代史书汇编》,杭州出版社,2004年。

《江南别录》,(宋)陈彭年撰,陈尚君校点,傅璇琮、徐海荣、徐吉军主编《五代史书汇编》,杭州出版社,2004年。

《江表志》,(宋)郑文宝撰,张剑光、孙励校点,傅璇琮、徐海荣、徐吉军主编《五代史书汇编》,杭州出版社,2004年。

《江南余载》,(宋)佚名撰,张剑光、孙励校点,傅璇琮、徐海荣、徐吉军主编《五代史书汇编》,杭州出版社,2004年。

《三楚新录》,(宋)周羽翀撰,俞钢校点,傅璇琮、徐海荣、徐吉军主编《五代史书汇编》,杭州出版社,2004年。

《锦里耆旧传》,(宋)句延庆撰,储铃铃校点,傅璇琮、徐海荣、徐吉军主编《五代史书汇编》,杭州出版社,2004年。

《五国故事》,(宋)佚名撰,张剑光校点,傅璇琮、徐海荣、徐吉军主编《五代史书汇编》,杭州出版社,2004年。

《蜀梼杌》,(宋)张唐英撰,冉旭校点,傅璇琮、徐海荣、徐吉军主编《五代史书汇编》,杭州出版社,2004年。

《南唐书》,(宋)马令撰,李建国校点,傅璇琮、徐海荣、徐吉军主编《五代史书汇编》,杭州出版社,2004年。

《南唐书》,(宋)陆游撰,李建国校点,傅璇琮、徐海荣、徐吉军主编《五代史书汇编》,杭州出版社,2004年。

《九国志》,(宋)路振撰,吴在庆、吴嘉骐校点,傅璇琮、徐海荣、徐吉军主编《五代史书汇编》,杭州出版社,2004年。

《吴越备史》,(宋)钱俨撰,李最欣校点,傅璇琮、徐海荣、徐吉军主编《五代史书汇编》,杭州出版社,2004年。

《〈蜀鉴〉校注》,(宋)郭允蹈撰,赵炳清校注,巴蜀书社,1984年。

《闽书》,(明)何乔远编撰,厦门大学《闽书》校点组校点,福建人民出版社,

1994—1995年。

《南汉纪》,(清)吴兰修撰,吴在庆、李菁校点,傅璇琮、徐海荣、徐吉军主编《五代史书汇编》,杭州出版社,2004年。

《南汉书》,(清)梁廷枏撰,吴在庆、李菁校点,傅璇琮、徐海荣、徐吉军主编《五代史书汇编》,杭州出版社,2004年。

《南汉丛录》,(清)梁廷枏,吴在庆、李菁校点,傅璇琮、徐海荣、徐吉军主编《五代史书汇编》,杭州出版社,2004年。

《十国春秋》,(清)吴任臣撰,徐敏霞校点,傅璇琮、徐海荣、徐吉军主编《五代史书汇编》,杭州出版社,2004年。

《五代诸镇年表》,(清)万斯同,二十五史刊行委员会《二十五史补编》,中华书局印影本,1955年。

《补五代史方镇表》,(清)缪荃孙撰,《北京大学图书馆馆藏稿本丛书》第9册,天津古籍出版社,1996年。

《南唐将相大臣年表》,(清)万斯同,二十五史刊行委员会《二十五史补编》,中华书局印影本,1955年。

《蜀将相大臣年表》,(清)万斯同,二十五史刊行委员会《二十五史补编》,中华书局印影本,1955年。

《后蜀将相大臣年表》,(清)万斯同,二十五史刊行委员会《二十五史补编》,中华书局印影本,1955年。

《南汉将相大臣年表》,(清)万斯同,二十五史刊行委员会《二十五史补编》,中华书局印影本,1955年。

《吴越将相大臣年表》,(清)万斯同,二十五史刊行委员会《二十五史补编》,中华书局印影本,1955年。

《吴越将相州镇年表》,(清)万斯同,二十五史刊行委员会《二十五史补编》,中华书局印影本,1955年。

(三) 地理类

《括地志辑校》,(唐)李泰撰,贺次君辑校,中华书局,1980年。

《元和郡县图志》,(唐)李吉甫撰,贺次君点校,中华书局,1983年。

《宋本太平寰宇记》,(宋)乐史撰,中华书局影印本,2000年。

《太平寰宇记》,(宋)乐史撰,王文楚等点校,中华书局,2007年。

《元丰九域志》,(宋)王存撰,魏嵩山、王文楚点校,中华书局,1984年。

《舆地广记》,(宋)欧阳忞撰,李勇先、王小红校注,四川大学出版社,2003年。

《舆地纪胜》,(宋)王象之撰,中华书局影印本,1992年。

《舆地纪胜》,(宋)王象之撰,李勇先校点,四川大学出版社,2005年。

《宋本方舆胜览》,(宋)祝穆编,祝洙增订,上海古籍出版社影印本,1991年。

《方舆胜览》,(宋)祝穆撰,祝洙增订,施和金点校,中华书局,2003年。

《大明一统志》,(明)李贤等撰,三秦出版社,1990年。

《肇域志》,(明)顾炎武撰,谭其骧、王文楚、朱惠荣等校点,上海古籍出版社,2004年。

《读史方舆纪要》,(清)顾祖禹撰,贺次君、施和金点校,中华书局,2005年。

《嘉庆重修一统志》,(清)穆彰阿等纂,中华书局影印本,1986年。

《吴郡图经续记》,(宋)朱长文撰,中华书局编辑部《宋元方志丛刊》,中华书局,1990年。

《乾道临安志》,(宋)周淙撰,中华书局编辑部《宋元方志丛刊》,中华书局,1990年。

《淳祐临安志》,(宋)施谔撰,中华书局编辑部《宋元方志丛刊》,中华书局,1990年。

《淳熙三山志》,(宋)梁克家撰,中华书局编辑部《宋元方志丛刊》,中华书局,1990年。

《吴郡志》,(宋)范成大撰,中华书局编辑部《宋元方志丛刊》,中华书局,1990年。

《剡录》,(宋)高似孙撰,中华书局编辑部《宋元方志丛刊》,中华书局,1990年。

《嘉泰会稽志》,(宋)施宿等撰,中华书局编辑部《宋元方志丛刊》,中华书局,1990年。

《宝庆四明志》,(宋)罗濬等撰,中华书局编辑部《宋元方志丛刊》,中华书局,1990年。

《咸淳临安志》,(宋)潜说友撰,中华书局编辑部《宋元方志丛刊》,中华书局,1990年。

《至元嘉禾志》,(元)单庆修,徐硕纂,中华书局编辑部《宋元方志丛刊》,中华书局,1990年。

《长安志》,(宋)宋敏求撰,(清)毕沅校,清光绪十七年(1891)思贤讲舍用灵岩山馆本重雕本。

《关中胜迹图志》,(清)毕沅撰,张沛校点,三秦出版社,2004年。

《乾隆府厅州县图志》,(清)洪亮吉撰,《续修四库全书》影印清嘉庆八年(1803)刻本,上海古籍出版社,1995年。

《广东通志》,(清)郝玉麟修、鲁曾煜等纂,台湾大东图书公司影印雍正九年(1731)刻本,1977年。

《(雍正)广西通志》,(清)金鉷修、钱元昌等纂,广西古籍丛书编辑委员会、广西地方志编纂委员会办公室整理影印本,广西人民出版社,2009年。

《四川通志》,(清)黄廷桂等修,张晋生等纂,雍正十一年(1733)刻本。

《陕西通志》,(清)刘於义等修,沈青崖等纂,台湾华文书局股份有限公司影印雍正十三年(1735)刊本,1969年。

《南汉地理志》,(清)吴兰修撰,吴在庆、李菁校点,傅璇琮、徐海荣、徐吉军主编《五代史书汇编》,杭州出版社,2004年。

《五代地理考》,(清)练恕撰,二十五史刊行委员会《二十五史补编》,中华书局印影本,1955年。

《辽史地理志考》,(清)李慎儒撰,二十五史刊行委员会《二十五史补编》,中华书局印影本,1955年。

《郡县释名》,(明)郭子章撰,《四库全书存目丛书》影印明万历四十三年(1615)刻本,齐鲁书社,1996年。

(四)政书类

《通典》,(唐)杜佑撰,王文锦、王永兴、刘俊杰、徐庭云、谢方点校,中华书局,1988年。

《唐六典》,(唐)李林甫等撰,陈仲夫点校,中华书局,1992年。

《唐会要》,(宋)王溥撰,上海社会科学院历史研究所古代史研究室点校,上海古籍出版社,2006年。

《唐会要校证》,(宋)王溥撰,牛继清校证,三秦出版社,2012年。

《五代会要》,(宋)王溥撰,上海古籍出版社整理点校本,2006年。

《文献通考》,(宋)马端临著,上海师范大学古籍研究所、华东师范大学古籍研究所点校,中华书局,2011年。

《宋会要辑稿》,(清)徐松辑,中华书局影印本,1957年。

《续通典》,(清)嵇璜、刘墉等撰,浙江古籍出版社影印本,2000 年。

(五)金石类

《金石萃编》,(清)王昶撰,中国书店影印本,1985 年。

《粤东金石略补注》,(清)翁方纲著,欧广勇、伍庆禄补注,广东人民出版社,2012 年。

《广东通志·金石略》,(清)阮元主修,梁中文点校,广东人民出版社,2011 年。

《两浙金石志》,(清)阮元主编,浙江古籍出版社影印本,2012 年。

《闽中金石志》,(清)冯登府辑,《续修四库全书》影印民国丁卯(1927)吴兴刘氏希古楼刻本,上海古籍出版社,1996 年。

《南汉金石志补征·南汉丛录补征》,(清)吴兰修、梁廷枏辑,陈鸿钧、黄兆辉补征,广东人民出版社,2010 年。

《八琼室金石补正》,(清)陆增祥撰,文物出版社,1985 年。

(六)小说家、类书类

《鉴诫录校注》,(五代)何光远撰,邓星亮、邬宗玲、杨梅校注,巴蜀书社,2011 年。

《玉堂闲话》,(五代)王仁裕撰,陈尚君辑校,傅璇琮、徐海荣、徐吉军主编《五代史书汇编》,杭州出版社,2004 年。

《王氏见闻录》,(五代)王仁裕撰,陈尚君辑校,傅璇琮、徐海荣、徐吉军主编《五代史书汇编》,杭州出版社,2004 年。

《北梦琐言》,(五代)孙光宪撰,贾二强点校,中华书局,2002 年。

《五代春秋》,(宋)尹洙撰,罗筱玉校点,傅璇琮、徐海荣、徐吉军主编《五代史书汇编》,杭州出版社,2004 年。

《南唐近事》,(宋)郑文宝撰,张剑光校点,傅璇琮、徐海荣、徐吉军主编《五代史书汇编》,杭州出版社,2004 年。

《〈洛阳搢绅旧闻记〉校注》,(宋)张齐贤撰,丁喜霞校注,中国社会科学出版社,2013 年。

《葆光录》,(宋)陈纂撰,冉旭校点,傅璇琮、徐海荣、徐吉军主编《五代史书汇编》,杭州出版社,2004 年。

《幸蜀记》,(宋)居白撰,刘石校点,傅璇琮、徐海荣、徐吉军主编《五代史书汇编》,杭州出版社,2004 年。

《益州名画录》,(宋)黄休复撰,刘石校点,傅璇琮、徐海荣、徐吉军主编《五代史书汇编》,杭州出版社,2004年。

《唐余纪传》,(明)陈霆撰,李建国校点,傅璇琮、徐海荣、徐吉军主编《五代史书汇编》,杭州出版社,2004年。

《南唐拾遗记》,(清)毛先舒撰,傅璇琮校点,傅璇琮、徐海荣、徐吉军主编《五代史书汇编》,杭州出版社,2004年。

《太平广记》,(宋)李昉等编,汪绍楹点校,中华书局,1961年。

《太平广记会校》,(宋)李昉等编,张国风会校,北京燕山出版社,2011年。

《太平御览》,(宋)李昉等撰,中华书局影印本,1960年。

《册府元龟》,(宋)王钦若等编,中华书局影印本,1960年。

《册府元龟》,(宋)王钦若等编纂,周勋初等校订,凤凰出版社,2006年。

《记纂渊海》,(宋)潘自牧撰,中华书局影印本,1988年。

(七)别集、总集类

《广成集》,(唐)杜光庭撰,董恩林点校,中华书局,2011年。

《全祖望集汇校集注》,(清)全祖望撰,朱铸禹汇校集注,上海古籍出版社,2000年。

《潜研堂文集》,(清)钱大昕撰,吕友仁校点,上海古籍出版社,1989年。

《全唐文》(附《唐文拾遗》《唐文续拾读》《全唐文札记》),(清)董浩等著,上海古籍出版社影印本,1990年。

二、近现代著述(按著者姓氏汉语拼音排序)

(一)文献汇辑、校释与史表

陈尚君辑纂:《旧五代史新辑会证》,复旦大学出版社,2005年。

梁天瑞纂辑,钱鄂济校注:《吴越书》,上海辞书出版社,2012年。

陈长安等主编:《隋唐五代墓志汇编》,天津古籍出版社,1991年。

陈尚君辑校:《全唐文补编》,中华书局,2005年。

北京图书馆金石组编:《北京图书馆藏中国历代石刻拓本汇编》第36、37册,中州古籍出版社,1989年。

胡海帆、汤燕编著:《中国古代砖刻铭文集》,文物出版社,2008年。

郭黎安编著:《宋史地理志汇释》,安徽教育出版社,2003年。

洛阳市文物工作队:《洛阳出土历代墓志辑绳》,中国社会科学出版社,

1991年。

宁可主编：《英藏敦煌文献（汉文佛经以外部分）》第12卷，四川人民出版社，1995年。

唐耕耦、陆宏基编：《敦煌社会经济文献真迹释录》第4辑，全国图书馆文献缩微复制中心，1990年。

吴钢主编：《全唐文补遗》（第1—9辑），三秦出版社，1994—2007年。

吴钢主编：《全唐文补遗》（千唐志斋新藏专辑），三秦出版社，2006年。

吴松弟编著：《两唐书地理志汇释》，安徽教育出版社，2002年。

向燕生编撰：《隋唐五代时期幽州资料》，紫禁城出版社，1991年。

阎凤梧主编：《全辽金文》，山西古籍出版社，2002年。

赵君平、赵文成编：《秦晋豫新出墓志蒐佚》，国家图书馆出版社，2011年。

赵君平、赵文成编选：《新出唐墓志百种》，西泠印社出版社，2010年。

张修桂、赖青寿编著：《辽史地理志汇释》，安徽教育出版社，2001年。

周阿根著：《五代墓志汇考》，黄山书社，2012年。

周绍良主编：《唐代墓志汇编》，上海古籍出版社，1992年。

周绍良主编：《唐代墓志汇编续集》，上海古籍出版社，2001年。

罗振玉：《瓜沙曹氏年表》，罗继祖主编、王同策副主编：《罗振玉学术论著集》第八集，上海古籍出版社，2010年。

吴廷燮撰：《唐方镇年表》，中华书局，1980年。

吴廷燮撰：《五季方镇年表》，辽海书社，1936年。

朱玉龙编著：《五代十国方镇年表》，中华书局，1997年。

栗原益男编：《五代宋初藩镇年表》，东京堂出版，1988年。

（二）专著

陈长征：《唐宋地方政治体制转型研究》，山东大学出版社，2010年。

陈欣：《南汉国史》，广东人民出版社，2010年。

戴显群：《唐五代社会政治史研究》，黑龙江人民出版社，2008年。

杜文玉：《南唐史略》，陕西人民教育出版社，2001年。

杜文玉：《五代十国制度研究》，人民出版社，2006年。

方国瑜：《中国西南历史地理考释》，中华书局，1987年。

郭声波：《中国行政区划通史·唐代卷》，复旦大学出版社，2012年。

何剑明：《沉浮：一江春水——李氏南唐国史论稿》，南京大学出版社，2007年。

何勇强:《钱氏吴越国史论稿》,浙江大学出版社,2002年。
李昌宪:《中国行政区划通史·宋西夏卷》,复旦大学出版社,2007年。
李裕民:《北汉简史》,三晋出版社,2010年。
罗庆康:《马楚史研究》,湖南人民出版社,2004年。
蒲孝荣:《四川政区沿革与治地今释》,四川人民出版社,1986年。
任爽:《南唐史》,东北师范大学出版社,1995年。
任爽主编:《十国典制考》,中华书局,2004年。
任爽主编:《五代典制考》,中华书局,2007年。
荣新江:《归义军史研究——唐宋时代敦煌历史考索》,上海古籍出版社,1996年。
谭其骧主编:《中国历史地图集》,中国地图出版社,1982年。
陶懋炳:《五代史略》,人民出版社,1985年。
陶懋炳、张其凡、曾育荣:《五代史》,人民出版社,2009年。
王凤翔:《晚唐五代秦岐政权研究》,三秦出版社,2009年。
王仲荦:《隋唐五代史》,上海人民出版社,2003年。
徐晓望:《闽国史》,台湾五南图书出版有限公司,1997年。
薛政超:《五代金陵史研究》,中央编译出版社,2011年。
杨伟立:《前蜀后蜀史》,四川省社会科学院出版社,1986年。
杨秀清:《敦煌西汉金山国史》,甘肃人民出版社,1999年。
尤中:《中国西南边疆变迁史》,云南教育出版社,1987年。
余蔚:《中国行政区划通史·辽代卷》,复旦大学出版社,2012年。
郁贤皓:《唐刺史考全编》,安徽大学出版社,2000年。
张国刚:《唐代藩镇研究》(增订版),中国人民大学出版社,2010年。
郑学檬:《五代十国史研究》,上海人民出版社,1991年。
邹劲风:《南唐国史》,南京大学出版社,2000年。

日野開三郎:《五代史の基調》,《日野開三郎东洋史学论集》第二卷,三一书房,1980年。
佐竹靖彦:《唐宋變革の地域研究》,同朋舍,1990年。
堀敏一:《唐末五代變革期の政治と經濟》,汲古书院,2002年。
山崎覚士:《中国五代国家論》,思文阁出版,2010年。

Fang, Cheng-Hua. *Power Structures and Cultural Identities in Imperial China: Civil and Military Power from Late Tang to Early Song*

Dynasties (A. D. 875 – 1063). Saarbrücken: VDM Verlag Dr. Müller, 2009.

Lorge, Peter. *War, Politics and Society in Early Modern China*, 900 – 1795. London and New York: Routledge, 2005.

Lorge, Peter, ed. *Five Dynasties and Ten Kingdoms*. Hong Kong: The Chinese University Press, 2011.

Twitchett, Denis C., and Paul J. Smith, ed. *The Cambridge History of China*, Volume 5, *Part One: The Sung Dynasty and Its Precursors*, 907 – 1279. Cambridge: Cambridge University Press, 2009.

Wang Gungwu. *The Structure of Power in North China During the Five Dynasties*. Kuala Lumpur: University of Malaya Press, 1963.（该书中文版：王赓武著，胡耀飞、尹承译：《五代时期北方中国的权力结构》，中西书局，2014年）

（三）论文

陈鸿钧：《南汉兴王府暨常康、咸宁二县设置考》，《岭南文史》2008年第1期。

丁贞权：《杨吴与中原王朝及周边割据政权关系述略》，《合肥学院学报》（社会科学版）2009年第1期。

房锐：《〈北梦琐言〉与五代实录》，《史学史研究》2007年第3期。

冯培红：《归义军镇制考》，《敦煌吐鲁番研究》第9卷，中华书局，2006年。后该文又收入郑炳林主编《敦煌归义军史专题研究四编》，三秦出版社，2009年。

韩国磐：《唐末五代的藩镇割据》，《历史教学》1958年第8期。后该文又收入氏著《隋唐五代史论集》，生活·读书·新知三联书店，1979年。

何灿浩：《吴越国方镇体制的解体与集权政治》，《历史研究》2004年第3期。

何剑明：《论南唐国与中原政权之间的战争》，《江苏教育学院学报》2006年第11期。

胡耀飞：《读〈五代十国方镇年表〉札记：以吴·南唐政权相关内容为中心》，《书品》2010年第6辑。

靳润成：《五代十国国号与地域关系》，《历史教学》1990年第5期。

金宗燮：《五代中央对地方政策研究》，《中国社会历史评论》第四卷，

2002年。

李勃:《新五代史职方考补正一则》,《中国历史地理论丛》1995年第2期。

李昌宪:《五代削藩制置初探》,《中国史研究》1982年第3期。

李昌宪:《宋受周禅所得州县考》,《历史地理》第十六辑,上海人民出版社,2000年。

李晓杰:《五代时期幽州卢龙节度使辖区沿革考述》,《历史地理》第二十五辑,上海人民出版社,2011年。

李晓杰:《五代时期魏州天雄军节度使辖区沿革考述》,复旦大学历史地理研究中心主编《谭其骧先生百年诞辰纪念文集》,上海人民出版社,2012年。

李晓杰:《五代政区地理考述——以凤翔、陇州、秦州、乾州、凤州诸节度使辖区演变为中心》,北京大学中国古代史研究中心编《舆地、考古与史学新说:李孝聪教授荣休纪念论文集》,中华书局,2012年。

李晓杰:《五代时期荆南(南平)政权辖境政区沿革考述》,靳润成主编《走向世界的中国历史地理学——2012年中国历史地理国际学术研讨会论文集》,中国社会科学出版社,2014年。

李晓杰:《吴越国政区地理考述》,《历史地理》第二十九辑,上海人民出版社,2014年。

梁元:《南汉地理志考异》,《岭南文史》1985年第1期。

梁允麟:《南汉地理沿革》,《广东史志》1995年第4期。

林荣贵:《五代十国的辖区设治与军事戍防》,《中国边疆史地研究》1999年第4期。

刘茂真:《南汉时邕州未改诚州》,《广西地方志》1997年第1期。

刘复生:《五代十国政权与西南少数民族的关系》,四川大学学报(哲学社会科学版)2001年第2期。

刘浦江:《辽朝国号考释》,《历史研究》2001年第6期。该文后又收入氏著《松漠之间——辽金契丹女真史研究》,中华书局,2008年。

刘石农:《五代州县表》,《师大月刊》第11期(1934年4月)与第15期(1934年11月)。

吕以春:《论五代吴越的基本国策和县名更改》,《杭州大学学报》1985年第2期。

聂崇岐:《宋代府州军监之分析》,《宋史丛考》,中华书局,1980年。

聂崇岐:《宋史地理志考异》,《宋史丛考》,中华书局,1980年。

荣新江:《沙州归义军历任节度使称号研究》,中国敦煌吐鲁番学会编《敦煌吐鲁番研究论文集》,汉语大词典出版社,1990年。

施和金:《〈宋史·地理志〉补校考》,《南京师大学报》(社会科学版)1997年第4期。该文后又收入氏著《中国历史地理研究》,南京师范大学出版社,2000年。

宋秀英、龙木:《唐代单于都护府的几个问题》,《中国边疆史地研究》2002年第2期。

谭其骧:《唐北陲二都护府建置沿革与治所迁移——编绘〈中国历史地图集〉札记》,《长水集》(下),人民出版社,1987年。

田雁:《五代行政区划单位"军"的形成》,《江汉大学学报》(人文科学版),2004年第2期。

王惠民:《一条曹议金称"大王"的新资料》,《北京图书馆馆刊》1994年第3、4期。

王伊同:《前蜀疆域考》,《史学年报》1937年第4期。该文系著者《前蜀考略》(载《王伊同学术论文集》,中华书局,2006年)一文节录。

王永兴:《论唐代前期朔方节度》,《唐代经营西北研究》,兰州大学出版社,2010年。

邢东升:《〈五代十国方镇年表〉辨误——以唐、五代淮南节镇辖区伸缩为中心》,《书品》2008年第6辑。

徐规:《宋史地理志补正》,《历史地理》第十四辑,上海人民出版社,1998年。

徐学书:《前后蜀西部疆域初探》,《成都文物》1990年第3期。

易图强:《五代朝廷军事上削藩设置》,《中国史研究》1994年第3期。

杨光华:《前蜀与荆南疆界辨误》,《西南师范大学学报》(哲学社会科学版)1993年第4期。

曾育荣:《五代十国时期归、峡二州归属考辨》,《湖北大学学报》(哲学社会科学版)2008年第3期。

曾昭璇:《南汉后海南省行政区划史研究》,《中国边疆史地研究》1993年第4期。

张金铣:《庐州与杨吴政权》,《合肥学院学报》(社会科学版)2007年第2期。

张其凡:《五代都城的变迁》,《暨南学报》1985年第4期。

张兴武:《秦岐政权的兴衰与关陇诸州历史命运的变迁》,《西北民族学院学报》(哲学社会科学版)1998年第1期。

张郁：《唐王逆修墓志铭考释》，《内蒙古文物考古》创刊号，1981年。

赵建玲：《南汉与中原及周边割据政权关系概述》，《安徽大学学报》（哲学社会科学版）2002年第3期。

赵铁寒：《燕云十六州的地理分析》（上、下），《大陆杂志》第17卷第11、12期，1958年。

郑炳林：《晚唐五代归义军疆域演变研究》，《历史地理》第15辑，上海人民出版社，1999年。

郑炳林：《晚唐五代敦煌归义军行政区划制度研究（之一）》，《敦煌研究》2002年第2期。

郑炳林：《晚唐五代敦煌归义军行政区划制度研究（之二）》，《敦煌研究》2002年第3期。

周运中：《杨吴、南唐政区地理考》，杜文玉主编《唐史论丛》（第十三辑），三秦出版社，2011年。

邹重华等：《前蜀后蜀与中原政权的关系》，成都王建墓博物馆编《前后蜀的历史与文化——前后蜀历史与文化学术讨论会论文集》，巴蜀书社，1994年。

日野开三郎：《五代镇将考》，《东洋学报》第25卷第2号（1938年）。该文中译收入《日本学者研究中国史论著选译》（第五卷·五代宋元），中华书局，1992年。

周藤吉之：《五代節度使の支配體制——特に宋代職役との關聯に於いて—》，《宋代經濟史研究》，東京大學出版會，1962年。

畑地正憲：《呉・南唐の制置使を論じて宋代の軍使兼、知県事に及ぶ》，《九州大学东洋史学论集》第1号，1973年7月。

清木場東：《呉・南唐の地方行政の変遷と特徴》，《东洋学报》第56卷第2·3·4号，1975年3月。

土肥义和：《归义军时期（晚唐、五代、宋）的敦煌（一）》，《敦煌研究》1986年第4期。

山根直生：《唐朝军政统治的终局与五代十国割据的开端》，《浙江大学学报》（人文社会科学版）2004年第3期。

山崎觉士：《五代の道制——後唐朝を中心に》，《东洋学报》第85卷第4号（2004年）。该文后又收入氏著《中国五代国家论》，思文阁出版，2010年。

（四）学位论文

陈昱明：《五代关陇河洛地区政区地理》，复旦大学硕士学位论文，2009年。

崔北京：《南汉史研究》，陕西师范大学硕士学位论文，2006年。

丁贞权：《五代时期的杨吴政权》，安徽大学硕士学位论文，2004年。

高学钦：《五代时期十国与中原王朝的政治关系研究》，福建师范大学硕士学位论文，2004年。

韩凤冉：《五代时期河北道、河南道政区地理研究》，复旦大学硕士学位论文，2007年。

孙先文：《吴越钱氏政权研究》，安徽大学硕士学位论文，2004年。

孙钰红：《五代政区地理研究——燕晋地区部分》，复旦大学硕士学位论文，2007年。

田雁：《五代时期县级军研究》，湖北省社会科学院硕士论文，2002年。

徐仕达：《马楚政权之研究》，台湾中国文化大学硕士论文，2011年。

张金铣：《南汉史研究》，中山大学硕士学位论文，1991年。

张晓笛：《高氏荆南军事地理研究》，华中师范大学硕士学位论文，2012年。

周义雄：《五代时期的吴越》，台湾中国文化大学硕士论文，1994年。

彭文峰：《五代马楚政权研究》，北京师范大学博士学位论文，2006年。

曾育荣：《高氏荆南史稿》，暨南大学博士学位论文，2008年。

张跃飞：《五代荆南政权研究》，北京师范大学博士学位论文，2010年。

周加胜：《南汉国研究》，陕西师范大学博士学位论文，2008年。

周庆彰：《五代时期南方诸政权政区地理》，复旦大学博士学位论文，2010年。

后　　记

　　终于又到可以写后记的时候了。

　　自2009年至今五年的时间里,我的一项主要研究工作即是撰写《中国行政区划通史·五代十国卷》,其间为此投入了巨大精力,以至身心俱疲,不过当看到眼前堆积盈寸的打印书稿时,感觉之前所有的付出并没有白费。

　　此前我从事政区地理研究的时段主要在先秦两汉,而此次聚焦于唐末五代,无疑是对我学力的一次挑战。我在《中国行政区划通史·先秦卷》的后记中曾经说到,《先秦卷》的写作堪比再完成一篇博士论文,而这次《五代十国卷》的撰写,则不啻一篇博士论文可比,这是因为所讨论的对象难度之高,远超想象。从谋篇布局到解决具体难题,都是一场场攻坚战。现在呈现给大家的这部书稿,固然尽了我最大的努力,不过我深知疏漏之处恐难避免,因此衷心希望大雅方家予以批评指正,以俟来日修订再版。

　　本卷的主体部分是考证编,最终由我一人完成,但一些学人的先期相关研究,则为我的撰写提供了颇多便利。在五代政区考证部分,由我指导的三篇硕士学位论文——韩凤冉《五代时期河北道、河南道政区地理研究》(复旦大学,2007年)、孙钰红《五代政区地理研究——燕晋地区部分》(复旦大学,2007年)、陈昱明《五代关陇河洛地区政区地理》(复旦大学,2009年),无疑是我撰写的主要参考;在十国政区考证部分,周振鹤先生指导的周庆彰博士学位论文《五代时期南方诸政权政区地理》(复旦大学,2010年),则为我提供了很好的资料基础。没有他们的这些研究,我的书稿不知还要拖延多久才能完成。在此谨向他们致以诚挚的谢意。

　　除此之外,首先我要感谢的是恩师周振鹤先生。作为本套《通史》的主编,周师一直关注着《五代十国卷》的撰写工作。每每我遇到难题向他求教时,他都能高屋建瓴,举重若轻,寥寥数语,便能让我找到解决问题的途径。不仅如此,周师对精准揭示研究对象的宏观把控,也令人敬佩。本卷概述编的撰写,即是在他的建议下着手进行的。此编之设,可使读者不为纷繁复杂的考证编文字所囿,从而对五代十国政区变动有更为简明清晰的认识。

感谢本校中文系陈尚君教授。陈先生对唐五代十国史料的精熟,学界共知。当他得知我在撰写五代十国政区书稿时,主动向我提供相关史料的线索,其中存于杜光庭《广成集》与阮元《两浙金石志》中的政区资料即承陈先生提示。

感谢南京大学历史系李昌宪教授与暨南大学历史地理研究中心郭声波教授。他们二位先生对本卷的撰写方式曾提出过具体建议,使我深受启发。李昌宪先生《中国行政区划通史·宋西夏卷》出版在前,本卷章节内的撰写格式对该书借鉴颇多;郭声波先生《中国行政区划通史·唐代卷》刊行于后,本卷在五代十国初期各政权节度使一级辖州数目上多依据该书。

感谢日本和歌山大学的瀧野邦雄教授。瀧野先生常常利用从日本来上海访问之机,给我带来不少有用的日文最新研究资料,使我对日本学界与本卷所涉内容有关的研究有了更为全面的了解。

着重感谢现在本校图书馆任职的陈昱明。作为本卷书稿的合作者(遵其意愿,在本卷未署名),最初他主要承担了校阅我初稿的工作。他做事极为细心,对我初稿中的疏漏,他都一一指明。对其中的一些不恰当表述,他也会提出具体意见,供我参考。尤其是在我撰写书稿的后期因用眼过度而诱发眼疾时,他主动提供援助,按照我已写就的概述编第一章格式,帮我拟就了概述编第二至第十五章的文字初稿,保证了全部书稿的顺利完成。

特别感谢我指导的博士生杨长玉。本卷的所有插图与附图,以及所附详尽的各类政区沿革表,皆出自她一人之手。为了使本卷的概述文字与考证结论给读者一个直观的感受,杨长玉在绘图与制表方面花费了大量的气力,为达到最佳的视觉效果,仅绘图所采用的底图,她就三易其稿。不仅如此,她还精益求精,不放过任何一个图或表中出现的问题,随绘随校,定稿一幅图或表,常常要修订不下十几版。也正因如此,倘称本卷所绘图表在本套通史为最佳,洵非虚语。

感谢本校历史系博士生陈凯。本卷引论中的学术史回顾与考证编的北汉政区部分均是由他帮我来最先落实成文字初稿的。当我撰写完五代政区的考证文字后,他又抽出时间帮我做了全文的校对,订正了我文稿中的一些脱误。他的这些襄助,也是整部书稿最终得以完成的重要保证。

感谢现任教于四川大学历史文化学院的罗凯博士。他在认真阅读了我的五代政区考证初稿后,对其中的章节划分与一些问题的具体论述提出了颇具价值的修改建议,助我良多。

感谢本所资料室孟刚学兄。每当发现我需要的一些参考文献本所资料室没有收藏时，他总是千方百计代为联系购买，为本卷撰写提供了重要的资料保障。

感谢本卷的责任编辑史立丽女士。本卷书稿撰写过程历时甚久，其间又有旁事加入，不免会出现时有搁置停笔的情况，她总能在合适的时间，用委婉的方式给予督促提醒，从而使我的书稿撰写一直处在有序的状态之中。另外，本卷考证文字数量繁多，枯燥难读，但她耐心不减，并不时发现我书稿中的遗漏，使本卷的文字刊行质量大大提高。

我指导的博士生黄学超、屈长乐及硕士生陈华龙承担了本卷书稿付梓前的文字校对工作，在此对他们的辛勤付出致以诚挚的谢意。

另外，本人在撰写过程中还有幸得到了国家哲学社会科学基金重点项目（11AZS010）、教育部人文社会科学重点研究基地重大项目（2009JJD770012）、上海市哲学社会科学基金项目（2010BLS005）的资助，为本卷书稿的最终完成提供了不可或缺的经济保证。在此，对上述资助单位表示深深的感谢。

最后，感谢我的家人的宽容与理解，使我能在当今异常喧嚣的社会中觅得一块静谧之地，埋首书斋，做无用之学，自得其乐。

李晓杰
2014 年 1 月 26 日于复旦大学光华楼

趁此次再版之机，我指导的博士生袁方不辞辛劳，又将本卷文字悉心校阅一过，订正了其中存在的失校与脱误，在此深表谢意。另，书中涉及的今地统一修改为以 2014 年底的行政区域为准。

李晓杰又识
2016 年 2 月 29 日

图书在版编目(CIP)数据

中国行政区划通史·五代十国卷/周振鹤主编；李晓杰著. —2 版. —上海：复旦大学出版社,2017.9(2021.11 重印)
ISBN 978-7-309-12681-5

Ⅰ.中… Ⅱ.①周…②李… Ⅲ.①政区沿革-历史-中国②政区沿革-历史-中国-五代十国时期 Ⅳ.K928.2

中国版本图书馆 CIP 数据核字(2016)第 283029 号

中国行政区划通史·五代十国卷(第二版)
周振鹤　主编　李晓杰　著
出 品 人/严　峰
责任编辑/史立丽

复旦大学出版社有限公司出版发行
上海市国权路 579 号　邮编：200433
网址：fupnet@fudanpress.com　http://www.fudanpress.com
门市零售：86-21-65102580　团体订购：86-21-65104505
出版部电话：86-21-65642845
浙江新华数码印务有限公司

开本 787×1092　1/16　印张 72.25　字数 1196 千
2021 年 11 月第 2 版第 2 次印刷

ISBN 978-7-309-12681-5/K·595
定价：195.00 元

如有印装质量问题,请向复旦大学出版社有限公司出版部调换。
版权所有　侵权必究